에듀윌과 함께 시작하면,
당신도 합격할 수 있습니다!

대학 졸업을 앞두고 취업을 위해 바쁜 시간을 쪼개서
한국사능력검정시험을 준비하는 취준생

어렸을 때부터 꿈꾸었던 교사나 공무원이 되기 위해
한국사능력검정시험을 준비하는 수험생

부끄럽지 않은 대한민국 국민이 되기 위해 어린아이와 함께
한국사능력검정시험을 준비하는 학부모

누구나 합격할 수 있습니다.
해내겠다는 '열정' 하나면 충분합니다.

마지막 페이지를 덮으면,

**에듀윌과 함께
한국사능력검정시험 합격이 시작됩니다.**

KB212947

한능검 원패스 단기합격은
에듀윌 한국사 유튜브와 함께

한능검 물불가리기
"이제, 다음 시험 준비해야지?"

지피지기면 백전백승! 난이도를 예측해 줄게요.

한능검 오예! 모음집
"한능검 공부 시작해 보자"

5분 동안 최빈출만 짧고 굵게 예언해 줄게요.

전범위 싹! 훑기
"늦지 않았어, 한번에 정리하자!"

한 달 동안 공부할 분량을 한방에 정리해 드려요.

D-2 마무리 적중예언
"우리만 믿어~ 다 찍어 줄게!"

시험에 반드시 나오는 것만 쏙쏙 골라 드려요.

에듀윌
한국사
유튜브

2025 최신판

에듀윌 한국사능력검정시험
2주끝장 심화 흐름판서+판서강의

시험 직전 합격 필살KEY

마무리 엔드노트

eduwill

2025 최신판

에듀윌 한국사능력검정시험
2주끝장 심화 흐름판서+판서강의

2025 최신판

에듀윌 한국사능력검정시험
2주끝장 심화 흐름판서+판서강의

시험 직전 합격 필살KEY

마무리
엔드노트

에듀윌이
너를
지지할게
ENERGY

성공은 우리가 생각하는
자신의 모습을 끌어올리는 것에서
시작한다.

– 덱스터 예거(Dexter Yager)

구성과 차례

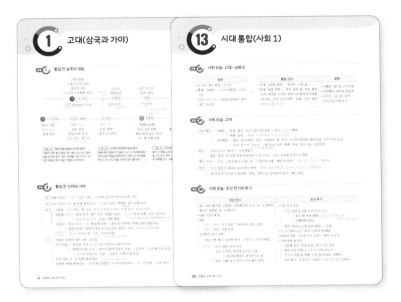

최빈출 주제만 모은 압축 개념

- 시대 흐름 파악부터 시대 통합 문제까지 완벽하게 대비하세요.
- 기출 문제를 완벽히 분석한 후 가장 많이 출제되는 주제를 엄선하여 수록하였어요. 특히 시대 통합 단원에서는 함께 출제되는 다른 시대의 내용을 모아 비교하기 쉽게 정리하였어요.

개념 잡는 기출 선택지

- 한능검의 기출 선택지를 활용한 문제를 풀며 빠르게 개념을 암기하세요.
- 헷갈리는 시대순 나열 문제를 풀며 흐름을 익혀 보세요.

시대 통합 암기편(전근대)

제57회 시험부터 출제된 수능형 시대 통합 문항을 대비하는 단원이에요. 통합적 학습이 중요한 경제, 사회 제도, 문화 등 핵심 주제를 엄선하여 수록하였어요.

1. 고대(삼국과 가야)   6
2. 고대(통일 신라, 발해)   8
3. 고려(초기 정치)   10
4. 고려(중기 이후 정치)   12
5. 조선 전기(정치)   14
6. 조선 후기(정치)   16
7. 고려(조직)   18
8. 조선(조직)   20
9. 고려(외교)   22
10. 조선(외교)   24
11. 시대 통합(경제 1)   26
12. 시대 통합(경제 2)   28
13. 시대 통합(사회 1)   30
14. 시대 통합(사회 2)   32
15. 시대 통합(제도)   34
16. 시대 통합(문화 1)   36
17. 시대 통합(문화 2)   38
18. 시대 통합(문화 3)   40
19. 고려(문화)   42
20. 조선(문화)   44

시대 흐름 테마편(근현대)

수험생이 어려워하는 근현대의 여러 사건, 인물 및 단체의 활동을 단순한 암기가 아니라 흐름에 따른 이해가 가능하도록 구성하였어요.

1. 개항기(흥선 대원군~개항)   48
2. 개항기(초기 개화~갑신정변)   50
3. 개항기(동학 농민 운동~을미개혁)   52
4. 개항기(독립 협회, 대한 제국)   54
5. 국권 피탈과 저항   56
6. 개항기(문화)   58
7. 일제 강점기(식민 통치)   60
8. 일제 강점기(1910년대 저항)   62
9. 일제 강점기(1920년대 저항)   64
10. 일제 강점기(1930년대 이후 저항)   66
11. 일제 강점기(사회)   68
12. 일제 강점기(문화)   70
13. 현대(광복~6·25 전쟁)   72
14. 현대(이승만 정부)   74
15. 현대(박정희 정부~전두환 정부)   76
16. 현대(노태우 정부 이후)   78
17. 현대(정부별 경제·통일 정책)   80
18. 인물과 지역사   82

시대 통합
암기편
(전근대)

고대(삼국과 가야)

유형 1 통일 전 삼국의 대립

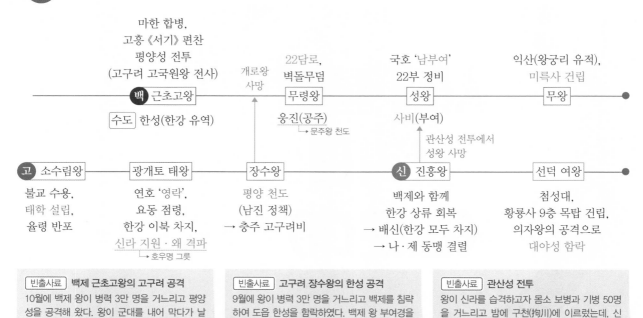

마한 합병,
고흥《서기》편찬
평양성 전투
(고구려 고국원왕 전사)

개로왕
사망

22담로,
벽돌무덤

국호 '남부여'
22부 정비

익산(왕궁리 유적),
미륵사 건립

[백] 근초고왕 ──── [무령왕] ──── [성왕] ──── [무왕] ●

[수도] 한성(한강 유역)

웅진(공주)
└→ 문주왕 천도

사비(부여)

관산성 전투에서
성왕 사망

[고] 소수림왕 ──── [광개토 태왕] ──── [장수왕] ──── [신] 진흥왕 ──── [선덕 여왕] ●

불교 수용,
태학 설립,
율령 반포

연호 '영락',
요동 점령,
한강 이북 차지,
신라 지원·왜 격파
└→ 호우명 그릇

평양 천도
(남진 정책)
→ 충주 고구려비

백제와 함께
한강 상류 회복
→ 배신(한강 모두 차지)
→ 나·제 동맹 결렬

첨성대,
황룡사 9층 목탑 건립,
의자왕의 공격으로
대야성 함락

[빈출사료] **백제 근초고왕의 고구려 공격**
10월에 백제 왕이 병력 3만 명을 거느리고 평양성을 공격해 왔다. 왕이 군대를 내어 막다가 날아온 화살에 맞아 이달 23일에 서거하였다.

[빈출사료] **고구려 장수왕의 한성 공격**
9월에 왕이 병력 3만 명을 거느리고 백제를 침략하여 도읍 한성을 함락하였다. 백제 왕 부여경을 죽이고 남녀 8천 명을 포로로 잡아 돌아왔다.

[빈출사료] **관산성 전투**
왕이 신라를 습격하고자 몸소 보병과 기병 50명을 거느리고 밤에 구천(拘川)에 이르렀는데, 신라 복병을 만나 그들과 싸우다가 살해되었다.

유형 2 통일 전 신라와 가야

┌ 4C ─ 내물 마립간: '마립간' 칭호 사용, 고구려에 군사적 의존(호우명 그릇)
├ 5C ─ 눌지 마립간: 나·제 동맹 체결(433) → 소지 마립간: 백제와 결혼 동맹(493)
│   └→ 비유왕   └→ 동성왕
├ 6C ─ 지증왕: '신라' 국호, '왕' 칭호, 우산국 복속(이사부), 우경 실시, 동시전 설치
│   ├ 법흥왕(건원) ┬ 율령 반포, 병부 설치, 상대등 설치, 금관가야 차지(김해, 시조: 김수로)
│   │   └ 불교 공인(이차돈 순교), 공복 제정   └→ 낙랑과 왜에 철 수출, 덩이쇠를 화폐처럼 사용
│   └ 진흥왕 ┬ 한강 차지 → 나·제 동맹 결렬 → 관산성 전투에서 백제 성왕 사망(554)
│   김정희 ├ 북한산비를 비롯한 4개의 순수비 건립, 화랑도 정비, 거칠부《국사》편찬
│   《금석과안록》└ 대가야 차지(고령, 시조: 이진아시왕)
│   └→ 중국 수나라에 도움을 요청하는 문서
└ 7C ─ 진평왕: 원광의 세속 5계, '걸사표'
        ├ 선덕 여왕 ┬ 첨성대, 황룡사 9층 목탑 건립(by 자장의 건의)
        │   └ 백제 의자왕 공격 → 대야성 함락(김품석 사망) → 김춘추, 고구려에 도움 요청
        │   → 고구려 연개소문, 거절 → 김춘추, 당에 도움 요청
        ├ 진덕 여왕: 나·당 동맹 체결(648) └→ 외사정 파견(지방관 감찰)
        └ 무열왕: 백제 멸망(660) → 문무왕(김법민): 고구려 멸망(668) → 나·당 전쟁 → 삼국 통일

개념 잡는 기출 선택지

유형 1 통일 전 삼국의 대립

01 광개토 태왕에 대한 설명으로 옳으면 O표, 틀리면 X표를 하세요.

(1) 평양으로 수도를 옮겼다. ( )
(2) 백제를 공격하여 한성을 함락시켰다. ( )
(3) 태학을 설립하여 인재를 양성하였다. ( )
(4) 영락이라는 독자적 연호를 사용하였다. ( )
(5) 전진의 순도를 통해 불교를 수용하였다. ( )
(6) 율령을 반포하여 통치 체제를 정비하였다. ( )
(7) 신라에 군대를 파견하여 왜를 격퇴하였다. ( )
(8) 진흥왕과 연합하여 한강 유역을 되찾았다. ( )

02 다음 설명에 해당하는 백제 왕을 |보기|에서 골라 쓰세요.

┌ 보기 ┐
무왕, 성왕, 무령왕, 근초고왕
└────────┘

(1) 국호를 남부여로 고쳤다. ( )
(2) 22담로에 왕족을 파견하였다. ( )
(3) 익산에 미륵사를 창건하였다. ( )
(4) 관산성 전투에서 패배하였다. ( )
(5) 고흥에게 서기를 편찬하게 하였다. ( )
(6) 평양성 전투에서 고국원왕을 전사시켰다. ( )
(7) 사비로 천도하고 행정 조직을 재정비하였다. ( )
(8) 진흥왕과 연합하여 한강 하류 지역을 되찾았다. ( )

03 다음 자료와 관련 있는 왕을 쓰세요.

(1) ( )

┌─────────────────────┐
56년 신라의 실직주성을 빼앗다
60년 북위에 사신을 파견하다
63년 백제 도성을 함락시키다
└─────────────────────┘

(2) ( )

┌─────────────────────┐
이 동상은 여러 번 고구려를 격파하여 다시 강국이 되었다는 내용의 국서를 양나라에 보내는 왕의 모습을 형상화한 것입니다. 또한 동상 앞 석상은 중국 남조의 영향을 받아 벽돌로 축조한 왕의 무덤에서 출토된 진묘수 모형입니다.
└─────────────────────┘

유형 2 통일 전 신라와 가야

04 다음 정책을 실시한 신라 왕을 |보기|에서 골라 쓰세요.

┌ 보기 ┐
법흥왕, 지증왕, 진흥왕
└────────┘

(1) 병부와 상대등을 설치하였다. ( )
(2) 관산성 전투에서 성왕을 전사시켰다. ( )
(3) 이사부를 보내 우산국을 복속하였다. ( )
(4) 거칠부에게 국사를 편찬하게 하였다. ( )
(5) 화랑도를 국가적 조직으로 개편하였다. ( )
(6) 건원이라는 독자적 연호를 사용하였다. ( )
(7) 이차돈의 순교를 계기로 불교를 공인하였다. ( )
(8) 시장을 감독하는 관청인 동시전을 설치하였다. ( )
(9) 국호를 신라로 정하고 왕이라는 칭호를 사용하였다. ( )

05 다음 자료에서 (가)에 들어갈 나라를 쓰세요.

(1) ( )

┌─────────────────────┐
진흥왕이 이찬 이사부에게 명령하여 (가)을/를 공격하게 하였다. 이때 사다함은 나이가 15~16세였는데 종군하기를 청하였다. …… (가) 사람들이 뜻하지 않은 병사들의 습격에 놀라 막아 내지 못하였고, 대군이 승세를 타서 마침내 멸망시켰다.
└─────────────────────┘

(2) ( )

┌─────────────────────┐
수로왕이 건국했다고 전해지는 (가)의 유적이다. 발굴 조사 결과 널무덤, 독무덤 등 600여 기의 유구와 토기, 청동기, 철기 등 5,200여 점에 이르는 유물이 출토되었다.
└─────────────────────┘

정답

01 (1) X(장수왕) (2) X(장수왕) (3) X(소수림왕) (4) O (5) X(소수림왕)
(6) X(소수림왕) (7) O (8) X(성왕)
02 (1) 성왕 (2) 무령왕 (3) 무왕 (4) 성왕 (5) 근초고왕 (6) 근초고왕
(7) 성왕 (8) 성왕
03 (1) 장수왕 (2) 무령왕
04 (1) 법흥왕 (2) 진흥왕 (3) 지증왕 (4) 진흥왕 (5) 진흥왕 (6) 법흥왕
(7) 법흥왕 (8) 지증왕 (9) 지증왕
05 (1) 대가야 (2) 금관가야

2 고대(통일 신라, 발해)

유형 3 신라의 삼국 통일

흐름 잡는 사건 연표

- 648 나·당 동맹
- 660 백제 멸망
- 663 백강 전투
- 668 고구려 멸망
- 676 기벌포 전투
- 681 김흠돌의 난
- 698 발해 건국

- 612 수 문제의 고구려 침입 → 수 양제의 고구려 침입 → 살수 대첩(612, 을지문덕)
- 618 당나라 건국 → 고구려의 강경책: 천리장성 축조(by 연개소문)
- 642 연개소문의 정변: 영류왕 제거 → 보장왕 추대, 스스로 대막리지가 됨
- 645 당 태종 침입 → 고구려, 안시성 전투 승리
- 648 나·당 동맹(신라 진덕 여왕, 김춘추)
- 660 백제 멸망(의자왕 + 황산벌의 계백 VS 신라 무열왕 + 김유신)
- 660~663 백제 부흥 운동 ┬ 복신, 도침, 흑치상지
  └ 왕자 부여풍 + 일본 지원 → 백강 전투
- 668 고구려 멸망(보장왕 VS 신라 문무왕)
- 669~673 고구려 부흥 운동 ┬ 고연무, 검모잠 + 안승(금마저)
  └ 신라의 지원(문무왕이 안승을 보덕국왕으로 임명)
- 670~676 나·당 전쟁: 매소성 전투(675), 기벌포 전투(676) → 승리
- 676 삼국 통일(대동강~원산만)

유형 4 통일 신라의 주요 왕

- 통일 전 | 박혁거세 ─────────→ 선덕 여왕 → 진덕 여왕
- 통일 후 ┬ 중대 | 무열왕 → 문무왕 → 신문왕 ──→ 성덕왕 ──→ 경덕왕 → 혜공왕
  │   ├→ 신문왕 ┬ 김흠돌의 난 진압, 9주 5소경, 9서당 10정
  │   │   └ 국학 설립, 관료전 지급, 녹읍 폐지, 만파식적
  │   ├→ 성덕왕: 백성에게 정전 지급
  │   └→ 경덕왕: 귀족 반발로 녹읍 부활, 불국사 건립
  │   →최치원의 시무 10여 조 → 수용 ✕
  └ 하대 | 원성왕 ─────────→ 진성 여왕 → 경애왕 → 경순왕(마지막)
        ├→ 100여 년간 20명의 왕 교체 – 장보고: 청해진 설치
        └→ 거듭된 반란: 김헌창의 난(822) → 장보고의 난(846)
                    → 원종과 애노의 난(889) → 적고적의 난

✦ **독서삼품과**
원성왕은 인재 등용을 위해 유교 경전의 이해 수준에 따라 관리를 뽑는 독서삼품과를 실시하였어요.

유형 5 발해 주요 왕

- 건국 | 대조영(천통): 동모산 지역에서 건국
- 발전 ┬ 무왕(대무예, 인안): 장문휴의 수군이 당의 등주 공격
  ├ 문왕(대흠무, 대흥) ┬ 당과 친선, 신라도 개설, 3성 6부제, 주자감 설치
  │   └ 상경 천도, '황상'이라 칭함(황제 국가 표방) → 정효 공주 묘지석
  └ 선왕(대인수, 건흥) ┬ 옛 고구려 땅 회복 → '해동성국'이라 불림
                    └ 5경 15부 62주(지방 조직)

✦ **발해의 통치 체제**
- 3성 6부: 정당성의 장관 대내상이 국정 총괄
- 중정대: 관리 비리 감찰
- 주자감: 최고 교육 기관

개념 잡는 기출 선택지

유형 3 신라의 삼국 통일

01 다음 내용들을 일어난 순서대로 나열하세요.

(   )

> (가) 을지문덕이 살수에서 승리하였다.
> (나) 김춘추가 당과의 동맹을 성사시켰다.
> (다) 나·당 연합군이 사비성을 함락하였다.
> (라) 신라군이 기벌포에서 당군을 격파하였다.
> (마) 안승이 신라에 의해 보덕국왕으로 임명되었다.
> (바) 백제 부흥군이 백강에서 왜군과 함께 당군에 맞서 싸웠다.
> (사) 검모잠이 안승을 왕으로 추대하고 부흥 운동을 전개하였다.

유형 4 통일 신라의 주요 왕

02 신문왕에 대한 설명으로 옳으면 O표, 틀리면 X표를 하세요.

(1) 백성에게 정전을 지급하였다. (   )
(2) 도읍을 국내성에서 평양으로 옮겼다. (   )
(3) 지방의 22담로에 왕족을 파견하였다. (   )
(4) 관료전을 지급하고 녹읍을 폐지하였다. (   )
(5) 9주 5소경의 지방 행정 제도를 두었다. (   )
(6) 유학 교육을 위하여 국학을 설립하였다. (   )
(7) 전진의 순도를 통해 불교를 수용하였다. (   )
(8) 군사 조직을 9서당 10정으로 편성하였다. (   )
(9) 인재 등용을 위해 독서삼품과를 실시하였다. (   )
(10) 김흠돌을 비롯한 진골 귀족 세력을 숙청하였다. (   )

03 신라 말에 볼 수 있는 모습으로 옳으면 O표, 틀리면 X표를 하세요.

(1) 장보고가 청해진을 설치하였다. (   )
(2) 이차돈의 순교로 불교가 공인되었다. (   )
(3) 건원이라는 독자적 연호를 사용하였다. (   )
(4) 원종과 애노가 사벌주에서 봉기하였다. (   )
(5) 왕의 장인인 김흠돌이 반란을 일으켰다. (   )

(6) 웅천주 도독 김헌창이 반란을 일으켰다. (   )
(7) 금관가야를 복속하여 영토를 확대하였다. (   )
(8) 신라군이 기벌포에서 당군을 격파하였다. (   )
(9) 최고 지배자의 칭호가 마립간으로 바뀌었다. (   )
(10) 최치원이 진성 여왕에게 시무책 10여 조를 올렸다. (   )

유형 5 발해 주요 왕

04 발해에 대한 설명으로 옳으면 O표, 틀리면 X표를 하세요.

(1) 신라에 침입한 왜구를 격퇴하였다. (   )
(2) 전성기에 해동성국이라고도 불렸다. (   )
(3) 신라도를 통하여 신라와 교류하였다. (   )
(4) 9서당 10정의 군사 조직을 갖추었다. (   )
(5) 주자감을 설치하여 인재를 양성하였다. (   )
(6) 정당성의 대내상이 국정을 총괄하였다. (   )
(7) 9주 5소경의 지방 행정 제도를 갖추었다. (   )
(8) 지방에 22담로를 두어 왕족을 파견하였다. (   )
(9) 인안, 대흥이라는 독자적인 연호를 사용하였다. (   )

05 다음 설명과 관련 있는 발해 왕을 |보기|에서 골라 쓰세요.

> |보기|
> 무왕, 문왕, 선왕, 대조영

(1) 장문휴를 보내 등주를 공격하였다. (   )
(2) 전성기에 해동성국이라고도 불렸다. (   )
(3) 3성 6부의 중앙 관제를 정비하였다. (   )
(4) 고구려 유민을 모아 동모산에서 나라를 세웠다. (   )
(5) 5경 15부 62주의 지방 행정 제도를 마련하였다. (   )

정답

01 (가) – (나) – (다) – (바) – (사) – (마) – (라)
02 (1) X(성덕왕) (2) X(장수왕) (3) X(무령왕) (4) ○ (5) ○ (6) ○ (7) X(소수림왕) (8) ○ (9) X(원성왕) (10) ○
03 (1) ○ (2) X(법흥왕 때) (3) X(법흥왕 때) (4) ○ (5) X(신문왕 때) (6) ○ (7) X(법흥왕 때) (8) X(삼국 통일 시기) (9) X(내물 마립간 때) (10) ○
04 (1) X(고구려) (2) ○ (3) ○ (4) X(신라) (5) ○ (6) ○ (7) X(신라) (8) X(백제) (9) ○
05 (1) 무왕 (2) 선왕 (3) 문왕 (4) 대조영 (5) 선왕

3 고려(초기 정치)

유형 6 후삼국 통일 과정

후백제 ─ 견훤, 완산주(전주)에 도읍, 충청도·전라도 지역 차지
       └ 후당·오월과 외교 관계 체결(사신 파견), 신라에 적대적(경애왕을 죽게 함)

후고구려 ─ 궁예, 송악(개성)에 도읍 → 국호 '마진', '태봉' 변경, 연호 '무태', 철원 천도
         │ └ 경기도·강원도 지역 차지, 광평성 설치, 전제 정치(미륵 신앙 이용)

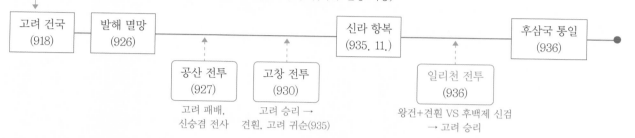

| 고려 건국 (918) | 발해 멸망 (926) | | | 신라 항복 (935. 11.) | | 후삼국 통일 (936) |

공산 전투 (927)
고려 패배,
신숭겸 전사

고창 전투 (930)
고려 승리 →
견훤, 고려 귀순(935)

일리천 전투 (936)
왕건+견훤 VS 후백제 신검
→ 고려 승리

유형 7 고려 왕조 계보

태조 ─ 건국, 연호 '천수', 흑창 설치(성종 때 '의창'으로 개칭), 역분전 지급
     ├ 사심관 제도(경순왕 김부를 경주 사심관으로 임명), 기인 제도
     └ 《정계》, 《계백료서》, 훈요 10조, 서경(평양) 중시, 만부교 사건(거란 적대)

정종 ─ 광군사 설치(광군 조직) ← 거란 침입 대비 목적

광종 ─ 노비안검법, 과거제(쌍기의 건의), 공복 제정, 논산 관촉사 석조 미륵보살 입상 건립
     └ 연호 '광덕 → 준풍', '황제' 칭호 사용, 주현공부법, 제위보 설치, 귀법사 창건(균여)

경종 ─ 시정 전시과 → 전·현직 관리 대상, 관등 + 인품 기준

성종 ─ 최승로 '시무 28조' 수용: 유교 정치 실현, 12목 설치(지방관 파견), 향직(향리) 제도 마련
     └ 2성 6부 정비, 국자감(최고 교육 기관) 설치, 경학박사·의학박사 파견, 화폐 발행(건원중보), 거란의 1차 침입(서희)

목종 ─ 개정 전시과(전·현직 관리 대상, 관등만 기준), 강조의 정변(→ 거란의 2차 침입 원인)

현종 ─ 거란의 2차 침입(양규 활약), 거란의 3차 침입(강감찬), 5도 양계 정비, 초조대장경 간행

문종 ─ 경정 전시과(현직 관리로 지급 대상 한정), 사학 발전(최충의 문헌공도)

숙종 ─ 윤관의 별무반 조직, 화폐 발행(삼한통보, 해동통보, 은병(활구)), 서적포 설치(서적 보관·간행), 의천 활약(천태종)

예종 ─ 윤관의 동북 9성 축조, 관학 진흥책(7재, 청연각·보문각, 양현고 설치)

인종 ─ 이자겸의 난, 묘청의 서경 천도 운동(← 김부식 진압) ─→ 《삼국사기》 편찬

무신 정권 ─ 의종: 무신 정변 → 명종: 최충헌(봉사 10조) → 고종: 최우 집권, 몽골의 1차 침입 이후 강화도 천도

원 간섭기 ─ 충렬왕 → 충선왕(원에 만권당 설치: 이제현 활동) → 충목왕(정치도감 설치)
                        └→ 충숙왕 때

공민왕 ─ 기철 숙청, 정방 폐지, 정동행성 이문소 폐지, 쌍성총관부 수복
       └ 전민변정도감 설치(신돈), 성균관 정비, 홍건적의 침입(→ 복주(안동)로 피난)

고려 말 ─ 우왕: 화통도감 설치, 이성계의 위화도 회군 → 창왕: 박위의 쓰시마섬 정벌 → 공양왕: 과전법 실시 → 조선 건국

개념 잡는 기출 선택지

유형 6 후삼국 통일 과정

01 견훤에 대한 설명이면 '견훤', 궁예에 대한 설명이면 '궁예'를 쓰세요.

(1) 후백제를 건국하였다. ( )
(2) 국호를 태봉으로 바꾸었다. ( )
(3) 후당, 오월에 사신을 보냈다. ( )
(4) 경주를 습격하여 경애왕을 죽게 하였다. ( )
(5) 금산사에 유폐된 후 고려에 귀부하였다. ( )
(6) 송악을 도읍으로 후고구려를 건국하였다. ( )
(7) 광평성을 비롯한 각종 정치 기구를 마련하였다. ( )
(8) 마진이라는 국호와 무태라는 연호를 사용하였다. ( )

02 다음 내용들을 일어난 순서대로 나열하세요.

( )

> (가) 신숭겸이 공산 전투에서 전사하였다.
> (나) 경순왕 김부가 경주의 사심관으로 임명되었다.
> (다) 고려가 일리천 전투에서 신검에게 승리하였다.
> (라) 견훤이 금산사에 유폐된 후 고려에 귀부하였다.
> (마) 고려가 고창 전투에서 후백제군과 싸워 승리하였다.

유형 7 고려 왕조 계보

03 고려 태조에 대한 설명으로 옳으면 O표, 틀리면 X표를 하세요.

(1) 광군을 창설하여 외침에 대비하였다. ( )
(2) 흑창을 설치하여 빈민을 구제하였다. ( )
(3) 국자감에 7재라는 전문 강좌를 운영하였다. ( )
(4) 국자감에 서적포를 두어 출판을 담당하게 하였다. ( )
(5) 공신에게 공로와 인품에 따라 역분전을 지급하였다. ( )
(6) 정계와 계백료서를 지어 관리의 규범을 제시하였다. ( )
(7) 호족 세력을 견제하기 위해 노비안검법을 실시하였다. ( )
(8) 전국 주요 지역에 12목을 설치하여 지방관을 파견하였다. ( )

04 고려 광종에 대한 설명으로 옳으면 O표, 틀리면 X표를 하세요.

(1) 평양을 서경으로 삼아 중시하였다. ( )
(2) 관학을 진흥하고자 양현고를 설치하였다. ( )
(3) 노비안검법을 시행하여 재정을 확충하였다. ( )
(4) 지방 세력 통제를 위해 향리제를 정비하였다. ( )
(5) 광덕, 준풍 등의 독자적인 연호를 사용하였다. ( )
(6) 쌍기의 건의를 받아들여 과거제를 실시하였다. ( )
(7) 개경에 귀법사를 세우고 균여를 주지로 삼았다. ( )
(8) 후주와 사신을 교환하여 대외 관계의 안정을 꾀하였다. ( )
(9) 기금을 모아 그 이자로 빈민을 구제하는 제위보를 운영하였다. ( )

05 고려 성종에 대한 설명으로 옳으면 O표, 틀리면 X표를 하세요.

(1) 국자감에 서적포를 설치하였다. ( )
(2) 금속 화폐인 건원중보가 주조되었다. ( )
(3) 천수라는 독자적인 연호를 사용하였다. ( )
(4) 국자감을 설립하여 유학 교육에 힘썼다. ( )
(5) 주전도감을 설치하여 해동통보를 발행하였다. ( )
(6) 왕권을 강화하기 위해 노비안검법을 실시하였다. ( )
(7) 전국에 12목을 처음으로 설치하고 지방관을 파견하였다. ( )
(8) 최승로의 시무 28조를 받아들여 통치 체제를 정비하였다. ( )

정답

01 (1) 견훤 (2) 궁예 (3) 견훤 (4) 견훤 (5) 견훤 (6) 궁예 (7) 궁예 (8) 궁예
02 (가) - (마) - (라) - (나) - (다)
03 (1) X(정종) (2) O (3) X(예종) (4) X(숙종) (5) O (6) O (7) X(광종) (8) X(성종)
04 (1) X(태조) (2) X(예종) (3) O (4) X(성종) (5) O (6) O (7) O (8) O (9) O
05 (1) X(숙종) (2) O (3) X(태조) (4) O (5) X(숙종) (6) X(광종) (7) O (8) O

4 고려(중기 이후 정치)

고려 중기 정치 동요

- 1126 이자겸의 난
- 1135 묘청의 서경 천도 운동
- 1170 무신 정변
- 1176 망이·망소이의 난
- 1198 만적의 난
- 1388 위화도 회군

고려 중기 ─┬─ 지배 세력: 문벌 귀족(음서, 공음전)
　　　　　├─ 이자겸의 난(1126): 인종의 이자겸 제거 시도 → 이자겸, 척준경과 함께 반란 → 실패
　　　　　└─ 묘청의 서경 천도 운동(1135): 묘청 등이 칭제 건원, 금국 정벌 주장 → 서경에서 반란
　　　　　　　　　　　　　　　　　(국호: 대위, 연호: 천개) → 김부식 등 관군이 진압

무신 정권 ─┬─ 지배 세력: 무신
　　　　　└─ 전개: 무신 정변(1170) → 최씨 무신 정권 성립(1196)

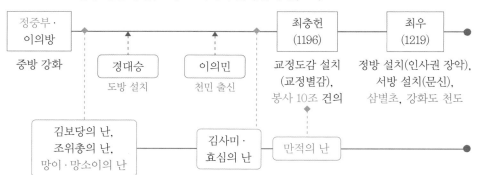

정중부·이의방		경대승	이의민	최충헌 (1196)	최우 (1219)
중방 강화		도방 설치	천민 출신	교정도감 설치 (교정별감), 봉사 10조 건의	정방 설치(인사권 장악), 서방 설치(문신), 삼별초, 강화도 천도
김보당의 난, 조위총의 난, 망이·망소이의 난		김사미·효심의 난	만적의 난		

✚ 봉사 10조
최충헌이 명종에게 올린 일종의 사회 개혁책으로, 최충헌은 이를 통해 집권의 명분을 마련하였어요.

빈출사료 **망이·망소이의 난**
명학소의 백성 망이·망소이 등이 무리를 모아서 산행병마사라고 자칭하고는 공주를 공격하여 함락하였다.

빈출사료 **만적의 난**
만적 등이 노비들을 불러 모아서 말하기를, "장군과 재상에 어찌 타고난 씨가 있겠는가? 때가 되면 누구나 할 수 있는 것이다."라고 하였다. …… 만적 등 100여 명이 체포되어 강에 던져졌다.

원 간섭기~여말 선초

─┬─ 원 간섭기 ─┬─ 권문세족: 도평의사사·정방(인사권) 장악, 토지 겸병(약탈)
　│　　　　　　└─ 원나라: 일본 정벌 동원(→ 정동행성 설치), 응방 설치(매 수탈), 다루가치 파견
　├─ 공민왕 ─┬─ 반원 자주 ─┬─ 기철 등 친원파 숙청, 정방 폐지, 정동행성 이문소 폐지
　│　　　　　│　　　　　　├─ 관제 복구, 몽골풍(변발, 호복) 금지
　│　　　　　│　　　　　　└─ 쌍성총관부 수복: 유인우 + 이자춘 활약
　│　　　　　├─ 왕권 강화 ─┬─ 신돈 등용 → 전민변정도감 설치
　│　　　　　│　　　　　　└─ 성균관 정비: 유교 교육 강화(신진 사대부 등용)
　│　　　　　└─ 노국 대장 공주 사망 후 시해됨
　└─ 여말 선초 ─┬─ 신진 사대부 ─┬─ 지방 향리 출신 → 과거를 통해 공민왕 때 성장
　　　　　　　　│　　　　　　　├─ 이색, 정몽주, 정도전, 권근 등
　　　　　　　　│　　　　　　　└─ 불교 비판 → 성리학 수용
　　　　　　　　├─ 이성계의 위화도 회군: 이성계, 우왕의 명으로 요동 정벌 출정 → 위화도에서 회군
　　　　　　　　│　　　　　　　　　　　　　　　　→ 최영 제거, 우왕 폐위 → 정권 장악
　　　　　　　　└─ 분열 ─┬─ 온건파: 정몽주, 이색 → 사림파 형성(16C 이후)
　　　　　　　　　　　　　└─ 급진파: 정도전, 조준 → 과전법 실시 → 훈구파 형성(15C)

✚ 원의 간섭
- 변발과 호복
- 첨의부, 4사
- 왕 묘호에 '忠(충)' 사용
- 정동행성 설치

개념 잡는 기출 선택지

유형 8 고려 중기 정치 동요

01 다음 내용들을 일어난 순서대로 나열하세요.

(   )

> (가) 김부식이 묘청의 반란을 진압하였다.
> (나) 이자겸이 척준경에 의해 축출되었다.
> (다) 정중부, 이의방 등이 정변을 일으켰다.
> (라) 최충헌이 교정별감이 되어 국정을 총괄하였다.
> (마) 묘청 등이 중심이 되어 서경 천도를 주장하였다.
> (바) 이자겸과 척준경이 반란을 일으켜 궁궐을 불태웠다.

02 고려 무신 정권기에 있었던 사실로 옳으면 O표, 틀리면 X표를 하세요.

(1) 신돈이 전민변정도감의 판사가 되었다.　　　(　　　)
(2) 만적이 개경에서 신분 해방을 도모하였다.　　(　　　)
(3) 노비안검법을 시행하여 재정을 확충하였다.　(　　　)
(4) 망이·망소이가 공주 명학소에서 봉기하였다.　(　　　)
(5) 원종과 애노가 사벌주에서 반란을 일으켰다.　(　　　)
(6) 정중부 등이 정변을 일으켜 권력을 장악하였다.
　　　　　　　　　　　　　　　　　　　　　(　　　)
(7) 이자겸이 왕실의 외척이 되어 권력을 독점하였다.
　　　　　　　　　　　　　　　　　　　　　(　　　)
(8) 최충헌이 봉사 10조를 올려 시정 개혁을 건의하였다.
　　　　　　　　　　　　　　　　　　　　　(　　　)
(9) 좌·우별초와 신의군으로 구성된 삼별초가 조직되었다.
　　　　　　　　　　　　　　　　　　　　　(　　　)
(10) 묘청 일파가 김부식이 이끄는 관군에 의해 토벌되었다.
　　　　　　　　　　　　　　　　　　　　　(　　　)
(11) 최우가 강화도로 수도를 옮겨 장기 항전에 대비하였다.
　　　　　　　　　　　　　　　　　　　　　(　　　)

03 다음 무신 정권기의 사실들을 일어난 순서대로 나열하세요.

(   )

> (가) 정중부, 이의방 등이 정변을 일으켰다.
> (나) 망이, 망소이 등이 명학소에서 봉기하였다.
> (다) 최우가 정방을 설치하여 인사권을 장악하였다.
> (라) 강화도로 도읍을 옮겨 몽골의 침략에 대비하였다.
> (마) 최충헌이 교정도감을 설치하여 국정을 총괄하였다.

유형 9 원 간섭기~여말 선초

04 원 간섭기에 볼 수 있는 사실로 옳으면 O표, 틀리면 X표를 하세요.

(1) 만적이 개경에서 반란을 모의하였다.　　　　(　　　)
(2) 권문세족이 도평의사사를 장악하였다.　　　(　　　)
(3) 일본 원정을 위해 정동행성이 설치되었다.　（　　　)
(4) 왕실의 외척인 이자겸이 권력을 독점하였다.　(　　　)
(5) 청해진을 중심으로 해상 무역이 전개되었다.　(　　　)
(6) 중서문하성과 상서성이 첨의부로 개편되었다. (　　　)
(7) 지배층을 중심으로 변발과 호복이 유행하였다.(　　　)
(8) 국정을 총괄하는 기구로 교정도감이 설치되었다.
　　　　　　　　　　　　　　　　　　　　　(　　　)
(9) 최충이 9재 학당을 설립하여 유학을 교육하였다.
　　　　　　　　　　　　　　　　　　　　　(　　　)

05 공민왕 재위 시기에 있었던 사실로 옳으면 O표, 틀리면 X표를 하세요.

(1) 정동행성 이문소가 폐지되었다.　　　　　　(　　　)
(2) 중서문하성과 상서성이 복구되었다.　　　　(　　　)
(3) 쌍기의 건의로 과거제가 도입되었다.　　　　(　　　)
(4) 대표적 친원 세력인 기철이 숙청되었다.　　(　　　)
(5) 동북면 병마사 김보당이 난을 일으켰다.　　(　　　)
(6) 인사 행정을 담당하던 정방이 폐지되었다.　(　　　)
(7) 신돈을 중심으로 전민변정 사업이 추진되었다.(　　　)
(8) 강화도로 도읍을 옮겨 장기 항전을 준비하였다.(　　　)
(9) 쌍성총관부를 공격하여 철령 이북을 수복하였다.
　　　　　　　　　　　　　　　　　　　　　(　　　)
(10) 국자감을 성균관으로 개칭하고 유학 교육을 장려하였다.
　　　　　　　　　　　　　　　　　　　　　(　　　)

정답

01 (바) - (나) - (마) - (가) - (다) - (라)
02 (1) X(공민왕 때) (2) O (3) X(광종 때) (4) O (5) X(신라 말) (6) O
　　(7) X(인종 때) (8) O (9) O (10) X(인종 때) (11) O
03 (가) - (나) - (마) - (다) - (라)
04 (1) X(무신 정권기) (2) O (3) O (4) X(인종 때) (5) X(신라 말) (6) O
　　(7) O (8) X(무신 정권기) (9) X(문종 때)
05 (1) O (2) O (3) X(광종 때) (4) O (5) X(무신 정권기) (6) O (7) O
　　(8) X(무신 정권기) (9) O (10) O

5 조선 전기(정치)

태조(이성계) ─ 조선 건국 → 한양 천도 → 경복궁 건립(법궁)
└ 정도전: 《조선경국전》, 《불씨잡변》 저술

태종(이방원) ─ 6조 직계제, 사간원 독립, 창덕궁 건립(이궁), 사병 혁파, 양전 사업, 호패법
└→ 문하부 낭사를 분리
└ 신문고 설치, 주자소 설치(→ 계미자 주조), 〈혼일강리역대국도지도〉 제작

세종(이도) ─ 의정부 서사제, 집현전 확대(경연), 공법 시행(전분6등법, 연분9등법), 갑인자 주조
├ 훈민정음 창제·반포(《용비어천가》), 《칠정산》 내·외편, 《농사직설》, 《삼강행실도》
└ 《향약집성방》, 과학 기구(장영실 등용 → 자격루, 앙부일구, 측우기), 관노비에게 출산 휴가 부여

단종 ─ 계유정난 이후 폐위, 세조 즉위 이후 단종 복위 운동(성삼문, 박팽년 등) 전개

세조 ─ 6조 직계제, 집현전·경연 폐지, 《경국대전》 편찬 시작, 이시애의 난(→ 유향소 폐지)
└ 직전법 실시(수신전·휼양전 폐지), 서울 원각사지 10층 석탑 건립

성종 ─ 훈구 견제 위해 사림 등용 시작, 《경국대전》 완성·반포, 홍문관(옥당) 설치, 관수 관급제 실시
└ 《국조오례의》, 《동국여지승람》, 《악학궤범》, 《동문선》, 《동국통감》 편찬

연산군 ─ 무오사화(원인: 김종직의 〈조의제문〉) → 갑자사화(원인: 폐비 윤씨 사사 사건)

중종 ─ 중종반정(1506) ─ 훈구 견제를 위해 사림 등용(조광조)
├ 조광조의 개혁 정치: 반정 공신의 위훈 삭제 주장, 현량과 실시, 향약 실시, 소격서 폐지
└ 기묘사화: 조광조의 개혁에 대한 훈구 세력 반발

명종 ─ 을사사화: 윤임 VS 윤원형 → 양재역 벽서 사건, 임꺽정의 난
└ 《구황촬요》 간행

선조 ─ 사림 집권 → 붕당(사림 VS 사림) 발생 → 동인(→ 남인·북인), 서인으로 분화 → 정여립 모반 사건 → 기축옥사
└ 임진왜란 → 훈련도감 창설

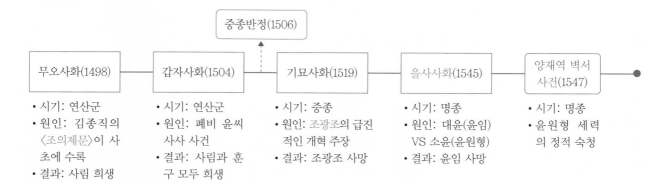

중종반정(1506)

무오사화(1498)	갑자사화(1504)	기묘사화(1519)	을사사화(1545)	양재역 벽서 사건(1547)
• 시기: 연산군	• 시기: 연산군	• 시기: 중종	• 시기: 명종	• 시기: 명종
• 원인: 김종직의 〈조의제문〉이 사초에 수록	• 원인: 폐비 윤씨 사사 사건	• 원인: 조광조의 급진적인 개혁 주장	• 원인: 대윤(윤임) VS 소윤(윤원형)	• 윤원형 세력의 정적 숙청
• 결과: 사림 희생	• 결과: 사림과 훈구 모두 희생	• 결과: 조광조 사망	• 결과: 윤임 사망	

개념 잡는 기출 선택지

유형 10 조선 왕조 계보

01 조선 태종과 관련 있는 설명으로 옳으면 O표, 틀리면 X표를 하세요.

(1) 주자소를 설치하여 계미자를 주조하였다. ( )
(2) 조선의 기본 법전인 경국대전이 완성되었다. ( )
(3) 왕권 강화를 위해 6조 직계제를 실시하였다. ( )
(4) 문하부 낭사를 분리하여 사간원으로 독립시켰다.
( )
(5) 세계 지도인 혼일강리역대국도지도가 만들어졌다.
( )
(6) 수신전, 휼양전 등의 명목으로 세습되는 토지를 폐지하였다.
( )

02 조선 세종과 관련 있는 설명으로 옳으면 O표, 틀리면 X표를 하세요.

(1) 창덕궁에 신문고를 처음 설치하였다. ( )
(2) 학문 연구 기관인 집현전이 설치되었다. ( )
(3) 경국대전을 완성하여 통치 체제를 정비하였다. ( )
(4) 유교 윤리의 보급을 위해 삼강행실도를 편찬하였다.
( )
(5) 한양을 기준으로 한 역법서인 칠정산이 편찬되었다.
( )
(6) 우리 풍토에 맞는 농법을 소개한 농사직설이 편찬되었다.
( )
(7) 전국의 지리, 풍속 등이 수록된 동국여지승람이 편찬되었다.
( )

03 조선 세조와 관련 있는 설명으로 옳으면 O표, 틀리면 X표를 하세요.

(1) 현직 관리를 대상으로 직전법이 실시되었다. ( )
(2) 이시애의 난을 진압하고 유향소를 폐지하였다. ( )
(3) 단종 복위 운동을 계기로 집현전을 폐지하였다.
( )
(4) 문하부를 폐지하고 낭사를 사간원으로 독립시켰다.
( )
(5) 백성들에게 곡식을 빌려주는 진대법을 시행하였다.
( )
(6) 국산 약재와 치료법을 소개한 향약집성방을 편찬하였다.
( )

04 조선 성종과 관련 있는 설명으로 옳으면 O표, 틀리면 X표를 하세요.

(1) 금속 활자인 갑인자를 제작하였다. ( )
(2) 국가의 의례를 정비한 국조오례의가 완성되었다.
( )
(3) 음악 이론 등을 집대성한 악학궤범이 간행되었다.
( )
(4) 경국대전을 완성하여 국가의 통치 규범을 마련하였다.
( )
(5) 현직 관리에게만 수조권을 지급하는 직전법이 제정되었다.
( )

유형 11 사화의 전개

05 다음 내용들을 일어난 순서대로 나열하세요.

( )

(가) 위훈 삭제를 주장한 조광조가 제거되었다.
(나) 외척 간의 권력 다툼으로 윤임이 제거되었다.
(다) 양재역 벽서 사건으로 이언적 등이 화를 입었다.
(라) 조의제문이 발단이 되어 김일손 등이 처형되었다.
(마) 폐비 윤씨 사사 사건을 빌미로 김굉필 등이 처형되었다.

06 조광조와 관련 있는 설명으로 옳으면 O표, 틀리면 X표를 하세요.

(1) 조의제문을 작성하였다. ( )
(2) 소격서 혁파를 건의하였다. ( )
(3) 폐모살제를 이유로 반정을 일으켰다. ( )
(4) 반정 공신의 위훈 삭제를 건의하였다. ( )
(5) 일본에 다녀와 해동제국기를 저술하였다. ( )
(6) 인재 등용을 위해 현량과 실시를 제안하였다. ( )

정답

01 (1) O (2) X(성종) (3) O (4) O (5) O (6) X(세조)
02 (1) X(태종) (2) O (3) X(성종) (4) O (5) O (6) O (7) X(성종)
03 (1) O (2) O (3) O (4) X(태종) (5) X(고구려 고국천왕) (6) X(세종)
04 (1) X(세종) (2) O (3) O (4) O (5) X(세조)
05 (라) - (마) - (가) - (나) - (다)
06 (1) X(김종직) (2) O (3) X(서인 세력) (4) O (5) X(신숙주) (6) O

6 조선 후기(정치)

유형 12 붕당의 시작과 전개

선조 붕당 정치 시작(사림 VS 사림)

| 이조 전랑
임명 문제 | → | 동·서인
분당 | → | 정여립
모반 사건 | → | 기축옥사
(1589) | → | 정철의
건저의 사건 | → | 동인 분화 |

- 동인: 김효원 중심
- 서인: 심의겸 중심

- 북인: 강경파, 광해군 지지
- 남인: 온건파

광해군 중립 외교, 북인 집권 → 패륜('폐모살제'): 영창 대군 사사, 인목 대비 폐위 → 인조반정으로 폐위

인조 인조반정(1623) → 서인 집권 + 남인 일부 연합 → 친명배금 → 호란: 정묘호란, 병자호란

효종 서인 집권 → 북벌 추진(송시열) → 효종 사망으로 실패

현종 예송(자의 대비 복상 문제)

구분	계기	서인 주장	남인 주장	결과
1차 예송(기해예송)	효종 죽음	기년복(1년)	3년복	서인 승
2차 예송(갑인예송)	효종비 죽음	대공복(9개월)	기년복(1년)	남인 승

유형 13 붕당의 변질, 탕평과 세도

환국 정치
(숙종)
- 경신환국 (1680)
  - 배경: 남인 허적이 왕의 허락 없이 기름 천막을 사용함, 허견의 역모설
  - 결과: 남인 축출, 서인 집권 → 서인이 노론(강경파, 송시열), 소론(온건파, 윤증)으로 분화
- 기사환국 (1689)
  - 배경: 희빈 장씨 아들(훗날 경종)의 원자 책봉 문제
  - 결과: 인현 왕후 폐위, 서인 축출(송시열 사망), 남인 집권
- 갑술환국 (1694)
  - 배경: 인현 왕후 복위 문제
  - 결과: 인현 왕후 복위, 남인 축출, 서인(노론·소론) 집권
- 안용복 활동(독도), 백두산정계비 건립(1712), 금위영 설치

탕평 정치
(영·정조)
- 영조
  - 이인좌의 난 진압 → 탕평 정치 선언 → 탕평비 건립(성균관 입구)
  - 균역법(군포 1필) 실시, 《속대전》 편찬, 서원 정리, 산림 존재 부정
  - 청계천 정비(준천사 설치), 《동국문헌비고》 편찬, 노비종모법 실시
- 정조
  - 수원 화성 건설, 장용영 설치, 초계문신제, 신해통공(금난전권 ×)
  - 규장각 설치, 서얼 출신을 규장각 검서관에 등용(이덕무, 유득공, 박제가)
  - 《대전통편》, 《동문휘고》, 《무예도보통지》, 《일성록》, 《탁지지》 편찬

세도 정치
(순조~철종)
- 순조: 안동 김씨 집권, 홍경래의 난(1811, 청천강 이북 점령) → 헌종: 풍양 조씨 집권
- 철종: 안동 김씨 집권, 진주 농민 봉기(유계춘 VS 백낙신, 진주에서 시작) → 임술 농민 봉기(1862)
  - → 박규수를 안핵사로 파견 → 삼정이정청 설치 → 효과 ×

개념 잡는 기출 선택지

유형 12 붕당의 시작과 전개

01 다음 내용들을 일어난 순서대로 나열하세요.

(1) ( )

(가) 북인이 서인과 남인을 배제하고 권력을 장악하였다.
(나) 정여립 모반 사건으로 인해 기축옥사가 발생하였다.
(다) 이조 전랑 임명을 둘러싸고 사림이 동인과 서인으로 나뉘었다.

(2) ( )

(가) 어영청을 중심으로 북벌이 추진되었다.
(나) 서인이 반정을 일으켜 정권을 장악하였다.
(다) 자의 대비의 복상 문제로 예송이 전개되었다.

유형 13 붕당의 변질, 탕평과 세도

02 다음 자료와 관련 있는 사건을 쓰세요.

(1) ( )

임금이 궐내에 있던 기름 먹인 장막을 허적이 벌써 가져갔음을 듣고 노하여 이르기를, "궐내에서 쓰는 것을 마음대로 가져가는 것은 한명회도 못하던 짓이다."라고 하였다.

(2) ( )

임금이 말하기를, "송시열은 산림의 영수로서 나라의 형세가 험난한 때에 감히 원자(元子)의 명호를 정한 것이 너무 이르다고 하였으니, 삭탈 관작하고 성문 밖으로 내쳐라. ……"라고 하였다.

(3) ( )

비망기를 내려, "국운이 안정되어 왕비가 복위하였으니, 백성에게 두 임금이 없는 것은 고금을 통한 의리이다. 장씨의 왕후 지위를 거두고 옛 작호인 희빈을 내려 주되 ……"라고 하였다.

03 조선 숙종 재위 시기에 있었던 사실로 옳으면 O표, 틀리면 X표를 하세요.

(1) 허적과 윤휴 등 남인들이 대거 축출되었다. ( )
(2) 자의 대비 복상 문제로 예송이 전개되었다. ( )
(3) 청과의 경계를 정한 백두산정계비를 세웠다. ( )
(4) 희빈 장씨 소생의 원자 책봉 문제로 환국이 발생하였다. ( )

04 조선 영조 재위 시기에 있었던 사실로 옳으면 O표, 틀리면 X표를 하세요.

(1) 국왕의 친위 부대인 장용영이 설치되었다. ( )
(2) 속대전을 편찬하여 통치 체제를 정비하였다. ( )
(3) 붕당 정치의 폐단을 경계하고자 탕평비를 세웠다. ( )
(4) 유능한 인재를 양성하기 위해 초계문신제를 시행하였다. ( )
(5) 1년에 2필씩 걷던 군포를 1필로 줄이는 균역법을 시행하였다. ( )
(6) 육의전 이외 시전 상인의 특권을 폐지하는 신해통공을 단행하였다. ( )

05 조선 정조 재위 시기에 있었던 사실로 옳으면 O표, 틀리면 X표를 하세요.

(1) 초계문신제를 시행하여 문신들을 재교육하였다. ( )
(2) 군역의 부담을 줄이기 위해 균역법이 제정되었다. ( )
(3) 서얼 출신의 학자들이 규장각 검서관에 기용되었다. ( )
(4) 왕조의 통치 규범을 재정비한 대전통편이 편찬되었다. ( )
(5) 육의전을 제외한 시전 상인의 금난전권을 폐지하였다. ( )

정답

01 (1) (다) - (나) - (가) (2) (나) - (가) - (다)
02 (1) 경신환국 (2) 기사환국 (3) 갑술환국
03 (1) O (2) X(현종) (3) O (4) O
04 (1) X(정조) (2) O (3) O (4) X(정조) (5) O (6) X(정조)
05 (1) O (2) X(영조) (3) O (4) O (5) O

7 고려(조직)

유형 14 **고려의 중앙 정치 조직**

2성 6부 ── 중서문하성: 최고 관서, 재신(국정 총괄) + 낭사
  └→ 수상: 문하시중
  └ 상서성 → 6부(행정 실무)

중추원 ── 추밀(군사 기밀) + 승선(왕명 출납)

삼사 ── 화폐와 곡식의 출납, 회계

어사대 ── 관리의 비리 감찰, 풍속 교정

도병마사 ── 대외적, 국방 문제(군사 기구), 고려 말에 도평의사사(도당)로 개편

식목도감 ── 대내적, 법제 · 격식 문제
  └→ 고려의 독자적인 기구

→ 재신+추밀 (재추 회의)

기타 ── 춘추관: 역사서 편찬
  └ 사천대: 천문 관측

대간
• 구성: 낭사 + 어사대 관원
• 역할: 왕권 견제 → 서경, 간쟁, 봉박의 역할

➕ **고려와 조선의 삼사**
• 고려: 화폐와 곡식의 출납 회계 담당
• 조선: 사헌부 · 사간원 · 홍문관으로 구성, 언론 기능

➕ **나라별 감찰 기관**
• 신라: 사정부
• 발해: 중정대
• 고려: 어사대
• 조선: 사헌부

유형 15 **고려의 기타 조직**

관리 등용 ── 과거제 ── 시행: 광종 때 쌍기(최초 지공거)의 건의로 최초 실시
  └ 종류: 문과(제술업, 명경업), 잡과(기술관), 승과(승려)
  └ 음서: 왕족과 공신의 후손, 5품 이상 관리 자손은 별도의 시험 없이 관리 등용

지방 행정 ── 조직 정비: 성종 때 12목 설치 → 현종 때 5도 양계 설치
  ├ 5도: 행정 구역 → 안찰사 파견(6개월)
  ├ 양계: 군사 구역 → 병마사 파견(6개월), 양계에만 '진' 설치
  ├ 특수 행정 구역: 향 · 부곡 · 소 → 조선 전기에 소멸
  └ 특징: 지방관이 파견되는 주현보다 파견되지 않는 속현이 더 많았음

군사 제도 ── 중앙군 ── 직업 군인(군인전 지급) → 자손에게 세습
  │   └ 2군 6위: 2군(국왕 친위, 응양군 · 용호군), 6위(수도 방어)
  ├ 지방군 ── 5도: 주현군, 양계: 주진군
  └ 특수군 ── 광군: 정종 때 설치, 거란 침입 대비 목적
      ├ 별무반 ── 숙종 때 윤관이 편성, 여진 정벌 목적
      │   └ 신기군, 신보군, 항마군
      └ 삼별초 ── 최우 설치, 최씨 정권의 사병
          ├ 구성: 좌별초 · 우별초(야별초에서 분리) · 신의군
          └ 몽골과의 항쟁에서 주도적

➕ **향 · 부곡 · 소**
고려 시대의 특수 행정 구역인 향 · 부곡 · 소의 거주민은 일반 군현보다 지위는 낮고 조세는 더 많이 부담하였으며, 거주 이전의 자유도 없었어요.

빈출사료 12목
왕이 교서를 내려 말하기를, "경전에 통하고 전적(典籍)을 널리 읽은 자들을 선발하여 경학박사와 의학박사로 삼아, 12목에 각각 1명씩 파견하여 돈독하게 가르치고 깨우치게 하라."라고 하였다.

빈출사료 2군 6위
목종 5년에 6위의 직원을 마련하여 두었는데, 뒤에 응양군(鷹揚軍)과 용호군(龍虎軍)의 2군을 설치하고, 6위의 위에 있게 하였다. 뒤에 또 중방을 설치하고, 2군·6위의 상장군과 대장군이 모두 회합하게 하였다.

개념 잡는 기출 선택지

유형 14. 고려의 중앙 정치 조직

01 다음 설명에 해당하는 고려의 정치 조직을 |보기|에서 골라 쓰세요.

> **보기**
> 삼사, 상서성, 어사대, 중추원, 도병마사, 식목도감

(1) 화폐, 곡식의 출납과 회계를 맡았다. (　　　)
(2) 6부를 통해 행정 실무를 맡아보았다. (　　　)
(3) 왕명 출납과 군사 기밀을 담당하였다. (　　　)
(4) 주로 국방과 군사 문제를 논의하였다. (　　　)
(5) 원 간섭기에 도평의사사로 개편되었다. (　　　)
(6) 소속 관원이 낭사와 함께 대간으로 불렸다. (　　　)
(7) 중서문하성의 재신과 중추원의 추밀로 구성되어 법제를 논의하였다. (　　　)

02 다음 자료에서 (가)에 들어갈 고려의 정치 조직을 쓰세요.

(1) (　　　　　)

> 시정(時政)을 논박하고 풍속을 교정하며 규찰과 탄핵 업무를 담당하였다. 국초에는 사헌대(司憲臺)라 불렸다. 성종 14년에 (가)로 고쳤으며 [관원으로] 대부, 중승, 시어사, 전중(殿中)시어사, 감찰어사가 있었다.

(2) (　　　　　)

> • 고려의 독자적 정치 기구인 (가)에 대해 말해 보자.
> • 중서문하성의 재신과 중추원의 추밀이 참여하였어.
> • 고려 후기에 도평의사사로 개편되었어.

유형 15. 고려의 기타 조직

03 고려의 관리 등용 제도에 대한 설명으로 옳으면 O표, 틀리면 X표를 하세요.

(1) 서얼의 관직 진출을 법으로 제한하였다. (　　　)
(2) 과거제는 후주 출신 쌍기의 건의로 시작되었다. (　　　)
(3) 재가한 여자의 자손은 과거 응시에 제한을 받았다. (　　　)

(4) 음서제는 사위, 조카, 외손자에게 적용되기도 하였다. (　　　)
(5) 음서제는 문무 5품 이상 관리의 자손을 대상으로 하였다. (　　　)

04 고려의 지방 행정 제도에 대한 설명으로 옳으면 O표, 틀리면 X표를 하세요.

(1) 지방관으로 안찰사를 파견하였다. (　　　)
(2) 9주 5소경의 지방 제도를 운영하였다. (　　　)
(3) 5경 15부 62주의 지방 행정 제도를 갖추었다. (　　　)
(4) 지방관을 감찰하기 위해 외사정을 파견하였다. (　　　)
(5) 전국에 12목을 설치하고 지방관을 파견하였다. (　　　)
(6) 특수 행정 구역의 소의 주민들이 차별을 받았다. (　　　)
(7) 북계에 병마사를 파견하여 적의 침입에 대비하였다. (　　　)

05 고려의 군사 제도에 대한 설명으로 옳으면 O표, 틀리면 X표를 하세요.

(1) 광군은 광군사의 통제를 받았다. (　　　)
(2) 중앙군으로 2군 6위를 설치하였다. (　　　)
(3) 9서당 10정의 군사 조직을 운영하였다. (　　　)
(4) 응양군은 용호군과 함께 2군으로 불렸다. (　　　)
(5) 주진군은 국경 지대인 북계와 동계에 배치되었다. (　　　)
(6) 훈련도감은 포수, 사수, 살수의 삼수병으로 편제되었다. (　　　)
(7) 삼별초는 최씨 무신 정권의 군사적 기반 역할을 하였다. (　　　)

정답

01 (1) 삼사 (2) 상서성 (3) 중추원 (4) 도병마사 (5) 도병마사
　 (6) 어사대 (7) 식목도감
02 (1) 어사대 (2) 도병마사
03 (1) X(조선 시대) (2) O (3) X(조선 시대) (4) O (5) O
04 (1) O (2) X(통일 신라) (3) X(발해) (4) X(신라) (5) O (6) O (7) O
05 (1) O (2) O (3) X(통일 신라) (4) O (5) O (6) X(조선) (7) O

8 조선(조직)

유형 16 조선의 중앙 정치 조직

- 의정부 3정승 합의, 국정 총괄 ──────── 6조: 명령 집행 행정 기관
- 승정원 왕명 출납 담당, 비서 기관(도승지 이하 6승지), 은대·후원
- 의금부 국왕 직속 사법 기구, 국가의 큰 죄인 처리(반역죄, 강상죄 등)
- 사간원 간쟁(대사간) ──┐
- 사헌부 관리 감찰(대사헌) ──┤   • 3사(청요직): 왕권 견제
- 홍문관 경연 담당(대제학), 옥당   • 양사(사간원·사헌부): 간쟁·봉박·서경권, 대간
- 한성부 수도 행정·치안 담당
- 춘추관 역사서 편찬(실록 보관 및 관리)
- 성균관 최고 교육 기관
- 사역원 외국어 교육 담당

➕ 서경권

서경은 고려와 조선에서 실시한 제도로, 관리의 임명이나 법령 제정 등에 있어 대간의 서명을 거치도록 하는 것이에요. 조선 시대에는 양사(사헌부·사간원)의 관원인 대간이 5품 이하 관리에 대한 서경권을 행사하였어요.

유형 17 조선의 기타 조직

- 관리 등용 ─┬─ 과거제 ─┬─ 식년시 ─┬─ 문관: 소과(생원시·진사시) → 성균관 or 문과(대과)
│   │   └─ 무관: 무과 / 기술관: 잡과
│   ├─ 별시: 알성시, 증광시
│   └─ 갑오개혁으로 폐지
│   └─ 특별 채용: 취재, 천거(현량과) 등
├ 지방 행정 ─┬─ 관찰사: 8도에 파견, 임기 1년, 수령 지휘·감독,
│   │   감사·방백·도백
│   ├─ 수령: 부·목·군·현에 파견, 임기 5년, 수령 7사, 사법·행정·군사권 장악
│   ├─ 향리: 수령의 행정 실무 보좌, 6방 구성, '단안' 등재
│   ├─ 경재소 ─┬─ 유향소와 정부 간 연락 기능, 유향소 감시·통제
│   │   └─ 좌수·별감 임명
│   └─ 유향소(향청): 좌수·별감 선발, 수령 보좌, 향리 규찰, 풍속 교정
├ 군사 제도 ─┬─ 중앙군: 5위 → 5군영: 훈련도감 + 어영청·총융청·수어청 + 금위영
│   │   (→ 선조 때 설치(임진왜란 중)) (→ 인조 때 설치) (→ 숙종 때 설치)
│   ├─ 지방군: 진관(지역 방어) → 제승방략(한곳 집결) → 속오군(유성룡)
│   └─ 잡색군: 유사시에만 동원되는 예비군(농민 제외)
└ 교육 제도 ─┬─ (성균관) ─┬─ 최고 교육 기관, 대성전(제사) + 명륜당(교육)
           │   └─ 생원·진사시 합격자 입학 가능
           ├─ (향교) ─┬─ 관립 중등 교육 기관, 대성전(제사) + 명륜당(교육)
           │   └─ 부·목·군·현에 하나씩, 교수·훈도 파견
           └─ 4부 학당(한양, 관립 중등), 서당 등

➕ 조선의 지방 행정 제도

조선은 전국을 8도로 구분하고, 도 아래에 부·목·군·현을 설치하였어요. 또한 고려 시대의 향·부곡·소 등 특수 행정 구역은 폐지하고 일반 군현으로 승격하였어요.

유형 16. 조선의 중앙 정치 조직

01 다음 내용과 관련 있는 조선의 중앙 정치 조직을 |보기|에서 골라 쓰세요.

> **보기**
>
> 의정부, 승정원, 사간원, 사헌부, 홍문관,
> 의금부, 한성부, 성균관, 춘추관, 사역원

(1) 학술 기관으로 경연을 관장하였다.　　　　　(　　　)

(2) 수도의 치안과 행정을 담당하였다.　　　　　(　　　)

(3) 역사서 편찬과 보관을 주관하였다.　　　　　(　　　)

(4) 사헌부, 사간원와 함께 3사로 불렸다.　　　　(　　　)

(5) 은대(銀臺), 후원(喉院)이라고도 불렸다.　　　(　　　)

(6) 집현전의 학문 연구 기능을 계승하였다.　　　(　　　)

(7) 6조 직계제의 실시로 권한이 약화되었다.　　(　　　)

(8) 관리의 비리를 감찰하고 풍기를 단속하였다. (　　　)

(9) 실록을 보관하고 관리하는 업무를 관장하였다. (　　　)

(10) 왕의 비서 기관으로 왕명의 출납을 담당하였다.
　　　　　　　　　　　　　　　　　　　　(　　　)

(11) 생원시나 진사시의 합격자에게 입학 자격이 부여되었다.
　　　　　　　　　　　　　　　　　　　　(　　　)

(12) 국왕 직속의 사법 기구로 반역죄, 강상죄 등을 처결하였다.
　　　　　　　　　　　　　　　　　　　　(　　　)

(13) 한어(漢語), 왜어(倭語), 여진어 등 외국어 교육을 담당하였다.
　　　　　　　　　　　　　　　　　　　　(　　　)

유형 17. 조선의 기타 조직

02 관찰사에 대한 설명으로 옳으면 O표, 틀리면 X표를 하세요.

(1) 상피제의 적용을 받았다.　　　　　　　　　(　　　)

(2) 감사 또는 방백이라 불렸다.　　　　　　　　(　　　)

(3) 이방, 호방 등 6방에 소속되었다.　　　　　(　　　)

(4) 좌수와 별감을 선발하여 운영하였다.　　　　(　　　)

(5) 단안(壇案)이라는 명부에 등재되었다.　　　　(　　　)

(6) 호장, 기관, 장교, 통인 등으로 분류되었다.　(　　　)

(7) 관내 군현의 수령을 감독하고 근무 성적을 평가하였다.
　　　　　　　　　　　　　　　　　　　　(　　　)

03 유향소에 대한 설명으로 옳으면 O표, 틀리면 X표를 하세요.

(1) 좌수와 별감을 선발하여 운영하였다.　　　　(　　　)

(2) 6조 직계제의 실시로 권한이 약화되었다.　　(　　　)

(3) 5품 이하의 관원에 대한 서경권을 가졌다.　(　　　)

(4) 지방의 행정 · 사법 · 군사권을 행사하였다.　(　　　)

(5) 조광조를 비롯한 사림의 건의로 혁파되었다. (　　　)

04 훈련도감에 대한 설명으로 옳으면 O표, 틀리면 X표를 하세요.

(1) 용호군과 함께 2군으로 불렸다.　　　　　　(　　　)

(2) 후금의 침입에 대비하고자 창설되었다.　　　(　　　)

(3) 진관 체제를 실시하여 국방을 강화하였다.　(　　　)

(4) 유사시에 향토 방위를 맡는 예비군이었다.　(　　　)

(5) 포수, 살수, 사수의 삼수병으로 편제되었다. (　　　)

정답

01 (1) 홍문관　(2) 한성부　(3) 춘추관　(4) 홍문관　(5) 승정원　(6) 홍문관
　　(7) 의정부　(8) 사헌부　(9) 춘추관　(10) 승정원　(11) 성균관　(12) 의금부
　　(13) 사역원

02 (1) O　(2) O　(3) X(향리)　(4) X(유향소)　(5) X(향리)　(6) X(향리)　(7) O

03 (1) O　(2) X(의정부)　(3) X(대간)　(4) X(수령)　(5) X(소격서)

04 (1) X(고려 응양군)　(2) X(어영청, 총융청, 수어청)　(3) X(지방군)
　　(4) X(잡색군)　(5) O

9 고려(외교)

유형 18 고려와 거란, 여진의 관계

거란 ┬ 배경: 고려의 친송북진 정책 → 거란과 대립
     ├ 과정 ┬ 정종: 광군 조직, 광군사 설치
     │   ├ 1차(993, 성종): 소손녕의 공격 → 서희의 외교 담판 → 강동 6주 획득
     │   ├ 2차(1010, 현종) ┬ 원인: 강조의 정변(목종 때, 1009)
     │   │   └ 전개: 현종, 나주 피난 → 양규의 활약
     │   └ 3차(1018, 현종): 소배압 → 강감찬의 귀주 대첩(1019)
     └ 결과: 나성과 천리장성 축조, 초조대장경 간행

여진 ┬ 과정: 윤관의 별무반 조직(1104, 숙종) → 동북 9성 축조(1107, 예종)
     └ 결과: 금 건국(1115) → 고려에 사대 요구 → 이자겸이 사대 수용

> **빈출사료 서희의 활약(거란)**
> 왕이 서경에서 안북부까지 나아가 머물렀는데, 거란의 소손녕이 봉산군을 공격하여 파괴하였다는 소식을 듣자 더 가지 못하고 돌아왔다. 서희를 보내 화의를 요청하니 침공을 중지하였다.

> **빈출사료 윤관의 동북 9성 축조(여진)**
> 윤관 등이 여러 군사들에게 내성(內城)의 목재와 기와를 거두어 9성을 쌓게 하고, 변경 남쪽의 백성을 옮겨와 살게 하였다.

유형 19 고려와 몽골, 홍건적과 왜구

몽골 ┬ 접촉: 강동성 전투 → 여·몽 협약(형제 관계)
     ├ 계기: 몽골 사신 저고여 피살(1225)
     ├ 과정 ┬ 1차(1231): 살리타의 몽골군 침입 → 박서의 귀주성 전투
     │   │   → 강화 수락, 강화도 천도(1232, 최우)
     │   ├ 2차(1232): 김윤후의 처인성 전투(살리타 사망)
     │   ├ 3차: 황룡사 9층 목탑 소실, 팔만대장경 조판 시작
     │   ├ 5차: 김윤후의 충주성 전투
     │   └ 6차(1254) → 개경 환도(1270)
     │   → 삼별초 항쟁: 강화도 → 진도 → 제주도(김통정 지휘)
     │   → 여·몽 연합군에게 진압
     │   └ 배중손 지휘, 승화후 왕온 추대

홍건적 ┬ 시기: 공민왕 때(원·명 교체기)
      └ 과정 ┬ 1차: 이방실, 이승경 활약
            └ 2차: 공민왕, 복주(안동) 피난 → 이성계 활약

왜구 ┬ 우왕: 홍산 대첩(1376, 최영) → 화통도감 설치(최무선 건의)
    │   → 진포 대첩(1380, 최무선·나세) → 황산 대첩(1380, 이성계)
    └ 창왕: 박위의 쓰시마섬 정벌(1389)

> **빈출사료 삼별초의 항쟁**
> 원종이 강화에서 송경(松京)으로 환도할 적에 장군 홍문계 등이 나라를 그르친 권신 임유무를 죽이고 왕이 정권을 되찾을 수 있도록 하였다. 권신의 가병, 신의군 등의 부대가 승화후(承化侯)를 옹립하고 반역을 도모하면서, 미처 강화를 떠나지 못한 신료와 군사들을 강제로 이끌고 남쪽으로 항해하여 가니 배의 행렬이 길게 이어졌다.

흐름 잡는 사건 연표

- 993 거란의 1차 침입
- 1104 별무반 조직
- 1231 몽골의 1차 침입
- 1270 개경 환도

＋ 시대별 영토 확장과 북방 개척
- 고구려: 장수왕의 남진 정책, 연개소문의 천리장성 축조
- 고려: 태조의 북진 정책, 성종의 강동 6주 획득(서희), 천리장성 축조
- 조선: 태조의 두만강 지역 진출, 세종의 4군 6진 개척

＋ 귀주 대첩과 귀주성 전투
귀주 대첩은 거란의 3차 침입 때 강감찬이 거란군을 격퇴한 전투이고, 귀주성 전투는 몽골의 1차 침입 때 박서가 귀주성을 지킨 전투예요.

개념 잡는 기출 선택지

유형 18 고려와 거란, 여진의 관계

01 거란의 침입과 관련 있는 설명으로 옳으면 O표, 틀리면 X표를 하세요.

(1) 윤관이 동북 9성을 쌓았다. ( )
(2) 국왕이 나주까지 피난하였다. ( )
(3) 광군을 두어 침입에 대비하였다. ( )
(4) 처인성에서 살리타를 사살하였다. ( )
(5) 박위를 파견하여 근거지를 토벌하였다. ( )
(6) 강감찬이 귀주에서 적군을 크게 물리쳤다. ( )
(7) 개성을 방어하기 위해 나성을 축조하였다. ( )
(8) 국난을 극복하고자 초조대장경을 간행하였다. ( )
(9) 강화도로 도읍을 옮겨 장기 항전을 준비하였다. ( )
(10) 서희가 외교 담판을 벌여 강동 6주를 획득하였다.
( )

02 다음 내용들을 일어난 순서대로 나열하세요.

( )

> (가) 거란이 장차 침입하려 하므로 군사 30만 명을 선발하여 광군이라 부르고 광군사를 설치하였다.
> (나) 왕이 소손녕의 봉산군 공격 소식을 듣고 서희를 보내 화의를 요청하니 소손녕이 침공을 중지하였다.
> (다) 강감찬 등이 귀주에서 거란군을 맞아 싸웠다. 고려군이 맹렬하게 공격하니 거란군이 북으로 도망쳤다.
> (라) 양규가 이수에서 전투를 벌이다가 석령까지 추격하여 2,500여 명의 머리를 베고 사로잡혔던 남녀 1,000여 명을 되찾아 왔다.

03 여진의 침입과 관련 있는 설명으로 옳으면 O표, 틀리면 X표를 하세요.

(1) 나성을 쌓고 천리장성을 축조하였다. ( )
(2) 별무반을 편성하여 침입에 대비하였다. ( )
(3) 여진을 정벌한 후 동북 9성을 축조하였다. ( )
(4) 서희를 보내 소손녕과 외교 담판을 벌였다. ( )
(5) 이자겸이 사대 요구를 수용하자고 주장하였다. ( )
(6) 김방경의 군대가 탐라에서 삼별초를 진압하였다.
( )
(7) 최우가 강화도로 수도를 옮겨 장기 항전에 대비하였다.
( )

유형 19 고려와 몽골, 홍건적과 왜구

04 몽골의 침입과 관련 있는 설명으로 옳으면 O표, 틀리면 X표를 하세요.

(1) 화통도감을 두어 화포를 제작하였다. ( )
(2) 사신 저고여가 귀국길에 피살되었다. ( )
(3) 박위를 파견하여 근거지를 토벌하였다. ( )
(4) 별무반을 편성하여 침입에 대비하였다. ( )
(5) 김윤후가 처인성에서 살리타를 사살하였다. ( )
(6) 대장도감을 설치하여 팔만대장경을 간행하였다.
( )
(7) 외적의 침입을 받아 황룡사 9층 목탑이 소실되었다.
( )
(8) 삼별초가 진도와 제주도로 근거지를 옮기면서 항쟁하였다.
( )

05 다음 내용들을 일어난 순서대로 나열하세요.

( )

> (가) 처인성에서 살리타가 사살되었다.
> (나) 강감찬이 귀주에서 대승을 거두었다.
> (다) 광군을 조직하여 침입에 대비하였다.
> (라) 최영이 홍산 전투에서 큰 승리를 거두었다.
> (마) 신기군, 신보군, 항마군 등으로 구성된 별무반을 조직하였다.

정답

01 (1) X(여진) (2) O (3) O (4) X(몽골) (5) X(왜구) (6) O (7) O (8) O
   (9) X(몽골) (10) O
02 (가) – (나) – (라) – (다)
03 (1) X(거란) (2) O (3) O (4) X(거란) (5) O (6) X(몽골) (7) X(몽골)
04 (1) X(왜구) (2) O (3) X(왜구) (4) X(여진) (5) O (6) O (7) O (8) O
05 (다) – (나) – (마) – (가) – (라)

10 조선(외교)

유형 20 조선의 대외 관계

- 명 태조 때 명과 대립 → 태종 이후 원만한 관계: 하정사, 성절사, 천추사, 동지사 교류
- 여진 ┬ 강경: 태조 때 두만강 지역 개척, 세종 때 4군 6진 개척(최윤덕, 김종서)
  └ 회유: 무역소 설치(경원·경성), 북평관(사신 접대소)
- 일본 ┬ 강경: 세종 때 쓰시마섬 정벌(이종무)
  ├ 회유: 동평관 설치, 3포 개항(세종, 1426, 부산포·염포·제포), 계해약조 체결(세종, 1443)
  └ 《해동제국기》: 세종 때 일본을 방문한 신숙주가 성종 때 편찬한 일본 견문록
- 비변사 3포 왜란(중종) 때 임시 관청 → 을묘왜변(명종) 때 상설 기관 → 임진왜란 이후 국정 최고 기구

유형 21 왜란의 전개 과정

- 임진왜란 ┬ 발발(1592): 일본, 부산군 침입·함락 → 충주 탄금대 전투 패배(신립) → 선조 피난(의주)
  │ └→ 정발, 송상현 활약
  ├ 수군(이순신) 승리: 옥포 해전(첫) → 한산도 대첩(학익진) → 남해 해상권 장악
  ├ 의병 활약: 곽재우·고경명, 조헌·영규, 정문부, 서산 대사(휴정), 사명 대사(유정)
  ├ 극복: 진주 대첩(김시민), 조·명 연합군의 평양성 탈환(유성룡), 행주 대첩(권율)
  └ 훈련도감 설치: 포수·사수·살수의 삼수병, 유성룡의 건의
- 정유재란 (재침입, 1597) → 칠천량 해전(조선 수군 패배), 직산 전투, 명량 대첩, 노량 대첩(이순신 전사)
- 영향 ┬ 국내 국가 재정 궁핍(→ 공명첩 발급, 납속책 실시), 토지 대장·호적·문화재 소실
  └ 국외 일본 문화 발전(→ 이삼평 도자기, 이황의 성리학 전파), 명 쇠퇴·여진 성장(후금 건국)
- 국교 정상화 ┬ 기유약조(1609, 광해군): 부산포만 개항, 제한된 범위 내에서 교역 허용
  ├ 회답 겸 쇄환사 파견: 유정, 포로 송환 목적
  └ 통신사 파견: 에도 막부의 요청에 따라 파견 → 외교 사절, 포로 송환 역할 수행, 일본에 문물 전파

유형 22 호란의 전개 과정

- 광해군 북인 집권, 명 쇠퇴, 여진의 후금 건국(1616, 누르하치) → 중립 외교
- 인조 친명배금 정책
  └→ 명의 파병 요청 → 강홍립 파병
    but 사르후 전투 때 후금에 항복

인조반정 (1623)	이괄의 난 (1624)	정묘호란 (1627)	병자호란 (1636)	삼전도의 굴욕
• 광해군, 북인 축출 • 서인 집권 • 친명배금 정책	• 인조반정 공신 책봉에 불만 • 인조의 공주 피난	• 정봉수(용골산성), 이립(의주) 활약 • 김상용 수도 방어 • 형제 관계 수락	• 왕실 강화도 피난(김상용 순절) • 임경업(백마산성), 김준룡(광교산 전투) 활약 • 인조 남한산성에서 항전	조선 항복 → 삼전도비

- 효종 북벌 추진 → 나선 정벌: 변급, 신류 등을 중심으로 청의 러시아 정벌에 조총 부대 파견

개념 잡는 기출 선택지

유형 20 조선의 대외 관계

01 다음 설명이 어떤 국가에 대한 조선의 대외 정책인지 |보기|에서 골라 쓰세요.

> |보기|
>
> 명, 여진, 일본

(1) 북방에 4군 6진이 개척되었다.　　　　　(　　　)
(2) 경성, 경원에 무역소를 설치하였다.　　　(　　　)
(3) 막부의 요청에 따라 통신사를 파견하였다.　(　　　)
(4) 한성에 동평관을 두어 무역을 허용하였다.　(　　　)
(5) 하정사, 성절사, 천추사 등을 파견하였다.　(　　　)
(6) 이종무가 적의 근거지인 쓰시마를 정벌하였다.(　　　)
(7) 포로 송환을 위해 회답 겸 쇄환사를 파견하였다.
　　　　　　　　　　　　　　　　　　　(　　　)
(8) 제한된 범위의 무역을 허용한 계해약조가 체결되었다.
　　　　　　　　　　　　　　　　　　　(　　　)

유형 21 왜란의 전개 과정

02 임진왜란 중에 일어난 사실로 옳으면 O표, 틀리면 X표를 하세요.

(1) 이순신이 명량에서 대승을 거두었다.　　　(　　　)
(2) 나선 정벌에 조총 부대가 동원되었다.　　　(　　　)
(3) 김준룡이 광교산 전투에서 승리하였다.　　(　　　)
(4) 정발이 부산진성 전투에서 전사하였다.　　(　　　)
(5) 삼수병으로 구성된 훈련도감이 설치되었다.　(　　　)
(6) 곽재우, 고경명 등이 의병장으로 활약하였다.(　　　)
(7) 기유약조를 체결하여 일본과의 무역을 재개하였다.
　　　　　　　　　　　　　　　　　　　(　　　)

03 다음 내용들을 일어난 순서대로 나열하세요.

(1) (　　　　　　　　　　　　　　　　　　　)

> (가) 조·명 연합군이 평양성을 탈환하였다.
> (나) 이순신이 한산도 대첩에서 승리하였다.
> (다) 휴전 회담의 결렬로 정유재란이 시작되었다.
> (라) 신립이 탄금대에서 배수의 진을 치고 활약하였다.

(2) (　　　　　　　　　　　　　　　　　　　)

> (가) 송상현이 동래성 전투에서 항전하였다.
> (나) 이순신이 명량에서 왜의 수군을 대파하였다.
> (다) 김시민이 진주성에서 적군을 크게 물리쳤다.
> (라) 조선 정부의 통제에 반발하여 삼포 왜란이 일어났다.

유형 22 호란의 전개 과정

04 호란 중에 일어난 사실로 옳으면 O표, 틀리면 X표를 하세요.

(1) 김시민이 진주성에서 항쟁하였다.　　　　(　　　)
(2) 임경업이 백마산성에서 항전하였다.　　　(　　　)
(3) 나선 정벌에 조총 부대가 동원되었다.　　(　　　)
(4) 김준룡이 광교산 전투에서 승리하였다.　　(　　　)
(5) 이순신이 한산도에서 대승을 거두었다.　　(　　　)
(6) 명의 요청으로 강홍립의 부대가 파견되었다.(　　　)
(7) 정봉수와 이립이 의병을 이끌고 활약하였다.(　　　)
(8) 서인 세력이 폐모살제를 이유로 반정을 일으켰다.
　　　　　　　　　　　　　　　　　　　(　　　)
(9) 소현 세자와 봉림 대군 등이 청에 인질로 끌려갔다.
　　　　　　　　　　　　　　　　　　　(　　　)

05 다음 내용들을 일어난 순서대로 나열하세요.

(　　　　　　　　　　　　　　　　　　　　)

> (가) 김준룡이 광교산 전투에서 항전하였다.
> (나) 정봉수와 이립이 용골산성에서 항쟁하였다.
> (다) 공신 책봉에 불만을 품고 이괄이 반란을 일으켰다.

 정답

01 (1) 여진 (2) 여진 (3) 일본 (4) 일본 (5) 명 (6) 일본 (7) 일본 (8) 일본
02 (1) O (2) X(병자호란 이후) (3) X(병자호란) (4) O (5) O (6) O
　　(7) X(임진왜란 이후)
03 (1) (라) - (나) - (가) - (다) (2) (라) - (가) - (다) - (나)
04 (1) X(임진왜란) (2) O (3) X(호란 이후) (4) O (5) X(임진왜란)
　　(6) X(호란 이전) (7) O (8) X(호란 이전) (9) X(호란 이후)
05 (다) - (나) - (가)

11 시대 통합(경제 1)

 유형 23 경제: 고대~남북국

삼국	통일 신라	발해
• 구휼: 고구려 고국천왕 → 진대법(을파소 건의) • 상업: 신라 지증왕 → 동시(시장), 동시전(감독 관청) 설치 • 경제: 녹읍(귀족), 식읍(왕족, 공신) → 수조권 + 노동력 징발권	• 토지 제도: 관료전 지급, 녹읍 폐지(신문왕) → 정전 지급(성덕왕) → 녹읍 부활(경덕왕) • 민정 문서(촌락 문서): 촌주가 조사(3년마다 작성) • 무역: 울산항·당항성 번성, 장보고(완도에 청해진 설치, 법화원 건립)	• 주요 수출품: 솔빈부의 말 • 산둥반도에 발해관 설치 • 거란도·영주도·신라도 등 교역로 확대

유형 24 토지 제도: 고려와 조선

고려	조선
• 특징: 전시과 → 전지+시지 지급, 수조권만 지급(소유권 ×) ① 역분전(태조): 공로+인품 기준 → 논공행상 성격 ② 시정 전시과(경종): 전·현직 관리에게 지급, 관등+인품 ③ 개정 전시과(목종): 전·현직 관리에게 지급, 관등 ④ 경정 전시과(문종): 현직 관리에게만 지급 ⑤ 전시과 악화(by 무신 정변) → 녹과전(원종) → 과전법(공양왕, 신진 사대부의 경제 기반 마련 목적)	• 특징: 수조권 지급 → 재정 부족으로 녹봉 지급으로 변화 ① 과전법(고려 공양왕): 전·현직 관리에게 지급, 경기 지역 토지만 지급 대상, 세습 ×(수신전·휼양전 세습 ○) ② 직전법(세조): 현직 관리, 수신전·휼양전 폐지 ③ 관수 관급제(성종): 국가(관청)에서 수조권 대신 행사 → 국가의 토지 지배권 강화 ④ 직전법 폐지(명종): 녹봉(월급)만 지급

유형 25 농업: 고려와 조선

고려, 조선 전기	조선 후기
• 고려: 우경(소를 이용한 깊이갈이) 일반화, 2년 3작(밭), 남부 일부 지방에 모내기법 보급(논), 목화 전래(문익점), 《농상집요》(이암) • 조선 전기 　– 2년 3작(밭), 남부 지방에 모내기법 확대(논) 　–《농사직설》(세종 때 정초, 변효문), 《금양잡록》(강희맹), 《구황촬요》(명종 때)	• 상품 작물 재배 확대: 담배, 인삼, 감자, 고구마 등 • 논농사: 모내기법의 전국 확대 → 벼와 보리의 이모작 확대, 단위 면적당 생산량 증가, 노동력 절감(→ 광작 유행) • 지대 방식 변화: 타조법(비율) → 도조법(정액화) •《농가집성》(신속), 《색경》(박세당), 《산림경제》(홍만선), 《임원경제지》(서유구)

개념 잡는 기출 선택지

유형 **23** 경제: 고대~남북국

01 통일 신라에 대한 설명으로 옳으면 O표, 틀리면 X표를 하세요.

(1) 진대법을 실시하여 빈민을 구제하였다. ( )
(2) 특산품으로 솔빈부의 말이 유명하였다. ( )
(3) 울산항, 당항성이 무역항으로 번성하였다. ( )
(4) 청해진을 중심으로 해상 무역을 전개하였다. ( )
(5) 시장을 감독하는 관청인 동시전이 설치되었다.( )
(6) 신라방을 형성하여 중국과 활발히 교역하였다.( )
(7) 관리들에게 관료전이 지급되고 녹읍이 폐지되었다.
( )
(8) 거란도, 영주도 등을 통해 주변 국가와 교류하였다.
( )
(9) 예성강 하구의 벽란도가 국제 무역항으로 번성하였다.
( )
(10) [민정 문서] 세금 수취를 위해 3년마다 작성되었다.
( )

유형 **24** 토지 제도: 고려와 조선

02 다음 설명에 해당하는 제도를 |보기|에서 골라 쓰세요.

| 보기 |
녹읍, 과전법, 역분전, 전시과, 직전법

(1) 조준 등의 건의로 제정되었다. ( )
(2) 현직 관리에게 전지와 시지를 지급하였다. ( )
(3) 관등과 인품을 기준으로 수조권을 주었다. ( )
(4) 관등에 따라 전지와 시지를 차등 지급하였다. ( )
(5) 개국 공신에게 인품, 공로를 기준으로 지급하였다.
( )
(6) 조선 시대에 현직 관리에게만 수조권을 지급하였다.
( )
(7) 수조권 외에 노동력을 징발할 수 있는 권한을 주었다.
( )
(8) 지급 대상 토지를 원칙적으로 경기 지역에 한정하였다.
( )
(9) 관리 사망 시 유가족에게 수신전과 휼양전을 지급하였다.
( )
(10) 수신전, 휼양전 등의 명목으로 세습되는 토지를 폐지하였다.
( )

03 다음 자료와 관련 있는 토지 제도를 쓰세요.

(1) (   )

> 공양왕 3년 도평의사사에서 글을 올려 과전의 지급에 관한 법 제정을 건의하니 왕이 허락하였다.

(2) (   )

> 한명회 등이 아뢰기를, "직전(職田)의 세(稅)는 관(官)에서 거두어 관에서 주면 이런 폐단이 없을 것입니다."라고 하였다. [대왕대비가] 전지하기를, "직전의 세는 소재지의 지방관으로 하여금 감독하여 거두어 주도록 하라."라고 하였다.

유형 **25** 농업: 고려와 조선

04 다음 내용들을 일어난 순서대로 나열하세요.

(1) (   )

> (가) 소를 이용한 깊이갈이가 일반화되었다.
> (나) 구황촬요를 간행하여 기근에 대비하였다.
> (다) 모내기법의 확대로 벼와 보리의 이모작이 확산되었다.

(2) (   )

> (가) 중국의 농서인 농상집요가 소개되었다.
> (나) 담배와 면화 등이 상품 작물로 활발하게 재배되었다.
> (다) 정초, 변효문 등이 우리 풍토에 맞는 농법을 종합한 농서를 편찬하였다.

정답

01 (1) X(고구려) (2) X(발해) (3) O (4) O (5) X(신라) (6) O (7) O
(8) X(발해) (9) X(고려) (10) O
02 (1) 과전법 (2) 전시과 (3) 전시과 (4) 전시과 (5) 역분전 (6) 직전법
(7) 녹읍 (8) 과전법 (9) 과전법 (10) 직전법
03 (1) 과전법 (2) 관수 관급제
04 (1) (가) – (나) – (다) (2) (가) – (다) – (나)

시대 통합 암기편(전근대) **27**

12 시대 통합(경제 2)

유형 26 상업: 고려와 조선

고려, 조선 전기	조선 후기

• [고려] 상업 부진, 화폐 유통 부진
┌ 시전 설치, 경시서(시전 감독) 설치
├ 관영 상점(서적점, 다점) 설치
└ 화폐 발행: 건원중보(성종, 동전) → 주전도감 설치(숙종, 의천 건의) → 활구(숙종, 은병) → 삼한통보, 해동통보(숙종, 동전) → 저화(공양왕, 지폐)
• [조선 전기] 중농억상, 화폐 유통 부진(조선통보)
	• 대동법 실시 → 상업 발달 촉진
	┌ 공인 등장: 상품 화폐 경제 발달
	└ 조세 금납화 → 화폐 유통 촉진 → 상평통보 유통 활발 → 전황 발생(유통 화폐 부족)
	             └→ 재산 축적, 고리대로 이용
	• 공인 → 도고(독점적 도매상인)로 성장
	• 사상(자유 상인) 등장 ┌→ 채제공 건의, 육의전은 제외
	┌ 배경: 정조의 금난전권 철폐(신해통공)
	└ 대상인 ┌ 만상(의주): 대청 무역
	       ├ 송상(개성): 중계 무역, 송방(지점) 운영
	       ├ 내상(동래): 대일 무역
	       └ 경강상인: 한강 중심 운송업
	• 보부상: 지방의 장시를 하나의 유통망으로 연결
	• 객주·여각 발달
	┌ 상품 매매를 중개 + 운송·보관·숙박·금융업 담당
	└ 주로 포구를 중심으로 활동

중앙: 시전 상인	지방: 장시
• 특정 물품에 대해 독점 판매권을 부여받음(금난전권) • 육의전에서 활동 • 감독: 경시서 → 평시서(세조)	• 15C 후반 등장 → 16C 확대 → 18C 일부 상설화 • 보부상(장돌뱅이)이 장시를 돌아다니며 활동

유형 27 기타 경제: 조선 전기와 후기

구분	조선 전기	조선 후기
수공업	관영(관청) 수공업: 공장안(기술자 장부) 작성 → 수공업자를 등록하여 동원	민영 수공업: 선대제(돈과 원료를 미리 받고 생산) → 상인의 수공업 지배 '점' 등장
광업	정부에서 독점 채굴(사채 금지)	• 대청 무역으로 은 수요 발생 → 은광 개발 • 설점수세제: 민간인에게 광산 개발 허용, 대신 세금 징수 → 사채 허용, 잠채(불법) 성행 • 방식: 협업제 → 덕대(광산 경영자)가 물주(은행, 돈 많은 상인)로부터 돈을 받아 혈주(전문 채굴업자)를 고용하여 생산
무역	• 대명: 사신(조천사) 왕래 때 무역 허용 • 대여진: 국경 지역의 무역소(경원, 경성)를 통해 교역, 북평관 • 대일: 왜관(부산포, 제포, 염포 → 부산 두모포)을 통해 교역, 동평관(한양)	• 대청 ┌ 공무역(개시): 중강·경원·회령 개시 ├ 사무역(후시): 중강 후시, 책문 후시 └ 만상(의주) 주도: 중강 개시·후시 중심 • 대일 ┌ 17C 이후 국교 정상화 └ 형태: 초량 왜관에서 왜관 개시·후시를 통해 내상(동래)이 주도

개념 잡는 기출 선택지

유형 26 상업: 고려와 조선

01 다음 설명에 해당하는 시기를 |보기|에서 골라 쓰세요.

> **보기**
> 고려, 조선 전기, 조선 후기

(1) 상평통보가 주조되었다. (   )
(2) 활구라고 불리는 은병이 유통되었다. (   )
(3) 조선통보를 주조하는 관청 소속 장인 (   )
(4) 독점적 도매상인인 도고가 활동하였다. (   )
(5) 서적점, 다점 등의 관영 상점이 운영되었다. (   )
(6) 시전이 한양의 종로 거리에 처음 조성되었다. (   )
(7) 주전도감을 설치하여 해동통보를 발행하였다. (   )
(8) 송상, 만상이 대청 무역으로 부를 축적하였다. (   )
(9) 수도의 시전을 감독하기 위해 경시서가 설치되었다.
(   )
(10) 국경 지대에서 개시 무역과 후시 무역이 이루어졌다.
(   )
(11) 육의전을 제외한 시전 상인의 금난전권이 폐지되었다.
(   )
(12) 건원중보가 발행되어 금속 화폐의 통용이 추진되었다.
(   )

02 다음 설명에 해당하는 상인을 |보기|에서 골라 쓰세요.

> **보기**
> 내상, 만상, 송상, 경강상인, 시전 상인

(1) 초량 왜관을 통해 일본과 무역하였다. (   )
(2) 책문 후시를 통해 대청 무역을 주도하였다. (   )
(3) 전국 각지에 송방이라는 지점을 설치하였다. (   )
(4) 금난전권을 행사하여 사상의 활동을 억압하였다.
(   )
(5) 한강을 중심으로 선박을 이용하여 운송업에 종사하였다.
(   )

유형 27 기타 경제: 조선 전기와 후기

03 다음 자료와 관련 있는 시기를 쓰세요.

(1) (   )

> 평안도에서는 …… 설점(設店)한 이후에 간사한 백성들이 때를 틈타 이익을 다투어 사사로이 잠채(潛採)하고 있다. 설점한 고을이 아니더라도 잠채하지 않는 곳이 없다. 묘지나 논밭을 가리지 않고 굴을 뚫고 땅을 파헤쳐서, 마을이 소란스러워짐이 말로 다할 수 없다. 쌀값이 크게 오르고 도둑질이 끊이지 않으며, 농사를 짓던 농민들도 생업을 팽개치고 이익을 좇는다.

(2) (   )

> 사행(使行)이 책문을 출입할 때에는 만상과 송상 등이 은과 인삼을 몰래 가지고 인부나 말 속에 섞여 들어 물건을 팔아 이익을 꾀하였다. 되돌아올 때는 수레를 일부러 천천히 가게 하고 사신을 먼저 책문으로 나가게 하여 거리 낄 것이 없게 한 뒤에 저희 마음대로 매매하고 돌아오는데 이것을 책문 후시라 한다.

정답

01 (1) 조선 후기 (2) 고려 (3) 조선 전기 (4) 조선 후기 (5) 고려
(6) 조선 전기 (7) 고려 (8) 조선 후기 (9) 고려, 조선 전기
(10) 조선 후기 (11) 조선 후기 (12) 고려
02 (1) 내상 (2) 만상 (3) 송상 (4) 시전 상인 (5) 경강상인
03 (1) 조선 후기 (2) 조선 후기

13 시대 통합(사회 1)

 28 **사회 모습: 고대~남북국**

삼국
• 고구려: 제가 회의, 서옥제
• 백제: 지배층 → 부여씨(왕족), 8성의 귀족
• 신라: 화백 회의, 화랑도(원광의 세속 5계), 골품제

통일 신라	발해
• 중대: 강력한 왕권 → 집사부·시중 ▲ • 하대: 왕권 약화 → 귀족 권력 ▲, 빈농 몰락 (초적, 화전민, 노비로 전락), 6두품의 반신라화 (최치원), 호족 등장(견훤, 궁예), 농민 반란 (원종과 애노의 난)	• 지배층: 대부분 고구려계 • 피지배층: 대부분 말갈족 • 지식인: 당나라 유학 → 당의 빈공과에 응시

29 **사회 모습: 고려**

- 신분 제도 ┬ 지배층 ┬ 특징: 왕족, 공신, 5품 이상 관료 → 음서, 공음전 혜택
- └ 변화: 문벌 → 무신 → 권문세족 → 신진 사대부
- └ 피지배층 ┬ 양민: 농민(백정), 상인, 수공업자, 향·부곡·소 주민(과중한 세금 부담, 거주 이전 금지)
- └ 노비: 공노비, 사노비 → 재산으로 간주: 매매·증여·상속 가능, 일천즉천
- 향도 ┬ 호장(지도자, 향리) → 사천매향비 └→ 1387년 향나무를 묻고 세움
- └ 활동: 불상, 절 건축 등에 동원(불교 신앙 조직) → 농민 공동체 조직으로 변화
- 제도 ─ 흑창(→ 의창), 상평창(물가 조절), 동·서 대비원(구휼), 혜민국(의약), 구제도감, 구급도감, 제위보
- 후기 ┬ 무신 집권기 대규모 농민 봉기 발생 → 망이·망소이의 난, 김사미·효심의 난, 만적의 난
- └ 원 간섭기 몽골풍 유행(변발, 호복), 결혼도감 설치(원의 요구), 왜구 침입

30 **사회 모습: 조선 전기와 후기**

조선 전기	조선 후기

• 제도: 환곡제(의창, 상평창), 사창제(지방 자치), 동·서 대비원, 혜민국, 제생원, 동·서 활인서
• 법률:《경국대전》
• 향촌
  ├ 유향소: 좌수·별감 선발, 수령 보좌, 향리 감찰
  └ 경재소: 중앙–지방 연락
• 성리학적 질서 강화
  ├ 서원 선현 제사, 성리학 연구 → 백운동 서원(주세붕)
  └ 향약 ┬ 의미: 향촌 자치 규약
     ├ 구성: 도약정, 부약정 등으로 구성
     │   → 좌수와 별감이 겸직하기도 함
     └ 종류: 이황(예안 향약), 이이(해주 향약)
	• 신분 상승 운동
	  ├ 서얼 청요직 진출 요구(통청 운동)
	  │ → 정조 때 차별 완화: 규장각 검서관 등용
	  │ └→ 유득공, 이덕무, 박제가
	  │ → 신해허통(1851)
	  └ 중인 대규모 소청 운동(철종) → 실패
	• 공노비 해방(순조, 1801): 6만여 명 해방
	• 양반의 약화: 기득권 유지 노력 → 향안 작성 등
	• 사회 변혁 움직임
	  ├ 신분제 동요, 삼정 문란, 정치 기강 문란
	  ├ 예언 사상 유행:《정감록》, 미륵신앙 등
	  ├ 천주교 유행 및 박해, 동학 창시(1860, 최제우)
	  └ 농민 봉기: 홍경래의 난(1811), 임술 농민 봉기(1862)

개념 잡는 기출 선택지

유형 28 사회 모습: 고대~남북국

01 다음 설명에 해당하는 나라를 | 보기 |에서 골라 쓰세요.

┌ 보기 ┐
백제, 신라, 고구려

(1) 혼인 풍습으로 서옥제가 있었다. ( )
(2) 골품제라는 신분 제도를 마련하였다. ( )
(3) 화랑도가 국가적인 조직으로 개편되었다. ( )
(4) 만장일치제로 운영된 화백 회의가 있었다. ( )
(5) 화랑도의 규범으로 세속 5계를 제시하였다. ( )
(6) 왕족인 부여씨와 8성의 귀족이 지배층을 이루었다. ( )

02 신라 말과 관련 있는 내용으로 옳으면 O표, 틀리면 X표를 하세요.

(1) 웅천주 도독 김헌창이 반란을 일으켰다. ( )
(2) 왕의 장인인 김흠돌이 반란을 도모하였다. ( )
(3) 왕조 교체를 예언하는 정감록이 유포되었다. ( )
(4) 원종과 애노의 난 등 농민 봉기가 일어났다. ( )
(5) 청해진을 중심으로 해상 무역을 전개하였다. ( )
(6) 강조가 정변을 일으켜 김치양을 제거하였다. ( )
(7) 최치원이 왕에게 시무 10여 조를 건의하였다. ( )
(8) 복신과 도침 등이 부여풍을 왕으로 추대하였다. ( )
(9) 이자겸과 척준경이 반란을 일으켜 궁궐을 불태웠다. ( )
(10) 지역 차별에 반발한 홍경래가 주도하여 봉기하였다. ( )

03 고려의 사회 제도와 관련 있는 내용으로 옳으면 O표, 틀리면 X표를 하세요.

(1) 백성에게 정전을 지급하였다. ( )
(2) 흑창을 설치하여 민생을 안정시켰다. ( )
(3) 유랑민을 구휼하는 활인서를 두었다. ( )
(4) 상평창을 설치하여 물가를 조절하였다. ( )
(5) 구제도감을 설립하여 백성을 구호하였다. ( )
(6) 혜민국을 마련하여 병자에게 약을 지급하였다. ( )
(7) 환자 치료와 빈민 구제를 위해 동·서 대비원을 두었다. ( )
(8) 기금을 모아 그 이자로 빈민을 구제하는 제위보를 운영하였다. ( )

유형 29 사회 모습: 고려

04 다음 내용들을 일어난 순서대로 나열하세요.

( )

(가) 권문세족이 도평의사사를 장악하였다.
(나) 정중부 등이 정변을 일으켜 권력을 장악하였다.
(다) 이자겸이 왕실의 외척이 되어 권력을 독점하였다.

유형 30 사회 모습: 조선 전기와 후기

05 다음 내용과 관련 있는 인물을 | 보기 |에서 골라 쓰세요.

┌ 보기 ┐
이이, 이황, 주세붕

(1) 최초의 서원인 백운동 서원을 건립하였다. ( )
(2) 예안 향약을 시행하여 향촌 교화를 위해 노력하였다. ( )
(3) 해주 향약을 시행하여 향촌 교화를 위해 노력하였다. ( )

06 조선 후기 사회 변화와 관련 있는 내용으로 옳으면 O표, 틀리면 X표를 하세요.

(1) 서얼이 통청 운동을 전개하였다. ( )
(2) 각 궁방과 중앙 관서의 공노비를 해방하였다. ( )
(3) 서얼 출신의 학자들이 규장각 검서관에 기용되었다. ( )
(4) 지방에서 호족들이 반독립적인 세력으로 성장하였다. ( )
(5) 백정에 대한 차별 철폐를 요구하는 조선 형평사가 창립되었다. ( )

정답

01 (1) 고구려 (2) 신라 (3) 신라 (4) 신라 (5) 신라 (6) 백제
02 (1) O (2) X(통일 직후) (3) X(조선 후기) (4) O (5) O (6) X(고려) (7) O (8) X(백제 부흥 운동) (9) X(고려) (10) X(조선 후기)
03 (1) X(통일 신라 토지 제도) (2) O (3) X(조선) (4) O (5) O (6) O (7) O (8) O
04 (다) - (나) - (가)
05 (1) 주세붕 (2) 이황 (3) 이이
06 (1) O (2) O (3) O (4) X(신라 말) (5) X(일제 강점기)

14 시대 통합(사회 2)

유형 31 **전근대 주요 난**

- 통일 신라 ─ 상대: 김흠돌의 난(681) ← 신문왕 진압
  - 하대 ─ 대공의 난(768) → 김헌창의 난(822, 웅천주) → 장보고의 난(846)
    - 진성 여왕 때: 원종과 애노의 난(889, 상주) → 적고적의 난(896)
- 고려 ─ 초기: 왕규의 난(945) → 강조의 정변(1009: 거란의 2차 침입 구실)
  - 중기: 이자겸의 난(1126) → 묘청의 난(1135) → 무신 정변(1170)
  - 무신 집권기 ─ 반(反)무신의 난: 김보당의 난(1173, 동계) → 조위총의 난(1174, 서경)
    - 농민 봉기: 망이 · 망소이의 난(1176, 공주 명학소) → 김사미 · 효심의 난(1193)
    - 최씨 집권기(최충헌): 만적의 난(1198, 개경) → 최광수의 난(1217, 서경)
- 조선 ─ 전기 ─ 왕자의 난(태조~정종) → 계유정난(단종 out, 세조 즉위) → 이시애의 난(세조)
    - 이괄의 난(인조): 인조반정에 대한 이괄의 보상 불만 → 인조, 공주 피난 → 정묘호란
  - 후기: 이인좌의 난(영조): 경종 사후 왕위에 오른 영조의 정통성 부정
  - 세도 정치기 ─ 홍경래의 난 ─ 배경: 평안도 지역(서북 지역) 차별
    - (1811) ─ 주도: 홍경래(몰락 양반) + 영세 농민, 노동자
      - 전개: 정주성 점령 → 청천강 이북 지역 장악 → 진압
    - 임술 농민 봉기 ─ 배경: 삼정 문란, 백낙신의 부정부패
      - (1862) ─ 전개: 유계춘 주도 → 진주 농민 봉기를 계기로 전국적 확산
        - 정부 대책: 안핵사 박규수 파견, 삼정이정청 설치(실효 ×)

유형 32 **천주교**

- 전파 청에 다녀온 사신에 의해 서학으로 소개(이수광《지봉유설》→《천주실의》소개)
- 박해 ─ 신해박해(1791, 정조): 윤지충과 권상연이 유교식 제사 의식을 거부하고 신주에 불을 지름(진산 사건)
    - → 권상연, 윤지충 사형 / 이승훈 유배
  - 신유박해(1801, 순조) ─ 정약종, 이승훈 사형 / 정약용, 정약전 유배
    - 황사영 백서 사건: 신유박해 사건 알리려다 발각 → 희생 확산
  - 병오박해(1846, 헌종): 김대건(최초 조선인 신부) 사형
  - 병인박해(1866, 고종): 병인양요의 원인

유형 33 **동학**

- 창시 1860년, 최제우
- 교리 유 · 불 · 선 + 천주교 일부 교리 + 민간 신앙
- 사상 시천주(인간 존중), 인내천, 후천개벽 · 보국안민 주장
- 탄압 혹세무민을 이유로 최제우 처형(1864) → 2대 교주: 최시형
  - └→ 세상을 어지럽힌다
- 확장 최시형 주도로 교리 정리 → 경전:《동경대전》,《용담유사》

개념 잡는 기출 선택지

유형 31. 전근대 주요 난

01 다음 설명에 해당하는 시기를 |보기|에서 골라 쓰세요.

> ─ 보기 ─
> 통일 신라, 고려, 조선 전기, 조선 후기

(1) 각간 대공이 반란을 일으켰다. ( )
(2) 웅천주 도독 김헌창이 반란을 일으켰다. ( )
(3) 원종과 애노의 난 등 농민 봉기가 일어났다. ( )
(4) 서경에서 난을 일으키고 국호를 대위로 하였다. ( )
(5) 장보고가 청해진을 거점으로 반란을 도모하였다. ( )
(6) 만적을 비롯한 노비들이 신분 해방을 도모하였다. ( )
(7) 유계춘을 중심으로 봉기하여 진주성을 점령하였다. ( )
(8) 이자겸과 척준경이 반란을 일으켜 궁궐을 불태웠다. ( )
(9) 지역 차별에 반발한 홍경래가 주도하여 봉기하였다. ( )
(10) 망이·망소이가 가혹한 수탈에 저항하여 봉기하였다. ( )
(11) 김사미와 효심이 가혹한 수탈에 저항하여 봉기하였다. ( )
(12) 수양 대군이 계유정난을 일으켜 권력을 장악한 뒤 세조로 즉위하였다. ( )

02 다음 내용과 관련 있는 반란을 |보기|에서 골라 쓰세요.

> ─ 보기 ─
> 홍경래의 난, 임술 농민 봉기

(1) 백낙신의 탐학이 발단이 되어 일어났다. ( )
(2) 서북인에 대한 차별에 반발하여 일어났다. ( )
(3) 홍경래 등이 봉기하여 정주성을 점령하였다. ( )
(4) 유계춘을 중심으로 봉기하여 진주성을 점령하였다. ( )
(5) 사건의 수습을 위해 박규수가 안핵사로 파견되었다. ( )
(6) 선천, 정주 등 청천강 이북의 여러 고을을 점령하였다. ( )
(7) 삼정의 문란을 개선하기 위해 삼정이정청을 설치하였다. ( )

유형 32. 천주교

03 다음 내용들을 일어난 순서대로 나열하세요.

( )

(가) 신유박해로 다수의 천주교도가 처형되었다.
(나) 병인박해로 천주교 선교사와 신자들이 처형되었다.
(다) 황사영이 외국 군대의 출병을 요청하는 백서를 작성하였다.
(라) 진산의 윤지충이 조상의 신주를 불사르고 어머니의 장례에도 신주를 모시지 않았다.

유형 33. 동학

04 동학과 관련 있는 내용으로 옳으면 O표, 틀리면 X표를 하세요.

(1) 최제우가 혹세무민의 죄로 처형되었다. ( )
(2) 동경대전과 용담유사를 경전으로 삼았다. ( )
(3) 중광단을 조직하여 무장 투쟁을 전개하였다. ( )
(4) 왕조 교체를 예언하는 정감록이 유포되었다. ( )
(5) 박중빈을 중심으로 새생활 운동을 추진하였다. ( )
(6) 인내천 사상을 내세워 인간 평등을 주장하였다. ( )
(7) 마음속에 한울님을 모시는 시천주를 강조하였다. ( )
(8) 청을 다녀온 사신들에 의하여 서학으로 소개되었다. ( )
(9) 제사와 신주를 모시는 문제로 정부의 탄압을 받았다. ( )
(10) 유·불·선을 바탕으로 민간 신앙의 요소까지 포함하였다. ( )

정답

01 (1) 통일 신라 (2) 통일 신라 (3) 통일 신라 (4) 고려 (5) 통일 신라 (6) 고려 (7) 조선 후기 (8) 고려 (9) 조선 후기 (10) 고려 (11) 고려 (12) 조선 전기
02 (1) 임술 농민 봉기 (2) 홍경래의 난 (3) 홍경래의 난 (4) 임술 농민 봉기 (5) 임술 농민 봉기 (6) 홍경래의 난 (7) 임술 농민 봉기
03 (라) – (가) – (다) – (나)
04 (1) O (2) O (3) X(대종교) (4) X (5) X(원불교) (6) O (7) O (8) X(천주교) (9) X(천주교) (10) O

15 시대 통합(제도)

유형 34 **교육 제도: 고대 ~ 조선**

- **고대**
  - 고구려: 태학(수도, 소수림왕 설립), 경당(지방)
  - 백제: 오경박사, 의박사, 역박사 파견 → 유교 경전, 기술학 교육 / 사택지적비(도교)
  - 신라: 임신서기석 → 유교 경전 학습, 충효 서약
  - 통일 신라
    - 국학(신문왕): 유학 교육 기관
    - 독서삼품과(원성왕): 유교 경전 시험으로 채용
  - 발해: 주자감(문왕) → 왕족, 귀족 자제 대상으로 유교 경전 교육
- **고려**
  - 유학

초기	중기	무신 집권기	원 간섭기
• 광종: 과거제 실시 • 성종: 유교 정치 이념 확립(최승로의 시무 28조), 국자감 운영	• 문종: 최충(해동공자) 9재 학당(문헌공도) 설립 • 인종: 김부식(보수)	• 유학 침체 • 이규보, 이인로 등 서방 출신 활약	• 성리학 소개(안향) • 충선왕: 만권당 설치 • 신진 사대부(이색, 정몽주, 정도전) 성장

  - 교육 기관
    - 관학(국립): 국자감(중앙), 향교(지방)
    - 사학(사립): 고려 중기 사학 12도 융성(예 최충의 문헌공도) → 관학 위축
    - 관학 진흥책
      - 숙종: 서적포 설치 → 예종: 7재, 양현고, 청연각, 보문각 설치
      - 공민왕: 성균관을 유학 교육 기관으로 재편 → 유교 교육 강화
- **조선**
  - 국립
    - 수도: 성균관(최고 교육 기관) → 구성: 명륜당 + 문묘 · 대성전(성현 제사) + 동재 · 서재(기숙사)
    - 지방: 향교 → 전국 부 · 목 · 군 · 현에 설치, 중앙에서 교수 · 훈도 파견
  - 사립 서당 / 서원: 선현 제사 → 구성: 사당 + 강당 + 동재 · 서재(기숙사)

유형 35 **중앙 정치 조직: 고려와 조선**

구분	고려	조선
총괄 · 실무	• 중서문하성(심의): 재신(국정 총괄) + 낭사 • 상서성(집행) → 6부(행정 실무)	• 의정부: 3정승 합의, 국정 총괄 • 6조: 명령 집행 · 행정 실무
왕명 출납	중추원: 추밀(군사 기밀) + 승선(왕명 출납)	승정원(은대): 비서 기관, 도승지 이하 6승지
감찰 · 견제	• 어사대: 관리의 비리 감찰 • 대간: 어사대 관원 + 낭사 → 왕권 견제(서경, 간쟁, 봉박의 역할)	• 사간원: 간쟁(대사간) ┐ • 사헌부: 감찰(대사헌) ┤ 3사 • 홍문관(옥당): 경연(대제학) ┘ (청요직)
기타	• 삼사: 화폐와 곡식의 출납, 회계 기관 • 도병마사: 국방 · 군사 문제 → 원 간섭기에 도평의사사(도당)로 개칭 → 기능 확대 • 식목도감: 법제 · 격식 문제 • 춘추관: 역사서 편찬	• 의금부: 국왕 직속 사법 기관, 큰 죄인 처리 • 한성부: 수도 행정 · 치안 담당 • 춘추관: 역사서 편찬 • 성균관: 최고 교육 기관 • 사역원: 외국어 교육 담당

개념 잡는 기출 선택지

유형 34. 교육 제도: 고대~조선

01 다음 설명에 해당하는 나라를 |보기|에서 골라 쓰세요.

┌ 보기 ┐
고려, 발해, 백제, 고구려, 통일 신라
└──────┘

(1) 국자감에 서적포를 설치하였다. ( )
(2) 교육 기관으로 태학과 경당을 두었다. ( )
(3) 유학 교육을 위하여 국학을 설립하였다. ( )
(4) 관학을 진흥하고자 양현고를 설치하였다. ( )
(5) 유학 교육 기관으로 주자감을 설치하였다. ( )
(6) 유학을 비롯하여 율학, 서학, 산학을 교육하였다.
( )
(7) 최충이 9재 학당을 세워 유학 교육을 실시하였다.
( )
(8) 청연각과 보문각을 두어 학문 연구를 장려하였다.
( )
(9) 인재를 등용하기 위하여 독서삼품과를 실시하였다.
( )
(10) 오경박사, 의박사, 역박사 등을 일본에 파견하였다.
( )

02 다음 내용들을 일어난 순서대로 나열하세요.

( )

(가) 최충이 9재 학당을 세워 유학 교육에 힘썼다.
(나) 이제현이 만권당에서 유학자들과 교류하였다.
(다) 관학 진흥을 위해 전문 강좌인 7재가 개설되었다.

03 조선의 성균관과 관련 있는 설명으로 옳으면 O표, 틀리면 X표를 하세요.

(1) 소과에 합격해야 입학 자격이 주어졌다. ( )
(2) 전국의 부·목·군·현에 하나씩 설립되었다. ( )
(3) 공자와 여러 성현들의 위패를 모셔 놓았다. ( )
(4) 중앙에서 교관인 교수나 훈도가 파견되었다. ( )
(5) 최고의 관립 교육 기관으로 성현의 제사도 지냈다.
( )
(6) 대사성을 중심으로 좌주, 직강 등의 관직을 두었다.
( )
(7) 생원시나 진사시의 합격자에게 입학 자격이 부여되었다.
( )

유형 35. 중앙 정치 조직: 고려와 조선

04 다음 설명에 해당하는 기구가 있었던 나라를 쓰세요.

(1) 원 간섭기에 도평의사사로 개편되었다. ( )
(2) 집현전의 학문 연구 기능을 계승하였다. ( )
(3) 6조 직계제의 실시로 권한이 약화되었다. ( )
(4) 삼사가 화폐, 곡식의 출납과 회계를 맡았다. ( )
(5) 실록을 보관하고 관리하는 업무를 관장하였다. ( )
(6) 수도의 치안과 행정을 담당한 한성부를 두었다. ( )
(7) 재신과 추밀 등으로 구성되어 법제를 논의하였다.
( )
(8) 중서문하성의 재신과 중추원의 추밀로 구성되었다.
( )
(9) 국정을 총괄하는 최고 중앙 관서로 중서문하성을 두었다.
( )
(10) 의금부가 국왕 직속의 사법 기구로 반역죄, 강상죄 등을 처결하였다. ( )

05 다음 설명에 해당하는 정치 기구를 |보기|에서 골라 쓰세요.

┌ 보기 ┐
사헌부, 승정원, 어사대, 중추원, 홍문관
└──────┘

(1) 학습 기관으로 경연을 관장하였다. ( )
(2) 왕명 출납과 군사 기밀을 담당하였다. ( )
(3) 왕명 출납을 맡은 왕의 비서 기관이었다. ( )
(4) 은대(銀臺), 후원(喉院)이라고도 불리었다. ( )
(5) 소속 관원이 낭사와 함께 대간으로 불렸다. ( )
(6) 3사에 소속되어 관리의 비리를 감찰하였다. ( )

정답

01 (1) 고려 (2) 고구려 (3) 통일 신라 (4) 고려 (5) 발해
　　(6) 고려(국자감) (7) 고려 (8) 고려 (9) 통일 신라 (10) 백제
02 (가) – (다) – (나)
03 (1) O (2) X(향교) (3) O(성균관, 향교) (4) X(향교) (5) O (6) O (7) O
04 (1) 고려(도병마사) (2) 조선(홍문관) (3) 조선(의정부) (4) 고려
　　(5) 조선(춘추관) (6) 조선 (7) 고려(식목도감)
　　(8) 고려(도병마사, 식목도감) (9) 고려 (10) 조선
05 (1) 홍문관 (2) 중추원 (3) 승정원 (4) 승정원 (5) 어사대 (6) 사헌부

시대 통합(문화 1)

유형 36 불교: 고대~고려

[고대] 공인 → 고구려 소수림왕(from 전진), 백제 침류왕(from 동진), 신라 법흥왕(이차돈의 순교)

[신라~고려] 불교 사상의 발달

신라	고려
• [원광] 세속 5계(화랑도), 걸사표(수에 군사 요청) • [원효] ┌ 일심사상(화쟁사상), 아미타 신앙(나무아미타불), 무애가 └ 《십문화쟁론》, 《금강삼매경론》, 《대승기신론소》 • [의상] ┌ 화엄사상('일즉다다즉일'), 관음 신앙(관세음보살) └ 《화엄일승법계도》 저술, 화엄종 개창, 부석사 건립 • [혜초] 《왕오천축국전》 • [원측] 유식불교, 《해심밀경소》	• [균여] 귀법사 주지, 〈보현십원가〉 • [의천] 대각국사 ┌ 해동 천태종 창시: 교관겸수 주장 └ 《신편제종교장총록》, 《교장》 편찬, 주전도감 설치 건의 • [지눌] 보조국사 ┌ 수선사 결사 운동: 돈오점수, 정혜쌍수 주장 └ 조계종 창시 • [혜심] 유불 일치설 → 성리학 수용 토대 마련 • [요세] 법화(참회) 신앙 → 백련 결사 운동(강진 만덕사)

유형 37 유교(유학): 고대~조선

[고대] ┌ 《화랑세기》(김대문), 〈청방인문표〉(강수: 외교 문서 문장가), 〈화왕계〉(설총)
     └ 최치원(신라 말 6두품): 《계원필경》, 〈토황소격문〉, 해인사 묘길상탑기(→ 시무 10여 조 건의)

[고려] ┌ (초기) ┌ 광종: 과거제 실시(쌍기)
     │   └ 성종: 유교 정치 이념 확립, 최승로의 시무 28조 수용
     │ (중기) ┌ 문종: 최충(해동공자) → 9재 학당(문헌공도) 설립
     │   └ 인종: 김부식이 《삼국사기》 편찬
     └ (후기) ┌ 충렬왕: 안향이 성리학 소개 → 《주자가례》 중시, 권문세족과 불교 폐단 비판
              ├ 충선왕: 원에 만권당 설치, 이제현과 원 학자 교류
              └ 공민왕: 목은 이색 활동 → 신진 사대부 성장(정몽주, 정도전)
                                                          └→ 《불씨잡변》에서 불교 비판

[조선] 성리학 융성(16C) → 이황 VS 이이

(퇴계) 이황	(율곡) 이이
• 도산 서원(안동), 동인 계승(이언적), 영남학파 • '이' 강조, 일본 성리학에 영향 • 기대승과의 사단칠정 논쟁 • 《성학십도》(for 선조) • 《주자서절요》	• 자운 서원(파주), 서인 계승, 기호학파 • '이'와 '기' 강조, 수미법 주장 • 강릉 오죽헌 → 신사임당 아들 • 《성학집요》(for 선조), 《동호문답》, 《격몽요결》(어린이 대상), 《기자실기》, 《만언봉사》

개념 잡는 기출 선택지

유형 36 불교: 고대~고려

01 다음 설명에 해당하는 인물을 | 보기 |에서 골라 쓰세요.

> ─ 보기 ├
> 요세, 원효, 의상, 의천, 지눌, 혜심, 혜초

(1) 금강삼매경론을 저술하였다. ( )
(2) 영주에 부석사를 창건하였다. ( )
(3) 신편제종교장총록을 편찬하였다. ( )
(4) 대승기신론소, 십문화쟁론을 저술하였다. ( )
(5) 무애가를 지어 불교 대중화에 노력하였다. ( )
(6) 법화 신앙을 바탕으로 백련 결사를 이끌었다. ( )
(7) 심성 도야를 강조한 유불 일치설을 주장하였다. ( )
(8) 화엄일승법계도를 지어 화엄 사상을 정리하였다.
( )
(9) 불교 개혁을 주장하며 수선사 결사를 조직하였다.
( )
(10) 불교 교단을 통합하기 위해 천태종을 개창하였다.
( )
(11) 정혜쌍수와 돈오점수를 수행 방법으로 제시하였다.
( )
(12) 불교 경전에 대한 주석서를 모아 교장을 편찬하였다.
( )
(13) 인도와 중앙아시아를 여행하고 왕오천축국전을 남겼다.
( )
(14) 현세의 고난에서 구제받고자 하는 관음 신앙을 강조하였다.
( )
(15) 이론 연마와 수행을 함께 강조하는 교관겸수를 제시하였다.
( )

02 다음 (가)에 해당하는 인물을 쓰세요.

(1) ( )

> 이것은 개경 흥왕사 터에서 출토된 대각국사의 묘지명 탁본 입니다. 여기에는 문종의 넷째 아들인 (가)이/가 송에 유학하고 돌아온 후 국청사를 중심으로 천태종을 개창한 내용이 기록되어 있습니다.

(2) ( )

> (가)은/는 귀법사의 주지로서, 왕명에 따라 민중을 교화하고 불법을 널리 펴기 위해 노력하였다. 또한 향가인「보현십원가」11수를 지어 화엄 사상을 대중에게 전파하였다.

유형 37 유교(유학): 고대~조선

03 다음 설명에 해당하는 인물을 | 보기 |에서 골라 쓰세요.

> ─ 보기 ├
> 이색, 이이, 이황, 최충, 김부식, 이제현, 정도전, 최치원

(1) 역옹패설과 사략을 저술하였다. ( )
(2) 만권당에서 유학자들과 교류하였다. ( )
(3) 왕명에 의해 삼국사기를 편찬하였다. ( )
(4) 불씨잡변을 지어 불교를 비판하였다. ( )
(5) 9재 학당을 세워 유학 교육에 힘썼다. ( )
(6) 국왕에게 시무 10여 조를 건의하였다. ( )
(7) 동호문답을 통해 다양한 개혁 방안을 제시하였다.
( )
(8) 군주의 도를 도식으로 설명한 성학십도를 지었다.
( )
(9) 해주 향약을 시행하여 향촌 교화를 위해 노력하였다.
( )
(10) 예안 향약을 시행하여 향촌 교화를 위해 노력하였다.
( )
(11) 성균관의 대사성이 되어 정몽주 등을 학관으로 천거하였다.
( )
(12) 군주가 수양해야 할 덕목을 제시한 성학집요를 집필하였다.
( )

정답

01 (1) 원효 (2) 의상 (3) 의천 (4) 원효 (5) 원효 (6) 요세 (7) 혜심
(8) 의상 (9) 지눌 (10) 의천 (11) 지눌 (12) 의천 (13) 혜초 (14) 의상
(15) 의천
02 (1) 의천 (2) 균여
03 (1) 이제현 (2) 이제현 (3) 김부식 (4) 정도전 (5) 최충 (6) 최치원
(7) 이이 (8) 이황 (9) 이이 (10) 이황 (11) 이색 (12) 이이

시대 통합(문화 2)

구분	고구려	백제	신라
고분	돌무지무덤(장군총) → 굴식 돌방무덤 (벽화 있음 예 각저총 씨름도, 무용총 무용도와 수렵도, 강서대묘 사신도)	돌무지무덤(석촌동 고분) → 굴식 돌방무덤(송산리 고분군), 벽돌무덤(무령왕릉: 중국 남조 영향, 지석과 석수)	돌무지덧널무덤: 도굴 어려움 예 천마총(천마도 출토), 호우총, 황남대총(아라비아 그릇 출토), 금관총
건축·탑	목탑 중심, 현존 없음	• 미륵사(무왕의 의지) • 익산 미륵사지 석탑: 목탑 양식, 현존 가장 오래된 탑, 금제 사리 봉영기 • 부여 정림사지 5층 석탑: 목탑 양식 계승, 평제탑(소정방)	• 황룡사(진흥왕) • 경주 황룡사 9층 목탑(선덕 여왕, by 자장의 건의) • 경주 분황사 모전 석탑(벽돌 모양 돌을 쌓은 탑)
불상	금동 연가 7년명 여래 입상	서산 용현리 마애여래 삼존상	경주 배동 석조 여래 삼존 입상

불상 뒤에 글씨 새겨져 있음

▲ 금동 연가 7년명 여래 입상(고구려)

▲ 익산 미륵사지 석탑(백제)

▲ 부여 정림사지 5층 석탑(백제)

▲ 서산 용현리 마애여래 삼존상(백제)

▲ 경주 분황사 모전 석탑(신라)

구분	통일 신라	발해
고분	• 불교식 화장 유행 예 문무대왕릉 • 굴식 돌방무덤: 둘레돌에 12지 신상 조각 예 김유신묘, 괘릉(원성왕릉)	• 정혜 공주 묘: 굴식 돌방무덤, 모줄임천장(고구려 영향), 벽화 없음, 돌사자상 출토 • 정효 공주 묘: 벽돌무덤(당 영향), 벽화 있음
건축·탑·불상	• 불국사, 석굴암, 동궁과 월지(문무왕) • 감은사지 3층 석탑(신문왕) → 불국사 3층 석탑(석가탑, 경덕왕 추정) → 하대: 양양 진전사지 3층 석탑 • 다보탑, 구례 화엄사 4사자 3층 석탑(구례), 승탑(선종 영향 예 쌍봉사 철감선사탑)	• 상경성, 주작대로(당 영향) • 영광탑(벽돌탑) • 이불병좌상(고구려 영향)

▲ 경주 감은사지 3층 석탑(통일 신라)

▲ 경주 불국사 3층 석탑(통일 신라)

▲ 경주 불국사 다보탑(통일 신라)

▲ 영광탑(발해)

▲ 이불병좌상(발해)

개념 잡는 기출 선택지

유형 38 삼국과 가야 문화

01 공주 무령왕릉에 대한 설명으로 옳으면 O표, 틀리면 X표를 하세요.

(1) 서울 석촌동 고분군에 위치하고 있다. ( )
(2) 국보로 지정된 금동 대향로가 출토되었다. ( )
(3) 무덤의 둘레돌에 12지 신상을 조각하였다. ( )
(4) 매지권이 새겨진 지석과 석수가 출토되었다. ( )
(5) 중국 남조의 영향을 받아 벽돌로 축조하였다. ( )

02 백제의 문화유산으로 옳으면 O표, 틀리면 X표를 하세요.

(1) ( )

(2) ( )

(3) ( )

(4) ( )

03 신라의 문화유산으로 옳으면 O표, 틀리면 X표를 하세요.

(1) ( )

(2) ( )

(3) ( )

(4) ( )

유형 39 남북국 문화

04 발해의 문화유산으로 옳으면 O표, 틀리면 X표를 하세요.

(1) ( )

(2) ( )

(3) ( )

(4) ( )

(5) ( )

(6) ( )

정답

01 (1) X(돌무지무덤) (2) X(부여 능산리 절터) (3) X(굴식 돌방무덤)
　　(4) O (5) O
02 (1) X(고구려) (2) O (3) X(신라) (4) O
03 (1) O (2) X(고구려) (3) X(발해) (4) X(백제)
04 (1) X(백제) (2) X(신라) (3) O (4) X(신라) (5) O (6) X(백제)

시대 통합(문화 3)

유형 40 문화유산: 탑, 불상, 건축물

| 백제 | | 통일 신라 | | 발해 | 고려 | 조선 |

▲ 부여 정림사지 5층 석탑(평제탑) | ▲ 익산 미륵사지 석탑 (금제 사리 봉영기) | ▲ 경주 감은사지 3층 석탑(문무왕) | ▲ 경주 불국사 3층 석탑 (무구정광대다라니경) | ▲ 발해 영광탑 | ▲ 개성 경천사지 10층 석탑(대리석, 원) | ▲ 서울 원각사지 10층 석탑

| 고구려 | 백제 | 통일 신라 | 발해 | | 고려 | |

▲ 금동 연가 7년명 여래 입상 | ▲ 서산 마애여래 삼존상(백제의 미소) | ▲ 석굴암 본존불상 (균형미) | ▲ 이불병좌상 | ▲ 논산 관촉사 석조 미륵보살 입상 | ▲ 파주 용미리 마애이불 입상 | ▲ 영주 부석사 소조 여래 좌상

| 고려 | | | | 조선 후기 |

▲ 안동 봉정사 극락전 (현존 가장 오래된 목조 건축물) | ▲ 영주 부석사 무량수전 (주심포) | ▲ 예산 수덕사 대웅전 (주심포) | ▲ 사리원 성불사 응진전 (다포) | ▲ 보은 법주사 팔상전 (현존 유일 목조탑)

- 경복궁: 조선 법궁, 흥선 대원군 중건, 을미사변(건청궁), 조선 물산 공진회 개최
- 창덕궁: 동궐(동쪽에 지은 이궐), 규장각 설치(정조), 유네스코 세계 유산
- 덕수궁: 정릉동 행궁, 고종 환궁, 을사늑약 체결(중명전), 미·소 공동 위원회 개최(석조전)

유형 41 문화유산: 역사서

고려	조선	근현대
•《삼국사기》(김부식): 기전체 •《삼국유사》(일연): 단군 이야기 수록, 불교 설화 수록 •《제왕운기》(이승휴): 단군 이야기 수록 •〈동명왕편〉(이규보): 고구려 계승 의식	•《조선경국전》(정도전) •《고려사절요》: 문종, 편년체 •《동국통감》: 성종, 고조선~고려까지 정리, 편년체 •《조선왕조실록》: 태조~철종, 편년체	•《한국통사》(박은식) •《한국독립운동지혈사》(박은식) •《조선상고사》(신채호) •《조선사회경제사》,《조선봉건사회경제사》(백남운)

개념 잡는 기출 선택지

유형 40. 문화유산: 탑, 불상, 건축물

01 다음 설명에 해당하는 탑을 | 보기 |에서 골라 쓰세요.

> ── 보기 ──
>
> 익산 미륵사지 석탑, 경주 분황사 모전 석탑,
> 개성 경천사지 10층 석탑, 서울 원각사지 10층 석탑

(1) 서울 원각사지 10층 석탑에 영향을 주었다. (　　　)
(2) 원의 영향을 받아 대리석으로 만들어졌다. (　　　)
(3) 해체 과정에서 금제 사리 봉영기가 발견되었다.(　　　)
(4) 조선 전기의 석탑으로 원나라 탑 양식의 영향을 받았다.
 (　　　)
(5) 신라 석탑 중에 가장 오래된 것으로, 돌을 벽돌 모양으로 다듬어 쌓았다. (　　　)

02 다음 불상을 만든 나라를 | 보기 |에서 골라 쓰세요.

> ── 보기 ──
>
> 고려, 발해, 백제, 고구려

(1)  (　　　)
(2)  (　　　)
(3)  (　　　)
(4)  (　　　)
(5)  (　　　)

03 경복궁과 관련 있는 설명으로 옳으면 O표, 틀리면 X표를 하세요.

(1) 왕실 도서관인 규장각이 설치된 곳이다. (　　　)
(2) 두 차례의 미·소 공동 위원회가 개최되었다. (　　　)
(3) 인목 대비가 광해군에 의해 유폐된 장소이다. (　　　)
(4) 조선 물산 공진회 개최 장소로도 이용되었다. (　　　)
(5) 일제에 의해 궁궐 안에 조선 총독부 건물이 세워졌다.
 (　　　)

유형 41. 문화유산: 역사서

04 다음 설명에 해당하는 역사서를 | 보기 |에서 골라 쓰세요.

> ── 보기 ──
>
> 동국통감, 동명왕편, 삼국사기, 삼국유사, 제왕운기

(1) 단군왕검의 건국 이야기가 기록되어 있다. (　　　)
(2) 일연이 불교 중심의 설화, 야사 등을 정리하였다.(　　　)
(3) 중국과 우리나라의 역대 왕의 계보가 수록되었다.
 (　　　)
(4) 유교 사관에 입각하여 기전체 형식으로 구성되었다.
 (　　　)
(5) 고구려 건국 시조의 일대기를 서사시 형태로 서술하였다.
 (　　　)

05 조선왕조실록에 대한 설명으로 옳으면 O표, 틀리면 X표를 하세요.

(1) 국왕의 비서 기관에서 작성하였다. (　　　)
(2) 사초, 시정기 등을 바탕으로 편찬되었다. (　　　)
(3) 춘추관 관원들이 편찬 업무에 참여하였다. (　　　)
(4) 연대순으로 기록하는 편년체로 서술되었다. (　　　)
(5) 정조가 세손 시절부터 쓴 일기에서 유래하였다.(　　　)

06 박은식의 활동으로 옳으면 O표, 틀리면 X표를 하세요.

(1) 고대사 연구를 바탕으로 조선상고사를 저술하였다.
 (　　　)
(2) 한국통사를 저술하고 민족주의 사학의 기초를 닦았다.
 (　　　)
(3) 한국독립운동지혈사에서 독립 투쟁 과정을 서술하였다.
 (　　　)
(4) 조선사회경제사에서 식민 사학의 정체성 이론을 반박하였다.
 (　　　)

정답

01 (1) 개성 경천사지 10층 석탑 (2) 개성 경천사지 10층 석탑
 (3) 익산 미륵사지 석탑 (4) 서울 원각사지 10층 석탑
 (5) 경주 분황사 모전 석탑
02 (1) 백제 (2) 발해 (3) 고구려 (4) 고려 (5) 고려
03 (1) X(창덕궁) (2) X(덕수궁) (3) X(덕수궁) (4) O (5) O
04 (1) 삼국유사, 제왕운기, 동국통감 (2) 삼국유사 (3) 제왕운기
 (4) 삼국사기 (5) 동명왕편
05 (1) X(승정원일기) (2) O (3) O (4) O (5) X(일성록)
06 (1) X(신채호) (2) O (3) O (4) X(백남운)

19 고려(문화)

역사서 ─ 《삼국사기》 ─ 김부식이 왕명에 따라 편찬, 현존 가장 오래된 역사서, 기전체(신라 본기 우선)
　　　　　　　　　└ 유교적 합리주의 사관 → 민간 설화 기록 ×, 단군 이야기 수록 ×
　　　　├ 《삼국유사》: 일연 편찬, 불교사 중심, 민간 설화 수록, 단군 이야기 수록(최초)
　　　　├ 〈동명왕편〉(이규보): 《동국이상국집》 내 수록, 고구려 동명왕의 영웅 서사시 → 고구려 계승 의식 반영
　　　　├ 《해동고승전》(각훈): 왕명에 의해 삼국~고려 시대의 승려 전기 기록
　　　　├ 《제왕운기》(이승휴): 단군 이야기 수록, 단군부터 충렬왕 역사를 서사시로 정리,
　　　　│　　　　　　　　　　　우리 역사를 중국 역사와 대등하게 파악
　　　　└ 《사략》(이제현): 대의명분 강조 → 성리학적 유교 사관 반영

대장경 ─ 초조대장경: 현종 때 거란 침입 시기에 제작 → 몽골 침입 때 소실
　　　　└ 팔만(재조)대장경: 고종 때 몽골 침입 극복 기원, 대장도감에서 간행, 합천 해인사 장경판전에 보관

과학 기술 ─ 사천대(서운관) 설치(천문·역법 관련 관청), 《향약구급방》(현존 가장 오래된 의학서)
　　　　├ 《직지심체요절》: 우왕 때, 청주 흥덕사에서 간행, 현존하는 세계 최고(最古)의 금속 활자본
　　　　└ 화통도감 설치(최무선) → 화포 개발 → 진포 대첩(1380, 우왕 때 최무선)

건축 ─ 궁궐: 개성 만월대 궁궐터
　　　├ 사원 ─ 주심포 양식: 안동 봉정사 극락전, 영주 부석사 무량수전, 예산 수덕사 대웅전
　　　│　　　└ 다포 양식: 황해도 사리원 성불사 응진전, 안변 석왕사 응진전
　　　├ 석탑: 평창 월정사 8각 9층 석탑(송 영향), 개성 경천사지 10층 석탑(원 영향, 대리석)
　　　├ 승탑: 여주 고달사지 승탑, 원주 법천사지 지광국사 현묘탑 → 조선 세조 때의 서울 원각사지 10층 석탑에 영향
　　　└ 불상: 하남 하사창동 철조 석가여래 좌상, 논산 관촉사 석조 미륵보살 입상,
　　　　　　　안동 이천동 마애여래 입상, 파주 용미리 마애이불 입상, 영주 부석사 소조 여래 좌상

공예 ─ 자기: 순청자(11C, 비취색 청자) → 상감 청자(12~13C 중엽)
　　　└ 금속: 은입사 기술 발달 → 청동 은입사 포류수금문 정병 / 나전 칠기 공예

그림 ─ 〈천산대렵도〉(공민왕), 〈관음보살도〉(혜허), 〈수월관음도〉(김우문)

▲ 평창 월정사　　▲ 하남 하사창동　　▲ 안동 이천동　　▲ 청자 참외 모양 병　　▲ 청자 상감 운학문　　▲ 청동 은입사　　▲ 〈천산대렵도〉
8각 9층 석탑　　철조 석가여래 좌상　마애여래 입상　　(순청자)　　　　매병(상감 청자)　　포류수금문 정병

개념 잡는 기출 선택지

유형 42 · 고려의 역사서, 과학 기술

01 다음 설명에 해당하는 책을 | 보기 |에서 골라 쓰세요.

┌ 보기 ┐
동명왕편, 삼국사기, 삼국유사, 제왕운기,
초조대장경, 팔만대장경, 해동고승전
└─────┘

(1) 단군의 건국 이야기를 수록하였다. (　　)
(2) 대장도감에서 판각한 목판으로 찍었다. (　　)
(3) 왕명에 의해 고승들의 전기를 기록하였다. (　　)
(4) 거란의 침입을 물리치기 위해 제작하였다. (　　)
(5) 현존하는 우리나라 최고(最古)의 역사서이다.
(　　)
(6) 중국과 우리나라의 역대 왕의 계보가 수록되었다.
(　　)
(7) 불교사를 중심으로 고대의 민간 설화를 수록하였다.
(　　)
(8) 고구려 건국 시조의 일대기를 서사시로 표현하였다.
(　　)
(9) 유교 사관에 입각하여 기전체 형식으로 구성되었다.
(　　)
(10) 단군부터 충렬왕까지의 역사를 서사시로 서술하였다.
(　　)

02 직지심체요절에 대한 설명으로 옳으면 O표, 틀리면 X표를 하세요.

(1) 남북국이라는 용어가 처음 사용되었다. (　　)
(2) 사초, 시정기 등을 바탕으로 편찬되었다. (　　)
(3) 거란의 침략을 물리치기 위해 제작되었다. (　　)
(4) 유네스코 세계 기록 유산으로 등재되었다. (　　)
(5) 본기, 열전 등 기전체 형식으로 서술되었다.
(　　)
(6) 청주 흥덕사에서 금속 활자본으로 간행되었다.
(　　)
(7) 서사시 형태로 고구려 계승 의식이 반영되었다.
(　　)
(8) 병인양요 당시 일부가 프랑스군에게 약탈되었다.
(　　)

유형 43 · 고려의 건축물, 불상, 공예

03 고려의 건축물로 옳으면 O표, 틀리면 X표를 하세요.

(1) ▲ 구례 화엄사 각황전 (　　)
(2) ▲ 보은 법주사 팔상전 (　　)
(3) ▲ 안동 봉정사 극락전 (　　)
(4) ▲ 영주 부석사 무량수전 (　　)

04 고려의 문화유산으로 옳으면 O표, 틀리면 X표를 하세요.

(1) (　　) (2) (　　)
(3) (　　) (4) (　　)
(5) (　　) (6) (　　)

정답

01 (1) 삼국유사, 제왕운기 (2) 팔만대장경 (3) 해동고승전 (4) 초조대장경
(5) 삼국사기 (6) 제왕운기 (7) 삼국유사 (8) 동명왕편 (9) 삼국사기
(10) 제왕운기
02 (1) X(발해고) (2) X(조선왕조실록) (3) X(초조대장경) (4) O
(5) X(삼국사기) (6) O (7) X(동명왕편) (8) X(외규장각 의궤)
03 (1) X(조선 후기) (2) X(조선 후기) (3) O (4) O
04 (1) X(고구려) (2) X(백제) (3) O (4) O (5) O (6) X(통일 신라)

20 조선(문화)

유형 44 **조선 전기 문화**

- 편찬 사업
  - 《삼강행실도》(세종), 《국조오례의》(성종)
  - 법전: 《조선경국전》(정도전) → 《경국대전》(세조~성종)
  - 역사서 ─ 《조선왕조실록》: 편년체, 실록청에서 편찬, 사초·시정기 바탕
    └ 《고려사절요》(문종, 편년체), 《동국통감》(성종 때 서거정)
  - 지도·지리서: 〈혼일강리역대국도지도〉(태종), 《동국여지승람》(성종)
- 과학 기술
  - 기구(세종): 장영실 활약 → 간의, 혼천의, 자격루, 앙부일구, 측우기
  - 역법·의학: 《칠정산》(세종 때 이순지·정초), 《향약집성방》(세종), 《의방유취》(세종)
  - 농서: 《농사직설》(세종 때 정초), 《금양잡록》(성종 때 강희맹), 《구황촬요》(명종)
- 그림 〈몽유도원도〉(세종 때 안견), 〈고사관수도〉(강희안), 〈초충도〉(신사임당), 〈송하보월도〉(이상좌)

유형 45 **조선 후기 문화**

- 양명학 정제두가 강화학파 형성(18C) → 지행합일(실천성) 강조
- 실학 ─ 중농 ─ (반계) 유형원: 균전론, 《반계수록》 / (성호) 이익: 한전론(영업전 매매 금지), 《성호사설》
  │   └ (여유당, 다산) 정약용: 여전론(→ 정전론), 《목민심서》, 《경세유표》, 거중기 설계
  └ 중상 ─ (농암) 유수원: 《우서》 / (담헌) 홍대용: 무한우주론, 지전설, 《의산문답》, 《임하경륜》
          └ (연암) 박지원: 《열하일기》, 〈허생전〉 / (초정) 박제가: 소비(우물) 강조, 《북학의》
- 국학 ─ 역사: 《동사강목》(안정복), 《해동역사》(한치윤), 《발해고》(유득공), 《금석과안록》(김정희)
  │   └→ 진흥왕 순수비 고증
  │   ─ 지리서: 《동국지리지》(한백겸), 《아방강역고》(정약용), 《택리지》(이중환)
  │   ─ 지도: 〈동국지도〉(정상기, 최초로 100리 척 사용), 〈대동여지도〉(김정호, 22첩 분첩)
  │   └→ 흑산도 유배 때 저술
  │   ─ 백과사전: 《지봉유설》(이수광), 《동국문헌비고》(홍봉한), 《임원경제지》(서유구), 《자산어보》(정약전)
  │   └ 의학서: 《동의보감》(허준), 《침구경험방》(허임), 《마과회통》(정약용), 《동의수세보원》(이제마)
- 서민 문화 판소리, 탈놀이, 한글 소설, 사설시조, 전기수 등장, 풍속화 유행(김홍도, 신윤복), 민화 유행
- 공예 분청사기(여말선초) → 순백자(16C 이후 유행) → 청화 백자 → 철화 백자(후기 유행)

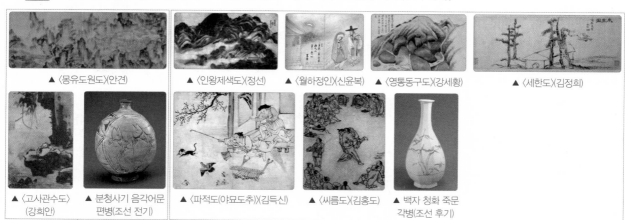

▲ 〈몽유도원도〉(안견) ▲ 〈인왕제색도〉(정선) ▲ 〈월하정인〉(신윤복) ▲ 〈영통동구도〉(강세황) ▲ 〈세한도〉(김정희)

▲ 〈고사관수도〉(강희안) ▲ 분청사기 음각어문 편병(조선 전기) ▲ 〈파적도(야묘도추)〉(김득신) ▲ 〈씨름도〉(김홍도) ▲ 백자 청화 죽문 각병(조선 후기)

└→ 조선 전기   └→ 조선 후기

개념 잡는 기출 선택지

유형 44 조선 전기 문화

01 다음 설명에 해당하는 작품을 | 보기 |에서 골라 쓰세요.

┌─ 보기 ─────────────────────────┐
농사직설, 삼강행실도,
조선왕조실록, 혼일강리역대국도지도
└───────────────────────────────┘

(1) 사초, 시정기 등을 바탕으로 편찬되었다. (   )
(2) 연대순으로 기록하는 편년체로 서술되었다. (   )
(3) 충신, 효자, 열녀를 알리기 위해 간행하였다. (   )
(4) 우리나라에서 제작된 현존 최고(最古)의 지도이다.
　　　　　　　　　　　　　　　　　　　　(   )
(5) 정초, 변효문 등이 우리 풍토에 맞는 농법을 종합하여
　　편찬하였다. (   )

유형 45 조선 후기 문화

02 다음 설명에 해당하는 학자를 | 보기 |에서 골라 쓰세요.

┌─ 보기 ─────────────────────────┐
박제가, 박지원, 유형원, 정약용, 정제두, 홍대용
└───────────────────────────────┘

(1) 북학의에서 절약보다 소비를 권장하였다. (   )
(2) 양명학을 연구하여 강화학파를 형성하였다. (   )
(3) 반계수록에서 토지 제도 개혁론을 제시하였다. (   )
(4) 목민심서에서 지방 행정 개혁안을 제시하였다. (   )
(5) 의산문답에서 중국 중심의 세계관을 비판하였다.
　　　　　　　　　　　　　　　　　　　　(   )
(6) 열하일기에서 수레와 선박의 필요성을 강조하였다.
　　　　　　　　　　　　　　　　　　　　(   )

03 다음 설명에 해당하는 작품을 | 보기 |에서 골라 쓰세요.

┌─ 보기 ─────────────────────────┐
발해고, 택리지, 동국지도, 금석과안록, 대동여지도
└───────────────────────────────┘

(1) 최초로 100리 척이 적용되었다. (   )
(2) 남북국이라는 용어를 처음 사용하였다. (   )
(3) 북한산비가 진흥왕 순수비임을 처음으로 밝혀냈다.
　　　　　　　　　　　　　　　　　　　　(   )
(4) 각 지방의 연혁, 산천, 풍속 등이 자세히 나타나 있다.
　　　　　　　　　　　　　　　　　　　　(   )
(5) 목판으로 인쇄되었으며 10리마다 눈금이 표시되어 있다.
　　　　　　　　　　　　　　　　　　　　(   )

04 조선 후기에 볼 수 있는 모습으로 옳으면 O표, 틀리면 X표를 하세요.

(1) 한글 소설을 읽고 있는 부녀자 (   )
(2) 장시에서 판소리를 구경하는 농민 (   )
(3) 금속 활자본으로 간행된 직지심체요절 (   )
(4) 솔빈부의 특산품인 말을 수입하는 상인 (   )
(5) 저잣거리에서 한글 소설을 읽어 주는 전기수 (   )

05 조선 후기의 문화유산으로 옳으면 O표, 틀리면 X표를 하세요.

(1) (   )

(2) (   )

(3) (   )

(4) (   )

(5) (   )

(6) (   )

정답

01 (1) 조선왕조실록 (2) 조선왕조실록 (3) 삼강행실도
　　(4) 혼일강리역대국도지도 (5) 농사직설
02 (1) 박제가 (2) 정제두 (3) 유형원 (4) 정약용 (5) 홍대용 (6) 박지원
03 (1) 동국지도 (2) 발해고 (3) 금석과안록 (4) 택리지 (5) 대동여지도
04 (1) O (2) O (3) X(고려) (4) X(발해) (5) O
05 (1) O (2) X(조선 전기) (3) O (4) O (5) X(조선 전기) (6) O

한계는 없다.
도전을 즐겨라.

– 칼리 피오리나(Carly Fiorina)

시대 흐름
테마편
(근현대)

1 개항기(흥선 대원군~개항)

흐름 잡는 **사건 연표**

유형 1 흥선 대원군 집권기

왕권 강화 ── 세도 가문 축출 → 비변사 축소·폐지 → 의정부·삼군부 부활
　　　　　── 경복궁 중건: 당백전 발행, 원납전 징수, 묘지림 벌목 → 백성 불만
　　　　　── 법전 편찬:《대전회통》,《육전조례》

민생 안정 ── 양전 사업: 은결 색출, 토지 겸병 금지
　　　　　── 호포법 실시: 집집마다 군포 징수, 양반도 군포 징수
　　　　　── 사창제 실시: 마을 창고를 만들어 자치적 운영

통상 수교 거부
　→ 병인박해(1866. 1.): 프랑스 선교사와 신자 처형(절두산)
　→ 제너럴셔먼호 사건(1866. 7.): 미국 제너럴셔먼호가 평양 근처에서 농성
　　　　　　　　　 → 박규수 + 평양 주민들의 공격 → 제너럴셔먼호 침몰
　→ 병인양요(1866. 9.) ── 프랑스의 강화도 침입: 양헌수(정족산성)와 한성근(문수산성) 활약
　　　　　　　　　 └─ 프랑스: 퇴각하면서 외규장각에 있던《의궤》약탈
　→ 오페르트 도굴 사건(1868): 독일 상인 오페르트가 남연군 묘(덕산) 도굴 시도
　→ 신미양요(1871): 미국이 제너럴셔먼호 사건을 구실로 강화도 침입 → 어재연(광성보)의 활약
　→ 척화비 건립(1871): 두 차례 양요 이후 건립
　　　　　　　　　 └→ 흥선 대원군 아버지　└→ 미군의 수(帥)자기 약탈

- 1866 병인양요
- 1871 신미양요
- 1876 강화도 조약
- 1882 조·미 수호 통상 조약

✦ 조선 후기의 법전
- 영조:《속대전》
- 정조:《대전통편》
- 고종:《대전회통》

✦ 어재연 장군 수자기

유형 2 개항과 조약

1876 ── **2월** 강화도 조약 ── 배경: 운요호 사건, 통상개화론(박규수, 유홍기, 오경석)
　　　　　 └ 조·일　　　　　　　　　　　　　　　　　　　　　 └→《해국도지》,《영환지략》
　　　　　　 수호 조규 ── 내용 ── 청의 종주권 부인: "조선은 자주국이고 일본과 평등하다."
　　　　　　　　　　　　　├ 부산, 원산, 인천 개항
　　　　　　　　　　　　　└ 해안 측량권, 영사 재판권 인정

　　　── **7월** ── 조·일 수호 조규 부록(부속 조약) ── 개항장에서 일본 화폐 사용 가능
　　　　　　　　　　　　　　　　　　　　　　　　 └ 거류지 10리 설정
　　　　　　 └─ 조·일 무역 규칙: 무관세, 쌀 무제한 수출 가능

1882 ── **4월** 조·미 수호 통상 조약: 영사 재판권, 최혜국 대우, 관세 규정, 거중 조정 규정
　　　── **6월** 임오군란 → 조·청 상민 수륙 무역 장정: 청 상인의 내지 통상 허용

1883 **7월** 조·일 통상 장정 ── 관세 규정, 방곡령 규정
　　　　　　　　　　　　 └ 최혜국 대우 → 일본 상인의 내지 통상 허용
　　　　　　　　　　　　　　　　　　└→ 대책 ── 보부상: 혜상공국 설립(1883)
　　　　　　　　　　　　　　　　　　　　　　└ 객주: 상회사 설립(1883)
　　　　　　　　　　　　　　　　　　　　　　　　└→ 대동 상회, 장통 회사

빈출사료 **조·일 수호 조규 부록**
조선국 인민은 본국의 현행 여러 화폐로 조선국 인민이 소유한 물품과 교환할 수 있으며, 조선국 인민은 그 교환한 일본국의 여러 화폐로 일본국에서 생산한 여러 가지 상품을 살 수 있다.

빈출사료 **조·일 무역 규칙**
조선국 항구에 거주하는 일본 인민은 양미와 잡곡을 수출, 수입할 수 있다.

개념 잡는 기출 선택지

유형 1 흥선 대원군 집권기

01 흥선 대원군 집권기에 대한 설명으로 맞으면 O표, 틀리면 X표를 하세요.

(1) 친위 부대인 장용영을 설치하였다. (　　　)
(2) 종로와 전국 각지에 척화비를 건립하였다. (　　　)
(3) 나선 정벌을 위해 조총 부대를 파견하였다. (　　　)
(4) 속대전을 편찬하여 통치 제도를 정비하였다. (　　　)
(5) 양반에게도 군포를 징수하는 호포제를 추진하였다. (　　　)
(6) 궁궐의 공사비 마련을 위하여 당백전이 발행되었다. (　　　)

02 다음 내용들을 일어난 순서대로 나열하세요.

(1) (　　　　　　　　　　　　　　　　　)

> (가) 프랑스군이 외규장각 도서를 약탈하였다.
> (나) 로즈 제독의 함대가 양화진을 침입하였다.
> (다) 병인박해로 천주교 선교사와 신자들이 처형되었다.
> (라) 양헌수 부대가 정족산성에서 프랑스군을 격퇴하였다.

(2) (　　　　　　　　　　　　　　　　　)

> (가) 평양 관민이 제너럴셔먼호를 불태웠다.
> (나) 종로와 전국 각지에 척화비를 건립하였다.
> (다) 오페르트가 남연군 묘 도굴을 시도하였다.
> (라) 어재연 부대가 광성보에서 결사 항전하였다.

03 병인양요와 신미양요 중 다음 자료에 해당하는 사건을 골라 쓰세요.

(1) (　　　　　　)

> 양헌수가 은밀히 정족산 전등사로 가서 주둔하였다. …… 산 위에서 매복하고 있다가 …… 좌우에서 총을 쏘았다. 적장이 총에 맞아 말에서 떨어지고 서양인 10여 명이 죽었다.

(2) (　　　　　　)

> 진무사 정기원의 장계에, "초지와 덕진을 제대로 지키지 못한 것도 저의 불찰인데, 광성보에서는 군사가 다치고 장수가 죽었으니 저의 죄가 더욱 큽니다."라고 하였다.

유형 2 개항과 조약

04 조 · 미 수호 통상 조약에 대한 설명으로 옳으면 O표, 틀리면 X표를 하세요.

(1) 거중 조정 조항을 포함하였다. (　　　)
(2) 운요호 사건이 원인이 되었다. (　　　)
(3) 최혜국 대우 내용을 포함하였다. (　　　)
(4) 조선책략의 영향으로 체결되었다. (　　　)
(5) 재정 고문을 두도록 하는 조항을 담고 있다. (　　　)
(6) 조약 체결 이후 보빙사가 미국에 파견되었다. (　　　)
(7) 일본 공사관에 경비병이 주둔하는 계기가 되었다. (　　　)
(8) 부산 외 2개 항구를 개항한다는 내용을 포함하였다. (　　　)

05 다음 조약의 명칭을 쓰세요.

(1) (　　　　　　　　　)

> 제1관 조선국은 자주 국가로서 일본국과 평등한 권리를 보유한다.
> 제10관 일본국 인민이 조선국 지정의 각 항구에 머무르는 동안 죄를 범한 것이 조선국 인민에게 관계되는 사건은 모두 일본국 관원이 심리하여 판결한다.

(2) (　　　　　　　　　)

> 조선국에서 가뭄과 홍수, 전쟁 등의 일로 국내에 양식이 부족할 것을 우려하여 일시 쌀 수출을 금지하려고 할 때에는 1개월 전에 지방관이 일본 영사관에 통지하고, 미리 그 기간을 항구에 있는 일본 상인들에게 전달하여 일률적으로 준수하는 데 편리하게 한다.

정답

01 (1) X(조선 정조) (2) O (3) X(조선 효종) (4) X(조선 영조) (5) O (6) O
02 (1) (다) – (나) – (라) – (가) (2) (가) – (다) – (라) – (나)
03 (1) 병인양요 (2) 신미양요
04 (1) O (2) X(강화도 조약) (3) O (4) O (5) X(제1차 한 · 일 협약)
　　(6) O (7) X(제물포 조약) (8) X(강화도 조약)
05 (1) 강화도 조약 (2) 조 · 일 통상 장정

2 개항기(초기 개화~갑신정변)

유형 3 개화와 위정척사

```
개화 ┬ 개화 ─ 개화 담당: 통리기무아문(1880) → 아래 12사 설치
     │       신식 군대: 별기군(1881) / 구식 군대: 5군영 → 2영으로 축소
     │       근대 시설: 박문국(한성순보 간행), 전환국(근대 화폐 발행), 기기창(근대 무기 공장)
     │       사절단 ┬ 수신사(to 일본) ┬ 1차(1876, 강화도 조약 이후): 김기수
     │             │                 └ 2차(1880): 김홍집이 황준헌이 지은《조선책략》을 들고 옴
     │             ├ 조사 시찰단(1881, 일본): 산업 시찰, 비공식(암행어사) → 박정양, 어윤중
     │             ├ 영선사(1881, 청): 김윤식 등 근대식 무기 공장 시찰 → 귀국 → 기기창 설치
     │             └ 보빙사(1883, 미국): 조·미 수호 통상 조약 직후 민영익, 유길준 등 파견
     └ 위정척사 ┬ 1860년대(흥선 대원군 집권기): 통상 반대 주장, 척화 주전론 → 이항로, 기정진
               ├ 1870년대(강화도 조약): 개항 반대 주장, 왜양일체론, 최익현의 〈지부복궐척화의소〉
               ├ 1880년대(정부의 개화 정책 추진): 개화 정책 반대 주장, 이만손의 〈영남 만인소〉
               └ 1890년대(을미사변, 을미개혁): 항일 의병, 유인석·이소응 등  ┌《조선책략》의 영향
                                                                      └ "친중·결일·연미"
```

흐름 잡는 **사건 연표**

○ 1880 통리기무아문 설치
○ 1881 별기군 창설
● 1882 임오군란
● 1884 갑신정변

✦ **《조선책략》**

《조선책략》은 청의 외교관 황준헌(황쭌셴)이 저술한 책으로, 제2차 수신사로 일본에 다녀온 김홍집이 국내에 가지고 들어왔어요. 이 책에는 조선이 러시아를 견제하기 위해 청, 일본, 미국과 힘을 합쳐야 한다는 내용이 담겨 있었어요. 이 책이 유포되면서 조선은 조·미 수호 통상 조약을 체결하였어요.

유형 4 임오군란, 갑신정변

```
임오군란 ┬ 배경: 구식 군대 차별
(1882)  │                          ┌ 민겸호, 이최응 살해 → 명성 황후는 장호원으로 도주
        ├ 전개: 일본 공사관 습격, 궁궐에 침입하여 민씨 정권 요인 살해
        │      → 흥선 대원군 재집권
        │                                       ┌ 마젠창, 묄렌도르프,
        ├ 결과: 청군의 진압 → 민씨 정권 재집권, 흥선 대원군 청으로 압송, 청에서 고문
        │      파견, 청·일 군대 주둔 계기          위안스카이
        └ 조약 체결 ┬ 제물포 조약(조선-일): 일본 공사관에 경비병 주둔, 배상금(55만 원)
                   └ 조·청 상민 수륙 무역 장정: 청 상인의 내지 통상 허용, 영사 재판권

갑신정변 ┬ 전개: 김옥균 등 급진 개화파가 우정총국 개국 축하연에서 정변
(1884)  │      → 민씨 정권 요인 살해 → 개화당 정부 수립 → 14개조 개혁 정강 마련
        └ 결과 ┬ 청군 진압 → 청의 내정 간섭 심화, 정변 세력의 일본 망명
              └ 조약 체결 ┬ 한성 조약(조-일): 일본 공사관 건설 비용 부담,
                         │                배상금(13만 원)
                         └ 톈진 조약(청-일) ┬ 조선에서 청·일 군대 모두 철수
                                          └ 조선에 파병 시 상호 통보

1885~1887 영국의 거문도 불법 점령(러시아 견제) → 조선 중립화론 주장(유길준, 부들러)
1889 방곡령 사건(함경도, 조병식)
```

✦ **14개조 개혁 정강**

1. 청에 대한 조공 허례 폐지
3. 지조법 개정
9. 혜상공국 폐지
12. 호조로의 재정 일원화

50 2주끝장 심화 엔드노트

개념 잡는 기출 선택지

유형 3 개화와 위정척사

01 1880년대 개화 정책으로 옳으면 O표, 틀리면 X표를 하세요.

(1) 후당, 오월에 사신을 보냈다. ( )
(2) 신식 군대인 별기군이 창설되었다. ( )
(3) 통리기무아문과 12사를 설치하였다. ( )
(4) 별무반을 편성하여 침입에 대비하였다. ( )
(5) 5군영에서 2영으로 군제를 개편하였다. ( )
(6) 화폐 발행을 위해 전환국이 설치되었다. ( )
(7) 박문국을 설치하여 한성순보를 발행하였다. ( )
(8) 청해진을 중심으로 해상 무역을 전개하였다. ( )
(9) 근대식 무기 제조 공장인 기기창이 설립되었다.
( )

02 다음 설명에 해당하는 사절단을 |보기|에서 골라 쓰세요.

┌ 보기 ─────────────────────
│ 보빙사, 수신사, 영선사, 조사 시찰단
└─────────────────────────

(1) 기기창 설립의 계기가 되었다. ( )
(2) 암행어사 형태로 비밀리에 파견되었다. ( )
(3) 조선책략을 들여와 국내에 소개하였다. ( )
(4) 기기국에서 무기 제조 기술을 습득하고 돌아왔다.
( )
(5) 전권대신 민영익과 부대신 홍영식 등으로 구성되었다.
( )

03 19세기 위정척사 운동에 대한 설명으로 옳으면 O표, 틀리면 X표를 하세요.

(1) 이소응, 유인석 등이 주도하였다. ( )
(2) 단발령 시행에 반발하여 일어났다. ( )
(3) 곽재우가 의령에서 의병을 일으켰다. ( )
(4) 조헌이 금산에서 의병을 이끌고 활약하였다. ( )
(5) 복벽주의를 내세우며 의병 전쟁을 준비하였다.
( )
(6) 유생 출신 유인석이 이끄는 의병이 충주성을 점령하였다.
( )
(7) 조선책략 유포에 반발하여 이만손 등이 영남 만인소를 올렸다. ( )

유형 4 임오군란, 갑신정변

04 임오군란에 대한 설명으로 옳으면 O표, 틀리면 X표를 하세요.

(1) 청의 군대에 의해 진압되었다. ( )
(2) 선혜청과 일본 공사관을 공격하였다. ( )
(3) 조·청 상민 수륙 무역 장정이 체결되었다. ( )
(4) 서북인에 대한 차별에 반발하여 일어났다. ( )
(5) 흥선 대원군이 다시 집권하는 결과를 가져왔다.
( )
(6) 일본 공사관에 경비병이 주둔하는 계기가 되었다.
( )
(7) 사건 수습을 위해 박규수가 안핵사로 파견되었다.
( )
(8) 흥선 대원군이 톈진으로 압송되는 결과를 가져왔다.
( )

05 다음 내용들을 일어난 순서대로 나열하세요.

( )

┌─────────────────────────────
│ (가) 한성 조약이 체결되었다.
│ (나) 영국이 거문도를 불법 점거하였다.
│ (다) 김옥균 등 개화 세력이 정변을 일으켰다.
│ (라) 조·청 상민 수륙 무역 장정을 체결하였다.
│ (마) 구식 군인들이 선혜청과 일본 공사관을 공격하였다.
└─────────────────────────────

정답

01 (1) X(후백제) (2) O (3) O (4) X(고려) (5) O (6) O (7) O
(8) X(통일 신라) (9) O
02 (1) 영선사 (2) 조사 시찰단 (3) 수신사 (4) 영선사 (5) 보빙사
03 (1) O (2) O (3) X(임진왜란) (4) X(임진왜란) (5) X(독립 의군부)
(6) O (7) O
04 (1) O (2) O (3) O (4) X(홍경래의 난) (5) O (6) O
(7) X(임술 농민 봉기) (8) O
05 (마) – (라) – (다) – (가) – (나)

3 개항기(동학 농민 운동~을미개혁)

유형 5 동학 농민 운동

- 1892~1893 교조 신원 운동: 공주·삼례 집회 → 서울 광화문 복합 상소 → 보은 집회
- 1894 동학 농민 운동, 갑오개혁, 청·일 전쟁
  - → 사발통문, 자진 해산
  - 1월 고부 농민 봉기 ← 조병갑 착취(만석보 증축)
  - 3월 백산 봉기: 백산에서 격문과 4대 강령 발표(보국안민, 제폭구민)
  - 4월 황토현 전투 승리 → 황룡촌 전투 승리 → 농민군, 전주성 점령
  - ※ 조선 정부가 청군 지원 요청 → 청군 상륙(5. 5.) → 일본군 상륙(5. 6.)
  - 5월 전주 화약 체결 → 농민군 자진 해산
  - 6월 ┌ 정부: 교정청 설치(6. 11.)
       └ 농민: 집강소 설치(6. 7.) → 전봉준 주도, 폐정 개혁안 실천
  - ※ 일본의 경복궁 점령(6. 21.) → 청·일 전쟁 발발(6. 23.) → 군국기무처 설치 → 일본의 내정 간섭
  - 재봉기(9월) → 논산 집결(10월) → 공주 우금치 전투 패배 → 전봉준 체포(12월)
                  └→ 남접 + 북접

유형 6 갑오개혁, 을미개혁

- 갑오개혁 (1894)
  - 1차 ┌ 전개: 군국기무처 설치(일본의 강요), 김홍집 내각 수립(친일)
        └ 개혁 ┌ 왕실(궁내부)과 정부(의정부) 업무 분리, 개국 기년 사용,
               │ 6조 → 8아문, 과거제 폐지, 경무청 설치(근대식 경찰 제도)
               ├ 탁지아문으로 재정 일원화, 은 본위 화폐 제도 실시
               ├ 공사 노비법 혁파(→ 신분제 폐지)
               └ 연좌제 폐지, 조혼 금지, 과부 재가 허용
  - 2차 ┌ 전개: 군국기무처 폐지, 홍범 14조 반포, 김홍집+박영효 연립 내각
        │   └→ 청에 대한 의존 관계 청산
        └ 개혁 ┌ 8아문 → 7부, 8도 → 23부, 재판소 설치(지방관 권한 축소)
               ├ 교육입국 조서 반포 → 한성 사범 학교, 한성 외국어 학교 등 건립
               └ 관세사·징세서 설치, 훈련대·시위대 설치
- 을미개혁 (1895)
  - 전개: 김홍집 내각 수립(4차)
  - 개혁 ┌ 단발령, 태양력 사용, 연호 '건양', 종두법 실시
         ├ 우체사, 소학교령 공포(→ 소학교 설치)
         └ 친위대·진위대 설치

◆ 청·일 전쟁 이후의 정세

일본 승리
↓
시모노세키 조약
(청, 랴오둥반도 할양)
↓
러·프·독의 삼국 간섭
(일, 랴오둥반도 반환)
↓
을미사변
(명성 황후 시해)
↓
을미의병
↓
아관 파천
(고종, 러시아 공사관으로 피신)

빈출사료 **제1차 갑오개혁**
- 국내외의 공사(公私) 문서에 개국 기년을 쓴다.
- 문벌, 양반과 상인들의 등급을 없애고, 귀천에 관계없이 인재를 선발하여 등용한다.
- 과부가 재혼하는 것은 귀천을 막론하고 자신의 의사대로 하게 한다.
- 공노비와 사노비에 관한 법을 일체 혁파하고 사람을 사고파는 일을 금지한다.

개념 잡는 기출 선택지

유형 5 동학 농민 운동

01 동학 농민 운동에 대한 설명으로 옳으면 O표, 틀리면 X표를 하세요.

(1) 황토현에서 관군에 승리하였다. ( )

(2) 삼정이정청이 설치되는 계기가 되었다. ( )

(3) 전개 과정에서 전주 화약이 체결되었다. ( )

(4) 우정총국 개국 축하연을 계기로 일어났다. ( )

(5) 집강소를 중심으로 폐정 개혁안을 실천하였다. ( )

(6) 정부가 청군의 출병을 요청하는 계기가 되었다.

( )

(7) 남접과 북접이 연합하여 조직적으로 전개되었다.

( )

02 다음 내용들을 일어난 순서대로 나열하세요.

( )

> (가) 우금치에서 패배하다.
> (나) 고부 민란이 일어나다.
> (다) 남북접이 논산에 집결하다.
> (라) 황토현 전투에서 승리하다.
> (마) 백산에 모여 4대 강령을 선포하다.
> (바) 교조 신원을 요구하는 삼례 집회가 열리다.

유형 6 갑오개혁, 을미개혁

03 다음 자료들을 발표된 순서대로 나열하세요.

( )

> (가) 1. 문벌, 양반과 상인들의 등급을 없애고 귀천에 관계
>   없이 인재를 선발하여 등용한다.
>   1. 공노비와 사노비에 관한 법을 일체 혁파하고 사람을
>   사고파는 일을 금지한다.
> (나) 1. 청나라에 의존하는 생각을 끊어 버리고 자주독립의
>   기초를 튼튼히 세운다.
>   1. 왕실 사무와 국정 사무는 반드시 분리시켜 서로 뒤
>   섞지 않는다.
> (다) 대군주 폐하께서 내리신 조칙에서 "짐이 신민(臣民)에
>   앞서 머리카락을 자르니, 너희들은 짐의 뜻을 잘 본받
>   아 만국과 나란히 서는 대업을 이루라."라고 하셨다.

04 제1차 갑오개혁의 내용으로 옳으면 O표, 틀리면 X표를 하세요.

(1) 과거제를 폐지하였다. ( )

(2) 연좌제를 금지하였다. ( )

(3) 공사 노비법을 혁파하였다. ( )

(4) 과부의 재가를 허용하였다. ( )

(5) 은 본위 화폐 제도가 시행되었다. ( )

(6) 구본신참에 입각하여 개혁이 추진되었다. ( )

(7) 행정 기구를 6조에서 8아문으로 개편하였다. ( )

(8) 군국기무처를 설치하여 근대적 개혁을 추진하였다.

( )

05 제2차 갑오개혁의 내용으로 옳으면 O표, 틀리면 X표를 하세요.

(1) 대한국 국제가 반포되었다. ( )

(2) 교육입국 조서가 반포되었다. ( )

(3) 황제 직속의 원수부를 설치하였다. ( )

(4) 재판소를 설치하여 사법권을 독립시켰다. ( )

(5) 군제를 개편하여 5군영을 2영으로 통합하였다. ( )

(6) 지방 행정 구역을 8도에서 23부로 개편하였다. ( )

(7) 개혁의 방향을 제시한 홍범 14조를 반포하였다.

( )

(8) 교원 양성을 위해 한성 사범 학교가 설립되었다.

( )

06 을미개혁의 내용으로 옳으면 O표, 틀리면 X표를 하세요.

(1) 태양력을 시행하였다. ( )

(2) 지계아문을 설립하였다. ( )

(3) 건양이라는 연호를 제정하였다. ( )

(4) 입헌 군주제 수립을 목표로 하였다. ( )

(5) 개혁 추진 기구로 교정청을 설치하였다. ( )

정답

01 (1) O (2) X(임술 농민 봉기) (3) O (4) X(갑신정변) (5) O (6) O (7) O
02 (바) − (나) − (마) − (라) − (다) − (가)
03 (가) − (나) − (다)
04 (1) O (2) O (3) O (4) O (5) O (6) X(광무개혁) (7) O (8) O
05 (1) X(광무개혁) (2) O (3) X(광무개혁) (4) O
   (5) X(1880년대 개화 정책) (6) O (7) O (8) O
06 (1) O (2) X(광무개혁) (3) O (4) X(갑신정변)
   (5) X(동학 농민 운동 시기)

4 개항기(독립 협회, 대한 제국)

유형 7 독립 협회

흐름 잡는 사건 연표

○ 1896 독립 협회 창립
● 1897 대한 제국 수립
○ 1899 대한국 국제 반포

- 을미사변 (1895): 일본의 명성 황후 시해 → 아관 파천
- 아관 파천 (1896) ─ 전개: 고종이 일본의 위협을 피해 러시아 공사관으로 거처 이동
  - 결과 ─ 친일 내각 붕괴 → 친미·친러 내각 수립
    - 서구 열강의 이권 침탈 심화(철도, 광산, 삼림 등)
  - 1년 만에 고종이 경운궁(덕수궁)으로 환궁 후 대한 제국 수립
- 독립신문: 서재필이 창간(1896. 4.)
- 독립 협회 (1896. 7.)
  - 주도: 서재필, 윤치호, 이상재, 남궁억
  - 활동 ─ 영은문 × → 독립문 건립 / 모화관 × → 독립관 건립
    - 강연회·토론회 개최, 러시아의 이권 침탈 비판 → 절영도 조차 요구 저지
    - 만민 공동회 개최(1898. 3. ~) → 박정양 내각 시작
    - 관민 공동회 개최(1898. 10. ~) ─ 윤치호 주도 + 박정양
      - 헌의 6조 결의 → 중추원 관제 반포
        - → 의회 설립 추진
        - → 고종과 보수 세력 반발
        - → 황국 협회 동원해 해체

유형 8 대한 제국과 광무개혁

- 고종의 환궁 (1897. 2.): 아관 파천 이후 1년 만에 경운궁(덕수궁)으로 환궁
- 대한 제국 수립(1897. 10.): 황제 국가로의 변화
  - 광무개혁 ─ 원칙 구본신참(위로부터의 개혁)
    - 정치 ─ 황제권 강화: 대한국 국제 선포(1899), 원수부 설치(군사력 강화)
      - 이범윤을 간도 관리사로 임명(1903)
    - 행정 23부 → 13도, 내각제 폐지 → 의정부 부활
    - 경제 식산흥업 ─ 양전 사업(양지아문): 지계 발급 → 근대적 토지 소유권 제도 확립
      - └→ 지계아문(1901): 양전 사업과 지계 발급 업무
      - 근대적 공장과 회사 설립, 상무사 설치, 은행 설립
      - 근대적 시설 도입: 철도, 전차 등
      - 실업·기술 학교 설립

✚ **서양식 황제복을 입은 고종 황제**

> 빈출사료 **원수부 설치**
> • 원수부는 국방과 용병과 군사에 관한 각 항의 명령을 관장하며 특별히 세운 권한을 가지고 군부와 경외의 각 부대를 지휘, 감독한다.
> • 원수부는 황궁 내에 설치한다.

개념 잡는 기출 선택지

유형 7 독립 협회

01 독립 협회와 관련 있는 설명으로 옳으면 O표, 틀리면 X표를 하세요.

(1) 태극 서관을 운영하였다. ( )
(2) 입헌 군주제 수립을 목표로 하였다. ( )
(3) 만세보를 발행하여 민중 계몽에 앞장섰다. ( )
(4) 러시아의 절영도 조차 요구를 반대하였다. ( )
(5) 일제가 조작한 105인 사건으로 와해되었다. ( )
(6) 중추원 개편을 통한 의회 설립을 추진하였다. ( )
(7) 관민 공동회를 개최하여 헌의 6조를 결의하였다.
( )
(8) 영은문이 있던 자리 부근에 독립문을 건립하였다.
( )
(9) 만민 공동회를 열어 열강의 이권 침탈을 저지하였다.
( )
(10) 독립운동 자금 마련을 위해 독립 공채를 발행하였다.
( )

02 다음 내용들을 일어난 순서대로 나열하세요.

( )

> (가) 서재필 등이 독립신문을 창간하였다.
> (나) 일본 낭인들이 명성 황후를 시해하였다.
> (다) 고종이 러시아 공사관으로 거처를 옮겼다.
> (라) 독립 협회를 창립하고 독립문을 건립하였다.

유형 8 대한 제국과 광무개혁

03 대한 제국 시기에 볼 수 있는 모습으로 옳으면 O표, 틀리면 X표를 하세요.

(1) 영남 만인소에 동참하는 유생 ( )
(2) 원수부에서 업무를 처리하는 관리 ( )
(3) 남연군 묘를 도굴하려는 독일 상인 ( )
(4) 제너럴셔먼호를 불태우는 평양 관민 ( )
(5) 통신사를 수행해 일본으로 가는 역관 ( )

04 광무개혁에 대한 설명으로 옳으면 O표, 틀리면 X표를 하세요.

(1) 홍범 14조를 반포하였다. ( )
(2) 대한국 국제가 반포되었다. ( )
(3) 이범윤을 간도 관리사로 임명하였다. ( )
(4) 통감부의 방해와 탄압으로 중단되었다. ( )
(5) 구본신참에 입각하여 개혁을 추진하였다. ( )
(6) 양전 사업이 실시되어 지계가 발급되었다. ( )
(7) 김기수가 수신사로 파견되는 결과를 가져왔다.
( )
(8) 군 통수권 장악을 위하여 원수부를 설치하였다.
( )
(9) 계몽 서적의 보급을 위해 태극 서관을 설립하였다.
( )
(10) 대한매일신보의 후원을 받아 전국으로 확산되었다.
( )

05 다음 내용들을 일어난 순서대로 나열하세요.

( )

> (가) 대한국 국제를 반포하였다.
> (나) 고종이 경운궁으로 환궁하였다.
> (다) 대한 제국 황제 즉위식이 거행되었다.

정답

01 (1) X(신민회) (2) O (3) X(천도교) (4) O (5) X(신민회) (6) O (7) O
(8) O (9) O (10) X(대한민국 임시 정부)
02 (나) – (다) – (가) – (라)
03 (1) X(1881년) (2) O (3) X(1868년) (4) X(1866년) (5) X(조선 후기)
04 (1) X(제2차 갑오개혁) (2) O (3) O (4) X(국채 보상 운동 등) (5) O
(6) O (7) X(강화도 조약) (8) O (9) X(신민회) (10) X(국채 보상 운동 등)
05 (나) – (다) – (가)

5 국권 피탈과 저항

유형 9 국권 침탈 과정

1904
- 2월 ┬ 러·일 전쟁 발발 ← 대한 제국의 중립 선언(1904. 1.) → 배경: 용암포 사건(러시아의 용암포 점령, 1903)
  - └ 한·일 의정서: 일제가 한반도 주요 군사 요지 점령
- 8월: 제1차 한·일 협약(고문 정치) ┬ 외교: 스티븐스 ← 샌프란시스코에서 전명운·장인환에게 사망
  - → 러·일 전쟁 발발 직후 체결 └ 재정: 메가타 → 1905년에 화폐 정리 사업 실시

1905
- 가쓰라·태프트 밀약 → 제2차 영·일 동맹 → 포츠머스 강화 조약(일본 승리)
- 11월: 제2차 한·일 협약(을사늑약) → 통감부 설치(초대 통감: 이토 히로부미), 외교권 박탈
- 12월: 고종이 비밀리에 헐버트를 미국 특사로 보냄 → 미국의 외면

1907
- 4월: 고종의 헤이그 특사 파견 → 헐버트 + 이준·이위종·이상설
- 7월: 고종 강제 퇴위(헤이그 특사 파견 구실) → 한·일 신협약(정미 7조약): 차관 정치
  - → 대한 제국의 군대 해산(정미의병 가세) → 연호 '융희'로 개칭

1908 동양 척식 주식회사 설립(1945년까지 운영)

1909 7월: 기유각서(사법권 박탈) → 9월: 간도 협약(청−일) → 10월: 안중근, 이토 히로부미 사살

1910 6월: 경찰권 박탈 → 8월: 경술국치(한·일 병합 조약)
→ 통감: 데라우치, 총리대신: 이완용 / 조선 총독부 설치

유형 10 의병 운동, 애국 계몽 운동

의병 운동
- 을미의병(1895) ─ 배경: 을미사변, 단발령 / 특징: 고종의 단발령 철회로 자진 해산
- 을사의병(1905) ─ 배경: 을사늑약 / 특징: 평민 의병장 출현(신돌석), 최익현·민종식 활약
- 정미의병(1907) ┬ 배경: 고종의 강제 퇴위 → 정미 7조약(한·일 신협약) → 대한 제국 군대 해산
  - └ 전개: 해산된 군인 가담 → 13도 의병 연합 부대 → 서울 진공 작전
    - → 실패 → 일제의 남한 대토벌 작전으로 해산 → 해외로 이동(연해주, 간도)
      - → 이인영, 허위

을사늑약 반대 투쟁
- 나철, 오기호: 을사오적 암살단(자신회) → 대종교 창설
- 장지연의 〈시일야방성대곡〉(황성신문)
- 전명운, 장인환: 스티븐스 사살(미국 샌프란시스코)
- 안중근: 이토 히로부미 사살(만주 하얼빈)
- 이재명: 이완용 처단 시도(명동 성당)

애국 계몽 운동
- 보안회(1904)의 황무지 개간 반대 운동 성공 → 이후 이도재 등이 농광 회사 설립
- 대한 자강회(1906): 지회 설치, 월보 간행, 강연회 개최, 고종의 강제 퇴위 반대 운동 전개
- 신민회(1907) ┬ 안창호, 양기탁, 신채호 → 비밀 결사 조직, 최초 공화정 목표
  - → 흥사단 조직(샌프란시스코) ├ 대성 학교(평양, 안창호), 오산 학교(정주, 이승훈)
  - ├ 태극 서관(서적 출판, 평양·서울), 자기 회사(평양)
  - ├ 서간도 삼원보에 신흥 강습소 설립
  - └ 105인 사건으로 해체
- 국채 보상 운동 ┬ 일본에 진 나라 빚 급증 → 김광제·서상돈, 대구에서 시작 → 국채 보상 기성회 조직
  - (1907) └ 대한매일신보(논설 〈단연보국채〉) 등의 후원 → 통감부의 방해로 실패

개념 잡는 기출 선택지

유형 9 국권 침탈 과정

01 일제가 대한 제국의 국권을 침탈하기 위해 체결한 조약의 내용으로 옳으면 O표, 틀리면 X표를 하세요.

(1) 거중 조정의 내용이 포함되었다. ( )
(2) 대한 제국 군대 해산을 규정하였다. ( )
(3) 재정 고문으로 메가타가 임명되었다. ( )
(4) 천주교 포교를 허용하는 조항이 들어 있다. ( )
(5) 통감부가 설치되고 초대 통감이 부임하였다. ( )
(6) 스티븐스가 외교 고문으로 부임하는 계기가 되었다.
( )

02 다음 내용들을 일어난 순서대로 나열하세요.

(1) ( )

> (가) 고종이 국외 중립을 선언하였다.
> (나) 외교권이 박탈되고 통감부가 설치되었다.
> (다) 러시아가 용암포를 점령하고 조차를 요구하였다.

(2) ( )

> (가) 을사늑약이 체결되었다.
> (나) 고종이 강제로 퇴위당하였다.
> (다) 고종이 헤이그에서 열린 만국 평화 회의에 특사를 파견하였다.

유형 10 의병 운동, 애국 계몽 운동

03 다음 내용들을 일어난 순서대로 나열하세요.

( )

> (가) 13도 창의군이 결성되어 서울 진공 작전을 펼쳤어요.
> (나) 을사늑약 체결에 반대하여 최익현, 신돌석 등이 의병을 일으켰어요.
> (다) 을미사변과 단발령 시행에 반발하여 유인석, 이소응 등 유생들의 주도하에 일어났어요.

04 을사늑약 체결에 대한 저항으로 옳으면 O표, 틀리면 X표를 하세요.

(1) 고부 관아를 습격하였다. ( )
(2) 선혜청과 일본 공사관을 공격하였다. ( )
(3) 황성신문에 시일야방성대곡이 게재되었다. ( )
(4) 을사오적을 처단하기 위해 자신회를 결성하였다.
( )
(5) 안중근이 하얼빈에서 이토 히로부미를 사살하였다.
( )

05 신민회에 대한 설명으로 옳으면 O표, 틀리면 X표를 하세요.

(1) 평양에 자기 회사를 설립하였다. ( )
(2) 이륭양행에 교통국을 설치하였다. ( )
(3) 한글 맞춤법 통일안을 제정하였다. ( )
(4) 공화 정체의 근대 국가 수립을 목표로 하였다. ( )
(5) 대성 학교와 오산 학교를 설립하여 민족 교육을 실시하였다. ( )
(6) 태극 서관을 설립하여 조선 광문회에서 발간한 서적을 보급하였다. ( )

06 다음 설명에 해당하는 애국 계몽 운동 및 단체를 | 보기 |에서 골라 쓰세요.

┌ 보기 ┐
보안회, 신민회, 대한 자강회, 국채 보상 운동

(1) 일본의 황무지 개간권 요구를 저지하였다. ( )
(2) 고종의 강제 퇴위에 반대하는 시위를 주도하였다.
( )
(3) 대한매일신보의 후원을 받아 전국으로 확산되었다.
( )
(4) 일제가 조작한 105인 사건으로 조직이 해체되었다.
( )

정답

01 (1) X(조 · 미 수호 통상 조약) (2) O (3) O
　 (4) X(조 · 프 수호 통상 조약) (5) O (6) O
02 (1) (다) - (가) - (나) (2) (가) - (다) - (나)
03 (다) - (나) - (가)
04 (1) X(동학 농민 운동) (2) X(임오군란) (3) O (4) O (5) O
05 (1) O (2) X(대한민국 임시 정부) (3) X(조선어 학회) (4) O (5) O
　 (6) O
06 (1) 보안회 (2) 대한 자강회 (3) 국채 보상 운동 (4) 신민회

6 개항기(문화)

유형 11 **시기별 근대 문물 수용**

구분	1880년대(개항기)	1890년대(개혁기)	1900년대(애국 계몽 운동기)
신문	• 한성순보: 박문국에서 최초로 발행한 근대 신문 • 한성주보: 최초로 상업 광고 게재	• 독립신문: 서재필, 최초의 민간 신문, 한글판 + 영문판 • 황성신문: 장지연의 〈시일야방성대곡〉 게재(05) • 제국신문: 주로 부녀자 대상	• 대한매일신보(04~10): 베델·양기탁 발행, 국채 보상 운동 후원 • 만세보(06): 천도교 기관지, 이인직의 〈혈의 누〉 게재
교육	• 원산 학사(83): 최초의 사립 학교 • 육영 공원(86): 최초의 근대식 관립 학교, 헐버트 등 외국인 교사 초빙(외국어 교육 실시) • 선교사 설립: 배재 학당(아펜젤러), 이화 학당(스크랜턴), 경신학교	교육입국 조서(95, 제2차 갑오개혁): 관립 학교 관제 반포 → 사범 학교(한성 사범 학교), 외국어 학교, 소학교	민족주의 계열 사립 학교 설립: 신민회 → 오산 학교(이승훈, 정주), 대성 학교(안창호, 평양)
시설	• 박문국(83, 인쇄), 전환국(83, 화폐), 기기창(83, 무기, 영선사), 우정총국(84, 우편) • 광혜원(85, 2주 뒤 제중원으로 변경): 알렌 건의, 최초 근대식 병원 • 전신 개통: 서울-인천, 서울-의주 전신(85) • 전등 가설: 경복궁 내(87)	• 전화 개통(덕률풍): 경운궁 설치 • 한성 전기 회사 설립(98) → 전차 개통(99, 서대문-청량리) • 철도 개통: 경인선 개통(최초, 99)	• 경부선 개통(05), 경의선 개통(06) ← 러·일 전쟁을 위해 가설 • 원각사 설립(08): 최초의 서양식 극장, 신극 공연 • 덕수궁 석조전(10): 서양식 건축

유형 12 **근대 문화: 국학, 문예, 종교**

- 국학
  - 역사
    - 신채호: 〈독사신론〉(1908, 대한매일신보), 《을지문덕전》·《이순신전》(위인전)
    - 박은식, 최남선: 조선 광문회 조직(1910) → 민족 고전 정리
  - 국어
    - 유길준: 《서유견문》(1895) → 최초 국한문 혼용체
    - 국문 연구소(1907): 주시경 《국어문법》
    - ※《사민필지》(1889): 육영 공원 초빙 교사 헐버트가 한글로 저술한 세계지리서
- 문예
  - 문학
    - 신소설: 《혈의 누》·《은세계》(이인직), 《금수회의록》(안국선), 《자유종》(이해조)
    - 신체시: 〈해에게서 소년에게〉(최남선) → 잡지 《소년》
  - 예술 신극: 원각사(1908)에서 공연
- 종교
  - 유교: 〈유교 구신론〉(박은식) → 양명학 입장, 성리학 비판
  - 불교: 《조선 불교 유신론》(한용운) → 불교 개혁 주장
  - 대종교: 나철·오기호, 단군 신앙 → 중광단 조직(북간도, 1911 → 이후 북로 군정서로 개편)
  - 천도교: 손병희, 만세보(1906)
  - 천주교: 경향신문, 의민단 조직(만주, 청산리 대첩 참여)

개념 잡는 기출 선택지

유형 11 시기별 근대 문물 수용

01 다음 설명에 해당하는 신문을 |보기|에서 골라 쓰세요.

> 보기
> 만세보, 독립신문, 한성주보, 대한매일신보

(1) 최초로 상업 광고를 실었다.　　　　　　(　　　)
(2) 천도교의 기관지로 발행되었다.　　　　(　　　)
(3) 우리나라 최초의 민간 신문이었다.　　(　　　)
(4) 국채 보상 운동의 확산에 기여하였다.　(　　　)

02 다음 내용들을 일어난 순서대로 나열하세요.

(1) (　　　　　　　　　　　　　　　　　)

> (가) 경부선이 완공되었다.
> (나) 알렌의 건의로 광혜원이 세워졌다.
> (다) 노량진에서 제물포를 잇는 경인선이 개통되었다.

(2) (　　　　　　　　　　　　　　　　　)

> (가) 전환국에서 백동화가 발행되었다.
> (나) 황성신문에 시일야방성대곡이 게재되었다.
> (다) 양기탁이 베델과 함께 대한매일신보를 창간하였다.

03 다음 내용 이후의 사실로 옳으면 O표, 틀리면 X표를 하세요.

> 이것은 한성 전기 회사가 공급하는 전기를 사용하여 서대문과 청량리 사이를 운행하던 전차입니다.

(1) 박문국이 세워졌어요.　　　　　　　(　　　)
(2) 경부선이 완공되었어요.　　　　　　(　　　)
(3) 기기창이 설치되었어요.　　　　　　(　　　)
(4) 육영 공원이 설립되었어요.　　　　(　　　)
(5) 대한매일신보가 발행되었어요.　　(　　　)

유형 12 근대 문화: 국학, 문예, 종교

04 다음 내용들을 일어난 순서대로 나열하세요.

(　　　　　　　　　　　　　　　　　　)

> (가) 민족 교육을 위해 대성 학교를 설립하였다.
> (나) 교원 양성을 위해 한성 사범 학교가 설립되었다.
> (다) 서양식 근대 교육 기관인 육영 공원을 설립하였다.

05 다음 설명에 해당하는 종교를 |보기|에서 골라 쓰세요.

> 보기
> 대종교, 천도교, 천주교

(1) 단군을 숭배의 대상으로 하였다.　　　　(　　　)
(2) 만세보를 발행하여 민중 계몽에 힘썼다.　(　　　)
(3) 경향신문을 발간하여 민중 계몽에 힘썼다.(　　　)

정답

01 (1) 한성주보　(2) 만세보　(3) 독립신문　(4) 대한매일신보
02 (1) (나) − (다) − (가)　(2) (가) − (다) − (나)
03 (1) X(1883년)　(2) O　(3) X(1883년)　(4) X(1886년)　(5) O
04 (다) − (나) − (가)
05 (1) 대종교　(2) 천도교　(3) 천주교

7 일제 강점기(식민 통치)

흐름 잡는 사건 연표

○ 1910 회사령 공포
○ 1911 105인 사건
● 1919 3·1 운동
● 1925 치안 유지법 제정
○ 1937 중·일 전쟁 발발
● 1938 국가 총동원법 제정

유형 13 · 1910년대 무단 통치

- 내용 ─ 조선 총독부 설치(1910) → 초대 총독: 데라우치
  └ 중추원: 형식적(조선인 회유 목적)
- 탄압 ─ 헌병 경찰 제도
  ├ 범죄 즉결례(1910), 조선 태형령(1912, 조선인만 적용)
  └ 언론·출판·집회·결사의 자유 박탈
- 경제 침탈 ─ 토지 조사 사업(1910~1918): 토지 조사령 공포, 기한부 신고제
  ├ 회사령(1910): 허가제(설립 시 총독부 허가 필요)
  └ 어업령·삼림령·광업령 → 각종 자원 약탈

유형 14 · 1920년대 문화 통치

- 배경 3·1 운동 → 무단 통치의 한계 인식 → 1920년대 이른바 '문화 통치'(민족 분열 목적)
- 내용 헌병 경찰 제도 폐지 → 보통 경찰 제도(경찰 수 증가)
- 탄압 ─ 치안 유지법(1925) → 사회주의자·독립운동가 탄압
  └ 기만: 지방 자치 허용(도 평의회 → 친일파), 교육 기회 확대(보통학교 6년 → 고등 교육 기회 제한),
    언론·출판·집회·결사의 자유 허용(조선일보·동아일보 간행 → 검열·정간)
- 경제 침탈 ─ 산미 증식 계획(1920~1934): 수리 조합비, 토지 개량비 부과
    → 한국 식량 사정 악화, 소작 쟁의 확산
  ├ 회사령 철폐(1920): 신고제 → 일본 자본가의 조선 진출 유도
  └ 관세 철폐(1923), 신은행령(1928)

✚ 조선 교육령
- 1차(1911): 보통학교 수업 연한 단축(4년)
- 2차(1922): 수업 연한 연장(보통학교: 4년 → 6년), 대학 설립 규정 ○
- 3차(1938): 조선어 선택 과목화, 학교 명칭 변경(소학교, 중학교 등)
- 4차(1943): 전시 동원 체제 강화, 조선어·조선사 교육 금지

유형 15 · 1930년대 후반 이후 민족 말살 통치

- 배경 일본의 대륙 침략 시작: 만주 사변(1931) → 중·일 전쟁(1937) → 태평양 전쟁(1941)
- 내용 ─ 황국 신민화 정책: 내선일체, 일선 동조
  ├ 황국 신민 서사 암송 강요, 우리말·우리 역사 교육 금지
  └ 신사 참배, 궁성요배, 창씨개명 강요
- 탄압 ─ 조선 사상범 보호 관찰령(1936) → 조선 사상범 예방 구금령(1941)
  ├ 국민 총력 조선 연맹(총독부 주도의 친일 단체), 애국반(조선인 감시)
  ├ 농촌 진흥 운동: 조선 농민 회유 목적 → 조선 농민 소작 쟁의 무마
  └ 조선일보·동아일보 폐간(1940)
- 경제 침탈 ─ 국가 총동원법(1938) ┬ 지원병제, 국민 징용령, 학도 지원병, 여자 정신대
  병참 기지   └ 공출(쌀, 금속 등)과 배급
  화 정책
  └ 남면북양 정책, 산미 증식 계획 재개

개념 잡는 기출 선택지

유형 13 1910년대 무단 통치

01 1910년대 일제 식민 통치 시기의 사실로 옳으면 O표, 틀리면 X표를 하세요.

(1) 미쓰야 협정을 체결하였다. ( )
(2) 금속류 회수령이 공포되었다. ( )
(3) 범죄 즉결례에 의해 한국인을 처벌하였다. ( )
(4) 일제에 의해 경성 제국 대학이 설립되었다. ( )
(5) 보통학교의 수업 연한을 4년으로 정하였다. ( )
(6) 애국반을 조직하여 한국인의 생활을 통제하였다.
( )
(7) 강압적 통치를 목적으로 헌병 경찰 제도가 실시되었다.
( )
(8) 기한 내에 토지를 신고하게 하는 토지 조사령이 제정되었다. ( )
(9) 식민지 교육 방침을 규정한 제1차 조선 교육령을 제정하였다. ( )
(10) 회사 설립 시 총독의 허가를 받도록 하는 회사령을 제정하였다. ( )

02 다음 내용들을 일어난 순서대로 나열하세요.

( )

> (가) 일제가 105인 사건을 조작하였다.
> (나) 한국인에 한해 적용되는 조선 태형령이 공포되었다.
> (다) 일제에 의해 궁궐 안에 조선 총독부 건물이 세워졌다.

유형 14 1920년대 문화 통치

03 다음 내용들을 일어난 순서대로 나열하세요.

( )

> (가) 회사령이 철폐되었다.
> (나) 3·1 운동이 전국적으로 전개되었다.
> (다) 사회주의 운동을 탄압하기 위해 치안 유지법이 마련되었다.

유형 15 1930년대 후반 이후 민족 말살 통치

04 1930년대 후반 이후 일제 식민 통치 시기의 사실로 옳으면 O표, 틀리면 X표를 하세요.

(1) 애국반을 조직하였다. ( )
(2) 여자 정신 근로령을 공포하였다. ( )
(3) 제2차 조선 교육령을 시행하였다. ( )
(4) 육군 특별 지원병제를 실시하였다. ( )
(5) 식량 배급 및 미곡 공출 제도를 시행하였다. ( )
(6) 조선 사상범 예방 구금령을 통해 독립운동을 탄압하였다.
( )
(7) 내선일체를 강조한 황국 신민 서사의 암송이 강요되었다.
( )
(8) 근대적 토지 소유권 확립을 명분으로 토지 조사 사업을 실시하였다. ( )

05 다음 내용들을 일어난 순서대로 나열하세요.

( )

> (가) 노동력 동원을 위해 국민 징용령을 시행하였다.
> (나) 국가 총동원법을 제정하여 인력과 물자를 강제 동원하였다.
> (다) 독립운동을 탄압하기 위해 조선 사상범 보호 관찰령을 공포하였다.

정답

01 (1) X(1920년대) (2) X(1930년대 후반 이후) (3) O (4) X(1920년대)
(5) O (6) X(1930년대 후반 이후) (7) O (8) O (9) O (10) O
02 (다) – (가) – (나)
03 (나) – (가) – (다)
04 (1) O (2) O (3) X(1920년대) (4) O (5) O (6) O (7) O
(8) X(1910년대)
05 (다) – (나) – (가)

8 일제 강점기(1910년대 저항)

흐름 잡는 **사건 연표**

- ○ 1910 대한인 국민회 조직
- ○ 1910 국권 피탈
- ○ 1911 신흥 강습소 설립
- ● 1912 독립 의군부 조직
- ○ 1914 대조선 국민군단 조직
- ● 1919 3·1 운동
- ○ 1919 대한민국 임시 정부 수립

유형 16 1910년대 독립운동_국내

- 특징 비밀 결사 형태(by 일제 탄압)
  - → 독립 의군부: 고종의 밀지를 받고 임병찬 등이 조직 → 국권 반환 요구서 발송 계획
  - → 대한 광복회 ─ 군대식 조직: 총사령 박상진 + 부사령 김좌진
    - └ 활동: 공화정 수립 목표, 친일파 색출·처단, 군자금 모금
- 기타: 송죽회(평양, 여성 비밀 결사), 기성단(대성 학교 출신)

유형 17 1910년대 독립운동_국외

- 특징 독립운동 기지 건설
- 서간도(남만주) ─ 신민회 인사 주도 + 삼원보 개척
  - ─ 경학사 → 부민단 → 한족회
  - ─ 신흥 강습소(→ 신흥 무관 학교), 서로 군정서
- 북간도(북만주) ─ 서전서숙(이상설), 명동 학교(김약연)
  - ─ 중광단(대종교) → 북로 군정서(군사 조직)
- 연해주 ─ 권업회(최재형): 권업신문 발행, 대한 광복군 정부 조직(이상설, 이동휘)
  - ─ 13도 의군(이범윤, 유인석): 의병 조직
  - ─ 전로 한족회 중앙 총회(이동휘, 이동녕) → 대한 국민 의회(이동휘, 이동녕)
- 중국 상하이 ─ 동제사: 신규식, 박은식
  - ─ 신한 청년당: 김규식, 여운형, 신채호 등
- 미국 ─ 샌프란시스코 ┬ 대한인 국민회: 안창호, 이승만 → 신한민보 발행
  - → 장인환 └ 흥사단: 안창호 → 파리 강화 회의 대표로 파견 → 독립 청원서 제출
  - · 전명운 의거
  - ─ 한인 비행 학교(노백린): 비행사 양성(대한민국 임시 정부 + 대한인 국민회)
  - ─ 하와이: 대조선 국민군단(박용만)
- 멕시코 숭무 학교(이근영)

✦ **최재형(최페치카)**

- · 안중근 하얼빈 의거 지원
- · 권업회 조직
- · 대한민국 임시 정부 초대 재무총장 선임

✦ **한인의 하와이 이민**

- · 1903년에 이민 시작(갤릭호 탑승)
- · 사탕수수 농장 노동

유형 18 3·1 운동

- 배경 ─ 윌슨의 민족 자결주의
  - ─ 대동단결 선언(1917): 상하이 → 신규식, 박은식, 신채호 등 → 국민 주권론
  - ─ 대한 독립 선언(1919): 만주 → 조소앙, 박은식, 신채호 등
  - └ 2·8 독립 선언(1919): 도쿄 → 유학생(조선 청년 독립단)
- 전개 종교인 중심의 민족 대표 33인(태화관) + 학생(탑골 공원, 유관순)
- 희생 ─ 제암리 학살 사건(화성)
  - ─ 유관순: 천안 아우내 장터 시위 주도 → 서대문 형무소에서 사망
- 영향 대한민국 임시 정부 수립의 계기, 문화 통치 실시의 배경

개념 잡는 기출 선택지

유형 16 1910년대 독립운동_국내

01 다음 설명에 해당하는 단체를 | 보기 |에서 골라 쓰세요.

┌─ 보기 ┐
대한 광복회, 독립 의군부
└─────────────┘

(1) 공화 정체의 국가 건설을 지향하였다. ( )
(2) 고종의 밀지를 받아 결성된 비밀 단체였다. ( )
(3) 복벽주의를 내세우며 의병 전쟁을 준비하였다.( )
(4) 국권 반환 요구서를 조선 총독에게 제출할 것을 계획하였다. ( )

유형 17 1910년대 독립운동_국외

02 다음 민족 운동이 일어난 지역을 | 보기 |에서 골라 쓰세요.

┌─ 보기 ┐
미국, 멕시코, 북간도, 상하이, 서간도, 연해주
└─────────────────────────┘

(1) 한인 자치 기구인 경학사를 설립하였다. ( )
(2) 해조신문을 발간하여 국권 회복에 힘썼다. ( )
(3) 권업회의 기관지로 권업신문이 발간되었다. ( )
(4) 중광단을 결성하여 항일 투쟁을 전개하였다. ( )
(5) 재미 한인을 중심으로 흥사단을 설립하였다. ( )
(6) 숭무 학교를 설립하여 독립군을 양성하였다. ( )
(7) 파리 강화 회의에 독립 청원서를 제출하였다. ( )
(8) 신흥 무관 학교를 세워 독립군을 양성하였다. ( )
(9) 신흥 강습소를 설립하여 독립군을 양성하였다.( )
(10) 서전서숙을 설립하여 민족 교육을 실시하였다. ( )
(11) 김규식이 파리 강화 회의에 대표로 파견되었다. ( )
(12) 대한인 국민회를 중심으로 독립운동을 전개하였다. ( )
(13) 명동 학교를 설립하여 민족의식 고취에 노력하였다. ( )
(14) 대조선 국민군단을 조직하여 무장 투쟁을 준비하였다. ( )
(15) 대한 광복군 정부를 세워 무장 독립 투쟁을 준비하였다. ( )

유형 18 3·1 운동

03 3·1 운동의 배경으로 옳으면 O표, 틀리면 X표를 하세요.

(1) 을미사변이 일어났다. ( )
(2) 조선 사상범 예방 구금령이 시행되었다. ( )
(3) 상하이에서 대동단결 선언을 발표하였다. ( )
(4) 사회주의 세력이 정우회 선언을 발표하였다. ( )
(5) 미국 대통령 윌슨이 민족 자결주의를 제창하였다. ( )
(6) 조선 청년 독립단을 결성하여 2·8 독립 선언서를 배포하였다. ( )

04 3·1 운동에 대한 설명으로 옳으면 O표, 틀리면 X표를 하세요.

(1) 중국의 5·4 운동에 영향을 주었다. ( )
(2) 진주에서 시작되어 전국으로 확산되었다. ( )
(3) 아우내 장터에서 독립 만세 운동이 일어났다. ( )
(4) 대한민국 임시 정부가 수립되는 계기가 되었다. ( )
(5) 어린이날을 제정하고 잡지 어린이를 간행하였다. ( )
(6) 민족 대표 33인 명의의 독립 선언서가 발표되었다. ( )
(7) 전개 과정에서 일제가 제암리 학살 등을 자행하였다. ( )
(8) 일제가 이른바 문화 통치를 실시하는 배경이 되었다. ( )
(9) 한국인 학생과 일본인 학생 간의 충돌에서 비롯되었다. ( )
(10) 신간회 중앙 본부가 진상 조사단을 파견하여 지원하였다. ( )

정답

01 (1) 대한 광복회 (2) 독립 의군부 (3) 독립 의군부 (4) 독립 의군부
02 (1) 서간도 (2) 연해주 (3) 연해주 (4) 북간도 (5) 미국 (6) 멕시코 (7) 상하이 (8) 서간도 (9) 서간도 (10) 북간도 (11) 상하이 (12) 미국 (13) 북간도 (14) 미국 (15) 연해주
03 (1) X(아관 파천) (2) X(1941년) (3) O (4) X(신간회 창립) (5) O (6) O
04 (1) O (2) X(형평 운동) (3) O (4) O (5) X(소년 운동) (6) O (7) O (8) O (9) X(광주 학생 항일 운동) (10) X(광주 학생 항일 운동)

9 일제 강점기(1920년대 저항)

유형 19 1920년대 무장 독립운동

- 봉오동 전투(1920. 6.): 대한 독립군(홍범도) + 국민회군(안무) + 군무 도독부(최진동)
- 청산리 대첩(1920. 10.) ─ 대한 독립군(홍범도) + 북로 군정서(김좌진)
  └ 전투: 백운평, 천수평, 어랑촌 전투 등
- 간도 참변(1920. 10.): 일본군의 보복
- 독립군 이동(간도 탈출) → 북만주(밀산부)로 집결 → 대한 독립군단 조직(서일)
- 독립군, 소련으로 이동
- 자유시 참변(1921. 6.): 소련 적색군의 배신으로 독립군 희생
- 3부 성립: 참의부, 정의부, 신민부 → 각각 행정, 입법, 사법부 구성
- 미쓰야 협정(1925): 조선 총독부와 만주 군벌 사이의 협정 → 독립군 탄압
- 3부 통합 노력 ─ 북만주: 혁신 의회(1928) → 한국 독립당: 한국 독립군(지청천)
  └ 남만주: 국민부(1929) → 조선 혁명당: 조선 혁명군(양세봉)

흐름 잡는 **사건 연표**

- 1919 의열단 조직
- 1920 물산 장려 운동 시작
- 1920 청산리 대첩
- 1925 미쓰야 협정
- 1926 6·10 만세 운동
- 1927 신간회 결성
- 1929 광주 학생 항일 운동
- 1931 한인 애국단 조직

✛ 무장 독립 전쟁의 지도자들

▲ 홍범도 ▲ 김좌진

▲ 지청천 ▲ 양세봉

유형 20 1920년대 만세 운동, 의열 투쟁

- 독립운동 분열 비타협적 민족주의 VS 타협적 민족주의(기회주의) VS 사회주의
  → 비타협적 민족주의 + 사회주의: 민족 유일당 운동(좌우 합작)
- 만세 운동 ─ 6·10 만세 운동(1926) ─ 배경: 순종 인산일(장례식)
  │ └ 의의: 민족 유일당 운동의 계기
  └ 광주 학생 항일 운동(1929) ─ 배경: 한·일 학생 사이의 충돌
    └ 의의: 3·1 운동 이후 최대 민족 운동,
      신간회에서 후원(진상 조사단 파견)

- 의열단 ─ 조직: 김원봉 주도
  (1919) ─ 노선: 〈조선 혁명 선언〉(신채호) → 무장 투쟁 주장
  ─ 활동 ─ 박재혁: 부산 경찰서 / 최수봉: 밀양 경찰서
  │ ├ 김익상: 조선 총독부 / 김상옥: 종로 경찰서
  │ └ 나석주: 동양 척식 주식회사, 조선 식산 은행
  └ 방향 전환: 중국 황푸 군관 학교에 단원들 입학
    → 조선 혁명 간부 학교 설립(1932)
    → 민족 혁명당 조직(1935)
    → 조선 의용대(1938): 대장 김원봉

- 한인 애국단 ─ 조직: 김구 주도, 대한민국 임시 정부의 침체 극복 목적
  (1931) ─ 이봉창: 일본 도쿄 → 일왕 히로히토 대상 의거 시도
  └ 윤봉길: 중국 상하이 홍커우 공원 → 일본군 대상으로 의거

✛ 약산 김원봉

- 의열단 조직
- 황푸 군관 학교 입학
- 조선 혁명 간부 학교 설립
- 민족 혁명당 조직
- 조선 의용대 창설
- 한국광복군 부사령관

개념 잡는 기출 선택지

유형 19. 1920년대 무장 독립운동

01 1920년대 무장 독립운동에 대한 설명으로 옳으면 O표, 틀리면 X표를 하세요.

(1) 자유시 참변 이후 세력이 약화되었다. (　　)
(2) 신흥 무관 학교를 세워 독립군을 양성하였다. (　　)
(3) 미군과 연계하여 국내 진공 작전을 계획하였다. (　　)
(4) 중국 의용군과 연합하여 흥경성 전투를 이끌었다. (　　)
(5) 봉오동 전투에서 일본군을 상대로 승리를 거두었다. (　　)
(6) 쌍성보에서 중국 호로군과 연합 작전을 전개하였다. (　　)
(7) 독립군 연합 부대가 청산리에서 큰 승리를 거두었다. (　　)
(8) 조선 혁명군이 영릉가 전투에서 일본군을 격퇴하였다. (　　)
(9) 한국 독립군이 대전자령 전투에서 일본군을 격퇴하였다. (　　)
(10) 홍범도 부대와 연합하여 청산리에서 일본군과 교전하였다. (　　)

02 다음 자료에 해당하는 전투를 쓰세요. (　　)

> 북간도에 주둔한 아군 7백 명은 북로 사령부 소재지인 봉오동을 향해 행군하다가 적군 3백 명을 발견하였다. 아군을 지휘하는 홍범도, 최진동 두 장군은 즉시 적을 공격하여 120여 명을 살상하고 도주하는 적을 추격하였다.

03 다음 내용들을 일어난 순서대로 나열하세요.

(1) (　　　　　　　　　　　　)

> (가) 일본군의 보복으로 간도 참변이 발생하였다.
> (나) 봉오동 전투에서 일본군을 상대로 승리를 거두었다.
> (다) 독립군 연합 부대가 청산리에서 큰 승리를 거두었다.

(2) (　　　　　　　　　　　　)

> (가) 자유시 참변 이후 독립군의 세력이 약화되었다.
> (나) 일제가 중국 군벌과 미쓰야 협정을 체결하였다.
> (다) 참의부, 신민부, 정의부가 만주 지역에 성립되었다.
> (라) 간도 참변 이후 조직을 정비하고 자유시로 이동하였다.

유형 20. 1920년대 만세 운동, 의열 투쟁

04 6·10 만세 운동에 대한 설명으로 옳으면 O표, 틀리면 X표를 하세요.

(1) 고종의 인산일을 기회로 삼아 일어났다. (　　)
(2) 신간회에서 진상 조사단을 파견하여 지원하였다. (　　)
(3) 민족주의 계열과 사회주의 계열이 함께 준비하였다. (　　)
(4) 한국인 학생과 일본인 학생 간의 충돌에서 비롯되었다. (　　)
(5) 국내에서 민족 유일당 운동이 전개되는 계기가 되었다. (　　)

05 다음 설명에 해당하는 인물을 | 보기 |에서 골라 쓰세요.

┌─ 보기 ──────────────────┐
　김상옥, 김원봉, 나석주, 박재혁
└─────────────────────────┘

(1) 종로 경찰서에 폭탄을 투척하였다. (　　)
(2) 의열단을 조직하여 단장으로 활동하였다. (　　)
(3) 동양 척식 주식회사에 폭탄을 투척하였다. (　　)
(4) 부산 경찰서에 폭탄 투척 의거를 일으켰다. (　　)

06 한인 애국단에 대한 설명으로 옳으면 O표, 틀리면 X표를 하세요.

(1) 김구의 주도로 상하이에서 조직되었다. (　　)
(2) 이봉창이 일왕이 탄 마차에 폭탄을 투척하였다. (　　)
(3) 신채호의 조선 혁명 선언을 활동 지침으로 삼았다. (　　)
(4) 윤봉길이 상하이 훙커우 공원에서 의거를 일으켰다. (　　)
(5) 단원 일부가 황푸 군관 학교에 입학해 군사 훈련을 받았다. (　　)

정답

01 (1) O (2) X(1910년대) (3) X(1940년대) (4) X(1930년대) (5) O
　　(6) X(1930년대) (7) O (8) X(1930년대) (9) X(1930년대) (10) O
02 봉오동 전투
03 (1) (나) - (다) - (가) (2) (라) - (가) - (다) - (나)
04 (1) X(3·1 운동) (2) X(광주 학생 항일 운동) (3) O
　　(4) X(광주 학생 항일 운동) (5) O
05 (1) 김상옥 (2) 김원봉 (3) 나석주 (4) 박재혁
06 (1) O (2) O (3) X(의열단) (4) O (5) X(의열단)

10 일제 강점기(1930년대 이후 저항)

유형 21 대한민국 임시 정부

```
      ┌→ 임시 정부 통합
   ┌ 수립  상하이(1919) → 대통령: 이승만 / 국무총리: 이동휘
   ├ 이동  상하이(1919~1931) → 항저우(1932~1935) → 광저우(1938) → 충칭(1940~1945)
   ├ 활동 ┬ 비밀 행정 조직망: 연통제, 교통국
   │      ├ 군자금 모금: 독립(애국) 공채 발행, 백산 상회(부산), 이륭양행(조지 루이스 쇼)
   │      ├ 외교 활동: 파리 위원부(김규식), 구미 위원부(이승만)
   │      └ 독립의식 고취: 임시 사료 편찬 위원회 설치(《한·일 관계 사료집》 간행), 독립신문 간행
   ├ 침체 ┬ 연통제, 교통국 발각 → 자금 단절
   │      ├ 외교 노선 한계: 이승만의 위임 통치 청원서 → 국제 연맹에 제출
   │      └ 국민 대표 회의 소집(1923, 상하이) → 결렬(창조파 VS 개조파)
   │          → 이승만 탄핵(1925) → 제2대 대통령으로 박은식 선출 → 이후 김구 주도
   │          → 김구가 한인 애국단 조직(1931)
   └ 강화  충칭 시기(김구 주도) ┬ 1940: 한국 독립당 결성, 한국광복군 창설
                               └ 1941 ┬ 건국 강령 발표(조소앙의 삼균주의)
                                       └ 대일 선전 포고(태평양 전쟁 발발 직후)
```

유형 22 1930년대 이후 독립운동

```
   ┌ 만주  한·중 연합 ┬ 배경: 만주 사변 → 반일 감정 고조
   │                  ├ 북만주: 한국 독립군(지청천) + 중국 호로군 → 쌍성보, 사도하자, 대전자령 전투
   │                  └ 남만주: 조선 혁명군(양세봉) + 중국 의용군 →  영릉가, 흥경성 전투
   ├ 중국 내 ┬ 민족 혁명당(1935, 난징): 의열단(김원봉) + 조선 혁명당(지청천) + 한국 독립당(조소앙) 등 5개 조직 통합
   │         │          →김구 불참 → 김구의 한국 국민당 조직(항저우) → 충칭으로 이동
   │         └ 조선 민족 전선 연맹(1937)
   │              └→ 조선 의용대(1938): 항일전 수행(중국 국민당 지원) → 중국 관내에서 조직된 최초의 한인 군사 조직
   │                   └→ 분리 ┬ 화북 지방으로 이동: 중국 공산당 팔로군과 연합
   │                           │    └→ 조선 의용대 화북 지대 결성(1941) → 호가장 전투(1941)
   │                           │        → 조선 의용군으로 개편(1942) → 광복 후 북한 군대로 편입
   │                           │            └→ 조선 독립 동맹(김두봉) 산하 부대
   │                           └ 충칭으로 이동(임정에 합류): 김원봉 계열 → 한국광복군에 합류(1942)
   └ 임정 강화 (1940년대, 충칭) ┬ 한국 독립당(1940): 한국 국민당(김구) + 조선 혁명당(지청천) + 한국 독립당(조소앙)
                                └ 한국광복군(1940) ┬ 총사령관 지청천, 임정 정규군
                                                   ├ 대일 선전 포고(1941), 영국과 함께 인도·미얀마 전선 참여
                                                   └ 미국 OSS 지원으로 국내 진공 작전 계획 → 실행 ✕
```

유형 21 대한민국 임시 정부

01 대한민국 임시 정부에 대한 설명으로 옳으면 O표, 틀리면 X표를 하세요.

(1) 태극 서관을 운영하였다. (　　　)
(2) 이륭양행에 교통국을 설치하였다. (　　　)
(3) 고종의 강제 퇴위 반대 운동을 전개하였다. (　　　)
(4) 국내 비밀 행정 조직으로 연통제를 두었다. (　　　)
(5) 한글 맞춤법 통일안과 표준어를 제정하였다. (　　　)
(6) 파리 강화 회의에 독립 청원서를 제출하였다. (　　　)
(7) 삼균주의를 기초로 하는 건국 강령을 선포하였다.
(　　　)
(8) 구미 위원부를 설치하여 외교 활동을 전개하였다.
(　　　)
(9) 백산 상회를 설립하여 독립운동 자금을 마련하였다.
(　　　)
(10) 독립운동 자금 마련을 위해 독립 공채를 발행하였다.
(　　　)
(11) 임시 사료 편찬회를 두어 한일 관계 사료집을 간행하였다.
(　　　)
(12) 대성 학교와 오산 학교를 설립해 민족 교육을 실시하였다.
(　　　)

02 다음 내용들을 일어난 순서대로 나열하세요.
(　　　　　　　　　　　　　　)

> (가) 충칭에서 한국광복군을 창설하였다.
> (나) 삼균주의에 입각한 대한민국 건국 강령이 발표되었다.
> (다) 독립운동의 방략을 논의하기 위해 국민 대표 회의가
> 　　개최되었다.

유형 22 1930년대 이후 독립운동

03 다음 설명에 해당하는 군사 조직을 |보기|에서 골라 쓰세요.

> ┌ 보기 ┐
> 조선 혁명군, 한국 독립군

(1) 대전자령 전투에서 큰 전과를 올렸다. (　　　)
(2) 총사령 양세봉의 지휘 아래 활동하였다. (　　　)
(3) 영릉가 전투에서 일본군에게 승리하였다. (　　　)

(4) 중국 의용군과 연합하여 흥경성 전투를 이끌었다.
(　　　)
(5) 쌍성보에서 중국 호로군과 연합 작전을 전개하였다.
(　　　)
(6) 북만주 지역에서 활동한 한국 독립당의 산하 부대였다.
(　　　)
(7) 남만주에서 중국군과 연합 작전으로 항일 전쟁을 벌였다.
(　　　)

04 조선 의용대에 대한 설명으로 옳으면 O표, 틀리면 X표를 하세요.

(1) 홍범도가 총사령으로 활약하였다. (　　　)
(2) 호가장 전투에서 크게 활약하였다. (　　　)
(3) 대원 일부가 한국광복군에 합류하였다. (　　　)
(4) 조선 민족 전선 연맹 산하 부대로 조직되었다.
(　　　)
(5) 중국 관내에서 결성된 최초의 한인 무장 부대였다.
(　　　)
(6) 조선 혁명당의 군사 조직으로 남만주 지역에서 활약하였다.
(　　　)

05 한국광복군에 대한 설명으로 옳으면 O표, 틀리면 X표를 하세요.

(1) 미국 전략 정보국(OSS)의 지원을 받았다. (　　　)
(2) 중국 팔로군에 편제되어 항일 전선에 참여하였다.
(　　　)
(3) 영국군의 요청으로 인도·미얀마 전선에 투입되었다.
(　　　)
(4) 동북 항일 연군으로 개편되어 유격전을 전개하였다.
(　　　)
(5) 국내 정진군을 편성하여 국내 진공 작전을 추진하였다.
(　　　)
(6) 간도 참변 이후 밀산에서 집결하여 자유시로 이동하였다.
(　　　)

정답

01 (1) X(신민회) (2) O (3) X(대한 자강회) (4) O (5) X(조선어 학회)
　　(6) O (7) O (8) O (9) O (10) O (11) O (12) X(신민회)
02 (다) − (가) − (나)
03 (1) 한국 독립군 (2) 조선 혁명군 (3) 조선 혁명군 (4) 조선 혁명군
　　(5) 한국 독립군 (6) 한국 독립군 (7) 조선 혁명군
04 (1) X(대한 독립군) (2) O (3) O (4) O (5) O (6) X(조선 혁명군)
05 (1) O (2) X(조선 의용군) (3) O (4) X(동북 인민 혁명군) (5) O
　　(6) X(만주 지역 독립군)

11 일제 강점기(사회)

흐름 잡는 **사건 연표**
- 1920 물산 장려 운동 시작
- 1922 어린이날 제정
- 1924 경성 제국 대학 설립
- 1926 6·10 만세 운동
- 1927 신간회 결성
- 1929 원산 총파업

유형 23 민족 유일당 운동

- 배경 ─ 국외: 한국 독립 유일당 북경 촉성회(1926, 안창호)
         └ 국내: 치안 유지법(1925), 6·10 만세 운동(1926)
- 전개 ─ 조선 민흥회(1926) → 신간회, 근우회 결성(1927)
- 신간회 ─ 창설 배경: 정우회 선언(1926) → 신간회 결성(1927, 이상재 초대 회장)
          ├ 강령: 민족 단결, 기회주의자 배격, 정치·경제적 각성 촉구
          ├ 활동: 토론회·강연회 개최, 노동 운동 지원(원산 총파업, 1929),
          │   학생 운동 지원(광주 학생 항일 운동에 조사단 파견)
          └ 의의: 일제 강점기 최대 합법적 사회운동 단체

유형 24 일제 강점기: 실력 양성 운동

- 물산 장려 운동 ─ 시작: 평양(1920) → 서울(1923) / 주도: 조만식
                   ├ 구호: '조선 사람, 조선 것', '내 살림, 내 것으로'
                   └ 활동: 국산품 애용 운동(조선 물산 장려회, 자작회, 토산 애용 부인회)
- 민립 대학 설립 운동 ─ 주도: 이상재(회장) → 조선 민립 대학 설립 기성회
  (1922~1924)   ├ 내용: 2차 교육령으로 대학 설립 규정 마련 → 고등 교육 기관 설립 목적
                      ├ 구호: '1천만이 1원씩' → 모금 운동
                      └ 결과: 일제의 경성 제국 대학 설립 → 이후 민립 대학 설립 운동 탄압
- 문맹 퇴치 운동 ─ 문자 보급 운동(1929~1934, 조선일보): '아는 것이 힘이다. 배워야 산다.'
                  └ 브나로드 운동(1931~1934, 동아일보): '배우자, 가르치자, 다함께!'

✚ 물산 장려 운동 선전 광고

✚ 브나로드 운동 포스터

유형 25 일제 강점기: 사회 운동

- 청년 운동 | 조선 청년 총동맹(1924) → 좌우 합작 청년 조직
- 소년 운동 | 천도교 소년회 → 잡지 《어린이》 간행, 방정환, 어린이날 제정, 색동회 중심
- 여성 운동 | 대한 애국 부인회 + 조선 여성 동우회 → 근우회(신간회의 자매 단체) 결성(1927)
- 형평 운동 | 백정에 대한 사회적 차별 철폐 운동 → 조선 형평사 조직(1923, 진주)
- 농민 운동 ─ 1920년대 ─ 조선 노농 총동맹(1924)
  (소작 쟁의)   └ 조선 농민 총동맹(1927): '소작료 인하' 예 암태도 소작 쟁의(1923)
              └ 1930년대: 항일 민족 운동으로 변화, 식민지 지주제 철폐
- 노동 운동 ─ 1920년대: 조선 노동 총동맹(1927) → '임금 인상'
  (노동 쟁의)└ 1930년대: 항일 민족 운동으로 변화
                        └ 경성 고무공장 여성 노동자들의 아사 동맹 파업(1923),
                          원산 총파업(1929), 평양 을밀대의 강주룡 투쟁(1931)

✚ 형평 운동 포스터

개념 잡는 기출 선택지

유형 23. 민족 유일당 운동

01 신간회에 대한 설명으로 옳으면 O표, 틀리면 X표를 하세요.

(1) 원산 총파업의 노동자들과 연대하였다. ( )
(2) 민족 유일당 운동의 일환으로 창립되었다. ( )
(3) 일제가 조작한 105인 사건으로 와해되었다. ( )
(4) 영은문이 있던 자리 부근에 독립문을 건립하였다.
( )
(5) 광주 학생 항일 운동에 진상 조사단을 파견하였다.
( )
(6) 독립운동 자금 마련을 위해 독립 공채를 발행하였다.
( )
(7) 사회주의 세력의 활동 방향을 밝힌 정우회 선언의 영향으로 조직되었다. ( )

유형 24. 일제 강점기: 실력 양성 운동

02 물산 장려 운동에 대한 설명으로 옳으면 O표, 틀리면 X표를 하세요.

(1) 동아일보를 중심으로 추진되었다. ( )
(2) 김광제 등의 발의로 본격화되었다. ( )
(3) 대구에서 시작되어 전국으로 확산되었다. ( )
(4) 조만식 등의 주도로 평양에서 시작되었다. ( )
(5) 조선 사람 조선 것이라는 구호를 내세웠다. ( )
(6) 한국 독립 유일당 북경 촉성회가 창립되었다. ( )
(7) 자작회, 토산 애용 부인회 등의 단체가 활동하였다.
( )
(8) 토산품 애용을 위한 조선 물산 장려회가 발족되었다.
( )
(9) 평양에서 조선 물산 장려회 발기인 대회를 개최하였다.
( )
(10) 배우자 가르치자 다 함께 브나로드 등의 구호를 내세웠다.
( )

03 다음 내용들을 일어난 순서대로 나열하세요.

( )

> (가) 일제에 의해 경성 제국 대학이 설립되었다.
> (나) 이상재 등이 주도하여 모금 활동을 전개하였다.
> (다) 브나로드 운동이 동아일보를 중심으로 추진되었다.

유형 25. 일제 강점기: 사회 운동

04 다음 설명에 해당하는 운동을 |보기|에서 골라 쓰세요.

┌ 보기 ┐
노동 운동, 농민 운동, 소년 운동, 여성 운동, 형평 운동

(1) 조선 농민 총동맹이 결성되었다. ( )
(2) 색동회가 주도적인 역할을 하였다. ( )
(3) 진주에서 시작되어 전국으로 확산되었다. ( )
(4) 신간회의 자매단체로 근우회가 창립되었다. ( )
(5) 어린이날을 제정하고 잡지 어린이를 간행하였다.
( )
(6) 지주 문재철의 횡포에 맞선 소작 쟁의가 발생하였다.
( )
(7) 일본, 프랑스 등의 노동 단체로부터 격려 전문을 받았다.
( )
(8) 노동자 강주룡이 을밀대 지붕에서 고공 농성을 전개하였다.
( )
(9) 백정에 대한 차별 철폐를 요구하는 조선 형평사가 창립되었다.
( )
(10) 일본인 감독의 한국인 구타 사건을 계기로 원산 총파업이 일어났다.
( )

정답

01 (1) O (2) O (3) X(신민회) (4) X(독립 협회) (5) O
(6) X(대한민국 임시 정부) (7) O
02 (1) X(브나로드 운동) (2) X(국채 보상 운동) (3) X(국채 보상 운동)
(4) O (5) O (6) X(민족 유일당 운동) (7) O (8) O (9) O
(10) X(브나로드 운동)
03 (나) – (가) – (다)
04 (1) 농민 운동 (2) 소년 운동 (3) 형평 운동 (4) 여성 운동
(5) 소년 운동 (6) 농민 운동 (7) 노동 운동 (8) 노동 운동
(9) 형평 운동 (10) 노동 운동

12 일제 강점기(문화)

일제 강점기: 국학 운동

- 국어 ┬ 국문 연구소(1907): 주시경, 지석영
  - 조선어 연구회(1921): 가갸날 제정, 잡지 《한글》 창간
  - 조선어 학회(1931) ┬ 한글 맞춤법 통일안 제정, 잡지 《한글》 간행, 표준어 제정,
    - 《조선말(우리말) 큰사전》 편찬 노력
    - 조선어 학회 사건(1942) → 최현배, 이극로 등 투옥
- 역사 ┬ 민족주의 ┬ 신채호: 《조선상고사》(아와 비아의 투쟁), 《조선사 연구초》
    - 박은식: 《한국통사》, 《한국독립운동지혈사》(국혼 강조)
    - 1930년대: 정인보, 안재홍, 문일평 → 《여유당전서》 간행
  - 사회 경제 ┬ 백남운 ┬ 일제의 정체성론 반박, 한국사의 보편성(법칙) 강조
    - 《조선사회경제사》, 《조선봉건사회경제사》
  - 실증주의 ┬ 청구 학회 대항 → 진단 학회: 《진단학보》 간행, 손진태

＋ 식민 사학
- 목적: 일제의 한국사 왜곡
- 주장: 정체성론, 당파성론 등
- 단체: 조선사 편수회 → 《조선사》 편찬

일제 강점기: 종교계의 움직임

- 불교 《조선 불교 유신론》, 조선 불교 유신회(한용운) → 사찰령 폐지 운동
- 개신교 신사 참배 거부
- 천주교 경향신문 창간, 의민단 조직(만주, 청산리 대첩 참여)
- 원불교 박중빈 → 새생활 운동 전개: 저축 운동, 허례허식 폐지
- 천도교 제2의 3·1 운동 계획, 잡지 《개벽》·《신여성》·《어린이》 간행
- 대종교 나철·오기호 창시, 중광단 조직(서일) → 북로 군정서 → 대한 독립군단

＋ 일제 강점기 저항 문학가

▲ 윤동주 ▲ 이육사

- 윤동주: 북간도 용정촌 출생, 〈서시〉·〈별 헤는 밤〉 등 저술, 유고 시집 《하늘과 바람과 별과 시》
- 이육사: 수감 번호를 이름으로 사용, 〈청포도〉·〈광야〉 등 저술

일제 강점기: 문학, 예술

- 문학 ┬ 1910년대(계몽 문학): 〈해에게서 소년에게〉(최남선), 《무정》(이광수)
  - 1920년대 ┬ 신경향파 문학: 문학의 현실 참여, 실천성 강조
    - 카프(KAPF) 결성, 극단적 계급 노선 추구
  - 1930년대 ┬ 친일 문학: 최남선, 이광수, 서정주 └ 소설 《상록수》, 저항시 〈그날이 오면〉
    - 저항 문학: 한용운, 윤동주, 이육사, 심훈
- 예술 ┬ 체육: 베를린 올림픽 손기정 우승 → 일장기 삭제 사건(동아일보, 1936)
  - 연극: 극예술 협회(1920), 토월회(1923), 극예술 연구회(1931)
  - 영화: 나운규 '아리랑'(1926, 단성사)

개념 잡는 기출 선택지

일제 강점기: 국학 운동

01 다음 자료에 해당하는 단체를 쓰세요.

( )

이 단체에서 조선말 사전 편찬을 위해 13년 동안 작성한 원고이다. 이 원고는 1942년 일제에 압수되었다가, 1945년 9월 서울역 창고에서 발견되었다.

02 조선어 학회에 대한 설명으로 옳으면 O표, 틀리면 X표를 하세요.

(1) 실증주의 사학을 발전시켰다. ( )
(2) 잡지 한글의 간행을 주도하였다. ( )
(3) 우리말 큰사전 편찬 사업을 추진하였다. ( )
(4) 한글 맞춤법 통일안과 표준어를 제정하였다. ( )
(5) 여유당전서를 간행하고 조선학 운동을 주도하였다.
( )

일제 강점기: 종교계의 움직임

04 다음 설명에 해당하는 종교를 | 보기 |에서 골라 쓰세요.

| 보기 |
불교, 대종교, 원불교, 천도교, 천주교

(1) 단군 숭배 사상을 통해 민족의식을 높였다. ( )
(2) 중광단을 조직하여 무장 투쟁을 전개하였다. ( )
(3) 어린이날을 제정하고 소년 운동을 추진하였다. ( )
(4) 박중빈을 중심으로 새생활 운동을 추진하였다. ( )
(5) 일제의 통제에 맞서 사찰령 폐지 운동을 펼쳤다.
( )
(6) 만주에서 의민단을 조직하여 무장 투쟁을 전개하였다.
( )
(7) 개벽, 신여성 등의 잡지를 간행하여 민족의식을 높였다.
( )

일제 강점기: 문학, 예술

05 다음 내용들을 일어난 순서대로 나열하세요.

( )

(가) 나운규가 제작한 아리랑이 처음 개봉하였다.
(나) 일장기를 삭제한 손기정 사진을 게재하였다.
(다) 근대극 형식을 도입한 토월회를 조직하였다.

03 다음 설명에 해당하는 인물을 | 보기 |에서 골라 쓰세요.

| 보기 |
박은식, 백남운, 신채호

(1) 고대사 연구를 바탕으로 조선상고사를 저술하였다.
( )
(2) 한국통사를 저술하고 민족주의 사학의 기초를 닦았다.
( )
(3) 한국독립운동지혈사에서 독립 투쟁 과정을 서술하였다.
( )
(4) 조선사회경제사에서 식민 사학의 정체성 이론을 반박하였다.
( )

정답

01 조선어 학회
02 (1) X(진단 학회) (2) O (3) O (4) O (5) X(정인보, 문일평, 안재홍)
03 (1) 신채호 (2) 박은식 (3) 박은식 (4) 백남운
04 (1) 대종교 (2) 대종교 (3) 천도교 (4) 원불교 (5) 불교 (6) 천주교
  (7) 천도교
05 (다) – (가) – (나)

13 현대(광복~6·25 전쟁)

광복 직전 조선 건국 동맹(국내) → 주도: 여운형

광복 직후 조선 건국 준비 위원회 결성(건준위, 위원장 여운형, 1945)
　　　　　→ 조선 인민 공화국 선포(1945) → 미군정 불인정 → 실패

미군정기 ─ 모스크바 3국 외상 회의 ─ 미국, 영국, 소련 참여(1945. 12.)
　　　　　　　　　　　　　　 ├ 결정: 미·소 공동 위원회 설치, 임시 정부 수립,
　　　　　　　　　　　　　　 │　　 최고 5년간 신탁 통치
　　　　　　　　　　　　　　 └ 결과: 국내에서 신탁 통치 반대 운동 → 좌우 대립 심화
　　　　　├ 제1차 미·소 공동 위원회(1946. 3.): 서울, 덕수궁 석조전 → 결렬
　　　　　├ 이승만의 정읍 발언(1946. 6.): 남한 단독 정부 수립 주장
　　　　　├ 좌우 합작 위원회(1946. 7.): 여운형+김규식 → 좌우 합작 7원칙 발표 → 실패
　　　　　├ 제2차 미·소 공동 위원회 결렬(1947. 5.~10.) → 한반도 문제가 국제 연합으로 이관
　　　　　├ 유엔 총회에서 '남북한 총선거' 결정
　　　　　│　 → 소련과 북한이 유엔 한국 임시 위원단 입북 거부
　　　　　├ 유엔 소총회에서 남한 단독 선거 결정
　　　　　│　　　　　　 └→ 3천만 동포에게 읍고함(1948): 통일 정부 수립
희생자들의 명예 ←─ **반대** 김구, 김규식 → 남북 협상 추진(평양, 1948)
회복을 위한 특 ├ 제주 4·3 사건(1948): 좌익 + 제주도민 → '남한 단독 선거 반대, 미군 철수'
별법이 제정됨 └ 5·10 총선거 실시 → 제헌 국회 구성(1948. 5.) → 제헌 헌법 공포
　　　　　　　　　　　　　　　 └→ 의장: 이승만 / 국회 의원 임기 2년

정부 수립 대통령 이승만, 부통령 이시영(1948. 8. 15.)

여수·순천 10·19 사건 제주도 진압 명령을 거부한 좌익 군인 봉기(1948)

흐름 잡는 **사건 연표**

○ 1945 8·15 광복
● 1948 제주 4·3 사건
● 1948 대한민국 정부 수립
● 1950~1953 6·25 전쟁

✚ 미군정기
- 시기: 1945. 9. 8.~1948. 8. 15.(대한민국 정부 수립)
- 주요 키워드: 군정청, 하지 중장, 신한 공사

유형 30 6·25 전쟁

배경 애치슨 선언(라인) → 한반도를 미국의 극동 방위선에서 제외

전개 ─ 발발: 북한군 남침(1950. 6. 25.) → 3일 만에 서울 함락 → 낙동강 방어선 전투 ←─ 다부동 전투
　　　　　 → 인천 상륙 작전 → 서울 수복 → 국군과 국제 연합군의 북진
　　　　　 → 평양 탈환 → 중국군 개입 → 흥남 철수 → 1·4 후퇴 → 교착 상태
　　　 └ 정전 회담 시작 ──────→ 정전 협정 체결(1953. 7. 27.)
　　　　　　　　　　　　　　 │　 → 한·미 상호 방위 조약 체결(1953)
　　　　　　　　　　　　　　 └→ 이승만, 반공 포로 석방

✚ 국민 방위군 사건

1·4 후퇴 시기 국민 방위군의 간부들이 방위군 예산을 부정하게 횡령한 결과 철수 도중에 많은 국군 병사들이 혹한기에 보급품과 식량을 제대로 받지 못해 희생당한 사건이에요.

개념 잡는 기출 선택지

유형 29 대한민국 정부 수립 과정

01 다음 내용들을 일어난 순서대로 나열하세요.

( )

> (가) 모스크바 3국 외상 회의가 개최되었다.
> (나) 최초의 보통 선거인 5·10 총선거가 실시되었다.
> (다) 좌우 합작 위원회에서 좌우 합작 7원칙이 발표되었다.
> (라) 남한만의 단독 정부 수립을 주장한 정읍 발언이 제기되었다.
> (마) 유엔 총회에서 인구 비례에 의한 남북 총선거가 결의되었다.

02 대한민국 정부 수립 이후에 있었던 사실로 옳으면 O표, 틀리면 X표를 하세요.

(1) 조선 건국 동맹이 결성되었다. ( )
(2) 여수·순천 10·19 사건이 일어났다. ( )
(3) 유엔 한국 임시 위원단이 설치되었다. ( )
(4) 김구, 김규식 등이 남북 협상에 참석하였다. ( )
(5) 제주 4·3 사건으로 많은 주민이 희생되었다. ( )
(6) 반민족 행위 특별 조사 위원회가 출범하였다. ( )
(7) 귀속 재산 처리를 위해 신한 공사가 설립되었다. ( )
(8) 경찰이 반민족 행위 특별 조사 위원회를 습격하였다.
( )
(9) 유상 매수·유상 분배 원칙의 농지 개혁법이 제정되었다.
( )
(10) 여운형이 중심이 되어 조선 건국 준비 위원회를 조직하였다. ( )

03 다음 자료를 발표한 인물을 쓰세요.

(1) ( )

> 나는 통일된 조국을 건설하려다가 38선을 베고 쓰러질지언정 일신에 구차한 안일을 취하여 단독 정부를 세우는 데는 협력하지 아니하겠다.

(2) ( )

> 이 국회는 전 민족을 대표한 국회이며 이 국회에서 탄생되는 민국 정부는 완전한 한국 전체를 대표한 중앙 정부임을 이에 또한 공포하는 바입니다.

유형 30 6·25 전쟁

04 6·25 전쟁 중에 있었던 사실로 옳으면 O표, 틀리면 X표를 하세요.

(1) 브라운 각서가 체결되었다. ( )
(2) 애치슨 선언이 발표되었다. ( )
(3) 부산이 임시 수도로 정해졌다. ( )
(4) 인천 상륙 작전이 전개되었다. ( )
(5) 한·미 상호 방위 조약을 체결하였다. ( )
(6) 여수·순천 10·19 사건 사건이 일어났다. ( )
(7) 소련의 제안으로 정전 회담이 개최되었다. ( )
(8) 국회에서 국민 방위군 사건이 폭로되었다. ( )
(9) 비상계엄이 선포된 가운데 발췌 개헌안이 통과되었다.
( )
(10) 국가 보안법 개정안을 통과시킨 이른바 보안법 파동이 일어났다. ( )

05 다음 내용들을 일어난 순서대로 나열하세요.

( )

> (가) 흥남 철수 작전이 전개되었다.
> (나) 판문점에서 정전 협정이 조인되었다.
> (다) 인천 상륙 작전 이후 서울을 수복하였다.
> (라) 국군이 다부동 전투에서 북한군의 공세를 방어하였다.

정답

01 (가) - (라) - (다) - (마) - (나)
02 (1) X(광복 전) (2) O (3) X(5·10 총선거 전) (4) X(5·10 총선거 전)
　　(5) X(5·10 총선거 전) (6) O (7) X(미군정기) (8) O (9) O
　　(10) X(광복 직후)
03 (1) 김구 (2) 이승만
04 (1) X(박정희 정부) (2) X(전쟁 전 1950년 1월) (3) O (4) O
　　(5) X(정전 직후) (6) X(전쟁 전 1948년) (7) O (8) O (9) O
　　(10) X(이승만 정부 때인 1958년)
05 (라) - (다) - (가) - (나)

14 현대(이승만 정부)

31 이승만 정부 시기 주요 사건

흐름 잡는 **사건 연표**

- ○ 1948 대한민국 정부 수립
- ● 1948 반민법 제정
- ○ 1950~1953 6·25 전쟁
- ● 1952 발췌 개헌
- ● 1954 사사오입 개헌
- ● 1960 4·19 혁명
- ○ 1960 3차 개헌
- ○ 1960 장면 내각 수립

- 대한민국 정부 수립(1948. 8. 15.) → 이승만 정부(자유당) 수립
- 반민족 행위자 처벌법(반민법) ─ 반민 특위 구성(1948. 10.)
  └ 경찰의 반민 특위 습격(1949. 6.) → 해체
- 국가 보안법 ─ 여수·순천 10·19 사건이 계기
- 농지 개혁법 ─ 기준: 유상 매수, 유상 분배
  (1949) └ 결과: 소작제 소멸
- 귀속 재산 처리법 ─ 의미: 일본인 소유의 공장과 주택을 민간에 불하
  (1949) ├ 과정: 신한 공사에서 불하하고 남은 재산 처리
  └ 결과: 민간 기업 탄생
- 장기 집권 ─ ①1차 개헌 (발췌 개헌) ─ 6·25 전쟁 중 체결(부산 정치 파동)
  (1952) ├ 기립 표결 → 대통령 직선제, 양원제 국회 규정(시행 ×)
  └ 결과: 2대 대통령으로 이승만 당선(1952, 전쟁 중)
  ├ ②2차 개헌 (사사오입 개헌) ─ 초대 대통령에 한해 중임 제한 철폐
  (1954) └ 3대 대통령 선거: 이승만(자유당) VS 신익희(민주당)
  (1956) → 결과: 이승만 겨우 당선
  (but 조봉암 선전)
  └ 독재 ─ 진보당 사건(1958): 진보당 해체, 조봉암 사형(1959, 간첩 혐의)
  ├ 신국가 보안법(보안법 파동): 군인 + 정치 세력 모두 적용
  └ 경향신문 폐간

조봉암

32 4·19 혁명과 제3차 개헌

1~4차 개헌

발췌 개헌(1952) : 직선제, 양원제 국회
↓
사사오입 개헌(1954) : 초대 대통령 중임 제한 철폐
↓
4·19 혁명(1960)
↓
3차 개헌(1960) : 내각 책임제, 양원제
↓
4차 개헌(1960)

- 4·19 혁명 ─ 배경: 3·15 부정 선거 → 대통령 이승만, 부통령 이기붕 당선(자유당)
  └→ 1960. 4. ├ 전개: 대구 의거(2. 28.) → 마산 의거(3. 15.) → 김주열 시신 발견(4. 11.)
  → 학생·시민 대규모 시위(4·19 혁명) → 비상계엄 선포(4. 19.)
  → 시민들의 이승만 하야 요구 → 대학교수 시위 → 이승만 하야
  └ 결과: 허정 과도 정부 수립 → 3차 개헌(1960) ─ 내각 책임제(의원 내각제)
  ├ 양원제(참의원, 민의원)
  └ 총리: 장면, 대통령: 윤보선
- 장면(민주당) 내각 ─ 경제 개발 5개년 계획 수립(1961) → 시행 ×
  ├ 4차 개헌(1960): 3·15 부정 선거자 처벌 목적, 소급 입법
  └ 평화 통일론 주장(진보 세력), 남북 학생 회담 요구(학생)

74 2주끝장 심화 엔드노트

개념 잡는 기출 선택지

유형 31 이승만 정부 시기 주요 사건

01 이승만 정부 시기에 있었던 사실로 옳으면 O표, 틀리면 X표를 하세요.

(1) 조봉암을 중심으로 진보당이 창당되었다. (　　)

(2) YH 무역 노동자들의 농성을 강경 진압하였다.
(　　)

(3) 6·3 시위가 전개되고 비상계엄령이 선포되었다.
(　　)

(4) 초대 대통령에 한해 중임 제한이 철폐되도록 헌법이 개정되었다. (　　)

(5) 허정을 수반으로 하는 과도 정부가 수립되었다.
(　　)

(6) 평화 통일론을 주장한 진보당의 조봉암이 구속되었다.
(　　)

(7) 인민 혁명당 재건위 사건을 조작해 관련자를 탄압하였다.
(　　)

(8) 자유당이 정권 연장을 위해 직선제 개헌안을 통과시켰다. (　　)

(9) 정부에 비판적인 경향신문을 폐간하는 등 언론을 통제하였다. (　　)

(10) 국가 보안법 개정안을 통과시킨 이른바 보안법 파동이 일어났다. (　　)

02 다음 자료에 해당하는 개헌의 명칭을 |보기|에서 골라 쓰세요.

┌─ 보기 ─────────────────────────┐
발췌 개헌, 사사오입 개헌
└────────────────────────────────┘

(1) (　　　　　　　　)

┌────────────────────────────────┐
이날 본회의는 하오 8시 정각에 개의되어 전원 위원회의 '발췌 조항 전원 합의' 보고를 접수한 후 김종순 의원의 각 조항 설명이 있은 다음, 질의도 대체 토의도 아무것도 없이 …… 표결은 기립 표결로 작성하여 재적 166인 중 163표로써 실로 역사적인 결정을 보았다.
└────────────────────────────────┘

(2) (　　　　　　　　)

┌────────────────────────────────┐
제55조 대통령과 부통령의 임기는 4년으로 한다. 단, 재선에 의하여 1차 중임할 수 있다. ……
부   칙 …… 이 헌법 공포 당시의 대통령에 대하여는 제55조 제1항 단서의 제한을 적용하지 아니한다.
└────────────────────────────────┘

유형 32 4·19 혁명과 제3차 개헌

03 4·19 혁명과 관련 있는 사실로 옳으면 O표, 틀리면 X표를 하세요.

(1) 반민족 행위 처벌법이 제정되었다. (　　)

(2) 장면 내각이 출범하는 계기가 되었다. (　　)

(3) 시위 도중 대학생 이한열이 희생되었다. (　　)

(4) 유신 체제가 붕괴되는 결과를 가져왔다. (　　)

(5) 의원 내각제를 골자로 하는 개헌이 이루어졌다.
(　　)

(6) 허정을 수반으로 하는 과도 정부가 수립되었다.
(　　)

(7) 국민들의 요구에 굴복하여 대통령이 하야하였다.
(　　)

(8) 경무대로 향하던 시위대가 경찰의 총격을 받았다.
(　　)

(9) 신군부의 비상계엄 확대가 원인이 되어 일어났다.
(　　)

(10) 박종철 고문치사 사건의 진상 규명을 요구하였다.
(　　)

(11) 희생자들의 명예 회복을 위한 특별법이 제정되었다.
(　　)

(12) 대통령 하야를 요구하며 대학교수단이 시위행진을 벌였다. (　　)

(13) 여당 부통령 후보 당선을 위해 3·15 부정 선거를 자행하였다. (　　)

정답

01 (1) O (2) X(박정희 정부) (3) X(박정희 정부) (4) O
(5) X(4·19 혁명 이후) (6) O (7) X(박정희 정부) (8) O (9) O (10) O
02 (1) 발췌 개헌 (2) 사사오입 개헌
03 (1) X(4·19 혁명 이전) (2) O (3) X(6월 민주 항쟁)
(4) X(부·마 민주 항쟁) (5) O (6) O (7) O (8) O
(9) X(5·18 민주화 운동) (10) X(6월 민주 항쟁) (11) X(제주 4·3 사건)
(12) O (13) O

15 현대(박정희 정부~전두환 정부)

유형 33 박정희 정부 시기 주요 사건

- 5·16 군사 정변 (1961)
  - 국가 재건 최고 회의 구성, 중앙정보부(권력 핵심 기구) 조직
  - 군정 실시(2년간): 반공법 제정, 경제 개발 5개년 계획 추진
  - 5차 개헌(1962): 대통령 중심제, 단원제 → 5대 대통령으로 박정희 당선(1963)
- 1960년대
  - 경제 개발 5개년 계획 추진 자금 필요
    - 한·일 협정 체결: 김종필·오히라 각서 → 6·3 시위(1964)
    - 베트남 파병(1964~1973): 브라운 각서(1966)
  - 6차 개헌(1969, 3선 개헌): 학생, 정치 세력들이 3선 개헌 반대 시위
    → 7대 대통령 선거(1971): 박정희 당선(공화당)
    └ "대통령의 계속 재임은 3기에 한한다."
- 1970년대 (유신 체제)
  - → 7차 개헌(1972, 유신 헌법): 대통령 권한 강화, 대통령 횟수 제한 ×
    - 국회 해산권, 긴급 조치권
    - 유신 정우회: 국회 의원 1/3을 대통령이 선출
    - 통일 주체 국민 회의: 대통령 간선제
- 저항 개헌 청원 100만 인 서명 운동(장준하), 3·1 민주 구국 선언(긴급 조치 철폐 요구)
- 붕괴 YH 무역 사건(1979) → 신민당(야당) 당사 점거 농성 → 김영삼 총재 국회에서 제명
  → 부·마 민주 항쟁 → 10·26 사태(1979, 박정희 사망)

유형 34 전두환 정부 시기 주요 사건

- 12·12 사태 신군부의 정권 장악(전두환, 노태우)
- 5·18 민주화 운동 (1980)
  - 배경 서울의 봄(서울역 집회 시위) → 신군부의 비상계엄 전국 확대 → 광주에서 저항 시위
  - 전개 신군부의 강제 진압(공수부대 투입) → 광주 시민군 편성
  - 결과 진압 후 국가 보위 비상 대책 위원회 결성(국보위, 1980)
    - → 언론 강제 통폐합: 언론 기본법 제정('보도지침' → 검열)
    - → 삼청 교육대 운영, 과외 ×, 본고사 ×, 대학 졸업 정원제
    - → 8차 개헌: 7년 단임제, 대통령 선거인단에 의한 간접 선거
      → 12대 대통령으로 전두환 선출
- 전두환 정부
  - 강압 민주화 운동 탄압
  - 유화 교복 자율화, 해외여행 자유화, 프로야구·축구 출범, 야간 통행금지 해제
  - 경제 3저 호황(1986~): 저유가, 저달러, 저금리
- 6월 민주 항쟁 (1987)
  - 구호 직선제 개헌 요구 → 4·13 호헌 조치 → '호헌 철폐, 독재 타도'
  - 전개 1천만 서명 운동 → 박종철 고문치사 사건 → 4·13 호헌 조치 → 이한열 사망
  - 결과
    - 6·10 국민 대회 개최 → 6·29 민주화 선언
    - 9차 개헌: 대통령 직선제, 5년 단임제 → 13대 대통령 선거(1987)로 노태우 당선

개념 잡는 기출 선택지

유형 33 박정희 정부 시기 주요 사건

01 박정희 정부 시기에 있었던 사실로 옳으면 O표, 틀리면 X표를 하세요.

(1) 한·미 상호 방위 조약이 체결되었다. ( )
(2) 국가 보위 비상 대책 위원회가 설립되었다. ( )
(3) YH 무역 노동자들의 농성을 강경 진압하였다. ( )
(4) 국가 재건 최고 회의를 기반으로 군정이 실시되었다. ( )
(5) 경찰이 반민족 행위 특별 조사 위원회를 습격하였다. ( )
(6) 한·일 국교 정상화에 반대하는 6·3 시위가 전개되었다. ( )
(7) 민주 회복을 위한 개헌 청원 백만 인 서명 운동이 전개되었다. ( )
(8) 3·1 민주 구국 선언을 통해 긴급 조치 철폐 등을 요구하였다. ( )
(9) 국회 해산과 헌법의 일부 효력 정지를 담은 유신이 선포되었다. ( )
(10) 유신 체제에 저항하여 부산, 마산 등지에서 시위가 일어났다. ( )

02 박정희 정부 시기의 사실 중 유신 헌법 공포 이전의 사실이라면 '전', 유신 헌법 공포 이후의 사실이라면 '후'를 쓰세요.

(1) 6·3 시위가 전개되고 비상계엄령이 선포되었다. ( )
(2) 대통령의 3선이 가능하도록 헌법이 개정되었다. ( )
(3) 베트남 파병에 관한 브라운 각서가 체결되었다. ( )
(4) 통일 주체 국민 회의에서 대통령이 선출되었다. ( )
(5) 신민당사에서 YH 무역 노동자들이 농성을 하였다. ( )
(6) 긴급 조치 철폐를 요구하는 3·1 민주 구국 선언이 발표되었다. ( )
(7) 야당 총재의 국회 의원직 제명을 계기로 민주 항쟁이 일어났다. ( )
(8) 인민 혁명당 재건 위원회 사건을 조작하여 관련자를 탄압하였다. ( )

유형 34 전두환 정부 시기 주요 사건

03 신군부 및 전두환 정부 시기에 있었던 사실로 옳으면 O표, 틀리면 X표를 하세요.

(1) 야간 통행금지가 해제되었다. ( )
(2) 국가 인권 위원회가 설립되었다. ( )
(3) 서울 올림픽 대회가 개최되었다. ( )
(4) 전국 민주 노동조합 총연맹이 창립되었다. ( )
(5) 국가 보위 비상 대책 위원회가 설치되었다. ( )
(6) 한국 프로야구가 6개 구단으로 출범하였다. ( )
(7) 사회 정화를 명분으로 삼청 교육대가 설치되었다. ( )
(8) 대통령 긴급 명령으로 금융 실명제가 실시되었다. ( )
(9) 언론의 통폐합이 강제로 단행되고 언론 기본법이 제정되었다. ( )
(10) 호헌 철폐 등을 내세운 시위로 6·29 민주화 선언이 발표되었다. ( )

04 다음 설명에 해당하는 민주화 운동을 |보기|에서 골라 쓰세요.

> ─| 보기 |
> 5·18 민주화 운동, 6월 민주 항쟁

(1) 박종철과 이한열의 희생으로 확산되었다. ( )
(2) 전개 과정에서 시민군이 자발적으로 조직되었다. ( )
(3) 신군부의 비상계엄 확대가 원인이 되어 일어났다. ( )
(4) 박종철 고문치사 사건의 진상 규명을 요구하였다. ( )
(5) 관련 기록물이 유네스코 세계 기록 유산으로 등재되었다. ( )
(6) 5년 단임의 대통령 직선제 개헌이 이루어지는 계기가 되었다. ( )
(7) 호헌 철폐와 독재 타도 등의 구호를 내세운 시위가 전개되었다. ( )

정답

01 (1) X(이승만 정부) (2) X(신군부) (3) O (4) O (5) X(이승만 정부)
　 (6) O (7) O (8) O (9) O (10) O
02 (1) 전 (2) 전 (3) 전 (4) 후 (5) 후 (6) 후 (7) 후 (8) 후
03 (1) O (2) X(김대중 정부) (3) X(노태우 정부) (4) X(김영삼 정부)
　 (5) O (6) O (7) O (8) X(김영삼 정부) (9) O (10) O
04 (1) 6월 민주 항쟁 (2) 5·18 민주화 운동 (3) 5·18 민주화 운동
　 (4) 6월 민주 항쟁 (5) 5·18 민주화 운동 (6) 6월 민주 항쟁
　 (7) 6월 민주 항쟁

16 현대(노태우 정부 이후)

유형 35 노태우 정부 시기 주요 사건

- 88 서울 올림픽 대회 개최(1988)
- 광주·5공 청문회 개최(진상 조사) → 여소야대 국회(1988): 야당 주도
- 3당 합당(1990): 노태우 + 김영삼 + 김종필 → 민주 자유당 출범
- 지방 자치제 부분 실시
- 북방 외교(냉전 해체): 소련·중국 등 사회주의 국가와 수교

유형 36 김영삼 정부 시기 주요 사건

- **정치** 역사 바로 세우기 운동 ─ 12·12 사태 책임자 처벌: 전두환, 노태우
  - 조선 총독부 건물 철거(1995)
  - 국민학교를 초등학교로 명칭 변경
- **사회** 고위 공직자 재산 공개, 대학 수학 능력 시험(수능) 실시
- **경제** ─ 금융 실명제 실시(1993): 금융 거래 투명성 확보
  - 우루과이 라운드 체결
  - 부동산 실명제 실시, 지방 자치제 전면 실시, 공직자 윤리법 개정(재산 등록 의무화)
  - 세계 무역 기구(WTO) 출범 → 농산물 수입 개방
  - 경제 협력 개발 기구(OECD) 가입(1996)
  - 외환 위기(1997) → 국제 통화 기금(IMF)으로부터 구제 금융 신청

✚ **헷갈리는 현대 노동 단체, 사건, 법**
- 전태일 분신 사건(박정희 정부)
- 최저 임금법 제정(전두환 정부)
- 전국 민주 노동조합 총연맹(민주노총) 창설(김영삼 정부)
- 노사정 위원회 조직(김대중 정부)

유형 37 김대중 정부 시기 주요 사건

- **정치** 최초 여야 평화적 정권 교체
- **경제** 외환 위기 극복 노력 ─ 금 모으기 운동
  - 노사정 위원회 결성
  - 외국에 투자 개방
- **사회** ─ 중학교 무상 교육 전면 실시, 국민 기초 생활 보장법 제정
  - 여성부 신설(여성가족부 → 노무현 정부)
- **통일** 햇볕 정책 ─ 1998: 정주영의 소 떼 방북, 금강산 해로 관광 시작
  - 2000 ─ 최초 남북 정상 회담 → 6·15 남북 공동 선언
    - 경의선 복구 사업 합의
  - 2002: 개성 공단 사업 합의(착공: 노무현 정부)

✚ **헷갈리는 현대 정부 조직**
- 김대중 정부: 노사정 위원회, 국가 인권 위원회
- 노무현 정부: 과거사 정리 위원회, 친일 반민족 행위 진상 규명 위원회

개념 잡는 기출 선택지

유형 35. 노태우 정부 시기 주요 사건

01 노태우 정부 시기에 있었던 사실로 옳으면 O표, 틀리면 X표를 하세요.

(1) 서울 올림픽 대회가 개최되었다. (　　　)
(2) 함평 고구마 피해 보상 운동이 전개되었다. (　　　)
(3) 중국과 자유 무역 협정(FTA)이 체결되었다. (　　　)
(4) 양성 평등의 실현을 위해 호주제를 폐지하였다.
(　　　)
(5) 교육의 지표를 제시한 국민 교육 헌장을 선포하였다.
(　　　)
(6) 8·3 조치로 사채 동결 등의 특혜가 기업에게 제공되었다.
(　　　)
(7) 한·미 자유 무역 협정(FTA) 체결에 반대하는 시위가 벌어졌다. (　　　)
(8) 북방 외교를 추진하여 중국 등 사회주의 국가들과 수교하였다. (　　　)

유형 37. 김대중 정부 시기 주요 사건

03 김대중 정부 시기에 있었던 사실로 옳으면 O표, 틀리면 X표를 하세요.

(1) 국민 기초 생활 보장법이 실시되었다. (　　　)
(2) 한·일 월드컵 축구 대회가 개최되었다. (　　　)
(3) 칠레와의 자유 무역 협정(FTA)이 비준되었다. (　　　)
(4) 국민학교라는 명칭을 초등학교로 변경하였다. (　　　)
(5) 양성평등의 실현을 위해 호주제가 폐지되었다. (　　　)
(6) 사회 통합을 위한 다문화 가족 지원법을 시행하였다.
(　　　)
(7) 외환 위기 극복을 위해 금 모으기 운동이 전개되었다.
(　　　)
(8) 대통령 직속 자문 기구인 노사정 위원회가 구성되었다.
(　　　)
(9) 남북한의 교류 협력을 위한 개성 공업 지구 건설에 합의하였다. (　　　)
(10) 진실·화해를 위한 과거사 정리 위원회가 처음으로 출범하였다. (　　　)

유형 36. 김영삼 정부 시기 주요 사건

02 김영삼 정부 시기에 있었던 사실로 옳으면 O표, 틀리면 X표를 하세요.

(1) 국가 인권 위원회가 설립되었다. (　　　)
(2) 지방 자치제가 전면 시행되었다. (　　　)
(3) G20 서울 정상 회의가 개최되었다. (　　　)
(4) 전국 민주 노동조합 총연맹이 창립되었다. (　　　)
(5) 경제 협력 개발 기구(OECD)에 가입하였다. (　　　)
(6) 국제 통화 기금(IMF)의 구제 금융을 받게 되었다.
(　　　)
(7) 친일 반민족 행위 진상 규명 위원회가 출범하였다.
(　　　)
(8) 공직자 윤리법을 개정하여 재산 등록을 의무화하였다.
(　　　)
(9) 대통령의 긴급 명령으로 금융 실명제가 전격 실시되었다.
(　　　)
(10) 정부의 도시 정책에 반발하여 광주 대단지 이주민이 시위하였다. (　　　)

정답

01 (1) ○ (2) X(박정희 정부) (3) X(박근혜 정부) (4) X(노무현 정부)
(5) X(박정희 정부) (6) X(박정희 정부) (7) X(노무현 정부) (8) ○
02 (1) X(김대중 정부) (2) ○ (3) X(이명박 정부) (4) X (5) ○ (6) ○
(7) X(노무현 정부) (8) ○ (9) ○ (10) X(박정희 정부)
03 (1) ○ (2) ○ (3) X(노무현 정부) (4) X(김영삼 정부) (5) X(노무현 정부)
(6) X(이명박 정부) (7) ○ (8) ○ (9) ○ (10) X(노무현 정부)

17 현대(정부별 경제·통일 정책)

유형 38 정부별 경제 정책

- **이승만 정부**
  - 농지 개혁법: 유상 매수, 유상 분배 → 소작제 소멸
  - 귀속 재산 처리법: 일본인 재산을 민간에 불하 → 정경유착
  - 미국 원조 경제 ┬ 무상 원조(1940~1950년대) → 유상 전환(1950년대 말) → 경제 불황
    └ 삼백 산업 발달(제분, 제당, 면방직)
- **박정희 정부**
  - 경제 개발 5개년 계획 4차례 추진 → 경공업·중화학 공업 발전, 수출 100억 달러(최초)
  - 새마을 운동(1970): 농어촌 근대화 운동 → 근면, 자조, 협동
  - 독일(서독)에 간호사, 광부 파견: 경제 개발을 위한 외화 획득
  - 반발: 광주 대단지 사건, 함평 고구마 피해 보상 운동 전개
- **전두환 정부** 3저 호황(저유가, 저달러, 저금리) → 경제 발전
- **김영삼 정부**
  - 금융 실명제 실시, 부동산 실명제 실시, 우루과이 라운드 체결
  - 세계 무역 기구 출범, 경제 협력 개발 기구 가입, IMF 외환 위기
- **김대중 정부** 외환 위기 극복 노력(2001) → 금 모으기 운동, 노사정 위원회 발족
- **노무현 정부** 한·칠레 FTA 발표(2004), 한·미 FTA 체결(2006), 호주제 폐지, 과거사 정리 위원회 발족
  - ※ 주요 출범 조직: 과거사 정리 위원회, 친일 반민족 행위 진상 규명 위원회
  - ※ 헌정 사상 처음으로 대통령 탄핵 소추 → 통과 × → 첫 탄핵 대통령 박근혜
- **이명박 정부** 한·미 FTA 발효, G20 정상 회의 개최

유형 39 정부별 통일 정책

- **이승만 정부** 멸공, 북진 통일
- **박정희 정부**
  - 1960년대: 선건설 후통일(반공)
  - 1970년대: 남북 적십자 회담 ┬ 7·4 남북 공동 성명: 자주, 평화, 민족 대단결
    └ 남북 조절 위원회 구성, 6·23 외교 선언(평화 통일)
- **전두환 정부**
  - 최초 남북 이산가족 상봉(1985): 고향 방문단, 예술 공연단 교환
  - 미얀마 아웅산 묘소 테러(1983), KAL기 폭파 사건(1987)
- **노태우 정부**
  - 7·7 특별 선언(1988): 북한에 대화 제안
  - 한민족 공동체 통일 방안(자주, 평화, 민주), 남북한 유엔 동시 가입
  - 남북 기본 합의서: 상호 불가침, 남북 관계를 '잠정적 특수 관계'로 규정
  - 한반도 비핵화 공동 선언 발표(1991)
- **김영삼 정부** 남북 정상 회담 약속 but 김일성 사망으로 무산
- **김대중 정부** 햇볕 정책 ┬ 정주영의 소 떼 방북, 금강산 해로 관광 → 남측의 연합제 안과 북측의 낮은 단계의 연방제 안 공통성 인정
  └ 최초 남북 정상 회담(6·15 남북 공동 선언), 경의선 복구 사업, 개성 공단 합의
- **노무현 정부**
  - 개성 공단 착공식(2003) → 개성 공단 사업 시작
  - 제2차 남북 정상 회담(2007): 10·4 선언 → 6·15 남북 공동 선언 재확인

개념 잡는 기출 선택지

유형 38 정부별 경제 정책

01 다음 설명에 해당하는 정부를 | 보기 |에서 골라 쓰세요.

┌─ 보기 ─────────────────────────────┐
김대중 정부, 김영삼 정부, 노무현 정부,
박정희 정부, 이승만 정부, 전두환 정부
└────────────────────────────────────┘

(1) 최저 임금법이 제정되었다. (   )
(2) 경부 고속 도로를 준공하였다. (   )
(3) 포항 제철소 1기 설비가 준공되었다. (   )
(4) 처음으로 수출 100억 달러가 달성되었다. (   )
(5) 제1차 경제 개발 5개년 계획을 추진하였다. (   )
(6) 제3차 경제 개발 5개년 계획을 추진하였다. (   )
(7) 경제 협력 개발 기구(OECD)에 가입하였다. (   )
(8) 미국과의 자유 무역 협정(FTA)이 체결되었다.
(   )
(9) 원조 물자를 가공하는 삼백 산업이 발달하였다.
(   )
(10) 농촌 근대화를 표방한 새마을 운동이 전개되었다.
(   )
(11) 전태일이 근로 기준법 준수를 외치며 분신하였다.
(   )
(12) 3저 호황으로 물가가 안정되고 수출이 증가하였다.
(   )
(13) 외환 위기 극복을 위해 금 모으기 운동이 전개되었다.
(   )
(14) 대통령 직속 자문 기구인 노사정 위원회가 구성되었다.
(   )
(15) 제2차 석유 파동이 시작되면서 경제 불황이 심화되었다.
(   )
(16) 대통령의 긴급 명령으로 금융 실명제가 전격 실시되었다.
(   )
(17) 유상 매수, 유상 분배 원칙의 농지 개혁법이 제정되었다.
(   )
(18) 한·독 정부 간의 협정에 따라 서독으로 광부가 파견되었다.
(   )
(19) 정부의 도시 정책에 반발해 광주 대단지 이주민이 시위를 벌였다. (   )
(20) 일제가 남긴 재산 처리를 위하여 귀속 재산 처리법이 제정되었다. (   )

유형 39 정부별 통일 정책

02 다음 설명에 해당하는 정부를 | 보기 |에서 골라 쓰세요.

┌─ 보기 ─────────────────────────────┐
김대중 정부, 노무현 정부,
노태우 정부, 박정희 정부, 전두환 정부
└────────────────────────────────────┘

(1) 경의선 복원 공사를 시작하였다. (   )
(2) 남북 조절 위원회를 설치하였다. (   )
(3) 7·4 남북 공동 성명을 발표하였다. (   )
(4) 남북한이 유엔에 동시 가입하였다. (   )
(5) 개성 공업 지구 조성에 합의하였다. (   )
(6) 10·4 남북 공동 선언을 발표하였다. (   )
(7) 6·15 남북 공동 선언을 채택하였다. (   )
(8) 제2차 남북 정상 회담을 개최하였다. (   )
(9) 금강산 해로 관광 사업을 시작하였다. (   )
(10) 남북 정상 회담을 처음으로 개최하였다. (   )
(11) 한반도 비핵화 공동 선언에 서명하였다. (   )
(12) 최초의 이산가족 고향 방문을 실현하였다. (   )
(13) 민족자존과 통일 번영을 위한 7·7 선언을 발표하였다.
(   )

03 다음 내용들을 일어난 순서대로 나열하세요.

(   )

┌────────────────────────────────────┐
(가) 남북한의 교류 협력을 위한 개성 공업 지구 건설에 착수하였다.
(나) 7·4 남북 공동 성명을 실천하기 위한 남북 조절 위원회를 구성하였다.
(다) 남북 사이의 화해와 불가침 및 교류·협력에 관한 합의서를 교환하였다.
└────────────────────────────────────┘

정답

01 (1) 전두환 정부 (2) 박정희 정부 (3) 박정희 정부 (4) 박정희 정부 (5) 박정희 정부 (6) 박정희 정부 (7) 김영삼 정부 (8) 노무현 정부 (9) 이승만 정부 (10) 박정희 정부 (11) 박정희 정부 (12) 전두환 정부 (13) 김대중 정부 (14) 김대중 정부 (15) 박정희 정부 (16) 김영삼 정부 (17) 이승만 정부 (18) 박정희 정부 (19) 박정희 정부 (20) 이승만 정부

02 (1) 김대중 정부 (2) 박정희 정부 (3) 박정희 정부 (4) 노태우 정부 (5) 김대중 정부 (6) 노무현 정부 (7) 김대중 정부 (8) 노무현 정부 (9) 김대중 정부 (10) 김대중 정부 (11) 노태우 정부 (12) 전두환 정부 (13) 노태우 정부

03 (나) – (다) – (가) (박정희 정부 – 노태우 정부 – 노무현 정부)

18 인물과 지역사

유형 40 근현대 킬러 인물

수운 최제우
- 아명 최복술, 동학 창시
- 《동경대전》, 《용담유사》 저술

백암, 태백광노 박은식
- 《한국통사》·《한국독립운동지혈사》 저술, 유교 구신론 주장

남자현
- 서로 군정서 가입
- 〈조선 독립원〉이라는 혈서 작성

단재 신채호
- 《독사신론》, 《조선상고사》 저술
- 〈조선 혁명 선언〉 집필(의열단)

약산 김원봉
- 의열단 조직, 민족 혁명당 결성
- 조선 의용대 창설

월남 이상재
- 민립 대학 설립 운동 주도
- 신간회 창립 회장

윤희순
- 8편의 의병가를 만듦
- 노학당 설립, 조선 독립단 조직

성재 이동휘
- 서북 학회 조직
- 대한민국 임시 정부 국무총리

백포 서일(본명: 서기학)
- 중광단 조직
- 대한 독립군단 총재

이육사(본명: 이원록)
- 의열단 가입
- 〈청포도〉, 〈절정〉, 〈광야〉

석주 이상룡
- 경학사 설립
- 대한민국 임시 정부 초대 국무령

호머 베잘렐 헐버트
- 육영 공원 교사
- 《사민필지》 저술, 을사늑약 특사

한힌샘, 백천 주시경
- 국문 연구소 활동
- 《국어문법》, 《말의 소리》 저술

백산 지청천(이청천)
- 한국 독립군 지휘
- 한국광복군 총사령관

윤동주
- 〈서시〉, 〈별 헤는 밤〉
- 후쿠오카 형무소에서 옥사

유형 41 빈출 지역사

경기, 충청	전라	경상
강화도 • **청동기 시대**: 고창, 화순, 강화 고인돌 유적 • **고려**: 최우의 강화 천도, 삼별초 항쟁 • **조선**: 정묘·병자호란 때 왕실 피난, 정제두의 강화 학파(양명학), 정조 때 외규장각 설치 • **근현대**: 병인양요, 신미양요, 운요호 사건, 강화도 조약	**전주** • **후삼국**: 견훤의 후백제 건국(900) • **근현대**: 전주 화약 체결 **강진** • **고려**: 요세의 백련 결사 운동(만덕사=백련사) • **조선**: 정약용 유배지	**안동** • **고려**: 왕건의 고창 전투(고려 승), 이천동 마애여래 입상, 홍건적의 제2차 침입 때 공민왕 피난(복주), 봉정사 극락전(현존 가장 오래된 목조 건축물) • **조선**: 도산 서원(이황), 병산 서원(유성룡), 하회마을
공주 • **백제**: 웅진 천도(문주왕), 송산리 고분군(무령왕릉) • **통일 신라**: 김헌창의 난(822) • **고려**: 망이·망소이의 난(공주 명학소) • **조선**: 이괄의 난 때 인조 피난, 우금치 전투	**익산** • **삼국**: 미륵사지, 왕궁리 유적 • **통일 신라**: 고구려 안승의 부흥 운동, 보덕국(금마저)	**대구** • **고려**: 왕건의 공산 전투(고려 패) • **근현대**: 국채 보상 운동, 대한 광복회(박상진), 2·28 대구 학생 의거(4·19 혁명)
충주 • **고구려**: 충주 고구려비 • **조선**: 임진왜란 때 신립의 탄금대 전투	**나주** • **후고구려**: 왕건의 나주(금성) 전투 • **고려**: 거란의 제2차 침입 때 현종 피난, 정도전 유배지	**영주** • **통일 신라**: 부석사 창건(의상) • **고려**: 부석사 무량수전, 부석사 소조 여래 좌상
청주 • **신라**: 촌락(민정) 문서 발견(서원경) • **고려**: 흥덕사《직지심체요절》 인쇄		**부산** • **조선**: 왜관 설치, 임진왜란 때 부산진(정발)·동래성(송상현) 전투, 내상 근거지 • **근현대**: 경부선 개통(1905), 백산 상회(임정 군자금 전달 역할), 6·25 전쟁 때 임시 수도

개념 잡는 기출 선택지

용형 40 근현대 킬러 인물

01 다음 자료와 관련 있는 인물을 쓰세요.

(1) (　　　　　　)

> • 신흥 무관 학교 교성 대장으로 독립군 양성
> • 한국 독립군 총사령관으로 항일 투쟁 전개
> • 한국광복군 총사령관에 취임

(2) (　　　　　　)

> 그가 설립한 이 학교는 1932년부터 3년 동안 운영되었으며 윤세주, 이육사를 비롯한 수많은 졸업생을 배출하였습니다.

(3) (　　　　　　)

> 나는 23세 때 육영 공원의 교사로 조선에 와서 학생들을 가르쳤소.

(4) (　　　　　　)

> 또 조선상고사에서는 역사를 아(我)와 비아(非我)의 투쟁으로 정의하였습니다.

02 다음 설명에 해당하는 인물을 쓰세요.

(1) 유교 구신론을 제창하였다. (　　　　)
(2) 조선 혁명 간부 학교를 설립하였다. (　　　　)
(3) 저항시 광야, 절정 등을 발표하였다. (　　　　)
(4) 한글로 된 교재인 사민필지를 집필하였다. (　　　　)
(5) 국문 연구소의 연구 위원으로 활동하였다. (　　　　)
(6) 서시, 별 헤는 밤, 참회록 등의 시를 남겼다. (　　　　)
(7) 대전자령 전투에서 일본군에 대승을 거두었다.(　　　　)
(8) 애국심 고취를 위해 을지문덕전을 집필하였다.(　　　　)
(9) 한국통사를 저술하고 민족주의 사학의 기초를 닦았다.
　　(　　　　)
(10) 민중의 직접 혁명을 주장한 조선 혁명 선언을 작성하였다.
　　(　　　　)

용형 41 빈출 지역사

03 다음 설명에 해당하는 지역을 | 보기 |에서 골라 쓰세요.

> ┌ 보기
> 공주, 나주, 대구, 부산, 영주, 전주, 청주, 충주, 강화도

(1) 부석사가 조성되었다. (　　　　)
(2) 2 · 28 민주 운동이 시작되었다. (　　　　)
(3) 몽골에 항전할 때 임시 수도였다. (　　　　)
(4) 프랑스군이 외규장각을 약탈하였다. (　　　　)
(5) 김헌창이 반란을 일으킨 근거지이다. (　　　　)
(6) 직지심체요절이 금속 활자로 간행되었다. (　　　　)
(7) 양헌수 부대가 프랑스군을 격퇴한 장소이다. (　　　　)
(8) 신립이 배수의 진을 치고 왜군에 항전하였다. (　　　　)
(9) 초량 왜관을 중심으로 대일 무역이 전개되었다.
　　(　　　　)
(10) 동학 농민군이 정부와 화해하는 약조를 맺었다.
　　(　　　　)
(11) 김광제 등의 발의로 국채 보상 운동이 일어났다.
　　(　　　　)
(12) 왕건이 후백제를 배후에서 견제하기 위해 차지하였다.
　　(　　　　)

정답

01 (1) 지청천 (2) 김원봉 (3) 헐버트 (4) 신채호
02 (1) 박은식 (2) 김원봉 (3) 이육사 (4) 헐버트 (5) 주시경 등
　　(6) 윤동주 (7) 지청천 (8) 신채호 (9) 박은식 (10) 신채호
03 (1) 영주 (2) 대구 (3) 강화도 (4) 강화도 (5) 공주 (6) 청주
　　(7) 강화도 (8) 충주 (9) 부산 (10) 전주 (11) 대구 (12) 나주

능력 때문에 성공한 사람보다
끈기 때문에 성공한 사람이 더 많습니다.

– 조정민, 『인생은 선물이다』, 두란노

MEMO

MEMO

MEMO

MEMO

마무리
엔드노트

2025 최신판

에듀윌 한국사능력검정시험
2주끝장 심화 흐름판서 + 판서강의

고객의 꿈, 직원의 꿈, 지역사회의 꿈을 실현한다

에듀윌 도서몰
book.eduwill.net

• 부가학습자료 및 정오표: 에듀윌 도서몰 > 도서자료실
• 교재 문의: 에듀윌 도서몰 > 문의하기 > 교재(내용, 출간) / 주문 및 배송

124만 권 판매 돌파!
36개월 베스트셀러 1위 교재

최신 기출 경향을 완벽 분석한 교재로 가장 빠른 합격!
합격의 차이를 직접 경험해 보세요

2주끝장

판서와 싱크 100% 강의로
2주만에 합격

기본서

첫 한능검 응시생을 위한
확실한 개념완성

(24년 11월 출간 예정)

출시 예정

시대별 기출문제집

반복 학습+약점 공략을 위한
기출 600제 수록

(24년 11월 출간 예정)

10+4회분 기출700제

합격 필수 분량
기출 14회분, 700제 수록

(24년 11월 출간 예정)

1주끝장

최빈출 50개 주제로
1주만에 초단기 합격 완성

초등 한국사

비주얼씽킹을 통해
쉽고 재미있게 배우는 한국사

에듀윌 한국사 합격스토리

심화 1급 합격 진○○

에듀윌 2주끝장 한 권으로 100점! 1급 합격

2주끝장은 시험에 나올 핵심만을 엄선하여서 저 같은 초심자도 쉽게 공부할 수 있었고, 기출자료와 사진들의 유기적인 배치로 어떻게 시험에 출제될지 예상할 수 있었습니다. 또한 기출선지와 대표 기출문제, 핵심 요약본인 엔드노트까지 있어서 정말 책 한 권만 제대로 공부하면 자연스럽게 반복 학습이 되었습니다. 교재의 완벽한 구성 덕분에 한국사 초심자였던 제가 100점으로 손쉽게 1급에 합격하였습니다.

심화 1급 합격 서○

1주일 전에는 에듀윌 기출문제집, 시험 직전에는 2주끝장 엔드노트

에듀윌 2주끝장과 기출문제집, 그리고 에듀윌 무료강의를 듣고 97점으로 1급을 땄습니다! 특히 시험 전 일주일 동안은 에듀윌 기출문제집을 하루에 2회씩 풀었는데 오답 정리할 때 해설집이 자세히 적혀 있어서 도움이 많이 되었어요. 시험 전날 밤부터는 2주끝장의 부록인 엔드노트로 그동안 공부했던 개념들을 머릿속에 차곡차곡 쌓았는데 핵심내용들을 한 번에 정리할 수 있어서 정말 물건이구나 생각했습니다.

심화 1급 합격 최○○

에듀윌 무료강의를 만나면 역사가 재미있다고 느끼실 거예요

사실 저는 5수 만에 1급을 받았습니다. 워낙 한국사에 노베이스였고 중고등학교 때도 한국사 수업은 지루했었지요. 하지만 에듀윌 무료강의를 통해 한국사 강의가 재미있다는 사실을 알았고, 처음으로 역사에 흥미가 생겼습니다. 덕분에 1급으로 합격하였습니다.

심화 1급 합격 정○○

에듀윌 교재와 무료강의는 지루하지 않아 좋았어요

군복무를 마치고 복학 전에 한능검 1급에 도전하였습니다. 에듀윌 교재는 알아보기 쉽게 정리되어 있고 지루하지 않은 무료강의도 들을 수 있어서 수업 내용이 머리에 쏙쏙 들어와 쉽게 공부하였습니다. 한국사에 대한 기본 지식 없이 에듀윌 교재와 무료강의를 통해 재미있게 공부하고 난이도가 가장 높았던 시험임에도 첫 도전에 당당히 1급에 합격하였습니다. 에듀윌 교재 최고입니다!

다음 합격의 주인공은 당신입니다!

에듀윌 한국사능력검정시험 2주끝장 심화 흐름판서+판서강의

eduwill

에듀윌이
너를
지지할게

ENERGY

시작하는 방법은
말을 멈추고
즉시 행동하는 것이다.

– 월트 디즈니(Walt Disney)

한국사 능력검정시험이란?

① 응시 정보

- 주관 및 시행 기관: 국사편찬위원회
- 시험 접수: 한국사능력검정시험 홈페이지(http://www.historyexam.go.kr)에서 접수(사진 등록 필수)
- 시행 횟수: 심화(1~3급) 연 4회 / 기본(4~6급) 연 2회
- 시험 시간: 심화 80분 / 기본 70분
- 응시료: 심화 27,000원 / 기본 22,000원
- 성적 인정 유효 기간: 국가에서 지정한 별도의 유효 기간은 없으나 국가 기관·기업체마다 인정하는 기간이 상이하므로 각 기관 및 기업 채용 가이드라인 확인이 필요함

※ 이 정보는 주최측의 사정상 변경될 수 있습니다. 시험 접수 전 한국사능력검정시험 홈페이지를 확인하시기 바랍니다.

② 평가 등급

구분	인증 등급			문항 수
심화	1급(80점 이상)	2급(70점~79점)	3급(60점~69점)	50문항(5지 택1)
기본	4급(80점 이상)	5급(70점~79점)	6급(60점~69점)	50문항(4지 택1)

③ 시험 일정

구분	시험 일시(예상)	합격자 발표(예상)
제73회	2025년 2월경	시험일로부터 약 2주 후
제74회	2025년 5월경	시험일로부터 약 2주 후
제75회	2025년 8월경	시험일로부터 약 2주 후
제76회	2025년 10월경	시험일로부터 약 2주 후

※ 이 일정은 주최측의 사정상 변경될 수 있습니다. 시험 접수 전 한국사능력검정시험 홈페이지를 확인하시기 바랍니다.
※ 제74회, 제76회는 기본 급수 시험이 시행되지 않습니다.

④ 시험 TO DO 리스트

시험 D - 1
- '엔드노트'로 시험 직전 최종 마무리하기
- 수험표 출력하기(한국사능력검정시험 홈페이지)

시험 D - DAY
- 시험장 준비물 챙기기(수험표, 신분증, 컴퓨터용 수성사인펜, 수정테이프)
- 시험 당일 08:30부터 09:59까지 지정된 시험실 입실하기

합격자 발표일
- 한국사능력검정시험 홈페이지에서 합격 여부 확인하기
- 성적 통지서와 인증서 출력하기(한국사능력검정시험 홈페이지, 정부 24)

이 책의 구성

❶ 시대 흐름을 한번에 담는 흐름판서 보기

시대 흐름을 한눈에 보여 주는 판서와 함께 내용을 정리하세요.
판서와 싱크로율 100% 강의로 흐름을 파악하세요.
QR 코드로 해당 강의를 빠르게 들을 수 있어요.

❷ 따라 쓰며 흐름을 이해하는 흐름판서 쓰기

강의를 들으면서 따라 쓰고, 중요한 내용은 필기하세요.
내맘대로 공간을 자유롭게 활용하세요.

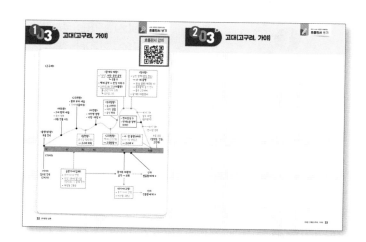

❸ 시험에 나올 내용만 압축한 개념 정리하기

흐름판서를 표와 설명으로 정리하였어요.
빈출 개념만 압축해 놓았으니 꼼꼼히 읽어 보세요.
최신 3개년 기출을 분석하여 나온 빈출 키워드 TOP5도
반드시 확인하세요.

❹ 휘리릭 개념을 점검하는 일시정지 확인하기

기출 선택지로 만든 확인문제로 공부한 개념을 점검하세요.

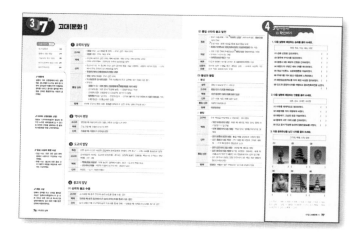

❺ 시험에 자주 나오는 핵심 자료 몰아보기

시험에 자주 나오는 사진, 도표, 지도, 사료를 한곳에 모아
해설하였어요. 자료를 보고 어느 시대에 해당하는 것인지,
어떤 내용인지 등을 기억해 두세요.
어려운 용어와 개념은 이해하기 쉽게 풀어 놓았어요.

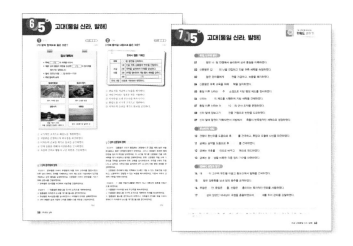

❻ 회독하며 유형을 익히는 추천기출 풀기

강의별로 꼭 풀어봐야 할 기출 문제를 자세하고 친절한 해설과 함께 담았어요. 여러 번 회독하여 풀어 보면서 문제 유형과 기출 선택지를 파악하고 내용을 익혀요.

❼ 기출 선택지를 완성하는 키워드 채우기

기출 선택지 공부가 곧 합격의 지름길!
기출 문제에서 선택지로 자주 나오는 내용으로 구성하였어요.
＿ 이 들어간 단어가 바로 엄청 중요한 핵심 키워드예요.
제한 시간 안에 빈칸을 채우고, 틀린 부분은 반드시 확인하고 넘어 가세요.

노베이스 스피드 합격팩

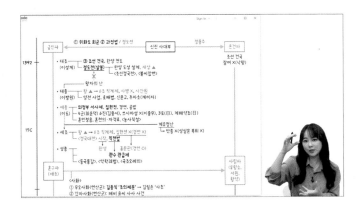

❶ 흐름판서와 100% 일치하는 판서강의

시대 흐름을 쉽고 빠르게 한번에 이해할 수 있는 흐름판서와 100% 일치하는 판서강의 40강을 제공해요.
※ 수강 경로: 교재 내 QR 코드로 수강

❷ 마무리 엔드노트

방대한 개념을 단 한 권으로 압축하여 들고 다니며 언제 어디서나 공부할 수 있어요. 시대 흐름 파악부터 최신 기출 유형인 시대 통합 문제까지 완벽히 대비하세요.

❸ 부가학습PDF   빈출테마요약집, 키워드훈련 150제, 아이콘 연표   ※ 이용경로: 에듀윌 도서몰(book.eduwill.net) ▶ 도서자료실 ▶ 부가학습자료

이 책의 차례

우리 역사의 시작

01강 선사 시대 10
02강 여러 나라의 성장 20

고대

03강 고대(고구려, 가야) 32
04강 고대(백제, 신라) 42
05강 고대(통일 신라, 발해) 52
06강 고대(경제, 사회) 64
07강 고대(문화 1) 74
08강 고대(문화 2) 84

고려

09강 고려(초기 정치) 96
10강 고려(중기 정치~무신 정변) 106
11강 고려(외교) 116
12강 고려(경제, 사회) 126
13강 고려(문화 1) 136
14강 고려(문화 2) 146

조선 전기

15강 조선 전기(정치) 158
16강 조선(조직) 168
17강 조선 전기(외교) 178
18강 조선 전기(경제, 사회) 188
19강 조선 전기(문화 1) 198
20강 조선 전기(문화 2) 208

조선 후기

21강 조선 후기(정치) 220
22강 조선 후기(조직, 외교) 230

23강 조선 후기(경제) 240
24강 조선 후기(사회) 250
25강 조선 후기(문화 1) 260
26강 조선 후기(문화 2) 270

개항기

27강 개항기(흥선 대원군) 282
28강 개항기(개항~갑신정변) 292
29강 개항기(동학 농민 운동~대한 제국) 302
30강 국권 피탈과 저항 312
31강 개항기(경제) 322
32강 개항기(문화) 332

일제 강점기

33강 일제 강점기(식민 통치) 344
34강 일제 강점기(1910년대 저항) 354
35강 일제 강점기(1920년대 저항) 364
36강 일제 강점기(1930년대 이후 저항) 374

현대

37강 현대(광복~통일 정부 수립 노력) 386
38강 현대(정부 수립~6·25 전쟁) 396
39강 현대(민주화 과정) 406
40강 현대(경제 발전과 통일 노력) 416

특강

1 세시 풍속과 민속놀이 428
2 지역사 432
3 유네스코와 유산, 조선의 궁궐 436
4 근현대 인물 442

○ 합격 맞춤형 플래너

빠르게 끝내는 2주 플랜

	공부 범위	공부한 날	완료
1일	1~3강	__ 월 __ 일	☐
2일	4~5강	__ 월 __ 일	☐
3일	6~8강	__ 월 __ 일	☐
4일	9~11강	__ 월 __ 일	☐
5일	12~14강	__ 월 __ 일	☐
6일	15~17강	__ 월 __ 일	☐
7일	18~20강	__ 월 __ 일	☐
8일	21~23강	__ 월 __ 일	☐
9일	24~26강	__ 월 __ 일	☐
10일	27~29강	__ 월 __ 일	☐
11일	30~32강	__ 월 __ 일	☐
12일	33~34강	__ 월 __ 일	☐
13일	35~37강	__ 월 __ 일	☐
14일	38~40강	__ 월 __ 일	☐

차분히 완성하는 4주 플랜

	공부 범위	공부한 날	완료
1일	1~2강	__ 월 __ 일	☐
2~3일	3~4강	__ 월 __ 일	☐
4~5일	5~6강	__ 월 __ 일	☐
6~7일	7~8강	__ 월 __ 일	☐
8~9일	9~10강	__ 월 __ 일	☐
10~11일	11~12강	__ 월 __ 일	☐
12일	13~14강	__ 월 __ 일	☐
13일	15~16강	__ 월 __ 일	☐
14일	17~18강	__ 월 __ 일	☐
15일	19~20강	__ 월 __ 일	☐
16일	21~22강	__ 월 __ 일	☐
17~18일	23~24강	__ 월 __ 일	☐
19~20일	25~26강	__ 월 __ 일	☐
21~22일	27~28강	__ 월 __ 일	☐
23~24일	29~30강	__ 월 __ 일	☐
25~26일	31~32강	__ 월 __ 일	☐
27일	33~34강	__ 월 __ 일	☐
28일	35~36강	__ 월 __ 일	☐
29일	37~38강	__ 월 __ 일	☐
30일	39~40강	__ 월 __ 일	☐

우리 역사의 시작

01강 선사 시대

02강 여러 나라의 성장

약 70만 년 전
구석기 시대

기원전 8000년경
신석기 시대

기원전 2333년
고조선

기출로 보는 키워드

1위	동굴이나 막집
2위	천군, 소도
3위	가락바퀴
4위	책화
5위	사출도

3개년 평균 출제 비중

2.2문항

4.4%

기원전 2000년~기원전 1500년경
청동기 시대

기원전 400년경
철기 문화 보급

기원전 194년
위만의 이주

기원전 108년
고조선 멸망

01강 선사 시대

구분	구석기	신석기	청동기	철기
생활	수렵·채집 ---------	----- + 밭농사 ---------	----- + 벼(논)농사 ------	---- 벼농사 ▲
			→ 농업 생산력 ▲ →	
			잉여 생산물 O → 전쟁 ▲	
	동물 가죽 옷 --------	----- 가락바퀴, 뼈바늘		
	이동 생활 ---------	----- 정착 생활 ---------	----- 움집 ▲	
	└ 동굴, 막집	└ 움집	└ 구릉 지대	
	• 공주 석장리	• 서울 암사동		
	• 연천 전곡리	• 부산 동삼동(패총)		
	• 청원 두루봉 동굴	• 제주 고산리		
	(흥수아이)			
도구	뗀석기 ---------	--- 간석기 ---------	----- 반달 돌칼 --------	---- 철제 농기구
	└ 주먹도끼, 찍개, 긁개	└ 갈돌·갈판, 돌보습		└ 쟁기, 쇠스랑
	→ 슴베찌르개			
		이른 민무늬 토기	미송리식 토기	
		빗살무늬 토기 ---------	--- 민무늬 토기	
			고인돌, 돌널무덤 --------	---- 덧널무덤, 독무덤
			비파형 동검 --------	---- 세형 동검
			거친무늬 거울	잔무늬 거울
			청동 거울·방울	거푸집
			→ 고조선	명도전, 반량전, 오수전, 붓
				→ 중국과의 교류 짐작
사회	평등 사회 ---------	-➤ 평등 사회 ---------	-➤ 계급 사회	
	무리 사회	애니미즘·토테미즘·	└ 지배자 출현	
		샤머니즘	(제정일치)	

선사 시대

선사 시대

빈출키워드 TOP5

동굴, 막집	1위
가락바퀴	2위
고인돌	3위
빗살무늬 토기	4위
철제 농기구	5위

✎ **애니미즘**
물, 태양, 바람 등 자연물이나 비, 눈, 태풍 등 자연현상에 영혼이 있다고 믿으며 섬기는 원시 신앙이에요.

✎ **토테미즘**
자신이 속한 부족을 특정 동물이나 식물과 연관시켜 섬기는 원시 신앙이에요.

✎ **샤머니즘**
하늘과 인간을 연결해 주는 존재로 무당과 그 주술을 믿는 원시 신앙이에요.

✎ **패총**
조개 패(貝), 무덤 총(塚)으로 조개 무덤을 말해요. 선사 시대 사람들이 조개나 굴 등을 먹고 버린 껍데기가 무덤처럼 쌓여 만들어진 유적이에요.

✎ **목책과 환호**
목책은 마을 주위에 구덩이를 파고 나무를 박아 만든 담이고, 환호는 마을을 둘러싼 물이 흐르는 도랑을 말해요.

✎ **연맹 왕국**
여러 부족이 힘을 합쳐 하나의 나라를 형성한 형태의 나라를 말해요. 각 부족의 군장이 부족을 다스릴 수 있는 권한을 가지고 있어서 왕권은 약하였어요.

❶ 구석기 시대

시기	약 70만 년 전 시작
도구	뗀석기 사용: 주먹도끼, 찍개, 긁개, 밀개, 슴베찌르개 등
생활 모습	• 경제: 사냥, 채집, 물고기잡이 등을 통해 식량을 구함 • 생활: 동물의 가죽으로 옷을 만들어 입음 • 주거: 식량을 찾아 이동 생활을 함 → 주로 동굴이나 강가의 막집에 거주
대표 유적지	• 공주 석장리 유적, 단양 금굴 유적, 단양 수양개 유적, 연천 전곡리 유적 • 청원(청주) 두루봉 동굴 유적("흥수아이")

❷ 신석기 시대

시기	기원전 8000년경(1만 년 전) 시작
도구	• 간석기 사용: 갈돌과 갈판, 돌괭이, 돌낫, 돌삽, 돌보습 등 • 토기 제작: 덧무늬 토기, 이른 민무늬 토기, 빗살무늬 토기 → 식량 저장과 음식 조리에 사용 • 가락바퀴, 뼈바늘: 실을 뽑아 옷과 그물을 만듦
생활 모습	• 경제: 농경(밭농사)과 목축 시작(식량 생산) → 여전히 사냥, 채집, 물고기잡이 등을 통해서도 식량을 구함 • 주거: 정착 생활 → 주로 강가나 바닷가에 움집을 짓고 생활: 집 가운데에 화덕 위치, 화덕이나 출입문 옆에 저장 구덩이를 만듦 • 사회: 씨족 중심의 부족 사회, 평등 사회(계급 ✕)
예술, 신앙	• 원시 신앙 발생: 애니미즘, 토테미즘, 샤머니즘, 영혼과 조상 숭배 • 예술: 조개껍데기 가면, 짐승의 뼈나 이빨 등으로 치레걸이 제작(장신구)
대표 유적지	• 봉산 지탑리 유적(불에 탄 좁쌀), 서울 암사동 유적(움집터, 빗살무늬 토기) • 양양 오산리 유적, 부산 동삼동 유적(패총), 제주 고산리 유적

❸ 청동기 시대

시기	기원전 2000년경~기원전 1500년경부터 시작
유물	• 청동기: 주로 지배층의 무기와 의식용(제사용) 도구, 장신구 등 제작 → 비파형 동검, 거친무늬 거울, 청동 거울, 청동 방울, 청동 도끼 등 • 농기구: 반달 돌칼 등 간석기 사용 • 토기 제작: 민무늬 토기, 미송리식 토기
경제	밭농사 중심(조·보리·콩 등 재배), 한반도 일부 지역에서 벼농사 시작
주거	• 구릉 지대에 주거지 형성, 배산임수 형태의 취락 • 직사각형의 집터, 목책과 환호로 외부 침입 대비
무덤	고인돌, 돌널무덤
사회	계급 사회: 농업 생산량 증가 → 잉여 생산물 발생 → 사유 재산·빈부 격차 발생 → 계급 분화 → 지배자의 출현(군장 등장, 제정일치)
예술, 신앙	• 사냥의 성공과 농사의 풍요 기원 → 울주 대곡리 반구대 바위그림(고래, 사슴), 경상북도 고령 장기리 바위그림(추상적 도형) • 스스로를 하늘의 자손이라고 믿으며 주변 마을이나 집단을 지배함
대표 유적지	• 부여 송국리 유적 • 여주 흔암리 유적(불에 탄 쌀), 고창 고인돌 유적

④ 철기 시대

시기	• 기원전 5세기경부터 시작 • 기원전 1세기경 한반도 전역에 철기 보급

유물	• 철기 사용
	– 쟁기, 쇠스랑 등 철제 농기구 사용 → 농업 생산량 증가 →
	  인구 증가, 교역 확대
	– 철제 무기 사용 → 부족 간의 전쟁 증가 → 활발한 정복 전쟁
	• 청동기의 의식용 도구화: 거푸집 이용, 세형동검과 잔무늬 거울
	  등 청동기 제작 → 한반도에서 독자적인 청동기 문화 발전
	• 토기 사용: 민무늬 토기, 덧띠 토기, 검은 간 토기
	• 한반도에 있는 무덤에서 명도전, 반량전, 오수전 등 중국 화폐
	  출토 → 중국과의 교류 짐작
	• 붓 출토 → 한자 사용 짐작

무덤	널무덤, 독무덤, 덧널무덤
경제	벼농사의 발전
사회	만주와 한반도에 여러 나라 성장 → 연맹 왕국 출현

⏸ 일시정지! ☑ 확인하기

1. 구석기 시대에 대한 설명이 맞으면 ○표, 틀리면 ×표 하세요.

(1) 반달 돌칼로 벼를 수확하였다. ( )

(2) 소를 이용하여 깊이갈이를 하였다. ( )

(3) 주로 동굴이나 막집에서 거주하였다. ( )

(4) 반량전, 명도전 등 화폐를 사용하였다. ( )

(5) 계급이 없는 평등한 공동체 생활을 하였다. ( )

(6) 거푸집을 이용하여 세형동검을 제작하였다. ( )

(7) 사냥을 위해 슴베찌르개를 처음 제작하였다. ( )

(8) 많은 인력을 동원하여 고인돌을 축조하였다. ( )

(9) 가락바퀴와 뼈바늘을 이용하여 옷을 만들었다. ( )

(10) 주먹도끼, 찍개 등 뗀석기를 만들기 시작하였다. ( )

2. 신석기 시대에 대한 설명이 맞으면 ○표, 틀리면 ×표 하세요.

(1) 가락바퀴를 이용하여 실을 뽑았다. ( )

(2) 주로 동굴이나 바위그늘에서 살았다. ( )

(3) 명도전을 이용하여 중국과 교역하였다. ( )

(4) 청동 방울 등을 의례 도구로 이용하였다. ( )

(5) 지배자의 무덤으로 고인돌을 축조하였다. ( )

(6) 반달 돌칼을 사용하여 곡물을 수확하였다. ( )

(7) 계급이 없는 평등한 공동체 생활을 하였다. ( )

(8) 거푸집을 이용하여 청동 무기를 제작하였다. ( )

(9) 쟁기, 쇠스랑 등의 철제 농기구를 사용하였다. ( )

(10) 빗살무늬 토기를 제작하여 식량을 저장하였다. ( )

3. 청동기 시대에 대한 설명이 맞으면 ○표, 틀리면 ×표 하세요.

(1) 주로 동굴이나 강가의 막집에서 살았다. ( )

(2) 철제 농기구를 이용하여 농사를 지었다. ( )

(3) 반달 돌칼을 사용하여 곡물을 수확하였다. ( )

(4) 계급이 없는 평등한 공동체 생활을 하였다. ( )

(5) 많은 인력을 동원하여 고인돌을 축조하였다. ( )

(6) 실을 뽑기 위해 가락바퀴를 처음 사용하였다. ( )

(7) 거푸집을 이용하여 세형동검을 제작하였다. ( )

(8) 대표적인 도구로 주먹도끼, 찍개 등을 제작하였다. ( )

(9) 정착 생활을 하게 되면서 움집이 처음 만들어졌다. ( )

(10) 의례 도구로 청동 거울과 청동 방울 등을 제작하였다. ( )

1. (1) × (2) × (3) ○ (4) × (5) ○ (6) × (7) ○ (8) × (9) × (10) ○
2. (1) ○ (2) × (3) × (4) × (5) × (6) × (7) ○ (8) × (9) × (10) ○
3. (1) × (2) × (3) ○ (4) × (5) ○ (6) × (7) × (8) × (9) × (10) ○

선사 시대

1 뗀석기

구석기 시대 사람들은 주먹도끼, 찍개, 슴베찌르개 등 돌을 깨뜨리거나 떼어 낼 때 생기는 날을 이용하는 뗀석기를 만들어 사용하였어요. 주먹도끼는 손에 쥐고 사용할 수 있었기 때문에 찍고 자르는 등 다양한 용도로 사용할 수 있는 만능 도구였어요.

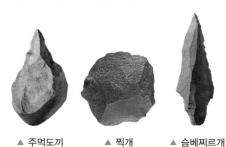

▲ 주먹도끼　　▲ 찍개　　▲ 슴베찌르개

2 간석기

신석기 시대 사람들은 돌을 갈고 다듬는 기술을 발전시켜 다양한 간석기를 만들어 사용하였어요. 갈돌과 갈판을 이용하여 곡식의 껍질을 벗기거나 곡식을 가루로 만들었고, 돌낫과 돌괭이를 이용하여 농사를 지었어요.

▲ 갈돌과 갈판　　　▲ 돌낫　　　▲ 간석기 모음

3 가락바퀴와 뼈바늘

신석기 시대 사람들은 실의 원료가 되는 식물 껍질의 섬유질을 막대(가락)에 이은 뒤 가락바퀴에 끼워 돌려 실을 만들었어요. 이렇게 만들어진 실을 뼈바늘에 꿰어 옷과 그물을 만들었어요.

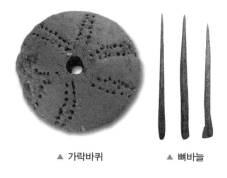

▲ 가락바퀴　　　▲ 뼈바늘

4 빗살무늬 토기

신석기 시대의 대표적인 토기로, 그릇 표면의 빗살무늬와 밑이 뾰족한 것이 특징이에요. 식량을 저장하거나 음식을 조리하는 데 사용하였어요.

5 움집(복원)

신석기 시대 사람들은 농경과 목축을 시작하면서 정착 생활을 하였는데, 주로 강가나 바닷가에 움집을 짓고 마을을 이루어 살았어요.

▲ 복원한 신석기 시대의 움집　　　▲ 서울 암사동 선사주거지

6 비파형 동검과 거친무늬 거울

청동기는 재료인 청동이 귀하고 다루기가 어려웠기 때문에 주로 의례용 도구 또는 지배자의 무기나 장신구 등을 만드는 데 쓰였어요. 비파형 동검과 거친무늬 거울은 청동기 시대의 대표적인 유물이에요.

▲ 비파형 동검　　　▲ 거친무늬 거울

⑦ 미송리식 토기

청동기 시대의 민무늬 토기 중 하나로, 평안북도 의주군 미송리 동굴 유적에서 발견되어 미송리식 토기라고 해요. 몸체에 손잡이가 달린 것이 특징이에요.

⑧ 반달 돌칼

청동기 시대의 대표적인 농기구로, 주로 곡식의 이삭을 자르는 데 사용하였어요. 청동기 시대에도 반달 돌칼처럼 농기구는 여전히 나무나 돌로 만든 도구를 사용하였어요.

▲ 반달 돌칼

▲ 반달 돌칼을 사용하여 곡식을 수확하는 모습

⑨ 고인돌

청동기 시대에 만들어진 지배층의 무덤이에요. 고인돌을 만들기 위해서는 많은 노동력이 필요하였는데, 이를 통해 많은 노동력을 동원할 수 있는 사람인 지배자(군장)가 등장하였음을 짐작할 수 있어요.

▲ 탁자식 고인돌

⑩ 세형동검과 거푸집

철기 시대에도 의례용 도구로 청동기가 만들어졌어요. 날씬하게 생긴 세형동검은 주로 청천강 이남 한반도 전역에서 발견되었어요. 또한, 거푸집은 금속을 녹인 물을 부어 도구를 만드는 틀로, 한반도에서 발견되는 거푸집을 통해 청동기를 직접 만들어 사용하였음을 알 수 있어요. 세형동검과 거푸집을 통해 한반도 내에서 독자적인 청동기 문화가 발전하였음을 알 수 있어요.

▲ 세형동검

▲ 청동 도끼 거푸집

⑪ 철제 농기구

철기 시대에 본격적으로 철제 농기구가 만들어지기 시작하였어요. 쟁기, 쇠스랑 등 철제 농기구를 사용하면서 농업 생산량과 인구가 크게 증가하였어요. 농경문 청동기에는 괭이 등 철제 농기구로 농사짓는 모습이 새겨져 있어요.

▲ 농경문 청동기

⑫ 명도전과 붓

명도전과 붓은 철기 시대에 중국과 교류하였음을 짐작할 수 있는 유물이에요. 명도전은 중국의 전국 시대 연에서 사용된 칼 모양의 청동 화폐이고, 창원 다호리 유적에서 발견된 붓은 당시 중국의 한자가 전해져 한반도에서 사용되었음을 짐작하게 해요.

▲ 명도전

▲ 경상남도 창원 다호리 유적 출토 붓

01^강 선사 시대

1 63회 회독 ○○○

밑줄 그은 '이 시대'의 생활 모습으로 옳은 것은? [1점]

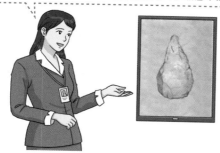

이 그림은 한 미군 병사가 경기도 연천군 전곡리에서 이 시대의 대표적인 유물인 주먹도끼 등을 발견하고 그린 것입니다. 그가 발견한 아슐리안형 주먹도끼는 이 시대 동아시아에는 찍개 문화만 존재하고 주먹도끼 문화는 없었다는 모비우스(H. Movius)의 학설을 뒤집는 증거가 되었습니다.

① 소를 이용하여 깊이갈이를 하였다.
② 빗살무늬 토기에 식량을 저장하였다.
③ 지배층의 무덤으로 고인돌을 만들었다.
④ 거푸집을 사용하여 세형동검을 제작하였다.
⑤ 주로 동굴이나 강가의 막집에서 거주하였다.

2 55회 회독 ○○○

(가) 시대의 생활 모습으로 옳은 것은? [1점]

주먹도끼, 찍개 등 (가) 시대의 대표적 유물이 한반도 남부에서 최초로 출토된 곳이다. 또한 집자리 유적도 발굴되어 (가) 시대에 사람들이 이곳에서 생활하였음을 알 수 있다.

▲ 유물 출토 상태

① 명도전, 반량전 등의 화폐가 유통되었다.
② 반달 돌칼을 이용하여 곡식을 수확하였다.
③ 거푸집을 이용하여 세형동검을 만들었다.
④ 주로 동굴이나 강가의 막집에 거주하였다.
⑤ 빗살무늬 토기를 만들어 식량을 저장하였다.

📢 **구석기 시대의 생활 모습**

정답분석 연천 전곡리 유적은 단양 수양개 유적, 공주 석장리 유적과 더불어 구석기 시대의 대표적인 유적이에요. 구석기 시대 사람들은 주먹도끼와 같은 뗀석기를 사용하여 사냥과 채집 등을 통해 식량을 구하였어요. ⑤ 구석기 시대 사람들은 식량을 찾아 이동 생활을 하였으며, 주로 동굴이나 강가의 막집, 바위 그늘에서 거주하였어요.

오답분석 ① 소를 이용한 깊이갈이(우경)는 신라 지증왕 때 우리나라의 기록에 처음 등장하였고, 고려 시대에 일반화되었어요.
② 신석기 시대 사람들은 빗살무늬 토기를 사용하여 음식을 조리하거나 식량을 저장하였어요.
③ 청동기 시대에는 많은 인력을 동원하여 지배층의 무덤으로 고인돌을 만들었어요.
④ 청동기 시대와 철기 시대에는 거푸집을 사용하여 청동 검을 제작하였어요. 세형동검은 철기 시대에 만들어진 청동 검이에요.

📢 **구석기 시대의 생활 모습**

정답분석 구석기 시대 사람들은 뗀석기인 주먹도끼, 찍개, 슴베찌르개 등을 도구로 사용하였어요. 공주 석장리 유적은 우리나라의 대표적인 구석기 시대 유적이에요.
④ 구석기 시대 사람들은 주로 동굴이나 강가의 막집에 거주하였어요.

오답분석 ① 철기 시대 유적에서 명도전, 반량전 등 중국 화폐가 출토되어 당시 한반도와 중국이 교역하였음을 짐작할 수 있어요.
② 청동기 시대에는 곡식을 수확하는 도구로 반달 돌칼을 이용하였어요.
③ 철기 시대에는 거푸집을 이용하여 세형동검을 만들었어요.
⑤ 신석기 시대에는 빗살무늬 토기를 만들어 식량을 저장하고 음식을 조리하였어요.

정답 | ⑤

정답 | ④

3 61회 　　　　　　　　　　　회독 ●●●

(가) 시대의 생활 모습으로 옳은 것은? 　　　　[1점]

> 강원도 양양군 오산리에서 　(가)　 시대 마을 유적이 발굴되었습니다. 약 8천 년 전에 형성된 집터에서는 　(가)　 시대를 대표하는 유물인 빗살무늬 토기와 덧무늬 토기를 비롯하여 이음낚시, 그물추 등이 출토되었습니다.

① 주로 동굴이나 막집에 거주하였다.
② 고인돌, 돌널무덤 등을 축조하였다.
③ 명도전을 이용하여 중국과 교역하였다.
④ 농경과 목축을 통하여 식량을 생산하였다.
⑤ 비파형 동검과 거친무늬 거울 등을 제작하였다.

📢 **신석기 시대의 생활 모습**

　정답분석　양양군 오산리 유적은 서울 암사동 유적, 제주 고산리 유적과 더불어 신석기 시대의 대표적인 유적이에요. 빗살무늬 토기는 신석기 시대의 대표적인 토기로, 식량을 저장하거나 음식을 조리하는 데 사용되었어요.
④ 신석기 시대 사람들은 농경과 목축을 시작하여 스스로 식량을 생산하는 단계에 이르렀어요.

　오답분석　① 구석기 시대 사람들은 식량을 찾아 이동 생활을 하였으며, 주로 동굴이나 막집에 거주하였어요.
② 청동기 시대에 지배층의 무덤으로 고인돌, 돌널무덤 등을 축조하였는데, 고인돌의 규모를 통해 당시 지배층이 가졌던 권력의 크기를 짐작할 수 있어요.
③ 명도전, 반량전 등은 우리나라의 철기 시대 유적에서 발견되는 중국 화폐로, 이를 통해 당시 중국과 교역하였음을 짐작할 수 있어요.
⑤ 비파형 동검은 청동기 시대의 대표적인 유물이에요. 청동기 시대부터 청동 도끼, 청동 검, 청동 방울, 거친무늬 거울 등 청동으로 도구를 제작하기 시작하였어요.

정답 | ④

4 58회 　　　　　　　　　　　회독 ●●●

(가) 시대의 생활 모습으로 옳은 것은? 　　　　[1점]

> 부산 동삼동 유적에서 출토된 빗살무늬 토기는 농경과 정착 생활이 시작된 　(가)　 시대의 대표적 유물 중 하나입니다. 이 유적에서는 곡물 등을 가공하는 데 사용한 갈돌과 갈판도 출토되었습니다.

① 가락바퀴를 이용하여 실을 뽑았다.
② 주로 동굴이나 막집에서 거주하였다.
③ 명도전, 반량전 등의 화폐가 유통되었다.
④ 거푸집을 이용하여 세형동검을 만들었다.
⑤ 쟁기, 쇠스랑 등의 철제 농기구를 사용하였다.

📢 **신석기 시대의 생활 모습**

　정답분석　신석기 시대에는 빗살무늬 토기, 이른 민무늬 토기 등을 만들어 음식을 조리하거나 식량을 저장하였어요. 신석기 시대 사람들은 농경을 시작하여 식량을 생산하고, 강가나 바닷가에 움집을 짓고 정착하여 생활하였어요. 갈돌과 갈판은 신석기 시대의 대표적인 유물로, 곡식의 껍질을 벗기는 데 사용되었어요.
① 신석기 시대부터 가락바퀴를 이용해 뽑은 실로 옷이나 그물을 만들었어요.

　오답분석　② 구석기 시대 사람들은 이동 생활을 하여 주로 동굴이나 막집, 바위 그늘에서 거주하였어요.
③ 명도전과 반량전은 중국 화폐로, 우리나라의 철기 시대 유적에서 발견되었어요.
④ 청동기 시대와 철기 시대에는 거푸집을 이용하여 청동 검을 만들었어요. 세형동검은 철기 시대에 제작된 청동 검이에요.
⑤ 철기 시대에는 쟁기, 쇠스랑, 낫, 호미 등의 철제 농기구를 사용하여 농업 생산량이 크게 늘었어요.

정답 | ①

5 62회   회독 ●●●

(가) 시대의 생활 모습으로 옳은 것은?   [1점]

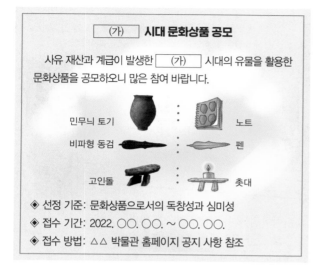

(가) **시대 문화상품 공모**

사유 재산과 계급이 발생한 (가) 시대의 유물을 활용한
문화상품을 공모하오니 많은 참여 바랍니다.

민무늬 토기 : 노트
비파형 동검 : 펜
고인돌 : 촛대

◆ 선정 기준: 문화상품으로서의 독창성과 심미성
◆ 접수 기간: 2022. ○○. ○○. ~ ○○. ○○.
◆ 접수 방법: △△ 박물관 홈페이지 공지 사항 참조

① 반달 돌칼로 벼를 수확하였다.
② 주로 동굴이나 막집에서 거주하였다.
③ 소를 이용한 깊이갈이가 일반화되었다.
④ 호미, 쇠스랑 등의 철제 농기구를 제작하였다.
⑤ 가락바퀴와 뼈바늘을 이용하여 옷을 만들기 시작하였다.

📣 **청동기 시대의 생활 모습**

정답분석   민무늬 토기는 청동기 시대부터 사용된 토기예요. 청동기 시
대에는 신석기 시대의 빗살무늬 토기와 달리 표면에 무늬가 없는 민무늬
토기를 사용하였어요. 비파형 동검과 고인돌은 청동기 시대를 대표하는
유물과 유적이에요. 청동기 시대에는 농경이 더욱 발달하여 생산력이 향
상되었고, 이에 따라 잉여 생산물이 발생하면서 빈부의 차이가 나타나 계
급이 만들어졌어요. 게다가 정복 활동이 활발해지면서 계급이 뚜렷하게
나누어지고 막강한 권력을 행사하는 지배자가 등장하였어요.
① 청동기 시대에는 곡물을 수확하기 위해 반달 모양으로 생긴 돌칼을 사
용하였어요.

오답분석   ② 구석기 시대 사람들은 식량을 찾아 이동 생활을 하였으며,
주로 동굴이나 막집에서 거주하였어요.
③ 소를 이용한 깊이갈이(우경)는 우리나라에서 기록상 신라 지증왕 때
처음 시작되어 고려 시대에 일반화되었어요.
④ 철기 시대 사람들은 철제 농기구를 제작해 농사에 사용하였어요.
⑤ 신석기 시대 사람들은 가락바퀴를 이용하여 실을 뽑고, 뼈바늘로 엮어
옷이나 그물 등을 만들었어요.

정답 | ①

---

6 60회   회독 ●●●

(가) 시대의 생활 모습으로 옳은 것은?   [1점]

이곳은 유네스코 세계 유산으로 등재된 화순 고인돌 유적입니다. 여기에는
계급이 발생한 (가) 시대의 고인돌이 밀집되어 있고, 인근에서는 덮개
돌을 캐낸 채석장이 발견되어 고인돌의 축조 과정을 살펴볼 수 있습니다.

① 소를 이용하여 깊이갈이를 하였다.
② 주로 동굴이나 바위 그늘에서 살았다.
③ 반달 돌칼을 사용하여 곡물을 수확하였다.
④ 빗살무늬 토기를 제작하여 식량을 저장하였다.
⑤ 주먹도끼, 찍개 등 뗀석기를 만들기 시작하였다.

📣 **청동기 시대의 생활 모습**

정답분석   청동기 시대에는 벼농사가 시작되어 생산력이 높아지면서 사
유 재산이 발생하였고, 이에 따라 계급이 발생하였어요. 청동기 시대의 지
배 세력은 고인돌을 만들어 자신의 세력을 과시하려고 하였어요.
③ 청동기 시대 사람들은 무기나 장신구 등에는 청동기를 사용하였고, 농
기구로는 반달 돌칼 등의 간석기를 사용하였어요.

오답분석   ① 소를 이용한 깊이갈이(우경)는 우리나라의 기록상 신라 지
증왕 때 처음 나타났고 고려 시대에 일반화되었어요.
② 구석기 시대 사람들은 주로 동굴이나 막집, 바위 그늘에 살면서 이동
생활을 하였어요.
④ 신석기 시대 사람들은 농경과 목축을 시작하였고, 빗살무늬 토기를 제
작해 식량을 저장하였어요.
⑤ 구석기 시대 사람들은 주먹도끼, 찍개 등 뗀석기를 사용하면서 사냥과
채집 생활을 하였어요.

정답 | ③

01강 선사 시대

구석기 시대

01 대표적인 도구로 ○○ 도끼, 찍개 등을 제작하였다.

02 주로 ○ 굴이나 강가의 ○ 집에 거주하였다.

03 ○ 급이 없는 평등한 공동체 생활을 하였다.

신석기 시대

04 ○○ 무늬 토기를 만들어 식량을 저장하였다.

05 ○○ 바퀴를 이용하여 실을 뽑았다.

06 ○ 경과 목 ○ 을 시작하여 식량을 생산하였다.

07 정착 생활을 하게 되면서 ○ 집에 거주하였다.

청동기 시대

08 ○○ 돌칼을 이용하여 곡식을 수확하였다.

09 대표적인 토기로 미 ○○ 식 토기가 있다.

10 거푸집을 이용하여 ○○ 형 동검을 제작하였다.

11 의례 도구로 ○○ 방울 등을 제작하였다.

12 지배층의 무덤으로 ○○ 돌을 축조하였다.

13 사유 재산과 ○ 급이 발생하였다.

철기 시대

14 ○○ 집을 이용하여 세형동검을 제작하였다.

15 쟁기, 쇠스랑 등의 ○ 제 농기구를 사용하였다.

16 중국 화폐인 명 ○ 전, 반량전이 널리 사용되었다.

정답 **01** 주먹 **02** 동, 막 **03** 계 **04** 빗살 **05** 가락 **06** 농, 축 **07** 움 **08** 반달 **09** 송리 **10** 비파 **11** 청동 **12** 고인 **13** 계 **14** 거푸 **15** 철 **16** 도

여러 나라의 성장

시대 흐름을 한번에 담는
흐름판서 보기

흐름판서 강의

	청동기	기원전 5C		철기	

고조선(우리 역사상 최초의 국가)

| 기원전 2333 | | 기원전 4C | 기원전 3C | 기원전 2C | 기원전 108 |

단군
조선

① **건국 이야기**
- 계급 사회
- 농경 중시
- 토템(곰, 호랑이)
- 제정일치(단군+왕검)

② 8조법(범금 8조)

③ 〈문화 범위 짐작〉
- 비파형 동검
- 고인돌

중국 연과 ------> 진개의
대립　　　　　침입

부왕, 준왕 등장
- 왕위 세습
- 상·대부·장군

위만 조선(왕검성)
- 철기문화 본격 수용
- 중계 무역
  └> 한과 대립
- 진번·임둔 복속

한의 침입
(무제)
↓
왕검성 X
(우거왕 X)
↓
한 군현
설치

구분	정치	경제	결혼	풍속	제천
부여	• 5부족 • 사출도 　└ 마·우·구·저가	농경·목축	형사취수제	• 순장 • 우제점법	영고
고구려	• 왕 + 상가, 고추가 • 대가 　└ 사자·조의·선인 • 제가 회의	약탈 경제 (부경)	• 서옥제 • 형사취수제		동맹
옥저		해산물	민며느리제	가족 공동 묘	
동예	군장(읍군·삼로)	단궁, 과하마, 반어피	족외혼	책화	무천
삼한	〈제정 분리〉 • 정치: 군장(신지·읍차) • 제사: 소도(천군)	• 벼농사 • 철(변한)			5월 수릿날, 10월 계절제

02 강 여러 나라의 성장

따라 쓰며 흐름을 이해하는
흐름판서 쓰기
02강 여러 나라의 성장

여러 나라의 성장

빈출키워드 TOP5

천군, 소도	1위
책화	2위
사출도	3위
영고	4위
범금 8조	5위

❶ 고조선의 성립과 발전

(1) 고조선의 성립과 사회 모습

건국	• 건국: 기원전 2333년 • 청동기 문화와 농경 문화를 바탕으로 성립된 우리 역사상 최초의 국가
단군왕검의 건국 이야기	고조선의 성립과 사회 모습 짐작 → 선민사상, 계급 사회, 농경 중시, 토테미즘(곰과 호랑이), 제정일치 사회(단군왕검) 등
발전	• 중국 랴오닝(요령) 지방을 중심으로 성장하여 한반도 북부까지 세력 확대 → 비파형 동검, 탁자식 고인돌 등의 출토 지역을 통해 고조선의 문화 범위 짐작 • 기원전 4~3세기경 중국의 연과 맞설 정도로 성장 → 기원전 3세기 초 연의 장수 진개의 침입으로 영토 일부 상실 • 기원전 3세기경 부왕, 준왕과 같은 강력한 왕의 등장 → 왕위 세습, 왕 아래에 상·대부·장군 등의 관직 마련
사회 모습	범금 8조(8조법)로 사회 질서 유지 → 노동력(사람의 생명) 중시, 농경 사회, 사유 재산 중시, 계급 사회(노비 존재)

(2) 고조선의 변화와 멸망

위만의 이주	중국의 진·한 교체기에 위만이 연에서 무리를 이끌고 고조선으로 이동함
위만의 집권	위만이 세력을 키워 준왕을 몰아내고 왕이 됨(기원전 2세기 초)
발전	• 본격적인 철기 문화의 수용 • 진번과 임둔을 복속하는 등 세력 확장 • 중국의 한과 한반도 남쪽의 진 사이에서 중계 무역으로 이익 독점 → 한과 대립
멸망	우거왕 때 지배층의 내분으로 조선상 역계경이 무리를 이끌고 남쪽의 진으로 이동, 한 무제의 침략 → 약 1년간 항전 → 왕검성이 함락되어 멸망(기원전 108) → 한이 고조선 일부 지역에 4개의 군현 설치

❷ 여러 나라의 성장

(1) 부여

위치	만주 쑹화강 유역의 평야 지대에서 성장
정치	• 5부족 연맹체 - 중앙: 왕이 다스림 - 사출도: 마가, 우가, 저가, 구가 등 여러 가(加)들이 별도로 다스림 • 왕권 미약: 흉년이 들면 왕에게 책임을 묻기도 함
경제	농경과 목축 발달
사회	엄격한 법: 남의 물건을 훔쳤을 때 물건 값의 12배 배상(1책 12법)
풍속	• 순장: 왕이 죽으면 신하 등 사람들을 껴묻거리와 함께 묻음 • 형사취수제: 형이 죽은 뒤 동생이 형수를 아내로 삼음 • 우제점법: 국가 중대사에 대하여 소를 죽여 발굽 모양을 보고 길흉을 점침 • 제천 행사: 영고(12월)

✎ **선민사상**

'하늘에 있는 존재에게 선택된 백성'이라는 뜻으로, 특정 민족이 하늘에 있는 신적 존재에게 선택되어 구원받는다는 사상이에요.

✎ **서옥제**

고구려의 혼인 풍속으로, 결혼 후 남자가 여자 집 뒤에 서옥이라는 집을 짓고 살다가 자식이 장성하면 아내와 자식들을 데리고 자신의 집으로 돌아가는 풍속이에요.

✎ **민며느리제**

옥저의 혼인 풍속으로, 여자아이를 결혼을 약속한 남자 집에서 데려다 키운 후, 성인이 되면 여자 집에 예물을 주고 결혼하는 풍속이에요.

✎ **단궁, 과하마, 반어피**

단궁은 짧은 활, 과하마는 키가 작은 말, 반어피는 바다표범의 가죽을 뜻하는 것으로, 모두 동예의 특산물이에요.

(2) 고구려

위치	압록강 지류인 동가강 유역의 졸본 지역에 건국
정치	• 5부족 연맹체: 계루부, 소노부 등 연맹 • 왕 아래 상가, 대로, 패자, 고추가 등의 관직 마련 • 대가들이 각각 사자, 조의, 선인 등의 관리를 거느림 • 제가 회의: 대가들이 모여 국가 중대사 결정
경제	• 산악 지대에 위치하여 농사에 불리 → 식량 부족 → 활발한 정복 활동, 약탈 경제 발달 • 집집마다 부경이라는 창고 설치 → 식량 보관
풍속	• 서옥제, 형사취수제 • 제천 행사: 동맹(10월)

(3) 옥저와 동예

구분	옥저	동예
위치	함경도 해안	강원도 북부 동해안
정치	• 왕이 없고 읍군·삼로라고 불리는 군장이 통치 • 고구려의 압박, 연맹 왕국으로 발전 ×	
경제	해산물 풍부 → 고구려에 공급	특산물: 단궁, 과하마, 반어피
풍속	• 민며느리제 • 가족 공동 무덤(가족 공동 묘)	• 책화, 족외혼(같은 씨족끼리 결혼 ×) • 제천 행사: 무천(10월)

(4) 삼한

위치	한반도 남부 지역
정치	• 삼한(마한, 진한, 변한) 성립 → 마한의 소국인 목지국의 지배자가 삼한 전체 주도 • 신지·읍차 등으로 불리는 군장이 다스림 • 제정 분리: 제사장인 천군과 신성 지역인 소도가 있음 → 소도에는 군장의 힘이 미치지 못함
경제	• 농업: 철제 농기구 사용, 벼농사 발달 • 철: 변한은 풍부한 철 생산 → 덩이쇠 등 철을 화폐로 사용, 낙랑·왜 등에 철 수출
풍속	• 제천 행사: 5월 수릿날, 10월 계절제 • 몸에 문신을 새기는 풍습이 있었음

🅿 일시정지! ☑ 확인하기

1. 고조선에 대한 설명이 맞으면 ○표, 틀리면 ×표 하세요.

(1) 신지, 읍차라 불린 지배자가 있었다. ( )

(2) 혼인 풍습으로 민며느리제가 있었다. ( )

(3) 제가 회의에서 국가 중대사를 결정하였다. ( )

(4) 지방 장관으로 욕살, 처려근지 등이 있었다. ( )

(5) 여러 가(加)들이 별도로 사출도를 다스렸다. ( )

(6) 빈민을 구제하기 위해 진대법을 시행하였다. ( )

(7) 왕 아래 상, 대부, 장군 등의 관직을 두었다. ( )

(8) 제사장인 천군과 신성 지역인 소도가 있었다. ( )

(9) 사회 질서를 유지하기 위해 범금 8조를 두었다. ( )

2. 고조선과 관련된 사실들을 순서대로 나열하세요.

> (가) 연의 장수 진개의 공격을 받았다.
> (나) 한 무제가 파견한 군대에 맞서 싸웠다.
> (다) 진번과 임둔을 복속시켜 세력을 확장하였다.

( )

3. 다음 설명에 해당하는 나라를 골라 쓰세요.

> 부여, 고구려, 옥저, 동예, 삼한

(1) 무천이라는 제천 행사를 열었다. ( )

(2) 신지, 읍차 등의 지배자가 있었다. ( )

(3) 혼인 풍습으로 민며느리제가 있었다. ( )

(4) 혼인 풍속으로 서옥제가 존재하였다. ( )

(5) 집집마다 부경이라는 창고가 있었다. ( )

(6) 12월에 영고라는 제천 행사를 열었다. ( )

(7) 대가들이 사자, 조의, 선인을 거느렸다. ( )

(8) 10월에 동맹이라는 제천 행사를 열었다. ( )

(9) 읍락 간의 경계를 중시하는 책화가 있었다. ( )

(10) 제가 회의에서 나라의 중대사를 결정하였다. ( )

(11) 제사장인 천군과 신성 지역인 소도가 있었다. ( )

(12) 여러 가(加)들이 별도로 사출도를 주관하였다. ( )

(13) 단궁, 과하마, 반어피 등이 특산물로 유명하였다. ( )

1. (1) × (2) × (3) × (4) × (5) × (6) × (7) ○ (8) × (9) ○
2. (가) – (다) – (나)
3. (1) 동예 (2) 삼한 (3) 옥저 (4) 고구려 (5) 고구려 (6) 부여 (7) 고구려
  (8) 고구려 (9) 동예 (10) 고구려 (11) 삼한 (12) 부여 (13) 동예

02강 여러 나라의 성장

1 고조선의 범금 8조(8조법)

고조선의 범금 8조 중 오늘날 전해지는 3개 조항을 통해 고조선의 사회 모습을 짐작할 수 있어요. 고조선은 ㉠을 통해 노동력(사람의 생명)을 중시하였고, ㉡을 통해 사유 재산을 중시한 농경 사회였으며, ㉢을 통해 노비가 존재하는 계급 사회였음을 알 수 있어요.

> (고조선에서는) 백성들에게 금하는 법 8조를 만들었다. 그것은 대개 ㉠사람을 죽인 자는 즉시 죽이고, ㉡남에게 상처를 입힌 자는 곡식으로 갚는다. ㉢도둑질을 한 자는 노비로 삼는다. 용서받고자 하는 자는 한 사람마다 50만 전을 내야 한다. ……
> – 《한서》 –

2 고조선의 문화 범위

고조선은 오늘날 중국의 요령 지방을 중심으로 세력을 넓혀 점차 주변 지역을 통합하여 한반도 북부 지역까지 영토를 확장하였을 것으로 짐작하고 있어요. 비파형 동검, 탁자식 고인돌 등은 고조선의 문화 범위를 알려 주는 유물과 유적이에요.

3 고조선의 성장과 발전

고조선은 기원전 4~3세기경 중국의 연과 맞설 정도로 성장하였어요. 그러던 중 연의 장수 진개의 침입으로 영토 일부를 잃기도 하였어요. 기원전 3세기경에는 부왕, 준왕과 같은 강력한 권력을 가진 왕이 등장하여 왕위를 세습하였고, 상·대부·장군 등의 관직을 마련하였어요.

> "주나라가 쇠약해지자 연나라가 스스로 왕(王)이라 칭하고 동쪽으로 침략하려 하니, 조선후(朝鮮侯) 역시 스스로 왕을 칭하고 군사를 일으켜 연나라를 공격하려 하였다. …… 연나라는 곧 장군 진개를 보내 조선의 서쪽을 공격하여 2천여 리의 땅을 빼앗았다."고 전한다.
> – 《삼국지》 위서 동이전 –

4 위만 조선의 발전

중국의 연에서 무리를 이끌고 고조선으로 이동한 위만은 준왕의 신임을 받으면서 세력을 키웠고, 결국 준왕을 몰아내고 고조선의 왕이 되었어요(위만 조선). 이후 고조선은 철기 문화를 본격적으로 수용하였고, 진번과 임둔을 복속하는 등 세력을 확장하였어요. 또한, 중국의 한과 한반도 남쪽의 진 사이에서 중계 무역으로 많은 이익을 얻었어요.

> · 위만이 망명하여 호복을 하고 동쪽의 패수를 건너 준왕에게 투항하였다. 위만은 서쪽 변경에 거주하도록 해주면, 중국의 망명자를 거두어 고조선의 번병(藩屏)이 되겠다고 준왕을 설득하였다. 준왕은 그를 믿고 총애하여 박사로 삼고 …… 백 리의 땅을 봉해 주어 서쪽 변경을 지키게 하였다.
> – 《삼국지》 동이전 –
> · 연왕 노관이 한(漢)을 배반하여 흉노로 들어가자, 만(滿)도 망명하였다. 무리 천여 명을 모아 상투를 틀고 오랑캐 복장을 하고서 동쪽으로 도망하여 변경을 지나 패수를 건너 진(秦)의 옛 땅인 상하장에 살았다. …… 망명자를 복속시켜 거느리고 왕이 되었으며, 왕검에 도읍을 정하였다.
> – 《한서》 조선전 –
> · 위만은 군사의 위세와 재물을 얻어 그 주변의 소읍(小邑)을 침략해 항복시키니, 진번·임둔이 모두 와서 복속하였고 고조선의 영역은 사방 수천 리가 되었다.
> – 《사기》 조선열전 –

5 고조선의 멸망

우거왕 때 고조선에 지배층의 내분이 일어나 조선상 역계경이 무리를 이끌고 한반도 남쪽의 진으로 이동하였어요. 한편, 고조선의 세력 확장을 견제하던 한 무제는 대규모 군대를 보내 고조선의 수도 왕검성을 공격하였고, 고조선은 약 1년간 항전하였어요. 결국 우거왕이 반대 세력에 의해 암살당하고, 한이 왕검성을 함락하면서 고조선은 멸망하였어요. 이후 한은 고조선에 낙랑·진번·임둔·현도 등 4개 군을 설치하였어요.

> · "처음 우거가 아직 격파되기 이전에 조선상 역계경이 간하였지만, 우거가 듣지 않았다. 이에 역계경은 동쪽 진국으로 갔다. 이때 민(民)으로 따라가 옮긴 자가 2천여 호였다."
> – 《삼국지》 위서 동이전 –
> · 누선장군 양복이 병사 7천 명을 거느리고 먼저 왕검성에 이르렀다. 이 나라의 우거왕이 성을 지키고 있다가 양복의 군사가 적음을 알고 곧 성을 나와 공격하자, 양복의 군사가 패배하여 흩어져 달아났다.
> – 《사기》 조선열전 –
> · 마침내 한 무제는 동쪽으로는 고조선을 정벌하고 현도군과 낙랑군을 설치하였으며, 서쪽으로는 대완과 36국 등을 병합하여 흉노 좌우의 후원 세력을 꺾었다.
> – 《사기》 조선열전 –

6 고조선 이후 여러 나라의 성장

고조선 멸망 이후 만주와 한반도에서는 부여, 고구려, 옥저, 동예, 삼한 등 철기 문화를 바탕으로 한 여러 나라가 세력을 키웠어요.

7 고구려

고구려는 왕 아래 상가, 고추가 등의 관직을 두었고 이들은 사자, 조의, 선인 등의 관리를 둘 수 있었어요. 또한, 제가 회의에서 국가 중대사를 결정하였고, 서옥제라는 혼인 풍속이 있었으며 10월에 동맹이라는 제천 행사를 열었어요.

- 관직: 그 나라에는 왕이 있고, 벼슬로는 상가·대로·패자·고추가·주부·우태·승·사자·조의·선인이 있으며, 신분의 높고 낮음에 따라 각각 등급을 두었다. 모든 대가들도 스스로 사자·조의·선인을 두었는데, 그 명단은 모두 왕에게 보고하여야 한다. ……
- 제가 회의: 범죄자가 있으면 제가들이 모여 회의하여 즉시 사형에 처하고, 그 처자는 노비로 삼는다.
- 서옥제: 그 나라의 풍속에 혼인을 할 때는 말로 미리 정한 다음, 여자 집에서는 본채 뒤에 작은 집을 짓는데 그 집을 서옥(壻屋)이라 부른다.
- 동맹: 10월에 지내는 제천 행사는 국중대회로 이름하여 동맹이라 한다.

– 《삼국지》 동이전 –

8 부여

남쪽에 고구려가 위치해 있던 부여는 왕이 중앙을 통치하고, 왕 아래 마가, 우가, 저가, 구가 등 여러 가(加)들이 별도로 다스리는 행정 구역인 사출도가 있었어요. 또한, 1책 12법 등 엄격한 법을 만들어 사회 질서를 유지하였고 순장, 형사취수제 등의 풍속이 있었어요. 12월에는 영고라는 제천 행사를 열었어요.

- 위치: 현도의 북쪽 천 리 쯤에 있다. 남쪽은 고구려와 동쪽은 읍루와 서쪽은 선비와 접해 있고, 북쪽에는 약수(弱水)가 있다. 면적은 사방 이천 리이며, 본래 예(濊)의 땅이다.
- 사출도: 나라에는 군왕이 있고 가축 이름으로 벼슬 이름을 정하여 마가, 우가, 저가, 구가 등이 있다. 제가들은 별도로 사출도를 나누어 맡아본다. 큰 곳은 수천 가이고 작은 곳은 수백 가이다.
- 1책 12법: 형벌이 엄하고 각박하여 사람을 죽인 자는 사형에 처하고, 그 집안사람은 노비로 삼는다. 도둑질하면 물건의 12배를 변상하게 하였다.
- 순장: 사람이 죽어 장사 지낼 때는 곽은 사용하나 관은 쓰지 않고, 사람을 죽여서 순장하는 데 많을 때는 100명가량이 된다.
- 영고: 은력(殷曆) 정월에 하늘에 제사를 지내며 국중대회에서 연일 먹고 마시고 노래하고 춤추니, 이를 영고(迎鼓)라고 한다.

9 옥저

함경도 해안 지역에 위치한 옥저에는 가족 공동 무덤(가족 공동 묘)을 만드는 장례 풍속과 여자아이를 남자 집에서 데려다 키운 후 성인이 되면 여자 집에 예물을 주고 결혼하는 민며느리제의 혼인 풍속이 있었어요.

- 가족 공동 무덤: 장사를 치를 때 큰 나무 곽을 만드는데, 길이가 십여 장(丈)이며 한 쪽을 열어 놓아 입구로 만든다. 죽은 자는 모두 가매장을 하는데 형체만 겨우 덮어 두었다가 피부와 살이 다 썩으면 곧바로 뼈를 거두어 곽 안에 둔다. 온 가족을 모두 한 곽에 넣으며, 살아있을 때의 모습과 같이 나무를 깎는데 죽은 사람의 수와 같다.
- 민며느리제: 여자의 나이가 열 살이 되기 전에 혼인을 약속하고, 신랑 집에서 맞이하여 장성할 때까지 기른다. 여자가 장성하면 여자 집으로 돌아가게 한다. 여자 집에서는 돈을 요구하는데, 신랑 집에서 돈을 지불한 후 다시 데리고 와서 아내로 삼는다.

11 동예

강원도 북부 동해안에 위치한 동예의 특산물은 단궁, 과하마, 반어피였어요. 또한 동예에는 다른 부족의 경계를 침범하였을 때 가축이나 노비로 변상하게 하는 책화라는 풍속이 있었으며, 10월에 무천이라는 제천 행사를 열었어요.

- 특산물: 낙랑의 단궁이 그 지역에서 산출된다. 바다에서는 반어피가 나며, 땅은 기름지고 무늬 있는 표범이 많고, 과하마가 나온다.
- 책화: 그 나라의 풍속은 산천을 중시하였으며, 산천마다 각각의 구분이 있어 함부로 서로 건너거나 들어갈 수 없었다. …… 읍락이 서로 침범하면 항상 생구(生口: 노비)·우마(牛馬: 소와 말)로 죄를 처벌하도록 하였는데, 이를 이름하여 책화(責禍)라고 한다.
- 무천: 해마다 10월이면 하늘에 제사를 지내고, 밤낮으로 술 마시고 노래 부르며 춤춘다. 이를 무천이라 한다.

10 삼한

한강 이남에 위치한 삼한은 신지·읍차라는 군장이 다스렸고, 소도라는 신성 구역이 있었으며, 5월 수릿날과 10월 계절제의 제천 행사가 있었어요.

- 소도: 나라마다 각각 별읍(別邑)이 있으니 이를 소도라고 한다. 큰 나무를 세우고 방울과 북을 매달아 놓고 귀신을 섬긴다.
- 5월 수릿날, 10월 계절제: 해마다 5월이면 씨뿌리기를 마치고 귀신에게 제사 지낸다. …… 10월에 농사일을 마치고 나서도 이렇게 한다.

여러 나라의 성장

1 58회

회독 ○○○

(가) 나라에 대한 설명으로 옳은 것은? [2점]

○ 좌장군은 ___(가)___ 의 패수 서쪽에 있는 군사를 쳤으나 이를 격파해서 나가지는 못했다. …… 누선장군도 가서 합세하여 왕검성의 남쪽에 주둔했지만, 우거왕이 성을 굳게 지키므로 몇 달이 되어도 함락시킬 수 없었다.

○ 마침내 한 무제는 동쪽으로는 ___(가)___ 을/를 정벌하고 현도 군과 낙랑군을 설치했으며, 서쪽으로는 대완과 36국 등을 병합 하여 흉노 좌우의 후원 세력을 꺾었다.

① 동맹이라는 제천 행사를 열었다.
② 신지, 읍차라 불린 지배자가 있었다.
③ 도둑질한 자에게 12배로 배상하게 하였다.
④ 읍락 간의 경계를 중시하는 책화가 있었다.
⑤ 왕 아래 상, 대부, 장군 등의 관직을 두었다.

2 62회

회독 ○○○

(가)에 들어갈 내용으로 옳은 것은? [2점]

지도에 표시된 쑹화강 유역을 중심으로 성장한 이 나라는 평원과 구릉, 넓은 못이 많았습니다. 농업과 목축을 생업으로 하며 12월에 영고라는 제천 행사를 열었습니다. 이 나라에 대해 알고 있는 내용을 대화창에 올려 주세요.

ON 대화창
명마, 적옥, 담비 가죽 등이 생산되었어요.
형이 죽으면 형수를 아내로 삼는다는 기록도 있어요.
___(가)___

① 정사암에 모여 재상을 선출하였어요.
② 여러 가(加)가 별도로 사출도를 다스렸어요.
③ 읍락 간의 경계를 중시하는 책화가 있었어요.
④ 사회 질서를 유지하기 위해 범금 8조를 두었어요.
⑤ 제사장인 천군과 신성 지역인 소도가 존재하였어요.

📢 고조선

정답분석 왕검성은 고조선이 멸망할 당시 수도였던 곳이고, 우거왕은 위만의 손자이자 고조선의 마지막 왕이에요. 고조선은 우거왕 때 한 무제의 공격을 받아 멸망하였어요.

고조선은 위만이 집권한 이후부터 본격적으로 철기 문화를 수용하고, 중국의 한(漢)과 한반도 남부의 진(辰) 사이에서 중계 무역을 하여 경제력을 키웠어요. 그러자 한 무제는 고조선을 공격하였고, 우거왕과 신하들은 1년 여 동안 한 군대에 맞섰지만 결국 왕검성이 함락되어 고조선은 멸망하였어요(기원전 108). 한 무제는 옛 고조선의 땅에 낙랑군, 현도군 등의 4개 군을 설치해 다스렸어요.

⑤ 기원전 3세기경 고조선은 부왕·준왕 등 강력한 왕이 등장하여 왕위가 세습되었으며, 상·대부·장군 등의 관직을 두기도 하였어요.

오답분석 ① 고구려는 매년 10월에 동맹이라는 제천 행사를 열었어요.
② 삼한에는 세력 크기에 따라 신지, 읍차 등으로 불린 정치 지배자가 있었어요.
③ 부여에는 도둑질한 자에게 12배로 배상하게 하는 1책 12법이 있었어요.
④ 동예에는 다른 읍락의 영역을 침범하면 노비나 소, 말 등으로 변상하게 하는 책화라는 풍습이 있었어요.

📢 부여

정답분석 쑹화강 유역의 평야 지대에서 성장한 부여는 농업과 목축이 발달하였어요. 부여는 12월에 영고라는 제천 행사를 열어 농사가 잘 되기를 기원하였어요.
② 부여는 왕이 중앙을 다스리고, 마가·우가·구가·저가 등의 가(加)들이 별도로 사출도를 다스리는 연맹체 국가였어요.

오답분석 ① 백제에는 귀족들이 정사암에 모여 귀족들의 대표인 재상을 뽑고, 국가의 중요한 일을 논의하여 결정하는 정사암 회의가 있었어요.
③ 동예에는 다른 부족의 경계를 침범하면 노비, 소, 말로 변상하게 하는 책화라는 풍습이 있었어요.
④ 고조선에는 사회 질서를 유지하기 위해 살인, 절도 등의 죄를 다스리는 범금 8조(8조법)가 있었어요.
⑤ 삼한에는 제사장인 천군과 신성 지역인 소도가 있었어요. 이를 통해 삼한이 제정 분리 사회였음을 짐작할 수 있어요.

정답 | ⑤

정답 | ②

❸ 57회 · 회독 ◯◯◯

(가), (나) 나라에 대한 설명으로 옳은 것은? [2점]

> (가) 그 나라에는 왕이 있고, 벼슬로는 상가·대로·패자·고추가·
> 주부·우태·승·사자·조의·선인이 있으며, 신분의 높고 낮
> 음에 따라 각각 등급을 두었다. …… 10월에 지내는 제천 행
> 사는 국중대회로 이름하여 동맹이라 한다.
> ― 「삼국지」 동이전 ―
>
> (나) 그 나라의 풍속은 산천을 중요시하여 산과 내마다 각기 구분이
> 있어 함부로 들어가지 않는다. …… 해마다 10월이면 하늘에
> 제사를 지내는데, 주야로 술을 마시고 노래를 부르며 춤추니
> 이를 무천이라 한다. 또 호랑이를 신으로 여겨 제사를 지낸다.
> ― 「삼국지」 동이전 ―

① (가) – 낙랑과 왜에 철을 수출하였다.
② (가) – 서옥제라는 혼인 풍습이 있었다.
③ (나) – 연의 장수 진개의 공격을 받았다.
④ (나) – 가(加)들이 별도로 사출도를 다스렸다.
⑤ (가), (나) – 골품에 따라 관등 승진에 제한이 있었다.

📣 고구려와 동예

정답분석 (가) 고구려는 상가, 대로를 비롯해 사자, 조의, 선인 등의 벼
슬이 있었으며, 10월에 동맹이라는 제천 행사를 지냈어요.
(나) 동예는 산천을 중요시하여 산과 내마다 각기 구분이 있어 다른 읍락
에 함부로 들어가지 않는 풍속이 있었으며, 10월에 무천이라는 제천 행사
를 지냈어요.
② 고구려에는 혼인한 뒤 신랑이 신부 집 뒤편에 서옥이라는 집을 짓고
살다가 자녀가 성장하면 가족과 함께 자기 집으로 돌아가는 서옥제라는
혼인 풍습이 있었어요.

오답분석 ① 삼한 가운데 변한에서는 철이 풍부하게 생산되어 낙랑과
왜에 철을 수출하였어요.
③ 고조선은 기원전 3세기에 연의 장수 진개의 공격을 받아 영토 일부를
빼앗겼어요.
④ 부여에서는 왕이 중앙을 다스리고 마가, 우가, 저가, 구가 등 가(加)들
이 별도로 사출도를 다스렸어요.
⑤ 신라에는 골품에 따라 관등 승진에 제한을 두는 골품제라는 신분 제도
가 있었어요.

정답 | ②

❹ 63회 · 회독 ◯◯◯

밑줄 그은 '이 나라'에 대한 탐구 활동으로 가장 적절한 것은? [2점]

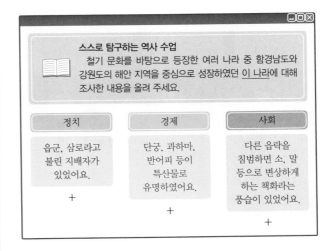

① 신성 지역인 소도의 역할을 알아본다.
② 포상 8국의 난 진압 과정을 찾아본다.
③ 삼국유사에 실린 김알지 신화를 분석한다.
④ 무천이라는 제천 행사를 개최한 이유를 파악한다.
⑤ 마가, 우가, 저가, 구가 등이 다스렸던 지역을 조사한다.

📣 동예

정답분석 동예에는 왕이 없었고 읍군, 삼로라고 불린 군장이 부족을 다
스렸어요. 동예는 오늘날 강원도 북부 동해안 지역에 위치하였던 나라로
해산물이 풍부하였고 단궁, 반어피, 과하마 등이 특산물로 유명하였어요.
동예는 읍락의 경계를 중시하였기 때문에 다른 읍락을 침범하면 소, 말
등으로 변상하게 하는 책화라는 풍습이 있었어요.
④ 동예는 해마다 10월에 무천이라는 제천 행사를 열어 하늘에 풍년을 기
원하였어요.

오답분석 ① 삼한에는 제사장인 천군과 신성 지역인 소도가 있었어요.
이를 통해 삼한이 제정 분리 사회였음을 짐작할 수 있어요.
② 포상 8국은 오늘날 경상남도 연안 지역에 있었던 8개의 소국을 말해
요. 이들이 연합하여 아라가야와 신라 등을 공격한 사건을 포상 8국의 난
이라고 하며, 이는 신라군에 의해 진압되었어요.
③ 신라는 초기에 박, 석, 김씨의 3성이 번갈아 왕위를 계승하였어요. 김
알지는 그중 김씨 성의 시조로, 김알지 신화는 《삼국사기》와 《삼국유사》
에 모두 전해져요.
⑤ 부여는 왕이 중앙을 다스리고, 마가·우가·구가·저가 등의 가(加)들이
별도로 사출도를 다스리는 연맹체 국가였어요.

정답 | ④

5 · 61회 · 회독 ●●●

(가) 나라에 대한 설명으로 옳은 것은? [1점]

> <한국사 발표 대회>
> 여러 나라의 성장: (가)
>
> 5월과 10월에 제천 행사를 지냈습니다.
>
> 신지, 읍차 등으로 불리는 지배자가 있었습니다.
>
> 목지국, 사로국, 구야국 등 여러 소국으로 이루어졌습니다.

① 신성 지역인 소도가 존재하였다.
② 연의 장수 진개의 공격을 받았다.
③ 혼인 풍습으로 민며느리제가 있었다.
④ 여러 가(加)들이 별도로 사출도를 주관하였다.
⑤ 특산물로 단궁, 과하마, 반어피가 유명하였다.

6 · 55회 · 회독 ●●●

(가), (나) 나라에 대한 설명으로 옳은 것은? [2점]

> (가) 여자의 나이가 열 살이 되기 전에 혼인을 약속하고, 신랑 집에서 맞이하여 장성할 때까지 기른다. 여자가 장성하면 여자 집으로 돌아가게 한다. 여자 집에서는 돈을 요구하는데, 신랑 집에서 돈을 지불한 후 다시 데리고 와서 아내로 삼는다.
>
> (나) 읍마다 우두머리가 있어 세력이 강대하면 신지라 하고, …… 그 다음은 읍차라 하였다. 나라에는 철이 생산되는데 예(濊), 왜(倭) 등이 와서 사간다. 무역에서 철을 화폐로 사용한다.

① (가) – 신성 지역인 소도가 존재하였다.
② (가) – 삼로라 불린 우두머리가 읍락을 다스렸다.
③ (나) – 여러 가(加)들이 별도로 사출도를 주관하였다.
④ (나) – 단궁, 과하마, 반어피 등의 특산물이 유명하였다.
⑤ (가), (나) – 한 무제가 파견한 군대의 공격으로 멸망하였다.

📢 **삼한**

정답분석 철기 문화가 확산되면서 한반도 남부에서는 마한, 진한, 변한의 삼한이 성립하였어요. 삼한은 씨 뿌리기가 끝난 5월과 추수를 마친 10월에 제천 행사를 지냈어요. 삼한에는 철기 문화를 바탕으로 성립한 수십 개의 소국이 존재하였어요. 소국은 세력 크기에 따라 신지, 읍차라고 불리는 군장이 다스렸고, 제천 행사 등 종교 의식을 주관하는 제사장인 천군이 있었어요.
① 삼한에는 제사장인 천군과 신성 지역인 소도가 존재하였어요. 천군과 소도의 존재를 통해 삼한이 제정 분리 사회였음을 짐작할 수 있어요.

오답분석 ② 고조선은 기원전 4~3세기경 중국의 연과 대립할 정도로 성장하였고, 이 과정에서 연의 장수인 진개의 공격을 받기도 하였어요.
③ 옥저는 혼인 풍습으로 민며느리제가 있었어요.
④ 부여는 왕이 중앙을 다스리고, 마가·우가·구가·저가 등의 가(加)들이 별도로 사출도를 주관하는 연맹체 국가였어요.
⑤ 동예는 특산물로 단궁(활), 과하마(키가 작은 말), 반어피(바다표범의 가죽)가 유명하였어요.

정답 | ①

📢 **옥저와 삼한**

정답분석 (가) 옥저에는 신부가 될 여자아이를 신랑 집에서 데려가 기른 후 신부가 성장하면 신부 집으로 돌아가게 하는 민며느리제라는 혼인 풍습이 있었어요.
(나) 삼한에는 정치 지배자와 종교 지배자(제사장)가 각각 존재하였어요. 그중 정치 지배자는 세력 크기에 따라 신지, 읍차 등으로 불렸어요.
② 옥저와 동예에서는 읍군, 삼로 등으로 불린 군장이 읍락을 다스렸어요.

오답분석 ① 삼한은 천군이 다스리는 신성 지역으로 소도를 두었어요.
③ 부여에서는 왕이 중앙을 다스리고 여러 가(加)들이 별도로 사출도를 주관하였어요.
④ 동예에는 책화라는 풍습이 있었고, 단궁, 과하마, 반어피가 특산물로 유명하였어요.
⑤ 고조선은 우거왕 때 한 무제가 파견한 군대의 공격을 받아 멸망하였어요.

정답 | ②

여러 나라의 성장

고조선의 성립과 발전

01 고조선은 왕 아래 상, 대　, 장　 등의 관직을 두었다.

02 고조선은 기원전 4~3세기경 전국 7웅 중 하나인　과 대적할 만큼 성장하였다.

03 고조선은 사회 질서를 유지하기 위해 범금　조를 두었다.

04 고조선은 기원전 3세기 초　의 장수 진개의 공격을 받아 영토를 빼앗겼다.

05 고조선은 위만 집권 이후 진　과 임　을 복속하여 세력을 확장하였다.

06 고조선은 위만 집권 이후　무역으로 이익을 독점하였다.

07 고조선은　왕 때 한 무제의 공격으로 멸망하였다.

여러 나라의 성장

08 부여는 여러 가(加)들이 별도로　도를 주관하였다.

09 부여는 12월에　고라는 제천 행사를 개최하였다.

10 부여는 남의 물건을 훔쳤을 때에　배로 갚게 하였다.

11 고구려는　회의에서 나라의 중요한 일을 결정하였다.

12 고구려는 집집마다　경이라는 창고를 두었다.

13 고구려는 10월에　맹이라는 제천 행사를 개최하였다.

14 옥저의 혼인 풍습으로　제가 있었다.

15 동예는 읍락 간의 경계를 중시하는　화가 있었다.

16 동예는 단궁,　마, 반어피 등이 특산물로 유명하였다.

17 삼한은　지,　차 등으로 불리는 군장이 다스렸다.

18 삼한에는 제사장인 천　과 신성 지역인 소　가 존재하였다.

19 삼한 중 변한에서는　이 많이 생산되어 낙랑과 왜에 수출하였다.

정답 01 부, 군 02 연 03 8 04 연 05 번, 둔 06 중계 07 우거 08 사출 09 영 10 12 11 제가 12 부 13 동 14 민며느리 15 책 16 과하 17 신, 읍 18 군, 도 19 철

고대

03강 고대(고구려, 가야)

04강 고대(백제, 신라)

05강 고대(통일 신라, 발해)

06강 고대(경제, 사회)

07강 고대(문화 1)

08강 고대(문화 2)

기원전 18
백제 건국

660
백제 멸망

기원전 37
고구려 건국

42
금관가야 건국

668
고구려 멸망

기출로 보는 키워드

1위 22담로

2위 청해진

3위 독서삼품과

4위 진대법

5위 동시전

3개년 평균 출제 비중

7.3문항

14.6%

681
김흠돌의 난

900
후백제 건국

935
신라 멸망

676
신라, 삼국 통일

698
발해 건국

901
후고구려 건국

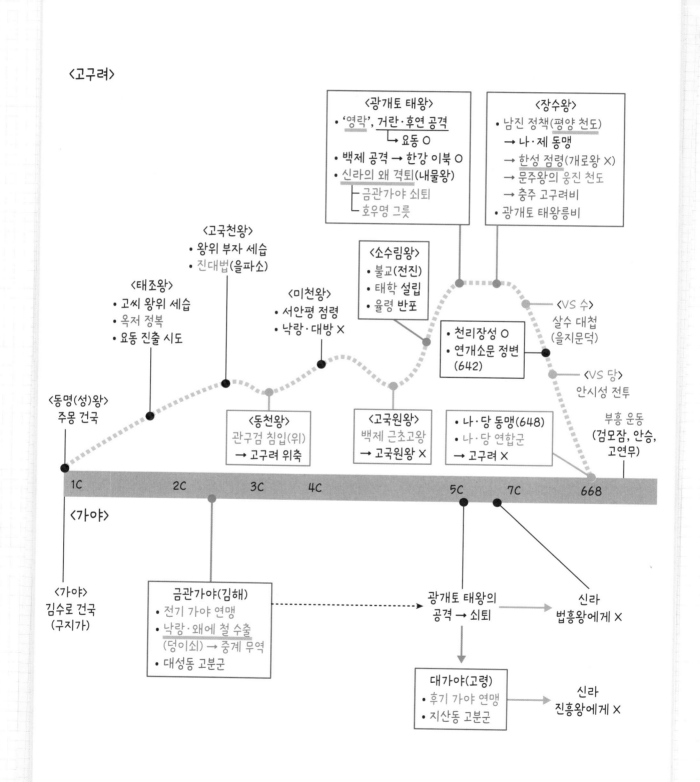

〈고구려〉

〈광개토 태왕〉
• '영락', 거란·후연 공격
  └ 요동 O
• 백제 공격 → 한강 이북 O
• 신라의 왜 격퇴(내물왕)
  ┌ 금관가야 쇠퇴
  └ 호우명 그릇

〈장수왕〉
• 남진 정책(평양 천도)
  → 나·제 동맹
  → 한성 점령(개로왕 X)
  → 문주왕의 웅진 천도
  → 충주 고구려비
• 광개토 태왕릉비

〈고국천왕〉
• 왕위 부자 세습
• 진대법(을파소)

〈소수림왕〉
• 불교(전진)
• 태학 설립
• 율령 반포

〈태조왕〉
• 고씨 왕위 세습
• 옥저 정복
• 요동 진출 시도

〈미천왕〉
• 서안평 점령
• 낙랑·대방 X

〈VS 수〉
살수 대첩
(을지문덕)

• 천리장성 O
• 연개소문 정변
  (642)

〈VS 당〉
안시성 전투

〈동명(성)왕〉
주몽 건국

〈동천왕〉
관구검 침입(위)
→ 고구려 위축

〈고국원왕〉
백제 근초고왕
→ 고국원왕 X

• 나·당 동맹(648)
• 나·당 연합군
  → 고구려 X

부흥 운동
(검모잠, 안승,
고연무)

1C   2C   3C   4C   5C   7C   668

〈가야〉

〈가야〉
김수로 건국
(구지가)

금관가야(김해)
• 전기 가야 연맹
• 낙랑·왜에 철 수출
  (덩이쇠) → 중계 무역
• 대성동 고분군

광개토 태왕의
공격 → 쇠퇴

신라
법흥왕에게 X

대가야(고령)
• 후기 가야 연맹
• 지산동 고분군

신라
진흥왕에게 X

03강 고대(고구려, 가야)

고대(고구려, 가야)

빈출키워드 TOP5

장수왕의 한성 함락	1위
안승, 보덕국 왕	2위
을지문덕, 살수 대첩	3위
광개토 태왕의 신라 지원	4위
낙랑·왜에 철 수출	5위

✎ **진대법**

고국천왕 때 을파소의 건의로 시행된 빈민 구제 제도로, 봄에 먹을 것이 없을 때 나라에서 백성에게 곡식을 빌려 주고 수확기인 가을에 갚도록 한 제도예요.

✎ **태학**

태학은 귀족의 자제들을 교육한 고구려의 교육 기관으로, 일종의 국립 대학이에요. 유학 교육을 실시해 능력 있는 관리를 양성하였어요.

✎ **율령**

법률 율(律), 명령 령(令)으로 '율'은 형벌 법규를, '령'은 행정 법규를 말해요. 삼국은 율령을 만들어 왕권을 강화하고 통치 기반을 확립하였어요.

✎ **연개소문**

연개소문은 고구려의 천리장성 축조의 감독을 맡으면서 세력을 키웠어요. 그러자 영류왕과 신하들은 연개소문을 제거할 계획을 세웠어요. 이를 눈치 챈 연개소문이 영류왕을 죽이고 보장왕을 왕위에 올린 뒤 스스로 대막리지가 되어 권력을 장악하였어요(642).

① 고구려의 성장과 멸망

(1) 고구려의 성립과 발전

건국(기원전 37)	• 부여에서 온 동명성왕(주몽)이 압록강 유역의 토착 세력과 힘을 합쳐 졸본을 도읍으로 고구려 건국(기원전 37) • 유리왕 때 국내성으로 천도(1세기 초)
태조왕(53~146)	• 왕권 강화(계루부 고씨의 왕위 독점 세습) • 옥저 정복, 요동 진출 시도
고국천왕(179~197)	• 왕위의 부자 세습 확립 • 을파소의 건의를 받아들여 빈민 구제 제도인 진대법 실시
동천왕(227~248)	위나라 관구검의 침략 → 환도성 함락 → 고구려 세력 위축
미천왕(300~331)	서안평 점령, 낙랑군과 대방군 축출 → 대동강 지역 확보
고국원왕(331~371)	전연의 침략, 백제 근초고왕의 평양성 공격으로 전사(평양성 전투) → 고구려 위기
소수림왕(371~384)	• 전진으로부터 불교 수용 • 태학 설치(인재 양성), 율령 반포

(2) 고구려의 전성기(5세기)

광개토 태왕 (391~412)	• 백제 공격(한강 이북 차지), 신라에 침입한 왜 격퇴(금관가야 쇠퇴) • 거란과 후연을 공격해 요동과 만주 일대 장악 • 연호 '영락' 사용, 광개토 태왕릉비(아들인 장수왕이 건립)
장수왕 (412~491)	• 남진 정책 – 평양 천도(427): 국내성의 귀족 세력 약화 + 백제와 신라 압박 목적 → 신라와 백제가 동맹을 체결하여 고구려에 대항(나·제 동맹) – 백제 공격(475): 백제의 한성을 함락하고 한강 유역 차지(개로왕 사망) → 이후 백제는 문주왕 때 웅진(공주)으로 천도 • 한반도 중부 지역까지 영토 확장 → 충주 고구려비

(3) 6~7세기 동아시아 정세의 변화

남북 세력 (연합: 고구려 – 돌궐 – 백제 – 왜)	• 고구려: 신라와 백제의 연합 공격으로 한강 유역 상실 → 영양왕 때 영토 회복을 위한 온달의 활동 → 중국(수·당) 세력에 맞서기 위해 돌궐과 연합 • 백제: 신라 진흥왕이 한강 유역 차지 → 고구려·왜와 연합
동서 세력 (연합: 신라 – 수·당)	신라: 백제와 고구려의 협공으로 어려움에 처하자 수에 도움 요청(원광의 걸사표)

(4) 고구려와 수·당 전쟁

고구려 VS 수	• 수의 중국 통일(589) → 수가 고구려 견제 → 고구려가 수의 요서 지방 선제공격 → 수 문제의 30만 대군이 침략하였으나 소득 없이 후퇴 • 수 양제의 113만 대군 침략 → 수의 우중문의 30만 별동대가 평양성 공격 → 을지문덕이 살수(청천강)에서 수의 군대 격퇴(살수 대첩, 612)
고구려 VS 당	• 당의 중국 통일 → 당 태종이 팽창 정책을 펼치면서 고구려 압박 → 고구려는 당의 침략에 대비하여 국경 지역에 천리장성 축조(영류왕 ~ 보장왕) → 연개소문의 정변(642)으로 보장왕 즉위 → 연개소문의 대당 강경책 전개 • 당 태종이 연개소문의 정변 등을 구실로 직접 침략 → 안시성 전투에서 당군 격퇴(645)

(5) 고구려의 멸망

멸망	수·당과의 연이은 전쟁으로 국력 소모, 연개소문 사후 권력 다툼·지배층 내분 발생 → 나·당 동맹(648)으로 구성된 나·당 연합군의 공격 → 평양성 함락 → 고구려 멸망(668)
부흥 운동	고연무(오골성), 검모잠(한성, 황해 재령)이 고구려의 왕족인 **안승**을 왕으로 추대(신라의 지원) → 실패(안승이 검모잠을 죽이고 신라에 투항) → 신라 문무왕이 당을 견제하려고 금마저에 보덕국을 세우고, 안승을 보덕국 왕으로 임명함

❷ 가야의 성립과 멸망

(1) 가야 연맹의 성립: 발전된 철기 문화를 바탕으로 낙동강 하류의 변한 지역에서 성장한 소국들이 가야 연맹으로 발전

(2) 가야 연맹의 발전

금관가야 (김해)	• 전기 가야 연맹 주도 • 시조: 수로왕(건국 설화 – '구지가') • 우수한 철기 문화를 바탕으로 발전 • 낙랑과 왜에 철(덩이쇠) 수출 → **중계 무역** 발달 • 고구려 광개토 태왕의 공격으로 쇠퇴 → 대가야로 중심 이동
대가야 (고령)	• 후기 가야 연맹 주도 • 시조: 이진아시왕 • 농업에 유리한 입지 조건, 우수하고 풍부한 철 생산, 중국 및 왜와 교류

(3) 가야 연맹의 멸망: 각 소국이 독자적인 정치 기반 유지(중앙 집권 국가로 발전 ×) → 백제와 신라의 팽창과 압력으로 세력 위축
① 신라 법흥왕 때 금관가야 멸망(532)
② 신라 진흥왕 때 대가야 멸망(562)

---

1. 다음 설명에 해당하는 고구려 왕을 골라 쓰세요.

> 태조왕, 고국천왕, 미천왕, 소수림왕

(1) 서안평을 공격하여 영토를 넓혔다. ( )

(2) 태학을 실시하고 율령을 반포하였다. ( )

(3) 진대법을 실시하여 빈민을 구제하였다. ( )

(4) 전진의 순도를 통해 불교를 수용하였다. ( )

(5) 옥저를 정복하고 동해안으로 진출하였다. ( )

2. 다음에서 광개토 태왕 재위 시기에 있었던 사실은 '광', 장수왕 재위 시기에 있었던 사실은 '장'이라고 쓰세요.

(1) 광개토 태왕릉비를 건립하였다. ( )

(2) 신라에 침입한 왜를 격퇴하였다. ( )

(3) 국내성에서 평양으로 도읍을 옮겼다. ( )

(4) 백제를 공격하여 한성을 함락시켰다. ( )

(5) 후연을 공격하여 요동 땅을 차지하였다. ( )

(6) 영락이라는 독자적인 연호를 사용하였다. ( )

3. 다음 사실들을 순서대로 나열하세요.

(1) ( )

> (가) 서안평을 공격하여 영토를 넓혔다.
> (나) 후연을 격파하고 요동 땅을 차지하였다.
> (다) 백제의 공격으로 왕이 평양성에서 전사하였다.
> (라) 관구검이 이끄는 위의 군대가 고구려를 침략하였다.

(2) ( )

> (가) 안시성에서 당군을 물리쳤다.
> (나) 안승이 보덕국의 왕으로 임명되었다.
> (다) 을지문덕이 살수에서 수의 군대를 물리쳤다.
> (라) 연개소문이 정변을 일으켜 권력을 장악하였다.
> (마) 나·당 연합군의 공격으로 평양성이 함락되었다.

4. 가야에 대한 설명이 맞으면 ○표, 틀리면 ×표 하세요.

(1) 대가야는 진흥왕 때 신라에 복속되었다. ( )

(2) 철이 많이 생산되어 왜 등에 수출하였다. ( )

(3) 금관가야는 후기 가야 연맹을 주도하였다. ( )

1. (1) 미천왕 (2) 소수림왕 (3) 고국천왕 (4) 소수림왕 (5) 태조왕
2. (1) 장 (2) 광 (3) 장 (4) 장 (5) 광 (6) 광
3. (1) (라) – (가) – (다) – (나) (2) (다) – (라) – (가) – (마) – (나)
4. (1) ○ (2) ○ (3) ×

03강 고대(고구려, 가야)

1 고구려 태조왕의 정복 활동

고구려 태조왕은 옥저를 정복하여 동해안 지역으로 세력을 확대하였으며, 요동 진출을 시도하였어요. 활발한 정복 활동을 통해 세력을 키운 태조왕은 계루부 고씨의 왕위 독점 세습을 확립하면서 왕권을 강화하였어요.

> 4년(56) 가을 7월에 동옥저를 정벌하고 그 땅을 취하고 성읍을 만들며 국경을 개척하였는데, 동으로는 창해(동해)에 이르고 남으로는 살수에 이르렀다.
> — 《삼국사기》 —

2 고구려 소수림왕의 위기 극복

평양성 전투에서 백제 근초고왕에 의해 전사한 고국원왕의 뒤를 이어 즉위한 소수림왕은 고구려의 위기를 극복하려고 노력하였어요. 이에 전진에서 온 순도라는 승려를 통해 불교를 받아들였고, 태학을 설립하여 인재를 양성하였으며, 율령을 반포하여 통치 체제를 정비하였어요.

- 불교 수용: 전진 왕 부견이 사신과 승려 순도를 파견하여 불상과 경문을 보내왔다. 왕이 사신을 보내 답례로 방물(方物: 토산물)을 바쳤다.
- 태학 설치: 태학을 세우고 자제를 교육시켰다.
- 율령 반포: 3년(373)에 처음으로 율령을 반포하였다.

3 고구려 광개토 태왕의 신라 지원

고구려 광개토 태왕은 연호로 '영락'을 사용하였고, 신라의 요청으로 군대를 보내 신라에 침입한 왜를 물리쳤어요. 이후 고구려군이 신라에 주둔하면서 신라는 한동안 고구려의 간섭을 받았고, 고구려 광개토 태왕의 공격을 받은 금관가야는 쇠퇴하였어요.

- 연호 '영락': 18세에 왕위에 올라 영락 대왕이라 하였다.
- 신라 지원: 경자년에 왕이 보병과 기병 5만 명을 보내어 신라를 구원하게 하였다. [고구려군]이 남거성을 거쳐 신라성에 이르니, 그곳에 왜적이 가득하였다. 고구려군이 막 도착하니 왜적이 퇴각하였다.

4 호우총 청동 그릇(호우명 그릇)

경주 호우총에서 발견된 그릇으로, 그릇 밑바닥에 '을묘년국강상 광개토지호태왕호우십(乙卯年國岡上 廣開土地好太王壺杅十)'이라는 글자가 새겨져 있어 당시 신라와 고구려가 밀접한 정치적 관계를 맺고 있었음을 짐작할 수 있어요.

▲ 호우명 그릇

5 고구려의 전성기(5세기)

고구려는 5세기 광개토 태왕과 장수왕 때 전성기를 맞이하였어요. 광개토 태왕은 남쪽으로 백제를 공격하여 한강 이북을 차지하였으며, 신라의 요청으로 신라에 침입한 왜를 물리쳤어요. 또한 거란과 후연을 공격해 요동과 만주 일대를 장악하였어요. 이후 광개토 태왕의 아들 장수왕은 국내성에서 평양으로 천도하여 본격적인 남진 정책을 펼쳤고, 백제를 공격하여 한성을 함락하고 한강 유역을 장악하였어요.

6 고구려 장수왕의 남진 정책

아버지 광개토 태왕의 뒤를 이은 장수왕은 수도를 국내성에서 평양으로 옮긴 후 본격적인 남진 정책을 추진하였어요. 이에 위협을 느낀 신라와 백제는 동맹을 체결하여 고구려에 대항하였어요. 결국 장수왕은 백제의 한성을 함락하여 개로왕을 죽이고 한강 유역을 차지하면서 한반도 중부 지역까지 영토를 확장하였어요.

〈한성 함락〉
- 고구려왕 거련(巨璉)이 병사 3만 명을 거느리고 와서 한성을 포위하였다. …… 왕은 상황이 어렵게 되자 어찌할 바를 모르다가 기병 수십 명을 거느리고 성문을 나가 서쪽으로 달아났는데, 고구려 병사가 추격하여 왕을 살해하였다. — 《삼국사기》 —
- 고구려의 대로 제우, 재증걸루, 고이만년 등이 북쪽 성을 공격한지 7일 만에 함락시키고 남쪽 성으로 옮겨 공격하자, 성 안이 위험에 빠지고 개로왕이 도망하여 나갔다. 고구려 장수 재증걸루 등이 왕을 보고 …… 그 죄를 책망하며 포박하여 아차성 아래로 보내 죽였다. — 《삼국사기》 —

⑦ 고구려와 수의 전쟁

6세기 말~7세기 초에 들어선 중국의 통일 왕조인 수와 뒤이어 등장한 당이 팽창 정책을 펼쳤고, 이에 고구려와 충돌하게 되었어요. 수 문제와 수 양제는 대규모 군대를 이끌고 고구려를 침략하였어요. 그러자 고구려의 을지문덕이 살수에서 수의 대군을 물리쳤어요(살수 대첩).

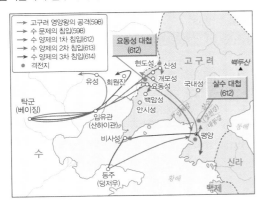

⑧ 고구려와 당의 전쟁

고구려는 당의 침입에 대비하여 천리장성을 축조하였어요. 이 과정에서 세력을 키운 연개소문은 정변을 일으켜 권력을 장악하였어요. 당 태종은 연개소문의 정변을 구실 삼아 대규모 군대를 이끌고 고구려를 침략하였어요. 고구려는 안시성에서 당의 대군을 물리쳤어요(안시성 전투).

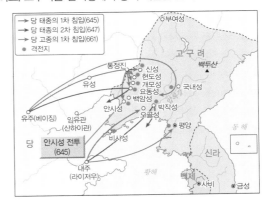

⑨ 고구려의 멸망과 부흥 운동

고구려는 나·당 연합군의 공격으로 평양성이 함락되면서 멸망하였어요(668). 이후 검모잠이 고구려의 왕족인 안승을 왕으로 추대하여 고구려 부흥 운동을 전개하였어요. 그러나 안승이 검모잠을 죽이는 등 부흥 운동을 이끌던 지도층이 분열하면서 실패하였어요. 안승은 신라로 망명하였고, 신라는 당을 견제하기 위해 금마저(익산)에 보덕국을 세우고 안승을 보덕국 왕으로 임명하였어요.

- 멸망: 계필하력이 먼저 군사를 이끌고 평양성 밖에 도착하였고, 이적의 군사가 뒤따라 와서 한 달이 넘도록 **평양을 포위하였다**. …… 남건은 성문을 닫고 항거하여 지켰다. …… 5일 뒤에 신성이 성문을 열었다. …… [보장]왕과 남건 등을 붙잡았다. — 《삼국사기》 —
- 부흥 운동: 검모잠이 국가를 다시 일으키기 위하여 당을 배반하고 왕의 외손 안순[안승]을 세워 임금으로 삼았다. …… 안순이 검모잠을 죽이고 신라로 달아났다. — 《삼국사기》 —

⑩ 가야 연맹

가야는 여러 개의 소국으로 이루어진 연맹 국가로, 수로왕이 건국하였다고 전해지는 김해의 금관가야가 전기 가야 연맹을 이끌었어요. 신라의 요청으로 고구려가 신라에 침입한 왜를 격퇴하는 과정에서 가야 연맹도 공격을 받아 금관가야의 세력이 약해졌고, 대가야로 중심지가 이동하면서 대가야가 후기 가야 연맹을 이끌었어요. 이후 금관가야는 신라 법흥왕 때 병합되었고, 대가야는 신라 진흥왕에게 복속당하면서 가야 연맹은 멸망하였어요.

▲ 가야 연맹의 주도 세력 변화

⑪ 금관가야의 유물

김해 대성동 고분군에서는 전기 가야 연맹을 주도한 금관가야의 토기와 철제 무기 및 갑옷 등 많은 유물이 출토되었어요.

▲ 김해 대성동 고분군

▲ 판갑옷

▲ 청동솥

⑫ 대가야의 유물

고령 지산동 고분군에서는 후기 가야 연맹을 주도한 대가야의 철제 갑옷과 금동관, 다양한 토기들이 출토되었어요.

▲ 고령 지산동 고분군

▲ 철제 갑옷과 투구

▲ 금동관

03강 고대(고구려, 가야)

1 62회 회독 ○○○

밑줄 그은 '왕'에 대한 설명으로 옳은 것은? [2점]

〈다큐멘터리 기획안〉

위기에 빠진 고구려를 구하라!

◆ 기획 의도

평양성 전투에서 전사한 고국원왕의 뒤를 이어 즉위한 <u>왕</u>의 위기 극복 노력을 살펴본다.

◆ 구성

1부 전진으로부터 불교를 수용하다.
2부 태학을 설립하여 인재를 양성하다.

① 평양으로 수도를 옮겼다.
② 병부와 상대등을 설치하였다.
③ 22담로에 왕족을 파견하였다.
④ 고흥에게 서기를 편찬하게 하였다.
⑤ 율령을 반포하여 통치 체제를 정비하였다.

📢 고구려 소수림왕의 정책

정답분석 고구려 소수림왕은 고구려의 위기 극복을 위해 전진에서 온 승려 순도를 통해 불교를 수용하였어요. 그리고 수도에 최고 교육 기관인 태학을 설립하여 귀족 자제들을 교육시켰어요.
⑤ 고구려 소수림왕은 율령을 반포하여 중앙 집권 체제를 강화하였어요.

오답분석 ① 고구려 장수왕은 평양으로 수도를 옮긴 후 본격적인 남진 정책을 추진하였어요.
② 신라 법흥왕은 군사 관련 업무를 담당하는 행정 기구인 병부를 설치하고 최고 관직으로 상대등을 설치하였어요.
③ 백제 무령왕은 지방에 둔 22담로에 왕족을 파견해 지방 통제를 강화하였어요.
④ 백제 근초고왕은 고흥에게 역사서인 《서기》를 편찬하게 하였어요.

정답 | ⑤

2 61회 회독 ○○○

다음 검색창에 들어갈 왕에 대한 설명으로 옳은 것은? [2점]

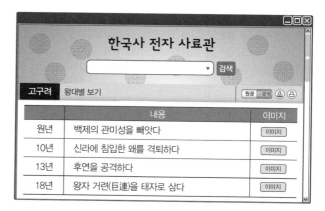

	내용	이미지
원년	백제의 관미성을 빼앗다	이미지
10년	신라에 침입한 왜를 격퇴하다	이미지
13년	후연을 공격하다	이미지
18년	왕자 거련(巨連)을 태자로 삼다	이미지

① 영락이라는 연호를 사용하였다.
② 태학을 설립하여 인재를 양성하였다.
③ 낙랑군을 축출하여 영토를 확장하였다.
④ 을파소를 등용하고 진대법을 시행하였다.
⑤ 당의 침입에 대비하여 천리장성을 축조하였다.

📢 고구려 광개토 태왕의 업적

정답분석 광개토 태왕은 신라 내물 마립간의 요청으로 군대를 보내 신라에 침입한 왜를 격퇴하고, 신라에 군대를 주둔시켰어요. 이로 인해 신라는 한동안 고구려의 정치적 간섭을 받았어요. 광개토 태왕은 후연을 격파하고 백제를 공격하여 영토를 넓혔어요.
① 광개토 태왕은 고구려의 높은 위상을 드러내기 위해 '영락'이라는 연호를 사용하였어요.

오답분석 ② 소수림왕은 최고 교육 기관으로 수도에 태학을 설립하여 인재를 양성하였어요.
③ 미천왕은 낙랑군을 축출하여 대동강 유역까지 영토를 확장하였어요.
④ 고국천왕은 을파소의 건의를 받아들여 빈민을 구제하기 위한 진대법을 시행하였어요.
⑤ 영류왕은 당의 침입에 대비하여 천리장성 축조를 시작하였어요. 천리장성 축조를 감독하며 세력을 키운 연개소문은 이후 정변을 일으켜 영류왕을 죽이고 보장왕을 왕위에 올린 뒤 스스로 대막리지가 되어 권력을 장악하였어요.

정답 | ①

3 70회   회독 ○○○○

다음 자료에 나타난 사건의 영향으로 가장 적절한 것은?

[3점]

> 왕이 문주에게 일러 말하기를, "내가 어리석고 밝지 못하여 간사한 사람[도림]의 말을 믿어 이 지경이 되었다. …… 나는 마땅히 사직에서 죽겠지만, 네가 이곳에서 함께 죽는 것은 이로울 게 없다. 어찌 난을 피하여 나라의 계통을 잇지 않겠는가?"라고 하였다. …… 고구려의 대로 제우·재증걸루·고이만년 등이 북성을 공격하여 7일 만에 빼앗았다. 이동하여 남성을 공격하니 성 안 사람들이 두려워하였다. 왕이 성을 나와 도망하자, 고구려 장수 재증걸루 등이 왕을 보고 말에서 내려 절한 다음에 그 얼굴을 향해 세 번 침을 뱉고는 죄를 나열한 다음 포박하여 아차성 아래로 보내 죽였다.

① 고구려가 평양으로 천도하였다.
② 동성왕이 나제 동맹을 강화하였다.
③ 고국원왕이 근초고왕의 공격을 받아 전사하였다.
④ 백제가 고구려를 견제하고자 북위에 국서를 보냈다.
⑤ 신라가 왜를 격퇴하기 위해 고구려에 군사를 청하였다.

📢 **고구려 장수왕의 정책**

정답분석   고구려 장수왕은 국내성에서 평양으로 천도한 후 본격적으로 남진 정책을 추진하여 백제와 신라를 압박하였어요. 그러자 백제 개로왕은 북위에 사신과 원병을 요청하는 국서를 보내 고구려의 공격을 막으려 하였으나 실패하였어요. 결국 백제는 475년에 고구려의 침입으로 수도 한성이 함락되고 개로왕은 살해당하였어요. 이후 백제는 문주왕 때 웅진(공주)으로 수도를 옮겼어요.
② 고구려 장수왕의 공격으로 백제의 수도 한성이 함락된 이후 백제는 웅진으로 천도하였고, 동성왕은 장수왕의 남진에 대항하고자 493년에 신라 이벌찬 비지의 딸과의 결혼을 통해 나·제 동맹을 강화하였어요.

오답분석   ① 427년에 고구려 장수왕은 수도를 국내성에서 평양으로 옮기고 본격적으로 남진 정책을 추진하였어요.
③ 371년에 백제 근초고왕은 고구려의 평양성을 공격하여 고국원왕을 전사시켰어요.
④ 472년에 백제 개로왕은 북위에 사신을 보내 고구려 공격을 요청하였지만 거절당하였어요.
⑤ 400년에 고구려 광개토 태왕은 신라 내물 마립간의 요청으로 군대를 보내 신라에 침입한 왜를 격퇴하고, 신라에 군대를 주둔시켰어요. 이로 인해 신라는 한동안 고구려의 정치적 간섭을 받았어요.

정답 | ②

4 59회   회독 ○○○○

(가) 인물에 대한 설명으로 옳은 것은?

[2점]

> 이 그림은 명 대 간행된 소설에 실린 「막리지비도대전」입니다. 그림에서 당 태종을 향해 위협적으로 칼을 날리고 있는 모습으로 묘사된 인물이 (가) 입니다.

> (가) 은/는 영류왕을 시해하고 대막리지가 되어 권력을 장악한 뒤, 당의 침략을 격퇴하였습니다. 이 그림을 통해 당시 중국인들이 그를 어떤 존재로 인식하고 있는지 엿볼 수 있습니다.

① 천리장성 축조를 감독하였다.
② 살수에서 수의 군대를 막아 냈다.
③ 등주를 선제공격하여 당군을 격파하였다.
④ 황산벌에서 계백이 이끄는 군대를 물리쳤다.
⑤ 안승을 왕으로 추대하고 부흥 운동을 전개하였다.

📢 **연개소문의 활동**

정답분석   연개소문은 고구려 말의 장군이자 관리예요. 연개소문은 642년에 정변을 일으켜 영류왕을 죽이고 보장왕을 세워 권력을 장악하였어요. 연개소문은 권력을 장악한 후 스스로 대막리지가 되어 고구려의 최고 권력자가 되었고, 신라와 당에 대해 강경한 입장을 취하였어요.
① 고구려의 연개소문은 당의 침입에 대비하는 천리장성 축조를 감독하였고, 이후 정변을 일으켜 권력을 장악하였어요.

오답분석   ② 고구려의 을지문덕은 살수에서 수의 군대를 막아 냈어요(살수 대첩, 612). 이후 수는 멸망하고 당이 건국되었어요.
③ 발해 무왕은 장문휴를 파견하여 등주를 선제공격해 당군을 격파하였어요.
④ 신라의 김유신은 황산벌에서 백제의 계백이 이끄는 결사대를 물리쳤고, 이후 백제는 멸망하였어요.
⑤ 고구려 멸망 이후 검모잠 등은 왕족 안승을 왕으로 추대하고 한성(황해 재령)을 근거지로 삼아 고구려 부흥 운동을 펼쳤어요.

정답 | ①

5 62회   회독 ●●●

(가) 나라에 대한 설명으로 옳은 것은?   [2점]

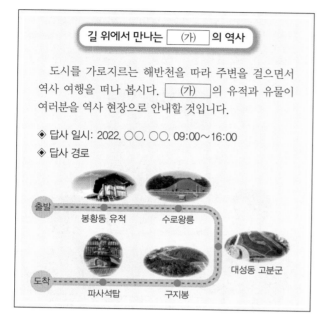

길 위에서 만나는 (가) 의 역사

도시를 가로지르는 해반천을 따라 주변을 걸으면서
역사 여행을 떠나 봅시다. (가) 의 유적과 유물이
여러분을 역사 현장으로 안내할 것입니다.

◈ 답사 일시: 2022. ○○. ○○. 09:00~16:00
◈ 답사 경로

출발 — 봉황동 유적 — 수로왕릉 — 대성동 고분군
도착 — 파사석탑 — 구지봉

① 덩이쇠를 화폐처럼 사용하였다.
② 한 무제의 공격으로 멸망하였다.
③ 혼인 풍속으로 민며느리제가 있었다.
④ 골품에 따라 관등 승진에 제한이 있었다.
⑤ 빈민을 구제하기 위해 진대법을 시행하였다.

📢 **금관가야**

정답분석 봉황동 유적, 수로왕릉, 대성동 고분군, 구지봉, 파사석탑은
모두 경상남도 김해에 있는 금관가야의 유적과 유물이에요. 수로왕릉은
금관가야의 시조인 수로왕의 무덤이고, 대성동 고분군은 금관가야의 대표
적인 유적이에요. 수로왕은 왕위에 오른 후 바다를 통해 아유타국에서 금
관가야로 건너온 허황옥을 왕비로 맞이하였는데, 파사석탑은 허황옥이 금
관가야로 올 때 배에 실어 왔다고 전해지는 탑이에요.
① 금관가야는 철 생산량이 많아 덩이쇠를 화폐처럼 사용하였어요.

오답분석 ② 고조선은 우거왕 때 한 무제의 공격을 받아 멸망하였어요.
③ 옥저에는 민며느리제라는 혼인 풍속이 있었어요.
④ 신라는 골품제라는 엄격한 신분 제도가 있어 골품에 따라 관등 승진과
집의 크기 등 일상생활까지 제한을 받았어요.
⑤ 고구려 고국천왕은 을파소의 건의를 받아들여 빈민을 구제하기 위한
진대법을 시행하였어요.

정답 | ①

6 58회   회독 ●●●

(가) 나라에 대한 탐구 활동으로 가장 적절한 것은?   [3점]

진흥왕이 이찬 이사부에게 명령하여 (가) 을/를 공격
하게 하였다. 이때 사다함은 나이가 15~16세였는데 종군하기
를 청하였다. …… (가) 사람들이 뜻하지 않은 병사들의
습격에 놀라 막아 내지 못하였고, 대군이 승세를 타서 마침내
멸망시켰다.

① 안동도호부가 설치된 경위를 찾아본다.
② 22담로에 왕족이 파견된 목적을 알아본다.
③ 중앙 관제가 3성 6부로 정비된 계기를 파악한다.
④ 최고 지배자의 호칭인 이사금의 의미를 검색한다.
⑤ 고령 지역이 연맹의 중심지로 성장하는 과정을 조사한다.

📢 **대가야**

정답분석 금관가야의 쇠퇴 이후 후기 가야 연맹의 맹주국이었던 대가
야는 백제와 신라의 견제로 점차 세력이 약화되다가 결국 신라 진흥왕에
의해 멸망하였어요. 신라의 화랑이었던 사다함은 대가야 정복 전쟁에 참
가하여 큰 공을 세웠어요.
⑤ 고구려 광개토 태왕의 공격으로 김해의 금관가야가 약화되자, 고령의
대가야가 가야 연맹의 주도 세력으로 성장하여 후기 가야 연맹을 이끌었
어요.

오답분석 ① 당은 신라와 함께 백제, 고구려를 멸망시킨 후 옛 백제 땅
에 웅진도독부, 옛 고구려 땅에 안동도호부, 신라 땅에 계림도독부를 설치
하여 한반도 전체를 차지하려는 야욕을 드러냈어요.
② 백제 무령왕은 22담로에 왕족을 파견하여 지방에 대한 통제력을 강화
하고자 하였어요.
③ 발해 문왕은 당과 친선 관계를 맺고 당의 제도를 수용하여 3성 6부로
중앙 관제를 정비하였는데, 그 명칭과 운영에서 독자성을 유지하였어요.
④ 이사금은 신라 초기 최고 지배자의 호칭으로, 제3대 유리 이사금부터
제16대 흘해 이사금까지 사용되었어요. 이사금은 '연장자'라는 의미예요.

정답 | ⑤

고대(고구려, 가야)

고구려의 성장과 멸망

01 태조왕 때 ○저를 정복하고 동해안으로 진출하였다.

02 고국천왕은 빈민을 구제하기 위해 ○○법을 실시하였다.

03 동천왕 때 관구검이 이끄는 ○의 군대가 고구려를 침략하였다.

04 미천왕 때 낙○군과 대방군을 축출하여 영토를 확장하였다.

05 고○○왕이 백제 근초고왕의 평양성 공격으로 전사하였다.

06 소수림왕은 ○학을 설립하고, 율○을 발표하였다.

07 광개토 태왕이 군대를 보내 ○라에 침입한 왜를 격퇴하였다.

08 장수왕은 국내성에서 ○○으로 천도하고 남진 정책을 본격화하였다.

09 을지문덕이 이끄는 고구려군이 ○의 군대를 살수에서 물리쳤다.

10 영류왕 때 연○○○이 정변을 일으켜 권력을 장악하였다.

11 고구려는 당 태종이 침입하자 안○○에서 당의 군대를 물리쳤다.

12 고구려의 검모잠은 ○승을 왕으로 하여 고구려 부흥 운동을 전개하였다.

13 고구려 멸망 후 안승이 신라에 의해 ○○국왕으로 임명되었다.

가야의 성립과 멸망

14 금관가야는 ○이 풍부하여 덩이쇠를 화폐처럼 사용하였다.

15 금관가야는 낙랑과 왜를 연결하는 ○○무역으로 번성하였다.

16 고구려 광개토 태왕의 침략을 받아 가야 연맹의 중심지가 ○가야로 이동하였다.

17 신라 ○○왕 때 금관가야가 멸망하였다.

18 신라 ○○왕 때 대가야가 멸망하였다.

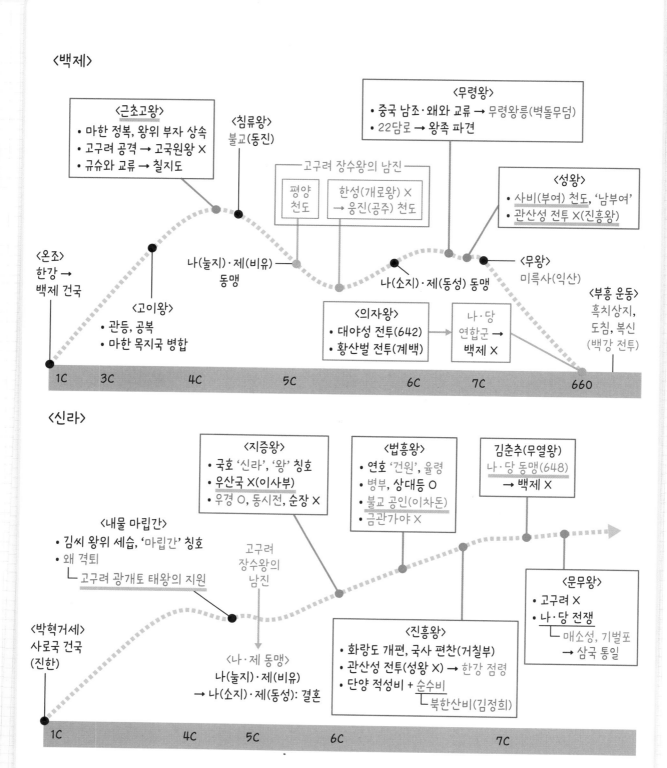

〈백제〉

〈근초고왕〉
• 마한 정복, 왕위 부자 상속
• 고구려 공격 → 고국원왕 X
• 규슈와 교류 → 칠지도

〈침류왕〉
불교(동진)

〈무령왕〉
• 중국 남조·왜와 교류 → 무령왕릉(벽돌무덤)
• 22담로 → 왕족 파견

고구려 장수왕의 남진
평양 천도 │ 한성(개로왕) X → 웅진(공주) 천도

〈성왕〉
• 사비(부여) 천도, '남부여'
• 관산성 전투 X(진흥왕)

〈온조〉
한강 → 백제 건국

〈고이왕〉
• 관등, 공복
• 마한 목지국 병합

나(눌지)·제(비유) 동맹

나(소지)·제(동성) 동맹

〈무왕〉
미륵사(익산)

〈의자왕〉
• 대야성 전투(642)
• 황산벌 전투(계백)

나·당 연합군 → 백제 X

〈부흥 운동〉
흑치상지, 도침, 복신 (백강 전투)

1C 3C 4C 5C 6C 7C 660

〈신라〉

〈지증왕〉
• 국호 '신라', '왕' 칭호
• 우산국 X(이사부)
• 우경 O, 동시전, 순장 X

〈법흥왕〉
• 연호 '건원', 율령
• 병부, 상대등 O
• 불교 공인(이차돈)
• 금관가야 X

김춘추(무열왕)
나·당 동맹(648) → 백제 X

〈내물 마립간〉
• 김씨 왕위 세습, '마립간' 칭호
• 왜 격퇴
  └ 고구려 광개토 태왕의 지원

고구려 장수왕의 남진

〈문무왕〉
• 고구려 X
• 나·당 전쟁
  └ 매소성, 기벌포
    → 삼국 통일

〈박혁거세〉
사로국 건국 (진한)

〈나·제 동맹〉
나(눌지)·제(비유) → 나(소지)·제(동성): 결혼

〈진흥왕〉
• 화랑도 개편, 국사 편찬(거칠부)
• 관산성 전투(성왕 X) → 한강 점령
• 단양 적성비 + 순수비
  └ 북한산비(김정희)

1C 4C 5C 6C 7C

04강 고대(백제, 신라)

✎ **나 · 제 동맹**

신라의 '라', 백제의 '제'를 따서 나 · 제 동맹이라고 해요. 신라와 백제는 고구려의 남진 정책에 맞서기 위해 동맹을 맺었어요.

✎ **지석**

무덤을 만들 때 죽은 사람의 이름, 생일, 죽은 날과 같은 개인 정보를 기록하여 함께 묻은 판석이에요. 무령왕릉에서는 무덤의 주인이 무령왕임을 나타내는 지석이 발견되었어요.

✎ **신라의 왕호 변천 과정**

왕호	의미
거서간	왕, 귀인
차차웅	무당
이사금	연장자
마립간	우두머리
왕	–

✎ **단양 신라 적성비**

충청북도 단양에 있는 신라의 비석이에요. 진흥왕 때 여러 명의 신라 장군이 전쟁에 나가 당시 고구려 지역이었던 남한강 상류 지역인 단양의 적성을 공격하여 차지하자 왕이 그 공훈을 기리고, 적성 지역의 백성들을 위로하려고 세웠어요.

❶ 백제의 성장과 멸망

(1) 백제의 성립 및 전성기(4세기)

성립	건국(기원전 18)	온조가 한강 유역의 토착 세력 및 고구려 계통의 유이민 세력과 힘을 합쳐 위례성에서 건국 → 증거: 서울 석촌동 고분이 고구려 초기 고분 양식과 유사한 돌무지무덤
	고이왕(234~286)	관등제 정비(6좌평을 비롯한 16관등제), 공복 제정, 마한의 목지국 병합
전성기 (4세기)	근초고왕(346~375)	• 왕위의 부자 상속 확립 → 왕권 강화, 마한 정복(남해안 진출) • 고구려의 평양성 공격(고국원왕 전사, 황해도 일대 차지) • 중국 남조의 동진과 교류, 일본의 규슈 지방과 교류(칠지도)
	침류왕(384~385)	중국 동진에서 온 마라난타를 통해 불교 수용(384)

(2) 백제의 중흥 노력

한성 시기	비유왕(427~455)	고구려 장수왕의 남진 정책에 맞서 나 · 제 동맹(신라 눌지 마립간) 체결
	개로왕(455~475)	북위에 국서를 보내 고구려 견제, 장수왕의 침략으로 한성 함락 및 개로왕 사망 → 문주왕이 웅진(공주)으로 천도
웅진 시기	동성왕(479~501)	신라와 결혼 동맹 체결(신라 소지 마립간 때 이벌찬 비지의 딸과 혼인, 493) → 나 · 제 동맹 강화
	무령왕(501~523)	• 무령왕릉(지석 발견): 중국 남조 및 왜와 교류하였음을 짐작 • 전국의 22담로에 왕족 파견 → 지방 통제 강화
사비 시기	성왕(523~554)	• 사비(부여) 천도, 국호를 '남부여'로 변경 • 중앙 관청을 22부로 확대, 중앙과 지방 통치 제도 정비(5부 5방) • 신라 진흥왕과 연합하여 한강 하류 일시적 회복 → 신라 진흥왕에게 한강 유역을 빼앗김 → 신라 공격 → 관산성 전투에서 전사
	무왕(600~641)	백제 부흥 노력 → 금마저(익산)에 미륵사 건립(서동요 설화)
	의자왕(641~660)	신라를 공격하여 40여 개의 성 함락 → 윤충을 보내 대야성 함락

(3) 백제의 멸망

멸망	나 · 당 동맹(648)으로 구성된 나 · 당 연합군의 공격 → 계백의 항전(황산벌 전투 패배) → 사비성 함락 → 백제 멸망(660)
부흥 운동	• 복신 · 도침(주류성)이 왕자 부여풍을 왕으로 추대, 흑치상지(임존성)가 부흥 운동 전개 • 백제 부흥군을 지원하기 위해 왜가 군대 파견 → 백강 전투 패배(663)

❷ 신라의 성립과 발전

(1) 신라의 성립

건국	• 진한의 사로국에서 출발 → 박혁거세가 경주 지역의 토착 세력 및 유이민 세력과 힘을 합쳐 건국(기원전 57) • 초기에는 박 · 석 · 김의 세 성씨가 교대로 이사금(왕)에 선출 → 왕권 미약
내물 마립간	진한 차지(낙동강 유역 확보), 김씨의 독점적 왕위 세습 확립, 마립간(대군장) 칭호 사용, 왜가 침입하자 고구려에 지원 요청(광개토 태왕의 도움으로 왜 격퇴)
5세기	눌지 마립간 때 → 나 · 제 동맹 결성, 소지 마립간 때 → 나 · 제 동맹 강화(결혼 동맹)

(2) 신라의 전성기(6세기)

지증왕 (500~514)	• 국호를 '신라', 왕호를 '왕'으로 변경 • 지방을 주·군으로 나누고 관리 파견 • 이사부가 우산국(울릉도) 정복(512) • 우경 장려, 순장 금지(노동력 확보) • 수도에 동시(시장)와 동시전(감독 기관) 설치
법흥왕 (514~540)	• 연호 '건원' 사용, 율령 반포 • 관등제 정비(17관등제), 관리의 공복 제정 • 병부와 상대등 설치, 골품제 정비 • 불교 공인(계기: 이차돈의 순교, 527) • 금관가야 병합(532)
진흥왕 (540~576)	• 화랑도를 국가적인 조직으로 개편 • 불교 진흥: 황룡사 건립, 불교 집회 개최 • 역사서 《국사》 편찬(거칠부) • 한강 유역 점령: 백제 성왕과 연합하여 한강 상류 점령 → 백제로부터 한강 하류 지역까지 차지 → 백제와의 관산성 전투에서 승리(성왕 전사) • 대가야 정복(562) → 낙동강 유역 점령 • 동해안을 따라 함흥평야까지 진출 • 영토 확장 기념비 건립: 단양 신라 적성비, 4개의 순수비(북한산 순수비, 창녕 척경비, 황초령 순수비, 마운령 순수비)

(3) 신라의 삼국 통일

나·당 동맹	백제 의자왕의 공격으로 신라 위기 → 신라가 고구려에 김춘추를 보내 동맹을 시도하였으나 실패 → 김춘추가 당으로 가서 나·당 동맹 체결(648)
백제·고구려의 멸망	• 나·당 연합군의 백제 공격 → 사비성 함락 → 백제 멸망(660) • 나·당 연합군의 고구려 공격 → 평양성 함락 → 고구려 멸망(668)
나·당 전쟁	• 당의 한반도 지배 야욕: 백제와 고구려가 멸망한 이후 당이 웅진도독부(옛 백제 땅), 안동도호부(옛 고구려 땅), 계림도독부(신라 땅) 설치 • 신라의 대응: 고구려 부흥 운동 지원, 매소성 전투(675)와 기벌포 전투(676)에서 당군 격퇴 → 삼국 통일(676, 문무왕)

1. 다음 설명에 해당하는 백제 왕을 골라 쓰세요.

> 고이왕, 근초고왕, 침류왕, 무령왕, 성왕, 무왕, 의자왕

(1) 익산에 미륵사를 창건하였다. ( )

(2) 윤충을 보내 대야성을 함락하였다. ( )

(3) 지방의 22담로에 왕족을 파견하였다. ( )

(4) 사비로 천도하고 국호를 남부여로 고쳤다. ( )

(5) 평양성을 공격하여 고국원왕을 전사시켰다. ( )

(6) 진흥왕과 연합하여 한강 하류 지역을 되찾았다. ( )

(7) 동진에서 온 마라난타를 통해 불교를 수용하였다. ( )

(8) 내신 좌평, 위사 좌평 등 6좌평의 관제를 마련하였다. ( )

2. 다음 사실들을 순서대로 나열하세요.

> (가) 문주왕이 웅진으로 천도하였다.
> (나) 동성왕이 나·제 동맹을 강화하였다.
> (다) 성왕이 한강 하류 지역을 수복하였다.
> (라) 개로왕이 고구려를 견제하고자 북위에 국서를 보냈다.

( )

3. 다음 설명에 해당하는 신라 왕을 골라 쓰세요.

> 내물 마립간, 지증왕, 법흥왕, 진흥왕

(1) 화랑도를 국가 조직으로 개편하였다. ( )

(2) 관산성 전투에서 성왕을 전사시켰다. ( )

(3) 이사부를 보내 우산국을 복속시켰다. ( )

(4) 고구려의 도움으로 왜를 격퇴하였다. ( )

(5) 대가야를 정복하여 영토를 확장하였다. ( )

(6) 거칠부에게 국사를 편찬하도록 하였다. ( )

(7) 건원이라는 독자적인 연호를 사용하였다. ( )

(8) 이차돈의 순교를 계기로 불교를 공인하였다. ( )

(9) 국호를 신라로 정하고 왕이라는 칭호를 사용하였다. ( )

4. 신라의 삼국 통일 과정을 순서대로 나열하세요.

> (가) 안승이 보덕국의 왕으로 임명되었다.
> (나) 신라가 당과 군사 동맹을 체결하였다.
> (다) 신라군이 기벌포에서 적군을 격퇴하였다.
> (라) 신라와 당의 연합군이 백강에서 왜군을 물리쳤다.

( )

1. (1) 무왕 (2) 의자왕 (3) 무령왕 (4) 성왕 (5) 근초고왕 (6) 성왕 (7) 침류왕 (8) 고이왕 2. (라) - (가) - (나) - (다) 3. (1) 진흥왕 (2) 진흥왕 (3) 지증왕 (4) 내물 마립간 (5) 진흥왕 (6) 진흥왕 (7) 법흥왕 (8) 법흥왕 (9) 지증왕 4. (나) - (라) - (가) - (다)

04강 고대(백제, 신라)

1 근초고왕과 백제의 전성기(4세기)

백제는 4세기 근초고왕 때 전성기를 이루었어요. 근초고왕은 마한을 정복하였고, 고구려를 공격하여 황해도 일대까지 영토를 확장하였어요. 이 과정에서 근초고왕의 고구려 평양성 공격으로 고국원왕이 전사하였어요. 또한 중국 남조의 동진 및 일본의 규슈 지방과 교류하였어요(칠지도).

고구려가 군사를 동원하여 공격해 왔다. 왕이 이를 듣고 패하(浿河) 강가에 군사를 매복시키고 그들이 오기를 기다려 급히 치니 고구려 군사가 패하였다. 그해 겨울, 왕이 태자와 함께 정병 3만 명을 거느리고 고구려에 침입하여 평양성을 공격하였다. 고구려왕 사유가 힘을 다해 싸우다가 화살에 맞아 사망하였다.
　　　　　　　　　　　- 《삼국사기》 -

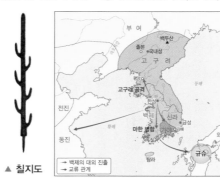

▲ 칠지도

2 백제의 수도 변천

백제는 고구려 장수왕에게 한성을 빼앗기면서 문주왕 때 웅진(공주)으로 수도를 옮겼어요. 이후 성왕 때 백제 부흥을 위하여 사비(부여)로 수도를 옮기고 국호를 '남부여'로 고쳤어요.

3 백제 개로왕이 북위에 보낸 국서

백제 개로왕은 고구려 장수왕의 공격에 대비하기 위해 북위에 지원군을 요청하는 국서를 보냈으나 실패하였어요. 결국 고구려의 공격으로 수도 한성이 함락되고 개로왕은 사망하였어요(475). 이후 백제는 문주왕이 즉위하여 웅진(공주)으로 수도를 옮겼어요.

왕(개로왕)이 북위에 사신을 보내 말하였다. "우리나라는 고구려와 더불어 근원이 부여에서 나왔다. 전에는 고구려가 옛 우의를 굳게 지키더니, 점차 …… 백제를 압박하고 외교를 방해하였다. 이로 인해 위례성이 함락될 위험에 처하였다.
　　　　　　　　　　　- 《삼국사기》 -

4 백제 성왕과 관산성 전투

백제 성왕은 신라 진흥왕과 연합하여 고구려로부터 한강 하류 지역을 되찾았지만, 신라 진흥왕의 공격을 받아 이 지역을 다시 신라에 빼앗겼어요. 이에 성왕은 대가야, 왜와 연합하여 신라를 공격하였어요. 하지만 백제는 관산성 전투에서 신라에 패하였고, 성왕은 전사하였어요.

왕이 신라를 습격하기 위하여 친히 보병과 기병 50명을 거느리고 밤에 구천(충청북도 옥천 부근)에 이르렀다. 신라의 복병이 나타나 싸우다가 왕이 난병들에게 살해되었다. 시호를 성(聖)이라 하였다.
　　　　　　　　　　　- 《삼국사기》 -

5 백제의 멸망

백제의 마지막 왕인 의자왕은 신라를 공격하여 40여 개의 성을 함락하고, 윤충을 보내 전략적으로 중요 지역인 대야성을 빼앗는 등 백제 부흥을 위해 노력하였어요. 나·당 연합군이 백제를 공격하자 의자왕은 계백이 이끄는 결사대를 보내 항전하였지만 패하였고(황산벌 전투), 이후 사비성이 함락되면서 백제는 멸망하였어요.

- 왕이 장군 윤충을 보내 군사 1만 명을 거느리고 신라의 대야성을 공격하게 하였다. 성주 품석이 처자를 데리고 나와 항복하자 윤충이 그들을 모두 죽이고 품석의 목을 베어 왕도(王都)에 보냈다. 남녀 1천여 명을 사로잡아 서쪽 지방의 주·현에 나누어 살게 하고 군사를 남겨 그 성을 지키게 하였다.
　　　　　　　　　　　- 《삼국사기》 -
- 왕은 당과 신라 군사들이 이미 백강과 탄현을 지났다는 소식을 듣고 장군 계백을 시켜 결사대 5천 명을 거느리고 황산으로 가서 신라 군사와 싸우게 하였다. 네 번 싸워서 모두 이겼으나 군사가 적고 힘이 모자라서 마침내 패하고 계백이 사망하였다.
　　　　　　　　　　　- 《삼국사기》 -

6 백제 부흥 운동

흑치상지는 임존성을 중심으로 부흥 운동을 전개하였고, 복신과 도침은 주류성에서 의자왕의 아들 부여풍을 왕으로 추대하여 부흥 운동을 전개하였어요. 그러나 지도층이 분열하면서 대립하였고, 백제 부흥군을 돕기 위해 온 왜의 수군과 백제 부흥군이 백강 전투에서 나·당 연합군에 패하면서 백제 부흥 운동은 실패하였어요.

- 소정방이 백제를 평정하자 흑치상지는 휘하의 무리를 이끌고 항복하였다. 소정방이 연로한 왕을 가두고 병사를 풀어 가혹하게 약탈하자, 이를 두려워한 흑치상지는 추장 10여 인과 함께 도망하여 임존산을 거점으로 반란을 일으켰다.
　　　　　　　　　　　- 《삼국사기》 -
- 손인사, 유인원과 신라왕 김법민은 육군을 거느려 나아가고, 유인궤와 별수(別帥) 두상과 부여 융은 수군과 군량을 실은 배를 거느리고 웅진강에서 백강으로 가서 육군과 합세하여 주류성으로 갔다. 백강 어귀에서 왜국 군사를 만나 네 번 싸워서 모두 이기고 그들의 배 4백 척을 불사르니 연기와 불꽃이 하늘로 오르고 바닷물은 붉은 빛을 띠었다.
　　　　　　　　　　　- 《삼국사기》 -

7 신라 지증왕의 정책

신라 지증왕은 국호를 '신라'로, 왕호를 마립간에서 '왕'으로 바꾸었어요. 또한 우경을 장려하고 시장을 감독하는 관청인 동시전을 설치하였으며, 이사부를 보내 우산국(울릉도)을 정벌하였어요.

- 여러 신하들이 아뢰기를 "…… **신(新)은 '덕업이 날로 새로워진다'는 뜻이고, 라(羅)는 '사방(四方)을 망라한다'는 뜻이므로** 이를 나라 이름으로 삼는 것이 마땅하다고 여겨집니다. 또 살펴보건대 옛날부터 국가를 가진 이는 모두 제(帝)나 왕(王)을 칭하였는데, …… 이제 여러 신하들이 한 마음으로 삼가 **신라국왕(新羅國王)이라는 칭호**를 올립니다."라고 하였다. 왕이 이를 따랐다.
- **우산국이 항복**하여 해마다 토산물을 바쳤다. 우산국은 명주의 정동 쪽 바다에 있는 섬으로 울릉도라고도 하였다. – 《삼국사기》 –

8 신라 법흥왕의 정책

신라 법흥왕은 병부를 설치하고 율령을 반포하는 등 체제 정비를 위해 노력하였어요. 또한, 상대등을 설치하여 국정을 총괄하도록 하였고, '건원'이라는 연호를 사용하였어요.

- 정월에 **율령을 반포**하고, 처음으로 관리들의 **공복(公服)을 제정**하였다. 붉은 빛과 자주 빛으로 등급을 표시하였다.
- 4월에 이찬 철부를 **상대등**으로 삼아 나라의 일을 총괄하게 하였다. 상대등의 관직은 이때 처음 생겼는데, 지금의 재상과 같다.
- 여름에 처음으로 **병부를 설치**하였다.
- 처음으로 연호를 정하여 **건원**이라 하였다. – 《삼국사기》 –

9 신라의 불교 공인

신라는 법흥왕 때 귀족들의 반대로 불교를 공인하지 못하다가, 이차돈의 순교를 계기로 불교를 공인하였어요(527). 이차돈 순교비에는 이차돈이 순교하던 때의 모습이 새겨져 있어요.

이차돈이 아뢰기를, "바라건대 신의 목을 베어 여러 사람들의 논의를 진정시키십시오."라고 하였다. …… 이차돈의 목을 베자 잘린 곳에서 피가 솟구쳤는데, 그 색이 우윳빛처럼 희었다. 여러 사람들이 괴이하게 여겨 다시는 불교를 헐뜯지 않았다. – 《삼국사기》 –

▲ 이차돈 순교비

10 신라 진흥왕의 화랑도 정비

화랑도는 신라에 있었던 청소년 수양 단체로, 신라 진흥왕은 화랑도를 국가적인 조직으로 정비하여 인재를 양성하였어요. 화랑도는 원광의 세속 5계를 행동 규범으로 삼았어요.

(귀산 등이 이르자) **원광 법사**가 말하기를 "지금 **세속 5계**가 있으니, 첫째는 임금을 충성으로 섬기는 것이요, 둘째는 부모를 효성으로 섬기는 것이요, 셋째는 벗을 신의로 사귀는 것이요, 넷째는 전쟁에 임하여 물러서지 않는 것이요, 다섯째는 살아있는 것을 죽일 때는 가려서 죽여야 한다는 것이니, 그대들은 이를 실행함에 소홀히 하지 말라."라고 하였다. – 《삼국사기》 –

11 신라의 전성기(6세기)

6세기 신라는 지증왕, 법흥왕을 거치면서 크게 발전하였고, 진흥왕 때 한강 유역을 완전 장악하면서 삼국 통일의 기틀을 마련하였어요. 진흥왕은 고령의 대가야를 정복하였고, 동해안을 따라 함흥평야까지 진출하였어요. 진흥왕은 이러한 영토 확장을 기념하고 대내외에 알리기 위하여 단양 신라 적성비와 4개의 순수비를 세웠어요.

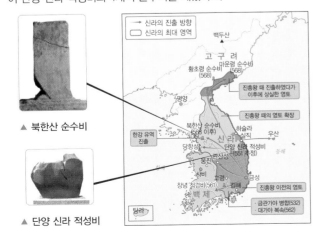
▲ 북한산 순수비
▲ 단양 신라 적성비

12 나·당 동맹과 나·당 전쟁

신라는 백제 의자왕의 공격으로 위기를 맞자 김춘추를 고구려에 보내 동맹을 시도하였으나 실패하였고, 이후 김춘추를 당으로 보내 동맹을 맺었어요(648). 신라와 함께 백제와 고구려를 차례로 멸망시킨 당은 한반도 전체를 지배하려고 하였고, 이에 신라는 백제 및 고구려 유민과 힘을 합쳐 당과 전쟁을 벌였어요. 신라는 매소성 전투와 기벌포 전투에서 당을 격파하고 삼국 통일을 완성하였어요.

- **나·당 동맹**: 김춘추가 무릎을 꿇고 아뢰기를, "…… **만약 폐하께서 당의 군사를 빌려주어** 흉악한 무리를 잘라 없애지 않는다면 저희 백성은 모두 포로가 될 것이며, 산 넘고 바다 건너 행하는 조회도 다시는 바랄 수 없을 것입니다."라고 하였다. **태종이 매우 옳다고 여겨서 군사의 출동을 허락하였다.** – 《삼국사기》 –
- **나·당 전쟁**: 사찬 시득이 수군을 거느리고 소부리주 **기벌포**에서 설인귀와 싸웠는데 연이어 패배하였다. 그러나 이후 크고 작은 22번의 싸움에서 승리하여 4천여 명을 죽였다. – 《삼국사기》 –

04강 고대(백제, 신라)

1 57회

회독 ○○○

(가) 왕의 업적으로 옳은 것은? [2점]

이 동상은 여러 번 고구려를 격파하여 다시 강국이 되었다는 내용의 국서를 양나라에 보내는 (가) 의 모습을 형상화한 것입니다. 또한 동상 앞 석상은 중국 남조의 영향을 받아 벽돌로 축조한 (가) 의 무덤에서 출토된 진묘수 모형입니다.

① 익산에 미륵사를 창건하였다.
② 사비로 천도하고 국호를 남부여로 고쳤다.
③ 지방에 22담로를 두어 왕족을 파견하였다.
④ 평양성을 공격하여 고국원왕을 전사시켰다.
⑤ 동진에서 온 마라난타를 통해 불교를 수용하였다.

2 67회

회독 ○○○

다음 자료에 해당하는 왕에 대한 설명으로 옳은 것은? [1점]

백제 제26대 왕 명농, 지혜와 식견이 뛰어나고 결단력이 있었다.

1/3

웅진에서 사비로 도읍을 옮기고 백제의 중흥을 꾀했다.

2/3

구천(관산성 부근)에서 신라의 복병에게 목숨을 잃었다.

3/3

① 국호를 남부여로 개칭하였다.
② 금마저에 미륵사를 창건하였다.
③ 고흥에게 서기를 편찬하게 하였다.
④ 윤충을 보내 대야성을 함락하였다.
⑤ 동진에서 온 마라난타를 통해 불교를 수용하였다.

📢 백제 무령왕의 업적

정답분석 백제 무령왕은 정치적 안정과 귀족 세력 견제를 위해 22담로에 왕족을 파견함과 동시에 중국 남조의 양과 활발히 교류하여 대외 관계의 안정을 꾀하였어요. 무령왕릉은 중국 남조의 영향을 받아 벽돌로 축조한 벽돌무덤 양식이에요.
③ 무령왕은 22담로에 왕족을 파견하여 지방에 대한 통제력을 강화하였어요.

오답분석 ① 무왕은 익산에 미륵사를 창건하였어요.
② 성왕은 백제의 중흥을 위해 수도를 웅진에서 사비로 옮기고, 국호를 '남부여'로 고쳤어요.
④ 근초고왕은 평양성을 공격하여 고구려 고국원왕을 전사시켰어요.
⑤ 침류왕은 동진의 마라난타를 통해 불교를 수용하였어요.

정답 | ③

📢 백제 성왕의 정책

정답분석 백제 성왕은 웅진(공주)에서 사비(부여)로 천도하고 국호를 일시적으로 '남부여'로 고쳤어요. 또한, 중앙 관청을 22부로 정비하고 수도를 5부, 지방을 5방으로 재편하는 등 백제의 중흥을 위해 노력하였어요. 한편, 성왕은 6세기 중반에 신라 진흥왕과 연합하여 고구려를 공격해 한강 유역을 되찾았으나 곧이어 신라군의 기습 공격을 받아 한강 유역을 다시 빼앗겼어요. 이에 분노한 성왕은 신라 공격에 나섰다가 관산성 전투에서 전사하였어요.
① 성왕은 수도를 웅진에서 사비로 옮기고, 부여 계승 의식을 내세우며 국호를 '남부여'로 고쳤어요.

오답분석 ② 무왕은 오늘날 익산 지역인 금마저에 미륵사를 창건하였어요.
③ 근초고왕은 고흥에게 역사서인 《서기》를 편찬하게 하였어요.
④ 의자왕은 윤충을 보내 신라의 대야성을 공격하였어요. 대야성 전투는 신라에 큰 타격을 주었고, 신라에서 김춘추를 보내 당과 동맹을 체결하는 계기가 되었어요.
⑤ 침류왕은 동진의 마라난타를 통해 불교를 수용하였어요.

정답 | ①

3 62회 　　　　　　　　　 회독 ○○○

(가), (나) 사이의 시기에 있었던 사실로 옳은 것은? [3점]

(가) 왕은 당과 신라 군사들이 이미 백강과 탄현을 지났다는 소식을 듣고 장군 계백을 시켜 결사대 5천 명을 거느리고 황산으로 가서 신라 군사와 싸우게 하였다. 네 번 싸워서 모두 이겼으나 군사가 적고 힘이 모자라서 마침내 패하고 계백이 사망하였다.

(나) 검모잠이 국가를 부흥하려고 하여 당을 배반하고 왕의 외손 안승을 세워 왕으로 삼았다. 당 고종이 대장군 고간을 보내 동주도 행군총관으로 삼고 병력을 내어 그들을 토벌하게 하니 안승이 검모잠을 죽이고 신라로 달아났다.

① 당이 안동도호부를 요동으로 옮겼다.
② 성왕이 관산성 전투에서 전사하였다.
③ 신라군이 기벌포에서 당군을 격파하였다.
④ 김춘추가 당과의 군사 동맹을 성사시켰다.
⑤ 복신과 도침이 부여풍을 왕으로 추대하였다.

📢 **삼국 통일 과정**

정답분석 (가) 660년 백제의 계백이 이끄는 결사대는 김유신이 이끄는 신라군에 맞서 황산벌에서 항전을 벌였으나 패하였어요(황산벌 전투). 이어 사비성이 함락되어 백제는 멸망하였어요.
(나) 668년 고구려 멸망 이후 검모잠, 고연무 등이 고구려 부흥 운동을 전개하였어요. 검모잠은 고구려 왕족 안승을 세워 왕으로 삼고 고구려 부흥을 꾀하였어요. 그러나 안승은 검모잠과 대립하였고, 결국 검모잠을 죽이고 신라에 귀순하였어요. 신라는 고구려 멸망 이후 한반도 전체를 차지하려고 하는 당 세력을 몰아내기 위해 신라에 귀순한 안승을 금마저(익산)에 머물게 하고 보덕국의 왕으로 임명하였어요.
따라서, 황산벌 전투와 고구려 부흥 운동 사이의 시기에 일어난 사실을 골라야 해요.
⑤ 백제 멸망 이후 복신과 도침은 왜에 있던 왕자 부여풍을 왕으로 추대하고 주류성을 거점으로 백제 부흥 운동을 전개하였어요.

오답분석 ① 당은 신라와의 전투(나·당 전쟁)에서 패하자 676년 평양에 설치하였던 안동도호부를 요동으로 옮겼어요. (나) 이후에 해당해요.
② 백제 성왕은 신라 진흥왕에게 한강 하류 지역을 빼앗긴 후 554년 관산성 전투에서 전사하였어요. (가) 이전에 해당해요.
③ 백제와 고구려 멸망 이후 당이 한반도 전체를 차지하려고 하자 당과의 전쟁에 나선 신라는 매소성 전투(675)와 기벌포 전투(676)에서 크게 승리하여 당 세력을 축출하였어요. (나) 이후에 해당해요.
④ 신라는 김춘추를 보내 고구려와 동맹을 시도하였다가 실패한 후 648년 당과 군사 동맹을 체결하고 백제와 고구려 공격에 나섰어요. (가) 이전에 해당해요.

정답 | ⑤

---

4 49회 　　　　　　　　　 회독 ○○○

밑줄 그은 '왕'의 업적으로 옳은 것은? [3점]

① 관료전을 지급하고 녹읍을 폐지하였다.
② 건원이라는 독자적인 연호를 제정하였다.
③ 지방에 22담로를 두어 왕족을 파견하였다.
④ 독서삼품과를 시행하여 인재를 등용하였다.
⑤ 자장의 건의로 황룡사 구층 목탑을 건립하였다.

📢 **신라 법흥왕의 업적**

정답분석 신라 법흥왕은 병부를 설치하고 율령을 반포하는 등 국가 통치의 기틀을 마련하였어요. 또한, 고구려 광개토 태왕의 공격을 받고 세력이 약화된 금관가야를 병합하여 영토를 확장하였어요.
② 신라 법흥왕은 관등제를 정비하고 '건원'이라는 독자적인 연호를 제정하였어요.

오답분석 ① 신라 신문왕은 귀족 세력을 견제하기 위해 관료전을 지급하고 녹읍을 폐지하였어요.
③ 백제 무령왕은 지방에 대한 통제력을 강화하기 위해 22담로에 왕족을 파견하였어요.
④ 신라 원성왕은 유교 경전의 이해를 평가하여 인재를 등용하는 독서삼품과를 시행하였어요.
⑤ 신라 선덕 여왕은 자장의 건의를 받아들여 황룡사 9층 목탑을 건립하였어요.

정답 | ②

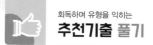

5 63회 　　　　　　　　　회독 ○○○

밑줄 그은 '왕'의 업적으로 옳은 것은? [2점]

> ○ 담당 관청에 명하여 월성의 동쪽에 새 궁궐을 짓게 하였는데, 그곳에서 황룡이 나타났다. 왕이 이것을 기이하게 여기고는 [계획을] 바꾸어 사찰을 짓고, '황룡'이라는 이름을 내려 주었다.
>
> ○ [거칠부가] 왕의 명령을 받들어 여러 문사(文士)를 모아 국사를 편찬하였다.
>
> － 「삼국사기」 －

① 이사부를 보내 우산국을 복속시켰다.
② 예성강 이북에 패강진을 설치하였다.
③ 관료전을 지급하고 녹읍을 폐지하였다.
④ 국가적인 조직으로 화랑도를 개편하였다.
⑤ 이차돈의 순교를 계기로 불교를 공인하였다.

---

6 63회 　　　　　　　　　회독 ○○○

다음 상황이 나타난 시기를 연표에서 옳게 고른 것은? [2점]

> [당의] 고종이 소정방을 신구도대총관(神丘道大摠管)으로 삼아 군사를 이끌고 바다를 건너 신라와 함께 백제를 정벌하도록 하였다. 계백은 장군이 되어 죽음을 각오한 군사 5천 명을 뽑아 이들을 막고자 하였다. …… 황산의 벌판에 이르러 세 개의 군영을 설치하였다. 신라군을 만나 전투를 시작하려고 하자, [계백은] 여러 사람 앞에서 맹세하며 "지난날 구천(句踐)은 5천 명으로 오(吳)의 70만 무리를 격파하였다. 오늘 마땅히 힘써 싸워 승리함으로써 나라의 은혜에 보답하자."라고 하였다. 드디어 격렬히 싸우니, 일당천(一當千)이 아닌 자가 없었다.
>
> － 「삼국사기」 －

612	642	660	668	676	698
(가)	(나)	(다)	(라)	(마)	
살수대첩	대야성 전투	사비성 함락	안동도호부 설치	기벌포 전투	발해 건국

① (가)　② (나)　③ (다)　④ (라)　⑤ (마)

📢 **신라 진흥왕의 업적**

정답분석 황룡사는 진흥왕 때 세워진 사찰이에요. 이후 선덕 여왕은 승려 자장의 건의로 황룡사 9층 목탑을 건립하였어요. 황룡사 9층 목탑은 고려 시대에 몽골의 침입으로 소실되었어요. 진흥왕은 영토 확장에 적극적으로 나서 한강 유역을 차지하고 대가야를 정복하였으며, 함경도 지역까지 영토를 넓히기도 하였어요. 또한 거칠부에게 명하여 《국사》라는 역사서를 편찬하였어요.

④ 진흥왕은 화랑도를 국가적인 조직으로 개편하여 인재를 육성하였고, 화랑도는 신라의 삼국 통일에 크게 기여하였어요.

오답분석 ① 지증왕은 이사부를 보내 우산국(울릉도 일대)을 복속시켰어요.
② 선덕왕은 오늘날 황해도 지역인 예성강 이북에 패강진을 설치하였어요.
③ 통일 후 신문왕은 관료전을 지급하고 녹읍을 폐지하여 귀족의 경제 기반을 약화시켰어요.
⑤ 법흥왕은 이차돈의 순교를 계기로 귀족 세력의 반대를 물리치고 불교를 공인하였어요.

정답 | ④

📢 **삼국 통일 과정**

정답분석 660년 백제의 계백이 이끄는 결사대는 김유신이 이끄는 신라군에 맞서 황산벌에서 항전을 벌였으나 패배하였어요. 이어 사비성이 함락되어 백제는 멸망하였어요.

② 신라의 김춘추는 백제 의자왕에게 대야성이 함락(642)되자 고구려에 군사를 요청하러 갔으나 실패하였어요. 얼마 후 김춘추는 다시 당으로 건너가 당과의 군사 동맹(나·당 동맹, 648)을 성사시켰어요. 이후 계백이 이끄는 백제군이 황산벌 전투에서 신라군의 진격을 막는 데 실패하였고, 나·당 연합군에 사비성이 함락되어 백제가 멸망하였어요(660).
따라서, 황산벌 전투(660)가 일어난 시기는 '대야성 전투(642)'와 '사비성 함락(660)' 사이의 시기인 (나)예요.

정답 | ②

고대(백제, 신라)

백제의 성장과 멸망

01 ☐☐ 왕은 공복을 제정하고 6좌평의 관제를 마련하였다.

02 근초고왕이 고구려의 ☐☐ 성을 공격하여 고국원왕을 전사시켰다.

03 ☐☐ 왕 때 동진으로부터 불교를 수용하였다.

04 고구려의 공격으로 한성이 함락된 후 문주왕은 ☐☐ 으로 천도하였다.

05 ☐☐ 왕이 지방의 22담로에 왕족을 파견하였다.

06 성왕은 ☐☐ 로 천도하고 국호를 남 ☐☐ 로 고쳤다.

07 성왕은 신라와의 ☐☐ 성 전투에서 전사하였다.

08 ☐☐ 왕은 윤충을 보내 신라의 대야성을 함락하였다.

09 ☐ 신과 ☐ 침 등이 부여풍을 왕으로 추대하고 백제 부흥을 꾀하였다.

신라의 성립과 발전

10 ☐☐ 마립간 때 최고 지배자의 칭호를 마립간이라 하였다.

11 지증왕은 이사부를 보내 ☐☐ 국을 정벌하였다.

12 법흥왕은 ☐ 원이라는 연호를 사용하고, ☐ 부와 ☐☐ 등을 설치하였다.

13 ☐☐ 왕 때 이차돈의 순교를 계기로 불교를 공인하였다.

14 진흥왕은 대 ☐☐ 를 정복하여 영토를 확장하였다.

15 진흥왕은 ☐☐ 도를 국가 조직으로 개편하였다.

16 ☐☐ 왕은 한강 유역 전체를 차지하였다.

17 김 ☐☐ 는 당과 군사 동맹을 체결하였다.

18 신라는 문무왕 때 당의 군대에 맞서 ☐☐ 성·☐☐ 포 전투에서 승리하여 삼국 통일을 완성하였다.

정답 **01** 고이 **02** 평양 **03** 침류 **04** 웅진 **05** 무령 **06** 사비, 부여 **07** 관산 **08** 의자 **09** 복, 도 **10** 내물 **11** 우산 **12** 건, 병, 상대 **13** 법흥 **14** 가야 **15** 화랑 **16** 진흥
17 춘추 **18** 매소, 기벌

04강 고대(백제, 신라) **51**

고대(통일 신라, 발해)

〈통일 신라〉

전기 (왕권 ▲)

- 태종 무열왕 (김춘추) ┬ 최초의 진골 출신 왕
  └ 나·당 동맹 → 백제 X(김유신)

- 문무왕 ┬ 고구려 X
  ├ 나·당 전쟁(매소·기벌) 승 → 통일
  └ 상수리, 외사정, 문무 대왕암

- 신문왕 ┬ 정치 ┬ 김흠돌의 난 X
  │ ├ 집사부·시중 ▲ → 상대등 ▼
  │ └ 6두품 등용 → 설총(화왕계)
  ├ 사회 ┬ 9주 5소경(지방)
  │ │ └ 서원경(청주): 촌락 문서
  │ └ 9서당 10정(군사)
  ├ 경제: 관료전 O, 녹읍 X
  └ 문화: 국학, 감은사(만파식적)

후기 (왕권 ▼)

- 정치: 진골 귀족 간의 왕위 쟁탈전 심화
  └ 김헌창의 난, 장보고의 난

- 사회 ┬ 농민 봉기(진성 여왕 때 극심)
  │ └ 원종과 애노의 난, 적고적의 난
  ├ 호족 ┬ 스스로 성주·장군 호칭
  │ └ 장보고(청해진), 견훤, 궁예, 왕건
  └ 6두품: 최치원(시무책 10여 조)

- 경제: 녹읍 부활
- 문화: 선종 유행(9산 선문), 풍수지리설

후삼국
- 견훤: 후백제(완산주), 후당·오월에 사신 O
- 궁예: 후고구려(송악) → 마진·태봉(철원), 광평성
- 왕건 ┬ 고려(송악)
  ├ 공산 전투(견훤 승, 신숭겸 X)
  └ → 고창 전투(왕건 승) → 신라 항복
     → 일리천 전투 → 고려, 후삼국 통일

진덕 여왕 ~ 무열왕 · 혜공왕 · 선덕왕 · 경순왕

〈발해〉

대조영 (고왕)	고구려 유민 + 말갈인 → 동모산에서 건국
무왕	• 연호 '인안' • 반당 ┬ 대문예 → 흑수 말갈 공격 └ 장문휴 → 산둥(등주) 공격
문왕	• 연호 '대흥' • 친당 → 3성 6부, 상경성 • 신라도 개설 • 중경 → 상경으로 천도
선왕	• 연호 '건흥' • 옛 고구려 땅 O → '해동성국' • 5경 15부 62주

발해

고구려 계승	• '고려왕' 호칭 • 지배층: 고구려인 ▲ • 온돌, 고분 양식, 이불병좌상, 돌사자상, 석등
당 영향	• 3성: 정당성(대내상)·중대성·선조성 • 6부: 유교 이념 반영 • 주자감: 유학 교육 • 중정대: 관리 감찰 • 상경의 주작대로

05강 고대(통일 신라, 발해)

 **고대(통일 신라, 발해)**

빈출키워드 TOP5

9서당 10정	1위
김흠돌의 난	2위
광평성	3위
주자감	4위
관료전 지급, 녹읍 폐지	5위

❶ 통일 신라의 발전

(1) 왕권 강화

태종 무열왕 (김춘추)	• 최초의 진골 출신 왕 → 이후 무열왕 직계 자손이 왕위 세습 • 나·당 동맹 체결(648, 진덕 여왕) → 백제를 멸망시킴
문무왕	• 고구려를 멸망시킴 • 나·당 전쟁 승리 → 삼국 통일(676)
신문왕	• 김흠돌의 난 진압(681) → 진골 귀족 세력 숙청 • 중앙 정치 제도 정비: 집사부 등 14부 • 지방 행정 조직 정비: 9주 5소경 • 군사 조직 정비: 9서당 10정 • 관료전 지급, 녹읍 폐지 → 진골 귀족의 경제적 기반 약화 • 국학 설치(유학 교육), 6두품 등용(설총) • 감은사 건립(만파식적 설화)

(2) 통치 체제의 정비

중앙 정치	• 집사부와 시중(중시)의 권한 강화, 화백 회의의 기능 축소(상대등의 권한 약화) → 왕권 강화 • 집사부 아래 위화부 등 13부를 두고 행정 업무 분담 • 관리 감찰 기구 설치: 사정부(태종 무열왕)
지방 행정	• 9주: 행정 기능 강화 • 5소경: 수도 금성이 동남쪽에 치우친 점 보완, 군사·행정상 중요한 지역에 설치 → 지역의 균형적 발전 • 상수리 제도: 지방 세력 통제 • 외사정 파견(문무왕): 지방관 감찰
군사 제도	• 9서당(중앙군): 옷깃 색을 기준으로 9개의 부대 편성, 고구려인·백제인·말갈인 등도 포함 → 민족 융합 목적 • 10정(지방군): 9주에 1개씩의 정 배치, 군사적으로 중요한 국경 지대인 한주에는 2개의 정 배치
토지 제도	관료전 지급, 녹읍 폐지(신문왕) → 백성에게 정전 지급(성덕왕) → 녹읍 부활(경덕왕)

(3) 신라 말의 사회 동요

중앙 정치의 동요	• 무열왕계의 권력 독점에 대한 반발(96각간의 난) → 8세기 후반 혜공왕 피살 → 진골 귀족들의 왕위 쟁탈전(혜공왕 이후 150여 년간 20여 명의 왕이 교체됨) • 지방 세력의 반란 　－ 김헌창의 난(822): 웅천주(공주) 중심 → 실패 　－ 장보고의 난(846): 청해진(완도) 거점 → 실패
농민 봉기의 발생	• 중앙 정부에서 농민들에게 과중한 세금 부과 → 농민들의 불만 증가 • 진성 여왕 시기에 절정 → 원종과 애노의 난(889), 적고적의 난(896) 등
새로운 세력의 등장	• 호족: 지방에서 스스로 성주·장군이라 칭함 → 성을 쌓고 사병 보유, 지방의 행정권·군사권 등 장악 → 독자적인 세력 형성 → 6두품 세력과 연계, 반신라적 태도 • 6두품: 골품제의 모순 비판 → 개혁 주장: 최치원이 진성 여왕에게 시무책 10여 조를 올렸으나 거부당함 → 호족 세력과 연계하여 반신라적 태도
새로운 사상의 유행	• 선종: 참선과 수행 강조, 개인적 성향 → 9산 선문 성립(선종의 9개 종파) • 풍수지리설: 도선에 의해 널리 보급(도선의 《송악명당기》) • 선종과 풍수지리설은 호족의 사상적 기반으로 작용

✎ 녹읍·관료전

녹읍은 관리에게 일한 대가(녹)로 지방 행정 구역의 땅(읍)을 지급한 것이에요. 토지의 조세와 공납을 수취할 수 있었고, 땅에 속해 있는 농민을 부릴 수도 있었어요(노동력 수취). 관료전은 녹읍처럼 관리에게 일정한 토지를 지급한 것이지만 조세만 수취할 수 있었어요.

✎ 집사부·시중

집사부는 나랏일을 관장하면서 왕명을 집행하는 일을 맡은 부서로, 시중은 집사부의 우두머리를 말해요.

✎ 상수리 제도

지방의 호족이나 그 자제를 일정 기간 수도에 머무르게 한 제도로, 지방 세력을 견제하고 왕권을 강화하기 위함이었어요.

✎ 진성 여왕

신라 말 진성 여왕 시기에 농민 봉기는 절정을 이루었어요. 한편, 진성 여왕은 각간 위홍과 대구화상에게 향가집인 《삼대목》을 편찬하도록 하였어요.

❷ 후삼국의 성립

후백제	• 견훤이 완산주(전주)를 도읍으로 건국(900) • 충청·전라도 지역 차지 • 중국과 외교 관계 체결(후당·오월에 사신 파견) • 신라의 금성을 습격해 경애왕을 죽게 함
후고구려	• 궁예가 송악(개성)을 도읍으로 건국(901) • 후고구려, 수도 송악(개성) → 국호 '마진'으로 변경, 연호 '무태' → 철원 천도 → 국호 '태봉'으로 변경(911) • 중앙 정치 제도 정비: 광평성 설치 • 궁예가 미륵 신앙을 이용해 폭정 → 신하들이 궁예 축출 → 왕건을 왕으로 추대, 고려 건국(918)

❸ 발해의 성립과 발전

(1) 발해의 건국

건국	대조영(고왕)이 고구려 유민과 말갈인을 이끌고 지린성 동모산 지역에서 건국(698)
특징	고구려 계승 의식: 일본에 보낸 국서에 '고구려(고려), 고구려왕(고려 국왕)'이라는 호칭 사용, 지배층 대다수가 고구려인, 온돌·고분 양식·이불병좌상·돌사자상·석등 등이 고구려 문화와 유사함

(2) 발해의 발전

무왕	• 연호 '인안' 사용, 당과 신라 견제 • 대문예에게 흑수 말갈 공격 지시 • 장문휴를 보내 당의 등주 선제공격
문왕	• 연호 '대흥' 사용 • 당과 친선 관계 → 당의 제도와 문물 수용(3성 6부, 상경성) • 신라와 상설 교통로 개설(신라도) • 상경 용천부로 천도
선왕	• 연호 '건흥' 사용, 요동까지 영토 확장 • 옛 고구려 땅 대부분 차지 → 전성기를 맞이하여 당으로부터 '해동성국'으로 불림 • 지방 행정 조직 정비: 5경 15부 62주

(3) 발해의 통치 체제

중앙 정치	• 당의 3성 6부제 수용 → 운영과 명칭은 독자성 유지 　- 3성: 정당성을 중심으로 운영 → 정당성의 장관인 대내상이 국정 총괄 　- 6부: 명칭에 유교 이념 반영 • 중정대(관리 감찰), 문적원(서적 관리)
지방 행정	5경 15부 62주
군사 제도	중앙군은 10위, 지방군은 각지에 배치
교육	주자감(유학 교육), 당에 유학생 파견

1. 신라 신문왕에 대한 설명이 맞으면 ○표, 틀리면 ×표 하세요.

(1) 김흠돌이 일으킨 난을 진압하였다. (　　)

(2) 관료전을 지급하고 녹읍을 폐지하였다. (　　)

(3) 국학을 설립하여 유학 교육을 실시하였다. (　　)

(4) 독서삼품과를 실시하여 인재를 등용하였다. (　　)

(5) 9주 5소경으로 지방 행정 제도를 정비하였다. (　　)

2. 통일 신라에 대한 설명이 맞으면 ○표, 틀리면 ×표 하세요.

(1) 12목을 설치하고 지방관을 파견하였다. (　　)

(2) 9서당 10정으로 군사 조직을 편성하였다. (　　)

(3) 지방관 감찰을 위해 외사정을 파견하였다. (　　)

(4) 상수리 제도를 실시하여 지방 세력을 견제하였다. (　　)

3. 신라 말에 있었던 사실로 맞으면 ○표, 틀리면 ×표 하세요.

(1) 김흠돌이 반란을 일으켰다. (　　)

(2) 웅천주 도독 김헌창이 반란을 일으켰다. (　　)

(3) 동북면 병마사 김보당이 난을 일으켰다. (　　)

(4) 원종과 애노의 난 등 농민 봉기가 일어났다. (　　)

(5) 장보고가 청해진을 거점으로 반란을 도모하였다. (　　)

(6) 지방에서 호족들이 독자적인 세력을 형성하였다. (　　)

4. 다음 설명에 해당하는 인물을 골라 쓰세요.

견훤, 궁예

(1) 후당, 오월에 사신을 파견하였다. (　　)

(2) 광평성 등 각종 정치 기구를 마련하였다. (　　)

(3) 완산주를 도읍으로 하여 후백제를 세웠다. (　　)

(4) 국호를 마진으로 바꾸고 철원으로 천도하였다. (　　)

(5) 신라의 금성을 습격하여 경애왕을 죽게 하였다. (　　)

(6) 송악을 도읍으로 정하고 후고구려를 건국하였다. (　　)

5. 발해에 대한 설명이 맞으면 ○표, 틀리면 ×표 하세요.

(1) 중정대를 두어 관리를 감찰하였다. (　　)

(2) 정당성의 대내상이 국정을 총괄하였다. (　　)

(3) 주자감을 설치하여 인재를 양성하였다. (　　)

(4) 무왕은 인안이라는 연호를 사용하였다. (　　)

(5) 문왕은 대흥이라는 연호를 사용하였다. (　　)

(6) 군사 조직을 9서당 10정으로 편성하였다. (　　)

1. (1) ○ (2) ○ (3) ○ (4) × (5) ○ 2. (1) × (2) ○ (3) ○ (4) ○ 3. (1) × (2) ○ (3) × (4) ○ (5) ○ (6) ○ 4. (1) 견훤 (2) 궁예 (3) 견훤 (4) 궁예 (5) 견훤 (6) 궁예 5. (1) ○ (2) ○ (3) ○ (4) ○ (5) ○ (6) ×

05강 고대(통일 신라, 발해)

1 신라의 시기 구분

고려의 김부식 등이 인종의 명을 받아 편찬한 《삼국사기》에서는 신라의 역사를 박혁거세~진덕 여왕 때까지를 상대, 무열왕부터 혜공왕 때까지를 중대, 선덕왕부터 마지막 경순왕 때까지를 하대의 세 시기로 나누었어요. 이후 고려의 승려 일연은 《삼국유사》에서 법흥왕부터 진덕 여왕 때까지의 시기를 중고라 하며 세분화하였어요.

구분	박혁거세~ 지증왕	법흥왕~ 진덕 여왕	무열왕~ 혜공왕	선덕왕~ 경순왕
삼국사기	상대		중대	하대
	귀족 세력 강세		왕권 강세	왕권 약화
삼국유사	상고	중고	하고	

2 신라 문무왕의 유언

나·당 전쟁을 승리로 이끌며 삼국 통일을 완성한 문무왕은 나라와 백성을 생각하는 마음이 컸어요. 문무왕은 "죽은 뒤 동해의 용이 되어 나라를 지킬 것이다. 그러니 죽은 후 화장하여 동해 바다에 장사 지내라."라는 유언을 남겼다고 전해져요. 그래서 문무 대왕릉은 바다에 있다고 알려져 있어요.

> 여러 신하들이 왕의 유언에 따라 동해 입구의 큰 바위 위에서 장례를 치렀다. 왕이 변해 용이 되었다고 세상에 전하므로, 그 바위를 가리켜서 대왕석이라고 한다. 유조(遺詔)는 다음과 같다. "과인은 나라의 운이 어지럽고 전란의 시기를 맞이하여, 서쪽을 정벌하고 북쪽을 토벌하여 영토를 안정시켰고 배반하는 자들을 치고 협조하는 자들을 불러 마침내 멀고 가까운 곳을 평안하게 하였다. ……" – 《삼국사기》 –

3 신라 신문왕과 만파식적 설화

만파식적 설화는 신문왕이 아버지 문무왕을 위해 감은사를 짓고 용에게 대나무를 받아 '만파식적'이라는 피리를 만들었는데, 이 피리를 불면 나라의 근심 걱정이 사라졌다는 설화예요. 여기서 '만파식적'은 신문왕 때 정치가 안정되고 나라가 발전한 모습을 상징적으로 나타내는 것으로 알려져 있어요.

> 용이 검은 옥대를 바쳤다. …… 왕이 놀라고 기뻐하여 오색 비단·금·옥으로 보답하고, 사람을 시켜 대나무를 베어서 바다로 나오자, 산과 용은 홀연히 사라져 보이지 않았다. 왕이 감은사에서 유숙하고 …… 행차에서 돌아와 그 대나무로 피리를 만들어 월성의 천존고에 보관하였다. 이 피리를 불면 적병이 물러가고 병이 나으며, 가물 때 비가 오고 비올 때 개며, 바람이 잦아들고 파도가 평온해졌다. 이를 만파식적(萬波息笛)이라 부르고 국보로 삼았다. – 《삼국유사》 –

4 신라 신문왕의 개혁 정치

신문왕은 김흠돌의 난을 진압한 후 진골 귀족 세력을 숙청하며 왕권을 강화하였어요. 또한 통일 이후 늘어난 영토와 백성을 효율적으로 다스리기 위해 중앙 정치 조직을 집사부 등 14부로, 지방 행정 조직을 9주 5소경으로, 군사 조직을 9서당 10정으로 정비하였어요. 한편, 신문왕은 국학을 설치하여 유학 교육을 실시하였어요.

> • 왕이 교서를 내리기를, "김흠돌 등의 악이 쌓이고 죄가 가득 차자 그들이 도모하던 역모가 세상에 드러났다. …… 잔당들을 샅샅이 찾아 모두 죽여 삼사일 안에 죄수 우두머리들을 소탕하였다. ……"라고 하였다. – 《삼국사기》 –
> • 국학을 세워 경(卿) 한 명을 두었다. – 《삼국사기》 –
> • 봄에 완산주와 청주를 설치하니 비로소 9주가 갖추어졌다. – 《삼국사기》 –

5 9주 5소경

신라 신문왕은 전국을 9개의 주로 나누고, 수도 금성(경주)이 동남쪽에 치우쳐 있는 것을 보완하고 지방의 균형 있는 발전을 위해 5개의 소경을 두었어요.

6 신라 말의 혼란

8세기 후반 혜공왕이 피살된 이후 신라에서는 진골 귀족 간의 왕위 쟁탈전이 심화되면서 중앙 정치가 혼란스러워졌고, 지방 세력들도 왕위 쟁탈전에 가담하여 반란을 일으켰어요. 웅천주 도독이었던 김헌창은 태종 무열왕의 후손인 자신의 아버지 김주원이 왕위 계승에서 밀려난 것에 불만을 품고 난을 일으켰으나 실패하였어요. 청해진을 거점으로 세력을 키운 장보고는 자신의 딸을 왕비로 앉히려던 계획이 무산되자 반란을 일으켰으나 실패하였어요.

> • 혜공왕 말년에 반신(叛臣)들이 제멋대로 날뛰자 선덕[김양상]이 상대등으로 있으면서 임금 측근의 나쁜 무리를 제거하자고 부르짖었다. 김경신이 이에 참여하여 난을 평정한 공이 있었으므로 선덕이 왕으로 즉위하면서 김경신은 곧 상대등이 되었다. …… 이후 여러 사람의 의논이 일치하여 김경신을 세워 왕위를 계승하게 하니 국인이 모두 만세를 불렀다.
> • 3월에 웅천주 도독 헌창이 아버지 주원이 왕이 되지 못함을 이유로 반란을 일으켜, 국호를 장안이라 하고 연호를 세워 경운 원년이라 하였다. 무진·완산·청(菁)사벌의 4개 주 도독과 국원경·서원경·금관경의 사신(仕臣), 여러 군현의 수령을 협박해 자기 소속으로 삼았다.
> • 아찬 우징은 청해진에 있으면서 김명이 왕위를 빼앗았다는 소식을 듣고 청해진 대사 궁복에게 말하였다. "김명은 임금을 죽이고 스스로 왕이 되었으니, …… 장군의 군사를 빌려 임금과 아버지의 원수를 갚고자 합니다. – 《삼국사기》 –

7 신라 말의 사회 동요

신라 말 정치 혼란으로 왕권이 약화되어 귀족들의 농민 수탈이 심화되었고, 정부는 과도한 조세를 강제로 징수하였어요. 이에 농민들은 노비로 몰락하거나 초적이 되어 곳곳에서 봉기를 일으켰어요. 농민 봉기는 9세기 말 진성 여왕 때 절정에 이르렀는데 대표적인 봉기로 원종·애노의 난, 양길의 난, 기훤의 난, 적고적의 난 등이 있어요.

- **진성왕** 3년, 나라 안의 모든 주·군에서 공물과 부세를 보내지 않아 창고가 비고 재정이 궁핍해졌다. 왕이 관리를 보내 독촉하니 곳곳에서 도적이 벌떼처럼 일어났다. 이때 **원종, 애노 등이 사벌주를 근거지로 반란을 일으켰다.** 　　　　－《삼국사기》－
- 도적들이 나라의 서남쪽에서 일어났는데, 붉은색 바지를 입어 모습을 다르게 하였기 때문에 **적고적(赤袴賊)**이라고 불렸다. 그들은 주와 현을 도륙하고, 수도의 서부 모량리까지 와서 민가를 노략질하고 돌아갔다. 　　　　－《삼국사기》－

8 후삼국의 성립

신라 말 혼란스러운 사회 분위기 속에서 지방에서 스스로 성주·장군이라 칭하는 호족이 등장하였어요. 이중 상주 출신의 견훤이 완산주(전주)를 도읍으로 후백제를, 신라 왕족 출신으로 알려진 궁예가 송악(개성)을 도읍으로 후고구려를 세웠어요. 이로써 경상도 일대로 영토가 축소된 신라와 함께 후삼국이 형성되었어요.

- **견훤**은 상주 가은현 사람이다. …… [왕의] 총애를 받던 측근들이 정권을 마음대로 휘둘러 기강이 문란해졌다. …… 이에 견훤이 몰래 [왕위를] 넘겨다보는 마음을 갖고 …… 드디어 무진주를 습격하여 스스로 왕이 되었으나, …… 서쪽으로 순행하여 **완산주**에 이르니 그 백성들이 환영하였다. 　　　　－《삼국사기》－
- 진성왕 즉위 5년에 **선종(善宗)**은 죽주의 적괴 **기훤에게 의탁**하였다. 기훤이 업신여기고 잘난 체하며 예우하지 않았다. …… 그는 임자년에 **북원의 도적 양길에게 의탁**하였다. 　　　　－《삼국사기》－

9 발해의 성립과 발전

대조영은 고구려 유민과 말갈인을 이끌고 지린성 동모산 지역에서 발해를 세웠어요. 무왕은 연호로 '인안'을 사용하고, 대문예에게 흑수 말갈 공격을 명하였으며, 장문휴를 보내 당의 등주를 선제공격하였어요. 문왕은 연호로 '대흥'을 사용하고, 당과 친선 관계를 맺어 당의 제도와 문물을 수용하였으며, 상경 용천부로 수도를 옮겼어요. 발해는 선왕 때 고구려의 옛 영토를 대부분 회복하는 등 전성기를 누렸고, 이때 당으로부터 '해동성국'으로 불리기도 하였어요.

▲ 발해의 영역

10 발해의 중앙 정치 조직

발해는 당의 3성 6부제를 수용하였으나 운영과 명칭은 독자성을 유지하였어요. 정당성, 선조성, 중대성의 3성은 정당성을 중심으로 운영되었고, 정당성의 장관인 대내상이 국정을 총괄하였어요. 그 아래 좌사정과 우사정이 6부를 둘로 나누어 관할하였어요. 그리고 관리 감찰 기구로 중정대, 유학 교육 기관으로 주자감을 두었어요.

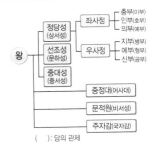

( )：당의 관제

11 발해의 고구려 계승 의식

발해는 스스로 고구려 계승 의식을 분명히 나타냈어요. 일본과 주고받은 외교 문서에 발해와 고구려의 연관성을 인정하는 기록이 남아 있고 온돌, 기와 무늬 등에서도 발해가 고구려의 문화를 계승한 것을 알 수 있어요.

- 발해 말갈의 **대조영이란 자는 본래 고구려의 별종이다.** 고구려가 멸망하자 대조영은 가족을 거느리고 영주로 이사하였다. 　　　　－《구당서》－
- (일본) **천황은 삼가 고려 국왕에게 문안한다.** …… 지금 보내온 글을 보니 갑자기 문도를 고쳐 날짜 아래 관품과 이름을 쓰지 않고 글 말미에 거짓되어 천손(天孫)이라는 참람한 칭호를 써 놓았다. 　　　　－《속일본기》－
- 무예(무왕)는 열국에 해당되어서 외람되게 여러 나라를 다스렸다. 그래서 **고(구)려의 옛 땅을 회복하고 부여 풍속을 갖추었다.** 　　　　－《속일본기》－

고대(통일 신라, 발해)

1 59회

(가) 왕의 업적으로 옳은 것은? [3점]

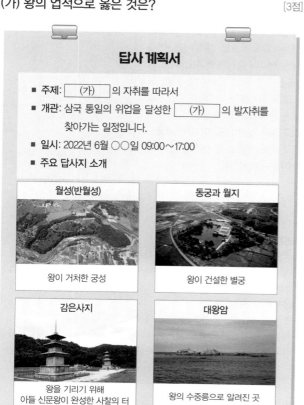

답사 계획서

- 주제: (가) 의 자취를 따라서
- 개관: 삼국 통일의 위업을 달성한 (가) 의 발자취를 찾아가는 일정입니다.
- 일시: 2022년 6월 ○○일 09:00~17:00
- 주요 답사지 소개

월성(반월성)
왕이 거처한 궁성

동궁과 월지
왕이 건설한 별궁

감은사지
왕을 기리기 위해
아들 신문왕이 완성한 사찰의 터

대왕암
왕의 수중릉으로 알려진 곳

① 국가적인 조직으로 화랑도를 개편하였다.
② 지방관을 감찰하고자 외사정을 파견하였다.
③ 이차돈의 순교를 계기로 불교를 공인하였다.
④ 인재 등용을 위해 독서삼품과를 실시하였다.
⑤ 자장의 건의로 황룡사 구층 목탑을 건립하였다.

📢 신라 문무왕의 업적

정답분석 문무왕은 아버지 무열왕의 뒤를 이어 고구려를 멸망시켰고, 이후 당이 한반도 전체를 지배하려고 하자 매소성과 기벌포에서 당군을 격퇴하고 삼국 통일을 달성하였어요. 신문왕은 아버지 문무왕을 기리기 위해 감은사를 건립하였어요.
② 문무왕은 외사정을 파견하여 지방관을 감찰하였어요.

오답분석 ① 진흥왕은 화랑도를 국가적 조직으로 개편하였어요.
③ 법흥왕은 이차돈의 순교를 계기로 불교를 공인하였어요.
④ 원성왕은 독서삼품과를 실시하였으나 귀족들의 반대로 실패하였어요.
⑤ 선덕 여왕은 승려 자장의 건의로 황룡사 9층 목탑을 건립하였어요.

2 62회

(가)에 들어갈 내용으로 옳은 것은? [2점]

한국사 웹툰 기획안

제목	○○왕, 왕권을 강화하다.	
구성 내용	1화	진골 귀족 김흠돌의 반란을 진압하다.
	2화	국학을 설치하여 인재를 양성하다.
	3화	9주를 정비하여 지방 통치 체제를 갖추다.
	4화	(가)
주의 사항	사료에 기반하여 제작한다.	

① 관료전을 지급하고 녹읍을 폐지하다.
② 마립간이라는 칭호를 처음 사용하다.
③ 이사부를 보내 우산국을 복속시키다.
④ 화랑도를 국가적 조직으로 개편하다.
⑤ 이차돈의 순교를 계기로 불교를 공인하다.

📢 신라 신문왕의 정책

정답분석 김흠돌은 신라가 통일하는 과정에서 큰 공을 세워 높은 벼슬에 올랐고, 딸은 신문왕의 왕비가 되었어요. 그러나 신문왕이 즉위한 해에 반란을 일으켜 죽임을 당하였어요. 이 사건을 계기로 신문왕은 진골 귀족 세력을 대거 숙청하고 왕권을 강화하였어요. 한편, 신문왕은 국립 교육 기관으로 국학을 설치하여 유학 교육을 실시하였으며, 전국을 9개의 주로 나누고 남원경, 서원경 등을 설치하여 9주 5소경의 지방 행정 체제를 완성하였어요.
① 신문왕은 관리에게 해당 지역에서 조세만 거둘 수 있는 관료전을 지급하고, 노동력까지 징발할 수 있는 녹읍을 폐지하였어요. 이로써 귀족의 경제적 기반을 약화시켰어요.

오답분석 ② 내물 마립간(내물왕) 때부터 최고 지배자의 칭호를 마립간으로 하였어요.
③ 지증왕은 이사부를 보내 우산국을 복속하였어요.
④ 진흥왕은 화랑도를 국가적 조직으로 개편하여 인재를 양성하였어요.
⑤ 법흥왕은 불교를 공인하고자 하였으나 귀족들의 반대로 뜻을 이루지 못하다가 이차돈의 순교를 계기로 불교를 공인하였어요.

3 56회   회독 ○○○

지도와 같이 행정 구역을 정비한 국가에 대한 설명으로 옳은 것을 |보기|에서 고른 것은?   [3점]

┌ 보기 ┐

ㄱ. 9서당 10정의 군사 조직을 운영하였다.

ㄴ. 욕살, 처려근지 등을 지방관으로 파견하였다.

ㄷ. 상수리 제도를 실시하여 지방 세력을 견제하였다.

ㄹ. 북계에 병마사를 파견하여 적의 침입에 대비하였다.

① ㄱ, ㄴ   ② ㄱ, ㄷ   ③ ㄴ, ㄷ

④ ㄴ, ㄹ   ⑤ ㄷ, ㄹ

4 58회   회독 ○○○

밑줄 그은 '이 시기'에 있었던 사실로 옳은 것은?   [3점]

여기는 범일 대사가 창건한 굴산사가 있던 곳이야. 거대한 당간 지주는 이 절의 규모와 위상을 잘 보여 주지.

굴산사는 가지산문 개창 이후 선종 불교가 유행하던 이 시기에 창건되었어.

① 원광이 세속 5계를 제시하였다.

② 김대문이 화랑세기를 저술하였다.

③ 김대성이 불국사 조성을 주도하였다.

④ 최치원이 진성 여왕에게 시무책을 올렸다.

⑤ 자장의 건의로 황룡사 구층 목탑이 건립되었다.

📢 **통일 신라의 지방 행정 제도**

정답분석 삼국 통일 이후 신라는 전국을 한주, 삭주 등 9개 주로 나누고 수도가 동남쪽에 치우쳐 있는 점을 보완하기 위해 주요 지역에 중원경, 서원경 등의 5소경을 설치하였어요.

ㄱ. 삼국 통일 이후 신라는 9서당 10정의 군사 조직을 운영하였어요.

ㄷ. 신라는 지방 세력을 견제하기 위해 지방의 세력가나 그 자제를 일정 기간 수도에 머무르게 하는 상수리 제도를 실시하였어요.

오답분석 ㄴ. 고구려는 지방의 여러 성에 욕살, 처려근지 등을 지방관으로 파견하였어요.

ㄹ. 고려는 5도 양계의 지방 행정 제도를 갖추고 국경 지역인 양계(동계, 북계)에 병마사를 파견하여 적의 침입에 대비하였어요.

정답 | ②

📢 **신라 말의 상황**

정답분석 선종은 신라 말에 유행한 불교의 한 종파예요. 선종은 실천 수행을 통해 깨달음을 구하는 것을 강조해서 특히 지방 호족들이 선종을 이념적 지주로 삼고 적극적으로 지원하였어요. 선종은 9산 선문을 형성하기도 하였는데, 가지산문은 9산 선문 중 하나예요.

④ 신라 말 당에서 유학하고 돌아온 6두품 출신 학자 최치원은 진성 여왕에게 시무책 10여 조를 올렸으나 받아들여지지 않았어요.

오답분석 ① 삼국 통일 이전인 진평왕 때 승려 원광은 화랑도의 규범으로 세속 5계를 제시하였어요.

② 김대문은 성덕왕 때 화랑의 역사를 기록한 《화랑세기》를 저술하였어요.

③ 김대성은 경덕왕 때 불국사 조성을 주도하였어요.

⑤ 삼국 통일 이전인 선덕 여왕 때 승려 자장의 건의로 황룡사 9층 목탑이 건립되었어요.

정답 | ④

5 70회 회독 ●●●

다음 상황이 나타난 시기를 연표에서 옳게 고른 것은? [3점]

> 각간 김경신이 해몽을 청하자 아찬 여삼은 "복두를 벗은 것은 위에 다른 사람이 없다는 뜻이요, 소립을 쓴 것은 면류관을 쓸 징조이며, 12현금(絃琴)을 든 것은 12대손까지 왕위를 전한다는 조짐이며, 천관사 우물로 들어간 것은 궁궐로 들어갈 상서로운 조짐입니다."라고 하였다. "위에 주원이 있는데 어찌 내가 왕위에 오를 수 있겠소?"라고 경신이 묻자, 아찬이 대답하기를 "청컨대 은밀히 북천신에게 제사 지내면 될 것입니다."라고 하여 이에 따랐다. 얼마 지나지 않아 선덕왕이 죽자, 나라 사람들이 김주원을 왕으로 받들어 궁중으로 맞아들이려 했다. 주원의 집은 북천 북쪽에 있었는데 홀연히 냇물이 불어나 건널 수가 없었다. 이에 경신이 먼저 궁궐로 들어가 왕위에 올랐다.

654		681		722		780		828		889
	(가)		(나)		(다)		(라)		(마)	
무열왕 즉위		김흠돌의 난		정전 지급		혜공왕 피살		청해진 설치		원종과 애노의 난

① (가)　② (나)　③ (다)　④ (라)　⑤ (마)

6 63회 회독 ●●●

(가) 인물에 대한 설명으로 옳은 것은? [2점]

완산주를 도읍으로 삼아 나라를 세운 (가) 에 대해 말해 볼까요?

신라의 금성을 습격하여 경애왕을 죽게 하였어요.

금산사에 유폐되었다가 탈출하여 고려에 귀부하였어요.

① 공산 전투에서 전사하였다.
② 금마저에 미륵사를 창건하였다.
③ 후당과 오월에 사신을 파견하였다.
④ 김흠돌 등 진골 세력을 숙청하였다.
⑤ 국호를 마진으로 바꾸고 철원으로 천도하였다.

📢 신라 말의 상황

정답분석 8세기 후반에 이르러 신라에서는 진골 귀족 간의 권력 다툼이 심화되었는데, 혜공왕은 귀족 세력인 김지정이 반란을 일으켰을 때 피살되었어요(혜공왕 피살, 780). 이후 즉위한 선덕왕이 후사 없이 죽자, 김주원과의 왕위 계승 다툼에서 승리한 김경신이 신라의 제38대 왕인 원성왕으로 즉위하였어요(원성왕 즉위, 785). 이후 신라는 왕위 쟁탈전이 치열하게 전개되어 150여 년간 20여 명의 왕이 교체되었어요. 한편, 당에서 군인으로 활약하다가 신라로 돌아온 장보고는 흥덕왕 때 완도에 청해진을 설치하고 해적을 소탕한 뒤 해상 무역권을 장악하였어요(청해진 설치, 828). 이후 장보고는 청해진을 중심으로 해상 무역을 전개하여 큰 부를 얻었어요.

따라서, 원성왕 즉위 시기(785)는 '혜공왕 피살(780)'과 '청해진 설치(828)' 사이의 시기인 (라)예요.

📢 견훤의 활동

정답분석 신라 말 지방 호족이었던 견훤은 스스로 왕위에 오른 후 완산주를 도읍으로 정하고 후백제를 세웠어요. 후백제의 세력이 강성해지자 신라는 고려의 왕건과 연합하여 후백제에 대항하려고 하였어요. 이에 견훤은 신라의 금성을 습격하여 경애왕을 죽게 하였어요. 견훤은 아들 신검에 의해 금산사에 유폐되었다가 탈출하여 스스로 고려에 가서 항복하였어요.
③ 견훤은 후백제 건국 이후 후당, 오월에 사신을 파견하여 외교 관계를 맺었어요.

오답분석 ① 고려는 후백제의 공격을 받은 신라가 지원을 요청하자 군사를 보냈어요. 하지만 구원군이 도착하기도 전에 후백제군이 금성을 습격하여 경애왕을 죽게 하였어요. 이후 고려군은 후백제군과 공산에서 전투를 벌여 크게 패배하였고, 이때 고려의 신숭겸 등이 전사하였어요.
② 백제 무왕은 오늘날 익산 지역인 금마저에 미륵사를 창건하였어요.
④ 신라 신문왕은 김흠돌의 반란을 진압하면서 이를 함께 도모한 진골 귀족들을 숙청하였어요.
⑤ 궁예는 송악(개성)을 도읍으로 후고구려를 건국하였어요. 이어 국호를 마진으로 고친 후 철원으로 천도하였어요.

정답 | ④

정답 | ③

7 71회 회독 ●●●

(가) 인물의 활동으로 옳은 것은? [2점]

○ 북원의 도적 우두머리인 양길은 [(가)] 이/가 자신을 배신한 것을 미워하여 국원 등 10여 곳의 성주들과 그를 칠 것을 모의하고 비뇌성 아래로 진군하였다. 그러나 양길의 병사는 패배하여 흩어져 달아났다.
– 『삼국사기』 –

○ [태조가] 수군을 거느리고 서해로부터 광주(光州) 부근에 이르러 금성군을 쳐서 함락하고 10여 군현을 공격하여 차지하였다. 이에 금성군을 고쳐서 나주라 하고 군사를 나누어서 지키게 한 뒤 돌아왔다. …… [(가)] 이/가 변경의 일을 물었는데, 태조가 변방을 안정시키고 경계를 넓힐 전략을 보고하였다. 좌우의 신하가 모두 [태조를] 주목하게 되었다.
– 『고려사』 –

① 일리천 전투에서 신검의 군대를 물리쳤다.
② 9산선문 중 하나인 가지산문을 개창하였다.
③ 문무관료전을 지급하고 녹읍을 폐지하였다.
④ 광평성을 비롯한 각종 정치 기구를 마련하였다.
⑤ 정계와 계백료서를 지어 관리의 규범을 제시하였다.

📢 **궁예의 활동**

정답분석 신라 왕족의 후예로 알려진 궁예는 양길 아래서 세력을 키운 후 양길을 몰아내고 901년 송악(개성)을 근거지로 후고구려를 세웠어요. 이후 궁예는 904년에 국호를 '마진'으로 바꾸고, 연호를 '무태'라고 정하였어요. 이어 철원으로 수도를 옮기고 국호를 다시 '태봉'으로 바꾸었어요. 그러나 궁예는 미륵불을 자칭하며 강압적인 전제 정치를 도모하다가 결국 왕건을 비롯한 신하들에게 축출되었어요.
④ 후고구려를 세운 궁예는 국정을 총괄하는 광평성을 설치하고 광치나, 서사 등의 관원을 두었어요.

오답분석 ① 고려 태조는 일리천 전투에서 후백제 신검의 군대를 격퇴하면서 후삼국을 통일하였어요.
② 신라의 도의는 9산 선문 중 하나인 가지산문을 개창하였어요. 9산 선문은 신라 말 호족의 지원을 받아 확산된 선종 불교의 대표적인 9개 종파예요.
③ 신라 신문왕은 관리에게 해당 지역에서 조세만 거둘 수 있는 관료전을 지급하고, 노동력까지 징발할 수 있는 녹읍을 폐지하였어요. 이로써 귀족의 경제적 기반을 약화시켰어요.
⑤ 고려 태조는 《정계》와 《계백료서》를 지어 관리들이 지켜야 할 규범을 제시하였어요.

정답 | ④

8 61회 회독 ●●●

다음 시나리오에 등장하는 왕의 업적으로 옳은 것은? [2점]

#36. 궁궐 안
왕이 분노에 찬 표정으로 대문예에게 말하고 있다.

왕: 흑수 말갈이 몰래 당에 조공하였으니, 이는 당과 공모하여 앞뒤로 우리를 치려는 것이다. 군대를 이끌고 가서 흑수 말갈을 정벌하라.

대문예: 당에 조공하였다 하여 그들을 바로 공격한다면 이는 당에 맞서는 것입니다. 하루아침에 당과 원수를 지면 멸망을 자초할 수 있습니다.

① 장문휴를 보내 등주를 공격하였다.
② 9서당 10정의 군사 조직을 갖추었다.
③ 사비로 천도하고 국호를 남부여로 고쳤다.
④ 지방관을 감찰하고자 외사정을 파견하였다.
⑤ 고구려 유민을 모아 동모산에서 나라를 세웠다.

📢 **발해 무왕의 업적**

정답분석 발해의 제2대 왕인 발해 무왕은 '인안'이라는 연호를 사용하였고, 당에 대해 강경책을 펼쳤어요. 당이 흑수 말갈을 이용하여 발해를 견제하자 무왕은 대문예에게 명하여 흑수 말갈을 정벌하고 일본, 돌궐 등과 교류하였어요.
① 발해 무왕은 장문휴를 보내 당의 등주를 공격하여 당군을 격파하였어요.

오답분석 ② 신라 신문왕은 통일 이후 군사 조직을 정비하여 중앙군인 9서당과 지방군인 10정을 설치하였어요.
③ 백제 성왕은 수도를 웅진(공주)에서 사비(부여)로 옮기고, 부여 계승 의식을 내세우며 국호를 '남부여'로 고쳤어요.
④ 신라 문무왕 때부터 지방관을 감찰하고자 외사정을 파견하였어요.
⑤ 대조영(발해 고왕)은 고구려 유민을 모아 지린성 동모산 지역에서 발해를 건국하였어요.

정답 | ①

9 63회 회독 ○○○

(가) 왕에 대한 설명으로 옳은 것은? [3점]

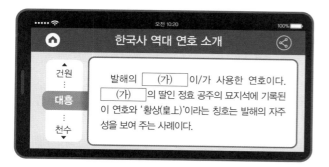

① 북연의 왕을 신하로 봉하였다.
② 지린성 동모산에서 나라를 세웠다.
③ 신라에 군대를 파견하여 왜를 격퇴하였다.
④ 수도를 상경 용천부로 옮겨 체제를 정비하였다.
⑤ 5경 15부 62주의 지방 행정 조직을 확립하였다.

📢 발해 문왕의 정책

정답분석 발해는 무왕 때 '인안', 문왕 때 '대흥', 선왕 때 '건흥' 등 독자적인 연호를 사용하였어요. 발해 문왕의 딸 정효 공주의 무덤은 고구려와 당의 양식이 혼합된 벽돌무덤 양식이고, 내부에 인물도가 있어 발해인의 모습을 짐작할 수 있어요.
④ 발해 문왕은 수도를 동모산에서 중경 현덕부로, 그리고 다시 상경 용천부로 옮겨 체제를 정비하였어요.

오답분석 ① 고구려 장수왕은 북연의 왕 풍홍이 고구려로 망명해 오자 그를 신하로 봉하였어요.
② 발해 대조영(고왕)은 고구려 유민과 말갈인을 이끌고 지린성 동모산 지역에서 발해를 세웠어요.
③ 고구려 광개토 태왕은 신라의 지원 요청을 받아 군대를 보내 신라에 침입한 왜를 격퇴하였어요.
⑤ 발해 선왕은 5경 15부 62주의 지방 행정 조직을 확립하였어요. 전략적 요충지에 5경을 설치하였으며, 지방을 15부로 나누고 그 아래 62주를 두었어요.

정답 | ④

10 62회 회독 ○○○

(가) 국가에 대한 설명으로 옳은 것은? [1점]

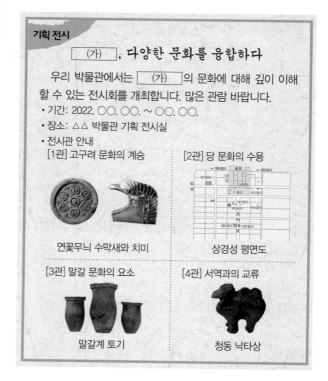

① 후당과 오월에 사신을 파견하였다.
② 주자감을 설치하여 인재를 양성하였다.
③ 9서당과 10정의 군사 조직을 운영하였다.
④ 화백 회의에서 국가의 중대사를 논의하였다.
⑤ 내신좌평, 위사좌평 등 6좌평의 관제를 마련하였다.

📢 발해의 문화

정답분석 발해는 고구려 계승을 표방하며 세워진 나라이기 때문에 연꽃무늬 수막새와 치미, 고분 양식, 온돌 등에서 고구려 문화와 유사한 부분을 엿볼 수 있어요. 또한, 발해는 당의 장안성을 참고해 상경성의 주작대로를 만들었어요.
② 발해는 교육 기관으로 주자감을 설치해 유학을 교육하였어요.

오답분석 ① 후백제를 세운 견훤은 후당과 오월에 사신을 파견해 외교 관계를 맺었어요.
③ 신라 신문왕은 통일 이후 군사 조직을 정비해 9서당과 10정을 설치하였어요.
④ 신라는 귀족 회의인 화백 회의를 열어 국가의 중대사를 만장일치로 결정하였어요.
⑤ 백제는 6좌평, 16관등제를 마련해 중앙 조직을 정비하였어요.

정답 | ②

05강 고대(통일 신라, 발해)

기출 선택지를 완성하는
-5분 **키워드 채우기**

통일 신라의 발전

01   왕은 나·당 전쟁에서 승리하여 삼국 통일을 이룩하였다.

02   신문왕은 김   의 난을 진압하고 진골 귀족 세력을 숙청하였다.

03   왕은 관리들에게   전을 지급하고, 녹읍을 폐지하였다.

04   신문왕은 유학 교육을 위해   학을 설치하였다.

05   통일 이후 신라는   주   소경으로 지방 행정 제도를 정비하였다.

06   신라는   리 제도를 시행하여 지방 세력을 견제하였다.

07   통일 이후 신라는 9   10   의 군사 조직을 운영하였다.

08   신라 말에 장보고가   진을 거점으로 반란을 도모하였다.

09   신라 말에 왕권이 약화되면서 지방에서   족들이 반독립적인 세력으로 성장하였다.

후삼국의 성립

10   견훤이 완산주를 도읍으로 후   를 건국하고, 후당과 오월에 사신을 파견하였다.

11   궁예는 송악을 도읍으로 후   를 건국하였다.

12   궁예는 국호를   진으로 바꾸고   원으로 천도하였다.

13   궁예는 광   성을 비롯한 각종 정치 기구를 마련하였다.

발해의 성립과 발전

14   대   이 고구려 유민을 이끌고 동모산에서 발해를 건국하였다.

15   왕은 장문휴를 보내 당의 등주를 공격하였다.

16   무왕은   안, 문왕은   흥, 선왕은   흥이라는 독자적인 연호를 사용하였다.

17   성의 장관인 대내상이 국정을 총괄하였으며,   대를 두어 관리를 감찰하였다.

정답 **01** 문무 **02** 흠돌 **03** 신문, 관료 **04** 국 **05** 9주, 5 **06** 상수 **07** 서당, 정 **08** 청해 **09** 호 **10** 백제 **11** 고구려 **12** 마, 철 **13** 평 **14** 조영 **15** 무 **16** 인, 대, 건 **17** 정당, 중정

06강 고대(경제, 사회)

〈경제〉

구분	삼국	통일 신라	발해
대외 무역	• 공무역 • 당항성(진흥왕)	• 신라방, 신라촌(거주지), 신라소, 신라원(사원) • 장보고: 청해진(완도), 법화원 • 울산항(아라비아 상인)	• 영주도(당), 일본도, 신라도, 거란도 • 발해관(당)
토지	녹읍 지급 (수조권) ⟹	신문왕 • 관료전(노동력 X) → 지급 • 녹읍(노동력 O) → 폐지 ⟹ 성덕왕 정전 지급 ⟹ 경덕왕 귀족 반발 → 녹읍 부활	
경제 활동	동시·동시전(지증왕) ⟹ 서시·남시 └ 시장 감독		솔빈부 말(수출)
조세	• 조세(토지세) • 공납(특산물) • 역(노동력) ⟹	민정 문서(촌락 문서) • 일본에서 발견(도다이사) → 서원경(청주) 부근 4개 촌락 • 촌주가 3년마다 조사(토지 면적, 인구 수, 소·말·나무의 수) → 조세 징수 + 노동력 징발	

〈사회〉

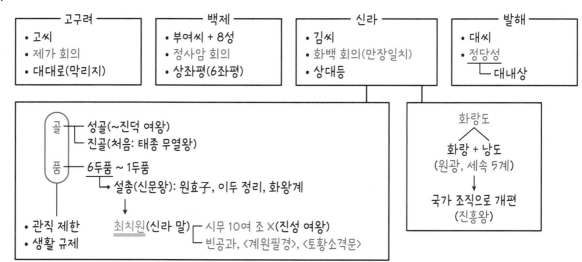

고구려
• 고씨
• 제가 회의
• 대대로(막리지)

백제
• 부여씨 + 8성
• 정사암 회의
• 상좌평(6좌평)

신라
• 김씨
• 화백 회의(만장일치)
• 상대등

발해
• 대씨
• 정당성
└ 대내상

골 ┬ 성골(~진덕 여왕)
　 └ 진골(처음: 태종 무열왕)
품 ─ 6두품 ~ 1두품
　　　 └→ 설총(신문왕): 원효자, 이두 정리, 화왕계
　　　　　　　↓
• 관직 제한
• 생활 규제
최치원(신라 말) ┬ 시무 10여 조 X(진성 여왕)
　　　　　　　 └ 빈공과, 〈계원필경〉, 〈토황소격문〉

화랑도
화랑 + 낭도
(원광, 세속 5계)
↓
국가 조직으로 개편
(진흥왕)

06강

고대(경제, 사회)

따라 쓰며 흐름을 이해하는
흐름판서 쓰기
06강 고대(경제, 사회)

06^강 고대(경제, 사회)

빈출키워드 TOP5

청해진	1위
진대법	2위
동시전	3위
관료전 지급, 녹읍 폐지	4위
솔빈부의 말	5위

✎ 조세 제도

- **조세**: 재산에 따라 세금을 내는 것을 말해요. 고대 사회의 재산은 보통 토지이므로 토지세를 뜻해요.
- **공납**: 각 지역의 특산물을 현물로 내는 것을 말해요.
- **역**: 국가에서 백성의 노동력을 징발하는 것으로, 군대에 가서 병사가 되는 군역, 각종 공사 등에 징발되어 노동력을 제공하는 요역이 있어요.

✎ 신라방 · 신라소 · 신라원

- **신라방**: 당의 동해안 일대에 당나라에 건너간 신라인이 모여 살았던 집단 자치 구역이에요.
- **신라소**: 당의 동해안 일대에 설치된 신라인들의 자치 기관이에요.
- **신라원**: 당으로 건너간 신라인이 신라방에 세운 절을 통틀어 말해요. 대표적인 신라원으로 장보고가 세운 법화원이 있어요.

✎ 빈공과

당의 과거 시험으로, 외국인에게 시험을 치르게 하여 관리를 선발한 제도예요. 신라 말 당으로 유학을 가 빈공과에 합격하는 사람이 많아졌어요. 대부분 6두품 출신이며, 대표적으로 최치원, 최승우, 최언위가 있어요. 빈공과는 발해인들도 많이 응시하였어요.

❶ 삼국의 경제

조세 제도	조세(토지세: 곡물·포 수취), 공납(특산물 수취), 역(노동력 징발: 군역, 요역)
농업	농업 생산량 증대 노력 → 철제 농기구 보급, 우경 장려, 황무지 개간, 수리 시설 확충
수공업	관청에 수공업자 배치 → 왕실과 지배층에서 필요한 장식품 등 생산
상업	신라 지증왕 때 수도에 동시(시장)와 동시전(감독 기관) 설치
대외 무역	• 주로 공무역 형태로 전개 • 고구려는 중국의 남북조 및 유목 민족, 백제는 중국의 남조 및 왜와 교류 • 신라: 한강 유역 점령 이후 당항성을 통해 중국과 직접 교역

❷ 남북국의 경제

(1) 통일 신라

조세 제도	• 조세(보통 수확량의 1/10 수취), 공납(특산물 수취), 역(16~60세 남자 징발: 군역, 요역)
	• 민정 문서(신라 촌락 문서)
	   – 일본 도다이사 쇼소인에서 발견된 서원경(청주) 부근 4개 촌락에 대한 기록
	   – 촌주가 3년마다 토지 종류와 면적, 인구수, 소와 말의 수, 나무의 종류와 수, 특산물 등을 파악하여 작성 → 조세 징수와 노동력 징발에 활용

토지 제도	관료전 지급, 녹읍 폐지(신문왕) → 백성에게 정전 지급(성덕왕) → 녹읍 부활(경덕왕)
상업	동시가 있는 수도에 서시와 남시 설치, 시전 설치
대외 무역	• 당: 8세기 이후 관계 회복, 공무역·사무역 발달 → 신라방·신라촌(거주지), 신라소(관청), 신라원(사원) 등 설치, 승려 및 유학생 파견(당의 빈공과 응시) • 일본: 8세기 이후 교류 확대 • 울산항, 당항성, 영암이 국제 무역항으로 번성 → 아라비아 상인 왕래 • 장보고의 활동: 완도에 청해진 설치 → 해상 무역권 장악, 법화원 설치

(2) 발해

농업	밭농사 중심, 일부 지역에서 벼농사 실시
목축	주요 수출품: 솔빈부의 말, 막힐부의 돼지
상공업	수공업(금속 공예, 직물, 도자기 생산), 상업(수도와 교통의 중심지에서 발달)
대외 무역	• 영주도(당), 일본도(일본), 신라도(신라), 거란도(거란) 등의 교통로를 통해 교류 • 당: 산둥반도에 발해관 설치(여관)

❸ 삼국의 사회

(1) 고구려

지배층	왕족인 계루부 고씨를 비롯한 5부 출신의 귀족
귀족 회의	제가 회의(국가 중대사 결정) → 대대로(막리지) 선출
중앙 정치	국정 총괄: 대대로(막리지), 10여 관등제, 진대법 실시(고국천왕)
지방 행정	5부(수도) 5부(지방), 지방 장관으로 욕살·처려근지 등을 둠

(2) 백제

지배층	왕족인 부여씨와 8성의 귀족
귀족 회의	정사암 회의(국가 중대사 결정) → 천정대에서 재상 선출
중앙 정치	국정 총괄: 상좌평, 6좌평을 비롯한 16관등제
지방 행정	• 5부(수도) 5방(지방) • 22담로에 왕족 파견(무령왕)

(3) 신라

귀족 회의	화백 회의: 만장일치제, 국가 중대사 결정
중앙 정치	국정 총괄: 상대등, 17관등제
지방 행정	6부(수도) 5주(지방)

① **골품제**: 엄격한 신분 제도(성골·진골, 6~1두품) → 골품에 따라 관직 진출 제한, 개인의 일상생활(집과 수레의 크기, 장신구 등)도 규제

② **화랑도**: 화랑(귀족)+낭도(귀족·평민) 구성, 진흥왕 때 국가적인 조직으로 개편, 원광의 세속 5계를 행동 규범으로 삼음

❹ 남북국의 사회

(1) 통일 신라

민족 융합	• 9주: 신라와 함께 고구려, 백제의 옛 땅에 각각 설치 • 9서당: 신라인 외에 고구려·백제·말갈인까지 포함
6두품의 성장	• 학문과 실무 능력을 바탕으로 국왕 보좌 → 신분적 제약으로 승진에 제한 → 당으로 건너가 빈공과 응시, 반신라적 경향 • 대표적인 6두품: 설총(원효의 아들, 이두 정리, 〈화왕계〉), 최치원(진성 여왕에게 시무책 10여 조 건의, 〈토황소격문〉, 《계원필경》) • 신라 말 진골 귀족들의 왕위 쟁탈전으로 중앙 정부의 지방 통제력 약화 → 호족 세력의 등장, 농민 봉기의 발생

(2) 발해

주민 구성	• 고구려인 + 말갈인 • 지배층은 대다수가 고구려인
사회 모습	• 당에 유학생 파견 → 빈공과 응시(신라인인 6두품과 경쟁) • 당의 제도와 문물 수용 + 고구려 사회 모습 계승

1. 다음 설명에 해당하는 나라를 골라 쓰세요.

> 고구려, 백제, 신라

(1) 22담로에 왕족을 파견하였다. ( )

(2) 골품제라는 엄격한 신분제를 마련하였다. ( )

(3) 국가적인 조직으로 화랑도를 개편하였다. ( )

(4) 정사암에 모여 국가 중대사를 논의하였다. ( )

(5) 지방 장관으로 욕살, 처려근지 등이 있었다. ( )

(6) 빈민을 구제하기 위해 진대법을 실시하였다. ( )

(7) 제가 회의에서 국가의 중대사를 결정하였다. ( )

(8) 화백 회의에서 국가의 중대사를 논의하였다. ( )

(9) 왕족인 부여씨와 8성의 귀족이 지배층을 이루었다. ( )

2. 신라의 경제 상황에 대한 설명이 맞으면 ○표, 틀리면 ×표 하세요.

(1) 솔빈부의 말이 특산물로 유명하였다. ( )

(2) 물가 조절을 위해 상평창을 설치하였다. ( )

(3) 울산항, 당항성이 무역항으로 번성하였다. ( )

(4) 시장을 감독하는 관청인 동시전이 있었다. ( )

(5) 서적점, 다점 등의 관영 상점이 운영되었다. ( )

(6) 청해진을 중심으로 해상 무역이 전개되었다. ( )

(7) 신라방을 형성하여 중국과 활발히 교역하였다. ( )

(8) 거란도, 영주도 등을 통해 주변 국가와 교류하였다. ( )

1. (1) 백제 (2) 신라 (3) 신라 (4) 백제 (5) 고구려 (6) 고구려 (7) 고구려 (8) 신라 (9) 백제
2. (1) × (2) × (3) ○ (4) ○ (5) × (6) ○ (7) ○ (8) ×

06강 고대(경제, 사회)

1 삼국의 농업

삼국은 농업 생산력을 높여 농민의 생활을 안정시키기 위해 철제 농기구를 보급하였고, 저수지 등 수리 시설을 확충하였으며 소를 이용하여 밭을 가는 우경을 장려하였어요.

> 〈고구려〉
> 지금 요동에서는 쟁기로 농사를 짓는데 …… 두 마리 소를 사용하는데 두 사람이 끌고 한 사람이 쟁기를 잡고 간다. 그 뒤에 한 사람이 씨를 뿌리고 한 사람이 덮는다. 대개 소 두 마리와 여섯 사람이 함께 일한다.
> － 《제민요술》 －
> 〈백제〉
> 담당 관청에 명하여 제방을 수축하게 하였다.　－ 《삼국사기》 －
> 〈신라〉
> 지증왕 3년 3월, 주주와 군주에게 농사를 권장하도록 명하니, 비로소 우경(牛耕)이 시작되었다.
> － 《삼국사기》 －

2 삼국의 대외 무역

삼국의 대외 무역은 주로 공무역의 형태로 이루어졌어요. 고구려는 중국의 남북조 및 유목 민족과 교류하였고, 백제는 중국의 남조 및 왜와 활발히 교류하였어요. 중국과 멀리 떨어져 있었던 신라는 고구려와 백제를 통해 중국과 교류하다가 당항성을 확보한 이후에는 중국과 직접 교류하였어요.

3 삼국의 생활 모습

삼국의 귀족은 많은 사유지와 노비를 소유하여 경제적으로 풍요로운 생활을 하였어요. 반면 농민은 자신이 가진 땅이나 귀족의 땅을 빌려 농사를 지었는데, 국가와 땅을 빌려준 귀족에게 조세를 바쳐야 하였기 때문에 대부분 힘든 생활을 하였어요.

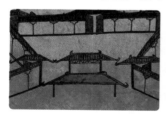
▲ 귀족의 집

▲ 귀족과 노비

4 통일 신라의 토지 제도

신문왕은 관리에게 관료전을 지급하고 녹읍을 폐지하였어요. 이에 진골 귀족의 경제적 기반이 약화되면서 왕권이 강해졌고, 성덕왕이 백성에게 정전을 지급하면서 국가의 토지 지배권도 강해졌어요. 그러나 경덕왕 때 귀족들의 반발이 심화되면서 녹읍이 부활하였어요.

> • 신문왕: 교서를 내려 문무 관료전을 지급하되 차등을 두었다.
> • 신문왕: 내외(內外) 관료의 녹읍을 폐지하고, 해마다 조(租)를 차등 있게 하사하고 이를 항상 따라야 하는 법식으로 삼았다.
> • 성덕왕: 처음으로 백성에게 정전을 나누어 주었다.
> • 경덕왕: 내외(內外) 관료에게 매달 지급하던 녹봉을 없애고 다시 녹읍을 주었다.
> － 《삼국사기》 －

5 민정 문서(신라 촌락 문서)

1983년 일본의 도다이사(東大寺) 쇼소인(正倉院)에서 발견된 통일 신라 시대의 문서예요. 서원경 부근 4개 촌락의 인구수, 토지 종류와 면적, 소와 말의 수 등이 기록되어 있어요. 신라 촌락 문서는 3년마다 작성하였는데, 이는 조세 징수와 노동력 징발에 활용되었어요.

> 본 고을 사해점촌은 둘레 5,725보이다. 호수는 모두 11호이다. 사람 수는 모두 147명이다. …… 지난 3년 사이에 다른 마을에서 이사 온 사람은 모두 2명인데, …… 말은 모두 25마리이다. …… 논은 모두 102결이다. …… 뽕나무는 모두 1,004그루이다.

▲ 신라 촌락 문서

6 남북국의 대외 무역

8세기 이후 신라와 당의 관계가 회복되면서 산둥반도 부근에 신라방, 신라촌, 신라소, 신라원 등이 설치되었어요. 장보고는 완도에 청해진을 설치하여 해상 무역권을 장악하였어요. 일본의 승려 엔닌은 당을 순례하던 중 장보고가 세운 법화원에 머물기도 하였어요. 발해는 거란, 당, 일본, 신라 등과 거란도, 일본도, 신라도와 같은 교통로를 이용하여 교류하였어요. 발해의 특산물로는 솔빈부의 말이 유명하였어요.

> • …… 부족한 이 사람은 다행히도 대사(장보고)께서 세우신 이곳 법화원에 머무를 수 있었던 것을 말로 다할 수 없이 감사하게 생각합니다.
> － 엔닌, 《입당구법순례행기》 －
> • 이 나라는 …… 동쪽은 멀리 바다에 닿았고, 서쪽으로는 거란(契丹)이 있었다. …… 귀중히 여기는 것은 …… 막힐의 돼지, 솔빈의 말, ……이다.
> － 《신당서》 －

7 엔닌의 입당구법순례행기

일본의 승려 엔닌이 당을 순례하고 기록한 여행기인 《입당구법순례행기》에는 엔닌이 장보고에게 보낸 편지가 기록되어 있어요. 완도에 청해진을 설치하여 해상 무역을 장악한 장보고는 산동반도에 법화원이라는 사찰을 지었는데, 이곳에는 신라인뿐만 아니라 중국인, 일본인 등 많은 사람이 드나들었어요. 엔닌은 당을 순례하던 중 장보고가 세운 법화원에 머물렀어요.

> 귀하를 뵌 적은 없으나 높으신 이름을 오래 전에 들었기에 흠모하는 마음이 더욱 깊어만 갑니다. …… 부족한 이 사람은 다행히도 대사께서 세우신 이곳 법화원에 머무를 수 있었던 것을 말로 다할 수 없이 감사하게 생각합니다. 저는 은혜를 입고 있으면서도 멀리 떨어져 찾아뵙지 못하였습니다.

8 원성왕릉 무인석

서역인의 모습을 닮은 원성왕릉 무인석의 모습을 통해 당시 통일 신라가 서역과 교류하였음을 짐작할 수 있어요.

9 신라의 화랑도

화랑도는 신라의 청소년 수련 단체에서 기원한 것으로, 진골 출신의 화랑과 다양한 신분의 낭도로 구성되었어요. 화랑과 낭도는 원광이 지은 세속 5계를 지키며 생활하였어요. 진흥왕은 화랑도를 국가적인 조직으로 개편하여 인재를 양성하였고, 이는 신라의 영토 확장에 큰 도움이 되었어요.

> • 진흥왕 37년, 외모가 고운 남자를 뽑아 곱게 단장하게 하고 이름을 화랑이라 하여 받들게 하니, 따르는 무리들이 구름처럼 몰려들었다. 혹은 도의로써 서로 연마하고 혹은 노래와 음악으로 서로 즐겼는데, 산과 물을 찾아 노닐고 즐기니 멀리 이르지 않은 곳이 없었다. 이로 인해 그들 중에 나쁘고 나쁘지 아니한 것을 알게 되어 그중의 착한 자를 가려 조정에 추천하게 되었다. － 《삼국사기》 －
>
> 〈세속 5계〉
> • 충으로써 임금을 섬긴다. / • 효로써 부모를 섬긴다.
> • 믿음으로써 벗을 사귄다. / • 전쟁에 임하여 물러서지 않는다.
> • 살생을 가려서 한다.

10 신라의 골품제

신라의 골품제는 왕족인 골제(성골, 진골)와 귀족인 두품(6~1두품)이 합쳐진 신분 제도예요. 골품제는 각 지역의 부족장을 중앙 귀족에 편입하는 과정에서 세력의 크기에 따라 등급을 나누면서 생겨났어요. 골품제는 골품에 따라 관직 진출에 제한받았을 뿐만 아니라 집과 수레의 크기, 장신구 등 일상생활까지 규제하는 폐쇄적인 신분 제도였어요.

> 진골의 방은 길이와 너비가 24척을 넘을 수 없으며 …… 6두품의 방은 길이와 너비가 21척을 넘을 수 없고 4두품에서 백성에 이르기까지는 방의 길이와 너비가 15척을 넘지 못한다. 느릅나무를 쓰지 못하고, 우물천장을 만들지 못하며, 당기와를 덮지 못하고, 짐승 머리 모양의 지붕 장식이나 높은 처마 등을 두지 못하며, 금·은이나 구리 등으로 장식하지 못한다. …… 대문과 사방문을 만들지 못하고, 마구간에는 말 2마리를 둘 수 있다. － 《삼국사기》 －

등급	관등명	골품				복색
		진골	6두품	5두품	4두품	
1	이벌찬					자색
2	이찬					
3	잡찬					
4	파진찬					
5	대아찬					
6	아찬					비색
7	일길찬					
8	사찬					
9	급벌찬					
10	대나마					청색
11	나마					
12	대사					황색
13	사지					
14	길사					
15	대오					
16	소오					
17	조위					

11 골품제의 모순

폐쇄적인 신분 제도인 골품제 때문에 6두품은 능력이 아무리 뛰어나도 올라갈 수 있는 관직에 한계가 있었는데, 이를 골품제의 모순이라고 해요. 골품제에 불만이 높았던 일부 6두품은 신라를 떠나 당의 빈공과에 응시하기도 하였으며 신라 말 호족, 선종 승려와 손을 잡고 새로운 사회 건설에 앞장섰어요.

> • 설계두는 신라 귀족 가문의 자손이다. 일찍이 가까운 친구 4명과 함께 모여 술을 마시면서 각자 자신의 뜻을 말하였다. 설계두가 이르기를, "신라에서는 사람을 등용하는 데 골품을 따져서 진실로 그 족속이 아니면 비록 큰 재주와 뛰어난 공이 있더라도 (그 한도를) 넘을 수가 없다. 나는 원컨대, 중국으로 가서 세상에서 보기 드문 지략을 떨쳐서 특별한 공을 세우고 싶다. 그리고 영광스러운 관직에 올라 고관대작의 옷을 갖추어 입고 천자의 곁에 출입하면 만족하겠다."라고 하였다. － 《삼국사기》 －
> • 최치원: 신은 나이 12세에 중국으로 건너갔는데, 배를 타고 떠날 즈음에 아버지께서 훈계하기를 "앞으로 10년 안에 진사에 급제하지 못하면 나의 아들이라고 말하지 마라. 가서 부지런히 공부에 힘을 기울여라."라고 하셨습니다. 신이 부친의 엄한 가르침을 가슴에 새겨 노력을 경주한 끝에 6년 만에 빈공과에 합격하였습니다. …… 이제 귀국하여 그동안 중국에서 지은 글을 모아 계원필경집 1부 20권을 비롯한 시·부·표·장 등의 28권을 소장(疏狀)과 함께 올리게 되었습니다. － 《계원필경》 －

12 발해의 사회

발해의 주민은 고구려인과 말갈인으로 구성되었으며, 지배층은 대부분 고구려인이었어요.

> 발해는 고구려 옛 땅에 세운 나라이다. …… 그 백성은 말갈인이 많고 토인(고구려인)이 적다. 토인은 촌장으로 삼는데, 큰 촌의 촌장은 도독이라 하고, 다음가는 촌의 촌장은 자사라고 하며, 그 이하는 다 백성들이 수령이라고 부른다. － 《유취국사》 －

고대(경제, 사회)

1 63회 　　　　　　　　　　　　　　　회독 ●●●

(가) 국가의 경제 상황으로 옳은 것은? [1점]

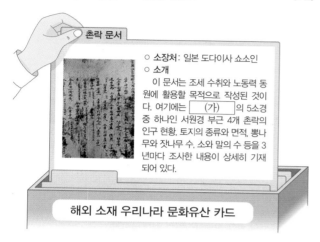

촌락 문서

○ 소장처: 일본 도다이사 쇼소인
○ 소개
　이 문서는 조세 수취와 노동력 동원에 활용할 목적으로 작성된 것이다. 여기에는 (가) 의 5소경 중 하나인 서원경 부근 4개 촌락의 인구 현황, 토지의 종류와 면적, 뽕나무와 잣나무 수, 소와 말의 수 등을 3년마다 조사한 내용이 상세히 기재되어 있다.

해외 소재 우리나라 문화유산 카드

① 낙랑군과 왜에 철을 수출하였다.
② 집집마다 부경이라는 창고가 있었다.
③ 활구라고 불리는 은병이 유통되었다.
④ 특산품으로 솔빈부의 말이 유명하였다.
⑤ 울산항, 당항성이 무역항으로 번성하였다.

2 59회 　　　　　　　　　　　　　　　회독 ●●●

다음 자료에 나타난 시기의 경제 상황으로 옳은 것은? [2점]

> 장보고가 귀국 후 왕을 알현하여, "온 중국이 우리나라 사람을 노비로 삼고 있습니다. 바라옵건대 청해에 진을 설치하여 해적이 사람을 중국으로 잡아가는 것을 막으십시오."라고 아뢰었다. 왕이 장보고에게 군사 1만 명을 주어서 지키게 하였다.

① 은병이 화폐로 제작되었다.
② 낙랑과 왜에 철을 수출하였다.
③ 집집마다 부경이라는 창고가 있었다.
④ 덕대가 광산을 전문적으로 경영하였다.
⑤ 울산을 통해 아라비아 상인들이 왕래하였다.

📢 **통일 신라의 경제 상황**

정답분석 신라 촌락 문서(민정 문서)는 각 촌락의 인구수, 토지 종류와 면적, 소와 말의 수, 나무의 종류와 수 등을 조사하여 3년에 한 번씩 촌주가 기록하였어요. 신라 촌락 문서를 통해 당시 통일 신라의 경제 상황과 조세 행정에 대해 짐작할 수 있어요. 삼국을 통일한 신라는 신문왕 때 전국을 9주로 나누고 수도 금성이 동남쪽에 치우친 것을 보완하기 위해 주요 지역에 5소경을 두었어요.
⑤ 통일 신라 시기에는 수도 경주와 가까운 울산항과 한강 유역의 당항성이 국제 무역항으로 번성하였어요.

오답분석 ① 금관가야는 철이 풍부하여 낙랑군과 왜에 철을 수출하였어요.
② 고구려는 집집마다 부경이라는 작은 창고를 두었어요.
③ 고려 숙종 때 주전도감을 설치하여 은병(활구), 해동통보 등을 발행하였으나 널리 유통되지는 못하였어요.
④ 발해는 당, 일본, 신라 등과 교역하였으며, 목축이 발달하여 솔빈부의 말이 특산물로 유명하였어요.

📢 **통일 신라의 경제 상황**

정답분석 통일 신라 시기 장보고는 당에서 군인으로 활약하다가 귀국한 후, 왕의 후원 아래 완도에 청해진을 건설하였어요. 장보고는 청해진을 거점으로 해적을 소탕하고 해상 무역을 전개하여 서·남해의 해상 무역권을 장악하였어요. 또한, 무역으로 축적한 경제력을 바탕으로 산둥반도 일대에 신라인의 불교 사찰인 법화원을 세워 운영하였어요.
⑤ 통일 신라 시기에는 울산항과 당항성이 국제 무역항으로 번성하여 아라비아 상인들이 왕래하기도 하였어요.

오답분석 ① 고려 숙종 때 은병(활구)이 화폐로 제작되어 유통되었어요.
② 금관가야는 철이 풍부하여 덩이쇠를 낙랑과 왜에 수출하였어요.
③ 고구려는 집집마다 식량을 보관하는 부경이라는 창고를 두었어요.
④ 조선 후기에는 자본가인 물주로부터 자금을 지원받아 광산을 전문적으로 경영하는 덕대가 등장하였어요.

정답 | ⑤

정답 | ⑤

3 64회　　　　　　　　　　　　　　　　회독 ●●●

(가) 국가의 경제 상황으로 옳은 것은?　　[2점]

이 지도는 　(가)　 의 전성기 영역을 나타낸 것입니다. 이 국가에서는 각지에서 말이 사육되었는데, 그중에서도 솔빈부의 말은 당에 수출될 정도로 유명하였습니다. 특히 고구려 유민 출신으로 산동반도 지역을 장악하였던 이정기 세력에게 많은 말을 수출하였습니다.

① 벽란도를 통해 아라비아 상인과 무역하였다.
② 구황 작물로 감자, 고구마를 널리 재배하였다.
③ 해동통보를 발행하여 화폐 유통을 추진하였다.
④ 시장을 관리하는 관청인 동시전을 설치하였다.
⑤ 거란도, 영주도 등을 통해 주변국과 교역하였다.

4 61회　　　　　　　　　　　　　　　　회독 ●●●

다음 자료에 해당하는 국가에 대한 설명으로 옳은 것은?　[2점]

○ 벼슬은 16품계가 있다. 좌평은 5명으로 1품, 달솔은 30명으로 2품, 은솔은 3품, 덕솔은 4품, 한솔은 5품, 나솔은 6품이다. 6품 이상은 관(冠)을 은으로 만든 꽃으로 장식하였다.

○ 그 나라의 지방에는 5방이 있다. 중방은 고사성, 동방은 득안성, 남방은 구지하성, 서방은 도선성, 북방은 웅진성이라 한다.

－『주서』－

① 골품에 따라 관등 승진에 제한을 두었다.
② 제가 회의에서 국가 중대사를 결정하였다.
③ 지방 장관으로 욕살, 처려근지 등이 있었다.
④ 위화부, 영객부 등의 중앙 관서를 설치하였다.
⑤ 왕족인 부여씨와 8성 귀족이 지배층을 이루었다.

📢 **발해의 경제 상황**

　정답분석　발해는 전략적 요충지에 상경 용천부, 동경 용원부, 중경 현덕부, 서경 압록부, 남경 남해부의 5경을 설치하였어요. 발해는 당, 일본, 신라 등과 교역하였으며, 목축이 발달하여 솔빈부의 말이 특산물로 유명하였어요.
⑤ 발해는 거란도, 영주도, 일본도, 신라도 등의 교통로를 통해 주변 국가들과 교류하였어요.

　오답분석　① 고려 시대에는 벽란도가 국제 무역항으로 번성하였는데, 송의 상인은 물론 아라비아 상인도 드나들었어요.
② 조선 후기에는 감자, 고구마 등의 구황 작물이 전래되어 재배되기 시작하였어요.
③ 고려는 숙종 때 의천의 건의로 주전도감이 설치되어 삼한통보, 해동통보, 은병(활구) 등 화폐가 발행되었으나 널리 유통되지는 못하였어요.
④ 신라 지증왕은 수도에 시장인 동시를 설치하고 동시를 감독하기 위한 관청으로 동시전을 설치하였어요.

📢 **백제의 사회 모습**

　정답분석　백제는 내신좌평, 위사좌평 등 6좌평, 16관등제를 마련해 중앙 조직을 정비하였어요. 성왕은 중앙 관청을 22부로 확대하고 수도를 5부, 지방을 5방으로 나누어 다스렸어요.
⑤ 백제의 지배층은 왕족인 부여씨와 8성 귀족으로 이루어졌어요.

　오답분석　① 신라의 골품제는 골품에 따라 관등 승진에 제한을 두고, 집과 수레의 크기 등 일상생활까지도 규제하는 폐쇄적인 신분 제도였어요.
② 고구려는 제가 회의를 열어 나라의 중대한 일을 결정하였어요.
③ 고구려는 수도와 지방을 각각 5부로 나누어 다스렸으며, 지방에 욕살(녹살), 처려근지 등의 지방 장관을 두었어요.
④ 신라는 통일 이후 집사부 아래에 위화부, 영객부를 비롯한 13부를 정비하여 행정 업무를 분담하게 하였어요.

정답 | ⑤　　　　　　　　　　　　　　　　　　　　　　　　　　　　정답 | ⑤

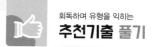

5 63회 회독 ●●●

(가), (나) 국가의 사회 모습에 대한 설명으로 옳은 것은? [3점]

(가) 왕의 성은 부여씨이고, [왕을] '어라하'라고 하며 백성들은 '건길지'라고 부른다. 모두 중국 말로 왕이라는 뜻이다. …… 도성에는 1만 가(家)가 거주하며 5부로 나뉘는데 상부·전부·중부·하부·후부라고 하며, 각각 5백 명의 군사를 거느린다. [지방의] 5방에는 각기 방령 1인을 두는데 달솔로 임명하고, 군에는 군장(郡將) 3인이 있으니 덕솔로 임명한다.
– 「주서」 –

(나) 60개의 주현이 있으며, 큰 성에는 녹살 1인을 두는데 도독과 비슷하다. 나머지 성에는 처려근지를 두는데 도사라고도 하며, 자사와 비슷하다. …… [수도는] 5부로 나뉘어 있다.
– 「신당서」 –

① (가) – 사회 질서를 유지하기 위해 범금 8조를 두었다.
② (가) – 거란도, 일본도 등을 통해 주변 국가와 교류하였다.
③ (나) – 태학과 경당을 두어 인재를 양성하였다.
④ (나) – 정사암 회의에서 국가 중대사를 논의하였다.
⑤ (가), (나) – 골품에 따라 관등 승진에 제한이 있었다.

📢 **백제와 고구려의 사회 모습**

정답분석 (가) 백제의 지배층은 왕족인 부여씨와 8성의 귀족으로 이루어졌어요.
(나) 고구려는 압록강 유역의 졸본 지역에서 5부가 연맹을 이루어 성장한 나라로, 지배층으로 연맹을 이끄는 왕과 상가, 고추가, 대가 등 여러 가들이 있었으며 이들은 각각 사자, 조의, 선인 등의 관리를 두었어요. 또한, 수도와 지방을 각각 5부로 나누어 다스렸으며 지방에 욕살(녹살), 처려근지 등의 지방 장관을 두었어요.
③ 고구려는 교육 기관으로 수도에 태학, 지방에 경당을 두어 인재를 양성하였어요.

오답분석 ① 고조선은 범금 8조(8조법)를 두어 사회 질서를 유지하였어요. 범금 8조 중 현재 3개 조항만 전해지고 있어요.
② 발해는 거란도, 영주도, 일본도, 신라도 등의 교통로를 통해 주변 국가들과 교류하였어요.
④ 백제에서는 귀족들이 정사암 회의를 열어 국가 중대사를 논의하였어요.
⑤ 신라의 골품제는 골품에 따라 관등 승진에 제한을 두고 일상생활까지도 규제하는 폐쇄적인 신분 제도였어요.

정답 | ③

6 55회 회독 ●●●

밑줄 그은 '이 제도'에 대한 설명으로 옳은 것은? [1점]

① 원화(源花)에 기원을 두고 있다.
② 을파소의 건의로 처음 마련되었다.
③ 서얼의 관직 진출을 법으로 제한하였다.
④ 집과 수레의 크기 등 일상생활을 규제하였다.
⑤ 문무 5품 이상 관리의 자손을 대상으로 하였다.

📢 **골품제**

정답분석 골품제는 신라의 폐쇄적인 신분 제도예요. 골품에 따라 관등 승진에 제한을 두어 정치 활동의 범위가 한정되었고, 집의 규모와 장식품, 복색, 수레의 종류 등 일상생활도 규제되었어요.
④ 골품제는 정치 활동의 범위뿐만 아니라 집과 수레의 크기 등 일상생활까지 규제하는 신라의 폐쇄적인 신분 제도예요.

오답분석 ① 신라의 화랑도는 청소년 수련 단체인 원화에 그 기원을 두고 있어요.
② 고구려 고국천왕은 을파소의 건의에 따라 빈민을 구제하기 위한 진대법을 마련하였어요.
③ 조선 태종은 서얼금고법을 제정하여 서얼의 관직 진출을 법으로 제한하였어요.
⑤ 고려 시대에는 문무 5품 이상 관리의 자손에게 음서를 통해 관직에 진출할 수 있는 기회가 부여되었어요.

정답 | ④

06강 고대(경제, 사회)

삼국의 경제 / 남북국의 경제

01 신라 지증왕 때 시장을 감독하는 관청인 ○○전이 설치되었다.

02 신라 신문왕 때 관리에게 ○○전이 지급되고 ○읍이 폐지되었다.

03 신라 성덕왕은 백성에게 ○전을 지급하였다.

04 일본 도다이사 쇼소인에서 발견된 신라 ○○ 문서는 서원경 인근 4개 촌의 정보를 담고 있다.

05 통일 신라 때 ○항성, 영암이 국제 무역항으로 번성하였다.

06 장○○는 완도에 청해진을 설치하여 해상 무역을 전개하였다.

07 발해의 특산품으로 ○○부의 말이 유명하였다.

삼국의 사회

08 백제는 왕족인 ○○씨와 8성의 귀족이 지배층을 이루었다.

09 신라의 ○○회의는 귀족들로 구성되어 만장일치제로 운영되었다.

10 신라의 ○○제는 개인의 정치 활동뿐만 아니라 일상생활까지 규제한 폐쇄적인 신분제였다.

11 신라의 화랑도는 원광의 ○○ 5계를 행동 규범으로 삼았다.

남북국의 사회

12 신라 말에 ○두품은 호족과 연계하여 사회 개혁을 추구하기도 하였다.

13 신라 말 왕권이 약해지면서 지방에서 ○○ 세력이 성장하였다.

14 신라 말에 최○○은 당에서 돌아와 진성 여왕에게 시무책 10여 조를 건의하였다.

15 발해는 당에 유학생을 파견하였고, 이들은 ○○과에 응시하여 당의 관리가 되기도 하였다.

정답 **01** 동시 **02** 관료, 녹 **03** 정 **04** 촌락 **05** 당 **06** 보고 **07** 솔빈 **08** 부여 **09** 화백 **10** 골품 **11** 세속 **12** 6 **13** 호족 **14** 치원 **15** 빈공

고대(문화 1)

시대 흐름을 한번에 담는
흐름판서 보기

흐름판서 강의

구분		유학	역사서	도교
고구려		• 수도: 태학(소수림왕) • 지방: 경당(유학 + 무술)	이문진 → 〈신집〉 5권(영양왕)	사신도(강서대묘, 동·서·남·북)
백제		• 오경·역·의박사 • 부여 사택지적비	고흥 → 〈서기〉(근초고왕)	• 백제 금동 대향로(부여 능산리) • 산수무늬 벽돌
신라		• 임신서기석 • 원광의 세속 5계(화랑도)	거칠부 → 〈국사〉(진흥왕)	화랑도 → 낭가 사상(신채호)
통일 신라	전기	• 국학(신문왕) • 설총: 이두 정리, 화왕계(신문왕) • 강수: 〈청방인문표〉 • 김대문: 〈화랑세기〉, 〈고승전〉		
	후기	• 독서삼품과(원성왕) • 최치원: 〈계원필경〉, 〈토황소격문〉		
발해		주자감		

구분		불교	불상		불탑
고구려		수용: 소수림왕(← 전진)	금동 연가 7년명 여래 입상	금동 미륵보살 반가 사유상	
백제		수용: 침류왕(← 동진)	서산 용현리 마애 여래 삼존 입상		• 익산 미륵사지 석탑 • 부여 정림사지 5층 석탑(평제탑)
신라		공인: 법흥왕(이차돈)	경주 배동 석조 여래 삼존 입상		• 경주 분황사 모전 석탑 • 황룡사 9층 목탑(자장) → 고려 때 ✕
통일 신라	전기	• 원효 　┌ 아미타 신앙, 무애가, 일심 사상 　└〈대승기신론소〉, 〈십문화쟁론〉 • 의상 　┌ 관음 신앙, 화엄 사상 　└ 부석사 건립, 〈화엄일승법계도〉 • 혜초: 〈왕오천축국전〉	석굴암 본존불상		• 경주 감은사지 3층 석탑(신문왕) • 경주 불국사 3층 석탑(석가탑, 무영탑) 　└ 무구정광대다라니경 　 (현존 세계에서 가장 　 오래된 목판 인쇄물) • 경주 불국사 다보탑
	후기	선종 유행(9산 선문) 　└ 호족 후원, 승탑·탑비 유행			• 양양 진전사지 3층 석탑 • 화순 쌍봉사 철감선사 승탑
발해			이불병좌상		영광탑

07강 고대(문화 1)

고대(문화 1)

빈출키워드 TOP5

독서삼품과	1위
황룡사 9층 목탑	2위
거칠부의 국사 편찬	3위
동진으로부터 불교 수용	4위
왕오천축국전	5위

✎ **화왕계**
설총이 지어 신문왕에게 바친 설화예요. 꽃나라를 다스리는 꽃의 왕 모란이 겉모습만 아름다우며 아첨하는 장미를 내치고 충직한 할미꽃 백두옹을 신하로 등용한다는 내용의 글이에요.

✎ **아미타 신앙(정토 신앙)**
원효는 '나무아미타불'만 열심히 외우면 누구든 극락정토에 갈 수 있다는 아미타 신앙을 설파하는 등 불교의 대중화를 위해 노력하였어요.

✎ **일심 사상과 화쟁 사상**
• 일심 사상: 모든 것은 결국 한마음에서 나온다고 주장하는 사상이에요.
• 화쟁 사상: 불교의 모든 종파 간의 이론적 대립을 화합으로 바꾸려는 사상이에요.

✎ **화엄 사상**
당에서 공부를 하고 신라로 돌아온 의상은 '일즉다다즉일(하나가 곧 모든 것이고 모든 것이 곧 하나다.)'을 설파하였는데, 당시 왕은 이를 왕권 강화에 이용하였어요.

❶ 유학의 발달

고구려	• 태학(수도): 소수림왕 때 설치 → 유교 경전·역사 교육 • 경당(지방): 유학·무술 교육
백제	• 오경박사(유교 경전 교육), 역박사(천문·역법 교육), 의박사(의학 교육) • 부여 사택지적비: 한문학의 수준이 높았음을 짐작
신라	• 임신서기석: 두 청년이 유교 경전 공부에 힘쓸 것을 다짐하는 내용이 새겨져 있음 → 신라에서 유학 교육이 실시되었음을 짐작 • 원광의 세속 5계(화랑도의 행동 규범)

통일 신라	• 국학 설치(신문왕): 유교 경전 교육
	• 독서삼품과 실시(원성왕): 국학 학생들의 유교 경전에 대한 이해 수준 평가
	• 유학자
	  – 설총(6두품): 이두 정리, 신문왕에게 〈화왕계〉를 지어 바침
	  – 강수(6두품): 외교 문서 작성에 능함 → 〈청방인문표〉 작성
	  – 김대문(진골): 《화랑세기》, 《고승전》, 《한산기》 집필
	  – 최치원(6두품): 당 유학 → 빈공과 합격 → 신라로 돌아와 진성 여왕에게 시무 10여 조 건의, 《계원필경》·〈토황소격문〉 집필

발해	6부에 유교식 명칭 사용, 주자감 설치(유교 경전 교육), 당에 유학생 파견

❷ 역사서 편찬

고구려	영양왕 때 이문진이 《유기》를 간추려 《신집》 5권 편찬
백제	근초고왕 때 고흥이 《서기》 편찬
신라	진흥왕 때 거칠부가 《국사》 편찬

❸ 도교의 발달

특징	산천 숭배나 신선 사상과 결합하여 불로장생과 현세의 구복 추구 → 귀족 사회를 중심으로 발달
고구려	강서대묘의 사신도: 도교의 네 방위를 나타내는 상징적 동물인 청룡(동), 백호(서), 주작(남), 현무(북)를 그린 그림
백제	• 백제 금동 대향로: 부여 능산리 절터에서 출토, 불교 + 도교의 복합 요소 • 산수무늬 벽돌: 자연과 더불어 살고자 하는 마음이 담김
신라	화랑도 → 낭가 사상(신채호)

❹ 불교의 발달

(1) 삼국의 불교 수용

고구려	소수림왕 때 중국 전진의 승려 순도를 통해 수용·공인
백제	침류왕 때 중국 동진에서 온 승려 마라난타를 통해 수용·공인
신라	눌지 마립간 때 고구려의 승려 묵호자를 통해 전래 → 법흥왕 때 이차돈의 순교를 계기로 공인

(2) 통일 신라의 불교 발전

원효	• 불교 대중화에 기여: 아미타 신앙('나무아미타불'), 무애가를 지어 전파 • 일심 사상·화쟁 사상을 통해 종파 통합 도모 • 《대승기신론소》, 《금강삼매경론》, 《십문화쟁론》 등 저술
의상	• 관음 신앙 전파('관세음보살'), 화엄 사상 정립(화엄종 개창) • 부석사·낙산사 등 건립 • 《화엄일승법계도》 저술
혜초	인도와 중앙아시아를 순례한 후 《왕오천축국전》 저술
선종의 유행	참선과 실천 수행을 통한 깨달음 강조 → 호족의 사상적 기반으로 작용, 승탑과 탑비 유행

(3) 불상과 불탑

① 불상

삼국	금동 미륵보살 반가 사유상
고구려	금동 연가 7년명 여래 입상
백제	서산 용현리 마애 여래 삼존 입상
신라	경주 배동 석조 여래 삼존 입상
통일 신라	석굴암 본존불(상)
발해	이불병좌상

② 불탑

고구려	주로 목탑을 만들었으나, 현존하는 것이 없음
백제	• 익산 미륵사지 석탑: 무왕 때 세워짐, 목탑 양식, 금제 사리봉영기가 발견됨 • 부여 정림사지 5층 석탑: 목탑 양식, '평제탑'이라고도 불렸음
신라	• 경주 분황사 모전 석탑: 돌을 벽돌 모양으로 다듬어 쌓음 • 경주 황룡사 9층 목탑: 선덕 여왕 때 자장의 건의로 세워짐 → 고려 때 몽골의 침입으로 소실
통일 신라	• 경주 감은사지 3층 석탑: 신문왕 때 세워짐, 쌍탑 • 경주 불국사 3층 석탑(석가탑, 무영탑): 현존하는 세계 최고(最古)의 목판 인쇄본인 무구정광대다라니경이 발견됨 • 경주 불국사 다보탑, 양양 진전사지 3층 석탑, 화순 쌍봉사 철감선사탑(선종)
발해	영광탑: 벽돌로 쌓은 전탑으로, 탑 아래 무덤이 있음

⏸ 일시정지! ☑ 확인하기

1. 다음 설명에 해당하는 승려를 골라 쓰세요.

> 원광, 원효, 의상, 혜초, 자장

(1) 관음 신앙을 강조하였다. (　　)
(2) 영주에 부석사를 창건하였다. (　　)
(3) 황룡사 9층 목탑의 건립을 건의하였다. (　　)
(4) 화랑도의 규범인 세속 5계를 제시하였다. (　　)
(5) 대승기신론소, 십문화쟁론을 저술하였다. (　　)
(6) 무애가를 지어 불교 대중화에 노력하였다. (　　)
(7) 화엄일승법계도를 지어 화엄 사상을 정리하였다. (　　)
(8) 인도와 중앙아시아를 여행하고 왕오천축국전을 남겼다.
(　　)

2. 다음 설명에 해당하는 인물을 골라 쓰세요.

> 설총, 강수, 김대문, 최치원

(1) 이두를 체계적으로 정리하였다. (　　)
(2) 화왕계를 지어 국왕에게 바쳤다. (　　)
(3) 화랑세기, 고승전 등을 저술하였다. (　　)
(4) 왕에게 시무 10여 조를 건의하였다. (　　)
(5) 외교 문서 작성에 능하여 청방인문표를 지었다. (　　)

3. 다음 문화유산을 남긴 나라를 골라 쓰세요.

> 고구려, 백제, 신라, 발해

(1)
(　　　　)

(2)
(　　　　)

(3)
(　　　　)

(4)
(　　　　)

(5)
(　　　　)

(6)
(　　　　)

1. (1) 의상 (2) 의상 (3) 자장 (4) 원광 (5) 원효 (6) 원효 (7) 의상 (8) 혜초
2. (1) 설총 (2) 설총 (3) 김대문 (4) 최치원 (5) 강수 3. (1) 백제 (2) 발해
(3) 고구려 (4) 신라 (5) 백제 (6) 신라

1 신라의 임신서기석

신라의 두 청년이 유교 경전을 익힐 것을 다짐한 내용이 새겨져 있는 비석이에요. 이를 통해 신라의 청소년들이 유교 경전을 공부하였음을 짐작할 수 있어요.

〈임신서기석의 주요 내용〉
임신년 6월 16일에 두 사람이 함께 맹세하여 기록한다. 하늘 앞에 맹세하기를 지금부터 3년 이후까지 충성의 도리를 갖고 잘못을 저지르지 않기로 맹세한다. …… 별도로 신미년 7월 22일에 "시경", "상서", "예기" 등을 3년 안에 차례로 습득하기로 맹세하였다.

2 백제 산수무늬 벽돌

산수무늬가 새겨진 백제의 벽돌이에요. 아래쪽에는 물이 흐르고 중간에는 산봉우리들이 이어지며 하늘에는 구름이 떠 있는 모습이 새겨져 있는 것을 통해 도교적 색채가 드러나 있음을 알 수 있어요.

3 백제 금동 대향로

백제 왕실의 의례에 사용한 것으로 추정되는 문화유산으로, 부여 능산리 절터에서 출토되었어요. 불교와 도교의 요소가 복합적으로 표현되었으며, 뛰어난 금속 공예 기술로 제작되어 국보로 지정되었어요.

4 원효의 사상

원효는 일심 사상과 화쟁 사상을 주장하여 종파 간 사상적 대립을 극복하고자 하였어요. 그는 《금강삼매경론》, 《대승기신론소》 등을 저술하였고, 무애가를 지어 불교 대중화에 앞장서기도 하였어요.

원효는 설총을 낳은 이후 속인의 옷으로 바꾸어 입고 스스로 소성거사라고 하였다. 우연히 광대들이 갖고 놀던 큰 박을 얻었는데 그 모양이 괴이하였다. 그 모양을 따라서 도구로 만들어 화엄경의 구절에서 이름을 따와 '무애(無㝵)'라고 하고, 노래를 지어 세상에 퍼뜨렸다. 원효는 무애를 지니고 수많은 마을을 돌아다니면서 노래하고 춤을 추고 교화시켰다. 그래서 가난하고 무지몽매한 무리도 모두 부처의 이름을 알게 되고, 나무아미타불을 외우게 되었다. - 《삼국유사》 -

5 의상의 사상

의상은 당에서 유학하고 돌아와 신라에 화엄 사상을 본격적으로 전하고, 관음 신앙을 확산시켰어요. 또한, 화엄 사상의 핵심을 정리한 《화엄일승법계도》를 편찬하였고, 경상북도 영주의 부석사, 강원도 양양의 낙산사 등 여러 사찰을 건립하였어요.

의상은 열 곳의 절에서 교(敎)를 전하게 하니 태백산의 부석사, …… 남악의 화엄사가 그것이다. 또한 법계도서인(法界圖書印)을 짓고 아울러 간략한 주석을 붙여 일승(一乘)의 요점을 모두 기록하였다. …… 법계도는 총장(總章) 원년 무진(戊辰)에 완성되었다.
－《삼국유사》－

6 금동 연가 7년명 여래 입상

삼국 시대의 불상으로, 불상 뒷면의 명문을 통해 고구려의 불상임을 알 수 있어요. 고구려의 승려들이 만들어 유포한 천불(千佛) 중 하나로, 뒷면에 '연가 7년(延嘉七年)'이 새겨져 있어 제작 연대를 추정할 수 있어요. 고구려의 불상이지만 옛 신라 지역인 경상남도 의령에서 발견되었어요.

7 서산 용현리 마애 여래 삼존 입상

백제의 대표적인 불상으로, 둥근 얼굴 윤곽에 자비로운 인상을 지녀 '백제의 미소'라고 불려요. 서산 마애 삼존불이라고도 해요.

8 경주 배동 석조 여래 삼존 입상

삼국 시대 신라의 대표적인 불상으로, 경주 남산 기슭에 흩어져 있던 것을 1923년에 모아 세워 놓았어요.

9 경주 석굴암 본존불(상)

통일 신라 시대의 불상으로, 김대성이 창건한 경주 석굴암 안에 조성되어 있어요.

10 발해 이불병좌상

발해의 불상으로, 석가불과 다보불 두 부처가 나란히 앉아 있는 모습을 형상화하였어요. 고구려의 영향을 받았으며, 동경의 절터에서 발견되었어요.

11 익산 미륵사지 석탑(복원)

백제의 석탑으로, 현존하는 삼국 시대 석탑 중 가장 규모가 크며 목탑 양식이 반영되었어요. 무왕이 세운 익산 미륵사에 세워졌으며, 이 탑에서 금제 사리 봉영기가 발견되어 석탑의 건립 연도가 밝혀졌어요.

12 부여 정림사지 5층 석탑

백제의 석탑으로, 목탑 양식을 계승하였어요. 백제 멸망 당시 당의 소정방이 쓴 글이 새겨져 있어 '평제탑'이라고 불리기도 하였어요.

13 경주 분황사 모전 석탑

현존하는 신라 석탑 중 가장 오래된 석탑으로, 돌을 벽돌 모양으로 다듬어 쌓았어요. 선덕 여왕 시기에 건립된 것으로 보여요.

14 경주 불국사 3층 석탑과 경주 불국사 다보탑

통일 신라 시대 김대성이 창건한 불국사 내에 조성된 석탑이에요. 경주 불국사 3층 석탑은 석가탑이라고도 하며, 탑의 해체·보수 과정에서 무구정광대다라니경이 발견되었어요. 석가탑과 함께 다보탑이 나란히 서 있어요.

▲ 경주 불국사 3층 석탑(석가탑)　　　　▲ 경주 불국사 다보탑

15 경주 감은사지 3층 석탑

신라 신문왕이 아버지 문무왕을 기리기 위해 건립한 감은사에 세워진 석탑이에요. 삼국 통일 이후 조성된 석탑 양식의 전형을 띠고 있어요.

16 화순 쌍봉사 철감선사탑

통일 신라 시대의 탑으로, 철감선사의 사리를 봉안한 탑이에요. 신라 말에는 선종이 유행하면서 승려의 사리를 봉안하는 승탑과 탑비가 유행하였어요.

17 발해 영광탑

현재 유일하게 남아 있는 발해의 탑이에요. 벽돌을 쌓아 만든 전탑으로, 탑 아래에서 무덤이 발견되었어요.

07강 고대(문화 1)

1 65회　　　　　　　　　　　회독 ●●●

밑줄 그은 '이 인물'에 대한 설명으로 옳은 것은?　[3점]

●●●● 📶　　　　　오전 10:40　　　　48% 🔋

♥ ◯　　　　　　　　● ● ●　　　　　🔖
좋아요 28회　　　　　　　　　　　　8시간 전

이곳은 이 인물을 제사하는 경주의 서악 서원.
그는 한자의 음과 훈을 빌려 우리말을 표기하는
이두를 체계적으로 정리함. 우리말로 유학 경전
을 풀이하여 후학들을 가르침. 원효의 아들임.

🏠　　🔍　　➕　　♡　　👤

① 향가 모음집인 삼대목을 편찬하였다.
② 진성 여왕에게 시무책 10여 조를 올렸다.
③ 화랑도의 규범으로 세속 5계를 제시하였다.
④ 외교 문서 작성에 능하여 청방인문표를 지었다.
⑤ 국왕에게 조언하는 내용인 화왕계를 집필하였다.

📢 설총의 활동

정답분석　신라의 6두품 출신 유학자이자 원효의 아들인 설총은 이두
를 정리해 유학 발전에 기여하였으며, 제자 양성에도 많은 노력을 기울
였어요.
⑤ 설총은 신문왕에게 충신을 가까이할 것을 꽃에 비유하여 조언한 〈화왕
계〉를 지어 바쳤어요.

오답분석　① 신라 말 진성 여왕 때 위홍과 대구화상이 왕명을 받아 향
가 모음집인 《삼대목》을 편찬하였어요.
② 신라 말, 당에서 유학하고 돌아온 6두품 출신 학자 최치원은 진성 여왕
에게 시무책 10여 조를 올렸으나 받아들여지지 않았어요.
③ 신라 진평왕 때 승려 원광은 화랑도가 지켜야 할 행동 규범으로 세속
5계를 제시하였어요.
④ 강수는 신라의 외교 문서를 작성하는 데 큰 역할을 하였는데, 당에 인
질로 잡혀 있던 무열왕의 아들인 김인문의 석방을 요구하는 글인 〈청방인
문표〉를 지었어요.

정답 | ⑤

80 2주끝장 심화

2 61회　　　　　　　　　　　회독 ●●●

(가) 인물의 활동으로 옳은 것은?　[1점]

이곳은　(가)　의 생애와 활동을 주제로 한 전시실입니다. 그는
금강삼매경론, 대승기신론소 등을 저술하여 불교 교리 연구에 힘썼으며,
무애가를 짓고 정토 신앙을 전파하여 불교 대중화에 앞장섰습니다.

① 일심 사상과 화쟁 사상을 주장하였다.
② 구법 순례기인 왕오천축국전을 남겼다.
③ 황룡사 구층 목탑의 건립을 건의하였다.
④ 왕명으로 수에 군사를 청하는 걸사표를 지었다.
⑤ 승려들의 전기를 정리한 해동고승전을 편찬하였다.

📢 원효의 활동

정답분석　신라의 원효는 《금강삼매경론》, 《대승기신론소》, 《십문화쟁론》
등을 저술하였어요. 원효는 나무아미타불만 외우면 누구나 극락에 갈 수
있다고 주장하고 무애가를 지어 부르며 불교 대중화에 기여하였어요.
① 신라의 원효는 일심 사상과 화쟁 사상을 주장하며 종파 간의 사상적
대립을 극복하기 위해 노력하였어요.

오답분석　② 신라의 혜초는 인도와 중앙아시아를 여행한 후 구법 순례
기인 《왕오천축국전》을 남겼어요.
③ 신라의 자장은 선덕 여왕에게 황룡사 9층 목탑의 건립을 건의하였어요.
④ 신라의 원광은 진평왕의 명령을 받들어 수에 고구려를 공격하기 위한
군사를 청하는 걸사표를 지었어요.
⑤ 고려의 각훈은 왕명에 의해 우리나라 역대 고승들의 전기를 정리한 역
사서인 《해동고승전》을 편찬하였어요.

정답 | ①

3 60회　　　　　　　　　　　　회독 ●●●

밑줄 그은 '이 승려'의 활동으로 옳은 것은?　　[2점]

① 무애가를 지어 불교 대중화에 기여하였다.
② 화랑도의 규범으로 세속 5계를 제시하였다.
③ 구법 순례기인 왕오천축국전을 저술하였다.
④ 승려들의 전기를 담은 해동고승전을 집필하였다.
⑤ 화엄일승법계도를 지어 화엄 사상을 정리하였다.

📢 **의상의 활동**

　정답분석　신라의 승려 의상은 영주에 부석사를 건립하였어요. 이곳에는 고려의 대표적인 목조 건축물인 영주 부석사 무량수전과 고려의 불상인 영주 부석사 소조 여래 좌상이 있어요. 의상은 당에서 유학하고 돌아와 신라에 화엄 사상을 본격적으로 전하고, 관음 신앙을 확산시켰어요.
　⑤ 《화엄일승법계도》는 의상이 화엄 사상의 핵심을 정리한 그림시예요.

　오답분석　① 신라의 원효는 《십문화쟁론》을 지어 종파 간의 사상적 대립을 해소하기 위해 노력하였고, 무애가를 지어 불교 대중화에 기여하였어요.
　② 신라의 원광은 진평왕 때 화랑도의 규범으로 세속 5계를 제시하였어요.
　③ 신라의 혜초는 인도와 중앙아시아를 여행한 후 구법 순례기인 《왕오천축국전》을 저술하였어요.
　④ 고려의 각훈은 왕명에 의해 우리나라 역대 고승들의 전기를 담은 《해동고승전》을 집필하였어요.

정답 | ⑤

4 62회　　　　　　　　　　　　회독 ●●●

밑줄 그은 '이 탑'으로 옳은 것은?　　[3점]

금제 사리봉영기가 남긴 고대사의 수수께끼

　2009년 이 탑의 해체 수리 중에 사리장엄구와 금제 사리봉영기가 발견되었다. 사리봉영기에는 "우리 백제 왕후께서는 좌평 사택적덕의 따님으로 …… 가람을 세우시고 기해년 정월 29일에 사리를 받들어 맞이하셨다."라는 명문이 있어 큰 주목을 받았다. 이 탑을 세운 주체가 삼국유사에 나오는 선화 공주가 아니라 백제 귀족의 딸로 밝혀져 서동 왕자와 선화 공주 설화의 진위 여부에 대한 논란이 일어나기도 하였다.

① 　② 　③

④ 　⑤

📢 **백제의 문화유산**

　정답분석　사리봉영기는 사리를 모시는 내력을 적은 글이에요. 백제의 탑인 익산 미륵사지 석탑에서 발견된 금제 사리봉영기에는 백제 무왕의 왕후가 미륵사를 창건하고, 왕실의 안녕을 기원하고자 사리를 봉안하고 탑을 세웠다는 내용이 담겨 있어요.
　③ 목탑 양식을 계승한 백제의 익산 미륵사지 석탑이에요.

　오답분석　① 신라의 석탑 중 가장 오래된 경주 분황사 모전 석탑이에요.
　② 통일 신라의 석탑 중 특이한 형태를 가진 경주 정혜사지 13층 석탑이에요.
　④ 발해의 영광탑으로, 벽돌로 만들어졌어요.
　⑤ 통일 신라의 경주 감은사지 3층 석탑이에요.

정답 | ③

5 59회　　　　　　　　　　회독 ●●●

(가) 국가의 문화유산으로 옳은 것은?　　　　　[1점]

메타버스 '셔라벌' 오픈!

(가) 의 수도 경주의 문화유산을
아바타로 생생하게 체험해 보세요.

이벤트1 첨성대에서 별자리 찾아보기
이벤트2 포석정에서 인증샷 찍기

① ② ③ ④ ⑤

📢 **신라의 문화유산**

정답분석　서라벌은 경주의 옛 이름으로, 신라의 수도였어요. 신라의 대표적인 문화유산으로는 선덕 여왕 때 건립된 것으로 추정되는 천문 관측대인 첨성대가 있어요.
③ 신라의 대표적인 불상인 경주 석굴암 본존불(상)이에요.

오답분석　① 가야의 철제 갑옷과 투구로, 고령 지산동에서 출토되었어요.
② 발해의 이불병좌상으로, 동경의 절터에서 출토되었어요.
④ 백제 금동 대향로로, 부여 능산리 절터에서 출토되었어요.
⑤ 고려의 평창 월정사 8각 9층 석탑으로, 송의 영향을 받았어요.

정답 | ③

6 63회　　　　　　　　　　회독 ●●●

밑줄 그은 '이 탑'으로 옳은 것은?　　　　　[2점]

유물로 보는 한국사

[해설]
　경주 불국사에 있는 이 탑의 해체 보수 과정에서 발견된 금동제 사리 외함이다. 2층 탑신부에 봉안되어 있던 이 유물 안에는 은제 사리 내·외합과 무구정광대다라니경 등이 함께 놓여 있었다. 이를 통해 당시의 뛰어난 공예 기술 및 사리 장엄 방식과 특징을 알 수 있다.

① 　② 　③

④ 　⑤

📢 **신라의 문화유산**

정답분석　통일 신라의 경주 불국사 3층 석탑을 보수하는 과정에서 세계에서 가장 오래된 목판 인쇄본인 무구정광대다라니경이 발견되었어요.
① 통일 신라의 경주 불국사 3층 석탑으로 석가탑이라고도 해요. 통일 신라 석탑의 완벽한 조형미를 보여 주고 있어요.

오답분석　② 백제의 부여 정림사지 5층 석탑이에요. 당의 장수 소정방이 백제를 멸망시킨 내용을 새겨 놓아 '평제탑'이라고 부르기도 하였어요.
③ 백제 무왕이 익산에 미륵사를 지으며 만든 익산 미륵사지 석탑이에요. 목탑 양식을 계승한 형태의 석탑이에요.
④ 통일 신라의 구례 화엄사 4사자 3층 석탑으로, 기단과 탑신에 화려한 조각이 새겨져 있어요.
⑤ 고려의 평창 월정사 8각 9층 석탑으로, 다각 다층탑의 전형적인 모습이 나타나 있어요.

정답 | ①

고대(문화 1)

유학의 발달

01 고구려는 교육 기관으로 수도에 　학을, 지방에는 　당을 두었다.

02 설총은 〈　　계〉를 지어 신문왕에게 조언하였고, 　　를 체계적으로 정리하였다.

03 신라 신문왕은 유교 경전을 교육하기 위해 　학을 설치하였다.

04 최　　은 당의 빈공과에 합격하였으며, 《계원필경》을 지었다.

역사서 편찬 / 도교의 발달 / 불교의 발달

05 백제 고흥은 근초고왕의 명을 받아 《　기》를 편찬하였다.

06 신라 거칠부는 진흥왕의 명을 받아 《　사》를 편찬하였다.

07 백제 금동 대향로에서는 　교와 도교가 융합된 모습을 볼 수 있다.

08 고구려는 　　　왕 때, 백제는 　　왕 때 불교를 수용하였다.

09 신라는 　　왕 때 이차돈의 순교를 계기로 불교를 공인하였다.

10 　　는 무애가를 지어 불교 대중화에 기여하였고, 《대승기신론소》를 저술하였다.

11 　　은 《화엄일승법계도》를 지어 화엄 사상을 정리하였다.

12 　　는 인도와 중앙아시아를 순례한 후 《　　　　국전》을 남겼다.

불상과 불탑

13

이불병좌상

14

익산 　　지 석탑

15

경주 　　사 모전 석탑

16

경주 　　지 3층 석탑

08강 고대(문화 2)

시대 흐름을 한번에 담는
흐름판서 보기

흐름판서 강의

구분	건축	고분	비석
고구려	안학궁(평양) └ 장수왕의 남진	돌무지무덤(장군총) → 굴식 돌방무덤(무용총): 벽화 O, 도굴 ▲	• 광개토 태왕릉비(장수왕) • 충주 고구려비(장수왕)
백제	미륵사·왕궁리(익산) └ 무왕	돌무지무덤(석촌동 고분) → 굴식 돌방무덤 + 벽돌무덤(무령왕릉) └ 묘지석, 석수	사택지적비(부여) └ 한문학 ▲

신라	황룡사(경주)
	└ 진흥왕
		돌무지덧널무덤: 천마총(천마도), 황남대총
		  └ 벽화 X, 도굴 X, 껴묻거리 ▲
			• 임신서기석(유학)
			• 단양 신라 적성비 + 북한산 순수비
			  (김정희 〈금석과안록〉) 외 3개
			  → 진흥왕의 영토 확장

가야		• 김해 대성동 고분군(금관가야) • 고령 지산동 고분군(대가야)	
통일 신라	• 불국사, 석굴암 • 동궁과 월지(안압지)	굴식 돌방무덤(김유신 묘) └ 둘레돌, 12지 신상	
발해	• 상경성(주작대로) ← 당 • 온돌 ← 고구려	• 정혜 공주 묘(문왕): 굴식 돌방무덤, 돌사자상 ← 고구려 • 정효 공주 묘(문왕): 벽돌무덤 ← 고구려 + 당	

구분	과학 기술	문화 교류		
		일본		기타
고구려	천문도 → 천상열차분야지도(조선 태조)	• 담징(종이·먹 제조 기술) • 혜자(쇼토쿠 태자 스승) • 수산리 고분 벽화 → 다카마쓰 고분 벽화	금동 미륵보살 반가 사유상 ↓ 목조 미륵보살 반가 사유상	아스카 문화	아프라시아브 궁전 벽화 고구려 사신, 각저총 → 서역
백제	• 칠지도(근초고왕): 백제 ⇔ 왜 • 금동 대향로: 불교 + 도교	• 아직기(한자 교육) • 왕인(천자문, 논어) • 노리사치계(불경·불상)			벽돌무덤(중국 남조) 보검, 유리 제품 → 서역
신라	금관, 첨성대(선덕 여왕)	조선술·축제술			
가야	덩이쇠 → 철 갑옷, 금동관	토기 제작 기술 → 스에키			
통일 신라	• 상원사 동종(성덕왕) • 성덕 대왕 신종(경덕왕~혜공왕) • 무구정광대다라니경 └ 현존 세계 최고(最古) 목판 인쇄물				원성왕릉(괘릉) 무인석 → 서역

08강 고대(문화 2)

08강 고대(문화 2)

빈출키워드 TOP5

백제 금동 대향로	1위
무령왕릉 석수	2위
벽돌무덤	3위
칠지도	4위
북한산 순수비	5위

✎ 릉, 총, 고분군

- **릉**: 무덤의 주인이 누구인지 확실히 알 수 있는 왕·왕비의 무덤을 말해요.(예 무령왕릉)
- **총**: 무덤의 주인이 누구인지 확실히 알 수 없어서 출토된 유물의 이름 등을 따서 부르는 무덤이에요.(예 천마총, 금관총)
- **고분군**: 여러 개의 무덤이 모여 있는 것을 말해요.(예 능산리 고분군, 대성동 고분군)

✎ 모줄임천장

벽면의 중간 지점부터 모서리를 점점 줄여 나가다가 사각형 모양으로 천장을 막는 방식으로, 고구려의 굴식 돌방무덤에서 주로 볼 수 있어요. 이 천장이 발해 무덤에서도 발견되는 것을 통해 발해가 고구려 문화를 계승하였음을 알 수 있어요.

✎ 담징, 혜자

- **담징**: 일본에 종이와 먹의 제조 기술을 전파한 고구려의 승려예요.
- **혜자**: 일본에 건너가 쇼토쿠 태자의 스승이 된 고구려의 승려로, 일본의 불교문화 발전에 기여하였어요.

① 건축

고구려	안학궁: 장수왕이 평양으로 천도할 때 세운 궁궐로, 현재는 터만 있음
백제	익산 왕궁리 유적(무왕), 익산 미륵사(무왕), 부여 궁남지(인공 연못)
신라	경주 황룡사: 진흥왕 때 세운 사찰로, 현재는 터만 있음
통일 신라	• 경주 불국사, 경주 석굴암(인공 석굴 사원) • 경주 동궁과 월지(안압지): 조경술과 화려한 귀족 문화를 보여 줌
발해	• 상경성: 당의 영향 → 당의 수도인 장안성의 구조와 유사, 주작대로 건설 • 온돌 장치: 고구려 문화 계승

② 고분

고구려	돌무지무덤(장군총: 계단식 무덤, 벽화 ×) → 굴식 돌방무덤(강서대묘, 무용총, 각저총: 벽화 O, 도굴 쉬움)
백제	돌무지무덤(석촌동 고분군) → 굴식 돌방무덤(능산리 고분군) + 벽돌무덤(무령왕릉: 중국 남조의 영향, 묘지석 출토, 석수 발견)
신라	돌무지덧널무덤(천마총, 황남대총, 호우총): 입구와 벽화 ×, 도굴 어려움
가야	• 금관가야: 김해 대성동 고분군 • 대가야: 고령 지산동 고분군
통일 신라	굴식 돌방무덤(김유신 묘): 봉토 주위를 둘레돌로 두르고 12지 신상을 세움
발해	• 정혜 공주 묘: 굴식 돌방무덤, 모줄임천장, 돌사자상 → 고구려 계승 • 정효 공주 묘: 벽돌무덤, 고분 벽화(당의 영향), 고구려 양식의 천장 → 당과 고구려 양식의 혼합

③ 비석

고구려	• 광개토 태왕릉비(장수왕): 광개토 태왕의 업적 기록 • 충주 고구려비(장수왕): 한반도 중부 지역까지 영토 확장 기념
백제	부여 사택지적비: 백제의 한문학 수준이 높았음을 짐작
신라	• 임신서기석: 신라에서 유학 교육이 실시되었음을 짐작 • 울진 봉평 신라비(법흥왕): 당시 신라의 사회 모습을 보여 줌 • 영토 확장 기념비 건립(진흥왕): 단양 신라 적성비, 북한산 순수비(김정희가 《금석과안록》에서 진흥왕 순수비임을 밝힘), 창녕 척경비, 황초령 순수비, 마운령 순수비

④ 과학 기술

고구려	천문도 → 조선 태조 때 천상열차분야지도 제작에 영향
백제	• 칠지도: 우수한 금속 공예 기술 → 백제와 왜의 교류를 보여 줌 • 백제 금동 대향로: 섬세한 금속 공예 기술, 불교+도교의 복합 요소
신라	금관 등 화려한 금속 장신구 제작(금·은 세공 기술 발달), 첨성대
통일 신라	• 범종 제작: 상원사 동종(성덕왕), 성덕 대왕 신종(경덕왕~혜공왕) • 무구정광대다라니경: 경주 불국사 3층 석탑에서 발견, 현존 세계 최고(最古)의 목판 인쇄본

❺ 문화 교류

(1) 고대 문화의 일본 전파: 삼국과 가야의 문화는 일본 아스카 문화 형성에 영향을 줌

삼국	금동 미륵보살 반가 사유상과 일본의 고류사 목조 미륵보살 반가 사유상이 유사함
고구려	• 담징(종이와 먹 제조 방법 전수, 호류사 금당 벽화 제작) • 혜자(쇼토쿠 태자의 스승) • 수산리 고분 벽화와 일본의 다카마쓰 고분 벽화가 유사함
백제	• 오경박사·역박사·의박사 등 파견 → 유학, 의학, 천문, 역법 등 전파 • 아직기: 일본의 태자에게 한자 교육 실시 • 왕인: 《천자문》과 《논어》 전파 • 노리사치계: 불경·불상 전파
신라	조선술·축제술 전파 → '한인의 연못'(저수지)
가야	토기 제작 기술 전파 → 스에키에 영향

(2) 고대의 문화 교류

고구려	서역과의 교류 → 우즈베키스탄의 아프라시아브 궁전 벽화에 고구려 사신 등장. 고구려의 각저총 벽화에 서역인으로 짐작되는 인물 등장
백제	중국의 남조와 교류 → 벽돌무덤(무령왕릉) 조성, 귀족 문화 발달
신라	서역과의 교류 → 신라 고분에서 서역의 유리그릇, 유리 구슬, 금제 장식 보검 등 발견
통일 신라	• 당과의 교류 → 사신, 유학생, 승려 등 왕래 • 서역과의 교류: 원성왕릉(괘릉) 무인석
발해	문왕 이후 당과 친선 관계 → 당의 문물 적극 수용

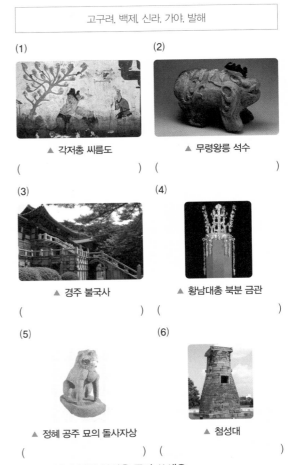

⏸ 일시정지! ☑ 확인하기

1. 다음 문화유산을 남긴 나라를 골라 쓰세요.

> 고구려, 백제, 신라, 가야, 발해

(1)
▲ 각저총 씨름도
(   )

(2)
▲ 무령왕릉 석수
(   )

(3)
▲ 경주 불국사
(   )

(4)
▲ 황남대총 북분 금관
(   )

(5)
▲ 정혜 공주 묘의 돌사자상
(   )

(6)
▲ 첨성대
(   )

2. 다음 고분의 무덤 양식을 골라 쓰세요.

> 돌무지무덤, 굴식 돌방무덤, 벽돌무덤, 돌무지덧널무덤

(1)
▲ 장군총
(   )

(2)
▲ 무령왕릉
(   )

(3)
▲ 무용총
(   )

(4)
▲ 황남대총
(   )

1. (1) 고구려 (2) 백제 (3) 신라 (4) 신라 (5) 발해 (6) 신라
2. (1) 돌무지무덤 (2) 벽돌무덤 (3) 굴식 돌방무덤 (4) 돌무지덧널무덤

08^강 고대(문화 2)

1 신라 금관

현재 신라의 금관은 총 6점이 남아 있어요. 대체로 출(出)자 모양과 사슴뿔 모양 장식으로 이루어져 있어요.

▲ 금관총 금관

2 첨성대

신라 선덕 여왕 때 건립된 것으로 알려져 있으며, 천문 관측대로 짐작되고 있어요.

3 상원사 동종

통일 신라 성덕왕 때 만들어진 종으로, 현존하는 우리나라 범종 중 가장 오래되었어요.

4 성덕 대왕 신종

통일 신라 경덕왕이 아버지 성덕왕의 공덕을 기리기 위해 만들기 시작하여 혜공왕 때 완성되었으며, 우리나라에 남아 있는 가장 큰 종이에요.

5 무구정광대다라니경

통일 신라의 경주 불국사 3층 석탑(석가탑)을 해체·보수하는 과정에서 발견되었어요. 현존하는 세계에서 가장 오래된 목판 인쇄물이에요.

6 익산 미륵사

백제 무왕이 금마저(익산)에 창건한 사찰이에요. 미륵사지 석탑의 보수 과정에서 금제 사리봉영기가 발견되어 미륵사의 창건 목적과 석탑의 건립 연대가 밝혀졌어요.

▲ 금제 사리봉영기

7 경주 동궁과 월지

신라의 별궁터로, 이곳에서 나무로 만든 14면체 주사위와 금동 초 심지 가위 등 당시 왕실과 귀족의 생활 모습을 엿볼 수 있는 많은 유물이 출토되었어요.

8 고구려 장군총과 백제 석촌동 고분

고구려 초기에는 장군총처럼 돌무지무덤이 많이 만들어졌는데, 백제 한성 시대의 무덤인 서울 석촌동 고분도 돌무지무덤의 형태를 보이고 있어요. 이를 통해 백제 건국 세력이 고구려 계통임을 짐작할 수 있어요.

▲ 고구려 장군총   ▲ 백제 석촌동 고분

9 고구려 고분 벽화

고구려 고분에 그려진 벽화를 통해 당시 사람들의 생활 모습을 짐작할 수 있어요.

▲ 각저총 씨름도   ▲ 무용총 무용도

▲ 무용총 접객도   ▲ 수산리 고분의 부부 모습

10 발해 상경성

발해는 당의 수도 장안성을 참고하여 상경성을 건설하였어요. 남북으로 길게 뻗은 주작대로라는 길이 있어요.

⑪ 굴식 돌방무덤

삼국 시대에 쓰인 무덤 양식으로, 돌로 널길과 널방을 만들고 그 위를 흙으로 덮어 봉분을 만든 무덤이에요. 벽과 천장에 벽화를 그리기도 하였어요.

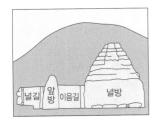

▲ 굴식 돌방무덤의 구조

⑫ 벽돌무덤

백제 웅진 시대에는 중국 남조(양)의 영향을 받아 벽돌무덤이 만들어졌어요. 공주 무령왕릉은 대표적인 벽돌무덤으로, 백제 고분 중 매장된 사람과 축조 연대가 확인되는 유일한 무덤이에요. 이 무덤에서는 껴묻거리와 함께 무덤의 주인을 알 수 있는 묘지석과 석수 등이 출토되었어요.

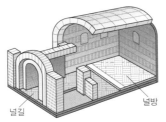

▲ 벽돌무덤의 구조

▲ 무령왕릉 내부 모습

⑬ 돌무지덧널무덤

지상이나 지하에 나무 덧널을 설치하고, 그 위에 돌을 쌓고 흙으로 덮은 무덤 양식이에요. 규모가 크고 도굴이 어려워 많은 껴묻거리가 출토되는 편이에요.

▲ 돌무지덧널무덤의 구조

⑭ 천마도

신라의 천마총은 대표적인 돌무지덧널무덤으로, 천마도가 그려진 말다래(장니) 등 많은 껴묻거리가 발견되었어요.

⑮ 김유신 묘

통일 신라 시기에는 굴식 돌방무덤이 유행하였는데, 대표적으로 김유신 묘가 있어요. 무덤의 둘레돌(호석)에 12지 신상이 조각되어 있어요.

⑯ 가야 토기와 스에키

가야는 일본에 철제 기술과 토기 제작 기술을 전해주었어요. 특히 토기 제작 기술은 일본의 스에키 제작에 영향을 주었어요.

▲ 가야 토기

▲ 스에키

⑰ 정혜 공주 묘와 정효 공주 묘

문왕의 둘째 딸 정혜 공주 묘는 굴식 돌방무덤 양식과 모줄임천장 구조, 돌사자상을 통해 고구려의 영향을 받았음을 짐작할 수 있어요. 넷째 딸 정효 공주 묘는 벽화가 그려진 벽돌무덤 양식에서 당의 영향을 받았음을 짐작할 수 있고, 천장 구조를 통해 고구려 양식이 혼합되었음을 알 수 있어요.

▲ 정혜 공주 묘의 돌사자상

▲ 정효 공주 묘의 벽화

⑱ 삼국과 일본의 불상

두 불상은 반만 가부좌를 튼 자세로 생각에 잠긴 모습과 제작 기법 등이 유사해요. 이를 통해 삼국의 문화가 일본에 전파되었음을 짐작할 수 있어요.

▲ 금동 미륵보살 반가 사유상(삼국)

▲ 고류사 목조 미륵보살 반가 사유상(일본)

⑲ 수산리 고분 벽화와 다카마쓰 고분 벽화

두 벽화는 여성들이 입은 저고리와 주름치마의 모양, 제작 기법 등이 유사해요. 이를 통해 일본의 다카마쓰 고분 벽화가 고구려의 영향을 받았음을 짐작할 수 있어요.

▲ 수산리 고분 벽화(고구려)

▲ 다카마쓰 고분 벽화(일본)

고대(문화 2)

1 54회 회독 ○○○

밑줄 그은 '이 국가'의 벽화로 옳지 <u>않은</u> 것은? [3점]

> <u>이 국가</u>의 고분 벽화는 도읍이었던 지안과 평양 일대에 주로 남아 있는데, 일상생활과 풍속, 신앙과 의례를 묘사한 것으로 유명합니다. 이제 벽화 사진을 바탕으로 제작한 영상을 생생하게 만나 보세요.

①  ②

③  ④

⑤

2 51회 회독 ○○○

(가) 문화유산에 대한 설명으로 옳은 것은? [3점]

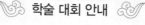

학술 대회 안내

올해는 백제의 고분 중 피장자와 축조 연대가 확인되는 유일한 무덤인 [(가)] 발굴 50주년이 되는 해입니다. 우리 학회는 이를 기념하여 '[(가)] 출토 유물로 본 동아시아 문화 교류'를 주제로 학술 대회를 개최합니다.

◆ 발표 주제 ◆

· 진묘수를 통해 본 도교 사상
· 금동제 신발의 제작 기법 분석
· 금송으로 만든 관을 통해 본 일본과의 교류

■ 일시: 2021년 ○○월 ○○일 13:00~17:00
■ 장소: □□ 박물관 강당
■ 주최: △△ 학회

① 서울 석촌동 고분군에 위치하고 있다.
② 나무로 곽을 짜고 그 위에 돌을 쌓았다.
③ 국보로 지정된 금동 대향로가 출토되었다.
④ 무덤의 둘레돌에 12지 신상을 조각하였다.
⑤ 중국 남조의 영향을 받아 벽돌로 축조하였다.

📣 **고구려의 문화유산**

정답분석 고구려 초기의 무덤 양식은 주로 돌무지무덤이었으나, 점차 돌로 방을 만든 굴식 돌방무덤으로 바뀌었어요. 돌방의 벽과 천장에는 당시 사람들의 생활 모습 등을 담은 벽화가 그려져 있어요.
⑤ 경상남도 밀양에 있는 박익 묘에 그려진 벽화예요. 박익은 고려 말의 인물이에요.

오답분석 ① 고구려 수산리 고분의 벽화로, 무덤 주인 부부의 생활 모습이 그려져 있어요.
② 고구려 무용총에 남아 있는 〈접객도〉예요.
③ 고구려 강서대묘의 사신도 벽화 중 〈현무도〉예요.
④ 고구려 각저총에 남아 있는 벽화로, 씨름하는 모습이 그려져 있어요.

정답 | ⑤

📣 **백제의 문화유산**

정답분석 무령왕릉은 백제 무령왕 부부의 무덤이에요.
⑤ 무령왕릉은 중국 남조의 영향을 받아 벽돌로 축조된 벽돌무덤이에요. 무덤에서 죽은 사람의 인적 사항 등이 기록된 묘지석이 발견되어 무덤의 주인과 축조 연대가 밝혀졌어요.

오답분석 ① 무령왕릉은 충청남도 공주의 송산리 고분군 내에 위치하고 있어요.
② 나무로 곽을 짜고 그 위에 돌을 쌓는 방식으로 만들어진 무덤은 돌무지덧널무덤이에요. 삼국 통일 이전 신라에서 주로 만들어졌어요.
③ 백제 금동 대향로는 부여 능산리 고분군 근처의 절터에서 출토되었어요.
④ 신라는 통일을 전후하여 굴식 돌방무덤을 주로 만들었는데, 무덤의 둘레돌에 12지 신상을 새기기도 하였어요. 대표적으로 김유신 묘가 있어요.

정답 | ⑤

3 66회 　　　　　　　　　　　　　　　회독 ○○○

(가) 국가의 문화유산으로 옳은 것은?　[2점]

천마총 발굴 50주년 특별전이 개최됩니다. 천마총은 [　(가)　]의 대표적인 돌무지덧널무덤 중 하나로 발굴 당시 많은 유물이 출토되어 주목을 받았습니다. 그중에서도 가장 유명한 천마도의 실물이 9년 만에 세상에 공개됩니다.

① 　　② 　　③

④ 　　⑤

🔊 신라의 문화유산

정답분석　신라의 천마총에서 발견된 〈천마도〉는 2장의 말다래(장니)에 그려진 그림이에요. 말다래는 말을 탄 사람의 옷에 진흙이 튀기지 않도록 말의 배 양쪽에 늘어뜨린 네모난 판을 말해요.
③ 신라 천마총에서 발견된 금관이에요.

오답분석　① 고려의 청동 은입사 포류수금문 정병으로, 은입사 기술로 만든 목이 긴 형태의 물병이에요.
② 고구려의 불상인 금동 연가 7년명 여래 입상으로, 뒷면에 새겨진 '연가 7년'이라는 글자를 통해 제작 시기를 알 수 있어요.
④ 발해의 이불병좌상으로, 고구려의 영향을 받아 만들어졌어요.
⑤ 백제 금동 대향로로, 신선 · 봉황 · 연꽃 등 도교와 불교의 상징이 정교하게 묘사되어 있어요.

정답 | ③

---

4 38회 　　　　　　　　　　　　　　　회독 ○○○

(가), (나) 무덤 양식에 대한 설명으로 옳은 것은?　[2점]

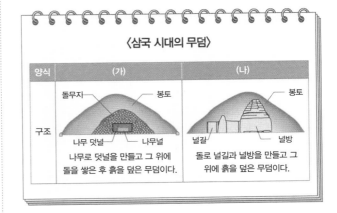

① (가) – 모줄임천장 구조로 되어 있다.
② (가) – 무덤의 둘레돌에 12지 신상을 새겼다.
③ (나) – 대표적인 무덤으로 황남대총이 있다.
④ (나) – 내부의 천장과 벽에 그림을 그리기도 하였다.
⑤ (가), (나) – 중국 남조의 영향을 받아 만들어졌다.

🔊 삼국의 고분과 고분 벽화

정답분석　(가)는 돌무지덧널무덤으로, 시신을 담은 나무널과 껴묻거리를 넣은 나무덧널 위에 돌무지를 쌓고 흙을 덮은 무덤이에요.
(나)는 굴식 돌방무덤으로, 돌로 널방을 만들고 입구에서 돌로 만든 방까지 널길을 만든 후 흙으로 덮은 무덤이에요.
④ 굴식 돌방무덤은 내부의 천장과 벽에 그림을 그리기도 하였어요.

오답분석　① 돌무지덧널무덤은 나무덧널 위에 돌무지를 쌓기 때문에 천장 구조가 없어요. 모줄임천장 구조는 고구려의 굴식 돌방무덤에서 주로 보이는 양식이에요.
② 신라에서는 통일을 전후한 시기부터 굴식 돌방무덤이 만들어졌는데, 무덤에 둘레돌을 두르고 거기에 12지 신상을 조각하는 형태가 나타났어요. 대표적으로 김유신 묘가 있어요.
③ 신라의 황남대총은 돌무지덧널무덤이에요.
⑤ 중국 남조의 영향을 받아 만들어진 무덤은 벽돌무덤으로, 대표적으로 백제의 공주 무령왕릉이 있어요.

정답 | ④

5 60회 　　　　　　　　　　　　　회독 ●○○

(가) 국가에 대한 설명으로 옳은 것은? 　　　　　[1점]

① 중정대를 두어 관리를 감찰하였다.
② 군사 조직으로 9서당 10정을 편성하였다.
③ 내신 좌평 등 6좌평의 관제를 정비하였다.
④ 상수리 제도를 시행하여 지방 세력을 견제하였다.
⑤ 왕족인 부여씨와 8성의 귀족이 지배층을 이루었다.

📢 **발해의 문화유산**

정답분석　발해 선왕은 영토를 크게 확장하여 5경 15부 62주의 지방 행정 조직을 갖추었고, 이 무렵 발해는 '해동성국'으로 불리기도 하였어요. 발해의 대표적인 문화유산으로는 영광탑, 정효 공주 묘, 석등, 이불병좌상 등이 있어요.
① 발해는 정당성, 선조성, 중대성 등 3성 6부를 조직하고 중정대를 두어 관리를 감찰하였어요.

오답분석　② 신라는 통일 이후 9주 5소경으로 지방 제도를 정비하고, 9서당 10정으로 군사 조직을 편성하였어요.
③ 백제는 내신 좌평, 위사 좌평 등 6좌평의 관제를 정비하였어요.
④ 통일 이후 신라는 지방 세력 또는 그의 자제를 수도에 머무르게 하는 상수리 제도를 실시하여 지방 세력을 견제하였고, 지방관을 감찰하기 위해 외사정을 파견하였어요.
⑤ 백제의 지배층으로는 왕족인 부여씨와 8성의 귀족이 있었어요.

정답 | ①

6 54회 　　　　　　　　　　　　　회독 ●○○

(가)~(마) 문화유산에 대한 설명으로 옳은 것은? 　　[3점]

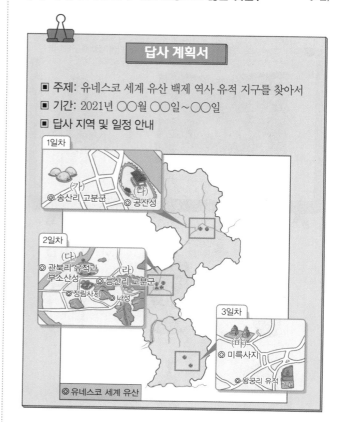

① (가) – 백제 금동 대향로가 출토되었다.
② (나) – 온조왕이 왕성으로 삼았다.
③ (다) – 재상을 선출하던 천정대가 있었다.
④ (라) – 무령왕과 왕비의 무덤이 발굴되었다.
⑤ (마) – 석탑 해체 과정에서 금제 사리봉영기가 발견되었다.

📢 **백제의 문화유산**

정답분석　⑤ 익산에 있는 미륵사지 석탑의 해체 과정에서 금제 사리봉영기가 발견되었어요. 이를 통해 미륵사의 창건 목적과 창건 연대, 창건 주체에 대해 알게 되었어요.

오답분석　① 백제 금동 대향로는 부여 능산리 고분군(부여 왕릉원) 부근에서 발견되었어요.
② 온조왕이 나라를 세우고 왕성으로 삼은 곳은 한강 유역의 위례성이에요. 공산성은 백제가 웅진(공주)으로 천도한 후 도읍을 방어하기 위해 쌓은 산성이에요.
③ 관북리 유적은 사비(부여)로 천도한 백제의 왕궁지로 추정되는 곳이에요. 부소산성은 도읍을 방어하기 위해 쌓은 산성이에요. 재상을 선출하던 천정대는 부소산성 북쪽의 강을 건넌 곳에 있어요.
④ 무령왕과 왕비의 무덤은 공주 송산리 고분군에서 발굴되었어요.

정답 | ⑤

08강 고대(문화 2)

건축

01 신라는 통일 이후 불국토를 만들고자 한 염원을 담아 　　　사와 　　　암을 건립하였다.

02 발해의 수도 상경성은 　　의 수도 장안을 본떠 만들었는데, 　　대로가 있었다.

고분

03 고구려의 장군총과 백제의 서울 석촌동 고분은 　　　　무덤이다.

04 굴식 　　무덤에는 천장과 벽에 벽화가 남겨져 있기도 한다.

05 공주의 　　　릉은 중국 남조의 영향을 받은 벽돌무덤이다.

06 신라의 돌무지 　　무덤은 구조상 도굴이 어려워 많은 껴묻거리가 출토되었다.

07 신라의 굴식 돌방무덤인 김유신 묘의 　　돌에 12지 신상이 새겨져 있다.

08 발해의 정　　공주 묘는 굴식 돌방무덤으로, 정효 공주 묘는 벽돌무덤으로 만들어졌다.

비석

09 고구려 장수왕은 　　　　　　릉비를 만들어 아버지의 업적을 기록하였다.

10 조선 후기에 김정희는 《금석과안록》에서 북한산비가 신라 　　왕 순수비임을 처음으로 고증하였다.

과학 기술

11 금동 대향로와 칠지도는 　　의 수준 높은 공예 기술을 보여 준다.

12 경주 불국사 3층 석탑에서 현존 최고(最古)의 목판 인쇄물인 　　　　　대다라니경이 발견되었다.

문화 교류

13 고구려의 승려 담　은 일본에 종이와 먹 제조 기술을 전파하였다.

14 고구려의 승려 혜　는 일본으로 건너가 쇼토쿠 태자의 스승이 되었다.

15 백제의 학자 왕　은 일본에 《천자문》과 《논어》를 전파하였다.

16 가야의 토기 제작 기술이 일본에 전해져 　　　제작에 영향을 주었다.

17 삼국의 문화는 일본의 아　　문화 형성에 영향을 끼쳤다.

정답 **01** 불국, 석굴 **02** 당, 주작 **03** 돌무지 **04** 돌방 **05** 무령왕 **06** 덧널 **07** 둘레 **08** 혜 **09** 광개토 태왕 **10** 진흥 **11** 백제 **12** 무구정광 **13** 징 **14** 자 **15** 인 **16** 스에키
17 스카

고려

09강 고려(초기 정치)
10강 고려(중기 정치~무신 정변)
11강 고려(외교)
12강 고려(경제, 사회)
13강 고려(문화 1)
14강 고려(문화 2)

936
후삼국 통일

1107
여진 정벌

918
고려 건국

993
거란의 1차 침입

1170
무신 정변

기출로 보는 키워드

1위	화통도감
2위	전민변정도감(신돈)
3위	과거제
4위	기철, 정동행성
5위	경시서

3개년 평균 출제 비중

7.1문항

14.2%

1231
몽골의 1차 침입

1270~1273
삼별초의 항쟁

1351
공민왕 즉위

1356
쌍성총관부 수복

1377
직지심체요절 인쇄

1392
고려 멸망

09강 고려(초기 정치)

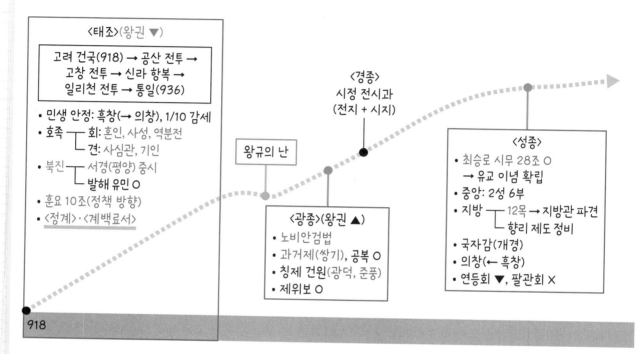

〈태조〉(왕권 ▼)

고려 건국(918) → 공산 전투 →
고창 전투 → 신라 항복 →
일리천 전투 → 통일(936)

- 민생 안정: 흑창(→ 의창), 1/10 감세
- 호족 ┬ 회: 혼인, 사성, 역분전
        └ 견: 사심관, 기인
- 북진 ┬ 서경(평양) 중시
        └ 발해 유민 O
- 훈요 10조(정책 방향)
- 〈정계〉·〈계백료서〉

〈경종〉
시정 전시과
(전지 + 시지)

왕규의 난

〈광종〉(왕권 ▲)
- 노비안검법
- 과거제(쌍기), 공복 O
- 칭제 건원(광덕, 준풍)
- 제위보 O

〈성종〉
- 최승로 시무 28조 O
  → 유교 이념 확립
- 중앙: 2성 6부
- 지방 ┬ 12목 → 지방관 파견
        └ 향리 제도 정비
- 국자감(개경)
- 의창(← 흑창)
- 연등회 ▼, 팔관회 X

918

중앙(2성 6부)

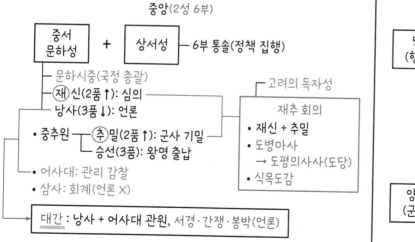

┌─ 중서
│ 문하성 │ + │ 상서성 ─ 6부 통솔(정책 집행)
│
├ 문하시중(국정 총괄)
├ (재)신(2품↑): 심의 ┐   ┌ 고려의 독자성
├ 낭사(3품↓): 언론 │   │
│   **재추 회의**
├ • 중추원 ┬ (추)밀(2품↑): 군사 기밀   • 재신 + 추밀
│   └ 승선(3품): 왕명 출납   • 도병마사
├ • 어사대: 관리 감찰   → 도평의사사(도당)
└ • 삼사: 회계(언론 X)   • 식목도감

└→ **대간 : 낭사 + 어사대 관원, 서경·간쟁·봉박(언론)**

지방(12목 → 5도 양계)

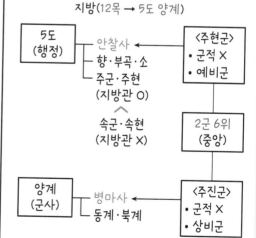

5도   ┬ 안찰사   **〈주현군〉**
(행정)   ├ 향·부곡·소   • 군적 X
           ├ 주군·주현   • 예비군
           │ (지방관 O)
           ▲
         속군·속현   **2군 6위**
         (지방관 X)   (중앙)

양계   ┬ 병마사   **〈주진군〉**
(군사)   └ 동계·북계   • 군적 X
                              • 상비군

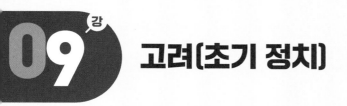

09강 고려(초기 정치)

고려(초기 정치)

빈출키워드 TOP5

노비안검법	1위
과거제	2위
광군	3위
정계, 계백료서	4위
12목	5위

✏ 흑창
태조가 설치한 빈민 구제 기관이에요. 곡식이 부족한 봄에 곡식을 빌려주고 수확기인 가을에 갚도록 하였어요. 성종 때 의창으로 발전하여 전국적으로 확대되었어요.

✏ 만부교 사건
고려 태조가 거란이 고려와 친선 관계를 맺기 위해 보낸 낙타 50필을 만부교 다리 밑에서 굶어 죽게 한 사건이에요. 태조는 발해를 멸망시킨 거란을 적대시하였어요.

✏ 왕규의 난
태조의 뒤를 이어 혜종이 즉위하였는데, 혜종이 재위 2년 만에 병사하자 왕규가 자신의 손자를 왕으로 세우기 위해 난을 일으켰어요. 혜종의 뒤를 이어 즉위한 정종이 왕규의 난을 진압하였으나, 혜종과 같이 재위 4년 만에 병으로 죽었고, 정종의 뒤를 이어 광종이 즉위하여 개혁 정책을 펼쳤어요.

✏ 향·부곡·소
특수 행정 구역으로 향·부곡은 주로 농사를 짓는 지역이고, 소는 국가에서 필요로 하는 수공업품을 생산하는 지역이에요. 이곳에 사는 사람들은 거주 이전의 자유가 없고, 일반 군현민에 비해 더 많은 세금을 냈어요.

❶ 고려의 성립과 후삼국 통일

(1) 고려의 성립

왕건의 성장	• 궁예의 부하가 된 왕건은 후백제의 금성(나주) 점령 등을 통해 성장 • 궁예의 폭정 → 신하들이 궁예를 축출한 후 왕건을 왕으로 추대
고려의 성립	국호 '고려'(고구려 계승), 연호 '천수', 고려 건국 후 송악(개성)으로 천도

(2) 후삼국 통일 과정

공산 전투	후백제 승리, 고려의 신숭겸 전사
고창 전투	고려 승리 → 후백제의 세력 약화
견훤 귀순	첫째 아들 신검에 의해 금산사에 유폐되어 있던 견훤이 고려에 귀순
신라 항복	나라를 운영하기 어려워진 신라 경순왕이 고려에 나라를 바침
일리천 전투	고려 승리, 후백제 멸망 → 후삼국 통일(936)

❷ 고려의 정치 발전

태조	민생 안정책	• 조세율을 1/10로 낮춤(취민유도 표방) • 흑창 설치(빈민 구제)
	호족 정책	• 회유: 혼인 정책, 사성 정책(왕씨 성 하사), 역분전 지급 • 견제: 사심관 제도, 기인 제도
	북진 정책	• 서경(평양) 중시 → 청천강 ~ 영흥만까지 영토 확장 • 거란 배척(만부교 사건), 발해 유민 포용
	기타	• 훈요 10조 제시: 후대 왕에게 정책의 방향 제안 • 《정계》·《계백료서》 저술: 관리들이 지켜야 할 규범 제시
정종		• 왕규의 난 진압 • 거란의 침입에 대비하여 광군 창설(광군사 조직)
광종	왕권 강화책	• 노비안검법 실시: 불법으로 노비가 된 양인들을 원래의 신분으로 해방 → 공신과 호족 세력의 경제·군사적 기반 약화, 국가 재정 확충 • 과거제 실시: 쌍기의 건의 → 시험으로 유교적 소양을 갖춘 신진 세력 등용 • 관리의 공복 제정: 관리의 위계질서 확립 • 칭제 건원: '황제' 칭호 사용, '광덕'·'준풍' 등의 독자적 연호 사용 • 후주와 사신 교환 → 대외 관계의 안정 도모
	기타	제위보 설치(빈민 구제), 국사(혜거)·왕사(탄문) 제도, 귀법사 창건(균여)
경종		• 역분전을 대신하여 전시과 제도 마련 • 시정 전시과 실시: 전·현직 관리에게 전지와 시지 지급, 관직 + 인품 고려
성종		• 최승로의 시무 28조 채택 → 유교 정치 이념 확립 • 중앙 정치: 2성 6부 마련 • 지방 행정: 전국 주요 지역에 12목을 설치하고 지방관 파견, 향리 제도 정비 • 국자감 설치(개경) • 과거제 정비(유학부+기술학부) • 12목(지방)에 경학박사와 의학박사 파견 • '흑창' → '의창'으로 발전

❸ 통치 체제의 정비

(1) 중앙 정치: 2성 6부

중서 문하성	• 국정 총괄(장관: 문하시중) • 재신(2품 이상, 정책 심의·결정) • 낭사(3품 이하, 정책의 잘잘못 비판)
상서성	• 정책 집행 • 이·병·호·형·예·공부의 6부(행정 실무) 통솔
중추원	추밀(2품 이상, 군사 기밀), 승선(3품 이하, 왕명 출납)
어사대	관리 감찰
삼사	화폐와 곡식의 출납에 대한 회계 담당
대간	• 구성: 중서문하성의 낭사 + 어사대의 관원 • 역할: 언론 기능(서경, 간쟁, 봉박의 권한 행사) → 권력의 견제 와 균형 도모
도병 마사	• 국방·군사 문제 처리 • 원 간섭기에 도평의사사(도당) 로 바뀜	중서문하성의 재신과 중추 원의 추밀이 모여 국가 중 대사 결정(재추 회의) → 고려의 독자 기구
식목 도감	대내적인 법의 제정·격식 관장	

(2) 지방 행정: 12목 설치 → 5도 양계

5도 (행정)	• 안찰사 파견 • 특수 행정 구역인 향·부곡·소 존재 • 지방관이 파견된 주군·주현보다 파견되지 않은 속군·속현 (행정 담당: 향리)이 더 많음
양계 (군사)	• 병마사 파견 • 군사적인 특수 행정 구역(동계·북계)

(3) 군사 조직

① 중앙군: 직업 군인으로 편성 → 군인전을 지급받음, 직역 세습

2군	국왕의 친위 부대, 응양군 + 용호군
6위	수도 경비, 국경 방어

② 지방군: 16~59세의 양인 남성으로 편성

주현군	• 5도의 일반 군현에 주둔 • 일종의 예비군으로 평상시에는 생업에 종사
주진군	• 양계 주둔 • 국경 수비 담당, 상비군

❙❙ 일시정지!
☑ 확인하기

1. 고려의 후삼국 통일 과정을 순서대로 나열하세요.

> (가) 궁예가 왕위에서 축출되었다.
> (나) 신라 경순왕이 고려에 항복하였다.
> (다) 신숭겸이 공산 전투에서 전사하였다.
> (라) 신검이 일리천 전투에서 고려군에 패배하였다.
> (마) 왕건이 고창 전투에서 후백제군을 격퇴하였다.

(   )

2. 다음 설명에 해당하는 고려 왕을 골라 쓰세요.

> 태조, 광종, 성종

(1) 광덕, 준풍 등의 연호를 사용하였다.   (   )

(2) 최승로의 시무 28조를 받아들였다.   (   )

(3) 흑창을 설치하여 빈민을 구제하였다.   (   )

(4) 12목을 설치하고 지방관을 파견하였다.   (   )

(5) 노비안검법을 실시하여 왕권을 강화하였다.   (   )

(6) 국자감을 설립하여 유학 교육 진흥에 힘썼다.   (   )

(7) 지방 세력 통제를 위해 향리제를 정비하였다.   (   )

(8) 쌍기의 건의를 받아들여 과거제를 시행하였다.   (   )

(9) 공로와 인품에 따라 역분전을 차등 지급하였다.   (   )

(10) 정계와 계백료서를 지어 관리의 규범을 제시하였다. (   )

3. 다음 설명에 해당하는 정치 기구를 골라 쓰세요.

> 중서문하성, 어사대, 삼사, 도병마사

(1) 국정을 총괄하는 최고 중앙 기구였다.   (   )

(2) 화폐와 곡식의 출납 회계를 담당하였다.   (   )

(3) 소속 관원이 낭사와 함께 대간으로 불렸다.   (   )

(4) 원 간섭기에 도평의사사로 명칭이 바뀌었다.   (   )

(5) 소속 관원이 낭사와 함께 서경권을 행사하였다.   (   )

4. 고려에 대한 설명이 맞으면 ○표, 틀리면 ✕표 하세요.

(1) 8도를 23부로 개편하였다.   (   )

(2) 지방관으로 안찰사를 파견하였다.   (   )

(3) 2군 6위로 중앙군을 편성하였다.   (   )

(4) 국경 지역인 양계에 병마사를 파견하였다.   (   )

(5) 특수 행정 구역으로 향, 부곡, 소가 있었다.   (   )

(6) 지방 행정 제도를 9주 5소경으로 정비하였다.   (   )

1. (가) − (다) − (마) − (나) − (라) 2. (1) 광종 (2) 성종 (3) 태조 (4) 성종
(5) 광종 (6) 성종 (7) 성종 (8) 광종 (9) 태조 (10) 태조 3. (1) 중서문하성
(2) 삼사 (3) 어사대 (4) 도병마사 (5) 어사대 4. (1) ✕ (2) ○ (3) ○ (4) ○
(5) ○ (6) ✕

09강 고려(초기 정치)

1 고려의 후삼국 통일

후고구려의 궁예가 폭정을 계속하자 신하들은 왕건을 왕으로 추대하였어요. 왕건은 국호를 '고려'라 하고 송악으로 천도하였어요. 한편, 후백제를 세운 견훤은 신라의 수도 금성을 공격하여 경애왕을 죽게 하고 경순왕을 세웠어요. 이에 왕건은 신라를 지원하여 공산(대구)에서 후백제군과 싸웠으나 신하 신숭겸이 죽고, 고려군은 크게 패하였어요(공산 전투). 이후 왕건은 고창(안동) 전투에서 후백제군을 상대로 승리하면서 후삼국 통일의 주도권을 잡았어요. 한편, 후백제에서 왕위 계승 다툼이 일어나 견훤이 고려로 귀순하였고, 신라도 스스로 고려에 항복하였어요. 결국 고려는 신검의 후백제군을 상대로 일리천 전투 등에서 승리하며 후삼국을 통일하였어요.

- **공산 전투**: 태조는 정예 기병 5천을 거느리고 공산(公山) 아래에서 견훤을 맞아서 크게 싸웠다. 태조의 장수 김락과 신숭겸은 죽고 모든 군사가 패하였으며, 태조는 겨우 죽음을 면하였다.
- **고창 전투**: 견훤이 크게 군사를 일으켜 고창군(古昌郡)의 병산 아래에 가서 태조와 싸웠으나 이기지 못하였다. 전사자가 8천여 명이었다.
- **신라 항복**: [태조가] 신라국을 폐하여 경주라 하고, 그 지역을 [김부에게] 식읍으로 하사하였다.
- **일리천 전투**: 태조가 일선군으로 진격하니 신검이 군사를 거느리고 막았다. 일리천을 사이에 두고 대치하였다. …… 후백제의 장군들이 …… 갑옷과 무기를 버리고 항복하였다.

2 태조의 호족 회유 정책

태조는 호족을 우대하여 지방 세력을 포섭하고자 하였어요. 호족의 딸과 결혼을 하거나 왕씨 성을 내려 주었고, 관직과 토지를 지급하였어요.

(김)순식은 강원도 명주 사람이다. 그는 그 고을의 장군으로 오랫동안 굴복하지 않아 태조가 걱정하였다. 시랑 벼슬을 하는 권열이 "아버지가 아들에게 명령하고 형이 아우에게 가르침을 주는 것이 당연한 세상 이치입니다. 순식의 아버지 허월이 지금 중이 되어 내원에 있으니 그를 파견하여 회유하는 것이 좋겠습니다."라고 건의하였다. 순식이 큰아들 수원을 보내 항복하자 태조는 그에게 왕씨 성을 주고 땅과 집을 주었다. – 《고려사》 –

3 태조의 호족 견제 정책

태조는 호족을 견제하기 위해 사심관 제도와 기인 제도를 실시하였어요. 사심관 제도는 지방 출신의 중앙 관리를 사심관으로 임명하여 출신 지역을 관리하게 하고, 만약 그 지역에서 문제가 발생하면 사심관에게 책임을 지게 한 제도예요. 기인 제도는 지방 호족의 자제를 중앙에 머물게 한 제도로, 볼모의 성격을 띠었어요.

- **사심관 제도**: 신라왕 김부가 와서 항복하자 신라국을 없애 경주라 하고, 김부를 경주의 사심(事審)으로 임명하여 부호장 이하 관직 등을 주관토록 하였다. – 《고려사》 –
- **기인 제도**: 국초에 향리의 자제를 뽑아 개경에서 볼모로 삼고 또한 출신지의 일에 대한 자문에 대비하도록 하였는데, 이를 기인(其人)이라 하였다. – 《고려사》 –

4 광종의 왕권 강화 정책

〈노비안검법〉
광종은 부당하게 노비가 된 사람들을 조사하여 양민 신분으로 회복시키는 노비안검법을 실시하였어요. 노비는 호족의 경제적·군사적 기반이었기 때문에 호족 세력이 약화되었고 국가 재정이 확충되었어요.

이 왕 때에 이르러 처음으로 명령을 내려, 노비들을 자세히 살펴서 원래 노비가 맞는지 아닌지를 판별하도록 하였습니다. 이에 태조 이래의 공신들이 탄식하고 원망하였지만 간언하는 자가 아무도 없었으며, 대목 왕후께서 간절하게 말리셨으나 받아들이지 않았습니다. – 《고려사절요》 –

〈과거제〉
광종은 쌍기의 건의를 받아들여 처음 과거제를 실시하였어요. 과거제는 시험을 통해 관리를 선발하는 제도로, 광종은 새로운 관리를 등용하여 호족 세력을 견제하려 하였어요.

왕이 한림학사 쌍기를 지공거로 임명하고, 시(詩)·부(賦)·송(頌)과 시무책을 시험하여 진사를 뽑게 하였다. 위봉루에 친히 나가 급제자를 발표하여, 갑과에 최섬 등 2명, 명경 3명, 복업 2명을 합격시켰다. – 《고려사절요》 –

〈관리의 공복 제정, 칭제 건원〉
광종은 관리들이 입는 제복을 관등에 따라 4가지 색으로 구분하는 공복을 제정하여 관직 체제를 정비하였어요. 그리고 '황제' 칭호를 사용하고 '광덕', '준풍' 등의 독자적 연호를 사용하였어요.

〈관리의 공복 제정〉
왕 11년 백관이 공복을 정하였다. 원윤 이상은 자색 옷, 중단경 이상은 붉은색 옷, 도항경 이상은 비색 옷, 소주부 이상은 녹색 옷으로 하였다.
〈칭제 건원〉
스스로 황제라 칭하고 광덕, 준풍이라는 독자적 연호를 사용하였다.

⑤ 최승로의 시무 28조

성종은 최승로의 시무 28조를 받아들여 유교 정치 이념을 바탕으로 통치 체제를 정비하였어요. 최승로는 전국에 12목을 설치하여 지방관을 파견할 것, 연등회와 팔관회 등 대규모 불교 행사를 축소할 것, 불교의 폐단을 비판하며 유교 정치 이념을 바탕으로 국가를 운영할 것 등을 건의하였어요.

제7조　국왕이 백성을 다스리는 것은 집마다 가서 돌보고 날마다 일을 보는 것이 아닙니다. 그런 까닭에 수령을 나누어 보내어, 가서 백성의 이익과 손해를 살피게 하는 것입니다. …… 청컨대, **외관(外官)**을 두소서.

제13조　우리나라에서는 봄에는 연등회를, 겨울에는 팔관회를 열어 많은 사람들이 동원되어 힘든 일을 하고 있으니, 이를 줄여서 백성이 힘을 펴게 하십시오.

제20조　유·불·도의 삼도는 각각 다른 목적이 있어 이를 혼동하여 하나로 할 수 없습니다. **불교를 행하는 것은 수신(修身)의 근본이요, 유교를 행하는 것은 치국(治國)의 근원입니다.** 수신은 내생의 복을 구하는 것이며, 치국은 금일의 임무입니다. 금일은 지극히 가깝고 내생은 머니, 가까움을 버리고 먼 것을 구함은 또한 그릇된 것이 아니겠습니까.
－《고려사절요》－

⑥ 성종의 정책

최승로의 시무 28조를 받아들인 성종은 전국 주요 지역(목)에 12목을 설치하여 지방관을 파견하였어요. 또한 유학 교육을 강화하기 위해 최고 교육 기관으로 국자감을 설립하고 12목에 경학박사와 의학박사를 파견하였어요.

〈12목 설치〉
왕이 교서를 내려 말하기를, "…… 이제 경서에 통달하고 책을 두루 읽은 선비와 온고지신하는 무리를 가려서 **12목에 각각 경학박사 1명과 의학박사 1명**을 뽑아 보낼 것이다." － 《고려사》 －

〈국자감 설치〉
경치 좋은 장소를 택하여 서재와 학교를 크게 세우고 적당한 토지를 주어서 학교의 식량을 해결하며 또 **국자감**을 창설하라고 명하였다. － 《고려사》 －

⑦ 고려의 중앙 정치 조직

성종은 당과 송의 제도를 받아들여 고려의 실정에 맞게 고친 2성 6부의 중앙 정치 조직을 운영하였어요. 독자적인 회의 기구로 도병마사와 식목도감을 설치하여 운영하였어요.

판사(判事)는 시중·평장사·참지정사·정당문학·지문하성사로 임명하였으며, 사(使)는 6추밀 및 직사 3품 이상으로 임명하였다. …… 무릇 국가에 큰일이 있으면 사(使) 이상의 관료가 모여서 의논하였으므로 합좌라는 이름이 있었다.
－《고려사》－

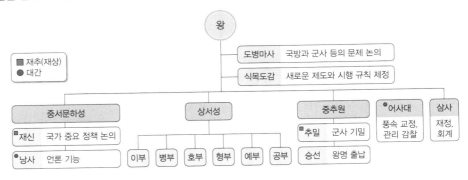

⑧ 5도 양계

고려는 지방 행정 제도를 지속적으로 정비하여 현종 때 전국을 5도와 양계, 경기 지역으로 나누었어요. 5도는 일반 행정 구역이고, 국경 지대의 양계는 군사 행정 구역이며, 경기는 수도 개경과 그 주변 지역이에요. 5도에는 안찰사, 양계에는 병마사가 파견되었어요. 5도 아래에는 군현과 특수 행정 구역인 향, 부곡, 소 등이 있었어요. 한편, 군현은 지방관이 파견되는 주현보다 파견되지 않은 속현이 더 많았어요.

⑨ 고려의 군사 조직

고려는 2군 6위의 중앙군을 두었어요. 2군은 국왕의 친위 부대로 응양군과 용호군으로 구성되었고, 6위는 수도 경비와 국경 방어의 임무를 수행하였어요. 이들은 직업 군인으로 군인전을 지급받고 직역을 세습하였으며, 2군 6위의 상장군과 대장군이 모인 회의 기구 중방이 있었어요. 지방군으로는 국경 지대인 양계에 주둔하는 주진군과 5도의 일반 군현에 주둔하는 주현군을 두었어요.

목종 5년에 6위의 직원을 마련하여 두었는데, 뒤에 **응양군(鷹揚軍)**과 **용호군(龍虎軍)**의 2군을 설치하고, 6위의 위에 있게 하였다. 뒤에 또 **중방**을 설치하고, 2군·6위의 상장군과 대장군이 모두 회합하게 하였다.

09강 고려(초기 정치)

1 51회 회독 ●●●●

(가), (나) 사이의 시기에 있었던 사실로 옳은 것은? [2점]

> (가) 날이 밝아오자 (여러 장수들이) 태조를 곡식더미 위에 앉히고는 군신의 예를 행하였다. 사람을 시켜 말을 달리며 "왕공(王公)께서 이미 의로운 깃발을 들어 올리셨다."라고 외치게 하였다. …… 궁예가 이 소식을 듣고는 어찌할 바를 몰라 미복(微服) 차림으로 북문을 빠져나갔다.
> ― 『고려사절요』 ―
>
> (나) 여름 6월 견훤이 막내아들 능예와 딸 애복, 애첩 고비 등과 더불어 나주로 달아나 입조를 요청하였다. …… 도착하자 그를 상보(尙父)라 일컫고 남궁(南宮)을 객관(客館)으로 주었다. 지위를 백관의 위에 두고 양주를 식읍으로 주었다.
> ― 『고려사』 ―

① 견훤이 후백제를 건국하였다.
② 김흠돌이 반란을 도모하였다.
③ 장보고가 청해진을 설치하였다.
④ 신숭겸이 공산 전투에서 전사하였다.
⑤ 신검이 일리천에서 고려군에게 패배하였다.

2 62회 회독 ●●●●

밑줄 그은 '왕'의 정책으로 옳은 것은? [2점]

> 왕이 천덕전에 거둥하여 백관을 모아놓고 말하기를, "내가 신라와 굳게 동맹을 맺은 것은 두 나라가 길이 우호를 유지하고 각자의 사직(社稷)을 보전하기 위해서였다. 지금 신라 왕이 군이 신하로 있겠다고 요청하고 그대들도 그것이 옳다고 하니, 나의 마음이 매우 부끄러우나 여러 사람의 뜻을 거스르기가 어렵다."라고 하였다. 이에 신라 왕이 뜰에서 예를 올리니 여러 신하가 하례하여 함성이 궁궐을 진동하였다. …… 신라국을 없애 경주라 하고, 그 지역을 김부의 식읍으로 하사하였다.

① 빈민 구제 기관인 흑창을 설치하였다.
② 12목을 설치하고 지방관을 파견하였다.
③ 국자감에 7재라는 전문 강좌를 운영하였다.
④ 광덕, 준풍 등의 독자적 연호를 사용하였다.
⑤ 전시과 제도를 마련하여 관리에게 토지를 지급하였다.

📢 후삼국 통일 과정

정답분석 (가) 918년에 궁예는 폭정으로 인해 신하들에 의해 축출되었고, 왕건이 왕위에 올라 국호를 '고려'로 바꿨어요.
(나) 935년에 견훤은 아들 신검에 의해 금산사에 유폐되었다가 달아나 고려 태조에게 귀순하였어요. 이후 태조는 일리천 전투에서 승리하여 후삼국 통일을 완수하였어요.
따라서, 고려 건국(918)과 견훤의 고려 귀순(935) 사이 시기의 사실을 골라야 해요.
④ 고려 태조는 즉위 이후 927년 공산 전투에서 후백제에게 패배하였는데, 이 전투에서 신숭겸이 전사하였어요. 하지만 930년 고창 전투에서 승리하면서 주도권을 잡았어요.

오답분석 ① 견훤이 완산주를 수도로 삼아 후백제를 건국한 것은 900년으로, (가) 이전의 사실이에요.
② 김흠돌이 반란을 도모하였다가 신라 신문왕에게 진압된 것은 681년으로, (가) 이전의 사실이에요.
③ 장보고가 청해진을 설치한 것은 신라 흥덕왕 때인 828년으로, (가) 이전의 사실이에요.
⑤ 신검이 이끈 후백제군이 일리천 전투에서 고려를 상대로 패배한 것은 936년으로, (나) 이후의 사실이에요.

정답 | ④

📢 고려 태조의 정책

정답분석 신라 경순왕 김부가 스스로 고려에 항복함으로써 고려 태조는 전쟁 없이 신라를 흡수하였어요. 고려 태조는 김부를 경주의 사심관으로 삼아 그 지역을 다스리게 하였어요.
① 태조는 빈민 구제 기관인 흑창을 설치하여 곡식을 빌려주고 추수기에 갚도록 하였어요. 흑창은 성종 때 의창으로 개칭되었어요.

오답분석 ② 성종은 최승로의 건의를 받아들여 전국의 주요 지역에 12목을 설치하고 지방관을 파견하였어요.
③ 예종은 국자감에 전문 강좌인 7재를 두어 운영하였어요.
④ 광종은 스스로 황제라 칭하고 광덕, 준풍 등의 독자적인 연호를 사용하였어요.
⑤ 경종은 전시과 제도를 마련해 관직과 인품을 기준으로 전·현직 관리에게 전지와 시지를 지급하였어요.

정답 | ①

3 63회 〔회독 ●●●〕

(가) 왕의 재위 시기에 있었던 사실로 옳은 것은? [2점]

❖ 우리 고장의 유적 ❖

충주 숭선사지

유적 발굴 현장

숭선사는 [(가)]이/가 어머니인 신명 순성 왕후의 명복을 빌기 위하여 세운 절로, 현재 그 터만 남아 있다. 이곳에서는 '숭선사(崇善寺)'라는 명문이 새겨진 기와 등 다양한 고려 시대 유물이 출토되었다. [(가)]은/는 치열한 왕위 쟁탈전 속에서 외가인 충주 유씨 세력 등 여러 호족의 도움으로 왕위에 올랐다. 하지만 즉위 이후 노비안검법 등 호족을 견제하는 정책을 펼쳤다.

① 최승로가 시무 28조를 건의하였다.
② 광덕, 준풍 등의 연호가 사용되었다.
③ 관리의 규범을 제시한 계백료서가 반포되었다.
④ 쌍성총관부를 공격하여 철령 이북을 수복하였다.
⑤ 지방 세력 견제를 목적으로 한 상수리 제도가 실시되었다.

📢 **고려 광종 재위 시기의 사실**

정답분석 고려 광종은 부당하게 노비가 된 사람들을 조사하여 양민 신분으로 회복시키는 노비안검법을 실시하였어요. 이를 통해 호족의 세력을 약화하고 국가 재정을 확충하였어요.
② 고려 광종은 스스로를 황제로 칭하고 '광덕', '준풍' 등의 독자적인 연호를 사용하였어요.

오답분석 ① 고려 성종은 최승로가 올린 시무 28조를 채택하여 유교 정치 이념을 바탕으로 통치 체제를 정비하였어요.
③ 고려 태조는 《정계》와 《계백료서》를 지어 관리들이 지켜야 할 규범을 제시하였어요.
④ 고려 공민왕은 쌍성총관부를 공격하여 원에 빼앗긴 철령 이북의 영토를 수복하였어요.
⑤ 신라 문무왕은 지방 세력가나 그 자제를 일정 기간 수도에 머무르게 하는 상수리 제도를 실시하여 지방 세력을 견제하였어요.

정답 | ②

4 58회 〔회독 ●●●〕

다음 시나리오에 등장하는 왕의 재위 기간에 있었던 사실로 옳은 것은? [2점]

#11. 궁궐 안

과거 급제자 명단을 보며 말한다.

왕: 몇 해 전 교육을 장려하기 위해 지방에 각각 경학박사 1명과 의학박사 1명을 보냈는데, 결과가 어떠하오?
신하: 송승연, 전보인 등 박사들이 정성스레 가르쳐 성과가 있는 듯 하옵니다.
왕: 12목을 설치하고, 지방민에게도 학문을 권장하는 과인의 뜻에 부합하였소. 고생한 송승연에게 국자박사를 제수하고, 전보인에게 공복과 쌀을 하사하시오.
신하: 분부를 따르겠나이다.

① 쌍기의 건의로 과거제를 실시하였다.
② 관학 진흥을 위해 양현고를 설치하였다.
③ 국자감을 성균관으로 개칭하고 유학 교육을 강화하였다.
④ 최승로의 시무 28조를 받아들여 통치 체제를 정비하였다.
⑤ 정계와 계백료서를 지어 관리가 지켜야 할 규범을 제시하였다.

📢 **고려 성종 재위 시기의 사실**

정답분석 고려 성종 때 최승로는 시무 28조를 올려 지방관 파견, 불교 행사 축소, 유교 정치 이념 확립 등을 건의하였어요. 성종은 이를 받아들여 유교 정치 이념을 바탕으로 통치 체제를 정비하였어요. 2성 6부의 중앙 관제를 마련하고 전국에 12목을 처음으로 설치하여 지방관과 경학박사, 의학박사를 보냈어요.
④ 성종은 최승로의 시무 28조를 받아들여 유교 정치 이념을 바탕으로 통치 체제를 정비하였어요.

오답분석 ① 광종은 쌍기의 건의를 받아들여 과거제를 처음 실시하였어요.
② 예종은 사학의 융성으로 위축된 관학을 진흥시키고자 장학 재단인 양현고를 설치하였어요.
③ 공민왕은 최고 교육 기관인 국자감의 이름을 성균관으로 바꾸고, 유학 교육만 전담하도록 하였어요.
⑤ 태조는 《정계》와 《계백료서》를 지어 관리가 지켜야 할 규범을 제시하였고, 훈요 10조를 남겨 후대 왕들이 나라를 다스릴 때 그 내용을 지킬 것을 당부하였어요.

정답 | ④

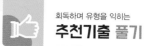

5 59회　회독 ○○○

(가)~(라)를 일어난 순서대로 옳게 나열한 것은? [3점]

> (가) 처음으로 직관(職官)과 산관(散官) 각 품의 전시과를 제정하였다. …… 과등(科等)에 미치지 못한 자는 모두 전지 15결을 지급하였다.
>
> (나) 역분전을 제정하였는데, 통일할 때의 조신(朝臣)이나 군사들은 관계(官階)를 따지지 않고 그 사람의 성품과 행동의 선악과 공로의 크고 작음을 보고 차등 있게 지급하였다.
>
> (다) 쌍기가 의견을 올리니 처음으로 과거를 시행하였다. 시(詩)·부(賦)·송(頌) 및 시무책으로 시험하여 진사를 뽑았으며, 겸하여 명경업·의업·복업 등도 뽑았다.
>
> (라) 왕이 말하기를, "비록 내 몸은 궁궐에 있지만 마음은 언제나 백성에게 치우쳐 있다. …… 이에 지방 수령들의 공(功)에 의지해 백성들의 소망에 부합하고자 12목 제도를 시행한다."라고 하였다.

① (가) – (나) – (다) – (라)
② (가) – (나) – (라) – (다)
③ (나) – (가) – (라) – (다)
④ (나) – (다) – (가) – (라)
⑤ (다) – (라) – (나) – (가)

📢 **고려의 국가 기틀 마련**

정답분석　(나) 고려 태조는 후삼국 통일에 공을 세운 사람들에게 인품과 공로를 기준으로 하여 역분전을 지급하였어요.
(다) 고려 광종은 쌍기의 건의로 과거제를 시행하여 유교적 소양을 갖춘 인재를 선발하고자 하였어요.
(가) 고려 경종은 관직과 인품을 기준으로 전·현직 관료에게 토지의 수조권을 지급하는 시정 전시과를 시행하였어요.
(라) 고려 성종은 최승로의 시무 28조를 받아들여 전국에 12목을 설치하고 지방관을 파견하였어요.
④ (나) 역분전(고려 태조) → (다) 과거제 시행(고려 광종) → (가) 시정 전시과 제정(고려 경종) → (라) 12목 설치(고려 성종)

정답 | ④

6 60회　회독 ○○○

㉠~㉤ 기구에 대한 설명으로 옳은 것은? [2점]

> **인물의 생애로 보는 고려의 정치 기구**
>
> 윤관
>
> • 출생년　미상
> • 1095년　㉠상서성 좌사낭중
> • 1101년　㉡추밀원(중추원) 지주사
> • 1102년　㉢어사대 어사대부
> • 1103년　㉣한림원 학사승지
> • 1108년　㉤중서문하성 문하시중
> • 1111년　별세

① ㉠ – 학술 기관으로 경연을 관장하였다.
② ㉡ – 실록을 보관하고 관리하는 업무를 맡았다.
③ ㉢ – 관리의 비리를 감찰하고 풍기를 단속하였다.
④ ㉣ – 수도의 치안과 행정을 주관하였다.
⑤ ㉤ – 화폐와 곡식의 출납에 대한 회계를 담당하였다.

📢 **고려의 정치 기구**

정답분석　㉠ 상서성은 고려의 2성 중 하나로, 정책을 집행하고 6부를 통솔하였어요.
㉡ 고려의 추밀원(중추원)은 군사 기밀을 담당하는 추밀과 왕명 출납을 담당하는 승선으로 구성되었어요.
㉢ 고려의 어사대는 관리들의 비리를 감찰하고 풍기를 단속하였어요.
㉣ 고려의 한림원은 왕의 명령을 받아 문서를 작성하였어요.
㉤ 중서문하성은 고려의 최고 관서로 국정을 총괄하였으며, 재신과 낭사로 구성되었어요.
③ 고려의 어사대는 관리를 감찰하고 탄핵하며, 풍속을 교정하는 일을 담당하는 기구로, 소속 관원이 중서문하성의 낭사와 함께 대간으로 불리며 서경권을 행사하였어요.

오답분석　① 조선의 홍문관은 3사 중 하나로, 궁중의 서적을 관리하고 집현전의 학문 연구 기능을 계승하여 경연을 관장하였어요.
② 조선의 춘추관은 실록 등의 역사서를 보관하고 관리하였어요.
④ 조선의 한성부는 수도 한성의 치안과 행정을 주관하였어요.
⑤ 고려의 삼사는 화폐와 곡식의 출납에 대한 회계를 담당하였는데, 조선의 3사와는 그 기능이 달랐어요.

정답 | ③

09강 고려(초기 정치)

고려의 성립과 후삼국 통일

01 고려 태조 왕건은 ___ 천 전투에서 신검의 후백제군을 물리치고 후삼국을 통일하였다.

02 태조는 신라 경순왕 김부를 경주의 ___ 관으로 임명하였다.

고려의 정치 발전

03 태조는 후삼국 통일 이후 빈민 구제를 위해 ___ 창을 설치하였다.

04 태조는 《정계》와 《 ___ 료서》를 지어 관리의 규범을 제시하였다.

05 광종은 ___ 안검법을 실시하여 억울하게 노비가 된 자들을 해방하였다.

06 광종은 쌍기의 건의를 받아들여 시험을 통해 관리를 뽑는 ___ 제를 실시하였다.

07 광종은 ___ 덕, ___ 풍 등의 독자적인 연호를 사용하였다.

08 경종은 처음으로 ___ 과를 제정하여 관리에게 전지와 시지를 지급하였다.

09 성종은 최 ___ 의 시무 28조를 받아들여 통치 체제를 정비하였다.

10 성종은 전국에 ___ 목을 설치하고 지방관을 파견하였다.

통치 체제의 정비

11 고려는 당과 송의 제도를 본떠 중앙 정치 조직으로 ___ 성 ___ 부를 두었어요.

12 ___ 문하성은 국정을 총괄하는 최고 중앙 관서이며 수장은 문하시중이었다.

13 고려의 ___ 대는 관리 감찰을, ___ 사는 화폐와 곡식의 출납과 회계를 담당하였다.

14 어사대의 관원은 중서문하성의 낭사와 함께 ___ 으로 불렸다.

15 주로 군사 문제를 다루던 ___ 사는 원 간섭기에 ___ 사사로 개편되었다.

16 고려의 지방은 일반 행정 구역인 ___ 도와 군사 지역인 ___ 계로 구성되었다.

17 고려의 중앙군은 국왕의 친위 부대인 ___ 군과 수도를 경비하는 ___ 위로 구성되었다.

정답 **01** 일리 **02** 사심 **03** 흑 **04** 계백 **05** 노비 **06** 과거 **07** 광, 준 **08** 전시 **09** 승로 **10** 12 **11** 2, 6 **12** 중서 **13** 어사, 삼 **14** 대간 **15** 도병마, 도평의 **16** 5, 양 **17** 2, 6

09강 고려(초기 정치) **105**

고려(중기 정치~무신 정변)

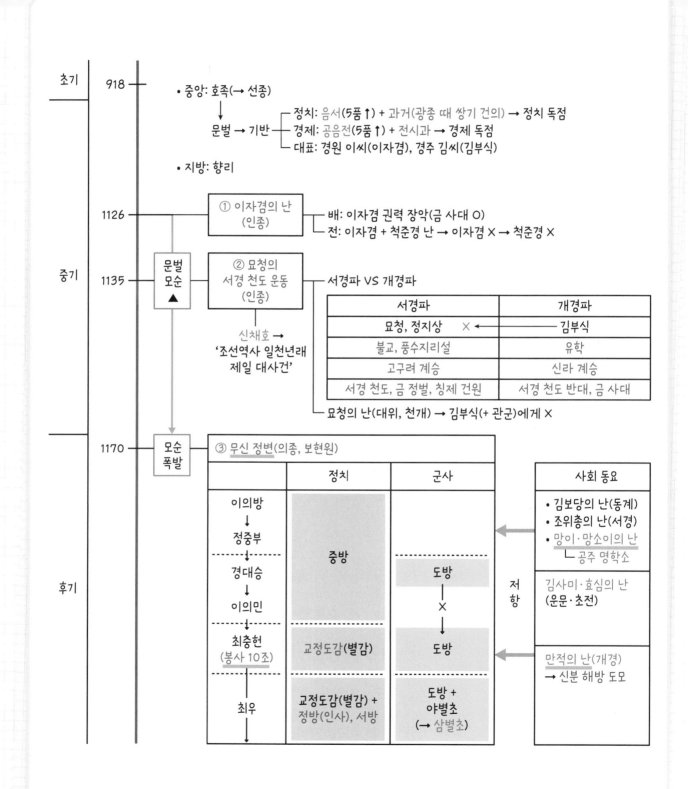

초기

918

- 중앙: 호족(→ 선종)
  ↓
  문벌 → 기반 ┌ 정치: 음서(5품↑) + 과거(광종 때 쌍기 건의) → 정치 독점
               ├ 경제: 공음전(5품↑) + 전시과 → 경제 독점
               └ 대표: 경원 이씨(이자겸), 경주 김씨(김부식)
- 지방: 향리

1126 — ① 이자겸의 난 (인종) ┌ 배: 이자겸 권력 장악(금 사대 O)
                              └ 전: 이자겸 + 척준경 난 → 이자겸 X → 척준경 X

중기

문벌 모순 ▲

1135 — ② 묘청의 서경 천도 운동 (인종) — 서경파 VS 개경파

신채호 → '조선역사 일천년래 제일 대사건'

서경파	개경파
묘청, 정지상 ×←	김부식
불교, 풍수지리설	유학
고구려 계승	신라 계승
서경 천도, 금 정벌, 칭제 건원	서경 천도 반대, 금 사대

묘청의 난(대위, 천개) → 김부식(+ 관군)에게 X

1170 — 모순 폭발

후기

③ 무신 정변(의종, 보현원)

	정치	군사
이의방 ↓ 정중부	중방	
경대승 ↓ 이의민		도방 ↓ × ↓ 도방
최충헌 (봉사 10조)	교정도감(별감)	도방
최우	교정도감(별감) + 정방(인사), 서방	도방 + 야별초 (→ 삼별초)

사회 동요

- 김보당의 난(동계)
- 조위총의 난(서경)
- 망이·망소이의 난
  └ 공주 명학소

김사미·효심의 난 (운문·초전)

만적의 난(개경) → 신분 해방 도모

저항

10강 고려(중기 정치~무신 정변)

빈출키워드 TOP5

봉사 10조	1위
묘청의 서경 천도 운동	2위
정중부	3위
만적의 난	4위
삼별초	5위

❶ 문벌 사회의 성립과 동요

(1) 문벌 사회의 성립

형성	호족 세력과 6두품 출신의 유학자들을 중심으로 지배층 형성 → 여러 세대에 걸쳐 고위 관리를 배출한 가문이 문벌 형성
특징	• 과거와 음서를 통해 관직 진출·세습 → 정치권력 독점 • 직역의 대가로 받은 토지(공음전)+권력을 이용한 토지 확대 → 경제권력 독점
대표 가문	경원 이씨(이자겸), 경주 김씨(김부식), 해주 최씨(최충), 파평 윤씨(윤관) 등

(2) 문벌 사회의 동요

① 배경: 문벌이 정치권력과 경제권력 독점, 문벌 간에 갈등 발생
② 모습

이자겸의 난 (1126)	배경	경원 이씨 가문이 왕실과의 계속된 혼인을 통해 성장 → 이자겸의 정권 장악
	전개	인종이 측근들과 함께 이자겸 제거를 시도하였으나 실패 → 이자겸이 척준경과 함께 난을 일으켜 정권 장악(금의 사대 요구 수용) → 이자겸과 척준경의 불화 → 인종이 척준경을 이용하여 이자겸을 잡아들여 제거함 → 척준경이 탄핵으로 축출됨

묘청의 서경 천도 운동 (1135)	배경	이자겸의 난 이후 서경 세력(개혁)과 개경 세력(보수)의 대립

구분	서경파	개경파
대표 인물	묘청, 정지상	김부식
사상	불교, 풍수지리설	유학
역사의식	고구려 계승	신라 계승
주장	• 서경 천도, 금 정벌(금에 대한 사대 비판) • 칭제 건원(황제를 칭하고 연호 사용)	• 서경 천도 반대 • 금에 대한 사대

	전개	묘청 등 서경 세력이 서경 천도 추진 → 김부식 등 개경 세력의 반대로 서경 천도 중단 → 묘청 등이 서경에서 난을 일으킴(국호 '대위', 연호 '천개') → 김부식이 이끄는 관군에 의해 진압됨
	결과	문벌 사회의 모순 심화

❷ 무신 정권의 성립

(1) 무신 정변(1170)

배경	문벌 사회의 모순 심화, 무신에 대한 차별, 하급 군인들의 불만 고조
전개	보현원에서 정중부, 이의방 등이 정변을 일으킨 후 의종을 폐하고 권력을 장악함 → 무신이 중방을 중심으로 주요 관직을 독점하면서 정권 장악

무신 정권	초기	• 무신 집권자의 잦은 교체로 혼란이 계속됨 • 이의방 → 정중부 → 경대승 → 이의민 → 최충헌
	최씨 무신 정권	최충헌이 이의민을 제거하고 정권 장악 → 명종에게 사회 개혁안인 봉사 10조 제시 → 최우에게 권력 세습, 4대 60여 년간 최씨 정권 지속

✎ 공음전

공신이나 5품 이상의 고위 관리에게 지급한 토지로, 세습이 가능하였어요.

✎ 중방

중앙군의 상장군과 대장군들로 구성된 합의 기구예요. 무신 정변 직후에는 무신 정권의 모든 정책을 결정하는 실질적 최고 권력 기구가 되었어요.

✎ 교정도감

최충헌이 무신 정권의 최고 집권자가 된 이후부터 무신 정권이 끝날 때까지의 최고 권력 기구였어요. 교정도감의 우두머리인 교정별감은 최고 집권자가 겸임하였어요.

✎ 서방

최우는 서방을 두어 문인을 등용하여 정책 자문을 받았어요. 서방은 무신 정권의 정치적 약점을 보완하는 역할을 담당하였어요.

✎ 도방

신변 경호를 위한 사병 집단으로 삼별초와 함께 최씨 정권의 군사적 기반이 되었어요.

(2) 무신 정권의 권력 기구

① 정치 기구

최충헌이 설치	교정도감	• 국정 총괄 최고 권력 기구 • 우두머리인 교정별감이 권력 장악(교정별감은 최고 집권자가 세습)
최우가 설치	정방	• 인사 행정 기구(인사권 장악) • 최우가 자신의 집에 설치
	서방	문인을 등용하여 국정 자문, 외교 문서 작성 등을 담당하게 함

② 군사 기구

도방	• 신변 경호를 위한 사병 집단 • 경대승이 처음 설치 → 이의민 때 해체 → 최충헌이 재설치
삼별초	• 최우가 개경의 치안 유지를 위해 설치한 야별초에서 시작 → 야별초가 좌별초·우별초로 분리 → 몽골에 포로로 잡혀갔던 병사들로 조직된 신의군 조직 → 좌별초·우별초·신의군으로 구성된 삼별초 완성 • 무신 정권의 군사적 기반. 대몽 항쟁 전개

(3) 무신 집권기의 사회 동요

① 배경: 무신 간의 권력 다툼으로 중앙 정부의 지방 통제력 약화, 무신의 수탈

② 주요 난

무신 정권에 대한 반발	• 김보당의 난(동계): 동북면 병마사였던 김보당이 의종의 복위 도모 • 조위총의 난(서경): 서경 유수였던 조위총이 봉기
농민의 저항	• 망이·망소이의 난(공주 명학소): 망이·망소이가 '소'에 대한 차별에 반발하여 봉기 • 김사미(운문)·효심(초전)의 난
천민의 저항	• 만적의 난(개경): 사노비 만적이 개경에서 봉기 시도 → 신분 해방 운동의 성격 • 전주 관노비의 난
기타	• 이비·패좌의 난(경주): 신라 부흥 표방 • 최광수의 난(서경): 고구려 부흥 표방 • 이연년 형제의 난(담양): 백제 부흥 표방

1. 다음 사실들을 순서대로 나열하세요.

> (가) 왕실의 외척인 이자겸이 난을 일으켰다.
> (나) 묘청이 수도를 서경으로 옮길 것을 주장하였다.
> (다) 정중부 등이 정변을 일으켜 권력을 장악하였다.
> (라) 만적을 비롯한 노비들이 신분 해방을 도모하였다.
> (마) 묘청 세력이 김부식이 이끄는 관군에 의해 토벌되었다.

(   )

2. 고려 무신 집권기에 있었던 사실로 맞으면 ○표, 틀리면 ×표 하세요.

(1) 웅천주 도독 김헌창이 반란을 일으켰다.   (   )

(2) 인사 행정을 담당하던 정방이 폐지되었다.   (   )

(3) 공주 명학소에서 망이·망소이가 봉기하였다.   (   )

(4) 만적을 비롯한 노비들이 신분 해방을 도모하였다. (   )

(5) 최충헌이 봉사 10조를 올려 시정 개혁을 건의하였다.
                                            (   )

(6) 조위총이 군사를 일으켜 정중부 등의 제거를 도모하였다.
                                            (   )

3. 다음 설명에 해당하는 기구를 골라 쓰세요.

> 교정도감, 정방, 도방, 삼별초

(1) 무신 집권기 최고 권력 기구였다.   (   )

(2) 경대승에 의해 설치된 사병 집단이었다.   (   )

(3) 최우가 인사 행정 담당 기구로 설치하였다. (   )

(4) 최씨 무신 정권의 군사적 기반 역할을 하였다. (   )

1. (가) – (나) – (마) – (다) – (라)
2. (1) × (2) × (3) ○ (4) ○ (5) ○ (6) ○
3. (1) 교정도감 (2) 도방 (3) 정방 (4) 삼별초

10강 고려(중기 정치~무신 정변)

1 문벌 사회의 성립

고려 문벌은 과거와 음서를 통해 주요 관직을 독점하고 국정을 주도하였어요. 이들은 왕실이나 다른 문벌과 혼인 관계를 맺으며 세력을 확대하였어요. 대표적인 문벌로는 경원 이씨(이자겸), 경주 김씨(김부식, 김돈중) 등이 있었어요.

- 이자겸의 권세와 총애가 나날이 커지니, …… 남의 토지를 강탈하고 종들을 풀어 백성들의 수레와 말을 빼앗아 자기의 물건을 실어 나르니, 힘없는 백성들은 모두 수레를 부수고 소와 말을 팔아 치우느라 도로가 소란스러웠다.
- 김돈중 등이 …… 기이한 꽃과 풀을 심고 단을 쌓아 왕의 방을 꾸몄는데, …… 휘장, 장막과 그릇이 사치스럽고 음식이 진기하여 왕이 재상, 신하들과 더불어 매우 흡족하게 즐겼다.

2 이자겸의 난

경원 이씨는 고려의 대표적인 문벌이자 왕실의 외척이었어요. 인종의 장인이면서 외할아버지였던 이자겸은 왕실과 중첩된 혼인 관계를 맺으며 막강한 권력을 휘둘렀어요. 이에 인종이 이자겸을 제거하려고 하자 이자겸은 척준경과 함께 반란을 일으켰어요. 그러나 척준경의 배신으로 난은 실패하였어요.

- 백관을 소집하여 금을 섬기는 문제에 대한 가부를 의논하게 하니 모두 불가하다고 하였다. 유독 이자겸, 척준경만이 "금이 …… 정치를 잘하고 병력도 강성하여 날로 강대해지고 있습니다. 또 우리와 서로 국경이 맞닿아 있어 섬기지 않을 수 없는 상황입니다. 게다가 작은 나라로서 큰 나라를 섬기는 것은 선왕의 도리이니, 사신을 보내 먼저 예를 갖추어 찾아가는 것이 옳습니다."라고 하니 왕이 이 말을 따랐다. － 《고려사》 －
- 이자겸과 척준경이 왕을 위협하여 남궁(南宮)으로 거처를 옮기게 하고 안보린, 최탁 등 17인을 죽였다. － 《고려사》 －

3 묘청의 서경 천도 운동

이자겸의 난 이후 인종은 정지상, 묘청 등을 중심으로 정치 개혁을 추진하였어요. 묘청 등 서경 세력이 추진한 서경 천도가 김부식 등 개경 세력의 반대로 어렵게 되자 서경 세력은 서경에서 난을 일으켰어요. 하지만 김부식이 이끄는 관군에 의해 진압되었어요.

- 서경파(묘청)의 주장: 서경 임원역의 땅은 음양가가 말하는 명당입니다. 만약 이곳에 궁궐을 짓고 옮겨 앉으시면 천하를 얻을 수 있습니다. 또한, 금이 선물을 바치고 스스로 항복할 것이며, 36개 나라가 모두 조공하게 될 것입니다. － 《고려사》 －
- 개경파(김부식)의 주장: 중군(中軍) 김부식이 아뢰기를, "윤언이는 정지상과 결탁하여 생사를 함께하기로 맹세한 당(黨)이 되어 크고 작은 일마다 실제로 함께 의논하였습니다. 또한 임자년에 인조께서 서경 행차하실 때, 글을 올려 연호를 세우고 황제로 칭하기를 청하였습니다. …… 이는 모두 금나라를 격노하게 하여 이때를 틈타 방자하게도 자기 당이 아닌 사람을 처치하고 반역을 도모한 것이니 신하의 마음이 아니었습니다."라고 하였다. － 《고려사》 －
- 묘청의 난: 묘청이 서경을 근거지로 삼고 반란을 일으켰다. …… 국호를 대위, 연호를 천개, 그 군대를 천견충의군이라 불렀다. － 《고려사》 －

4 신채호가 생각한 서경 천도 운동

일제 강점기 역사학자 신채호는 묘청의 서경 천도 운동을 자주적이고 진취적인 정신을 보여 준 역사적 사건으로 보고 '조선역사 일천년래 제일 대사건'이라고 평가하였어요.

묘청의 서경 천도 운동은 낭가와 불교 양가 대 유교의 싸움이며, 국풍파 대 한학파의 싸움이며, 진취 사상 대 보수 사상의 싸움이니, 묘청은 전자의 대표요, 김부식은 후자의 대표였던 것이다. 묘청의 서경 천도 운동에서 묘청 등이 패하고 김부식이 이겼으므로 조선사가 사대적, 보수적, 속박적 사상인 유교 사상에 정복되고 말았다. 만약 김부식이 패하고 묘청이 이겼더라면 조선사가 독립적, 진취적으로 진전하였을 것이니 이것이 어찌 일천년래 제일 대사건이라 하지 아니하랴.
－ 신채호, 《조선사연구초》 －

5 무신 정변

고려의 무신들은 문신에 비해 차별을 받아 왔어요. 의종의 보현원 행차 중 문신인 한뢰가 무신인 이소응을 모욕하는 사건이 일어나자 무신들은 보현원에서 정변을 일으켜 문신과 환관들을 죽이고 권력을 장악하였어요.

- 정중부가 성난 목소리로 한뢰에게 따지기를, "이소응이 비록 무인이기는 하나 벼슬이 3품인데 어째서 이처럼 심하게 모욕을 하는가?"라고 하였다. …… 처음에 정중부와 이의방 등이 약속하여 말하기를, "우리들은 오른쪽 어깨를 드러내고 관모를 벗을 것이다. 그렇게 하지 않은 사람은 모두 죽이자."라고 하였다. － 《고려사》 －
- 왕이 보현원 문에 들어서자 …… 이고 등이 왕을 모시던 문관 및 대소 신료, 환관들을 모두 살해하였다. …… 정중부 등이 왕을 모시고 환궁하였다. － 《고려사》 －

6 무신 집권기 최고 권력자와 지배 기구의 변화

무신 정변 이후 무신들 사이에서 권력 다툼이 발생하여 이의방 → 정중부 → 경대승 → 이의민 → 최충헌으로 최고 권력자가 계속 바뀌었어요. 최충헌 집권 후에는 최씨 무신 정권이 4대 60여 년 동안 계속되었어요.

◉ 정권 계승 ○ 정권 탈취

중방					교정도감	교정도감 · 정방				
1170	1174	1179	1183	1196	1219	1249	1257	1258	1268	1270
이의방	정중부	경대승	이의민	최충헌	최우	최항	최의	김준	임연	임유무

7 최씨 무신 정권

최충헌은 이의민을 제거하고 최씨 무신 정권을 열었어요. 최충헌은 봉사 10조라는 사회 개혁안을 명종에게 올렸으나 제대로 시행되지 않았고 최충헌의 권력을 안정시키는 수단이 되었어요. 최충헌의 권력을 물려받은 아들 최우는 인사 행정을 담당하는 정방을 만들고 문신을 등용하였어요.

〈최충헌의 봉사 10조〉
그(최충헌)가 동생과 함께 봉사(封事)를 올리기를 "살펴보건대 적신 이의민은 성품이 사납고 잔인하여 윗사람을 업신여기고 아랫사람을 능멸하여 임금의 자리를 흔들고자 하였습니다. 재앙의 불길이 성하여 백성이 편히 살 수 없었습니다. 신 등이 폐하의 위엄과 정신에 힘입어 일거에 소탕하여 제거하였습니다. 원컨대 폐하께서는 옛 것을 개혁하고 새로운 것을 도모하셔서 태조의 바른 법을 한결같이 따라 이를 행하여 빛나게 중흥하소서."라고 하였다.
〈최우의 정방 설치〉
최우는 정방(政房)을 자기 집에 설치하였다. 정방에서 백관의 인물을 심사하여 인사 발령 명단을 바치면 왕은 단지 그것을 승인할 뿐이었다.

8 무신 집권기 주요 난

무신들의 농민에 대한 수탈이 심해지자 하층민들은 각지에서 봉기하였어요.

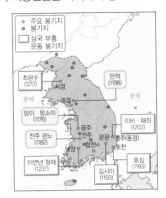

9 김보당의 난

동계 지역에서 동북면 병마사 김보당이 무신 정권의 집권자였던 정중부와 이의방을 토벌하고 전왕인 의종을 다시 세우려고 일으킨 난이에요. 난은 실패로 끝났고 의종은 살해되었어요.

병진년 동북면병마사 간의대부 김보당이 동계에서 군사를 일으켜 전(前) 왕을 복위시키고자 하였다. 동북면지병마사 한언국이 군사를 일으켜 이에 호응하여 장순석 등으로 하여금 거제에 이르러 전 왕을 받들어 계림에서 거처하게 하였다.　－《고려사》－

10 조위총의 난

김보당의 난 이후 서경 유수 조위총은 서경에서 난을 일으켰어요. 조위총은 전횡을 일삼던 정중부, 이의방을 타도하려 하였으나 실패하였어요.

조위총이 동계·북계의 여러 성에 격문을 돌려 말하길, "소문에 따르면 개경의 중방에서 '북계의 여러 성들을 토벌해야 한다.'며 군사를 동원했다고 하니, 우리가 어찌 가만히 앉아서 그냥 죽을 수 있겠는가? 각자 군사와 말을 소집해 빨리 서경으로 달려가야 한다."라고 하였다. 이에 절령 이북의 40여 성들이 호응했다.　－《고려사》－

11 무신 집권기의 농민과 천민의 봉기

〈망이·망소이의 난〉
무신 집권기 가혹한 수탈이 계속되자 망이·망소이 형제는 공주 명학소에서 난을 일으켰어요. 고려 정부는 난을 무마시키려고 명학소를 충순현으로 승격시켰으나 봉기가 계속되자 군대를 동원하여 토벌하였어요.

우리 고을 명학소를 충순현으로 승격시키고 수령을 두어 무마하려고 하였다. 그러나 이후 군대를 동원하여 우리를 토벌한 뒤 내 어머니와 아내를 잡아 가두는 것은 대체 무슨 짓인가? 나는 싸우다 죽을지언정 결코 항복하여 포로가 되지는 않을 것이요, 반드시 왕경(王京)에 가서 분풀이를 하고 말 것이다.　－《고려사》－

〈김사미·효심의 난〉
김사미는 운문(오늘날 경상북도 청도 지역), 효심은 초전(오늘날 경상남도 울산 지역)에서 신라 부흥을 내걸고 봉기하였으나 실패하였어요.

남방에 도적이 봉기하였는데, 그 중에 세력이 큰 자인 김사미는 운문에 웅거하고 효심은 초전에 웅거하여 떠돌아다니는 자들을 불러 모아 주현(州縣)을 공격하였다.　－《고려사》－

〈만적의 난〉
최충헌 집권기인 1198년에 사노비 만적이 신분 해방을 꿈꾸며 개경에서 봉기를 계획하였으나 사전에 발각되어 죽임을 당하였어요.

만적 등이 노비들을 불러 모아서 말하기를 "장군과 재상에 어찌 타고난 씨가 있겠는가? 때가 되면 누구나 할 수 있는 것이다."라고 하였다. …… 만적 등 100여 명이 체포되어 강에 던져졌다.　－《고려사》－

1 59회　　　　　　　　　　　　회독 ●●●

(가), (나) 사이의 시기에 있었던 사실로 옳은 것은?　　[2점]

> (가) 이자겸과 척준경이 왕을 위협하여 남궁(南宮)으로 거처를 옮기게 하고 안보린, 최탁 등 17인을 죽였다. 이 외에도 죽인 군사가 헤아릴 수 없을 정도였다.
>
> (나) 이의방과 이고가 정중부를 따라가 몰래 말하기를, "오늘날 문신들은 득의양양하여 술을 취하도록 마시고 음식을 배불리 먹는데, 무신들은 모두 굶주리고 고달프니 이것을 어찌 참을 수 있습니까."라고 하였다.

① 김부식이 묘청의 반란을 진압하였다.
② 강조가 정변을 일으켜 김치양을 제거하였다.
③ 망이 · 망소이가 공주 명학소에서 봉기하였다.
④ 서희가 외교 담판을 벌여 강동 6주를 확보하였다.
⑤ 최충헌이 봉사 10조를 올려 시정 개혁을 건의하였다.

2 61회　　　　　　　　　　　　회독 ●●●

밑줄 그은 '이 사건'이 일어난 시기를 연표에서 옳게 고른 것은?　　[2점]

> ### 문학으로 만나는 한국사
>
> 비 개인 긴 언덕에는 풀빛이 푸른데
> 남포에서 님 보내며 슬픈 노래 부르네
> 대동강 물은 그 언제 다할 것인가
> 이별의 눈물 해마다 푸른 물결에 더하는 것을
>
> 이 시의 제목은 '송인(送人)'으로, 고려 시대의 문인 정지상이 서경을 배경으로 지은 작품이다. 서경 출신인 그는 묘청 등과 함께 수도를 서경으로 옮길 것을 주장하였다. 이로 인해 개경 세력과 정치적으로 대립하던 중 <u>이 사건</u>이 일어나자 김부식에 의해 죽임을 당하였다.

918	1019	1126	1270	1351	1392
(가)	(나)	(다)	(라)	(마)	
고려 건국	귀주 대첩	이자겸의 난	개경 환도	공민왕 즉위	고려 멸망

① (가)　② (나)　③ (다)　④ (라)　⑤ (마)

📢 이자겸의 난 이후의 사실

정답분석　(가) 이자겸은 고려의 대표적인 문벌이자 외척이에요. 이자겸의 세력이 너무 커지자 인종은 이자겸을 죽이려 하였고, 이에 이자겸은 척준경과 함께 난을 일으켰어요(이자겸의 난, 1126). 하지만 척준경의 배신으로 난은 실패하였어요.
(나) 이의방과 정중부는 고려의 무신이에요. 이들은 무신에 대한 차별에 불만을 품고 정변을 일으켜 문신을 제거하고 정권을 장악하였어요(무신 정변, 1170).
따라서, '이자겸의 난(1126)'과 '무신 정변(1170)' 사이 시기의 사실을 골라야 해요.
① 이자겸의 난 이후 묘청 등은 금국 정벌과 서경 천도 등을 주장하였지만 자신들의 뜻이 받아들여지지 않자 1135년에 서경에서 반란을 일으켰어요. 하지만 김부식이 이끄는 관군에 의해 진압되었어요.

오답분석　② (가) 이전인 1009년에 강조는 정변을 일으켜 김치양을 제거하고 목종을 폐위시켰어요. 이 사건을 구실로 거란의 2차 침입이 일어났어요.
③ (나) 이후인 1176년에 망이 · 망소이는 무신 정권에 반발하여 공주 명학소에서 봉기하였어요.
④ (가) 이전인 993년 거란의 1차 침입 당시 서희는 거란의 소손녕과의 외교 담판을 통해 강동 6주를 획득하였어요.
⑤ (나) 이후인 1196년에 이의민을 제거하고 최고 권력자가 된 최충헌은 봉사 10조를 올려 시정 개혁을 건의하였어요.

📢 묘청의 서경 천도 운동

정답분석　고려 인종 때 묘청, 정지상 등 서경 세력은 풍수 사상을 바탕으로 서경 길지설을 내세우며 서경 천도를 추진하였어요.
③ 고려 건국 이후 국가 체제를 정비하는 과정에서 문벌이 형성되었어요. 특히 인종 때 두 딸을 왕에게 시집보낸 경원 이씨 가문의 이자겸은 막강한 권력을 행사하였고, 스스로 왕이 되고자 반란을 일으켰어요(이자겸의 난, 1126). 반란은 진압되었지만, 그 영향으로 왕권이 약해졌고 지배층 사이의 분열과 갈등은 심화되었어요. 이후 인종은 승려 묘청과 정지상 등 서경 세력을 이용하여 개혁 정치를 추진하였어요. 이 과정에서 묘청을 비롯한 서경 세력이 서경 천도를 주장하였으나 이루어지지 않자 반란을 일으켰어요(묘청의 서경 천도 운동, 1135). 반란은 김부식이 이끄는 관군에 의해 진압되었지만 무신 정변이 일어나면서 문벌 사회는 무너졌어요. 이후 고려는 몽골의 침입을 받게 되었고, 강화도로 수도를 옮겨 항전하는 등 노력하였으나 결국 몽골과 강화를 맺은 후 개경으로 환도하였어요(개경 환도, 1270).
따라서, 묘청의 서경 천도 운동이 일어난 시기는 '이자겸의 난(1126)'과 '개경 환도(1270)' 사이의 시기인 (다)예요.

정답 | ①

정답 | ③

3 65회 회독 ●●●

(가)~(다)를 일어난 순서대로 옳게 나열한 것은? [3점]

> (가) 왕이 보현원 문에 들어서자 …… 이고 등이 왕을 모시던 문관 및 대소 신료, 환관들을 모두 살해하였다. …… 정중부 등이 왕을 모시고 환궁하였다.
>
> (나) 이자겸과 척준경이 왕을 위협하여 남궁(南宮)으로 거처를 옮기게 하고 안보린, 최탁 등 17인을 죽였다. 이 외에도 죽인 군사가 헤아릴 수 없을 정도였다.
>
> (다) 묘청이 서경을 근거로 삼고 반란을 일으켰다. …… 국호를 대위, 연호를 천개, 그 군대를 천견충의군이라 불렀다.

① (가) – (나) – (다)   ② (가) – (다) – (나)
③ (나) – (가) – (다)   ④ (나) – (다) – (가)
⑤ (다) – (가) – (나)

4 62회 회독 ●●●

다음 사건의 배경으로 가장 적절한 것은? [2점]

> 조위총이 동·북 양계(兩界)의 여러 성에 격문을 돌려 군사를 불러 모아 말하기를, "소문에 따르면 개경의 중방(重房)에서 '북계의 여러 성은 거칠고 사나운 무리를 많이 거느리고 있으니 토벌해야 한다.'고 논의하고 이미 많은 병력을 동원했다고 하니 어찌 가만히 앉아서 스스로 죽을 수 있겠는가? 각자 군사와 말을 규합하여 빨리 서경으로 달려와야 한다."라고 하였다.

① 노비 만적이 반란을 모의하였다.
② 정중부, 이의방 등이 정변을 일으켰다.
③ 신돈이 전민변정도감의 판사가 되었다.
④ 망이, 망소이 등이 명학소에서 봉기하였다.
⑤ 최충헌이 교정도감을 설치하여 국정을 총괄하였다.

📢 **문벌 사회의 동요**

정답분석 (나) 고려 건국 이후 국가 체제를 정비하는 과정에서 문벌이 형성되었어요. 특히 인종 때 경원 이씨 가문의 이자겸은 막강한 권력을 행사하였고, 스스로 왕이 되고자 반란을 일으켰어요(이자겸의 난, 1126).
(다) 이자겸의 난은 진압되었지만, 그 영향으로 왕권이 약해졌고 지배층 사이의 갈등은 심화되었어요. 이에 인종은 승려 묘청과 정지상 등 서경 세력을 이용하여 개혁 정치를 추진하였어요. 이 과정에서 서경 세력이 서경 천도를 주장하였으나 이루어지지 않자 반란을 일으켰어요(묘청의 난, 1135).
(가) 묘청의 난은 김부식이 이끄는 관군에 의해 진압되었어요. 이후 의종 때 문신에 비해 차별을 받던 정중부, 이의방 등 무신이 보현원에서 정변을 일으켜 많은 문신을 살해하고 정권을 장악한 후 의종을 폐위하였어요(무신 정변, 1170).
④ (나) 이자겸의 난(1126) → (다) 묘청의 난(1135) → (가) 무신 정변(1170)

📢 **무신 집권기의 봉기(조위총의 난)**

정답분석 조위총의 난은 조위총이 1174년부터 1176년까지 약 3년 동안 무신 정권에 대항하여 일으킨 난이에요. 서경 유수였던 조위총은 무신 정변을 일으킨 후 왕인 의종을 폐위시키고 문신을 죽이며 전횡을 일삼던 정중부, 이의방 등을 타도하기 위해 난을 일으켰으나 실패로 끝났어요.
② 의종 때 정중부, 이의방 등 무신들이 보현원에서 정변을 일으켜 권력을 장악하였어요(무신 정변, 1170).

오답분석 ① 무신 집권기(최충헌)인 신종 때 개경에서 만적을 비롯한 노비들이 신분 해방을 도모하여 봉기를 계획하였으나 발각되면서 실패하였어요(만적의 난, 1198).
③ 공민왕은 토지와 노비 문제를 해결하기 위해 전민변정도감을 설치하였고, 신돈을 판사로 임명하여 적극적인 개혁을 추진하였어요.
④ 무신 집권기인 명종 때 공주 명학소에서 망이, 망소이 등이 가혹한 수탈에 저항하여 봉기하였어요(망이·망소이의 난, 1176).
⑤ 무신 집권기에 최충헌은 교정도감을 설치하여 국정을 총괄하는 최고 권력 기구로 삼고 그 수장인 교정별감이 되어 국정 전반을 장악하였어요.

정답 | ④   정답 | ②

10강 고려(중기 정치~무신 정변) **113**

5 63회　　　　　　　　　　　회독 ●●●

다음 상황 이후에 있었던 사실로 옳은 것은?　　　[2점]

> 청교역(靑郊驛)의 서리 3인이 최충헌 부자를 죽일 것을 모의하면서, 거짓 공첩(公牒)을 만들어 여러 사원의 승려들을 불러 모았다. 공첩을 받은 귀법사 승려들은 그 공첩을 가져온 사람을 잡아서 최충헌에게 고해 바쳤다. [최충헌은] 즉시 영은관에 교정별감을 둔 후 폐쇄하고 대대적으로 그 무리를 색출하였다.

① 김부식이 묘청의 난을 진압하였다.
② 원종과 애노가 사벌주에서 봉기하였다.
③ 이자겸이 금의 사대 요구를 수용하였다.
④ 정중부 등이 정변을 일으켜 권력을 차지하였다.
⑤ 최우가 인사 행정 담당 기구로 정방을 설치하였다.

📢 **최충헌 집권기**

정답분석　무신 정변 이후 권력을 차지한 무신들 사이에 권력 다툼이 일어나 최고 권력자가 여러 차례 바뀌는 혼란이 일어났어요. 이러한 정치적 혼란은 1196년 최충헌이 이의민을 제거하고 정권을 장악한 후 권력을 세습하면서 안정되었어요.
최충헌은 집권 초기에 봉사 10조를 올려 사회 개혁안을 제시하였으나 오히려 많은 토지와 노비를 차지하고 사병을 양성하는 등 정권 유지에만 집중하였어요. 또한, 1209년에 국정을 총괄하는 최고 권력 기구로 교정도감을 설치하고, 그 수장인 교정별감이 되어 국정 전반을 장악하였어요.
⑤ 고려 고종 때 아버지 최충헌의 뒤를 이어 최고 권력자가 된 최우는 1225년에 자신의 집에 인사 행정 담당 기구인 정방을 설치하였어요.

오답분석　① 고려 인종 때인 1135년에 서경에서 묘청 등이 반란을 일으키자 김부식은 군대를 이끌고 가서 진압하였어요.
② 신라 말 진성 여왕 때인 889년에 중앙 정부의 지방 통제력이 약화되고 귀족의 수탈이 더욱 심해지자 원종과 애노가 사벌주에서 봉기하였어요.
③ 고려는 예종 때 여진을 정벌하고 쌓은 동북 9성을 여진에게 돌려주었어요. 이후 힘을 키운 여진은 금을 세워 요를 멸망시키고 송을 남쪽으로 밀어낸 후 고려에 군신 관계를 요구하였어요. 1126년에 인종의 외척으로 당시 반란을 일으킨 후 정권을 장악하고 있던 이자겸은 금의 사대 요구를 수용하였어요.
④ 고려 의종 때인 1170년에 문신에 비해 차별을 받던 정중부, 이의방 등 무신들이 보현원에서 정변을 일으키고 권력을 장악하였어요.

정답 | ⑤

---

6 60회　　　　　　　　　　　회독 ●●●

다음 상황 이후에 전개된 사실로 옳은 것은?　　　[2점]

> 백관이 최우의 집에 나아가 정년도목(政年都目)을 올리니, 최우가 청사에 앉아 받았다. 6품 이하는 당하(堂下)에서 두 번 절하고 땅에 엎드려 감히 고개를 들지 못하였다. 이때부터 최우는 정방을 자기 집에 두고 백관의 인사 행정을 처리하였다.
>
> – 「고려사절요」 –

① 삼별초가 용장성에서 항전하였다.
② 정중부 등이 김보당의 반란을 진압하였다.
③ 빈민 구제를 위한 흑창을 처음 설치하였다.
④ 공주 명학소에서 망이·망소이가 봉기하였다.
⑤ 최충헌이 교정별감이 되어 국정을 총괄하였다.

📢 **최우 집권기**

정답분석　최우는 무신 정권기에 아버지 최충헌의 뒤를 이어 정권을 잡은 인물이에요. 최우는 1225년에 정방을 설치하여 인사권을 장악하고 좌별초, 우별초, 신의군으로 편성된 삼별초를 조직하였고, 삼별초는 최씨 무신 정권의 군사적 기반 역할을 하였어요. 이후 몽골이 고려를 침략하자 최우는 1232년에 장기 항전을 위해 강화도로 수도를 옮겼어요.
① 1270년에 고려 정부가 몽골과 강화를 맺고 개경 환도를 결정하자, 삼별초는 이에 반대하며 대몽 항쟁을 이어 나갔어요. 진도 용장성은 삼별초가 관군과 몽골군에 항전하였던 성 중 하나예요.

오답분석　② 정중부 등 무신들이 정변을 일으키자 1173년에 동북면 병마사 김보당이 의종의 복위를 도모하며 반란을 일으켰어요.
③ 918년에 고려 태조는 빈민 구제를 위해 흑창을 처음 설치하였어요. 흑창은 이후 성종 때 의창으로 개칭되었어요.
④ 망이·망소이의 난은 무신 정권 초반 정중부 집권기인 1176년에 일어났어요.
⑤ 최우의 아버지인 최충헌은 1209년에 교정도감을 설치하고 교정별감이 되어 국정을 총괄하였어요.

정답 | ①

고려(중기 정치~무신 정변)

문벌 사회의 성립과 동요

01 고려 시대의 문벌은 과거와 　서를 통해 고위 관직을 독점하였다.

02 인종 때 권력을 독점한 왕실의 외척 이　　　이 척준경과 함께 반란을 일으켰다.

03 　　, 정지상 등이 풍수지리설을 기반으로 서경 천도를 주장하였다.

04 묘청 등 서경파는 칭제　　과 　국 정벌을 주장하였다.

05 김부식 등 개경파는 금에 대한 　대를 주장하였다.

06 묘청 등 서경파는 김　　이 이끄는 관군에 의해 진압되었다.

무신 정권의 성립

07 무신에 대한 차별이 원인이 되어 보현원에서 정　　, 이의방 등이 무신 정변을 일으켰다.

08 무신 정변 직후 무신들의 회의 기구였던 　방이 최고 기구의 역할을 하였다.

09 최　　은 이의민을 제거하고 정권을 장악하였다.

10 최충헌은 교정도감을 설치하고 　　별감이 되어 국정 전반을 장악하였다.

11 최충헌은 명종에게 　　10조를 올려 시정 개혁을 건의하였다.

12 최우는 인사 행정 기구로 　방을 설치하였다.

13 　　　는 좌별초, 우별초, 신의군으로 구성된 군대로, 최씨 무신 정권의 군사적 기반이었다.

14 무신 정권에 반발하여 서경 유수 조　　이 난을 일으켜 정중부 등의 제거를 도모하였다.

15 무신 정권에 반발하여 동북면 병마사 김　　이 의종의 복위를 도모하는 난을 일으켰다.

16 무신 집권기에 공주 명학　에서 　이 · 　소이가 가혹한 수탈에 저항하여 봉기하였다.

17 무신 집권기에 김　　와 효　이 지금의 경상도 지역에서 난을 일으켰다.

18 무신 집권기에 개경에서 사노비 　이 노비들과 함께 신분 해방을 도모하였다.

11강 고려(외교)

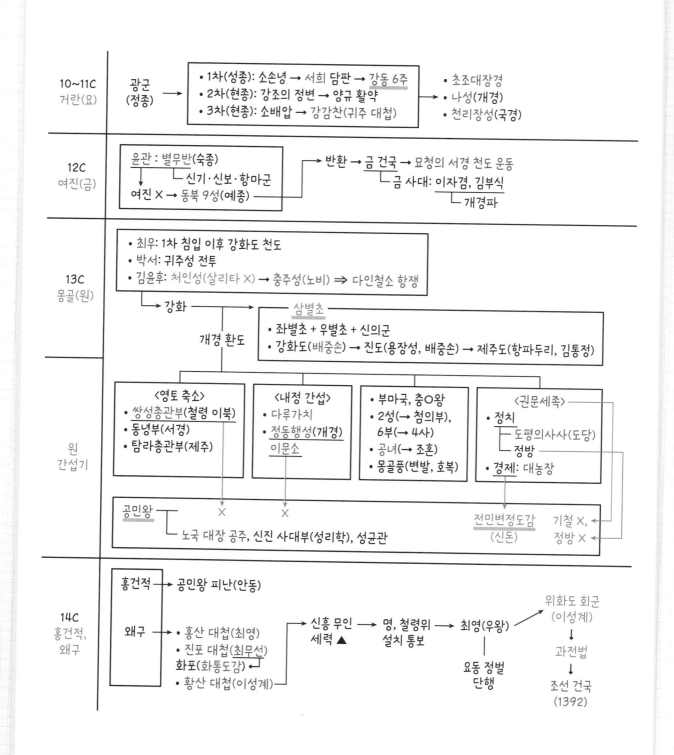

10~11C 거란(요)

광군(정종) →
- 1차(성종): 소손녕 → 서희 담판 → 강동 6주
- 2차(현종): 강조의 정변 → 양규 활약
- 3차(현종): 소배압 → 강감찬(귀주 대첩)

→
- 초조대장경
- 나성(개경)
- 천리장성(국경)

12C 여진(금)

윤관 : 별무반(숙종)
└ 신기·신보·항마군
여진 X → 동북 9성(예종)

→ 반환 → 금 건국 → 묘청의 서경 천도 운동
└ 금 사대: 이자겸, 김부식
└ 개경파

13C 몽골(원)

- 최우: 1차 침입 이후 강화도 천도
- 박서: 귀주성 전투
- 김윤후: 처인성(살리타 X) → 충주성(노비) ⇒ 다인철소 항쟁

└ 강화 ─ 개경 환도

삼별초
- 좌별초 + 우별초 + 신의군
- 강화도(배중손) → 진도(용장성, 배중손) → 제주도(항파두리, 김통정)

원 간섭기

〈영토 축소〉
- 쌍성총관부(철령 이북)
- 동녕부(서경)
- 탐라총관부(제주)

〈내정 간섭〉
- 다루가치
- 정동행성(개경) 이문소

- 부마국, 충O왕
- 2성(→ 첨의부), 6부(→ 4사)
- 공녀(→ 조혼)
- 몽골풍(변발, 호복)

〈권문세족〉
- 정치
  ├ 도평의사사(도당)
  └ 정방
- 경제: 대농장

공민왕 ─ X ─ X
└ 노국 대장 공주, 신진 사대부(성리학), 성균관

전민변정도감(신돈)

기철 X, 정방 X

14C 홍건적, 왜구

홍건적 → 공민왕 피난(안동)

왜구 →
- 홍산 대첩(최영)
- 진포 대첩(최무선)
  화포(화통도감) ←
- 황산 대첩(이성계)

→ 신흥 무인 세력 ▲ → 명, 철령위 설치 통보 → 최영(우왕)
요동 정벌 단행

위화도 회군(이성계)
↓
과전법
↓
조선 건국(1392)

11강 고려(외교)

11강 고려(외교)

빈출키워드 TOP5

전민변정도감(신돈)	1위
기철, 정동행성	2위
별무반(윤관)	3위
강화도 천도	4위
서희의 외교 담판	5위

❶ 고려의 대외 관계

(1) 거란의 침입과 격퇴(10~11세기)

배경	고려의 친송 정책, 북진 정책(거란 적대) → 거란이 고려에 송과의 외교 관계 단절 요구, 정종 때 거란의 침입에 대비하여 광군 설치
1차 침입 (성종 때, 993)	거란 장수 소손녕이 군대를 이끌고 침입 → 서희의 외교 담판 → 고려의 강동 6주 확보, 거란 철수
2차 침입 (현종 때, 1010)	강조의 정변을 구실로 침입 → 개경 함락, 현종의 나주 피란, 양규의 활약(곽주성 탈환 등) → 거란 철수
3차 침입 (현종 때, 1018)	강동 6주의 반환을 요구하며 소배압이 군대를 이끌고 침입 → 강감찬의 귀주 대첩 (1019)
영향	송과 거란 사이에서 세력 균형 유지, 초조대장경 제작(부처의 힘으로 거란 격퇴 염원), 개경에 나성 축조, 국경 지역에 천리장성 축조

✎ **강감찬**

거란의 3차 침입 때 흥화진과 귀주에서 거란군을 크게 물리친 인물이에요.

(2) 여진과의 관계(12세기)

여진 정벌	여진이 성장하면서 고려와 잦은 충돌 → 숙종 때 윤관의 건의로 신기군(기병), 신보군(보병), 항마군(승병)으로 구성된 별무반 편성(1104) → 예종 때 윤관이 별무반을 이끌고 여진 정벌 → 동북 지방 일대에 9성 축조(동북 9성, 1107) → 여진의 계속된 침입, 관리의 어려움 → 여진으로부터 조공을 약속받고 9성 지역 반환
금 건국	여진의 금 건국(1115) → 거란(요)을 멸망시킴 → 고려에 군신 관계 요구 → 이자겸이 정권 유지와 전쟁 방지를 위해 금의 사대 요구 수용 → 개경파와 서경파의 대립 → 묘청의 난 발생

✎ **별무반**

기병인 여진의 군대를 보병만으로 방어하기 어려웠으므로, 윤관의 건의에 따라 기병인 신기군, 보병인 신보군, 승병인 항마군으로 이루어진 별무반을 편성하였어요.

(3) 몽골과의 전쟁(13세기)

국교 수립	몽골에 쫓겨 고려에 침입한 거란을 고려와 몽골이 연합하여 격퇴(강동성 전투) → 몽골과 국교 체결
전개	몽골이 고려에 지나친 공물 요구 → 몽골 사신 저고여가 피살되는 사건 발생, 이를 구실로 살리타가 군대를 이끌고 침입(고종 때, 1231) → 이후 여러 차례 침입
대응	• 1차 침입 이후 고려 정부(최우)의 강화도 천도(1232) → 장기 항전 준비 • 박서의 귀주성 전투(1231), 김윤후의 처인성 전투(살리타 사살, 1232), 송문주의 죽주성 전투(1236), 김윤후의 충주성 전투(노비와 천민 중심, 1253), 충주 다인철소 주민의 항쟁(1254) 등 • 몽골과 강화 체결 → 무신 정권 붕괴(임유무 사망) → 개경 환도(1270) • 삼별초의 저항: 고려 정부의 개경 환도에 반발 → '강화도(배중손의 지휘) → 진도(용장성, 배중손의 지휘) → 제주도(항파두리, 김통정의 지휘)'로 근거지를 옮기며 항전 → 고려와 몽골 연합군에 의해 진압됨
영향	• 문화재 소실: 초조대장경, 황룡사 9층 목탑 • 대장도감을 설치하여 팔만대장경 제작(부처의 힘으로 몽골 격퇴 염원)

✎ **정동행성**

원이 일본 정벌을 위해 설치한 관청으로, 일본 정벌에 실패한 후에도 계속 유지되어 고려의 내정을 간섭하는 역할을 하였어요.

✎ **부마국**

'부마'는 왕의 사위를 뜻해요. 원 간섭기에 고려 왕은 원의 공주와 혼인하였기 때문에 고려는 원의 사위 나라가 되었어요.

❷ 고려 후기의 변화

(1) 원 간섭기

영토 축소	원이 쌍성총관부(철령 이북), 동녕부(자비령 이북), 탐라총관부(제주도)를 설치하여 영토 편입
내정 간섭	원이 다루가치(감찰관) 파견, 정동행성 설치(충렬왕 때 두 차례 일본 원정 시도, 실패 → 부속 기구인 이문소를 통해 내정 간섭)

✎ **홍건적**

'머리에 붉은 두건을 두른 도적'이라는 뜻으로, 원 말기에 일어난 한족 반란군이에요.

왕실 호칭과 관제 격하	• 고려 왕이 원의 공주와 혼인(부마국) • 왕실 호칭 격하: 짐 → 고, 폐하 → 전하, 조·종 → 왕 • 관제 개편: 중서문하성·상서성(2성) → 첨의부(1부), 6부 → 4사, 중추원 → 밀직사
인적·물적 수탈	• 결혼도감 설치, 공녀 강제 차출(조혼 풍습 유행) • 응방 설치(매 수탈)
권문세족의 성장	• 도평의사사(도당)와 정방 장악 • 불법적인 토지 침탈로 대농장 소유
사회 변화	• 고려에서 몽골풍 유행(변발, 호복, 족두리, 연지, 철릭, 소주, 만두 등) • 고려양: 원에 고려의 풍습 전래(떡, 두루마기 등)

(2) 고려의 개혁 노력

충선왕		사림원 설치, 원에 만권당 설치(이제현 등 고려 유학자와 원 유학자들 교류)
충목왕		정치도감 설치
공민왕	반원 자주	• 기철 등 친원 세력 숙청, 격하된 왕실 호칭·관제 복구 • 몽골풍 금지, 정동행성 이문소 폐지 • 유인우·이자춘 등을 보내 쌍성총관부 공격(철령 이북의 땅 수복)
	왕권 강화	• 전민변정도감 설치(신돈 등용) → 권문세족의 기반 약화 • 정방 폐지(왕의 인사권 장악) • 신진 사대부 등용
	결과	권문세족의 반발 → 공민왕 시해로 개혁 중단

❸ 고려의 멸망

(1) 14세기

홍건적의 침입	홍건적(한족 반란군)의 침입으로 공민왕이 복주(안동)까지 피란
왜구의 침입	• 홍산 대첩(최영, 1376) → 진포 대첩(최무선·나세·심덕부, 화포 사용, 1380) → 황산 대첩(이성계, 1380) → 관음포 전투(1383) • 박위가 왜구의 근거지인 쓰시마섬 토벌(창왕 때, 1389)

(2) 신흥 무인 세력의 성장: 홍건적과 왜구를 격퇴하는 과정에서 이성계 등 신흥 무인 세력 성장

(3) 고려의 멸망: 명의 철령위 설치 통보(철령 이북 땅 요구) → 우왕과 최영의 요동 정벌 단행, 이성계의 반대(4불가론) → 이성계의 위화도 회군(1388) → 과전법 실시(1391) → 고려 멸망, 조선 건국(1392)

⏸ 일시정지!
☑ 확인하기

1. 다음 사실들을 순서대로 나열하세요.

> (가) 강감찬이 귀주에서 대승을 거두었다.
> (나) 여진을 정벌하여 동북 9성을 축조하였다.
> (다) 강조가 정변을 일으켜 목종을 폐위시켰다.
> (라) 외침에 대비하기 위하여 광군이 창설되었다.
> (마) 서희가 외교 담판을 벌여 강동 6주를 획득하였다.

( )

2. 몽골의 침입에 대한 고려의 대응으로 맞으면 ○표, 틀리면 ×표 하세요.

(1) 황룡사 9층 목탑을 건립하였다. ( )

(2) 김윤후가 처인성에서 살리타를 사살하였다. ( )

(3) 국난을 극복하고자 초조대장경을 간행하였다. ( )

(4) 다인철소 주민들이 충주 지역에서 저항하였다. ( )

(5) 대장도감을 설치하여 팔만대장경을 간행하였다. ( )

(6) 강화도로 도읍을 옮겨 장기 항전을 준비하였다. ( )

(7) 윤관이 별무반을 이끌고 동북 9성을 축조하였다. ( )

3. 원 간섭기에 있었던 사실로 맞으면 ○표, 틀리면 ×표 하세요.

(1) 나성을 쌓고 천리장성을 축조하였다. ( )

(2) 일본 원정을 위해 정동행성이 설치되었다. ( )

(3) 중서문하성과 상서성이 첨의부로 개편되었다. ( )

(4) 지배층을 중심으로 변발과 호복이 유행하였다. ( )

4. 공민왕에 대한 설명이 맞으면 ○표, 틀리면 ×표 하세요.

(1) 정동행성 이문소를 폐지하였다. ( )

(2) 사림원을 설치하여 개혁을 실시하였다. ( )

(3) 기철을 비롯한 친원 세력을 숙청하였다. ( )

(4) 신돈을 등용하여 전민변정도감을 운영하였다. ( )

(5) 인사권을 장악하기 위하여 정방을 폐지하였다. ( )

(6) 쌍성총관부를 공격하여 철령 이북의 땅을 되찾았다. ( )

5. 이성계에 대한 설명이 맞으면 ○표, 틀리면 ×표 하세요.

(1) 황산에서 왜구를 물리쳤다. ( )

(2) 위화도에서 회군하여 최영을 제거하였다. ( )

(3) 여진을 정벌하여 동북 9성을 축조하였다. ( )

(4) 교정별감이 되어 국정 전반을 장악하였다. ( )

(5) 삼별초를 이끌고 대몽 항쟁을 전개하였다. ( )

1. (라) – (마) – (다) – (가) – (나) 2. (1) × (2) ○ (3) × (4) ○ (5) ○
(6) ○ (7) × 3. (1) × (2) ○ (3) ○ (4) ○ 4. (1) ○ (2) × (3) ○ (4) ○
(5) ○ (6) ○ 5. (1) ○ (2) ○ (3) × (4) × (5) ×

11강 고려(외교)

① 거란의 침입과 격퇴

고려는 정종 때 거란의 침입에 대비하여 광군을 창설하였어요. 그 뒤 성종 때 거란이 1차 침입을 일으켰는데, 이때 서희가 거란 장수 소손녕과 외교 담판을 벌여 송과의 관계를 끊고 거란과 교류하기로 약속하고 강동 6주를 획득하였어요. 하지만 고려가 송과의 관계를 계속 유지하자 거란은 강조의 정변을 구실로 2차 침입을 일으켰어요. 이때 현종이 나주까지 피란하였으나 양규의 활약으로 거란은 철수하였어요. 거란의 3차 침입 때는 강감찬이 귀주 대첩에서 활약하여 거란군을 물리쳤고(귀주 대첩), 이후 고려는 나성과 천리장성을 쌓아 외적의 침입에 대비하였어요.

- 거란의 1차 침입: 소손녕이 서희에게 말하기를, "너희 나라는 신라 땅에서 일어났고, 고구려 땅은 우리 소유인데, 너희들이 침범해 왔다. 그리고 우리와 국경을 접하고 있는데도 바다를 넘어 송을 섬기기 때문에, 오늘의 출병이 있게 된 것이다. ……"라고 하였다. 서희가 말하기를, "그렇지 않다. 우리나라가 바로 고구려의 옛 땅이기 때문에, 국호를 고려라 하고 평양에 도읍하였다. 만일 국경 문제를 논한다면, 거란의 동경(東京)도 모조리 우리 땅에 있는데, 어찌 [우리가] 침범해 왔다고 말하는가?"라고 하였다. − 《고려사절요》 −
- 거란의 2차 침입: 양규가 흥화진으로부터 군사 7백여 명을 이끌고 통주까지 와서 군사 1천여 명을 수습하였다. 밤중에 곽주로 들어가서 지키고 있던 거란군을 급습하여 모조리 죽인 후 성 안에 있던 남녀 7천여 명을 통주로 옮겼다. − 《고려사》 −
- 거란의 3차 침입: 거란의 병사가 귀주를 지나자 강감찬 등이 동교(東郊)에서 맞아 싸웠다. …… 살아서 돌아간 자가 (십만여 명 중에서) 겨우 수천 명이니 거란이 패한 것이 이보다 심한 적이 없었다. − 《고려사》 −
- 거란 침입의 영향: 강감찬이 수도에 성곽이 없다 하여 나성을 쌓을 것을 요청하니, 왕이 그 건의를 따라 …… 축조하게 하였다. − 《고려사》 −

② 강조의 정변

강조가 정변을 일으켜 목종의 어머니 천추 태후와 김치양 일파를 제거한 후 목종을 폐위하고 현종을 왕위에 올린 사건이에요. 이 사건을 구실로 거란이 2차 침입을 일으켰어요.

강조의 군사들이 궁문으로 마구 들어오자, 목종이 모면할 수 없음을 깨닫고 태후와 함께 목 놓아 울며 법왕사로 옮겼다. 잠시 후 황보 유의 등이 대량원군(大良院君) [순(詢)]을 받들어 왕위에 올렸다. 강조가 목종을 폐위하여 양국공으로 삼고, 군사를 보내 김치양 부자와 유행간 등 7인을 죽였다. − 《고려사》 −

③ 여진 정벌과 동북 9성

여진이 성장하여 고려와 계속 충돌하자 윤관은 숙종에게 건의하여 별무반을 편성하였고, 예종 때 별무반을 이끌고 여진을 정벌하여 동북 9성을 축조하였어요. 이후 여진이 지속적으로 반환을 요청하자 고려는 조공을 약속받고 동북 9성을 돌려주었어요.

- 윤관 등이 여러 군사들에게 내성(內城)의 목재와 기와를 거두어 9성을 쌓게 하고, 변경 남쪽의 백성을 옮겨 와 살게 하였다. − 《고려사》 −
- (왕이) 선정전 남문에 거둥하여 (사신) 요불과 사현 등 6인을 접견하고 입조한 연유를 묻자 요불 등이 아뢰기를, "…… 만약 9성을 되돌려주어 우리의 생업을 편안하게 해주시면, 우리는 하늘에 맹세하여 자손대대에 이르기까지 공물을 정성껏 바칠 것이며 감히 기와 조각 하나라도 국경에 던지지 않겠습니다."라고 하였다. …… (왕이) 선정전 남문에 거둥하여 요불 등을 접견하고 9성의 반환을 허락하자, 요불이 감격하여 울며 감사의 절을 올렸다. − 《고려사》 −

④ 삼별초의 항쟁

삼별초는 무신 정권기 지도자였던 최우가 만든 군사 조직이에요. 좌별초, 우별초, 신의군으로 편성된 삼별초는 최씨 무신 정권의 군사적 기반 역할을 하였어요. 삼별초는 몽골의 침입 당시 고려 정부가 몽골과 강화를 맺고 개경 환도를 결정하자 배중손 등을 중심으로 하여 대몽 항쟁을 벌였어요. 이후 삼별초는 진도와 제주도로 근거지를 옮겨 가며 항쟁하였으나 결국 고려·몽골 연합군에 의해 진압되었어요.

처음 최우가 나라 안에 도적이 많은 것을 염려하여 용사를 모아 매일 밤 순행하여 폭행을 막게 하였다. 그 까닭으로 야별초라 불렀다. 도적이 여러 도에서 일어났으므로 별초를 나누어 파견하여 잡게 하였다. 그 군대의 수가 많아져 드디어 좌별초, 우별초로 나누었다. 또, 몽골에 갔다가 도망해 온 고려인으로 한 부대를 만들어 신의군이라 불렀다. − 《고려사》 −

▲ 진도 용장산성

▲ 제주 항파두리 항몽 유적

120 2주끝장 심화

5 하층민의 대몽 항쟁

몽골의 침입 당시 하층민도 몽골군에 대항하여 싸웠어요. 몽골의 2차 침입 때 승려 김윤후와 처인 부곡민들은 몽골 장수 살리타를 사살하는 등 몽골군을 물리쳤고, 그 공이 인정되어 처인 부곡은 처인현으로 승격되었어요(처인성 전투). 이후 몽골의 5차 침입 때 김윤후는 충주성에서 노비 등 백성들과 함께 몽골군을 물리쳤어요(충주성 전투).

- 처인성 전투: 금년 12월 6일에 이르러 **처인 부곡**에서 그들과 큰 싸움이 벌어졌습니다. 여기서 그 우두머리 **살리타를 사살**하고, 사로잡은 자도 많았습니다. 이로부터 그 남은 무리들이 기세를 잃고 회군하여 갔습니다.
  – 《동국이상국집》 –
- 충주성 전투: 충주성이 몽골에 포위를 당한 것이 무릇 70여 일이 되었으며, …… **김윤후가 병사와 백성들을 독려하며 말하기를, "만약 힘을 다해 싸운다면 귀천을 막론하고 모두 관직과 작위를 제수하겠다."**라고 하였다. …… 이에 모두 죽음을 무릅쓰고 싸워 몽골군을 물리쳤다. – 《고려사》 –

6 몽골풍

몽골과의 강화 이후 원 간섭기가 시작되면서 고려에서 몽골 풍습이 유행하기 시작하였는데, 이를 '몽골풍'이라고 해요. 지배층 사이에서 변발과 호복 등이 유행하였고 족두리, 철릭과 같은 의복과 연지, 만두 등 음식도 전해졌어요. 몽골풍은 공민왕 때 반원 자주 정책이 추진되면서 금지되었어요.

왕이 원의 제도를 따라 변발과 호복을 하고 전상(殿上)에 앉아 있었다. 이연종이 말하기를, "**변발과 호복은 선왕의 제도가 아니옵니다. 원컨대 전하께서는 본받지 마소서.**"라고 하였다. 왕이 기뻐하며 즉시 변발을 풀고, 이연종에게 옷과 이불을 하사하였다. – 《고려사절요》 –

▲ 족두리

7 원 간섭기

원 간섭기에 고려 왕은 원의 공주와 결혼하였고, 고려 왕실의 호칭과 정치 조직의 격도 낮춰야 하였어요. 또한 원은 다루가치, 정동행성 등을 통해 고려의 내정에 간섭하였어요.

다루가치가 왕을 비난하면서 말하기를, "선지(宣旨)라 칭하고, 짐(朕)이라 칭하고, 사(赦)라 칭하니 어찌 이렇게 참람합니까?"라고 하였다. …… 이에 (왕이) 선지를 왕지(王旨)로, **짐을 고(孤)**로, 사를 유(宥)로, 주(奏)를 정(呈)으로 **고쳤다.** – 《고려사》 –

8 공민왕의 반원 거주 정책

공민왕은 원의 세력이 약화된 틈을 이용하여 반원 자주 정책을 펼쳤어요. 친원 세력인 기철 세력을 숙청하고 내정 간섭 기구인 정동행성 이문소를 폐지하였으며 격하된 관제를 복구하였어요. 또한 쌍성총관부를 공격하여 철령 이북의 영토를 되찾았어요. 이와 함께 신돈을 등용하여 전민변정도감을 설치하고 정방을 폐지하는 등 왕권 강화 정책도 펼쳤어요.

- 반원 자주 정책: 왕이 …… 교서를 내려 말하기를, "…… 기철 등이 군주의 위세를 빙자하여 나라의 법도를 뒤흔들었다. …… 이제 다행히도 …… **기철 등을 처단**할 수 있었다."라고 하였다. – 《고려사》 –
- 왕권 강화 정책: **신돈이 전민변정도감을 설치할 것을 청하고** …… 빼앗았던 토지와 노비를 그 주인에게 돌려주는 권세가와 부호가 많아, 온 나라 사람들이 기뻐하였다. – 《고려사》 –

▲ 고려 후기의 영토 회복

9 위화도 회군

우왕 때 명이 철령 이북의 땅을 요구하자 우왕과 최영은 요동 정벌을 추진하여 이성계에게 출병을 명하였어요. 이성계는 4불가론을 주장하며 반대하였으나 받아들여지지 않았어요. 결국 이성계는 압록강 근처의 위화도에서 군사를 돌려 우왕과 최영을 몰아내고 정권을 장악하였어요(위화도 회군).

- 위화도 회군: 대군이 압록강을 건너서 위화도에 머물렀다. …… 태조가 여러 장수들에게 말하기를, "내가 글을 올려 …… 군사를 돌이킬 것을 청했으나, 왕도 살피지 아니하고, 최영도 늙고 정신이 혼몽하여 듣지 않았다." …… **태조가 회군한다는 소식을 듣고는** 다투어 밤낮으로 달려서 모여든 사람이 천여 명이나 되었다. – 《태조실록》 –
- 4불가론: 지금 요동을 정벌하는 일에는 네 가지의 옳지 못한 점이 있습니다. **작은 나라로서 큰 나라에 거역하는 것이 첫 번째 옳지 못함이요, 여름철에 군사를 동원하는 것이 두 번째 옳지 못함이요,** 온 나라의 군사를 동원하여 멀리 정벌하러 가면 왜적이 그 허술한 틈을 탈 것이니 세 번째 옳지 못함이요, 이제 곧 덥고 비가 많이 올 것이므로 활의 아교가 풀어지고 많은 군사가 전염병을 앓을 것이니 네 번째 옳지 못함입니다. – 《태조실록》 –

10 과전법

고려 말 공양왕 때 조준 등의 건의로 과전법이 제정되었어요. 과전법은 전·현직 관리에게 경기 지역 토지의 수조권을 지급한 제도예요.

공양왕 3년, 도평의사사에서 왕에게 글을 올려 **과전을 지급하는 법**을 정하기를 청하니, 왕이 이를 따랐다. …… 1품에서 산직(散職)까지를 나누어 18과(科)로 한다. …… 대체로 경성(京城)에 살면서 왕실을 보위하는 자는 시산(時散)을 따지지 않고 각각 등급에 따라 토지를 받는다. – 《고려사》 –

고려(외교)

1

65회

회독 ○○○

(가) 국가에 대한 고려의 대응으로 옳은 것은? [2점]

이곳은 전라남도 나주시에 있는 심향사입니다. (가) 의 침입으로 나주로 피난한 고려 현종이 나라의 평안을 위해 이곳에서 기도를 올렸다고 전해집니다. 이 왕 때 부처의 힘으로 국난을 극복하고자 초조대장경의 조성이 시작되었습니다.

① 박위를 보내 근거지를 토벌하였다.
② 조총 부대를 나선 정벌에 파견하였다.
③ 개경을 방어하기 위해 나성을 축조하였다.
④ 압록강 상류 지역을 개척하여 4군을 설치하였다.
⑤ 국방 문제를 논의하기 위해 비변사를 신설하였다.

2

69회

회독 ○○○

(가) 국가에 대한 고려의 대응으로 옳은 것은? [2점]

변방의 장수가 보고하기를, " (가) 이/가 매우 사나워 변방의 성을 침입하고 있습니다."라고 하였다. …… 드디어 출병하기로 의논을 정하여 윤관을 원수로 삼고 지추밀원사 오연총을 부원수로 삼았다. 윤관이 아뢰기를, "신이 일찍이 선왕의 밀지를 받들었고 지금 또 엄명을 받았으니, 어찌 감히 삼군을 통솔하여 (가) 의 보루를 깨뜨리고 우리의 강토를 개척하여 나라의 수치를 씻지 않겠습니까."라고 하였다.

① 광군을 창설하여 침입에 대비하였다.
② 박위를 파견하여 근거지를 토벌하였다.
③ 강화도로 도읍을 옮겨 장기 항전을 준비하였다.
④ 선물 받은 낙타를 만부교에서 굶어 죽게 하였다.
⑤ 동북 9성을 설치하고 경계를 알리는 비석을 세웠다.

📢 거란의 침입과 고려의 대응

정답분석 거란의 1차 침입 때 고려는 서희의 외교 담판으로 송과의 관계를 끊을 것을 약속하고 강동 6주를 획득하였어요. 하지만 고려가 송과의 관계를 유지하자 거란은 강조의 정변을 구실로 다시 침입하였어요. 개경이 함락되고 현종이 나주로 피난하는 등 위기를 겪는 가운데 양규가 거란군을 기습 공격하여 많은 고려 사람들을 구하는 활약을 펼쳤어요. 고려는 거란의 침입 상황에서 부처의 힘을 빌려 외적의 침입을 물리치고자 하는 염원을 담아 초조대장경을 만들었어요.
③ 고려 현종은 거란과의 귀주 대첩에서 승리한 후 거란을 비롯한 북방 세력의 침입에 대비하기 위해 개경 주위에 나성을 축조하였어요. 이후 고려는 국경 지대에 천리장성을 쌓았어요.

오답분석 ① 고려 말 창왕 때 박위는 왜구의 침입이 잦아지자 왜구의 근거지인 쓰시마섬(대마도)을 토벌하였어요.
② 조선 효종 때 청의 요청에 따라 나선(러시아) 정벌에 변급, 신류 등이 이끈 조총 부대를 파견하였어요.
④ 조선 세종 때 최윤덕은 여진의 이만주 부대가 국경을 넘어 침략해 오자 여진을 정벌하고 압록강 상류 지역을 개척하여 4군을 설치하였어요.
⑤ 조선 중종 때 3포 왜란이 일어나자 왜구나 여진 등 외적의 침입에 대비하기 위한 임시 기구로 비변사를 처음 설치하였어요.

📢 고려의 여진 정벌

정답분석 12세기에 접어들어 천리장성 북쪽에 거주하던 여진이 부족을 통합하면서 고려와 충돌이 잦아졌어요. 이에 고려 숙종은 윤관의 건의를 받아들여 신기군, 신보군, 항마군으로 구성된 별무반을 편성하였어요. 이후 예종 때 윤관은 별무반을 이끌고 여진을 정벌하였어요.
⑤ 고려 예종 때 윤관은 별무반을 이끌고 여진을 정벌한 후 동북 9성을 설치하고 경계를 알리는 비석을 세웠어요.

오답분석 ① 고려는 정종 때 거란의 침입에 대비하여 일종의 예비군인 광군을 조직하였고, 이를 감독하기 위한 기구로 광군사를 만들었어요.
② 고려 말 창왕 때 박위는 왜구의 침입이 잦아지자 왜구의 근거지인 쓰시마섬(대마도)을 토벌하였어요.
③ 고려 무신 집권기인 고종 때 몽골이 침략하자 당시 최고 집권자였던 최우는 일단 몽골과 강화를 맺은 후 수도를 강화도로 옮겨 장기 항전에 대비하였어요.
④ 고려 태조 때 거란이 고려에 사신을 보내면서 낙타를 선물하였는데, 태조는 낙타를 만부교 아래 묶어 두어 굶어 죽게 하였어요. 이를 만부교 사건이라고 하며, 이로써 고려와 거란의 외교 관계는 단절되었어요.

정답 | ③

정답 | ⑤

3 71회 회독 ○○○

(가)에 대한 고려의 대응으로 옳은 것은? [2점]

> ○ 박서는 김중온의 군사로 성의 동서쪽을, 김경손의 군사로는 성의 남쪽을, 별초 250여 인은 나누어 3면을 지키게 하였다. (가) 의 군사들이 성을 여러 겹으로 포위하고 공격하자 성안의 군사들이 갑자기 나가 싸워 그들을 패주시켰다.
>
> ○ 송문주는 귀주에서 종군하였던 사람인데 그 공으로 낭장(郎將)으로 초수(超授)되었다. 이후 죽주 방호별감이 되었을 때, (가) 이/가 죽주성에 이르러 보름 동안이나 다방면으로 공격하였으나 성을 빼앗지 못하고 물러갔다.

① 강화도로 도읍을 옮겨 항전하였다.
② 광군을 창설하여 침입에 대비하였다.
③ 화통도감을 설치하여 군사력을 증강하였다.
④ 철령위 설치에 반발하여 요동 정벌을 추진하였다.
⑤ 신기군, 신보군, 항마군으로 구성된 별무반을 창설하였다.

📢 몽골의 침입과 고려의 대응

정답분석 박서와 김경손 등은 몽골의 1차 침입 때 고려군을 이끌고 귀주성에서 몽골군을 격퇴하였어요. 몽골이 고려와 강화를 맺고 돌아간 이후에도 고려의 내정을 간섭하고 침략할 조짐을 보이자, 당시 실권자였던 최우는 몽골군에 대항하기 위해 강화도로 수도를 옮겼어요. 한편, 송문주는 몽골의 3차 침입 때 죽주성에서 몽골군을 격퇴하였어요.
① 고려 무신 집권기 고종 때 당시 최고 집권자였던 최우는 몽골이 침략하자 일단 강화를 맺은 후 수도를 강화도로 옮겨 장기 항전에 대비하였어요.

오답분석 ② 고려는 정종 때 거란의 침입에 대비하여 일종의 예비군인 광군을 조직하였고, 이를 감독하기 위한 기구로 광군사를 만들었어요.
③ 고려 우왕은 최무선의 건의에 따라 화통도감을 설치하였어요. 최무선과 나세, 심덕부 등은 이곳에서 생산한 화약과 화포 등을 이용하여 진포에 침입한 왜구를 격퇴하였는데, 이 사건을 진포 대첩(1380)이라고 해요.
④ 고려 우왕 때 최영은 명이 철령 이북의 영토를 요구하며 철령위 설치를 통보하자 이에 반발해 요동 정벌을 추진하여 이성계와 군대를 파견하였어요.
⑤ 고려 숙종 때 윤관은 여진을 정벌하기 위해 별무반 편성을 건의하였고, 예종 때 별무반을 이끌고 여진을 정벌한 후 동북 9성을 축조하였어요.

정답 | ①

4 62회 회독 ○○○

다음 상황이 나타난 시기의 사회 모습으로 옳은 것은? [1점]

> 제국 대장 공주가 일찍이 잣과 인삼을 [원의] 강남 지역으로 보내 많은 이익을 얻었다. 나중에는 환관을 각지에 파견하여 잣과 인삼을 구하게 하였다. 비록 나오지 않는 땅이라 하더라도 강제로 거두니 백성들이 매우 괴로워하였다.

① 원종과 애노가 사벌주에서 봉기하였다.
② 대각국사 의천이 해동 천태종을 개창하였다.
③ 지배층을 중심으로 변발과 호복이 유행하였다.
④ 기근에 대비하기 위해 구황촬요가 간행되었다.
⑤ 국난 극복을 기원하며 초조대장경이 조판되었다.

📢 원 간섭기의 사회 모습

정답분석 제국 대장 공주는 원 황실의 공주였어요. 원 간섭기 충렬왕이 세자로서 원에 있었던 시기에 혼인하였고, 충렬왕이 즉위하면서 함께 고려에 왔어요. 고려는 몽골과 강화를 맺은 후 몽골에서 국호가 바뀐 원의 간섭을 받게 되었어요. 고려의 왕이 원의 공주와 결혼하면서 고려는 원의 부마국이 되었으며, 왕실의 호칭과 관제도 격하되었어요.
③ 원 간섭기 고려에서는 지배층을 중심으로 변발과 호복 등의 몽골풍이 유행하였어요.

오답분석 ① 9세기 신라 말 진성 여왕 때 중앙 정부의 지방 통제력이 약화되고 귀족의 수탈이 더욱 심해지자 원종과 애노의 난(사벌주), 적고적의 난 등 곳곳에서 농민 봉기가 일어났어요.
② 11세기 고려 숙종 때 의천은 해동 천태종을 창시하여 교종을 중심으로 선종을 통합하고자 하였어요.
④ 16세기 조선 명종 때 기근에 대비하기 위해 《구황촬요》가 간행되었어요. 이 책에는 나무껍질 등을 이용하여 먹을 것을 만드는 방법, 굶주림으로 인해 종기가 나거나 빈사 상태에 든 사람을 치료하는 방법 등이 실려 있어요.
⑤ 11세기 거란이 고려를 침입하였을 때 고려는 부처의 힘을 빌려 외적의 침입을 물리치고자 하는 염원을 담아 초조대장경을 조판하였어요.

정답 | ③

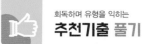

5 59회 　　　　　　　　　　　　　　 회독 ●●●○

밑줄 그은 '왕'의 재위 시기에 있었던 사실로 옳은 것은? [1점]

얼마 전에 왕께서 기철과 그 일당들을 반역죄로 숙청하셨다고 하네.

나도 들었네. 정동행성 이문소도 철폐하셨다고 하더군.

① 경기에 한하여 과전법이 실시되었다.
② 정지가 관음포에서 승리를 거두었다.
③ 국정 총괄 기구로 교정도감이 설치되었다.
④ 신돈을 중심으로 전민변정 사업이 추진되었다.
⑤ 만권당이 설립되어 원과 고려의 학자가 교유하였다.

6 63회 　　　　　　　　　　　　　　 회독 ●●●○

(가)~(다)를 일어난 순서대로 옳게 나열한 것은? [2점]

> (가) 우왕이 요동을 공격하는 일을 최영과 은밀하게 의논하였다. …… 마침내 8도의 군사를 징발하고 최영이 동교에서 군사를 사열하였다.
>
> (나) 대군이 압록강을 건너서 위화도에 머물렀다. …… 이성계가 회군한다는 소식을 듣고 앞다투어 모여든 사람이 천여 명이나 되었다.
>
> (다) 도평의사사에서 글을 올려 과전을 지급하는 법을 정할 것을 청하니, 그 의견을 따랐다. …… 경기는 사방의 근본이므로 마땅히 과전을 설치하여 사대부를 우대하여야 한다. 무릇 수도에 거주하며 왕실을 지키는 자는 현직, 산직(散職)을 불문하고 각각 과(科)에 따라 받게 한다.

① (가) - (나) - (다)　　　② (가) - (다) - (나)
③ (나) - (가) - (다)　　　④ (나) - (다) - (가)
⑤ (다) - (나) - (가)

📢 **고려 공민왕 재위 시기의 사실**

정답분석 　고려 공민왕은 원의 세력이 약해지자 원의 간섭에서 벗어나기 위해 반원 자주 정책을 펼쳤어요. 우선 기철 등 친원 세력을 숙청하고 쌍성총관부를 수복하였어요. 그리고 고려의 내정을 간섭하던 정동행성 이문소를 폐지하고, 격하되었던 관제를 복구하였어요.
④ 공민왕은 신돈을 중심으로 전민변정도감을 설치하여 권문세족이 빼앗은 토지를 본래 주인에게 돌려주고, 억울하게 노비가 된 사람들을 양민으로 회복시켰어요.

오답분석 　① 고려 말인 공양왕 때 이성계와 신진 사대부 세력의 주도로 과전법이 실시되었어요. 과전법은 조선 세조가 직전법을 실시하기 전까지 시행되었어요.
② 우왕 때 정지는 관음포에서 왜구를 상대로 승리를 거두었어요.
③ 무신 정권기인 희종 때 최충헌은 교정도감을 설치하여 국정을 총괄하였고, 수장인 교정별감의 자리에 앉았어요.
⑤ 충선왕은 아들 충숙왕에게 왕위를 물려주고 원의 수도 연경에 만권당을 설치하였어요. 이곳에서 이제현 등 고려의 학자들과 원의 학자들이 교유하였어요.

📢 **고려의 멸망과 조선의 건국**

정답분석 　(가) 고려 말 홍건적과 왜구를 격퇴하는 과정에서 이성계 등 신흥 무인 세력이 성장하였어요. 우왕 때 명이 철령 이북의 영토를 요구하자 최영은 이에 반발해 요동 정벌을 추진하였어요. 이성계는 4불가론을 내세워 요동 정벌에 반대하였으나 우왕과 최영의 강력한 주장으로 요동 정벌을 위해 파견되었어요.
(나) 요동 정벌에 나선 군사들이 다수 도망치고 큰 비 때문에 압록강을 건너기 어려워지자 이성계는 위화도에서 군대를 멈추고 회군 명령을 요청하였어요. 그러나 받아들여지지 않았고, 이성계는 회군하여 개경으로 돌아와 우왕과 최영을 몰아내고 정권을 장악하였어요(위화도 회군).
(다) 위화도 회군 이후 정권을 잡은 이성계는 조준 등 일부 신진 사대부와 함께 과전법을 제정하고 개혁을 추진하였어요. 이후 이성계 일파는 고려 왕조 유지를 주장하는 정몽주 등을 제거하고 조선을 건국하였어요.
① (가) 고려 말 요동 정벌 추진(1388. 4.) → (나) 위화도 회군(1388. 5.) → (다) 과전법 제정(1391)

정답 | ④　　　　　　　　　　　　　　　　　　　　　　정답 | ①

11강 고려(외교)

고려의 대외 관계

01 거란의 1차 침입 때 서 　 가 외교 담판을 벌여 　　　 주를 획득하였다.

02 목종 때 강 　 가 정변을 일으켜 김치양 일파를 제거하고 목종을 폐위하였다.

03 거란의 3차 침입 때 강감찬은 거란군을 　 주에서 크게 격퇴하였다.

04 숙종 때 윤관의 건의로 신기군, 신보군, 항마군으로 구성된 　　　 반이 편성되었다.

05 몽골의 침입 당시 김 　　　 가 처인성에서 몽골 장수 살리타를 사살하였다.

06 고려는 부처의 힘으로 몽골의 침입을 막기 위해 　　 대장경을 만들었다.

07 삼별초는 강화도, 진도, 　　 도로 근거지를 옮겨 가며 대몽 항쟁을 펼쳤다.

고려 후기의 변화

08 원이 고려에 설치한 　　 행성은 일본 원정 실패 이후 고려의 내정 간섭에 이용되었다.

09 원 간섭기에 중서문하성과 상서성이 　　 부로 격하되었다.

10 공민왕은 　 철을 비롯한 친원 세력을 숙청하고, 　 발과 　 복 등 몽골풍을 금지하였다.

11 공민왕은 고려의 내정을 간섭하던 　　　　 이문소를 폐지하였다.

12 공민왕은 　　 총관부를 공격하여 철령 이북의 땅을 회복하였다.

13 공민왕은 권문세족을 견제하기 위해 신돈을 등용하여 　　　　 도감을 설치하였다.

고려의 멸망

14 홍 　　 의 침략으로 공민왕이 안동으로 피난하였다.

15 이 　　 는 4불가론을 내세우며 요동 출병에 반대하였다.

16 　　　 도 회군으로 정권을 장악한 이성계 등은 　　 법을 공포하여 토지 제도를 개혁하였다.

정답 **01** 희, 강동 6 **02** 조 **03** 귀 **04** 별무 **05** 윤후 **06** 팔만 **07** 제주 **08** 정동 **09** 첨의 **10** 기, 변, 호 **11** 정동행성 **12** 쌍성 **13** 전민변정 **14** 건적 **15** 성계 **16** 위화, 과전

고려(경제, 사회)

〈경제〉

수취 제도	조세(양안, 생산량 1/10), 공납(특산물), 역(호적 → 요역, 군역)

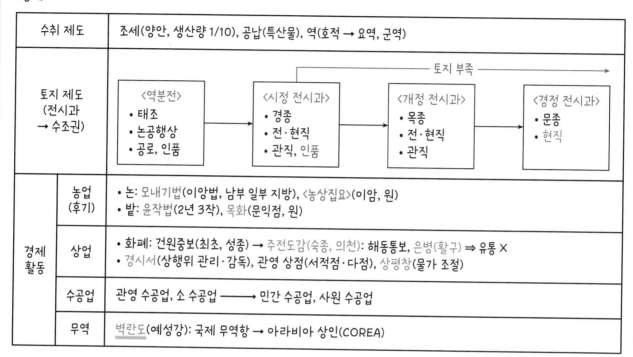

토지 제도 (전시과 → 수조권)

토지 부족 →

〈역분전〉
• 태조
• 논공행상
• 공로, 인품

〈시정 전시과〉
• 경종
• 전·현직
• 관직, 인품

〈개정 전시과〉
• 목종
• 전·현직
• 관직

〈경정 전시과〉
• 문종
• 현직

경제 활동	농업 (후기)	• 논: 모내기법(이앙법, 남부 일부 지방), 〈농상집요〉(이암, 원) • 밭: 윤작법(2년 3작), 목화(문익점, 원)
	상업	• 화폐: 건원중보(최초, 성종) → 주전도감(숙종, 의천): 해동통보, 은병(활구) ⇒ 유통 X • 경시서(상행위 관리·감독), 관영 상점(서적점·다점), 상평창(물가 조절)
	수공업	관영 수공업, 소 수공업 ──→ 민간 수공업, 사원 수공업
	무역	벽란도(예성강): 국제 무역항 → 아라비아 상인(COREA)

〈사회〉

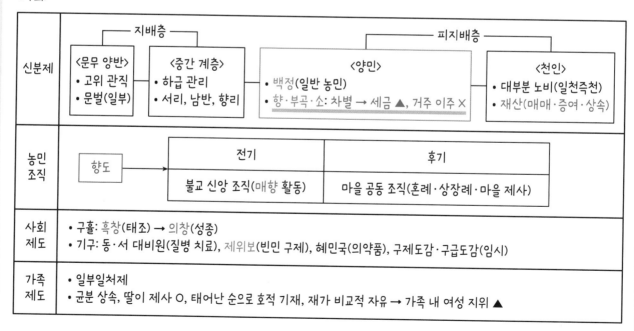

신분제

지배층 ┐ ┌ 피지배층

〈문무 양반〉
• 고위 관직
• 문벌(일부)

〈중간 계층〉
• 하급 관리
• 서리, 남반, 향리

〈양민〉
• 백정(일반 농민)
• 향·부곡·소: 차별 → 세금 ▲, 거주 이주 X

〈천인〉
• 대부분 노비(일천즉천)
• 재산(매매·증여·상속)

농민 조직	향도	전기	후기
		불교 신앙 조직(매향 활동)	마을 공동 조직(혼례·상장례·마을 제사)

사회 제도	• 구휼: 흑창(태조) → 의창(성종) • 기구: 동·서 대비원(질병 치료), 제위보(빈민 구제), 혜민국(의약품), 구제도감·구급도감(임시)
가족 제도	• 일부일처제 • 균분 상속, 딸이 제사 O, 태어난 순으로 호적 기재, 재가 비교적 자유 → 가족 내 여성 지위 ▲

12강 고려(경제, 사회)

12강 고려(경제, 사회)

빈출키워드 TOP5

경시서	1위
은병(활구)	2위
벽란도	3위
해동통보, 건원중보	4위
전시과(전지·시지)	5위

✐ 양안
논밭의 소재지, 위치, 모양, 면적 등이 기록된 토지 대장으로, 이를 토대로 조세를 부과하였어요.

✐ 호적
국가가 국민의 신분 관계를 명확히 하기 위하여 한 집[호(戶)]의 가족을 조사하여 적은 문서예요.

✐ 모내기법(이앙법)
벼농사를 지을 때 모를 모판에서 키워 논에 옮겨 심는 농사법이에요. 고려 후기에 일부 남부 지방에 보급되기 시작하여 조선 후기에 전국으로 확대되었어요.

✐ 윤작법
밭농사에서 여러 작물을 돌려 가면서 짓는 농사법으로, 대표적으로 2년 3작이 있어요. 2년 3작은 2년 동안 세 종류의 작물을 차례대로 재배하는 방법이에요.

✐ 상평창
풍년이 들어 곡식 가격이 떨어지면 일정량을 사들여 가격이 폭락하는 것을 막고, 흉년이 들어 곡식 가격이 지나치게 오르면 비축해 놓은 곡식을 풀어 가격이 폭등하는 것을 막아 물가를 조절하는 기구예요. 성종은 개경과 서경, 12목에 상평창을 설치하여 물가 조절을 통해 농민 생활의 안정을 도모하였어요.

❶ 고려의 경제 정책

(1) 수취 제도

조세	• 양안(토지 대장) 작성, 생산량의 1/10 징수 • 각 지방에서 거둔 조세는 조운을 통해 개경으로 운반함
공납	• 집집마다 토산물, 수공업 제품, 광물 등 각종 현물 징수 • 상공(매년 일정하게 징수), 별공(필요에 따라 수시로 징수)
역	• 호적 작성, 16~59세 남성 대상, 요역·군역 부과

(2) 토지 제도

역분전(태조)		후삼국 통일 과정에서 공을 세운 신하들에게 공로와 인품에 따라 토지 지급 → 논공행상의 성격
전시과	특징	• 관직에 따라 등급을 구분하여 전지와 시지 지급 • 수조권만 지급, 원칙적으로 세습 불가
	변천	• 시정 전시과(경종): 전·현직 관리에게 지급, 관직과 인품 기준 • 개정 전시과(목종): 전·현직 관리에게 지급, 관직 기준 • 경정 전시과(문종): 토지 부족 → 현직 관리에게만 지급
녹과전(원종)		고려 후기 권문세족의 토지 독점으로 관리들에게 지급해야 할 토지 부족 → 관리들의 녹봉을 보충하기 위해 지급, 경기 지역(개경 인근) 한정
과전법(공양왕)		이성계의 위화도 회군 이후 신진 사대부의 주도로 실시

(3) 경제 활동

농업	• 소를 이용한 깊이갈이 일반화, 이암이 원에서 농서 《농상집요》를 들여옴 • 논: 모내기법 시행(남부 일부 지방) • 밭: 윤작법(2년 3작), 목화 재배 시작(문익점이 원에서 목화씨를 들여와 재배 성공)
수공업	전기: 관영 수공업, 소 수공업 위주로 발달 → 후기: 사원 수공업, 민간 수공업 발달
상업	• 화폐 　- 성종 때 건원중보 발행(우리나라 최초의 금속 화폐) 　- 숙종 때 의천의 건의로 주전도감 설치 → 삼한통보·해동통보·은병(활구) 등 발행 → 활발히 유통되지는 못함 • 경시서 설치(시전의 상행위 관리·감독), 관영 상점 운영(서적점, 다점), 상평창 설치(물가 조절)
무역	벽란도: 예성강 하구에 위치, 송·아라비아 상인 등이 왕래한 국제 무역항 → 아라비아 상인에 의해 고려가 코리아(COREA)로 알려짐

❷ 고려의 신분 제도

양인	지배층	• 문무 양반: 대대로 고위 관직에 오름, 일부는 문벌 형성 • 중간 계층: 말단 행정직(하급 관리), 직역 세습(국가에서 토지 지급) → 서리, 남반, 향리(호장·부호장 선출) 등으로 구성
	피지배층	• 백정(일반 농민): 조세·공납·역 부담 • 향·부곡·소 주민: 일반 군현민보다 많은 세금 부담, 거주 이전 제한
천인		대부분 노비(공노비·사노비) → 재산으로 간주, 매매·증여·상속의 대상, 일천즉천의 원칙(부모 중 한쪽이 노비이면 그 자녀도 노비로 결정)

❸ 고려의 사회 모습

(1) 향도(농민 조직)

기원	매향 활동을 하는 불교 신앙 조직에서 기원
역할	• 초기: 매향 활동, 불상·석탑 제작, 사찰 건립에 주도적 역할 • 후기: 노역, 혼례와 상장례, 마을 제사 등 마을 공동체 생활 주도

(2) 사회 제도

구휼	• 흑창(태조) → 의창(성종)으로 발전 • 춘대추납, 조선 시대까지 이어짐
각종 기구	• 동·서 대비원: 개경에 설치, 질병 치료 • 제위보: 기금을 마련하여 그 이자로 빈민 구제 • 혜민국: 질병 치료, 민간에 의약품 제공 • 구제도감·구급도감: 각종 재해 발생 시 백성을 구제하기 위한 임시 기구

(3) 가족 제도

① 혼인: 일반적으로 일부일처제
② 가족 내 여성의 지위가 비교적 높았음
   ㉠ 자녀 균분 상속
   ㉡ 여성의 재가가 비교적 자유로움 → 재혼한 여성의 자녀도 사회적 차별을 거의 받지 않음
   ㉢ 아들이 없으면 딸이 제사를 지냄
   ㉣ 아들·딸 구분 없이 태어난 순서대로 호적에 기재
   ㉤ 사위와 조카, 외손자도 음서 혜택 적용

⓫ 일시정지! ☑ 확인하기

1. 고려 시대의 경제 상황에 대한 설명이 맞으면 ○표, 틀리면 ×표 하세요.

(1) 활구라고 불리는 은병이 유통되었다. ( )

(2) 소를 이용한 깊이갈이가 일반화되었다. ( )

(3) 송상이 전국 각지에 송방을 설치하였다. ( )

(4) 해동통보, 활구 등의 화폐를 발행하였다. ( )

(5) 서적점, 다점 등의 관영 상점이 운영되었다. ( )

(6) 특산물로 단궁, 과하마, 반어피가 유명하였다. ( )

(7) 주전도감을 설치하여 해동통보를 발행하였다. ( )

(8) 경시서의 관리들이 수도의 시전을 감독하였다. ( )

(9) 예성강 하구의 벽란도가 국제 무역항으로 번성하였다.
( )

2. 고려 시대의 사회 모습에 대한 설명이 맞으면 ○표, 틀리면 ×표 하세요.

(1) 빈민 구제를 위해 의창이 설치되었다. ( )

(2) 진대법을 실시하여 빈민을 구제하였다. ( )

(3) 서얼의 관직 진출을 법으로 제한하였다. ( )

(4) 물가 조절을 위해 상평창을 설치하였다. ( )

(5) 병자에게 의약품을 제공하는 혜민국이 있었다. ( )

(6) 특수 행정 구역인 소의 주민들이 차별을 받았다. ( )

(7) 개경에 국립 의료 기관인 동·서 대비원을 설치하였다.
( )

(8) 기금을 모아 그 이자로 빈민을 구휼하는 제위보를 운영하였다.
( )

1. (1) ○ (2) ○ (3) × (4) ○ (5) ○ (6) × (7) ○ (8) ○ (9) ○
2. (1) ○ (2) × (3) × (4) ○ (5) ○ (6) ○ (7) ○ (8) ○

12^강 고려[경제, 사회]

1 전시과 제도

후삼국 통일 이후 태조는 공신들에게 공로에 따라 역분전을 지급하였어요. 이후 경종 때에는 전·현직 관리에게 관직과 인품을 기준으로 전지(토지)와 시지(임야)를 지급하였어요(시정 전시과). 목종 때에는 관직만을 기준으로 18등급으로 나누었고(개정 전시과), 문종 때 이르러 지급 대상을 현직 관리로 제한하였어요(경정 전시과).

- 역분전: 태조 23년에 처음으로 역분전 제도를 설정하였는데, 삼한을 통합할 때 조정의 관료와 군사에게 그 관계의 높고 낮음을 논하지 않고 그 사람의 성품과 행동의 착하고 악함과 공로가 크고 작은가를 참작하여 차등 있게 주었다.
- 시정 전시과: 경종 원년, 처음으로 직관(職官)과 산관(散官) 각 품의 전시과를 제정하였다.
- 개정 전시과: 목종 원년 3월 각 군현의 안일호장에게 직전의 벌잔을 주었다. 12월 문무 양반 및 군인들의 전시과를 개정하였다.
- 경정 전시과: 문종 30년, 양반 전시과를 다시 고쳤다.

2 전시과 제도에서 토지의 종류

전시과 제도에서는 관리가 등급에 따라 받는 과전 외에 여러 종류의 토지가 있었어요. 과전은 받은 관리가 죽거나 관직에서 물러날 때 반납하는 것이 원칙이었지만, 공신이나 5품 이상 관리에게 지급되는 공음전은 세습이 가능하였어요. 또한, 직역과 함께 세습되는 한인전·군인전과 같은 토지도 있었어요.

과전	문무 관리에게 지급 → 죽거나 관직에서 물러나면 반납
공음전	공신이나 5품 이상 고위 관리에게 지급 → 세습 가능. 지배층의 경제적 특권
한인전	6품 이하 하급 관리의 자제로 관직에 오르지 못한 자에게 지급
군인전	중앙 정부의 군인에게 지급 → 역의 세습에 따라 자손에게 세습
구분전	하급 관리와 군인의 유가족에게 지급
공해전	중앙과 지방 관청의 경비 충당
내장전	왕실 경비 충당
사원전	사원 경비 충당

3 고려의 대외 무역

고려는 송과 활발하게 교류하였어요. 주로 비단·약재·서적 등의 왕실과 귀족의 수요품을 수입하고, 금·은·인삼·종이·먹 등의 토산품을 수출하였어요. 거란이나 여진과는 은·모피·말 등을 고려의 농기구나 식량과 바꾸었어요. 아라비아 상인들도 수은·향료·산호 등을 고려에 가져와 판매하였어요.

4 벽란도

송으로부터 들여 오는 물품은 주로 개경에 사는 왕실과 귀족들이 소비하였기 때문에 개경과 가까운 예성항 하구의 벽란도가 국제 무역항으로 번성하였어요. 이때 벽란도에 온 아라비아 상인들에 의해 고려는 'COREA(코리아)'라는 이름으로 서방 세계에 널리 알려졌어요.

배가 예성항에 도달하고 나서 닻을 내리면 사람들이 배를 가지고 와서 맞이한다. 사자(使者)가 조서를 받들고 상륙하면 벽란정에 들어가서 조서를 봉안하는 일을 끝내고 물러나 숙소에서 쉰다. 이튿날 군대의 의장이 앞에서 인도하는데 여러 의장 가운데서 신기대가 먼저이고, 조서가 당도하는 것을 기다려서 나머지 의장들과 연접해 가지고 성으로 들어간다.

5 고려의 화폐 정책

성종 때 우리나라 최초의 금속 화폐인 건원중보가 만들어졌으나 유통은 제대로 되지 않았어요. 이후 숙종 때 의천의 건의로 주전도감이 설치되어 은병(활구), 삼한통보, 해동통보, 해동중보 등의 화폐가 만들어졌지만 이 역시 널리 유통되지는 못하였어요.

- 왕 2년 교서를 내리기를, " …… 짐은 선왕의 업적을 계승하여 장차 민간에 큰 이익을 일으키고자 주전(鑄錢)하는 관청을 세우고 백성들에게 두루 유통시키려 한다."라고 하였다.
- 왕 6년 주전도감(鑄錢都監)에서 아뢰기를, "백성들이 비로소 동전 사용의 이로움을 알아 편리하게 여기고 있으니 종묘에 고하소서."라고 하였다. 또한 이 해에 은병(銀瓶)을 사용하여 화폐로 삼았다.

6 건원중보

건원중보는 성종 때 만들어진 우리나라 최초의 금속 화폐예요. 앞면에는 하늘 건(乾), 으뜸 원(元), 귀중할 중(重), 보배 보(寶) 즉, 하늘 아래 으뜸가는 귀중한 보배라는 뜻의 건원중보, 뒷면에는 우리나라를 뜻하는 동국(東國)이 새겨져 있어요.

7 은병(활구), 해동통보

은병(활구)은 우리나라의 지형을 본떠 만든 병 모양의 화폐로, 은 1근의 값어치를 하는 고액 화폐예요. 병의 입이 넓기 때문에 활구라고도 불렸어요. 숙종 때 의천의 건의로 주전도감에서 많은 화폐가 만들어졌는데, 대표적으로 은병, 해동통보, 삼한통보 등이 있었어요.

▲ 은병

▲ 해동통보

8 사원의 상공업 활동

고려 후기에는 민간 수공업의 성행과 함께 사원에서도 수공업품을 만들어 팔았어요. 고려는 불교를 숭상한 나라였던 만큼 사원은 나라에서 노비와 토지 등 많은 혜택을 받았고, 면세·면역의 특권도 누렸어요. 그런데 사원에서 수공업을 통해 돈을 벌게 되면서 사원이 세속화되는 경향이 나타났고 이에 따른 각종 폐단이 발생하였어요.

> 지금 부역을 피하려는 무리들이 부처의 이름을 걸고 돈놀이를 하거나 농사, 축산을 업으로 삼고 장사를 하는 것이 보통이 되었다. …… 어깨에 걸치는 가사는 술 항아리 덮개가 되고, 범패를 부르는 장소는 파, 마늘의 밭이 되었다. 장사꾼과 통하여 팔고 사기도 하며, 손님들과 어울려 술 먹고 노래를 불러 절간이 떠들썩하다.   – 《고려사》 –

9 고려의 신분 구조

고려는 크게 양인과 천인의 신분으로 구성되었어요. 양인 중 문무 양반과 서리, 향리 등의 중간 계층은 지배층이었고, 양인 중 농민, 상민 등과 최하층인 천인은 피지배층이었어요.

10 향도

향도는 백성들이 자발적으로 만든 조직이에요. 처음에는 바닷가에 향을 묻으며 구원을 기원하는 불교 의식인 매향 활동에서 출발하였어요. 점차 마을 공동체 조직으로 변화하여 주로 상장제례를 주관하였어요. 경상남도 사천에 남아 있는 매향비는 향나무를 묻고 세운 비석으로, 다음 생에 좋은 세상에서 태어날 것과 나라와 백성의 태평을 기원하는 내용이 새겨져 있어요.

▲ 사천 흥사리 매향비

> 이에 빈도*와 여러 사람들은 한마음으로 발원하여 향나무를 묻고 …… 나라가 태평하고 백성이 평안하기를 기원합니다.
> *빈도: 승려가 자기를 낮추어 이르는 말

11 고려의 사회 제도

국가 재정을 안정적으로 유지하기 위해 고려는 농번기에 잡역 동원 금지, 이자율 제한, 자연재해 시 조세 감면, 빈민 구제를 위한 의창의 운영 등 여러 제도를 마련하였어요. 의창은 곡식을 빌려주고 추수기에 갚도록 만든 기관으로 성종 때 흑창에서 이름을 바꾸었어요. 또한, 재해 발생 시 백성 구제를 위해 구제도감 등을 두었어요.

> • 내가 듣건대, 덕이란 오직 정치를 잘하는 것일 뿐이고, 정치의 요체는 백성을 잘 기르는 데에 있으며, 나라는 사람을 근본으로 삼고 사람은 먹는 것을 하늘로 삼는다고 하였다. 이에 우리 태조께서는 흑창(黑倉)을 설치하셨다. …… 쌀 1만 석을 더 보태고, 그 이름을 의창으로 바꾸도록 하라.
> • 왕이 명하기를, "도성 내의 백성들이 역질에 걸렸으니 구제도감을 설치하여 이들을 치료하고, 시신과 유골은 거두어 비바람에 드러나지 않게 매장하라."라고 하였다.

12 고려 시대 여성의 지위

고려 시대에는 다른 시대에 비해 상대적으로 여성의 지위가 높았어요. 재산 상속도 아들과 딸을 구별하지 않고 균등하게 분배하였고, 남녀 구별 없이 태어난 순서대로 호적에 기록하였으며, 딸도 제사를 지냈어요. 또한, 재혼도 비교적 자유롭게 이루어졌으며, 재혼한 여성의 자식도 사회적 차별을 거의 받지 않았어요.

> 이승장은 어려서 아버지를 여의었는데, 의붓아버지가 집이 가난하다며 공부를 시키려 하지 않았다. 하지만 어머니가 이를 반대하면서 "제가 먹고 사는 것 때문에 수절하지 못했음을 부끄럽게 여겼습니다. 그러나 아이가 다행히 학문에 뜻을 두고 있으니, 아이 아버지의 뒤를 따르게 하는 것이 마땅할 것입니다. 만약 그렇게 못한다면 제가 무슨 얼굴로 지하에서 전남편을 다시 보겠습니까?"라고 말하여, 공을 솔성재에 입학시켰다. …… 봄에 과거에 응시하여 김돈중의 문생으로 진사시에 2등으로 합격하였다.   – 〈이승장 묘지명〉 –

고려(경제, 사회)

1 63회 　　　　　　　　　　　　　회독 ●●●

다음 상황이 나타난 시기의 경제 모습으로 옳은 것은? [2점]

> 도병마사가 아뢰기를, "안서도호부에서 바친 철은 예전에는 무기용으로 충당하였습니다. 근래에 흥왕사를 창건하면서 또다시 철을 더 바치라고 명령하셨으니 백성들이 고통을 감당하지 못하고 있습니다. 청컨대 염주, 해주, 안주 세 곳에서 2년 동안 바치는 철을 흥왕사 창건에 쓰게 하여 수고로운 폐단을 풀어 주십시오."라고 하니, 이를 따랐다.

① 관리에게 전지와 시지를 지급하였다.
② 시장을 감독하기 위해 동시전을 설치하였다.
③ 허적의 제안에 따라 상평통보를 발행하였다.
④ 일본과의 교역 규모를 규정한 계해약조를 체결하였다.
⑤ 상권 수호를 목적으로 황국 중앙 총상회를 조직하였다.

2 60회 　　　　　　　　　　　　　회독 ●●●

(가), (나)에 해당하는 토지 제도에 대한 설명으로 옳은 것은?
[3점]

> (가) 문종 30년 양반 전시과를 다시 개정하였다. 제1과는 전지 100결, 시지 50결(중서령·상서령·문하시중) …… 제18과는 전지 17결(한인·잡류)로 한다.
>
> (나) 공양왕 3년 도평의사사에서 글을 올려 과전의 지급에 관한 법 제정을 건의하니 왕이 허락하였다. …… 1품부터 9품의 산직까지 나누어 18과로 하였다.

① (가) - 조준 등의 건의로 제정되었다.
② (가) - 관등과 인품을 기준으로 수조권을 주었다.
③ (나) - 개국 공신에게 역분전을 지급하였다.
④ (나) - 지급 대상 토지를 원칙적으로 경기 지역에 한정하였다.
⑤ (가), (나) - 수조권 외에 노동력을 징발할 수 있는 권한을 주었다.

📢 고려의 경제 모습

정답분석 고려의 중앙 정치 조직은 당의 3성 6부제를 받아들였으나 고려의 실정에 맞게 고쳐져 2성 6부제로 운영되었고, 독자적인 회의 기구로 도병마사와 식목도감이 설치되었어요. 도병마사와 식목도감은 중서문하성의 재신과 중추원의 추밀이 모여 국가 중대사를 결정하는 회의 기구였어요. 도병마사는 주로 국방과 군사 문제를 다루었으며, 식목도감은 대내적인 법제와 격식을 관장하였어요.
① 고려는 관리에게 관직 복무에 대한 대가로 전지와 시지를 지급하는 전시과를 시행하였어요. 전시과는 토지에 대한 수조권을 지급한 제도로 경종 때 처음 마련된 이후 몇 차례 개정을 거쳤어요.

오답분석 ② 신라는 지증왕 때 수도 금성에 시장인 동시를 설치하고 동시를 감독하기 위한 관청으로 동시전을 설치하였어요.
③ 상평통보는 조선 숙종 때 허적의 제안에 따라 발행되기 시작하였어요. 조선 후기에 상공업 발달과 대동법 실시 등으로 상평통보가 전국적으로 유통되었어요.
④ 조선 세종 때 일본과 제한된 범위에서만 무역을 허용한 계해약조가 체결되었어요.
⑤ 대한 제국 시기 외국 상인의 상권 침탈이 심해지자 한성의 시전 상인들은 상권 수호를 목적으로 황국 중앙 총상회를 조직하였어요.

정답 | ①

📢 고려의 토지 제도

정답분석 (가) 고려 문종 때 개정된 토지 제도는 경정 전시과예요. 고려는 전시과를 시행하여 관리들에게 전지와 시지를 지급하였어요. 전시과가 처음 시행된 경종 때는 인품과 관직을 기준으로 전·현직 관료에게 토지를 지급하였으나, 목종을 거쳐 문종 때 이르러 현직 관료에게만 토지를 지급하게 되었어요.
(나) 고려 공양왕 때 제정된 토지 제도는 과전법이에요. 이후 조선은 과전법에 따라 전·현직 관료에게 과전을 지급하였어요.
④ 과전법 체제에서는 지급 대상 토지를 경기 지역으로 한정하였고, 세습이 가능한 수신전과 휼양전이 있었어요.

오답분석 ① 고려 말 이성계의 위화도 회군 이후 조준 등의 건의로 과전법이 제정되었어요.
② 고려 경종 때 시정 전시과가 시행되어 인품과 관직을 기준으로 전·현직 관료에게 토지를 지급하였어요.
③ 고려 태조는 인품과 공로를 기준으로 개국 공신에게 역분전을 지급하였어요.
⑤ 신라 때 관리들에게 지급된 녹읍은 토지의 수조권 외에 노동력을 징발할 수 있는 권한이 있었어요. 고려 시대에는 관리들에게 토지의 수조권만 지급하였으며, 노동력을 징발할 수 있는 권리는 주지 않았어요.

정답 | ④

3 59회 회독 ◯◯◯

다음 대화에 등장하는 왕이 추진한 정책으로 옳은 것은? [3점]

그렇다면 그대의 의견대로 별무반을 창설하여 여진과 맞서 도록 하라.

신이 싸움에서 진 이유는 적들은 기병인데 우리는 보병이라 대적할 수가 없었기 때문입니다. 새로운 부대의 창설이 필요합니다.

① 천수라는 독자적 연호를 사용하였다.
② 관학을 진흥하고자 양현고를 설치하였다.
③ 주전도감을 설치하여 해동통보를 발행하였다.
④ 호족 세력을 견제하기 위해 노비안검법을 실시하였다.
⑤ 국자감을 성균관으로 개칭하고 유학 교육을 장려하였다.

4 62회 회독 ◯◯◯

(가) 국가의 경제 상황으로 옳은 것은? [2점]

이것은 양산 통도사 국장생 석표입니다. 통도사의 경계를 표시하기 위해 세운 석표 중 하나로 '상서호부(尙書戶部)의 승인으로 세웠다'는 내용이 새겨져 있습니다. 국사·왕사 제도를 두어 불교를 장려했던 ___(가)___ 시대에 국가와 사찰의 관계를 파악할 수 있는 문화유산입니다.

① 삼한통보, 해동통보 등이 발행되었다.
② 특산품으로 솔빈부의 말이 유명하였다.
③ 만상이 대청 무역으로 부를 축적하였다.
④ 시장을 감독하는 관청인 동시전이 설치되었다.
⑤ 광산을 전문적으로 경영하는 덕대가 등장하였다.

📢 **고려 숙종의 정책**

정답분석 고려 숙종은 여진의 침입이 이어지자 윤관의 건의를 받아들여 별무반을 설치하였어요. 별무반은 여진 정벌을 목표로 기병을 강화하여 신기군, 신보군, 항마군으로 조직된 부대예요. 이후 예종 때 윤관은 별무반을 이끌고 여진을 정벌하여 동북 9성을 축조하였어요.
③ 숙종은 의천의 건의로 주전도감을 설치하여 해동통보, 삼한통보, 은병(활구) 등의 화폐를 발행하였어요.

오답분석 ① 태조는 《정계》와 《계백료서》를 짓고, '천수'라는 연호를 사용하였어요.
② 예종은 관학을 진흥하기 위하여 일종의 장학 재단인 양현고를 설치하고, 청연각과 보문각을 세웠어요.
④ 광종은 노비안검법을 실시하여 호족 세력을 견제하였고, 쌍기의 건의를 받아들여 과거제를 실시해 신진 관료를 등용하였어요.
⑤ 공민왕은 왕권 강화를 위해 정방을 폐지하고, 국자감을 성균관으로 개칭하여 유학 교육을 장려하였어요.

정답 | ③

📢 **고려의 경제 상황**

정답분석 고려 광종은 승려 가운데 학문과 덕행이 뛰어난 사람을 왕의 스승인 왕사나 나라의 스승인 국사로 삼았어요.
① 고려는 숙종 때 의천의 건의로 주전도감이 설치되어 삼한통보, 해동통보, 은병(활구) 등의 화폐가 발행되었으나 널리 유통되지는 못하였어요.

오답분석 ② 발해는 목축이 발달하였는데, 특히 솔빈부의 말이 특산물로 유명하였어요.
③ 조선 후기에 의주를 중심으로 활동하던 사상인 만상은 대청 무역으로 부를 축적하였어요.
④ 신라 지증왕은 수도에 시장인 동시를 설치하고 동시를 감독하기 위한 관청으로 동시전을 설치하였어요.
⑤ 조선 후기에 상인 물주의 자금을 받아 전문적으로 광산을 경영하는 덕대가 등장하였어요.

정답 | ①

5 71회 　　　　　　　　　　　　　　　회독 ●●●

다음 자료에 나타난 시기의 경제 상황으로 옳은 것은? [1점]

> 　　왕이 제서(制書)를 내리기를, "백성을 부유하게 하고 국가를 이롭게 하는 것으로 전화(錢貨)만큼 중요한 것이 없다. 서북의 양조(兩朝)에서는 이를 행한 지 이미 오래되었으나 우리나라는 홀로 아직 행하지 않고 있다. 이제 처음으로 화폐를 주조하는 법을 제정하고, 이에 따라 주조한 동전 15,000관(貫)을 재추(宰樞)와 문무 양반 및 군인에게 나누어 하사하여 화폐 사용의 시작점으로 삼고자 한다. 전문(錢文)은 해동통보라고 한다."라고 하였다.

① 송상이 전국 각지에 송방을 두었다.
② 감자, 고구마 등의 구황 작물이 재배되었다.
③ 시장을 감독하는 관청인 동시전이 설치되었다.
④ 예성강 하구의 벽란도가 국제 무역항으로 번성하였다.
⑤ 설점수세제의 시행으로 민간의 광산 개발이 허용되었다.

📢 **고려의 경제 상황**

　정답분석　고려 성종 때 우리나라 최초의 금속 화폐인 건원중보가 만들어졌으나 유통은 제대로 되지 않았어요. 이후 숙종 때 의천의 건의로 주전도감이 설치되어 은병(활구), 삼한통보, 해동통보, 해동중보 등의 화폐가 만들어졌지만 이 역시 널리 유통되지는 못하였어요.
④ 고려 시대에는 개경과 거리가 가까웠던 예성강 하구의 벽란도가 국제 무역항으로 번성하였어요.

　오답분석　① 조선 후기에 송상은 개성을 중심으로 청과의 무역으로 부를 축적하였어요. 송상은 전국 주요 지역에 송방이라는 지점을 설치해 운영하였어요.
② 조선 후기에는 감자, 고구마 등의 구황 작물이 전래되어 재배되기 시작하였어요.
③ 신라는 지증왕 때 수도 금성에 시장인 동시를 설치하고 동시를 감독하기 위한 관청으로 동시전을 설치하였어요.
⑤ 조선 후기에는 설점수세제의 시행으로 민간에 광산 개발을 허용하고 그에 따른 세금을 거두었어요.

정답 | ④

6 60회 　　　　　　　　　　　　　　　회독 ●●●

밑줄 그은 '시기'의 경제 상황으로 옳은 것은? [1점]

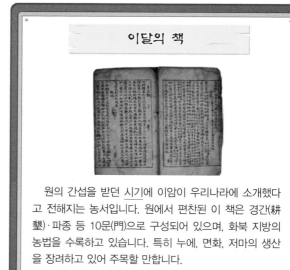

이달의 책

원의 간섭을 받던 시기에 이암이 우리나라에 소개했다고 전해지는 농서입니다. 원에서 편찬된 이 책은 경간(耕墾)·파종 등 10문(門)으로 구성되어 있으며, 화북 지방의 농법을 수록하고 있습니다. 특히 누에, 면화, 저마의 생산을 장려하고 있어 주목할 만합니다.

① 모내기법이 전국적으로 확산되었다.
② 초량 왜관을 통해 일본과 무역하였다.
③ 감자, 고구마 등의 작물이 재배되었다.
④ 광산을 전문적으로 경영하는 덕대가 활동하였다.
⑤ 경시서의 관리들이 시전의 상행위를 감독하였다.

📢 **고려의 경제 상황**

　정답분석　고려 시대 원 간섭기 때 이암은 목화 재배와 양잠 등 중국 화북 지방의 농법을 소개하는 《농상집요》를 우리나라에 들여왔어요. 고려 시대에는 예성강 입구의 벽란도가 무역의 중심지로 성장하였어요. 또한 성종 때 건원중보, 숙종 때 삼한통보, 해동통보, 활구(은병) 등 다양한 화폐가 만들어지기 시작하였어요.
⑤ 고려 문종 때 시전의 상행위를 감독하는 경시서를 설치하였어요. 경시서는 조선 전기까지 운영되다가 세조 때 평시서로 개칭되었어요.

　오답분석　① 조선 후기에는 수리 시설의 확충으로 모내기법이 전국으로 확산되었어요.
② 조선 후기에는 초량 왜관을 통해 일본과 무역하였는데, 임진왜란 이후 부산 두모포에 왜관이 신설되었다가 숙종 때 초량으로 옮겨졌어요.
③ 조선 후기에는 감자, 고구마 등의 구황 작물이 전래되어 재배되기 시작하였어요.
④ 조선 후기에는 상인 물주로부터 자금을 조달받아 광산을 전문적으로 경영하는 덕대가 활동하였어요.

정답 | ⑤

12강 고려(경제, 사회)

기출 선택지를 완성하는

5분 **키워드 채우기**

고려(경제, 사회)

고려의 경제 정책

01 고려 건국 후 태조는 개국 공신에게 인품과 공로에 따라 　　전을 차등 지급하였다.

02 고려 시대에는 관리에게 직역의 대가로 전지와 시지를 지급하는 　　과를 실시하였다.

03 경종 때 마련된 시정 전시과에서는 전·현직 관리에게 　직과 　품을 기준으로 토지를 지급하였다.

04 목종 때 정비된 개정 전시과에서는 전·현직 관리에게 　직을 기준으로 토지를 지급하였다.

05 문종 때 정비된 경정 전시과에서는 토지의 부족으로 　직 관리에게만 전지와 시지를 지급하였다.

06 고려 후기 이암이 원으로부터 화북 지방의 농법을 정리한 《농상　　》를 들여왔다.

07 고려 시대에는 물가 조절을 위해 　　창이 설치되었다.

08 숙종 때 주전도감을 설치하여 해동통보, 　병(활구) 등의 화폐를 발행하였다.

09 고려 시대에는 예성강 하구의 　　도가 국제 무역항으로 번성하였다.

고려의 신분 제도

10 고려 시대 천민의 대부분은 　비였으며, 이들은 매매·증여·상속의 대상이 되었다.

11 고려 시대 향·부곡·　의 주민들은 신분은 양민이었으나 거주와 세금 등에서 차별을 받았다.

고려의 사회 모습

12 향　는 매향 활동 등 불교 행사를 주관하였다가 마을 공동체 조직으로 변화하였다.

13 고려 태조는 빈민 구제를 위해 　창을 설치하였는데, 후에 　창으로 이름이 바뀌었다.

14 고려 시대 구　도감과 구급도감은 재해가 발생하였을 때 설치된 임시 기구였다.

15 고려 시대에 서민의 질병 치료 기관인 　　국에서는 병자에게 의약품을 제공하였다.

16 고려 시대에는 자녀에게 재산을 　분 상속하는 일이 많았다.

정답 **01** 역분 **02** 전시 **03** 관. 인 **04** 관 **05** 현 **06** 집요 **07** 상평 **08** 은 **09** 벽란 **10** 노 **11** 소 **12** 도 **13** 흑. 의 **14** 제 **15** 혜민 **16** 균

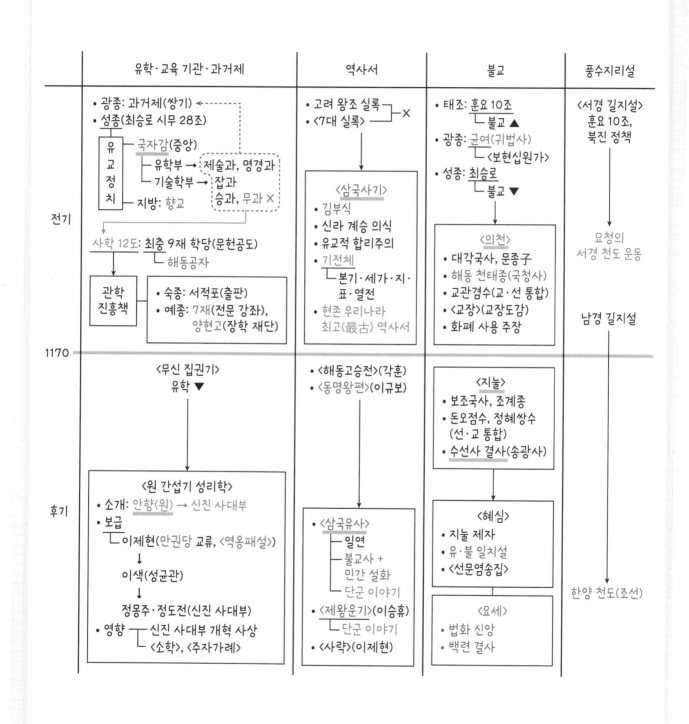

	유학·교육 기관·과거제	역사서	불교	풍수지리설
전기	• 광종: 과거제(쌍기) ◀-- • 성종(최승로 시무 28조) 유교정치 ┬ 국자감(중앙) ├ 유학부 → 제술과, 명경과 ├ 기술학부 → 잡과 └ 지방: 향교 / 승과, 무과 × 사학 12도: 최충 9재 학당(문헌공도) └ 해동공자 관학진흥책 ┬ • 숙종: 서적포(출판) └ • 예종: 7재(전문 강좌), 양현고(장학 재단)	• 고려 왕조 실록 ┬ × • 〈7대 실록〉 ┘ ↓ 〈삼국사기〉 • 김부식 • 신라 계승 의식 • 유교적 합리주의 • 기전체 └ 본기·세가·지· 표·열전 • 현존 우리나라 최고(最古) 역사서	• 태조: 훈요 10조 └ 불교 ▲ • 광종: 균여(귀법사) └ 〈보현십원가〉 • 성종: 최승로 └ 불교 ▼ 〈의천〉 • 대각국사, 문종자 • 해동 천태종(국청사) • 교관겸수(교·선 통합) • 〈교장〉(교장도감) • 화폐 사용 주장	〈서경 길지설〉 훈요 10조, 북진 정책 ↓ 묘청의 서경 천도 운동 남경 길지설
1170				
후기	〈무신 집권기〉 유학 ▼ ↓ 〈원 간섭기 성리학〉 • 소개: 안향(원) → 신진 사대부 • 보급 └ 이제현(만권당 교류, 〈역옹패설〉) ↓ 이색(성균관) ↓ 정몽주·정도전(신진 사대부) • 영향 ┬ 신진 사대부 개혁 사상 └ 〈소학〉, 〈주자가례〉	• 〈해동고승전〉(각훈) • 〈동명왕편〉(이규보) • 〈삼국유사〉 ├ 일연 ├ 불교사 + 민간 설화 └ 단군 이야기 • 〈제왕운기〉(이승휴) └ 단군 이야기 • 〈사략〉(이제현)	〈지눌〉 • 보조국사, 조계종 • 돈오점수, 정혜쌍수 (선·교 통합) • 수선사 결사(송광사) 〈혜심〉 • 지눌 제자 • 유·불 일치설 • 〈선문염송집〉 〈요세〉 • 법화 신앙 • 백련 결사	한양 천도(조선)

고려(문화 1)

고려(문화 1)

빈출키워드 TOP5

9재 학당(문헌공도)	1위
만권당(이제현)	2위
7재, 양현고	3위
해동 천태종, 수선사 결사	4위
삼국사기, 삼국유사	5위

✎ 만권당

충선왕이 원의 연경에 세운 독서당이에요. 이곳에서 이제현 등 고려의 학자들이 원의 유학자들과 교류하였어요.

✎ 기전체

역사를 본기(제왕), 열전(인물), 지(주제), 표(연표) 등으로 구성하여 서술하는 방식이에요. 이와 달리 편년체는 역사적 사실을 연대(연·월·일)순으로 정리하는 방식으로, 대표적인 역사서로 《조선왕조실록》이 있어요.

✎ 이규보

《동국이상국집》을 저술한 학자로, 이 책에는 〈동명왕편〉을 비롯해 다양한 작품이 실려 있어요.

✎ 교관겸수

'교'는 부처의 말씀인 경전 학습을 뜻하고, '관'은 실천 수행법을 뜻해요. 즉, 경전 학습과 실천 수행을 함께 해야 한다는 사상이에요.

✎ 돈오점수

'돈오'는 단번에 깨우치는 것을 뜻하고, '점수'는 점진적으로 수행을 계속해야 한다는 뜻이에요.

✎ 정혜쌍수

'정'은 선정, '혜'는 지혜를 뜻하는 것으로, 선정을 통해 깨달음을 얻고, 지혜를 얻는 경전 공부를 함께해야 한다는 뜻이에요.

❶ 유학의 발달

초기	• 자주적, 주체적 성격 • 과거제 실시(광종), 최승로의 시무 28조(성종 → 유교 정치사상 확립의 계기)	
중기	• 문벌 사회 확립 → 보수적·사대적 성격으로 변화 • 최충(해동공자): 9재 학당 설립, 유학 발전에 기여 • 김부식: 보수적·현실적인 유학 추구, 유교적 합리주의 사관의 《삼국사기》 편찬	
후기	무신 정변 이후	무신 정변으로 무신이 주요 관직을 독점하면서 정권 장악 → 문벌 세력의 몰락으로 유학 위축
	원 간섭기 성리학의 전래	• 도입: 원 간섭기인 충렬왕 때 안향이 고려에 처음 소개 • 보급 　– 이제현(《역옹패설》·《사략》 편찬)이 만권당에서 조맹부, 요수 등 원의 학자와 교류 　– 이색이 성균관에서 유학 교육 → 정몽주·정도전에게 계승 • 영향 　– 신진 사대부가 사회 개혁 사상으로 수용 → 권문세족과 불교의 폐단 비판 　– 일상생활에서 실천적 기능 강조: 《소학》, 《주자가례》 중시 　– 불교의 비중과 역할 축소, 성리학이 정치 이념으로 등장 → 성리학을 바탕으로 조선 건국

❷ 교육 기관과 과거제

관학	• 중앙: 국자감(유학부, 기술학부로 구성) 　– 유학부: 국자학·태학·사문학 교육, 과거에서 제술과·명경과에 응시 　– 기술학부: 율학·서학·산학 교육, 과거에서 잡과에 응시 　– 명칭 변경: 국자감 → 국학 → 성균감 → 국학 → 성균관 → 국자감 → 성균관 • 지방: 향교 → 지방 관리·서민의 자제 교육
사학	고려 중기에 사학에서 공부한 사람들이 과거에 많이 합격함 → 최충의 9재 학당(문헌공도) 등 사학 12도 융성
관학 진흥책	• 사학의 융성으로 관학 위축 → 관학 진흥을 위해 노력함 • 숙종 때 국자감에 서적포 설치(출판 담당) → 예종 때 국자감에 7재 설치(전문 강좌), 양현고 설치(장학 재단), 청연각·보문각 설치(연구소) → 인종 때 경사 6학을 중심으로 제도 정비
과거제	• 법적으로 양인 이상이면 응시 가능, 실제로는 신분에 따라 응시 과목이 구분됨 • 과거를 주관하는 좌주(지공거)와 문생(과거 급제자) 사이에 정치적 관계 형성 • 종류: 문과(제술과, 명경과 → 귀족과 고위 향리의 자제가 응시), 잡과(의학, 천문, 지리 등 기술관 선발 → 주로 일반 백성이 응시), 승과(승려들이 응시)

❸ 역사서 편찬

(1) 초기~중기

초기	고려 왕조 실록, 《7대실록》 → 현재 전하지 않음
중기	《삼국사기》(김부식): 현존하는 우리나라에서 가장 오래된 역사서, 신라 계승 의식 반영, 유교적 합리주의 사관, 기전체로 서술

(2) 후기

무신 집권기	• 《동명왕편》(이규보): 《동국이상국집》에 수록, 동명왕(주몽)을 칭송한 서사시, 고구려 계승 의식 반영 • 《해동고승전》(각훈): 명망 높은 승려(고승)들의 전기 기록

원 간섭기	• 《삼국유사》(일연): 불교사를 중심으로 고대의 민간 설화 기록 • 《제왕운기》(이승휴) 　– 중국과 우리나라의 역사 서술(역대 왕의 계보 수록) 　– 단군부터 충렬왕까지의 역사를 서사시로 서술	단군의 건국 이야기 수록
말기	《사략》(이제현): 정통과 대의명분 중시, 성리학적 유교 사관	

❹ 불교의 발전

(1) 초기

태조	훈요 10조 → 불교 숭상과 연등회와 팔관회 개최 당부
광종	• 승과 실시(합격자에게 승계를 주어 지위 보장) • 국사·왕사 제도 실시 • 귀법사 건립(《보현십원가》를 저술한 균여를 주지로 삼음)
성종	최승로의 시무 28조 수용 → 연등회와 팔관회 축소·폐지(현종 때 부활)

(2) 중기~후기

의천 (대각국사)	• 해동 천태종 개창(국청사), 《신편제종교장총록》(교장 목록) 편찬, 《교장》 간행(교장도감), 숙종에게 화폐 사용 건의 • 교리: 교관겸수 → 교종 중심의 선종 통합
지눌 (보조국사)	• 조계종 정립, 수선사 결사(순천 송광사, 불교 개혁 운동) • 교리: 돈오점수, 정혜쌍수 → 선종 중심의 교종 통합
혜심	유·불 일치설(유교와 불교의 조화 도모)을 주장하며 심성의 도야 강조 → 성리학 수용의 사상적 토대 마련, 《선문염송집》 편찬
요세	참회를 중시하는 법화 신앙을 중심으로 백련사 결사 주도 (강진 만덕사)

❺ 풍수지리설

보급	신라 말 도선에 의해 널리 보급
전기	서경 길지설: 북진 정책의 이론적 근거, 묘청의 서경 천도 운동에 이용됨
중기 이후	남경 길지설 → 한양이 남경으로 승격, 한양이 조선의 수도가 되는 데 영향

1. 다음 설명에 해당하는 인물을 골라 쓰세요.

> 최충, 안향, 이제현

(1) 역사서인 사략을 저술하였다. ( )

(2) 고려에 성리학을 처음으로 소개하였다. ( )

(3) 만권당에서 원의 유학자들과 교류하였다. ( )

(4) 9재 학당을 세워 유학 교육을 실시하였다. ( )

2. 다음 설명에 해당하는 서적을 골라 쓰세요.

> 삼국사기, 동명왕편, 해동고승전, 삼국유사, 제왕운기

(1) 왕명에 의해 고승들의 전기를 기록하였다. ( )

(2) 중국과 우리나라 역대 왕의 계보가 수록되었다. ( )

(3) 김부식 등이 왕명으로 편찬한 기전체 사서이다. ( )

(4) 현존하는 우리나라에서 가장 오래된 역사서이다. ( )

(5) 고구려의 건국 시조인 동명왕을 칭송한 서사시이다. ( )

(6) 불교사를 중심으로 고대의 민간 설화 등이 수록되었다. ( )

3. 다음 설명에 해당하는 승려를 골라 쓰세요.

> 균여, 의천, 지눌, 혜심, 요세

(1) 교관겸수를 주장하였다. ( )

(2) 신편제종교장총록을 편찬하였다. ( )

(3) 돈오점수와 정혜쌍수를 주장하였다. ( )

(4) 정혜결사를 통해 불교 개혁에 앞장섰다. ( )

(5) 보현십원가를 지어 불교 교리를 전파하였다. ( )

(6) 국청사를 중심으로 해동 천태종을 창시하였다. ( )

(7) 심성 도야를 강조한 유·불 일치설을 주장하였다. ( )

(8) 법화 신앙에 중점을 둔 백련 결사를 주도하였다. ( )

(9) 불교 경전에 대한 주석서를 모아 교장을 편찬하였다. ( )

(10) 수선사 결사를 제창하여 불교계를 개혁하고자 하였다. ( )

1. (1) 이제현 (2) 안향 (3) 이제현 (4) 최충
2. (1) 해동고승전 (2) 제왕운기 (3) 삼국사기 (4) 삼국사기 (5) 동명왕편 (6) 삼국유사
3. (1) 의천 (2) 의천 (3) 지눌 (4) 지눌 (5) 균여 (6) 의천 (7) 혜심 (8) 요세 (9) 의천 (10) 지눌

13강 고려(문화 1)

1 고려의 교육 제도

성종은 인재 양성을 위하여 개경에 최고 교육 기관인 국자감을 설립하였어요. 현재의 국립 대학이라 할 수 있었던 국자감은 유학부와 기술학부로 나뉘어 있었어요. 고려는 지방에 향교를 세웠는데, 향교는 조선 시대까지 이어졌어요.

2 고려의 관리 등용 제도

광종 때 쌍기의 건의로 과거제가 처음 시행되었어요. 고려의 과거제는 문관을 뽑는 문과(제술과·명경과), 기술관을 뽑는 잡과, 승려를 대상으로 하는 승과가 있었으며 무과는 거의 시행되지 않았어요. 한편, 과거를 주관하는 고시관인 좌주(지공거)와 과거 합격자인 문생 사이에는 유대 관계가 형성되었어요. 그리고 과거제 외에도 5품 이상 관리의 자손은 과거를 치르지 않고 관직에 진출할 수 있는 음서가 있었어요.

제술업·명경업의 두 업(業)과 의업·복업(卜業)·지리업·율업·서업·산업(算業) …… 등의 잡업이 있었는데, 각각 그 업으로 시험을 쳐서 벼슬길에 나아가게 하였다.
– 《고려사》 –

3 사학 12도

사학은 개인이 세운 교육 기관으로, 고려 중기에는 사학에서 과거 합격자를 많이 배출하면서 성행하였어요. 특히, 최충이 세운 9재 학당(문헌공도)을 비롯한 사학 12도(12개의 사학)가 융성하면서 관학(나라에서 세운 교육 기관)이 위축되었어요.

최충이 졸하였다. …… 현종이 중흥한 뒤로 전쟁이 겨우 멈추어 문교(文敎)에 겨를이 없었는데, 최충이 후진들을 불러 모아서 가르치기를 부지런히 하니, 여러 학생들이 많이 모여들었다. 드디어 낙성, 대중, 성명, 경업, 조도, 솔성, 진덕, 대화, 대빙이라는 9재로 나누었는데, 시중 최공도라고 일렀으며, 무릇 과거를 보려는 자는 반드시 먼저 그 도(徒)에 들어가서 배웠다. – 《고려사절요》 –

4 예종의 관학 진흥책

사학이 융성해지면서 관학이 위축되자 고려 정부는 관학을 진흥시키기 위해 노력하였어요. 숙종은 국자감에 출판을 담당하는 서적포를 두었고, 예종은 국자감에 7개의 전문 강좌인 7재를 개설하고 장학 재단인 양현고를 설립하였어요.

- 예종 4년 7월에 국학에 7재를 두었는데, 주역(周易) 전공을 여택(麗澤, 이택), 상서(尙書)를 대빙(待聘), 모시(毛詩)를 경덕(經德), 주례(周禮)를 구인(求仁), 대례(戴禮)를 복응(服膺), 춘추(春秋)를 양정(養正), 무학(武學)을 강예(講藝)라 하였다. – 《고려사》 –
- 예종 14년 7월에 국학에 처음으로 양현고를 두어 인재를 양성하게 하였다. – 《고려사》 –

5 동명왕편

《동명왕편》은 이규보가 고구려 건국 시조인 동명왕(주몽)의 일대기에 대해 쓴 영웅 서사시로, 고구려 계승 의식을 반영하였어요. 이규보의 문집 《동국이상국집》에 실려 있어요.

구삼국사(舊三國史)를 얻어 동명왕본기(東明王本紀)를 보니 그 신이한 사적이 세상에 전하는 것보다 더하였다. 그러나 처음에는 믿지 못해 귀환(鬼幻)으로만 여겼는데, 세 번 반복하여 읽어서 점점 그 근원에 들어가니, …… 하물며 동명왕의 일은 변화의 신이한 것으로 여러 사람의 눈을 현혹한 것이 아니라 진실로 나라를 세운 신기한 사적이니 이것을 기술하지 않으면 후인들이 장차 무엇을 볼 것인가? – 〈동명왕편〉 –

6 삼국사기와 삼국유사

《삼국사기》는 고려 전기에 김부식이 인종의 명을 받아 편찬한 역사서예요. 본기, 열전 등으로 구성된 기전체로 쓰였으며 현존하는 우리나라 최고(最古)의 역사서예요.

성상 폐하께서는 "오늘날의 학자들이 중국의 경전과 역사서에는 능통하나, 우리 역사는 잘 알지 못하니 매우 개탄할 노릇이다. …… 중국 역사서에 삼국의 기록이 있으나 자세하지 않고, 예부터 전해 오던 고기(古記)의 내용은 빠진 것이 많아 후대에 교훈을 주기 어렵다. 이에 후대에 남겨 줄 역사서를 만들어야겠다."라고 말씀하셨다. – 《삼국사기》 –

《삼국유사》는 원 간섭기 때 승려 일연이 편찬한 역사서예요. 단군의 건국 이야기가 실려 있고, 불교사를 중심으로 민간 설화 등을 수록하였어요.

임금이 장차 일어날 때는 부명(符命)을 받고 도록(圖籙)을 얻어 반드시 보통 사람과는 다른 점이 있으니, 그런 뒤에야 큰 변화를 타서 기회를 잡아 대업을 이루었다. …… 삼국의 시조들이 모두 신이(神異)한 일로 탄생했음이 어찌 괴이하겠는가. 이것이 기이(紀異)편을 책 첫머리에 실은 까닭이며, 그 뜻도 여기에 있다. – 《삼국유사》 –

7 제왕운기

《제왕운기》는 고려 후기 이승휴가 저술한 역사서로, 중국과 우리나라의 제왕을 중심으로 서술하였어요. 상권에는 중국의 역사가, 하권에는 단군의 건국 이야기를 포함한 우리나라의 역사가 서술되어 있어요.

- 신(臣) 이승휴가 지어서 바칩니다. 예로부터 제왕들이 서로 계승하여 주고받으며 흥하고 망한 일은 세상을 경영하는 군자가 밝게 알지 않아서는 안 되는 바입니다. …… 그 선하여 본받을 만한 것과 악하여 경계로 삼을 만한 것은 모두 일마다 춘추필법에 따랐습니다.
- 요동에 따로 한 천지가 있으니
  뚜렷이 중국과 구분되어 나누어져 있도다.
  ……
  처음 누가 나라를 열고 풍운을 일으켰던가.
  하느님(釋帝)의 손자 그 이름하여 단군이라.
  — 《제왕운기》 —

8 성리학의 전래

성리학은 충렬왕 때 안향이 원으로부터 들여와 고려에 소개하였어요. 이후 이제현은 충선왕이 원에 설립한 만권당에서 원의 학자들과 교류하며 성리학을 연구하였어요. 이후 성리학은 이제현의 제자 이색을 거쳐 정몽주와 정도전에게 계승되며 발전하였어요.

- 안향은 학교가 날로 쇠퇴함을 근심하여 양부에 의논하기를 "재상의 직무는 인재를 교육하는 것보다 우선하는 것이 없습니다. ……"하고, …… 만년에는 항상 회암 선생(주자)의 초상화를 걸어 놓고 경모하였으므로 드디어 호를 회헌이라 하였다. — 《고려사》 —
- 성균관을 다시 짓고 이색을 판개성부사 겸 성균관 대사성으로 삼았다. …… 이색이 다시 학칙을 정하고 매일 명륜당에 앉아 경(經)을 나누어 수업하고, 강의를 마치면 서로 더불어 논란하여 권태를 잊게 하였다. — 《고려사》 —

9 해동고승전

《해동고승전》은 승려 각훈이 왕명을 받아 우리나라 역대 고승들의 전기를 정리하여 편찬한 역사서예요. 현재까지 삼국 시대 승려에 대한 일부 내용만 전해지고 있어요.

10 사략

《사략》은 고려 말 이제현이 정통의식과 대의명분을 중시하는 성리학적 유교 사관에 입각하여 편찬한 역사서예요. 현재는 《사략》에 실렸던 일부 내용이 전해져 책의 성격을 짐작할 수 있어요.

11 의천

의천은 문종의 아들이었으나 출가하여 승려가 되었어요. 국청사를 중심으로 해동 천태종을 개창하였고 수행 방법으로 '교관겸수'를 주장하며 교종을 중심으로 선종을 통합하고자 하였어요. 동아시아 각지의 불교 서적을 수집하여 그 목록을 정리한 《신편제종교장총록》과 교장도감에서 《교장》 등을 간행하였어요. 또한, 숙종에게 화폐 사용을 건의하기도 하였어요.

▲ 대각국사 의천

- 가만히 생각해보면 성인의 가르침을 이야기함은 이를 실천하는 데 있으므로, 다만 입으로만 말할 것이 아니라 실은 몸으로 행동하려는 것이다. …… 교리를 배우는 이는 마음을 버리고 외적인 것을 구하는 일이 많고, 참선하는 사람은 밖의 인연을 잊고 내적으로 밝히기를 좋아한다. 이는 다 편벽된 집착이고 양극단에 치우친 것이다. — 《대각국사 문집》 —
- 의천은 국청사의 주지로 있으면서 처음으로 천태교를 강의하였다. 이 천태교는 옛날에 이미 우리나라에 전해졌으나 점차 쇠퇴하였다. 의천은 천태교를 다시 일으켜 진흥시킬 뜻을 가진 뒤로 일찍이 하루도 마음에서 잊은 적이 없었다. 인예 태후가 이를 듣고 기뻐하며 절을 짓기 시작하였고, 숙종이 이어서 마침내 불사를 끝냈다. — 《대각국사 문집》 —

12 지눌

지눌은 기존 불교계의 세속화를 비판하며 개혁에 앞장섰어요. 순천 송광사에서 수선사(정혜사)를 결성하여 승려 본연의 모습으로 돌아가 수행에 힘쓸 것을 강조하였어요. 수행 방법으로 '정혜쌍수'와 '돈오점수'를 주장하였고 선종을 중심으로 교종을 통합할 것을 외치며 조계종을 정립하였어요.

▲ 보조국사 지눌

- 마침 임인년 정월 보제사 담선 법회에 참석하였다. 하루는 동문 10여 인과 더불어 다음과 같이 약속하였다. 마땅히 명예와 이익을 버리고 산림에 은둔하여 같은 모임을 맺자. 항상 선정을 익혀 지혜를 고르는 데 힘쓰며, 예불하고 경전을 읽으며 힘들여 일하는 것에 이르기까지 각자 맡은 바 임무에 따라 경영한다. — 《권수정혜결사문》 —
- 마음 밖에서 부처를 찾아 물결치듯이 흘러 다니다가 …… 자기의 본성을 보면, 이 성품에는 본래 번뇌가 없다. 번뇌가 없는 지혜의 성품은 본래 스스로 갖추어져 있어서 모든 부처와 털끝만큼도 다르지 않다. 이를 돈오(頓悟)라고 한다. …… 비록 본래의 성품이 부처와 다르지 않음을 깨달았지만 오랜 세월의 습기(習氣)는 갑자기 제거하기 어렵다. 따라서 그 깨달음에 의지해 닦고 점차 익혀 공(功)을 이루고, 오랫동안 성태(聖胎)를 기르면 성(聖)을 이루게 된다. 이를 점수(漸修)라고 한다. — 《수심결(修心訣)》 —

13^강 고려(문화 1)

❶ 60회

회독 ●●●

(가)에 들어갈 내용으로 옳은 것은? [1점]

〈고려 시대 유학자〉

유학자	주요 활동
최승로	(가)
최충	9재 학당을 설립하여 유학 교육에 힘씀
김부식	유교 사관에 입각하여 삼국사기를 편찬함
안향	고려에 처음으로 성리학을 도입함
이제현	만권당에서 원의 학자들과 교류함

① 불씨잡변을 지어 불교를 비판함
② 인재 등용을 위해 현량과 실시를 제안함
③ 시무 28조를 올려 국가 운영 방안을 제시함
④ 지부복궐척화의소를 올려 왜양일체론을 주장함
⑤ 해주 향약을 시행하여 향촌 교화를 위해 노력함

❷ 62회

회독 ●●●

밑줄 그은 '그'에 대한 설명으로 옳은 것은? [3점]

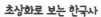

초상화로 보는 한국사

이 그림은 고려 말 삼은(三隱) 중 한 사람인 목은(牧隱)의 초상화이다. 이곡(李穀)의 아들인 그는 고려와 원의 과거에 합격했으며, 문하시중 등의 관직을 역임하였다. 고려 후기 성리학의 보급에 노력한 대표적 인물로 평가된다. 이 초상화는 당시의 관복을 충실하게 표현하여 보물로 지정되었다.

① 역옹패설과 사략을 저술하였다.
② 왕명에 의해 삼국사기를 편찬하였다.
③ 문헌공도를 설립하여 유학 교육에 힘썼다.
④ 불교 개혁을 주장하며 수선사 결사를 제창하였다.
⑤ 성균관의 대사성이 되어 정몽주 등을 학관으로 천거하였다.

📢 고려의 유학

정답분석 고려 성종 때 최승로는 시무 28조에서 유교 이념을 바탕으로 국가를 운영할 것을 주장하였어요. 성종은 이를 받아들여 2성 6부의 중앙 관제를 마련하고, 전국에 12목을 설치하여 지방관을 파견하였어요. 또한 성종은 국자감을 정비하여 유학 교육을 장려하였어요.
③ 고려의 유학자 최승로는 성종에게 시무 28조를 올려 대규모 불교 행사를 철폐하고 유교 이념을 바탕으로 국가를 운영할 것을 제시하였어요.

오답분석 ① 조선 전기의 문신 정도전은 《불씨잡변》을 지어 불교의 폐단을 비판하였어요.
② 조선 중종 때 조광조는 인재 등용을 위해 현량과 실시를 제안하였어요.
④ 조선의 유학자 최익현은 1876년에 조선 정부가 일본과 강화도 조약을 맺으려 하자, 〈지부복궐척화의소〉를 올려 왜양일체론을 주장하며 개항에 반대하였어요.
⑤ 조선의 유학자 이이는 황해도 관찰사 시절 해주 향약을 만들어 향촌 교화를 위해 노력하였어요.

📢 이색의 활동

정답분석 '목은'은 이색의 호예요. 이색은 원의 과거에 합격하여 관리로 일하였고, 고려로 돌아온 후에는 성균관 대사성에 임명되어 성균관의 학칙을 새로 만들고 정몽주, 이숭인 등과 함께 성리학 발전에 기여하였어요.
⑤ 이색은 성균관의 대사성이 되어 정몽주, 김구용, 이숭인 등을 학관으로 채용해 신유학의 보급과 발전에 공헌하였어요.

오답분석 ① 이제현은 충선왕이 원의 연경에 세운 독서당인 만권당에서 원의 학자와 교류하며 성리학을 연구하였고, 《역옹패설》과 《사략》을 저술하였어요.
② 김부식은 인종의 명을 받아 유교적 합리주의 사관에 입각하여 기전체 형식으로 《삼국사기》를 편찬하였어요.
③ 최충은 문종 때 사립 교육 기관으로 문헌공도라고 불리기도 한 9재 학당을 설립하여 유학 교육에 힘썼어요.
④ 지눌은 독경과 참선, 노동에 고루 힘써야 한다고 주장하며 수선사 결사를 제창하였고, 수행 방법으로 정혜쌍수와 돈오점수를 주장하였어요.

정답 | ③

정답 | ⑤

❸ 63회   회독 ○○○

(가)에 들어갈 내용으로 옳은 것은?   [1점]

① 독서삼품과를 통해 인재를 등용하였어요.
② 사액 서원에 서적과 노비를 지급하였어요.
③ 중등 교육 기관으로 4부 학당을 설립하였어요.
④ 양현고를 설치하여 장학 기금을 마련하였어요.
⑤ 초계문신제를 시행하여 문신을 재교육하였어요.

📢 **고려의 관학 진흥책**

정답분석   고려 시대에는 최충이 9재 학당(문헌공도)을 설립한 이후 사학에서 많은 과거 합격자를 배출하여 사학 12도가 융성하였고, 상대적으로 관학이 위축되었어요. 이에 고려는 숙종 때 국자감에 출판을 담당하는 서적포를 두었고, 예종 때 국자감에 7개의 전문 강좌인 7재를 개설하고 장학 재단을 설치하는 등 관학을 진흥시키기 위해 노력하였어요.
④ 고려 예종은 관학을 진흥하기 위해 장학 재단 성격의 양현고를 설치하였어요.

오답분석   ① 신라 원성왕은 국학 학생들을 대상으로 유교 경전에 대한 이해 수준의 정도를 평가하여 관리 임용에 참고하는 독서삼품과를 시행하였어요.
② 서원은 조선 시대에 설립된 사립 교육 기관이에요. 왕으로부터 현판을 하사받은 사액 서원에는 서적과 노비도 지급되었어요.
③ 조선은 수도 한성에 4부 학당을 설치하고 유교 경전을 교육하였어요.
⑤ 조선 정조는 젊은 문신들을 선발해 재교육하는 초계문신제를 실시하여 자신의 정책을 뒷받침할 인재를 육성하였어요.

❹ 59회   회독 ○○○

밑줄 그은 '역사서'에 대한 설명으로 옳은 것은?   [1점]

① 편년체 형식으로 기술되었다.
② 고조선의 건국 이야기가 서술되었다.
③ 남북국이라는 용어가 처음 사용되었다.
④ 왕명에 의해 고승들의 전기가 기록되었다.
⑤ 고구려 시조의 일대기가 서사시로 표현되었다.

📢 **고려의 역사서**

정답분석   《삼국유사》는 고려의 승려 일연이 편찬한 역사서예요. 원 간섭기인 고려 충렬왕 때 편찬된 《삼국유사》에는 불교사를 중심으로 민간 설화 등이 수록되어 있어요. 그리고 단군왕검의 고조선 건국 이야기와 삼국의 건국 설화가 담겨 있어요.
② 《삼국유사》에는 단군왕검의 고조선 건국 이야기가 수록되어 있어요.

오답분석   ① 연대 순서에 따라 기록하는 방식인 편년체로 서술된 역사서로는 《조선왕조실록》 등이 있어요.
③ 조선 후기 실학자 유득공은 《발해고》에서 '남북국'이라는 용어를 처음 사용하여 통일 신라와 발해를 서술하였어요.
④ 고려 시대에 각훈은 고승들의 전기를 기록한 《해동고승전》을 저술하였어요.
⑤ 고려 시대에 이규보는 〈동명왕편〉에서 고구려의 건국 시조인 동명왕(주몽)의 일대기를 서사시로 표현하여 고구려 계승 의식을 반영하였어요.

5 65회　　　　　　　　　회독 ●●●

(가)에 들어갈 내용으로 옳은 것은?　　　[2점]

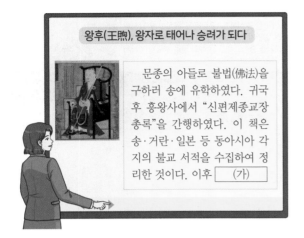

왕후(王煦), 왕자로 태어나 승려가 되다

문종의 아들로 불법(佛法)을 구하러 송에 유학하였다. 귀국 후 흥왕사에서 "신편제종교장총록"을 간행하였다. 이 책은 송·거란·일본 등 동아시아 각지의 불교 서적을 수집하여 정리한 것이다. 이후　(가)

① 국청사의 주지가 되어 해동 천태종을 개창하였다.
② 불교 개혁을 주장하며 수선사 결사를 조직하였다.
③ 선문염송집을 편찬하고 유불 일치설을 주장하였다.
④ 불교 관련 자료를 중심으로 삼국유사를 집필하였다.
⑤ 인도와 중앙아시아를 순례하고 왕오천축국전을 남겼다.

6 63회　　　　　　　　　회독 ●●●

(가) 인물에 대한 설명으로 옳은 것은?　　　[2점]

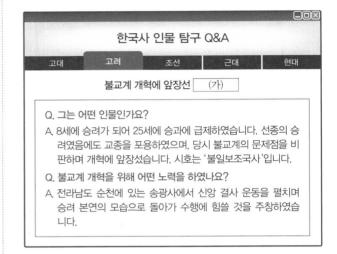

한국사 인물 탐구 Q&A

고대　고려　조선　근대　현대

불교계 개혁에 앞장선　(가)

Q. 그는 어떤 인물인가요?
A. 8세에 승려가 되어 25세에 승과에 급제하였습니다. 선종의 승려였음에도 교종을 포용하였으며, 당시 불교계의 문제점을 비판하며 개혁에 앞장섰습니다. 시호는 '불일보조국사'입니다.
Q. 불교계 개혁을 위해 어떤 노력을 하였나요?
A. 전라남도 순천에 있는 송광사에서 신앙 결사 운동을 펼치며 승려 본연의 모습으로 돌아가 수행에 힘쓸 것을 주창하였습니다.

① 참선을 강조하고 돈오점수를 주장하였다.
② 불교 교단 통합을 위해 해동 천태종을 개창하였다.
③ 선문염송집을 편찬하고 유불 일치설을 제창하였다.
④ 승려들의 전기를 정리하여 해동고승전을 편찬하였다.
⑤ 보현십원가를 지어 불교 교리를 대중에게 전파하였다.

📢 **의천의 활동**

정답분석 고려 문종의 넷째 아들이었던 의천은 송에 유학하여 화엄종 등을 공부하고 돌아와 흥왕사에 교장도감을 설치하고 《신편제종교장총록》을 간행하였어요. 또한, 불교 통합을 추진하면서 수행 방법으로 교관겸수를 제시하였어요.
① 고려의 의천은 당시 분열되어 있던 불교 교단을 교종을 중심으로 통합하고자 국청사를 중심으로 해동 천태종을 개창하였어요.

오답분석 ② 고려의 지눌은 승려 본연의 자세로 돌아가 독경과 참선, 노동에 고루 힘써야 한다고 주장하며 수선사 결사를 제창하였고, 수행 방법으로 정혜쌍수와 돈오점수를 주장하였어요.
③ 고려의 혜심은 《선문염송집》을 편찬하고 유·불 일치설을 주장하며 심성의 도야를 강조하였는데, 이는 장차 성리학을 받아들이는 사상적 토대가 되었어요.
④ 고려의 일연은 불교사를 중심으로 고대의 민간 설화 등을 수록한 《삼국유사》를 편찬하였어요.
⑤ 신라의 혜초는 인도와 중앙아시아를 여행한 후 이 지역의 풍속, 종교, 문화 등을 정리한 《왕오천축국전》을 저술하였어요.

📢 **지눌의 활동**

정답분석 고려의 승려 지눌은 오늘날 순천 송광사에서 승려 본연의 자세로 돌아갈 것을 강조한 불교 개혁 운동인 수선사 결사 운동을 펼쳤으며, 수행 방법으로 정혜쌍수와 돈오점수를 주장하였어요.
① 지눌은 단번에 깨우치되 점진적으로 수행을 계속해야 한다는 돈오점수를 주장하였으며, 이를 위한 수행 방법으로 참선과 교리 공부를 함께하는 정혜쌍수를 내세웠어요.

오답분석 ② 의천은 당시 분열되어 있던 불교 교단을 교종을 중심으로 통합하고자 국청사를 중심으로 해동 천태종을 개창하였어요.
③ 혜심은 유·불 일치설을 주장하며 심성의 도야를 강조하였는데, 이는 장차 성리학을 받아들이는 사상적 토대가 되었어요.
④ 각훈은 왕명을 받아 우리나라 역대 승려들의 전기를 정리한 역사서인 《해동고승전》을 편찬하였어요.
⑤ 균여는 〈보현십원가〉 등 불교 교리를 담은 향가를 지어 대중에게 불교 교리를 전파하는 데 힘썼어요.

정답 | ①　　　　　　　　　　　　정답 | ①

13강 고려(문화 1)

유학의 발달

01 고려 시대에는 유학 교육 진흥을 위해 중앙에 　　감, 지방에는 　　교를 설립하였다.

02 원 간섭기에 이 　　　은 만권당에서 원의 학자들과 교류하였다.

교육 기관과 과거제

03 고려 중기에 사립 교육 기관인 사학 　　도가 융성하였다.

04 최충이 　　　학당을 세워 유학 교육을 실시하였는데, 최충의 시호를 따 　　　　도라고도 불렸다.

05 예종 때 관학 진흥을 위해 전문 강좌인 　　재를 운영하였고, 　　　고를 두어 장학 기금을 마련하였다.

06 고려의 과거는 제술과와 명경과, 잡과, 그리고 승려를 대상으로 하는 　　과가 있었다.

역사서 편찬

07 김부식은 왕명으로 유교 사관에 입각하여 기전체 형식으로《삼국 　　　》를 저술하였다.

08 이규보는 고구려 건국 시조의 일대기를 서사시 형태로 서술한〈　　　왕편〉을 저술하였다.

09 각훈은 승려들의 전기를 기록한《해동 　　　전》을 저술하였다.

10 고려 후기 일연이 불교사를 중심으로 고대의 민간 설화를 기록한《삼국 　　　》를 저술하였다.

불교의 발전 / 풍수지리설

11 의천은 국청사를 중심으로 해동 　　　종을 개창하고, 수행 방법으로 　　　겸수를 주장하였다.

12 지눌은 　　사 결사를 제창하고, 수행 방법으로 　　　점수와 정혜쌍수를 내세웠다.

13 혜심은 심신의 도야를 강조한 　　·불 일치설을 주장하였다.

14 요세는 　　화 신앙을 바탕으로 강진 만덕사에서 백련사 결사를 주도하였다.

15 서경 길지설은 묘청의 　　　천도 운동의 이론적 근거가 되었다.

16 고려 중기 이후 　　양을 중시하는 남경 길지설이 대두되었다.

정답 **01** 국자, 향 **02** 제현 **03** 12 **04** 9재, 문헌공 **05** 7, 양현 **06** 승 **07** 사기 **08** 동명 **09** 고승 **10** 유사 **11** 천태, 교관 **12** 수선, 돈오 **13** 유 **14** 법 **15** 서경 **16** 한

		전기	1170	후기
건축		주심포 양식 → 기둥 위에만 공포		• 안동 봉정사 극락전 └ 현존 우리나라 최고(最古) 목조 건축물 • 영주 부석사 무량수전(부석사 ⇒ 의상) • 예산 수덕사 대웅전
불탑	승탑	여주 고달사지 승탑, 충주 정토사지 홍법국사탑		개성 경천사지 10층 석탑 └ 원 영향, 대리석 └ 서울 원각사지 10층 석탑(조선)에 영향
	석탑	평창 월정사 8각 9층 석탑: 송 영향, 다각 다층		

	초기	중기	
불상·회화	〈철불 유행〉 하남 하사창동 철조 석가여래 좌상 〈대형 석불〉 • 논산 관촉사 석조 미륵보살 입상 • 안동 이천동 마애 여래 입상 • 파주 용미리 마애 이불 입상	영주 부석사 소조여래 좌상 (신라 계승)	• 불화 유행: 수월관음도(혜허) • 천산대렵도(공민왕 짐작)

청자·공예		• 나전 칠기 • 순청자 ──→ 상감 청자 ──────→ 분청사기, 은입사 ▲		

인쇄술	목판	초조대장경(← 거란) ───────	〈교장〉(의천)	팔만대장경(= 재조대장경) └ 몽골 침입 때 제작(최씨 무신 정권) └ 합천 해인사 보관, 세계 기록 유산
	활판		〈상정고금예문〉 (인종 X)	〈직지심체요절〉 └ 청주 흥덕사에서 간행 └ 현존 세계 최고(最古) 금속 활자본 └ 세계 기록 유산

과학 (천문)	• 사천대(서운관) • 선명력(당)	수시력(원)
의학		〈향약구급방〉(현존 우리나라 최고(最古) 의학서)
무기		최무선 → 화통도감(화약·화포), 진포 대첩

고려(문화 2)

따라 쓰며 흐름을 이해하는
흐름판서 쓰기
14강 고려(문화 2)

따라 쓰며 흐름을 이해하는
흐름판서 쓰기

빈출키워드 TOP5

화통도감	1위
직지심체요절	2위
팔만대장경	3위
파주 용미리 마애 이불 입상	4위
논산 관촉사 석조 미륵보살 입상	5위

✏️ **공포**
목조 건축물에서 처마의 무게를 받치기 위해 기둥머리에 댄 구조물이에요.

✏️ **배흘림기둥**
기둥의 중간 부분을 약간 볼록하게 만든 기둥으로, 건축물의 안정과 가운데 부분이 가늘어 보이는 착시 현상을 고치기 위한 것이에요.

✏️ **승탑**
승려들의 유골이나 사리를 보관하는 탑이에요. 신라 말 선종의 유행으로 승탑과 탑비가 많이 만들어졌어요.

✏️ **초조대장경**
'처음 새긴 대장경'이라는 뜻으로, 부처의 힘으로 거란을 물리치기 위해 만들었어요.

✏️ **역법**
천체의 주기적 운행을 기준으로 시간의 단위를 정하는 계산법이에요.

✏️ **진포 대첩**
고려 말 최무선이 화통도감에서 발명한 화포를 사용해 왜구를 무찌른 전투예요.

❶ 예술의 발달

(1) 건축

주심포 양식	• 공포를 기둥 위에만 설치함 • 현재 고려 후기에 지어진 건축물만 전해짐 • 안동 봉정사 극락전(현존하는 우리나라에서 가장 오래된 목조 건축물), 영주 부석사 무량수전, 예산 수덕사 대웅전 → 공통점: 주심포 양식, 배흘림기둥
다포 양식	• 기둥 위뿐만 아니라 기둥과 기둥 사이에도 공포를 설치함 • 고려 후기에 등장하여 조선 시대 건축물에 영향 • 사리원 성불사 응진전

(2) 석탑과 승탑

전기	• 다각 다층탑 유행(평창 월정사 8각 9층 석탑 → 송의 영향) • 여주 고달사지 승탑(신라의 팔각원당형 계승) • 충주 정토사지 홍법국사탑(공 모양의 탑신부)
후기	개성 경천사지 10층 석탑: 원의 영향을 받아 대리석으로 제작 → 조선 시대 서울 원각사지 10층 석탑 제작에 영향

(3) 불상

초기	• 철불 유행: 하남 하사창동 철조 석가여래 좌상 • 대형 석불 유행: 논산 관촉사 석조 미륵보살 입상, 안동 이천동 마애 여래 입상, 파주 용미리 마애 이불 입상 → 지역적 특색 반영
중기	영주 부석사 소조 여래 좌상(신라 양식 계승)

(4) 회화 · 글씨 · 음악

회화	• 전기: 산수화와 문인화 유행 → 현재 전해지지 않음 • 후기: 불화 유행(혜허의 수월관음도), 천산대렵도(공민왕 작품으로 추정)
글씨	후기: 이암의 송설체 유행
음악	• 아악(송의 대성악이 궁중 음악으로 발전) • 향악(전통 음악)

(5) 청자

순청자	• 10세기 중반~11세기까지 주로 제작 • 신라와 발해의 전통 기술 + 송의 자기 기술 수용
상감 청자	• 12세기 이후 유행, 원 간섭기 이후 쇠퇴 • 그릇 표면에 무늬를 새기고 다른 색의 흙을 채워 넣은 후 유약을 발라 구워 냄 → 고려만의 독창적 자기 기술 적용

(6) 공예

특징	지배층의 생활 도구와 불교 행사에 사용되는 도구 중심으로 발달
금속 공예	• 은입사 기술 발달 • 청동 향로 · 정병
나전 칠기	옻칠한 바탕에 자개를 붙여 무늬를 표현

❷ 과학 기술의 발달

(1) 인쇄술

① 목판 인쇄술

초조대장경	거란의 침입 때 제작 → 몽골의 침입 때 소실
《교장》	불교 경전 해설서, 의천이 교장도감 설치 후 편찬
팔만대장경	• 재조대장경이라고도 함 • 몽골의 침입 때 제작(최씨 무신 정권의 후원) • 합천 해인사 장경판전에 보관

② 활판 인쇄술

《상정고금예문》 (1234)	• 인종 때 처음 편찬 → 고종 21년(1234)에 활자로 찍 어냈다는 기록이 전해짐 • 현존하지 않음
《직지심체요절》 (1377)	• 청주 흥덕사에서 금속 활자로 간행 • 현존하는 세계에서 가장 오래된 금속 활자 인쇄본 • 프랑스 국립 도서관 소장 • 유네스코 세계 기록 유산으로 등재

(2) 천문학 · 의학

천문학	• 천문 관측과 역법 중심으로 발달 • 사천대(서운관)에서 천문 관측 • 역법: 초기 당의 선명력 → 후기 원의 수시력
의학	《향약구급방》: 현존하는 우리나라에서 가장 오래된 의학서

(3) 무기의 발달

최무선	• 원으로부터 화약 제조 기술 습득 → 화약 및 화포 개발 • 최무선의 건의로 우왕 때 화약과 화포 제조를 위한 화통도감 설치
화포의 사용	진포 대첩(1380): 나세, 심덕부, 최무선 등이 화포를 사용하여 왜구 격퇴

1. 고려의 불상으로 맞으면 ○표, 틀리면 ×표 하세요.

(1) ( ) (2) ( ) (3) ( )

(4) ( ) (5) ( ) (6) ( )

2. 고려의 문화유산으로 맞으면 ○표, 틀리면 ×표 하세요.

(1) ( ) (2) ( ) (3) ( )

(4) ( ) (5) ( ) (6) ( )

3. 고려의 건축물로 맞으면 ○표, 틀리면 ×표 하세요.

(1) ▲ 안동 봉정사
극락전 ( )

(2) ▲ 보은 법주사
팔상전 ( )

(3) ▲ 예산 수덕사
대웅전 ( )

1. (1) ○ (2) ○ (3) × (4) ○ (5) ○ (6) ×
2. (1) ○ (2) × (3) ○ (4) × (5) ○ (6) ○
3. (1) ○ (2) × (3) ○

14강 고려(문화 2)

1 주심포 양식

공포는 지붕의 무게를 효율적으로 기둥에 전달하는 기능과 함께 장식적인 기능도 가지고 있어요. 이 공포가 기둥머리 바로 위에만 있는 건축 양식을 주심포 양식이라고 해요. 고려 시대에는 주심포 양식에 배흘림기둥으로 된 건물이 많이 지어졌어요. 그중 안동 봉정사 극락전은 현존하는 우리나라에서 가장 오래된 목조 건축물로 알려져 있어요.

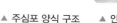
▲ 주심포 양식 구조

▲ 안동 봉정사 극락전

▲ 예산 수덕사 대웅전

▲ 영주 부석사 무량수전

2 다포 양식

다포 양식은 기둥 위뿐만 아니라 기둥과 기둥 사이에도 공포를 두는 건축 양식으로, 조선 시대의 건축에 큰 영향을 주었어요. 북한 지역에 있는 사리원 성불사 응진전이 대표적이에요.

▲ 다포 양식 구조

▲ 사리원 성불사 응진전

3 평창 월정사 8각 9층 석탑

고려 시대에는 다각 다층 석탑이 많이 만들어졌는데, 대표적으로 전기에 만들어진 평창 월정사 8각 9층 석탑이 있어요. 이 탑의 옆에는 탑을 향해 오른쪽 무릎을 꿇고 왼 다리를 세워 정중하게 공양하는 듯한 모습을 하고 있는 석조 보살 좌상이 있어요.

▲ 평창 월정사 8각 9층 석탑

▲ 평창 월정사 석조 보살 좌상

4 여주 고달사지 승탑

고려 시대에는 다양한 형태의 승탑과 탑비가 만들어졌는데, 여주 고달사지 승탑은 신라 후기 형태를 계승한 전형적인 팔각원당형 승탑이에요.

5 개성 경천사지 10층 석탑

개성 경천사지 10층 석탑은 원의 영향을 받아 대리석으로 만들어졌어요. 현재는 국립 중앙 박물관 실내에 전시되어 있어요.

6 하남 하사창동 철조 석가여래 좌상

경기 하남시 하사창동에서 출토된 대형 철불이에요. 대형 철불은 고려 초기에 호족들의 영향으로 많이 만들어졌어요.

7 논산 관촉사 석조 미륵보살 입상

논산 관촉사에 있으며, 고려 초기의 불상이에요. 고려 시대 불상 중 가장 크다고 알려져 있으며, 은진 미륵이라고도 불려요.

8 안동 이천동 마애 여래 입상

자연에 있는 거대한 암석에 몸체를 조각하고 돌로 머리를 조각하여 올려놓은 모습이 특징적인 불상이에요.

9 영주 부석사 소조 여래 좌상

진흙으로 만들어진 좌상으로 신라 전통 양식을 계승하였어요. 부석사 무량수전에 있으며 소조 불상 중 가장 크고 오래되었어요.

10 수월관음도

고려 후기에는 왕실이나 귀족들의 평안과 극락왕생을 기원하는 불화가 많이 제작되었는데, 수월관음도가 대표적이에요. 수월관음도는 물에 비친 달빛을 관음보살이 내려다보는 모습을 그린 것이에요.

11 천산대렵도

천산대렵도는 변발과 호복을 한 무사들이 사냥하는 모습을 담은 그림으로 공민왕이 그렸다고 전해지고 있어요.

12 고려청자

11세기에는 무늬나 장식이 없는 순청자가 주로 만들어졌어요. 12세기 후반부터 상감 청자가 유행하였는데, 상감 청자는 그릇 표면에 무늬를 새기고 그 안을 백토나 흑토로 채우는 상감 기법을 이용하여 만든 것이에요. 상감 기법은 고려의 독창적인 청자 기법이에요.

▲ 청자 참외 모양 병   ▲ 청자 상감 운학문 매병
　　(순청자)　　　　　　　 (상감 청자)

13 은입사 기술

금속 그릇 표면을 파내 무늬를 새기고 은실을 채워 넣어 무늬를 장식하는 기술이에요.

청동 은입사 포류수금문
(물가 풍경무늬) 정병 ▶

14 나전 칠기

나전 칠기는 옻칠한 바탕에 자개를 여러 가지 형태로 오려 붙여 장식한 공예품이에요. 고려에 온 송의 사신 서긍이 귀하다고 표현할 정도로 고려의 공예 기술은 뛰어났어요.

15 고려의 금속 활자

활자는 글을 인쇄하기 위해 만든 글자틀이에요. 고려 시대에는 구리와 철을 주조하여 만든 금속 활자가 등장하였어요.

16 팔만대장경

고려는 외적이 침입할 때마다 부처의 힘으로 이들을 물리치고자 대장경을 제작하였어요. 고려 초에 거란의 침입을 물리치기 위해 초조대장경을 만들었고, 이후 몽골의 침입으로 초조대장경이 불타자 팔만대장경을 만들었어요. 정식 명칭은 고려대장경이며 다시 만들었다고 하여 재조대장경이라고도 해요. 현재 조선 초에 지어진 합천 해인사 장경판전에 보관되어 있고, 2007년에 유네스코 세계 기록 유산으로 등재되었어요.

▲ 팔만대장경판

▲ 합천 해인사 장경판전

17 직지심체요절

13세기 전반에 인쇄된 《상정고금예문》은 서양보다 무려 200여 년이나 앞서 금속 활자로 인쇄되었지만 현재 전하지 않아요. 현존하는 세계에서 가장 오래된 금속 활자본은 14세기 후반에 인쇄된 《직지심체요절》이에요. 《직지심체요절》은 청주 흥덕사에서 간행된 것으로 백운화상이라는 승려가 부처의 말씀이 담긴 책에서 중요한 것만 뽑아 해설을 붙여 편찬한 책을 금속 활자로 인쇄한 것이에요.

고려(문화 2)

1 59회

회독 ○○○

(가)에 들어갈 사진 자료로 적절한 것은? [2점]

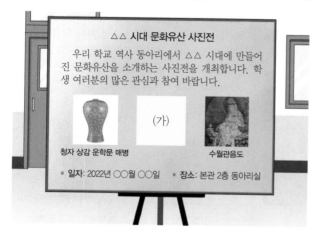

△△ 시대 문화유산 사진전

우리 학교 역사 동아리에서 △△ 시대에 만들어진 문화유산을 소개하는 사진전을 개최합니다. 학생 여러분의 많은 관심과 참여 바랍니다.

청자 상감 운학문 매병 　(가)　 수월관음도

■ 일자: 2022년 ○○월 ○○일　■ 장소: 본관 2층 동아리실

①

금동 연가 7년명 여래 입상

②

서산 용현리 마애 여래 삼존상

③

경주 분황사 모전 석탑

④

영주 부석사 무량수전

⑤

보은 법주사 팔상전

📢 고려의 문화유산

정답분석 청자 상감 운학문 매병은 고려의 대표적인 상감 청자예요. 고려의 도자기 중 청자가 가장 유명한데, 12세기 중엽에 상감 기법이 개발되면서 상감 청자가 만들어졌어요. 〈수월관음도〉는 고려 시대를 대표하는 불화예요.
④ 영주 부석사 무량수전은 고려 시대를 대표하는 주심포 양식의 목조 건축물이에요.

오답분석 ① 금동 연가 7년명 여래 입상은 고구려의 불상이에요.
② 서산 용현리 마애 여래 삼존상은 백제의 불상이에요.
③ 경주 분황사 모전 석탑은 신라의 석탑이에요.
⑤ 보은 법주사 팔상전은 조선 후기의 건축물이에요.

정답 | ④

2 60회

회독 ○○○

(가)에 들어갈 불상으로 옳은 것은? [2점]

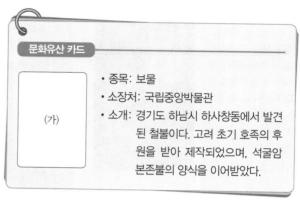

문화유산 카드

　(가)　

• 종목: 보물
• 소장처: 국립중앙박물관
• 소개: 경기도 하남시 하사창동에서 발견된 철불이다. 고려 초기 호족의 후원을 받아 제작되었으며, 석굴암 본존불의 양식을 이어받았다.

① 　② 　③

④ 　⑤

📢 고려의 불상

정답분석 고려의 불상인 하남 하사창동 철조 석가여래 좌상은 고려 초기 호족의 후원을 받아 조성되어 당시 불상 양식의 특징을 잘 보여 주는 철불이에요. 또한 불상의 넓은 어깨와 가슴의 형태는 통일 신라의 석굴암 본존불의 양식을 이어받은 것으로 짐작하고 있어요.
② 하남 하사창동 철조 석가여래 좌상은 고려 초기를 대표하는 불상이에요.

오답분석 ① 금동 연가 7년명 여래 입상은 불상 뒷면의 명문을 통해 고구려의 불상임을 알 수 있어요.
③ 신라의 경주 남산 장창곡 석조 미륵여래 삼존상이에요.
④ 고려 후기에서 조선 초기에 만들어진 것으로 추정되는 금동 관음보살 좌상이에요.
⑤ 금동 미륵보살 반가 사유상은 삼국 시대를 대표하는 불상으로, 일본의 고류사 목조 미륵보살 반가 사유상과 형태가 비슷해요.

정답 | ②

③ 62회 　　　　　　　　　　　　　회독 ○○○

(가) 국가의 문화유산으로 옳은 것을 | 보기 | 에서 고른 것은?

[2점]

미(美)·색(色)
벨기에 소장 우리 문화유산 특별전

초대의 글

우리 박물관에서는 국내에 들여와 보존 처리를 마친 벨기에 왕립예술역사박물관 소장 (가) 의 공예품 8점을 공개하는 특별전을 개최합니다.

이번 전시에서는 (가) 의 대표적 문화유산인 상감 청자 6점을 비롯하여 청동 정병, 금동 침통 등을 자세히 감상할 수 있도록 전시 공간을 연출하였으니 많은 관심 바랍니다.

■ 기간: 2022.○○.○○.~○○.○○.
■ 장소: △△ 박물관 기획 전시실

―| 보기 |―

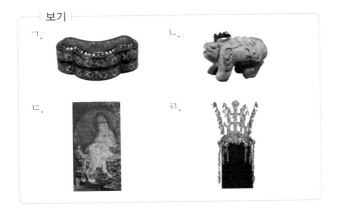

ㄱ.　　　　　　　　　ㄴ.

ㄷ.　　　　　　　　　ㄹ.

① ㄱ, ㄴ　② ㄱ, ㄷ　③ ㄴ, ㄷ　④ ㄴ, ㄹ　⑤ ㄷ, ㄹ

④ 63회 　　　　　　　　　　　　　회독 ○○○

(가)에 들어갈 문화유산으로 옳은 것은?

[1점]

△△ 시대 문화유산 사진전

우리 학교 역사 동아리에서 △△ 시대의 대표적인 문화유산을 소개하는 사진전을 개최합니다. 학생 여러분의 많은 관람 바랍니다.

직지심체요절　　(가)　　천산대렵도

■ 일자: 2023년 ○○월 ○○일　　■ 장소: 본관 2층 동아리실

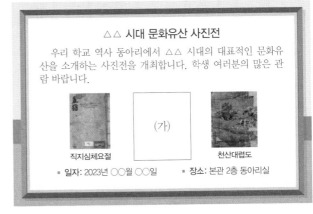

①　　　　　②　　　　　③

금동 대향로　　호우총 청동 그릇　　청자 상감 모란문
　　　　　　　　　　　　　　　　표주박모양 주전자

④　　　　　⑤

이불병좌상　　　　인왕제색도

📢 고려의 문화유산

정답분석 상감 청자는 그릇 표면에 무늬를 새기고 그 자리를 백토나 흑토로 채우는 상감 기법을 이용하여 만든 청자로, 12세기 후반부터 많이 만들어졌어요.
ㄱ. 고려 시대의 나전 칠기인 나전 국화 넝쿨무늬 자합이에요.
ㄷ. 고려 시대의 불화인 〈수월관음도〉예요.

오답분석 ㄴ. 백제 무령왕릉에서 발견된 석수예요.
ㄹ. 신라 금관총에서 발견된 금관이에요.

📢 고려의 문화유산

정답분석 《직지심체요절》은 고려 시대 백운화상이라는 승려가 부처의 말씀이 담긴 책에서 중요한 것만 뽑아 해설을 붙여 편찬한 책을 청주 흥덕사에서 금속 활자로 인쇄한 것이에요. 현재 남아 있는 금속 활자 인쇄본 중 세계에서 가장 오래된 것이에요. 〈천산대렵도〉는 사냥하는 모습을 담은 그림으로 공민왕이 그렸다고 전해지고 있어요.
③ 고려의 문화유산으로 상감 기법이라는 고려의 독창적인 자기 기술로 제작된 상감 청자예요.

오답분석 ① 백제의 문화유산으로 신선, 봉황, 연꽃 등 도교와 불교의 상징이 정교하게 묘사되어 있어요.
② 신라 고분에서 나온 고구려의 문화유산으로, 당시 고구려와 신라의 정치적 관계를 짐작할 수 있어요.
④ 발해의 문화유산으로 고구려의 영향을 받아 만들어졌어요.
⑤ 조선 후기의 화가인 겸재 정선이 그린 진경 산수화 〈인왕제색도〉예요.

5 61회 　　　　　　　　　　　　　회독 ●●●

(가)에 들어갈 내용으로 가장 적절한 것은? 　　　[2점]

★ 역사 인물 다큐멘터리 기획안 ★

화약 무기 연구의 선구자, ○○○

1. 기획 의도
　　중국의 군사 기밀이었던 화약 제조 기술을 습득해 우리나라 최초로 화약의 자체 생산에 성공한 ○○○. 그의 활동을 통해 국방 과학 기술의 중요성을 되새겨 본다.
2. 장면
#1. 중국인 이원에게 염초 제조법을 배우다
#2. 　　　　　　(가)
#3. 나세, 심덕부 등과 함께 진포에서 왜구를 크게 격퇴하다
　　　　　　　⋮

---

① 신기전과 화차를 개발하다
② 화통도감의 설치를 건의하다
③ 불랑기포를 활용하여 평양성을 탈환하다
④ 조총 부대를 이끌고 나선 정벌에 참여하다
⑤ 발화 장치를 활용한 비격진천뢰를 발명하다

📢 **최무선의 활동**

정답분석　고려 말 왜구의 침략으로 백성들은 고통을 받았어요. 이 무렵 최무선은 각고의 노력 끝에 화약과 화포를 개발하였고, 조정에 화통도감 설치를 건의하여 화약 무기를 제작하였어요. 최무선은 화통도감에서 만든 화약과 화포를 이용하여 나세, 심덕부 등과 함께 진포 대첩에서 왜구를 격퇴하였어요.
② 고려 우왕 때 최무선은 화통도감 설치를 건의하였고, 이곳에서 생산한 화약과 화포 등을 이용하여 진포에 침입한 왜구를 격퇴하였어요.

오답분석　① 조선 세종 때 고려 말에 최무선이 만든 화기를 개량한 신기전과 화차가 개발되었어요.
③ 조선 선조 때 임진왜란이 일어났는데, 조선군은 명의 군대와 연합해 화포인 불랑기포를 활용하여 일본군에 빼앗겼던 평양성을 탈환하였어요.
④ 조선 효종 때 청의 요청에 따라 변급, 신류 등이 조총 부대를 이끌고 나선(러시아) 정벌에 참여하였어요.
⑤ 조선 선조 때 화포장이었던 이장손이 발화 장치를 활용한 포탄인 비격진천뢰를 발명하였어요. 임진왜란 당시 조선군은 비격진천뢰를 써서 많은 성과를 올렸어요.

정답 | ②

---

6 61회 　　　　　　　　　　　　　회독 ●●●

밑줄 그은 '문화유산'으로 옳지 않은 것은? 　　　[3점]

이것은 고려 시대에 만들어진 나전 합입니다. 고려에 온 송의 사신 서긍이 솜씨가 세밀하여 귀하다고 평가할 정도로 고려의 나전 칠기 기술은 매우 뛰어났습니다. 이 나전 합을 비롯해 고려 시대에는 다양한 문화유산이 만들어졌습니다.

나전 국화 넝쿨무늬 합

① 청동 은입사 포류수금문 정병

 ② 부석사 소조 여래 좌상

 ③ 청자 상감 운학문 매병

 ④ 월정사 팔각 구층 석탑

 ⑤ 법주사 팔상전

📢 **고려의 문화유산**

정답분석　⑤ 조선 후기에 만들어진 규모가 큰 사원 건축물로 현존하는 유일한 조선 시대 목탑이에요.

오답분석　① 고려 시대에 금속 그릇 표면에 무늬를 새기고 은실을 채워 넣어 무늬를 장식(은입사 기술)한 것이에요.
② 고려 시대에 신라의 전통 양식을 계승하여 만든 불상으로, 소조 불상으로는 가장 크고 오래된 것이에요.
③ 고려 시대에 상감 기법을 이용하여 만든 상감 청자로, 12세기 후반부터 많이 만들어졌어요.
④ 고려 시대에 만들어진 대표적인 다각 다층 석탑이에요.

정답 | ⑤

14강 고려(문화 2)

5분 기출 선택지를 완성하는
키워드 채우기

예술의 발달

봉정사 극락전

부석사 무량수전

수덕사 대웅전

04 고려 후기에 개성 경천사지 10층 석탑은 　의 영향을 받아 대리석으로 만들어졌다.

영주 　　사
소조 여래 좌상

관촉사
석조 미륵보살 입상

이천동
마애 여래 입상

용미리
마애 이불 입상

09 고려 전기에는 무늬가 없는 　청자가, 후기에는 독창적 기법의 　감 청자가 많이 제작되었다.

10 고려 시대에는 금속 그릇 표면에 무늬를 새기고 은실을 채워 넣어 장식하는 은 　　기술이 발달하였다.

과학 기술의 발달

11 고려의 초조대장경은 　란을, 팔만대장경은 　골을 격퇴하려는 염원을 담아 만들어졌다.

12 팔만대장경은 현재 합천 해인사 　　　전에 보관되어 있고, 세계 기록 유산으로 등재되어 있다.

13 현존하는 세계에서 가장 오래된 금속 활자 인쇄본인 《　심체요절》은 청주 흥덕사에서 간행되었다.

14 고려 시대에 현재 전하는 가장 오래된 의학서인 《향약 　방》이 간행되었다.

15 고려 말 최무선의 건의로 화약과 화기 제작을 위한 　도감이 설치되었다.

정답 **01** 안동 **02** 영주 **03** 예산 **04** 원 **05** 부석 **06** 논산 **07** 안동 **08** 파주 **09** 순, 상 **10** 입사 **11** 거, 몽 **12** 장경판 **13** 직지 **14** 구급 **15** 화통

조선 전기

15강 조선 전기(정치)

16강 조선(조직)

17강 조선 전기(외교)

18강 조선 전기(경제, 사회)

19강 조선 전기(문화 1)

20강 조선 전기(문화 2)

1392
조선 건국

1446
훈민정음 반포

1466
직전법 시행

1485
경국대전 완성

1498
무오사화

1504
갑자사화

1위 경국대전

2위 훈련도감

3위 직전법

4위 무오사화, 갑자사화

5위 교수 · 훈도 파견(향교)

5.4문항
10.8%

1506
중종반정

1519
기묘사화

1545
을사사화

1592
임진왜란

1623
인조반정

1636
병자호란

조선 전기(정치)

시대 흐름을 한번에 담는
흐름판서 보기

흐름판서 강의

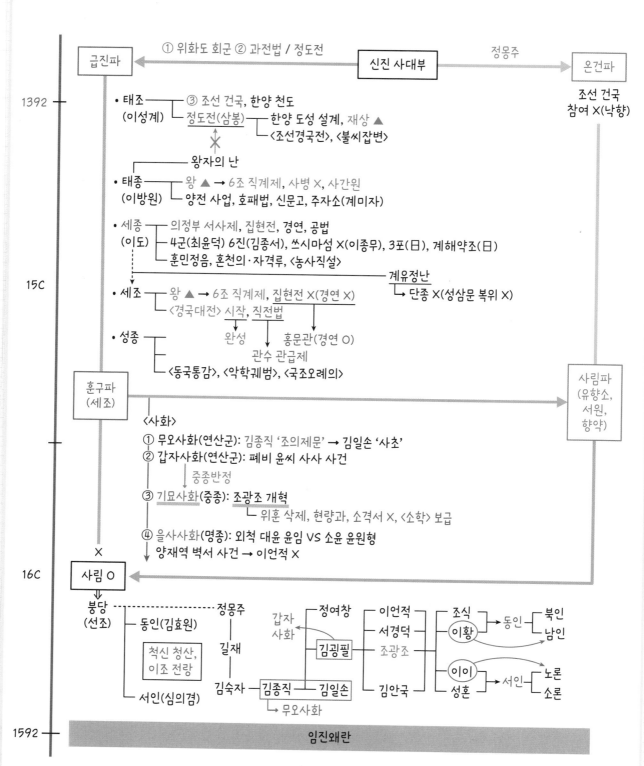

급진파 ← ① 위화도 회군 ② 과전법 / 정도전 — **신진 사대부** — 정몽주 → **온건파**

조선 건국
참여 X(낙향)

1392

- 태조 ─┬─ ③ 조선 건국, 한양 천도
  (이성계) └─ 정도전(삼봉) ─┬─ 한양 도성 설계, 재상 ▲
                              └─ <조선경국전>, <불씨잡변>
                  ✗
         ─── 왕자의 난

- 태종 ─┬─ 왕 ▲ → 6조 직계제, 사병 X, 사간원
  (이방원) └─ 양전 사업, 호패법, 신문고, 주자소(계미자)

- 세종 ─┬─ 의정부 서사제, 집현전, 경연, 공법
  (이도) ├─ 4군(최윤덕) 6진(김종서), 쓰시마섬 X(이종무), 3포(日), 계해약조(日)
         └─ 훈민정음, 혼천의·자격루, <농사직설>

                                        계유정난
- 세조 ─┬─ 왕 ▲ → 6조 직계제, 집현전 X(경연 X)   └→ 단종 X(성삼문 복위 X)
         └─ <경국대전> 시작, 직전법

15C

           완성   홍문관(경연 O)
- 성종 ─┬─   관수 관급제
         └─ <동국통감>, <악학궤범>, <국조오례의>

훈구파 (세조) ──────────────────────→ **사림파** (유향소, 서원, 향약)

<사화>
① 무오사화(연산군): 김종직 '조의제문' → 김일손 '사초'
② 갑자사화(연산군): 폐비 윤씨 사사 사건
    중종반정
③ 기묘사화(중종): 조광조 개혁
              └─ 위훈 삭제, 현량과, 소격서 X, <소학> 보급
④ 을사사화(명종): 외척 대윤 윤임 VS 소윤 윤원형
  ↓ 양재역 벽서 사건 → 이언적 X

X
16C

사림 O ←──────────

붕당 ----------- 정몽주
(선조)
  ├─ 동인(김효원)   길재
  │ ┌─────────┐
  │ │척신 청산,│
  │ │이조 전랑 │   김숙자
  │ └─────────┘
  └─ 서인(심의겸)

       갑자   정여창 ── 이언적 ── 조식
       사화   ↗   이황 → 동인 ┬ 북인
          ┌─────┐ 서경덕   └ 남인
          │김굉필│ 조광조
          └─────┘
       ┌─────┐   이이
김숙자 │김종직│─ 김일손 ── 김안국 성혼 → 서인 ┬ 노론
       └─────┘   └ 소론
          └→ 무오사화

1592
임진왜란

15^강 조선 전기(정치)

빈출키워드 TOP5

무오사화, 갑자사화	1위
기묘사화, 을사사화	2위
왕자의 난	3위
계유정난(단종 복위 운동)	4위
6조 직계제	5위

✏️ 호패법

호패는 이름, 출생 연도, 신분 등을 새긴 신분증으로, 16세 이상 남성에게 호패를 의무적으로 차고 다니게 한 것이 호패법이에요. 태종은 전국의 인구 현황을 파악하여 조세 징수와 군역 부과에 활용하려고 하였어요.

✏️ 계유정난

문종이 일찍 죽은 후 어린 단종이 즉위하자 수양 대군이 난을 일으켜 권력을 장악하였는데, 이 사건이 계유년에 일어나 계유정난이라고 해요. 이후 수양 대군은 단종의 양위를 받아 세조로 즉위하였어요.

✏️ 현량과

학문과 덕행이 뛰어난 사람을 추천을 받아 관리로 선발하는 제도예요.

✏️ 소격서

도교의 제사 의식(초제)을 담당하던 관청이에요.

✏️ 척신

왕과 성이 다른 친척, 또는 왕실과 혼인한 가문의 신하들을 말해요. 주로 외척 세력을 말하며, 이들에 의해 이루어지는 정치를 척신 정치라고 해요.

① 조선의 건국 과정

위화도 회군 (1388)	명의 철령위 설치 통보(철령 이북 땅 요구) → 우왕과 최영의 요동 정벌 단행, 이성계의 반대(4불가론) → 이성계 등이 위화도에서 회군하여 실권 장악
과전법 실시 (1391)	공양왕 때 권문세족이 불법적으로 소유한 토지 몰수, 신진 사대부에게 토지 지급 → 신진 사대부의 경제적 기반 마련, 국가 재정 확보, 농민의 경작권 보호
조선 건국 (1392)	정몽주 등 일부 온건파 신진 사대부 제거 → 이성계가 왕위에 오르며 조선 건국

② 국가의 기틀 마련

태조	• 국호를 '조선'으로 정함, 한양 천도(1394), 경복궁 건설(정도전이 주도) • 정도전의 활약: 한양 도성 설계, 재상 중심의 정치 주장(《조선경국전》·《경제문감》 저술), 불교 비판(《불씨잡변》 저술)
태종	• 두 차례 왕자의 난을 통해 정종의 뒤를 이어 즉위 • 정치: 6조 직계제 실시(의정부의 기능 약화), 사병 혁파(군권 장악), 문하부 낭사를 분리하여 사간원으로 독립, 신문고 설치 • 경제: 양전 사업 실시, 호패법 실시(조세 징수에 활용) • 문화: 혼일강리역대국도지도 제작(세계 지도), 주자소를 설치하여 계미자 주조
세종	• 정치: 의정부 서사제 실시(왕권과 신권의 조화 도모), 집현전 설치, 경연(왕과 신하의 정책 토론) 활성화, 공법 제도 실시(전분6등법·연분9등법) • 외교: 4군 6진 개척(최윤덕·김종서), 쓰시마섬(대마도) 정벌(이종무), 일본의 요청으로 3포 개항(부산포·제포·염포), 계해약조 체결(조선에서 일본에 제한된 무역 허용) • 문화: 훈민정음 창제·반포, 과학 기구 제작(혼천의·앙부일구, 자격루 등), 《칠정산》·《농사직설》·《삼강행실도》 편찬
세조	• 계유정난으로 정권 장악 → 단종을 폐하고 즉위 → 단종 복위 운동 진압(성삼문 등 주도, 단종은 영월에 유배되었다가 죽임을 당함) • 정치: 6조 직계제 부활, 집현전과 경연 폐지, 이시애의 난 진압, 유향소 폐지 • 직전법 실시(현직 관리에게만 토지의 수조권 지급), 《경국대전》 편찬 시작
성종	• 홍문관 설치(집현전 계승), 경연 확대 실시 • 관수 관급제 실시(국가의 토지 지배권 강화), 《경국대전》 완성·반포, 사림 등용 • 문화: 《동국통감》·《악학궤범》·《동국여지승람》·《동문선》·《국조오례의》 편찬

③ 사림의 대두

(1) 사림의 정치적 성장

① 성종 때 훈구 세력을 견제하기 위해 사림 등용 → 주로 3사의 언관직에 배치, 훈구 세력과 대립(훈구 세력 비판)

② 사화로 사림 세력 위축 → 선조(16세기 후반) 때부터 정치적 실권 장악

훈구 세력	사림 세력
• 조선 건국에 공을 세운 급진파 신진 사대부, 세조가 왕위에 오르는 데 공을 세운 신하들 • 중앙 집권과 부국강병 강조	• 조선 건국에 참여하지 않고 학문 연구와 교육에 힘쓴 온건파 신진 사대부 • 왕도 정치와 향촌 자치 추구

(2) 사화의 발생

무오사화 (연산군, 1498)	• 배경: 김종직의 제자 김일손이 김종직이 쓴 〈조의제문〉을 사초에 실음 → 유자광 등 훈구 세력이 문제 삼아 사림 공격 • 결과: 김일손 등 사림 세력 제거, 김종직 부관참시
갑자사화 (연산군, 1504)	• 배경: 연산군의 생모인 폐비 윤씨 사사 사건의 전말이 폭로됨 • 결과: 폐비 윤씨 사사 사건과 관련된 한명회 등 부관참시, 김굉필 등 대부분의 사림 몰락, 훈구와 사림 모두 피해
기묘사화 (중종, 1519)	• 배경: 중종반정으로 연산군 폐위, 중종(진성 대군) 즉위 → 조광조의 급진적인 개혁 정치(위훈 삭제, 현량과 실시, 소격서 폐지, 《소학》 보급 주장) → 위훈 삭제 주장으로 훈구 세력 반발 • 결과: 조광조 사사, 사림 몰락
을사사화 (명종, 1545)	• 배경: 인종의 외척인 대윤 윤임과 명종의 외척인 소윤 윤원형의 대립 • 결과: 윤임 일파가 제거되고 윤원형 일파가 정국 주도 • 양재역 벽서 사건: 양재역에서 문정 왕후 등을 비판하는 벽서 발견 → 윤원형 등이 이를 구실로 반대파 숙청(이언적 등 사림 피해)

❹ 붕당의 형성

(1) **배경**: 선조 때 사림이 정치적 실권 장악 → 척신 정치의 잔재 청산 문제와 이조 전랑직의 임명 문제를 둘러싸고 기성 사림과 신진 사림 간의 대립

(2) **결과**: 선조 때 사림이 분화하여 동인과 서인의 붕당 형성

동인	• 신진 사림: 척신 정치 청산에 적극적 • 이조 전랑직과 관련하여 김효원 지지 • 이황·조식의 학문 계승 • 영남학파 형성
서인	• 기성 사림: 척신 정치 청산에 소극적 • 이조 전랑직과 관련하여 심의겸 지지 • 이이·성혼의 학문 계승 • 기호학파 형성

⏸ 일시정지!
☑ 확인하기

1. 조선의 건국 과정을 순서대로 나열하세요.

> (가) 조준 등의 건의로 과전법이 제정되었다.
> (나) 이성계가 위화도에서 회군하여 최영을 제거하였다.
> (다) 명의 철령위 설치에 반발하여 요동 정벌이 추진되었다.

(   )

2. 다음 설명에 해당하는 왕을 골라 쓰세요.

> 태종, 세종

(1) 6조 직계제를 실시하였다. (   )

(2) 주자소를 설치하여 계미자를 주조하였다. (   )

(3) 4군 6진을 설치하여 북방 영토를 개척하였다. (   )

(4) 두 차례 왕자의 난을 통해 반대파를 제거하였다. (   )

(5) 문하부 낭사를 분리하여 사간원으로 독립시켰다. (   )

(6) 한양을 기준으로 한 역법서인 칠정산을 편찬하였다.
(   )

(7) 제한된 범위의 무역을 허용한 계해약조가 체결되었다.
(   )

3. 다음 설명에 해당하는 왕을 골라 쓰세요.

> 세조, 성종

(1) 이시애의 난을 진압하였다. (   )

(2) 계유정난을 통해 정권을 장악하였다. (   )

(3) 경국대전을 완성하여 통치 규범을 마련하였다. (   )

(4) 단종 복위 운동을 계기로 집현전을 폐지하였다. (   )

(5) 음악 이론 등을 집대성한 악학궤범을 편찬하였다. (   )

(6) 직전법을 실시하여 현직 관리에게만 수조지를 지급하였다.
(   )

(7) 훈구 세력을 견제하기 위해 김종직 등 사림을 등용하기 시작하였다.
(   )

4. 다음 사실들을 순서대로 나열하세요.

> (가) 외척 간의 대립으로 윤임이 제거되었다.
> (나) 위훈 삭제를 주장한 조광조 일파가 축출되었다.
> (다) 조의제문이 발단이 되어 김일손 등이 처형되었다.
> (라) 폐비 윤씨 사사 사건의 전말이 알려져 김굉필 등이 처형되었다.

(   )

1. (다) – (나) – (가)
2. (1) 태종 (2) 태종 (3) 세종 (4) 태종 (5) 태종 (6) 세종 (7) 세종
3. (1) 세조 (2) 세조 (3) 성종 (4) 세조 (5) 성종 (6) 세조 (7) 성종
4. (다) – (라) – (나) – (가)

15강 조선 전기(정치)

① 신진 사대부의 분화

위화도 회군 이후 이성계와 신진 사대부 세력은 우왕을 폐위하고 정치적 실권을 장악한 후 본격적인 개혁을 추진하였어요. 이 과정에서 개혁의 방향을 두고 신진 사대부 세력이 정몽주를 중심으로 한 온건 개혁파와 정도전을 중심으로 한 급진 개혁파로 분열되었어요.

구분	온건 개혁파	급진 개혁파
중심인물	정몽주, 이색 등	정도전, 조준 등
개혁 방향	점진적 개혁	급진적 개혁
고려에 대한 입장	고려 왕조 유지 → 조선 건국 후 낙향하여 향촌 자치 도모	새로운 왕조 개창 → 신흥 무인 세력과 손을 잡고 조선 건국

② 정도전

정도전은 이성계를 도와 조선 건국을 주도하였어요. 정도전은 재상 중심의 정치를 주장하였는데, 이는 그가 지은 《조선경국전》과 《경제문감》을 통해 알 수 있어요. 또한, 불교의 폐단을 비판하기 위해 《불씨잡변》을 저술하였어요. 정도전은 1차 왕자의 난 때 이방원 세력에게 죽임을 당하였어요.

> 선유(先儒)가 불씨(佛氏)의 지옥설을 논박하여 말하기를, "…… 불법(佛法)이 중국에 들어오기 전에도 죽었다가 다시 살아난 사람들이 있었는데, 어째서 한 사람도 지옥에 들어가 소위 시왕(十王)*이란 것을 본 자가 없단 말인가? 그 지옥이란 없기도 하거니와 믿을 수 없음이 명백하다."라고 하였다.
> – 《삼봉집》 –
> *시왕(十王): 저승에서 죽은 사람들 재판하는 열 명의 대왕

③ 정몽주

고려 말의 성리학자로 온건 개혁파 신진 사대부를 대표하는 정몽주는 위화도 회군 이후 이성계 세력이 주도한 조선 건국에 반대하였고, 결국 이방원 세력에 의해 살해되었어요. 이방원이 정몽주의 뜻을 묻기 위해 지은 시인 〈하여가〉와 그에 대한 정몽주의 답시인 〈단심가〉가 전해지고 있어요.

> 〈하여가〉
> 이런들 어떠하며 저런들 어떠하리
> 만수산 드렁칡이 얽혀진들 어떠하리
> 우리도 이같이 하여 백 년까지 누리리라
> 〈단심가〉
> 이 몸이 죽고 죽어 일백 번 고쳐 죽어
> 백골이 진토되어 넋이라도 있고 없고
> 임 향한 일편단심이야 가실 줄이 있으랴

④ 왕자의 난

조선 건국 초, 태조 이성계의 아들들 사이에서 왕위 계승권을 둘러싸고 두 차례 왕자의 난이 일어났어요. 1차 왕자의 난은 태조와 정도전 등이 여덟째 아들 방석을 세자로 책봉하자, 다섯째 아들 방원이 정도전 등 반대파를 죽이고 권력을 장악한 사건이에요. 이후 둘째 아들 방과가 세자에 책봉되었고 후에 정종으로 즉위하였어요. 2차 왕자의 난은 태조의 넷째 아들 방간이 방원의 정권 장악에 불만을 품고 난을 일으킨 사건이에요. 방원은 난을 진압하였고, 정종의 뒤를 이어 태종으로 즉위하였어요.

> 정도전, 남은, 심효생 등이 여러 왕자를 해치려 꾀하다가 성공하지 못하고 참형을 당하였다. …… 이에 정안군이 도당(都堂)으로 하여금 백관을 거느리고 소를 올리게 하였다. "후계자를 세울 때에 장자로 하는 것은 만세의 상도(常道)인데, 전하께서 장자를 버리고 어린 아들을 세웠으며, 정도전 등이 세자를 감싸고서 여러 왕자를 해치고자 하니 화를 예측할 수 없습니다. …… 원컨대 전하께서는 적장자인 영안군을 세워 세자로 삼으십시오."라고 하였다.
> – 《태조실록》 –

⑤ 6조 직계제

6조에서 의정부를 거치지 않고 왕에게 직접 업무를 보고한 후 왕의 허락을 받아 시행하는 제도예요. 태종과 세조 때 왕권 강화를 목적으로 실시되었어요.

> • 의정부의 사무를 나누어 6조에 귀속시켰다. …… 왕은 의정부의 권한이 너무 큰 것을 염려하여 이를 단행하였다.
> – 《태종실록》 –
> • 상왕이 나이가 어려 대부분의 정책을 모두 의정부 대신에게 의논하게 하였다. …… 지금부터 형조의 사형수를 제외한 모든 서무는 6조에서 각각 그 직무를 담당하고 직접 나에게 아뢰도록 하라.
> – 《세조실록》 –

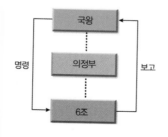

⑥ 의정부 서사제

의정부에서 6조의 업무를 심의한 후 왕에게 보고하면 왕의 최종적인 허락을 통해 업무를 시행하는 제도예요. 왕이 권력을 독점하지 않는 제도로 세종 때 실시되었어요.

> 6조 직계제를 시행한 이후 일의 크고 작음이나 가볍고 무거움이 없이 모두 6조에 붙여져 의정부와 관련을 맺지 않고, 의정부의 관여 사항은 오직 사형수를 논결하는 일뿐이었다. …… 6조는 각기 모든 직무를 먼저 의정부에 품의하고, 의정부는 가부를 헤아린 뒤에 왕에게 아뢰어 (왕의) 전지를 받아 6조에 내려 보내어 시행한다.
> – 《세종실록》 –

7 경연

경연은 임금과 신하가 모여 유교 경전과 역사에 대해 연구하며 학문을 배우고 정책을 토론하던 자리예요. 고려 시대에 처음 시작되었으나 활발하지 못하였고, 조선 시대에 들어와 발전하였어요. 조선 성종 때는 홍문관에서 경연을 담당하였고, 세조와 연산군 때 일시적으로 폐지되었으나 이후 부활하여 고종 때까지 유지되었어요.

간관이 상소하기를 "군주의 학문은 한갓 외우고 설명하는 것만이 아닙니다. 날마다 선비를 맞이하여 강론을 듣는 까닭은 첫째, 어진 사대부를 만나는 시간을 늘려 그 덕성을 배우려는 것이고, 둘째, 환관 및 궁첩과 친하게 지내는 시간을 줄여 게으름에서 떨쳐 일어나려는 것입니다. …… 삼가 원하옵건대, 전하께서는 날마다 경연을 여시어 《대학》을 가져와 강론하게 하소서."하니, 임금이 이를 윤허하였다.
— 《태조실록》 —

8 사림의 정계 진출

15세기에 세조 즉위에 공을 세운 훈구 세력이 정치적 실권을 장악하였는데, 이에 성종은 김종직 등 사림을 등용하여 훈구 세력을 견제하고자 하였어요. 이들은 주로 3사의 언관직에 등용되어 학술과 언론을 담당하였으며 훈구 세력의 부정과 비리를 비판하였어요.

김종직은 경상도 사람이다. 학문이 뛰어나고 문장을 잘 지으며 가르치기를 즐겼다. 그에게 배워 과거에 급제한 사람이 많았다. 경상도 선비로 조정에 벼슬하는 사람들이 그를 우두머리로 모셨다. 스승은 자기 제자를 칭찬하고 제자는 자기 스승을 칭찬하는 것이 정도에 지나쳤다. 조정에 새로이 진출한 무리는 그른 것을 알지 못하고 함께 어울리는 자가 많았다. 그때 사람들이 이를 비판하여 '경상도 무리'라고 하였다.
— 《성종실록》 —

9 붕당의 형성

선조 때 중앙 정치를 주도하게 된 사림은 명종 때 척신 정치의 잔재 청산 문제로 대립하게 되었어요. 신진 사림은 척신 정치의 잔재 청산을 적극적으로 주장하였지만, 기성 사림은 소극적이었기 때문이에요. 이러한 대립은 이조 전랑의 임명을 둘러싸고 더욱 심해졌어요. 결국 사림은 신진 사림을 중심으로 한 동인과 기성 사림을 중심으로 한 서인으로 붕당이 형성되었어요.

김효원이 이조 전랑의 물망에 올랐을 때, 심의겸이 이전의 잘못을 지적하였다. 그 후에 심의겸의 동생 심충겸이 이조 전랑으로 천거되자, 이번에는 김효원이 나서 외척이라 하여 반대하였다. 이로 인해 양쪽으로 편이 갈라져 서로 배척하였는데, 김효원을 지지하는 사람들을 동인, 심의겸을 지지하는 사람들을 서인으로 부르기 시작했다.
— 《연려실기술》 —

10 사화

사림이 중앙 정치에 진출하자 훈구 세력은 이를 견제하려고 사림에게 정치적 탄압을 가하였는데 이를 사화라고 해요.

연산군은 언론 활동으로 왕권을 견제하려 한 사림을 탄압하고자 하였어요. 이에 연산군은 훈구 세력과 함께 김종직이 쓴 〈조의제문〉을 문제 삼아 사림을 축출하였어요(무오사화). 무오사화 이후 연산군은 생모 윤씨의 폐위와 관련된 훈구와 사림 세력을 제거하였어요(갑자사화). 중종반정으로 연산군을 몰아낸 훈구 세력이 권력을 장악하자 중종은 조광조를 비롯한 사림을 등용하였어요. 조광조는 현량과 실시, 위훈 삭제 등의 급진적 개혁을 추진하였는데, 중종과 훈구 세력이 반발하면서 조광조를 비롯한 많은 사림이 제거되었어요(기묘사화). 이후 명종 때 인종의 외척인 대윤 윤임과 명종의 외척인 소윤 윤원형의 대립으로 사림이 피해를 입었어요(을사사화).

〈무오사화〉
• 조의제문: 꿈에 신인(神人)이 헌걸찬 모습으로 나타나 말하길 "나는 초나라 회왕의 손자 심(의제)인데, 서초 패왕(항우)에게 살해되어 침강에 던져졌다."하고는 갑자기 사라졌다. 꿈에서 깨어나 놀라 생각하기를 …… '역사를 상고해 보아도 강에 던져졌다는 말은 없는데, 정녕 항우가 사람을 시켜서 심을 몰래 죽이고 그 시체를 물에 던진 것인가? 이는 알 수 없는 일이다.'하고, 마침내 글을 지어 조문하였다.
• 유자광이 하루는 소매 속에서 책자 한 권을 내놓으니, 바로 김종직의 문집이었다. 그 문집 가운데서 조의제문을 지적하여 여러 추관(推官)에게 두루 보이며 말하기를, "이것은 다 세조를 지목한 것이다. 김일손의 죄악은 모두 김종직이 가르쳐서 이루어진 것이다."라고 하고, 알기 쉽게 글귀마다 주석을 달아 왕에게 아뢰었다.
— 《연산군일기》 —

〈갑자사화〉
향과 봉은 정씨의 소생이다. 왕은 어머니 윤씨가 폐위되고 죽은 것이 엄씨, 정씨의 참소 때문이라 여기고, 밤에 엄씨, 정씨를 대궐 뜰에 결박하여 놓고 손수 마구 치고 짓밟다가 향과 봉을 불러 엄씨, 정씨를 가리키며 "이 죄인을 치라."라고 하였다. …… 왕은 대비에게 "어찌하여 내 어머니를 죽였습니까?"라고 하며 불손한 말을 많이 하였다.
— 《연산군일기》 —

〈기묘사화: 위훈 삭제〉
조광조가 아뢰기를, "정국공신은 이미 10년이 지난 오래된 일이지만 허위가 많았습니다. …… 사람은 다 부귀를 꾀하는 마음이 있는데 이익의 근원이 크게 열렸으니, 이때에 그 근원을 분명히 끊지 않으면 누구인들 부귀를 꾀하려는 마음을 갖지 않겠습니까? 지금 신속히 고치지 않으면 뒤에는 개정할 수 있는 날이 없을 것입니다."라고 하였다.
— 《중종실록》 —

〈을사사화〉
이덕응이 진술하였다. "윤임과는 항상 대윤, 소윤이라는 말 때문에 화가 미칠까 우려하여 서로 경계하였을 뿐이고, 모략에 대해서는 모르겠습니다. …… 윤임이 신에게 '주상이 전혀 소생할 기미가 없으니 만약 대군이 왕위를 계승하여 윤원로가 뜻을 얻게 되면 우리 집안은 멸족당할 것이다.'라고 하였습니다."
— 《명종실록》 —

15강 조선 전기(정치)

1 59회

회독 ●●●

밑줄 그은 '임금'의 재위 시기에 있었던 사실로 옳은 것은?

[2점]

> 얼마 전에 임금께서 원통하고 억울한 일을 당한 백성들을 위해 신문고를 설치하라고 명하셨다더군.

> 뿐만 아니라 문하부를 없애고 의정부를 설치하면서 문하부 낭사를 사간원으로 독립시키셨다네.

① 명의 신종을 제사하는 대보단이 설치되었다.
② 백과사전류 의서인 의방유취가 편찬되었다.
③ 왕권 강화를 위해 6조 직계제가 실시되었다.
④ 조선의 기본 법전인 경국대전이 반포되었다.
⑤ 역대 문물제도를 정리한 동국문헌비고가 간행되었다.

2 58회

회독 ●●●

밑줄 그은 '전하'의 재위 기간에 있었던 사실로 옳은 것은?

[3점]

> 우리 주상 전하께서는 오방의 풍토가 같지 아니하여 곡식을 심고 가꾸는 데 각기 적당한 방법이 있다고 하셨다. 이에 여러 도의 감사에게 명하기를, 주현의 나이든 농부들을 방문하여 농사지은 경험을 아뢰게 하시고 또 신(臣) 정초에게 그 까닭을 덧붙이게 하셨다. 중복된 것을 버리고, 요약한 것만 뽑아 한 편의 책으로 만들고 제목을 농사직설이라고 하였다.

① 예학을 정리한 가례집람이 저술되었다.
② 국가의 의례를 정비한 국조오례의가 완성되었다.
③ 아동용 윤리·역사 교재인 동몽선습이 간행되었다.
④ 효자, 충신 등의 사례를 제시한 삼강행실도가 편찬되었다.
⑤ 군주가 수양해야 할 덕목을 제시한 성학집요가 집필되었다.

📢 **조선 태종 재위 시기의 사실**

정답분석 두 차례 왕자의 난으로 왕위에 오른 조선 태종은 국왕 중심의 통치 체제를 정비하였어요. 문하부 낭사를 사간원으로 독립시켜 신하들을 견제하였으며 사병을 없앴어요. 그리고 억울한 백성들을 위해 신문고를 설치하기도 하였어요.
③ 태종은 6조 직계제를 실시하여 의정부의 힘을 약화시키고, 왕권을 강화하였어요.

오답분석 ① 숙종은 임진왜란 때 지원군을 파견한 명 황제 신종의 은혜를 기리기 위해 창덕궁 후원에 대보단을 설치하였어요.
② 세종 때 당시 중국과 조선의 최신 의학 이론을 집대성한 《의방유취》가 편찬되었고, 국산 약재와 치료 방법을 집대성한 《향약집성방》이 편찬되었어요.
④ 성종은 세조 때 편찬하기 시작한 《경국대전》을 완성하여 반포하였어요.
⑤ 영조는 홍봉한 등에게 명을 내려 역대 문물을 정리한 《동국문헌비고》를 편찬하였고, 법전인 《속대전》을 편찬하였어요.

📢 **조선 세종 재위 시기의 사실**

정답분석 조선 세종은 농업을 진흥시키려고 농서를 간행하도록 하였어요. 이에 정초와 변효문 등은 왕명에 따라 농민들의 실제 경험을 종합하여 우리 풍토에 맞는 농업 서적인 《농사직설》을 편찬하였어요.
④ 세종 때 우리나라와 중국의 충신, 효자, 열녀 등의 사례를 글과 그림으로 제시한 《삼강행실도》가 편찬되었어요.

오답분석 ① 조선의 유학자 김장생은 선조 때 《가례집람》을 저술하여 예학을 정리하였어요. 《가례집람》은 이후 숙종 때 간행되었어요.
② 성종 때 국가의 통치 규범인 《경국대전》, 국가 주요 행사의 예법과 절차를 정리한 《국조오례의》 등이 완성되었어요.
③ 중종 때 박세무는 아동용 윤리·역사 교재인 《동몽선습》을 간행하였어요.
⑤ 선조 때 이이는 군주가 수양해야 할 덕목을 제시한 《성학집요》와 다양한 개혁 방안을 담은 《동호문답》을 집필하였어요.

정답 | ③

정답 | ④

3 63회　　　　　　　　　　　　회독 ●●●

(가) 왕의 재위 시기에 있었던 사실로 옳은 것은?　　[2점]

□□ 신문

제△△호　　　　　　　　　　○○○○년 ○○월 ○○일

원각사 창건 당시 작성된 계문(契文) 공개

원각사의 낙성을 축하하는 경찬회 때 (가) 이/가 조정 신하와 백성에게 수륙재 참여를 권하는 내용이 담긴 원각사 계문이 공개되었다. 조선의 임금과 왕실이 불교 행사를 직접 후원하였다는 기록이 희소하기에 의미가 있다.

한명회, 권람 등의 조력으로 김종서, 황보인 등을 제거하고 왕위에 오른 (가) 은/는 간경도감을 설치하여 불경을 한글로 번역, 간행하고 원각사를 창건하는 등 불교를 후원하였다.

① 주자소에서 계미자를 주조하였다.
② 국가의 의례를 정비한 국조오례의를 완성하였다.
③ 삼남 지방의 농법을 소개한 농사직설을 편찬하였다.
④ 현직 관리에게만 수조지를 지급하는 직전법을 시행하였다.
⑤ 우리나라와 중국의 의서를 망라한 동의보감을 간행하였다.

📢 **조선 세조 재위 시기의 사실**

정답분석 문종이 일찍 죽고 어린 단종이 즉위하자, 수양 대군(세조)은 한명회, 권람 등의 조력으로 난을 일으켜 단종을 보좌하던 김종서, 황보인 등을 제거하고 권력을 장악하였어요. 이 사건은 계유년에 일어났다고 해서 계유정난이라고 해요. 계유정난으로 정권을 장악한 수양 대군은 단종의 양위를 받아 왕위에 올랐어요.
④ 세조는 수신전, 휼양전 등의 명목으로 세습되는 토지를 폐지하고 현직 관리에게만 수조지를 지급하는 직전법을 시행하였어요.

오답분석 ① 태종은 활자를 만드는 관청인 주자소를 설치하여 구리 활자인 계미자를 주조하였어요.
② 성종 때 신숙주와 정척 등이 왕명을 받아 국가의 의례를 그림을 곁들여 정리한 《국조오례의》를 완성하였어요.
③ 세종 때 우리 실정에 맞는 농법을 소개한 《농사직설》이 편찬되었어요. 《농사직설》에는 우리나라 풍토에 맞는 씨앗의 저장법과 토지의 개량법 등이 기록되어 있어요.
⑤ 광해군 때 허준이 우리나라와 중국의 의서를 망라하여 전통 한의학을 체계적으로 정리한 《동의보감》을 간행하였어요.

정답 | ④

4 61회　　　　　　　　　　　　회독 ●●●

다음 대화에 등장하는 왕의 재위 시기에 있었던 사실로 옳은 것은?　　[2점]

전하께서 명하신 대로 장악원에 소장된 의궤와 악보를 새로이 교감하여 악학궤범을 완성하였습니다.

예조 판서 성현을 비롯하여 편찬에 공을 세운 이들에게 차등을 두어 상을 내리도록 하라.

① 주자소가 설치되어 계미자가 주조되었다.
② 전통 한의학을 집대성한 동의보감이 완성되었다.
③ 통치 체제를 정비하기 위해 속대전이 간행되었다.
④ 한양을 기준으로 역법을 정리한 칠정산이 제작되었다.
⑤ 전국의 지리, 풍속 등이 수록된 동국여지승람이 편찬되었다.

📢 **조선 성종 재위 시기의 사실**

정답분석 성종 때 성현 등이 궁중 음악, 당악, 향악 등의 음악 이론을 집대성한 《악학궤범》을 간행하였어요.
⑤ 성종 때 각 지역의 지리, 풍속, 역사 등을 기록한 지리서인 《동국여지승람》이 편찬되었어요.

오답분석 ① 태종은 활자를 만드는 관청인 주자소를 설치하여 구리 활자인 계미자를 주조하였어요.
② 광해군 때 허준은 우리나라와 중국의 의서를 망라하여 전통 한의학을 체계적으로 정리한 《동의보감》을 완성하였어요.
③ 영조는 《경국대전》 반포 이후 법령이 증가하여 법 집행에 혼란이 생기자 이를 정리하여 통일된 법전으로 《속대전》을 간행하였어요.
④ 세종 때 이순지 등이 최초로 한양을 기준으로 천체 운동을 계산한 역법서인 《칠정산》을 제작하였어요.

정답 | ⑤

5 63회

다음 상황이 나타난 시기를 연표에서 옳게 고른 것은? [2점]

> 왕이 전지하기를, "김종직은 보잘것없는 시골의 미천한 선비였는데, 선왕께서 발탁하여 경연에 두었으니 은혜와 총애가 더없이 컸다고 하겠다. 그런데 지금 그의 제자 김일손이 사초에 부도덕한 말로써 선왕 대의 일을 거짓으로 기록하고, 또 스승인 김종직의 〈조의제문〉을 싣고서 그 글을 찬양하였으니, 형명(刑名)을 의논하여 아뢰어라."라고 하였다.

```
1468    1494    1506    1518    1545    1589
  (가)     (나)     (다)     (라)     (마)
남이의   연산군   중종    소격서   명종    기축
 옥사    즉위    반정    폐지    즉위    옥사
```

① (가) ② (나) ③ (다) ④ (라) ⑤ (마)

6 70회

다음 자료에 대한 탐구 활동으로 가장 적절한 것은? [2점]

> ○ 조광조 등이 아뢰기를, "소격서가 요사하고 허탄함은 이미 경연에서 다 아뢰었고 전하께서도 그것이 허탄함을 환히 아시니 지금 다시 말할 것이 없습니다.……"라고 하였다.
>
> ○ 신광한이 아뢰기를, "지난번에 조광조가 아뢰었던 천거로 인재를 뽑는 일은 여럿이 의논한 일입니다. 각별히 천거하는 것은 한(漢)에서 시행한 현량과와 효렴과를 따르는 것이 가합니다. 이것은 자주할 수는 없으나 지금은 이를 시행할 만한 기회입니다.……"라고 하였다.

① 호포제를 실시한 배경을 조사한다.
② 기해 예송의 전개 과정과 결과를 파악한다.
③ 중종 때 사림파 언관들이 제기한 주장을 검색한다.
④ 정여립 모반 사건을 계기로 동인이 입은 피해를 찾아본다.
⑤ 인현 왕후가 폐위되고 남인이 권력을 차지한 사건을 알아본다.

📢 **무오사화**

정답분석　조선 성종 때 중앙 정계에 진출하기 시작한 사림은 훈구 세력을 비판하면서 대립하였어요. 성종에 이어 즉위한 연산군은 사림이 언론 활동으로 왕권을 견제하려 하자 사림을 탄압하였어요. 이때 훈구 세력은 사관 김일손이 스승인 김종직의 〈조의제문〉을 사초에 실은 일을 문제 삼아 많은 사림을 축출하였어요(무오사화). 〈조의제문〉은 항우에게 죽임을 당한 중국 초나라 의제를 애도한 글이지만, 수양 대군(세조)의 왕위 찬탈을 비난하였다고 해석되었어요.
② 성종에 이어 즉위한 연산군 때 무오사화(1498)가 일어난 후 연산군이 어머니 윤씨의 폐위와 관련된 훈구와 사림 세력을 제거한 갑자사화가 일어났어요(1504). 연산군은 중종반정으로 폐위되었고, 반정에 공을 세운 신하들이 정권을 장악하자 중종은 이를 견제하고자 조광조를 비롯한 사림들을 등용하였어요. 조광조는 위훈 삭제, 소격서 폐지, 현량과 실시 등을 주장하는 등 급진적인 개혁을 추진하였고, 이에 훈구 세력의 반발과 중종의 반감이 커져 조광조를 비롯한 많은 사림이 제거되는 기묘사화가 일어났어요(1519). 중종과 인종에 이어 명종이 즉위한 후 외척 윤임(대윤)과 윤원형(소윤)의 권력 다툼으로 을사사화가 일어나 사림이 피해를 입었어요(1545).
따라서, 무오사화가 일어난 시기는 '연산군 즉위(1494)'와 '중종반정(1506)' 사이의 시기인 (나)예요.

정답 | ②

📢 **기묘사화**

정답분석　중종반정으로 연산군이 폐위된 후 중종은 반정에서 공을 세운 신하들을 견제하고자 조광조 등 사림을 등용하였어요. 조광조를 비롯한 사림 세력은 자신들의 정치적 입지를 강화하기 위해 사림 세력의 천거를 통한 관리 선발 제도인 현량과 실시와 하늘에 제사 지내는 일을 담당하였던 관청인 소격서의 폐지를 주장하는 등 급진적인 개혁을 추진하였어요.
③ 중종은 반정에서 공을 세운 훈구 세력이 권력을 장악하자 조광조를 비롯한 사림을 등용하였어요. 조광조를 비롯한 사림 세력은 현량과 실시, 위훈 삭제 등의 급진적 개혁을 추진하였는데, 중종과 훈구 세력이 반발하면서 조광조를 비롯한 많은 사림이 제거되었어요(기묘사화).

오답분석　① 고종 때 흥선 대원군은 민생 안정을 위해 양반에게도 군포를 부과하는 호포제를 실시하였어요.
② 현종 때 효종과 효종비가 죽자 서인과 남인 사이에 효종의 어머니인 자의 대비가 상복을 입는 기간을 두고 기해예송(1659)과 갑인예송(1674)이 전개되었어요.
④ 선조 때 정여립 모반 사건을 계기로 기축옥사가 발생하여 동인이 피해를 입었어요.
⑤ 숙종 때 희빈 장씨 소생의 원자 책봉 문제가 원인이 되어 기사환국이 일어나 서인이 축출되고 남인이 정권을 장악하였으며, 인현 왕후가 폐위되고 희빈 장씨가 왕비로 책봉되었어요.

정답 | ③

조선 전기(정치)

조선의 건국 과정

01 고려 말 온건 개혁파 신진 사대부의 대표 인물인 정몽주는 이   세력에 의해 피살되었다.

02 정   은 이성계를 도와 조선 건국을 주도하였고,   상 중심의 정치를 강조하였다.

국가의 기틀 마련

03 이방원은 두 차례   의 난을 통해 반대파를 제거하고 정권을 장악하였다.

04 태종은 문하부 낭사를 분리하여   원으로 독립시켰다.

05 태종은 의정부의 권한을 약화시키고   조 직계제를 실시하여 왕권을 강화하였다.

06 세종은 북쪽으로 여진을 정벌하여   군과   진을 설치하였다.

07 세종 때 이종무에 의해 왜구의 근거지인 쓰   섬이 정벌되었다.

08 계유정난을 통해 정권을 장악한   조는 6조 직계제를 시행하고 집현전을 폐지하였다.

09 성종은 폐지된 집현전을 계승한   관을 설치하였다.

10 세조 때 편찬을 시작한 《   대전》은 성종 때 완성되어 국가 통치 규범이 마련되었다.

사림의 대두

11   사화는 김종직의 〈조의제문〉이 빌미가 되어 발생하였다.

12   사화는 연산군의 생모인 폐비 윤씨 사사 사건을 빌미로 발생하였다.

13 위훈 삭제 등에 대해 훈구 세력이 반발하여 기묘사화가 일어나 조   등이 제거되었다.

14 명종 때 외척 윤원형과 윤임 간의 권력 다툼으로   사화가 발생하였다.

붕당의 형성

15 이조 전랑 임명 등을 둘러싸고 사림이   인과   인으로 나뉘었다.

16   인은 조식, 이황의 학문을 계승하였고,   인은 이이와 성혼의 문인을 중심으로 형성되었다.

정답 **01** 방원 **02** 도전, 재 **03** 왕자 **04** 사간 **05** 6 **06** 4, 6 **07** 시마 **08** 세 **09** 홍문 **10** 경국 **11** 무오 **12** 갑자 **13** 광조 **14** 을사 **15** 동, 서 **16** 동, 서

15강 조선 전기(정치) **167**

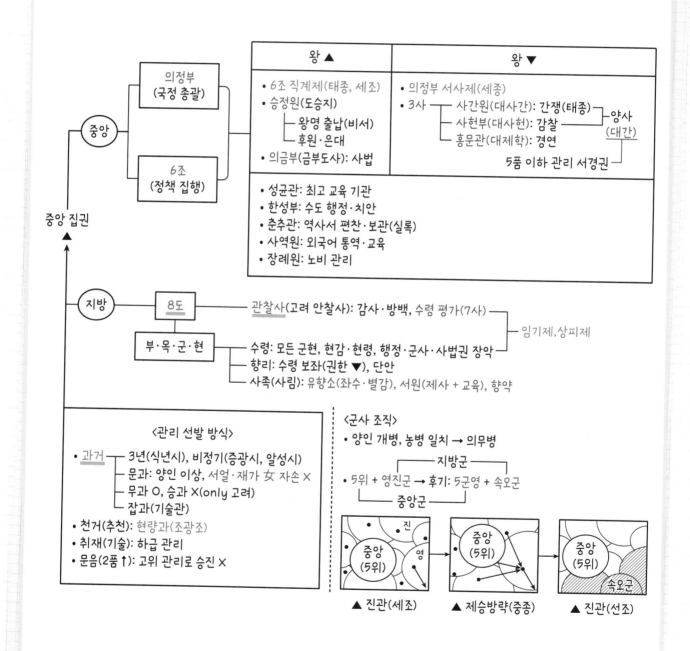

왕 ▲	왕 ▼

• 6조 직계제(태종, 세조)
• 승정원(도승지)
    ┌ 왕명 출납(비서)
    └ 후원·은대
• 의금부(금부도사): 사법
	• 의정부 서사제(세종)
	• 3사 ┌ 사간원(대사간): 간쟁(태종) ┐ 양사
	      ├ 사헌부(대사헌): 감찰 ┘ (대간)
	      └ 홍문관(대제학): 경연
	      5품 이하 관리 서경권 ┘

중앙
- 의정부 (국정 총괄)
- 6조 (정책 집행)

• 성균관: 최고 교육 기관
• 한성부: 수도 행정·치안
• 춘추관: 역사서 편찬·보관(실록)
• 사역원: 외국어 통역·교육
• 장례원: 노비 관리

중앙 집권 ▲

지방
- 8도
- 부·목·군·현

관찰사(고려 안찰사): 감사·방백, 수령 평가(7사) ┐
수령: 모든 군현, 현감·현령, 행정·군사·사법권 장악 ┴ 임기제, 상피제
향리: 수령 보좌(권한 ▼), 단안
사족(사림): 유향소(좌수·별감), 서원(제사 + 교육), 향약

〈관리 선발 방식〉
• 과거 ┌ 3년(식년시), 비정기(증광시, 알성시)
     ├ 문과: 양인 이상, 서얼·재가 女 자손 X
     ├ 무과 O, 승과 X(only 고려)
     └ 잡과(기술관)
• 천거(추천): 현량과(조광조)
• 취재(기술): 하급 관리
• 문음(2품↑): 고위 관리로 승진 X

〈군사 조직〉
• 양인 개병, 농병 일치 → 의무병

          ┌─── 지방군 ───┐
• 5위 + 영진군 → 후기: 5군영 + 속오군
          └─── 중앙군 ───┘

▲ 진관(세조)　　　▲ 제승방략(중종)　　　▲ 진관(선조)

조선(조직)

따라 쓰며 흐름을 이해하는
흐름판서 쓰기
16강 조선(조직)

16강 조선(조직)

빈출키워드 TOP5

국왕 직속 사법 기구(의금부)	1위
사간원, 사헌부, 홍문관	2위
대간, 3사	3위
수도의 행정과 치안 담당	4위
왕명 출납(승정원)	5위

✎ 승정원

왕이 내리는 명령의 출납을 담당한 관청으로, 도승지, 좌·우승지, 좌·우부승지, 동부승지 등 6명의 승지를 두었어요. 승정원에서 매일 다룬 문서와 사건을 기록한 《승정원일기》는 유네스코 세계 기록 유산으로 등재되었어요.

✎ 서경권

서경은 관리를 임명하거나 법을 만들 때 대간의 동의를 거치는 제도로, 서경권은 동의하는 권한을 말해요. 고려 시대에는 모든 관리에 서경을 적용하였으나, 조선 시대에는 5품 이하 관리의 임명에만 적용하였어요.

✎ 상피제

일정한 범위 내의 친족 간에는 같은 관청 또는 관련이 있는 관청에서 일할 수 없게 한 제도로, 관리 제도를 공정하게 운영하려는 노력 중 하나였어요.

✎ 천거

인재를 어떤 자리에 쓰도록 추천하는 제도예요. 조선 시대에는 3품 이상의 고위 관리에게 관리로서 적합한 후보자를 3년마다 3명씩 추천하였어요. 유능한 인재를 널리 구하기 위해 실시되었으나 점차 문벌과 파벌 중심으로 변질되었어요.

✎ 양인 개병

'16~60세의 양인은 모두 병역의 의무를 가진다'는 뜻으로, 조선 시대 군역 제도의 원칙이에요.

❶ 중앙 정치 조직

의정부, 6조		• 의정부: 3정승(영·좌·우의정)의 합의로 운영되는 최고 정무 기구, **국정 총괄**(정책 심의·결정), 6조 관할 • 6조: 정책 집행(이·호·예·병·형·공조)		
승정원 (도승지)		• 왕명 출납 담당(왕의 비서 기관) • 후원·은대·정원·대언사라고도 불림		**왕권 강화 기구**
의금부 (금부도사)		• 국왕 직속의 특별 사법 기구 • 금부·왕부라고도 불림 • 반역죄, 강상죄 등 중범죄 처벌		
사간원 (대사간)		• 정책에 대한 간쟁·논박 담당 • 간원·미원이라고도 불림	대간·양사 ✎(서경·간쟁·봉박권)	3사 (언론 기구)
사헌부 (대사헌)		• 관리들의 비리 감찰 • 상대·오대·백부라고도 불림 • 풍속 교화, 백성들의 억울한 일 해결		
홍문관 (대제학)		• 국왕의 자문 담당, **경연 주관**, 경서 관리 • 옥당(옥서)·청연각이라고도 불림		
기타		• 한성부: **수도의 행정·치안 담당** • 춘추관: 역사서의 편찬과 보관 담당 • 성균관: 수장은 대사성, 최고 관립 교육 기관 • 사역원: 외국어 통역과 번역 업무 및 외국어 교육 담당 • 장례원: 노비의 호적 등과 관련된 일 담당 • 관상감: 천문, 지리, 기후 등에 관한 사무 담당		

❷ 지방 행정 조직

8도		• 전국을 8도로 구분 → 도 아래에 부·목·군·현 설치 • 고려 시대에 있었던 속군·속현 및 향·부곡·소 폐지 → 일반 군현으로 승격	
지방관 파견	관찰사	• 8도에 파견 • 감사·도백·방백이라고도 불림 • 각 도의 행정 담당, **관할 지역 수령의 근무 성적 평가**	임기제, ✎상피제
	수령	• 부·목·군·현에 파견(모든 군현에 파견) • 군수·현감·현령 등으로 분류됨 • **지방의 행정·군사·사법권 장악**	
	향리	• 수령의 행정 실무 보좌 • 호장·기관·장교·통인 등으로 분류됨 • 고려 시대에 비해 권한 약화: 지방 관청(이·호·예·병·형·공의 6방)에서 근무, 직역 세습 • '단안'이라는 명부에 등재됨	
유향소와 경재소	유향소	• 지방 사족으로 구성된 향촌 자치 기구 • 수령 자문, 향리의 비리 감시, 백성 교화 및 풍속 교정 • **좌수와 별감이라는 향임직을 선발하여 운영**	
	경재소	• 해당 지방 출신의 중앙 고위 관리를 책임자로 임명 • 정부와 유향소 간의 연락 담당, 유향소 통제	

❸ 관리 선발 방식

(1) 과거

자격	양인 이상이면 응시 가능 → 재가한 여성의 자손, 서얼, 탐관오리의 아들은 문과 응시 제한
시행	• 3년마다 시행(식년시) • 비정기적으로 특별 시험 실시(증광시, 알성시 등) • 승과 폐지
종류	문과	• 소과: 생원·진사 선발, 초시와 복시의 2단계로 나누어 시험, 합격 후 성균관에 입학하여 공부한 후 대과에 응시하거나 하급 관리로 진출 • 대과: 초시, 복시, 전시의 3단계로 나누어 시험 → 최종 33명 선발
	무과	문과(대과)와 같은 절차로 선발
	잡과	• 해당 관청에서 기술관 선발(역과·율과·음양과 등) • 주로 향리의 자제나 서민들이 응시

※ 위 표는 "종류" 행에 문과/무과/잡과의 하위 구분이 포함됨

(2) 기타

천거	고위 관리에 의한 추천제, 현량과 실시(조광조)
취재	기술직·하급 관리 대상
문음	2품 이상 관리의 자제 대상, 고위 관리로 승진 제한

❹ 군사 조직

(1) 군역 제도
① 양인 개병제, 농병 일치 → 의무병
② 현직 관리·학생·향리는 군역 면제

(2) 군사 제도

중앙군	5위(궁궐·수도 방어)
지방군	• 육군·수군으로 나뉘어 병마절도사와 수군절도사의 지휘를 받음 • 초기: 요충지에 영·진 설치(영진군) • 15세기 세조 때: 진관 체제(지역 방어) 실시 • 16세기 명종 때: 제승방략 체제(도 단위 방어) 실시 • 선조 때 임진왜란 중 진관 체제로 복귀(속오군)
잡색군	• 일종의 예비군 • 향리·노비 등으로 구성 • 유사시 향토 방위 담당

⏸ 일시정지!
☑ 확인하기

1. 다음 설명에 해당하는 정치 기구를 골라 쓰세요.

> 의정부, 승정원, 의금부, 사헌부, 사간원,
> 홍문관, 한성부, 성균관, 춘추관

(1) 소속 관원을 대간이라고도 불렀다. ( )

(2) 수도의 행정과 치안을 맡아보았다. ( )

(3) 사헌부, 사간원과 함께 3사로 불렸다. ( )

(4) 옥당이라고 불리며 경연을 담당하였다. ( )

(5) 집현전의 학문 연구 기능을 계승하였다. ( )

(6) 6조 직계제의 실시로 권한이 약화되었다. ( )

(7) 은대(銀臺), 후원(喉院)이라고도 불리었다. ( )

(8) 왕의 비서 기관으로 왕명 출납을 담당하였다. ( )

(9) 실록을 보관하고 관리하는 업무를 관장하였다. ( )

(10) 대사성을 수장으로 좌주, 직강 등의 관직을 두었다. ( )

(11) 왕에게 경서와 사서를 강론하는 경연을 주관하였다. ( )

(12) 5품 이하의 관리 임명 과정에서 서경권을 행사하였다.
( )

(13) 국왕 직속 사법 기구로 강상죄, 반역죄 등을 처결하였다.
( )

2. 다음 설명에 해당하는 관리를 골라 쓰세요.

> 관찰사, 수령, 향리

(1) 감사, 도백으로도 불렸다. ( )

(2) 단안(壇案)이라는 명부에 등록되었다. ( )

(3) 호장, 기관, 장교, 통인 등으로 분류되었다. ( )

(4) 왕의 대리인으로 현감 또는 현령으로 불렸다. ( )

(5) 관내 군현의 수령을 감독하고 근무 성적을 평가하였다.
( )

16강 조선(조직)

1 조선의 중앙 정치 조직

조선의 중앙 정치 조직은 의정부와 6조를 중심으로 편성되었어요. 의정부는 국정을 총괄하였고, 의정부 아래에서 6조가 정책 집행을 담당하였어요. 이 외에 왕의 비서 기관으로 왕명 출납을 맡은 승정원, 국왕 직속의 사법 기구인 의금부, 언론 기능을 담당하는 3사, 역사서 편찬과 보관을 담당하는 춘추관, 최고 교육 기관인 성균관, 수도 서울의 치안과 행정을 담당한 한성부 등의 기구가 있었어요.

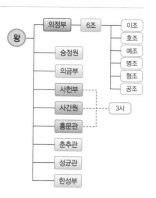

2 한양 도성

한양 도성은 서울의 주위를 둘러싸고 있는 도성이에요. 조선의 수도 한양은 유교 사상을 반영하여 경복궁 왼쪽에 종묘, 오른쪽에는 사직을 두었어요. 광화문 앞쪽에는 6조와 의정부, 한성부 등의 관청이 들어섰어요.

3 3사

3사는 권력의 독점을 경계하여 언론 기능을 담당한 기구로 사헌부, 사간원, 홍문관을 가리켜요. 사헌부는 관리 감찰, 사간원은 왕의 잘못이나 정책 비판을 담당하였어요. 집현전을 계승한 홍문관은 국왕의 자문과 왕실의 서적·문서 관리를 담당하였고 경연을 주관하였어요.

- 사헌부: 정치를 논하여 바르게 이끌고, 백관을 규찰하고, 풍속을 바로잡고, 원통하고 억울한 것을 풀어주고, 외람되고 거짓된 것을 금하는 등의 일을 관장한다. …… 집의 1명, 장령 2명, 지평 2명, 감찰 24명을 둔다.
- 사간원: 임금에게 바른말을 하고, 정치의 잘못을 따져 지적하는 일을 맡는다.
- 홍문관: 궁궐 안의 책을 관리하고, 왕의 물음에 대비하여 경연을 담당한다.
　　　　　　　　　　　　　　　　　　 – 《경국대전》 –

4 대간

대간은 관리 감찰을 맡은 사헌부의 관리인 대관과 정책에 대한 간쟁을 맡은 사간원의 관리인 간관을 합쳐서 부르는 말이에요. 이들은 5품 이하의 관리를 임명할 때 동의 여부를 정하는 권한인 서경권을 행사하였어요.

대관은 마땅히 위엄과 명망이 우선되어야 하고 탄핵은 뒤에 하여야 한다. 왜냐하면 위엄과 명망이 있는 자는 비록 종일토록 말하지 않더라도 사람들이 스스로 두려워 복종할 것이요, 이것이 없는 자는 날마다 수많은 글을 올린다 하더라도 사람들은 더욱 두려워하지 않기 때문이다. 대개 강의한 뜻과 정직한 지조가 본래 사람들에게 알려지지 못한 채 한갓 탄핵만으로 여러 신하들을 두렵게 하고 안과 밖을 깨끗이 하려 한다면 기강은 떨쳐지지 못하고 원망과 비방이 먼저 일어날까 두렵다. …… 천하의 득실과 백성들을 이해하고 사직의 모든 일을 간섭하고 일정한 직책에 매이지 않는 것은 홀로 재상만이 행할 수 있으며 간관만이 말할 수 있을 뿐이니, 간관의 지위는 비록 낮지만 직무는 재상과 대등하다.
　　　　　　　　　　　　　　　　　　 – 《삼봉집》 –

5 조선의 지방 행정 조직

조선은 전국을 8도로 나누고 관찰사를 파견하여 관할 지역의 수령을 감독하게 하였어요. 그리고 도 아래에 부·목·군·현을 설치하여 모든 군현에 수령을 파견하였어요.

6 수령

수령은 부·목·군·현에 파견된 지방관이에요. 이들은 왕의 대리인으로 지방의 행정·군사·사법권을 가졌어요. 수령의 임기는 5년이었고, 상피제의 적용을 받아 연고가 있는 지역에는 부임할 수 없었어요. 한편, 《경국대전》에는 수령이 지방을 다스림에 있어서 힘써야 할 일곱 가지 조항이 실려 있는데, 이것을 수령 7사라고 해요.

도내(道內)의 수령에 대한 고과(考課)는 《경국대전》에 따라 매해 연말에 실시하며, 다음 칠사(七事)에 근거한다.
- 농상을 성하게 함(農桑盛)
- 호구를 늘림(戶口增)
- 학교를 일으킴(學校興)
- 군정을 닦음(軍政修)
- 부역을 고르게 함(賦役均)
- 소송을 간명하게 함(詞訟簡)
- 간사함과 교활함을 없앰(奸猾息)

7 유향소

유향소는 수령의 자문, 향리의 비리 감시, 풍속 교정 등을 위해 지방의 유력자들로 구성된 자치 기구예요. 이들은 좌수와 별감을 선출하여 자율적으로 규약을 만들고 향회를 소집하여 여론을 수렴하기도 하였어요. 이들의 영향력이 커지면서 수령의 권한을 뛰어넘는 폐단이 발생하자 태종 때 혁파되었다가 세종 때 부활하였어요.

> 사헌부 대사헌 허응 등이 시무 7조를 올렸다. "…… 주·부·군·현에 각각 수령이 있는데, 향원(鄕愿) 가운데 일 삼기를 좋아하는 무리들이 유향소를 설치하고, 아무 때나 무리지어 모여서 수령을 헐뜯고 사람을 올리고 내치고, 백성들을 핍박하는 것이 교활한 향리보다 심합니다. 원하건대, 모두 혁거(革去)하여 오랜 폐단을 없애소서."   – 《태종실록》 –

8 고려와 조선의 향리

고려 시대에 실질적인 지방 행정을 담당하였던 향리는 조선 시대에 그 역할과 지위가 약화되어 수령을 보좌하는 세습적인 아전으로 격하되었어요. 조선 시대의 향리는 고려와는 달리 외역전이 지급되지 않는 무보수 명예직이었어요. 조선 전기의 향리직은 호장, 기관, 장교, 통인 등으로 구분되었으며, '단안'이라는 명부에 등재되었어요.

고려	조선
지방을 실질적으로 지배	수령의 행정 실무 보좌
보수로 세습이 가능한 외역전을 지급받음	보수를 받지 않는 명예직

9 조선의 과거 제도

조선 시대의 과거제는 문과, 무과, 잡과가 시행되었어요. 문과(대과)에 응시하려면 원칙적으로 예비 시험 성격의 소과에 합격해야 하였어요. 소과 합격자는 성균관에 입학하거나 대과인 문과 시험에 응시할 수 있었고, 하급 관리로 진출하기도 하였어요.
조선 시대에는 고려 시대와 달리 무과도 시행되었어요.

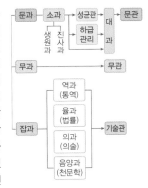

10 조선의 군사 제도

진관 체제는 각 지역의 요충지마다 성을 쌓아 방어하는 소규모 지역 단위 방어 체제로, 15세기 세조 때 시행되었어요. 진관 체제는 대규모의 외침을 막기에는 불리하여 16세기 명종 때에는 제승방략 체제가 시행되었어요. 제승방략 체제는 유사시에 각 지역의 군사를 한곳에 모아서 중앙에서 파견된 장수가 지휘하는 도 단위의 방어 체제였어요.

> • 진관 체제: 국가에서는 처음에 각 도 군사들을 모두 진관에 분속시켰다. 이에 변란이 있으면 각 진관이 소속 군사들을 거느리고 정돈하여 주장의 호령을 기다렸다. …… 만약 적의 침략으로 진관 하나가 무너지더라도 다음 진관이 군사를 정돈하여 굳게 지킴으로써 도 전체가 무너지는 일은 없었다.   – 《선조수정실록》 –
> • 제승방략 체제: 도내의 여러 읍을 순변사, 방어사, 조방장, 도원수와 본도 병사, 수사에게 소속시켰다. 이리하여 위급한 일이 있으면 반드시 멀고 가까운 곳의 군사를 동원하여 빈 들판에 모아 두고, 1천여 리 밖에서 오는 장수를 기다리게 하였다.   – 《징비록》 –

11 홍패

홍패는 일종의 과거 합격증으로, 대과와 무과의 최종 합격자에게는 붉은색의 홍패를 수여하였어요. 임진왜란 때 이름이 비워진 공명홍패(空名紅牌)가 남발되어 문제가 되기도 하였어요.

▲ 이순신 무과 홍패

12 백패

홍패가 대과와 무과의 최종 합격자에게 수여한 합격증이라면 흰색의 백패는 소과에 합격한 생원·진사에게 수여한 합격증이에요.

▲ 송시열 소과 백패

16강 조선(조직)

1 60회 〔회독 ○○○〕

(가) 기구에 대한 설명으로 옳은 것은? [2점]

은대계회도

이것은 우부승지 이현보와 그가 속한 　(가)　 관원들의 친목 모임을 그린 그림이다. 상단에는 계회 모습이 그려져 있고, 중단에는 축하 시, 하단에는 도승지 등 계원의 관직과 성명이 기록되어 있다. 은대는 　(가)　 의 별칭이며, 정원으로 약칭되기도 하였다.

① 사간원, 홍문관과 함께 삼사로 불렸다.
② 외국으로 가는 사신의 통역을 전담하였다.
③ 천문, 지리, 기후 등에 관한 사무를 맡았다.
④ 왕명 출납을 담당하는 왕의 비서 기관이었다.
⑤ 국왕 직속 사법 기구로 반역죄 등을 처결하였다.

2 58회 〔회독 ○○○〕

(가) 기구에 대한 설명으로 옳은 것은? [1점]

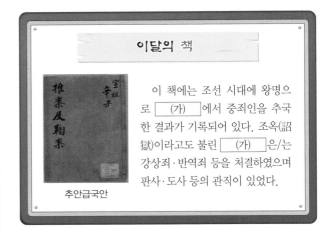

이달의 책

추안급국안

이 책에는 조선 시대에 왕명으로 　(가)　 에서 중죄인을 추국한 결과가 기록되어 있다. 조옥(詔獄)이라고도 불린 　(가)　 은/는 강상죄·반역죄 등을 처결하였으며 판사·도사 등의 관직이 있었다.

① 국왕 직속의 특별 사법 기구였다.
② 사림의 건의로 중종 때 폐지되었다.
③ 사헌부, 사간원과 함께 삼사로 불리었다.
④ 5품 이하의 관원에 대한 서경권을 행사하였다.
⑤ 서얼 출신의 학자들이 검서관으로 기용되었다.

📢 승정원

정답분석 조선의 승정원은 왕명의 출납을 담당하던 기구로, 왕의 비서 기관이었어요. 승정원에는 6명의 승지가 있어 각각 6조의 일을 나누어 맡았고, 최고 관직으로 도승지를 두었어요. 승정원은 은대, 정원, 후원으로 불리기도 하였어요.
④ 승정원은 왕의 비서 기관으로 왕명 출납을 담당하였는데, 매일매일 다룬 문서와 사건을 일기 형식으로 기록한 《승정원일기》를 남겼어요.

오답분석 ① 사헌부는 사간원, 홍문관과 함께 삼사로 불리며 언론 기능을 담당하였어요. 사헌부는 관리를 감찰하고 풍속을 바로잡는 역할을 하였으며, 최고 관직으로 대사헌을 두었어요.
② 사역원은 사신의 통역과 외국어 교육을 담당하였어요.
③ 고려 말부터 조선 초까지 천문 연구, 기상 관측 등의 일을 맡아 하던 서운관은 조선 세조 때 관상감이라는 이름으로 개칭되었어요.
⑤ 의금부는 국왕 직속의 특별 사법 기구로, 강상죄·반역죄 등 중범죄를 처결하였어요.

📢 의금부

정답분석 의금부는 반역죄·강상죄 등 중범죄를 처결하는 국왕 직속의 사법 기구였어요. 《추안급국안》은 조선 시대 의금부에서 중죄인을 조사하고 판결한 내용을 기록한 책이에요.
① 의금부는 국왕 직속의 사법 기구로, 왕명을 받들어 중죄인을 추국하는 일을 관장하였어요.

오답분석 ② 소격서는 하늘에 제사 지내는 일을 담당하였던 조선 시대의 관청으로, 중종 때 조광조의 건의로 폐지되었어요.
③ 홍문관은 사헌부, 사간원과 함께 언론 기능을 담당하여 3사로 불리었어요.
④ 조선 시대에는 양사(사헌부·사간원)의 소속 관원인 대간이 5품 이하의 관원에 대한 서경권을 행사하였어요.
⑤ 조선 정조 때 박제가, 유득공, 이덕무 등 서얼 출신의 학자들이 규장각 검서관으로 기용되었어요.

정답 | ④

정답 | ①

3 61회 회독 ●○○

(가) 기구에 대한 설명으로 옳은 것은? [2점]

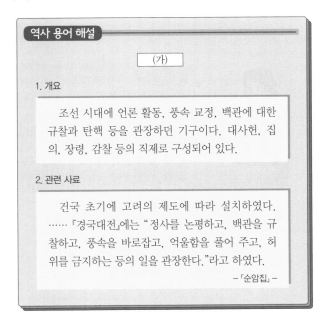

역사 용어 해설

(가)

1. 개요

조선 시대에 언론 활동, 풍속 교정, 백관에 대한 규찰과 탄핵 등을 관장하던 기구이다. 대사헌, 집의, 장령, 감찰 등의 직제로 구성되어 있다.

2. 관련 사료

건국 초기에 고려의 제도에 따라 설치하였다. ……『경국대전』에는 "정사를 논평하고, 백관을 규찰하고, 풍속을 바로잡고, 억울함을 풀어 주고, 허위를 금지하는 등의 일을 관장한다."라고 하였다.
– 『순암집』 –

① 업무 일지인 내각일력을 작성하였다.
② 고려의 삼사와 같은 기능을 수행하였다.
③ 은대(銀臺), 후원(喉院)이라고도 불리었다.
④ 임진왜란을 거치면서 국정 전반을 총괄하였다.
⑤ 5품 이하의 관리 임명에 대한 서경권을 행사하였다.

📢 **사헌부**

정답분석 조선 시대 감찰 기관이었던 사헌부는 사간원, 홍문관과 함께 3사라 불렸어요. 3사는 권력의 독점을 경계하는 언론 기능을 담당하였어요. 또한, 사간원의 관리와 함께 대간이라 불리며 5품 이하 관리의 임명 과정에서 서경권을 행사하였어요. 사헌부의 수장을 대사헌이라고 불렀어요.
⑤ 사헌부와 사간원의 소속 관원인 대간은 5품 이하의 관리 임명에 대한 서경권을 행사하였어요.

오답분석 ① 조선 정조 때 설치된 규장각에서는 소관 업무 일지와 일반 정사 등의 내용을 담은 《내각일력》을 작성하였어요.
② 고려의 삼사는 화폐와 곡식의 출납 및 회계를 담당하던 기관으로, 조선 시대에는 호조가 비슷한 역할을 하였어요.
③ 승정원은 왕의 비서 기관으로 왕명 출납을 담당하였는데 은대, 후원, 대언사 등으로 불리기도 하였어요.
④ 비변사는 3포 왜란을 계기로 외적의 침입에 대비하여 임시로 설치되었고, 을묘왜변을 계기로 상설 기구가 되었어요. 이후 임진왜란을 거치면서 국정 전반을 총괄하는 최고 기구로 성장하였어요.

정답 | ⑤

4 56회 회독 ●○○

(가) 기구에 대한 설명으로 옳은 것은? [2점]

이 그림은 중종 때 그려진 미원계회도(薇垣契會圖)입니다. '미원'은 (가) 의 별칭으로 간쟁과 논박을 담당한 관청이었습니다. 소나무 아래에는 계회를 하고 있는 모습이 보이고, 하단에는 참석자들의 관직, 성명, 본관 등이 기록되어 있습니다.

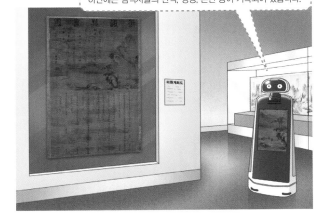

① 왕명의 출납을 관장하였다.
② 수도의 행정과 치안을 담당하였다.
③ 사헌부, 홍문관과 함께 3사로 불렸다.
④ 실록을 보관하고 관리하는 업무를 맡았다.
⑤ 반역죄, 강상죄 등을 범한 중죄인을 다스렸다.

📢 **사간원**

정답분석 사간원은 조선 시대에 간쟁과 논박을 담당한 기구로 간원, 미원이라고도 불렸어요. 소속 관원은 간관이라고 하였는데, 사헌부의 관원인 대관과 함께 대간이라고 불렸어요. 대간은 5품 이하 관리의 임명 과정에서 서경권을 행사하였어요.
③ 사간원은 사헌부, 홍문관과 함께 3사라고 불렸으며 언론 기능을 담당하였어요.

오답분석 ① 승정원은 왕명 출납을 관장한 왕의 비서 기관이었어요.
② 한성부는 수도 한성의 행정과 치안을 담당하였어요.
④ 춘추관은 실록을 보관하고 관리하는 업무를 관장하였어요.
⑤ 의금부는 반역죄, 강상죄 등의 중범죄를 처결하는 국왕 직속 사법 기구였어요.

정답 | ③

5 50회　　　　　　　　　　　　　회독 ●●●

(가)에 대한 설명으로 옳은 것은?　　　　　[2점]

> 이 그림은 평양에 새로 부임한 　(가)　을/를 환영하는 모습을 묘사한 부벽루연회도입니다. 　(가)　은/는 감사 또는 방백이라고도 불리었는데, 대개 종2품 이상의 고위 관리가 임명되었습니다.

① 간관으로서 간쟁과 봉박을 담당하였다.
② 6조 직계제의 실시로 권한이 약화되었다.
③ 호장, 기관, 장교, 통인 등으로 분류되었다.
④ 관내 군현의 수령을 감독하고 근무 성적을 평가하였다.
⑤ 출신지의 경재소를 관장하고 유향소 품관을 감독하였다.

6 58회　　　　　　　　　　　　　회독 ●●●

(가)에 들어갈 내용으로 옳은 것은?　　　　　[2점]

> 조선 시대 직역(職役)을 맞히는 문제. 이제 마지막 힌트가 공개됩니다.

한국사 퀴즈

1단계 힌트	단안(壇案)이라는 명부에 등록되었다.
2단계 힌트	연조귀감에 연혁이 수록되었다.
3단계 힌트	지방 행정 실무를 담당하였다.
4단계 힌트	(가)

① 상피제의 적용을 받았다.
② 잡과를 통해 선발되었다.
③ 감사 또는 방백이라 불렸다.
④ 이방, 호방 등 6방에 소속되었다.
⑤ 공음전을 경제적 기반으로 삼았다.

📢 **관찰사**

정답분석 관찰사는 조선 시대 8도에 파견된 지방관으로 지방 통치의 최고 책임자였어요.
④ 8도에 파견된 관찰사는 관할 고을의 수령을 감독하고 근무 성적을 평가하였어요.

오답분석 ① 조선 시대 사간원의 관리는 간관으로서 사헌부의 관리인 대관과 함께 대간으로 불리며 간쟁과 봉박, 서경을 담당하였어요.
② 조선 시대 의정부는 재상들의 합의로 운영되는 최고 기구로, 6조 직계제의 실시로 권한이 약화되었어요.
③ 조선 시대 향리는 호장, 기관, 장교, 통인 등으로 분류되었어요.
⑤ 조선 시대 중앙의 고위 관리들은 출신지의 경재소를 관리·감독하며 그 지역에 설치된 유향소를 통제하고 정부와 출신 지역 간의 여러 가지 일을 주선하였어요.

📢 **향리**

정답분석 향리는 고려 시대와 조선 시대에 지방 관청의 행정 실무를 처리하던 하급 관리예요. 중앙 정부에서 지방으로 파견되었던 수령들은 해당 지방의 사정을 잘 모르기 때문에, 그 지방 관청에 속해 있으면서 수령을 도와 지방 행정을 담당하는 향리들이 필요하였어요. 향리는 대대로 직역을 세습하였으며, '단안'이라는 명부에 등재되었어요. 《연조귀감》은 향리에 대한 기록과 뛰어난 향리의 전기를 모아 엮은 책이에요.
④ 조선 시대의 관아는 이·호·예·병·형·공으로 이루어진 6방 체제로 운영되었어요. 향리들은 6방으로 구성되어 지방 행정 실무를 담당하였어요.

오답분석 ① 상피제는 고려 시대와 조선 시대에 관리를 임명할 때 친척과 관련된 관청이나 연고가 있는 지역에 부임하지 못하게 한 제도예요. 향리는 상피제 적용 대상이 아니었고, 관찰사·수령 등이 적용 대상이었어요.
② 향리는 주로 직역을 세습하였어요. 기술관이 잡과를 통해 선발되었어요.
③ 조선 시대에 각 도에 파견되었던 지방 장관인 관찰사는 '감사' 또는 '방백'이라고도 불렸어요.
⑤ 고려의 5품 이상의 관료들은 나라로부터 받은 공음전을 경제적 기반으로 삼았어요.

정답 | ④

정답 | ④

조선(조직)

기출 선택지를 완성하는
키워드 채우기

중앙 정치 조직

01 　　부는 재상들의 합의로 운영되었으며, 정책을 심의·결정하여 국정을 총괄하였다.

02 　　원은 왕명의 출납을 맡은 왕의 비서 기관으로, 　대, 후원이라고도 불렸다.

03 　　부는 국왕 직속의 특별 사법 기구로 반역죄, 강상죄 등 중범죄를 다스렸다.

04 사간원, 사헌부, 홍문관을 합쳐 　사라고 하였으며, 언론 기능을 담당하였다.

05 사헌부와 사간원의 관리로 구성된 대간은 5품 이하 관리의 임명 과정에서 　　권을 행사하였다.

06 집현전을 계승한 　　관은 옥당이라고도 불렸으며, 경연을 주관하였다.

지방 행정 조직

07 조선은 전국을 　도로 나누었고, 각 도에 　　사를 파견하였다.

08 8도 아래의 부·목·군·현에 파견된 수 　은 지방의 행정·군사·사법권을 장악하였다.

09 각 지방의 　리는 수령을 보좌하며 행정 실무를 담당하였다.

10 지방 사족으로 구성된 　　소는 좌수와 별감을 선발하여 운영하였다.

관리 선발 방식

11 조선의 과거는 문신을 선발하는 　과, 무신을 선발하는 무과, 기술관을 선발하는 잡과로 이루어졌다.

12 문과 합격자 중 소과 합격자는 　　관에 입학하여 대과에 응시하거나 하급 관리가 되었다.

군사 조직

13 조선 전기에는 중앙군으로 궁궐과 도성의 수비를 담당한 5　를 두었다.

14 조선은 세조 이후 지역 방어 체제로 　관 체제를 실시하였다.

15 조선 전기 　　군은 유사시에 향토 방위를 맡는 예비군의 성격을 가지고 있었다.

정답 **01** 의정 **02** 승정. 은 **03** 의금 **04** 3 **05** 서경 **06** 홍문 **07** 8. 관찰 **08** 령 **09** 향 **10** 유향 **11** 문 **12** 성균 **13** 위 **14** 진 **15** 잡색

조선 전기(외교)

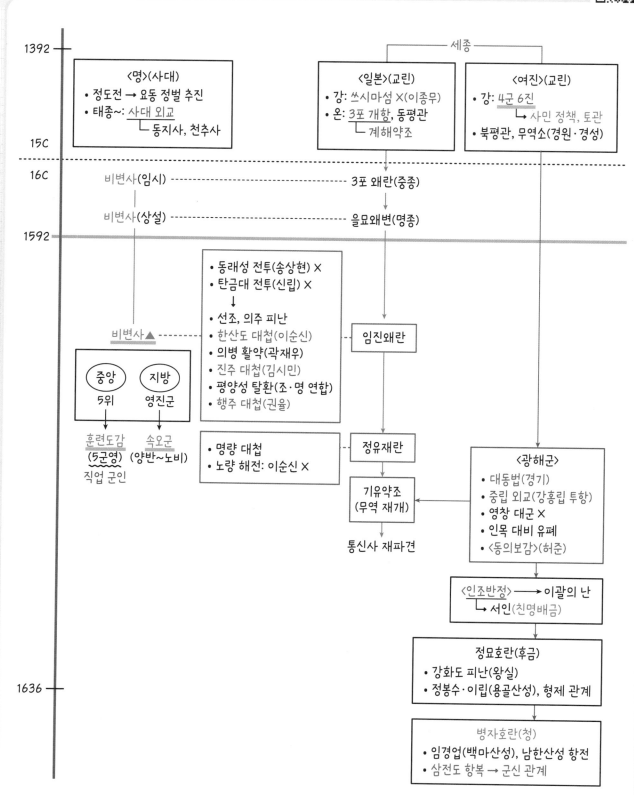

1392

세종

〈명〉(사대)
- 정도전 → 요동 정벌 추진
- 태종~: 사대 외교
  └ 동지사, 천추사

15C

〈일본〉(교린)
- 강: 쓰시마섬 X(이종무)
- 온: 3포 개항, 동평관
  └ 계해약조

〈여진〉(교린)
- 강: 4군 6진
  └ 사민 정책, 토관
- 북평관, 무역소(경원·경성)

16C   비변사(임시) ----------------------- 3포 왜란(중종)

비변사(상설) ----------------------- 을묘왜변(명종)

1592

- 동래성 전투(송상현) X
- 탄금대 전투(신립) X
  ↓
- 선조, 의주 피난
- 한산도 대첩(이순신)
- 의병 활약(곽재우)
- 진주 대첩(김시민)
- 평양성 탈환(조·명 연합)
- 행주 대첩(권율)

비변사▲ ----------

중앙   지방
5위   영진군

훈련도감   속오군
(5군영) (양반~노비)
직업 군인

임진왜란

- 명량 대첩
- 노량 해전: 이순신 X

정유재란

기유약조
(무역 재개)

통신사 재파견

〈광해군〉
- 대동법(경기)
- 중립 외교(강홍립 투항)
- 영창 대군 X
- 인목 대비 유폐
- 〈동의보감〉(허준)

〈인조반정〉 ──→ 이괄의 난
       └ 서인(친명배금)

정묘호란(후금)
- 강화도 피난(왕실)
- 정봉수·이립(용골산성), 형제 관계

1636

병자호란(청)
- 임경업(백마산성), 남한산성 항전
- 삼전도 항복 → 군신 관계

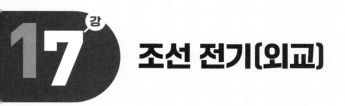

조선 전기(외교)

조선 전기(외교)

빈출키워드 TOP5

훈련도감	1위
4군 6진 개척	2위
계해약조	3위
광해군의 중립 외교	4위
이괄의 난	5위

① 조선 초기의 대외 관계

사대		명: 건국 초 태조 때 정도전이 요동 정벌 주장 → 태종 이후 사대 관계(동지사, 성절사, 천추사, 하정사 등 매년 정기적·비정기적 사절단 교환)
교린	여진	• 강경책: 세종 때 4군 6진 개척(최윤덕·김종서) → 압록강~두만강에 이르는 국경선 확정, 사민 정책(이주 정책), 토관 제도 실시(토착민을 관리로 임명) • 온건책: 여진인에게 귀순 장려(관직·토지 수여), 북평관 설치(한양), 국경 지대인 경원·경성에 무역소 설치(국경 무역 허용)
	일본	• 강경책: 세종 때 이종무가 쓰시마섬(대마도) 정벌 • 온건책: 3포 개항(부산포·염포·제포), 계해약조 체결, 동평관 설치(한성) → 제한된 범위 내에서 무역 허용

② 왜란의 발발

왜란 이전		• 3포 왜란(중종, 1510): 임시 기구로 비변사 설치 • 을묘왜변(명종, 1555): 비변사의 상설 기구화
왜란의 발생		일본의 전국 시대를 통일한 도요토미 히데요시의 조선 침략(1592)
왜란의 전개	임진왜란 (1592)	• 일본군의 침략 → 부산진(정발)·동래성(송상현) 함락 → 충주 탄금대 전투 패배 (신립) → 선조가 개성으로 피란 → 한성 함락 → 선조가 의주로 피란 → 평양성 함락 → 조선이 명에 지원군 요청(이덕형을 명에 청원사로 파견) • 수군의 활약: 이순신이 이끈 수군이 옥포 해전(해전 첫 승리)·한산도 대첩(학익진) 등에서 일본 수군 격퇴 → 남해의 제해권 장악 • 의병의 활약: 곽재우(홍의 장군), 정문부, 고경명, 조헌, 유정(사명대사), 휴정(서산 대사) 등 활약 → 자발적 조직, 향토 지리에 알맞은 전술 사용 • 명군 참전, 관군 재정비: 진주 대첩(김시민) → 평양성 전투(조·명 연합군)에서 승리하여 평양성 탈환 → 행주 대첩(권율) → 명과 일본의 휴전 협상
	정유재란 (1597)	휴전 협상 결렬로 일본군의 재침략 → 직산 전투 및 명량 대첩·노량 해전(이순신 전사)에서 일본군 격퇴 → 전란 종결
군사 조직의 변화		• 5위·영진군 → 5군영·속오군으로 변화 • 훈련도감 설치(5군영): 포수·사수·살수의 삼수병으로 구성, 급료를 받는 직업 군인으로 편성 • 속오군 설치: 양반부터 노비까지의 신분으로 구성

③ 왜란 이후 광해군의 정책

(1) 전후 복구 노력

① 토지 대장(양안)과 호적 정리 실시, 농지 개간 장려

② 《동의보감》 편찬(허준), 창덕궁·사고 재건

③ 대동법 실시: 이원익의 건의로 공납을 쌀로 거두는 대동법을 경기도에서 처음 실시 → 농민의 부담 감소

(2) 일본과의 교역 재개: 부산포에 왜관 설치(제한된 범위 내에서 무역 허용), 기유약조 체결 (1609), 통신사 파견(문화 교류)

✎ **사민 정책**

세종 때 4군 6진을 개척하며 북방의 영토를 넓히면서 남쪽 지방의 백성들을 새로 개척한 지역으로 이주시켜 정착하게 한 정책이에요.

✎ **토관 제도**

토착민을 그 지역의 지방관으로 임명하는 제도로, 4군 6진 지역에 토관 제도를 실시하였어요.

✎ **3포 왜란과 을묘왜변**

세종은 일본의 간청으로 부산의 부산포, 창원(진해)의 제포, 울산의 염포 세 항구를 열어 주었고, 이후 계해약조를 체결하여 제한된 범위 내에서만 무역을 할 수 있도록 정하였어요. 3포에서의 교역 규모가 점차 커지자 일본은 교역 범위의 확대를 요구하였으나 조선은 통제를 강화하였어요. 이에 불만을 품은 일본인들이 중종 때 3포에서 폭동을 일으켰는데, 이 사건을 3포 왜란이라고 해요. 일본은 명종 때에도 전라도 일대를 침략하는 을묘왜변을 일으켰어요.

✎ **친명배금**

명과 친하게 지내고 (후)금은 배척한다는 뜻으로, 인조반정 후 인조와 서인 세력이 실시한 외교 정책이에요.

✎ **삼전도의 굴욕**

병자호란 때 남한산성에서 45일 동안 항전하던 인조는 더 이상 버티지 못하고 삼전도에서 청 태종에게 항복하는 수모를 겪었어요.

(3) 중립 외교

배경	후금의 공격을 받은 명이 조선에 지원군 요청
전개	광해군이 강홍립을 지휘관으로 하는 군대를 명에 파견하면서 상황에 따라 실리적으로 대처할 것을 지시(사르후 전투 참전) → 명과 후금 사이에서 실리적인 중립 외교 정책 전개

(4) 인조반정

배경	• 광해군의 중립 외교(서인 등 사림의 반발) • 광해군의 폐모살제(인목 대비 유폐, 영창 대군 살해)
전개	서인이 반정을 일으켜 광해군과 북인 세력 축출 → 인조 즉위 (1623), 서인의 정국 주도(남인 참여)

❹ 호란의 발발

(1) 정묘호란(1627)

배경	• 인조와 서인 세력의 친명배금 정책(후금 자극) • 이괄의 난(1624) → 난 실패 후 이괄의 잔당이 후금으로 도망쳐 인조반정의 부당함 토로
전개	후금이 광해군의 복수를 명분으로 조선 침략 → 한성에서 김상용의 활약, 인조를 비롯한 왕실은 강화도로 피란, 용골산성에서 정봉수와 이립 등 의병의 활약
결과	후금과 형제 관계 체결

(2) 병자호란(1636)

배경	후금이 성장하여 나라 이름을 '청'으로 바꾸고 조선에 군신 관계 요구 → 조선 내에서 주화파와 척화파의 대립 → 조선이 청의 요구 거부
전개	• 청 태종의 침략 → 임경업이 백마산성에서 항전 → 청군이 한성으로 진격 • 왕실은 강화도로 피란(김상용 순절), 인조는 남한산성으로 피신하여 청군에 항전 • 김준룡이 광교산 전투에서 항전
결과	• 삼전도에서 강화를 맺음(청과 군신 관계 체결) • 소현 세자와 봉림 대군(훗날 효종)을 비롯해 많은 사람이 청에 볼모로 잡혀감 • 효종 때 북벌 운동 대두

1. 다음 사실들을 순서대로 나열하세요.

> (가) 조·명 연합군이 평양성을 탈환하였다.
> (나) 송상현이 동래성 전투에서 항전하였다.
> (다) 이순신이 명량에서 일본 수군을 격파하였다.
> (라) 이순신이 한산도에서 일본 수군을 격퇴하였다.

(   )

2. 임진왜란 중에 있었던 사실로 맞으면 ○표, 틀리면 ×표 하세요.

(1) 정문부가 길주에서 의병을 이끌었다. (   )

(2) 김시민이 진주성에서 적군을 물리쳤다. (   )

(3) 정발이 부산진성 전투에서 전사하였다. (   )

(4) 권율이 행주산성에서 적군을 격퇴하였다. (   )

(5) 강홍립 부대가 사르후 전투에 참전하였다. (   )

(6) 삼수병으로 구성된 훈련도감이 창설되었다. (   )

(7) 곽재우, 고경명 등이 의병장으로 활약하였다. (   )

(8) 신립이 배수의 진을 치고 적군에 항전하였다. (   )

(9) 유정이 회답 겸 쇄환사로 일본에 파견되었다. (   )

(10) 외침에 대비하기 위해 임시 기구로 비변사가 처음 설치되었다. (   )

3. 병자호란 중에 있었던 사실로 맞으면 ○표, 틀리면 ×표 하세요.

(1) 비변사가 처음 설치되었다. (   )

(2) 김상용이 강화도에서 순절하였다. (   )

(3) 임경업이 백마산성에서 항전하였다. (   )

(4) 조·명 연합군이 평양성을 탈환하였다. (   )

(5) 송상현이 동래성 전투에서 항전하였다. (   )

(6) 이순신이 명량에서 일본 수군을 격파하였다. (   )

(7) 김준룡이 근왕병을 이끌고 광교산에서 항전하였다. (   )

(8) 인조가 남한산성으로 피신하여 청군에 항전하였다. (   )

(9) 공신 책봉에 불만을 품고 이괄이 반란을 일으켰다. (   )

(10) 용골산성에서 정봉수와 이립이 의병을 이끌고 항전하였다. (   )

1. (나) - (라) - (가) - (다)
2. (1) ○ (2) ○ (3) ○ (4) ○ (5) × (6) ○ (7) ○ (8) ○ (9) × (10) ×
3. (1) × (2) ○ (3) ○ (4) × (5) × (6) × (7) ○ (8) ○ (9) × (10) ×

17강 조선 전기(외교)

① 4군 6진

세종은 최윤덕과 김종서를 북방으로 보내 여진을 몰아내고 4군과 6진을 개척하였고, 이후 남쪽 지방에 살던 백성들을 이 지역으로 이주시켜 정착하게 하였어요. 조선은 연고가 있는 지역에는 지방관을 파견하지 않는 상피제가 있었는데, 이 지역에는 적용하지 않았으며, 토착민을 지방관으로 임명하는 토관 제도를 실시하였어요.

② 비변사

조선 성종 때 여진과 왜구의 침입을 대비하기 위해 재상과 변방의 사정에 밝은 인물(지변사 재상) 등이 모여 군사 대책을 논의하는 협의체가 만들어졌어요. 중종 때 3포 왜란이 일어나자 이 협의체를 고쳐 비변사라는 임시 기구를 만들었어요. 비변사는 명종 때 을묘왜변을 겪으면서 상설 기구가 되었고, 임진왜란 이후 국정을 총괄하는 최고 정치 기구가 되었어요. 그러나 조선 후기에 비변사가 권력을 장악하면서 왕권이 약해졌고, 의정부와 6조 중심의 행정 체제는 유명무실해졌어요.

- 재신(宰臣)으로서 이 일을 맡은 사람을 지변재상(知邊宰相)이라고 불렀습니다. 그러나 이것은 일시적인 전쟁 때문에 설치한 것으로 국가의 중요한 모든 일들을 참으로 다 맡긴 것은 아니었습니다. 오늘에 와서 큰 일이건 작은 일이건 중요한 것으로 취급되지 않는 것이 없는데, 정부는 한갓 헛이름만 지니고 육조는 모두 그 직임을 상실하였습니다. 명칭은 '변방의 방비를 담당하는 것'이라고 하면서 과거에 대한 판하(判下)나 비빈(妃嬪)을 간택하는 등의 일까지도 모두 여기를 경유하여 나옵니다. ─《효종실록》─
- 비변사는 중외의 군국 기무를 모두 관장한다. …… 도제조는 현임과 전임 의정이 겸하고, 제조는 정수가 없으며 전임으로 뽑아 임명한다. ─《속대전》─

③ 조선 초의 대외 관계

조선은 사대교린을 기본적인 대외 정책으로 삼았어요. 큰 나라인 명은 섬기고(사대), 이웃나라인 일본·여진 등과는 대등하게 교류하였어요(교린).

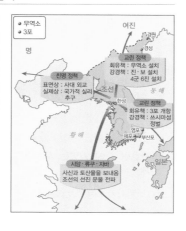

④ 임진왜란의 전개

1592년에 일본의 도요토미 히데요시가 조선을 침략하면서 임진왜란이 일어났어요. 조선은 전쟁 초에 수세에 몰리며 선조가 의주로 피란하였어요. 그러나 이순신이 이끄는 수군과 곽재우, 조헌, 고경명, 서산대사 등 각지에서 일어난 의병의 활약, 명군의 지원으로 전세를 역전시켰어요. 일본은 전세가 역전되자 휴전 회담을 요청하였어요. 이 과정에서 조선은 훈련도감을 설치하는 등 체제를 정비하였어요.

⑤ 훈련도감

훈련도감은 임진왜란 중에 임시로 설치되었다가 상설 기구가 되었어요. 5군영 중 가장 먼저 만들어졌으며, 포수·사수·살수의 삼수병으로 구성되었고, 급료를 받는 상비군이었어요.

주상께서 도감을 설치하여 군사를 훈련시키라고 명하시고 나를 도제조로 삼으시므로, 내가 청하기를, "당속미 1천 석을 군량으로 하되 한 사람당 하루에 2승씩 준다 하여 군인을 모집하면 응하는 자가 사방에서 모여들 것입니다."라고 하였다. …… 얼마 안 되어 수천 명을 얻어 조총 쏘는 법과 창칼 쓰는 기술을 가르치고 …… 또 당번을 정하여 궁중을 숙직하게 하고, 국왕의 행차가 있을 때 이들로써 호위하게 하니 민심이 점차 안정되었다. ─《서애집》─

⑥ 임진왜란 초기의 전투

부산에 상륙한 일본군은 부산진과 동래성을 차례대로 함락하였어요. 이후 일본군은 신립이 이끈 조선군과 벌인 탄금대 전투에서도 크게 승리하며 거침없이 북진하였고, 결국 한양까지 점령하였어요. 그러나 조선은 이순신이 이끈 수군이 옥포, 한산도 등지에서 일본 수군을 격퇴하고, 육지에서는 각지에서 일어난 의병, 김시민(진주 대첩)과 권율(행주 대첩) 등 조선군의 활약, 그리고 명군의 지원까지 더해지며 전세를 역전시켰어요.

- 부산진·동래성 전투: 왜적이 대거 침략해 왔다. 부산진이 함락되면서 첨사(僉使) 정발이 전사하였다. 이어 동래부가 함락되면서 부사 송상현도 전사하였다. ─《선조수정실록》─
- 한산도 대첩: 왜적이 총출동하여 추격하기에 한산 앞바다로 끌어냈다. 아군이 학익진을 펼쳐 …… 쳐부수니 왜적이 사기가 꺾이어 퇴각하였다. ─《선조실록》─
- 행주 대첩: 권율이 행주에서 왜적을 대파하고, 고산 현감 신경회를 보내어 승전 소식을 아뢰었다. …… 신경회가 아뢰기를, "…… 그 지역에는 돌이 많아 모든 군사들이 앞다투어 돌을 던져 싸움을 도왔습니다."라고 하였다. ─《선조실록》─

7 정유재란

조선 수군과 의병의 활약, 명의 참전 등으로 일본군의 기세가 꺾인 가운데 명과 일본 사이에 휴전 협상이 진행되었어요. 3년 동안 계속된 협상이 결렬되자 일본군이 다시 침략하였어요(정유재란). 이때 이순신이 이끈 조선 수군은 명량에서 일본 수군을 크게 격퇴하였어요. 전세가 불리해진 일본군은 도요토미 히데요시가 사망하자 본국으로 철수하였고, 이순신이 전사한 노량 해전을 끝으로 전란은 끝이 났어요.

- 명의 사신이 배에 오르자 우리 사신 일행도 배에 올랐다. 이에 앞서 사카이(堺)에 도착했을 때 우리나라에서 잡혀 온 사람들이 다투어 찾아왔다. …… 왜장들도 말하기를 화친이 이루어지면 사신과 함께 포로들을 돌려보내겠다고 하더니 …… 이때에 이르러 **화친이 성사되지 못해 다시 죽이려 한다**는 말을 듣게 되자, 목 놓아 우는 포로들이 얼마인지 알 수 없었다. – 《일본왕환일기》 –
- (이순신이) **노량**에 도착하니 많은 왜적이 이르렀다. 불의에 진격하여 한참 혈전을 하던 중 **이순신**이 몸소 왜적에게 활을 쏘다가 왜적의 탄환에 가슴을 맞아 배 위에 쓰러졌다. …… **왜적이 마침내 대패**하니 사람들은 모두 "죽은 이순신이 산 왜적을 물리쳤다."라고 하였다. – 《선조실록》 –

8 광해군의 중립 외교

광해군은 명과 후금 사이에서 실리를 우선으로 하는 중립 외교를 펼쳤어요. 명이 후금과의 전투에 지원군을 요청하자 강홍립의 부대를 파견하였으나 강홍립에게 상황에 따라 행동하라는 지시를 내렸어요. 이에 강홍립은 조·명 연합군이 사르후 전투에서 패하자, 남은 군사를 이끌고 후금군에 투항하였어요.

- **강홍립**이 장계를 올리기를, "신이 배동 관령에 도착하여 먼저 통역관을 보내어 밀통하기를, '비록 명나라에게 재촉을 당하여 여기까지 오기는 하였으나 항상 진지의 후면에 있어서 접전하지 않을 계획이다.'라고 하였기 때문에 전투에 패한 후에도 서로 잘 지내고 있습니다. 만일 화친이 속히 이루어진다면 신들은 돌아갈 수 있을 것입니다."라고 하였다. – 《광해군일기》 –
- 고금천하의 법 중에 군율보다 엄격한 것은 없습니다. 그런데 **강홍립, 김경서** 등은 중국 군대와 함께 적지에 깊숙이 들어가서 힘껏 싸우다 죽지 않고 도리어 **투항을 청하여 적의 뜰에 무릎을 꿇었으니**, 신하의 대의가 땅을 쓸듯이 완전히 없어졌습니다. …… 청컨대 강홍립·김경서의 가족들을 모조리 잡아서 구금하라고 명하심으로써 군율을 변경할 수 없다는 것을 분명히 보이소서. – 《광해군일기》 –

9 이괄의 난

인조 즉위 후 이괄은 인조반정 때 자신의 공로가 낮게 평가되자 불만을 품고 난을 일으켰어요. 난은 진압되었지만 이괄의 잔당이 후금으로 도망가 인조가 부당하게 즉위하였다고 전하였어요. 이에 후금은 광해군의 원수를 갚는다는 명분으로 조선에 쳐들어왔어요(정묘호란).

부원수 **이괄**이 금부도사 고덕률 등을 죽이고 군사를 일으켜 반역하였다. 도원수 장만이 역적을 베어 바치는 자가 있으면 적의 유무를 막론하고 1품에 제직(除職)하겠다는 국왕의 뜻을 군민(軍民)에게 전달하였다.

10 호란의 전개

왜란 이후 명의 국력이 약해지자, 여진이 세력을 확장하며 후금을 세웠어요. 인조반정 이후 조선에서는 서인 정권이 친명배금 정책을 펼쳤고, 이에 후금이 침략하였어요. 이때 정봉수, 이립 등의 의병이 활동하였어요(정묘호란). 이후 후금이 나라 이름을 청으로 바꾸고 군신 관계를 강요하며 다시 침략하였어요. 인조는 남한산성에서 항전하였지만 결국 삼전도에서 항복하고 청과 군신 관계를 맺었어요(병자호란).

11 주화론과 척화론

조선에 군신 관계를 요구하며 청(후금)이 다시 침입하자 조정에서는 청과 화친하여 훗날을 도모해야 한다는 주화파와 청은 오랑캐이며 오랑캐와 화친해서는 안 된다는 척화파(주전파)로 나뉘었어요. 주화파의 대표 인물로는 최명길이, 척화파의 대표 인물로는 김상헌과 윤집이 있어요. 척화론이 우세하여 청의 요구를 무시하자 청은 조선을 침략하였어요(병자호란).

〈최명길의 주화론〉

…… 우리의 국력은 현재 바닥나 있고 **오랑캐의 병력은 강성합니다.** 정묘년(1627)의 맹약을 아직 지켜서 몇 년이라도 화를 늦추시고 …… 군량미를 모아 방어를 더욱 튼튼하게 하되 군사를 집합시켜 일사분란하게 하여 적의 허점을 노리는 것이 우리로서는 최상의 계책일 것입니다. – 최명길, 《지천집》 –

〈윤집의 척화론〉

중국은 우리나라에 있어 곧 부모요. 오랑캐는 우리나라에 있어 곧 부모의 원수입니다. …… 하물며 임진왜란의 일은 터럭만 한 것도 황제의 힘이어서 우리나라가 살아 숨 쉬는 한 은혜를 잊기 어렵습니다. …… 차라리 나라가 없어질지라도 **의리는 저버릴 수 없습니다.** …… 어찌 차마 화의를 주장하는 것입니까. – 《인조실록》 –

17강 조선 전기(외교)

1 55회 회독 ○○○

(가) 국가에 대한 조선의 정책으로 옳은 것을 │보기│에서 고른 것은? [2점]

그림으로 보는 조선사 │외교

이것은 기유약조로 교역이 재개된 ___(가)___ 와/과의 무역 중심지인 초량 일대를 그린 그림이다. 그림 아래 부분의 동관 지역은 ___(가)___ 상인들과 관리들의 집단 거주지였으며, 거류민 관리와 조선과의 교섭 등을 담당하던 관수의 관사(官舍)도 위치해 있었다.

│보기│
ㄱ. 막부의 요청에 따라 통신사를 파견하였다.
ㄴ. 한성에 동평관을 두어 무역을 허용하였다.
ㄷ. 하정사, 성절사, 동지사 등 사절단을 보내었다.
ㄹ. 어윤중을 서북 경략사로 임명하여 사무를 관장하였다.

① ㄱ, ㄴ   ② ㄱ, ㄷ   ③ ㄴ, ㄷ
④ ㄴ, ㄹ   ⑤ ㄷ, ㄹ

2 58회 회독 ○○○

(가)에 대한 조선의 정책으로 옳은 것은? [2점]

이달의 인물

우리 외교를 빛낸 인물, 이예

- 생몰: 1373년~1445년
- 경력: 통신부사, 첨지중추원사, 동지중추원사

울산의 아전 출신으로 호는 학파(鶴坡), 시호는 충숙(忠肅)이다. 수십 차례 ___(가)___ 에 파견되어 외교 문제를 해결하려고 노력하였다. 특히 조선과 ___(가)___ 사이에 세견선의 입항 규모를 정한 계해약조 체결에 기여하였다.

① 하정사, 성절사 등을 파견하였다.
② 경성, 경원에 무역소를 설치하였다.
③ 광군을 조직하여 침입에 대비하였다.
④ 부산포, 제포, 염포의 삼포를 개항하였다.
⑤ 사절 왕래를 위하여 북평관을 개설하였다.

📢 조선의 대일본 정책

정답분석 조선은 일본이 임진왜란을 일으키자 국교를 단절하였다가 에도 막부의 요청을 받아들여 다시 국교를 맺었어요. 17세기 후반부터는 부산의 초량에 설치된 왜관을 통해 일본과 무역을 하였어요.
ㄱ. 통신사는 에도 막부의 요청에 따라 조선이 일본에 보낸 공식 외교 사절이에요.
ㄴ. 동평관은 조선 전기에 일본 사신이 와서 머물던 숙소예요.

오답분석 ㄷ. 조선 정부는 하정사, 성절사, 동지사라는 이름의 사절단을 중국에 파견하였어요.
ㄹ. 조선 정부는 중국(청)과의 국경 무역 문제를 처리하기 위해 어윤중을 서북 경략사로 임명하였어요.

정답 │ ①

📢 계해약조

정답분석 조선은 세종 때 일본의 요청을 받아들여 부산포·제포(진해)·염포(울산)의 3포를 개항하고, 계해약조를 체결하여 일본에게 제한된 범위의 무역을 허용하였어요. 개항 이후 일본인의 무역 요구는 늘어난 반면, 조선 정부의 통제는 강해져 3포에 출입하던 일본인들이 3포 왜란과 을묘왜변을 일으키기도 하였어요.
④ 조선은 부산포, 제포(진해), 염포(울산)의 3포를 개항하여 이곳에서만 일본인들의 교역을 허용하였어요.

오답분석 ① 조선은 중국에 신년 인사를 전하는 하정사, 황제와 황후의 생일을 축하하는 성절사 등의 사신을 파견하였어요.
② 조선은 여진을 회유하고 그들과 교역하기 위해 경성과 경원에 무역소를 설치하였어요.
③ 고려 정종은 일종의 예비군인 광군을 조직하여 거란의 침입에 대비하였어요.
⑤ 조선은 여진 사신을 접대하기 위해 한양에 북평관을 개설하였어요.

정답 │ ④

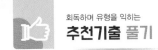

③ 60회 　　　　　　　　　　　　　　　회독 ○○○

다음 전쟁 중 있었던 사실로 옳은 것은? 　　[2점]

> 적군은 세 길로 나누어 곧장 한양으로 향했는데, 산을 넘고 물을 건너 마치 사람이 없는 곳에 들어가듯 했다고 한다. 조정에서 지킬 수 있다고 믿은 신립과 이일 두 장수가 병권을 받고 내려와 방어했지만 중도에 패하여 조령의 험지를 잃고, 적이 중원으로 들어갔다. 이로 인해 임금의 수레가 서쪽으로 몽진하고 도성을 지키지 못하니, 불쌍한 백성들은 모두 흉적의 칼날에 죽어가고 노모와 처자식은 이리저리 흩어져 생사를 알지 못해 밤낮으로 통곡할 뿐이었다.
> 　　　　　　　　　　　　　　　　　　　 - 「쇄미록」 -

① 김상용이 강화도에서 순절하였다.
② 임경업이 백마산성에서 항전하였다.
③ 최영이 홍산 전투에서 크게 승리하였다.
④ 곽재우가 의병장이 되어 의령 등에서 활약하였다.
⑤ 신류가 조총 부대를 이끌고 흑룡강에서 전투를 벌였다.

④ 51회 　　　　　　　　　　　　　　　회독 ○○○

다음 가상 뉴스 이후에 전개된 상황으로 옳은 것은? 　　[2점]

> 며칠 전 우리 군사들이 명군과 연합하여 일본군으로부터 평양성을 탈환하였습니다. 이번 승리는 불리했던 전세를 역전시킬 계기가 될 것으로 보입니다.

조·명 연합군, 평양성을 탈환하다

① 이순신이 명량에서 대승을 거두었다.
② 최무선이 진포에서 왜구를 격퇴하였다.
③ 신립이 탄금대에서 배수의 진을 치고 싸웠다.
④ 김종서가 6진을 개척하여 영토를 확장하였다.
⑤ 배중손이 삼별초를 이끌고 진도에서 항전하였다.

📢 **임진왜란**

　정답분석 　신립은 임진왜란 초반에 충주 탄금대에서 일본군과 맞서 싸운 장수예요. 도요토미 히데요시는 일본을 통일한 후 지방 영주들의 관심을 밖으로 돌리고자 조선을 침략하였어요(임진왜란, 1592~1598). 부산진과 동래성이 함락되고, 신립마저 탄금대 전투에서 패하자 선조는 의주로 피난하여 명에 지원군을 요청하였어요. 이후 이순신이 이끈 조선 수군이 옥포, 한산도 등지에서 승리하며 남해의 제해권을 장악하였고, 육지에서는 조헌, 곽재우 등의 의병이 활약하였어요. 또한 진주성에서는 김시민이 적군을 크게 물리쳤고 조선군과 명군이 함께 평양성을 탈환하였으며, 권율이 행주산성에서 승리하며 전세가 역전되었어요.
　④ 곽재우는 임진왜란 당시 의병장으로 의령, 진주 등에서 활약하였어요. 이 외에도 조헌, 고경명 등이 의병으로 활약하였어요.

　오답분석 　① 병자호란 당시 김상용은 왕족과 종묘의 위패를 가지고 강화도로 피난을 갔다가 순절하였어요.
② 병자호란 당시 임경업은 청의 침입에 맞서 백마산성에서 항전하였어요.
③ 고려 말 왜구가 침입해 행패를 부리자 최영이 홍산에서 왜구를 크게 무찔렀어요.
⑤ 조선 효종 때 청의 요청에 따라 나선(러시아) 정벌을 위해 조총 부대를 파견하였어요. 신류, 변급이 이끈 조총 부대는 흑룡강 일대에서 청군과 함께 러시아군에 맞서 싸웠어요.

📢 **정유재란**

　정답분석 　임진왜란 초기 조선은 수세에 몰렸으나 수군과 의병의 활약, 관군의 재정비, 명군의 지원 등으로 전세를 역전시켰어요. 조·명 연합군은 평양성을 탈환하고 일본군을 몰아내기 시작하였고, 불리해진 일본은 휴전을 제의하였어요. 3년여에 걸쳐 휴전 협상이 진행되었으나 결렬되었고, 일본이 다시 조선을 침략하여 정유재란이 일어났어요.
　① 정유재란이 일어나자 이순신이 명량에서 일본 수군을 대파하여 일본군의 서해 진출을 차단하였어요.

　오답분석 　② 고려 말에 최무선은 화포를 사용하여 진포에서 왜구를 격퇴하였어요.
③ 조·명 연합군의 평양성 탈환 이전의 일로, 임진왜란 초기 부산진과 동래성이 함락된 후 신립이 충주 탄금대에서 배수의 진을 치고 일본군에 맞서 싸웠으나 패배하였어요.
④ 조선 세종 때 김종서가 여진을 몰아내고 6진을 개척하여 영토를 확장하였어요.
⑤ 고려 정부가 몽골과 강화를 체결하고 개경 환도를 결정하자 이에 반발하여 배중손이 삼별초를 이끌고 강화도에서 봉기하였어요. 이후 삼별초는 진도, 제주도로 이동하여 대몽 항쟁을 이어 갔어요.

정답 | ④ 　　　　　　　　　　　　　　　　　　　　　　　　　　　　　　정답 | ①

5 61회 　　　　　　　회독 ○○○

밑줄 그은 '전란' 중에 있었던 사실로 옳은 것은? [2점]

[일기로 본 역사]

이 책은 조선 시대 문신 어한명이 작성한 강도일기(江都日記)이다. 전란을 피해 봉림 대군과 인평 대군 등이 강화로 이동할 때 당시 경기좌도 수운판관이었던 저자가 왕실을 보호하여 강화 앞바다를 건너게 한 과정을 기록하고 있다. 당시 국왕과 세자는 강화로 가는 길이 막혀 남한산성으로 피란하였다.

① 정문부가 길주에서 의병을 이끌었다.
② 강홍립이 사르후 전투에 참전하였다.
③ 김시민이 진주성에서 적군을 크게 물리쳤다.
④ 임경업이 백마산성에서 적의 침입에 대비하였다.
⑤ 최윤덕이 올라산성에서 이만주 부대를 정벌하였다.

📢 **병자호란**

정답분석 병자호란이 일어나자 인조와 신하들은 남한산성으로 피신하여 항전하였으나 결국 삼전도에서 항복하였어요. 이후 조선은 청과 군신 관계를 맺고 봉림 대군과 소현 세자를 청에 볼모로 보냈어요.
④ 병자호란 당시 임경업은 백마산성에서 청군의 진로를 차단하는 등 적의 침입에 대비하였어요.

오답분석 ① 임진왜란 당시 정문부가 함경북도 길주에서 의병을 이끌었어요.
② 광해군 때 후금과 전쟁을 치르고 있던 명의 요청을 받아 지원군으로 파견된 강홍립 부대가 사르후 전투에 참전하였어요.
③ 임진왜란 당시 김시민은 진주성에서 일본군을 크게 물리쳤어요. 진주 대첩은 한산도 대첩, 행주 대첩과 함께 임진왜란의 3대첩으로 꼽혀요.
⑤ 세종 때 최윤덕은 여진의 이만주 부대가 국경을 넘어 침략해 오자 올라산성에서 정벌하고 4군을 설치하였어요.

정답 | ④

6 58회 　　　　　　　회독 ○○○

(가), (나) 사이의 시기에 있었던 사실로 옳은 것은? [3점]

(가) 왕에게 이괄 부자가 역적의 우두머리라고 고해바친 자가 있었다. 하지만 왕은 "반역은 아닐 것이다."라고 하면서도, 이괄의 아들인 이전을 잡아오라고 명하였다. 이에 이괄은 군영에 있던 장수들을 위협하여 난을 일으켰다.

(나) 최명길을 보내 오랑캐에게 강화를 청하면서 그들의 진격을 늦추도록 하였다. 왕이 수구문(水溝門)을 통해 남한산성으로 향했다. 변란이 창졸 간에 일어났기에 도보로 따르는 신하도 있었고 성안 백성의 통곡 소리가 하늘을 뒤흔들었다. 초경을 지나 왕의 가마가 남한산성에 도착하였다.

① 정봉수가 용골산성에서 항전하였다.
② 이순신이 명량에서 대승을 거두었다.
③ 권율이 행주산성에서 적군을 격퇴하였다.
④ 서인 세력이 폐모살제를 이유로 반정을 일으켰다.
⑤ 정여립 모반 사건을 계기로 기축옥사가 발생하였다.

📢 **호란의 전개 과정**

정답분석 인조반정(1623) 이후 서인 세력과 인조는 친명배금 정책을 추진하고 후금을 배척하였어요. 이듬해에 인조반정의 공신 책봉에 불만을 품은 이괄이 반란을 일으켰는데, 이때 패한 잔당들이 후금에 투항하여 인조반정의 부당함을 고발하였어요. 이러한 조선의 불안한 정세가 후금에 알려지며 1627년에 정묘호란이 일어났고, 후금은 조선과 형제 관계를 맺고 돌아갔어요. 이후 후금은 국호를 청으로 고치고, 조선에 군신 관계를 맺을 것을 요구하며 다시 침입하였어요(병자호란, 1636). 인조는 남한산성으로 피신하여 청군에 맞섰지만 결국 청에 항복하고 말았어요.
따라서, '이괄의 난(1624)'과 '병자호란(1636)' 사이의 시기에 일어난 일을 골라야 해요.
① 정묘호란(1627) 당시 정봉수와 이립이 의병을 이끌고 철산의 용골산성에서 항전하였어요.

오답분석 ② 이순신이 명량에서 일본 수군을 크게 격파(명량 대첩, 1597)한 것은 정유재란 때로, (가) 이전의 사실이에요.
③ 권율이 행주산성에서 일본군을 크게 격퇴(행주 대첩, 1593)한 것은 임진왜란 때로, (가) 이전의 사실이에요.
④ 서인 세력이 반정을 일으켜 광해군을 몰아내고 인조를 옹립(인조반정, 1623)한 것은 (가) 이전의 사실이에요.
⑤ 정여립 모반 사건을 계기로 기축옥사(1589)가 발생하여 동인이 피해를 입은 것은 조선 선조 때로, (가) 이전의 사실이에요.

정답 | ①

조선 전기(외교)

조선 초기의 대외 관계

01 세종은 최윤덕과 김종서에게 명하여 여진을 정벌한 후　군과　진을 개척하였다.

02 조선은 여진에 대한 회유책으로 국경 지대인 경원과 경성에　　소를 설치하여 무역을 허용하였다.

03 세종 때 3포를 개항하고　　약조를 체결하여 일본에 제한적인 무역을 허용하였다.

왜란의 발발

04 　　사는 중종 때 3포 왜란을 계기로 임시로 설치되었고, 이후 을묘왜변을 계기로 상설 기구가 되었다.

05 일본군에게 부산진 등이 함락되자　립이 충주 탄금대에서 배수의 진을 치고 항전하였다.

06 이순신의　　도 대첩, 김시민의　주 대첩, 권율의　주 대첩은 임진왜란의 3대첩이다.

07 임진왜란 당시 조·　연합군이 평양성을 탈환하였다.

08 일본과 명의 휴전 협상이 결렬된 이후 이순신이 명　에서 일본 수군을 격파하였다.

왜란 이후 광해군의 정책

09 광해군은 명과 후금 사이에서　　외교 정책을 추진하였다.

10 임진왜란 이후 일본의 요청으로 공식적인 외교 사절인　　사가 다시 파견되었다.

11 광해군 때 후금과 전쟁 중이던 명의 요청에 따라 강　　이 이끄는 부대가 파병되었다.

12 광해군은　　반정이 일어나 폐위되었다.

호란의 발발

13 인조와 서인 정권은 외교적으로 친　배　정책을 펼쳤다.

14 정묘호란 당시 용골산성에서 정　　와 이립이 의병을 이끌고 항전하였다.

15 병자호란이 일어나자 인조는　　산성으로 피신하였다.

16 병자호란 당시 임　　은 백마산성에서 항전하였다.

17 인조가　　도에서 청 태종에게 항복함으로써 병자호란이 끝났다.

정답 **01** 4, 6 **02** 무역 **03** 계해 **04** 비변 **05** 신 **06** 한산, 진, 행 **07** 명 **08** 량 **09** 중립 **10** 통신 **11** 홍립 **12** 인조 **13** 명, 금 **14** 봉수 **15** 남한 **16** 경업 **17** 삼전

17강 조선 전기(외교) **187**

18강 조선 전기(경제, 사회)

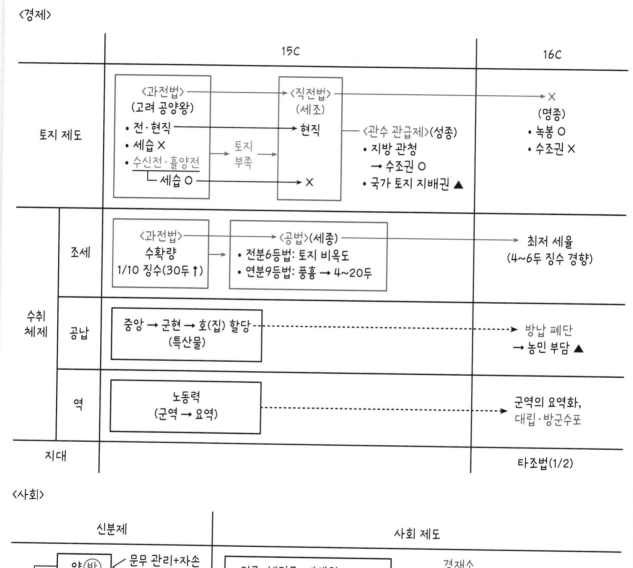

〈경제〉

		15C	16C
토지 제도		〈과전법〉(고려 공양왕) • 전·현직 • 세습 X • 수신전·휼양전 └ 세습 O → 토지 부족 → 〈직전법〉(세조) → 현직, X → 〈관수 관급제〉(성종) • 지방 관청 → 수조권 O • 국가 토지 지배권 ▲	X (명종) • 녹봉 O • 수조권 X
수취 체제	조세	〈과전법〉 수확량 1/10 징수(30두↑) → 〈공법〉(세종) • 전분6등법: 토지 비옥도 • 연분9등법: 풍흉 → 4~20두	최저 세율 (4~6두 징수 경향)
	공납	중앙 → 군현 → 호(집) 할당 (특산물)	방납 폐단 → 농민 부담 ▲
	역	노동력 (군역 → 요역)	군역의 요역화, 대립·방군수포
지대			타조법(1/2)

〈사회〉

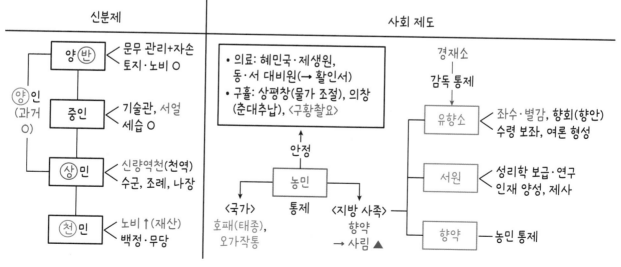

신분제	사회 제도

양인
(과거 O)

- 양반 ─ 문무 관리+자손 토지·노비 O
- 중인 ─ 기술관, 서얼 세습 O
- 상민 ─ 신량역천(천역) 수군, 조례, 나장
- 천민 ─ 노비↑(재산) 백정·무당

- 의료: 혜민국·제생원, 동·서 대비원(→ 활인서)
- 구휼: 상평창(물가 조절), 의창 (춘대추납), 〈구황촬요〉

농민 ─ 안정 / 통제
〈국가〉 호패(태종), 오가작통
〈지방 사족〉 향약 → 사림 ▲

경재소 ─ 감독 통제
유향소 ─ 좌수·별감, 향회(향안) 수령 보좌, 여론 형성
서원 ─ 성리학 보급·연구 인재 양성, 제사
향약 ─ 농민 통제

18강 조선 전기(경제, 사회)

조선 전기(경제, 사회)

❶ 조선 전기의 경제

(1) 토지 제도

과전법 (고려 공양왕)	• 배경: 신진 사대부의 경제적 기반 마련, 국가 재정 확보 • 내용: 전·현직 관리에게 토지의 수조권 지급(경기 지역 토지에 한정), 사망 시 반환, 일부가 수신전·휼양전으로 세습
직전법 (세조)	• 배경: 수신전·휼양전 등 세습되는 토지의 증가로 신진 관리에게 지급할 토지 부족 • 내용: 현직 관리에게만 토지의 수조권 지급, 수신전·휼양전 폐지
관수 관급제 (성종)	• 배경: 수조권의 남용으로 농민들의 불만 심화 • 내용: 지방 관청이 수조권 대행 → 국가의 토지 지배권 강화
직전법 폐지 (명종)	• 배경: 국가 재정 부족으로 수조권 지급이 어려워짐 • 내용: 관리에게 녹봉만 지급 → 수조권 지급 제도 폐지

(2) 수취 체제

조세	15세기	• 토지 소유자에게 징수, 과전법(수확량의 1/10 징수) • 공법 제도 실시(세종) 　– 전분6등법: 토지의 비옥도에 따라 6등급으로 나누어 평가하여 징수 　– 연분9등법: 풍흉에 따라 9등급으로 나누어 평가하여 징수(최대 20두에서 최소 4두)
	16세기	최저 세율에 따라 토지 1결당 4~6두를 징수하는 경향이 나타남
공납	15세기	중앙 관청에서 각 군현에 물품과 액수 할당 → 각 군현이 각 집(호)에 할당하여 징수
	16세기	방납의 폐단으로 농민들의 부담 심화
역	15세기	• 군역: 일정 기간 군대에서 복무, 양반·서리·향리 면제 • 요역: 토목 공사 등에 동원
	16세기	• 군인을 요역에 동원(군역의 요역화) • 대립과 방군수포 성행 　– 대립: 다른 사람에게 돈을 주고 군역을 대신 부담하게 함 　– 방군수포: 국가에 포를 내고 군역을 면제받음
지대	16세기	생산량의 1/2 납부(타조법)

❷ 조선 전기의 사회

(1) 양반 중심의 신분제 사회

양반	• 문무 관리와 그 자손 • 토지와 노비 소유, 국역 면제, 유학 교육, 고위 관직 차지
중인	• 기술관(통역관·의관·역관·화원 등), 중앙 관청의 하급 관리(서리), 향리, 서얼 등 • 직역 세습, 전문 기술이나 행정 실무 담당
상민	• 농민·상인·수공업자 → 법적으로 과거 응시 가능 • 신량역천: 양인 중 천역을 담당한 계층 → 수군, 조례, 나장, 역졸 등 힘든 일 종사
천민	• 노비: 천민 중 대부분을 차지, 공노비와 사노비로 구분, 재산으로 취급, 매매·상속·증여의 대상, 일천즉천의 원칙 적용, 장례원에서 호적 관리 • 백정, 무당, 광대

(2) 사회 제도

① 농민

두레	공동 노동의 작업 공동체
향도	공동체 조직, 향촌에 상장제례가 있을 때 상부상조
안정책	• 상평창(물가 조절), 의창(춘대추납), 사창제 • 《구황촬요》 간행(명종) • 의료 시설 　– 혜민국(→ 혜민서): 서민들의 질병 치료 　– 동·서 대비원(→ 동·서 활인서): 환자 치료 및 빈민 구제 　– 제생원: 빈민 구호 및 치료
통제책	• 국가 　– 호패법(태종): 조세 징수와 군역 부과에 활용 　– 오가작통법: 다섯 집을 하나로 묶어 연대 책임 부여 • 지방 사족: 향약 보급 　– 중종 때 조광조의 건의로 시행 → 이황(예안 향약)과 이이 　　(해주 향약)에 의해 널리 보급 　– 향촌 자치 규약으로 풍속 교화, 향촌 질서 유지, 치안 담당 　　→ 지방 사림의 지위 강화

② 지방 사족: 향촌 사회의 지배층

유향소 운영	좌수와 별감을 선발하여 운영 → 수령 보좌, 여론 형성, 향리 감찰 담당
서원 설립	향촌에 성리학 보급 및 성리학 연구, 인재 양성, 여론 형성 → 사림의 지위 강화
향약 보급	16세기 이후 서원과 함께 사림의 지위 강화 수단
기타	• 향회 운영(향안 작성, 향규 제정) • 《소학》 보급, 족보 편찬, 가묘·사당 건립 → 성리학적 질서 유 지를 위해 노력

(3) 법률 제도

① 대명률(형법)과 《경국대전》에 근거하여 적용
② 신문고를 통해 백성들이 억울한 일 호소

⏸ 일시정지!
☑ 확인하기

1. 조선 전기의 경제 상황에 대한 설명이 맞으면 ○표, 틀리면 ×표 하세요.

(1) 상평통보가 전국적으로 유통되었다. (　　)

(2) 활구라고 불리는 은병이 유통되었다. (　　)

(3) 집집마다 부경이라는 창고가 있었다. (　　)

(4) 특산품으로 솔빈부의 말이 유명하였다. (　　)

(5) 벽란도가 국제 무역항으로 번성하였다. (　　)

(6) 서적점, 다점 등의 관영 상점이 운영되었다. (　　)

(7) 시장을 관리하기 위한 동시전이 설치되었다. (　　)

(8) 고구마, 감자 등의 구황 작물을 재배하였다. (　　)

(9) 연분9등법을 시행하여 수취 체제가 정비되었다. (　　)

(10) 거란도, 영주도 등을 통해 주변국과 교역하였다. (　　)

(11) 광산을 전문적으로 경영하는 덕대가 등장하였다. (　　)

(12) 특수 행정 구역인 소에서 여러 물품을 생산하였다. (　　)

(13) 조세 수취를 위해 3년마다 촌락 문서를 작성하였다.
(　　)

(14) 현직 관리에게만 수조지를 지급하는 직전법을 시행하였다.
(　　)

(15) 국가의 토지 지배권 강화를 위해 관수 관급제가 시행되었다.
(　　)

2. 조선 시대 노비에 대한 설명이 맞으면 ○표, 틀리면 ×표 하세요.

(1) 잡과를 통해 선발되었다. (　　)

(2) 매매, 증여, 상속의 대상이 되었다. (　　)

(3) 장례원을 통해 국가의 관리를 받았다. (　　)

(4) 원칙적으로 과거에 응시할 수 없었다. (　　)

(5) 사신을 수행하면서 통역을 담당하였다. (　　)

3. 조선 전기의 사회 제도에 대한 설명이 맞으면 ○표, 틀리면 ×표 하세요.

(1) 구급도감을 설치하여 빈민을 구제하였다. (　　)

(2) 백성들에게 곡식을 빌려주는 진대법을 실시하였다. (　　)

(3) 기근에 대비하기 위해 구황촬요를 간행하여 보급하였다.
(　　)

(4) 기금을 모아 그 이자로 빈민을 구제하는 제위보를 운영하였다.
(　　)

1. (1) × (2) × (3) × (4) × (5) × (6) × (7) × (8) × (9) ○ (10) ×
(11) × (12) × (13) × (14) ○ (15) ○
2. (1) × (2) ○ (3) ○ (4) ○ (5) ×
3. (1) × (2) × (3) ○ (4) ×

18강 조선 전기(경제, 사회)

1 과전법

위화도 회군 이후 권력을 장악한 이성계와 급진파 신진 사대부는 조준 등의 건의로 신진 관리의 경제적 기반을 마련하고 국가 재정을 안정적으로 유지하기 위해 과전법을 실시하였어요. 과전법은 관직에 복무한 대가로 등급에 따라 경기 지역에 한정된 토지(과전)를 지급하는 제도로, 원칙적으로 세습이 불가하였어요.

> **공양왕 3년**, 도평의사사에서 왕에게 글을 올려 **과전을 지급하는 법을 정하**기를 청하니, 왕이 이를 따랐다. …… 1품에서 산직(散職)까지를 나누어 18과(科)로 한다. …… 대체로 경성(京城)에 살면서 왕실을 보위하는 자는 시산(時散)을 따지지 않고 각각 등급에 따라 토지를 받는다. – 《고려사》 –

2 수신전과 휼양전

수신전은 관리가 죽은 뒤 재가하지 않은 아내에게 지급한 토지이고, 휼양전은 관리였던 부모가 모두 죽고 남겨진 어린 자녀에게 지급한 토지예요. 과전법 체제에서 지급된 토지는 원칙적으로 세습이 불가능하였지만, 수신전과 휼양전은 세습이 가능하였어요.

> 무릇 토지를 받은 자가 죽은 뒤에, 그의 아내가 **자식이 있고 수**절하는 경우에는 과 전체에 해당하는 토지를 전해 받는다. …… 아버지와 어머니가 모두 사망하고 자손이 어린 경우에는 **과에 따른 그 아버지 토지 전체를 전해 받도록 하며**, …… – 《고려사》 –

3 직전법

세습 토지가 증가하여 새로 임명되는 관리에게 지급할 토지가 부족해지자 세조는 현직 관리에게만 수조권을 지급하는 직전법을 실시하였어요. 이때 수신전과 휼양전도 폐지되었는데, 이로 인해 죽은 관리의 가족들이 경제적으로 어려워지자 수신전과 휼양전을 부활시켜야 한다는 주장도 있었어요.

> 신이 생각하기에 직전은 국초의 법이 아닙니다. **수신전·휼양전을 폐지하고 직전법을 만드는 바람에** 지아비에게 신의를 지키려고 하는 자는 의지할 바를 잃게 되었고, 어버이에게 효도하려는 자는 곤궁해져도 호소할 곳이 없게 되었습니다. 이는 선왕(先王)의 어진 법과 아름다운 뜻을 하루 아침에 없앤 것입니다. 원컨대 전하께서는 직전을 혁파하고 수신전과 휼양전을 회복하도록 하옵소서. – 《성종실록》 –

4 관수 관급제

직전법 실시 이후 수조권자인 관리들이 조세를 과도하게 거두는 경우가 생기자 성종은 관청에서 직접 조세를 거둔 후 수조권자인 관리에게 나누어 주는 관수 관급제를 실시하였어요. 이로써 국가의 토지 지배권이 강화되었어요.

> 한명회 등이 아뢰기를, "**직전(職田)의 세(稅)는 관(官)**에서 거두어 관에서 주면 이런 폐단이 없을 것입니다."라고 하였다. [대왕대비가] 전지하기를, "**직전의 세는 소재지의 지방관으로 하여금 감독하여 거두어 주도록 하라.**"라고 하였다. – 《성종실록》 –

5 공법 제도

세종은 합리적으로 토지세를 거두기 위해 전제상정소를 설립하고 공법을 제정하였어요. 토지의 비옥도에 따라 6등급으로 나누어 수취하는 전분6등법, 농작물의 풍흉에 따라 9등급으로 나누어 수취하는 연분9등법을 시행하였어요.

> 무릇 토지는 매년 9월 보름 이전에 수령이 그 해의 농사 형편을 살펴 등급을 매긴다. 관찰사가 이를 심의 보고하면 의정부와 6조가 함께 의논하여 임금에게 보고하고 조세를 거둔다. 소출이 10분의 10이면 상상년으로 정해 1결당 20말, 9분이면 상중년으로 18말, 8분이면 상하년으로 16말, 7분이면 중상년으로 14말, 6분이면 중중년으로 12말, 5분이면 중하년으로 10말, 4분이면 하상년으로 8말, 3분이면 하중년으로 6말, 2분이면 하하년으로 4말씩 거두며, 1분이면 면세한다. – 《경국대전》 –

6 조선 시대의 신분제

조선의 법적 신분제는 자유민으로 조세와 국역의 의무를 부담하며 과거 응시가 가능한 양인과 비자유민으로 천역을 담당하는 천인으로 나뉘는 양천제였어요. 16세기 이후에는 양반, 중인, 상민, 천민으로 구분하는 반상제가 정착되어 지배층인 양반과 양반이 아닌 사람으로 구분되었어요.

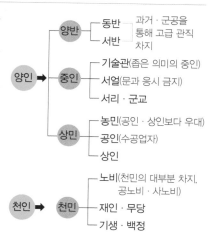

양인 → 양반 ─┬─ 동반 ─ 과거·군공을 통해 고급 관직 차지
            └─ 서반

양인 → 중인 ─┬─ 기술관(좁은 의미의 중인)
            ├─ 서얼(문과 응시 금지)
            └─ 서리·군교

양인 → 상민 ─┬─ 농민(공인·상인보다 우대)
            ├─ 공인(수공업자)
            └─ 상인

천인 → 천민 ─┬─ 노비(천민의 대부분 차지, 공노비·사노비)
            ├─ 재인·무당
            └─ 기생·백정

7 서얼

서얼은 양반의 자식 중 첩의 자식을 의미하는 말로, 양인 첩의 자식인 서자와 천민 첩의 자식인 얼자를 함께 이르는 말이에요. 조선 시대의 서얼은 문과 응시가 금지되고 관직에 진출해도 승진에 제한이 있었으며, 양반의 자식이지만 중인의 대우를 받는 등 많은 제약과 차별을 받았어요.

> 시골 천인의 자식은 때때로 훌륭한 벼슬을 하기도 하는데 세족·명가의 후손인 서얼은 자자손손 영원히 금고시켜 버리니 등용하고 버리는 것이 앞뒤가 맞지 않습니다. …… 신하가 되어서도 임금을 가까이 모실 수 없으니 군신의 의리가 멀어지고, 자식이 되어서도 감히 아버지를 아버지라 부르지 못하니 부자의 인륜이 어그러지게 됩니다. 심지어 자기 자식을 버리고 먼 일가붙이를 양자로 삼으니, 인륜을 파괴하고 하늘의 이치를 어김이 너무도 심합니다.
>   – 《규사》 –

8 구황촬요

《구황촬요》는 명종 때 기근에 대비하기 위해 간행된 책이에요. 이 책에는 나무껍질 등을 이용하여 먹을 것을 만드는 방법, 굶주림으로 인해 종기가 나거나 빈사 상태에 빠진 사람을 치료하는 방법 등이 실려 있어요.

9 오가작통법

조선 시대에 이웃하고 있는 다섯 집을 1통으로 묶어 서로 감시하게 한 제도로, 제때 조세를 내지 못하거나 농지에서 이탈자가 발생한 경우에 연대 책임을 지도록 하였어요. 오가작통법은 호패법과 함께 신원 파악, 농민의 토지 이탈 방지 등을 위해 시행하였어요.

> • 비변사에서 오가작통의 사목을 올렸다. 대략 대호, 중호, 소호를 막론하고 5가(家)를 1통(統)으로 하여 통에서 1인을 통수(統首)로 삼고 5가를 이웃으로 만들어 각기 밭 갈고 김매는 것을 서로 돕고, …… 질병이 있을 때 서로 구해주도록 하였다.
>   – 《홍재전서》 –
> • 역(役)을 피한 백성이 옮겨 오거나 옮겨 가며 그 거주(居住)를 정하지 아니하므로 지금 큰 해(害)가 되었는데, 통법(統法)을 세운 후에는 다른 고을로 옮겨 가는 백성은 반드시 무슨 일로 인하여 어느 방향으로 갈 것인지 갖추어 올리면, 통에서 리(里)에 보고하고, 리에서는 관(官)에 보고하여, 옮겨 가도록 허락한 뒤에야 비로소 가게 한다. 새로 옮긴 지방에서도 예전에 살던 관에서 옮기도록 허락한 문서를 본 후에야 비로소 머물러 살도록 용납하고, 이것이 없는 자는 곧 간민(奸民: 간악한 백성)에 관계되니, 법에 의해 가두어 추문하도록 하였다.
>   – 《숙종실록》 –

10 향약

향약은 향촌에서 지켜야 할 자치 규약으로 덕업상권, 과실상규, 예속상교, 환난상휼 등 4대 덕목을 바탕으로 하였어요. 조선 시대의 향약은 중종 때 조광조의 건의로 시행되었으며 이후 이황의 예안 향약과 이이의 해주 향약에 의해 널리 보급되었어요. 도약정, 부약정 등의 직책이 있었으며 풍속 교화와 향촌 질서 유지 등의 역할을 하였고 사림의 기반이 되기도 하였어요.

> • 처음 향약을 정할 때 뜻을 같이하는 사람들에게 약문(約文)을 보여준다. 이후 몸가짐을 바르게 하고, 남에게 모범이 될 만한 사람들을 골라 약계(約契)에 참여시킨다. 이들을 서원(書院)에 모아 놓고 약법(約法)을 정한 다음, 도약정(都約正), 부약정 및 직월(直月), 사화(司貨)를 선출한다.
> • 향약에 가입하기를 원하는 자에게는 반드시 먼저 규약문을 보여 몇 달 동안 실행할 수 있는가를 스스로 헤아려 본 뒤에 가입하기를 청하게 한다. …… 약정(約正)은 여러 사람에게 물어서 좋다고 한 후에야 다음 모임에 참여하게 한다.
>   – 《율곡전서》 –
> • 올바른 것을 어기고 예의를 해침으로써 우리 고을 풍속을 무너뜨리는 자는 바로 하늘의 뜻을 거역하는 백성이다. 벌을 주지 않으려 해도 주지 않을 수 있겠는가? 이것이 바로 향약을 세우는 까닭이다.
>   – 《퇴계집》 –

11 경재소

경재소는 수령을 보좌하고 향리의 부정을 단속하는 역할을 맡은 유향소를 통제하기 위해 설치된 기구예요. 조선 정부는 지방에 설치된 유향소의 영향력이 커지자 한양에 경재소를 설치하여 중앙의 고위 관리들에게 자기 출신지의 경재소를 관장하여 유향소를 관리·감독하게 하였어요.

> 고을에는 각 토박이 성씨가 있는데, 서울에 살면서 벼슬하는 사람들로 경재소를 구성한다. 경재소에서는 그 고향에 살고 있는 토박이 성씨 중에서 강직하고 명석한 사람을 택하여 유향소에 두어 사무를 보도록 하거나, 간사한 향리의 범법 행위를 서로 규찰하여 풍속을 유지하는데, 그 유래가 오래되었다.
>   – 《성종실록》 –

1 53회   회독 ○○○

밑줄 그은 '이 제도'에 대한 설명으로 옳은 것은?   [2점]

> #3. 궁궐 안
>
>   성종이 경연에서 신하들과 토지 제도 개혁을 논의하고 있다.
>
> **성종:** 그대들의 의견을 말해 보도록 하라.
> **김유:** 우리나라의 수신전, 휼양전 등은 진실로 아름다운 것이지만 오히려 일이 없는 자가 앉아서 그 이익을 누린다고 하여 세조께서 과전을 없애고 <u>이 제도</u>를 만드셨습니다.

① 전지와 시지를 등급에 따라 지급하였다.
② 풍흉에 관계없이 전세 부담액을 고정하였다.
③ 현직 관리에게만 토지의 수조권을 지급하였다.
④ 관리에게 녹봉을 지급하고 수조권을 폐지하였다.
⑤ 개국 공신에게 인성, 공로를 기준으로 토지를 지급하였다.

📢 **직전법**

정답분석   과전법 체제에서는 관리에게 지급된 토지의 세습을 원칙적으로 금지하였어요. 그러나 수신전, 휼양전 등의 명목으로 세습되는 경우가 많았어요. 이로 인해 새로 관리가 된 사람들에게 지급해야 할 토지가 부족해지자 세조는 현직 관리에게만 토지의 수조권을 지급하는 직전법을 실시하였어요.
③ 조선 세조는 현직 관리에게만 토지의 수조권을 지급하는 직전법을 시행하였고, 수신전과 휼양전을 폐지하였어요.

오답분석   ① 고려 경종 때 관리에게 등급에 따라 전지와 시지를 지급하는 전시과 제도가 마련되었어요.
② 조선 인조 때 풍흉에 관계없이 토지 1결당 4~6두의 전세를 부과하는 영정법이 시행되었어요.
④ 조선 명종 때부터 관리에게 녹봉만 지급되었고, 수조권을 지급하는 제도는 사실상 폐지되었어요.
⑤ 고려 태조 때 역분전 제도가 실시되어 건국에 공을 세운 공신에게 인품과 공로를 기준으로 토지가 지급되었어요.

정답 | ③

2 43회   회독 ○○○

(가), (나) 사이의 시기에 있었던 사실로 옳은 것은?   [3점]

> (가) 도평의사사가 글을 올려 과전을 주는 법을 정하자고 요청하니 왕이 따랐다. …… 경기는 사방의 근원이니 마땅히 과전을 설치하여 사대부를 우대하였다. 무릇 경성에 살며 왕실을 보위하는 자는 현직 여부에 상관없이 직위에 따라 과전을 받게 하였다.
>
> (나) 한명회 등이 아뢰기를, "직전(職田)의 세(稅)는 관(官)에서 거두어 관에서 주면 이런 폐단이 없을 것입니다."라고 하였다. [대왕대비가] 전지하기를, "직전의 세는 소재지의 지방관으로 하여금 감독하여 거두어 주도록 하라."라고 하였다.

① 백성에게 정전을 지급하였다.
② 양전 사업을 실시하여 지계를 발급하였다.
③ 관등에 따라 관리에게 전지와 시지를 차등 지급하였다.
④ 개국 공신에게 인품, 공로를 기준으로 역분전을 지급하였다.
⑤ 수신전, 휼양전 등의 명목으로 세습되는 토지를 폐지하였다.

📢 **조선의 토지 제도 변화**

정답분석   (가) 고려 말 공양왕 때 위화도 회군으로 권력을 장악한 이성계와 급진 개혁파 신진 사대부는 과전법을 실시하였어요. 과전법은 관직에 복무한 대가로 관리의 등급에 따라 토지의 수조권을 지급하는 제도였어요. 전·현직 관리에게 경기 지역에 한정해 토지(과전)를 지급하였으며, 원칙적으로 세습할 수 없었어요.
(나) 현직 관리에게만 토지의 수조권을 지급하는 직전법 시행 이후 관리들이 조세를 과하게 거두는 경우가 생기자, 이러한 부정을 막기 위해 성종은 관청이 직접 수확량을 조사해 조세를 걷은 후 토지 수조권을 가진 관리에게 나누어 주는 관수 관급제를 시행하였어요.
⑤ 조선 세조 때 직전법을 실시하면서 기존의 과전법에 따라 수신전, 휼양전 등의 명목으로 세습되던 토지를 폐지하였어요.

오답분석   ① 백성에게 정전을 지급한 것은 신라 성덕왕 때로, (가) 이전의 사실이에요.
② 양전 사업을 실시하여 지계를 발급한 것은 대한 제국이 추진한 광무개혁 때로, (나) 이후의 사실이에요.
③ 관등에 따라 관리에게 전지와 시지를 지급한 제도는 고려 시대의 전시과로, (가) 이전의 사실이에요. 전시과는 경종 때 처음 제정되어 목종과 문종 때 개정되었어요.
④ 개국 공신에게 역분전을 지급한 것은 고려 태조 때로, (가) 이전의 사실이에요.

정답 | ⑤

3 51회 ···· 회독 ○○○

(가) 기구에 대한 설명으로 옳은 것은? [2점]

> 교활한 아전이 여러 가지로 폐단을 일으키는 것은 수령이 듣고 보는 것으로써 다 감찰할 수가 없습니다. 그러나 중앙의 경재소와 지방의 [(가)]이/가 서로 들은 대로 규찰하여 교활한 아전을 억제시키고 향촌의 풍속을 유지시킨다면 풍속을 좋은 방향으로 개선하는 데 도움이 될 것입니다.
>
> – 「성종실록」 –

① 좌수와 별감을 선발하여 운영되었다.
② 지방의 행정·사법·군사권을 행사하였다.
③ 5품 이하의 관원에 대한 서경권을 가졌다.
④ 조광조를 비롯한 사림의 건의로 혁파되었다.
⑤ 중앙에서 교관인 교수나 훈도가 파견되었다.

4 57회 ···· 회독 ○○○

(가) 기구에 대한 설명으로 옳은 것은? [2점]

> ○ 각 지역 출신 가운데 서울에 살며 벼슬하는 자들의 모임을 경재소라고 합니다. 경재소에서는 고향에 사는 유력자 중에서 강직하고 명석한 자들을 선택하여 [(가)]에 두고 향리의 범법 행위를 규찰하고 풍속을 유지하였습니다.
>
> ○ [(가)]을/를 설치하고 향임을 둔 것은 맡은 바를 중히 여긴 것이다. 수령은 임기가 정해져 있어 늘 바뀌니, 백성의 일에 뜻을 둔다 하여도 먼 곳까지 상세히 살필 겨를이 없다. 그러므로 각 지역에서 충성스럽고 부지런한 사람을 뽑아 그 지역의 기강을 맡도록 하여 수령의 눈과 귀로 삼았다.

① 주세붕이 처음 설립하였다.
② 좌수와 별감을 선발하여 운영하였다.
③ 중앙에서 교수와 훈도를 파견하였다.
④ 대성전을 세워 성현에 제사를 지냈다.
⑤ 흥선 대원군에 의해 대부분 철폐되었다.

📢 유향소

정답분석 조선 시대 각 군현에서는 지방 사족들이 향촌 자치 기구로 유향소를 구성하였어요. 이들은 지방 사족의 여론을 모아 수령을 보좌하거나 견제하였으며, 향리의 부정과 비리를 감시하고 풍속을 교화하는 등의 역할을 하였어요.
① 좌수와 별감은 유향소의 주요 직책으로, 지방 사족들 가운데 선발되었어요.

오답분석 ② 수령은 국왕의 대리인으로 지방의 행정·사법·군사권을 행사하였어요.
③ 사헌부와 사간원의 관리들은 대간이라고 불렸으며, 5품 이하의 관리 임명 과정에서 서경권을 행사하였어요.
④ 조선 중종 때 조광조를 비롯한 사림의 건의로 도교 의식을 담당하던 소격서가 혁파되었어요.
⑤ 조선 시대 지방의 향교에는 중앙에서 교관인 교수나 훈도가 파견되어 학생들을 교육하였어요.

정답 | ①

📢 유향소

정답분석 조선 시대에 각 군현에는 지방 사족들로 구성된 향촌 자치 기구인 유향소가 설치되었어요. 유향소는 수령을 보좌하고 향리의 부정과 비리를 감시하였으며, 지방의 풍속을 교화하고 여론을 형성하는 등의 역할을 하였어요.
② 지방 사족들 가운데 선발된 향임, 즉 좌수와 별감이 유향소를 운영하였어요.

오답분석 ① 주세붕은 우리나라 최초의 서원인 백운동 서원을 설립하였어요.
③ 조선 시대에 중앙에서 지방의 향교에 교수와 훈도를 파견하여 학생들을 교육하였어요.
④ 성균관과 향교에는 대성전을 세워 이곳에서 성현에 제사를 지냈어요. 대성전에는 공자를 비롯해 성현들의 위패가 함께 봉안되었어요.
⑤ 조선 고종 때 흥선 대원군은 전국의 서원 중 47개소만 남기고 모두 철폐하였어요.

정답 | ②

5 56회 　　　　　　　　　　회독 ○○○

(가) 교육 기관에 대한 설명으로 옳은 것은? [1점]

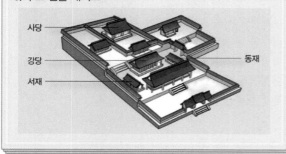

> **조사 보고서**
>
> 1. 주제: 조선의 교육 기관 [(가)]을/를 찾아서
> 2. 개관
>   중종 38년(1543) 풍기 군수 주세붕이 처음 건립하였다. 국왕으로부터 현판과 토지, 노비 등을 받기도 하였다. 흥선 대원군에 의해 정리되어 47곳이 남았는데, 이 중 대표적인 9곳이 유네스코 세계 유산으로 등재되었다.
> 3. 주요 건물 배치도
>
> 사당　강당　서재　동재

① 전국의 모든 군현에 하나씩 설치되었다.
② 선현의 제사와 유학 교육을 담당하였다.
③ 전문 강좌인 7재가 설치되어 운영되었다.
④ 중앙에서 교수나 훈도를 교관으로 파견하였다.
⑤ 소과에 합격한 생원, 진사에게 입학 자격이 부여되었다.

📢 서원

정답분석 풍기 군수 주세붕이 처음 건립하였으며, 국왕으로부터 현판과 토지, 노비 등을 받기도 하였다는 내용을 통해 (가) 교육 기관은 서원임을 알 수 있어요.
② 서원은 유학 교육과 함께 선현에 대한 제사를 담당하였어요.

오답분석 ① 조선 시대에는 전국의 부·목·군·현에 향교가 하나씩 설치되었어요.
③ 고려 예종 때 관학 진흥을 위해 국자감에 전문 강좌인 7재가 설치되었어요.
④ 조선 정부는 지방의 향교에 교수나 훈도를 교관으로 파견하였어요.
⑤ 조선의 최고 교육 기관인 성균관은 소과에 합격한 생원, 진사에게 입학 자격을 부여하였어요.

정답 | ②

6 64회 　　　　　　　　　　회독 ○○○

(가)에 대한 설명으로 옳은 것은? [2점]

> 1. 처음 [(가)]을/를 정할 때 약문(約文)을 동지에게 두루 보이고 그 마음을 바로잡고, 몸가짐을 단속하고, 착하게 살고, 허물을 고치기 위해 약계(約契)에 참례하기를 원하는 자 몇 사람을 가려 서원에 모아 놓고 약법(約法)을 의논하여 정한 다음 도약정(都約正), 부약정 및 직월(直月)·사화(司貨)를 선출한다. ……
> 1. 물건으로 부조할 때는 약원이 사망하였다면 초상 치를 때 사화가 약정에게 고하여 삼베 세 필을 보내고, 같은 약원들은 각각 쌀 다섯 되와 빈 거적때기 세 닢씩 내어서 상을 치르는 것을 돕는다.
>
> – "율곡전서" –

① 7재라는 전문 강좌를 두었다.
② 옥당이라고 불리며 경연을 담당하였다.
③ 중앙에서 파견된 교수나 훈도가 지도하였다.
④ 풍속 교화와 향촌 자치 등의 역할을 하였다.
⑤ 매향(埋香) 활동 등 각종 불교 행사를 주관하였다.

📢 향약

정답분석 향약은 향촌의 자치 규약으로, 조선 중종 때 조광조의 건의로 시작하여 이황과 이이에 의해 널리 보급되었어요. 도약정과 부약정 등을 선출하여 운영하였으며, 상호 부조와 유교 윤리를 실천하였어요. 향약은 덕업상권, 과실상규, 예속상교, 환난상휼 등의 덕목을 내세웠어요. 향약의 주요 직임은 지방 사족들이 담당하였으며, 향약은 서원과 함께 사림 세력의 기반이 되었어요. 이이는 이황과 함께 조선의 성리학을 집대성한 학자로 향촌 풍속 교화를 위하여 해주 향약을 만들어 시행하였어요.
④ 향약은 풍속 교화와 향촌 질서 유지, 지방 사림의 농민 지배 강화 등의 역할을 하였어요.

오답분석 ① 고려 예종은 관학을 진흥시키기 위해 국자감에 전문 강좌인 7재를 두어 운영하였어요.
② 옥당이라고 불렸던 조선의 홍문관은 3사 중 하나로, 궁중의 서적을 관리하고 집현전의 학문 연구 기능을 계승하여 경연을 담당하였어요.
③ 향교는 조선의 지방 국립 교육 기관으로 전국의 부·목·군·현에 하나씩 설립되었고, 중앙에서 파견된 교수나 훈도가 지도하였어요.
⑤ 고려 시대에 등장하였던 향도는 조선 전기에는 매향 활동을 하던 불교의 신앙 조직이었으나 조선 후기에 이르러 마을 공동체 생활을 주도하는 농민 조직으로 발전하였어요.

정답 | ④

18강 조선 전기(경제, 사회)

기출 선택지를 완성하는
키워드 채우기
5분

조선 전기의 경제

01 과전법의 지급 대상 토지는 원칙적으로　　　지역에 한정되었다.

02 세조 때　　법을 실시하여 현직 관리에게만 수조권을 지급하였다.

03 직전법이 시행되면서　　신전과　　양전 등의 명목으로 세습되는 토지가 폐지되었다.

04 성종 때 국가에서 조세를 거두어 관리들에게 나누어 주는　　　　제가 시행되었다.

05 명종 때 국가 재정이 악화되어 관리에게 과전 대신　　봉을 지급하였다.

06 세종 때 풍흉에 따라 9등급으로 나누어 전세를 부과하는　　분9등법이 시행되었다.

07 세종 때 토지의 비옥도를 6등급으로 나누어 전세를 부과하는　　분6등법이 시행되었다.

08 16세기 군역의 요역화로 다른 사람에게 대가를 주고 군역을 대신 지게 하는 대　　이 성행하였다.

조선 전기의 사회

09 조선 시대 천민의 대다수는　　비로 매매, 상속, 증여의 대상이 되었다.

10 조선 시대 노　　는 장례원을 통해 국가의 관리를 받았다.

11 조선 시대　　도는 농민 공동체 조직으로 향촌의 상장제례를 상부상조하였다.

12 조선 시대에는 물가 조절 기구인　　　창과 춘대추납 제도인　　창이 운영되었다.

13 명종 때 《　　촬요》를 간행하여 기근에 대비하였다.

14 향촌의 자치 규약인 향　　은 풍속 교화와 향촌 사회의 질서 유지에 기여하였다.

15 향약은 지방 사　　이 주요 직임을 맡았다.

정답 **01** 경기 **02** 직전 **03** 수, 휼 **04** 관수 관급 **05** 녹 **06** 연 **07** 전 **08** 립 **09** 노 **10** 비 **11** 향 **12** 상평, 의 **13** 구황 **14** 약 **15** 족

18강 조선 전기(경제, 사회) **197**

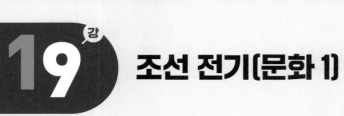

조선 전기(문화 1)

	15C(훈구 ▲)	16C(사림 ▲)
교육 기관· 유학 (성리학)	• 중앙 ─ 성균관 ─ 최고 교육 기관(고등) 　　　　　　 ├ 대사성, 입학(생원·진사) 　　　　　　 └ 대성전(제사) + 명륜당(교육) 　　　 └ 4부 학당: 중등 ──── 관학 • 지방 ‥‥‥‥‥‥‥‥‥‥‥‥‥‥‥ 　 └ 향교 ─ 중등 　　　　 └ 교수·훈도 파견(from 중앙)	‥‥ 서원: 교육 + 제사 ──────── 사학

위 표 오른쪽 칸 내부:

이황	이이
• 이(理) 강조 • 사단칠정 논쟁(기대승) • 예안 향약, 도산 서원 • 〈주자서절요〉, 〈성학십도〉 • 일본 성리학에 영향 • 영남학파	• 이(理) 〈 기(氣) • 현실 개혁(수미법) • 해주 향약 • 〈성학집요〉, 〈동호문답〉 • 〈격몽요결〉(입문서) • 기호학파
↓	↓
동인 → 남인, 북인	서인 → 노론, 소론

불교	• 숭유 억불: 〈불씨잡변〉(정도전), 도첩제 • 〈석보상절〉: 수양 대군(from 세종) • 간경도감(세조)	
역사서	• 〈고려사〉: 문종, 기전체 • 〈고려사절요〉: 문종, 편년체 • 〈조선왕조실록〉 　├ 태조~철종, 편년체 　├ 춘추관 실록청(사초·시정기) 　└ 세계 기록 유산	성종 ↓ • 〈동국통감〉 　├ 고조선~고려 　└ 서거정 • 〈동문선〉: 서거정
지도· 지리서	• 혼일강리역대국도지도 　├ 태종 　└ 현존 동양 최고(最古) 　　 세계 지도 • 〈해동제국기〉(성종): 신숙주(日)	〈동국여지승람〉 → 〈신증동국여지승람〉(중종)
의례· 윤리서· 법전	〈삼강행실도〉 　├ 세종 　└ 충신·효자·열녀	• 〈국조오례의〉 • 〈경국대전〉 　(세조~성종)
음악		〈악학궤범〉

19강 조선 전기(문화 1)

조선 전기(문화 1)

빈출키워드 TOP5

경국대전	1위
교수·훈도 파견(향교)	2위
사초·시정기(실록)	3위
악학궤범	4위
성학십도, 성학집요	5위

✎ 사단칠정 논쟁

사단은 네 가지 마음(측은지심·수오지심·사양지심·시비지심)이고, 칠정은 일곱 가지 감정(희·노·애·구·애·오·욕)을 말해요. 이황과 기대승은 사단칠정에 대한 해석을 두고 논쟁을 벌였어요.

✎ 도첩제

승려가 되고자 하는 사람에게 국가에서 허락한 문서인 도첩을 발급해 주는 제도로, 조선 초기 숭유억불 정책의 하나로 이용되었어요.

✎ 석보상절

세종의 명으로 수양 대군(세조)이 석가모니의 일대기와 설법을 담아 편찬한 불교 경전이에요.

✎ 간경도감

세조 때 만들어진 불경의 번역과 판각을 관장하던 기관이에요.

✎ 고려사

고려 시대의 정치·경제·사회·문화·인물 등을 기전체로 정리한 역사서예요. 조선 초부터 편찬하기 시작해 문종 때 완성하였어요.

✎ 동국여지승람

성종의 명에 따라 노사신 등이 편찬한 지리서로, 각 지역의 역사와 산물, 풍속 등의 정보가 체계적으로 기록되어 있어요.

❶ 교육 기관

국립	중앙	• **성균관**: 최고 교육 기관 　– 성현에 대한 제사(석전대제), 유학 교육 　– 소과에 합격한 생원·진사에게 입학 자격 부여 　– 대성전·명륜당·동재와 서재의 기숙사 등으로 이루어짐 • **4부 학당** 　– 중등 교육 기관 　– 중·동·남·서학
	지방	향교: 중등 교육 기관 　– 부·목·군·현에 하나씩 설립(고을의 규모에 따라 정원이 다름) 　– 중앙에서 교수나 훈도가 파견되어 교육 　– 성현에 대한 제사(석전대제), 유학 교육, 지방민 교화 　– 대성전·명륜당·동재와 서재의 기숙사 등으로 이루어짐
사립	서원	• 16세기 이후 각 지방에 설립 • 성리학 연구, 유학 교육, 선현에 대한 제사 → 유교 윤리 보급, 지방 사림의 정치적 구심점 역할 • 시초: 풍기 군수 주세붕이 최초로 백운동 서원 설립(안향에 대한 제사) → 이황의 건의로 국왕으로부터 소수 서원이라는 현판을 하사받음(사액 서원)
	서당	초등 교육 기관, 기초적인 유학 교육과 한문 교육 실시

❷ 성리학의 발달

성리학	인간의 심성과 우주 자연의 원리 연구	
	이황	**이이**
	• 이(理)의 능동적 역할 강조(근본적·이상주의적 성향) • 기대승과 사단칠정 논쟁 • 《성학십도》·《주자서절요》 저술 • 일본 성리학에 영향 • 예안 향약 시행 • 영남학파 형성(주리론)	• 기(氣)의 역할을 상대적으로 강조(현실적·개혁적 성향) • 《성학집요》·《동호문답》·《격몽요결》(입문서) 저술 • 수미법 등 개혁안 제시 • 해주 향약·서원 향약 시행 • 기호학파 형성(주기론)

▼

동인	**서인**
이황·조식의 학문 계승 – 남인: 이황의 학문 계승 – 북인: 조식의 학문 계승	이이·성혼의 학문 계승 – 노론: 이이의 학문 계승 – 소론: 성혼의 학문 계승

❸ 불교와 도교

불교	• 숭유억불 정책: 도첩제 실시, 정도전의 불교 비판(《불씨잡변》) • 세종: 불교 교단 정리, 《석보상절》 편찬 • 세조: 간경도감 설치 → 불교 경전을 훈민정음으로 번역, 왕실 내 불교 행사 주관
도교	15세기에 소격서 설치, 초제 시행 → 중종 때 조광조의 건의로 소격서 폐지

❹ 편찬 사업

(1) 역사서와 지도 · 지리서

역사서	• 《고려사》(문종 때 완성, 기전체) • 《고려사절요》(문종 때 완성, 편년체) → 고려의 역사 정리 • 《동국통감》(성종 때 서거정): 편년체, 고조선~고려 말까지의 역사 정리 • 《동국사략》(박상): 사림의 역사 인식 반영 • 《승정원일기》 – 국왕의 비서 기관인 승정원에서 매일 취급한 문서와 사건을 기록한 일기 – 유네스코 세계 기록 유산에 등재 • 《조선왕조실록》 – 편년체, 태조~철종까지의 역사 기록 – 사초 · 시정기 등을 바탕으로 실록청에서 편찬(춘추관 관원들 참여) – 유네스코 세계 기록 유산에 등재
지도 · 지리서	• 지도: 혼일강리역대국도지도(태종, 현존하는 동양에서 가장 오래된 세계 지도), 팔도도(태종 때 제작 추정, 전국 지도) • 지리서 – 《팔도지리지》(성종): 전국의 지리 정보 정리 – 《동국여지승람》(성종): 노사신 등이 《팔도지리지》를 참고하여 편찬 – 《해동제국기》(성종): 세종 때 신숙주가 일본에 다녀온 후 보고 들은 내용 정리

(2) 의례 · 윤리서, 법전, 음악

의례 · 윤리서	• 《삼강행실도》(세종): 유교 윤리를 글과 그림으로 설명 • 《국조오례의》(성종): 신숙주 등이 왕실의 행사를 유교 예법에 알맞게 정리 • 《가례집람》(선조 때 저술, 숙종 때 간행, 김장생): 예학을 조선의 현실에 맞게 정리
법전	• 《조선경국전》(정도전) • 《경제문감》(정도전), 《경제육전》(조준) • 《경국대전》(세조~성종): 조선 왕조의 통치 기반이 된 기본 법전, 6전 체제로 구성
음악	• 세종: 박연이 아악 체계화 • 성종: 《악학궤범》 편찬 → 궁중 음악을 비롯해 당시 음악 이론을 총정리

1. 다음 설명에 해당하는 교육 기관을 골라 쓰세요.

성균관, 향교, 서원

(1) 풍기 군수 주세붕이 처음 세웠다. ( )

(2) 지방의 사림 세력이 주로 설립하였다. ( )

(3) 중앙에서 교수와 훈도를 파견하기도 하였다. ( )

(4) 전국의 부 · 목 · 군 · 현에 하나씩 설치되었다. ( )

(5) 최고의 관립 교육 기관으로 성현의 제사를 지냈다. ( )

(6) 국왕으로부터 편액과 함께 서적 등을 받기도 하였다. ( )

(7) 생원시나 진사시의 합격자에게 입학 자격이 부여되었다. ( )

2. 다음 설명에 해당하는 인물을 골라 쓰세요.

이황, 이이

(1) 방납의 폐단을 줄이고자 수미법을 주장하였다. ( )

(2) 다양한 개혁 방안을 담은 동호문답을 저술하였다. ( )

(3) 군주의 도를 도식으로 설명한 성학십도를 지었다. ( )

(4) 예안 향약을 시행하여 향촌 교화를 위해 노력하였다. ( )

(5) 해주 향약을 시행하여 향촌 교화를 위해 노력하였다. ( )

(6) 성학집요를 저술하여 군주가 수행해야 할 덕목을 제시하였다. ( )

3. 조선왕조실록에 대한 설명이 맞으면 ○표, 틀리면 ✕표 하세요.

(1) 사초, 시정기 등을 바탕으로 편찬되었다. ( )

(2) 춘추관 관원들이 편찬 업무에 참여하였다. ( )

(3) 유네스코 세계 기록 유산으로 등재되었다. ( )

(4) 연대순으로 기록하는 편년체로 서술되었다. ( )

(5) 국왕의 비서 기관인 승정원에서 작성하였다. ( )

(6) 세가, 열전, 지, 연표 등의 체제로 구성되었다. ( )

(7) 고조선부터 고려 말까지의 역사를 정리하였다. ( )

1. (1) 서원 (2) 서원 (3) 향교 (4) 향교 (5) 성균관 (6) 서원 (7) 성균관
2. (1) 이이 (2) 이이 (3) 이황 (4) 이황 (5) 이이 (6) 이이
3. (1) ○ (2) ○ (3) ○ (4) ○ (5) ✕ (6) ✕ (7) ✕

19강 조선 전기(문화 1)

① 성균관

성균관은 고려와 조선의 최고 관립 교육 기관으로 수도에 두었어요. 조선 시대의 성균관은 소과에 합격한 생원과 진사에게 입학 자격을 부여하였어요. 학생들은 지금의 기숙사와 같은 동재와 서재에서 생활하였어요. 성균관에는 공자와 여러 성현을 모시는 문묘를 두어 인재 양성과 함께 제사의 기능도 담당하게 하였어요.

▲ 대성전(제사)

▲ 명륜당(교육)

② 향교

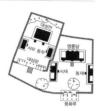

향교는 지방에 설치된 국립 교육 기관이에요. 제사 공간인 대성전과 유교 경전 등을 강의하는 공간인 명륜당, 기숙사인 동재·서재 등으로 이루어졌어요. 전국의 부·목·군·현에 하나씩 설립되었고, 중앙에서 교수나 훈도가 파견되어 학생들을 가르쳤어요.

> 국가에서 주·부·군·현에 문묘와 향교를 설치하지 않은 데가 없도록 하여 수령을 보내어 제사를 받들게 하고 교수를 두어 교도를 맡게 한 것은, 대개 교화를 펴고 예의를 강론하여 인재를 양성해서 문명한 다스림을 돕게 하려는 것이다.
> – 권근, 〈영흥향교부흥기〉 –

③ 이황

이황의 사상은 근본적이고 이상적인 성향이 강하였어요. 인간 심성의 근원인 '이(理)'를 강조한 이황의 학설은 유성룡 등으로 이어져 영남학파가 형성되었어요. 임진왜란 이후에는 이황의 사상이 일본으로 전해져 일본의 성리학 발전에 큰 영향을 끼쳤어요. 이황은 예안 향약을 시행하였으며 《성학십도》, 《주자서절요》 등의 저서를 남겼어요. 한편, 이황은 기대승과 사단칠정에 대한 해석을 두고 논쟁을 벌이기도 하였어요.

> 엎드려 생각하옵기를 도(道)는 형상이 없고 천(天)은 말이 없습니다. …… 성학(聖學)은 큰 단서가 있고 심법(心法)은 지극한 요령이 있습니다. …… 나라가 혼란한 지금 신하된 사람이라면 최고 통치자를 인도하여 도리에 합당하도록 여러 방면으로 마음을 쓰지 않을 수 없습니다.
> – 《퇴계집》 –

④ 이이

이이의 사상은 현실적이고 개혁적인 성향이 강하였어요. 현실 세계를 구성하는 '기(氣)'의 역할을 상대적으로 중시한 이이의 학설은 조헌 등으로 이어져 기호학파가 형성되었어요. 이이는 해주 향약과 서원 향약을 시행하였고, 《성학집요》, 《동호문답》, 《격몽요결》 등의 저술을 남겼어요. 이이는 수미법 등의 개혁안을 제시하기도 하였어요.

> 이(理)와 기(氣)는 서로 떨어지지 아니하여 한 사물인 것 같지만, 다른 점은 이는 형체가 없고 기는 형체가 있으며 이는 작용이 없고 기는 작용이 있는 것이 구별됩니다. …… 이는 형체가 없고 기는 형체가 있기 때문에 이는 두루 통하고 기는 국한되며, 이는 작용이 없고 기는 작용이 있기 때문에 기가 발하여 이가 타는 것입니다.
> – 《율곡집》 –

⑤ 성학십도

'성학'은 성인이 되기 위한 학문이라는 뜻으로, 유학을 가리켜요. 이황은 선조가 성군이 되기를 바라는 마음에서 성학을 10개의 그림(십도)으로 설명한 《성학십도》를 지어 선조에게 올렸어요.

> 제가 엎드려 생각해 보니, 처음에 글을 올려 학문을 논한 것들이 전하의 뜻을 감동시키지 못했습니다. 이에 신이 성학(聖學)을 밝히고 마음을 다스리기 위해 옛 현인들의 방법을 그림으로 그리고 설명을 붙여 전하께 올리고자 합니다.
> – 《성학십도》 –

⑥ 성학집요

'집요'는 모아서 요약하였다는 뜻으로, 이이가 군주가 수양해야 할 덕목과 지식들을 정리하여 선조에게 올린 책이에요. 이이는 유교 경전의 중요한 내용을 뽑아 정리하여 《성학집요》를 저술하였어요.

> 신이 생각하건대 도는 오묘하여 형체가 없기 때문에 글로써 나타낸 것입니다. 사서와 육경은 이를 자세하게 밝혔으니 글로써 도를 찾는다면 이치가 모두 나타날 것입니다. 다만 염려되는 것은 서책이 매우 넓어 중요한 내용을 찾기 어렵기에 선대 유학자들께서는 《대학》을 드러내어 이것으로 규모를 세웠습니다. …… 이에 다른 일을 제쳐 놓고 오로지 요점을 뽑는 일에 종사하여 사서, 육경과 선대의 학설, 또는 역대의 역사에 이르기까지 깊이 탐구하여 …… 이 책을 편찬하였습니다.
> – 《성학집요》 –

7 조선왕조실록

태조부터 철종까지의 역사를 연대순으로 서술하는 방식인 편년체로 기록한 역사서예요. 왕이 승하한 후에 춘추관에 실록청을 설치하고 사관들이 기록한 사초와 각 기관에서 보고한 문서를 정리한 시정기 등을 종합하여 편찬하였어요. 《조선왕조실록》은 유네스코 세계 기록 유산으로 등재되었어요.

8 승정원일기

《승정원일기》는 왕의 비서 기관으로 왕명 출납을 담당하였던 승정원에서 매일매일 작성한 업무 일지예요. 사료적 가치가 높게 평가되어 유네스코 세계 기록 유산으로 등재되었어요.

9 동국통감

서거정 등이 성종의 명을 받아 고조선부터 고려 말까지의 역사를 엮은 역사서예요. 단군 조선에서 삼한까지는 외기로 따로 분류하여 책머리에서 다루었고, 유교 사관에 근거하여 서술하였어요.

> 삼가 삼국 이하의 여러 역사를 뽑고 중국사를 채집하였으며, **편년체**를 취하여 사실을 기록하였습니다. 또한 범례는 모두 **《자치통감》에 의거**하고 《자치통감강목》의 첨삭한 취지에 따라 중요한 것을 보존하는 데 힘썼습니다. 삼국이 병립하였을 때는 **삼국기**(三國紀), 신라가 통일하였을 때는 **신라기**, 고려 때는 **고려기**, **삼한**(三韓) 이전은 **외기**(外紀)라 하였습니다. 1400년 동안 국가의 흥망과 임금의 잘잘못을 비롯하여 정치의 성쇠를 모두 거짓 없이 기록하였습니다.
> – 《동국통감》 서문 –

10 혼일강리역대국도지도

혼일강리역대국도지도는 태종 때 만들어진 동양에서 현존하는 가장 오래된 세계 지도예요. 중국 다음으로 우리나라를 크게 표현하여 당시의 세계관을 보여 주고 있어요.

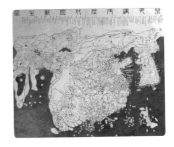

11 경국대전

《경국대전》은 '나라를 경영하는 방법을 담은 큰 법전'이라는 뜻으로, 세조 때 편찬을 시작하여 성종 때 완성·반포된 조선의 기본 법전이에요. 이·호·예·병·형·공전의 6전 체제로 구성되었으며, 유교적 통치 질서를 확립하고 타당한 법을 성문화하여 통치 제도를 완성하였다는 데 의의가 있어요.

> 일찍이 신하들에게 말씀하시기를, "우리 조종(祖宗)의 심후(深厚)하신 인덕(仁德)과 크고 아름다운 규범이 훌륭한 전장(典章)에 퍼져 있다. 이는 "경제육전"의 '원전', '속전'과 '등록'이며, 또 여러 번 내리신 교지에 있어 법이 아름답지 않은 것이 아니지만, 관리들이 용렬하고 어리석어 제대로 받들어 행하지 못한다. 이는 진실로 그 목차와 조문이 너무 번잡하고 앞뒤가 서로 모순되어 법을 하나로 통일하지 못했기 때문이다."
> – 《경국대전》 서문 –

12 삼강행실도

세종 때 유교 윤리의 보급을 위해 우리나라와 중국의 모범이 될 만한 충신·효자·열녀의 행실을 모아 만든 윤리서예요. 모든 사람이 쉽게 알아볼 수 있도록 글 옆에 그림을 그려 넣었어요.

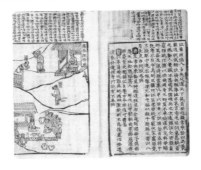

1 50회 회독●●●

(가) 교육 기관에 대한 설명으로 옳은 것은? [2점]

그림으로 보는 조선 국왕의 일생 교육

이 그림은 효명 세자가 ___(가)___ 에 입학하는 의식을 그린 『왕세자입학도첩』 중 「입학도」이다. 효명 세자는 이날 궁을 나와 ___(가)___ 에 도착하여 먼저 대성전의 공자 신위에 술을 올린 후, 명륜당에 가서 스승에게 교육을 받았다.

① 전문 강좌인 7재가 운영되었다.
② 전국의 부·목·군·현에 하나씩 설립되었다.
③ 중앙에서 교관인 교수나 훈도가 파견되었다.
④ 생원시나 진사시의 합격자에게 입학 자격이 부여되었다.
⑤ 한어(漢語), 왜어(倭語), 여진어 등 외국어 교육을 담당하였다.

2 54회 회독●●●

(가) 교육 기관에 대한 설명으로 옳은 것은? [2점]

이곳은 경기도 수원시에 위치한 조선 시대 지방 교육 기관인 ___(가)___ 입니다. 대부분 지방 관아 가까운 곳에 위치하였으며 제향 공간인 대성전, 강학 공간인 명륜당, 기숙사인 동재와 서재 등으로 이루어져 있습니다.

① 전문 강좌인 7재를 운영하였다.
② 풍기 군수 주세붕이 처음 세웠다.
③ 생원과 진사에게 입학 자격을 부여하였다.
④ 중앙에서 교수나 훈도를 파견하기도 하였다.
⑤ 유학을 비롯하여 율학, 서학, 산학을 교육하였다.

📢 **성균관**

정답분석 왕세자의 성균관 입학례는 조선이 유교 국가임을 천명하는 상징적 의미의 행사였어요. 조선 시대 최고 교육 기관인 성균관에서는 공자를 비롯한 유교의 성현에 대한 제사를 지냈고, 수준 높은 유학 교육이 이루어졌어요.
④ 소과의 생원시나 진사시에 합격한 사람에게 성균관의 입학 자격이 주어졌어요.

오답분석 ① 고려 예종은 관학을 진흥하기 위해 국자감에 전문 강좌인 7재를 운영하였어요.
② 조선 시대 향교는 전국의 부·목·군·현에 하나씩 세워져 유학 교육을 담당하였어요.
③ 조선 시대 향교에는 중앙에서 교수나 훈도가 파견되어 학생들을 교육하였어요.
⑤ 조선 시대 사역원은 외국어 통역과 번역뿐만 아니라 한어, 왜어, 여진어 등 외국어 교육도 담당하였어요.

📢 **향교**

정답분석 향교는 조선의 지방 국립 교육 기관으로, 조선 정부는 유학 교육을 위해 전국의 부·목·군·현에 하나씩 설립하였어요.
④ 향교에는 중앙에서 교육을 담당할 교수나 훈도가 파견되기도 하였어요.

오답분석 ① 고려 예종 때 국자감에 전문 강좌인 7재가 운영되었어요.
② 풍기 군수 주세붕은 우리나라 최초의 서원인 백운동 서원을 세웠어요. 백운동 서원은 이후 이황의 건의로 국왕으로부터 '소수 서원'이라는 현판을 받아 사액 서원이 되었어요.
③ 소과에 합격한 생원과 진사에게는 조선의 최고 교육 기관인 성균관에 입학할 수 있는 자격이 주어졌어요.
⑤ 고려의 최고 교육 기관인 국자감에는 국자학, 태학, 사문학을 교육하는 유학부와 율학, 서학, 산학을 교육하는 기술학부가 있었어요.

정답 | ④

정답 | ④

3 60회

(가) 인물에 대한 설명으로 옳은 것은? [3점]

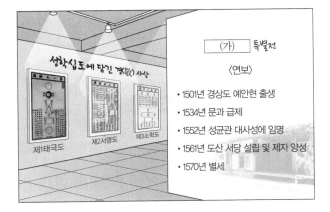

① 기대승과 사단칠정 논쟁을 전개하였다.
② 일본에 다녀와서 해동제국기를 편찬하였다.
③ 양명학을 연구하여 강화학파를 형성하였다.
④ 기축봉사를 올려 명에 대한 의리를 내세웠다.
⑤ 무오사화의 발단이 된 조의제문을 작성하였다.

📢 이황의 활동

정답분석 《성학십도》는 조선을 대표하는 성리학자인 이황의 저서예요. 이황은 《성학십도》에서 군주가 스스로 인격과 학식을 수양하기 위해 노력해야 함을 강조하면서 군주의 도를 도식으로 표현하였어요. 그의 사상은 일본으로 전해져 일본의 성리학 발전에 큰 영향을 끼쳤어요. 도산 서당은 이황이 머무르면서 제자들을 가르치던 곳으로, 이황 사후 그 주변에 도산 서원이 지어졌어요.
① 이황은 기대승과의 사단칠정 논쟁을 통해 성리학의 이해를 심화하였어요.

오답분석 ② 신숙주는 일본에 다녀온 경험을 바탕으로 일본과의 외교 관계 등을 정리한 《해동제국기》를 편찬하였어요.
③ 정제두는 양명학을 연구하여 강화도를 중심으로 강화학파를 형성하였어요.
④ 송시열은 조선 효종 때 기축봉사를 올려 명에 대한 의리를 강조하고 북벌을 주장하였어요.
⑤ 김종직이 쓴 〈조의제문〉은 세조의 왕위 찬탈을 비판하였다고 해석되어 무오사화의 배경이 되었어요.

정답 | ①

4 63회

밑줄 그은 '이 인물'에 대한 설명으로 옳은 것은? [3점]

① 명에 대한 의리를 내세운 기축봉사를 올렸다.
② 청으로부터 시헌력을 도입하자고 건의하였다.
③ 양반의 허례와 무능을 풍자한 양반전을 저술하였다.
④ 예학을 조선의 현실에 맞게 정리한 가례집람을 지었다.
⑤ 군주가 수양해야 할 덕목과 지식을 담은 성학집요를 집필하였다.

📢 이이의 활동

정답분석 신사임당을 어머니로 둔 율곡 이이는 퇴계 이황과 함께 조선의 성리학을 집대성한 대학자예요. 이이는 향촌의 풍속 교화를 위하여 해주 향약을 만들어 시행하였어요. 이이는 선조에게 왕도 정치에 대한 이상을 문답체로 서술한 《동호문답》을 바쳐 다양한 개혁 방안을 제시하였고, 학문을 시작하는 어린이들을 가르치기 위해 《격몽요결》을 저술하였어요.
⑤ 이이는 군주가 수행해야 할 덕목과 지식을 담은 《성학집요》를 집필하였는데, 이 책에서 이이는 현명한 신하가 왕의 수양을 도와야 한다고 주장하였어요.

오답분석 ① 송시열은 명에 대한 의리를 내세우고 청에 대한 복수를 주장하는 상소인 기축봉사를 효종에게 올렸어요.
② 조선 효종 때 김육은 청으로부터 24절기의 시각과 하루의 시각을 정밀하게 계산하여 만든 서양의 역법인 시헌력을 도입하자고 건의하였어요.
③ 박지원은 〈양반전〉, 〈호질〉 등의 한문 소설을 저술하여 양반의 허례와 무능을 풍자하였어요.
④ 조선의 학자 김장생은 예학을 조선의 현실에 맞게 정리한 《가례집람》을 지었어요.

정답 | ⑤

5 44회 　　　　　　　　　　회독 ○○○

(가)~(마)에 대한 설명으로 옳은 것은? 　　　[2점]

한국사 과제 안내문

■ 다음에 제시된 조선의 관찬 기록물 중 하나를 선택하여
보고서를 제출하시오.

* 조보 ·······························(가)
* 일성록 ·····························(나)
* 비변사등록 ·························(다)
* 승정원일기 ·························(라)
* 조선왕조실록 ·····················(마)

■ 조사 방법: 문헌 조사, 인터넷 검색 등
■ 제출 기간: 2019년 ○○월 ○○일~○○월 ○○일
■ 분량: A4 용지 3장 이상
---

① (가) – 유네스코 세계 기록 유산으로 등재되었다.
② (나) – 광해군 때부터 기록되기 시작하였다.
③ (다) – 국왕의 비서 기관에서 발행한 관보이다.
④ (라) – 정조가 세손 시절부터 쓴 일기에서 유래하였다.
⑤ (마) – 춘추관 관원들이 편찬 업무에 참여하였다.

6 56회 　　　　　　　　　　회독 ○○○

(가) 왕의 재위 기간에 있었던 사실로 옳은 것은? 　　　[2점]

이곳은 창경궁의 정문인 홍화문입니다. 창경궁은 ___(가)___ 이/가 정희 왕후 등 세 분의 대비를 모시기 위해 수강궁을 수리하여 조성한 궁궐입니다. ___(가)___ 은/는 경국대전 완성 등 많은 업적을 남겼습니다.

① 탕평비가 건립되었다.
② 상평통보가 주조되었다.
③ 악학궤범이 간행되었다.
④ 훈련도감이 설치되었다.
⑤ 초계문신제가 시행되었다.

📢 **조선의 기록 문화**

정답분석 ⑤《조선왕조실록》은 태조부터 철종까지의 역사를 편년체로 기록한 역사서예요. 왕이 승하하면 임시로 실록청이 설치되어 전 왕대의 실록을 편찬하는데, 춘추관 관원들이 실록청의 구성원으로 참여하였어요.

오답분석 ① 조보는 국왕의 비서 기관인 승정원에서 발행한 관보예요. 유네스코 세계 기록 유산으로 등재되지 않았어요.
②《일성록》은 정조가 세손 시절부터 기록한 개인 일기에서 비롯되었는데, 정조 즉위 후에는 규장각 관원들이 작성을 담당하여 국정 공식 기록 문서로 전환되었어요.
③《비변사등록》은 조선 중기 이후 국정의 핵심 사항을 의결하던 비변사의 활동에 대한 기록물이에요.
④《승정원일기》는 국왕의 비서 기관인 승정원에서 매일매일 취급한 문서와 사건을 기록한 일지예요.

📢 **조선 성종 재위 시기의 편찬 사업**

정답분석 성종은 조선의 기본 법전인《경국대전》을 완성·반포하여 성문법에 바탕을 둔 유교적 통치 체제의 정비를 마무리하였어요. 이 외에도 성종 재위 시기에는 각종 도서의 편찬 사업이 활발하게 이루어져 국가의 의례를 정비한《국조오례의》, 각 지역의 지리, 역사, 산물, 풍속 등을 기록한《동국여지승람》등이 간행되었어요.
③ 성종 때 음악 이론 등을 집대성한《악학궤범》이 간행되었어요.

오답분석 ① 영조는 탕평책에 대한 의지를 알리기 위해 성균관에 탕평비를 건립하였어요.
② 숙종 때부터 상평통보가 법화로 주조되어 널리 통용되었어요.
④ 선조 때 일어난 임진왜란 중에 삼수병으로 구성된 훈련도감이 설치되었어요.
⑤ 정조는 능력 있는 젊은 문신들을 뽑아 재교육하는 초계문신제를 시행하였어요.

정답 | ⑤ 　　　　　　　　　　　　　　　　정답 | ③

조선 전기(문화 1)

교육 기관

01 소과 합격자인 생원과 진사에게 조선의 최고 관립 교육 기관인 　　관의 입학 자격이 주어졌다.

02 성균관은 제사를 지내는 　　전과 교육을 하는 　　당을 중심으로 구성되었다.

03 전국의 부·목·군·현에 하나씩 설립된 　교에는 중앙에서 교수나 훈도가 파견되었다.

04 　　원은 지방의 사림 세력이 주로 설립하였고, 교육과 함께 선현에 제사를 지냈다.

성리학의 발달 / 불교와 도교

05 이황은 군주의 도를 도식으로 설명한 《성학　　》를 저술하였다.

06 이황은 기대승과 　단　정 논쟁을 전개하였다.

07 이　은 예안 향약을 시행하여 향촌 교화를 위해 노력하였다.

08 이이는 《성학　　》를 저술하여 군주가 수양해야 할 덕목을 제시하였다.

09 이이는 방납의 폐단을 줄이기 위해 　　법을 주장하였다.

10 이　는 해주 향약을 시행하여 향촌 교화를 위해 노력하였다.

11 조선은 숭유억불 정책의 하나로 승려에게 허가증을 발급하는 　　제를 시행하였다.

편찬 사업

12 성종 때 고조선부터 고려까지의 역사를 편년체로 서술한 《동국　　》이 편찬되었다.

13 《조선왕조　　》은 사초와 시정기를 바탕으로 실록청에서 편찬하였다.

14 태종 때 현존하는 동양 최고(最古)의 세계 지도인 　　　　　 역대국도지도가 만들어졌다.

15 《　　대전》은 세조 때 편찬 작업이 시작되어 성종 때 완성된 조선 왕조의 기본 법전이다.

16 세종 때 충신, 효자, 열녀의 이야기를 글과 그림으로 구성한 《　　행실도》가 편찬되었다.

17 성종 때 성현 등이 음악 이론 등을 집대성한 《악학　　》이 간행되었다.

정답 **01** 성균 **02** 대성, 명륜 **03** 향 **04** 서 **05** 십도 **06** 사, 칠 **07** 황 **08** 집요 **09** 수미 **10** 이 **11** 도첩 **12** 통감 **13** 실록 **14** 혼일강리 **15** 경국 **16** 삼강 **17** 궤범

19강 조선 전기(문화 1) **207**

	15C(훈구 ▲)	16C(사림 ▲)
천문·과학 기구·역법	• 천상열차분야지도: 태조 • 장영실: 측우기, 앙부일구(해시계), 자격루(물시계) • 〈칠정산〉┬ 이순지, 한양 기준 역법서 　　　　　└ 수시력(원) + 회회력(아라비아)	
농서·의학서	• 〈농사직설〉: 정초, 변효문 → 우리 농법 정리 • 〈의방유취〉: 의학 백과사전　　　　　┐ 세종 • 〈향약집성방〉: 우리 치료법 정리　　　┘ • 〈금양잡록〉: 성종, 강희맹(농사 체험기)	
문자·인쇄술	• 태종: 주자소 설치, 계미자 • 세종: 갑인자 • 훈민정음: 〈용비어천가〉, 〈삼강행실도〉	
공예	분청사기	백자
그림	• 고사관수도: 강희안 • 몽유도원도: 안견 → 안평 대군의 꿈	• 사군자: 매·난·국·죽 • 초충도: 신사임당 추정
문학	• 〈동문선〉: 성종, 서거정 • 〈금오신화〉: 김시습, 최초 한문 소설	가사 문학 ▲ 　└ 정철: 〈관동별곡〉, 〈사미인곡〉
건축·탑	• 궁궐 건축 ▲: 경복궁, 창덕궁 ┐ • 사직단, 선농단, 종묘　　　├ 세계 문화 유산 • 합천 해인사 장경판전 ┘ 　└ 팔만대장경(세계 기록 유산) • 원각사지 10층 석탑 ┬ 대리석 　　　　　　　　　　└ 경천사지 10층 석탑(고려, 원)	서원 건축 ▲ ┬ 대성전: 제사 　　　　　　├ 명륜당: 교육 　　　　　　└ 동재·서재: 기숙사 　　　　　　⇓ 백운동 서원(세계 문화 유산) 　└ 소수 서원(사액): 이황, 안향 제사

20강 조선 전기(문화 2)

따라 쓰며 흐름을 이해하는
흐름판서 쓰기

20강 조선 전기(문화 2) **209**

20강 조선 전기(문화 2)

빈출키워드 TOP5

농사직설	1위
칠정산	2위
계미자, 갑인자	3위
서울 원각사지 10층 석탑	4위
몽유도원도	5위

✎ 의방유취
세종 때 편찬된 동양 최대의 의학 백과사전으로, 국내외 수많은 의학서를 집대성하여 만들어졌어요.

✎ 용비어천가
조선의 창업을 찬양하고 건국을 합리화하는 내용을 담은 서사시로, 훈민정음으로 쓰인 최초의 글이에요.

✎ 금오신화
김시습이 지은 한문 소설집으로, 우리나라 최초의 소설로 알려져 있어요. 〈만복사저포기〉, 〈이생규장전〉, 〈취유부벽정기〉 등이 전해지고 있어요.

✎ 관동별곡
정철이 강원도 관찰사로 원주에 부임하여 관동 팔경을 유람한 후 그곳의 뛰어난 경치에 대한 개인적인 감흥을 표현한 노래예요.

✎ 사미인곡
정철이 임금에 대한 충절을 한 여인이 그 남편을 사모하는 마음에 비유하여 표현한 노래예요.

❶ 과학 기술의 발달

천문학·과학 기구	• 천상열차분야지도(태조): 고구려의 천문도를 바탕으로 돌에 새긴 별자리 지도 • 세종 때 장영실 등이 측우기(강우량 측정), 앙부일구(해시계), 자격루(물시계), 혼천의·간의(천체 관측) 등 제작
역법	《칠정산》(세종) – 이순지 등이 수시력(원)과 회회력(아라비아) 등을 참고하여 편찬 – 한양을 기준으로 천체 운동을 정확하게 계산한 역법서
농서	• 《농사직설》(세종) – 정초, 변효문 등이 우리 풍토에 맞는 농사법을 정리하여 소개 – 전국 농부들의 실제 경험을 바탕으로 정리 • 《금양잡록》(성종): 강희맹이 금양(오늘날 시흥) 지역에서 그곳 농부들과의 대화와 자신이 직접 농사를 지으며 체험한 내용을 토대로 저술
의학서	• 《의방유취》(세종): 의학 백과사전 • 《향약집성방》(세종): 우리 고유의 약재와 치료 방법 정리
인쇄술	활자 인쇄술 발달 – 태종: 주자소 설치(금속 활자 개량) → 계미자 주조 – 세종: 갑인자 주조
병서·무기	• 《총통등록》: 화포 주조법과 화약 사용법 정리 • 《동국병감》: 고조선~고려 말까지의 전쟁사 정리 • 태종 때 거북선 제작 • 신기전·화포·비격진천뢰 제작

❷ 훈민정음 창제

창제	세종이 백성들이 자신의 말과 생각을 문자로 표현할 수 있도록 훈민정음 창제(1443)·반포(1446)
보급	• 각종 서적을 훈민정음으로 편찬 – 《용비어천가》: 조선의 건국 시조를 찬양함으로써 조선 건국의 합리화 – 《삼강행실도》: 유교 윤리를 글과 그림으로 설명 • 부녀자와 농민 중심으로 훈민정음 확산

❸ 건축과 예술의 발달

(1) 공예

15세기	분청사기 유행: 회색 계통의 태토 위에 흰 흙을 발라 만든 자기, 소박한 무늬
16세기	백자 유행: 선비의 고상한 멋 반영

(2) 그림

15세기	• 고사관수도(강희안): 선비의 모습을 과감한 화풍으로 그려 냄 • 몽유도원도(안견): 세종의 아들인 안평 대군의 꿈 이야기를 듣고 그림
16세기	• 사군자 유행 • 초충도(신사임당의 작품으로 추정), 송하보월도(이상좌)

(3) 문학

15세기	• 《동문선》: 성종 때 서거정이 우리나라의 역대 문학 작품을 선별하여 편찬 • 《금오신화》(김시습): 최초의 한문 소설
16세기	가사 문학 발달: 정철의 《관동별곡》·《사미인곡》

(4) 건축

15세기	• 궁궐 및 성문 건축 발달(경복궁, 창덕궁, 숭례문 등) • 종묘: 역대 국왕과 왕비의 신주를 모신 곳으로, 유네스코 세계 유산으로 등재 • 사직단: 토지와 곡식의 신에게 제사를 지내던 곳 • 선농단: 농사법을 가르쳤다고 전해지는 신농씨와 후직씨에게 풍년을 기원하며 제사를 지내던 곳 • 합천 해인사 장경판전: 팔만대장경판 보관, 유네스코 세계 유산으로 등재 • 서울 원각사지 10층 석탑: 대리석, 원의 영향을 받은 고려의 개성 경천사지 10층 석탑 계승
16세기	서원 건축 발달 – 대성전: 공자의 위패를 모신 곳으로 제사 공간 – 명륜당: 교육 공간인 강당 – 동재·서재: 기숙사 – 안동의 도산 서원, 경주의 옥산 서원 등 9개 서원이 유네스코 세계 유산으로 등재

1. 조선 전기에 제작된 문화유산으로 맞으면 ○표, 틀리면 ×표 하세요.

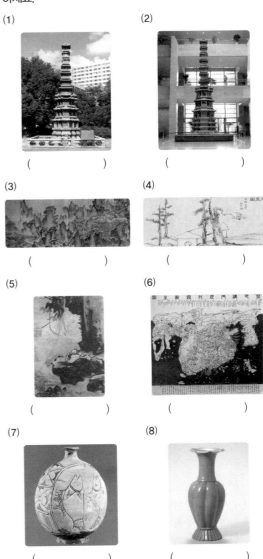

(1)
(   )

(2)
(   )

(3)
(   )

(4)
(   )

(5)
(   )

(6)
(   )

(7)
(   )

(8)
(   )

2. 다음 설명에 해당하는 건축물을 골라 쓰세요.

> 경복궁, 창덕궁, 종묘, 선농단

(1) 왕실 도서관인 규장각이 설치되었다.　(　　)
(2) 역대 국왕과 왕비의 신주가 모셔져 있다.　(　　)
(3) 태조 때 한양으로 천도하면서 건립되었다.　(　　)
(4) 국왕이 신농, 후직에게 풍년을 기원한 곳이다.　(　　)
(5) 태종이 한양으로 다시 천도한 후에 건립하였다.　(　　)

1. (1) ○ (2) × (3) ○ (4) × (5) ○ (6) ○ (7) ○ (8) ×
2. (1) 창덕궁 (2) 종묘 (3) 경복궁 (4) 선농단 (5) 창덕궁

① 천상열차분야지도

천상열차분야지도는 태조 때 고구려의 천문도를 바탕으로 재구성하여 하늘의 모습을 돌에 새긴 천문도예요. 천문도를 만들게 된 배경과 제작자에 대한 내용 등이 적혀 있어요.

② 측우기

세종 때 강우량을 정확히 측정하여 농사짓는 데 도움을 받기 위해 측우기가 처음으로 만들어졌어요. 원통 모양의 측우기에 빗물을 받아 자를 이용하여 그 깊이를 측정해 강우량을 알 수 있었어요. 세종은 같은 규격의 측우기를 지방 관아에 설치하도록 하여 전국적으로 강우량을 측정해 보고하도록 하였어요.

③ 앙부일구

앙부일구는 세종 때 제작된 해시계로, 오목한 내부 면에 시각선을 그어 해의 그림자를 통해 시간을 알 수 있게 하였어요. 또한, 계절선이 그어져 있어 24절기를 알 수 있었기 때문에 달력의 역할도 하였어요.

④ 자격루

자격루는 '스스로 종을 울리는 물시계'라는 뜻으로 장영실이 세종의 명을 받아 제작하였어요. 자격루는 인형이 종, 북, 징을 치거나 시각이 표시된 나무판을 보여 주는 방식으로 시간을 알려 주었어요.

⑤ 칠정산

《칠정산》은 세종 때 편찬한 역법서예요. 이전까지는 다른 나라를 기준으로 한 역법서를 사용하여 조선의 상황과 맞지 않아 불편하였어요. 그래서 세종은 정초, 이순지 등에게 명하여 조선의 실정에 맞는 역법서를 만들게 하였어요. 이에 원의 수시력과 아라비아의 회회력 등을 참고하여 최초로 한양을 기준으로 천체 운동을 계산한 역법서인 《칠정산》이 편찬되었어요.

▲ 《칠정산》 내편

▲ 《칠정산》 외편

⑥ 훈민정음

훈민정음은 세종이 창제하여 반포한 우리나라 고유의 문자로, '백성을 가르치는 바른 소리'라는 뜻이에요. 세종은 백성들이 글을 몰라서 억울한 일을 당해도 바로잡지 못하는 상황 등을 안타깝게 여겨 17자의 자음과 11자의 모음, 총 28자로 이루어진 훈민정음을 창제하였어요. '언문'은 훈민정음을 가리키는 말이에요.

- 우리나라 말과 글이 중국과 달라서 한자로 서로 통하지 못한다. 이에 백성들이 말하고 싶은 바가 있어도 그 뜻을 펼치지 못하는 이가 많다. 내가 이것을 딱하게 여겨 28자를 만들었으니 백성들이 쉽게 익혀 편리하게 사용할 수 있도록 하려고 한다. – 《세종실록》 –
- 임금이 친히 언문(諺文) 28자를 지었는데, 그 글자가 옛 전자(篆字)를 모방하고, 초성·중성·종성으로 나누어 합한 연후에야 글자를 이루었다. 무릇 문자에 관한 것과 이어에 관한 것을 모두 쓸 수 있고, 글자는 비록 간단하고 요약하지마는 전환(轉換)하는 것이 무궁하니, 이것을 훈민정음이라고 일렀다. – 《세종실록》 –

7 종묘와 사직단

종묘는 역대 왕과 왕비의 신주를 모신 사당으로, 유네스코 세계 유산으로 등재되었어요. 사직단은 땅의 신과 곡식의 신에게 제사를 지내는 제단이에요. 조선 건국 이후 경복궁을 중심으로 오른쪽에 사직단을, 왼쪽에 종묘를 지었어요.

▲ 종묘

▲ 사직단

8 합천 해인사 장경판전

경상남도 합천에 위치한 해인사 장경판전은 고려 시대에 제작된 팔만대장경판을 보관하기 위해 조선 초에 지어졌어요. 환기와 온도, 습도 등이 완벽하게 조절되도록 설계되어 팔만대장경판이 오랫동안 잘 보존되고 있으며, 이러한 가치를 인정받아 유네스코 세계 유산으로 등재되었어요.

▲ 장경판전 외부

▲ 장경판전 내부

9 분청사기와 백자

분청사기는 회색 계통의 바탕흙 위에 백토로 표면을 분장한 후 유약을 발라 구운 자기로, 조선 초기에 유행하다가 순백색의 바탕흙 위에 유약을 발라 구운 자기인 백자가 본격적으로 생산되면서 쇠퇴하였어요.

▲ 분청사기 음각어문 편병

▲ 백자 달항아리

10 몽유도원도와 고사관수도

몽유도원도와 고사관수도는 조선 전기를 대표하는 그림이에요. 몽유도원도는 안견이 세종의 아들인 안평 대군이 꿈속에서 본 무릉도원 이야기를 듣고 소재 삼아 그린 그림이에요. 고사관수도는 문인 화가 강희안이 그렸으며, 물을 바라보고 있는 고상한 선비의 모습을 표현하였어요.

▲ 몽유도원도

▲ 고사관수도

11 서울 원각사지 10층 석탑

서울 원각사지 10층 석탑은 원의 영향을 받은 고려의 개성 경천사지 10층 석탑을 모방하여 조선 전기에 만들어졌어요. 대리석으로 만들어졌으며, 몸돌의 면에는 부처, 보살, 구름, 사자, 연꽃 등이 새겨져 있어 뛰어난 조각 솜씨를 보여 주는 석탑이에요.

12 서원

지금의 사립 대학과 같은 역할을 한 서원은 이름 있는 유학자의 제사를 지내고 성리학을 연구·교육한 곳이에요. 중종 때 주세붕이 세운 백운동 서원은 우리나라 최초의 서원으로, 나중에 사액되면서 소수 서원으로 이름이 바뀌었어요. 사액 서원은 경제적 지원과 더불어 면세의 혜택을 받았어요. 이후 서원이 점차 혈연이나 당파 등과 연결되어 문제가 발생하고 백성을 수탈하여 원성을 사는 등 폐단이 날로 심해지자 흥선 대원군은 전국 600여 개의 서원 중 47개소만 남기고 모두 철폐하였어요.

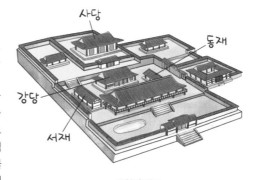
▲ 서원의 구조

 **조선 전기(문화 2)**

1 53회 회독 ○○○○

(가)에 들어갈 내용으로 옳지 **않은** 것은? [2점]

〈역사 다큐멘터리 제작 기획안〉

15세기 조선, 과학을 꽃 피우다

1. 기획 의도: 조선 초, 부국강병과 민생 안정을 위해 과학 기술 분야에서 노력한 모습을 살펴본다.
2. 구성
   1부 태양의 그림자로 시간을 보는 앙부일구
   2부 (가)
   3부 외적의 침입에 대비한 신무기, 신기전과 화차

① 기기도설을 참고하여 설계한 거중기
② 국산 약재와 치료법을 소개한 향약집성방
③ 한양을 기준으로 한 역법서인 칠정산 내편
④ 활판 인쇄술의 발달을 가져온 계미자와 갑인자
⑤ 우리나라 실정에 맞는 농법을 소개한 농사직설

2 54회 회독 ○○○○

밑줄 그은 '왕'의 재위 기간에 있었던 사실로 옳은 것은? [1점]

> 왕이 말하였다. "장영실은 공교한 솜씨만 있는 것이 아니라 총명하고 뛰어나 자격루를 만들었다. 이것은 만대에 이어 전할 만한 기물로 그 공이 작지 아니하니 호군의 관직을 더해 주고자 한다." 황희가 "장영실에게만 안 될 것이 있겠습니까?"라고 하니 왕이 그대로 따랐다.

① 주자소가 설치되어 계미자가 주조되었다.
② 훈련 교범인 무예도보통지가 간행되었다.
③ 삼수병으로 구성된 훈련도감이 설치되었다.
④ 전통 한의학을 집대성한 동의보감이 완성되었다.
⑤ 우리 풍토에 맞는 농법을 정리한 농사직설이 편찬되었다.

📢 **조선 전기 과학 기술의 발달**

정답분석 ① 조선 후기 정조 때 정약용은 중국의 《기기도설》을 참고하여 거중기를 설계하였어요. 거중기는 수원 화성 건설에 이용되었어요.

오답분석 ② 조선 전기 세종 때 국산 약재와 치료법을 소개한 의학서인 《향약집성방》이 간행되었어요.
③ 조선 전기 세종 때 최초로 한양을 기준으로 천체 운동을 계산한 역법서인 《칠정산 내편》이 편찬되었어요.
④ 조선 전기 태종 때 주자소가 설치되어 금속 활자인 계미자가 주조되었고, 세종 때 개량된 금속 활자인 갑인자가 주조되었어요.
⑤ 조선 전기 세종 때 정초, 변효문 등이 각 지역 농민의 경험을 수집하여 이를 바탕으로 우리 풍토에 맞는 농사법을 정리한 《농사직설》을 편찬하였어요.

📢 **조선 세종 재위 시기 과학 기술의 발달**

정답분석 자격루는 자동으로 시간을 알려 주는 물시계로 세종 때 장영실 등이 처음 만들었어요. 세종은 백성의 안정된 생활을 위해 농업을 장려하고 측우기, 간의, 앙부일구 등의 과학 기구를 만들게 하여 이를 뒷받침하였어요.
⑤ 세종은 정초, 변효문 등에게 명하여 우리 풍토에 맞는 농법을 정리한 《농사직설》을 편찬하게 하였어요.

오답분석 ① 태종 때 주자소가 설치되어 금속 활자인 계미자가 주조되었어요.
② 정조 때 훈련 교범인 《무예도보통지》가 간행되었어요.
③ 선조 때 일어난 임진왜란 중에 포수, 사수, 살수의 삼수병으로 구성된 훈련도감이 설치되었어요.
④ 광해군 때 허준이 우리나라와 중국의 의서를 망라하여 전통 한의학을 집대성한 《동의보감》을 완성하였어요.

정답 | ①

정답 | ⑤

③ 64회 회독 ○○○

밑줄 그은 '왕'의 재위 시기에 있었던 사실로 옳은 것은?

[2점]

이달의 책

동국정운

이 책의 제목은 우리나라의 바른 음이라는 뜻으로, 집현전 학사인 신숙주, 최항, 박팽년 등이 왕의 명을 받아 편찬하였습니다. 우리나라 한자음을 바로잡아 통일된 표준음을 정하려는 목적으로 만들어진 이 책은 국어 연구 자료로서 높이 평가되고 있습니다.

① 금속 활자인 갑인자가 제작되었다.
② 수도 방어를 위해 금위영이 설치되었다.
③ 훈련 교범인 무예도보통지가 편찬되었다.
④ 국가의 기본 법전인 경국대전이 완성되었다.
⑤ 신진 인사를 등용하기 위해 현량과가 시행되었다.

④ 53회 회독 ○○○

(가)에 해당하는 문화유산으로 옳은 것은?

[2점]

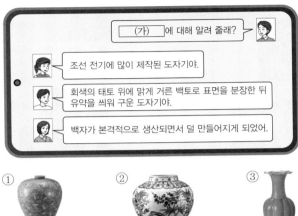

(가) 에 대해 알려 줄래?

조선 전기에 많이 제작된 도자기야.

회색의 태토 위에 맑게 거른 백토로 표면을 분장한 뒤 유약을 씌워 구운 도자기야.

백자가 본격적으로 생산되면서 덜 만들어지게 되었어.

①   ②   ③

④   ⑤

📢 **조선 세종 재위 시기의 문화 발전**

정답분석 세종은 학문과 정책 연구를 위해 궁궐 안에 집현전을 설치하였어요. 신숙주와 박팽년은 세종 때 집현전 학사가 되어 훈민정음을 창제할 때 많은 일을 하였어요. 그러나 세종의 큰 신임을 받았던 신숙주는 세종이 죽은 뒤 문종, 단종으로 이어지며 왕권이 약해진 시기에 훗날 세조가 되는 수양 대군의 편에 섰고, 수양 대군이 계유정난을 일으켰을 때 많은 일을 하면서 공신으로 책봉되었어요.
① 세종은 장영실, 이천 등을 통해 금속 활자인 갑인자를 제작하였어요.

오답분석 ② 숙종은 수도 방어를 담당하는 금위영을 창설하였어요. 금위영의 창설로 조선 후기 5군영 체제가 완비되었어요.
③ 정조 때 무예 훈련 교범인 《무예도보통지》, 왕조의 통치 규범을 재정비한 《대전통편》, 호조의 사례를 정리한 《탁지지》 등이 편찬되었어요.
④ 세조 때부터 편찬하기 시작한 《경국대전》은 성종 때 완성되었어요.
⑤ 중종 때 조광조가 신진 인사 등용을 위해 제안한 현량과가 실시되었어요.

📢 **분청사기**

정답분석 고려 후기부터 만들어진 분청사기는 조선 전기에 많이 제작되었으며, 백자가 본격적으로 생산되면서 쇠퇴하였어요.
④ 조선 전기에 만들어진 분청사기 음각어문 편병이에요.

오답분석 ① 고려 시대에 만들어진 상감 청자인 청자 상감 운학문 매병이에요.
② 조선 시대에 만들어진 청화 백자인 백자 청화 매죽문 항아리예요.
③ 고려 시대에 제작된 순청자인 청자 참외 모양 병이에요.
⑤ 발해의 삼채 도기인 삼채 향로예요.

정답 | ①

정답 | ④

5 65회 회독 ●●●

(가)에 해당하는 작품으로 옳은 것은? [1점]

조선의 예술, 메타버스 회화 전시관

이 그림은 안견이 안평 대군의 꿈 이야기를 듣고 그린 것입니다. 현실 세계와 이상 세계가 대비를 이루면서도 전체적으로 통일된 분위기를 자아내고 있습니다.

(가)

학생 1   학생 2   학생 3   해설사

①    ②

③    ④

⑤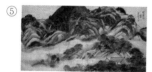

📢 **몽유도원도**

정답분석 조선 전기의 화가 안견은 안평 대군의 꿈 이야기를 듣고 이를 소재 삼아 〈몽유도원도〉를 그렸어요. 안견의 화풍은 후대에 영향을 미쳐 안견의 화풍을 추종한 많은 화가들을 안견파라고 부르기도 해요. 이들의 화풍은 일본 수묵화에도 큰 영향을 주었어요.
① 안견이 그린 〈몽유도원도〉로, 왼쪽에는 현실 세계를, 오른쪽에는 꿈에서 본 이상 세계를 표현하였어요.

오답분석 ② 조선 후기에 김정희가 그린 〈세한도〉로, 김정희가 유배 중인 자신을 잊지 않고 챙겨 준 제자 이상적에게 그려 준 그림이에요.
③ 조선 후기에 김홍도가 단양의 명승지인 옥순봉을 그린 〈옥순봉도〉예요.
④ 조선 전기에 강희안이 그린 〈고사관수도〉로, 흐르는 물을 바라보며 생각에 빠진 선비의 모습을 표현하였어요.
⑤ 조선 후기에 겸재 정선이 그린 진경 산수화인 〈인왕제색도〉로, 비온 후에 안개 낀 인왕산의 모습을 사실적으로 묘사하였어요.

정답 | ①

6 57회 회독 ●●●

(가)에 해당하는 문화유산으로 옳은 것은? [2점]

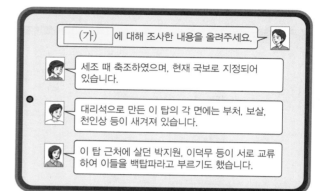

(가) 에 대해 조사한 내용을 올려주세요.

세조 때 축조하였으며, 현재 국보로 지정되어 있습니다.

대리석으로 만든 이 탑의 각 면에는 부처, 보살, 천인상 등이 새겨져 있습니다.

이 탑 근처에 살던 박지원, 이덕무 등이 서로 교류하여 이들을 백탑파라고 부르기도 했습니다.

①  ②  ③

④  ⑤

📢 **서울 원각사지 10층 석탑**

정답분석 ① 서울 원각사지 10층 석탑은 대리석 석재를 비롯하여 전체적인 형태와 구조, 탑 표면에 장식된 화려한 조각 등이 원 간섭기에 만들어진 고려의 개성 경천사지 10층 석탑과 비슷해요.

오답분석 ② 백제의 익산 미륵사지 석탑이에요.
③ 신라의 경주 불국사 다보탑이에요.
④ 백제의 부여 정림사지 5층 석탑이에요.
⑤ 발해의 영광탑으로, 벽돌로 세운 전탑이에요.

정답 | ①

20강 조선 전기(문화 2)

기출 선택지를 완성하는
키워드 채우기

과학 기술의 발달 / 훈민정음 창제

01 세종 때 해시계인　　　일구, 물시계인　　　루 등이 만들어졌다.

02 세종 때 이순지 등이 한양을 기준으로 한 역법서인 《　　　산》을 만들었다.

03 세종 때 정초 등이 우리 풍토에 맞는 농사법을 기록한 《농사　　　》을 간행하였다.

04 강희맹은 자신의 경험을 바탕으로 한 농서인 《　　　잡록》을 저술하였다.

05 세종 때 우리 고유의 약재와 치료 방법을 정리한 《　　　집성방》이 간행되었다.

06 　종 때 주자소가 설치되어 계미자가 주조되었고, 　종 때 갑인자가 주조되었다.

07 세종은 우리 고유의 문자인　　　　　을 창제하였다.

건축과 예술의 발달

08 15세기에는 회색 계통의 태토 위에 백토로 표면을 꾸민　　　사기가 유행하였다.

09 16세기에는　　자가 깨끗하고 검소한 아름다움으로 사대부들에게 인기를 끌었다.

10

강희안의
관수도

11

안견의　　　도원도

12

　　도

13 김시습은 우리나라 최초의 한문 소설인 《　　　신화》를 썼다.

14 조선 건국 이후 역대 국왕과 왕비의 신주를 모신　　묘가 경복궁 동쪽에 세워졌다.

15 조선 전기의 불교 건축물로는 팔만대장경이 보관된 합천　　　사 장경판전이 있다.

16 조선 전기에 개성 경천사지 10층 석탑의 영향을 받은 서울　　　　지 10층 석탑이 세워졌다.

정답 **01** 앙부, 자격 **02** 칠정 **03** 직설 **04** 금양 **05** 향약 **06** 태, 세 **07** 훈민정음 **08** 분청 **09** 백 **10** 고사 **11** 몽유 **12** 초충 **13** 금오 **14** 종 **15** 해인 **16** 원각사

조선 후기

21강 조선 후기(정치)
22강 조선 후기(조직, 외교)
23강 조선 후기(경제)
24강 조선 후기(사회)
25강 조선 후기(문화 1)
26강 조선 후기(문화 2)

1623
인조반정

1659, 1674
예송

1680
경신환국

1610
허준, 동의보감 편찬

1678
숙종, 상평통보 재발행

1742
영조, 탕평비 건립

기출로 보는 키워드

1위 덕대

2위 초계문신제

3위 탕평비

4위 홍경래의 난

5위 삼정이정청

3개년 평균 출제 비중

5.3문항

10.6%

1793
정조, 장용영 설치

1811
홍경래의 난

1796
정조, 수원 화성 완공

1860
동학 창시

1862
임술 농민 봉기

21강 조선 후기(정치)

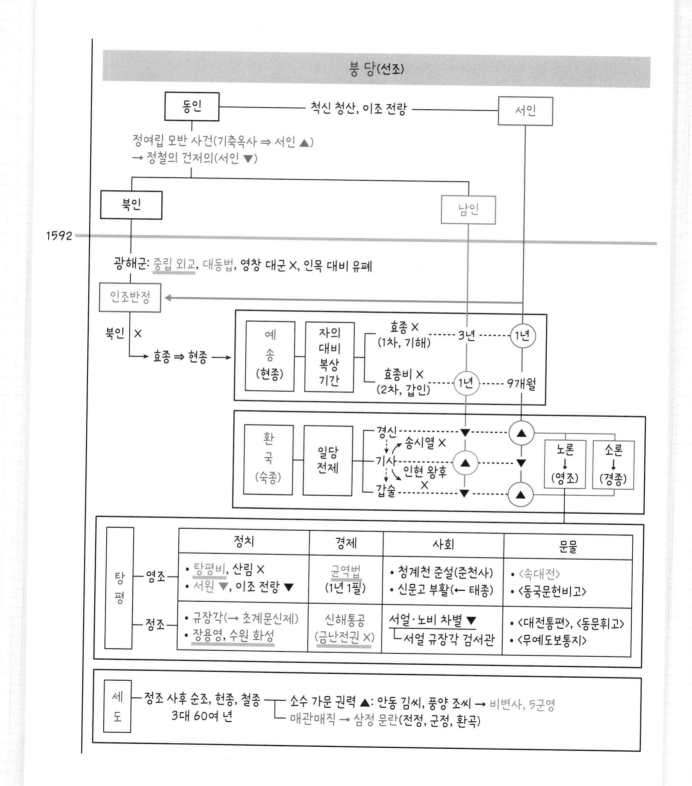

붕 당(선조)

| 동인 | ── 척신 청산, 이조 전랑 ── | 서인 |

정여립 모반 사건(기축옥사 ⇒ 서인 ▲)
→ 정철의 건저의(서인 ▼)

| 북인 | | 남인 |

1592

광해군: 중립 외교, 대동법, 영창 대군 ✕, 인목 대비 유폐

인조반정

북인 ✕

효종 ⇒ 현종 →

| 예 송 (현종) | 자의 대비 복상 기간 | 효종 ✕ (1차, 기해) ---- 3년 ---- 1년 |
| | | 효종비 ✕ (2차, 갑인) ---- 1년 ---- 9개월 |

| 환 국 (숙종) | 일당 전제 | 경신 ──── 기사 송시열 ✕ ── 인현 왕후 ✕ ──── 갑술 | ▼ ▲ ▼ | ▲ ▲ ▲ | 노론 → (영조) | 소론 → (경종) |

		정치	경제	사회	문물
탕 평	영조	• 탕평비, 산림 ✕ • 서원 ▼, 이조 전랑 ▼	균역법 (1년 1필)	• 청계천 준설(준천사) • 신문고 부활(← 태종)	• 〈속대전〉 • 〈동국문헌비고〉
	정조	• 규장각(→ 초계문신제) • 장용영, 수원 화성	신해통공 (금난전권 ✕)	서얼·노비 차별 ▼ └ 서얼 규장각 검서관	• 〈대전통편〉, 〈동문휘고〉 • 〈무예도보통지〉

| 세 도 | ─ 정조 사후 순조, 헌종, 철종
3대 60여 년 | ─ 소수 가문 권력 ▲: 안동 김씨, 풍양 조씨 → 비변사, 5군영
└ 매관매직 → 삼정 문란(전정, 군정, 환곡) |

21강 조선 후기(정치)

조선 후기(정치)

빈출키워드 TOP5

초계문신제	1위
장용영	2위
탕평비	3위
신해통공	4위
정여립 모반 사건	5위

✎ 정여립 모반 사건

1589년 동인 출신 정여립이 모반을 꾀한다는 혐의를 받다가 스스로 목숨을 끊은 사건이에요. 서인인 정철이 이 사건의 수습을 맡았는데, 그는 사건을 확대 해석하여 사건과 관련된 많은 동인들을 처벌하였어요(기축옥사).

✎ 이인좌의 난

경종이 일찍 죽고 뒤를 이어 영조가 즉위하자 정권에서 배제된 이인좌를 비롯한 소론 세력과 일부 남인이 연합하여 일으킨 반란이에요.

✎ 산림

학문의 수준은 높으나 관직에 진출하지 않고 향촌에서 학문을 연구하며 서원 등을 통해 현실 정치에 목소리를 내는 사람들을 말해요.

✎ 균역법

영조가 농민의 군역 부담을 줄여 주기 위해 시행한 법으로, 1년에 2필씩 걷던 군포를 1필로 줄였어요.

✎ 속대전

성종 때 《경국대전》이 반포된 이후 공포된 법령 중에서 시행할 조항만을 추려서 영조 때 편찬한 법전이에요.

✎ 대전통편

《경국대전》과 《속대전》을 통합하여 편찬한 법전이에요.

❶ 붕당 정치의 전개

선조	• 붕당의 형성: 척신 정치의 잔재 청산 문제와 이조 전랑직의 임명 문제를 둘러싸고 기성 사림과 신진 사림 간의 대립 → 사림이 분화하여 **동인과 서인의 붕당 형성** • 동인의 분화: 정철 등 서인 세력이 **정여립 모반 사건**(동인이었던 정여립이 모반을 꾀한다고 모함)을 빌미로 동인 숙청(기축옥사) → 서인 집권 → 정철의 건저의 사건(정철이 선조에게 광해군을 세자로 책봉할 것을 건의하자 삭탈관직을 당함) → 동인 집권 → 동인이 정철에 대한 처벌을 두고 남인(온건파)과 북인(강경파)으로 분화
광해군	왜란 이후 **북인이 서인과 남인을 배제하고 정권 장악**
인조	인조반정으로 광해군과 북인 축출 → **서인의 정권 장악**, 남인의 정치 참여 허용

❷ 붕당 정치의 변질

(1) 예송의 발생(현종)

배경	효종과 효종비의 사망 후 인조의 계비인 자의 대비의 복상 기간(상복을 입는 기간)을 두고 서인과 남인이 대립	
	서인(송시열)	**남인(허목, 윤휴)**
입장	효종이 비록 왕이었으나, 인조의 차남이기 때문에 《주자가례》에 따라 왕실도 사대부와 똑같은 예를 따라야 한다고 주장	《주례》, 《예기》 등을 근거로 왕실이 사대부의 예를 똑같이 따르는 것은 맞지 않다고 주장
	1차 예송(기해예송, 1659)	**2차 예송(갑인예송, 1674)**

전개	• 효종 사망
	  − 서인: **1년 복상(기년복)** 주장
	  − 남인: 3년 복상 주장
	• 결과: 서인 의견 수용
		• 효종비 사망
		  − 서인: 9개월 복상(대공복) 주장
		  − 남인: **1년 복상(기년복)** 주장
		• 결과: 남인 의견 수용

(2) 환국의 전개(숙종): 일당 전제화(당파 간 세력 균형 붕괴)

경신환국 (1680)	남인인 허적이 왕의 허락 없이 유악(장막) 사용, 남인의 역모설 → 숙종이 **허적, 윤휴 등 남인 축출**, 서인 집권 → 서인이 남인에 대한 처벌을 두고 노론(강경파)과 소론(온건파)으로 분화
기사환국 (1689)	서인의 우두머리였던 송시열이 희빈 장씨(장희빈) 아들(훗날 경종)의 원자 책봉을 반대 → 숙종이 송시열을 처형하는 등 서인 축출 → **남인 집권**, 인현 왕후 폐위, 희빈 장씨의 왕비 책봉
갑술환국 (1694)	서인이 인현 왕후의 복위 운동 전개 → 숙종이 **인현 왕후를 복위**시키고 희빈 장씨를 내쫓음 → 남인 축출, **서인 집권**

❸ 탕평 정치의 전개

(1) 영조의 개혁 정치

정치	**이인좌의 난** 진압, **산림**의 존재 부정, 서원 정리, 이조 전랑의 권한 축소, 탕평비 건립
경제	**균역법** 실시(1년에 군포 1필 징수) → 농민의 군포 부담 감소
사회	가혹한 형벌 폐지, 신문고 제도 부활, 청계천 준설(준천사 신설)
문물	《**속대전**》·《동국문헌비고》 등 편찬

(2) 정조의 개혁 정치

정치	• 규장각 설치(학술 연구 기관): 정책 보좌 • 초계문신제 실시: 젊고 능력 있는 문신들을 선발하여 왕이 직접 재교육 실시 • 수원 화성 건설: 화성을 정조의 정치적 이상을 실현하는 도시로 육성 • 장용영 설치: 국왕 직속의 친위 부대. 수원 화성에 외영을 둠
경제	신해통공 단행: 육의전을 제외한 시전 상인의 금난전권 폐지 → 상업 활동의 일정한 자유 보장, 사상의 성장
사회	• 수령의 권한 강화: 수령이 군현 단위의 향약 주관 → 향촌 내 지방 사족의 영향력 억제, 백성에 대한 국가의 통치권 강화 • 서얼과 노비에 대한 차별 완화 → 박제가, 유득공, 이덕무 등 서얼 출신 학자를 규장각 검서관으로 등용
문물	《대전통편》·《동문휘고》·《탁지지》·《무예도보통지》 등 편찬

❹ 세도 정치의 전개

배경	정조 사후 어린 나이의 순조가 즉위 → 외척이 권력을 장악하면서 왕권 약화. 정치 세력 간 균형 붕괴. 소수 가문에 권력 집중
전개	• 순조, 헌종, 철종의 3대 60여 년 동안 지속 • 왕실과 혼인 관계를 맺은 안동 김씨, 풍양 조씨 등이 비변사 등의 권력 장악

폐단	• 매관매직 성행 → 정치 기강의 문란
	• 탐관오리의 수탈 등 부정부패 심화
	• 삼정의 문란
	  – 전정: 각종 부가세를 적용하여 정해진 금액 이상으로 징수
	  – 군정: 인징·족징(도망자나 실종자의 군포를 이웃이나 친척에게 징수), 황구첨정(어린아이에게 군포 징수), 백골징포(죽은 사람에게 군포 징수)
	  – 환곡: 법으로 정해진 양 이상으로 수량 확대. 환곡의 세금화

1. 조선 숙종 재위 시기에 있었던 사실로 맞으면 ○표, 틀리면 ×표 하세요.

(1) 이괄이 반란을 일으켰다. ( )

(2) 정여립 모반 사건으로 기축옥사가 일어났다. ( )

(3) 자의 대비의 복상 문제로 예송이 전개되었다. ( )

(4) 영창 대군이 사사되고 인목 대비가 유폐되었다. ( )

(5) 허적과 윤휴 등 남인이 대거 축출되는 경신환국이 일어났다. ( )

(6) 갑술환국이 일어나 남인이 축출되고 노론과 소론이 정국을 주도하였다. ( )

(7) 기사환국이 일어나 인현 왕후가 폐위되고 희빈 장씨가 왕비로 책봉되었다. ( )

2. 다음 사실들을 순서대로 나열하세요.

> (가) 사림이 동인과 서인으로 나뉘었다.
> (나) 자의 대비의 복상 문제로 예송이 전개되었다.
> (다) 기축옥사로 이발 등 동인 세력이 제거되었다.
> (라) 북인이 서인과 남인을 배제하고 권력을 장악하였다.

( )

3. 다음 설명에 해당하는 왕을 골라 쓰세요.

영조, 정조

(1) 준천사를 신설하여 홍수에 대비하였다. ( )

(2) 국왕의 친위 부대인 장용영을 설치하였다. ( )

(3) 속대전을 편찬하여 통치 체제를 정비하였다. ( )

(4) 붕당의 폐해를 경계하고자 탕평비를 세웠다. ( )

(5) 대외 관계를 정리한 동문휘고를 간행하였다. ( )

(6) 군역의 부담을 줄이고자 균역법을 제정하였다. ( )

(7) 문신 재교육을 위한 초계문신제가 시행되었다. ( )

(8) 통치 체제 정비를 위해 대전통편이 편찬되었다. ( )

(9) 역대 문물을 정리한 동국문헌비고를 편찬하였다. ( )

(10) 규장각 검서관에 서얼 출신 학자들을 등용하였다. ( )

(11) 시전 상인의 특권을 축소하는 신해통공이 실시되었다. ( )

(12) 이인좌를 중심으로 소론 세력이 일으킨 난을 진압하였다. ( )

1. (1) × (2) × (3) × (4) × (5) ○ (6) ○ (7) ○ 2. (가) – (다) – (라) – (나)
3. (1) 영조 (2) 정조 (3) 영조 (4) 영조 (5) 정조 (6) 영조 (7) 정조 (8) 정조
(9) 영조 (10) 정조 (11) 정조 (12) 영조

21강 조선 후기(정치) **223**

21강 조선 후기(정치)

1 붕당 정치

붕당은 사림이 권력을 잡은 이후 정치적 입장과 학문적 견해에 따라 형성된 집단이에요. 처음에는 상호 견제와 협력을 통해 정치를 운영하며 정치 참여의 폭이 확대되고 공론이 중시되었어요. 하지만 점차 한정된 관직과 경제적 이권을 놓고 벌이는 권력 다툼으로 변질되어 자기 붕당의 이익만을 앞세우는 폐단이 나타났어요.

> 붕당은 싸움에서 생기고 싸움은 이해관계에서 생긴다. 이해관계가 절실하면 붕당이 깊어지고, 이해관계가 오래될수록 붕당이 견고해지는 것은 당연한 형세이다. 그렇게 되는 이유는 무엇인가? 지금 열 사람이 함께 굶주리고 있는데, 한 그릇의 밥을 같이 먹게 되면 그 밥을 다 먹기도 전에 싸움이 일어날 것이다. …… 조정의 붕당도 어찌 이와 다를 것이 있겠는가? …… 당파가 생긴 뒤로는 아무리 총명하여도 제대로 판단하기 어렵다. 중립을 지켜 시비를 가리는 자를 용렬하다고 하고, 붕당을 위해 죽어도 굽히지 않는 자를 절개가 뛰어나다고 한다. 또, 영예와 치욕이 갑자기 뒤바뀌니 사람들이 어찌 붕당을 만들어 싸우지 않겠는가?
>
> – 《곽우록》 –

2 붕당 정치의 전개와 변질

붕당 정치는 사림이 선조 때 이조 전랑 임명과 척신 정치 청산 문제를 두고 동인과 서인으로 분화되면서 본격적으로 시작되었어요. 이후 정여립 모반 사건으로 서인이 정권을 잡았으나, 정철이 선조에게 건저(세자 책봉을 건의)를 올린 사건으로 다시 동인이 권력을 잡게 되었어요. 이때 서인에 대한 처벌을 두고 동인이 북인과 남인으로 나뉘었어요. 왜란 이후에는 북인이 정권을 장악하였으나 인조반정 이후에는 서인이 정국을 주도하고 남인이 정치에 참여하였어요. 하지만 현종 때 예송, 숙종 때 환국을 거치면서 남인은 몰락하고 서인은 노론과 소론으로 갈라졌어요.

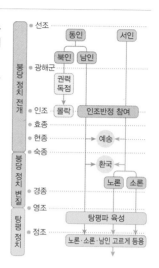

3 환국

'환국'은 급작스럽게 정권이 교체되는 형세를 뜻하는데, 숙종 때의 정치적 상황을 말해요. 숙종은 왕권 강화를 위해 환국을 되풀이하였어요. 숙종 즉위 당시에는 남인이 집권하였으나 남인의 영수 허적이 무단으로 왕실의 물건인 유악을 사용한 것이 계기가 되어 경신환국이 일어나 서인이 정권을 잡았어요. 이후 희빈 장씨 소생의 원자 책봉 문제를 두고 기사환국이 발생하여 남인이 다시 정권을 잡게 되지만 결국 갑술환국으로 남인은 정계에서 축출되었어요.

〈경신환국〉
궐내에 보관하던 기름 먹인 장막을 허적이 다 가져갔음을 듣고, 임금이 노하여 "궐내에서 쓰는 장막을 마음대로 가져가는 것은 한명회도 못 하던 짓이다."라고 말하였다. 시종에게 알아보게 하니, 잔치에 참석한 서인(西人)은 몇 사람뿐이었고, 허적의 당파가 많아 기세가 등등하였다고 아뢰었다. 이에 임금이 남인(南人)을 제거할 결심을 하였다. …… 허적이 잡혀오자 임금이 모든 관직을 삭탈하였다. — 《연려실기술》 –

〈기사환국〉
임금이 말하기를, "송시열은 산림(山林)의 영수로서 나라의 형세가 험난한 때에 감히 원자의 명호를 정한 것이 너무 이르다고 하였으니, 삭탈관작하고 성문 밖으로 내쳐라. 반드시 송시열을 구하려는 자가 있겠지만, 그런 자는 비록 대신이라 하더라도 용서하지 않을 것이다."라고 하였다. — 《숙종실록》 –

〈갑술환국〉
임금이 "기사년 송시열의 상소는 한때의 실수였을 뿐 그가 어찌 다른 뜻을 가졌겠는가. 이제 그동안 잘못된 일이 다 해결되었으니 특별히 그의 관직을 회복하고 제사를 지내게 하라."라고 하교하였다. — 《숙종실록》 –

4 영조의 탕평 정치

'탕평'은 어느 쪽에도 치우침이 없이 공평하다는 뜻이에요. 영조와 정조는 붕당 정치의 폐단을 극복하기 위해 탕평 정치를 시행하였어요. 극심한 붕당 간 대립 속에서 즉위한 영조는 탕평파를 육성하였고 붕당의 근거지인 서원을 정리하였어요. 또한 붕당 정치의 폐단을 경계하고자 하는 뜻을 널리 알리기 위해 성균관 앞에 탕평비를 세웠어요.

> "붕당의 폐해가 점점 더하여 각각 원수를 이루어 서로 죽여야만 끝이 났다. …… 나는 다만 마땅한 인재를 취하여 쓸 것이니, 당습(黨習)에 관계된 자를 나에게 천거하면 내치고 귀양 보내어 서울에 함께 있게 하지 않을 것이다. …… 아! 임금의 마음이 이럴진대 신하가 따르지 않는다면, 이는 내 신하가 아니다."
>
> – 《영조실록》 –

5 영조의 사회 제도 정비

청계천이 자주 범람하자 영조는 준천사를 설치하여 청계천 바닥의 모래나 흙을 파내는 대대적인 준설을 추진하였어요. 또한 태종 때 설치되었다가 폐지된 신문고를 부활시켜 백성들의 억울함을 들을 수 있게 하였어요.

> 도성 안의 도랑이 막혀 물길이 넘쳐서 많은 여염집이 물에 잠겨 백성이 편히 살지 못하므로, 준천사(濬川司)를 설치하여 돌을 캐어다 높이 쌓고 도랑을 쳐서 잘 흘러가게 하였다. 이로 인해 마을 집들이 잠기지 않아서 모두 편히 지냈다. 신문고를 다시 설치하여 하정(下情)을 통하게 하였다. — 《영조실록》 –

6 규장각

규장각은 역대 왕의 글 등을 보관하는 왕실의 도서관으로 창덕궁 후원의 주합루에 설치되었어요. 정조는 규장각을 학술 연구 및 정책 자문 기관으로 육성하였어요. 또한 박제가, 유득공, 이덕무 등 서얼 출신의 학자들을 규장각 검서관으로 등용하기도 하였어요.

▲ 창덕궁 주합루

7 수원 화성

수원 화성은 정조가 아버지 사도 세자의 묘를 수원으로 옮기고 자신의 정치적 이상을 담아 축조한 성이에요. 수원 화성은 정약용이 설계한 거중기 등을 이용하여 축조되었어요. 이곳에는 왕이 행차할 때 머물렀던 행궁과 장용영 군사를 지휘하였던 서장대, 포루·공심돈 등의 방어 시설 등이 갖추어져 있어 정치·군사·상업 기능이 부여되었어요.

▲ 팔달문

8 초계문신제

초계문신제는 과거에 합격하여 등용된 37세 이하의 중·하급 관리 중에서 젊고 재능 있는 문신들을 선발하여 규장각에서 재교육하는 제도예요. 정조가 자신의 정책을 뒷받침할 유능한 인재를 양성하기 위해 실시하였어요.

> 문신으로서 승문원에 배치된 사람들 가운데 참상관(종3품 이하 6품 이상 관리), 참하관(7품 이하 관리)을 막론하고 의정부에서 상의하여 37세 이하로 한하여 뽑아 아뢰게 한다.
> – 《정조실록》 –

9 신해통공

정조는 신해년(1791)에 육의전을 제외한 시전 상인의 금난전권을 폐지하는 신해통공을 발표하였어요. 당시 시전 상인들에게는 난전(허가받지 않고 상업 활동을 하는 상인)을 금지할 수 있는 권한인 금난전권이 있었는데, 이 권리를 폐지한 것이에요.

> 좌의정 채제공이 왕께 아뢰기를, "평시서로 하여금 30년 이내에 신설된 시전을 모두 혁파하게 하십시오. 그리고 형조와 한성부에 명하여 **육의전 이외에는 금난전권을 행사하지 못하게 하십시오.** 그러면 상인들은 자유롭게 매매하는 이익이 있을 것이고, 백성들은 생활이 궁색하지 않을 것입니다."라고 하였다.
> – 《정조실록》 –

10 세도 정치의 폐단

세도 정치는 소수 가문에 권력이 집중된 정치 형태를 말해요. 정조가 사망한 후 안동 김씨, 풍양 조씨 등 왕실과 혼인 관계를 맺은 소수 가문들이 비변사를 중심으로 권세를 휘둘렀어요. 이로 인해 매관매직, 부정부패, 삼정의 문란 등 많은 폐단이 성행하여 백성들의 삶이 힘들어졌어요.

> **세력을 휘두르는 대여섯 집안**
> 재상자리 대감자리 모두 다 차지하고
> 관찰사 절제사도 완전히 차지하네
> 도승지 부승지는 모두가 이들이며
> 사헌부 사간원도 전부가 이들이라
> 이들이 모두 다 벼슬아치 노릇하며
> 이들이 오로지 소송 판결하네
> – 《여유당전서》 –

11 삼정의 문란

삼정의 문란은 19세기 세도 정치 시기에 전정·군정·환곡, 이 세 가지의 운영이 혼란스러워진 현상이에요. 전정은 토지세, 군정은 군포, 환곡은 농민에게 곡식을 빌려주고 이자를 받는 제도를 말해요. 삼정의 문란으로 탐관오리의 농민 수탈이 극심해지면서 전국 각지에서 농민 봉기가 일어났어요.

> 오랫동안 체납된 환곡을 탕감하는 것, 대동미의 징수를 정지하거나 연기하는 것, 재해 입은 농지의 조세 징수를 면제하는 것, 이 세 가지는 나라에서는 손실이 있으나 백성에게는 이득이 되지 않는다. …… **오랫동안 체납된 환곡을 징수하는 것을 정지 또는 연기하라는 윤음(綸音)이 내려지는 것을 여러 번 보았으나, 조금의 혜택도 촌민에게는 미치지 않았다.**
> – 《경세유표》 –

21강 조선 후기(정치)

1 51회 회독 ○○○

(가), (나) 사이의 시기에 있었던 사실로 옳은 것은? [2점]

> (가) 양사(兩司)가 합계하기를, "영창 대군 이의(李㼁)를 왕으로 옹립하기로 했다는 설이 이미 역적의 입에서 나왔는데 이에 대해 자복(自服)한 역적만도 한두 명에 그치지 않습니다. …… 왕법은 지극히 엄한 만큼 결코 용서해주기 어려우니 유사로 하여금 법대로 적용하여 처리하게 하소서."라고 하였다.
>
> (나) 앞서 왕에게 이괄 부자가 역적의 우두머리라고 고해바친 자가 있었다. 하지만 임금은 "필시 반역은 아닐 것이다."라고 하면서도, 이괄의 아들인 이전을 잡아오라고 명하였다. 이전은 그때 이괄의 군영에 있었고 이괄은 결국 금부도사 등을 죽이고 여러 장수들을 위협하여 난을 일으켰다.

① 국왕의 친위 부대인 장용영이 조직되었다.
② 서인이 반정을 일으켜 정권을 장악하였다.
③ 정여립 모반 사건으로 옥사가 발생하였다.
④ 허적과 윤휴 등 남인들이 대거 축출되었다.
⑤ 자의 대비의 복상 문제로 예송이 전개되었다.

📢 광해군~인조 재위 시기의 사실

정답분석 (가)는 광해군 재위 시기, (나)는 인조 재위 시기예요. 광해군은 선조의 뒤를 이어 왕위에 올랐으나 이 과정에서 이복동생인 영창 대군의 존재로 갈등을 겪었어요. 광해군과 북인 세력은 영창 대군이 역모에 연루되었다는 이유를 들어 영창 대군을 살해하고, 영창 대군의 생모인 인목 대비를 폐위하였어요.
② 중립 외교를 비판하고 반대하던 서인 세력은 유교 윤리를 저버렸다는 구실을 내세워 광해군을 왕위에서 몰아내고 인조를 왕위에 올리는 반정을 일으켰어요(인조반정). 인조 즉위 후 반정에 참여한 사람들의 논공행상이 이루어졌는데, 이괄은 큰 공을 세웠지만 다른 공신들에 비해 낮은 대우를 받고 평안도 지역의 관리로 파견되었어요. 이에 이괄은 논공행상에 불만을 품어 반란을 꾸미고 있다는 의심을 받고 아들이 반역을 꾀하였다는 무고로 잡혀가는 상황에 이르자 반란을 일으켰어요.

오답분석 ① 장용영은 정조가 군사적 기반을 강화하기 위해 설치한 국왕 직속의 친위 부대예요.
③ 선조 때 정여립 모반 사건으로 다수의 동인이 피해를 입은 기축옥사가 발생하였어요.
④ 숙종 때 허적과 윤휴 등 남인이 대거 축출되는 경신환국이 일어났어요.
⑤ 현종 때 서인과 남인이 자의 대비의 복상 문제를 둘러싸고 벌인 논쟁인 예송이 전개되었어요.

정답 | ②

2 63회 회독 ○○○

(가), (나) 사이의 시기에 있었던 사실로 옳은 것은? [3점]

> (가) 처음에 심의겸이 외척으로 권세를 부리니 당시 명망 있는 사람들이 섬겨 따랐다. 그런데 김효원이 전랑(銓郎)이 되어 그들을 배척하자 심의겸의 무리가 그를 미워하니, 점차 사림이 나뉘어 동인과 서인이라는 말이 나오게 되었다.
>
> (나) 기해년에 왕이 승하하자 재신 송시열이 사종(四種)의 설을 인용하여 "대행 대왕은 왕대비에게 서자가 된다. 왕통을 이었으나 장자가 아닌 경우이니 기년복(朞年服)*을 입어야 마땅하다."라고 하였다. 이에 대해 허목 등 신하들은 전거를 들어 다투기를, "대행 대왕은 왕대비에게 서자가 아니라 장자가 된 둘째이니, 삼년복을 입어야 한다."라고 하였다.

*기년복(朞年服): 1년 동안 입는 상복

① 인조반정으로 북인 세력이 몰락하였다.
② 목호룡의 고변으로 옥사가 발생하였다.
③ 양재역 벽서 사건으로 이언적 등이 화를 입었다.
④ 인현 왕후가 폐위되고 남인이 권력을 차지하였다.
⑤ 이인좌를 중심으로 소론 세력 등이 난을 일으켰다.

📢 붕당 정치의 전개

정답분석 (가) 선조 때 사림은 척신 정치 청산 문제와 이조 전랑 임명을 둘러싸고 김효원을 중심으로 한 동인과 심의겸을 중심으로 한 서인으로 분화되었어요. 정여립 모반 사건으로 서인이 정권을 잡았으나 정철의 건저의 사건이 문제가 되면서 다시 동인이 정권을 잡았어요. 이때 동인이 서인에 대한 처벌을 두고 북인과 남인으로 나뉘었어요. 왜란 이후에는 북인이 정권을 장악하였으나 인조반정 이후에는 서인이 정국을 주도하고 남인이 정치에 참여하였어요.
(나) 현종 때 효종이 사망한 후 일어난 기해예송에서 송시열을 중심으로 한 서인은 자의 대비의 기년복(1년복)을 주장하였고, 남인은 3년복을 주장하였어요. 이때에는 서인의 주장이 받아들여져 서인이 권력을 잡았고, 이후 효종비의 사망으로 일어난 갑인예송을 통해 남인이 권력을 잡았어요.
① 서인 세력은 광해군이 영창 대군을 죽이고 인목 대비를 유폐한 일 등을 구실 삼아 반정을 일으켜 광해군을 폐하고, 북인 세력을 몰아낸 후 인조를 왕위에 올렸어요.

오답분석 ② 경종 때 목호룡은 노론 세력이 경종을 시해하려는 모의를 하였다고 고변하였어요.
③ 명종 때 외척인 윤원형 등이 반대파였던 대윤 세력을 몰아내기 위해 양재역 벽서 사건을 확대하여 이언적 등이 화를 입었어요.
④ 숙종 때 희빈 장씨 소생의 원자 책봉 문제가 원인이 되어 기사환국이 일어나 서인이 축출되고 남인이 정권을 장악하였으며, 인현 왕후가 폐위되고 희빈 장씨가 왕비로 책봉되었어요.
⑤ 영조의 즉위 과정에서 정권에서 배제된 이인좌 등 소론 세력의 주도로 반란이 일어났어요(이인좌의 난).

정답 | ①

3 61회   회독 ●●●

(가)~(다)를 일어난 순서대로 옳게 나열한 것은?   [3점]

> (가) 임금이 궐내에 있던 기름 먹인 장막을 허적이 벌써 가져갔음을 듣고 노하여 이르기를, "궐내에서 쓰는 것을 마음대로 가져가는 것은 한명회도 못 하던 짓이다."라고 하였다. …… 임금이 허적의 당파가 많아 기세가 당당하다는 말을 듣고 그들을 제거하고자 결심하였다.
>
> (나) 비망기를 내려, "국운이 안정되어 왕비가 복위하였으니, 백성에게 두 임금이 없는 것은 고금을 통한 의리이다. 장씨의 왕후 지위를 거두고 옛 작호인 희빈을 내려 주되, 세자가 조석으로 문안하는 예는 폐하지 않도록 하라."라고 하였다.
>
> (다) 임금이 말하기를, "송시열은 산림의 영수로서 나라의 형세가 험난한 때에 감히 원자(元子)의 명호를 정한 것이 너무 이르다고 하였으니, 삭탈관작하고 성문 밖으로 내쳐라. 반드시 송시열을 구하려는 자가 있겠지만, 그런 자는 비록 대신이라 하더라도 용서하지 않을 것이다."라고 하였다.

① (가) – (나) – (다)   ② (가) – (다) – (나)
③ (나) – (가) – (다)   ④ (나) – (다) – (가)
⑤ (다) – (나) – (가)

📢 **환국**

정답분석   (가) 남인의 수장이었던 허적은 무단으로 왕실의 비품인 기름 먹인 장막(유악)을 사용하였고, 이를 알게 된 숙종은 허적과 윤휴 등 남인을 대거 축출하였어요. 이 사건을 경신환국이라고 해요.
(다) 숙종은 인현 왕후에게 후사가 생기지 않자 후궁 장씨의 소생을 원자로 삼을 것을 명하였어요. 이에 서인은 반대하였고, 남인은 찬성하였는데, 이 과정에서 후궁 장씨가 희빈에 오르고, 격렬하게 반대한 서인의 영수 송시열이 축출되면서 권력에서 밀려났던 남인이 다시 정권을 장악하였어요. 이 사건을 기사환국이라고 해요.
(나) 숙종은 인현 왕후를 복위시키고 희빈 장씨를 폐위하였어요. 이로써 남인이 몰락하고 노론과 소론의 서인이 다시 정국을 주도하였어요. 이 사건을 갑술환국이라고 해요.
② (가) 경신환국(1680) → (다) 기사환국(1689) → (나) 갑술환국(1694)

정답 | ②

4 63회   회독 ●●●

(가) 왕에 대한 설명으로 옳은 것은?   [2점]

이것은 『어전준천제명첩』에 담긴 어제사언시(御製四言詩)로, ___(가)___ 이/가 홍봉한 등 청계천 준설 공사에 공이 있는 신하들의 노고를 치하하며 지은 것이다.
청계천 준설을 추진한 ___(가)___ 은/는 탕평, 균역 등도 자신의 치적으로 거론한 글을 남겼다.

① 나선 정벌에 조총 부대를 파견하였다.
② 경기도에 한해서 대동법을 실시하였다.
③ 삼수병으로 구성된 훈련도감을 창설하였다.
④ 통치 제도를 정비하고자 속대전을 편찬하였다.
⑤ 한양을 기준으로 한 역산서인 칠정산을 만들었다.

📢 **조선 영조의 정책**

정답분석   영조는 홍수에 대비하기 위해 준천사를 설치하고 청계천을 정비하였고, 붕당 정치의 폐단을 극복하기 위해 탕평파를 중심으로 탕평책을 시행하고 이를 널리 알리기 위해 성균관 앞에 탕평비를 세웠어요. 또한, 백성의 군역 부담을 줄여 주기 위해 군포를 1년에 2필에서 1필만 납부하게 하는 균역법을 실시하였어요. 균역법 시행으로 줄어든 재정 수입은 결작, 어·염세, 선박세, 선무군관포 등으로 보충하였어요.
④ 영조는 《경국대전》 반포 이후 법령이 증가하여 법 집행에 혼란이 생기자 이를 정리하여 통일된 법전으로 《속대전》을 편찬하였어요.

오답분석   ① 효종은 청의 요청에 따라 나선(러시아) 정벌을 위해 변급, 신류 등이 이끈 조총 부대를 파견하였어요.
② 광해군은 방납으로 인한 폐단이 심화되자 소유한 토지를 기준으로 공납을 부과하여 쌀이나 베, 동전 등으로 납부하게 하는 대동법을 경기도에 한해서 처음으로 시행하였어요.
③ 선조 때 임진왜란이 일어나자 유성룡의 건의에 따라 포수, 사수, 살수의 삼수병으로 구성된 훈련도감이 설치되었어요. 훈련도감은 급료를 받는 상비군이 주축을 이루었어요.
⑤ 세종은 한양을 기준으로 한 역법서인 《칠정산》을 만들었어요.

정답 | ④

5 61회   회독●●●

(가) 왕이 추진한 정책으로 옳은 것은? [1점]

서호천을 따라 (가) 의 자취를 느끼다

우리 역사 동아리에서는 (가) 와/과 관련된 유적을 돌아보는 답사 프로그램을 마련하였습니다.

출발 — 축만제
노송지대
지지대비
도착

왕이 수원 화성 및 장용영 운영을 위해 조성한 둔전의 수리 시설

왕이 현륭원* 식목관에 내탕금을 내려 소나무 등을 심도록 한 곳
*현륭원: 왕의 생부인 사도 세자의 무덤

왕의 효심을 기리기 위해 아들 순조가 건립한 비

- **일시**: 2022년 10월 22일 10시
- **출발 장소**: 서호 공원

① 경기도에 한하여 대동법을 시행하였다.
② 군역 부담을 줄이기 위해 균역법을 제정하였다.
③ 육의전을 제외한 시전 상인의 금난전권을 폐지하였다.
④ 제한된 규모의 무역을 허용한 계해약조를 체결하였다.
⑤ 현직 관리에게만 수조권을 지급하는 직전법을 실시하였다.

📢 조선 정조의 정책

정답분석 사도 세자의 아들인 정조는 자신의 정치적 이상과 개혁 의지를 실현하고자 수원에 화성을 건설하고 정치·군사·상업 기능을 부여하였어요. 또한 국왕의 친위 부대로 장용영을 설치하였고, 수원 화성에 장용영 외영을 두어 주둔하게 하였어요.
③ 정조는 육의전을 제외한 시전 상인의 금난전권을 폐지하였고(신해통공), 이로써 상업 활동이 자유로워져 사상이 성장하게 되었어요.

오답분석 ① 광해군은 공납(방납)의 폐단을 시정하기 위해 소유한 토지를 기준으로 공납을 부과하여 쌀이나 베, 동전 등으로 납부하게 하는 대동법을 경기도에 한하여 처음 시행하였어요.
② 영조는 백성의 군역 부담을 줄여 주기 위해 군포를 1년에 2필에서 1필만 납부하게 하는 균역법을 제정하였어요.
④ 세종 때 일본과 제한된 범위에서만 무역을 허용하는 계해약조가 체결되었어요.
⑤ 세조는 직전법을 실시하여 수신전, 휼양전 등의 명목으로 세습되는 토지를 폐지하고, 현직 관리에게만 수조권을 지급하였어요.

정답 | ③

6 65회   회독●●●

(가) 왕에 대한 설명으로 옳은 것은? [2점]

이 시는 (가) 이/가 현륭원을 참배하고 화성 행궁에 머물다가 환궁하는 길에 지은 것입니다. 아버지인 사도 세자에 대한 마음이 잘 표현되어 있습니다.

혼정신성*의 그리움 다할 길 없어
오늘 또 화성에 와 보니
굿은 비는 침원에 부슬부슬 내리고
이 마음은 재전**을 끝없이 배회하누나
어찌하여 사흘 밤을 잤던고
아버님 영정을 모셨기 때문일세
더디고 더딘 걸음에 고개 들어 바라보니
오운이 저 멀리서 일어나누나

* 혼정신성: 부모님께 효도하는 도리
** 재전: 제사를 지내기 위하여 지은 집

① 청과 국경을 정하는 백두산정계비를 세웠다.
② 통치 체제를 정비하고자 속대전을 편찬하였다.
③ 왕실의 위엄을 높이기 위해 경복궁을 중건하였다.
④ 삼정의 문란을 시정하려고 삼정이정청을 설치하였다.
⑤ 시전 상인의 특권을 축소하는 신해통공을 단행하였다.

📢 조선 정조의 정책

정답분석 정조는 자신의 정치적 이상과 개혁 의지를 실현하고자 수원에 화성을 건설하고 정치·군사·상업 기능을 부여하였어요. 행궁은 왕이 궁궐 밖을 행차할 때 임시로 머무는 궁궐로, 화성 행궁은 수원 화성 안에 건립되었으며 정조가 현륭원에 행차할 때 임시 거처로 사용하였어요.
⑤ 정조는 육의전을 제외한 시전 상인의 특권을 축소하는 신해통공을 단행하였어요.

오답분석 ① 숙종 때 간도 지역에서 조선과 청 백성 사이에 갈등이 빈번하게 발생하자 양국의 관리가 백두산 일대를 답사하고 백두산정계비를 세워 국경을 정하였어요.
② 영조는 《경국대전》 반포 이후 법령이 증가하여 법 집행에 혼란이 생기자 이를 정리하여 통일된 법전으로 《속대전》을 편찬하였어요.
③ 고종 때 흥선 대원군은 왕실의 위엄을 높이기 위해 임진왜란 때 불타 없어진 경복궁을 중건하였어요.
④ 철종은 임술 농민 봉기가 발생하자 암행어사를 파견하고 삼정이정청을 설치하여 삼정의 문란을 바로잡고자 하였어요.

정답 | ⑤

21강 조선 후기(정치)

붕당 정치의 전개

01 사림은 척신 정치의 청산과 이조 전랑의 임명 문제를 둘러싸고 　　인과 　　인으로 나뉘었다.

02 선조 때 정여립 모반 사건을 계기로 기축옥사가 발생하여 　　인이 정국을 주도하였다.

03 건저의 사건으로 권력을 잡은 동인이 정철 처벌 문제를 두고 　　인과 　　인으로 나뉘었다.

04 광해군 때 　　인이 서인과 남인을 배제하고 정권을 장악하였다.

05 광해군을 축출한 인조반정으로 　　인이 정국의 주도권을 장악하였다.

붕당 정치의 변질

06 현종 때 자의 대비의 복상 문제를 둘러싸고 두 차례 　　송이 전개되었다.

07 숙종 때 　　　환국으로 허적, 윤휴 등 남인이 축출되고 서인이 정국을 주도하였다.

08 숙종 때 희빈 장씨 소생의 원자 책봉 문제로 　　　환국이 일어나 남인이 집권하였다.

탕평 정치의 전개

09 영조는 붕당 정치의 폐해를 극복하고자 성균관 입구에 　　　비를 건립하였다.

10 　　조는 준천사를 신설하여 청계천을 정비하고, 《속대전》을 편찬하여 통치 체제를 정비하였다.

11 정조는 젊고 유능한 문신들을 재교육하는 　　　문신제를 시행하였다.

12 정조는 국왕 친위 부대로 　　영을 설치하고, 시전 상인의 특권을 폐지하는 신해 　　을 단행하였다.

13 정조는 　　얼 출신의 학자들을 　　　각 검서관에 등용하였다.

세도 정치의 전개

14 정조 사후 소수 특정 가문이 권력을 독점하여 국정을 운영하는 　　　정치가 전개되었다.

15 　　　사는 세도 정치 시기에 외척 세력의 권력 기반이 되었다.

16 세도 정치 시기에 전정, 군정, 환곡 등 　　　의 문란이 심화되어 백성들이 고통받았다.

22강 조선 후기(조직, 외교)

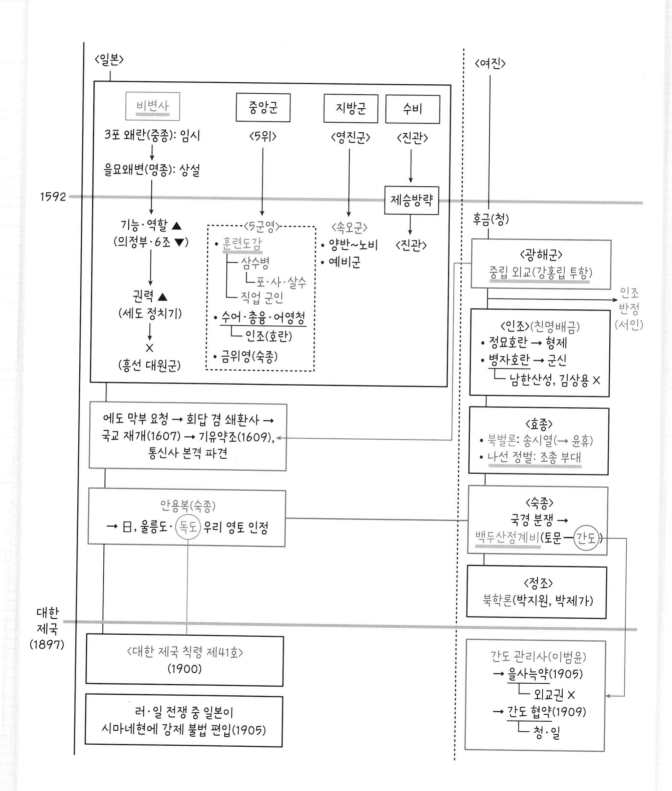

22^강 조선 후기(조직, 외교)

조선 후기(조직, 외교)

빈출키워드 TOP5

나선 정벌	1위
훈련도감	2위
백두산정계비	3위
비변사	4위
통신사 파견	5위

✎ 송시열

조선 후기의 학자이자 문신이에요. 효종 때 청을 정벌하자는 북벌 정책에 동참하였어요.

✎ 기축봉사

효종이 왕이 된 후 송시열이 효종에게 올린 북벌에 관한 상소예요. 명에 대한 의리를 강조하였어요.

✎ 이범윤

1903년 간도 관리사로 임명되어 간도 지역의 한국인을 보호하는 역할을 담당하였고, 국권 피탈 후에는 독립운동을 전개하였어요.

✎ 안용복

조선 후기의 어부예요. 숙종 때 동래의 어민이었던 안용복은 일본인이 울릉도와 독도 부근 바다에서 어업 활동을 벌여 조선 어민에게 피해를 입히자 일본으로 건너가 울릉도와 독도가 조선 영토임을 확인받고 돌아왔어요.

✎ 칙령

국왕이나 황제가 내린 명령으로, 그 자체로 법적 효력을 가졌어요.

❶ 조선 후기 통치 체제의 변화

구분		임진왜란 이전	임진왜란 이후
비변사		• 3포 왜란(중종): 여진과 왜구의 침입을 대비하려고 설치한 임시 기구 → 국방 문제 논의 • 을묘왜변(명종) → 상설 기구화	• 왜란을 거치면서 기능 강화, 구성원 및 역할 확대 → 국정 최고 기구, 의정부와 6조의 기능 약화 • 세도 정치 시기에 세도 가문의 권력 기반이 됨 • 흥선 대원군이 왕권 강화책의 일환으로 혁파함
중앙군	5위	특징	5군영 체제로 개편
		훈련도감	• 임진왜란 중인 선조 때 설치(유성룡의 건의) • 포수·사수·살수의 삼수병으로 구성 • 급료를 받는 상비군을 중심으로 구성(직업 군인의 성격) • 수도 방어·국왕 호위
		어영청	인조 때 설치, 한성 수비·북벌 준비, 효종 때 강화
		총융청	인조 때 설치, 경기 서북 지역 방어(북한산성에 위치)
		수어청	인조 때 설치, 수도 남부 지역 방어(남한산성에 위치)
		금위영	숙종 때 설치, 수도 방어·왕실 호위
지방군	영진군		속오군: 양반부터 노비까지 모든 신분 계층으로 구성 → 평상시에는 생업 종사, 유사시 전투에 동원
방어 체제			• 진관 체제(15세기, 세조): 지역 방어 • 제승방략 체제(16세기, 명종): 도 단위 방어 • 진관 체제로 복귀, 속오군 체제(임진왜란 이후)

(어영청·총융청·수어청은 후금과의 항쟁 과정에서 설치)

❷ 호란 이후 청과의 관계

(1) 북벌 정책

북벌론	내용	병자호란 이후 청에게 당한 수치를 씻고, 명에 대한 의리를 지키기 위해 청을 정벌하자는 주장 대두
	전개	• 효종 때 송시열(기축봉사), 이완 등을 중심으로 추진 → 청의 세력이 점점 커지고 효종이 갑자기 사망하면서 중단됨 • 숙종 때 윤휴, 허적 등 남인을 중심으로 다시 북벌론 대두 → 환국으로 남인이 축출되면서 실행되지 못함
나선 정벌		효종 때 청과 러시아(나선) 사이에 국경 분쟁 발생 → 청의 지원군 요청에 따라 변급, 신류 등이 이끄는 조총 부대를 두 차례 파견하여 러시아군과 교전을 벌임

(2) 북학론

북학론 대두	18세기 이후 실학자들을 중심으로 대두 → 청의 발달된 기술과 문물(북학)을 받아들여야 한다고 주장
북학파 형성	유수원, 홍대용, 박지원, 박제가 등 중상학파 실학자를 중심으로 북학파 형성

(3) 간도 문제

백두산 정계비 건립 (1712)	• 배경: 조선과 청의 국경 분쟁 발생 • 내용: 숙종 때 조선과 청의 관리가 백두산 일대를 답사한 후 국경을 확정하고 백두산정계비 건립(서쪽으로는 압록강, 동쪽으로는 토문강을 경계로 정함)
간도 영유권 분쟁	• 배경: 19세기 후반부터 조선인의 간도 이주 증가 → 청이 조선인의 간도 철수 요구 • 내용: 토문강 위치에 대한 해석을 둘러싸고 이견이 발생하면서 간도 영유권 분쟁 발생 • 대응: 대한 제국 정부가 답사를 통해 우리 영토임을 확인, 간도를 함경도의 행정 구역으로 편입, 대한 제국 정부에서 간도 관리사로 이범윤 임명(1903)
간도 협약 (1909)	일본이 만주의 탄광 채굴권과 철도 부설권을 얻는 조건으로 간도를 청의 영토로 인정 → 을사늑약으로 일제에 외교권을 빼앗긴 대한 제국은 협약 체결 과정에서 제외됨

❸ 일본과의 관계

(1) 왜란 이후 일본과의 관계 회복

국교 재개	에도 막부의 국교 재개 요청 → 포로 송환을 위해 회답 겸 쇄환사를 일본에 파견하면서 국교 재개(1607) → 부산에 왜관 설치 → 기유약조 체결(제한된 범위 내에서 무역 허용, 1609)
통신사 파견	• 에도 막부의 요청으로 대규모 사절단 파견 • 외교 사절이면서 문화 사절의 역할 담당 → 일본 문화 발전에 영향

(2) 독도 문제: 《세종실록지리지》, 《동국여지승람》 등에 우리 영토로 기록됨

조선 시대 (숙종)	동래 어부 안용복이 울릉도·독도 지역으로 들어오는 일본 어민을 쫓아냄 → 안용복이 일본으로 건너가 울릉도·독도가 조선의 영토임을 확인받고 돌아옴
대한 제국 시기	대한 제국 '칙령 제41호'(1900) 공포 → 울릉도와 독도가 우리 영토임을 분명히 밝힘
일본의 불법 편입	러·일 전쟁 중 일본이 '시마네현 고시 제40호'를 통해 독도를 '다케시마'로 개칭하고 자국 영토인 시마네현에 불법 편입(1905)

1. 다음 설명에 해당하는 왕을 골라 쓰세요.

인조, 효종, 숙종

(1) 나선 정벌에 조총 부대를 파견하였다. (　　)

(2) 어영청을 강화하는 등 북벌을 추진하였다. (　　)

(3) 수도 방어를 위하여 금위영을 창설하였다. (　　)

(4) 청과 국경을 정하는 백두산정계비를 세웠다. (　　)

(5) 총융청과 수어청을 창설하여 도성을 방어하였다. (　　)

2. 비변사에 대한 설명이 맞으면 ○표, 틀리면 ×표 하세요.

(1) 을묘왜변을 계기로 상설화되었다. (　　)

(2) 흥선 대원군이 집권한 시기에 혁파되었다. (　　)

(3) 임진왜란을 거치며 국정 최고 기구로 성장하였다. (　　)

(4) 대사성을 중심으로 좨주, 직강 등의 관직을 두었다. (　　)

(5) 세도 정치 시기에 외척 세력의 권력 기반이 되었다. (　　)

(6) 유능한 인재를 양성하기 위한 초계문신제를 주관하였다.
(　　)

① 5군영

조선 정부는 임진왜란 이후 중앙군 체제를 5위에서 5군영으로 개편하였어요. 포수·사수·살수의 삼수병으로 구성된 훈련도감이 임진왜란 중 가장 먼저 설치되었어요. 이어 인조 때 어영청, 총융청, 수어청이 설치되었어요. 마지막으로 숙종 때 금위영이 설치되면서 5군영 체제가 완성되었어요.

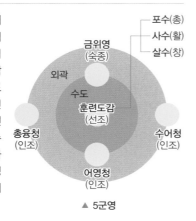

포수(총)
사수(활)
살수(창)

금위영 (숙종)

외곽

수도

훈련도감 (선조)

총융청 (인조)

수어청 (인조)

어영청 (인조)

▲ 5군영

② 속오군

속오군은 조선 후기에 개편된 지방군 체제예요. 속오군은 양반부터 노비까지 모든 신분으로 편제되었고, 평상시에는 생업에 종사하다가 유사시 전투에 동원되었어요. 하지만 양반들이 노비와 함께 편성되는 것을 회피하면서 점차 상민과 노비만의 군대로 변질되었어요.

> 지금 속오군이라는 것은 사노(私奴) 등 천인들로 구차하게 숫자만을 채웠으며, 어린아이와 늙은이들로 대오를 편성하였다. 전립(戰笠, 무관이 쓰던 모자)은 깨지고 전복(戰服)은 다 찢어졌으며, 100년 묵은 칼은 녹슬어 자루만 있고 날은 없으며, 3대를 내려오도록 정비하지 않은 총은 화약을 넣어도 소리가 나지 않는다. 장부에는 산 사람과 죽은 사람의 이름이 서로 섞여 기록되어 있어 훈련 시에는 임시로 사람을 사서 병역에 응하도록 하니 설립한 시초부터 어그러진 것이 이와 같았다. - 《목민심서》 -

③ 조선의 방어 체제

진관 체제는 각 요충지마다 진관을 설치하여 이를 중심으로 지역을 방어하는 체제로, 작은 규모의 전투에는 유리하지만 대규모의 적이 침입할 경우에는 방어가 어렵다는 단점이 있어요. 이후 실시된 제승방략 체제는 '전쟁에 승리하는 전략'이라는 뜻으로, 16세기 후반 군역의 문란으로 진관 체제가 무너진 후 실시된 방어 체제예요. 변란이 일어났을 때 각 읍의 수령이 군대를 이끌고 지정된 방위 지역으로 가서 중앙에서 파견된 장수의 지휘를 받는 군사 전략이었어요. 그러나 임진왜란 초기에 많은 문제점이 나타나 효과를 거두지 못하여 임진왜란 이후 다시 진관 체제로 복귀되었고, 속오법에 따라 속오군이 편성되었어요.

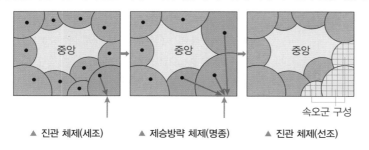

중앙 → 중앙 → 중앙

속오군 구성

▲ 진관 체제(세조)　　▲ 제승방략 체제(명종)　　▲ 진관 체제(선조)

④ 나선 정벌

'나선(羅禪)'은 러시아 또는 러시아인을 의미하는 말이에요. 조선은 효종 때 청의 요청에 따라 러시아군과의 전투에 두 차례 조총 부대를 파견하였는데, 이를 나선 정벌이라고 해요.

1차(변급) 1654
2차(신류) 1658
싸움터
러시아군의 진로

러시아
하바로프스크
어라이무청
청
쑹화강
하얼빈
의란
닝안
옌지
백두산
회령
경성
통화
조선
안동
원산
평양
한성
황해
동해

⑤ 북벌론

북벌론은 병자호란 때 청에 당한 수치를 씻고 명에 대한 의리를 지키기 위해 청을 정벌하자는 주장이에요. 병자호란으로 청에 볼모로 끌려갔다가 돌아온 후 왕위에 오른 효종은 송시열 등 서인 세력과 함께 북벌을 준비하였어요. 그러나 당시 조선 내부의 문제와 국제 상황 등으로 인해 실행하지는 못하였어요.

> 저 오랑캐(청)는 반드시 망할 날이 있다. …… 정예 포병 10만을 양성하여 자식같이 아껴서 모두 죽음을 두려워하지 않는 용사로 만들고자 한다. 그 후에 저들에 틈이 있기를 기다려 불시에 중국으로 쳐들어가면 중원의 의사와 호걸이 어찌 호응하지 않겠는가? - 《송서습유》 -

⑥ 북학론

북학론은 청의 학문과 문물을 받아들이자는 주장이에요. 당시 청에 사신으로 다녀온 일부 실학자들은 청의 선진 문물을 적극적으로 받아들여 나라를 부강하게 만들자는 북학론을 주장하였어요. 대표적인 실학자들로는 홍대용, 박지원, 박제가, 유수원 등이 있었어요.

> 모르는 것이 있으면 길 가는 사람이라도 붙들고 물어야 한다. …… 만일 배우려 한다면 중국을 두고 어디에 묻겠는가. 그러나 "지금의 중국을 차지하고 있는 주인은 오랑캐들이다."라고 하면서 배우기를 꺼리며, 중국의 옛 법마저 얕잡아 무시해 버린다. …… 우리는 저들과 비교하여 한 치도 나은 점이 없다. …… 중국 고유의 훌륭한 법과 제도마저 배척하고 만다. 그렇다면 장차 어디에서 본받아 행하겠는가. - 《북학의》 서문 -

7 백두산정계비

백두산정계비는 숙종 때 백두산에 세운 조선과 청의 국경을 정한 비석이에요. 간도 지역을 둘러싸고 두 나라 사이에 국경 분쟁이 발생하자 조선과 청의 관리가 백두산 일대를 답사하고 국경을 정한 뒤 비석을 세웠어요.

▲ 간도와 백두산정계비

> 오라총관 목극등이 성지를 받들어 변경을 답사하여 이곳에 와서 살펴보니 서쪽은 압록이 되고 동쪽은 '토문'이 되므로 분수령 위 돌에 새겨 기록한다.
> – 강희 51년 –

8 간도 영유권 분쟁

19세기 후반 조선인의 간도 이주가 증가하면서 조선과 청 사이에 간도 귀속을 둘러싼 영유권 분쟁이 일어났어요. 청은 백두산정계비에 기록된 토문강이 두만강을 뜻한다고 주장하고, 조선은 토문강이 쑹화강 지류이므로 간도가 조선의 영토라고 주장하였어요. 이후 대한 제국 시기에 정부는 이범윤을 간도 관리사로 임명하고 간도를 함경도의 행정 구역으로 편입하였어요.

> 참정 김규홍이 아뢰기를, "북간도는 우리나라와 청의 경계 지대인데 지금까지 수백 년 동안 비어 있었습니다. 수십 년 전부터 북쪽 변경의 백성들로서 그 지역에 이주하여 경작하며 살고 있는 사람이 이제는 수만 호에 십여 만 명이나 됩니다. 그런데 청인들의 괴롭힘을 심하게 받고 있습니다. 그래서 지난해 신의 부서에서 시찰관 이범윤을 파견하여 황제의 교화를 선포하고 호구를 조사하게 하였습니다. …… 그들의 생명과 재산을 보호하고자 하는 조정의 뜻을 보여 주는 것이 어떻겠습니까?"하니, 윤허하였다.
> – 《고종실록》 –

9 간도 협약

간도 협약은 청과 일본이 간도에 관하여 맺은 조약이에요. 간도를 두고 조선과 청의 대립이 지속되던 중 1909년에 일본이 남만주 철도 부설권 등을 얻는 대가로 간도를 청의 영토로 인정하는 내용의 간도 협약을 맺었어요. 당시 조선은 을사늑약으로 일본에 외교권을 빼앗긴 상태였기 때문에 협약 체결에 직접적으로 참여할 수 없었어요.

> 제1조 일·청 양국 정부는 도문강(=두만강)을 청국과 한국의 국경으로 하고, 강 원천지에 있는 정계비를 기점으로 하여 석을수(石乙水)를 두 나라의 경계로 한다.
> 제4조 도문강 이북 지방의 잡거 구역 안에 있는 개간지에 거주하는 한국인은 청국의 법적 권한에 복종하고 청국 지방관의 재판 관할에 귀속한다.
> 제6조 청 정부는 앞으로 지린·창춘 철도를 옌지 남쪽까지 연장하여 한국의 회령에서 한국의 철도와 연결한다.

10 통신사

통신사는 조선 시대에 일본으로 파견된 외교 사절이에요. 에도 막부는 임진왜란 이후 단절된 국교를 회복하고 선진 문물을 받아들이기 위해 조선에 사절단 파견을 요청하였는데, 이들이 바로 통신사예요. 통신사는 임진왜란 이후부터 19세기 초까지 파견되었고, 양국의 문화 교류에 큰 역할을 하였어요.

▲ 통신사 행렬도

> 조선인이 좋아하는 사슴 고기를 제공하기 위해 6월에 2,500명의 몰이꾼이 나무 우리를 위에서 떨어뜨려 잡는 포획 방식으로 사슴 16마리를 생포하였다. …… 시문창화와 서화의 휘호를 청하러 찾아오는 사람들로 혼잡했는데, 조선의 문인들은 한숨도 못 자고 붓을 내려놓을 틈조차 없는 형편으로 그 끈기가 가히 칭찬할 만하다. 나도 글씨와 그림을 받았다.
> – 《하급 무사 아사히 시게아키의 일기》 –

11 태정관 지령문

태정관 지령문은 일본 메이지 정부의 최고 행정 기관인 태정관에서 1877년 울릉도와 독도는 조선의 영토이며 일본과 관계없다는 것을 밝힌 문서예요. 이 문서는 시마네현에 전달되었어요.

> 문의한 바와 같이, 죽도(울릉도) 외 한 섬(독도)의 건에 대해 본방(일본)과 관계없음을 명심할 것
> – 〈태정관 지령문〉(1877) –

▲ 태정관 지령문

12 대한 제국 칙령 제41호

대한 제국은 1900년에 대한 제국 칙령 제41호를 발표하여 울릉도를 울도군으로 승격시키고 독도를 관할하게 하는 등 독도에 대한 영유권을 확실히 하였어요.

> 제1조 울릉도를 울도라 개칭하여 강원도에 소속하고 도감(島監)을 군수(郡守)로 개칭하야 관제 중에 편입하고 군의 등급은 5등으로 할 일.
> 제2조 군청 위치는 태하동으로 정하고 구역은 울릉도 전체와 죽도*, 석도**를 관할할 일.
> 제4조 경비는 5등 군으로 마련하되 현재 이액(吏額)이 미비하고 여러 것들이 아직 갖추어져 있지 않으므로 이 섬의 세금으로 우선 마련할 일.
> * 죽도(竹島): 울릉도 저동 바로 옆의 죽서도 ** 석도(石島): 독도

22강 조선 후기(조직, 외교)

1 59회　회독 ●●●

(가) 기구에 대한 설명으로 옳은 것은? [2점]

> **역사 용어 해설**
>
> (가)
>
> **1. 개요**
>
> 중종 때 삼포 왜란을 계기로 설치되었다. 을묘왜변을 겪으면서 상설 기구화되었고, 양 난을 거치며 국정을 총괄하는 기구로 발전하였다.
>
> **2. 관련 사료**
>
> 중외(中外)의 군국 기무를 모두 관장한다. …… 도제조는 현임과 전임 의정(議政)이 겸하고, 제조는 정원에 제한이 없으며 임금에게 보고하여 임명한다. 이·호·예·병·형조 판서, 양국 대장, 양도 유수, 대제학은 당연히 겸직한다.
>
> – 『속대전』 –

① 업무 일지인 내각일력을 작성하였다.
② 사헌부, 사간원과 함께 3사로 불렸다.
③ 소속 관원을 은대 학사라고도 칭하였다.
④ 흥선 대원군이 집권한 시기에 혁파되었다.
⑤ 국왕 직속 사법 기구로 중죄인을 다스렸다.

2 58회　회독 ●●●

밑줄 그은 '이 부대'에 대한 설명으로 옳은 것은? [2점]

> 전시된 그림은 이 부대의 분영인 북일영과 활터의 풍경을 묘사한 김홍도의 작품입니다. 임진왜란 중 류성룡의 건의로 편성된 이 부대는 직업 군인의 성격을 띤 상비군이었습니다.

북일영도

① 용호군과 함께 2군으로 불렸다.
② 진도에서 용장성을 쌓고 항전하였다.
③ 국경 지역인 북계와 동계에 배치되었다.
④ 포수, 살수, 사수의 삼수병으로 편제되었다.
⑤ 국왕의 친위 부대로 수원 화성에 외영을 두었다.

📢 비변사

정답분석　비변사는 1510년의 3포 왜란을 계기로 국방에 관한 문제를 논의하기 위해 설치된 임시 기구였어요. 비변사는 을묘왜변을 겪으면서 상설 기구가 되었고, 왜란과 호란을 거치며 국정을 총괄하는 최고 권력 기구가 되었어요. 이후 세도 정치 시기에는 세도 가문의 권력 기반이 되기도 하였어요.
④ 조선 고종 때 흥선 대원군은 세도 정치의 기반이었던 비변사를 혁파시키고, 의정부와 삼군부의 기능을 부활시켰어요.

오답분석　① 《내각일력》은 규장각의 업무와 문화 사업에 관련된 것을 기록한 일지예요.
② 홍문관은 집현전의 학문 연구 기능을 계승한 기구로, 경연을 주관하고 왕의 자문 역할을 담당하였으며 사헌부·사간원과 함께 3사로 불렸어요.
③ 승정원은 '은대'라고도 불렸으며, 소속 관원은 은대 학사라고도 칭해졌어요. 왕의 비서 기관으로 왕명의 출납을 담당하였어요.
⑤ 의금부는 조선 시대 국왕 직속 사법 기구로 강상죄, 반역죄 등을 저지른 중죄인을 다스렸어요.

📢 훈련도감

정답분석　훈련도감은 임진왜란 중인 1593년에 유성룡의 건의로 설치되었어요. 포수·살수·사수의 삼수병으로 편제되었으며 훈련도감의 군인들은 급료를 받는 상비군으로, 대부분 서울과 그 인근 거주민으로 구성되었어요.
④ 훈련도감은 조선 후기 중앙군 체제인 5군영 중에서 가장 먼저 만들어졌어요. 이들은 포수·살수·사수의 삼수병으로 편제되었어요.

오답분석　① 응양군과 용호군으로 구성된 2군은 고려의 중앙군 중 하나로, 국왕의 친위 부대였어요.
② 고려의 삼별초는 강화도, 진도, 제주도로 근거지를 옮겨 가며 대몽 항쟁을 전개하였어요.
③ 고려의 주진군은 상비군으로서 북계와 동계에 배치되었어요.
⑤ 장용영은 조선 정조가 창설한 국왕의 친위 부대로, 수원 화성에 외영을 두었어요.

정답 | ④

정답 | ④

3 44회   회독 ○○○

밑줄 그은 '왕'에 대한 설명으로 옳은 것은?   [2점]

> <u>왕</u> 1년 3월 14일 광해를 폐하여 군으로 봉하다
>   이광정, 이귀, 김류 등에게 관직을 제
>   수하다
>   3월 15일 영창 대군 등의 관봉(官封)을 회복하도
>   록 명하다
>   인목 대비의 의복을 바꿀 시일을 정하
>   도록 예조에 하교하다
>   3월 25일 반정에 공이 있는 김자점 등을 6품직에
>   제수하다

① 이시애의 난을 진압하고 유향소를 폐지하였다.
② 문신의 재교육을 위한 초계문신제를 실시하였다.
③ 총융청과 수어청을 설치하여 도성을 방비하였다.
④ 전제상정소를 설립하고 전분6등법을 제정하였다.
⑤ 변급, 신류 등을 파견하여 나선 정벌을 단행하였다.

4 59회   회독 ○○○

(가) 국가에 대한 조선의 정책으로 옳은 것은?   [2점]

> 이 비석은 __(가)__ 의 요청으로 나선 정벌에 참여했던 총병관 신유를 기리기 위한 신도비입니다. 이 비에는 그의 조총 부대가 흑룡강 일대에서 러시아군과의 전투를 승리로 이끌었다는 사실이 기록되어 있습니다.

① 어영청을 중심으로 북벌을 추진하였다.
② 한성에 동평관을 두어 무역을 허용하였다.
③ 조약 체결에 대한 답례로 보빙사를 보냈다.
④ 공녀를 보내기 위해 결혼도감을 설치하였다.
⑤ 포로 송환을 위해 회답 겸 쇄환사를 파견하였다.

📢 **인조의 정책**

정답분석 광해군이 펼친 중립 외교는 명에 대한 의리를 중시한 서인 세력의 반발을 샀어요. 결국 서인 세력은 광해군이 영창 대군을 살해하고 인목 대비를 폐위한 일 등을 구실로 반정을 일으켜 광해군을 폐하고 인조를 왕위에 올렸어요(인조반정).
③ 친명배금 정책을 취한 인조와 서인 세력은 후금과의 관계가 악화되는 가운데 총융청과 수어청을 설치하여 도성의 방비를 강화하였어요.

오답분석 ① 세조는 함경도 지역의 토착 세력인 이시애가 일으킨 난을 진압하고 유향소를 폐지하였어요.
② 정조는 젊고 재능 있는 문신을 규장각에서 재교육하는 초계문신제를 실시하였어요.
④ 세종은 조세 제도의 개편을 위해 전제상정소를 설립하고 전분6등법과 연분9등법을 제정하였어요.
⑤ 효종은 청의 요청에 따라 변급, 신류 등을 파견하여 나선 정벌을 단행하였어요.

정답 | ③

📢 **효종의 대청 정책**

정답분석 조선 효종은 청의 요청에 따라 러시아군과의 전투에 두 차례 조총 부대를 파견하였는데, 이를 나선 정벌이라고 해요. 효종은 대군 시절 호란을 겪고 청에 인질로 끌려갔다 왔어요. 이후 그는 왕이 되자 청을 정벌하여 청에 당한 수치를 갚자는 북벌 운동을 펼쳤어요.
① 효종은 청에 대한 복수를 내세우면서 어영청을 중심으로 북벌을 추진하였어요.

오답분석 ② 조선은 한성에 동평관을 두어 일본 사신을 머무르게 하였고, 왜관을 설치하여 일본과 교역하였어요.
③ 조선은 미국과 조·미 수호 통상 조약을 체결한 이후 미국 공사 부임에 대한 답례로 1883년에 미국에 보빙사를 보냈어요.
④ 고려는 원 간섭기 때 결혼도감을 설치하여 원에 보낼 공녀를 뽑았어요.
⑤ 조선은 임진왜란 직후 일본으로 끌려간 조선인을 데려오기 위해 승려 유정을 회답 겸 쇄환사로 일본에 파견하였어요.

정답 | ①

5 58회 회독 ●●●●

(가) 국가에 대한 조선의 대외 정책으로 옳은 것은? [2점]

이 지도는 의주에서 연경에 이르는 경로를 표시한 것입니다. 조선 사신들은 이 경로를 따라 (가) 을/를 왕래하였는데, 이 사행에 참여한 만상은 국제 무역으로 많은 돈을 벌기도 하였습니다.

오늘 알아볼 지도에 대해 말씀해 주세요.

입연정도도(入燕程途圖)

① 박위를 파견하여 근거지를 토벌하였다.
② 백두산정계비를 세워 국경을 정하였다.
③ 한성에 동평관을 두어 무역을 허용하였다.
④ 쌍성총관부를 공격하여 철령 이북의 영토를 되찾았다.
⑤ 포로 송환을 위하여 유정을 회답 겸 쇄환사로 파견하였다.

📢 **조선 숙종의 대외 정책**

정답분석 연경은 청의 수도예요. 만상은 의주에 근거지를 둔 상인으로 조선 후기에 대청 무역에 종사하며 성장하였어요.
호란을 겪은 이후 왕이 된 효종은 서인 세력과 함께 임진왜란 때 조선을 도운 명에 대한 의리를 지키고 청에 복수하자는 북벌 운동을 전개하였어요. 하지만 청이 점점 강성해지고 늘어나는 군비로 재정난이 가중되면서 북벌 계획은 중단되었어요. 한편, 일부 실학자들은 연행사로 청에 다녀온 후 청의 선진 문물 수용을 주장하는 북학론을 내세웠어요.
② 간도 지역에서 조선과 청 백성 사이에 갈등이 빈번하게 발생하자, 숙종 때 양국의 관리가 백두산 일대를 답사한 후 백두산정계비를 세워 국경을 정하였어요(1712).

오답분석 ① 고려 말 우왕 때 박위가 왜구의 근거지인 쓰시마섬(대마도)을 토벌하였어요.
③ 조선은 한성에 동평관을 두어 일본 사신을 머무르게 하였고, 왜관을 설치하여 일본과 교역하였어요.
④ 고려 공민왕은 쌍성총관부를 공격하여 원이 빼앗아간 철령 이북의 영토를 수복하였어요.
⑤ 조선은 임진왜란 이후 일본으로 끌려간 조선인을 데려오기 위해 승려 유정을 회답 겸 쇄환사로 파견하였어요.

정답 | ②

6 58회 회독 ●●●●

(가) 섬에 대한 설명으로 옳지 않은 것은? [1점]

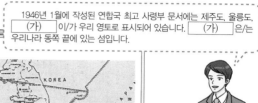

1946년 1월에 작성된 연합국 최고 사령부 문서에는 제주도, 울릉도, (가) 이/가 우리 영토로 표시되어 있습니다. (가) 은/는 우리나라 동쪽 끝에 있는 섬입니다.

① 안용복이 일본에 건너가 우리 영토임을 주장하였다.
② 영국군이 러시아를 견제하기 위해 불법 점령하였다.
③ 러일 전쟁 때 일본이 불법으로 자국 영토로 편입하였다.
④ 대한 제국이 칙령을 통해 울릉 군수가 관할하도록 하였다.
⑤ 1877년 태정관 문서에 일본과는 무관한 지역임이 명시되었다.

📢 **독도의 역사**

정답분석 독도는 울릉도에 부속된 섬으로 삼국 시대부터 우리나라의 고유 영토였어요. 조선 숙종 때 일본 어민들이 독도를 무단으로 자주 침입하자, 안용복은 일본으로 건너가 일본인들의 불법 침입에 대해 항의하며 독도가 조선의 영토임을 주장하였어요. 그리고 일본으로부터 울릉도와 독도가 조선 땅이라는 것을 공식적으로 인정받고 돌아왔어요. 이후 대한 제국은 1900년에 칙령 제41호를 반포하여 독도를 관할 영토로 명시하였어요. 그러나 일본은 러·일 전쟁 중에 독도를 주인이 없는 땅으로 규정하고 자국 영토인 시마네현으로 불법 편입하였어요.
② 1885년에 영국은 러시아의 남하를 견제한다는 구실로 조선의 영토인 거문도를 불법 점령하였어요.

오답분석 ① 조선 숙종 때의 어부 안용복은 일본에 건너가 독도가 조선의 영토임을 주장하였어요.
③ 일본은 러·일 전쟁 중에 독도를 주인이 없는 땅으로 규정하고, 불법으로 자국 영토로 편입하였어요.
④ 대한 제국은 칙령 제41호를 반포하여 독도를 울릉 군수의 관할 영토로 명시하였어요.
⑤ 1877년에 일본의 최고 행정 기관이었던 태정관은 울릉도와 독도가 일본과 무관한 지역임을 공식 문서에 명시하였어요.

정답 | ②

조선 후기(조직, 외교)

기출 선택지를 완성하는

키워드 채우기

조선 후기 통치 체제의 변화

01 ___ 사는 임진왜란을 거치면서 기능과 권한이 확대되어 국정 최고 기구의 역할을 하였다.

02 ___ 도감은 포수, 살수, 사수의 삼수병으로 구성되었다.

03 훈련도감은 급료를 받는 ___ 군이 주축을 이루었다.

04 ___ 조는 수도의 방어를 담당하는 어영청을 비롯해 총융청과 수어청을 설치하였다.

05 ___ 종은 수도의 방어를 담당하는 어영청을 강화하여 북벌을 추진하였다.

06 ___ 종 때 금위영이 설치되면서 5군영 체제가 완성되었다.

07 임진왜란 당시 지방군으로 양반부터 노비까지 모든 신분이 포함된 ___ 군이 편성되었다.

호란 이후 청과의 관계

08 효종은 청에 당한 치욕을 갚기 위해 ___ 벌 운동을 추진하였다.

09 효종은 청의 요청에 따라 ___ 정벌에 조총 부대를 두 차례 파견하였다.

10 숙종 때 청과의 국경을 정한 ___ 정계비가 건립되었다.

11 대한 제국 정부는 간도의 한인을 보호·관리하기 위해 이 ___ 을 간도 관리사로 임명하였다.

일본과의 관계

12 광해군 때 ___ 약조를 체결하여 일본과 무역을 재개하였다.

13 임진왜란 후 조선은 에도 막부의 요청으로 대규모 외교 사절단인 ___ 사를 일본에 파견하였다.

14 숙종 때 어부 ___ 복이 일본으로 건너가 울릉도와 독도가 조선의 영토임을 확인받았다.

15 일본은 ___·___ 전쟁 중에 독도를 불법으로 자국 영토로 편입하였다.

정답 **01** 비변 **02** 훈련 **03** 상비 **04** 인 **05** 효 **06** 숙 **07** 속오 **08** 북 **09** 나선 **10** 백두산 **11** 범윤 **12** 기유 **13** 통신 **14** 안용 **15** 러, 일

1592

수취 체제	조세	과전법(고려 공양왕) → 공법(세종) ──────→ 영정법(인조)	
		└ 1결 30두 └ 1결 4~20두 └ 1ⓛ결 4~6두 고정(정액)	

수취 체제	공납	특산물: 호(집) 할당 → 방납 폐단 ─────→ 대동법 ┬ 광해군(이원익) → 경기
		├ 효종(김육) → 숙종(전국 확대)
		└ 선혜청 설치
		├ 1ⓛ결 12두 또는 삼베, 동전
		└ 공인 → 상품 화폐 경제 ▲

	역	노동력(군역, 요역) → 대립, 방군수포 ────→ 균역법(영조) ┬ 1년 1필
		└ 1년 2필 ├ 어·염·선박세
		└ 선무군관포, 결작(1ⓛ결 2두)

수공업· 광업	수공업	관영 → 공장안	민영 ▲, 선대제 → 독립 수공업 O
	광업	관영(정부 독점)	민영 ▲(은) ┬ 설점수세제 → 잠채

덕
대 ← 자본 ── 상인
덕
대 → 고용 ── 노동자

농업	밭	2년 3작	• 상품 작물: 담배, 면화, 인삼, 고추 • 구황 작물: 감자, 고구마
	논	직파법 ┬ 모내기법(이앙법) └ 남부 일부	→ 전국 확대(이모작, 광작) └ 생산량 ▲, 노동력 ▼
	지대	타조법(1/2 정율) ──────→ + 도조법(정액, 계약)	
	농서	〈농사직설〉, 〈금양잡록〉	〈농가집성〉, 〈색경〉

상업	관허 상인	• 시전 상인(종로, 육의전) ────→ • 보부상(지방 장시) ──── └ 혜상공국, 황국 협회	• 금난전권 O → X (정조: 신해통공) • 전국적 유통망, 보부상단 • 공인(대동법) → 도고
	사상		• 만상(의주), 내상(동래), 경강상인(한강) • 송상(개성): 송방
	포구		선상, 객주(매매 중개)·여각(숙박)
	대외 무역		• 개시(공), 후시(사) • 청: 중강 개시·후시, 책문 후시 • 일: 초량 왜관(부산) • 만상(대청), 송상(청-일 중계), 내상(대일)
	화폐		• 조세·지대 금납화 ┬ 상평통보(숙종) └ 전황(물가 ▼)

23강 조선 후기(경제)

23강 조선 후기(경제)

빈출키워드 TOP5

덕대	1위
담배	2위
상품 작물	3위
금난전권 폐지	4위
송상	5위

✎ 어장세·염전세·선박세
어장세는 어장에 매기는 세금, 염전세는 염전에 매기는 세금, 선박세는 선박을 가진 사람들에게 매기는 세금이에요. 원래 왕실 재정으로 귀속되었지만 균역법 실시 후 부족해진 재정을 보충하기 위해 국가 재정으로 귀속시켰어요.

✎ 선무군관포와 결작
선무군관포는 일부 부유한 상민에게 '선무군관'이라는 칭호를 주고 걷은 군포를 말하며, 결작은 지주에게 부과한 토지세로, 토지 1결당 2두를 걷었어요.

✎ 설점수세제
조선 초기에는 광산도 정부가 직접 경영하거나 광산이 있는 지역민에게 공물로 부과하여 거두었으나, 조선 후기가 되면서 정부가 민간에 광물 채굴을 허가하고 그에 따른 세금을 거두는 방식으로 변화되었어요.

✎ 타조법과 도조법
타조법은 타작(수확)할 때 정해진 비율로 소작료를 내는 것을 말하는데, 일반적으로 수확량의 1/2을 냈어요. 반면 도조법은 수확량과 관계없이 미리 정해 놓은 소작료를 지불하는 정액제예요. 풍년이 들어 수확량이 늘면 소작농은 큰 이익을 얻지만, 흉년이 들면 생활이 더 힘들어졌어요.

✎ 객주·여각
객주는 포구 등지에서 상품을 위탁 판매하거나 매매를 중개하는 상인이고, 여각은 포구 등지에서 다른 지역 상인을 대상으로 매매를 중개하면서 숙박업과 금융업 등을 하던 상업 기관이에요.

① 수취 체제의 개편

조세 (영정법)	배경	양 난 이후 농경지의 황폐화, 전세 제도의 문란
	내용	인조 때 실시, 풍흉에 관계없이 전세를 토지 1결당 쌀 4~6두로 고정(정액화)
	결과	각종 수수료 부과 등으로 농민의 부담 증가
공납 (대동법)	배경	공납(방납)의 폐단으로 농민의 부담 증가
	내용	• 각 호(戸)에 부과하던 토산물을 토지 결수에 따라 1결당 쌀 12두로 징수, 지역에 따라 무명·삼베·동전 등으로도 징수 • 광해군 때 이원익의 건의로 경기도에서 처음 실시(선혜청 설치) • 효종 때 김육의 건의로 충청도에서 실시 → 숙종 때 전국적으로 확대(평안도와 함경도 제외)
	결과	공인의 등장(관청에서 필요한 물품 조달), 농민의 부담 감소 → 상품 화폐 경제의 발달
역 (균역법)	배경	군포의 이중·삼중 부과 → 농민의 부담 증가
	내용	• 영조 때 실시, 군포를 1년에 2필에서 1필로 줄여 줌 • 줄어든 군포 수입 보완책: 어장세·염전세·선박세 및 선무군관포, 결작 등으로 충당
	결과	농민 부담의 일시적 감소, 군포 징수 과정에서 계속 폐단 발생

② 수공업과 광업의 발달

수공업	• 대동법의 실시로 수공업품 수요 증가, 국가에 장인세를 납부하고 자유롭게 제품을 생산하는 수공업자 증가 → 민영 수공업 발달 • 선대제 성행(수공업자들이 공인이나 대상인에게 자본과 원료를 미리 받아 제품 생산) → 수공업자가 상인 자본에 예속 • 장인 등록제(공장안) 폐지(18세기 후반) → 독자적으로 제품을 생산·판매하는 독립 수공업자 등장 • 점촌 형성: 민간 수공업자들이 집단으로 거주하며 제품을 생산하는 마을 형성
광업	• 광산 정책의 변화: 조선 초기 정부가 독점적으로 채굴 → 17세기 중반 이후 정부가 민간인에게 세금을 징수하고 광산 채굴 허용(설점수세제) • 18세기 후반 청과의 무역 확대로 은 수요 증가, 민영 수공업의 발달로 원료가 되는 광산물의 수요 증가 → 광산 개발 활발, 잠채 성행 • 덕대의 등장: 경영 전문가인 덕대가 상인 자본가인 물주의 자본으로 채굴업자(혈주)·채굴 노동자(광군)·제련 노동자를 고용하여 광산 경영 → 근대적 생산 방식 등장

③ 농촌 경제의 변화

농업 생산력 증대	모내기법(이앙법)의 확대(논), 견종법 등 새로운 농법 시도(밭), 각종 농기구와 시비법 개량 → 수확량 증가로 농민 소득 증대, 노동력 절감, 벼와 보리의 이모작 확산
농업 경영의 변화	모내기법의 확대 보급으로 노동력이 절감되면서 광작 확산, 상품 작물 재배(담배, 면화, 고추, 인삼 등), 구황 작물 전래(감자, 고구마 등) → 농민의 소득 증가, 농민층의 분화(일부 농민은 부농으로 성장, 많은 농민이 품팔이·영세 상인·임노동자 등으로 전락)
지대 납부 방식의 변화	타조법(정률 지대)이 일반적이었으나 일부 지역에서 도조법(정액 지대)이 등장

❹ 상업의 발달

사상의 성장	• 서울의 칠패(남대문 부근), 이현(동대문 부근) 등지에서 활동하며 등장 → 시전 상인이 금난전권을 행사하며 사상 억압 • 정조의 신해통공(금난전권 폐지)으로 상업 활동이 자유로워짐 → 서울을 비롯해 각지에서 활동, 각 지방의 장시 연결 • 대표 사상 　– 만상(의주): 주로 대청 무역 종사 　– 송상(개성): 주로 청과 일본 사이에서 중계 무역, 전국에 송방이라는 지점 설치, 사개치부법(독자적 계산법) 　– 내상(동래, 지금의 부산): 주로 대일 무역 종사 　– 경강상인(한강): 주로 운송업 종사 • 일부 사상은 공인과 함께 독점적 도매상인인 도고로 성장
장시의 발달	• 18세기 중반에 전국적으로 천여 개의 장시 개설 → 일부 장시의 상설 시장화 • 보부상이 여러 장시를 돌며 물품 판매 → 각 지방의 장시를 하나의 유통망으로 연결 • 보부상들이 자신들의 이익 도모를 위해 보부상단 조직
포구 상업	• 선상: 선박을 이용하여 운송한 각 지방의 물품을 포구에서 판매 → 전국 각지의 포구를 하나의 유통망으로 연결(대표: 경강상인) • 객주·여각: 포구에서 선상의 상품 매매 중개·운송·보관·숙박·금융업 등에 종사
대외 무역	• 17세기 중반 이후 국경 지대에서 공무역인 개시 무역과 사무역인 후시 무역 발달 • 청: 중강 개시·후시, 책문 후시 등에서 공무역과 사무역 전개 • 일본: 부산의 왜관(초량 왜관)에서 공무역과 사무역 전개 • 사상의 성장: 만상(주로 대청 무역), 송상(청과 일본 사이에서 중계 무역), 내상(주로 대일 무역)

❺ 화폐 경제의 발달

화폐 유통	• 배경: 상공업 발달, 대동법 실시 이후 조세와 지대의 금납화(화폐로 납부) • 유통: 숙종 때부터 상평통보 본격 발행, 전국적으로 유통
전황 발생	지주나 대상인들이 화폐를 고리대나 재산 축적 수단으로 이용 → 유통 화폐가 부족해지는 현상인 전황 발생

1. 다음 설명과 관련된 제도를 골라 쓰세요.

> 영정법, 대동법, 균역법

(1) 토지 1결당 쌀 2두의 결작을 부과하였다. (　　)

(2) 토지 1결당 쌀 4~6두로 납부액을 고정하였다. (　　)

(3) 선무군관에게 1년에 1필의 군포를 징수하였다. (　　)

(4) 특산물 대신 쌀, 베, 동전 등으로 납부하게 하였다. (　　)

(5) 어장세, 염전세, 선박세를 거두어 군사비로 충당하였다. (　　)

(6) 관청에 물품을 조달하는 공인이 등장하는 배경이 되었다. (　　)

2. 조선 후기의 경제 상황에 대한 설명이 맞으면 ○표, 틀리면 ×표 하세요.

(1) 모내기법이 전국적으로 확산되었다. (　　)

(2) 독점적 도매상인인 도고가 활동하였다. (　　)

(3) 감자, 고구마 등이 구황 작물로 재배되었다. (　　)

(4) 고추, 담배와 같은 상품 작물이 재배되었다. (　　)

(5) 송상, 만상이 대청 무역으로 부를 축적하였다. (　　)

(6) 계해약조를 맺어 일본과의 무역을 규정하였다. (　　)

(7) 국경 지대에서 개시 무역과 후시 무역이 이루어졌다. (　　)

(8) 과전법에 따라 관리에게 토지의 수조권을 지급하였다. (　　)

(9) 육의전을 제외한 시전 상인의 금난전권이 폐지되었다. (　　)

(10) 설점수세제의 시행으로 민간의 광산 개발이 허용되었다. (　　)

1. (1) 균역법 (2) 영정법 (3) 균역법 (4) 대동법 (5) 균역법 (6) 대동법
2. (1) ○ (2) ○ (3) ○ (4) ○ (5) ○ (6) × (7) ○ (8) × (9) ○ (10) ○

23^강 조선 후기(경제)

① 대동법

대동법은 공납의 폐단으로 농민들의 부담이 증가하자 광해군이 이원익의 건의를 받아들여 처음 실시한 제도예요. 각 집마다 토산물을 내던 공납을 소유한 토지의 결수를 기준으로 1결당 쌀 12두 또는 무명, 삼베, 동전 등으로 내게 하였어요. 이후 효종 때 김육의 건의로 충청도에도 시행하였고, 숙종 때 이르러 전국적으로 실시하였어요. 대동법이 실시된 후 공인이 등장하였어요.

- 영의정 이원익이 아뢰기를, "각 고을에서 바치는 공물이 각 관청의 방납인에게 막혀, 물건 하나의 가격이 몇 배 또는 몇 십 배, 몇 백 배로 징수되어 그 폐해가 이미 고질화 되었고 특히 경기도가 심합니다. 지금 별도의 담당 관청을 설치하여 매년 봄·가을에 백성들에게서 쌀을 거두는데, 토지 1결마다 두 번에 걸쳐 각각 8두씩 거두어들이게 하고 담당 관청은 수시로 물가 시세를 보아 쌀을 방납인에게 지급하여 물건을 조달하도록 해야겠습니다."라고 하였다.
  – 《광해군일기》 –
- 좌의정 이원익의 건의로 이 법을 비로소 시행하여 백성의 토지에서 미곡을 거두어 서울로 옮기게 했는데, 먼저 경기에서 시작하고 드디어 선혜청을 설치하였다. …… 우의정 김육의 건의로 충청도에도 시행하게 되었으며 …… 황해도 관찰사 이언경의 상소로 황해도에도 시행하게 되었다.
  – 《만기요람》 –

② 균역법

균역법은 영조가 백성들의 군포 부담을 줄이기 위해 군포를 1년에 2필에서 1필만 납부하게 한 제도예요. 영조는 군포 징수와 관련하여 여러 폐단이 나타나자 이를 해결하기 위해 균역청을 설치하고 균역법을 실시하였어요. 균역법의 시행으로 부족해진 재정은 선무군관포, 결작, 어장세·염전세·선박세 등을 징수하여 보충하였어요.

2필 양역(良役)의 폐단이 나라를 망치는 근저가 된 지 오래되었습니다. 조종조(祖宗朝) 이래로 누차 변통시키는 계책을 강구하였지만, 지금에 이르도록 시일만 지체하면서 폐단은 날로 더욱 심해지니 …… 급기야 임금께서 재차 궁궐 문에 임하시어 민정을 널리 물으셨지만, 호전(戶錢)·결포(結布)의 주장을 모두 행할 수 없게 되자 마침내 개연히 눈물을 흘리시며, "2필의 양역을 비록 다 혁파할 수는 없지만 1필로 줄이는 이 정책은 행하지 않을 수가 없다."라고 하교하시기에 이르렀습니다.
– 《영조실록》 –

③ 민영 광산의 발달

조선 후기에는 민영 수공업이 발달하고 광산 개발이 활발해졌는데, 정부가 민간인에게 세금을 거두고 광물 채굴을 허가하는 설점수세제가 시행되었어요. 이후 대규모 광산 개발은 경영 전문가인 덕대가 상인 물주의 자금을 받아 노동자와 채굴업자를 고용하는 형태로 운영되기도 하였어요. 한편, 정부의 허락 없이 몰래 광산을 개발하는 잠채가 성행하기도 하였어요.

평안도에서는 …… 설점(設店)한 이후에 간사한 백성들이 때를 틈타 이익을 다투어 사사로이 잠채(潛採)하고 있다. 설점한 고을이 아니더라도 잠채하지 않는 곳이 없다. 묘지나 논밭을 가리지 않고 굴을 뚫고 땅을 파헤쳐서 마을이 소란스러워짐이 말로 다할 수 없다. 쌀값이 크게 오르고 도둑질이 끊이지 않으며, 농사를 짓던 농민들도 생업을 팽개치고 이익을 좇는다.

④ 모내기법의 확대

조선 후기에는 수리 시설의 확충 등으로 모내기법(이앙법)이 전국적으로 확산되었어요. 모내기법이 확산되자 벼와 보리의 이모작이 가능해졌고, 한 사람이 넓은 토지를 경영하는 광작이 성행하였어요.

- 직파를 하면 곡식의 소출이 적고, 이앙(모내기)을 하면 소출이 배나 된다. 직파를 하면 노동력이 배로 늘고, 이앙을 하면 노동력이 절반으로 준다. …… 호남의 백성은 오로지 이앙을 하고, 직파는 겨우 100분의 1에 불과하다.
  – 《일성록》 –
- 이앙법(모내기법)은 본래 그 금령이 지극히 엄한데, 근래 소민들이 농사를 게을리하고 이익을 탐하여 광작을 하며, 그 형세가 늘어나 지금은 여러 도에 두루 퍼져 있으니 모두 금지하기 어렵다.
  – 《비변사등록》 –

⑤ 상품 작물의 재배

조선 후기에는 처음부터 팔기 위한 목적으로 농사를 짓는 상품 작물의 재배가 확대되었어요. 대표적인 상품 작물로는 인삼, 담배, 목화, 고추, 생강 등이 있어요.

밭에 심는 것은 9곡(穀)뿐만이 아니다. 모시, 오이, 배추, 도라지 등의 농사를 잘 지으면 조그만 밭이라도 얻는 이익이 헤아릴 수 없이 크다. 서울 근교와 각 지방 대도시 주변의 파·마늘·배추·오이밭에서는 10무(4두락)의 땅으로 수만 전(수백 냥)의 수입을 올린다. 서쪽 지방의 담배밭, 북쪽 지방의 삼밭, 한산 지방의 모시밭, 전주의 생강밭, 강진의 고구마밭, 황주의 지황밭은 다 상상등(上上等)의 논보다 그 이익이 10배에 달한다.
– 《경세유표》 –

⑥ 농민층의 분화

조선 후기에 광작이 성행하고 상품 작물이 재배되면서 부농층으로 성장한 농민도 있었지만, 경작지를 잃고 농촌을 떠나 도시에서 임노동자로 전락하거나 상공업에 종사하는 농민도 많았어요.

농사를 짓는 자가 오로지 겸병이나 광작으로 일을 삼고, 또 편리하고 가까운, 좀 더 비옥한 곳만 얻으려 하기 때문에 한 가구에서 경작하는 바가 이미 서너 집이 가히 경작할 토지를 겸병하고 있다. 한 농가가 서너 집이 지을 수 있는 땅을 아울러 빼앗아 서너 집의 궁민(窮民, 생활이 어려운 백성)으로 하여금 경작할 바가 없도록 하는 것이니 …… 형세가 장차 이로 인하여 실업하게 되는 것이다.
– 《천일록》 –

244 2주끝장 심화

7 사상의 성장

정조의 신해통공으로 자유로운 상업 활동이 가능해지면서 사상의 활동이 활발해졌어요. 대표적인 사상으로는 의주의 만상, 개성의 송상, 동래(부산)의 내상, 한강 기반의 경강상인 등이 있어요. 만상과 송상은 청과의 무역에 종사하였고, 내상은 대일 무역에 종사하였어요. 특히, 송상은 전국에 송방이라는 지점을 운영하였고 사개치부법이라는 독자적인 계산법을 사용하였어요.

▲ 조선 후기 상업과 무역 활동

8 도고

도고는 조선 후기에 상품을 매점매석하여 이윤의 극대화를 노리던 상행위나 상인을 말해요. 대동법의 시행으로 등장한 공인이 특정 상품을 대량 거래하여 자본을 축적하면서 독점적 도매상인인 도고로 성장하기도 하였어요.

> 이른바 도고는 도성 백성이 견디기 어려운 폐단입니다. 근래에 물가가 뛰어오르는 것은 전적으로 부유한 도고가 돈을 많이 가지고서 높은 값으로 경향(京鄉)의 물건을 마구 사들여 저장해 두었다가, 때를 보아 이득을 노리기 때문입니다. 귀한 것, 천한 것 모두 그들이 장악하고 가격도 그들의 마음대로 하니 그 폐단으로 백성은 더욱 어렵습니다.
> – 《비변사등록》 –

9 포구에서의 상업

조선 후기에는 도로보다 뱃길을 이용하여 많은 물건을 운반하였기 때문에 포구가 기지 역할을 하였어요. 18세기 이후 전국의 포구가 하나의 유통망으로 연결되어 강경, 원산 등이 상업의 중심지로 성장하였어요. 그리고 객주, 여각 등이 포구에서 매매 중개·금융·숙박업 등으로 활발하게 활동하였어요.

> 우리나라는 동·서·남의 3면이 모두 바다이므로 배가 통하지 않는 곳이 거의 없다. 배에 물건을 싣고 오가면서 장사하는 장사꾼은 반드시 강과 바다가 이어지는 곳에서 이득을 얻는다. …… 충청도 은진의 강경포는 육지와 바다 사이에 위치하여 바닷가 사람들과 내륙 사람들이 모두 여기에서 서로의 물건을 교역한다. 매년 봄, 여름 …… 큰 배와 작은 배가 밤낮으로 포구에 줄을 서고 있다. – 《택리지》 –

10 대외 무역의 발달

조선 후기에는 공무역인 개시와 더불어 사무역인 후시가 성행하였어요. 청과의 무역에서는 중강 개시·중강 후시·책문 후시 등에서 이루어졌고, 일본과의 무역은 왜관을 중심으로 이루어졌어요. 이때 사상들이 활발히 활동하였는데, 청과의 무역에서는 만상과 송상이, 일본과의 무역에서는 내상이 활동하였어요.

> 사행(使行)이 책문을 출입할 때에는 만상과 송상 등이 은과 인삼을 몰래 가지고 인부나 말 속에 섞여들어 물건을 팔아 이익을 꾀하였다. 되돌아올 때는 수레를 일부러 천천히 가게 하고 사신을 먼저 책문으로 나가게 하여 거리낄 것이 없게 한 뒤에 저희 마음대로 매매하고 돌아오는데 이것을 책문 후시라 한다. – 《만기요람》 –

11 상평통보

상평통보는 숙종 때 허적 등의 제안에 따라 발행·유통되기 시작하여 조선 후기에 법화로써 널리 쓰였어요. 상평통보의 전국적 유통으로 상품 화폐 경제가 발달하였어요.

> 허적, 권대운 등의 대신들이 동전을 만들어 통용할 것을 청하였다. 왕이 여러 신하에게 물으니, 신하들이 모두 그 편리함을 말하였다. 왕이 그 말에 따라 호조 등에 명하여 상평통보를 주조하고, 동전 4백 문(文)을 은 1냥 값으로 정하여 시중에 유통하게 하였다. – 《숙종실록》 –

12 전황

전황은 시중에 유통되는 화폐가 부족해지는 현상을 말해요. 조선 후기에 상품 화폐 경제가 발달하여 화폐 유통이 본격화되면서, 지주나 대상인들이 화폐를 고리대나 재산을 모으는 수단으로 사용하였어요. 이로 인해 시중에 유통되는 화폐가 부족해진 것이에요. 전황으로 화폐 가치가 올라가고 물가가 하락하는 문제가 발생하였어요.

> • 서울의 재력 있는 관청과 지방의 영진(營鎭) 등은 돈을 많이 저축하고 있다. 돈이 국가 창고에 쌓인 채 아래로 유통되지 못하여 귀해지고 있는 것이다. – 《우서》 –
> • 종전에 주조한 돈을 결코 작년과 금년에 다 써버렸을 리가 없습니다. 신의 생각에는 아마도 부유한 상인들이 이때를 틈타 쌓아두고 이익을 취하려는 것으로 보이는데, 그 폐단을 바로잡을 방책이 없습니다. – 《비변사등록》 –

23^강 조선 후기(경제)

1 65회 회독 ○○○

(가) 제도에 대한 설명으로 옳은 것은? [2점]

> 광해군 때 이원익이 방납의 폐단을 혁파하고자 선혜청을
> 두고 ___(가)___ 을/를 실시할 것을 청하였다. …… 맨 먼저
> 경기도 내에 시범적으로 실시하니 백성들은 대부분 편리하게
> 여겼다. 다만 권세가와 부호들은 방납의 이익을 잃기 때문에
> 온갖 방법으로 반대하였다.
> ─ "국조보감" ─

① 양반에게도 군포를 부과하였다.
② 수신전과 휼양전을 폐지하였다.
③ 양전 사업을 실시하여 지계를 발급하였다.
④ 전세를 풍흉에 따라 9등급으로 차등 과세하였다.
⑤ 관청에 물품을 조달하는 공인이 등장하는 배경이 되었다.

📢 **대동법**

정답분석 광해군은 방납으로 인한 폐단이 심화되자 이원익의 건의를 받아들여 소유한 토지를 기준으로 공납을 부과하여 쌀이나 베, 동전 등으로 납부하게 하는 대동법을 경기도에서 처음 시행하였어요. 이후 효종 때 김육의 건의로 충청도에서도 대동법이 실시되었고, 숙종 때 전국적으로 실시되었어요. 선혜청은 대동법이 시행되면서 설치된 관청이에요.
⑤ 대동법이 시행되면서 관청에서 공가를 받고 필요한 물품을 마련하여 궁궐과 관청에 납품하는 공인이 등장하였어요. 공인의 활동은 조선 후기 상공업이 발달하고 상품 화폐 경제가 발달하는 데 기여하였어요.

오답분석 ① 고종 때 흥선 대원군은 민생 안정을 위해 양반에게도 군포를 부과하는 호포제를 실시하였어요.
② 세조는 새로 등용한 관리에게 지급할 수조지가 부족해지자 수신전, 휼양전 등의 명목으로 세습되는 토지를 폐지하고 현직 관리에게만 수조지를 지급하는 직전법을 시행하였어요.
③ 대한 제국 시기에 고종은 광무개혁을 추진하는 과정에서 양전 사업을 시행하여 근대적 토지 소유 증명서인 지계를 발급하였어요.
④ 세종 때 전세를 풍흉에 따라 9등급으로 나누어 차등 과세하는 연분9등법이 실시되었어요.

정답 | ⑤

---

2 69회 회독 ○○○

밑줄 그은 '대책'에 대한 탐구 활동으로 가장 적절한 것은? [2점]

> 양역(良役)의 편중됨이 실로 양민의 뼈를 깎아 지탱하지
> 못하는 폐단이 됩니다. 전하께서 이를 불쌍하게 여겨 2필의
> 역을 특별히 1필로 감하였으니, 이는 천지와 같은 큰 은덕이요
> 죽은 사람을 살려 주는 은혜입니다. …… 그러나 이미 포를 감
> 하였으니 마땅히 그 대신할 것을 보충해야 하나 나라의 재원
> 은 한정이 있습니다. …… 이에 신들은 감히 눈앞의 한때 일을
> 다행으로 여기지 않고 좋은 <u>대책</u>을 찾아 반드시 오래도록 이어
> 지게 하겠습니다.

① 공인이 등장하게 된 배경을 살펴본다.
② 당백전 발행이 끼친 영향을 파악한다.
③ 선무군관포를 징수한 목적을 찾아본다.
④ 토산물을 쌀, 동전 등으로 납부하게 한 원인을 조사한다.
⑤ 전세를 풍흉에 따라 9등급으로 차등 부과한 이유를 알아본다.

📢 **균역법**

정답분석 조선 후기에 군역을 부과하는 일이 문란해져 여러 폐단이 생겨났어요. 대표적인 군역의 폐단은 군역의 의무가 없는 어린아이를 군적에 올리는 황구첨정, 사망자에게도 군포를 부과하는 백골징포 등이 있었어요. 이에 영조는 군역의 폐단을 해결하고 백성들의 군포 부담을 덜어 주고자 균역법을 실시하였어요. 균역법은 군역의 의무가 있는 자가 1년에 2필씩 내던 군포를 1필만 내도록 줄여 준 법이에요.
③ 균역법 시행으로 줄어든 재정 수입의 보충을 위해 결작 부과, 어장세·염전세·선박세의 국가 재정으로 귀속, 선무군관포 징수 등을 실시하였어요.

오답분석 ① 대동법 시행으로 관청에서 공가를 받고 필요한 물품을 마련하여 궁궐과 관청에 납품하는 공인이 등장하였어요. 공인의 활동은 조선 후기에 상공업과 상품 화폐 경제가 발달하는 계기가 되었어요.
② 고종 때 흥선 대원군은 임진왜란 때 불타 없어진 경복궁을 다시 세우는데 필요한 막대한 비용을 마련하기 위해 고액 화폐인 당백전을 발행하였어요. 고액 화폐가 남발되면서 기존 화폐의 가치가 하락하며 물가가 급등하는 바람에 백성들의 불만이 심화되었어요.
④ 광해군 때 방납의 폐단이 심화되자 소유한 토지를 기준으로 공납을 부과하여 쌀이나 베, 동전 등으로 납부하게 하는 대동법을 경기도에 한해서 처음으로 시행하였어요.
⑤ 세종 때 합리적인 토지세 수취를 위해 토지의 비옥도에 따라 6등급으로 나누어 수취하는 전분6등법과 전세를 농작물의 풍흉에 따라 9등급으로 나누어 차등 과세하는 연분9등법이 실시되었어요.

정답 | ③

---

246 2주끝장 심화

3 51회 회독 ●●●

다음 대화가 이루어진 시기의 경제 상황으로 옳지 <u>않은</u> 것은?

[2점]

며칠 전 전하께서 형조와 한성부에 시전 상인의 금난전권을 철폐하고 이를 어길 경우 처벌하라는 지시를 내리셨다네.

나도 들었네. 다만 육의전은 이번 조치에서 제외되었다고 하더군.

① 고액 화폐인 활구가 주조되었다.
② 담배, 면화 등 상품 작물이 재배되었다.
③ 관청에 물품을 조달하는 공인이 활동하였다.
④ 송상, 만상이 대청 무역으로 부를 축적하였다.
⑤ 광산을 전문적으로 경영하는 덕대가 등장하였다.

4 63회 회독 ●●●

밑줄 그은 '이 시기'의 경제 상황으로 옳은 것은? [1점]

시(詩)로 만나는 한국사

이현과 종루 그리고 칠패는
도성의 3대 시장이라네
온갖 장인들이 살고 일하니
사람들이 많아서 어깨를 부딪히네
온갖 재화가 이익을 좇아
수레가 끊임없네
봉성의 털모자, 연경의 비단실
함경도의 삼베, 한산의 모시
쌀, 콩, 벼, 기장, 조, 피, 보리
······

[해설] 이것은 한양의 모습을 그린 「성시전도」를 보고 박제가가 지은 시의 일부이다. 시의 내용을 통해 <u>이 시기</u> 생동감 있는 시장의 모습을 엿볼 수 있다.

① 백성에게 정전이 지급되었다.
② 서경에 관영 상점이 설치되었다.
③ 금속 화폐인 건원중보가 주조되었다.
④ 벽란도가 국제 무역항으로 번성하였다.
⑤ 인삼, 담배 등이 상품 작물로 재배되었다.

📢 **조선 후기의 경제 상황**

정답분석 조선 후기에는 농업 생산력이 증대되고 도시의 인구가 증가하여 상업이 크게 발달하였어요. 특히, 정조 때 자유로운 상업 활동을 보장하기 위해 시전 상인의 특권을 없애는 신해통공이 단행되었어요. 이에 따라 사상의 활동이 더욱 활발해졌어요.
① 활구는 고려 시대에 주조된 고액 화폐로, 은병이라고도 불렸어요.

오답분석 ② 조선 후기에 담배, 면화 등 시장에 내다 팔기 위한 상품 작물이 재배되었어요.
③ 조선 후기에 대동법이 시행되면서 관청에서 필요한 물품을 조달하는 공인이 등장하였고, 공인의 활동은 상품 화폐 경제의 발달을 촉진하였어요.
④ 조선 후기에 개성의 송상, 의주의 만상이 대청 무역으로 부를 축적하였어요.
⑤ 조선 후기에 덕대로 불린 광산 전문 경영인이 물주로부터 자금을 받아 채굴업자와 노동자를 고용하여 광산을 경영하는 형태가 등장하였어요.

정답 | ①

📢 **조선 후기의 경제 상황**

정답분석 조선 후기에 상공업 중심의 개혁을 주장한 실학자에는 유수원, 홍대용, 박지원, 박제가 등이 있어요. 특히 박지원과 박제가는 수레와 선박의 이용, 화폐 유통의 필요성을 주장하였어요. 박제가는 상공업 진흥을 주장하며 《북학의》에서 재물을 우물에 비유하여 절약보다 적절한 소비를 권장하였어요.
⑤ 조선 후기에 인삼, 담배, 면화, 고추 등 상품 작물의 재배가 확대되었어요.

오답분석 ① 신라 성덕왕은 백성에게 정전을 지급하였어요.
② 고려는 개경, 서경 등 대도시에 관청의 수공업장에서 생산한 물품을 판매하는 서적점, 다점 등 관영 상점을 설치하였어요.
③ 고려 성종 때 건원중보가 주조되었지만 널리 유통되지는 못하였어요.
④ 벽란도는 고려 시대에 번성한 국제 무역항으로, 송의 상인은 물론 아라비아 상인도 드나들었어요.

정답 | ⑤

5 61회 〈회독 ○○○〉

다음 기사에 나타난 시기의 경제 상황으로 옳은 것은? [2점]

역사 신문

제△△호 〇〇〇〇년 〇〇월 〇〇일

거상(巨商) 임상옥, 북경에서 인삼 무역으로 큰 수익

연행사의 수행원으로 북경에 간 만상(灣商) 임상옥이 인삼 무역으로 큰 수익을 거두었다. 북경 상인들이 불매 동맹을 통해 인삼을 헐값에 사려 하자, 그는 가져간 인삼 보따리를 태우는 기지를 발휘해 북경 상인에게 인삼을 높은 가격에 매각하여 막대한 이익을 얻은 것이다.

---

① 삼한통보, 해동통보가 발행되었다.
② 솔빈부의 말이 특산물로 수출되었다.
③ 초량 왜관을 통해 일본과 교역하였다.
④ 당항성, 영암이 국제 무역항으로 번성하였다.
⑤ 경시서의 관리들이 수도의 시전을 감독하였다.

6 60회 〈회독 ○○○〉

다음 상황이 나타난 시기에 볼 수 있는 모습으로 적절하지 **않은** 것은? [1점]

○ 집집마다 인삼을 심어서 돈을 물 쓰듯이 한다고 하는데, 재산을 만드는 방법으로는 이보다 나은 것이 없다고 한다.

○ 어제 울타리 밖의 몇 되지기 밭에 담배를 파종하였다.

○ 금년에는 목화가 풍년이 들었는데, 어제는 시장에서 25근에 100전이었다고 한다.

– 「노상추일기」 –

① 한글 소설을 읽어 주는 전기수
② 시사를 조직하여 활동하는 역관
③ 주전도감에서 해동통보를 만드는 장인
④ 왕조 교체를 예언한 정감록을 읽는 양반
⑤ 한강을 무대로 상업에 종사하는 경강상인

📢 **조선 후기의 경제 상황**

정답분석 연행사는 조선 후기에 청에 보낸 사절단이에요. 조선 후기에 중국을 왕래하던 사신들을 통해 서양 문물이 전래되었고, 정조 때 신해통공으로 육의전을 제외한 시전 상인의 금난전권이 폐지되면서 사상의 활동이 활발해졌어요. 의주의 만상과 개성의 송상은 대청 무역으로, 동래의 내상은 대일 무역으로 큰 부를 축적하였어요.
③ 조선 후기에 부산 초량에 왜관을 설치하고 일본과 교역하였어요.

오답분석 ① 고려 숙종 때 의천의 건의로 주전도감이 설치되어 삼한통보, 해동통보, 은병(활구) 등 화폐가 발행되었어요.
② 발해는 목축이 발달하여 특히, 솔빈부의 말이 특산물로 유명하였어요.
④ 통일 신라 시기에는 울산항, 당항성, 영암이 국제 무역항으로 번성하였어요.
⑤ 고려는 개경에 설치된 시전의 상행위를 관리·감독하기 위해 경시서를 두었어요. 경시서는 조선까지 이어졌으며, 세조 때 평시서로 개칭되었어요.

📢 **조선 후기의 경제 상황**

정답분석 조선 후기에는 농사짓는 기술의 발달로 농업 경영 방식이 변화되었어요. 모내기법(이앙법)이 발달하여 광작이 성행하였고, 쌀보다 수익이 높은 상품 작물의 재배가 확대되었어요. 이 시기에 재배된 대표적인 상품 작물로는 인삼, 담배, 목화, 고추 등이 있었어요.
③ 고려 숙종 때 송에 다녀온 의천이 숙종에게 화폐 사용을 건의함에 따라 주전도감이 설치되었고, 이곳에서 해동통보, 삼한통보 등의 화폐가 주조되었어요.

오답분석 ① 조선 후기에는 한글 소설이 유행하여 책을 전문적으로 읽어 주는 전기수의 활동이 두드러졌어요.
② 조선 후기에는 역관 등의 중인들이 시사를 조직하여 문예 활동을 전개하였어요.
④ 조선 후기에는 왕조 교체를 예언한 《정감록》이 민간에 널리 퍼져 농민 봉기에 영향을 주었어요.
⑤ 조선 후기에는 한강을 주요 무대로 활동한 경강상인이 등장하였어요.

정답 | ③

정답 | ③

23강 조선 후기(경제)

수취 체제의 개편

01 인조 때 풍흉에 관계없이 전세를 토지 1결당 쌀 4~6두로 고정하는 ___ 법을 실시하였다.

02 방납의 폐단을 시정하기 위해 광해군 때 ___ 법을 경기도에서 처음 시행하였다.

03 대동법이 실시되면서 관청에 필요한 물품을 조달하는 ___ 인이 등장하였다.

04 영조는 농민의 군포 부담을 줄여 주기 위해 군포를 1년에 1필만 징수하는 ___ 법을 실시하였다.

05 균역법 시행으로 부족해진 재정을 보충하기 위해 ___ 군관포를 징수하였다.

수공업과 광업의 발달

06 조선 후기에 공인이나 상인이 수공업자에게 미리 대금을 주고 물건을 주문하는 ___ 제가 성행하였다.

07 조선 후기에 정부는 ___ 수세제를 시행하여 민간의 광산 개발을 허용하고 세금을 거두었다.

08 조선 후기에 물주의 자금을 받아 광산을 전문적으로 경영하는 ___ 대가 등장하였다.

농촌 경제의 변화

09 조선 후기에 모내기법이 확산되면서 벼와 보리의 ___ 작이 가능해졌다.

10 조선 후기에 담배, 면화 등 ___ 품 작물과 감자, 고구마 등의 ___ 황 작물이 재배되었다.

상업의 발달 / 화폐 경제의 발달

11 정조는 육의전을 제외한 시전 상인들의 금난전권을 폐지하는 신해 ___ 을 실시하였다.

12 조선 후기에 독점적 도매상인인 ___ 고가 활동하였다.

13 개성의 ___ 상과 의주의 ___ 상은 대청 무역으로 부를 축적하였다.

14 송상은 전국 각지에 ___ 방이라는 지점을 설치하였다.

15 조선 후기에 국경 지대에서 공무역인 ___ 시 무역과 사무역인 ___ 시 무역이 이루어졌다.

16 조선 후기에 ___ 통보가 전국적으로 유통되었다.

정답 **01** 영정 **02** 대동 **03** 공 **04** 균역 **05** 선무 **06** 선대 **07** 설점 **08** 덕 **09** 이모 **10** 상, 구 **11** 통공 **12** 도 **13** 송, 만 **14** 송 **15** 개, 후 **16** 상평

조선 후기(사회)

시대 흐름을 한번에 담는
흐름판서 보기

흐름판서 강의

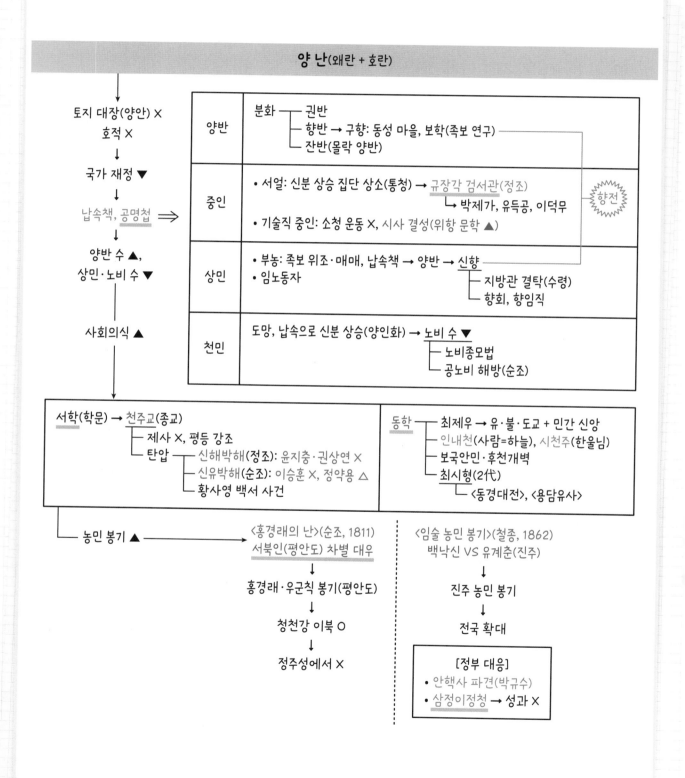

양 난(왜란 + 호란)

토지 대장(양안) X
호적 X
↓
국가 재정 ▼
↓
납속책, 공명첩 ⟹
↓
양반 수 ▲,
상민·노비 수 ▼
↓
사회의식 ▲

양반	분화 ─┬─ 권반 ├─ 향반 → 구향: 동성 마을, 보학(족보 연구) ─┐ └─ 잔반(몰락 양반)
중인	• 서얼: 신분 상승 집단 상소(통청) → 규장각 검서관(정조) 　　　　　　　　　　　　　　　　↳ 박제가, 유득공, 이덕무 • 기술직 중인: 소청 운동 X, 시사 결성(위항 문학 ▲)
상민	• 부농: 족보 위조·매매, 납속책 → 양반 → 신향 ─┐ 　　　　　　　　　　　　　　　　├─ 지방관 결탁(수령) • 임노동자　　　　　　　　　　　　└─ 향회, 향임직
천민	도망, 납속으로 신분 상승(양인화) → 노비 수 ▼ 　　　　　　├─ 노비종모법 　　　　　　└─ 공노비 해방(순조)

향전

서학(학문) → 천주교(종교)
　　　　├─ 제사 X, 평등 강조
　　　　└─ 탄압 ─┬─ 신해박해(정조): 윤지충·권상연 X
　　　　　　　　├─ 신유박해(순조): 이승훈 X, 정약용 △
　　　　　　　　└─ 황사영 백서 사건

동학 ─┬─ 최제우 → 유·불·도교 + 민간 신앙
　　　├─ 인내천(사람=하늘), 시천주(한울님)
　　　├─ 보국안민·후천개벽
　　　└─ 최시형(2代)
　　　　　└─ 〈동경대전〉, 〈용담유사〉

└─ 농민 봉기 ▲ ──→　〈홍경래의 난〉(순조, 1811)
　　　　　　　　　　서북인(평안도) 차별 대우
　　　　　　　　　　　　↓
　　　　　　　　　홍경래·우군칙 봉기(평안도)
　　　　　　　　　　　　↓
　　　　　　　　　　청천강 이북 O
　　　　　　　　　　　　↓
　　　　　　　　　　정주성에서 X

〈임술 농민 봉기〉(철종, 1862)
백낙신 VS 유계춘(진주)
　　　↓
진주 농민 봉기
　　　↓
전국 확대

[정부 대응]
• 안핵사 파견(박규수)
• 삼정이정청 → 성과 X

24강 조선 후기(사회)

빈출키워드 TOP5

홍경래의 난	1위
삼정이정청	2위
시사 결성	3위
박규수를 안핵사로 파견	4위
규장각 검서관 등용	5위

🖉 납속책

조선 시대에 전쟁, 흉년 등으로 인한 구호 대책이나 국가 재정을 보충하기 위해 마련된 정책으로, 곡식이나 돈을 내면 관직을 주거나 역을 면제해 주었어요.

🖉 권반·향반·잔반

권반은 권력을 장악한 양반, 향반은 벼슬에 오르지는 못하였지만 그래도 향촌 사회에서 약간의 지위를 가지고 있던 양반, 잔반은 관리가 되지 못하여 정계에서 소외되었을 뿐만 아니라 경제적으로도 몰락한 양반을 말해요.

🖉 시사

시를 짓는 등 문학 활동을 하는 모임이에요. 이전에는 양반들만 문학 활동을 즐겼지만, 조선 후기에는 중인도 시사를 조직하는 등 양반처럼 풍류를 즐겼어요. 이후 중인층이 중심이 된 위항 문학이 발달하게 되었어요.

🖉 보학

족보는 한 가문의 혈통을 정리한 가계도이고, 보학은 이러한 족보를 연구하는 학문을 말해요.

🖉 정감록

조선 후기에 이씨 왕조가 망하고 정씨 왕조가 계룡산에서 세워질 것이라는 내용이 담긴 《정감록》이 확산되었어요.

🖉 안핵사

조선 후기에 지방에 긴급한 사건이 발생하였을 때 중앙 정부에서 사태 수습과 처리를 위해 파견한 임시 벼슬이에요.

① 신분 제도의 변화

(1) 신분제의 동요

배경	• 양 난의 영향으로 토지 대장(양안)과 호적 소실 → 국가 재정 감소 → 재정 확보를 위해 납속책 시행, 공명첩 발급 • 상품 화폐 경제의 발달 → 부유한 상민층이 납속책·공명첩 매입, 족보 위조·매매 등의 방법으로 신분 상승
결과	양반의 수 증가, 상민과 노비의 수 감소 → 양반 중심의 신분 질서 동요

(2) 신분 질서의 변화

양반층과 농민층의 분화	양반층의 분화	붕당 정치의 변질로 일부 양반에게 권력 집중 → 다수의 양반 몰락, 양반이 권반·향반·잔반으로 분화
	농민층의 분화	광작과 상품 작물 재배 등으로 큰 이익을 얻은 일부 농민이 부농으로 성장 → 많은 농민이 토지를 잃고 품팔이, 도시의 영세 상인, 임노동자 등으로 전락
중인층의 신분 상승 운동	서얼	• 양반의 자손이지만 차별당함 • 왜란 이후 차별 완화, 납속책·공명첩을 이용하여 관직 진출 • 청요직 진출을 요구하는 등 관직 진출의 제한을 없애 달라는 집단 상소 운동 전개(통청 운동) • 정조 때 박제가, 유득공, 이덕무 등 서얼 출신 학자들이 규장각 검서관으로 등용됨
	중인	• 상업과 무역 활동으로 경제력 축적 • 역관 등으로 활동하며 청의 문물을 적극적으로 수용 및 국내 소개 → 북학파에 영향 • 철종 때 기술직 중인이 관직 진출의 제한을 없애 달라는 대규모 소청 운동 전개 → 실패 • 시를 짓고 즐기는 문학 활동 모임인 시사 결성 → 위항 문학 발달
노비의 신분 상승	노비의 감소	• 군공·납속을 통한 신분 상승, 도망 노비의 증가 • 노비종모법 실시(아버지가 노비라도 어머니가 양인이면 그 자식은 양인으로 여김)
	공노비 해방 (1801)	• 순조 때 실시 • 군역 대상자 감소로 국가 재정 부족 • 국가 재정 확보를 위해 중앙 관서의 공노비 6만 6천여 명 해방

② 향촌 질서의 변화

배경	부농층의 등장, 양반 중심의 신분 질서 동요 → 양반의 지위 하락
양반의 지위 유지 노력	• 동성 마을 형성, 서원·사우 설립 • 보학(족보 연구) 발달, 청금록·향안 작성
향전의 발생	• 기존의 지방 사족인 구향과 새롭게 성장한 부농층인 신향 간의 대립 • 신향이 수령 등의 관권과 결탁하여 지방 사족의 향촌 지배권에 도전(향회 참여, 향임직 진출, 향안 등재) → 지방 사족의 세력 약화
관권 강화	지방 사족의 향촌 지배권 약화, 신향의 세력 확대의 한계(향촌 지배권을 장악하지 못함) → 수령과 향리의 권한 강화, 향회가 수령의 세금 부과 자문 기구로 변질

❸ 사회 변혁의 움직임

(1) 새로운 사상의 등장

배경	• 양반 중심의 신분 질서 동요, 탐관오리의 횡포, 삼정의 문란 • 이양선의 출몰 등으로 불안감 고조

천주교	• 전래: 17세기경 청에 다녀온 사신들에 의해 서학이라는 학문으로 전래됨 → 18세기 후반 남인 계열의 일부 학자들이 신앙으로 수용
	• 확산: 평등사상, 내세 사상 등을 바탕으로 하층민과 부녀자 사이에서 빠르게 확산
	• 탄압: 조상에 대한 제사 의식 거부, 평등사상 강조 → 정부의 탄압
	  – 신해박해(정조, 1791): 윤지충·권상연 처형
	  – 신유박해(순조, 1801): 이승훈 처형, 정약용·정약전 유배
	  – 황사영 백서 사건: 황사영이 베이징에 있는 프랑스 선교사에게 신유박해에 대한 내용을 담아 외국 군대의 출병을 요청하는 편지를 보내려다 발각 → 천주교 탄압

동학	• 창시: 경주 출신의 몰락 양반 최제우가 유교·불교·도교와 민간 신앙의 요소를 결합하여 창시(1860)
	• 특징
	  – 인내천 사상(사람이 곧 하늘)·시천주 사상(마음속에 한울님을 모심) 강조, 보국안민과 후천개벽 주장
	  – 2대 교주인 최시형이 경전 간행(《동경대전》, 《용담유사》)
	  – 포접제 정비(포와 접으로 교단의 조직화 → 교세 확장)
	• 탄압: 혹세무민의 죄목으로 교조 최제우가 처형됨

예언 사상	• 《정감록》, 도참 등 예언 사상의 대두 • 미륵 신앙 확산

(2) 농민 봉기의 확산

① 홍경래의 난(1811)

배경	삼정의 문란, 탐관오리의 수탈, 서북인(평안도·함경도민)에 대한 차별 대우
전개	평안도에서 몰락 양반 홍경래가 우군칙 등과 함께 주도 → 영세 농민·광산 노동자·중소 상인 참여 → 선천, 정주 등 한때 청천강 이북 지역 장악 → 정주성에서 관군에 진압되면서 실패

② 임술 농민 봉기(1862)

전개	경상 우병사 백낙신의 횡포 → 진주에서 몰락 양반 유계춘을 중심으로 봉기 발생(진주 농민 봉기) → 농민 봉기가 전국 각지에서 일어남
정부의 대응	• 박규수를 안핵사로 파견, 삼정의 개혁 약속 • 삼정이정청 설치 → 성과를 거두지 못함

1. 조선 후기에 볼 수 있었던 사회 모습으로 맞으면 ○표, 틀리면 ×표 하세요.

(1) 청요직 통청을 요구하는 서얼 ( )

(2) 염포의 왜관에서 교역하는 상인 ( )

(3) 시사에서 문예 활동을 하는 역관 ( )

(4) 상평통보로 토지를 매매하는 양반 ( )

(5) 초량 왜관에서 인삼을 판매하는 내상 ( )

(6) 관청에 물품을 대량으로 납품하는 공인 ( )

(7) 물주의 자금으로 광산을 경영하는 덕대 ( )

(8) 시전의 상행위를 감독하는 경시서의 관리 ( )

(9) 여러 장시를 돌며 물품을 판매하는 보부상 ( )

2. 다음 설명에 해당하는 사건을 골라 쓰세요.

> 홍경래의 난, 임술(진주) 농민 봉기

(1) 삼정이정청이 설치되는 계기가 되었다. ( )

(2) 백낙신의 탐학이 발단이 되어 일어났다. ( )

(3) 서북인에 대한 차별에 반발하여 일어났다. ( )

(4) 사건의 수습을 위해 박규수가 안핵사로 파견되었다. ( )

(5) 선천, 정주 등 청천강 이북의 여러 고을을 점령하였다. ( )

3. 조선 순조의 재위 시기에 있었던 사실로 맞으면 ○표, 틀리면 ×표 하세요.

(1) 경기도에 한하여 대동법이 실시되었다. ( )

(2) 신유박해로 다수의 천주교도가 처형되었다. ( )

(3) 각 궁방과 중앙 관서의 공노비를 해방하였다. ( )

(4) 홍경래 등이 난을 일으켜 정주성을 점령하였다. ( )

(5) 기유약조를 체결하여 일본과의 무역을 재개하였다. ( )

(6) 소현 세자와 봉림 대군 등이 청에 포로로 잡혀갔다. ( )

(7) 황사영이 외국 군대의 출병을 요청하는 백서를 작성하였다. ( )

1. (1) ○ (2) × (3) ○ (4) ○ (5) ○ (6) ○ (7) ○ (8) × (9) ○
2. (1) 임술(진주) 농민 봉기 (2) 임술(진주) 농민 봉기 (3) 홍경래의 난
   (4) 임술(진주) 농민 봉기 (5) 홍경래의 난
3. (1) × (2) ○ (3) ○ (4) ○ (5) × (6) × (7) ○

24강 조선 후기(사회)

1 신분제의 동요

양 난의 영향으로 기존의 사회적·경제적 질서가 변화하고 붕당 정치의 변질로 일부 양반에게 권력이 집중되면서 많은 양반이 몰락하고 양반층이 권반, 향반, 잔반으로 분화하였어요. 게다가 상품 작물 재배 등으로 부를 쌓은 일부 부농층이 납속책, 공명첩 매입, 족보 위조·매매 등을 통해 양반으로 신분이 상승하는 경우가 많이 생겼어요. 그 결과 양반의 수는 증가하고, 상민과 노비의 수는 감소하면서 양반 중심의 신분 질서가 동요하였어요.

- 세상의 도리가 무너져 돈 있고 힘 있는 백성들이 군역을 피하고자 간사한 아전과 한통속이 되어 뇌물을 쓰고 <mark>호적을 위조하여 유학(幼學)이라고 거짓으로 올리고 면역하거나 다른 고을로 옮겨 가서 스스로 양반 행세를 한다.</mark> 호적이 밝히지 못하고 명분의 문란함이 지금보다 심한 적이 없다.
- 옷차림은 신분의 귀천을 나타내는 것이다. 그런데 어찌 된 까닭인지 근래 이것이 문란해져 <mark>상민·천민들이 갓을 쓰고 도포를 입는 것을 마치 조정의 관리나 선비와 같이 한다.</mark> 진실로 한심스럽기 짝이 없다. 심지어 시전 상인이나 군역을 지는 상민까지도 서로 양반이라 부른다. — 《일성록》 —
- 근래 아전의 풍속이 나날이 변하여 <mark>하찮은 아전이 길에서 양반을 만나도 절을 하지 않으려 한다.</mark>
  — 《목민심서》 —

3 서얼의 신분 상승 운동

서얼은 첩의 자식인 서자와 얼자를 통틀어 이르는 말로, 서얼은 양반의 자식이지만 양반 계층에 속하지 못해 가족과 사회에서 차별을 받았으며, 《경국대전》에 따라 문과 응시가 금지되었어요. 서얼에 대한 차별은 임진왜란을 전후로 점차 완화되기 시작하였어요. 서얼은 집단 상소 운동을 벌여 관직 진출의 제한을 없애 달라고 요구하였어요. 이러한 노력으로 정조 때 박제가, 유득공, 이덕무 등 서얼 출신의 학자들이 규장각 검서관으로 등용되었어요.

- 지난 을축년 영중추부사 이원익이 정승으로 있을 때에, …… 서얼의 관직 진출을 허용하도록 정하였습니다. 양첩 소생은 손자 대에 가서 허용하고, 천첩 소생은 증손 대에 가서 허용하며, 과거에 급제한 뒤에는 요직은 허용하되 청직은 허용하지 않는 것으로 임금님의 재가를 받았습니다. …… 지금부터는 전교하신 대로 재능에 따라 관직 후보자를 추천하는 것이 어떻겠습니까?
  — 《인조실록》 —
- 우리나라에서 <mark>서얼을 현직(顯職)에 서용하지 말자는 의논은 처음 서선에게서 나왔는데, 그 뒤로 가면 갈수록 한 마디 한 마디가 더욱 심각해져 마침내 자손까지 영원히 금고(禁錮)하기에 이르렀습니다.</mark> …… 따라서 부자(父子)의 은혜도 군신(君臣)의 의리도 없으니, 윤리를 해치고 어기는 것으로 이보다 심한 것이 없습니다.
  — 《영조실록》 —

5 노비의 신분 상승

조선 후기에 노비들이 군공과 납속 등을 통해 신분이 상승하거나 도망치는 노비가 증가하면서 노비 수가 줄어들었어요. 이에 조선 정부는 양인의 수를 늘려 국가 재정을 확보하기 위해 아버지가 노비라도 어머니가 양인이면 그 자식을 양인으로 여기는 노비종모법을 실시하였고, 1801년 순조 때에는 6만 6천여 명의 공노비를 해방하였어요.

임금이 백성을 대할 때는 귀천이 없고 내외 없이 균등하게 적자(赤子)로 여겨야 하는데, 노(奴)라고 하고 비(婢)라고 하여 구분하는 것이 어찌 똑같이 동포로 여기는 뜻이겠는가. <mark>내노비(內奴婢) 36,974명과 시노비(寺奴婢) 29,093명을 모두 양민으로 삼도록 허락</mark>하고 승정원에 명을 내려 노비 문서를 모아 돈화문 밖에서 불태우도록 하라.
— 《순조실록》 —

2 공명첩

이름을 적는 곳이 비워져 있는 관직 임명장이에요. 조선 정부가 임진왜란 중 부족한 재정 문제를 해결하기 위해 본격적으로 발급하였어요. 이후 부농층이 합법적인 신분 상승에 이용하였어요.

이름 쓰는 곳

4 기술직 중인의 소청 운동

기술직 중인은 조선 후기 철종 때 대규모 소청 운동을 벌여 관직 진출의 제한을 없애 달라고 요구하였지만 실패하였어요.

우리는 본래 모두 사대부였는데 혹은 의(醫)에 들어가고 또는 역(譯)에 들어가 7, 8대 또는 10여 대를 대대로 세습하니 사람들이 중촌고족(中村古族)이라 일컫게 되었다. …… 우리와 서얼을 가로막는 것은 우리나라의 편벽된 일로 이제 몇 백 년이 되었다. …… 이제 바야흐로 의논을 모아 글을 써서 원통함을 호소하고자 먼저 통문을 띄우노니 이달 29일 마동에 있는 홍현보의 집에 모여 상의코자 한다.
— 《상원과방》 —

6 향전

향전은 양반으로 신분이 상승하면서 성장한 부농층인 신향과 기존의 지방 사족인 구향 간에 향촌 사회의 권력을 장악하기 위해 벌어진 다툼을 말해요. 이 과정에서 수령이 신향과 결탁하여 구향을 견제하고 신향을 지원하였어요. 그러나 신향이 향촌 지배권을 완전히 장악하지 못하고 구향의 향촌 지배권은 약화되면서 오히려 수령의 권한이 강화되었어요.

경상도 영덕의 오래되고 유력한 가문은 모두 남인이고, 이른바 <mark>신향(新鄕)</mark>은 서인이라고 자칭하는 자들입니다. 요즘 서인이 향교를 장악하면서 <mark>구향(舊鄕)</mark>과 마찰을 빚고 있던 중, 주자의 초상화가 비에 젖자 신향은 자신들이 비난을 받을까 봐 책임을 전가시킬 계획을 꾸몄습니다. 그래서 주자의 초상화와 함께 송시열의 초상화도 숨기고 남인이 훔쳐 갔다는 말을 퍼뜨렸습니다.
— 《승정원일기》 —

7 천주교 탄압

천주교는 17세기경 청에 다녀온 사신들에 의해 서양 학문의 하나로 전래되어 서학이라고 불렸고, 18세기 후반부터 종교로 수용되었어요. 천주교는 평등사상과 내세의 영생을 내세우며 하층민과 부녀자를 중심으로 빠르게 확산되었으나 유교의 예법인 조상에 대한 제사 의식을 거부하고 양반 중심의 신분 질서를 부정하면서 정부의 탄압을 받았어요. 1791년 정조 때 천주교도 윤지충과 권상연이 처형당한 신해박해, 1801년 순조 때 이승훈이 처형당하고 정약용과 정약전이 유배당한 신유박해가 일어났어요. 신유박해 직후 천주교도 황사영이 베이징에 있는 프랑스 선교사에게 신유박해에 대한 내용을 담아 외국 군대의 출병을 요청하는 편지를 보내려다 발각되기도 하였어요. 이후 1866년 고종 때 흥선 대원군이 수많은 천주교도를 처형한 병인박해가 일어났어요.

〈신해박해〉
한영규가 아뢰기를, "서양의 간특한 설이 윤리와 강상을 없애고 어지럽히니 어찌 진산의 **권상연, 윤지충** 같은 자가 또 있겠습니까? 제사를 폐하고 위패를 불태웠으며, 조문을 거절하고 그 부모의 시신을 내버렸으니 그 죄가 매우 큽니다."라고 하였다.　　　　　　　　　　　－《정조실록》 －

〈신유박해〉
사헌부에서 아뢰기를, "아! 통분스럽습니다. 이가환, **이승훈**, 정약용의 죄가 무거우니 이를 어찌 다 처벌할 수 있겠습니까? **사학(邪學)이란 것은 반드시 나라에 흉악한 화를 가져오고야 말 것입니다.**"라고 하였다.　　　　　　　　　　　－《순조실록》 －

〈황사영 백서 사건〉
죄인 **황사영**은 본래 정약종의 조카사위로 사술에 빠져, **주문모가 우리나라에 온 뒤에 (그를) 스승으로 섬기고 아비라고 불렀으며** 영세와 이름을 받았다. 체포하라는 명령이 내려지자 기미를 알고 도망하여 깊은 산속에 숨어 반역을 도모하였다.　　　　　　　　　　　－《순조실록》 －

8 동학

동학은 경주 출신의 몰락 양반 최제우가 서학에 반대하여 유교·불교·도교와 민간 신앙의 요소를 결합하여 창시한 종교예요. 동학은 인내천과 시천주를 내세우며 평등사상을 강조하였어요. 혹세무민의 죄목으로 최제우가 처형된 후 2대 교주가 된 최시형은 《동경대전》, 《용담유사》 등을 간행하고 교단을 정비하여 교세를 확장하였어요.

· 경주 사람 **최복술**은 아이들에게 공부 가르치는 것을 직업으로 삼았다. 그런데 양학(洋學)이 갑자기 퍼지는 것을 차마 보고 앉아 있을 수 없어서, 하늘을 공경하고 순종하는 마음으로 글귀를 지어, **동학**이라 불렀다.
　　　　　　　　　　　－《고종실록》 －

· **사람이 곧 하늘이라. 하늘의 마음이 곧 사람의 마음이다.** 그러므로 사람은 평등하며 차별이 없으니, 사람이 마음대로 귀천을 나눔은 하늘을 거스르는 것이다.　　　－〈최시형의 설법〉 －

9 19세기의 농민 봉기

19세기 초 평안도에서는 홍경래가 봉기를 일으켰고, 19세기 중반에는 진주 농민 봉기를 시작으로 전국 각지로 확산된 임술 농민 봉기가 일어났어요. 그러자 당황한 조선 정부는 삼정의 문란을 바로잡고 봉기를 수습하고자 박규수를 안핵사로 파견하고 삼정이정청을 설치하는 등 노력하였으나 성과를 거두지는 못하였어요.

10 홍경래의 난(1811)

1811년에 서북 지역(평안도)에 대한 차별과 탐관오리의 수탈, 삼정의 문란 등에 항거하여 몰락 양반이었던 홍경래가 영세 농민과 광산 노동자, 중소 상인 등 다양한 계층을 참여시켜 평안도에서 봉기를 일으켰어요. 이들은 한때 청천강 이북 지역을 점령하였으나 정주성에서 일어난 관군과의 전투에서 패배하여 진압되었어요.

평서대원수는 급히 격문을 띄우노니 …… 심지어 **권세 있는 집의 노비들도 관서 사람을 보면 반드시 평안도놈이라 일컫는다.** 관서 사람으로서 어찌 원통하고 억울하지 않겠는가. …… 이제 격문을 띄워 먼저 여러 고을의 수령에게 알리노니, 절대로 동요치 말고 성문을 활짝 열어 우리 군대를 맞이하라.　　　　　－《패림》 －

11 임술 농민 봉기(1862)

1862년에 경상 우병사 백낙신의 횡포가 계속되자 진주에서 몰락 양반이었던 유계춘을 중심으로 봉기가 일어났는데, 이를 진주 농민 봉기라고 해요. 이후 농민 봉기가 전국 각지에서 일어났으며, 1862년이 임술년이기 때문에 이때의 농민 봉기를 임술 농민 봉기라고 해요.

금번 **진주의 난민들이 소란을 일으킨 것은 오로지 전 경상 우병사 백낙신이 탐욕스러워 백성을 침학했기 때문입니다.** 경상 우병영의 환곡 결손 및 도결(都結)에 대해 시기를 틈타 한꺼번에 6만 냥의 돈을 가호(家戶)에 배정하여 억지로 부과하려고 하니, 민심이 크게 들끓고 백성들의 분노가 폭발하여 전에 듣지 못했던 소란이 발생하기에 이른 것입니다.　　　　　　　－《철종실록》 －

조선 후기(사회)

❶ 47회 회독 ○○○

밑줄 그은 '시기'에 있었던 사실로 옳지 <u>않은</u> 것은? [2점]

> 이 불상은 고창 선운사 동불암지 마애여래 좌상입니다. 이 불상 안에 있는 비기(秘記)가 세상에 나오는 날 나라가 망한다는 이야기가 있었습니다. 이러한 예언 사상은 안동 김씨 등 왕실의 외척을 비롯한 소수의 특정 가문이 비변사를 중심으로 권력을 독점한 <u>시기</u>에 널리 퍼졌습니다.

① 을사사화가 발생하였다.
② 홍경래가 난을 일으켰다.
③ 삼정이정청이 설치되었다.
④ 최제우가 동학을 창시하였다.
⑤ 이양선이 나타나 통상을 요구하였다.

📢 세도 정치 시기의 사실

정답분석 정조 사후 나이 어린 순조가 즉위하면서 왕권이 약화되고 왕실과 혼인 관계를 맺은 외척 가문이 정권을 장악하였어요. 이러한 상황은 순조, 헌종, 철종 대에 이르는 60여 년간 계속되었어요.
① 명종 때 외척 세력인 대윤(윤임 일파)과 소윤(윤원형 일파)의 대립으로 을사사화가 일어났어요.

오답분석 ② 순조 때 홍경래 등이 서북 지역민에 대한 차별에 반발하여 평안도에서 난을 일으켰어요.
③ 철종 때 삼정의 문란과 탐관오리의 횡포에 저항하여 전국 각지에서 농민 봉기가 잇달아 일어나자 박규수의 건의에 따라 삼정이정청이 설치되었어요.
④ 철종 때 최제우가 민간 신앙과 유교·불교·도교를 융합하여 동학을 창시하였어요.
⑤ 18세기 후반부터 이양선이라고 불린 서양의 배가 조선의 연안에 자주 나타나 통상을 요구하였어요.

정답 | ①

❷ 55회 회독 ○○○

(가) 시기에 있었던 사실로 옳은 것은? [3점]

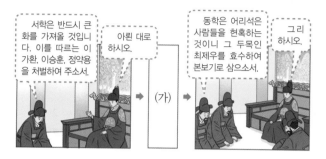

> 서학은 반드시 큰 화를 가져올 것입니다. 이를 따르는 이 가환, 이승훈, 정약용을 처벌하여 주소서.

> 아뢴 대로 하시오.

(가)

> 동학은 어리석은 사람들을 현혹하는 것이니 그 두목인 최제우를 효수하여 본보기로 삼으소서.

> 그리 하시오.

① 왕이 도성을 떠나 공산성으로 피란하였다.
② 오페르트가 남연군 묘 도굴을 시도하였다.
③ 홍경래 등이 난을 일으켜 정주성을 점령하였다.
④ 교조 신원을 요구하는 삼례 집회가 개최되었다.
⑤ 이인좌를 중심으로 한 소론 세력이 난을 일으켰다.

📢 조선 후기의 사회 상황

정답분석 첫 번째 그림은 서학이 큰 화를 가져올 것이라고 하여 이를 따르는 이가환, 이승훈, 정약용 등의 처벌을 건의하는 내용으로 보아 순조 재위 시기에 일어난 신유박해에 대한 내용임을 알 수 있어요.
두 번째 그림은 동학을 창시한 최제우를 처형해야 한다는 주장을 통해 고종 즉위 직후의 상황임을 알 수 있어요.
③ 순조 때 평안도(서북 지역)에 대한 차별과 지배층의 수탈에 저항하여 홍경래 등이 난을 일으켜 정주성을 점령하기도 하였으나 결국 관군에 의해 진압되었어요.

오답분석 ① 인조반정에서 공을 세운 이괄이 자신의 공로가 낮게 평가된 것에 불만을 품고 반란을 일으키자 인조는 도성을 떠나 공산성으로 피란하였어요.
② 고종 때 독일 상인 오페르트가 통상 수교 협상에 이용하기 위해 흥선 대원군의 아버지인 남연군 묘를 도굴하려다가 실패하였어요.
④ 고종 때 동학교도들이 교조 최제우의 신원을 요구하며 삼례 집회를 개최하였어요.
⑤ 영조 때 이인좌를 중심으로 한 소론 세력이 왕과 노론 세력을 제거할 목적으로 반란을 일으켰어요.

정답 | ③

3 63회 　　　　　　　　　　회독 ●●●

(가), (나) 사이의 시기에 있었던 사실로 옳은 것은? [3점]

> (가) 전라도 관찰사 정민시가 [진산의] 죄인 윤지충과 권상연에 대한 조사 결과를 아뢰었다. "…… 근래에 그들은 평소 살아 계신 부모나 조부모처럼 섬겨야 할 신주를 태워 없애면서도 이마에 진땀 하나 흘리지 않았으니 정말 흉악한 일입니다. 제사를 폐지한 일은 오히려 부차적입니다."
>
> (나) 의금부에서 아뢰었다. "얼마 전 죄인 남종삼은 명백한 근거도 없이 러시아에 변란이 있을 것이고, 프랑스와 조약을 맺을 계책이 있다는 요망한 말로 여러 사람을 현혹하였습니다. 감히 나라를 팔아먹고자 몰래 외적을 끌어들일 음모를 꾸몄으니, 즉시 참형에 처해야 합니다. …… [베르뇌를 비롯한] 서양인 4명을 군영에 넘겨 효수하여 본보기로 삼도록 하였습니다."

① 대종교 계열의 중광단이 결성되었다.
② 한용운이 조선불교유신론을 저술하였다.
③ 보은에서 교조 신원을 요구하는 집회가 열렸다.
④ 이수광이 지봉유설에서 천주실의를 소개하였다.
⑤ 황사영이 외국 군대의 출병을 요청하는 백서를 작성하였다.

📢 **천주교 박해**

정답분석　(가) 정조 때 천주교도 윤지충은 어머니의 상을 당하였지만 제사를 지내지 않고 권상연과 함께 신주를 불태워 관에 고발되었어요. 윤지충과 권상연은 끝까지 신앙을 고수하여 참수되었는데, 이 사건이 조선 시대 최초의 천주교 박해인 신해박해예요.
(나) 고종 즉위 후 정권을 잡은 흥선 대원군은 국경을 접한 러시아 세력의 팽창에 위기의식을 가졌어요. 이때 남종삼은 프랑스와 조약을 맺어 러시아를 막을 수 있다고 주장하고 조선에 들어와 있는 프랑스인 주교를 만나 볼 것을 흥선 대원군에게 건의하였어요. 흥선 대원군은 프랑스 주교와의 만남이 지연되고 천주교 금지의 여론이 커지자 천주교 박해령을 내렸어요. 이로 인해 병인박해가 일어났어요.
따라서, '신해박해(1791)'와 '병인박해(1866)' 사이의 시기에 일어난 일을 골라야 해요.
⑤ 1801년에 황사영은 신유박해가 일어나자 당시 베이징 교구의 주교에게 외국 군대의 출병을 요청하는 백서를 작성해 보내려 하였어요.

오답분석　① 1911년에 북간도에서 대종교 계열의 중광단이 결성되었어요.
② 1913년에 한용운은 불교 개혁을 위하여 《조선불교유신론》을 간행하였어요.
③ 1893년 3월과 4월에 동학교도가 충청북도 보은에서 '척왜양창의'를 내걸고 교조 최제우의 신원을 요구하는 집회를 열었어요.
④ 광해군 때 이수광은 일종의 백과사전인 《지봉유설》을 저술하여 천주교 교리서인 《천주실의》를 소개하였어요.

4 66회 　　　　　　　　　　회독 ●●●

(가) 종교에 대한 설명으로 옳은 것은? [1점]

> 🔍 역사 돋보기　　　(가)의 교세를 확장한 해월 최시형
>
>
>
> 해월 선생은 제자들에게 '최보따리'라고도 불렸다. 포교를 위해 잠행을 하면서 보따리를 자주 쌌기 때문에 붙여진 별명이다. 교조 최제우의 처형으로 위축되었던 (가)의 교세는 2대 교주였던 그의 노력으로 크게 확장되었다. 그는 1897년 손병희에게 도통을 전수하였고 1898년 체포되어 재판을 받고 처형되었다. 그에게 사형을 선고한 판사 중에는 고부 학정의 원흉 조병갑이 있었다.

① 동경대전을 경전으로 삼았다.
② 항일 무장 단체인 중광단을 결성하였다.
③ 박중빈을 중심으로 새 생활 운동을 펼쳤다.
④ 배재 학당을 세워 신학문 보급에 앞장섰다.
⑤ 프랑스와의 조약을 통해 포교가 허용되었다.

📢 **동학**

정답분석　동학은 경주 출신의 몰락 양반 최제우가 서학에 반대하여 창시한 종교로, 유교·불교·도교와 민간 신앙의 요소가 융합된 민족 종교예요. 동학은 '시천주'와 '인내천'을 기본으로 삼아 인간 평등을 강조하여 백성으로부터 큰 호응을 얻어 교세가 빠르게 확장되었어요. 그러나 조선 정부는 동학이 유교적 사회 질서를 어지럽힌다고 하여 최제우를 혹세무민의 죄목으로 처형하였어요. 이후 최시형이 동학의 2대 교주가 되어 교세를 확장시켰어요. 동학 농민 운동은 고부 군수 조병갑의 탐학이 계기가 되어 일어난 고부 농민 봉기에서 시작되었어요.
① 동학의 2대 교주였던 최시형은 《동경대전》과 《용담유사》를 경전으로 삼고, 교단을 정비하였어요. 이후 동학은 삼남 지방의 농민을 중심으로 교세를 확장하였어요.

오답분석　② 대종교 세력은 단군 숭배 사상을 통해 민족의식을 높였어요. 국권 피탈 후에는 간도로 넘어가 항일 무장 단체인 중광단을 결성해 무장 투쟁을 전개하였어요.
③ 원불교는 창시자 박중빈을 중심으로 간척 사업을 진행하고 허례허식 폐지 등 새 생활 운동을 펼쳤어요.
④ 개신교는 스크랜턴이 이화 학당을 세우고, 아펜젤러가 배재 학당을 세우는 등 신학문 보급에 기여하였어요.
⑤ 천주교는 1886년 조·프 수호 통상 조약을 통해 포교가 허용되었어요.

5 59회 　　　　　　　　　　　　　　　　　회독 ●●●

다음 대화에 나타난 사건에 대한 설명으로 옳은 것은? 　[1점]

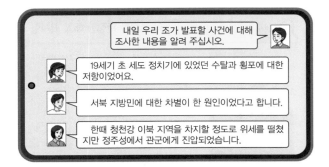

> 내일 우리 조가 발표할 사건에 대해 조사한 내용을 알려 주십시오.
>
> 19세기 초 세도 정치기에 있었던 수탈과 횡포에 대한 저항이었어요.
>
> 서북 지방민에 대한 차별이 한 원인이었다고 합니다.
>
> 한때 청천강 이북 지역을 차지할 정도로 위세를 떨쳤지만 정주성에서 관군에게 진압되었습니다.

① 홍경래, 우군칙 등이 주도하였다.
② 청군이 파병되는 결과를 가져왔다.
③ 제물포 조약이 체결되는 배경이 되었다.
④ 보국안민, 제폭구민을 기치로 내걸었다.
⑤ 박규수가 안핵사로 파견되는 계기가 되었다.

6 61회 　　　　　　　　　　　　　　　　　회독 ●●●

다음 자료에 나타난 사건에 대한 설명으로 옳은 것은? 　[2점]

> 　진주 안핵사 박규수에게 하교하기를, "얼마 전에 있었던 진주의 일은 전에 없던 변괴였다. 관원은 백성을 달래지 못하였고, 백성은 패악한 습관을 버리지 못하였다. 누가 그 허물을 책임져야 하겠는가. 신중을 기하여 혹시 한 사람이라도 억울하게 처벌 받는 일이 없게 하라. 그리고 포리(逋吏)*를 법에 따라 처벌할 경우 죄인을 심리하여 처단할 방법을 상세히 구별하라."라고 하였다.
>
> *포리(逋吏): 관아의 물건을 사사로이 써버린 아전

① 홍경래, 우군칙 등이 주도하였다.
② 남접과 북접이 연합하여 전개되었다.
③ 삼정이정청이 설치되는 계기가 되었다.
④ 우정총국 개국 축하연을 이용하여 일어났다.
⑤ 윤원형 일파가 정국을 주도한 시기에 발생하였다.

📢 **홍경래의 난**

정답분석 　19세기에 세도 정치에 대한 농민들의 불만이 계속해서 커지자 농민들은 봉기를 일으켰는데, 대표적인 것이 1811년에 일어난 홍경래의 난이에요. 홍경래의 난은 서북인, 즉 평안도 사람들에 대한 차별 대우 등이 원인이 되어 홍경래가 주도하여 일으켰어요. 이들은 한때 청천강 이북 지역을 거의 장악하였으나, 관군에 의해 정주성에서 진압되었어요.
① 홍경래, 우군칙 등은 세도 정치와 서북 지역 차별에 반발하여 난을 일으켰어요.

오답분석 　② 임오군란과 동학 농민 운동 등을 계기로 청군이 파병되었어요.
③ 임오군란을 계기로 조선과 일본은 일본 공사관의 경비병 주둔을 인정하는 제물포 조약을 맺었어요.
④ 동학 농민 운동은 고부 군수 조병갑의 탐학이 계기가 되어 일어난 고부 농민 봉기에서 시작되었어요. 이후 정부가 파견한 관리가 고부 농민 봉기를 수습하는 과정에서 농민군에게 탄압을 가하였고, 이에 동학 농민군은 보국안민과 제폭구민을 기치로 내걸고 무장에서 재차 봉기하였어요.
⑤ 임술 농민 봉기가 진주에서 시작해 전국으로 확산되자, 조선 정부는 봉기의 수습을 위해 박규수를 안핵사로 파견하고 삼정이정청을 설치하였어요.

📢 **임술 농민 봉기**

정답분석 　1862년에 진주에서 유계춘을 중심으로 경상 우병사 백낙신의 부정부패에 항의하는 농민 봉기가 일어났어요. 이러한 진주 농민 봉기를 거치면서 농민 봉기가 전국으로 확산되었는데, 이를 임술 농민 봉기라고 해요. 조선 정부는 농민 봉기의 수습을 위해 박규수를 안핵사로 파견하였어요.
③ 조선 정부는 임술 농민 봉기가 발생하자 봉기를 수습하기 위해 박규수를 안핵사로 파견하고 삼정이정청을 설치하였으나, 농민 봉기의 근본적인 원인을 해결하지는 못하였어요.

오답분석 　① 홍경래의 난은 조선 순조 때 홍경래, 우군칙 등이 서북민에 대한 차별과 지배층의 수탈에 반발하여 평안도 지역에서 일으킨 반란이에요.
② 일본군이 경복궁을 무력으로 점령하자 동학 농민군의 2차 봉기가 일어났어요. 전봉준 중심의 남접과 손병희 중심의 북접이 연합하여 공주 우금치 전투에서 관군과 일본의 연합군에 맞서 싸웠지만 크게 패하였어요.
④ 1884년에 김옥균 등 급진 개화파는 우정총국 개국 축하연을 이용하여 갑신정변을 일으키고 개화당 정부를 수립하였지만 청군의 개입으로 3일 만에 실패로 끝났어요.
⑤ 조선 명종 때 외척 세력인 대윤(윤임)과 소윤(윤원형)의 대립으로 을사사화가 일어나 윤임 일파가 제거되면서 윤원형 일파가 정국을 주도하였어요.

정답 | ①　　　　　　　　　　　　　　　　　　　　　　　　정답 | ③

조선 후기(사회)

신분 제도의 변화 / 향촌 질서의 변화

01 조선 후기에 부유한 상민층은 　 속책과 　 첩을 통해 신분 상승을 꾀하였다.

02 조선 후기에 　 얼이 통청 운동을 전개하여 정조 때 　 검서관에 등용되기도 하였다.

03 조선 후기에 기술직 중인은 관직 진출의 제한을 없애 달라는 대규모 　 청 운동을 전개하였다.

04 조선 후기에 중인도 시를 짓고 즐기는 　 를 조직하여 위항 문학 활동을 하였다.

05 순조 때 군역 대상자를 확보하고 재정을 보충하기 위해 공 　 를 해방하였다.

06 조선 후기에 기존의 지방 사족인 구향과 새롭게 성장한 부농층인 신향 간의 　 전이 발생하였다.

사회 변혁의 움직임

07 　 교는 청에 다녀온 사신들에 의해 서학으로 소개되었다.

08 순조 때 　 박해로 이승훈이 처형되고, 정약용 등이 유배당하였다.

09 경주 출신의 몰락 양반 최 　 가 동학을 창시하였다.

10 동학은 사람이 곧 하늘이라는 인 　 사상을 내세워 인간 평등을 주장하였다.

11 동학은 마음속에 한울님을 모시는 　 주를 강조하였다.

12 동학의 제2대 교주 최시형은 《동경대전》과 《 　 유사》를 경전으로 삼았다.

13 순조 때 서북 지역에 대한 차별과 지배층의 수탈에 반발하여 홍 　 가 난을 일으켰다.

14 1862년인 　 술년에 　 주에서 봉기가 일어난 이후 전국 각지에서 농민 봉기가 일어났다.

15 조선 정부는 임술 농민 봉기의 수습을 위해 박 　 를 안핵사로 파견하였다.

16 조선 정부는 삼정의 문란을 바로잡기 위해 삼정 　 을 설치하였다.

정답 01 납, 공명 02 서, 규장각 03 소 04 시사 05 노비 06 향 07 천주 08 신유 09 제우 10 내천 11 시천 12 용담 13 경래 14 임, 진 15 규수 16 이정청

조선 후기(문화 1)

시대 흐름을 한번에 담는
흐름판서 보기

흐름판서 강의

성리학 절대화·교조화	• 성리학 비판: 〈독서기〉(윤휴), 〈사변록〉(박세당) → 사문난적 • 양명학 ▲: 지행합일·실천 강조 → 정제두의 강화학파(18C)

농업 중심 개혁론
(중농학파, 경세치용 학파)

상공업 중심 개혁론
(중상학파, 이용후생 학파, 북학파)

실학	• 유형원(반계)
	└ 〈반계수록〉 → 균전론
	   └ 토지 차등 분배(신분)
	• 이익(성호)
	├ 〈성호사설〉 → 한전론
	├ 〈곽우록〉 └ 영업전(매매 X) 설정
	└ 나라를 좀먹는 '6가지 좀'
	   └ 노비, 과거, 양반, 미신, 승려, 게으름
	• 정약용(다산, 여유당)
	├ 〈경세유표〉, 〈목민심서〉, 〈흠흠신서〉
	└ 여전론: 공동 소유·공동 경작
	   └ 노동량에 따른 분배 ⇒ 정전제
		• 유수원(농암)
		├ 〈우서〉
		└ 사농공상 → 직업적 평등, 전문화
		• 홍대용(담헌)
		├ 〈임하경륜〉, 〈의산문답〉, 〈담헌서〉
		└ 혼천의, 지전설, 무한우주론, 문벌제도 X
		• 박지원(연암)
		├ 〈열하일기〉 → 수레·선박·화폐 ▲
		└ 〈양반전〉 → 양반 풍자
		• 박제가(초정)
		├ 〈북학의〉 → 소비 > 절약(우물)
		└ 수레·선박 ▲

국학	역사	• 안정복 〈동사강목〉: 고조선~고려, 정통론 • 김정희 〈금석과안록〉: 북한산비 → 진흥왕 순수비, 추사체, 세한도 • 한치윤 〈해동역사〉: 고조선~고려, 외국 문헌 이용 • 이종휘 〈동사〉: 고대사(만주 O, 고구려) • 유득공 〈발해고〉: 발해=우리 역사, '남북국' • 이긍익 〈연려실기술〉: 조선사
	한글	신경준 〈훈민정음운해〉, 유희 〈언문지〉, 이의봉 〈고금석림〉
	지리 · 지리서	• 이중환 〈택리지〉: 자연환경, 풍속, 인물 • 한백겸 〈동국지리지〉, 정약용 〈아방강역고〉, 최한기 〈지구전요〉
	지도	• 정상기 '동국지도': 최초로 100리 척 사용 • 김정호 '대동여지도': 10리마다 눈금, 목판(22첩)
	백과사전	• 이수광 〈지봉유설〉, 이익 〈성호사설〉, 서유구 〈임원경제지〉, 정약전 〈자산어보〉 • 홍봉한 〈동국문헌비고〉: 영조

조선 후기(문화 1)

빈출키워드 TOP5

의산문답	1위
북학의	2위
신라 진흥왕 순수비 고증	3위
강화학파	4위
'남북국' 용어 처음 사용	5위

🖉 사문난적(斯文亂賊)
성리학의 교리를 어지럽히고 유학 사상에 어긋나는 행동을 하는 사람을 말해요.

🖉 경세치용
학문은 세상을 다스리는 데 도움이 되어야 한다는 뜻으로, 농업 중심의 개혁론을 펼친 중농학파를 경세치용 학파라고도 해요.

🖉 이용후생
풍요로운 경제와 백성들의 행복한 생활을 말해요. 상공업 중심의 개혁론을 펼친 중상학파를 이용후생 학파라고도 하며, 이들이 청의 선진 문물 수용에도 적극적이었기 때문에 북학파라고도 해요.

🖉 연행록
조선 시대 사신들이 중국을 다녀온 후 보고 느낀 것을 기록한 문서로, 박지원의 《열하일기》, 홍대용의 《을병연행록》 등이 있어요.

🖉 지봉유설
이수광이 중국에 사신으로 다녀온 경험을 바탕으로 편찬한 일종의 백과사전이에요. 이수광은 이 책에서 《천주실의》를 소개하였어요.

🖉 임원경제지
서유구가 국내외 여러 농업 서적 등을 참조하여 만든 농촌 생활 백과사전이에요.

① 성리학의 변화

변화	• 예학 발달: 의례 중시 → 김장생이 《가례집람》 저술 • 인조반정 이후 송시열을 비롯한 서인의 주도로 성리학 이외의 사상 배척 → 성리학의 절대화·교조화
비판	윤휴가 《독서기》 저술, 박세당이 《사변록》 저술 → 유교 경전에 대한 독자적 해석 시도 → 노론에 의해 사문난적으로 몰림
한계	성리학이 조선 후기 사회 모순에 대한 해결 능력 상실

② 양명학의 수용

발전	17세기 후반 일부 소론 학자들이 성리학의 절대화·교조화를 비판하며 양명학 연구 → 18세기 초 정제두가 양명학을 체계화하며 강화학파 형성
특징	지행합일(지식은 행동을 통해 성립됨)과 실천성 강조

③ 실학의 발달

실학의 등장	배경	성리학이 현실 문제의 해결 능력 상실 → 현실 문제를 해결할 수 있는 학문을 연구하는 과정에서 등장
	특징	농업 중심의 개혁론, 상공업 중심의 개혁론, 국학 연구 등으로 발전
농업 중심의 개혁론 (중농학파, 경세치용 학파)	유형원	• 《반계수록》 저술 • 균전론 주장: 모든 토지를 나라에서 소유한 뒤 신분에 따라 토지를 차등 분배할 것
	이익	• 《성호사설》·《곽우록》 저술 • 한전론 주장: 한 가정의 생계에 필요한 최소한의 땅을 영업전으로 설정할 것 → 토지 매매의 제한 • 나라를 좀먹는 여섯 가지 폐단('6가지 좀')으로 '노비 제도, 과거제, 양반 문벌제도, 사치와 미신, 승려, 게으름'을 지적 • 고리대와 화폐 사용 반대 주장
	정약용	• 《경세유표》·《목민심서》·《흠흠신서》 저술 • 여전론 주장: 토지에 대하여 공동 소유 및 공동 경작을 하고, 노동량에 따라 수확량을 분배할 것 → 이후 현실성을 고려한 정전제 주장
상공업 중심의 개혁론 (중상학파, 이용후생 학파, 북학파)	유수원	• 《우서》 저술, 상공업 진흥과 기술 혁신 주장 • 사농공상의 직업적 평등과 전문화 주장
	홍대용	• 《임하경륜》·《의산문답》·《담헌서》·《을병연행록》 저술 • 혼천의 제작(천체의 운행과 위치 측정), 지전설·무한우주론 주장(중국 중심의 세계관 비판), 기술 혁신·문벌제도 철폐 강조
	박지원	• 《열하일기》 저술 • 〈양반전〉, 〈허생전〉·〈호질〉 등 한문 소설 저술 → 양반의 무능과 위선 풍자 • 수레와 선박 이용 강조, 화폐 유통의 필요성 강조, 문벌제도 비판
	박제가	• 《북학의》 저술(재물을 우물에 비유 → 생산량 증대를 위해서는 절약보다 소비를 해야 한다고 주장) • 수레와 선박 이용, 청 문물의 적극적 수용 주장

❹ 국학의 발달

(1) 역사 · 한글

역사	• 안정복의 《동사강목》: 고조선~고려의 역사 서술. 우리 역사의 독자적 정통론 주장 • 김정희의 《금석과안록》: 북한산비의 비문을 판문 · 해석하여 신라 진흥왕 순수비임을 고증 • 한치윤의 《해동역사》: 국내외 여러 자료를 참고하여 고조선~고려의 역사 서술 • 이종휘의 《동사》: 만주를 우리 역사에 포함시켜 고대사 연구, 고구려의 역사 기록 • 유득공의 《발해고》: 발해의 역사를 우리 역사의 일부로 편입. '남북국'이라는 용어를 처음 사용 • 이긍익의 《연려실기술》: 조선의 정치와 문화를 실증적 · 객관적 서술로 정리(기사본말체 사용)
한글	• 신경준의 《훈민정음운해》: 훈민정음의 발음 원리를 과학적으로 규명 • 유희의 《언문지》: 우리말 음운 연구 • 이의봉의 《고금석림》: 방언과 해외 언어 정리

(2) 지리서 · 지도 · 백과사전

지리서	• 이중환의 《택리지》: 각 지방의 자연환경 · 풍속 · 인물 등을 기록한 인문 지리서 • 한백겸의 《동국지리지》: 삼한의 위치와 고대 지명을 새롭게 고증한 역사 지리서 • 정약용의 《아방강역고》: 우리나라 강역(영토)에 대한 역사 지리서 • 최한기의 《지구전요》: 우주의 천체 · 기상과 지구상의 자연 · 인문, 서양의 과학 기술을 정리한 인문 지리서
지도	• 정상기의 동국지도: 최초로 100리 척 사용 • 김정호의 대동여지도: 산맥 · 하천 · 포구 · 도로망 등을 자세히 표현. 10리마다 눈금 표시. 총 22첩의 목판으로 만들어져 대량 인쇄 가능
백과사전	• 이수광의 《지봉유설》: 《천주실의》 소개, 우리나라 백과사전의 시초 • 《동국문헌비고》: 영조 때 홍봉한 등이 우리나라의 역대 문물 정리 • 정약전의 《자산어보》: 흑산도 주변의 해양 생물을 조사하여 정리한 어류학서 • 기타: 이익의 《성호사설》, 서유구의 《임원경제지》, 이덕무의 《청장관전서》 등

---

1. 다음 설명에 해당하는 실학자를 골라 쓰세요.

> 유형원, 이익, 정약용

(1) 기기도설을 참고하여 거중기를 설계하였다. (　　)

(2) 토지 매매를 제한하는 한전론을 제시하였다. (　　)

(3) 신분에 따른 토지의 차등 분배를 주장하였다. (　　)

(4) 반계수록에서 토지 제도 개혁론을 제시하였다. (　　)

(5) 목민심서에서 지방 행정의 개혁안을 제시하였다. (　　)

(6) 여전론에서 토지의 공동 소유 · 경작을 주장하였다. (　　)

(7) 성호사설에서 사회 폐단을 여섯 가지 좀으로 규정하였다.
(　　)

2. 다음 설명에 해당하는 실학자를 골라 쓰세요.

> 유수원, 홍대용, 박지원, 박제가

(1) 혼천의를 제작하였다. (　　)

(2) 지전설과 무한우주론을 주장하였다. (　　)

(3) 담헌서를 통해 과거제 폐지를 주장하였다. (　　)

(4) 서얼 출신으로 규장각 검서관에 등용되었다. (　　)

(5) 양반전에서 양반의 위선과 무능을 지적하였다. (　　)

(6) 의산문답에서 중국 중심의 세계관을 비판하였다. (　　)

(7) 북학의에서 절약보다 적절한 소비를 강조하였다. (　　)

(8) 열하일기에서 수레와 선박의 필요성을 강조하였다. (　　)

(9) 우서에서 사농공상의 직업적 평등과 전문화를 주장하였다. (　　)

3. 다음 설명에 해당하는 인물을 골라 쓰세요.

> 김정희, 유득공, 유희

(1) 남북국이라는 용어를 처음 사용하였다. (　　)

(2) 우리말 음운 연구서인 언문지를 저술하였다. (　　)

(3) 금석과안록에서 북한산비가 신라 진흥왕 순수비임을 고증하였다. (　　)

4. 다음 설명에 해당하는 인물을 골라 쓰세요.

> 정상기, 김정호, 정약전

(1) 해양 생물을 조사하여 자산어보를 편찬하였다. (　　)

(2) 10리마다 눈금이 표시된 대동여지도를 만들었다. (　　)

(3) 최초로 100리 척을 활용한 동국지도를 제작하였다. (　　)

1. (1) 정약용 (2) 이익 (3) 유형원 (4) 유형원 (5) 정약용 (6) 정약용
(7) 이익 2. (1) 홍대용 (2) 홍대용 (3) 홍대용 (4) 박제가 (5) 박지원
(6) 홍대용 (7) 박제가 (8) 박지원 (9) 유수원 3. (1) 유득공 (2) 유희
(3) 김정희 4. (1) 정약전 (2) 김정호 (3) 정상기

① 성리학의 절대화에 대한 비판

송시열을 비롯한 서인은 인조반정 이후 양반 중심의 질서를 강화하기 위해 성리학 이외의 사상은 받아들이지 않는 성리학적 질서의 절대화를 내세웠어요. 이러한 성리학의 절대화 경향에 반발하여 윤휴와 박세당은 각각 《독서기》와 《사변록》을 저술하였어요. 하지만 이들은 유교 경전에 대한 독자적 해석을 시도하여 성리학적 질서를 어지럽혔다는 점 때문에 노론에 의해 사문난적으로 몰렸어요.

〈윤휴의 유교 경전에 대한 독자적 해석〉
내가 저술한 의도는 주자의 해석과 다른 이설(異說)을 제기하려는 것보다 의문점을 몇 가지 기록하였을 뿐이다. 만약 내가 주자 당시에 태어나 제자의 예를 갖추었더라도 …… 반드시 반복하여 질문하고 생각해서 분명하게 이해하기를 기대하였을 것이다. 근래에 송영보(송시열)가 이단이라고 배척하였다.
— 《도학원류속》 —

〈송시열의 박세당 비판〉
박세당은 윤증의 당이다. …… 주자의 《사서집주》를 공격하고, 심지어 《중용》에서는 멋대로 장구(章句)를 고쳤으니, …… 주상(숙종)이 "박세당이 성현을 모독하고 선정을 헐뜯음이 이런 지경에 이르렀으니, 사문(斯文)에 관계되므로 결코 내버려두기 어려운 일이다."라고 하였다.
— 《송자대전》 —

② 양명학

양명학은 명의 왕수인이 성립한 학문으로, 참지식은 행동을 통해 성립된다는 '지행합일', 사람마다 타고난 마음의 본성인 양지(良知)를 실천하는 '치양지'를 강조하였어요. 17세기 후반 일부 소론 학자들에 의해 명맥을 이어 가던 양명학은 18세기 초 정제두에 의해 체계화되었어요. 정제두는 실천을 중시하였으며, 강화도를 중심으로 강화학파를 형성하였어요.

• 앎과 행함은 본래 하나인 것이다. 앎과 행함을 나누는 사람은 평범한 사람이며, 앎과 행함을 하나로 하는 사람은 어질고 지혜로운 사람이다.
— 정제두, 《하곡집》 —
• 본래 사람의 생리 속에는 밝게 깨닫는 능력이 있기 때문에 스스로 두루 잘 통해서 어둡지 않게 된다. 따라서 불쌍히 여길 줄 알고 부끄러워하거나 미워할 줄 알며 사양할 줄 알고 옳고 그름을 가릴 줄 아는 것 가운데, 어느 한 가지도 못하는 것이 없다. 이것이 본래 가지고 있는 덕이며 이른바 양지(良知)라고 하는 것이니, 또한 인(仁)이라고도 한다.
— 정제두, 《하곡집》 —

③ 이익의 주장

이익은 토지 개혁 방안으로 한 가정이 먹고사는 데 필요한 최소한의 땅을 영업전으로 설정하여 매매를 금지한다는 한전론을 주장하였어요. 또한, 나라를 좀먹는 여섯 가지 폐단(6가지 좀)으로 노비 제도, 과거제, 양반 문벌제도, 사치와 미신, 승려, 게으름을 지적하였으며, 고리대와 화폐 사용을 반대하였어요.

• 국가는 마땅히 한 집의 생활에 맞추어 재산을 계산하여 토지 몇 부를 한 집의 영업전으로 하여 당의 제도처럼 한다.
— 《곽우록》 —
• 간사하고 함부로 하는 것은 재물이 모자라는 데에서 생기고 재물이 모자라는 것은 농사에 힘쓰지 않는 데에서 생긴다. 농사에 힘쓰지 않는 자 중에 그 좀이 여섯 종류가 있는데, 장사꾼은 그 중에 들어 있지 않다. 첫째가 노비(奴婢)요, 둘째가 과업(科業)이요, 셋째가 벌열(閥閱)이요, 넷째가 기교(技巧)요, 다섯째가 승니(僧尼)요, 여섯째가 게으름뱅이다.
— 《성호사설》 —

④ 유형원의 균전론

유형원은 모든 토지를 나라에서 소유한 뒤 신분에 따라 토지를 차등 분배할 것을 주장하였는데, 이를 통해 일부 신분에게 토지가 집중되는 것을 방지하고 자영농을 육성하고자 하였어요.

토지 경영이 바로잡히면 모든 일이 제대로 될 것이다. 백성은 일정한 직업을 갖게 되고 군사 행정에는 도피자를 찾는 폐단이 없어지며, 귀천상하가 모두 자기 직책을 갖게 될 것이므로 민심이 안정되고 풍속이 도타워질 것이다. …… 농부 한 사람당 1경의 토지를 받고 법에 따라 조세를 내며 토지 4경마다 군인 1명을 내게 한다. 사대부로서 처음 학교에 입학한 자(외사생)는 2경의 토지를 받고, 내사에 들어간 자(내사생)는 4경을 받되 병역을 면제한다.
— 《반계수록》 —

⑤ 정약용의 여전론·정전제

정약용은 토지 개혁 방안으로 마을 단위로 공동 소유한 토지를 공동 경작하고, 생산물은 노동량에 따라 분배하자는 여전론을 주장하였어요. 이후 현실성을 고려하여 여전론 대신 우물 정(井)자 모양으로 토지를 나누어 가운데 부분은 공동 경작하는 토지로 삼아 이곳에서 나온 생산물을 조세로 내고, 나머지 토지의 생산물을 농민에게 분배하자는 정전제를 주장하였어요.

1여(閭)마다 여장(閭長)을 두며, 무릇 1여의 인민이 공동으로 경작하도록 한다. …… 여장은 매일 개개인의 노동량을 장부에 기록하여 두었다가 …… 국가에 바칠 세와 여장의 봉급을 제하며, 그 나머지를 가지고 노동 일수에 따라 여민에게 분배한다. — 《여유당전서》 —

⑥ 유수원의 주장

유수원은 《우서》에서 상공업을 진흥하고 기술의 혁신을 이루기 위해서는 사농공상의 직업적 평등과 전문화가 이루어져야 한다고 주장하였어요.

• 이미 문벌에 따라 사람을 기용하니, …… 어느 어리석은 사람이 양반이나 중인이 되려고 하지 않고, 군보(軍保)의 천역(賤役)을 즐겨 지려 하겠는가?
— 《우서》 —
• 상공업은 말업(末業)이라 하지만 본래 부정하거나 비루한 일이 아니다. 그것은 스스로 재간 없고 덕망 없음을 안 사람이 관직에 나가지 않고 스스로의 노력으로 물품의 교역에 종사하며, 남에게서 얻지 않고 자기의 힘으로 먹고사는데 그것이 어찌 천하거나 더러운 일이겠는가?
— 《우서》 —

7 홍대용의 지전설·무한우주론

천문 지식이 뛰어나 혼천의를 만들기도 하였던 홍대용은 《의산문답》에서 지구가 둥글고 스스로 하루에 한 번씩 회전하고 있다는 지전설과 무한우주론을 주장하였어요. 이는 기존 중국 중심의 세계관을 비판하는 근거가 되었어요.

- 대저 땅덩이는 하루 동안 한 바퀴를 도는데, 땅 둘레는 9만 리이고 하루는 12시(時)이다. 9만 리 넓은 둘레를 12시간에 도니 천둥, 번개나 포탄보다 더 빠른 셈이다. …… 서양 어떤 지역은 지혜와 기술이 정밀하고 소상하여 측량에 있어서 해박하고 자세하니, **지구가 둥글다는 설은 다시 의심할 여지도 없다.** − 《의산문답》 −
- 중국은 서양에 대해서 경도의 차이가 1백 80도에 이르는데, 중국 사람은 중국을 정계(正界)로 삼고 서양을 도계(倒界)로 삼으며, 서양 사람은 서양을 정계로 삼고 중국을 도계로 삼는다. 그러나 실제에 있어서는 하늘을 이고 땅을 밟는 사람은 지역에 따라 모두 그러하니, **횡(橫)이나 도(倒) 할 것 없이 다 정계다.** − 《의산문답》 −

9 박제가의 북학의

박제가는 《북학의》에서 재물을 우물에 비유하여 생산량을 늘리기 위해서는 절약보다 소비가 필요하다고 주장하였어요. 또한 수레와 선박의 이용을 강조하면서 청의 선진 문물을 적극 받아들여야 한다고 주장하였어요.

중국이 사치로 망한다고 할 것 같으면 우리나라는 반드시 검소함 탓에 쇠퇴할 것이다. …… **비유하건대, 재물은 대체로 우물과 같다. 퍼내면 차고, 버려두면 말라 버린다.** 그러므로 비단옷을 입지 않아서 나라에 비단 짜는 사람이 없게 되면 여자들의 길쌈이 쇠퇴하고, 쭈그러진 그릇을 싫어하지 않고 기교를 숭상하지 않아서 공장(工匠)이 숙련되지 못하면 기예가 망하게 된다. − 《북학의》 −

10 김정희의 금석과안록

김정희는 청의 수도 연경에서 만난 청의 학자들과 교류하며 금석학을 연구하였어요. 조선으로 돌아와 금석학 연구에 몰두한 김정희는 마침내 함흥의 황초령비와 북한산비의 비문을 판문·해석하여 북한산비가 진흥왕 순수비라는 사실을 밝혔고, 이 내용을 《금석과안록》으로 남겼어요.

이 비는 아무도 아는 사람이 없어 '요승 무학이 잘못 찾아 여기에 이르렀다는 비'라고 잘못 불려 왔다. …… 탁본을 한 결과 비의 형태는 황초령비와 서로 흡사하였고, 제1행 진흥의 진(眞) 자는 약간 마멸되었으나 여러 차례 탁본을 해서 보니, 진(眞) 자임에 의심할 여지가 없었다. **마침내 진흥왕의 고비(古碑)로 정하고 보니, 1200년 전의 고적(古蹟)임이 밝혀져 무학비라고 하는 황당무계한 설이 깨지게 되었다.** − 《완당집》 −

11 이수광의 지봉유설

'지봉'은 이수광의 호로, 《지봉유설》은 이수광이 세 차례에 걸쳐 청에 사신으로 다녀온 경험을 바탕으로 편찬한 일종의 백과사전이에요.

8 박지원의 열하일기

'열하'는 청 황제인 건륭제가 머물던 휴양지로, 박지원은 조선에서 건륭제의 생일을 축하하기 위해 파견된 연행사를 따라 이곳을 다녀왔어요. 《열하일기》는 박지원이 선진 문물을 바탕으로 발전된 청의 모습을 직접 보고 기록한 여행기예요.

중국의 재산이 풍족할 뿐더러 한 곳에 지체되지 않고 골고루 유통함은 모두 수레를 쓴 이익일 것이다. …… 평안도 사람들은 감과 귤을 분간하지 못하며, 바닷가 사람들은 멸치를 거름으로 밭에 내건만 서울에서는 한 움큼에 한 푼씩 하니 이렇게 귀함은 무슨 까닭인가. …… **사방이 겨우 몇 천 리 밖에 안 되는 나라에 백성의 살림살이가 이다지 가난함을 한마디로 표현한다면 수레가 국내에 다니지 못한 까닭이라 하겠다.** − 《열하일기》 −

12 김정호의 대동여지도

김정호가 만든 지도로 각 지역의 교통로, 읍성, 요충지는 물론, 산맥과 하천의 연결망도 상세히 표현하였으며, 10리마다 눈금을 표시하였어요. 총 22개의 첩으로 만들어졌으며, 각 첩은 접을 수 있어 책처럼 넘겨보거나 한번에 펼쳐서 볼 수도 있는 등 휴대와 사용이 편리하였어요. 또한 목판으로 만들어져 대량으로 인쇄가 가능하였어요.

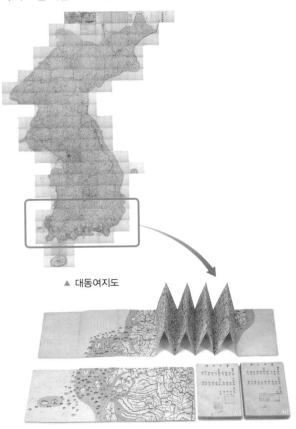

▲ 대동여지도

▲ 대동여지도 화첩

조선 후기(문화 1)

1 50회 회독 ○○○

(가)에 들어갈 내용으로 옳은 것은? [2점]

색경을 편찬한 인물에 대해 이야기해 보자.

노론에 의해 사문난적으로 몰려 당시 학계에서 배척당했어.

(가)

① 청으로부터 시헌력 도입을 건의했어.
② 기기도설을 참고하여 거중기를 설계했어.
③ 무오사화의 발단이 된 조의제문을 작성했어.
④ 천체의 운행과 위치를 측정하는 혼천의를 제작했어.
⑤ 유학 경전을 주자와 달리 해석한 사변록을 저술했어.

2 60회 회독 ○○○

다음 검색창에 들어갈 인물의 활동으로 옳은 것은? [2점]

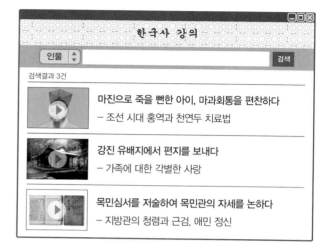

한국사 강의

인물 [▼] [　　　　　　　　　] 검색

검색결과 3건

마진으로 죽을 뻔한 아이, 마과회통을 편찬하다
– 조선 시대 홍역과 천연두 치료법

강진 유배지에서 편지를 보내다
– 가족에 대한 각별한 사랑

목민심서를 저술하여 목민관의 자세를 논하다
– 지방관의 청렴과 근검, 애민 정신

① 지봉유설에서 천주실의를 조선에 소개하였다.
② 의산문답에서 중국 중심의 세계관을 비판하였다.
③ 양반전을 지어 양반의 허례와 무능을 풍자하였다.
④ 경세유표를 집필하여 국가 제도의 개혁 방향을 제시하였다.
⑤ 금석과안록에서 북한산비가 진흥왕 순수비임을 고증하였다.

📢 **박세당의 활동**

정답분석 박세당은 조선 후기의 학자로 실리를 추구하였으며 민생 안정을 위한 개혁을 주장하였어요.
⑤ 박세당은 《사변록》에서 유학 경전을 주자와 달리 해석하였는데, 이러한 이유로 송시열 등 노론에 의해 사문난적으로 몰려 학계에서 배척되었어요.

오답분석 ① 김육은 효종 때 청에서 사용하던 시헌력의 도입을 건의하였어요.
② 정약용은 《기기도설》을 참고하여 거중기를 제작하고 이를 수원 화성 축조에 이용하였어요.
③ 김종직은 세조의 왕위 찬탈을 비판하는 것으로 해석된 〈조의제문〉을 작성하였어요. 연산군 때 김일손이 김종직의 〈조의제문〉을 사초에 실은 것이 빌미가 되어 무오사화가 일어났어요.
④ 이천, 장영실 등은 세종 때 천문 관측 기구인 혼천의를 제작하였어요. 혼천의는 이후에도 여러 차례 제작되었어요.

📢 **정약용의 활동**

정답분석 정약용은 조선 정조의 신임을 받으며 관료로 활동하였으며, 조선 후기의 실학자로 사회 모순을 개혁하기 위해 노력하였어요. 그는 중국의 의학 서적을 참고하여 《마과회통》을 저술하였으며, 《목민심서》, 《경세유표》, 《흠흠신서》 등의 책을 저술하였어요. 또한 토지 제도 개혁론인 여전론과 정전제를 주장하기도 하였어요.
④ 정약용은 정치 개혁과 관련하여 《목민심서》, 《경세유표》, 《흠흠신서》를 저술하였어요. 이 중 《경세유표》에서는 국가 제도의 개혁 방안을 제시하였어요.

오답분석 ① 이수광은 《지봉유설》을 통해 천주교 교리서인 《천주실의》를 소개하였어요.
② 홍대용은 《의산문답》에서 무한우주론과 지전설을 주장하면서 중국 중심의 세계관을 비판하였어요.
③ 박지원은 〈양반전〉, 〈호질〉 등의 한문 소설을 통해 양반의 허례와 무능을 풍자하였어요.
⑤ 김정희는 《금석과안록》에서 북한산비가 신라 진흥왕 순수비임을 처음으로 고증하였어요.

정답 | ⑤

정답 | ④

3 62회 회독 ○○○

(가), (나)를 쓴 인물의 공통점으로 옳은 것은? [2점]

> (가) 실옹이 웃으며 말하기를, "…… 대저 땅덩이는 하루 동안에 한 바퀴를 도는데, 땅 둘레는 9만 리이고 하루는 12시이다. 9만 리 넓은 둘레를 12시간에 도니 번개나 포탄보다도 더 빠른 셈이다."라고 하였다.

> (나) 허생이 말하기를, "우리 조선은 배가 외국과 통하지 못하고, 수레가 국내에 두루 다니지 못하는 까닭에 온갖 물건이 나라 안에서 생산되어 소비되곤 하지 않나. …… 어떤 물건 하나를 슬그머니 독점한다면, 그 물건은 한 곳에 갇혀서 유통되지 못하니 이는 백성을 못살게 하는 방법이야."라고 하였다.

① 갑술환국으로 정계에서 축출되었다.
② 양명학을 연구하여 강화학파를 형성하였다.
③ 서얼 출신으로 규장각 검서관에 기용되었다.
④ 연행사의 일원으로 청에 다녀와 연행록을 남겼다.
⑤ 농민 생활의 안정을 위하여 화폐 사용을 반대하였다.

📢 **홍대용과 박지원의 활동**

정답분석 홍대용은 《의산문답》에서 지구가 회전한다는 지전설을 주장하여 중국 중심의 세계관을 비판하였어요. 〈허생전〉은 박지원이 청을 다녀온 뒤 저술한 책인 《열하일기》에 들어 있어요. 박지원은 〈허생전〉에서 글만 읽는 무능한 양반들을 비판하고, 수레와 선박을 이용하여 상공업을 발전시켜야 한다고 주장하였어요.
④ 연행록은 청을 다녀온 사신이나 수행원이 남긴 기록을 말해요. 연행사의 일원으로 청에 다녀와 연행록을 남긴 인물에는 홍대용, 박지원, 박제가 등이 있어요.

오답분석 ① 조선 숙종이 인현 왕후를 복위시키고 희빈 장씨를 내쫓으면서 남인이 정계에서 축출되고 서인이 집권하였어요(갑술환국).
② 양명학을 본격적으로 연구해 강화학파를 형성한 인물은 정제두예요. 정제두는 성리학의 절대화를 비판하며 실천을 중시하였어요.
③ 정조는 서얼 출신 학자들을 규장각 검서관으로 기용하기도 하였는데, 박제가, 유득공, 이덕무 등이 대표적인 인물이에요.
⑤ 농민 생활의 안정을 위해 화폐 사용을 반대한 인물은 이익이에요.

정답 | ④

4 54회 회독 ○○○

밑줄 그은 '그'에 대한 설명으로 옳은 것은? [1점]

시(詩)로 만나는 실학자

> 육지의 재화는 연경과 통하지 않고
> 바다의 상인은 왜의 물건을 실어 오지 않네
> 비유컨대 들판의 우물물과 같아
> 깊지 않으면 저절로 말라 버리네

[해설] 이 시는 연행사의 일원으로 다녀온 그가 청의 발달한 문물을 경험하고 지은 것이다. 서얼 출신으로 규장각 검서관에 발탁된 그는 시의 내용처럼 재화를 우물물에 비유하며 소비 촉진을 통한 생산력의 증대를 주장하였다.

① 기기도설을 참고하여 거중기를 설계하였다.
② 양명학을 연구하여 강화학파를 형성하였다.
③ 북학의에서 수레와 배의 이용을 권장하였다.
④ 열하일기에서 화폐 유통의 필요성을 강조하였다.
⑤ 우서에서 사농공상의 직업적 평등을 주장하였다.

📢 **박제가의 활동**

정답분석 박제가는 상공업 중심의 개혁론을 강조한 북학파 실학자로, 서얼 출신으로 규장각 검서관에 발탁되었으며, 재화를 우물물에 비유하며 소비 촉진을 통한 생산력의 증대를 주장하였어요.
③ 박제가는 《북학의》를 저술하여 수레와 배의 이용을 권장하였어요. 또한, 소비를 통한 생산력 증대를 강조하고 청과의 통상 확대 등을 주장하였어요.

오답분석 ① 정약용은 《기기도설》을 참고하여 거중기를 설계해 수원 화성 건설에 이용하였어요.
② 정제두는 양명학을 체계적으로 연구하여 강화학파를 형성하였어요.
④ 박지원은 청에 다녀온 후 《열하일기》를 저술하고 화폐 유통의 필요성을 강조하였어요.
⑤ 유수원은 《우서》에서 상공업을 진흥시키기 위해서는 사농공상의 직업적 평등과 전문화가 이루어져야 한다고 주장하였어요.

정답 | ③

5 59회　　　　　　　　　　회독 ○○○

(가) 인물에 대한 설명으로 옳은 것은? [2점]

> [가] 은/는 널리 배워 시를 잘 짓고 전고(典故)에도 밝았다. …… 발해고를 지어서 인물과 군현, 왕실 계보의 연혁 등을 상세하게 잘 엮어서 두루 모아놓으니 기뻐할 만하다. 그런데 그의 말에 왕씨가 고구려의 옛 강역을 회복하지 못하였음을 탄식한 부분이 있다. 왕씨가 옛 강역을 회복하지 못하니 계림과 낙랑의 옛터가 마침내 어두워져 스스로 천하와 단절되었다는 것이다.

① 규장각의 검서관으로 활동하였다.
② 양명학을 연구해 강화학파를 형성하였다.
③ 의산문답에서 중국 중심의 세계관을 비판하였다.
④ 북한산비가 진흥왕 순수비임을 처음으로 밝혀냈다.
⑤ 체질에 따라 치료를 달리하는 사상 의학을 확립하였다.

📢 **유득공의 활동**

정답분석　유득공은 조선 후기의 실학자이자 문신으로, 《발해고》를 저술하였어요. 그는 《발해고》에서 신라와 발해를 '남북국'이라는 용어로 처음 서술하였어요. 또한 발해를 고구려의 계승자로 보고 본격적으로 연구하여 우리 역사의 체계 안에 포함시켜야 한다고 주장하였어요.
① 유득공은 서얼 출신이었지만 이덕무, 박제가 등과 함께 규장각 검서관으로 등용되어 활동하였어요.

오답분석　② 정제두는 양명학을 연구하여 강화도를 중심으로 강화학파를 형성하였어요.
③ 홍대용은 《의산문답》에서 무한우주론과 지전설 등을 주장하며 중국 중심의 세계관을 비판하였고, 《담헌서》를 통해 과거제 폐지를 주장하였어요.
④ 김정희는 《금석과안록》에서 북한산비가 신라 진흥왕 순수비임을 처음으로 밝혀냈어요.
⑤ 이제마는 사람의 체질을 연구하여 《동의수세보원》을 저술하고 체질에 따라 치료를 달리하는 사상 의학을 확립하였어요.

정답 | ①

6 63회　　　　　　　　　　회독 ○○○

(가) 인물에 대한 설명으로 옳은 것은? [2점]

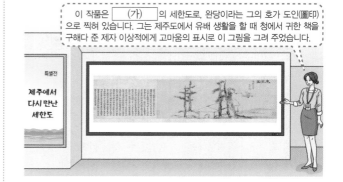

> 이 작품은 [가] 의 세한도로, 완당이라는 그의 호가 도인(圖印)으로 찍혀 있습니다. 그는 제주도에서 유배 생활을 할 때 청에서 귀한 책을 구해다 준 제자 이상적에게 고마움의 표시로 이 그림을 그려 주었습니다.

① 남북국이라는 용어를 처음 사용하였다.
② 기기도설을 참고하여 거중기를 설계하였다.
③ 북한산비가 진흥왕 순수비임을 고증하였다.
④ 양명학을 연구하여 강화학파를 형성하였다.
⑤ 안평 대군의 꿈을 소재로 몽유도원도를 그렸다.

📢 **김정희의 활동**

정답분석　완당 김정희는 고증학의 영향을 받아 금석학에 조예가 깊었으며, 예술적 능력도 뛰어나 〈세한도〉, 〈모질도〉 등의 그림을 남겼어요. 또한 김정희는 추사체라는 독특한 서체를 남겼어요.
③ 김정희는 《금석과안록》에서 북한산비가 신라 진흥왕 순수비임을 처음으로 고증하였어요.

오답분석　① 유득공은 《발해고》를 저술하여 처음으로 통일 신라와 발해를 '남북국'이라고 불렀어요.
② 정약용은 《기기도설》에 실린 도르래의 원리를 활용하여 거중기를 설계하였어요.
④ 정제두는 양명학을 본격적으로 연구하여 강화학파를 형성하였어요.
⑤ 조선 전기의 화가 안견은 안평 대군의 꿈을 소재로 한 〈몽유도원도〉를 그렸어요.

정답 | ③

25강 조선 후기(문화 1)

기출 선택지를 완성하는
5분 **키워드 채우기**

성리학의 변화 / 양명학의 수용

01 김   은《가례집람》을 저술하여 예학을 조선의 현실에 맞게 정리하였다.

02 박   은《사변록》에서 유교 경전에 대한 독자적 해석을 시도하였다.

03   학은 성리학의 교조화를 비판하며 지행합일의 실천성을 강조하였다.

04 정   는 양명학을 연구하여 강화학파를 형성하였다.

실학의 발달

05 유   은《반계수록》에서 신분에 따라 토지를 차등 분배하는 균전론을 주장하였다.

06 이   은《곽우록》등에서 영업전을 설정하여 토지 매매를 제한하는 한전론을 제시하였다.

07 정   은《경세유표》,《목민심서》등을 통해 국가 제도의 개혁 방향을 제시하였다.

08 정약용은   론을 통해 토지의 공동 소유와 공동 경작을 주장하였다.

09 유   은《우서》에서 사농공상의 직업적 평등과 전문화를 주장하였다.

10 홍대용은《의산문답》에서 중국 중심의 세계관을 비판하고   전설과   우주론을 주장하였다.

11 박지원은《   일기》에서 수레와 선박의 이용 및   폐 유통의 필요성을 주장하였다.

12 박제가는《   의》에서 재물을 우물에 비유하여 절약보다 소비를 권장하였다.

국학의 발달

13 김정희는《금석과안록》에서 북한산비가 신라   왕 순수비임을 처음으로 고증하였다.

14 유득공은《발해고》에서 '   국'이라는 용어를 처음으로 사용하였다.

15 정상기는 최초로 100리 척을 활용한   지도를 제작하였다.

16 김정호는 산맥, 하천, 도로망 등을 자세히 표현한   지도를 제작하였다.

17 정약전은 유배지인 흑산도 주변의 해양 생물을 조사하여《   어보》를 저술하였다.

정답 01 장생 02 세당 03 양명 04 제두 05 형원 06 익 07 약용 08 여전 09 수원 10 지, 무한 11 열하, 화 12 북학 13 진흥 14 남북 15 동국 16 대동여 17 자산

26강 조선 후기(문화 2)

<서양 문물 수용·과학 기술의 발달>

서양 문물 수용		• 곤여만국전도: 세계 지도 • 화포·천리경·자명종(인조)
과학 기술	천문학·역법	• 지전설(김석문·홍대용), 무한우주론(홍대용) → 중국 중심의 세계관 ✕ • 시헌력(효종): 김육, 서양 역법
	의학	• 허준 <동의보감>: 광해군, 세계 기록 유산 • 허임 <침구경험방>: 침구술(침·뜸) • 이제마 <동의수세보원>: 사상 의학 • 정약용 <마과회통>: 홍역 연구(천연두)
	기술	정약용 → 거중기(수원 화성), 배다리(한강)
	농서	• 신속 <농가집성>: 모내기법(이앙법) • 박세당 <색경>: 상품 작물 재배법 • 홍만선 <산림경제>: 농업 백과사전 • 서유구 <임원경제지>: 농촌 생활 백과사전

<문화의 새 경향>

배경	상품 화폐 경제 발달, 서당 교육 ▲ → 民 의식 ▲
특징	솔직한 감정, 해학·풍자(비판)
서민 문화	• 판소리(신재효 정리), 탈춤(산대놀이) • 한글 소설: <홍길동전>, <춘향전>, <심청전>, <장화홍련전> → 전기수, 책쾌 • 사설시조: 자유 형식, 솔직한 감정
한문학	• 박지원: <양반전>, <허생전>, <호질> → 양반 위선 풍자 • 중인: 시사 결성 → 위항 문학 ▲
회화	• 진경 산수화: 겸재 정선 → '인왕제색도', '금강전도' • 풍속화: 단원 김홍도('서당'·'씨름'), 혜원 신윤복('단오풍정'·'월하정인'), 긍재 김득신('노상알현도') • 민화: 民 소망 기원 → 까치와 호랑이, 문자도 • 서양 화풍: 강세황 '영통동구도'
건축	• 17C: 서원 ▲, 규모 大 다층 ▲: 김제 금산사 미륵전, 구례 화엄사 각황전, 보은 법주사 팔상전 　　　　└ 양반 지주 지원　　└ 견훤 유폐　　　　　　　└ 현존 유일 조선 목탑 • 18C: 수원 화성(정조, 정약용 거중기), 논산 쌍계사·부안 개암사(상인·부농 지원)

26강 조선 후기(문화 2)

조선 후기(문화 2)

빈출키워드 TOP5

동의보감	1위
거중기	2위
인왕제색도	3위
전기수	4위
영통동구도	5위

✏️ 시헌력
태음력에 태양력의 원리를 적용하여 24절기의 시각과 하루의 시각을 정밀하게 계산하여 만든 역법이에요.

✏️ 동의수세보원
이제마가 지은 사상 의학서예요. 사상 의학이란 사람의 체질을 태양인, 태음인, 소양인, 소음인 네 가지 유형으로 나누어 같은 병이라도 각각의 체질에 맞게 치료해야 한다는 이론이에요.

✏️ 배다리
배를 일정한 간격으로 늘어놓고 그 위에 널빤지를 놓아 만든 다리예요. 정약용이 한강에 배다리를 설치하였고, 정조는 화성 행차 때 이 배다리를 이용하여 한강을 안전하게 건넜어요.

✏️ 허생전
박지원이 지은 한문 소설로, 박지원은 허생이라는 인물을 통해 조선 후기 모순된 양반 사회의 모습과 허약한 국가 경제를 비판하였어요.

✏️ 보은 법주사 팔상전
현존하는 유일의 조선 시대 목조탑으로 내부에 석가모니의 생애를 여덟 장면으로 표현한 팔상도가 있어요. 임진왜란 때 소실되었다가 인조 때 다시 조성된 대표적인 조선 후기 건축물이에요.

❶ 서양 문물의 수용과 과학 기술의 발달

서양 문물의 수용	전래	17세기경부터 청을 왕래하던 사신에 의해 전래
	전래 물품	• 선조 때 세계 지도인 곤여만국전도 전래 → 조선인의 세계관 확대 • 인조 때 화포·천리경·자명종 등 전래
과학 기술의 발달	천문학	지전설 주장(김석문, 홍대용), 무한우주론 주장(홍대용) → 근대적 우주관 형성, 중국 중심의 성리학적 세계관 비판
	역법	효종 때 김육의 건의로 청에서 사용되던 서양 역법인 시헌력 도입
	의학	• 허준의 《동의보감》: 우리의 전통 한의학을 체계적으로 정리, 중국과 일본에서도 간행, 유네스코 세계 기록 유산으로 등재 • 허임의 《침구경험방》: 침구술(침과 뜸을 사용한 동양 의술) 집대성 • 이제마의 《동의수세보원》: 사람의 체질 연구 → 사상 의학 확립 • 정약용의 《마과회통》: 홍역에 관한 다양한 의서를 종합하여 저술
	기술	정약용: 거중기 제작(중국의 《기기도설》 참고, 수원 화성 건설에 이용 → 공사 기간 단축, 공사비 절감), 한강에 배다리 설계
	농서	• 신속의 《농가집성》: 모내기법(이앙법)과 그 외 농법 소개 • 박세당의 《색경》: 인삼·담배·채소 등 상품 작물의 재배법 소개 • 홍만선의 《산림경제》: 농업과 가정 생활에 대한 내용을 백과사전식으로 서술 • 서유구의 《임원경제지》: 농촌 생활을 위한 백과사전

❷ 조선 후기 문화의 새 경향

(1) 서민 문화의 발달

배경		농업 생산력의 증대, 상공업의 발달, 서당 교육의 보급 → 서민의 경제적 지위 향상, 서민의 사회의식 성장
특징		감정을 솔직하게 표현, 양반의 무능과 위선 풍자, 사회 비판
종류	판소리	• 이야기를 노래와 사설로 엮어 표현 • 19세기 후반 신재효가 여섯 마당으로 정리 → 춘향가·심청가·흥보가·적벽가·수궁가만 전해짐
	탈놀이 (탈춤)	• 마을 굿의 일부로 공연, 산대놀이가 민중 오락으로 자리잡음 • 양반과 승려의 위선적인 모습 풍자 • 대표적으로 황해도의 봉산 탈춤, 안동의 하회 탈춤, 양주의 별산대놀이 등이 있음
	한글 소설	• 허균의 《홍길동전》: 서얼에 대한 차별 철폐 주장, 탐관오리 비판 • 대표적으로 《춘향전》, 《토끼전》, 《심청전》, 《장화홍련전》, 《박씨전》, 《사씨남정기》 등이 있음 • 책을 읽어 주는 직업인 전기수와 책을 유통하는 상인인 책쾌 등장
	사설시조	자유로운 형식, 남녀 간의 사랑·사회 비판 등 감정을 솔직하게 표현

❸ 한문학의 발달과 시사 활발

한문학	• 박지원: 〈양반전〉·〈허생전〉·〈호질〉 등 한문 소설 저술 → 위선적인 양반 풍자 • 정약용: 애절양과 같은 한시 창작 → 탐관오리의 횡포 고발
시사 활발	중인층의 시사 결성 → 위항 문학 발달

④ 예술의 새 경향

(1) 회화

진경 산수화	• 우리 자연을 사실적으로 표현 • 겸재 정선의 인왕제색도, 금강전도 등이 대표적
풍속화	• 단원 김홍도: 서민의 일상생활을 익살스럽게 표현 → 서당, 씨름, 밭갈이 등 • 혜원 신윤복: 양반의 풍류·남녀 간의 애정을 해학적·감각적으로 표현 → 단오풍정, 월하정인 등 • 긍재 김득신: 상황을 생동감 있게 묘사, 김홍도의 화풍 계승 → 파적도, 노상알현도 등 • 오원 장승업: 인물, 산수 등 다양한 소재 활용 → 호취도, 방황학산초추강도 등
민화	• 민중의 소망과 기원을 담아 표현 • 대부분 작자 미상 • 해·달·나무·동물 등 표현 → 까치와 호랑이, 문자도 등
서양 화풍 도입	강세황의 영통동구도: 동양화와 서양 수채화 기법을 접목, 원근법 도입

(2) 건축

17세기	• 서원 건축 활발: 안동의 병산 서원, 괴산의 화양 서원 등 • 규모가 큰 다층 구조의 건축물 건립: 보은 법주사 팔상전, 김제 금산사 미륵전, 구례 화엄사 각황전 → 양반 지주층의 성장 반영
18세기	• 수원 화성 → 정조의 정치적 이상 실현 목적 • 논산 쌍계사, 부안 개암사 → 상인과 부농층의 지원
19세기	경복궁 근정전, 경회루 중건 → 왕실의 권위 회복 목적

(3) 서예·공예

서예	김정희가 추사체 창안
공예	회회청 또는 토청 등의 코발트 안료를 사용하여 푸른색으로 그림을 그려 넣은 자기인 청화 백자 유행

⏸ 일시정지!
☑ **확인하기**

1. 조선 후기에 볼 수 있었던 모습으로 맞으면 ○표, 틀리면 ×표 하세요.

   (1) 한글 소설을 읽고 있는 부녀자 ( )

   (2) 장시에서 판소리를 구경하는 농민 ( )

   (3) 장시에서 탈춤 공연을 벌이는 광대 ( )

   (4) 화통도감에서 화약 무기를 시험하는 군인 ( )

   (5) 저잣거리에서 이야기책을 읽어 주는 전기수 ( )

2. 조선 후기에 제작된 문화유산으로 맞으면 ○표, 틀리면 ×표 하세요.

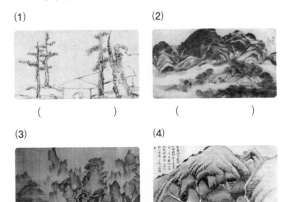

(1) ( ) (2) ( )

(3) ( ) (4) ( )

3. 조선 후기의 건축물로 맞으면 ○표, 틀리면 ×표 하세요.

(1) ▲ 안동 봉정사 극락전 ( ) (2) ▲ 보은 법주사 팔상전 ( ) (3) ▲ 예산 수덕사 대웅전 ( )

(4) ▲ 김제 금산사 미륵전 ( ) (5) ▲ 구례 화엄사 각황전 ( ) (6) ▲ 영주 부석사 무량수전 ( )

1. (1) ○ (2) ○ (3) ○ (4) × (5) ○
2. (1) ○ (2) ○ (3) × (4) ○
3. (1) × (2) ○ (3) × (4) ○ (5) ○ (6) ×

26강 조선 후기(문화 2)

1 곤여만국전도

중국에서 서양 선교사인 마테오 리치 등이 제작한 세계 지도로, 조선에는 선조 때 전해졌어요. 조선 초 태종 때 제작된 혼일강리역대국도지도에는 중국이 지도 한가운데 크게 그려져 있었지만, 곤여만국전도에는 중국이 현재 세계 지도와 거의 비슷한 크기로 그려져 있어요. 곤여만국전도는 중국 중심의 세계관에 머물러 있던 조선인의 세계관이 확대되는 데 큰 영향을 주었어요.

▲ 곤여만국전도　　　▲ 혼일강리역대국도지도

2 허준의 동의보감

허준은 왜란 이후 백성들이 각종 질병으로 고통을 받자 자신의 치료 경험 및 중국과 우리나라의 여러 의학서를 망라하여 광해군 때 《동의보감》을 편찬하였어요. 우리 전통 한의학을 체계적으로 정리하여 의료 지식을 널리 보급하는 데 기여하였고, 의학서로는 최초로 유네스코 세계 기록 유산으로 등재되었어요.

3 정약용의 거중기 제작

거중기는 무거운 물건을 들어 올릴 때 사용하는 기계로, 정조 때 정약용이 서양 기술을 소개한 중국의 《기기도설》을 참고하여 제작하였어요. 도르래의 원리를 이용한 거중기로 작은 힘으로도 무거운 물건을 들어 올릴 수 있었어요. 수원 화성의 설계를 맡은 정약용은 거중기를 축성 작업에 이용함으로써 공사비와 공사 기간, 노동력 등을 절감할 수 있었어요.

> 호는 사람, 당호는 여유당인데 '주저하기를 겨울에 개울을 건너듯, 조심하기를 이웃을 두려워하듯'이란 뜻에서 지었다. …… 화성 쌓는 일을 끝마쳤을 때 임금이 말씀하시기를, "다행히 기중가(起重架)*를 사용하여 4만 냥의 비용을 절약했다."라고 하였다. 　ㅡ 〈자찬묘지명(自撰墓誌銘)〉 ㅡ
>
> * 기중가(起重架): 거중기를 다르게 이르는 말

4 한글 소설의 유행

조선 후기에 한글 소설이 유행하면서 사람들이 많이 모이는 곳에서 돈을 받고 전문적으로 이야기책을 읽어 주는 전기수가 등장하였고, 책을 전문적으로 유통하는 상인인 책쾌가 등장하였어요. 허균이 지었다고 전하는 우리나라 최초의 한글 소설인 《홍길동전》은 서얼에 대한 차별 철폐와 탐관오리의 응징을 주장하는 등 당시의 현실을 날카롭게 비판하였어요. 이 외에도 《춘향전》, 《토끼전》, 《장화홍련전》, 《박씨전》, 《사씨남정기》 등이 있어요.

> 전기수(傳奇叟)가 동대문 밖에 살고 있었다. 한글로 된 소설을 잘 읽었는데, 《숙향전》, 《소대성전》, 《심청전》, 《설인귀전》 같은 것들이었다. …… 전기수의 책을 읽는 솜씨가 뛰어나서 주위에 많은 사람들이 모였다.
> 　ㅡ 《추재집》 ㅡ

5 겸재 정선의 진경 산수화

진경 산수화는 '실제 경치를 보고 그린 산수화'라는 뜻이에요. 조선 전기에는 추상적인 이상 세계를 그린 중국의 산수화를 많이 모방하였다면, 조선 후기에는 우리나라의 경치를 직접 보고 사실적으로 그림을 그리기 시작하였어요. 겸재 정선의 인왕제색도, 금강전도가 대표적인 작품이에요.

▲ 인왕제색도　　　▲ 금강전도

6 강세황의 영통동구도

영통동구도는 강세황이 송도(오늘날 개성)와 북쪽 지역을 여행하고 그린 화첩인 《송도기행첩》에 실린 작품이에요. 강세황은 원근법, 음영법 등의 서양화 기법을 사용하여 영통동으로 향하는 길목 풍경을 입체감 있게 그렸어요.

7 풍속화

조선 후기에는 사람들의 생활 모습을 그린 풍속화가 유행하였어요. 대표적인 화가로 단원 김홍도와 혜원 신윤복이 있어요. 김홍도는 서민들의 일상생활을 익살스럽고 소탈하게 표현하였고, 신윤복은 양반의 풍류와 남녀 간의 애정을 해학적·감각적으로 표현하였어요.

▲ 서당(김홍도)　　　　▲ 월하정인(신윤복)

8 세한도와 추사체

제주도로 유배되어 홀로 지내던 김정희가 새로운 서적을 구할 수 없는 상황에 처하였을 때 제자인 이상적이 중국에서 새로운 책을 구해다 김정희에게 보내 주었어요. 김정희가 자신을 잊지 않고 변함없는 의리를 지켜 준 이상적에게 고마운 마음을 담아 그려 준 작품이 세한도예요. 한편, 김정희는 여러 서체를 연구하여 자신만의 개성이 넘치는 글씨체인 추사체를 창안하였어요. 추사체는 파격적인 조형미를 보여 주는 글씨체예요.

▲ 세한도　　　　▲ 추사체

9 민화

조선 후기에는 당시 사람들의 소망과 기원을 담아 표현한 민화가 유행하였어요. 대부분이 그림을 그린 사람이 누구인지 알 수 없으며, 해·달·나무·동물 등을 표현하였어요. 대표적으로 까치와 호랑이 그림이 유명해요.

▲ 까치와 호랑이

10 조선 후기의 건축물

조선 후기에는 규모가 크고 다층 구조의 건축물이 많이 지어졌어요. 17세기에는 양반 지주층의 지원을 받아 구례 화엄사 각황전, 김제 금산사 미륵전, 보은 법주사 팔상전 등이 지어졌고, 18세기에는 상인과 부농층의 지원을 받아 논산 쌍계사, 부안 개암사 등이 지어졌어요. 보은 법주사 팔상전은 현존하는 유일한 조선 시대 목조탑이에요.

▲ 구례 화엄사 각황전　　　▲ 김제 금산사 미륵전

▲ 보은 법주사 팔상전　　　▲ 부안 개암사 대웅보전

11 청화 백자

조선 후기에는 회회청 또는 토청 등의 코발트 안료를 사용하여 푸른색으로 그림을 그려 넣은 청화 백자가 유행하였어요.

▲ 백자 청화 매죽문　　▲ 백자 청화 죽문
　　항아리　　　　　　　　각병

12 수원 화성

수원 화성은 정조가 자신의 정치적 이상을 실현하기 위해 당시의 모든 과학 기술을 총동원하여 만든 성곽 건축물이에요. 축성 작업에 정약용이 제작한 거중기가 사용되었으며, 정조의 화성 행차를 돕기 위해 정약용이 한강에 배다리를 설치하여 정조가 한강을 안전하게 건널 수 있도록 하였어요. 정조는 수원 화성에 포루, 공심돈 등 방어 시설을 갖추어 군사 기능을 부여하였어요.

▲ 장안문　　　　　　▲ 서북공심돈　　　　▲ 배다리

 조선 후기(문화 2)

1 49회 회독●●●

다음 가상 인터뷰의 주인공에 대한 설명으로 옳은 것은? [3점]

① 북학의에서 절약보다 소비를 권장하였다.
② 의산문답에서 중국 중심의 세계관을 비판하였다.
③ 우서에서 사농공상의 직업적 평등을 주장하였다.
④ 마과회통에서 홍역에 대한 의학 지식을 정리하였다.
⑤ 금석과안록에서 북한산비가 진흥왕 순수비임을 고증하였다.

2 59회 회독●●●

밑줄 그은 '이 시기'의 문화에 대한 설명으로 옳은 것은? [1점]

① 원각사지 십층 석탑이 건립되었다.
② 인왕제색도 등 진경 산수화가 그려졌다.
③ 주자소가 설치되어 계미자가 주조되었다.
④ 표면에 백토를 바른 분청사기가 유행하였다.
⑤ 청주 흥덕사에서 직지심체요절이 간행되었다.

📢 정약용의 활동

정답분석 실학을 집대성한 정약용은 농업 중심의 개혁론으로 토지의 공동 소유 및 공동 경작, 노동량에 따른 분배를 주장한 여전론을 제시하였어요. 과학 기술에도 관심이 컸던 정약용은 《기기도설》을 참고하여 거중기를 만들어 화성을 축조하는 데 활용하였고, 화성 행차 때 정조가 한강을 안전하게 건널 수 있도록 배다리를 설치하였어요.
④ 정약용은 《마과회통》에서 홍역의 증상과 치료법 등의 의학 지식을 정리하였어요.

오답분석 ① 박제가는 《북학의》에서 생산력 증대를 위해 절약보다 소비를 권장하였어요.
② 홍대용은 《의산문답》에서 어느 곳이든 세계의 중심이 될 수 있다고 주장하며 중국 중심의 세계관을 비판하였어요.
③ 유수원은 《우서》에서 상공업을 진흥시키기 위해서는 사농공상의 직업적 평등과 전문화가 이루어져야 한다고 주장하였어요.
⑤ 김정희는 《금석과안록》에서 북한산비가 진흥왕 순수비임을 처음으로 고증하였어요.

📢 조선 후기의 문화

정답분석 조선 후기에는 농업과 상공업이 발달하면서 서민 문화가 발달하였어요. 중인들은 시사를 조직하여 문예 활동을 전개하였고, 상민들은 《춘향전》 등의 한글 소설과 판소리, 탈춤 등을 즐겼어요. 조선 후기에 한글 소설이 널리 읽히자 장시 등 사람들이 많이 모이는 곳에서 돈을 받고 책을 읽어 주는 전기수의 활동이 두드러졌어요.
② 조선 후기에는 우리의 산천을 사실적으로 묘사한 진경 산수화가 발달하였어요. 대표적인 화가로는 〈인왕제색도〉, 〈금강전도〉 등을 그린 겸재 정선이 있어요.

오답분석 ① 조선 세조 때 건립된 서울 원각사지 10층 석탑은 고려 시대의 개성 경천사지 10층 석탑의 영향을 받았어요.
③ 조선 태종 때 주자소가 설치되어 계미자가 주조되었고, 세계 지도인 혼일강리역대국도지도가 제작되었어요.
④ 조선 전기인 15세기에는 분청사기가 유행하였으나 16세기 이후에는 백자가 본격적으로 생산되면서 분청사기의 생산이 줄었어요.
⑤ 고려 시대에 청주 흥덕사에서 간행된 《직지심체요절》은 현존하는 세계 최고(最古)의 금속 활자본이에요.

정답 | ④

정답 | ②

3 54회 · 회독 ○○○

(가)에 들어갈 그림으로 옳은 것은? [1점]

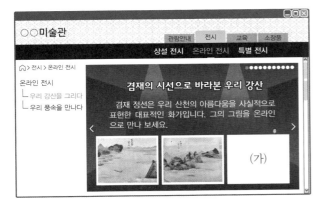

①  ②

③  ④

⑤

4 61회 · 회독 ○○○

(가) 인물의 작품으로 옳은 것은? [2점]

이 작품은 단원 [(가)]이/가 그린 추성부도(秋聲賦圖)로, 인생의 허망함과 쓸쓸함을 묘사한 글인 추성부를 그림으로 표현했습니다. 죽음을 앞둔 노년에 자신의 심정을 나타낸 것으로 보입니다. 도화서 화원 출신인 그는 풍속화, 산수화, 인물화 등 다양한 분야에서 뛰어난 작품을 남겼습니다.

①  ②

③  ④

⑤

📢 **진경 산수화**

정답분석 ③ 조선 후기에 겸재 정선이 그린 진경 산수화인 〈인왕제색도〉예요. 조선 후기에 우리 문화에 대한 관심이 높아지면서 우리 산천의 아름다움을 사실적으로 묘사한 진경 산수화가 등장하였어요.

오답분석 ① 조선 후기에 강세황이 그린 〈영통동구도〉예요.
② 조선 후기에 김홍도가 그린 〈송석원시사야연도〉예요.
④ 조선 전기에 안견이 그린 〈몽유도원도〉예요.
⑤ 조선 후기에 정수영이 그린 〈한임강명승도권〉이에요.

📢 **김홍도의 활동**

정답분석 조선 후기에는 당시 사람들의 생활 모습을 담은 풍속화가 유행하였어요. 단원 김홍도는 조선 후기의 대표적인 풍속화가로, 서민의 일상생활 모습을 소탈하고 익살스럽게 표현하였어요.
② 조선 후기의 풍속화가인 김홍도의 〈타작〉이에요.

오답분석 ① 조선 후기의 대표적인 진경 산수화인 정선의 〈인왕제색도〉예요.
③ 조선 후기의 풍속화가인 신윤복의 〈단오풍정〉이에요.
④ 조선 후기에 서양 화법을 사용하여 그린 강세황의 〈영통동구도〉예요.
⑤ 조선 후기에 김정희가 제주도 유배 중일 때 변함없는 의리를 지켜 준 제자 이상적에게 고마운 마음을 담아 그려 준 〈세한도〉예요.

정답 | ③

정답 | ②

5 51회   회독 ●●●

(가) 인물의 작품으로 옳은 것은?   [1점]

이 그림은 조선 후기 풍속화가 (가) 이/가 그린 미인도인가요?

혜원 특별전

맞아요. (가) 은/는 이 그림 외에도 양반들의 풍류와 남녀 사이의 애정을 소재로 한 작품을 많이 남겼어요.

①    ②    ③

④    ⑤

📢 **신윤복의 활동**

정답분석   혜원 신윤복은 단원 김홍도와 더불어 조선 후기의 대표적인 풍속화가예요. 〈미인도〉를 남겼으며, 양반들의 풍류와 남녀 사이의 애정을 소재로 한 작품을 많이 남겼어요.
④ 신윤복이 그린 〈월하정인〉이에요.

오답분석   ① 김홍도가 그린 〈씨름〉이에요.
② 강희안이 그린 〈고사관수도〉예요.
③ 김득신이 그린 〈파적도〉예요.
⑤ 강세황이 그린 〈영통동구도〉예요.

정답 | ④

---

6 55회   회독 ●●●

(가)에 해당하는 문화유산으로 옳은 것은?   [1점]

나
어제, 오전 9시 30분

#국보 #충청북도 #보은군
#조선 시대 #불교 건축 #부처의 생애

(가)

👍 좋아요 6 | 💬 댓글 2 | � 공유

정유재란으로 소실되었다가 인조 때 중건되었다고 해.

현존하는 유일한 조선 시대 목탑이야.

①
법주사 팔상전

②
화엄사 각황전

③
금산사 미륵전

④
무량사 극락전

⑤
마곡사 대웅보전

📢 **조선 후기의 건축물**

정답분석   ① 보은 법주사 팔상전은 현존하는 유일한 조선 시대 목조탑으로, 내부에 석가모니의 생애를 여덟 장면으로 표현한 팔상도가 있어요.

오답분석   ② 구례 화엄사 각황전은 조선 후기에 지어진 중층 건물로, 현존하는 중층의 불전 중에서 가장 큰 규모예요.
③ 김제 금산사 미륵전은 조선 후기에 지어진 3층 건물로, 거대한 미륵 삼존불 입상을 봉안하기 위해 내부는 3층까지 튼 통층으로 만들어졌어요.
④ 부여 무량사 극락전은 조선 중기에 지어진 중층 건물이에요.
⑤ 공주 마곡사 대웅보전은 조선 후기에 지어진 중층 건물이에요.

정답 | ①

26강 조선 후기(문화 2)

서양 문물의 수용과 과학 기술의 발달

01 선조 때 마테오 리치가 만든 세계 지도인   전도가 전래되었다.

02 홍   은 지전설과 무한우주론을 주장하여 중국 중심의 세계관을 비판하였다.

03 조선 후기에 김육의 건의에 따라 청으로부터 서양의 역법인   력이 도입되었다.

04 광해군 때 전통 한의학을 정리한 허준의 《   보감》이 완성되었다.

05 이   는 《동의수세보원》을 편찬하여 사상 의학을 확립하였다.

06 정조 때 정약용이 거중기를 제작하여 수원   축조에 이용하였다.

07 신속은 《   집성》에서 모내기법 등을 자세히 소개하였다.

조선 후기 문화의 새 경향

08 조선 후기에 노래와 사설로 줄거리를 풀어 가는 판   와 탈을 쓰고 공연하는   춤이 유행하였다.

09 조선 후기에 《홍길동전》 등의   소설이 유행하면서 책을 읽어 주는 직업인 전   가 등장하였다.

예술의 새 경향

10 조선 후기에 우리나라 산천을 소재로 삼아 사실적으로 그리는   산수화가 유행하였다.

11

김   의 씨름

12

신   의 단오풍정

13

김   의 노상알현도

14 조선 후기에 회회청 등의 코발트 안료를 사용하여 만든   백자가 유행하였다.

개항기

27강 개항기(흥선 대원군)
28강 개항기(개항~갑신정변)
29강 개항기(동학 농민 운동~대한 제국)
30강 국권 피탈과 저항
31강 개항기(경제)
32강 개항기(문화)

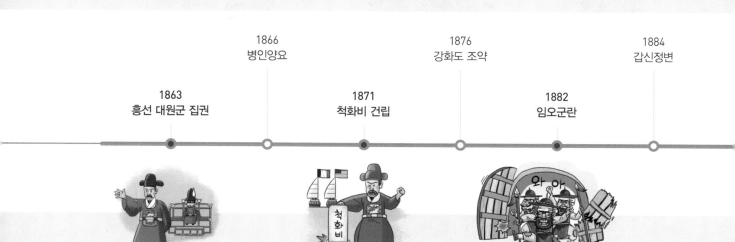

1866
병인양요

1876
강화도 조약

1884
갑신정변

1863
흥선 대원군 집권

1871
척화비 건립

1882
임오군란

기출로 보는 키워드

1위 제너럴셔먼호 사건

2위 조선책략

3위 거문도 사건

4위 105인 사건(신민회)

5위 육영 공원

3개년 평균 출제 비중

8.2문항

16.4%

1894
동학 농민 운동, 갑오개혁

1897
대한 제국 수립

1904
보안회 창립

1905
을사늑약

1907
국채 보상 운동

1910
국권 피탈

27강 개항기(흥선 대원군)

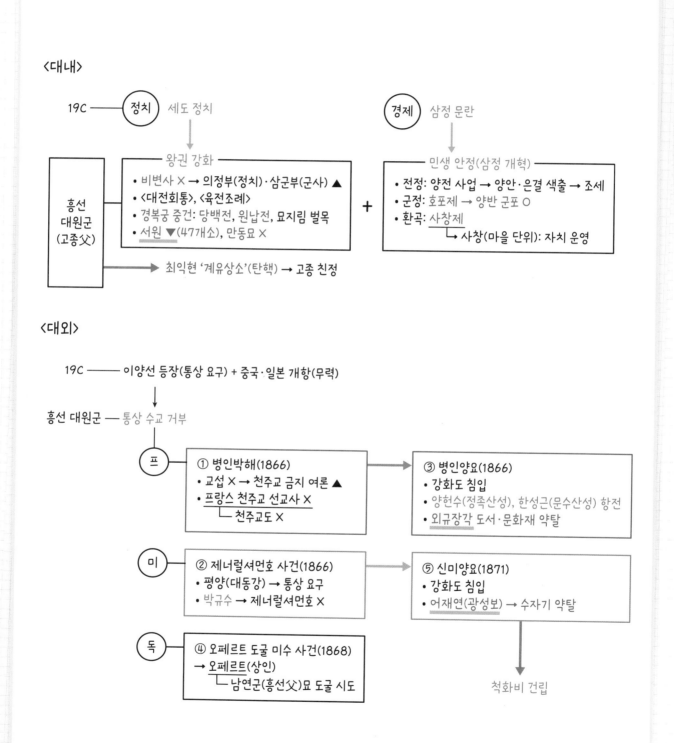

〈대내〉

19C ── 정치 세도 정치   경제 삼정 문란

흥선 대원군 (고종父)

── 왕권 강화 ──
- 비변사 ✕ → 의정부(정치)·삼군부(군사) ▲
- 〈대전회통〉, 〈육전조례〉
- 경복궁 중건: 당백전, 원납전, 묘지림 벌목
- 서원 ▼(47개소), 만동묘 ✕

── 민생 안정(삼정 개혁) ──
- 전정: 양전 사업 → 양안·은결 색출 → 조세
- 군정: 호포제 → 양반 군포 ○
- 환곡: 사창제
　　　└ 사창(마을 단위): 자치 운영

→ 최익현 '계유상소'(탄핵) → 고종 친정

〈대외〉

19C ── 이양선 등장(통상 요구) + 중국·일본 개항(무력)

흥선 대원군 ── 통상 수교 거부

프 ① 병인박해(1866)
- 교섭 ✕ → 천주교 금지 여론 ▲
- 프랑스 천주교 선교사 ✕
　└ 천주교도 ✕

→ ③ 병인양요(1866)
- 강화도 침입
- 양헌수(정족산성), 한성근(문수산성) 항전
- 외규장각 도서·문화재 약탈

미 ② 제너럴셔먼호 사건(1866)
- 평양(대동강) → 통상 요구
- 박규수 → 제너럴셔먼호 ✕

→ ⑤ 신미양요(1871)
- 강화도 침입
- 어재연(광성보) → 수자기 약탈

독 ④ 오페르트 도굴 미수 사건(1868)
→ 오페르트(상인)
　└ 남연군(흥선父)묘 도굴 시도

↓
척화비 건립

27강 개항기(흥선 대원군)

개항기(흥선 대원군)

빈출키워드 TOP5

제너럴셔먼호 사건	1위
오페르트 도굴 사건	2위
척화비 건립	3위
사창제	4위
정족산성(양헌수)	5위

🖉 흥선 대원군

고종의 아버지로, 고종이 어린 나이로 즉위하자 정치적 실권을 장악하였어요. '대원군'은 종친이 왕위에 올랐을 때 왕의 아버지를 호칭하는 말이에요.

🖉 대전회통

《속대전》(영조)과 《대전통편》(정조) 이후 추가된 각종 법규 등을 모아서 보완하고 정리한 조선 시대의 마지막 법전이에요.

🖉 당백전

당시 통용되던 상평통보의 '100배의 가치를 지닌 돈'이라는 뜻의 고액 화폐예요. 흥선 대원군이 경복궁 중건에 필요한 막대한 비용을 마련하기 위해 발행하였는데, 고액 화폐가 남발되면서 기존 화폐의 가치가 하락하며 물가가 급등하는 바람에 서민 경제가 매우 어려워졌어요.

🖉 원납전

원할 원(願), 바칠 납(納), 돈 전(錢)으로 '스스로 원하여 바치는 돈'이라는 뜻이지만, 흥선 대원군은 경복궁 중건에 필요한 막대한 비용을 마련하기 위해 기부금이라는 명목으로 강제로 거두어들였어요.

🖉 박규수

연암 박지원의 손자로, 진주 농민 봉기 당시 안핵사로 파견되어 사건의 수습을 위해 노력하였어요.

❶ 흥선 대원군의 개혁 정치

(1) 19세기 조선의 정세

대내	• 세도 정치로 인한 삼정의 문란 심화 → 전국적인 농민 봉기 발생 • 동학, 천주교 등 새로운 사상 등장 및 확산
대외	이양선의 출몰(통상 요구), 무력에 의한 중국과 일본의 개항

(2) 흥선 대원군의 개혁 정책

① 왕권 강화

인사 개혁	세도 정치의 중심이었던 안동 김씨 세력 축출, 능력에 따른 인재 등용
정치 기구 개혁	비변사의 기능 축소·폐지 → 의정부(정치)와 삼군부(군사)의 기능 부활(정치와 군사 기능 분리)
법전 정비	《대전회통》·《육전조례》 편찬
경복궁 중건	• 목적: 왕실의 권위 회복 • 과정 　– 막대한 공사비 충당을 위해 고액 화폐인 당백전 발행, 원납전 강제 징수 　– 양반 소유의 묘지림을 벌목하여 목재로 사용 　– 막대한 공사비 소요, 백성의 노동력 동원 • 결과: 양반과 백성들의 불만 심화, 물가 폭등
서원 철폐	• 전국의 서원을 47개소만 남기고 모두 철폐 • 서원에 지급되었던 토지와 노비 몰수 • 만동묘(명 황제를 위해 세운 사당) 철폐

② 민생 안정(삼정의 개혁)

전정 개혁	• 양전 사업 실시 → 토지 대장(양안)에 누락된 토지(은결)를 찾아 조세 부과 • 양반과 지주의 불법적 토지 겸병 금지
군정 개혁	호포제 실시: 호(집) 단위로 군포를 부과하여 양반에게도 군포 징수 → 양반의 반발 고조
환곡 개혁	사창제 실시: 마을 단위로 사창 설치 → 관리의 수탈 방지를 위해 향촌에서 덕망 있는 사람을 뽑아 사창을 맡겨 자치적으로 운영하게 함

❷ 통상 수교 거부 정책과 양요

(1) 병인박해(1866)

배경	천주교의 확산, 프랑스 선교사의 입국 → 흥선 대원군이 남하하는 러시아를 견제하기 위해 국내에 있던 프랑스와 교섭 시도 → 교섭 실패 → 천주교 금지 요구 여론 고조
전개	흥선 대원군이 프랑스 선교사 9명과 수천 명의 천주교도를 절두산에서 처형

(2) 제너럴셔먼호 사건(1866)

원인	미국의 상선 제너럴셔먼호가 대동강을 거슬러 평양까지 들어와 통상 요구
전개	조선 정부의 통상 요구 거부 → 미국 선원들의 횡포(납치, 약탈) → 평안도 관찰사 박규수의 지휘 아래 평양 관민이 제너럴셔먼호를 불태워 침몰시킴

(3) 병인양요(1866)

배경	프랑스가 병인박해를 구실로 조선 침략
전개	프랑스군(로즈 제독의 함선)이 강화도 침략 → 문수산성(한성근 부대), 정족산성(양헌수 부대)에서 항전 → 프랑스군 철수. 철수 과정에서 《의궤》 등 외규장각 도서와 각종 문화재 약탈

(4) 오페르트 도굴 사건(1868)

원인	독일 상인 오페르트의 통상 요구 → 조선 정부의 거절
전개	오페르트가 무장한 사람을 이끌고 흥선 대원군의 아버지인 남연군의 묘 도굴 시도 → 지역 주민의 항거로 실패
결과	• 서양 세력에 대한 반감 고조 • 흥선 대원군의 통상 수교 거부 의지 심화

(5) 신미양요(1871)

배경	미국이 제너럴셔먼호 사건을 구실로 조선에 배상금 지불과 통상 조약 체결 요구 → 조선 정부의 거부 → 조선 침략
전개	미군(로저스 제독 함대)이 강화도 침략 및 초지진·덕진진 점령 → 어재연이 이끄는 조선 수비대가 광성보에서 항전하였으나 패함. 미군이 어재연 장군의 '수'자기 탈취 → 조선군의 계속된 항전으로 미군 철수

(6) 척화비 건립(1871)

건립	신미양요 이후 흥선 대원군이 종로와 전국 각지에 세움
목적	서양과의 통상 수교 거부 의지를 널리 알리고자 세움
내용	"서양 오랑캐가 침범하는데도 싸우지 않으면 화친하는 것이요, 화친을 주장하는 것은 나라를 팔아먹는 짓이다."

1. 흥선 대원군이 실시한 정책으로 맞으면 ○표, 틀리면 ×표 하세요.

(1) 친위 부대로 장용영을 설치하였다. (　　)

(2) 속대전을 편찬하여 통치 제도를 정비하였다. (　　)

(3) 초계문신제를 실시하여 문신들을 재교육하였다. (　　)

(4) 환곡의 폐단을 시정하고자 사창제를 실시하였다. (　　)

(5) 왕실의 위엄을 높이기 위해 경복궁을 중건하였다. (　　)

(6) 삼군부를 부활시켜 군국 기무를 전담하게 하였다. (　　)

(7) 전국의 서원을 47개소만 남기고 모두 철폐하였다. (　　)

(8) 양반에게도 군포를 징수하는 호포제를 실시하였다. (　　)

(9) 삼정의 문란을 개선하기 위해 삼정이정청을 설치하였다.
(　　)

(10) 교육의 기본 방향을 제시한 교육입국 조서를 반포하였다.
(　　)

2. 다음 사실들을 순서대로 나열하세요.

(1) (　　　　　　　　　　　　　　)

(가) 대동강에 침입한 제너럴셔먼호를 격침하였다.
(나) 양헌수 부대가 정족산성에서 프랑스군을 격퇴하였다.
(다) 천주교 선교사와 신자들이 처형되는 병인박해가 일어났다.

(2) (　　　　　　　　　　　　　　)

(가) 어재연 부대가 광성보에서 항전하였다.
(나) 종로와 전국 각지에 척화비가 세워졌다.
(다) 프랑스군이 외규장각 도서를 약탈하였다.
(라) 오페르트가 남연군 묘 도굴을 시도하였다.

1. (1) × (2) × (3) × (4) ○ (5) ○ (6) ○ (7) ○ (8) ○ (9) × (10) ×
2. (1) (다) – (가) – (나) (2) (다) – (라) – (가) – (나)

1 비변사 혁파

비변사는 '변방의 일을 대비하는 기구'라는 뜻으로, 3포 왜란을 계기로 임시로 설치되었고, 을묘왜변을 계기로 상설화되었어요. 이후 왜란을 거치면서 기능이 강화되어 양 난 이후에는 나라의 거의 모든 일을 의논하고 결정하는 국정 최고 기구가 되었어요. 그러나 세도 정치 시기에 비변사가 세도 가문의 권력 기반이 되면서 왕권이 약해졌어요. 이에 흥선 대원군은 비변사가 가지고 있던 행정권은 의정부로, 군사권은 삼군부로 이관시키면서 비변사의 기능을 약화시켰고, 이후 비변사를 폐지하였어요.

> 변방의 일은 병조가 주관하는 것입니다. …… 그런데 근래 변방 일을 위해 **비변사를 설치**했고, 변방에 관계되는 **모든 일을 실제로 다 장악하고 있습니다.** …… **청컨대 혁파하소서.**

2 서원 철폐

서원은 조선의 대표적인 사립 교육 기관이에요. 초기의 서원은 인재 양성과 향촌 질서 유지 등의 역할을 수행하였으나 점차 붕당의 근거지가 되면서 문제가 발생하였고, 면세·면역의 혜택을 누리며 백성을 수탈하여 원성을 샀어요. 서원의 폐단이 날로 심해지자 흥선 대원군은 전국 600여 개의 서원 중 47개소만 남기고 모두 철폐하였어요.

> • 왕이 말하기를, "요즘에 서원마다 사무를 자손들이 주관하고 붕당을 각기 주장하니, 이로 인한 폐해가 백성들에게 미치는 경우가 많다고 한다. …… **서원을 훼철(毁撤)***하고 신주를 땅에 묻어 버리는 등의 절차를 흥선 대원군의 분부대로 거행하도록 해당 관청에서 팔도(八道)와 사도(四道)에 알리라."라고 하였다.
> * 훼철(毁撤): 헐어서 치워 버림
> — 《승정원일기》 —
> • 신(臣) 병창이 흥선 대원군 앞에 나아가 품의했더니, 이르기를 '성묘(聖廟) 동서무(東西廡)에 배향된 제현 및 충절과 대의가 매우 빛나 영원토록 높이 받들기에 합당한 **47곳의 서원 외에는 모두 향사(享祀)를 중단하고 사액을 철폐하라**'고 하였습니다.
> — 《승정원일기》 —

3 만동묘 철폐

만동묘는 임진왜란 때 명이 조선을 도와준 보답으로 명 황제 신종을 제사 지내기 위해 지은 사당이에요. 국가로부터 많은 혜택을 받았던 만동묘는 점차 유생들이 모이는 장소가 되어 폐단이 서원보다 더욱 심하였어요. 흥선 대원군은 대보단이라는 나라의 제단에서 명 황제를 제사 지내므로 개인적으로 제사를 지낼 필요가 없다는 이유를 들어 만동묘를 철폐하였어요.

> 나라 안의 서원과 사묘(祠廟)를 모두 철폐하고 남긴 것은 48개소에 불과하였다. **만동묘는 철폐한 후 그 황묘위판(皇廟位版)은 북원의 대보단으로 옮겨 봉안하였다.** …… 서원을 창설할 때에는 매우 좋은 뜻으로 시작하였지만 오랜 세월이 흐르는 동안 날로 폐단이 심하였다. — 《매천야록》 —

4 사창제

환곡은 봄에 먹을 것이 없는 사람들에게 곡식을 빌려 주고, 수확기인 가을에 갚도록 하는 빈민 구휼 제도예요. 그런데 조선 후기 지방의 각 관청들이 환곡을 악용하면서 폐단이 심해지자 흥선 대원군은 마을 단위로 사창을 설치하고, 그 마을 안에서 덕망 있고 부유한 사람을 뽑아 자율적으로 운영하도록 하여 백성들의 부담을 줄여 주었어요.

> 빌려 주고 빌리는 건 양쪽 다 원해야지 / 억지로 강제하면 불편이 오네.
> 온 땅을 통틀어도 고개만 저을 뿐 / 빌리겠단 사람은 하나도 없네.
> 봄철에 벌레 먹은 쌀 한 말 받고서 / 가을에 온전한 쌀 두 말 바치고,
> 게다가 벌레 먹은 쌀값 돈으로 내라 하니 / 온전한 쌀을 팔아 바칠 수밖에.
> 남은 이윤은 교활한 관리들만 살찌워 / 한갓 내시조차 밭이 천 두락이라.
> — 《여유당전서》 —

5 병인박해

19세기 후반 흥선 대원군은 러시아의 남하를 견제하기 위해 천주교도인 남종삼 등의 건의에 따라 프랑스와 교섭을 시도하였으나 실패하였어요. 그러던 중 천주교 금지를 요구하는 여론이 고조되자 흥선 대원군은 프랑스 선교사 9명과 남종삼을 비롯한 수천 명의 천주교도를 처형시켰는데, 이를 병인박해라고 해요.

> 의금부에서, "죄인 **남종삼**은 명백한 근거도 없이, 러시아에 변란이 있을 것이고 **프랑스와 조약을 맺을 계책이 있다**면서 사람들을 현혹하였습니다. 감히 나라를 팔아먹고자 몰래 외적을 끌어들이려 하였으니, 그 죄는 만 번을 죽여도 모자랍니다."라고 아뢰었다. — 《고종실록》 —

6 병인양요

프랑스는 병인박해를 구실로 로즈 제독이 이끄는 군함을 파견하여 강화도를 침략하였어요. 조선은 한성근 부대가 문수산성에서, 양헌수 부대가 정족산성에서 프랑스군을 물리쳤고, 결국 프랑스군은 물러났어요.

> • 조선 국왕이 천주교 신부를 잔인하게 살해한 날이 조선국 최후의 날이 될 것이다. 수일 내로 조선 정복을 위해 출정할 것이다.
> • 양이(洋夷)들이 우리 해안 방비를 엿보고 백성들의 마음을 현혹시킨 것은 유래가 오래된 것이지 하루 아침에 생긴 일은 아니다. …… 이번에 **강화도에 적들이 침입한 것**과 관련하여 중앙과 지방을 단단히 경계하도록 하였다.

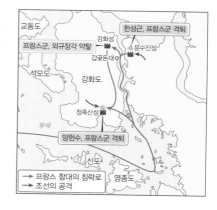

❼ 외규장각

외규장각은 왕실 관련 서적을 안전하게 보관할 목적으로 세운 규장각의 부속 도서관이에요. 병인양요 때 프랑스군은 철수하면서 《의궤》를 비롯한 외규장각에 있던 수많은 도서를 빼앗아 갔어요. 외규장각 도서는 프랑스 국립 도서관에 보관되어 있다가 2011년에 영구 임대 형식으로 반환되었어요.

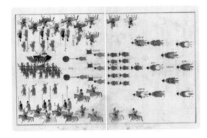
▲ 영조정순왕후 가례도감의궤

❽ 오페르트 도굴 사건

독일 상인 오페르트는 조선에 통상을 요구하였으나 거절당하였어요. 그러자 오페르트는 충청도 덕산(예산)에 있는 흥선 대원군의 아버지 남연군의 묘를 도굴하여 흥선 대원군과의 협상에 이용하려고 하였어요. 오페르트는 무장한 사람을 이끌고 도굴을 시도하였지만 지역 주민의 항거로 실패하였어요. 이 사건으로 조선인의 서양 세력에 대한 반감이 커졌고, 흥선 대원군의 통상 수교 거부 의지도 높아졌어요.

- 너희 나라와 우리나라 사이에는 원래 왕래도 없었고, 은혜를 입거나 원수를 진 일도 없다. 이번 덕산 묘지에서 저지른 사건은 사람으로서 감히 할 수 있는 일이겠는가? 또한, 방비가 없는 것을 엿보다 몰래 들이닥쳐 소동을 일으키며, 무기를 빼앗고 백성들의 재물을 강탈하는 것도 사리로 볼 때 어찌 할 수 있는 일이겠는가? — 《고종실록》 —
- 이번 덕산 묘지에서 저지른 사건은 사람으로서 차마 할 수 없는 일이다. …… 따라서 우리나라 신하와 백성들은 있는 힘을 다하여 한마음으로 너희와 같은 하늘을 이고 살 수 없다는 것을 다짐할 뿐이다. — 《고종실록》 —

❾ 제너럴셔먼호 사건

1866년에 미국 상선 제너럴셔먼호는 대동강을 거슬러 평양까지 들어와 통상을 요구하였으나 거절당하였어요. 이에 미국 선원들이 납치와 약탈 등 횡포를 부리자, 박규수는 평양 관민과 함께 제너럴셔먼호를 불태워 침몰시켰어요. 제너럴셔먼호 사건은 이후 신미양요가 일어나는 배경이 되었어요.

(대동강을 거슬러) 평양부에 와서 정박한 이양선(異樣船)에서 포를 쏘고 총을 쏘아대어 우리 쪽 사람들이 살해되었습니다. 그들을 제압하고 이기는 방책으로는 화공 전술보다 더 좋은 것이 없었으므로 일제히 불을 질러서 그 불길이 저들의 배에 먼저 가게 하였습니다.
— 〈평양 감사 박규수의 장계〉 —

❿ 신미양요

미국은 제너럴셔먼호 사건을 구실로 조선에 배상금 지불과 통상 조약 체결을 요구하였으나 거절당하였어요. 이에 1871년에 로저스 제독이 이끄는 군함을 파견하여 강화도를 침략하였어요. 조선군은 어재연을 중심으로 끝까지 항전하였으나 결국 패하였어요. 그러나 이후에도 조선군이 끈질기게 저항을 계속하자 미국은 결국 강화도에서 철수하였어요.

그토록 작은 공간에, 그리고 그토록 짧은 시간에, 그토록 많은 탄환과 포연이 집중되는 것은 남북 전쟁의 고참들도 일찍이 본 적이 없었다. …… 그들은 미군에게 돌멩이를 던졌다. 그들은 창과 칼로써 미군을 대적했다. 손에 무기가 없는 그들은 흙가루를 집어 침략자들에게 던져 앞을 보지 못하게 했다.
— 그리피스, 《은자의 나라 한국》 —

⓫ 어재연 장군의 수자기

신미양요 당시 어재연이 이끄는 조선의 수비대는 광성보에서 끝까지 항전하였으나 패하였어요. 미군은 전리품으로 어재연을 상징하던 깃발인 수(帥)자기를 빼앗아 갔다가 2007년에 반환하였는데, 미군의 요청으로 2024년에 다시 돌아갔어요.

⓬ 척화비

흥선 대원군은 신미양요 이후 서양과의 통상 수교 거부 의지를 널리 알리기 위해 전국 각지에 척화비를 세웠어요.

그는 오로지 척양(斥攘)의 의리만을 주장하여 천주교도를 죽였고, 외국을 업신여겼으며 해안 곳곳에 포대를 구축하였다. 이때에 이르러서는 돌을 캐어 종로에 비석을 세웠다. …… 또 먹을 만드는 곳에 명령하여 먹의 표면에 열두 글자를 새겨 넣도록 하고, 먹의 뒷면에는 '위정척사묵(衛正斥邪墨)'이라고 새겨, 사람마다 척화의 의리를 알도록 했다. 후일 구미 각국과 통상하게 되자, 조정에서 논의하여 그 비석을 넘어뜨렸다.
— 《대한계년사》 —

개항기(흥선 대원군)

1 58회

회독 ○○○

밑줄 그은 '시기'에 있었던 사실로 옳은 것은? [2점]

창녕의 관산 서원 터에서 매주(埋主) 시설이 발견되었습니다. 이 시설은 서원에 모셔져 있던 신주를 옹기에 넣고 기와로 둘러싼 뒤 묻은 것입니다. 이번 발굴로 만동묘 철거 이후 서원을 철폐하던 시기에 신주를 어떻게 처리했는지 알 수 있게 되었습니다.

서원 철폐 관련 매주 시설 첫 발견

① 나선 정벌에 조총 부대가 동원되었다.
② 박규수의 건의로 삼정이정청이 설치되었다.
③ 지역 차별에 반발하여 홍경래가 봉기하였다.
④ 제너럴셔먼호 사건을 구실로 미군이 침입하였다.
⑤ 시전 상인의 특권을 축소하는 신해통공이 단행되었다.

2 55회

회독 ○○○

밑줄 그은 '중건' 시기에 있었던 사실로 옳은 것을 |보기|에서 고른 것은? [2점]

경복궁 영건일기는 한성부 주부 원세철이 경복궁 중건의 시작부터 끝날 때까지의 상황을 매일 기록한 것이다. 이 일기에 광화문 현판이 검은색 바탕에 금색 글자였음을 알려 주는 '묵질 금자(墨質金字)'가 적혀 있어 광화문 현판의 옛 모습을 고증하는 근거가 되었다.

┤ 보기 ├
ㄱ. 비변사가 설치되었다.
ㄴ. 사창제가 실시되었다.
ㄷ. 원납전이 징수되었다.
ㄹ. 대전통편이 편찬되었다.

① ㄱ, ㄴ   ② ㄱ, ㄷ   ③ ㄴ, ㄷ
④ ㄴ, ㄹ   ⑤ ㄷ, ㄹ

📢 흥선 대원군 집권기의 사실

정답분석 흥선 대원군은 어린 고종을 대신하여 정치적 실권을 장악하고, 세도 정치의 폐단을 정리하여 조선의 전통적 질서를 회복하고자 하였어요. 이에 세도 가문의 권력 기반인 비변사의 기능을 약화시키고, 안동 김씨 세력을 일부 축출하였어요. 또한 민생 안정을 위해 호포제와 사창제를 실시하는 한편, 만동묘 철폐를 시작으로 서원을 정리하였어요.
④ 흥선 대원군 집권기에 미국은 제너럴셔먼호 사건(1866)을 구실로 조선을 침략하였어요(신미양요, 1871).

오답분석 ① 효종은 청의 요청에 따라 나선(러시아) 정벌에 조총 부대를 두 차례 파견하였어요.
② 철종은 임술 농민 봉기(1862)가 발생하자 이를 수습하기 위해 박규수를 안핵사로 파견하고 삼정이정청을 설치하였어요.
③ 순조 때 평안도(서북 지역)에 대한 차별과 지배층의 수탈에 반발하여 홍경래가 다양한 계층을 이끌고 봉기하였어요(홍경래의 난, 1811).
⑤ 정조는 육의전을 제외한 시전 상인의 특권을 축소하는 신해통공을 단행하였어요.

정답 | ④

📢 흥선 대원군 집권기의 사실

정답분석 흥선 대원군은 세도 정치로 문란해진 정치 질서를 바로잡고 왕권을 강화하기 위해 비변사를 혁파하고 의정부와 삼군부의 기능을 부활시키는 등의 정치 개혁을 추진하였어요. 이러한 가운데 실추된 왕실의 권위를 바로 세우기 위해 경복궁 중건 사업을 추진하였어요.
ㄴ. 흥선 대원군은 철종 말년부터 거세게 일어난 농민 봉기의 혼란 상황을 해결하고 봉기의 주요 원인이었던 삼정의 문란을 바로잡고자 호포제, 사창제 등을 실시하였어요. 이를 통해 농민의 생활을 안정시키고 재정을 확충하고자 하였어요.
ㄷ. 흥선 대원군은 원납전 징수, 당백전 발행 등을 통해 경복궁 중건에 필요한 비용을 마련하였어요.

오답분석 ㄱ. 중종 때 일어난 3포 왜란을 계기로 외적의 침입에 대비한 임시 기구로 비변사가 처음 설치되었어요.
ㄹ. 정조 때 《경국대전》과 《속대전》을 통합·보완하여 《대전통편》이 편찬되었어요.

정답 | ③

3 59회 　회독 ●●●

다음 상황이 나타난 시기를 연표에서 옳게 고른 것은? [2점]

> 북경 주재 프랑스 공사가 청에 보내온 문서에 의하면, "조선에서 프랑스 주교 2명 및 선교사 9명과 조선의 많은 천주교 신자가 처형되었다. 이에 제독에게 요청하여 며칠 안으로 군대를 일으키도록 할 것이다."라고 되어 있습니다.

1863	1868	1871	1875	1882	1886
(가)	(나)	(다)	(라)	(마)	
고종 즉위	오페르트 도굴 사건	신미 양요	운요호 사건	조미 수호 통상 조약	조프 수호 통상 조약

① (가)　② (나)　③ (다)　④ (라)　⑤ (마)

4 60회 　회독 ●●●

밑줄 그은 '이 사건'에 대한 설명으로 옳은 것은? [1점]

> **사료로 보는 한국사**
>
> 매우 가난하게 보이는 강화도에서 각하에게 보내 드릴 만한 것은 아무것도 없습니다. 그러나 조선 임금이 소유하고 있지만 거처하지 않는 저택의 도서관에는 매우 중요한 서적이 많이 소장되어 있습니다. 세심하게 공들여 꾸며진 340권을 수집하였으며 기회가 되는 대로 프랑스로 보내겠습니다.
>
> – G. 로즈 –
>
> [해설] 로즈 제독이 해군성 장관에게 보낸 서신의 일부이다. 프랑스군이 강화도를 침략한 이 사건 당시 외규장각 도서 등이 약탈되는 상황이 기록되어 있다.

① 청군의 개입으로 종결되었다.
② 제물포 조약의 체결로 이어졌다.
③ 오페르트 도굴 사건이 계기가 되었다.
④ 양헌수 부대가 정족산성에서 적군을 물리쳤다.
⑤ 영국 함대가 거문도를 점령하는 배경이 되었다.

📢 **병인박해**

정답분석 조선 고종 때, 러시아가 남하하여 국경을 마주하게 되자 당시 실권자였던 흥선 대원군은 프랑스를 끌어들여 이를 저지하려다 무산되었어요. 그러자 흥선 대원군은 1866년에 9명의 프랑스 선교사를 포함하여 수많은 천주교 신자들을 처형하였어요(병인박해). 프랑스는 같은 해 이 사건을 구실로 조선을 침략하였는데, 이를 병인양요라고 해요.
① 고종이 즉위하고 정권을 잡은 흥선 대원군은 1866년에 프랑스 신부를 포함하여 수천 명의 천주교도를 처형하였어요(병인박해). 같은 해에 미국 상선 제너럴셔먼호가 평양에서 통상을 요구하며 행패를 부리자 박규수가 평양 관민들과 함께 배를 불태워 침몰시켰어요(제너럴셔먼 사건). 이후 병인박해가 원인이 되어 프랑스군이 침입하였으나 한성근과 양헌수 등의 활약으로 프랑스군은 물러갔고, 대신 퇴각 과정에서 강화도 외규장각에서 각종 문화유산을 약탈해 갔어요(병인양요, 1866). 1868년에 독일 상인 오페르트가 흥선 대원군의 아버지 남연군의 묘를 도굴하려다 지역 주민의 항거로 실패하였어요(오페르트 도굴 사건). 1871년에는 앞서 발생한 제너럴셔먼호 사건을 빌미로 미군이 침략하였다가 물러갔어요(신미양요). 흥선 대원군은 신미양요 이후 서양과의 통상 수교 거부 의지를 나타낸 척화비를 종로와 전국 각지에 세웠어요.
따라서, 병인박해가 일어난 시기는 '고종 즉위(1863)'와 '오페르트 도굴 사건(1868)' 사이의 시기인 (가)예요.

정답 | ①

📢 **병인양요**

정답분석 병인양요는 1866년에 병인박해가 일어나자 이를 구실로 같은 해 프랑스군이 조선을 침략한 사건이에요. 이때 한성근 부대는 문수산성에서 프랑스군을 격퇴하였고, 양헌수 부대는 정족산성에서 활약하였어요. 프랑스군은 상황이 불리함을 깨닫고 퇴각하였으나, 그 과정에서 외규장각에 보관 중이던 도서와 각종 문화유산을 약탈하였어요.
④ 병인양요 당시 양헌수가 이끄는 조선군은 정족산성에서 프랑스군을 물리쳤어요.

오답분석 ① 임오군란 때 조선 정부가 청에 도움을 요청하자 청이 군대를 파견해 난을 진압하였어요. 이후 갑신정변 때도 청군이 개화당 정부를 진압하면서 정변이 3일 만에 실패로 끝났어요.
② 임오군란의 결과 조선과 일본 사이에 제물포 조약이 체결되어 일본 공사관에 경비병이 주둔하게 되었어요.
③ 1868년에 독일 상인 오페르트가 통상 요구를 거절당하자 흥선 대원군의 아버지인 남연군의 묘를 도굴하려고 하였어요. 이 사건은 두 차례의 양요와 함께 척화비가 건립되는 계기가 되었어요.
⑤ 갑신정변 이후인 1885년에 영국은 러시아의 남하 견제를 구실로 거문도를 불법 점령하였어요.

정답 | ④

5 62회 회독 ●●●

밑줄 그은 '이 사건'이 일어난 시기를 연표에서 옳게 고른 것은? [2점]

○○○님이 강화도에 있습니다.
23시간 전 · 인천광역시

이곳은 강화도 광성보 끝자락 용두돈대. 광성보는 이 사건 당시 침입한 미군에 맞서 어재연 장군의 지휘 아래 조선군이 결사 항전한 곳임.

△△△님 외 28명   댓글 5개

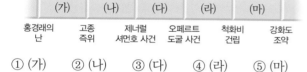

(가)	(나)	(다)	(라)	(마)
홍경래의 난	고종 즉위	제너럴 셔먼호 사건	오페르트 도굴 사건	척화비 건립	강화도 조약

① (가)   ② (나)   ③ (다)   ④ (라)   ⑤ (마)

---

6 50회 회독 ●●●

(가) 인물에 대한 설명으로 옳은 것은? [1점]

> 신(臣) 병창이 　(가)　 앞에 나아가 품의했더니, 이르기를 '성묘(聖廟) 동서무(東西廡)에 배향된 제현 및 충절과 대의가 매우 빛나 영원토록 높이 받들기에 합당한 47곳의 서원 외에는 모두 향사(享祀)를 중단하고 사액을 철폐하라'고 하였습니다. 지시를 받들어 이미 사액된 서원 중 앞으로 계속 보존할 곳 47개를 별단에 써서 들였습니다. 계하(啓下)*하시면 각 도에 알리겠습니다.
>
> ― 「승정원일기」 ―
>
> *계하(啓下): 국왕의 재가

① 종로와 전국 각지에 척화비를 건립하였다.
② 나선 정벌을 위하여 조총 부대를 파견하였다.
③ 각 궁방과 중앙 관서의 공노비를 해방하였다.
④ 도성을 방비하기 위하여 총융청을 설치하였다.
⑤ 통치 체제를 정비하기 위하여 경국대전을 편찬하였다.

📢 **신미양요**

정답분석　미국은 1866년에 대동강에서 일어난 제너럴셔먼호 사건을 빌미로 조선에 배상금 지불과 개항을 요구하였어요. 흥선 대원군이 이를 거부하자 미국은 1871년에 강화도를 침입하는 신미양요를 일으켰어요. 미군이 초지진을 함락하고 광성보를 공격해 오자 어재연이 조선 수비대를 이끌고 항전을 벌였지만 패하고 말았어요. 미국은 강화도를 점령하였으나 조선의 항전이 계속되고 통상 요구에 대한 조선 정부의 입장이 변하지 않자, 조선을 개항하기 쉽지 않다고 판단해 물러났어요.
④ 1866년에 병인박해를 구실로 프랑스가 강화도를 침입한 병인양요 이후 조선 정부는 외세의 침입에 대비하여 국방력을 강화하였어요. 그러던 중 1868년에 독일 상인 오페르트가 흥선 대원군의 아버지인 남연군의 묘를 도굴하여 협상에 이용하려다가 실패하는 사건이 일어나기도 하였어요 (오페르트 도굴 사건). 이후 미국이 제너럴셔먼호 사건을 구실로 강화도를 침입하는 신미양요를 일으켰어요. 어재연을 비롯한 조선군의 항전 끝에 미군이 물러간 뒤 흥선 대원군은 서양의 통상 요구에 대한 거부 의지를 널리 알리기 위해 1871년에 전국 각지에 척화비를 세웠어요.
따라서, 신미양요가 일어난 시기는 '오페르트 도굴 사건(1868)'과 '척화비 건립(1871)' 사이의 시기인 (라)예요.

정답 | ④

📢 **흥선 대원군의 통상 수교 거부 정책**

정답분석　어린 나이의 고종을 대신하여 국정을 운영한 흥선 대원군은 비변사의 기능을 축소하고 의정부와 삼군부의 기능을 부활시키는 등 정치 체제를 정비하였어요. 또한 문란해진 삼정을 바로잡기 위해 호포제와 사창제 등을 실시하였으며, 민생 안정과 국가 재정 확충을 위해 전국의 서원을 47개소만 남기고 철폐하였어요. 한편, 흥선 대원군은 대외적으로 통상 수교 거부 정책을 펼쳤어요.
① 신미양요 직후 흥선 대원군은 서양과의 통상 수교 거부 의지를 널리 알리기 위해 종로와 전국 각지에 척화비를 건립하였어요.

오답분석　② 효종은 청의 요청으로 나선(러시아) 정벌을 위해 조총 부대를 파견하였어요.
③ 순조는 군역 대상자를 확보하고 재정을 확충하기 위해 국가가 소유한 공노비 6만여 명을 해방하였어요.
④ 인조는 후금과의 관계가 악화되는 가운데 도성을 방비하기 위해 총융청을 설치하였어요.
⑤ 《경국대전》은 세조 때 편찬 작업이 시작되어 성종 때 완성되었어요. 이로써 조선의 유교적 통치 체제가 정비되었어요.

정답 | ①

27강 개항기(흥선 대원군)

흥선 대원군의 개혁 정치

01 흥선 대원군은 　　　사를 혁파하고 의정부와 삼군부의 기능을 부활시켰다.

02 흥선 대원군은 《대전　　　》을 편찬하여 통치 체제를 정비하였다.

03 흥선 대원군은 왕실의 권위 회복을 위해 　　　궁을 중건하였고, 이를 위해 　　　전을 발행하였다.

04 흥선 대원군은 전국의 　　　원을 47개소만 남기고 모두 철폐하였다.

05 흥선 대원군은 양반에게도 군포를 징수하는 　　　제를 실시하였다.

06 흥선 대원군은 환곡의 폐단을 바로잡기 위해 전국적으로 　　　제를 실시하였다.

통상 수교 거부 정책과 양요

07 1866년에 프랑스 선교사와 천주교도들이 처형된 　　　박해가 일어났다.

08 1866년에 박규수와 평양 관민이 대동강으로 침입한 　　　셔먼호를 불태워 침몰시켰다.

09 병인박해를 구실로 　　　군이 강화도를 침략한 병인양요가 일어났다.

10 병인양요가 일어나자 양　　　부대가 정족산성에서 프랑스군을 격퇴하였다.

11 병인양요 당시 프랑스군에 의해 외　　　도서가 약탈당하는 피해를 입었다.

12 1868년에 독일 상인 오　　　가 흥선 대원군 아버지의 묘인 남연군 묘 도굴을 시도하였다.

13 제너럴셔먼호 사건을 구실로 1871년에 미군이 강화도를 침략한 　　　양요가 일어났다.

14 신미양요 당시 어　　　장군이 이끄는 부대가 광성보에서 항전하였다.

15 신미양요 당시 광성보가 함락되면서 조선군의 '　　　'자기를 미군에 빼앗겼다.

16 흥선 대원군은 신미양요 이후 종로와 전국 각지에 　　　비를 건립하였다.

정답 **01** 비변 **02** 회통 **03** 경복, 당백 **04** 서 **05** 호포 **06** 사창 **07** 병인 **08** 제너럴 **09** 프랑스 **10** 헌수 **11** 규장각 **12** 페르트 **13** 신미 **14** 재연 **15** 수 **16** 척화

27강 개항기(흥선 대원군) **291**

28강 개항기(개항~갑신정변)

흐름판서 강의

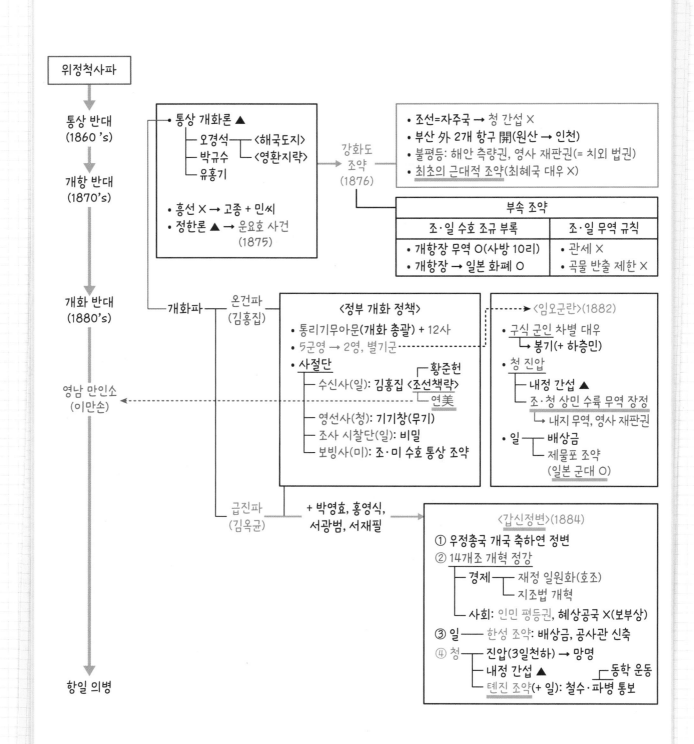

위정척사파

통상 반대 (1860's)
↓
개항 반대 (1870's)
↓
개화 반대 (1880's)

영남 만인소 (이만손)

항일 의병

• 통상 개화론 ▲
　├ 오경석 ─ 〈해국도지〉
　├ 박규수 ─ 〈영환지략〉
　└ 유홍기

• 흥선 X → 고종 + 민씨
• 정한론 ▲ → 운요호 사건 (1875)

강화도 조약 (1876)

• 조선=자주국 → 청 간섭 X
• 부산 外 2개 항구 開(원산 → 인천)
• 불평등: 해안 측량권, 영사 재판권(= 치외 법권)
• 최초의 근대적 조약(최혜국 대우 X)

부속 조약	
조·일 수호 조규 부록	조·일 무역 규칙
• 개항장 무역 O(사방 10리) • 개항장 → 일본 화폐 O	• 관세 X • 곡물 반출 제한 X

개화파 ─ 온건파 (김홍집)

〈정부 개화 정책〉
• 통리기무아문(개화 총괄) + 12사
• 5군영 → 2영, 별기군
• 사절단
　├ 수신사(일): 김홍집 〈조선책략〉 ─ 황준헌 / 연美
　├ 영선사(청): 기기창(무기)
　├ 조사 시찰단(일): 비밀
　└ 보빙사(미): 조·미 수호 통상 조약

〈임오군란〉(1882)
• 구식 군인 차별 대우
　└ 봉기 (+ 하층민)
• 청 진압
　├ 내정 간섭 ▲
　└ 조·청 상민 수륙 무역 장정
　　　└ 내지 무역, 영사 재판권
• 일 ┬ 배상금
　　 └ 제물포 조약 (일본 군대 O)

급진파 (김옥균) ─ + 박영효, 홍영식, 서광범, 서재필

〈갑신정변〉(1884)
① 우정총국 개국 축하연 정변
② 14개조 개혁 정강
　├ 경제 ┬ 재정 일원화(호조)
　│　　　└ 지조법 개혁
　└ 사회: 인민 평등권, 혜상공국 X(보부상)
③ 일 ─ 한성 조약: 배상금, 공사관 신축
④ 청 ┬ 진압(3일천하) → 망명
　　　├ 내정 간섭 ▲ ─ 동학 운동
　　　└ 톈진 조약(+ 일): 철수·파병 통보

개항기(개항~갑신정변)

개항기(개항~갑신정변)

빈출키워드 TOP5

조선책략	1위
통리기무아문	2위
별기군	3위
우정총국 개국 축하연	4위
조·청 상민 수륙 무역 장정	5위

❶ 강화도 조약과 개항

(1) 강화도 조약(조·일 수호 조규, 1876)

배경	• 최익현의 계유상소로 흥선 대원군 하야(1873) → 고종의 친정 • 통상 개화론 대두: 박규수, 오경석(《해국도지》·《영환지략》 소개), 유홍기 등 • 일본의 압력 　– 일본에서 정한론(조선 침략론) 대두 　– 운요호 사건 발생(일본 군함 운요호가 강화도 침략, 1875)
내용	• 조선이 자주국임을 명시 → 일본이 조선에 대한 청의 간섭을 배제하려는 목적 • 부산 외 2개 항구(원산·인천) 개항, 일본에 해안 측량권과 영사 재판권(치외 법권) 허용, 개항장에 일본인 거주 허용 → 일본의 조선 침략 발판 마련
성격	• 조선이 외국과 맺은 최초의 근대적 조약 • 일본에 유리한 불평등 조약
부속 조약	• 조·일 수호 조규 부록(1876): 개항장에서 일본인의 활동 범위(무역 활동)를 사방 10리로 규정, 개항장에서 일본 화폐의 유통 허용 • 조·일 무역 규칙(1876): 일본 상품에 관세를 매기지 않음, 양곡의 무제한 반출 허용(과도한 곡물 반출을 막을 규정 ×)

(2) 개항 이후 각국과의 조약 체결

조·미 수호 통상 조약 (1882)	• 과정: 2차 수신사로 일본에 파견된 김홍집이 《조선책략》[연미국(聯美國) 주장]을 가지고 귀국, 국내 유포 → 청의 알선으로 체결(청의 러시아와 일본 견제) • 내용: 최혜국 대우 허용(최초), 미국 상품에 낮은 세율의 관세를 매김(최초), 거중 조정(최초), 영사 재판권 허용 • 성격: 서양과 맺은 최초의 조약 • 영향: 조선이 미국에 사절단으로 보빙사 파견(1883)
기타	• 조·미 수호 통상 조약 이후 영국, 독일, 이탈리아, 러시아와 조약 체결 • 조·프 수호 통상 조약(1886): 조선에서 천주교 포교 허용

❷ 정부의 개화 정책 추진

제도 개혁		• 통리기무아문 설치(1880): 개화 정책 총괄 기관, 그 아래 실무를 담당하는 12사 설치 • 구식 군대인 5군영을 2영(무위영·장어영)으로 개편, 신식 군대인 별기군(교련병대) 창설(1881)
사절단 파견	수신사	• 강화도 조약 체결 이후 일본에 파견 • 1차(1876): 김기수 → 2차(1880): 김홍집(《조선책략》을 가지고 귀국) → 3차(1881): 조병호 → 4차(1882): 박영효
	조사 시찰단 (1881)	• 박정양, 어윤중, 홍영식 등을 비밀리에 일본에 파견 • 일본 정부의 각 기관과 산업·군사 시설 시찰
	영선사 (1881)	• 김윤식을 대표로 하여 유학생과 기술자들을 청에 파견 • 청의 톈진 기기국에서 근대식 무기 제조 기술과 군사 훈련법 습득 → 재정 부족, 임오군란으로 1년 만에 귀국 • 귀국 후 근대식 무기 제조 공장인 기기창 설립 주도(1883)
	보빙사 (1883)	• 조·미 수호 통상 조약 체결 후 미국 공사 부임에 대한 답례로 미국에 파견 • 민영익, 홍영식, 서광범, 유길준 등으로 구성

✎ **영사 재판권(치외 법권)**

다른 나라에 머무르는 자기 나라 국민에 대해 자기 나라의 법을 적용하여 자국에서 파견한 영사가 재판할 수 있는 권리를 말해요.

✎ **최혜국 대우**

한 나라가 어떤 나라에 부여하고 있는 가장 좋은 대우를 상대 나라에도 부여하는 것을 말해요.

✎ **거중 조정**

조약을 맺은 나라가 제3국과 분쟁이 있을 경우 조약을 맺은 상대 나라가 중간에서 해결을 주선하는 것을 말해요.

✎ **기기창**

근대식 무기를 만들기 위해 세운 공장이에요. 이 외에도 박문국(근대 신문 발행), 전환국(근대식 화폐 발행), 우정총국(근대식 우편 업무) 등을 세웠어요.

✎ **위정척사**

'바른 것을 지키고 옳지 못한 것을 물리친다'는 뜻으로, 서양 문물의 수용을 거부하고 성리학적 질서를 지키자는 의미예요.

❸ 위정척사 운동

1860년대	• 배경: 서양 열강의 통상 요구 • 활동: 통상 반대 → 이항로, 기정진(척화주전론 주장)
1870년대	• 배경: 강화도 조약 체결 • 활동: 개항 반대 → 최익현(지부복궐척화의소를 통해 왜양 일체론 주장)
1880년대	• 배경: 《조선책략》 유포, 서양 열강과 수교, 정부의 개화 정책 추진 • 활동: 개화 정책 반대, 미국과의 수교 반대 → 이만손(영남 만인소)

❹ 임오군란(1882)

배경	• 구식 군인에 대한 차별 대우 • 일본으로의 곡물 반출로 쌀값 폭등 → 서민 생활 악화
전개	구식 군인들의 봉기 → 도시 하층민 합세 → 일본 공사관과 궁궐 습격, 명성 황후는 장호원(충주)으로 피신 → 흥선 대원군 재집권 (개화 정책 중단: 5군영 부활, 통리기무아문·별기군 폐지) → 민씨 세력이 청에 파병 요청 → 청군이 군란 진압 후 흥선 대원군을 청 으로 납치 → 민씨 세력 재집권
결과	• 일본과 제물포 조약 체결: 일본에 배상금 지불, 일본 공사관 경비를 위한 일본군 주둔 허용 • 조·청 상민 수륙 무역 장정 체결: 청에 영사 재판권 허용, 허가 받은 청 상인의 내륙 진출(내지 통상권) 허용(양화진·한성 개방)

❺ 갑신정변(1884)

전개	김옥균 등 급진 개화파가 우정총국 개국 축하연을 이용하여 정변 을 일으킴 → 근대 국가 수립을 목표로 개화당 정부 수립, 14개조 개혁 정강 발표 → 청군 개입, 일본군 철수 등으로 3일 만에 실패 → 김옥균, 박영효 등 정변 주동자들은 해외로 망명
개혁 정강	• 청과의 사대 관계 청산, 흥선 대원군 송환 요구 • 호조로 재정 일원화, 지조법 개혁, 혜상공국 혁파 • 문벌 폐지, 인민 평등권 확립, 능력에 따른 인재 등용
결과	• 한성 조약 체결(조선−일본): 조선이 일본 공사관의 신축 비용 부담, 일본에 배상금 지불 • 톈진 조약 체결(청−일본): 청·일 양국 군대의 동시 철수, 향후 조선 파병 시 상호 통보

1. 강화도 조약에 대한 설명이 맞으면 ○표, 틀리면 ×표 하세요.

(1) 운요호 사건이 원인이 되었다. ( )

(2) 최혜국 대우를 처음으로 규정하였다. ( )

(3) 거중 조정에 대한 내용을 포함하였다. ( )

(4) 부산 외 개항장이 설치되는 결과를 가져왔다. ( )

(5) 천주교 포교의 자유를 인정하는 계기가 되었다. ( )

2. 다음 사실들을 순서대로 나열하세요.

> (가) 보빙사가 미국에 파견되었다.
> (나) 김기수가 일본에 수신사로 파견되었다.
> (다) 김윤식을 대표로 한 영선사가 청에 파견되었다.

( )

3. 임오군란에 대한 설명이 맞으면 ○표, 틀리면 ×표 하세요.

(1) 청군에 의해 진압되었다. ( )

(2) 보국안민, 제폭구민을 기치로 내걸었다. ( )

(3) 우정총국 개국 축하연을 이용하여 일어났다. ( )

(4) 홍범 14조를 개혁의 기본 방향으로 제시하였다. ( )

(5) 일본 공사관에 경비병이 주둔하는 계기가 되었다. ( )

(6) 전개 도중 흥선 대원군이 다시 집권하기도 하였다. ( )

4. 갑신정변에 대한 설명이 맞으면 ○표, 틀리면 ×표 하세요.

(1) 김옥균, 박영효 등이 주도하였다. ( )

(2) 톈진 조약 체결의 계기가 되었다. ( )

(3) 단발령 시행에 반발하여 일어났다. ( )

(4) 한성 조약이 체결되는 계기가 되었다. ( )

(5) 남접과 북접이 연합하여 조직적으로 전개되었다. ( )

(6) 사건의 수습을 위해 박규수가 안핵사로 파견되었다.

( )

1. (1) ○ (2) × (3) × (4) ○ (5) ×
2. (나) − (다) − (가)
3. (1) ○ (2) × (3) × (4) × (5) ○ (6) ○
4. (1) ○ (2) ○ (3) × (4) ○ (5) × (6) ×

28강 개항기(개항~갑신정변)

① 최익현의 계유상소

어린 나이에 왕이 된 고종이 성장하여 친정(親政)이 가능한 나이가 되었음에도 흥선 대원군이 계속 권력을 장악하고 있었어요. 이에 최익현은 흥선 대원군을 비판하며 정치에서 물러날 것을 요구하는 내용의 상소를 올렸어요(계유상소). 이를 계기로 10년 동안 권력을 잡고 있던 흥선 대원군이 물러나고 고종의 친정이 실시되었어요.

> 이 몇 가지 문제는 실로 전하께서 어려서 아직 정사를 도맡아 보지 않고 계시던 시기에 생긴 일입니다. …… 지금부터 임금의 권한을 발휘하시고, 침식을 잊을 정도로 생각하시며 부지런히 일하셔야 할 것입니다. …… 친친(親親)*의 반열에 속하는 사람은 다만 그 지위를 높이고 녹봉을 후하게 줄 뿐이며, 나라의 정사에는 관여하지 못하게 하셔야 할 것입니다.
> * 친친(親親): 부모와 자식 간의 친밀한 관계를 말함.
> ─ 〈호조 참판 최익현의 상소〉 ─

② 강화도 조약(조·일 수호 조규)과 부속 조약

일본은 조선에 개항을 요구하기 위해 운요호 사건을 일으켰어요. 이를 계기로 조선은 일본과 강화도 조약(조·일 수호 조규)을 체결하면서 개항하였어요. 강화도 조약은 우리나라가 맺은 최초의 근대적 조약이면서 불평등 조약이었어요. 이어 체결된 부속 조약을 통해 조선에서 일본 화폐의 유통이 가능해졌고, 일본으로의 무제한 양곡 반출이 허용되었어요.

> 〈강화도 조약(조·일 수호 조규)〉
> • 조선국은 자주국으로 일본국과 동등한 권리를 가진다.
> • 일본 정부는 지금으로부터 15개월 후 조선 한성에 수시로 사신을 파견한다.
> • 조선 정부는 종전의 부산 외에 항구를 개항하여 일본인들이 오가며 통상하게 한다.
> • 5도의 연해 중에서 통상하기 편리한 항구 두 곳을 골라 개항한다.
> • 일본국 항해자들이 수시로 조선국 해안을 측량하여 도면을 만들어서 양국의 배와 사람들이 위험한 곳을 피하고 안전히 항해할 수 있도록 한다.
> • 일본인이 조선국이 지정한 각 항구에서 머무르는 동안 죄를 범한 것이 조선국 인민과 관계되는 사건일 때에는 모두 일본 관원이 심판한다.
> 〈조·일 수호 조규 부록〉
> • 일본인은 본국에서 통용되는 화폐로 조선국 인민이 보유하고 있는 물자와 교환할 수 있다.
> 〈조·일 무역 규칙〉
> • 조선국 항구에 머무르는 일본인은 쌀과 잡곡을 수출, 수입할 수 있다.
> • 일본국 정부에 소속된 모든 선박은 항세를 납부하지 않는다.

③ 조선책략

제2차 수신사로 파견된 김홍집은 청의 외교관 황준헌이 쓴 《조선책략》이라는 책을 가져와 고종에게 바쳤어요. 황준헌은 이 책에서 조선이 러시아의 남하를 막기 위해서는 청, 일본, 미국과 친하게 지내야 한다고 주장하였어요.

> 조선의 땅은 실로 아시아의 요충에 자리 잡고 있어서 형세가 반드시 다툼을 불러올 것이다. …… 따라서 러시아가 땅을 공략하고자 하면 반드시 조선으로부터 시작할 것이다. 러시아를 막을 수 있는 조선의 책략은 무엇인가. 중국과 친하고(親中國), 일본과 맺고(結日本), 미국과 이어짐(聯美國)으로써 자강을 도모하는 길뿐이다.
> ─ 《조선책략》 ─

④ 위정척사 운동

위정척사파는 1860년대 서양 열강의 통상 요구에 대해 통상 반대를 주장하였고, 1870년대 강화도 조약 체결 시기에는 왜양일체론 등을 내세워 개항에 반대하였어요. 1880년대에 《조선책략》이 유포되자 정부의 개화 정책과 미국과의 수교에 반대하였어요.

> • 통상 반대: 지금 국론이 두 가지 주장으로 맞서 있습니다. 서양의 적을 공격하는 것이 옳다고 말하는 것은 우리나라 쪽 사람의 주장이고, 서양의 적과 화친하는 것이 옳다고 말하는 것은 적국 쪽 사람의 주장입니다. 전자를 따르면 나라 안의 전통이 보전되고, 후자를 따르면 인류가 금수의 지경에 빠질 것입니다. ─ 이항로, 〈화서집〉 ─
> • 개항 반대: 저들이 비록 왜인이라고는 하나 실은 양적(洋賊)입니다. 화친이 한번 이루어지면 사학(邪學)의 서책과 천주의 초상이 교역하는 속에 섞여 들어오게 되고, 조금 지나면 전도사와 신도가 전수하여 사학이 온 나라에 두루 가득 차게 될 것입니다.
> ─ 최익현, 〈지부복궐척화의소〉 ─

⑤ 영남 만인소

이만손을 중심으로 한 영남 지역의 유생들은 《조선책략》이 유포되자 '영남 만인소'라는 집단 상소를 올려 정부의 개화 정책과 미국과의 수교에 반대하였어요.

> 미국은 우리가 본래 모르던 나라입니다. 돌연히 타인의 권유로 불러들였다가 그들이 우리의 허점을 보고 어려운 요구를 강요하면 장차 이에 어떻게 대응할 것입니까? …… 러시아, 미국, 일본은 같은 오랑캐입니다. 그들 사이에 누구는 후하게 대하고 누구는 박하게 대하기는 어려운 일입니다. ─ 〈영남 만인소〉 ─

⑥ 임오군란

신식 군대인 별기군에 비해 차별 대우를 받던 구식 군인들은 13개월 만에 월급으로 지급된 쌀에 모래와 겨가 섞여 있자 난을 일으켰어요. 구식 군인들은 흥선 대원군에게 도움을 요청하였고, 민씨 일파와 일본 공사관 등을 습격하였어요.

> 난병들이 대궐을 침범하니 왕비는 밖으로 피신하고 이최응, 민겸호, 김보현은 모두 살해되었다. …… 고종은 난이 일어났다는 소식을 듣고 급히 대원군을 불렀으며, …… 대원군은 명령을 내려 통리기무아문과 무위영, 장어영을 폐지하고 5영의 군제를 복구하였다. ─ 《매천야록》 ─

7 조·청 상민 수륙 무역 장정

임오군란 직후 조선과 청이 맺은 조약이에요. 이 조약에 따라 조선은 청에 영사 재판권을 허용하였고, 청 상인은 양화진과 한성에서 허가를 받고 내륙 시장에 진출할 수 있게 되었어요.

제1조 청의 상무위원을 서울에 파견하고 조선 대관을 톈진에 파견한다. 청의 북양 대신과 조선 국왕은 대등한 지위를 가진다.
제2조 조선에서 청의 상무위원은 치외 법권을 행사한다.
제4조 청 상인은 양화진과 한성에 상점을 개설한 경우를 제외하고는 내지 행상을 허가하지 않는다. 다만, 내지 행상이 필요한 경우 지방관의 허가증을 발급받아야 한다.

8 제물포 조약

임오군란 이후 조선과 일본이 맺은 조약이에요. 조선은 일본에 발생한 피해에 대한 배상금을 지불하고, 일본 공사관 경비를 위한 일본군의 주둔을 허용하라는 내용이 포함되었어요.

제4조 흉도들의 포악한 행동으로 인하여 일본국이 입은 손해와 공사를 호위한 육해군의 비용 중에서 50만 원을 조선국에서 보충한다. 매년 10만 원씩 지급하여 5개년에 걸쳐 청산한다.
제5조 일본 공사관에 군사 약간을 두어 경비를 서게 한다. ……

9 우정총국

'우편 업무를 총괄하는 관청'이라는 뜻으로, 우리나라 최초의 우체국이에요. 근대적 우편 업무를 담당하였어요.

10 한성 조약

갑신정변 이후 조선과 일본이 맺은 조약이에요. 조선은 일본 공사관이 불탄 것과 일본인이 희생당한 것에 대한 배상금을 지불하고, 일본 공사관을 새로 짓는 데 들어가는 비용을 부담하라는 내용이 포함되었어요.

제2조 이번에 피해를 입은 일본인의 유가족과 부상자를 돌보아 주고, 아울러 상인들의 화물이 훼손·약탈된 것을 보상하기 위해 조선국은 11만 원을 지불한다.
제4조 일본 공관을 신축해야 하므로 조선국은 땅과 건물을 내주어 공관 및 영사관으로 사용할 수 있도록 한다. 그것을 수축이나 증축할 경우 조선국이 다시 2만 원을 지불하여 공사비로 충당하게 한다.

11 갑신정변

김옥균 등 급진 개화파는 우정총국 개국 축하연을 이용하여 갑신정변을 일으켜 민씨 일파를 처단하고 개화당 정부를 세웠어요. 이들은 청과의 사대 관계 청산, 호조로 재정 일원화, 지조법 개혁, 인민 평등권 확립 등의 내용을 담은 개혁 정강을 발표하였어요.

• 전에는 개화당을 꾸짖는 자도 많이 있었으나, 오히려 개화가 이롭다는 것을 말하면 듣는 사람들도 감히 크게 꺾으려 들지는 않았다. 그런데 김옥균 등이 주도한 갑신정변을 겪은 뒤부터 조야(朝野)에서 모두 말하기를, "이른바 개화당이라고 하는 자들은 충의를 모르고 외국인과 연결하여 나라를 팔고 종사(宗社)를 배반하였다."라고 하고 있다. — 〈윤치호의 일기〉 —

• 이날 밤 우영국에서 낙성연을 열었는데 총판 홍영식이 주관하였다. 연회가 끝나갈 무렵 밖에 불길이 일어나는 것이 보였다. 이때 민영익도 우영사로서 연회에 참가하였다가 불을 끄기 위해 먼저 일어나 문 밖으로 나갔다. 밖에 흉도 여러 명이 휘두른 칼을 맞받아치다가 민영익이 칼에 맞아 당상 위로 돌아와 쓰러졌다. …… 왕이 경우궁으로 거처를 옮기자 각 비빈과 동궁도 황급히 따라갔다. …… 깊은 밤, 일본 공사 다케조에 신이치로(竹添進一郞)가 군대를 이끌고 와 호위하였다. — 〈고종실록〉 —

• 작년의 거사는 세상에서 혹은 너무 급격하다 논하는 자 있으나 폐하는 그윽이 성찰하소서. …… 폐하께서 긴밀히 신에게 말씀하시어 민씨 일족을 제거할 계획을 꾸미시고 신도 또한 감읍하여 상주한 바 있나이다. 신이 생각하건대, 지금 이와 같은 간류(奸類)를 제거하지 못할 때에는 폐하로 하여금 망국의 군주라는 천추의 한을 면하기 어려우므로 곧 국가를 위하여 신명을 던져 작년의 거사를 일으켰거늘, 지금 도리어 신을 역적이라 함은 무슨 까닭이옵니까? — 동경 매일 신문 —

〈개화당 정부의 개혁 정강〉
제1조 청에 잡혀간 흥선 대원군을 조속히 귀국하게 하고 청에 대한 조공의 허례를 폐지한다.
제2조 문벌을 폐지하여 백성의 평등권을 제정하고 재능에 따라 인재를 등용한다.
제3조 전국의 지조법을 개혁하고 간악한 관리를 근절하며 빈민을 구제하고 국가 재정을 충실히 한다.
제9조 혜상공국을 폐지한다.
제12조 모든 국가 재정은 호조에서 관할하고 그 밖의 재정 관청은 금지한다.

▲ 왼쪽부터 박영효, 서광범, 서재필, 김옥균

28강 개항기(개항~갑신정변)

1 59회 | 회독 ○○○

다음 검색창에 들어갈 조약에 대한 설명으로 옳은 것은? [1점]

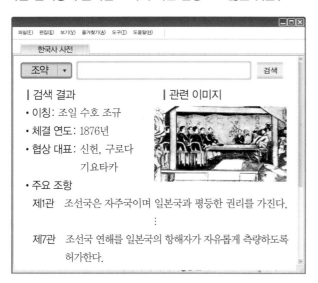

파일(F) 편집(E) 보기(V) 즐겨찾기(A) 도구(T) 도움말(H)

한국사 사전

조약 ▼ [   ] 검색

| 검색 결과 | 관련 이미지

• 이칭: 조일 수호 조규
• 체결 연도: 1876년
• 협상 대표: 신헌, 구로다 기요타카
• 주요 조항
　제1관 조선국은 자주국이며 일본국과 평등한 권리를 가진다.
　　　　　⋮
　제7관 조선국 연해를 일본국의 항해자가 자유롭게 측량하도록 허가한다.

① 최혜국 대우를 최초로 규정하였다.
② 통감부가 설치되는 계기가 되었다.
③ 천주교 포교 허용의 근거가 되었다.
④ 일본 경비병의 공사관 주둔을 명시하였다.
⑤ 부산 외 2곳에 개항장이 설치되는 결과를 가져왔다.

📢 강화도 조약

정답분석　강화도 조약은 1876년에 일본과 맺은 조약으로, 조·일 수호 조규라고도 해요. 강화도 조약은 운요호 사건과 조선 내 통상 개화론의 확산을 배경으로 체결되었어요. 이 조약으로 조선은 부산 외 2개 항구를 개항하고, 일본의 영사 재판권과 해안 측량권을 인정하였어요. 강화도 조약은 조선이 외국과 맺은 최초의 근대적 조약이자 일본에 유리한 불평등 조약이었어요.
⑤ 강화도 조약으로 부산 외 원산, 인천에 개항장이 설치되었어요.

오답분석　① 조·미 수호 통상 조약(1882)은 조선이 맺은 조약 중 최혜국 대우를 최초로 규정한 조약이며, 거중 조정 등의 내용이 포함되었어요.
② 을사늑약(1905)의 체결로 대한 제국의 외교권이 강탈되었고, 통감부가 설치되었어요.
③ 조·프 수호 통상 조약(1886)은 천주교 포교 허용의 근거가 되었어요.
④ 임오군란을 계기로 조선과 일본 사이에 체결된 제물포 조약(1882)에 일본 경비병의 공사관 주둔이 명시되었어요.

정답 | ⑤

2 61회 | 회독 ○○○

(가), (나) 조약 체결 사이의 시기에 있었던 사실로 옳은 것은? [3점]

> (가) 제1관 조선국은 자주 국가로서 일본국과 평등한 권리를 보유한다. ……
> 　　제10관 일본국 인민이 조선국 지정의 각 항구에 머무르는 동안 죄를 범한 것이 조선국 인민에게 관계되는 사건은 모두 일본국 관원이 심리하여 판결한다. ……
>
> (나) 제1관 앞으로 대조선국 군주와 대미국 대통령 및 그 인민은 각각 모두 영원히 화평하고 우애 있게 지낸다. ……
> 　　제5관 …… 미국 상인과 상선이 조선에 와서 무역을 할 때 입출항하는 화물은 모두 세금을 바쳐야 하며, 세금을 거두는 권한은 조선이 자주적으로 행사한다. ……

① 공사 노비법이 혁파되었다.
② 통리기무아문이 설치되었다.
③ 한성 전기 회사가 설립되었다.
④ 건양이라는 독자적인 연호가 채택되었다.
⑤ 지방 행정 구역이 8도에서 23부로 개편되었다.

📢 개항과 조약

정답분석　(가) 1876년에 조선은 운요호 사건을 계기로 일본과 강화도 조약(조·일 수호 조규)을 체결하고 개항하였어요. 강화도 조약은 우리나라가 외국과 맺은 최초의 근대적 조약이었으나 일본에게 조선의 해안 측량권, 영사 재판권 등을 인정한 불평등 조약이었어요. 또한, 일본은 청의 간섭을 배제하려는 목적으로 조선을 자주 국가라고 명시하였어요.
(나) 1882년에 조선은 청의 알선과 《조선책략》의 영향을 받아 미국과 조·미 수호 통상 조약을 체결하였어요. 이 조약에는 거중 조정, 최혜국 대우, 낮은 세율의 관세 부과, 영사 재판권 등의 조항이 규정되었어요.
따라서, '강화도 조약(1876)'과 '조·미 수호 통상 조약(1882)' 사이의 시기에 일어난 일을 골라야 해요.
② 1880년에 조선은 개화 정책을 추진하기 위해 총괄 기구로 통리기무아문을 설치하였어요.

오답분석　① 1894년 제1차 갑오개혁 때 공·사 노비법이 혁파되면서 공식적으로 신분제가 폐지되었어요.
③ 1898년에 대한 제국 정부와 미국인이 공동 출자하여 우리나라 최초의 전기 회사인 한성 전기 회사가 설립되었어요.
④ 1895년 을미개혁 때 '건양' 연호 제정, 태양력 채택, 단발령 시행, 종두법 시행, 소학교 설치 등의 개혁이 추진되었어요.
⑤ 1895년 제2차 갑오개혁 때 지방 행정 구역을 8도에서 23부로 개편하였어요.

정답 | ②

3 50회 　　　　　　　　　　　　　　　　　　　회독 ○○○

(가), (나) 문서가 작성된 사이의 시기에 있었던 사실로 옳은 것은? [2점]

> (가) 저들이 비록 왜인이라고는 하나 실은 양적(洋賊)입니다. 화친이 한번 이루어지면 사학(邪學)의 서책과 천주의 초상이 교역하는 속에 섞여 들어오게 되고, 조금 지나면 전도사와 신도가 전수하여 사학이 온 나라에 두루 가득 차게 될 것입니다. - 지부복궐척화의소 -
>
> (나) 지금 조정에서는 어찌 백해무익한 일을 하여 러시아가 없는 마음을 먹게 하고, 미국이 의도하지 않았던 일을 만들어 오랑캐를 끌어들이려 하십니까? 저 황준헌이라는 자는 스스로 중국에서 태어났다고 하면서도, 일본을 위해 말하고 예수를 좋은 신이라 하며, 난적의 앞잡이가 되어 스스로 짐승과 같은 무리가 되었습니다. 고금천하에 어찌 이런 이치가 있겠습니까? - 영남 만인소 -

① 김기수가 수신사로 일본에 파견되었다.
② 영국이 거문도를 불법으로 점령하였다.
③ 평양 관민이 제너럴셔먼호를 불태웠다.
④ 거중 조정 조항을 포함한 조약이 체결되었다.
⑤ 양헌수 부대가 정족산성에서 프랑스군을 격퇴하였다.

4 61회 　　　　　　　　　　　　　　　　　　　회독 ○○○

다음 자료에 나타난 사건에 대한 설명으로 옳은 것은? [2점]

> 발신: 조선 주재 공사 하나부사 요시모토(花房義質)
> 수신: 외무경 이노우에 가오루(井上馨)
>
> 　이달 23일 오후 5시 성난 군중 수백 명이 갑자기 공사관을 습격하여 돌을 던지고 총을 쏘며 방화함. 전력으로 방어한 지 7시간이 지났지만 원병이 오지 않았음. 한쪽을 돌파하여 왕궁으로 가려 해도 성문이 열리지 않았음. …… 성난 군중이 왕궁 및 민태호와 민겸호의 집도 습격했다고 들었음. …… 교관 호리모토 외 8명의 생사는 알 수 없음.

① 전주 화약이 체결되는 계기가 되었다.
② 입헌 군주제 수립을 목표로 전개되었다.
③ 김기수가 수신사로 파견되는 결과를 가져왔다.
④ 구식 군인에 대한 차별 대우가 발단이 되어 일어났다.
⑤ 3일 만에 실패로 끝나 주동자들이 해외로 망명하였다.

📢 **개화 정책의 추진과 위정척사 운동**

　정답분석　(가)는 최익현이 1876년 강화도 조약 체결 직전에 개항에 반대하여 올린 상소예요. (나)는 제2차 수신사로 일본에 파견된 김홍집이 귀국 길에 청의 외교관 황준헌이 쓴 《조선책략》을 들여온 이후 정부가 개화 정책에 적극적으로 나서면서 미국과 수교하려는 움직임을 보이자 이에 반대하여 1881년에 이만손을 비롯한 영남 유생들이 올린 상소예요.
① 1876년에 강화도 조약 체결 후 김기수가 제1차 수신사로 일본에 파견되었어요.

　오답분석　② 1885년에 영국이 러시아의 남하를 견제한다는 구실로 거문도를 불법으로 점령하였어요.
③ 1866년에 대동강을 거슬러 평양에 들어온 미국 상선 제너럴셔먼호의 선원들이 통상을 요구하며 관리를 납치하고 민간인을 죽이는 등 만행을 저지르자 박규수가 평양 관민과 함께 배를 불태워 침몰시켰어요.
④ 거중 조정 조항은 1882년에 체결된 조·미 수호 통상 조약에 처음으로 포함되었어요.
⑤ 1866년 병인양요 때 양헌수 부대가 정족산성에서 프랑스군을 격퇴하였어요.

📢 **임오군란**

　정답분석　1882년에 일어난 임오군란은 신식 군대인 별기군에 비해 차별 대우를 받던 구식 군인들의 불만이 폭발하여 일어난 사건이에요. 구식 군인들은 민태호와 민겸호 등 민씨 일파와 일본 공사관 등을 공격하였어요. 그러나 민씨 일파의 요청으로 파견된 청군에 의해 난은 진압되었어요.
④ 1882년에 신식 군대인 별기군에 비해 처우가 매우 열악하였던 구식 군인들은 차별 대우에 불만이 폭발하여 난을 일으켰는데, 이 사건이 임오군란이에요.

　오답분석　① 1894년 동학 농민 운동 과정에서 전주성을 점령한 농민군은 외세의 개입을 막기 위해 조선 정부와 전주 화약을 체결하였어요.
② 독립 협회는 관민 공동회를 개최하여 헌의 6조를 결의하는 등 입헌 군주제 수립을 목표로 활동하였어요.
③ 1876년 강화도 조약(조·일 수호 조규) 체결 직후 조선 정부는 김기수를 일본에 제1차 수신사로 파견하였어요.
⑤ 1884년에 급진 개화파는 우정총국 개국 축하연에서 갑신정변을 일으켰으나 청군이 개입하면서 3일 만에 실패로 끝났어요. 이후 정변을 주도하였던 김옥균, 박영효 등은 해외로 망명하였어요.

정답 | ①　　　　　　　　　　　　　　　　　　　　　　　정답 | ④

5 69회 　　　　　　　　　　　　회독 ●●●

다음 자료에 나타난 사건의 영향으로 가장 적절한 것은? [2점]

> 이때 세금을 부과하는 직책의 신하들이 재물을 거두어들여 자기 배만 채우면서 각영(各營)에 소속된 군인들의 봉급은 몇 달 동안 나누어 주지 않았다. 그리하여 훈국(訓局)의 군사가 맨 먼저 난을 일으키고, 각영의 군사가 잇달아 일어났다. 이들은 이최응, 민겸호, 김보현, 민창식을 죽였고 또 중전을 시해하려 하였다. 중전은 장호원으로 피하였다.

① 강화도 조약이 체결되었다.
② 김기수가 수신사로 일본에 파견되었다.
③ 종로와 전국 각지에 척화비가 세워졌다.
④ 일본 공사관 경비 명목으로 일본군이 주둔하였다.
⑤ 통리기무아문을 설치하고 그 아래에 12사를 두었다.

📢 **임오군란의 영향**

정답분석 1882년에 일어난 임오군란은 신식 군대인 별기군에 비해 차별 대우를 받던 구식 군인들의 불만이 폭발하여 일어난 사건이에요. 구식 군인들은 민태호와 민겸호 등 민씨 일파와 일본 공사관 등을 공격하였어요. 그러나 민씨 일파의 요청으로 파견된 청군에 의해 난은 진압되었어요. ④ 1882년 임오군란 이후 조선 정부는 일본과 제물포 조약을 체결하여 일본에 배상금을 지불하고, 일본 공사관 경비를 위한 일본군의 주둔을 허용하였어요.

오답분석 ① 1875년에 일본의 군함 운요호가 허락 없이 강화도로 접근하여 영종도를 공격하였어요(운요호 사건). 이 사건을 계기로 조선은 일본과 강화도 조약(조·일 수호 조규)을 체결하였어요.
② 1876년 강화도 조약(조·일 수호 조규) 체결 직후 조선 정부는 김기수를 일본에 제1차 수신사로 파견하였어요.
③ 1871년 신미양요 직후 흥선 대원군은 종로와 전국 각지에 척화비를 세워 통상 수교 거부 정책의 의지를 널리 알렸어요.
⑤ 1880년에 조선 정부는 개화 정책 추진을 총괄하는 통리기무아문과 산하 기구인 12사를 설치하여 개혁을 추진하였어요.

정답 | ④

---

6 63회 　　　　　　　　　　　　회독 ●●●

밑줄 그은 '이 사건'에 대한 설명으로 옳은 것은? [2점]

> 그들이 개혁안에서 내세운 인민 평등권 확립 등은 이후의 근대적 개혁에 영향을 주었습니다.

> 이번 시간에는 근대 국가 수립을 위해 김옥균 등이 일으켰던 이 사건에 대한 의견을 들어 보고자 합니다.

> 하지만 일부 급진 개화파를 중심으로 개혁을 추진하였고, 청과의 사대 관계 청산을 주장하면서도 일본의 힘에 의존하였다는 한계가 있습니다.

① 보국안민, 제폭구민을 기치로 내걸었다.
② 한성 조약이 체결되는 결과를 가져왔다.
③ 개혁 추진을 위해 교정청을 설치하였다.
④ 구식 군인에 대한 차별 대우가 발단이 되었다.
⑤ 민영익 등이 보빙사로 파견되는 계기가 되었다.

📢 **갑신정변**

정답분석 1884년에 김옥균, 박영효, 서광범 등 급진 개화파는 우정총국 개국 축하연을 이용하여 정변을 일으키고 개화당 정부를 수립한 후 근대 국가 수립을 위한 개혁 정강을 발표하였어요(갑신정변). 개화당 정부는 청과의 사대 관계 청산, 호조로의 재정 일원화, 지조법 개혁, 문벌 폐지, 인민 평등권 확립, 능력에 따른 인재 등용 등의 내용을 담은 개혁안을 발표하고 개혁을 추진하려 하였으나 청군의 개입으로 3일 만에 실패하였어요. ② 갑신정변 이후 조선과 일본 사이에 일본 공사관 증축 비용과 배상금 지불 등을 약속한 한성 조약이 체결되었어요.

오답분석 ① 1894년에 전봉준을 중심으로 고부 농민 봉기가 일어났어요. 봉기 수습을 위해 파견된 안핵사 이용태가 봉기에 참여한 농민군을 탄압하자, 이에 분노한 전봉준과 농민군은 백산에서 보국안민과 제폭구민을 기치로 내걸며 다시 봉기하였어요. 이 사건이 동학 농민 운동의 시작이에요.
③ 조선 정부는 동학 농민군과 전주 화약을 체결한 후 개혁 추진 기구로 교정청을 설치하였어요.
④ 1882년에 구식 군인들은 신식 군대에 비해 열악한 처우에 불만을 품고 난을 일으켰는데, 이 사건이 임오군란이에요.
⑤ 조선 정부는 조·미 수호 통상 조약 체결 이후 미국의 공사 파견에 대한 답례로 민영익 등을 미국에 보빙사로 파견하였어요.

정답 | ②

개항기(개항~갑신정변)

강화도 조약과 개항

01 일본 군함 　　호가 강화도에 접근하여 무력시위를 벌였다.

02 운요호 사건을 계기로 우리나라 최초의 근대적 조약인 　　　 조약이 체결되었다.

03 강화도 조약으로 부산 외 　산, 　천에 개항장이 설치되었다.

04 조·미 수호 통상 조약에서 외국에 대한 　　　국 대우를 처음으로 규정하였다.

정부의 개화 정책 추진 / 위정척사 운동

05 개항 이후 정부는 개화 정책을 총괄하는 　　　　 아문을 설치하고 그 아래 12사를 두었다.

06 조선 정부는 개화 정책의 일환으로 5군영을 　영으로 축소하고 　　군을 창설하였다.

07 제2차 수신사로 일본에 파견된 김홍집은 귀국할 때 《조선 　　》을 가지고 들어왔다.

08 조선 정부는 청에 　　사를 파견하여 근대식 무기 제조 기술과 군사 훈련법을 배워 오게 하였다.

09 조선 정부는 조·미 수호 통상 조약 체결 이후 미국에 사절단으로 　　사를 파견하였다.

10 이만손 등 유생들은 《조선책략》 유포에 반발하여 　　　　소를 올렸다.

임오군란 / 갑신정변

11 임오군란이 　군에 의해 진압되면서 　의 내정 간섭이 본격화되었다.

12 임오군란 후 일본 공사관 경비를 위한 일본군 주둔을 인정하는 　　포 조약이 체결되었다.

13 임오군란 후 체결된 조·청 상민 　　무역 장정을 통해 청 상인의 내지 통상이 가능해졌다.

14 김옥균 등 급진 개화파는 　　총국 개국 축하연을 이용하여 갑신정변을 일으켰다.

15 갑신정변 후 조선과 일본 사이에 　성 조약이 체결되었다.

16 갑신정변 후 일본과 청은 　진 조약을 체결하였다.

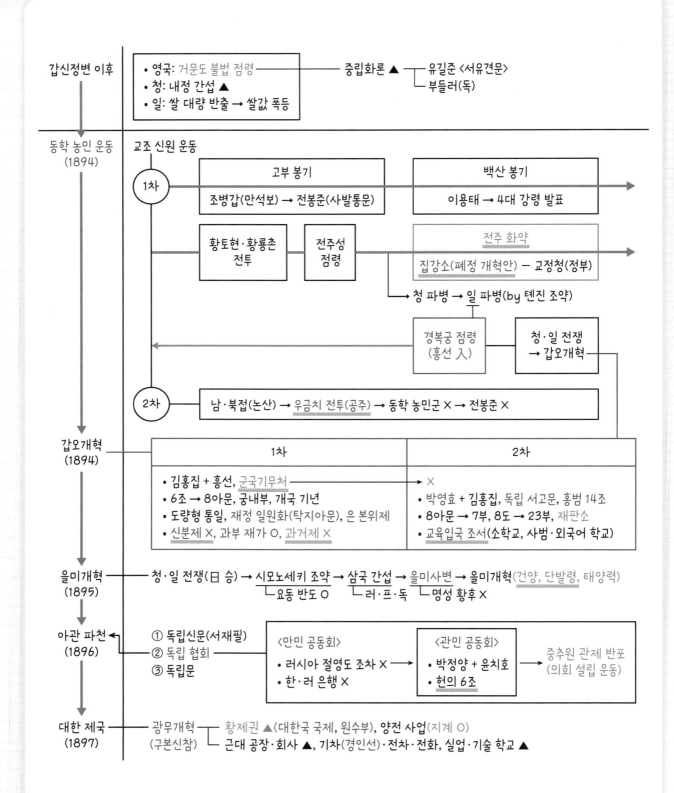

갑신정변 이후
- 영국: 거문도 불법 점령 ─── 중립화론 ▲ ┬ 유길준 〈서유견문〉
- 청: 내정 간섭 ▲ └ 부들러(독)
- 일: 쌀 대량 반출 → 쌀값 폭등

동학 농민 운동 (1894) — 교조 신원 운동

1차
고부 봉기	백산 봉기
조병갑(만석보) → 전봉준(사발통문)	이용태 → 4대 강령 발표

황토현·황룡촌 전투	전주성 점령

전주 화약
집강소(폐정 개혁안) ─ 교정청(정부)

→ 청 파병 → 일 파병(by 톈진 조약)

경복궁 점령 (흥선 入) ── 청·일 전쟁 → 갑오개혁

2차 ── 남·북접(논산) → 우금치 전투(공주) → 동학 농민군 X → 전봉준 X

갑오개혁 (1894)
1차	2차
• 김홍집 + 흥선, 군국기무처 ───→ X	
• 6조 → 8아문, 궁내부, 개국 기년	• 박영효 + 김홍집, 독립 서고문, 홍범 14조
• 도량형 통일, 재정 일원화(탁지아문), 은 본위제	• 8아문 → 7부, 8도 → 23부, 재판소
• 신분제 X, 과부 재가 O, 과거제 X	• 교육입국 조서(소학교, 사범·외국어 학교)

을미개혁 (1895) ── 청·일 전쟁(日 승) → 시모노세키 조약 → 삼국 간섭 → 을미사변 → 을미개혁(건양, 단발령, 태양력)
└ 요동 반도 O └ 러·프·독 └ 명성 황후 X

아관 파천 (1896)
① 독립신문(서재필)
② 독립 협회 ── 〈만민 공동회〉 ────→ 〈관민 공동회〉 ── 중추원 관제 반포 (의회 설립 운동)
③ 독립문
- 러시아 절영도 조차 X → • 박정양 + 윤치호
- 한·러 은행 X • 헌의 6조

대한 제국 (1897) ── 광무개혁 (구본신참) ┬ 황제권 ▲(대한국 국제, 원수부), 양전 사업(지계 O)
└ 근대 공장·회사 ▲, 기차(경인선)·전차·전화, 실업·기술 학교 ▲

29강 개항기(동학 농민 운동~대한 제국)

29강 개항기(동학 농민 운동~대한 제국)

빈출키워드 TOP5

거문도 사건	1위
양전 사업(지계 발급)	2위
전주 화약(전주성 점령)	3위
원수부 설치	4위
남접·북접 연합	5위

✎ **홍범 14조**
고종이 1895년 1월 종묘에 나가 국정 개혁의 기본 방향을 밝힌 문서예요.

✎ **도량형**
길이(도, 渡), 부피(량, 量), 무게(형, 衡)와 같은 단위를 재는 방법을 말해요.

✎ **은 본위제**
'본위'는 판단의 중심이 되는 기준을 말하는 것으로, 은 본위제는 일정량의 은을 화폐 교환 가치의 기준으로 삼는 제도를 말해요.

✎ **삼국 간섭**
청·일 전쟁에서 승리한 일본은 청으로부터 랴오둥(요동)반도를 할양받는 내용의 시모노세키 조약을 청과 체결하였어요. 이에 위협을 느낀 러시아가 독일과 프랑스를 끌어들여 일본이 랴오둥반도를 반환하도록 압력을 가하였는데, 이를 삼국 간섭이라고 해요.

✎ **태양력**
태양의 운행을 기준으로 만든 역법으로, 지구가 태양의 둘레를 한 바퀴 도는 데 걸리는 시간을 1년으로 정하였어요. 오늘날 우리가 사용하는 양력을 말해요.

✎ **아관 파천**
'아관'은 러시아 공사관을, '파천'은 임금이 피란한다는 뜻이에요. 을미사변 이후 신변의 위협을 느낀 고종이 러시아 공사관으로 거처를 옮긴 사건을 말해요.

❶ 갑신정변 이후의 정세

한반도 정세	• 청의 내정 간섭 심화, 일본으로의 곡물 대량 반출로 국내 쌀값 폭등 • 거문도 사건(1885~1887): 영국이 러시아의 남하 견제를 구실로 거문도를 불법 점령
조선 중립화론	조선 주재 독일 부영사 부들러가 조선 정부에 중립화론 건의, 유길준도 주장 → 정책 반영 ×

❷ 동학 농민 운동(1894)

배경	농촌 악화	지배층의 수탈, 외국 세력의 경제 침탈 → 농민의 경제적 어려움 심화
	동학의 교세 확대	• 최시형(2대 교주)의 교단 정비 → 포접제 실시, 경전 정리 → 교세 확대 • 교조 신원 운동: 삼례 집회(교조 최제우의 누명을 벗겨 줄 것, 동학교도에 대한 탄압 중지 등 요구) → 서울 집회(복합 상소) → 보은 집회(동학교도에 대한 탄압 중지, 외세 척결, 탐관오리 척결 등 요구)
전개	고부 농민 봉기 (1月)	고부 군수 조병갑의 탐학과 수탈(만석보라는 저수지를 만들어 강제로 사용하게 한 후 세금 징수) → 전봉준의 주도로 농민들이 고부 관아 점령(사발통문) → 정부의 중재 및 회유로 자진 해산
	1차 봉기 (3~9月)	• 안핵사 이용태가 고부 농민 봉기 참여자를 탄압 → 전봉준 등이 무장에서 봉기 격문인 〈호남 창의문〉 발표 → 백산에서 동학 농민군이 4대 강령 발표, 보국안민(반외세)과 제폭구민(반봉건)을 내세우며 봉기 → 황토현 전투 승리 → 황룡촌 전투 승리 → 전주성 점령(4. 27.) • 정부가 청에 파병 요청 → 청군 상륙(5. 5.) → 톈진 조약에 의해 일본군도 상륙(5. 6.) → 정부와 동학 농민군이 전주 화약 체결 → 동학 농민군이 자진 해산 후 집강소 설치(폐정 개혁안 실천) → 정부는 교정청을 설치하여 개혁 시도, 청·일 양국에 군대 철수 요구
	2차 봉기 (9~11月)	일본군이 경복궁 무력 점령 후 내정 간섭, 청·일 전쟁 발발 → 동학 농민군이 일본군을 몰아내려고 재봉기 → 남접(전봉준 중심)과 북접(손병희 중심)이 논산에 집결 → 동학 농민군 연합 부대가 서울로 북상 → 공주 우금치 전투에서 패배 → 전봉준 등 농민군 지도자들 체포

❸ 갑오개혁

구분	제1차 갑오개혁(1894. 7.)	제2차 갑오개혁(1894. 12.)
추진	• 일본군이 경복궁을 무력 점령한 이후 흥선 대원군 영입 → 제1차 김홍집 내각 수립 • 군국기무처 설치 → 개혁 주도	• 일본이 청·일 전쟁에서 승기를 잡음 → 제2차 김홍집 내각 수립(김홍집·박영효 연립 내각) • 군국기무처 폐지, 고종의 홍범 14조 반포
정치	• 개국 기년 사용 • 궁내부 설치(왕실 사무와 정부 사무 분리) • '6조 → 80아문'으로 개편, 과거제 폐지	• '80아문 → 7부'로 개편, 의정부를 내각으로 개편 • 전국을 '8도 → 23부'로 개편 • 재판소 설치, 지방관의 권한 축소
경제	• 탁지아문으로 재정 일원화, 도량형 통일 • 은 본위 화폐 제도 확립 • 조세의 금납화	• 징세서(조세 징수) 설치 • 육의전·상리국 폐지 • 근대적 예산 제도 도입
사회	신분제(공·사 노비법) 철폐, 과부의 재가 허용, 고문과 연좌제 폐지, 조혼 금지	교육입국 조서 반포 → 한성 사범 학교·소학교·외국어 학교 관제가 마련됨

❹ 을미개혁(1895)

배경	삼국 간섭 이후 일본의 영향력 약화 → 조선의 친러 정책 추진 → 일본이 친러 정책을 주도하던 명성 황후 시해(을미사변, 1895) → 김홍집 등이 포함된 친일적인 내각이 구성되어 개혁 추진
내용	• 태양력 채택 • 연호 '건양' 사용 • 단발령·종두법 실시 • 우편 사무 재개 • 군제 개편(중앙군: 친위대, 지방군: 진위대)

❺ 독립 협회와 대한 제국

(1) 독립 협회

창립	아관 파천 이후 열강의 이권 침탈 심화 → 서재필의 주도로 독립 신문 창간, 독립 협회 창립(1896)
활동	• 독립문 건립, '모화관 → 독립관'으로 개수 • 만민 공동회 개최(1898): 러시아의 절영도 조차 요구 저지, 한·러 은행 폐쇄 • 관민 공동회 개최: 헌의 6조 결의 → 입헌 군주제 지향, 탁지부로 재정 일원화 등 • 의회 설립 운동: 대한 제국 정부와 협상하여 새로운 중추원 관제 반포(의장, 부의장, 50인 의원)
해산	고종이 황국 협회와 군대를 동원하여 독립 협회 탄압 → 만민 공동회 강제 해산, 독립 협회 활동 중단

(2) 대한 제국

수립	아관 파천 이후 고종이 경운궁(덕수궁)으로 환궁 → 국호 '대한', 연호 '광무'로 바꾸고 환구단에서 황제 즉위식 거행 → 대한 제국 수립 선포(1897)
광무개혁	• 구본신참('옛것을 근본으로 삼고 새것을 참고한다')을 원칙으로 삼음 • 대한국 국제 반포(1899): 절대적 황제권 강조 • 원수부 설치(황제의 군 통수권 장악) • 친위대·진위대 군사 수 증강 • 양지아문·지계아문 설치 → 양전 사업 실시, 지계 발급 • 근대적 공장과 회사 설립 → 상공업 진흥 정책 • 관립 실업 학교(상공 학교)와 기술 교육 기관 설립 • 근대 시설 확충: 전화, 전차, 기차(경인선) 등

1. 다음 사실들을 순서대로 나열하세요.

> (가) 농민군이 우금치 전투에서 패배하였다.
> (나) 농민군이 백산에서 4대 강령을 발표하였다.
> (다) 정부와 농민군 사이에 전주 화약이 체결되었다.
> (라) 사태 수습을 위해 이용태가 안핵사로 파견되었다.

(   )

2. 다음에서 제1차 갑오개혁은 '1차', 제2차 갑오개혁은 '2차', 을미개혁은 '을미'라고 쓰세요.

(1) 과거제 폐지 (   )

(2) 태양력 시행 (   )

(3) 재판소 설치 (   )

(4) 개국 기년 사용 (   )

(5) 홍범 14조 반포 (   )

(6) 과부의 재가 허용 (   )

(7) 연호 '건양' 제정 (   )

(8) 공·사 노비법 혁파 (   )

(9) 교육입국 조서 반포 (   )

(10) 6조에서 80아문으로 행정 기구 개편 (   )

(11) 8도에서 23부로 지방 행정 구역 개편 (   )

3. 독립 협회의 활동으로 맞으면 ○표, 틀리면 ×표 하세요.

(1) 만민 공동회를 개최하였다. (   )

(2) 105인 사건으로 해체되었다. (   )

(3) 러시아의 절영도 조차 요구를 반대하였다. (   )

(4) 일본의 황무지 개간권 요구를 저지시켰다. (   )

(5) 중추원 개편을 통해 의회 설립을 추진하였다. (   )

(6) 영은문이 있던 자리 부근에 독립문을 건립하였다. (   )

4. 광무개혁의 내용으로 맞으면 ○표, 틀리면 ×표 하세요.

(1) 박문국 설치 (   )

(2) 홍범 14조 반포 (   )

(3) 육영 공원 설립 (   )

(4) 황제 직속의 원수부 설치 (   )

(5) 양전 사업 실시 및 지계 발급 (   )

(6) 5군영에서 2영으로 군제 개편 (   )

(7) 8도에서 23부로 지방 행정 구역 개편 (   )

1. (라) – (나) – (다) – (가) 2. (1) 1차 (2) 을미 (3) 2차 (4) 1차 (5) 2차 (6) 1차 (7) 을미 (8) 1차 (9) 2차 (10) 1차 (11) 2차 3. (1) ○ (2) × (3) ○ (4) × (5) ○ (6) ○ 4. (1) × (2) × (3) × (4) ○ (5) ○ (6) × (7) ×

1 거문도 사건

갑신정변 이후 청의 간섭이 심해지자 고종은 러시아와 교섭을 추진하였어요. 이에 1885년 영국은 러시아의 남하를 막는다는 구실로 거문도를 불법으로 점령하였어요. 영국은 러시아로부터 조선을 침략하지 않겠다는 약속을 받아낸 후인 1887년에 철수하였어요.

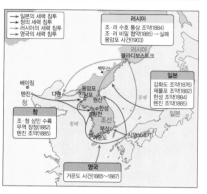

▲ 한반도를 둘러싼 열강의 대립

2 조선 중립화론

'중립화'란 어떤 지역이나 국가를 국제 분쟁의 대상에서 제도적으로 격리시키는 것을 말해요. 조선을 둘러싼 열강의 대립이 격렬해지자, 조선에 있던 독일 외교관 부들러가 조선의 중립화를 건의하였어요. 미국 유학에서 돌아온 유길준도 조선 중립화론을 구상하였지만 정책에 반영되지는 않았어요.

- 제 의견은 청·러시아·일본 3국이 서로 조약을 체결하여 서양 스위스의 예에 따라 조선을 영세중립국으로 보장하는 것입니다. –독일 부영사 부들러–
- 우리나라가 아시아의 중립국이 된다면 러시아를 방어하는 큰 기틀이 될 것이고, 또한 여러 대국들이 서로 보전하는 전략도 될 것이다. …… 중국이 맹주가 되어 영국, 프랑스, 일본, 러시아 같은 아시아에 관계 있는 여러 나라들과 화합하고, 우리나라도 참석하여 함께 중립 조약을 체결토록 해야 할 것이다. – 유길준, 《중립론》 –

3 동학 농민군의 1차 봉기

고부 농민 봉기 사태를 수습하기 위해 파견된 안핵사 이용태가 농민 봉기에 가담한 사람들을 동학교도로 몰아 탄압하자 농민군이 무장과 백산에서 봉기하면서 1차 봉기가 시작되었어요. 동학 농민군은 황토현 전투와 황룡촌 전투에서 정부군에 승리한 후 전주성을 점령하였어요.

4 동학 농민군의 2차 봉기

전주 화약 체결 이후 해산하였던 동학 농민군은 일본이 조선 정부의 철병 요구를 무시하고 경복궁을 무력으로 점령하자 다시 봉기하였어요. 전봉준이 이끈 남접과 손병희가 이끈 북접은 논산에서 집결한 후 북진하였어요. 하지만 동학 농민군은 공주 우금치 전투에서 패배하였고, 전봉준 등 동학 농민군의 지도자들이 체포되면서 동학 농민 운동은 끝이 났어요.

5 집강소와 폐정 개혁안

동학 농민군이 전주성을 점령하자 조선 정부는 청에 지원군을 요청하였고, 일본도 톈진 조약을 구실로 조선에 군대를 보냈어요. 동학 농민군은 청과 일본의 개입을 막기 위해 정부와 전주 화약을 맺었고, 이후 자치 기구인 집강소를 설치하여 폐정 개혁안을 추진해 나갔어요. 한편, 정부는 교정청을 설치하여 개혁을 시도하였어요.

- 본 감사는 …… 지금 너희들이 병기를 반납하는 것을 보고, 또한 못된 사람들이 소요하는 것을 몹시 미워하고 엄금하는 것을 보니, 너희들의 선량한 마음을 믿을 수 있다. …… 너희들이 각기 그 고을에서 성실하고 뜻이 있는 자를 뽑아 집강으로 삼되 적격하지 않은 자에게 집강을 맡겨 폐단이 발생하는 일이 없도록 해야 할 것이다.
〈폐정 개혁안(주요 내용)〉
- 탐관오리는 그 죄상을 조사하여 모두 엄벌에 처한다.
- 노비 문서를 소각한다.
- 7종의 천인 차별을 개선하고 백정이 쓰는 평량갓을 없앤다.
- 젊어서 과부가 된 여성의 재가를 허용한다.
- 토지는 균등하게 나누어 경작하게 한다.

6 군국기무처와 제1차 갑오개혁

일본은 경복궁 점령 이후 김홍집을 중심으로 한 내각을 수립하였고, 김홍집 내각은 군국기무처를 설치하여 제1차 갑오개혁을 추진하였어요. 이때 개국 기년 사용, 과부의 재가 허용, 공·사 노비법 폐지, 과거제 폐지, 은 본위제 확립 등의 개혁이 추진되었어요.

- 일본군이 경복궁을 점령한 후, 조선 왕은 일본 공사 오토리의 요청에 따라 군국기무처를 구성해야 했습니다. …… 이 기구는 의정부 영의정 김홍집이 총재를 겸임합니다. …… 군국기무처는 활동을 계속했고 행정, 재정, 법률 분야에서 여러 개혁안을 차례로 채택했습니다.
〈제1차 갑오개혁 주요 내용〉
- 국내외의 공사(公私) 문서에 개국기년(開國紀年)을 쓴다.
- 과부가 재혼하는 것은 귀천을 막론하고 자신의 의사대로 하게 한다.
- 공노비와 사노비에 관한 법을 일체 혁파하고 인신매매를 금지한다.
- 연좌법을 폐지하여 죄인 자신 이외에는 처벌하지 않는다.
- 남자 20세, 여자 16세 이하의 조혼을 금지한다.

7 제2차 갑오개혁과 홍범 14조

청·일 전쟁에서 승기를 잡은 일본은 김홍집·박영효의 연립 내각을 수립하여 군국기무처를 폐지하고 제2차 갑오개혁을 추진하였어요. 이때 고종은 종묘에 나가 개혁의 방향을 담은 홍범 14조를 반포하였어요.

1. 청에 의존하는 생각을 버리고 자주 독립의 기초를 세운다.
7. 조세의 징수와 경비 지출은 모두 탁지아문이 관할한다.
14. 문벌을 가리지 않고 인재 등용의 길을 넓힌다.

8 교육입국 조서

고종은 제2차 갑오개혁을 추진하는 과정에서 교육입국 조서를 반포하였어요. 이에 따라 한성 사범 학교·소학교·외국어 학교 관제 등이 제정되어 근대적 교육 제도가 마련되었어요.

짐이 정부에 명하여 학교를 널리 세우고 인재를 양성하는 것은 너희들 신하와 백성의 학식으로 나라를 중흥시키는 큰 공로를 이룩하기 위해서이다. …… 왕실의 안전도 신하와 백성의 교육에 달려 있고, 나라의 부강도 신하와 백성의 교육에 달려 있다.

9 시모노세키 조약

청·일 전쟁에서 승리한 일본은 청과 시모노세키 조약을 맺어 랴오둥반도를 넘겨받았어요. 그러자 러시아가 일본을 견제하기 위해 프랑스, 독일과 함께 일본을 압박하였어요(삼국 간섭). 결국 일본은 삼국 간섭에 굴복하여 랴오둥반도를 청에 돌려주었어요.

〈시모노세키 조약〉
제1조 청국은 조선국이 완전한 자주독립국임을 인정한다.
제2조 청국은 랴오둥(요동)반도와 타이완 및 평후섬 등을 일본에 할양한다.

10 독립 협회

아관 파천 이후 열강의 이권 침탈이 심화되자 독립신문을 창간한 서재필 등의 주도로 독립 협회가 설립되었어요. 독립 협회는 청의 사신을 맞이하던 영은문 자리 부근에 독립문을 세워 독립과 자주의 의지를 드러냈으며, 만민 공동회를 개최하여 러시아의 절영도 조차 요구를 저지하였어요.

• 공공의 의견으로 독립 협회를 발기하여 영은문 유지에 독립문을 새로이 세우고 모화관을 새로 고쳐 독립관이라 하여 옛날의 치욕을 씻고 후인의 표준을 만들고자 함이요. 그 부근의 땅에 독립 공원을 이루어 그 문과 관을 보관하고자 하니 성대한 일이 아니라 아니할 수 없는지라.
– 〈대조선 독립 협회 회보〉 –
• 익명서는 "독립 협회가 11월 5일 본관에서 대회를 열고, 박정양을 대통령으로, 윤치호를 부통령으로, 이상재를 내부대신으로 …… 임명하여 나라의 체제를 공화정치 체제로 바꾸려 한다."라고 꾸며서 폐하께 모함하고자 한 것이다. – 〈대한계년사〉 –

11 헌의 6조

독립 협회는 입헌 군주제 수립을 목표로 관민 공동회를 개최하여 헌의 6조를 결의하였어요. 고종은 이 개혁안을 받아들여 시행할 것을 약속하고 새로운 중추원 관제를 반포하였어요.

〈헌의 6조〉
1. 외국인에게 의지하지 않고 관민이 합심하여 전제 황권을 견고하게 할 것
2. 외국과의 이권에 관한 계약과 조약은 각 부 대신 및 중추원 의장이 합동으로 서명하여 시행할 것
3. 국가 재정은 탁지부에서 관리하고, 예산·결산을 인민에게 공포할 것
6. 칙임관(최고위 관료층)을 임명할 때에는 황제가 정부에 그 뜻을 물어서 과반수의 의견에 따를 것
〈중추원 관제〉
제1조 중추원은 아래 사항을 심사하고 의정(議定)하는 곳으로 할 것이다.
　　1. 법률, 칙령의 제정과 폐지 혹은 개정하는 것에 관한 사항
　　2. 의정부에서 토의를 거쳐 임금에게 상주(上奏)하는 일체 사항
제3조 …… 의관은 그 절반은 …… 회의에서 상주하여 추천하고 그 절반은 인민협회(人民協會) 중에서 27세 이상 되는 사람이 정치, 법률 학식에 통달한 자를 투표해서 선거할 것이다.

12 대한 제국

아관 파천 이후 경운궁(덕수궁)으로 환궁한 고종은 1897년에 환구단에서 황제 즉위식을 거행하고 연호를 '광무'로 하는 대한 제국의 수립을 선포하였어요.

(환구단에서) 천지에 고하는 제사를 지냈다. …… 예를 마치고 의정부 의정(議政) 심순택이 백관을 거느리고 무릎을 꿇고 아뢰기를: "제례를 마치었으므로 황제의 자리에 오르소서."라고 하였다. …… 왕이 두 번 세 번 사양하다가 친히 옥새를 받고 황제의 자리에 올랐다. – 〈고종실록〉 –

13 광무개혁

대한 제국의 수립을 선포한 고종은 구본신참을 원칙으로 한 광무개혁을 추진하였어요. 고종은 황제권 강화를 위해 대한국 국제를 반포하고 원수부를 설치하였어요. 또한, 양전 사업을 시행하여 근대적 토지 소유 증명서인 지계를 발급하였어요.

〈대한국 국제〉
제1조 대한국은 세계 만국에 공인된 자주독립 제국이다.
제2조 대한국의 정치는 만세 불변의 전제 정치이다.
제3조 대한국 대황제는 무한한 군권을 가진다.
제5조 대한국 대황제는 육해군을 통솔하고 군대의 편제를 정하며 계엄을 명한다.

개항기(동학 농민 운동~대한 제국)

❶ 62회

회독 ●●●

(가)에 들어갈 내용으로 옳은 것은? [2점]

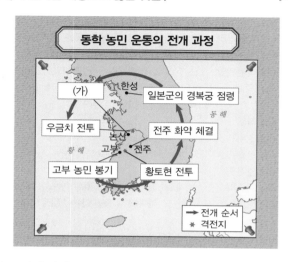

동학 농민 운동의 전개 과정

한성
(가) → 일본군의 경복궁 점령
동 해
우금치 전투 ← 전주 화약 체결
논산
황 해 고부 전주
고부 농민 봉기 ← 황토현 전투

→ 전개 순서
✴ 격전지

① 교정청 설치
② 전봉준 체포
③ 13도 창의군 결성
④ 안핵사 이용태 파견
⑤ 남접과 북접의 연합

❷ 63회

회독 ●●●

밑줄 그은 '개혁'의 내용으로 옳은 것은? [3점]

이 그림은 군국기무처에서 회의하는 모습입니다. 그림의 아래쪽에는 총재 김홍집 등 회의에 참여한 관리들의 이름이 적혀 있습니다. 군국기무처는 개혁을 추진하면서 수개월 동안 200여 건의 안건을 의결하였습니다.

① 원수부를 두었다.
② 재판소를 설치하였다.
③ 은 본위제를 도입하였다.
④ 태양력을 공식 채택하였다.
⑤ 5군영을 2영으로 통합하였다.

📢 동학 농민 운동

정답분석 고부 농민 봉기 이후 전봉준 등 동학 지도자들은 농민군을 조직하여 관군을 상대로 한 황토현 전투, 황룡촌 전투에서 거듭 승리하며 세력을 키웠고, 전주성을 공격하여 점령하였어요. 이에 조선 정부는 청에 지원군을 요청하였고, 일본도 조선에 군대를 보냈어요. 동학 농민군은 청과 일본의 개입을 막기 위해 정부와 전주 화약을 맺고 자진 해산하였지만 이후 일본군이 경복궁을 점령하고 내정에 간섭하자 재봉기하였어요. 남접과 북접의 동학 농민군은 논산에 집결한 후 북상하였고, 그 과정에서 일본군과 관군을 상대로 한 우금치 전투에서 크게 패하였어요.
⑤ 전봉준이 이끈 남접과 손병희가 이끈 북접은 논산에 집결해 연합 부대를 결성하여 일본군에 맞섰어요.

오답분석 ① 조선 정부는 동학 농민군과의 전주 화약 체결 직후 교정청을 설치하여 개혁을 시도하였어요.
② 우금치 전투 이후 전봉준을 비롯한 동학 지도자들이 일본군에 체포되면서 동학 농민 운동은 막을 내렸어요.
③ 정미의병 당시 각지의 의병 부대는 이인영을 총대장으로 의병 연합 부대인 13도 창의군을 결성하였어요. 이들은 서울을 탈환할 목적으로 서울 진공 작전을 전개하였지만 실패하였어요.
④ 고부 농민 봉기 직후 사태 수습을 위해 이용태가 안핵사로 파견되었으나 오히려 봉기에 참여한 농민군을 탄압하자 전봉준을 비롯한 농민들과 동학교도가 백산에서 다시 봉기하였어요.

정답 | ⑤

📢 제1차 갑오개혁

정답분석 1894년에 일본의 강요로 구성된 김홍집 내각은 최고 정책 결정 기관으로 군국기무처를 설치하고 제1차 갑오개혁을 추진하였어요. 군국기무처는 과거제 폐지, 연좌제 금지, 공·사 노비법(신분 제도) 폐지, 과부의 재가 허용 등을 결정하였고, 개국 기년 사용, 궁내부 설치, 6조를 8아문으로 개편, 탁지아문으로의 재정 일원화, 은 본위제 채택, 조세의 금납화, 조혼 금지 등의 개혁을 추진하였어요. 그러나 청·일 전쟁에서 승기를 잡은 일본이 조선의 내정에 적극적으로 간섭하면서 군국기무처는 폐지되었고, 새로 구성된 김홍집과 박영효의 연립 내각이 제2차 갑오개혁을 추진하였어요.
③ 제1차 갑오개혁 시기에 은 본위제를 채택하였어요.

오답분석 ① 대한 제국이 실시한 광무개혁 시기에 황제 직속의 군 통수 기관인 원수부가 설치되었어요.
② 제2차 갑오개혁 시기에 재판소가 설치되면서 사법권의 독립이 이루어졌어요.
④ 을미개혁 시기에 태양력을 공식 채택하였어요. 또한, '양력을 세운다.'는 뜻을 가진 '건양' 연호를 제정하였고, 단발령과 종두법 시행, 소학교 설치 등의 개혁이 추진되었어요.
⑤ 조선 정부는 개항 후인 1881년에 개화 정책 중 하나로 5군영을 무위영과 장어영의 2영으로 통합하고, 신식 군대인 별기군을 창설하였어요.

정답 | ③

3 59회　　　　　　　　　　　회독 ●●●

밑줄 그은 '개혁'의 내용으로 옳은 것은?　　　　[2점]

김홍집과 박영효를 중심으로 구성된 내각에서 여러 개혁을 추진했다더군.

수령의 권한을 축소시키고 재판소를 설치했다고 들었네.

① 원수부를 설치하였다.
② 기기창을 설립하였다.
③ 공사 노비법을 혁파하였다.
④ 태양력을 공식 채택하였다.
⑤ 한성 사범 학교 관제를 반포하였다.

📢 **제2차 갑오개혁**

정답분석　청·일 전쟁에서 승기를 잡은 일본은 조선의 내정에 적극적으로 개입하여 김홍집·박영효 연립 내각을 출범시켰어요. 이에 따라 군국기무처가 폐지되고 제2차 갑오개혁이 추진되었어요. 제2차 갑오개혁이 추진되면서 재판소 설치, 8도를 23부로 개편, 교육입국 조서 반포 등이 이루어졌어요. 고종은 이런 개혁을 추진하기에 앞서 개혁의 기본 방침을 담은 홍범 14조를 반포하였어요.
⑤ 제2차 갑오개혁 때 교육입국 조서가 반포되어 근대식 교육 제도의 기반이 마련되었고, 이에 따라 한성 사범 학교 관제 등이 제정되었어요.

오답분석　① 고종은 구본신참을 원칙으로 한 광무개혁의 추진 과정에서 대한국 국제를 반포하고, 황제 직속의 원수부를 설치하였어요.
② 조선 정부는 개화 정책을 추진하는 과정에서 1881년에 김윤식과 유학생, 기술자로 구성된 영선사를 청에 파견하였고, 이후 이들의 경험을 바탕으로 근대식 무기 제조 공장인 기기창을 설립하였어요.
③ 제1차 갑오개혁 때 공·사 노비법(신분 제도)이 혁파되고 과거 제도가 폐지되었어요.
④ 을미개혁을 통해 태양력이 채택되었고, '건양'이라는 연호가 제정되었어요.

정답 | ⑤

4 71회　　　　　　　　　　　회독 ●●●

(가) 단체의 활동으로 옳은 것은?　　　　[2점]

　　독립문 주춧돌 놓는 예식을 독립 공원 부지에서 열었다. …… 회장 안경수 씨가 연설하기를, "　(가)　이/가 처음에 시작할 때 단지 회원이 네다섯 명이더니 오늘날 회원은 수천 명이다. 조선 인민들이 나라가 독립되는 것을 좋아하기에 심지어 궁벽한 시골에 사는 인민 중에서 독립문 세우는 데 돈을 보조하는 사람들이 있으며, 외국 사람 중에서도 돈 낸 사람들이 많이 있었다. 이것을 보면 조선 사람들도 오늘부터 조선에서 모든 일을 　(가)　하듯이 시작하여 모두 합심하기를 바란다."라고 하였다.

① 고종 강제 퇴위 반대 운동을 전개하였다.
② 일제의 황무지 개간권 요구를 저지시켰다.
③ 중추원 개편을 통한 의회 설립을 추진하였다.
④ 대성 학교를 설립하여 민족 교육을 실시하였다.
⑤ 독립운동 자금 마련을 위해 독립 공채를 발행하였다.

📢 **독립 협회**

정답분석　독립 협회는 미국에서 귀국하여 독립신문을 창간한 서재필의 주도로 조직되었어요. 독립 협회는 독립문과 독립관을 세웠으며 민중 집회인 만민 공동회를 개최하여 러시아 등 열강의 이권 침탈을 규탄하고 이를 저지하기도 하였어요. 또한, 대한 제국의 정부 대신이 참여한 관민 공동회에서 국정 개혁안인 헌의 6조를 채택하여 고종의 재가를 받았어요.
③ 독립 협회는 박정양 내각과 함께 관민 공동회를 개최하여 헌의 6조를 결의하고 중추원 개편을 통한 의회 설립을 추진하였어요.

오답분석　① 대한 자강회는 고종의 강제 퇴위에 반대하는 시위를 주도하여 전개하였어요.
② 보안회는 일제가 황무지 개간권을 요구하자 반대 운동에 나서 이를 저지하였어요.
④ 신민회는 평양에 대성 학교, 정주에 오산 학교를 설립하여 민족 교육을 실시하였어요. 또한 태극 서관과 자기 회사를 운영하는 등 민족 산업 육성에도 힘썼어요.
⑤ 대한민국 임시 정부는 독립운동 자금을 모으기 위해 독립 공채를 발행하고, 국내와 연락을 취하고자 비밀 행정 조직인 연통제와 교통국을 운영하였어요.

정답 | ③

5 60회 　　　　　　　　　　　　　　　　　회독 ●○○

(가) 시기에 있었던 사실로 옳지 않은 것은? 　　　[2점]

> 고종은 이곳 환구단에서 황제 즉위식을 거행하고, 경운궁에서 국호를 (가) (으)로 선포했습니다. 환구단은 일제에 의해 헐려 버렸고 지금은 황궁우가 외로이 남아 있습니다.

황궁우 환구단 / 증강 현실 역사 여행

① 대한국 국제를 반포하였다.
② 황제 직속의 원수부를 설치하였다.
③ 이범윤을 간도 관리사로 파견하였다.
④ 지계아문을 설립하여 지계를 발급하였다.
⑤ 통역관 양성을 목적으로 동문학을 설립하였다.

6 62회 　　　　　　　　　　　　　　　　　회독 ●○○

밑줄 그은 '개혁'에 해당하는 내용으로 옳은 것은? 　　　[2점]

삽화로 보는 한국사

[해설]

이 그림은 프랑스 일간지에 실린 삽화로 파리 만국 박람회장에 설치된 한국관의 모습을 담고 있습니다. 경복궁 근정전을 재현한 한국관은 당시 언론의 관심을 끌었습니다. 황제로 즉위한 뒤 개혁을 추진하던 고종은 만국 박람회 참가를 통해 대한 제국을 세계에 소개하고, 서구의 산업과 기술을 받아들이고자 하였습니다.

① 건양이라는 연호를 사용하였다.
② 신식 군대인 별기군을 창설하였다.
③ 관립 의학교와 광제원을 설립하였다.
④ 박문국을 설치하여 한성순보를 발간하였다.
⑤ 한일 관계 사료집을 편찬하고 독립 공채를 발행하였다.

📢 **대한 제국 시기의 사실**

정답분석 아관 파천 이후 경운궁(덕수궁)으로 환궁한 고종은 1897년에 연호를 '광무'로 바꾸고, 환구단에서 황제 즉위식을 거행한 후 대한 제국 수립을 선포하였어요. 이후 고종은 대한국 국제를 제정하여 황제권의 무한함과 대한 제국이 자주독립 국가임을 규정하였어요. 한편 군주권을 강화하기 위해 궁내부를 확대하였으며, 원수부를 설치하여 황제의 군 통수권을 강화하였어요. 또한 각종 실업 학교, 회사, 은행을 설립하는 등 식산흥업 정책도 추진하였어요.
⑤ 동문학은 통역관 양성을 목적으로 1883년에 조선 정부가 설립한 외국어 교육 기관이에요.

오답분석 ① 대한 제국 시기 고종은 1899년에 대한국 국제를 반포하여 대한 제국이 전제 군주국임을 알렸어요.
② 대한 제국 시기 고종은 1899년에 황제의 군 통수권을 강화하기 위해 원수부를 설치하였어요.
③ 대한 제국은 1903년에 이범윤을 간도 관리사로 임명 후 파견하였어요.
④ 대한 제국은 광무개혁 당시 양전 사업을 시행하여 근대적 토지 소유 증명서인 지계를 발급하였어요.

📢 **광무개혁**

정답분석 대한 제국은 구본신참을 원칙으로 하여 전제 군주제를 기반으로 자주적 근대화를 이루기 위해 광무개혁을 추진하였어요.
③ 대한 제국은 국내외의 각종 의학 기술을 교육하기 위해 의학교 관제를 공포하고 관립 의학교인 경성 의학교를 설립하였고, 이후 질병 치료를 목적으로 국립 병원인 광제원을 설립하였어요.

오답분석 ① 을미개혁 때 '건양' 연호 제정, 태양력 채택, 단발령 실시, 종두법 시행, 소학교 설치 등의 개혁이 이루어졌어요.
② 개항 후 조선은 개화 정책 중 하나로 1881년에 신식 군대인 별기군을 창설하였어요.
④ 개항 후 조선은 개화 정책 중 하나로 1883년에 박문국을 설치하여 우리나라 최초의 근대 신문인 한성순보를 발간하였어요.
⑤ 대한민국 임시 정부는 임시 사료 편찬회를 두어 우리 민족의 독립운동과 관련된 사료를 수집·정리하여 《한·일 관계 사료집》을 편찬하고 군자금 모금을 위해 독립 공채를 발행하였어요.

정답 | ⑤ 　　　　　　　　　　　　　　　　　　　　　　정답 | ③

개항기(동학 농민 운동~대한 제국)

갑신정변 이후의 정세 / 동학 농민 운동(1894)

01 1885년에 영국은 러시아를 견제한다는 구실로 ___ 도를 불법 점령하였다.

02 조선 주재 독일 부영사 부들러와 유길준은 조선 정부에 한반도의 ___ 화를 주장하였다.

03 동학교도들은 삼례 등지에 모여 교조 ___ 운동을 전개하였다.

04 고부 군수 조병갑의 학정에 분노한 고부 농민들이 전 ___ 을 중심으로 농민 봉기를 일으켰다.

05 동학 농민군은 정부와 ___ 화약을 맺은 후 ___ 소를 설치하고 폐정 개혁안을 실천하였다.

06 동학 농민군은 일본이 ___ 궁을 무력 점령하자 남접과 북접이 ___ 산에 집결하며 다시 봉기하였다.

07 동학 농민군은 공주 ___ 치에서 관군과 일본군 연합에 맞서 싸웠으나 크게 패배하였다.

갑오개혁 / 을미개혁

08 김홍집 내각은 ___ 처를 설치하여 제1차 갑오개혁을 추진하였다.

09 제1차 갑오개혁 때 6조를 ___ 아문으로 개편하고, ___ 본위 화폐 제도를 채택하였다.

10 제1차 갑오개혁 때 공·사 ___ 법을 혁파하고 과거제를 폐지하였다.

11 제2차 갑오개혁 때 고종이 국정 개혁의 기본 방향을 제시한 ___ 14조를 반포하였다.

12 제2차 갑오개혁 때 ___ 입국 조서가 반포되고 이에 따라 근대식 교육 제도가 마련되었다.

13 을미개혁 때 건 ___ 이라는 연호가 제정되고, ___ 력이 채택되었다.

독립 협회와 대한 제국

14 독립 협회는 관민 공동회를 열어 ___ 6조를 결의하였다.

15 독립 협회는 러시아의 ___ 도 조차 요구를 반대하는 활동을 전개하였다.

16 독립 협회는 ___ 원 개편을 통한 의회 설립을 추진하였다.

17 고종은 경운궁으로 환궁한 후 ___ 제국의 수립을 선포하였다.

18 대한 제국은 광무개혁 때 ___ 부를 설치하고, 양전 사업을 실시하여 ___ 계를 발급하였다.

정답 **01** 거문 **02** 중립 **03** 신원 **04** 봉준 **05** 전주, 집강 **06** 경복, 논 **07** 우금 **08** 군국기무 **09** 8, 은 **10** 노비 **11** 홍범 **12** 교육 **13** 양, 태양 **14** 헌의 **15** 절영 **16** 중추 **17** 대한 **18** 원수, 지

30강 국권 피탈과 저항

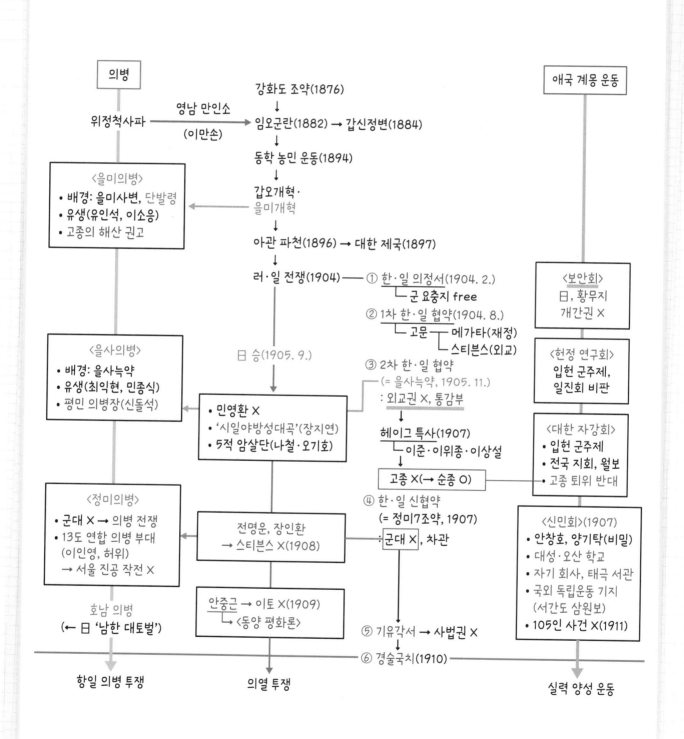

국권 피탈과 저항

국권 피탈과 저항

빈출키워드 TOP5

105인 사건(신민회)	1위
서울 진공 작전(정미의병)	2위
재정 고문 메가타	3위
통감부 설치(을사늑약)	4위
오산 학교, 대성 학교	5위

✎ **포츠머스 조약**
러·일 전쟁을 일본의 승리로 마무리하는 조약이에요. 러시아가 일본의 한국 지배권을 인정하는 내용이 포함되었어요.

✎ **늑약**
당사자의 의사에 반하여 억지로 맺은 조약을 말해요. 제2차 한·일 협약은 을사년(1905)에 일본이 강제로 체결한 조약이기 때문에 을사늑약이라고도 불러요.

✎ **민영환**
을사늑약이 체결되자 자결로써 항거한 인물이에요.

✎ **경술국치**
경술년(1910)에 나라가 치욕을 당했다는 의미예요. 일제에 의해 우리나라가 국권을 상실한 일을 말해요.

✎ **5적 암살단**
을사늑약 체결에 가담한 다섯 명의 친일 매국노를 처단하기 위해 결성된 단체예요. 나철과 오기호는 자신회라는 5적 암살단을 조직했어요.

✎ **스티븐스 저격**
스티븐스는 제1차 한·일 협약에 따라 외교 고문으로 부임한 친일 미국인이에요. 장인환과 전명운은 1908년 샌프란시스코에서 스티븐스를 저격했어요.

❶ 일제의 국권 침탈 과정

1904	러·일 전쟁 발발 (2月)	대한 제국을 둘러싼 러·일 간의 갈등 심화(용암포 사건, 제1차 영·일 동맹) → 대한 제국의 국외 중립 선언 → 일본이 러시아를 기습 공격하면서 전쟁 발발
	한·일 의정서 (2月)	일본이 대한 제국에 한·일 의정서 체결 강요 → 일본이 대한 제국의 군사적 요충지 사용권 확보 및 각종 시설 점령
	제1차 한·일 협약 (8月)	대한 제국의 외교·재정 분야에 일본이 추천한 고문 임명 강요(고문 정치) → 메가타(재정 고문), 스티븐스(외교 고문) 파견
1905	일본의 침략에 대한 열강의 묵인	가쓰라·태프트 밀약(미국–일본, 1905. 7.) → 제2차 영·일 동맹(영국–일본, 1905. 8.) → 포츠머스 조약(러시아–일본, 1905. 9.) ⇒ 서양 열강이 한국에 대한 일본의 독점적 지배권 인정
	제2차 한·일 협약 (을사늑약, 11月)	• 러·일 전쟁에서 승리한 일본이 대한 제국 정부를 위협하여 강제 체결 → 대한 제국의 외교권 박탈, 통감부 설치(초대 통감: 이토 히로부미) • 우리 민족의 저항 – 고종의 대응: 헤이그 특사 파견(이상설, 이준, 이위종) → 을사늑약의 부당함을 국제 사회에 알리고자 하였으나 실패 – 항일 의병 봉기(을사의병: 최익현), 민영환의 자결 – 언론의 비판: 장지연이 황성신문에 항일 논설 〈시일야방성대곡〉 게재 → 을사늑약의 부당함 비판
1907	한·일 신협약 (정미7조약, 7月)	• 헤이그 특사 파견을 구실로 일본이 고종을 강제 퇴위시킴 → 순종 즉위 후 강제로 조약 체결 • 행정 각 부에 일본인 차관 임명(차관 정치), 통감의 내정 간섭 권한 강화 • 부수 비밀 각서를 통해 대한 제국의 군대를 해산시킴
1909	기유각서(7月)	사법권과 감옥 사무 처리권 박탈
1910	경술국치(8月)	한·일 병합 조약 체결(대한 제국의 국권 강탈) → 조선 총독부 설치(초대 총독: 데라우치)

❷ 애국 계몽 운동

보안회(1904)	일본의 황무지 개간권 요구를 반대하는 운동 전개 → 성공(일본의 요구 철회)
헌정 연구회 (1905)	• 입헌 군주제 수립 지향 • 친일 단체인 일진회의 친일 행위 규탄
대한 자강회 (1906)	• 헌정 연구회 계승, 입헌 군주제 지향 • 전국에 25개 지회 설치, 월보 간행 • 고종의 강제 퇴위 반대 운동 전개 → 통감부의 탄압으로 해산(1907)
신민회 (1907)	• 결성: 안창호, 양기탁 등이 중심이 되어 비밀 결사 형태로 조직 • 목표: 국권 회복, 공화 정체의 근대 국가 건설 • 특징: 실력 양성과 무장 투쟁 • 민족 교육 실시: 오산 학교(정주, 이승훈)·대성 학교(평양, 안창호) 설립 • 민족 산업 육성: 자기 회사와 태극 서관 운영 • 국외 독립운동 기지 건설: 서간도(남만주) 삼원보에 독립운동 기지 건설 → 신흥 강습소 (이후 신흥 무관 학교) 설립 • 해체: 일제가 조작한 105인 사건으로 조직이 드러나면서 와해됨(1911)

❸ 항일 의병 운동

을미의병 (1895)	• 원인: 을미사변(명성 황후 시해), 단발령 실시(을미개혁) • 주도: 양반 유생층(유인석, 이소응) • 활동: 친일 관리 처단, 일본군 공격 • 결과: 단발령 철회 조치와 고종의 해산 권고 조칙에 따라 스스로 해산
을사의병 (1905)	• 원인: 을사늑약 체결 • 주도: 양반 유생층(최익현, 민종식) • 특징: 신돌석 등 평민 의병장 등장 → 의병 참여 계층의 확대
정미의병 (1907)	• 원인: 고종의 강제 퇴위, 대한 제국의 군대 해산 • 특징: 일부 해산 군인들의 합류로 의병의 조직력·전투력 상승 → 항일 의병 전쟁으로 발전 • 활동: 13도 연합 의병 부대(13도 창의군) 결성(→ 총대장: 이인영, 군사장: 허위) 　– 각국 영사관에 의병을 국제법상 교전 단체로 인정할 것을 요구 　– 서울 진공 작전 전개(1908) → 실패
의병 활동의 변화	서울 진공 작전 실패 후 호남 지역 의병들을 중심으로 의병 운동 전개 → 일제의 '남한 대토벌' 작전(1909) → 의병 운동 위축 → 일부 의병들은 간도·연해주 등지로 이동하여 무장 독립 전쟁 전개

❹ 항일 의거 활동

(1) 국내 의거 활동

나철, 오기호	을사오적 처단을 위해 자신회(5적 암살단) 조직(1907)
이재명	명동 성당 앞에서 이완용 습격(1909)

(2) 국외 의거 활동

전명운, 장인환	미국 샌프란시스코에서 친일 외교 고문이었던 스티븐스 저격(1908)
안중근	• 만주 하얼빈에서 국권 침탈에 앞장섰던 초대 통감 이토 히로부미 사살(1909) • 의거 직후 체포되어 뤼순 감옥에 수감 → 〈동양 평화론〉 저술 중 순국

⏸ 일시정지! ☑ 확인하기

1. 다음 사실들을 순서대로 나열하세요.

> (가) 러·일 전쟁이 발발하였다.
> (나) 한·일 신협약이 체결되었다.
> (다) 고종이 헤이그 특사를 파견하였다.
> (라) 메가타가 재정 고문으로 파견되었다.
> (마) 러시아가 용암포를 점령하고 조차를 요구하였다.
> (바) 일제가 외교권을 강탈하고 통감부를 설치하였다.

(　　　　　　　　　　　　　　　　)

2. 을사늑약 체결과 한·일 신협약 체결 사이의 시기에 있었던 사실로 맞으면 ○표, 틀리면 ×표 하세요.

(1) 고종이 강제로 퇴위되었다. 　　　　　　　　(　　)

(2) 고종이 러시아 공사관으로 거처를 옮겼다. 　(　　)

(3) 통감부가 설치되고 초대 통감이 부임하였다. (　　)

(4) 13도 창의군이 서울 진공 작전을 전개하였다. (　　)

(5) 고종이 헤이그 만국 평화 회의에 특사를 파견하였다. (　　)

3. 신민회에 대한 설명이 맞으면 ○표, 틀리면 ×표 하세요.

(1) 이륭양행에 교통국을 설치하였다. 　　　　　(　　)

(2) 태극 서관과 자기 회사를 운영하였다. 　　　(　　)

(3) 대성 학교와 오산 학교를 설립하였다. 　　　(　　)

(4) 일본의 황무지 개간권 요구를 저지하였다. 　(　　)

(5) 자금 마련을 위해 독립 공채를 발행하였다. 　(　　)

(6) 일제가 조작한 105인 사건으로 와해되었다. 　(　　)

(7) 만민 공동회를 열어 민권 신장을 추구하였다. (　　)

(8) 남만주 삼원보에 독립운동 기지를 건설하였다. (　　)

4. 다음 설명에 해당하는 의병 운동을 골라 쓰세요.

> 을미의병, 을사의병, 정미의병

(1) 서울 진공 작전을 전개하였다. 　　　　　　(　　)

(2) 최익현, 민종식 등이 주도하였다. 　　　　　(　　)

(3) 을사늑약에 반발하여 봉기하였다. 　　　　　(　　)

(4) 단발령 시행에 반발하여 봉기하였다. 　　　(　　)

(5) 고종의 해산 권고 조칙에 따라 해산하였다. 　(　　)

(6) 해산된 군인들의 합류로 전투력이 강화되었다. (　　)

(7) 국제법상 교전 단체로 승인해 줄 것을 요구하였다. (　　)

1. (마) – (가) – (라) – (바) – (다) – (나)
2. (1) ○ (2) × (3) ○ (4) × (5) ○
3. (1) × (2) ○ (3) ○ (4) × (5) × (6) ○ (7) × (8) ○
4. (1) 정미의병 (2) 을사의병 (3) 을사의병 (4) 을미의병 (5) 을미의병 (6) 정미의병 (7) 정미의병

1 한·일 의정서(1904. 2.)

러·일 전쟁이 발발하자 일본은 대한 제국에 한·일 의정서 체결을 강요하였어요. 이 조약으로 일본은 대한 제국의 군사적 요충지와 시설을 임의로 사용할 수 있는 권리를 확보하였어요.

> 제4조 제3국의 침해나 혹은 내란으로 인하여 대한 제국 황실의 안녕과 영토 보전에 위험이 있을 경우에 대일본 제국 정부는 …… 군사 전략상 필요한 지점을 정황에 따라 차지하여 이용할 수 있다.
> 제5조 대한 제국 정부와 대일본 제국 정부는 상호 간에 승인을 거치지 않고 제3국과 본 협정의 취지에 어긋나는 협약을 체결하지 못한다.

2 제1차 한·일 협약(1904. 8.)

일본은 러·일 전쟁에서 승기를 잡자 제1차 한·일 협약의 체결을 강요하였어요. 이 조약에 따라 일본은 대한 제국의 재정 고문으로 일본인 메가타, 외교 고문으로 미국인 스티븐스를 파견하였어요.

> 제1조 대한 제국 정부는 일본 정부가 추천한 일본인 1명을 재정 고문으로 하여 대한 정부에 초빙하고, 재무에 관한 사항은 일체 그의 의견을 물어서 시행해야 한다.
> 제2조 대한 제국 정부는 일본 정부가 추천한 외국인 1명을 외교 고문으로 삼아 외부(外部)에 초빙하여 외교에 관한 주요 업무는 일체 그의 의견을 물어서 시행해야 한다.
> 제3조 대한 제국 정부는 외국과 조약을 체결하거나 기타 중요한 외교 안건, 즉 외국인에 대한 특권 양여와 계약 등의 문제 처리에 관해서는 미리 일본 정부와 상의해야 한다.

3 제2차 한·일 협약(을사늑약, 1905. 11.)

러·일 전쟁에서 승리한 일본은 고종과 대신들을 위협하여 강제로 을사늑약을 체결하였어요. 이로 인해 대한 제국의 외교권은 박탈당하였고, 1906년에 일본은 통감부를 설치하여 초대 통감으로 이토 히로부미를 파견하였어요. 고종은 국제 사회에 을사늑약이 무효임을 알리기 위해 헤이그 특사를 파견하기도 하였어요.

> 제2조 일본 정부는 대한 제국과 타국 간에 현존하는 조약의 실행을 완수하며, 대한 제국 정부는 금후에 일본 정부의 중개 없이는 타국과 국제적 성질을 가진 어떠한 조약이나 약속을 맺어서는 안 된다.
> 제3조 일본 정부는 대한 제국 황제 아래에 통감을 두고, 통감은 외교에 관한 사항을 관리하기 위해 경성에 주재하여 대한 제국 황제를 친히 알현할 수 있도록 한다.

4 한·일 신협약(정미7조약, 1907. 7.)

일본은 헤이그 특사 파견을 구실로 고종을 강제 퇴위시킨 후에 한·일 신협약을 체결하여 중앙의 각 부 차관에 일본인을 임명하게 하였어요. 그리고 부수 비밀 각서를 체결하여 대한 제국의 군대를 해산하였어요.

> 〈한·일 신협약〉
> 제1조 대한 제국 정부는 시정 개선에 관하여 통감의 지도를 받아야 한다.
> 제4조 대한 제국 고등 관리의 임면은 통감의 동의로써 이를 이행해야 한다.
> 제5조 대한 제국 정부는 통감이 추천한 일본인을 대한 제국 관리로 임명해야 한다.
> 〈부속 각서〉
> 제3조 다음 방법에 의하여 군비를 정리함
> 1. 육군 1대대를 두어 황궁 수비를 맡기고 기타 부대를 해산해야 한다.
> 제5조 중앙 정부 및 지방청에 일본인을 임명해야 한다.

5 신민회

신민회는 안창호, 양기탁 등을 중심으로 비밀 결사 형태로 조직된 애국 계몽 단체예요. 국권 회복과 공화 정체의 국가 건설을 목표로 활동한 신민회는 오산 학교와 대성 학교 등을 설립하여 민족 교육을 실시하였고, 자기 회사와 태극 서관을 운영하여 민족 산업 육성에도 힘썼어요. 또한, 신민회 회원들은 서간도의 삼원보에 신흥 강습소(이후 신흥 무관 학교)를 설립하여 독립군 양성을 위해 노력하였어요.

> 완고하고 부패한 국민 생활을 개혁할 신사상이 시급히 필요하며, 우둔한 국민을 깨우칠 수 있는 신교육이 시급히 필요하고, …… 미약한 산업을 일으킬 신모범이 시급히 필요하며, …… 요컨대 신정신을 불러 깨우치고 신단체를 조직해서 신국가를 건설할 뿐이다. ─ 〈신민회 결성 취지서〉 ─

6 105인 사건

1911년에 일제는 데라우치 총독의 암살을 모의하였다는 누명을 씌워 많은 독립운동가들을 체포하였어요. 이 중 105인이 유죄 판결을 받았는데, 대부분 신민회 회원이었어요. 이 사건으로 신민회는 조직의 실체가 드러나면서 국내 조직이 와해되었어요.

> 남만주로 집단 이주하려고 기도하고, 조선 본토에서 상당한 재력이 있는 사람들을 그곳에 이주시켜 토지를 사들이고, 학교를 세워 민족 교육을 실시하고, 나아가 무관 학교를 설립하여 문무를 겸하는 교육을 실시하면서, 기회를 엿보아 독립 전쟁을 일으켜 구한국의 국권을 회복하려고 하였다.
> ─ 〈105인 사건 판결문〉 ─

7 을미의병

을미사변으로 일본에 대한 분노가 높은 상황에서 을미개혁으로 단발령까지 시행되자 유인석, 이소응 등 양반 유생층이 중심이 된 의병 운동이 전국에서 일어났어요(을미의병). 결국 친일 내각이 무너지고 고종이 단발령을 철회하며 해산을 권고하자 스스로 해산하였어요.

• 짐이 머리카락을 이미 깎았으니 너희 백성들도 어찌 받들어 시행하지 않겠는가? 짐의 뜻을 잘 새겨서 서로 알리고 서로 권하여 너희들의 머리카락과 구습을 한꺼번에 끊으며, 모든 일에서 오직 실질만을 추구하여 짐의 부국 강병하는 사업을 도울 것이다. — 《고종실록》 —

• 국모의 원수를 생각하며 이를 갈았는데, 참혹함이 더욱 심해져 임금께서 머리를 깎으시는 지경에 이르렀다. …… 우리 부모에게 받은 머리카락을 풀 베듯이 베어 버리니 이 무슨 변고란 말인가? — 〈유인석의 격문〉 —

8 장지연의 시일야방성대곡

을사늑약이 체결되자 장지연은 황성신문에 〈시일야방성대곡〉이라는 논설을 써서 을사늑약의 부당함과 이에 서명한 을사오적을 비판하였어요. 〈시일야방성대곡〉은 '이날, 소리 내어 크게 통곡하다'라는 뜻이에요.

소위 우리 정부의 대신이라는 자들이 출세와 부귀를 바라고 거짓 위협에 겁을 먹어 뒤로 물러나 벌벌 떨며 매국의 역적이 되기를 달게 받아들였다. 4천 년 강토와 5백 년 종사를 남에게 바치고 2천만 국민을 남의 노예로 만드니 …… 아! 원통하고, 아! 분하도다. 우리 2천만 남의 노예가 된 동포여! 살았는가, 죽었는가! 단군, 기자 이래 4천 년 국민 정신이 하룻밤 사이에 갑자기 멸망하고 말 것인가. 원통하고 원통하다. 동포여, 동포여!

9 을사의병

러·일 전쟁 이후 일본에 의해 강제로 을사늑약이 체결되자 전국 각지에서 다시 의병 운동이 일어났어요(을사의병). 최익현, 민종식 등의 양반 유생과 함께 신돌석 등 평민 출신 의병장이 등장하여 활약하였어요.

• 오호라, 작년 10월에 저들이 한 행위는 만고에 일찍이 없던 일로서, 억압으로 한 조각의 종이에 조인하여 500년 전해 오던 종묘사직이 드디어 하룻밤에 망하였으니, 천지신명도 놀라고 조종의 영혼도 슬퍼하였다. — 《최익현의 격문》 —

• 지금 너희 대사와 공사가 병력을 이끌고 와 대궐을 포위하여 참정 대신을 감금하고 외부 대신을 협박해서, 법도와 절차도 갖추지 않고 강제로 조인하게 하여 억지로 우리의 외교권을 빼앗았으니, 이것은 공법을 어기어 약속을 지키려 하지 않는 것이다. — 《매천야록》 —

10 정미의병

1907년에 고종이 헤이그 특사 파견을 구실로 강제 퇴위당하고, 한·일 신협약의 부수 비밀 각서로 인해 해산된 대한 제국의 군인들이 의병에 합류하면서 의병 연합 부대인 13도 창의군이 결성되었어요. 13도 창의군은 이인영을 총대장, 허위를 군사장으로 하여 서울 진공 작전을 시도하였으나 실패하였어요.

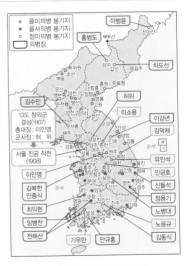

▲ 항일 의병 부대의 활동

11 안중근의 의거

1909년에 안중근은 만주 하얼빈에서 을사늑약 체결에 핵심적 역할을 한 이토 히로부미를 사살하였어요. 안중근은 뤼순 감옥에서 수감 중에 〈동양 평화론〉을 저술하였어요.

내가 그를 죽인 것은 한국 독립 전쟁의 한 부분이요, 또 내가 일본 법정에 서게 된 것은 전쟁에 패배하여 포로가 된 때문이다. 나는 개인 자격으로서 이 일을 행한 것이 아니요, 대한 국 의군 참모 중장의 자격으로 조국의 독립과 동양 평화를 위해서 행한 것이니 만국 공법에 의거하여 처리하도록 하라. — 《한국독립운동사 자료》 —

• 군사장(허위)은 미리 군비를 신속히 정돈하여 철통과 같이 함에 한 방울의 물도 샐 틈이 없는지라. …… 대군은 긴 뱀의 형세로 천천히 전진하게 하고, 3백 명을 인솔하고 선두에 서서 동대문 밖 삼십 리 되는 곳에 나아가 전군이 모이기를 기다려 일거에 서울을 공격하여 들어가기로 계획하였다. 전군이 모여드는 시기가 어긋나고 일본군이 갑자기 진격하는지라. 여러 시간을 격렬히 사격하다가 후원군이 이르지 않으므로 그대로 퇴진하였더라. — 《대한매일신보》 —

• 이때에 사기를 고무하여 서울 진공의 영(令)을 발하니, 그 목적은 서울로 들어가 통감부를 쳐부수고 성하(城下)의 맹(盟)을 이루어 저들의 소위 신협약 등을 파기하여 대대적 활동을 기도(企圖)함이라. …… 전군(全軍)에 명령을 내려 일제히 전군할 것을 재촉하여 동대문 밖에 나아가 다다를 때 …… — 《대한매일신보》 —

국권 피탈과 저항

1 63회 회독 ○○○

다음 기사를 활용한 탐구 활동으로 가장 적절한 것은? [3점]

해외 언론 보도로 본 민족 운동

THE CALL

Shot Down by Korean Conspirators, Diplomat Stevens is at Point of Death

> 오늘 나는 스티븐스를 쏘았다. 그는 대한 제국의 외교 고문에 임명되어 후한 대접을 받고 있음에도 일본의 이익을 위해 한국인에게 온갖 잔인한 일을 자행하였다. …… 나는 어떤 처벌에도 불만이 없으며, 조국의 자유를 위한 투쟁에 도움이 된다면 영광스럽게 죽을 것이다.

① 제1차 한일 협약의 내용을 알아본다.
② 삼국 간섭이 발생한 원인을 분석한다.
③ 일제가 조작한 105인 사건의 영향을 파악한다.
④ 영국이 거문도를 불법 점령한 과정을 조사한다.
⑤ 고종이 러시아 공사관으로 피신한 이유를 찾아본다.

2 59회 회독 ○○○

다음 자료에 나타난 상황 이후의 사실로 옳은 것은? [3점]

> 오늘 신문에 강화(講和) 조약 전문이 공개되었다. 러시아는 일본이 조선에서 갖고 있는 막대한 정치적·군사적·경제적 이익을 인정하고, 일본이 조선의 내정을 지도·보호 및 감리(監理)하는 데 필요하다고 여기는 어떠한 조치도 방해하거나 간섭하지 않을 것을 약속하였다. …… 러시아는 전쟁으로 교훈을 얻었다. 일본은 전쟁으로 영예를 얻었다. 조선은 전쟁으로 최악의 것을 얻었다.
>
> - 『윤치호 일기』 -

① 메가타가 재정 고문으로 부임하였다.
② 고종이 러시아 공사관으로 거처를 옮겼다.
③ 베델과 양기탁이 대한매일신보를 창간하였다.
④ 관민 공동회가 개최되어 헌의 6조를 결의하였다.
⑤ 민종식이 이끄는 의병 부대가 홍주성을 점령하였다.

📢 제1차 한·일 협약

정답분석 1904년 8월, 대한 제국은 러·일 전쟁에서 승기를 잡은 일본의 강요로 제1차 한·일 협약을 체결하였어요. 이후 일본은 일본인과 외국인 각 1명을 대한 제국의 재정 고문과 외교 고문으로 추천한다는 조항에 따라 재정 고문으로 일본인 메가타, 외교 고문으로 미국인 스티븐스를 파견하였어요.
① 제1차 한·일 협약 이후 외교 고문으로 대한 제국에 파견된 미국인 스티븐스는 한국인에게 온갖 잔인한 일을 저질렀어요. 이에 장인환과 전명운은 미국 샌프란시스코에서 스티븐스를 처단하였어요.

오답분석 ② 청·일 전쟁에서 승리한 일본은 청으로부터 랴오둥반도 등을 할양받았어요. 이에 일본의 세력 확대를 견제하려고 한 러시아가 프랑스, 독일과 함께 일본에 압력을 넣자 일본은 랴오둥반도를 청에 돌려주었는데, 이 사건을 삼국 간섭이라고 해요. 이 사건의 영향으로 조선에서 친러 정책이 추진되자 위기를 느낀 일본은 명성 황후를 시해한 을미사변을 일으켰어요.
③ 국내에서 비밀 결사 형태로 조직된 신민회는 일제가 조작한 105인 사건으로 조직이 드러나면서 와해되었어요.
④ 갑신정변 이후 청의 간섭이 심해지자 고종은 러시아와 비밀 협약을 추진하였어요. 이에 1885년에 영국은 러시아의 남하를 견제한다는 명분을 내세워 거문도를 불법 점령하였어요.
⑤ 을미사변 이후 신변의 위협을 느낀 고종은 러시아 공사관으로 거처를 옮기는 아관 파천을 단행하였어요.

📢 포츠머스 조약 이후의 사실

정답분석 한반도와 만주를 둘러싼 일본과 러시아 간의 대립은 러·일 전쟁(1904)으로 이어졌고, 전쟁은 일본의 승리로 끝났어요. 1905년에 일본은 러시아와 포츠머스 조약을 맺어 대한 제국에 대한 배타적 권리를 승인받았고, 이후 을사늑약 체결을 강행하였어요.
⑤ 민종식은 을사늑약이 체결된 다음 해인 1906년에 의병을 일으켜 홍주성을 점령하였어요.

오답분석 ① 1904년에 체결된 제1차 한·일 협약에 따라 일본은 대한 제국에 재정 고문으로 메가타를, 외교 고문으로 스티븐스를 파견하였어요.
② 을미사변으로 신변의 위협을 느낀 고종은 1896년에 러시아 공사관으로 거처를 옮겼어요(아관 파천).
③ 베델과 양기탁은 1904년에 대한매일신보를 창간하였고, 이 신문은 국채 보상 운동의 확산에 기여하였어요.
④ 독립 협회는 1898년에 정부 관리와 함께 관민 공동회를 개최하고 헌의 6조를 결의하였어요.

정답 | ①

정답 | ⑤

3 55회 회독 ●●●

다음 상소가 올려진 이후의 사실로 옳은 것은? [3점]

> 일본이 러시아에 선전 포고한 이후 우리의 독립과 영토를 보전한다고 몇 번이나 말하였지만, 그것은 우리나라의 이익을 빼앗아 차지하려는 것이었습니다. …… 지금 저들이 황실을 보전하겠다는 말을 폐하께서는 과연 믿으십니까? 지금까지 군주의 지위가 아직 바뀌지 않았고 백성도 아직 죽지 않았으며 각국 공사도 아직 돌아가지 않았습니다. 그리고 조약서가 다행히 폐하의 인준과 참정의 인가를 받은 것이 아니니, 저들이 가지고 있는 것은 역적들이 억지로 만든 헛된 조약에 불과합니다.

① 제1차 영일 동맹이 체결되었다.
② 일본이 경인선 부설권을 인수하였다.
③ 묄렌도르프가 외교 고문으로 파견되었다.
④ 통감부가 설치되고 초대 통감이 부임하였다.
⑤ 러시아가 용암포를 점령하고 조차를 요구하였다.

📢 **을사늑약 체결 이후의 사실**

정답분석 자료의 상소는 을사늑약 체결을 규탄하는 내용이에요. 러·일 전쟁에서 승리한 일본은 대한 제국의 외교권을 빼앗는 을사늑약 체결을 강요하였어요. 고종과 일부 대신들이 강력히 반대하였으나, 일본은 군대를 동원하여 고종의 서명 없이 외부대신 박제순 등 다섯 명의 친일 대신들의 찬성만으로 을사늑약을 체결하였어요(1905).
④ 을사늑약의 체결로 대한 제국은 일본에 외교권을 빼앗겼고, 통감부가 설치되어 이토 히로부미가 초대 통감으로 부임하였어요.

오답분석 ① 1902년에 영국과 일본은 만주와 한반도로 남하하는 러시아를 공동의 적으로 삼아 견제하기 위해 제1차 영·일 동맹을 맺었어요.
② 1898년에 일본이 미국 상인 모스로부터 경인선 부설권을 인수하였어요. 경인선은 1899년에 제물포–노량진 구간이 개통되었어요.
③ 1882년 임오군란 후 청은 묄렌도르프를 외교 고문으로 파견하였어요.
⑤ 아관 파천 이후 대한 제국에 대한 영향력을 확대한 러시아는 1903년에 용암포를 점령하고 조차를 요구하였어요.

정답 | ④

4 58회 회독 ●●●

다음 상황이 전개된 배경으로 옳은 것은? [2점]

> 박승환은 병대(兵隊)에 대한 해산 소식을 듣고 통곡하며 부하들에게 말하기를, "이제 국가가 망하였는데도 일본인 하나를 죽이지 못하였으니 죽어도 그 죄를 씻지 못할 것이다. 나는 차마 제군들이 병대를 떠나도록 놓아둘 수 없다. 차라리 내가 죽고 말겠다."라고 하면서 결국 자결하였다.

① 정미 7조약이 체결되었다.
② 일제가 105인 사건을 조작하였다.
③ 초대 총독으로 데라우치가 부임하였다.
④ 기유각서가 일제의 강압에 의해 조인되었다.
⑤ 일진회가 한일 합방을 촉구하는 성명을 발표하였다.

📢 **한·일 신협약**

정답분석 대한 제국은 을사늑약(1905)으로 일본에 외교권을 강탈당하였어요. 고종은 국제 사회에 지원을 요청하는 한편, 만국 평화 회의가 열리는 네덜란드 헤이그에 이상설, 이준, 이위종을 특사로 보내 을사늑약의 부당함을 고발하고자 하였지만 일본의 방해로 실패하였어요. 일본은 헤이그 특사 파견을 문제 삼아 고종을 강제로 퇴위시켰어요(1907). 이후 일본의 강압으로 한·일 신협약(정미7조약)이 체결되고, 부수 비밀 각서에 따라 군대가 해산됨으로써 대한 제국은 일본의 침략에 군사적 대응을 할 수 없게 되었어요.
① 일제는 1907년에 한·일 신협약(정미7조약)을 강제로 체결하여 각 부처에 일본인 차관을 임명하였고, 부수 비밀 각서를 체결하여 대한 제국의 군대를 해산하였어요.

오답분석 ② 1911년에 일제는 독립운동가들을 색출하기 위해 105인 사건을 조작하였고, 이 사건으로 신민회가 큰 타격을 입어 해체되었어요.
③ 한·일 병합 조약으로 국권이 피탈된 1910년에 데라우치가 초대 조선 총독으로 부임하였어요.
④ 1909년에 기유각서가 일제의 강압에 의해 조인되어 대한 제국의 사법권 및 감옥 사무 처리권이 일본에 넘어갔어요.
⑤ 1909년에 일진회는 한·일 합방을 촉구하는 성명을 발표하는 등 친일 여론을 조성하였어요.

정답 | ①

5 60회 회독 ●●●

다음 가상 뉴스에서 보도하는 사건이 일어난 시기를 연표에서 옳게 고른 것은? [2점]

군대 해산에 대한 반발이 거세지고 있습니다. 오늘 시위대 대대장 박승환이 자결한 데 이어 시위대 부대원들이 해산을 거부하고 무장봉기해 일본군과 남대문 일대에서 치열한 총격전을 벌이고 있습니다.

뉴스 속보
군대 해산에 맞서 시위대 봉기

1882		1894		1896		1904		1905		1910
	(가)		(나)		(다)		(라)		(마)	
임오 군란		갑오 개혁		아관 파천		러·일 전쟁 발발		을사 늑약		국권 피탈

① (가) ② (나) ③ (다) ④ (라) ⑤ (마)

6 62회 회독 ●●●

교사의 질문에 대한 학생의 답변으로 옳은 것은? [2점]

이것은 대한매일신보에 태극 서관이 게재한 서적 할인 광고입니다. 태극 서관은 신지식 보급과 민족의식 고취를 위해 이 단체가 운영한 기관입니다. 인재 양성을 위해 대성 학교도 설립한 이 단체에 대해 말해 볼까요?

① 민립 대학 설립 운동을 전개하였어요.
② 러시아의 절영도 조차 요구를 저지하였어요.
③ 파리 강화 회의에 독립 청원서를 제출하였어요.
④ 안창호, 양기탁 등이 비밀 결사로 조직하였어요.
⑤ 국문 연구소를 세워 한글의 문자 체계를 정리하였어요.

📢 **국권 피탈 과정**

정답분석 1907년에 고종이 을사늑약이 무효임을 알리기 위해 헤이그에서 열린 만국 평화 회의에 특사를 파견하자, 일본은 이를 구실로 고종을 강제로 퇴위시키고 한·일 신협약(정미7조약)을 체결하였어요. 그리고 부수 비밀 각서를 통해 대한 제국의 군대를 해산시켰어요. 해산 조치에 반발한 대장 박승환이 자결하자 시위대 소속 군인들은 적극적으로 저항하였어요. 해산된 군인들이 의병에 가담하여 의병 부대의 전투력이 강화되었고, 의병 전쟁을 위한 13도 창의군이 결성되었어요(정미의병).
⑤ 1894년에 일어난 청·일 전쟁에서 승리한 일본은 만주와 한반도를 두고 러시아와 경쟁하였고, 결국 1904년에 러·일 전쟁이 발발하였어요. 일본은 한국에서 우위를 점하기 위해 한·일 의정서, 제1차 한·일 협약 등을 체결하였고, 1905년에 러·일 전쟁이 끝나자 을사늑약을 체결하여 외교권을 강탈하였어요. 고종은 을사늑약의 무효성을 알리기 위해 1907년에 헤이그에 특사를 파견하였다가 강제 퇴위되었고, 같은 해 한·일 신협약이 체결되어 부수 비밀 각서를 통해 대한 제국의 군대가 해산되었어요. 결국 1910년에 대한 제국의 국권이 피탈되면서 조선 총독부가 설치되었어요.
따라서, 대한 제국의 군대 해산이 일어난 시기는 '을사늑약(1905)'과 '국권 피탈(1910)' 사이의 시기인 (마)예요.

정답 | ⑤

📢 **신민회**

정답분석 신민회는 서적 출판과 보급을 위한 태극 서관과 상공업 발전을 위한 자기 회사를 운영하는 등 민족 산업 육성에 힘썼으며, 인재를 양성하기 위해 대성 학교와 오산 학교를 세워 민족 교육을 실시하였어요. 또한 장기적인 독립운동의 기반을 마련하기 위해 국외 독립운동 기지 건설에 적극적으로 나섰어요.
④ 신민회는 안창호, 양기탁 등이 중심이 되어 국내에서 조직한 비밀 결사로, 국권 회복과 공화 정체의 근대 국가 수립을 목표로 활동하였어요.

오답분석 ① 민립 대학 기성회는 이상재의 주도로 민족 교육을 위한 민립 대학 설립 운동을 전개하였어요.
② 독립 협회는 만민 공동회를 통해 러시아의 절영도 조차 요구를 저지하였고, 한·러 은행을 폐쇄하는데 기여하였어요.
③ 대한민국 임시 정부는 프랑스 파리에서 활동하고 있던 김규식을 전권 대사로 임명하여 파리 강화 회의에 독립 청원서를 제출하였어요.
⑤ 대한 제국 정부는 국문 연구소를 세웠고, 주시경과 지석영 등은 이곳에서 한글의 문자 체계 정리와 맞춤법 연구 등을 하였어요.

정답 | ④

30^강 국권 피탈과 저항

기출 선택지를 완성하는
키워드 채우기
5분

일제의 국권 침탈 과정

01 러·일 전쟁 중 일본은 대한 제국과 한·일   서를 강제로 체결하였다.

02 제1차 한·일 협약으로 재정 고문으로 메   , 외교 고문으로 스티븐스가 파견되었다.

03 1905년에 일제는 을사늑약을 강제로 체결하여 대한 제국의 외교권을 빼앗고,   부를 설치하였다.

04 고종은 을사늑약 체결의 부당함을 알리기 위해   에서 열리는 평화 회의에 특사를 파견하였다.

05 1907년 한·일 신협약(정미7조약)의 부수 비밀 각서에 따라 대한 제국의   대가 강제로 해산하였다.

애국 계몽 운동

06   회는 일본의 황무지 개간권 요구를 저지하는 데 성공하였다.

07 안창호, 양기탁 등이 비밀 결사 형태로   회를 조직하였다.

08 신민회는 이승훈이   산 학교, 안창호가   성 학교를 세워 민족 교육을 실시하였다.

09 신민회는 독립군을 양성하기 위해 서간도 삼원보 지역에   강습소를 세웠다.

항일 의병 운동

10 을미사변과   령 시행에 반발하여 을미의병이 일어났다.

11 을사늑약이 체결되자 최익현, 민종식 등이 주도한   의병이 일어났다.

12 을사의병 때 신   등의 평민 의병장이 활약하였다.

13 정미의병 때 이인영과 허위는 13도 창의군을 이끌고   진공 작전을 전개하였다.

항일 의거 운동

14 나철, 오기호 등은   오적을 처단하기 위해 자신회를 결성하였다.

15 1908년에 전   과 장   은 대한 제국의 외교 고문이었던 스티븐스를 저격하였다.

16 1909년에 안   은 하얼빈에서 이토 히로부미를 사살하였다.

정답 **01** 의정 **02** 가타 **03** 통감 **04** 헤이그 **05** 군 **06** 보안 **07** 신민 **08** 오, 대 **09** 신흥 **10** 단발 **11** 을사 **12** 돌석 **13** 서울 **14** 을사 **15** 명운, 인환 **16** 중근

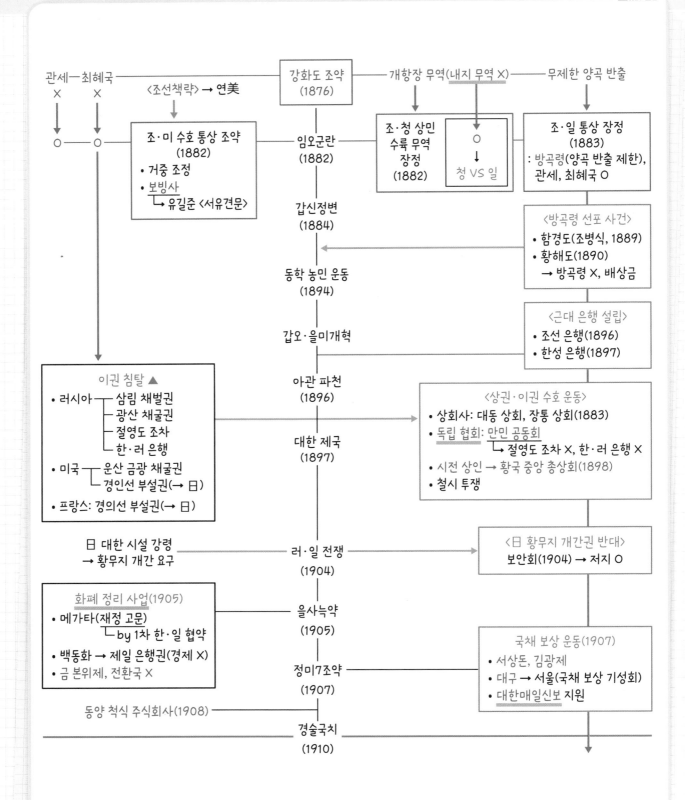

관세—최혜국————————————————강화도 조약———————개항장 무역(내지 무역 X)————무제한 양곡 반출
X   X   〈조선책략〉→ 연美   (1876)

조·미 수호 통상 조약   임오군란   조·청 상민   조·일 통상 장정
(1882)   (1882)   수륙 무역   (1883)
• 거중 조정   장정   : 방곡령(양곡 반출 제한),
• 보빙사   (1882)   관세, 최혜국 O
  └→ 유길준 〈서유견문〉   청 VS 일

갑신정변   〈방곡령 선포 사건〉
(1884)   • 함경도(조병식, 1889)
          • 황해도(1890)
          → 방곡령 X, 배상금

동학 농민 운동
(1894)   〈근대 은행 설립〉
          • 조선 은행(1896)
갑오·을미개혁   • 한성 은행(1897)

이권 침탈 ▲   아관 파천   〈상권·이권 수호 운동〉
• 러시아┬ 삼림 채벌권   (1896)   • 상회사: 대동 상회, 장통 상회(1883)
      ├ 광산 채굴권   • 독립 협회: 만민 공동회
      ├ 절영도 조차   대한 제국   └→ 절영도 조차 X, 한·러 은행 X
      └ 한·러 은행   (1897)   • 시전 상인 → 황국 중앙 총상회(1898)
• 미국┬ 운산 금광 채굴권   • 철시 투쟁
      └ 경인선 부설권(→ 日)
• 프랑스: 경의선 부설권(→ 日)

日 대한 시설 강령   러·일 전쟁   〈日 황무지 개간권 반대〉
→ 황무지 개간 요구   보안회(1904) → 저지 O
          (1904)

화폐 정리 사업(1905)   을사늑약
• 메가타(재정 고문)   (1905)   국채 보상 운동(1907)
  └ by 1차 한·일 협약   • 서상돈, 김광제
• 백동화 → 제일 은행권(경제 X)   • 대구 → 서울(국채 보상 기성회)
• 금 본위제, 전환국 X   정미7조약   • 대한매일신보 지원
          (1907)

동양 척식 주식회사(1908)

경술국치
(1910)

31강

개항기(경제)

빈출키워드 TOP5

방곡령	1위
국채 보상 운동	2위
황국 중앙 총상회	3위
보안회	4위
화폐 정리 사업	5위

🖉 절영도 조차

절영도는 부산의 남쪽 해안에 있는 섬이에요. 1897년 러시아가 저탄소 설치를 위해 절영도를 빌려 달라고 요구하자 국내에서 거센 반대 여론이 일어났어요. 독립 협회의 반러시아 운동 등으로 러시아는 결국 절영도 조차를 포기하였어요.

🖉 대한 시설 강령

일제는 1904년 2월 한·일 의정서의 체결로 획득한 이권을 강화하기 위해 1904년 5월 많은 일본 농민을 한국으로 이주시키기 위한 계획이 포함된 〈대한 시설 강령〉을 작성하였어요.

🖉 백동화

1892년 전환국에서 발행되다가 일본의 간섭으로 1904년 발행이 중지된 동전이에요. 화폐 정리 사업 당시 조선 상인들은 큰 피해를 입었으나, 일본 상인들은 백동화를 화폐 정리 사업이 시작되기 전에 판매해 큰 이익을 남겼어요.

🖉 철시

시장, 가게 따위가 문을 닫고 영업을 하지 않는 것을 말해요.

🖉 상회사

개항 후 외국 상인의 침투에 대응하고 상권을 수호하고자 근대적 상회사들이 설립되었어요.

🖉 서상돈

독립 협회의 간부로 활동한 민족운동가예요. 1907년 국채 보상 취지서를 작성, 발표하며 김광제 등과 함께 국채 보상 운동을 주도하였어요.

---

① 열강의 경제 침탈

(1) 개항 초기

일본	강화도 조약 (조·일 수호 조규, 1876)	• 영사 재판권(치외 법권) 허용 • 조·일 수호 조규 부록: 개항장에서 사방 10리 이내에서 일본인의 무역 활동 허용, 개항장에서 일본 화폐의 유통 허용 • 조·일 무역 규칙: 일본 상품에 관세를 매기지 않음, 양곡의 무제한 반출 허용(과도한 곡물 반출을 막을 규정 ×) → 부산 해관 수세 사건(1878)
	조·일 통상 장정 (1883)	• 일본 상품에 관세를 매기는 규정 마련 • 방곡령 규정 마련(1개월 전 일본에 통보) • 일본에 최혜국 대우 허용
미국	조·미 수호 통상 조약 (1882)	• 김홍집이 일본에서 가져온 《조선책략》의 영향 → 청의 알선으로 체결 • 최혜국 대우 허용(최초), 미국 상품에 낮은 세율의 관세를 매김(최초), 거중 조정(최초), 영사 재판권 허용 • 조약 체결 후 한성에 미국 공사가 부임 → 공사 파견에 대한 답례로 미국에 보빙사 파견 → 귀국 후 유길준이 《서유견문》 집필
청	조·청 상민 수륙 무역 장정 (1882)	• 임오군란 직후 체결 → 청에 영사 재판권 허용, 청 상인의 내지 통상 가능 → 조선 상인(객주, 보부상) 타격 • 청·일 상인 간의 상권 경쟁 심화

(2) 열강의 이권 침탈

국가	침탈 내용
러시아	압록강·두만강·울릉도 등지의 삼림 채벌권, 함경도 종성·경원의 광산 채굴권, 절영도 조차 요구, 한·러 은행 설립, 용암포 불법 점령
미국	운산 금광 채굴권, 경인선(서울-인천) 부설권(→ 후에 일본이 구입)
프랑스	경의선(서울-신의주) 부설권(→ 후에 일본이 구입)
일본	직산 금광 채굴권, 경부선(서울-부산)·경원선(서울-원산) 부설권
독일	당현 금광 채굴권

(3) 일본의 경제 침탈

① 토지 약탈

〈대한 시설 강령〉 작성	러·일 전쟁 중 대규모의 일본 농민 이주 계획 내용이 포함된 〈대한 시설 강령〉 작성 → 대한 제국 정부에 황무지 개간권 요구
동양 척식 주식회사 설립(1908)	일제가 대한 제국의 토지를 계획적으로 약탈할 목적으로 설립 → 대한 제국의 토지를 일본인에게 싼값에 판매

② 금융 지배

차관 강요	러·일 전쟁 이후 대한 제국에 필요한 자금을 일본에서 빌려 주는 형식으로 들여옴 → 대한 제국의 재정을 일본에 예속시키려는 목적

화폐 정리 사업 (1905)	• 주도: 제1차 한·일 협약에 따라 일본에서 재정 고문으로 파견된 메가타
	• 내용: 대한 제국 화폐(상평통보, 백동화)를 일본 화폐(제일 은행권)로 교체
	  – 백동화의 상태에 따라 교환 여부 결정 → 백동화의 가치 하락, 상태가 나쁘면 교환 거부
	  – 금 본위제 실시, 전환국 폐지

❷ 경제적 구국 운동

(1) 방곡령 선포

배경	일본으로의 곡물 반출 증가, 흉년 등으로 국내 곡물 가격 폭등
시행	조·일 통상 장정에 따라 함경도(조병식, 1889), 황해도(1890) 등 지의 지방관이 방곡령 선포 → 일본이 방곡령 선포 1개월 전에 통지해야 한다는 규정을 위반하였다며 문제 제기
결과	방곡령 철회, 일본에 배상금 지불

(2) 상권 수호 운동

배경	청, 일본 등 외국 상인의 상권 침탈로 피해 증가
내용	• 상인들의 철시 투쟁 • 시전 상인들이 황국 중앙 총상회 조직(1898) → 외국 상인의 불법적인 상업 활동 중단 요구, 독립 협회와 연계 • 상회소·상회사 설립 – 상회소: 개항장 객주들이 상권 유지 목적으로 설립한 동업 조합(원산 상회소, 의신 상회소) – 상회사: 일반 상인들이 설립(대동 상회, 장통 상회)

(3) 이권 수호 운동

배경	아관 파천 이후 열강의 이권 침탈 심화
내용	• 독립 협회: 만민 공동회 개최 → 러시아의 절영도 조차 요구 저지, 한·러 은행 폐쇄 기여 • 보안회: 일본의 황무지 개간권 요구 반대 운동 전개(1904) → 성공 • 농광 회사: 이도재 등의 주도로 설립(1904) → 자국민 스스로 황무지를 개간할 것을 주장

(4) 국채 보상 운동(1907)

배경	일본의 강요로 차관 도입(약 1,300만 원) → 대한 제국의 경제적 예속 심화
전개	• 서상돈, 김광제 등의 주도로 대구에서 시작 → 서울에서 국채 보상 기성회 조직(1907) • 전국적인 모금 운동 전개 → 금주, 금연 등으로 성금 마련 • 대한매일신보와 황성신문 등 언론의 후원으로 전국적 확산
결과	일제 통감부의 방해와 탄압으로 실패

(5) 근대 은행 설립: 조선 은행(1896), 한성 은행(1897), 대한 천일 은행(1899) 등 설립 → 화폐 정리 사업 이후 모두 몰락

⏸️ 일시정지! ☑️ 확인하기

1. 조·미 수호 통상 조약에 대한 설명이 맞으면 ○표, 틀리면 ×표 하세요.

(1) 거중 조정의 조항을 포함하였다. ( )

(2) 통감부가 설치되는 계기가 되었다. ( )

(3) 최혜국 대우를 최초로 규정하였다. ( )

(4) 천주교 포교 허용의 근거가 되었다. ( )

(5) 일본 경비병의 공사관 주둔을 명시하였다. ( )

(6) 외국 상인의 내지 통상권을 최초로 규정하였다. ( )

(7) 부산 외 2곳에 개항장이 설치되는 결과를 가져왔다. ( )

(8) 스티븐스가 외교 고문으로 부임하는 계기가 되었다. ( )

(9) 함경도와 황해도에 방곡령이 선포되는 결과를 가져왔다. ( )

2. 다음 사실들을 순서대로 나열하세요.

> (가) 조·일 통상 장정이 체결되었다.
> (나) 조·미 수호 통상 조약이 체결되었다.
> (다) 메가타가 주도한 화폐 정리 사업이 실시되었다.

( )

3. 국채 보상 운동에 대한 설명이 맞으면 ○표, 틀리면 ×표 하세요.

(1) 통감부의 방해와 탄압으로 중단되었다. ( )

(2) 조선 관세령 폐지를 계기로 확산되었다. ( )

(3) 러시아의 절영도 조차 요구에 반대하였다. ( )

(4) '조선 사람 조선 것' 등의 구호를 내세웠다. ( )

(5) 자작회, 토산 애용 부인회 등이 활동하였다. ( )

(6) 금주·금연을 통한 차관 갚기 운동을 전개하였다. ( )

(7) 대한매일신보의 후원 속에 전국으로 확산하였다. ( )

(8) 조선인 본위의 교육 제도 확립 등을 요구하였다. ( )

(9) 신간회에서 진상 조사단을 파견하여 지원하였다. ( )

(10) 일제가 이른바 문화 통치를 실시하는 배경이 되었다. ( )

(11) 일본, 프랑스 등의 노동 단체로부터 격려 전문을 받았다. ( )

1. (1) ○ (2) × (3) ○ (4) × (5) × (6) × (7) × (8) × (9) ×
2. (나) – (가) – (다)
3. (1) ○ (2) × (3) × (4) × (5) × (6) ○ (7) ○ (8) × (9) × (10) × (11) ×

1 조·미 수호 통상 조약(1882)

조선은 제2차 수신사 김홍집이 가져온 《조선책략》의 영향으로 러시아의 남하를 견제하는 청의 알선을 받아 미국과 통상 조약을 맺었어요. 이 조약에서 처음으로 최혜국 대우 허용, 거중 조정, 관세 설정이 포함되었어요.

제1조 사후 대조선국 군주와 대미국 대통령과 아울러 그 인민은 각각 모두 영원히 화평하고 우호를 다진다. 만약 타국이 어떤 불공평하게 하고 경시하는 일이 있으면 통지를 거쳐 반드시 서로 도와주며 중간에서 잘 조정해 두터운 우의와 관심을 보여 준다.

제5조 무역을 목적으로 조선국에 오는 미국 상인 및 상선은 모든 수출입 상품에 대해 관세를 지불해야 한다.

제14조 현재 양국이 의논해 정한 이후 대조선국 군주가 어떤 혜택, 은전의 이익을 타국 혹은 그 나라 상인에게 베풀면 이와 같은 권리, 특권 및 특혜는 미국에게도 무조건 똑같이 주어진다.

2 보빙사

조·미 수호 통상 조약 체결 이후 한성에 미국 공사가 부임하였고, 이에 대한 답례로 조선 정부는 미국에 외교 사절인 보빙사를 파견하였어요. 전권대신 민영익, 홍영식, 서광범, 유길준 등이 포함되었고, 업무가 끝난 후 미국에 남아 유학한 유길준은 귀국 후 미국에서 보고 들은 근대적 모습을 기록한 《서유견문》을 집필하였어요.

▲ 보빙사 일행

▲ 미국 대통령과 보빙사

3 조·일 통상 장정(1883)

조선은 일본과 통상 장정을 체결하여 관세 설정 조항과 방곡령 선포 조항을 넣었으나, 일본의 요구대로 최혜국 대우 조항도 넣었어요. 이로 인해 일본인이 조선 땅에서 상업 활동을 할 수 있게 되면서 청·일 상인 간의 상권 경쟁 심화로 국내 상인의 피해가 증가하였어요.

제9칙 입항하거나 출항하는 각 화물이 세관을 통과할 때는 응당 본 조약 세칙에 따라 관세를 납부해야 한다.

제37관 조선국에서 가뭄과 홍수, 전쟁 등의 일로 국내에 양식이 부족할 것을 우려하여 일시 쌀 수출을 금지하려고 할 때에는 1개월 전에 지방관이 일본 영사관에 통지하고, 미리 그 기간을 항구에 있는 일본 상인들에게 전달하여 일률적으로 준수하는 데 편리하게 한다.

4 열강의 이권 침탈

아관 파천을 계기로 열강은 최혜국 대우 조항을 내세워 삼림, 광산, 철도 등과 관련된 수많은 이권을 빼앗아 갔어요. 특히 일본은 미국이 가져간 경인선 부설권과 프랑스가 가져간 경의선 부설권을 사들이면서 본격적인 내륙 침탈을 준비하였어요.

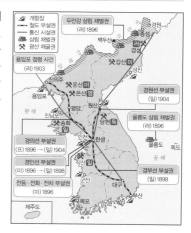

5 화폐 정리 사업

제1차 한·일 협약에 따라 일본에서 파견된 재정 고문 메가타의 주도로 화폐 정리 사업이 실시되었어요. 일제는 상평통보, 백동화와 같은 대한 제국 화폐를 일본 화폐인 제일 은행권으로 교체하는 사업을 전개하면서 대한 제국의 경제를 장악하고자 하였어요. 백동화는 상태에 따라 교환 여부를 결정하였는데, 이로 인해 백동화의 가치가 하락하면서 국내 상인과 민간 은행이 큰 타격을 입었고, 화폐 정리 사업에 필요한 자금을 일본에서 강제로 빌리게 함으로써 대한 제국은 큰 빚을 지게 되었어요.

〈구(舊) 백동화(白銅貨) 교환에 관한 건〉

제1조 구 백동화 교환에 관한 사무는 금고(金庫)로 처리하도록 하며 탁지부대신이 이를 감독한다.

제3조 구 백동화의 백동 비율[品位]·무게[量目]·무늬모양[印像]·형체가 정식 화폐[正貨] 기준을 충족할 경우, 1개당 금 2전 5리로 새로운 화폐와 교환한다. 이 기준에 합당하지 않은 부정(不正) 백동화는 1개 당 금 1전의 가격으로 정부에서 사들인다. …… 단, 형태나 품질이 조악하여 화폐로 인정할 수 없는 것은 사들이지 않는다. — 관보, 1905년 6월 29일 —

▲ 백동화

▲ 제일 은행권

6 동양 척식 주식회사

1908년에 일제는 대한 제국의 토지와 자원을 계획적으로 약탈할 목적으로 동양 척식 주식회사를 설립하였어요. 동양 척식 주식회사는 대한 제국 소유의 미개간지나 역둔토를 빼앗거나 싸게 사들여 일본인에게 싼값에 판매하였어요.

7 방곡령

방곡령은 지방관이 곡물 가격 폭등과 식량 부족 문제를 방지하기 위해 국외로의 곡물 반출을 금지한 명령으로, 조·일 통상 장정(1883)에 규정이 마련되었어요. 1889년 함경도, 1890년 황해도의 지방관이 방곡령을 선포하자 일본은 방곡령 선포 1개월 전 통보 규정을 위반하였다는 트집을 잡으며 방곡령 철회와 일본 상인들이 입은 피해에 대한 손해 배상을 요구하였어요. 결국 대한 제국 정부는 방곡령을 철회하고, 일본에 배상금을 지불하였어요.

> 우리 고을에 …… 가난한 백성의 먹을 것이 없는 참상이 눈앞에 가득하니, 곡물 수출은 당분간 중지하지 않을 수 없습니다. …… 음력 을유년 12월 21일을 기점으로 한 달이 지난 이후부터는 쌀 수출이 금지되니 이러한 점을 귀국의 상민(常民)들에게 통지하여 주시기 바랍니다.

▲ 방곡령 선포 지역

8 농광 회사

1904년 황무지 개간권을 일제에 넘길 것이 아니라 한국인이 직접 회사를 세워 사업을 벌이자는 여론에 따라 일부 관료와 실업가들이 설립한 근대적 농업 회사예요. 농광 회사는 액면가 50원의 주식 20만 주로 총 1,000만 원을 확보하려고 하였어요. 그러나 일본의 방해로 본격적인 활동을 하지 못한 채 해체되었어요.

> • 농광 회사의 고금(股金)은 액면 50원씩이고, 총 1천만 원을 발행하고, 주당 불입금은 5년간 총 10회 5원씩 나눠서 낸다.
> • 농광 회사는 국내 진황지 개간, 관개 사무와 산림천택(山林川澤), 식양채벌(殖養採伐) 등의 사무 이외에 금·은·동·철·석유 등의 각종 채굴 사무에 종사한다.

9 독립 협회의 이권 수호 운동

아관 파천을 계기로 열강의 이권 침탈이 심해졌는데, 이에 독립 협회는 만민 공동회를 개최하여 이권 수호 운동을 전개하였어요. 그 결과 러시아의 절영도 조차 요구를 저지하였고, 한·러 은행을 폐쇄시키는 데 성공하였어요.

> 현재 러시아가 우리 대한을 향하여 절영도를 요구하고 있습니다. …… 그 신하된 자가 만약 조그마한 땅이라도 타국인에게 주면 이는 황제 폐하의 역신이며 역대 임금의 죄인이며 우리 대한 2천만 동포 형제의 원수입니다.
> – 정교, 《대한계년사》(1898) –

10 황국 중앙 총상회

조·청 상민 수륙 무역 장정과 조·일 통상 장정 이후 청, 일본 등 외국 상인의 상권 침탈이 심해졌어요. 이에 한성의 시전 상인들은 상권을 지키기 위해 청·일본 상인이 세운 점포의 철수 요구 시위와 철시 운동을 전개하였어요. 그리고 황국 중앙 총상회를 조직하여 외국 상인의 불법적인 상업 활동 중단을 강력히 요구하였어요.

> 근일 외국인이 내지의 각부 각군 요지에 점포 가옥을 사서 장사하고 또 전답을 구매한다고 하니 이는 외국과 통상에도 없는 것이요, 외국인이 내지에 와서 점포를 열어 장사하고 전답을 사들이면 대한 인민의 상권이 외국인에게 모두 돌아가고, …… 우리나라 각부 각군 지방에 잡거하는 외국 상인을 모두 철거하게 하고 가옥과 전답 구매를 모두 엄금하여 대한 인민의 상업을 흥왕케 하여 달라. – 독립신문 –

11 국채 보상 운동

일본이 대한 제국에 강제로 차관한 비용은 대한 제국의 1년 예산 정도인 1,300만 원에 달하였어요. 이에 국민들 사이에서 성금을 모아 나라가 진 빚을 갚자는 운동이 일어났어요. 국채 보상 운동은 1907년 서상돈, 김광제 등을 중심으로 대구에서 시작되었고, 이후 국채 보상 기성회가 설립되고 대한매일신보, 황성신문 등 언론의 후원을 받으며 전국으로 확산되었어요.

▲ 국채 보상 운동 기념비

> • 대저 2천만 중 여자가 1천만이요, 1천만 중에 가락지 있는 이가 반은 넘을 터이오니 가락지 매 쌍에 2원씩만 셈하고 보면 1천만 원이 여인 수중에 있다 할 수 있습니다.
> • 우리 동경 유학생으로 말하더라도 근 800인이라. …… 우리는 일제히 담배를 끊어 국채를 만분의 일이라도 갚고자 결심 동맹하였다.
> • 지금이야말로 우리들의 정신을 새로이 하고 충의를 떨칠 때가 아니겠는가. 국채 1,300만 원은 바로 우리나라의 존망과 관계된 것이다. 이것을 갚으면 나라가 존재하고, 갚지 못하면 나라가 망할 것은 필연적인 사실이다. 그런데 지금 국고의 상태로는 갚기 어려우니 장차 삼천리 강토는 내 나라, 내 민족의 소유가 되지 못할 것이다.
> • 우리가 함께 여자의 몸으로 규문에 처하와 삼종지의에 간섭할 사무가 없사오나, 나라 위하는 마음과 백성 된 도리에야 어찌 남녀가 다르리오. 듣사오니 국채를 갚으려고 이천만 동포들이 석 달간 연초를 아니 먹고 대전을 구취한다 하오니, 족히 사람으로 흥감케 할지요 진정에 아름다움이라 ……

개항기(경제)

❶ 53회

밑줄 그은 '장정'에 대한 설명으로 옳은 것은? [3점]

이번 장정의 체결로 우리의 관세권을 일정 부분 회복했다고 하네.

그렇지만 이 장정으로 일본에 최혜국 대우를 인정해 주었다더군.

① 갑신정변의 영향으로 체결되었다.
② 방곡령 시행에 대한 규정을 명시하였다.
③ 일본 공사관에 경비병이 주둔하는 계기가 되었다.
④ 일본인 재정 고문을 두도록 하는 조항을 담고 있다.
⑤ 부산 외 2개 항구를 개항한다는 내용을 포함하였다.

❷ 62회

밑줄 그은 '조약'의 영향으로 가장 적절한 것은? [2점]

청의 알선으로 서양과 맺은 최초의 조약이 체결된 장소에 새로운 표석이 설치되었습니다. 기존 한글 안내판에 영어와 중국어 안내문을 추가한 이번 표석 설치는 개항기 대외 관계와 관련한 중요한 장소를 외국인에게도 널리 알리는 기회가 될 것으로 보입니다.

영어, 중국어 안내문을 추가한 표석 설치

① 부산, 원산, 인천 항구가 개항되었다.
② 김홍집이 국내에 조선책략을 소개하였다.
③ 민영익을 대표로 한 보빙사가 파견되었다.
④ 일본 군함 운요호가 영종도를 공격하였다.
⑤ 개화 정책을 총괄하는 통리기무아문이 설치되었다.

📢 조·일 통상 장정

정답분석 개항 후 일본에 일방적으로 유리한 무역이 이루어지고 대량의 곡물이 일본으로 유출되자 조선 정부는 이를 개선하려는 노력을 벌여 1883년에 조·일 통상 장정을 체결하였어요.
② 조선 정부는 1883년에 조·일 통상 장정을 체결하여 관세 조항을 설정하고 방곡령에 관한 규정을 두었어요. 이에 따라 함경도, 황해도 등 각지의 지방관이 방곡령을 선포할 수 있게 되었어요. 그러나 일본에 최혜국 대우를 인정하는 조항도 추가되었어요.

오답분석 ① 갑신정변 후 조선은 일본과 한성 조약을 체결하였어요.
③ 임오군란 후 조선 정부는 일본과 제물포 조약을 체결하여 일본 공사관에 경비병의 주둔을 허용하였어요.
④ 러·일 전쟁 중에 체결된 제1차 한·일 협약에 일본이 추천하는 일본인 1명을 대한 제국의 재정 고문으로 삼는다는 조항이 담겼어요. 이에 따라 일본인 메가타가 재정 고문으로 부임하였어요.
⑤ 강화도 조약에 부산 외 2개 항구를 개항한다는 내용이 포함됨에 따라 원산, 인천에 개항장이 설치되었어요.

📢 조·미 수호 통상 조약

정답분석 조·미 수호 통상 조약은 조선이 청의 알선과 《조선책략》의 영향을 받아 서양과 맺은 최초의 조약이에요. 제2차 수신사로 일본에 파견된 김홍집이 가져온 《조선책략》의 내용이 국내에 유포되고, 조선 정부 내에서도 미국에 우호적인 여론이 형성되어 1882년에 조·미 수호 통상 조약이 체결되었어요.
③ 조선은 조·미 수호 통상 조약 체결 이후 미국의 공사 파견에 대한 답례로 민영익, 홍영식, 유길준 등을 미국에 보빙사로 파견하였어요.

오답분석 ① 일본과 맺은 강화도 조약(조·일 수호 조규)에 따라 부산 외 원산, 인천의 항구가 차례대로 개항하였어요.
② 강화도 조약 체결 이후 제2차 수신사로 일본에 파견된 김홍집은 귀국길에 황준헌(황쭌셴)이 지은 《조선책략》을 가지고 들어왔어요. 황준헌은 《조선책략》에서 러시아를 막기 위해서는 조선이 중국, 일본, 미국과 손잡아야 한다고 주장하였어요. 《조선책략》의 내용이 국내에 유포되자 이만손 등 영남 유생들이 미국과의 수교에 반대하는 영남 만인소를 올렸어요. 하지만 조선 정부는 이들을 탄압하고 조·미 수호 통상 조약을 체결하였어요.
④ 1875년에 일본의 군함 운요호가 허락 없이 강화도로 접근하여 영종도를 공격하였어요(운요호 사건). 이 사건을 계기로 조선은 일본과 강화도 조약(조·일 수호 조규)을 체결하였어요.
⑤ 개항 이후 조선은 개화 정책을 추진하기 위해 총괄 기구로 통리기무아문을 설치하였어요.

정답 | ②

정답 | ③

③ 51회 회독 ○○○

(가), (나) 조약에 대한 설명으로 옳은 것을 |보기|에서 고른 것은? [3점]

(가) 제5관 미국 상인과 상선이 조선에 와서 무역을 할 때 입출항하는 화물은 모두 세금을 바쳐야 하며, 세금을 거두는 권한은 조선이 자주적으로 행사한다.

(나) 제37관 조선국에서 가뭄과 홍수, 전쟁 등의 일로 국내에 양식이 부족할 것을 우려하여 일시 쌀 수출을 금지하려고 할 때에는 1개월 전에 지방관이 일본 영사관에 통지하고, 미리 그 기간을 항구에 있는 일본 상인들에게 전달하여 일률적으로 준수하는 데 편리하게 한다.

┌─ 보기 ┐
ㄱ. (가) – 최혜국 대우 내용을 포함하였다.
ㄴ. (가) – 갑신정변의 영향으로 체결되었다.
ㄷ. (나) – 방곡령 시행에 대한 규정을 명시하였다.
ㄹ. (나) – 재정 고문을 두도록 하는 조항을 담고 있다.

① ㄱ, ㄴ ② ㄱ, ㄷ ③ ㄴ, ㄷ ④ ㄴ, ㄹ ⑤ ㄷ, ㄹ

📢 **조·미 수호 통상 조약과 조·일 통상 장정**

정답분석 (가)는 1882년에 체결된 조·미 수호 통상 조약으로 조선이 서양 국가와 최초로 맺은 조약이에요. (나)는 1883년에 체결된 조·일 통상 장정이에요. 강화도 조약의 부속 조약으로 맺은 조·일 무역 규칙을 개정하여 만든 조약이에요.
ㄱ. 조·미 수호 통상 조약에는 최혜국 대우 허용, 관세 규정 조항, 거중 조정 조항이 처음으로 포함되었어요.
ㄷ. 조·일 통상 장정에는 일본 상품에 대한 관세 규정을 두었고, 조선에서 천재지변과 변란으로 인한 식량 부족의 우려가 있을 때 방곡령을 선포할 수 있다는 규정을 추가하였어요.

오답분석 ㄴ. 갑신정변 후 조선 정부는 일본에 배상금 지불과 일본 공사관 건축 비용 및 부지 제공 등을 약속하는 한성 조약을 체결하였어요.
ㄹ. 제1차 한·일 협약에 일본이 추천하는 재정 고문과 외교 고문을 두도록 하는 조항이 담겼어요. 이에 따라 재정 고문으로 일본인 메가타, 외교 고문으로 미국인 스티븐스가 부임하였어요.

정답 | ②

④ 60회 회독 ○○○

다음 자료에 나타난 사업에 대한 설명으로 옳은 것은? [1점]

한국에서 유통되는 백동화에 대한 처분안을 들어보면,
갑(甲) 구 백동화는 1개당 신화폐 2전 5리의 비율로 교환한다.
을(乙) 부정한 구 백동화는 1개당 신화폐 1전의 비율로 매수한다. 매수를 바라지 않는 것은 정부가 그것을 절단하여 소유자에게 환부한다.
병(丙) 형체와 품질이 화폐라고 인정하기 어려운 것은 정부가 매수하지 않는다.
⋮
이른바 폐제(幣制) 개혁은 통화를 금절(禁絶)하여 소의 뿔을 바로잡으려다가 소를 죽이는 결과를 가져왔습니다.
– 「한국 폐제 개혁에 관한 진정서」 –

① 독립 협회가 반대 운동을 전개하였다.
② 재정 고문 메가타의 주도로 시행되었다.
③ 동양 척식 주식회사가 중심이 되어 실시하였다.
④ 은 본위제가 본격적으로 실시되는 배경이 되었다.
⑤ 함경도 관찰사 조병식이 방곡령을 선포하는 계기가 되었다.

📢 **화폐 정리 사업**

정답분석 화폐 정리 사업은 제1차 한·일 협약에 따라 대한 제국의 재정 고문이 된 메가타가 1905년부터 추진한 사업이에요. 이 사업으로 인해 대한 제국의 백동화와 구화폐는 일본의 제일 은행권으로 교환되었고 대한 제국의 재정은 일본에 예속되었어요.
② 제1차 한·일 협약 체결 이후 대한 제국의 재정 고문으로 온 메가타는 화폐 정리 사업을 추진하여 대한 제국의 재정을 일본에 예속시키려고 하였어요.

오답분석 ① 독립 협회는 만민 공동회를 열어 러시아의 절영도 조차 요구 등 열강의 이권 침탈을 저지하였어요.
③ 일제는 대한 제국의 토지와 자원을 수탈하고, 대한 제국의 토지를 일본인에게 싼값에 판매하기 위해 1908년에 동양 척식 주식회사를 설립하였어요.
④ 은 본위제는 1894년의 제1차 갑오개혁을 통해 처음 실시되었어요.
⑤ 강화도 조약 체결 이후 일본으로의 쌀 유출로 쌀값이 폭등하자 함경도와 황해도의 지방관이 조·일 통상 장정에 명시된 방곡령을 선포하였는데, 1889년에 함경도 관찰사 조병식이 선포한 방곡령이 대표적이에요. 하지만 일본은 1개월 전 문서 통보 규정을 내세워 방곡령을 철회시키고 배상금까지 받아갔어요.

정답 | ②

5 65회　　　　　　　　　　　　　　　　　　　　회독 ○○○

(가)~(다)를 일어난 순서대로 옳게 나열한 것은?　　[3점]

주제: 일본의 경제 침탈에 대한 저항

상권을 수호하기 위해 황국 중앙 총상회가 창립되었어요.

일본의 황무지 개간권 요구를 저지하기 위해 보안회가 조직되었어요.

대구에서 서상돈을 중심으로 금주, 금연 등을 통한 국채 보상 운동이 시작되었어요.

　　　(가)　　　　　(나)　　　　　(다)

① (가) - (나) - (다)　　　② (가) - (다) - (나)
③ (나) - (가) - (다)　　　④ (나) - (다) - (가)
⑤ (다) - (가) - (나)

6 69회　　　　　　　　　　　　　　　　　　　　회독 ○○○

다음 자료에 나타난 민족 운동에 대한 설명으로 옳은 것은?
　　　　　　　　　　　　　　　　　　　　　　　　　[1점]

　거액의 외채 1,300만 원을 해마다 미루다가 갚지 못할 지경에 이른다면 나라를 보존하기 어려울 것이니, 나라를 보존하지 못하면, 아! 우리 동포는 장차 무엇에 의지하겠습니까? …… 근래에 신문을 접하니, 영남에서 시작하여 서울에 이르기까지 담배를 끊어 나라의 빚을 갚자는 논의가 시작되었고, 발기한 지 며칠이 되지 않아 의연금을 내는 자들이 날마다 이른다 하니, 우리 백성들이 임금에게 충성하고 나라를 사랑하는 마음을 통쾌하게 볼 수 있습니다.

① 조선 총독부의 탄압과 방해로 실패하였다.
② 대한매일신보 등의 지원을 받아 확산되었다.
③ 대한민국 임시 정부가 수립되는 계기가 되었다.
④ 백정에 대한 사회적 차별 철폐를 목적으로 하였다.
⑤ 조선 민립 대학 기성회에서 모금 활동을 전개하였다.

📢 **경제 침탈에 대한 저항**

　정답분석　(가) 청, 일본 등 외국 상인들의 상권 침탈이 심화되자 1898년에 서울의 시전 상인들은 황국 중앙 총상회를 조직하여 상권 수호 운동을 전개하였어요.
(나) 1904년에 러·일 전쟁을 일으킨 일본은 전세가 유리하게 전개되자 대한 제국의 황무지 개간권을 일본인에게 넘겨줄 것을 요구하였어요. 이에 반발하여 전직 관료와 유생들이 중심이 되어 서울에서 보안회를 결성하였어요. 보안회는 일본의 황무지 개간권 요구에 반대하는 운동을 전개하여 저지하는 데 성공하였어요.
(다) 일본은 을사늑약 이후 대한 제국에 강제로 차관을 제공하였는데, 그 액수가 1,300만 원에 달하였어요. 이에 1907년에 국민들 사이에서 성금을 모아 나라가 진 빚을 갚자는 국채 보상 운동이 일어났어요. 이 운동은 서상돈, 김광제 등을 중심으로 대구에서 시작되었어요. 국채 보상 기성회가 조직되어 국민들은 금주와 금연, 비녀와 반지를 내놓는 방법 등으로 참여하였고, 국외에서도 의연금을 보내 왔어요.
① (가) 황국 중앙 총상회 창립(1898) → (나) 보안회 조직(1904) → (다) 국채 보상 운동 시작(1907)

정답 | ①

📢 **국채 보상 운동**

　정답분석　일본은 을사늑약 이후 대한 제국에 강제로 차관을 제공하였는데 그 액수가 1,300만 원에 달하였어요. 이에 국민들 사이에서 성금을 모아 나라가 진 빚을 갚자는 국채 보상 운동이 일어났어요. 이 운동은 서상돈, 김광제 등을 중심으로 대구에서 시작되었어요. 국채 보상 기성회가 조직되어 국민들은 금주와 금연, 비녀와 반지를 내놓는 방법 등으로 참여하였고, 국외에서도 의연금을 보내 왔어요.
② 대한매일신보는 국채 보상 운동을 적극적으로 지원하여 국채 보상 운동이 확산하는 데 기여하였어요.

　오답분석　① 1910년에 국권을 강탈한 일제는 경복궁 안에 식민지 통치 기관인 조선 총독부 건물을 세우고 한반도를 다스렸어요. 조선 총독부의 탄압과 방해로 실패한 대표적인 민족 운동에는 민립 대학 설립 운동이 있어요.
③ 1919년에 일어난 3·1 운동의 영향으로 대한민국 임시 정부가 수립되었어요.
④ 1923년에 백정들은 경상남도 진주에서 조선 형평사를 조직하고 백정에 대한 사회적 차별 철폐를 요구하는 형평 운동을 전개하였어요.
⑤ 1923년에 조선 민립 대학 설립 기성회가 창립되어 이상재의 주도로 민족 교육을 위한 민립 대학 설립 운동이 전개되었어요.

정답 | ②

개항기(경제)

열강의 경제 침탈

01 조·미 수호 통상 조약에는　중 조정에 대한 내용이 포함되었다.

02 조·미 수호 통상 조약에는 외국에 대한 최　　　대우가 처음으로 규정되었다.

03 조·일 통상 장정에서는 일본 상품에 대한 관　　부과 규정이 마련되었다.

04 조·일 통상 장정의 체결로 일본으로의 곡물 유출을 막을 수 있는　　　령 선포가 가능해졌다.

05 조·청 상민 수륙 무역 장정에 따라 조선에서 청 상인의　　　통상이 가능해졌다.

06 조·청　　　　　무역 장정 체결 후 객주, 여각 등의 국내 상인이 큰 타격을 입었다.

07 러시아는 압록강과 두만강 등지의 삼림 채벌권을 차지하고　　　도의 조차를 요구하였다.

08 1908년에 일제는 한국의 토지와 자원을 수탈할 목적으로 동양　　　주식회사를 설립하였다.

09 1905년에 일본인 재정 고문 메가타의 주도로　　　정리 사업이 추진되었다.

10 화폐 정리 사업은 구(舊)　　　화를 일본 제일 은행권으로 교환해 주는 사업이었다.

경제적 구국 운동

11 외국 상인의 상권 침탈에 맞서 대동 상회, 장통 상회 등의　　　사가 설립되었다.

12 시전 상인은　　　중앙 총상회를 결성하고 상권 수호 운동을 전개하였다.

13 　　　협회는 만민 공동회를 열어 러시아의 절영도 조차 요구를 저지하였다.

14 　　　　　운동은 일본에 진 나랏빚을 갚아 국권을 회복하자는 경제적 구국 운동이었다.

15 국채 보상 운동은 서상돈, 김광제 등의 발의로　　　에서 시작되어 전국으로 확산하였다.

16 국채 보상 운동은　　　　　신보 등 당시 언론의 적극적인 지원을 받았다.

17 국채 보상 운동은　　부의 방해와 탄압으로 실패하였다.

정답 **01** 거 **02** 혜국 **03** 세 **04** 방곡 **05** 내지 **06** 상민 수륙 **07** 절영 **08** 척식 **09** 화폐 **10** 백동 **11** 상회 **12** 황국 **13** 독립 **14** 국채 보상 **15** 대구 **16** 대한매일 **17** 통감

31강 개항기(경제) **331**

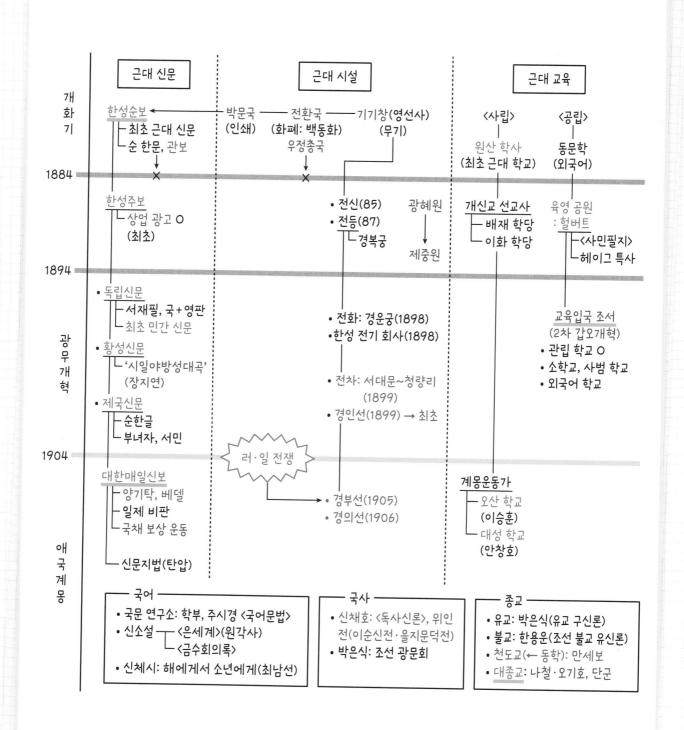

근대 신문	근대 시설	근대 교육

개화기

한성순보 ← 박문국 ── 전환국 ── 기기창(영선사)
(인쇄) (화폐: 백동화) (무기)
├─ 최초 근대 신문 우정총국
└─ 순 한문, 관보

〈사립〉   〈공립〉
원산 학사   동문학
(최초 근대 학교) (외국어)

1884 ×   ×

한성주보
├─ 상업 광고 ○
└ (최초)

• 전신(85)
• 전등(87)
└ 경복궁

광혜원
↓
제중원

개신교 선교사
├─ 배재 학당
└─ 이화 학당

육영 공원
: 헐버트
├─〈사민필지〉
└─ 헤이그 특사

1894

광무개혁

• 독립신문
├─ 서재필, 국 + 영판
└─ 최초 민간 신문
• 황성신문
└─ '시일야방성대곡'
(장지연)
• 제국신문
├─ 순한글
└─ 부녀자, 서민

• 전화: 경운궁(1898)
• 한성 전기 회사(1898)

• 전차: 서대문~청량리
(1899)
• 경인선(1899) → 최초

교육입국 조서
(2차 갑오개혁)
• 관립 학교 ○
• 소학교, 사범 학교
• 외국어 학교

1904

러·일 전쟁

대한매일신보
├─ 양기탁, 베델
├─ 일제 비판
├─ 국채 보상 운동
│
└─ 신문지법(탄압)

• 경부선(1905)
• 경의선(1906)

애국계몽

계몽운동가
├─ 오산 학교
│ (이승훈)
└─ 대성 학교
(안창호)

┌─ 국어 ─┐
• 국문 연구소: 학부, 주시경 〈국어문법〉
• 신소설 ─┬〈은세계〉(원각사)
         └〈금수회의록〉
• 신체시: 해에게서 소년에게(최남선)

┌─ 국사 ─┐
• 신채호: 〈독사신론〉, 위인
전(이순신전·을지문덕전)
• 박은식: 조선 광문회

┌─ 종교 ─┐
• 유교: 박은식(유교 구신론)
• 불교: 한용운(조선 불교 유신론)
• 천도교(← 동학): 만세보
• 대종교: 나철·오기호, 단군

32강 개항기(문화)

따라 쓰며 흐름을 이해하는
흐름판서 쓰기
32강 개항기(문화)

빈출키워드 TOP5

육영 공원	1위
박문국	2위
배재 학당, 이화 학당	3위
대한매일신보	4위
기기창	5위

✎ **여권통문**

서울 북촌의 양반 여성들이 정치, 교육 등 다양한 분야에서 여성의 평등한 권리를 주장한 글이에요.

✎ **배재 학당과 이화 학당**

·배재 학당: 선교사 아펜젤러가 세운 근대적 사립 학교예요. 우리나라 최초로 외국인이 설립한 학교라는 의의가 있어요.
·이화 학당: 선교사 스크랜튼이 세운 우리나라 최초의 여학교예요. 1886년 여학생 한 명을 상대로 학교를 시작하였어요.

✎ **대성 학교**

신민회 회원인 안창호가 평양에 설립한 중등 교육기관이에요.

✎ **국문 연구소**

대한 제국 정부 산하의 학부 안에 설치되었던 한글 연구기관이에요.

✎ **주시경**

호는 한힌샘으로, 대한 제국 시기에 활동한 국어 학자예요. 국문 연구소에서 지석영 등과 함께 한글의 문자 체계 정리와 맞춤법 연구 등을 하였어요.

✎ **신체시**

개항기에 새로 만들어진 시의 형식이에요. 특정 글자 수를 맞추는 기존의 시 형태에서 벗어나 자유로움을 추구하는 형태로 나타났어요.

① 언론의 발달

(1) 근대 신문의 발간

한성순보 (1883~1884)	• 우리나라 최초의 근대 신문, 박문국에서 발행(열흘마다 발행하는 것이 원칙) • 순 한문 신문, 정부 정책을 홍보하는 관보적 성격, 갑신정변(1884)으로 발행 중단
한성주보 (1886~1888)	• 국한문 혼용 신문 • 최초로 상업 광고 게재
독립신문 (1896~1899)	• 우리나라 최초의 민간 신문, 서재필이 창간 • 순 한글 신문, 영문판으로도 발행(외국인에게 국내 소식 전달)
황성신문 (1898~1910)	• 남궁억이 발행, 독립신문과 함께 서울 북촌의 양반 여성들이 발표한 여권통문을 최초 게재 • 국한문 혼용 신문, 장지연의 항일(을사늑약 체결 규탄) 논설 〈시일야방성대곡〉을 최초 게재
제국신문 (1898~1910)	• 이종일이 발행, 서민층과 부녀자가 주된 독자층 • 순 한글 신문
대한매일신보 (1904~1910)	• 양기탁과 영국인 베델이 함께 창간 • 일제 비판 기사와 의병 운동에 대해 호의적인 기사 게재 • 황성신문과 함께 국채 보상 운동을 적극적으로 지원

(2) 일제의 탄압: 일제의 신문지법 공포(1907) → 언론 활동 제약

② 근대 문물과 기술의 도입

근대 시설	박문국(1883)	인쇄·출판 담당 → 한성순보·한성주보 발행
	전환국(1883)	근대식 화폐(백동화, 당오전) 발행
	기기창(1883)	근대식 무기 제작
	의료	• 광혜원(1885): 알렌이 설립 → 최초의 근대식 병원, 제중원으로 명칭 변경 • 광제원(1900): 종두법 실시(지석영), 대한 의원으로 개편
	건축	독립문(1897), 명동 성당(1898), 덕수궁 석조전(1910) 등 건립
교통·통신·전기	전신	인천~서울~의주 개통(1885)
	전기	경복궁에 최초로 전등 가설(1887), 한성 전기 회사 설립(1898)
	전화	경운궁(덕수궁) 안에 설치(1898) → 이후 민간에까지 확대
	전차	최초로 서대문~청량리 간 노선 개통(1899)
	철도	최초로 경인선 개통(1899) → 경부선(1905)·경의선 개통(1906)
	우편	우정총국 설치(1884) → 갑신정변으로 중단 → 재운영(을미개혁 시기, 1895)

③ 근대 교육의 발달

(1) 근대 교육 기관의 설립

① 1880년대

사립	• 원산 학사(1883): 최초의 근대식 학교, 덕원·원산의 관민이 함께 설립 • 개신교 선교사들의 설립: 배재 학당(아펜젤러, 1885), 이화 학당(스크랜튼, 1886)
관립	• 동문학(1883): 통역관 양성 • 육영 공원(1886): 헐버트, 길모어 등 미국인 교사 초빙, 서양 학문 교육

② 1890~1900년대

1890년대	제2차 갑오개혁으로 교육입국 조서 반포(1895) → 근대식 학교 법규 제정 → 각종 관립 학교 설립(한성 사범 학교, 소학교, 외국어 학교 등)
1900년대	을사늑약 체결 이후 애국 계몽 운동가들이 사립 학교 설립 → 신민회: 오산 학교(이승훈), 대성 학교(안창호)

(2) 일제의 탄압

① 보통학교령 제정(1906): '소학교 → 보통학교'로 명칭 변경, '6년 → 4년'으로 교육 기간 단축
② 사립 학교령 제정(1908): 사립 학교 설립 통제

❹ 국학과 문예, 종교의 변화

(1) 국학 연구

국어	국문 연구소 설립(1907) → 주시경(《국어문법》), 지석영 등이 국문 정리와 맞춤법 연구 활동
국사	• 신채호: 〈독사신론〉 발표(1908) → 민족주의 사학의 연구 방향 제시, 위인전 저술(《이순신전》, 《을지문덕전》 등) • 박은식: 최남선 등과 조선 광문회 조직 → 민족 고전 정리 및 간행

(2) 문예 · 종교

문예	• 문학: 신소설(이인직의 《혈의 누》, 안국선의 《금수회의록》 등), 신체시(최남선의 〈해에게서 소년에게〉) • 연극: 원각사 설립(우리나라 최초의 서양식 극장, 1908) → 신소설 《은세계》를 연극으로 상영
종교	• 유교: 박은식이 〈유교 구신론〉 주장(실천적 유교) • 불교: 한용운이 《조선 불교 유신론》(불교 개혁 주장) 발표 • 천도교: 손병희(동학의 3대 교주)가 동학을 천도교로 개칭 (1905), 만세보(기관지) 간행 • 대종교: 나철·오기호가 단군 신앙을 바탕으로 창시(1909) → 국권 피탈 이후 만주 북간도로 근거지를 옮겨 무장 독립 투쟁 전개(중광단 조직 → 북로 군정서) • 천주교: 경향신문 간행(순 한글 신문, 1906)

❺ 국외 이민

노동 이민	• 알렌의 주선 → 하와이 사탕수수 농장 등으로 이민이 이루어짐(1903) • 이후 미국 본토와 멕시코 등지로 이주
결혼 이민	하와이로 이주한 남성들이 결혼을 위해 고국에 사진을 보냄 (사진결혼) → 여성들의 하와이 이주

⏸ 일시정지! ☑ 확인하기

1. 다음 설명에 해당하는 근대 신문을 골라 쓰세요.

> 한성순보, 한성주보, 독립신문, 대한매일신보

(1) 최초로 상업 광고가 게재되었다. ( )
(2) 우리나라 최초의 민간 신문이었다. ( )
(3) 국채 보상 운동을 적극적으로 후원하였다. ( )
(4) 외국인이 읽을 수 있도록 영문으로도 발행되었다.
( )
(5) 순 한문 신문으로 열흘마다 발행하는 것이 원칙이었다.
( )

2. 다음 설명에 해당하는 종교를 골라 쓰세요.

> 개신교, 천주교, 천도교, 대종교

(1) 단군을 숭배의 대상으로 하였다. ( )
(2) 만세보를 발행하여 민중 계몽에 힘썼다. ( )
(3) 여성 교육을 위해 이화 학당을 설립하였다. ( )
(4) 배재 학당을 세워 신학문 보급에 기여하였다. ( )
(5) 경향신문을 발간하여 민중 계몽에 기여하였다. ( )

3. 다음 사실들을 순서대로 나열하세요.

(1) ( )

> (가) 한성 전기 회사가 설립되었다.
(나) 화폐 발행을 위해 전환국이 설치되었다.
(다) 서양식 근대 교육 기관인 육영 공원이 세워졌다.

(2) ( )

> (가) 알렌의 건의로 광혜원이 세워졌다.
(나) 근대식 무기 공장인 기기창이 설립되었다.
(다) 노량진에서 제물포를 잇는 경인선이 개통되었다.
(라) 교육의 기본 방향을 제시한 교육입국 조서가 반포되었다.

1. (1) 한성주보 (2) 독립신문 (3) 대한매일신보 (4) 독립신문, 대한매일신보 (5) 한성순보
2. (1) 대종교 (2) 천도교 (3) 개신교 (4) 개신교 (5) 천주교
3. (1) (나) – (다) – (가) (2) (나) – (가) – (라) – (다)

32강 개항기(문화)

1 근대 신문

언론은 민중의 근대 의식을 높이는 데 중요한 역할을 하였어요. 특히 근대 신문은 언론 활동을 통해 일제의 국권 침탈을 비판하고 국권 회복 운동과 민족 의식 고취에 앞장섰어요. 그러나 일제가 신문지법을 공포하면서 많은 근대 신문이 폐간되었어요.

'순'은 열흘을 뜻하는 순 우리말이에요. 박문국에서 열흘에 한 번씩 발행한 우리나라 최초의 신문이에요.

▲ 한성순보

미국에서 돌아온 서재필이 주도하여 만든 최초의 민간 신문으로 한글과 영문판이 각각 발행되었어요.

▲ 독립신문

남궁억이 창간한 국한문 혼용 신문으로 을사늑약 체결 직후 장지연의 〈시일야방성대곡〉을 게재하여 탄압을 받았어요.

▲ 황성신문

주로 서민과 부녀자들을 대상으로 한 신문으로 순 한글로 발행되었어요.

▲ 제국신문

영국인 베델과 양기탁이 발행한 신문으로 국채 보상 운동을 후원하는 등 항일 사상을 고취시켰어요.

▲ 대한매일신보

2 철도

철도는 열강들의 이권 침탈 경쟁 속에서 부설되었어요. 1899년 일제에 의해 우리나라 최초의 철도인 경인선이 개통되었고, 이후 경부선, 경의선 등이 차례로 개통되었어요. 한편, 철도는 근대화의 상징으로 중요한 교통수단이 되었지만 일제가 대륙 침략의 발판으로 삼으면서 민중의 반감이 컸어요.

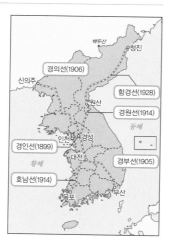

3 광혜원

미국인 선교사 알렌은 서양식 병원의 필요성을 고종에게 건의하였고, 고종의 승인을 거쳐 1885년에 최초의 근대식 병원인 광혜원이 설립되었어요. 광혜원은 곧 '많은 사람들을 구한다'는 뜻의 제중원으로 이름이 변경되었고, 서양의 의료 기술을 보급하고 의학 교육에 힘썼어요.

4 근대 건축물

개화기에는 각국 공사관이 모여 있던 정동을 중심으로 서양식 근대 건축물이 많이 만들어졌어요. 대표적인 근대 건축물로는 독립 협회가 프랑스의 개선문을 모방하여 세운 독립문, 뾰족한 첨탑의 고딕 양식으로 세워진 명동 성당, 르네상스 양식으로 세워진 덕수궁 석조전 등이 있어요.

▲ 독립문

▲ 명동 성당

▲ 덕수궁 석조전

5 원산 학사

1883년에 함경남도 덕원부(덕원·원산)의 관민이 합심하여 세운 원산 학사는 우리나라 최초의 근대식 사립 학교로, 외국어를 비롯한 근대 학문과 무술을 가르쳤어요.

덕원 부사 정현석이 장계를 올립니다. 본 덕원부는 해안의 요충지에 있고 아울러 개항지가 되어 소중함이 다른 곳에 비할 바가 아닙니다. 개항지를 빈틈없이 운영해 나가는 방도는 인재를 선발하여 쓰는 데 달려 있고, 인재 선발의 요체는 교육에 있습니다. 그러므로 학교를 설립하고자 합니다.

– 《덕원부계록》 –

6 헐버트

헐버트는 1886년에 선교사로서 조선에 들어온 미국인으로, 육영 공원에서 영어를 가르쳤어요. 한글의 우수성에 감동받아 세계지리 교과서인 《사민필지》를 한글로 저술하기도 하였어요. 그는 을사늑약 체결 직전 고종의 밀서를 가지고 미국에 돌아가 국무 장관과 대통령을 면담하려 하였지만 성공하지 못하였어요. 이후 일제의 침략을 비판하고 고종에게 헤이그 특사 파견을 건의하는 등 대한 제국의 국권 회복 운동을 적극적으로 도왔어요.

> 이러한 이유에서 중국인들이 세계 어떤 문자보다도 간단하고 음운을 폭넓게 표기할 수 있는 한글을 채택해야 한다고 나는 감히 주장해 왔다. …… 200개가 넘는 세계의 문자를 검토해 본 결과 현존하는 문자 중 가장 훌륭한 문자임이 분명하다. 누구라도 배운 지 나흘 만에 책을 읽을 수 있다. 일본이 한글을 채택한다면 최선의 선택이 될 것이다.
> — 헐버트, 《대한 제국 멸망사》 —

7 원각사

원각사는 1908년에 문을 연 우리나라 최초의 서양식 극장이에요. 판소리가 창극 형태로 공연되었고, 이인직의 신소설 《은세계》, 《치악산》 등이 연극으로 공연되었어요.

▲ 원각사의 모습

8 금수회의록

《금수회의록》은 1908년에 안국선이 쓴 신소설로 동물을 주인공으로 하여 그들을 통해 인간의 행동에 대해 비판하고 인간 사회와 제도를 풍자하는 내용을 담고 있어요.

9 신채호

신채호는 일제의 침략이 본격화되자 민족의식을 높이기 위해 〈독사신론〉 등을 통해 민족주의 사학의 연구 방향을 제시하였어요.

> 국가의 역사는 민족의 소장성쇠의 상태를 서술하는 것이다. 민족을 빼면 역사가 없으며, 역사를 알지 못하면 그 민족의 애국심이 사라질 것이니 역사가의 책임이 얼마나 큰가? …… 만일 그렇지 않으면 이는 무정신의 역사이다. 무정신의 역사는 무정신의 민족을 낳으며, 무정신의 국가를 만들 것이니 어찌 두렵지 아니하리오.
> — 대한매일신보, 〈독사신론〉 —

10 천도교

동학 농민 운동 실패 후 친일파 세력이 동학의 조직을 흡수하려고 하자, 3대 교주 손병희가 동학을 천도교로 개칭하고 조직 내 친일 세력을 몰아냈어요. 천도교는 기관지로 만세보를 발행하고 민족 교육을 실시하였어요.

▲ 만세보

11 대종교

나철과 오기호는 단군 숭배 사상을 바탕으로 한 대종교를 창시하였어요. 국권 피탈 후 대종교 세력은 간도로 넘어가 중광단을 결성하였어요. 중광단은 이후 북로 군정서로 개편되어 청산리 전투 등 항일 무장 투쟁에 많은 공헌을 하였어요.

▲ 나철

12 유교 구신론

박은식은 유교계의 문제점을 지적하는 〈유교 구신론〉을 저술하여 유교계의 개혁을 주장하였어요. 박은식은 유학자 중심의 유교를 비판하고 새로운 시대에 맞게 실천적인 유교 정신을 강조하였어요.

> 현재 유교가 근세에 이르러 침체 부진이 극도에 달하여 거의 회복할 가망이 없는 것을 추측해 보니 유교계에 3대 문제가 있는지라, 그 3대 문제를 들어 개량 구신의 의견을 바치노라. …… 우리 대한의 유가에서는 쉽고 정확한 양명학을 구하지 아니하고 질질 끌고 되어 가는 대로 내버려 두는 주자학을 전적으로 숭상하는 것이다. – 〈유교 구신론〉 –

13 조선 불교 유신론

불교계에서는 한용운을 중심으로 불교의 친일화 저지와 불교의 쇄신을 위한 개혁 운동이 일어났어요. 한용운은 불교의 자주성 회복과 혁신을 주장한 《조선 불교 유신론》을 집필하였어요.

> 불교의 유신은 마땅히 먼저 파괴를 해야 한다. 유신이란 무엇인가? 파괴의 자손이다. …… 그러나 파괴라고 해서 모든 것을 무너뜨려 없애 버리는 것을 뜻하지 않는다. 다만 구습 중에서 시대에 맞지 않는 것을 고쳐서 이를 새로운 방향으로 나아가야 한다는 것뿐이다.
> — 한용운, 《조선 불교 유신론》 —

14 하와이 이민

1900년대 초 인천항에서 하와이로 합법적인 이민이 이루어졌어요. 미국 상선 갤릭호를 타고 약 7천 명이 넘는 한국인이 하와이로 이주하여 고된 노동을 하며 터를 잡았어요. 이민 간 남성들은 고국으로 사진을 보내 결혼 상대자를 찾는 '사진결혼'을 통해 혼인을 하였어요. 후에 초기 이민자들은 독립운동 성금을 모아 보내기도 하였어요.

▲ 갤릭호

▲ 집조(여권)

개항기(문화)

1 56회

회독 ●●●○

(가)에 해당하는 신문으로 옳은 것은? [1점]

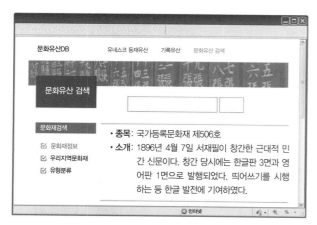

문화유산DB　　유네스코 등재유산　기록유산　문화유산 검색

문화유산 검색

문화재검색
☑ 문화재정보
☑ 우리지역문화재
☑ 유형분류

• 종목: 국가등록문화재 제506호
• 소개: 1896년 4월 7일 서재필이 창간한 근대적 민간 신문이다. 창간 당시에는 한글판 3면과 영어판 1면으로 발행되었다. 띄어쓰기를 시행하는 등 한글 발전에 기여하였다.

① 해조신문

② 제국신문

③ 한성순보

④ 독립신문

⑤ 황성신문

📢 독립신문

정답분석 ④ 독립신문은 우리나라 최초의 민간 신문이며 순 한글 신문이에요. 영문판도 발행되어 국내 정세를 외국인에게 알리는 역할을 하였어요.

오답분석 ① 해조신문은 1908년에 러시아 블라디보스토크에서 발행되었어요.
② 제국신문은 1898년에 창간되었으며, 순 한글로 발행되어 서민층과 부녀자에게 호응을 얻었어요.
③ 한성순보는 1883년에 박문국에서 발행한 우리나라 최초의 근대 신문이에요.
⑤ 황성신문은 1898년에 국한문 혼용으로 발행된 신문으로, 을사늑약 체결을 규탄한 장지연의 〈시일야방성대곡〉을 처음으로 게재하였어요.

정답 | ④

2 64회

회독 ●●●○

(가) 신문에 대한 설명으로 옳은 것은? [1점]

경천사지 십층 석탑에 대한 일본인의 약탈 행위에 관해 보도한 (가) 기사를 읽어 보았는가? 보도 내용을 접한 헐버트가 사건 현장을 방문하여 사진을 촬영하고 목격자 의견을 청취했다더군.

일본인의 이런 행위가 알려진 것은 양기탁과 베델이 창간한 (가) 의 노력 덕분이라고 하네.

① 상업 광고를 처음으로 실었다.
② 천도교의 기관지로 발행되었다.
③ 국채 보상 운동의 확산에 기여하였다.
④ 일장기를 삭제한 손기정 사진을 게재하였다.
⑤ 순 한문 신문으로 열흘마다 발행하는 것이 원칙이었다.

📢 대한매일신보

정답분석 1904년에 창간된 대한매일신보는 영국인 베델이 발행인으로 참여하였기 때문에 일본의 사전 검열을 거의 받지 않고 박은식과 신채호 등의 항일 논설을 게재하였으며, 의병 투쟁에 호의적인 기사 등을 실을 수 있었어요.
③ 대한매일신보는 국채 보상 운동에 적극적으로 참여하여 국채 보상 운동을 확산시키는 데 기여하였어요.

오답분석 ① 한성주보는 한성순보의 복간 형식으로 박문국에서 발행되었으며, 처음으로 상업 광고를 실었어요.
② 천도교는 기관지로 만세보를 발행하여 민중 계몽에 힘썼어요.
④ 조선중앙일보와 동아일보는 1936년 베를린 올림픽 대회의 마라톤 우승자 손기정의 사진을 게재하면서 그의 운동복에 그려진 일장기를 삭제하였어요.
⑤ 한성순보는 순 한문 신문으로 박문국에서 열흘에 한 번씩 발행한 우리나라 최초의 근대 신문이에요.

정답 | ③

❸ 60회 　회독 ○○○

다음 기사가 보도된 이후의 사실로 옳은 것은? [2점]

역사 신문

제△△호 　　　　　　　　　　　　○○○○년 ○○월 ○○일

전차 운행 중 사망 사고 발생

오늘 종로 거리를 달리던 전차에 다섯 살 난 아이가 치여 죽는 사고가 발생하였다. 이를 목격한 사람들이 격노하여 전차를 부수었고, 이어 달려오던 전차까지 전복시켜 파괴하고 기름을 뿌려 불태웠다. 동대문에서 성대한 개통식을 열고 전차를 운행한 지 한 달도 되지 않아 참혹한 사건이 발생한 것이다.

① 미국에 보빙사를 파견하였다.
② 베델이 대한매일신보를 창간하였다.
③ 이만손 등이 영남 만인소를 올렸다.
④ 신식 군대인 별기군(교련병대)이 창설되었다.
⑤ 통리기무아문을 설치하여 개혁을 추진하였다.

❹ 58회 　회독 ○○○

다음 상황 이후의 사실로 옳은 것은? [3점]

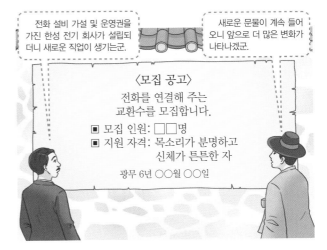

전화 설비 가설 및 운영권을 가진 한성 전기 회사가 설립되더니 새로운 직업이 생기는군.

새로운 문물이 계속 들어오니 앞으로 더 많은 변화가 나타나겠군.

〈모집 공고〉
전화를 연결해 주는
교환수를 모집합니다.
■ 모집 인원: □□명
■ 지원 자격: 목소리가 분명하고
　　　　　　　신체가 튼튼한 자

광무 6년 ○○월 ○○일

① 알렌의 건의로 광혜원이 세워졌다.
② 박문국에서 한성순보가 발행되었다.
③ 무기 제조 공장인 기기창이 설립되었다.
④ 서울과 부산을 연결하는 경부선이 개통되었다.
⑤ 우편 사무를 관장하는 우정총국이 처음 설치되었다.

📢 **근대 문물의 도입**

정답분석 1898년에 설립된 한성 전기 회사에 의해 이듬해인 1899년에 서대문에서 청량리 구간의 전차가 처음으로 개통되었어요. 따라서 1899년 이후의 사실을 골라야 해요.
② 양기탁과 영국인 베델은 1904년에 대한매일신보를 창간하였어요.

오답분석 ① 조선 정부는 조·미 수호 통상 조약 체결 이후 미국 공사의 부임에 대한 답례로 1883년에 미국에 보빙사를 파견하였어요.
③ 이만손 등 영남 지역 유생들은 국내에 《조선책략》이 유포되자 정부의 개화 정책과 미국과의 수교에 반대하면서 1881년에 고종에게 영남 만인소를 올렸어요.
④ 조선 정부는 개화 정책을 추진하는 과정에서 1881년에 신식 군대인 별기군을 창설하고 일본인 교관을 임명하였어요.
⑤ 조선 정부는 1880년에 개화 정책을 총괄하는 기구로 통리기무아문을 설치하고 그 아래 12사를 두어 개혁을 추진하였어요.

📢 **근대 문물의 도입**

정답분석 한성 전기 회사는 1898년에 미국의 기술을 도입하여 한성(서울)에 설립된 우리나라 최초의 전기 회사예요. 한성에 전등과 전차 설치를 희망하던 고종이 알렌의 추천으로 콜브란과 접촉하여 설립하였어요.
④ 경부선은 일본에 의해 1905년에 개통되었어요.

오답분석 ① 광혜원은 정부의 지원을 받은 알렌이 1885년에 세운 우리나라 최초의 서양식 병원이에요.
② 한성순보는 우리나라 최초의 근대 신문으로, 1883년부터 1884년까지 박문국에서 발행되었어요.
③ 기기창은 영선사와 기술자들이 청에서 배워 온 근대식 무기 제조법을 바탕으로 1883년에 설립되었어요.
⑤ 우정총국은 1884년에 처음 설치되었으나, 그해 개국 축하연에서 갑신정변이 일어나 폐지되었어요.

정답 | ②

정답 | ④

❺ 64회   회독 ⬤⬤⬤

다음 규칙이 발표된 이후의 사실로 옳은 것은? [3점]

> ### 한성 사범 학교 규칙
> 제1조 한성 사범 학교는 칙령 제79호에 의해 교원에 활용할 학생을 양성함
> 제2조 한성 사범 학교의 졸업생은 소학교 교원이 되는 자격이 있음
> 제3조 한성 사범 학교의 본과 학생이 수학할 학과목은 수신·교육·국문·한문·역사·지리·수학·물리·화학·박물·습자·작문·체조로 함
>   :

① 길모어 등이 육영 공원 교사로 초빙되었다.
② 정부가 동문학을 세워 통역관을 양성하였다.
③ 이승훈이 인재 양성을 위해 오산 학교를 세웠다.
④ 함경도 덕원 지방의 관민들이 원산 학사를 설립하였다.
⑤ 교육의 기본 방향을 제시한 교육 입국 조서가 반포되었다.

❻ 59회   회독 ⬤⬤⬤

(가) 종교에 대한 설명으로 옳은 것은? [1점]

> 이곳은 동학에서 시작된 종교인 (가) 소속의 방정환, 김기전 등이 인내천 사상을 바탕으로 1922년 '어린이의 날'을 선포한 장소입니다. 그들은 어린이들과 함께 이곳에서 출발하여 거리 행진을 하며 선전문을 배포한 뒤 어린이날 제정 축하 기념회를 열었습니다.

① 만세보를 발행하여 민중 계몽에 힘썼다.
② 중광단을 조직하여 무장 투쟁을 전개하였다.
③ 배재 학당을 세워 신학문 보급에 기여하였다.
④ 박중빈을 중심으로 새생활 운동을 추진하였다.
⑤ 일제의 통제에 맞서 사찰령 폐지 운동을 주도하였다.

📢 교육입국 조서

정답분석 제2차 갑오개혁이 시작된 1894년 12월에 홍범 14조가 제정되었고, 1895년 1월에 고종이 종묘에 나가 독립 서고문을 바친 후 홍범 14조를 반포하였어요. 이를 계기로 재판소가 설치되었고, 탁지부 산하에 관세사, 징세서가 설치되었어요. 또한, 고종은 개혁 추진 과정에서 교육입국 조서를 반포하였고, 이후 정부는 한성 사범 학교 관제, 소학교 관제, 외국어 학교 관제 등을 제정하여 근대 교육 제도를 마련하였어요. 이에 따라 한성 사범 학교 등 근대 학교가 세워졌어요.
③ 1907년에 신민회 소속이었던 이승훈은 민족 교육을 실시하여 인재를 양성하기 위해 정주에 오산 학교를 세웠어요.

오답분석 ① 1886년에 설립된 육영 공원은 정부가 양반층 자제에게 서양식 근대 교육을 실시하기 위해 설립한 우리나라 최초의 서양식 관립 교육 기관으로 헐버트, 길모어 등 외국인 교사를 초빙하기도 하였어요.
② 1883년에 설립된 동문학은 정부가 통역관 양성을 목적으로 설립한 외국어 교육 기관이에요.
④ 1883년에 함경남도 덕원부의 관민이 주도하여 우리나라 최초의 근대식 학교인 원산 학사를 세웠어요. 원산 학사에서는 외국어를 비롯한 근대 학문과 무예를 가르쳤어요.
⑤ 1895년에 제2차 갑오개혁을 추진하는 과정에서 고종은 교육의 기본 방향을 제시한 교육입국 조서를 반포하였어요.

정답 | ③

📢 천도교

정답분석 천도교는 제3대 교주인 손병희에 의해 1905년에 동학에서 천도교로 개칭되었어요. 천도교는 소년 운동에 주력하여 방정환을 중심으로 천도교 소년회를 조직하였어요. 그리고 '어린이날'을 제정하고 잡지 《어린이》를 발간하였어요.
① 천도교는 1906년부터 1907년까지 기관지로 만세보를 발행하였어요.

오답분석 ② 대종교는 1911년에 북간도 지역에서 항일 무장 단체인 중광단을 조직하였고, 중광단은 이후 북로 군정서로 발전하였어요.
③ 개신교 선교사인 아펜젤러는 1885년에 배재 학당을 세웠어요.
④ 일제 강점기에 원불교는 박중빈을 중심으로 저축, 개간, 금연·금주, 허례허식 폐지를 통한 새생활 운동을 전개하였어요.
⑤ 불교계는 일제가 1911년에 사찰령을 제정하자 한용운을 중심으로 사찰령 폐지 운동을 전개하고 조선 불교 유신회를 조직하였어요.

정답 | ①

32강 개항기(문화)

언론의 발달

01 ⬛⬛ 순보는 우리나라 최초의 근대 신문으로 박문국에서 발행되었다.

02 한성 ⬛⬛ 는 최초로 상업 광고를 게재하였다.

03 ⬛⬛ 신문은 우리나라 최초의 민간 신문으로 영문으로도 발행되었다.

04 양기탁과 영국인 베델은 함께 ⬛⬛⬛⬛ 신보를 창간하였다.

05 일제는 1907년에 ⬛⬛⬛ 법을 제정하여 신문 등 언론을 탄압하였다.

근대 문물과 기술의 도입

06 갑신정변 이후 알렌의 건의로 우리나라 최초의 서양식 병원인 ⬛⬛원(제중원)이 세워졌다.

07 1899년에 우리나라 최초로 서대문과 청량리를 오가는 전 ⬛ 가 개통되었다.

08 1899년에 서울과 인천 사이를 잇는 우리나라 최초의 철도인 ⬛⬛ 선이 개통되었다.

근대 교육의 발달

09 1883년에 함경도 덕원부 관민이 우리나라 최초의 근대식 학교인 ⬛⬛ 학사를 설립하였다.

10 정부가 세운 근대 교육 기관인 ⬛⬛ 공원은 헐버트, 길모어 등 외국인을 교사로 초빙하였다.

11 을사늑약 체결 이후 이승훈이 ⬛ 산 학교, 안창호가 ⬛ 성 학교를 세워 인재를 양성하였다.

국학과 문예, 종교의 변화 / 국외 이민

12 주시경, 지석영 등이 ⬛⬛ 연구소에서 한글 연구를 체계화하는 데 앞장섰다.

13 신소설 《은세계》가 우리나라 최초의 서양식 극장인 ⬛⬛ 사에서 연극으로 공연되었다.

14 신 ⬛⬛ 는 〈독사신론〉을 발표하여 민족을 역사 서술의 중심에 두었다.

15 ⬛⬛ 교는 기관지 만세보를 발행하여 민중 계몽을 위해 노력하였다.

16 나철, 오기호 등은 단군 신앙을 바탕으로 ⬛⬛ 교를 창시하였다.

17 1900년대 초 미국의 하 ⬛⬛ 로 우리나라 최초의 합법적 이민이 이루어졌다.

일제 강점기

33강 일제 강점기(식민 통치)
34강 일제 강점기(1910년대 저항)
35강 일제 강점기(1920년대 저항)
36강 일제 강점기(1930년대 이후 저항)

1915
대한 광복회 조직

1919
대한민국 임시 정부 수립

1912
조선 태형령 제정

1919
3·1 운동

1920
청산리 전투

기출로 보는 키워드

1위	조선 혁명 선언
2위	2·8 독립 선언서
3위	조소앙의 삼균주의
4위	회사령
5위	독립 의군부(임병찬)

3개년 평균 출제 비중

7.1문항
14.2%

1923
국민 대표 회의

1927
신간회 창립

1940
한국광복군 창설

1920년대 초
물산 장려 운동,
민립 대학 설립 운동

1926
나석주 의거

1938
국가 총동원법 제정

일제 강점기(식민 통치)

흐름판서 강의

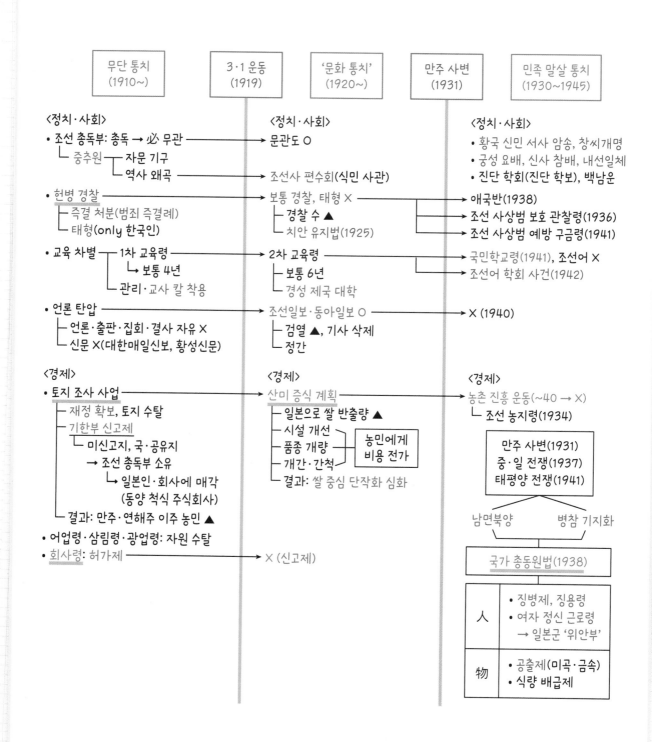

33^강 일제 강점기(식민 통치)

일제 강점기(식민 통치)

빈출키워드 TOP5

회사령	1위
헌병 경찰 제도	2위
황국 신민 서사 암송	3위
토지 조사 사업	4위
조선 사상범 예방 구금령	5위

✎ **조선 총독부**
1910년 대한 제국의 국권을 강탈한 일제가 식민 통치의 최고 기구로 세운 기구로, 1945년 광복 직전까지 유지되었어요.

✎ **조선 교육령 주요 내용**
· 제1차(1911): 보통학교의 수업 연한은 4년, 일본어 위주의 교과목 편성, 초보적인 기술과 기능을 가르치는 실업 교육 위주로 진행
· 제2차(1922): 보통학교의 수업 연한은 6년, 사범학교와 대학 설립 가능
· 제3차(1938): 조선어를 선택 과목으로 변경, 조선인 학교의 명칭을 일본인 학교와 동일하게 통일
· 제4차(1943): 조선어 과목 삭제, 교육 기관의 수업 연한 단축

✎ **수리 시설**
여러 목적으로 물을 공급하기 위해 설치한 시설로, 저수지, 댐 등을 말해요.

✎ **단작화**
한 가지 종류의 작물만 대량으로 재배하는 것으로, 일제가 산미 증식 계획을 추진하면서 쌀 단작화가 심화되었어요.

✎ **궁성 요배**
일본 천황이 있는 궁궐을 향해 고개를 숙여 절한다는 뜻이에요.

✎ **창씨개명**
일제 강점기에 우리 국민의 성과 이름을 일본식으로 바꾸도록 강요한 정책이에요.

❶ 1910년대 일제의 식민지 통치 방식

무단 통치
- 조선 총독부 설치(식민 통치의 최고 기구)
  - 일본의 현역 육·해군 대장 중에서 총독 임명 → 총독이 입법·사법·행정권 및 군 통수권 장악
  - 중추원 설치: 총독의 직속 자문 기관, 친일 한국인으로 구성
- 헌병 경찰 제도 시행
  - 헌병이 일반 경찰의 업무 및 행정 업무까지 담당
  - 즉결 처분권 행사(범죄 즉결례, 1910)
- 조선 태형령 제정(1912): 한국인에게만 태형 적용
- 제1차 조선 교육령(1911): 보통학교 수업 연한을 4년으로 규정, 보통 교육과 실업 교육 위주로 편성 → 식민 통치에 순응하는 한국인을 만들기 위한 목적
- 일반 관리와 교사에게도 제복과 칼 착용 강요, 서당 규칙을 제정하여 서당 탄압(1918)
- 언론·출판·집회·결사의 자유 박탈
- 한국인이 발행하는 신문 폐간(대한매일신보, 황성신문)

경제 침탈
- 토지 조사 사업(1910~1918)
  - 목적: 근대적 토지 소유권 확립을 명분으로 삼았으나 식민 통치에 필요한 재정 확보 및 토지 수탈이 실제 목적
  - 내용: 기한 안에 소유자가 직접 신고한 토지만 소유권 인정(기한부 신고제), 미신고지 및 국·공유지 등은 조선 총독부가 차지 → 동양 척식 주식회사, 일본 회사 및 일본인에게 싼값에 매각
  - 영향: 농민의 관습적 경작권 부정(권리 약화), 지주의 토지 소유권만 인정, 만주·연해주 등지로 이주하는 농민 증가
- 회사령 제정(1910): 회사 설립 시 조선 총독의 허가를 받도록 규정 → 민족 자본의 성장 저지, 한국인의 기업 설립 제한
- 어업령·삼림령(1911), 조선 광업령(1915) → 자원 약탈

❷ 1920년대 일제의 식민지 통치 방식

'문화 통치' (민족 분열 통치)
- 배경: 3·1 운동(1919)을 계기로 일제가 무단 통치의 한계 인식, 국제 여론 악화
- 본질: 친일파를 양성하여 한국인을 이간·분열시키려는 정책
- 내용
  - 문관 출신도 조선 총독으로 임명 가능 → 문관 출신의 총독 임명 사례 없음
  - 보통 경찰 제도 실시(헌병 경찰 제도·태형 폐지) → 경찰 관서·경찰의 수 증가, 경찰 예산 증가(경찰력 강화), 치안 유지법 제정(1925)
  - 조선일보·동아일보 발행 허용 → 검열, 기사 삭제, 정간 등 언론 탄압
  - 도 평의회, 부·면 협의회 설치(한국인 참여 명목) → 친일파와 일본인으로 구성
  - 제2차 조선 교육령(1922): 보통학교 수업 연한 연장(6년), 고등 교육 허용, 경성 제국 대학 설립(1924) → 민족 대학 설립 억제, 고등 교육 기회 제한
  - 조선사 편수회 조직: 식민 지배 논리에 맞게 한국사 정리 → 《조선사》 편찬

경제 침탈
- 회사령 철폐(1920): 회사 설립을 신고제로 변경 → 일본 기업의 한국 진출 지원
- 산미 증식 계획(1920~1934)
  - 전개: 공업화로 일본 내 쌀 부족 → 국내에서 쌀 생산량을 늘려 일본으로의 반출량 증대 목적 → 수리 시설 개선, 품종 개량, 개간·간척 사업 추진
  - 결과: 지주가 수리 조합비·품종 개량비를 농민에게 전가 → 국내 식량 사정 악화, 쌀 중심의 단작화 농업 구조 심화, 농민의 생활 악화
- 관세 철폐(1923): 일본 상품의 유입 증가 → 한국인이 설립한 기업 피해

❸ 1930년대 후반 이후 일제의 식민지 통치 방식

(1) 민족 말살 통치

배경	대공황으로 경제 위기 확산 → 일제의 침략 전쟁 확대(중·일 전쟁, 태평양 전쟁 등)
목적	한국인의 민족의식을 말살하여 일본인으로 동화시킴 → 한국인을 침략 전쟁에 쉽게 동원하기 위함
내용	• 내선일체·일선 동조론 주장 • 황국 신민화 정책: 황국 신민 서사 암송, 궁성 요배, 신사 참배, 창씨개명(일본식 성명) 강요 • 조선일보·동아일보 폐간(1940) • '소학교 → 국민학교'로 명칭 변경(1941), 우리말 사용 금지 • 조선 사상범 보호 관찰령(1936): 일제에 반대하는 사상을 탄압하기 위해 치안 유지법 위반자 중 그 형이 종료되어 밖으로 나온 사람을 대상으로 감시·통제 지속 • 조선 사상범 예방 구금령(1941): 치안 유지법 위반자 중 다시 범죄를 일으킬 우려가 있다고 판단된 경우 예방 목적의 구금 허용 • 애국반 조직(1938): '국민 정신 총동원 조선 연맹' → '국민 총력 조선 연맹'으로 개칭한 후 애국반 조직 확대

(2) 경제 침탈

① 농촌 진흥 운동
  ㉠ 농민층 몰락, 소작 쟁의 확산 → 농촌 경제의 안정화를 명분으로 삼아 실시
  ㉡ 조선 농지령 제정(1934), '자력갱생'을 내세운 정신 운동 전개
② 식민지 공업화 정책: 북부 지방에 중화학 공업을 집중 육성 → 병참 기지화 정책(전쟁에 필요한 자원 보급 목적)
③ 남면북양 정책: 일본의 방직 산업에 필요한 원료 생산 → 남부 지방은 면화 재배, 북부 지방은 양 사육 강요
④ 국가 총동원법 제정(1938)

물자 수탈	• 목적: 전쟁에 필요한 물자 확보 • 미곡 공출, 금속 공출(금속류 회수령 공포, 1941), 식량 배급제
인력 강제 동원	• 병력: 지원병제(1938), 학도 지원병제(1943), 징병제(1944) → 전쟁터에 강제 동원 • 노동력: 국민 징용령(1939) → 광산, 공장 등에 강제 동원 • 여성: 여자 정신 근로령(1944), 일본군 '위안부'로 강제 동원

⓫ 일시정지!
☑ 확인하기

1. 다음에서 일제의 식민지 정책이 1910년대면 '10', 1920년대면 '20', 1930년대 후반 이후면 '30 후반'이라고 쓰세요.

(1) 미곡 공출 제도를 시행하였다. (   )

(2) 범죄 즉결례에 의해 한국인을 처벌하였다. (   )

(3) 국민 징용령을 시행하여 노동력을 동원하였다. (   )

(4) 헌병 경찰 제도를 실시하여 강압적 통치를 하였다. (   )

(5) 사회주의 운동 탄압을 위해 치안 유지법이 제정되었다. (   )

(6) 식민지 교육 방침을 규정한 제1차 조선 교육령을 제정하였다. (   )

(7) 조선 사상범 예방 구금령을 공포하여 독립운동을 탄압하였다. (   )

(8) 근대적 토지 소유권 확립을 명분으로 토지 조사 사업을 실시하였다. (   )

2. 다음 사실들을 순서대로 나열하세요.

(1) (   )

> (가) 회사령이 철폐되었다.
> (나) 조선 태형령이 시행되었다.
> (다) 내선일체를 강조한 황국 신민 서사 암송이 강요되었다.

(2) (   )

> (가) 회사령이 공포되었다.
> (나) 여자 정신 근로령이 공포되었다.
> (다) 사회주의 운동 탄압을 위해 치안 유지법이 제정되었다.

3. 1930년대 후반 이후의 사회 모습으로 맞으면 ○표, 틀리면 ×표 하세요.

(1) 신사 참배를 강요하는 교사 (   )

(2) 원산 총파업에 참여하는 노동자 (   )

(3) 황국 신민 서사를 암송하는 어린이 (   )

(4) 헌병 경찰에게 태형을 당하는 조선인 (   )

(5) 조선어 학회 사건으로 체포되는 학자 (   )

(6) 여자 정신 근로령에 의해 강제로 끌려가는 여성 (   )

(7) 나운규가 제작한 영화 아리랑의 첫 상영을 준비하는 단성사 직원 (   )

1. (1) 30 후반 (2) 10 (3) 30 후반 (4) 10 (5) 20 (6) 10 (7) 30 후반 (8) 10
2. (1) (나) – (가) – (다) (2) (가) – (다) – (나)
3. (1) ○ (2) × (3) ○ (4) × (5) ○ (6) ○ (7) ×

33 강 일제 강점기(식민 통치)

① 헌병 경찰 제도

1910년대 일제의 강압적인 무단 통치를 상징하는 제도예요. 헌병은 군대 안에서 경찰 활동을 하는 군인이에요. 무단 통치 시기에는 군인 신분의 헌병이 군대뿐만 아니라 민간 사회의 치안 유지를 위한 일반 경찰 업무까지 담당하였어요. 헌병 경찰은 법 절차나 재판 없이 바로 징역이나 벌금, 태형 등의 형벌을 줄 수 있는 즉결 처분권을 가졌어요.

제1조 조선 주차(駐箚) 헌병은 치안 유지에 관한 경찰과 군사 경찰을 관장한다.
제2조 조선 주차 헌병은 육군 대신의 관할에 속하며 그 직무의 집행에 대하여는 조선 총독의 지휘 감독을 받는다. 군사 경찰에 대하여는 육군 대신과 해군 대신의 지휘를 받는다.
제3조 헌병의 장교, 준사관, 하사, 상등병에게는 조선 총독이 정하는 바에 의하여 재직하면서 경찰관의 직무를 집행하게 할 수 있다.

② 조선 태형령(1912)

태형은 죄를 지은 사람의 볼기를 매로 쳐서 고통을 주는 처벌이에요. 일제는 공포 분위기를 조성하기 위하여 1912년에 조선 태형령을 제정하여 이를 한국인에게만 적용하였어요. 조선 태형령은 1920년대에 일제가 이른바 '문화 통치'를 표방하면서 폐지되었어요.

제1조 3개월 이하의 징역 또는 구류에 처하여야 할 자는 그 정상에 따라 태형에 처할 수 있다.
제7조 태형은 태30 이하일 경우 이를 한 번에 집행하고, 30을 넘길 때마다 1회를 증가시킨다. 태형의 집행은 하루 한 회를 넘길 수 없다.
제11조 태형은 감옥 또는 즉결 관서에서 비밀리에 집행한다.
제13조 본령은 조선인에 한하여 적용한다.

– 《조선 총독부 관보》(1912) –

③ 토지 조사 사업

일제는 1910년대에 식민 지배에 필요한 재정 마련과 토지 약탈을 목적으로 토지 조사 사업을 실시하였어요. 일제는 임시 토지 조사국을 설치한 후 토지 조사령을 공포하여 본격적인 조사에 나섰어요. 일제는 토지 소유자가 정해진 기간 내에 토지 종류, 주소, 면적 등을 직접 신고하게 하였는데 신고 기간이 짧고 절차가 까다로워 기한 내에 신고하지 못한 농민이 많았어요. 미신고된 토지, 소유주가 불분명한 토지 등은 조선 총독부에 귀속되었고, 일제는 이러한 땅을 동양 척식 주식회사를 통해 일본인에게 싼값에 넘겼어요.

〈토지 조사령〉
제1조 토지의 조사 및 측량은 이 영(令)에 의한다.
제4조 토지의 소유자는 조선 총독이 정하는 기간 내에 그 주소, 성명 또는 명칭 및 소유자의 소재, 지목, 자번호, 사표, 등급, 지적, 결수를 임시 토지 조사 국장에게 신고하여야 한다. 다만, 국유지는 보관 관청에서 임시 토지 조사 국장에게 통지하여야 한다.
제5조 토지의 소유자 또는 임차인, 기타 관리인은 조선 총독이 정하는 기간 내에 그 토지의 사방 경계에 표지판을 세우되, 민유지에는 지목 및 자번호와 소유자의 성명 또는 명칭을, 국유지에는 지목 및 자번호와 보관 관청명을 기재하여야 한다.

④ 회사령(1910)

일제는 우리 민족의 자본 성장을 억압하기 위해 회사 설립 시 조선 총독의 허가를 받도록 하는 회사령을 공포하였어요. 이후 일제는 일본 내 자본 축적이 이루어지자 한국으로 투자를 유도하기 위해 1920년대에 회사령을 폐지하고 회사 설립을 허가제에서 신고제로 전환하였어요.

제1조 회사의 설립은 조선 총독의 허가를 받아야 한다.
제5조 회사가 본령이나 본령에 의거하여 발하는 명령과 허가 조건을 위반하거나 또는 공공 질서와 선량한 풍속에 반하는 행위를 할 때, 조선 총독은 사업의 정지, 지점의 폐쇄 또는 회사의 해산을 명할 수 있다.

⑤ '문화 통치'

1919년에 우리 민족의 독립 의지를 전 세계에 알린 3·1 운동이 전국적으로 일어나자 일제는 무단 통치의 한계를 느끼고 이른바 '문화 통치'로 통치 방식을 바꾸었어요. 하지만 '문화 통치'는 친일파를 양성하기 위해 우리 민족을 분열시키는 기만적인 정책에 불과하였어요.

핵심적 친일 인물을 골라 그 인물로 하여금 귀족, 양반, 유생, 부호, 교육가, 종교가에게 접근하여 계급과 사정을 참작하여 각종 친일 단체를 조직하게 한다. 각종 종교 단체도 중앙 집권화하여 최고 지도자에 친일파를 앉히고 고문을 붙여 어용화시킨다. 양반 유생 가운데 직업이 없는 자에게 생활 방도를 주는 대가로 이들을 온갖 선전과 민정 염탐에 이용한다. 조선인 부호 자본가와 일본 자본가의 연대를 추진한다.

– 사이토 마코토(齋藤實), 〈조선 민족 운동에 대한 대책〉, 1920 –

⑥ 치안 유지법(1925)

일제가 국가 체제를 부정하는 반정부·반체제 운동을 단속하기 위해 만든 법이에요. 주로 사회주의 사상을 탄압하는 수단으로 활용되었어요. 일제는 이 법을 한국에도 그대로 적용하여 사회주의 세력과 독립운동가를 탄압하는 데 이용하였어요.

제1조 국체를 변혁하는 것을 목적으로 하는 결사를 조직한 자 또는 결사의 임원, 기타 지도자의 임무에 종사한 자는 사형이나 무기 또는 5년 이상의 징역 또는 금고에 처한다. …… 사유 재산 제도를 부인하는 것을 목적으로 결사를 조직한 자, 결사에 가입한 자 또는 결사의 목적 수행을 위해 행위를 한 자는 10년 이하의 징역 또는 금고에 처한다.

7 산미 증식 계획

일제는 일본 내에서 부족한 식량을 한국에서 확보하기 위해 1920년부터 산미 증식 계획을 실시하였어요. 이를 위해 일제는 품종 개량과 개간 사업을 실시하였고, 저수지나 수로 등 관개 시설을 늘렸는데, 이러한 사업에 필요한 비용을 농민에게 부담하도록 하였어요. 산미 증식 계획으로 쌀 생산량은 늘어났지만, 일제가 늘어난 양 이상을 일본으로 가져가면서 한국인의 식량 사정은 악화되었어요.

> 최근 수년간 각처에 신설된 수리 조합 구역 내에서는 지주가 수세(水稅)를 소작인에게 전가하기 위하여 소작료를 6·4제 혹은 7·3제로 개정하여 실행하는 풍습이 유행하고 있다. 이는 절반제라는 조선의 종래 관습과 다를 뿐만 아니라 수리 조합 사업에 의한 수확의 증가가 예상과 같지 못하여 소작인의 실수입이 종래의 절반제보다 감소되는 예가 많은 고로 이를 원인으로 일어나는 소작 쟁의가 상당하다.
> – 동아일보 –

8 농촌 진흥 운동

일제는 1930년대 초 농촌 경제가 몰락하고 농민들의 저항이 심해지자 농촌 사회를 회유하기 위해 농촌 진흥 운동을 실시하고 조선 농지령을 제정하였어요. 소작인 보호와 농민의 자립 지원을 명분으로 내세웠지만, 실제로는 소작 쟁의를 억제하고 농촌을 효율적으로 통치하기 위한 정책에 불과하였어요.

> 〈조선 농지령〉
> 제1조 본 법령은 경작을 목적으로 하는 토지의 임대차에 적용한다.
> 제3조 임대인이 마름 등 소작지의 관리자를 둘 때에는 조선 총독이 정하는 바에 의하여 부윤, 군사 또는 도사에게 신청한다.
> 제7조 소작지의 임대차 기간은 3년 이하로 할 수 없다.
> 제19조 임대인은 임차인의 배신 행위가 없는 한 임대차의 갱신을 거절할 수 없다. 단, 임대인에게 정당한 사유가 있을 경우에는 이 조항의 적용을 받지 않는다.

9 황국 신민 서사

일제는 중·일 전쟁 이후 침략 전쟁을 확대하면서 한국인의 민족의식을 말살하고 일본인으로 동화시키는 민족 말살 정책을 추진하였어요. 일제는 일본 천황의 신하와 백성임을 맹세하는 말인 황국 신민 서사를 강제로 외우게 하여 한국인의 정체성을 훼손하였어요.

> 〈학생용〉
> 1. 우리들은 대일본 제국의 신민입니다.
> 2. 우리들은 마음을 합하여 천황 폐하에게 충의를 다합니다.
> 3. 우리들은 인고 단련하여 훌륭하고 강한 국민이 되겠습니다.
> – 조선 총독부, 《시정 30년사》 –

10 인적·물적 자원 수탈

일제는 국가 총동원령을 공포한 이후 미곡과 금속 등을 공출이라는 명목으로 거두어 갔어요. 또한 지원병제, 국민 징용령 등을 공포하여 한국인을 강제 동원하였어요. 게다가 수많은 여성을 끌고 가 일본군 '위안부'로 만들어 성 노예를 강요하였어요.

> • 조선인 지원병 제도를 채용하고 내선일체의 국방에 기여하게 한다. 단, 이것 때문에 조선인이 참정권을 확대하려는 의지를 갖지 않게 한다.
> • 신사숭경(神社崇敬)의 염(念)을 함양하여 일본의 국체 관념을 명징(明徵)하고 …… 사상 선도를 도모하는 등 황국 신민이라는 의식을 배양한다.
> – 〈조선 통치에 관한 방침〉 –

11 국가 총동원법(1938)

일제는 중·일 전쟁을 일으킨 이듬해인 1938년에 국가 총동원법을 제정하였어요. 이를 통해 한국인을 강제 동원하고, 전쟁에 필요한 인적·물적 자원을 수탈하였어요.

> 제1조 국가 총동원이란 전시(전시에 준할 경우도 포함)에 국방 목적을 달성하기 위하여 국가의 전력을 가장 유효하게 발휘하도록 인적 및 물적 자원을 통제 운용하는 것을 말한다.
> 제4조 정부는 전시에 국가 총동원상 필요할 때에는 칙령이 정하는 바에 따라 제국 신민을 징용하여 총동원 업무에 종사하게 할 수 있다. 단, 병역법의 적용을 방해하지 않는다.
> 제8조 정부는 전시에 국가 총동원상 필요할 때에는 칙령이 정하는 바에 따라 물자의 생산·수리·배급·양도 및 기타의 처분, 사용·소비·소지 및 이동에 관하여 필요한 명령을 내릴 수 있다.

12 조선 사상범 보호 관찰령, 조선 사상범 예방 구금령

일제는 한국에서의 사상 통제를 강화하기 위해 1936년에 조선 사상범 보호 관찰령을 제정하여 치안 유지법 위반자를 보호 관찰이라는 명목으로 감시하였어요. 이후 1941년에는 치안 유지법 위반자 중 재범의 우려가 있다고 판단되면 재판 없이 구금할 수 있는 조선 사상범 예방 구금령을 시행하여 독립운동가들을 탄압하였어요.

> 〈조선 사상범 보호 관찰령〉
> 제1조 치안 유지법의 죄를 범한 자에 대해 형의 집행 유예 언도가 있었을 경우 또는 소추를 필요로 하지 않기 때문에 공소를 제기하지 않은 경우에는 보호 관찰 심사회의 결의에 따라 본인을 보호 관찰에 부칠 수 있다. 본인이 형의 집행을 마치거나 또는 가출옥을 허락받았을 경우도 역시 같다.
> 〈조선 사상범 예방 구금령〉
> 제1조 ① 치안 유지법의 죄를 범해 형에 처하여진 사람이 집행이 종료되어 석방되는 경우에 다시 동법의 죄를 범할 우려가 현저한 때에는 재판소는 검사의 청구에 의해 본인을 예방 구금에 회부한다는 취지를 명할 수 있다.

일제 강점기(식민 통치)

1 63회

밑줄 그은 '이 시기'에 볼 수 있는 모습으로 적절한 것은? [1점]

회독 ○○○

이 사진은 조선 물산 공진회가 열렸던 당시 일장기가 내걸린 근정전의 모습을 보여 줍니다. 조선 총독부는 토지 조사 사업이 진행되던 이 시기에 식민 통치를 미화하고, 그 성과를 선전하기 위해 이 행사를 개최하였습니다. 공진회장 조성 과정에서 경복궁의 많은 건물이 헐렸습니다.

① 황국 신민 서사를 암송하는 학생
② 경성 제국 대학에서 강의하는 교수
③ 조선인에게 태형을 집행하는 헌병 경찰
④ 원산 총파업에 연대 지원금을 보내는 외국 노동자
⑤ 나운규가 감독한 아리랑의 첫 상영을 준비하는 단성사 직원

2 60회

밑줄 그은 '이 시기'에 시행된 일제의 정책으로 옳은 것은?

회독 ○○○

[1점]

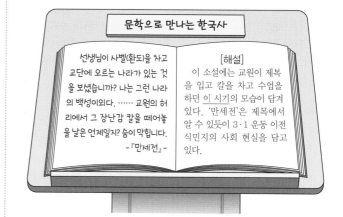

① 애국반을 조직하였다.
② 회사령을 시행하였다.
③ 치안 유지법을 제정하였다.
④ 미곡 공출제를 실시하였다.
⑤ 국가 총동원법을 공포하였다.

📢 1910년대 일제의 무단 통치

정답분석 일제는 1910년부터 1918년까지 식민 통치의 경제적 토대를 마련하기 위해 토지 조사 사업을 실시하였어요.
③ 1910년대 일제는 조선 태형령을 제정하여 한국인에게만 태형을 가하였어요. 조선 태형령은 1920년대 일제가 이른바 '문화 통치'를 표방하면서 폐지되었어요.

오답분석 ① 1930년대 후반에 일제는 침략 전쟁을 확대하면서 어린 학생들을 일본에 충성하는 이른바 '황국 신민'으로 육성하고자 일왕에 대한 충성 맹세문인 황국 신민 서사 암송을 강요하였어요.
② 1920년대에 일제는 고등 교육에 대한 한국인의 교육열과 민립 대학 설립 운동을 무마하기 위해 경성 제국 대학을 설립하였어요.
④ 1929년에 원산 지역에서 노동 조건의 개선을 요구하는 노동자 총파업이 전개되었어요. 이 소식이 해외로 알려지면서 일본, 프랑스 등의 노동 단체들이 총파업을 격려하는 전문을 보냈어요.
⑤ 1926년에 나운규가 제작한 영화 '아리랑'이 단성사에서 처음 개봉되었어요. 이 영화는 식민 지배를 받던 한국인의 고통스러운 삶을 표현한 작품이에요.

정답 | ③

📢 1910년대 일제의 무단 통치

정답분석 일제는 1910년대 무단 통치를 실시하여 한국인을 억압하였어요. 교원에게 제복을 입고 칼을 차도록 하였으며, 헌병에게 일반 경찰 업무는 물론 일반 행정 업무까지 수행하게 하였어요. 당시 헌병 경찰은 범죄 즉결례에 따라 즉결 처분권을 가져 한국인들을 재판 없이 처벌할 수 있었어요. 1912년에는 조선 태형령을 제정하여 한국인에 한해 태형 제도를 적용하기도 하였어요.
② 1910년에 일제는 한국인의 기업 설립을 제한하기 위해 회사 설립 시 조선 총독의 허가를 받도록 하는 회사령을 제정하였어요.

오답분석 ① 민족 말살 통치 시기인 1938년에 일제는 한국인의 생활을 감시하고 통제하고자 애국반을 조직하였어요.
③ 이른바 '문화 통치' 시기인 1925년에 일제는 치안 유지법을 제정하여 사회주의 사상과 독립운동을 탄압하였어요.
④ 민족 말살 통치 시기인 1930년대 후반에 침략 전쟁을 확대하던 일제는 전쟁에 필요한 물자를 원활하게 동원하기 위해 국가 총동원법을 공포하고 미곡 공출, 금속 공출 등을 실시하였어요.
⑤ 민족 말살 통치 시기인 1938년에 일제는 전쟁 수행에 필요한 인적·물적 수탈을 강화하기 위해 국가 총동원법을 공포하였어요.

정답 | ②

3 58회　　　　　　　　　　　회독 ○○○

다음 기사가 나오게 된 배경으로 적절한 것은?　　[1점]

> 아무리 그럴듯하게 내세워도 이러한 통치 방식은 결국 우리 조선인을 기만하는 거야.

> 총독의 임용 범위를 확장하고, 지방 자치 제도를 실시한다. ……
> 이로써 관민이 서로 협력 일치하여 조선에서 문화적 정치의 기초를 확립한다.

① 3·1 운동이 전국적으로 전개되었다.
② 조선 사상범 예방 구금령이 시행되었다.
③ 브나로드 운동이 동아일보를 중심으로 추진되었다.
④ 조선 노동 총동맹과 조선 농민 총동맹이 설립되었다.
⑤ 내선일체를 강조한 황국 신민 서사의 암송이 강요되었다.

📢 **1920년대 일제의 문화 통치**

정답분석　3·1 운동(1919) 이후 일제는 1920년대에 이른바 '문화 통치'를 표방하였어요. 일제는 한국인을 위한 통치라면서 문관 총독 임명, 보통 경찰제 실시, 언론 활동 허용 등을 실시한다고 발표하였어요. 그러나 실제로 문관 총독은 임명되지 않았고, 경찰 수와 예산은 큰 폭으로 증가하였으며, 언론에 대한 검열과 탄압이 이어졌어요. 또한, 각계각층에서 적극적으로 친일파를 육성하여 민족 분열을 꾀하였어요.
① 3·1 운동에 충격을 받은 일제는 통치 방식을 무단 통치에서 이른바 '문화 통치'로 변경하였어요.

오답분석　② 1941년에 독립운동을 탄압하기 위한 조선 사상범 예방 구금령이 시행되었어요.
③ 1930년대 초에 전개된 문맹 퇴치 운동인 브나로드 운동은 동아일보를 중심으로 추진되었어요.
④ 농민 운동과 노동 운동의 연합으로 1924년에 조선 노농 총동맹이 설립되었어요. 그러나 일제의 탄압과 내부의 분열로 인해 상황이 어려워지자 1927년에 노동 운동과 농민 운동을 분리하여 조선 노동 총동맹과 조선 농민 총동맹을 설립하였어요.
⑤ 일제는 중·일 전쟁을 일으킨 1937년 이후 한국인의 정체성을 말살하기 위해 황국 신민 서사 암송 강요, 신사 참배 강요 등 황국 신민화 정책을 추진하였어요.

정답 | ①

4 62회　　　　　　　　　　　회독 ○○○

밑줄 그은 '시기'의 일제 정책으로 옳은 것은?　　[1점]

> 부평 공원 내에 있는 이 동상은 일제의 무기 공장인 조병창 등에 강제 동원된 노동자의 모습을 형상화한 작품입니다. 중일 전쟁 이후 침략 전쟁을 확대하던 시기에 일제는 한국인을 탄광, 군수 공장 등으로 끌고 가 열악한 환경에서 혹사시켰습니다.

① 치안 유지법을 공포하였다.
② 토지 조사령을 제정하였다.
③ 헌병 경찰 제도를 실시하였다.
④ 식량 배급 및 미곡 공출제를 시행하였다.
⑤ 보통학교의 수업 연한을 4년으로 정하였다.

📢 **1930년대 후반 이후 일제의 민족 말살 통치**

정답분석　일제는 1937년에 중·일 전쟁을 일으켜 침략 전쟁을 확대하면서 국가 총동원법을 제정하는 등 전시 동원 체제를 구축하였어요. 이에 따라 한국인을 침략 전쟁에 본격적으로 동원하고자 내선일체, 일선 동조론 등을 내세우는 민족 말살 정책을 실시하였어요.
④ 일제는 1939년에 군인들의 식량을 확보하기 위해 미곡 배급 통제법 등을 제정하여 식량 배급 및 미곡 공출제를 시행하였어요.

오답분석　① 일제는 1925년에 국가 통치 체제나 사유 재산 제도를 부정하는 반정부·반체제 사상을 단속하기 위해 치안 유지법을 공포하였는데, 이를 한국에도 그대로 적용하여 독립운동가 및 사회주의 세력을 탄압하는 데 이용하였어요.
② 일제는 1912년에 식민 통치의 경제 기반을 마련하기 위해 토지 조사 사업에 관한 법령으로 토지 조사령을 제정하여 토지 조사 사업을 실시하였어요.
③ 일제는 1910년대에 헌병이 일반 경찰의 업무까지 관여하도록 하는 헌병 경찰 제도를 실시하였어요.
⑤ 일제는 1911년에 제차 조선 교육령을 발표하여 보통학교의 수업 연한을 6년에서 4년으로 정하고, 한국인 우민화와 노동력 착취를 위한 실업·기술 교육 위주의 교육 방침을 채택하였어요.

정답 | ④

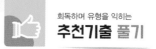

⑤ 61회 　　　　　　　　　　회독 ●●●

밑줄 그은 '시기'에 있었던 사실로 옳은 것은?　[2점]

○○박물관 사이버 전시실

이 포스터는 일제가 미국과 영국 등 연합국을 상대로 한 전쟁을 벌였던 시기에 만들어졌다. 전쟁에 필요한 쌀을 강제로 공출하기 위한 홍보용으로 제작되었다.

쌀 공출 선전 포스터

① 메가타의 주도로 화폐 정리 사업이 실시되었다.
② 만주 군벌과 일제 사이에 미쓰야 협정이 체결되었다.
③ 여자 정신 근로령으로 한국인 여성이 강제 동원되었다.
④ 지주 문재철의 횡포에 맞서 암태도 소작 쟁의가 전개되었다.
⑤ 회사 설립 시 총독의 허가를 받도록 하는 회사령이 공포되었다.

⑥ 59회 　　　　　　　　　　회독 ●●●

밑줄 그은 '시기'에 시행된 일제의 정책으로 옳은 것은? [2점]

이 자료는 중·일 전쟁 이후 일제가 침략 전쟁을 확대하던 시기에 만든 황국 신민 체조 실시 요령입니다. 일제는 이 체조를 보급하기 위해 '황국 신민 체조의 날'을 정하고 전국 곳곳에서 강습회를 개최하였습니다.

① 회사령을 제정하였다.
② 미쓰야 협정을 체결하였다.
③ 경성 제국 대학을 설립하였다.
④ 토지 조사 사업을 실시하였다.
⑤ 조선 사상범 예방 구금령을 공포하였다.

📢 **1930년대 후반 이후 일제의 민족 말살 통치**

정답분석 일제는 1937년 중·일 전쟁 이후 태평양 전쟁을 일으키는 등 침략 전쟁을 확대하면서 우리 민족을 전쟁에 쉽게 동원하기 위해 내선일체, 일선 동조론을 내세우고 민족 말살 정책을 본격화하였어요. 또한 지원 병제, 학도 지원병제, 징병제 등을 실시하여 한국의 청년들을 전쟁터로 끌고 갔고, 국민 징용령을 공포하여 한국인을 광산 채굴과 전쟁 시설 건설 등에 강제로 동원하였으며, 각종 금속류와 쌀 등을 공출이라는 명목 하에 거두어 갔어요.
③ 1944년에 일제는 여자 정신 근로령을 공포하여 한국인 여성을 군수 공장에 강제 동원하였어요.

오답분석 ① 제1차 한·일 협약 체결 후 재정 고문으로 부임한 메가타의 주도로 1905년부터 화폐 정리 사업이 실시되었어요.
② 1925년에 일제는 만주 지역에서 활동하는 독립군을 탄압하기 위해 만주 지역의 중국 군벌과 미쓰야 협정을 체결하였어요.
④ 1923년에 전라남도 신안군 암태도의 농민들은 고율의 소작료를 징수하는 지주 문재철의 횡포에 맞서 소작 쟁의를 전개하였고, 소작료를 낮추는 성과를 거두었어요.
⑤ 1910년에 일제는 회사령을 공포하여 회사를 설립할 때 총독의 허가를 받도록 하였어요.

📢 **1930년대 후반 이후 일제의 민족 말살 통치**

정답분석 1937년에 중·일 전쟁을 일으킨 일제는 한국인의 민족의식을 없애기 위해 내선일체를 강조하고 황국 신민 서사 암송과 신사 참배를 강요하는 등 민족 말살 정책을 실시하였어요. 또한 일제는 전쟁이 확대되자 1938년에 국가 총동원령을 내려 미곡·금속 공출을 실시하였으며, 국민 징용령을 내리고 일본군 '위안부'를 강제 동원하는 등 물적·인적 자원을 수탈하기도 하였어요.
⑤ 일제는 1936년 조선 사상범 보호 관찰령에 이어 1941년에 치안 유지법 위반자 중 재범의 우려가 있다고 판단되면 재판 없이 구금할 수 있는 조선 사상범 예방 구금령을 시행하여 독립운동가들을 탄압하였어요.

오답분석 ① 일제는 1910년에 회사 설립 시 조선 총독의 허가를 받도록 하는 회사령을 제정하였어요.
② 일제는 1925년에 만주 군벌과 미쓰야 협정을 체결하여 만주 지역의 독립군을 탄압하였어요.
③ 일제는 우리 민족의 민립 대학 설립 운동을 탄압하고 이를 무마할 목적으로 1924년에 경성 제국 대학을 설립하였어요.
④ 일제는 근대적 토지 소유권을 확립한다는 명분으로 1910년부터 1918년까지 토지 조사 사업을 실시하였어요.

정답 | ③

정답 | ⑤

33강 일제 강점기(식민 통치)

1910년대 일제의 식민지 통치 방식

01 헌병이 일반 경찰의 업무까지 담당하는 ⬜병 경찰 제도가 실시되었다.

02 한국인에게만 적용되는 조선 ⬜형령이 제정되었다.

03 일제는 보통학교의 수업 연한을 ⬜년으로 규정하는 제1차 조선 교육령을 공포하였다.

04 일제는 근대적 토지 소유권 확립을 명분으로 내세워 ⬜ 조사 사업을 실시하였다.

05 일제는 회사 설립 시 총독의 허가를 받도록 하는 ⬜령을 공포하였다.

1920년대 일제의 식민지 통치 방식

06 일제는 3·1 운동 이후 통치 방식을 무단 통치에서 이른바 '⬜통치'로 바꾸었다.

07 일제는 보통학교의 수업 연한을 ⬜년으로 연장하고 한국어를 필수로 하는 제2차 교육령을 발표하였다.

08 일제는 1925년에 사회주의 운동을 탄압하기 위해 ⬜유지법을 제정하였다.

09 일제는 회사 설립을 허가제에서 ⬜제로 바꾸어 일본 기업의 한국 진출을 용이하게 하였다.

10 일제는 일본 내 쌀 부족 문제의 해결과 쌀 수탈을 목적으로 ⬜ 계획을 추진하였다.

1930년대 후반 이후 일제의 식민지 통치 방식

11 일제는 민족 말살 정책의 일환으로 ⬜ 신민 서사의 암송, 신사 참배, 궁성 요배를 강요하였다.

12 민족 말살 통치 시기에 일제는 한국인의 성과 이름을 일본식으로 바꾸는 ⬜ 개명을 강요하였다.

13 일제는 1936년에 조선 ⬜ 보호 관찰령을 제정하여 독립운동가를 감시·통제하였다.

14 1930년대에 일제는 농민 경제의 안정화를 명분으로 농촌 ⬜ 운동을 실시하였다.

15 일제는 1938년에 전쟁 자원을 효율적으로 동원하기 위해 국가 ⬜ 법을 제정하였다.

16 일제는 1939년에 국민 ⬜ 을 제정하여 한국인을 광산, 군수 공장 등에 강제 동원하였다.

일제 강점기(1910년대 저항)

시대 흐름을 한번에 담는
흐름판서 보기

흐름판서 강의

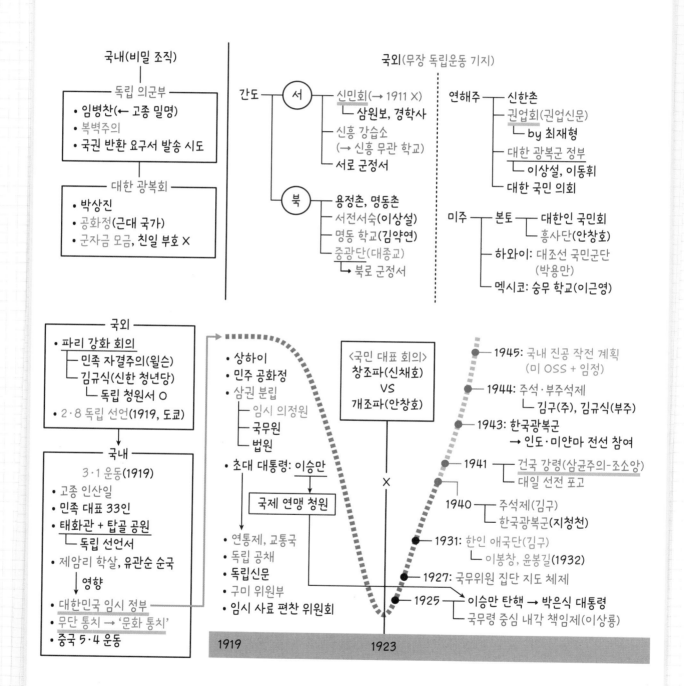

국내(비밀 조직)

독립 의군부
- 임병찬(← 고종 밀명)
- 복벽주의
- 국권 반환 요구서 발송 시도

대한 광복회
- 박상진
- 공화정(근대 국가)
- 군자금 모금, 친일 부호 ✕

국외(무장 독립운동 기지)

간도 — 서
- 신민회(→ 1911 ✕)
  └ 삼원보, 경학사
- 신흥 강습소
  (→ 신흥 무관 학교)
- 서로 군정서

간도 — 북
- 용정촌, 명동촌
- 서전서숙(이상설)
- 명동 학교(김약연)
- 중광단(대종교)
  └ 북로 군정서

연해주 — 신한촌
- 권업회(권업신문)
  └ by 최재형
- 대한 광복군 정부
  └ 이상설, 이동휘
- 대한 국민 의회

미주 — 본토
- 대한인 국민회
- 흥사단(안창호)

하와이: 대조선 국민군단
(박용만)

멕시코: 숭무 학교(이근영)

국외
- 파리 강화 회의
  - 민족 자결주의(윌슨)
  - 김규식(신한 청년당)
    └ 독립 청원서 O
- 2·8 독립 선언(1919, 도쿄)

국내
3·1 운동(1919)
- 고종 인산일
- 민족 대표 33인
- 태화관 + 탑골 공원
  └ 독립 선언서
- 제암리 학살, 유관순 순국
  ↓ 영향
- 대한민국 임시 정부
- 무단 통치 → '문화 통치'
- 중국 5·4 운동

- 상하이
- 민주 공화정
- 삼권 분립
  - 임시 의정원
  - 국무원
  - 법원
- 초대 대통령: 이승만
  → 국제 연맹 청원
- 연통제, 교통국
- 독립 공채
- 독립신문
- 구미 위원부
- 임시 사료 편찬 위원회

〈국민 대표 회의〉
창조파(신채호)
VS
개조파(안창호)

- 1945: 국내 진공 작전 계획
  (미 OSS + 임정)
- 1944: 주석·부주석제
  └ 김구(주), 김규식(부주)
- 1943: 한국광복군
  → 인도·미얀마 전선 참여
- 1941 ┬ 건국 강령(삼균주의-조소앙)
       └ 대일 선전 포고
- 1940 ┬ 주석제(김구)
       └ 한국광복군(지청천)
- 1931: 한인 애국단(김구)
  └ 이봉창, 윤봉길(1932)
- 1927: 국무위원 집단 지도 체제
- 1925 ┬ 이승만 탄핵 → 박은식 대통령
       └ 국무령 중심 내각 책임제(이상룡)

1919   1923

일제 강점기(1910년대 저항)

일제 강점기(1910년대 저항)

빈출키워드 TOP5

2·8 독립 선언서	1위
독립 의군부(임병찬)	2위
연통제, 교통국	3위
국민 대표 회의	4위
임시 정부 수립 계기	5위

✏ 서전서숙
1906년 만주에 이상설이 이동녕 등과 함께 설립한 민족 교육 기관으로 국외 여러 지역의 민족 학교에 영향을 주었어요.

✏ 중광단
서일 등 대종교 인사들이 중심이 되어 북간도에서 조직한 무장 독립 단체로, 이후 김좌진이 들어오면서 북로 군정서로 재편되었어요.

✏ 민족 자결주의
어떤 민족이든 다른 민족의 지배를 받지 않고, 민족의 정치적 운명은 해당 민족 스스로 결정할 권리가 있다는 주장이에요.

✏ 인산일
황제(왕), 황후, 황태자 부부의 장례일을 말해요.

✏ 중국의 5·4 운동
1919년 5월 4일 베이징의 톈안먼 광장에서 수많은 학생과 시민들이 모여 일으킨 항일 시위예요.

✏ 조지 루이스 쇼
이륭양행을 운영하며 대한민국 임시 정부가 독립운동 자금을 모으는 데 도움을 주었어요.

❶ 3·1 운동 이전의 민족 운동

국내	독립 의군부 (1912)	임병찬 등이 고종의 밀명을 받고 비밀리에 조직 → 복벽주의 추구, 조선 총독과 일본 총리대신에게 국권 반환 요구서 발송 계획
	대한 광복회 (1915)	박상진 등이 주도 → 공화 정체의 근대 국가 수립 지향, 독립군 양성을 위한 군자금 모금 활동(상덕태상회), 친일파 처단
국외	서간도 (남만주)	• 이회영, 이동녕 등 신민회 회원들이 이주하여 삼원보에 정착 • 경학사 설치(→ 부민단 → 한족회로 발전), 신흥 강습소 설립(→ 신흥 무관 학교), 서로 군정서 조직
	북간도	• 용정촌, 명동촌 등 한인 집단촌 형성 • 서전서숙(이상설), 명동 학교(김약연)를 세워 민족 교육 실시 • 대종교 중심으로 무장 단체인 중광단 조직(→ 북로 군정서)
	연해주	• 러시아 블라디보스토크에 신한촌 건설(한인 거주지) • 권업회 조직(권업신문 발간), 대한 광복군 정부 조직(대통령 이상설, 부통령 이동휘), 전로 한족회 중앙 총회 결성(→ 대한 국민 의회) • 1930년대 후반 스탈린에 의해 많은 한인들이 중앙아시아로 강제 이주
	상하이	신한 청년당 조직: 파리 강화 회의에 김규식 파견 → 독립 청원서 제출
	미주 지역	• 미국 본토: 대한인 국민회 조직, 흥사단 조직(안창호) • 하와이: 대조선 국민군단 창설(박용만 주도) • 멕시코: 숭무 학교 설립(이근영) → 독립군 양성(무장 투쟁 목적)

❷ 3·1 운동

전개	배경	• 미국 대통령 윌슨의 민족 자결주의 제창 • 신한 청년당이 파리 강화 회의에 김규식 파견 → 독립 청원서 제출 • 국외 독립 선언: 대동단결 선언(1917, 상하이), 대한 독립 선언(1919, 만주), 2·8 독립 선언(1919, 도쿄)
	준비	천도교계(손병희), 기독교계(이승훈), 불교계(한용운), 학생
	전개	고종의 인산일에 맞추어 실행 계획 → 민족 대표 33인이 태화관에서 독립 선언서 낭독 후 자진 체포 → 학생과 시민들이 탑골 공원에서 독립 선언식 거행(비폭력 만세 시위)
	확산	• 서울, 평양 등 주요 도시에서 시위 시작 → 전국 주요 도시 및 농촌으로 확산 → 점차 일제의 탄압에 맞서 무력 투쟁 운동으로 변화 • 해외에서도 만세 운동 전개
	탄압	• 헌병 경찰과 군대 등을 동원하여 총과 칼로 무력 진압 • 제암리 학살 사건, 유관순 순국(천안 아우내 장터에서 만세 시위 주도)
의의· 영향	의의	• 우리 민족의 독립 의지를 전 세계에 알림 • 모든 계층이 참여한 거족적 민족 운동 • 일제 강점기 최대 민족 운동
	영향	• 일제의 통치 방식 변화: 무단 통치 → 이른바 '문화 통치' • 만주, 연해주 등 국외에서 무장 독립 투쟁이 활발해짐 • 독립운동을 주도할 통일된 지도부의 필요성 대두 → 대한민국 임시 정부 수립의 계기가 됨 • 중국의 5·4 운동, 인도의 비폭력주의 운동에 영향

❸ 대한민국 임시 정부

(1) 대한민국 임시 정부의 수립과 활동

수립	통합 임시 정부 수립을 위한 노력(한성 정부의 정통성 계승, 대한 국민 의회의 조직 흡수) → 상하이에 통합된 대한민국 임시 정부 수립
조직	• 삼권 분립(임시 의정원, 국무원, 법원)에 기초한 민주 공화제 정부 선포 • 대통령에 이승만, 국무총리에 이동휘 선출
활동	• 비밀 조직: 연통제(비밀 행정 조직)와 교통국(비밀 통신 기관) 조직 → 국내와 연락망 구축, 정보 수집 및 전달, 독립운동 자금 모금 • 자금 마련: 독립(애국) 공채 발행, 이륭양행(조지 루이스 쇼, 중국 단둥)과 백산상회(부산) 운영 • 군사: 군무부 설치, 직할 부대로 육군 주만 참의부 조직, 미국에 한인 비행 학교 설립(1920, 노백린) • 문화: 독립신문 간행, 임시 사료 편찬 위원회 설치(《한·일 관계 사료집》 발간) • 외교: 미국 워싱턴에 구미 위원부 설치(이승만 주도), 김규식을 임시 정부의 외무총장 및 파리 강화 회의 전권 대사로 임명

(2) 대한민국 임시 정부의 변화

① 국민 대표 회의(1923)

배경	연통제·교통국 등 비밀 조직 붕괴, 외교 중심 독립운동의 한계 → 독립운동의 방법을 둘러싼 독립운동가들의 갈등 심화, 이승만의 위임 통치 청원서 제출에 대한 비판
전개	창조파(신채호 중심, 새로운 정부 수립 주장)와 개조파(안창호 중심, 임시 정부의 체제 개편 주장)의 대립
결과	회의 결렬 → 많은 독립운동가들의 이탈로 독립운동 세력 분열 → 임시 정부의 활동 침체

② 임시 정부의 변화

1920 년대 중반	국제 연맹에 위임 통치 청원서를 제출한 이승만 탄핵 → 박은식 이 제2대 대통령으로 선출(1925), 국무령 중심의 내각 책임제로 개편(초대 국무령: 이상룡, 1925) → 국무위원에 의한 집단 지도 체제로 개편(1927)
1930 년대	침체된 임시 정부의 활성화를 위해 김구가 한인 애국단 조직 (1931) → 이봉창·윤봉길 의거(1932) → 임시 정부가 상하이를 떠남(상하이 → 항저우 → …… 광저우 → 류저우 → 충칭)
1940 년대	충칭에 정착, 주석제로 개편(1940), 한국광복군 창설(1940) → 삼균주의를 기초로 한 건국 강령 발표(1941), 대일 선전 포고 (1941) → 주석·부주석제로 개편(1944) → 국내 진공 작전 계획

1. 1910년대에 있었던 사실로 맞으면 ○표, 틀리면 ×표 하세요.

(1) 박상진 등이 대한 광복회를 조직하였다. (　)

(2) 일제에 의해 경성 제국 대학이 설립되었다. (　)

(3) 사회주의 세력이 정우회 선언을 발표하였다. (　)

(4) 고종의 밀지를 받아 독립 의군부가 조직되었다. (　)

(5) 참의부, 정의부, 신민부가 만주 지역에 성립되었다. (　)

(6) 윤봉길이 상하이 훙커우 공원에서 의거를 일으켰다.(　)

2. 다음 민족 운동이 일어난 지역을 골라 쓰세요.

> 서간도, 북간도, 연해주, 하와이, 멕시코

(1) 한인 자치 기구인 경학사를 설립하였다. (　)

(2) 권업회를 조직하여 권업신문을 발행하였다. (　)

(3) 중광단을 조직하여 무장 투쟁을 전개하였다. (　)

(4) 숭무 학교를 설립하여 독립군을 양성하였다. (　)

(5) 신흥 강습소를 설립하여 독립군을 양성하였다. (　)

(6) 대조선 국민군단을 조직하여 독립군을 준비하였다. (　)

(7) 대한 광복군 정부를 세워 무장 투쟁을 준비하였다. (　)

3. 3·1 운동에 대한 설명이 맞으면 ○표, 틀리면 ×표 하세요.

(1) 대한민국 임시 정부가 수립되는 계기가 되었다. (　)

(2) 전개 과정에서 일제가 제암리 학살을 자행하였다. (　)

(3) 민족 대표 33인 명의의 독립 선언서가 발표되었다. (　)

(4) 일본, 프랑스 등의 노동 단체로부터 격려 전문을 받았다. (　)

4. 대한민국 임시 정부에 대한 설명이 맞으면 ○표, 틀리면 ×표 하세요.

(1) 이륭양행에 교통국을 설치하였다. (　)

(2) 대성 학교와 오산 학교를 설립하였다. (　)

(3) 비밀 행정 조직으로 연통제를 실시하였다. (　)

(4) 태극 서관을 설립하여 계몽 서적을 보급하였다. (　)

(5) 만민 공동회를 개최하여 민권 신장을 추구하였다. (　)

(6) 구미 위원부를 설치하여 외교 활동을 전개하였다. (　)

(7) 조선 혁명 간부 학교를 세워 독립군을 양성하였다. (　)

(8) 광주 학생 항일 운동에 진상 조사단을 파견하였다. (　)

(9) 독립운동 자금 마련을 위해 독립 공채를 발행하였다.(　)

(10) 임시 사료 편찬 위원회를 두고 한·일 관계 사료집을 발간 하였다. (　)

1. (1) ○ (2) × (3) × (4) ○ (5) × (6) × 2. (1) 서간도 (2) 연해주 (3) 북간도 (4) 멕시코 (5) 서간도 (6) 하와이 (7) 연해주 3. (1) ○ (2) ○ (3) ○ (4) × 4. (1) ○ (2) × (3) ○ (4) × (5) × (6) ○ (7) × (8) × (9) ○ (10) ○

일제 강점기(1910년대 저항)

① 신한 청년당

상하이에서 조직된 신한 청년당은 파리 강화 회의에 김규식을 대표로 파견하여 한국의 독립을 주장하였어요. 신한 청년당의 핵심 인사들은 이후 대한민국 임시 정부에 참여하여 활동하기도 하였어요.

② 대한 광복회

1915년에 박상진 등은 국내에서 비밀 결사 형태로 대한 광복회를 조직하였어요. 대한 광복회는 공화정 수립을 지향하였고, 친일파 처단에 적극적으로 나섰으며 군대식 조직을 갖추고 군자금을 마련하여 만주에 무관학교를 설립하려고 하였어요.

〈대한 광복회 강령〉
1. 일본인이 징수한 세금을 압수해 무장을 준비한다.
2. 만주에 사관 학교를 설치하여 독립군을 양성한다.
6. 행형부를 설치하여 일본인 관리와 민족 반역자를 처단한다.

③ 1910년대 국외 독립운동

일제는 1910년에 국권을 침탈한 이후 우리 민족의 독립운동을 탄압하였어요. 이에 국내에서 독립운동을 벌이던 애국지사들은 만주나 연해주 등지로 이주하였어요. 그리고 무장 독립운동을 벌이기 위해 독립운동 기지를 건설하였어요.

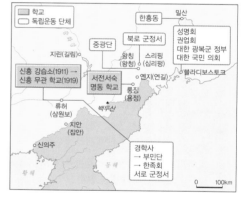

▲ 만주와 연해주의 학교와 독립운동 단체

· 삼원보의 경학사가 설립한 신흥 무관 학교에 청년들이 모여들었다. 기억을 더듬어 보면 학생들의 의지가 대단하였다. 신흥 무관 학교에 입학이 가능한 연령은 18세 이상이었지만 더 어린 학생들이 찾아온 적도 있었다. 아침 7시부터 저녁 8시까지 학과 교육 이외에도 군사 훈련을 받아야 했지만 학생들의 지친 기색을 찾아볼 수 없었다. 학교가 더욱 활기를 띠었던 시절은 지청천, 김창환이 합류한 이후였다. 이들은 모두 대한 제국 무관 학교 출신으로, 교관으로 활동하며 독립군 양성에 힘을 쏟았다. ─○○○의 회고록 중에서─

· 민족의 최고 가치는 자주와 독립이다. 이를 수호하기 위한 투쟁은 민족적 성전이며, 청사에 빛난다. …… 1910년 일본에 의하여 국권이 침탈당하자 국내외 지사들은 연해주에 결집하여 국권 회복을 위해 필사의 결의를 다짐했다. 성명회와 권업회 결성, 한민학교 설립, 신문 발간, 13도 의군 창설 등으로 민족 역량을 배양하고 …… 대일 항쟁의 의지를 불태웠다. ─○○○ 기념탑 비문─

④ 2·8 독립 선언

1919년 2월 8일, 미국의 윌슨 대통령이 발표한 민족 자결주의에 영향을 받아 일본 도쿄에서 한국인 유학생들이 한국의 독립을 요구하는 2·8 독립 선언을 발표하였어요. 이 선언은 국내에서 3·1 운동이 일어나는 데 영향을 미쳤어요.

〈결의문〉
1. 본단은 한·일 합병이 우리 민족의 자유의사에 출치 아니하고 우리 민족의 생존과 발전을 위협하고 동양의 평화를 교란하는 원인이 된다는 이유로 독립을 주장함.
2. 본 단체는 일본 의회 및 정부에 조선 민족 대회를 소집하여 해당 회의 결의로 우리 민족의 운명을 결정할 기회를 줄 것을 요구함.
3. 본단은 만국 평화 회의에 민족 자결주의를 우리 민족에게 적용하기를 요구함.
4. 전항의 요구가 실패할 때에는 우리 민족은 일본에 대하여 영원히 혈전을 선언함.

⑤ 3·1 운동

고종의 갑작스러운 죽음과 2·8 독립 선언 등에 영향을 받은 국내 종교계 지도자와 학생들은 고종의 인산일에 맞추어 만세 시위를 벌이기로 계획하였어요. 이에 민족 대표 33인이 구성되었고, 1919년 3월 1일에 민족 대표들은 비폭력 운동의 원칙에 따라 독립 선언서를 낭독하였어요. 같은 시각 탑골 공원에 모인 학생과 시민들도 만세 시위를 전개하였고, 이후 만세 시위는 전국적으로 확산되었어요.

그날 오후 2시 10분 파고다 공원에 모였던 수백 명의 학생들이 10여 년간 억눌려 온 감정을 터뜨려 '만세, 독립 만세'를 외치자 뇌성벽력 같은 소리에 공원 근처에 살던 시민들도 크게 놀랐다. 공원 문을 쏟아져 나온 학생들은 종로 거리를 달리며 몸에 숨겼던 선언서들을 길가에 뿌리며 거리를 누볐다. 윌슨 대통령이 주장한 약소 민족의 자결권이 실현되는 신세계가 시작된 것이다. 시위 학생들은 덕수궁 문 앞에 당도하자 붕어하신 고종에게 조의를 표하고 잠시 멎었다. ─ 스코필드 기고문 ─

6 제암리 학살 사건

경기도 제암리(지금의 경기도 화성)에서 만세 시위가 일어나자 일본군은 제암리 주민들을 교회당에 모이게 한 후, 총격을 가하고 불을 질러 학살하는 만행을 벌였어요. 이후 평화적으로 전개되던 3·1 운동은 점차 무력 투쟁 시위로 변하였어요.

7 대한민국 임시 정부의 수립

3·1 운동이 확산되는 가운데, 우리 민족은 체계적인 독립운동을 이끌기 위한 단체의 필요성을 느꼈어요. 이에 국내외에서 임시 정부 수립의 움직임이 나타났고, 여러 곳에서 수립된 임시 정부는 상하이의 대한민국 임시 정부로 통합되었어요.

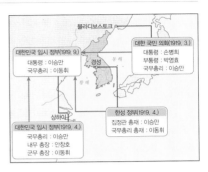

8 대한민국 임시 정부의 조직

대한민국 임시 정부는 우리 역사상 처음으로 임시 의정원(입법권), 국무원(행정권), 법원(사법권)의 삼권 분립에 근거한 민주 공화제를 채택하였어요.

〈대한민국 임시 헌법(1919. 9.)〉
제1조 대한민국은 대한 인민으로 조직한다.
제2조 대한민국의 주권은 대한 인민 전체에 있다.
제3조 대한민국의 강토는 구한국(대한 제국)의 판도로 한다.
제4조 대한민국의 인민은 일체 평등하다.
제5조 대한민국의 **입법권은 의정원이, 행정권은 국무원이, 사법권은 법원이** 행사한다.
제6조 대한민국의 주권 행사는 헌법 범위 내에서 임시 대통령에게 전임한다.

9 대한민국 임시 정부의 활동

대한민국 임시 정부는 연통제와 교통국이라는 비밀 행정 조직망을 운영하였어요. 또한 임시 사료 편찬회를 두어 《한·일 관계 사료집》을 편찬하고 독립 자금 마련을 위해 독립 공채를 발행하였어요. 또한, 미국 워싱턴에 구미 위원부를 설치하여 이승만을 중심으로 외교 활동도 펼쳤어요.

▲ 미국, 중국에서 발행한 독립 공채   ▲ 구미 위원부

10 이승만의 위임 통치 청원

대한민국 임시 정부 내에서 독립운동의 방향을 둘러싸고 외교론자와 무장 투쟁론자 사이에 갈등이 발생하였어요. 이러한 과정에서 외교를 통한 독립운동을 주도한 이승만은 파리 강화 회의에 참석한 미국 대통령 윌슨에게 향후 한국의 독립을 보장해 줄 것을 전제로 한국을 국제 연맹의 위임 통치하에 둘 것을 요청하는 청원서를 보냈어요. 이에 무장 투쟁론자들은 강력히 반발하였고, 이후 이승만이 탄핵되는 계기가 되었어요.

> 미국 대통령 각하, 대한인 국민회 위원회는 본 청원서에 서명한 대표자로 하여금 다음과 같은 공식 청원서를 각하에게 제출합니다. …… 우리는 자유를 사랑하는 2천만의 이름으로 각하에게 청원하니, 각하도 평화 회의에서 우리의 자유를 주장하여, 참석한 열강이 먼저 한국을 일본의 학정으로부터 벗어나게 하여 장래 완전한 독립을 보증하고, 당분간은 한국을 국제 연맹 통치 밑에 두게 할 것을 빌며, 이렇게 될 경우 대한 반도는 만국 통상지가 될 것입니다. 그리하여 한국을 극동의 완충국 혹은 1개의 국가로 인정하게 하면 동아 대륙에서의 침략 전쟁이 없게 될 것이며, 그렇게 되면 동양 평화는 영원히 보전될 것입니다. — 이승만, 〈위임 통치 청원서〉 –

11 국민 대표 회의(1923)

외교 중심의 임시 정부 활동이 한계를 드러내자 대한민국 임시 정부는 새로운 독립운동의 방향을 모색하고자 국민 대표 회의를 개최하였어요. 그러나 국민 대표 회의는 임시 정부를 해체하고 새로운 정부를 수립해야 한다는 창조파와 임시 정부를 유지한 채 조직만 개편하자는 개조파의 대립으로 결렬되었어요. 이후 많은 독립운동가들이 임시 정부에서 이탈하였어요.

> 본 국민 대표 회의는 이천만 민중의 공정한 뜻에 바탕을 둔 국민적 대회합으로 최고의 권위를 지녀 …… 독립을 완성하기를 기도하고 이에 선언하노라. …… 본 대표 등은 국민이 위탁한 사명을 받들어 국민적 대단결에 힘쓰며 독립운동이 나아갈 방향을 확립하여 통일적 기관 아래서 대업을 완성하고자 하노라.

일제 강점기(1910년대 저항)

1 63회

회독 ●○○

(가) 인물의 활동으로 옳은 것은?

[2점]

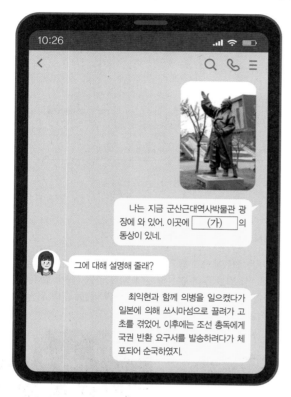

나는 지금 군산근대역사박물관 광장에 와 있어. 이곳에 (가) 의 동상이 있네.

그에 대해 설명해 줄래?

최익현과 함께 의병을 일으켰다가 일본에 의해 쓰시마섬으로 끌려가 고초를 겪었어. 이후에는 조선 총독에게 국권 반환 요구서를 발송하려다가 체포되어 순국하였지.

① 명동 성당 앞에서 이완용을 습격하였다.
② 고종의 밀지를 받아 독립 의군부를 조직하였다.
③ 국권 침탈 과정을 정리한 한국통사를 저술하였다.
④ 13도 창의군의 총대장으로 서울 진공 작전을 지휘하였다.
⑤ 논설 단연보국채를 써서 국채 보상 운동에 적극 참여하였다.

📢 임병찬의 활동

정답분석 1905년에 을사늑약이 체결되자 임병찬은 최익현과 함께 의병을 일으켰다가 쓰시마섬으로 유배되었어요. 임병찬은 1912년에 독립 의군부를 조직하고 복벽주의를 내세워 고종의 복위를 도모하였어요.
② 국권 피탈 후 임병찬은 고종의 밀지를 받고 의병과 유생을 모아 1912년에 독립 의군부를 조직하였어요.

오답분석 ① 이재명은 명동 성당 앞에서 을사늑약 체결을 주도한 을사오적 중 한 명인 이완용을 습격하여 중상을 입혔어요.
③ 민족주의 사학자 박은식은 국혼의 중요성을 강조하고 일제의 국권 침탈 과정을 폭로한 《한국통사》를 저술하였어요.
④ 정미의병 당시 이인영은 13도 창의군의 총대장으로 서울 진공 작전을 전개하였으나 실패하였어요.
⑤ 신채호는 황성신문에 논설 〈단연보국채(담배를 끊어 나라의 빚을 갚자)〉를 써서 국채 보상 운동에 적극 참여하였어요.

정답 | ②

2 49회

회독 ●○○

(가) 지역에서 전개된 민족 운동에 대한 설명으로 옳은 것은?

[2점]

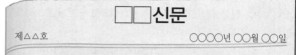

□□신문

제△△호   ○○○○년 ○○월 ○○일

허은 지사, 독립 유공자로 서훈

대한민국 임시 정부 초대 국무령 석주 이상룡 선생의 손부(孫婦) 허은 지사에게 건국훈장 애족장이 추서되었다. 허 지사는 (가) 의 삼원보에서 결성된 서로 군정서의 숨은 공로자였다. 그녀는 기본적인 생계 활동과 공식적인 행사 준비 외에도 서로 군정서 대원들의 군복을 제작·배급하는 등 독립운동에 힘을 보탰다. 허은 지사의 회고록에는 당시의 상황이 생생하게 담겨 있다.

① 해조신문을 발간하여 국권 회복에 힘썼다.
② 신흥 강습소를 설립하여 독립군을 양성하였다.
③ 대한인 국민회를 조직하여 외교 활동을 펼쳤다.
④ 대조선 국민 군단을 창설하여 군사 훈련을 하였다.
⑤ 유학생들이 중심이 되어 2·8 독립 선언서를 발표하였다.

📢 서간도 지역의 독립운동

정답분석 (가) 지역은 남만주의 서간도예요. 일제가 국권을 침탈하고 가혹한 무단 통치를 펴자 국내에서의 민족 운동이 어려워진 애국지사들은 만주, 연해주 등 국외로 이동하여 장기적인 무장 투쟁을 위한 독립운동 기지를 건설하였어요.
② 서간도로 이주한 신민회의 이회영, 이상룡 등은 삼원보에 자치 기관인 경학사를 만들고, 신흥 강습소를 설립하여 독립군을 양성하였어요. 신흥 강습소는 이후 신흥 무관 학교로 바뀌었어요.

오답분석 ① 러시아 블라디보스토크에서 한인들이 해조신문을 발간하였어요. 이 신문은 해외 한인들이 발간한 최초의 한글 신문이에요.
③ 미국 샌프란시스코에서 안창호 등이 대한인 국민회를 조직하여 독립을 위한 외교 활동을 벌이는 한편, 대한민국 임시 정부에 독립운동 자금을 지원하였어요.
④ 미국 하와이에서 박용만 등이 대조선 국민군단을 창설하여 군사 훈련을 하였어요.
⑤ 민족 자결주의에 영향을 받은 일본의 한국인 유학생들이 도쿄에서 2·8 독립 선언서를 발표하였어요.

정답 | ②

③ 56회 회독 ○○○

(가)에 들어갈 내용으로 옳은 것은? [3점]

저는 지금 전로 한족회 중앙 총회가 개최된 건물 앞에 나와 있습니다. 이 단체는 이 지역에 거주한 한인들의 대표자 회의였습니다. 이 지역에서 전개된 민족 운동에 대해 올려 주세요.

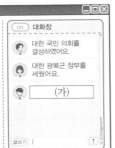

대화창
- 대한 국민 의회를 결성하였어요.
- 대한 광복군 정부를 세웠어요.
- (가)

국외 민족 운동의 발자취를 찾아서

① 독립군 양성을 위해 신흥 강습소를 세웠어요.
② 권업회를 조직하여 권업신문을 발행하였어요.
③ 숭무 학교를 설립하여 무장 투쟁을 준비하였어요.
④ 한인 비행 학교를 세워 독립군 비행사를 육성하였어요.
⑤ 대일 항전을 준비하기 위해 조선 독립 동맹을 결성하였어요.

📢 연해주 지역의 독립운동

정답분석 연해주는 19세기 후반부터 우리 민족이 이주하여 살기 시작한 지역이에요. 일제가 국권을 침탈한 이후 연해주 지역으로 이주한 한인들은 블라디보스토크 교외에 신한촌을 건설하였고, 권업회를 조직하였어요. 1914년에는 권업회를 토대로 이상설, 이동휘를 정·부통령으로 하는 대한 광복군 정부가 조직되어 무장 독립 투쟁을 준비하기도 하였어요. 또한, 3·1 운동을 계기로 연해주에서는 임시 정부 성격의 단체인 대한 국민 의회가 결성되었어요.
② 연해주 지역으로 이주한 한인들은 자치 단체인 권업회를 만들고 권업신문을 발행하였어요.

오답분석 ① 신민회 회원들은 서간도 지역에 독립군 양성을 위한 신흥 강습소를 세웠어요.
③ 멕시코로 이주한 한인 동포는 독립군 양성을 위해 숭무 학교를 설립하여 무장 투쟁을 준비하였어요.
④ 대한민국 임시 정부는 미국에 독립군 비행사 양성을 위한 한인 비행 학교를 설립하였어요.
⑤ 중국 화북 지역에서 활동하던 사회주의자들은 대일 항전을 준비하기 위해 옌안에서 조선 독립 동맹을 결성하였어요.

정답 | ②

④ 62회 회독 ○○○

밑줄 그은 '이곳'에 해당하는 지역을 지도에서 옳게 고른 것은? [1점]

박용만은 1905년 국외로 떠난 이후 네브라스카주에서 대학을 다니며 독립군 양성 기관인 한인 소년병 학교를 창설하고, 국민개병설을 집필했습니다. 그후 이곳으로 건너가 대조선 국민군단을 조직하여 독립 전쟁을 준비했습니다.

대조선 국민군단이 사용한 건물과 군복을 입은 박용만

(가) 서간도
(나) 연해주
(다) 상하이
(라) 하와이
(마) 멕시코

① (가)   ② (나)   ③ (다)   ④ (라)   ⑤ (마)

📢 하와이 지역의 독립운동

정답분석 박용만은 1909년에 독립운동과 인재 양성을 목적으로 한인 소년병 학교를 창설하였어요. 1912년에는 하와이로 건너가 대한인 국민회 하와이 지부에서 간행한 기관지의 주필로 언론 활동을 펼쳤어요. 또, 항일 무장 단체인 대조선 국민군단을 조직해 군사 훈련을 실시하여 무장 투쟁을 위한 준비를 하였어요.
④ 하와이에서는 박용만 등이 대조선 국민군단을 창설하여 군사 훈련을 실시하였어요.

오답분석 ① 서간도의 삼원보 지역으로 이주한 신민회 회원들은 경학사를 조직하고 신흥 강습소(이후 신흥 무관 학교)를 설립하였어요.
② 연해주에서는 권업회가 조직되어 권업신문을 발행하였으며, 권업회를 바탕으로 이상설 등이 대한 광복군 정부를 결성하였어요.
③ 상하이에서는 신한 청년당의 김규식이 파리 강화 회의에 대표로 파견되었어요.
⑤ 멕시코에서는 이주한 한인들이 숭무 학교를 세워 무장 투쟁을 준비하였어요.

정답 | ④

5 63회 　　　　회독 ●●●

(가) 운동에 대한 설명으로 옳은 것은? [1점]

> 국가보훈처는 광복 73주년을 맞아 독립 유공자를 발굴하여 포상하기로 하였습니다. 이번 포상에는 　(가)　의 1주년을 맞아 만세 운동을 전개하다가 체포되어 옥고를 치른 배화 여학교 학생 여섯 명이 포함되었습니다. 이들은 일제 강점기 최대 민족 운동인 　(가)　의 영향을 받아 수립된 대한민국 임시 정부의 활동 소식을 접하면서 민족의식을 키웠다고 합니다.

김경화 등 6명의 독립운동가, 독립운동 유공 인정

① 김광제 등의 발의로 본격화되었다.
② 순종의 인산일을 기회로 삼아 추진되었다.
③ 제암리 학살 등 일제의 가혹한 탄압을 받았다.
④ 신간회에서 진상 조사단을 파견하여 지원하였다.
⑤ 성진회와 각 학교 독서회에 의해 전국적으로 확산하였다.

📢 **3·1 운동**

정답분석 1919년에 고종의 인산일에 맞추어 종교계 지도자들이 중심이 된 민족 대표 33인을 구성하고 독립 선언서를 작성하였어요. 독립 선언 당일에 민족 대표 33인은 시위가 격화될 것을 우려하여 태화관에서 독립 선언서를 낭독한 후 경찰에 자진 신고하여 체포되었어요. 탑골 공원에서는 학생과 시민들이 독립 선언서를 가져와 낭독하고 만세 운동을 전개하였어요. 도시에서 시작된 만세 운동은 전국 각지로 확산되었고, 국외에서도 시위가 이어졌어요. 이에 일제는 군대와 경찰을 동원하여 무력으로 시위를 진압하였어요. 일제 강점기 최대 규모의 민족 운동인 3·1 운동을 계기로 대한민국 임시 정부가 수립되었고, 일제는 이른바 '문화 통치'로 통치 방식을 바꾸었어요.
③ 3·1 운동 당시 일본군은 경기도 제암리에서 만세 시위에 참여한 주민들을 교회당에서 학살하는 만행을 저질렀어요.

오답분석 ① 1907년에 김광제, 서상돈 등의 발의로 대구에서 국채 보상 운동이 시작되었어요.
② 1926년에 순종의 인산일에 맞추어 학생들의 주도로 6·10 만세 운동이 전개되었어요.
④ 1929년에 신간회는 광주 학생 항일 운동이 일어나자 사건의 진상을 규명하기 위해 조사단을 파견하였어요.
⑤ 1929년에 일어난 광주 학생 항일 운동은 성진회와 각 학교 독서회에 의해 전국적으로 확산하였어요.

정답 | ③

6 61회 　　　　회독 ●●●

(가)에 대한 설명으로 옳은 것을 |보기|에서 고른 것은? [2점]

> 저는 이동녕으로 이곳 충남 천안에서 태어났습니다. 저는 임시 의정원 초대 의장으로 삼권 분립에 기초한 　(가)　의 헌법 제정에 기여하였습니다. 또한 국무총리와 주석 등을 역임하였고, 　(가)　이/가 상하이를 떠나 이동하는 과정을 함께하며 독립운동에 전념하였습니다.

|보기|
ㄱ. 만세보를 발행하여 민중 계몽에 힘썼다.
ㄴ. 신흥 강습소를 세워 독립군을 양성하였다.
ㄷ. 구미 위원부를 조직하여 외교 활동을 전개하였다.
ㄹ. 이륭양행에 교통국을 설치하여 국내와 연락을 취하였다.

① ㄱ, ㄴ　② ㄱ, ㄷ　③ ㄴ, ㄷ　④ ㄴ, ㄹ　⑤ ㄷ, ㄹ

📢 **대한민국 임시 정부**

정답분석 이동녕은 이상설 등과 함께 서전서숙을 설립하였으며, 서간도 지역에서 신흥 강습소를 설립하고 초대 소장을 역임하기도 하였어요. 또한, 연해주에서 권업회를 조직하고 권업신문을 발간하는 데 참여하기도 하였어요. 이후 대한민국 임시 정부의 입법 기관에 해당하는 임시 의정원의 초대 의장을 맡았어요.
ㄷ. 대한민국 임시 정부는 외교 활동을 전개하기 위해 미국 워싱턴에 구미 위원부를 조직하였어요.
ㄹ. 대한민국 임시 정부는 조지 루이스 쇼가 중국에서 운영하는 무역 회사인 이륭양행에 교통국을 설치하여 국내와 연락을 취하였어요.

오답분석 ㄱ. 천도교는 기관지로 《만세보》를 발행하여 민중 계몽에 힘썼어요.
ㄴ. 서간도의 삼원보로 이주한 이동녕 등 신민회 회원들은 신흥 강습소(이후 신흥 무관 학교)를 세워 독립군 양성을 위해 노력하였어요.

정답 | ⑤

일제 강점기(1910년대 저항)

3·1 운동 이전의 민족 운동

01 고종의 밀지를 받아 임병찬 등이 주도하여 독립　　　를 조직하였다.

02 박　　의 주도로 조직된 대한 광복회는　　　정체의 근대 국가 수립을 지향하였다.

03 서간도 지역에서 신민회가 중심이 되어 한인 자치 기관인　　　사를 조직하였다.

04 북간도 지역에　　전서숙,　　동 학교가 설립되어 민족 교육을 실시하였다.

05 북간도 지역에　　　교도 중심의 중광단이 결성되어 항일 무장 투쟁을 전개하였다.

06 연해주 지역에서는 이상설 등이 권업회를 토대로 한 대한　　　군 정부를 수립하였다.

07 미주 지역인 하와이에서는 박용만의 주도로 대조선　　　군단이 조직되어 군사 훈련을 실시하였다.

08 멕시코에서는 이근영 등이 중심이 되어　　　학교를 설립하여 독립군을 양성하였다.

3·1 운동

09 민족 자결주의에 영향을 받은 일본 도쿄의 한국인 유학생들이　　·　　독립 선언을 발표하였다.

10 3·1 운동은 일제의 식민 통치 방식이 이른바 '　　　통치'로 바뀌는 계기가 되었다.

11 3·1 운동은 대한민국　　　정부가 수립되는 데 영향을 주었다.

대한민국 임시 정부

12 대한민국 임시 정부는 미국 워싱턴에　　　위원부를 설치하고 외교 활동을 전개하였다.

13 대한민국 임시 정부는 비밀 행정 조직으로　　　제를 실시하고,　　　국을 설치하였다.

14 대한민국 임시 정부는 독립운동 자금 마련을 위해 독립　　　를 발행하였다.

15 대한민국 임시 정부는 1923년에 독립운동의 새로운 방향을 논의하기 위해 국민　　　회의를 개최하였다.

16 김구는 1931년에 임시 정부 활성화를 위해　　　애국단을 조직하여 의거 활동을 하였다.

17 1940년에 충칭에 정착한 대한민국 임시 정부는 정규군으로 한국　　　을 창설하였다.

정답 **01** 의군부 **02** 상진, 공화 **03** 경학 **04** 서, 명 **05** 대종 **06** 광복 **07** 국민 **08** 숭무 **09** 2, 8 **10** 문화 **11** 임시 **12** 구미 **13** 연통, 교통 **14** 공채 **15** 대표 **16** 한인
17 광복군

35강 일제 강점기(1920년대 저항)

〈국외〉

① 봉오동 전투(1920. 6.)
└ 대한 독립군(홍범도) + α

② 훈춘 사건 조작(日)
└ 일본군, 중국 入

③ 청산리 전투(1920. 10.)
├ 북로 군정서(김좌진) + α
├ 백운평·완루구 전투
└ 천수평·어랑촌 전투

④ 간도 참변(1920)

⑤ 대한 독립군단(서일)
└ 자유시 이동

⑥ 자유시 참변(1921)

⑦ 3부 결성
├ 참의부(→ 임정)
├ 정의부
└ 신민부

⑧ 미쓰야 협정(1925)
└ 미쓰야(日) + 장작림(만주)

⑨ 3부 통합 운동
├ 북만주: 혁신 의회
└ 남만주: 국민부

〈국내〉

민족주의 ─┬ 타협적 민족주의(자치론 ▲)
　　　　　└ 비타협적 민족주의

실력 양성 운동
├ 물산 장려 운동
│　├ 회사령 X, 관세 X
│　├ 조만식
│　│　(평양, 물산 장려회)
│　└ 사회주의 세력의 비판
├ 민립 대학 설립 운동
│　├ 2차 조선 교육령
│　├ 민립 대학 기성회
│　│　(by 이상재)
│　└ 日 방해
│　　　└ 경성 제국 대학
└ 문맹 퇴치 운동
　 : 문자 보급 운동(조선일보)

조선 민흥회
↓
정우회 선언

농민·노동 운동(쟁의)
├ 사회주의 세력 주도
│　└ 日 치안 유지법(1925)
├ 암태도 소작 쟁의(1923)
├ 조선 농민 총동맹(1927)
├ 조선 노동 총동맹(1927)
└ 원산 총파업(1929)

신간회(1927)
- 민족 유일당, 좌우 합작, 이상재
- 정치·경제적 각성, 민족 단결, 기회주의 X
- 전국 지회, 근우회(자매단체)
- 광주 학생 항일 운동 지원
　└ 진상 조사단, 민중 대회 계획
- 해소(1931)

학생 운동	• 6·10 만세 운동(1926): 순종 인산일, 민족주의 + 사회주의 • 광주 학생 항일 운동(1929): 한·일 학생 충돌, 신간회 지원
대중 운동	• 소년 운동: 천도교(방정환) → 어린이날, 〈어린이〉 • 여성 운동: 근우회(좌우 합작) → 여성 단결, 〈근우〉 • 형평 운동: 조선 형평사(진주, 1923) → 백정 차별 X
의열 투쟁	• 의열단(1919) 　├ 조선 혁명 선언(신채호) → 김원봉, 폭력 투쟁 　└ 박재혁(부산서), 김익상(총독부), 김상옥(종로서), 　　 김지섭(도쿄 궁성), 나석주(식산 은행, 동양 척식 주식회사) • 조선 혁명 간부 학교(1932): 독립군 양성
민족 문화 수호	• 국어: 조선어 연구회 → 가갸날, 〈한글〉, 카프 문학(KAPF) • 역사 ─┬ 신채호: 〈조선사연구초〉(낭가), 〈조선상고사〉(아 ≠ 비아) 　　　　　└ 박은식: 국혼, 〈한국통사〉, 〈한국독립운동지혈사〉 • 예술: 나운규 '아리랑'(영화) → 단성사 개봉

35강 일제 강점기(1920년대 저항)

 **일제 강점기(1920년대 저항)**

빈출키워드 TOP5

조선 혁명 선언	1위
신간회의 진상 조사단 파견	2위
자유시 참변	3위
경성 제국 대학 설립	4위
청산리 전투	5위

✏ **미쓰야 협정**

조선 총독부 경무국장 미쓰야와 중국 만주 군벌 장작림이 맺은 협정으로, 일제가 만주 지역에서 활동하는 독립군을 탄압하기 위해 체결하였어요.

✏ **암태도 소작 쟁의**

전라남도 신안군 암태도의 지주 문재철이 소유한 농장의 소작인들이 소작료를 지나치게 가져가는 문재철의 횡포에 저항하여 일으킨 농민 운동이에요.

✏ **원산 총파업**

함경남도 덕원군의 문평 라이징선 석유회사의 일본인 감독관이 한국인 노동자를 구타한 사건이 발단이 되어 시작된 노동 운동으로, 임금 인상과 노동 조건의 개선을 요구하였어요. 원산 총파업이 일어나자 일본, 프랑스 등지의 노동 단체에서 격려 전문을 보내기도 하였어요.

✏ **한국 독립 유일당 북경 촉성회**

1926년에 베이징에서 결성된 독립운동 단체로, 사상에 관계없이 독립운동을 전개하기 위해 조직되었어요.

✏ **카프(KAPF)**

1920년대 초 식민지 현실의 계급 모순을 비판하는 신경향파 문학이 등장하였고, 이를 바탕으로 1925년에 카프(KAPF)가 결성되었어요.

❶ 국외 무장 독립 전쟁

봉오동 전투 (1920. 6.)	대한 독립군(홍범도), 군무 도독부군(최진동), 국민회군(안무) 등의 독립군 연합 부대가 봉오동에서 일본군 격퇴
청산리 전투 (1920. 10.)	일제가 훈춘 사건을 조작하여 만주에 대규모 군대 파견 → 북로 군정서(김좌진), 대한 독립군(홍범도) 등의 독립군 연합 부대가 청산리 일대(백운평, 완루구, 천수평, 어랑촌)에서 일본군 격퇴
독립군의 시련	• 간도 참변(1920): 일본군이 봉오동 전투와 청산리 전투 패배에 대한 보복으로 간도의 한인 마을을 습격하고 무차별 학살 자행 • 독립군 부대들이 일본군을 피해 만주 국경의 밀산으로 이동 → 대한 독립군단 조직(총재: 서일) → 러시아령 자유시로 이동 • 자유시 참변(1921): 독립군 부대들이 러시아 혁명군의 지원 약속을 믿고 자유시로 이동 → 자유시에서 러시아 혁명군이 독립군에 무장 해제 요구 → 독립군이 거부하자 공격 → 독립군 사상자 발생
독립군 재정비	• 3부 성립(1923~1925): 만주로 귀환한 독립군이 독립운동 단체 통합 → 참의부, 정의부, 신민부 조직 • 미쓰야 협정(1925): 일제가 만주 지역에서 활동하는 독립군 탄압을 위해 만주 군벌(장작림)과 체결 → 독립군 활동 위축 • 3부 통합 운동: 국민부(남만주)와 혁신 의회(북만주)로 통합

❷ 국내 민족·사회 운동

(1) 실력 양성 운동

물산 장려 운동	배경	회사령 폐지(1920), 일본 상품에 대한 관세 철폐 움직임 → 민족 경제의 자립 추구
	전개	• 평양에서 조만식 등을 중심으로 조선 물산 장려회 설립 → 토산품 애용 운동('조선 사람 조선 것', '내 살림 내 것으로'), 일본 상품 배척, 금주·금연 운동 전개 • 자작회, 토산 애용 부인회 등 여러 단체가 참여함
	결과	상품 가격 상승, 일부 자본가의 폭리 취득 → 사회주의 세력으로부터 자본가의 이익을 위한 것이라고 비판받음
민립 대학 설립 운동	배경	식민지 교육 차별, 제2차 조선 교육령 공포(대학 설립 가능)
	전개	이상재 등이 조선 민립 대학 기성회 조직 → '한민족 1천만이 한 사람이 1원씩'이라는 구호를 내세워 모금 운동 전개
	결과	모금 실적 저조, 일제의 방해 등으로 실패 → 일제의 무마책: 경성 제국 대학 설립 (1924)
문맹 퇴치 운동		문자 보급 운동(1929~1934): 조선일보 주도 → 구호: '아는 것이 힘, 배워야 산다'

(2) 농민·노동 운동

단체의 변화	조선 노농 총동맹(1924) → 조선 농민 총동맹, 조선 노동 총동맹으로 분화(1927)	
소작 쟁의	소작권 이전 반대, 소작료 인하 등 요구 → 암태도 소작 쟁의(1923)	1930년대 항일 투쟁으로 발전
노동 쟁의	노동 조건 개선, 임금 인상 등 요구 → 원산 총파업(1929), 부산 조선방직 총파업(1930), 강주룡의 평양 을밀대 고공 농성(1931)	

(3) 민족 유일당 운동과 신간회의 결성(1927~1931)

배경	국외	• 중국의 국·공 합작(1924) • 한국 독립 유일당 북경 촉성회 창립, 3부 통합 운동
	국내	• 민족주의 세력에서 자치론 대두 → 민족주의 세력 분열 (타협적 민족주의 VS 비타협적 민족주의) • 치안 유지법이 제정되면서 사회주의 세력의 활동 위축 • 조선 민흥회 창립 → 정우회 선언(1926)
설립		• 결성: 비타협적 민족주의 세력과 사회주의 세력이 연합하여 설립(회장: 이상재, 1927) • 강령: 정치·경제적 각성 촉구, 민족의 단결 촉구, 기회주의(타협적 민족주의) 배격 • 활동: 강연회 개최, 소작·노동 쟁의 및 사회운동 지원, 광주 학생 항일 운동 지원(진상 조사단 파견, 민중 대회 계획) • 해소: 일제의 탄압, 새 지도부가 타협적 민족주의 세력과 협력 추구, 코민테른의 노선 변경, 사회주의 세력의 이탈 → 전체 회의에서 해소(1931) • 의의: 일제 강점기 최대 규모의 민족 운동 단체, 민족주의 계열과 사회주의 계열의 민족 협동 전선

(4) 학생 운동

6·10 만세 운동(1926)	순종의 인산일에 전개 → 민족주의 계열과 사회주의 계열의 연대 모색 계기
광주 학생 항일 운동 (1929)	한·일 학생 간의 충돌 계기 → 광주 지역 학생들이 대규모 시위 전개 → 신간회의 진상 조사단 파견, 성진회와 각 학교 독서회에 의해 전국으로 확산

(5) 대중 운동

소년 운동	방정환 등을 중심으로 한 천도교 소년회(1921)가 주도, 색동회 참가(1923) → '어린이날' 제정, 잡지 《어린이》 발간
여성 운동	근우회 결성(1927): 신간회의 자매단체(여성 인사들의 민족 협동 전선) → 여성의 지위 향상 도모, 강연회 개최, 《근우》 발간
형평 운동	백정들이 진주에서 조선 형평사 조직(1923) → 백정에 대한 사회적 차별 철폐 주장

③ 의열단

(1) 결성: 만주에서 김원봉 등의 주도로 조직(1919) → 일제 요인 암살, 식민 통치 기관 파괴 등 폭력 투쟁

(2) 활동

지침	김원봉의 요청으로 신채호가 작성한 〈조선 혁명 선언〉을 활동 지침으로 삼음 → 민중의 직접 혁명 주장
활동	박재혁(부산 경찰서), 김익상(조선 총독부), 김상옥(종로 경찰서), 김지섭(일본 도쿄 궁성), 나석주(조선 식산 은행과 동양 척식 주식 회사) 등의 의거
변화	1920년대 후반 조직적인 항일 무장 투쟁으로 전환 → 일부 단원이 황푸 군관 학교에 입학하여 군사 훈련 수료 → 조선 혁명 간부 학교 설립(독립군 간부 양성, 1932), 김원봉을 중심으로 민족 혁명당 결성에 주도적 역할 수행

④ 1920년대 민족 문화 수호 운동

국어 연구	조선어 연구회: 국문 연구소 계승, 한글 연구 및 보급 노력, '가갸날' 제정, 잡지 《한글》 발행
문학	• 신경향파 문학: 카프(KAPF) 결성(사회주의 사상의 영향) → 이기영의 〈고향〉 • 저항 문학: 한용운의 '님의 침묵', 이상화의 '빼앗긴 들에도 봄은 오는가'
민족주의 사학	• 신채호: 《조선사연구초》·《조선상고사》 저술, 낭가 사상 강조 • 박은식: 《한국통사》(1915)·《한국독립운동지혈사》 저술, 국혼 강조
예술	• 영화: 나운규의 '아리랑' 제작(단성사에서 개봉) • 연극: 토월회(신극 운동 전개)

⏸ 일시정지!
☑ 확인하기

1. 다음 사실들을 순서대로 나열하세요.

> (가) 자유시 참변 이후 3부가 조직되었다.
> (나) 일제가 중국 군벌과 미쓰야 협정을 체결하였다.
> (다) 북로 군정서 등이 청산리에서 일본군과 교전하였다.

(   )

2. 다음 설명에 해당하는 민족 운동을 골라 쓰세요.

> 물산 장려 운동, 민립 대학 설립 운동, 원산 총파업

(1) 조만식 등의 주도로 평양에서 시작되었다. (   )
(2) 이상재 등이 주도하여 모금 활동을 전개하였다. (   )
(3) 일본, 프랑스 등지의 노동 단체로부터 격려 전문을 받았다.
(   )

3. 다음 설명에 해당하는 민족 운동을 골라 쓰세요.

> 6·10 만세 운동, 광주 학생 항일 운동

(1) 한·일 학생 간의 충돌에서 비롯되었다. (   )
(2) 민족 협동 전선인 신간회 결성에 영향을 미쳤다. (   )

4. 다음에서 신간회에 대한 설명이면 '신', 의열단에 대한 설명이면 '의'라고 쓰세요.

(1) 조선 혁명 선언을 활동 지침으로 삼았다. (   )
(2) 민족 유일당 운동의 일환으로 창립되었다. (   )
(3) 김익상, 김상옥 등이 단원으로 활동하였다. (   )
(4) 단원 일부가 황푸 군관 학교에 입학하였다. (   )
(5) 광주 학생 항일 운동에 진상 조사단을 파견하였다. (   )

1. (다) – (가) – (나) 2. (1) 물산 장려 운동 (2) 민립 대학 설립 운동 (3) 원산 총파업 3. (1) 광주 학생 항일 운동 (2) 6·10 만세 운동 4. (1) 의 (2) 신 (3) 의 (4) 의 (5) 신

① 봉오동 전투와 청산리 전투

1920년대 만주에서 많은 독립군 단체가 결성되어 활동하였어요. 홍범도가 이끈 대한 독립군은 국민회군 등과 연합하여 일본군을 상대로 봉오동에서 승리를 거두었어요. 또한, 김좌진이 이끈 북로 군정서와 독립군 연합 부대는 청산리 일대에서 일본군을 크게 격퇴하였어요.

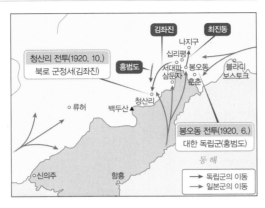

② 자유시 참변

봉오동 전투와 청산리 전투에서 독립군에게 크게 패한 일본군은 이에 대한 보복으로 간도 지역의 한국인을 무차별 학살하는 간도 참변을 일으켰어요. 간도 참변 이후 만주의 독립군은 약소민족의 독립운동을 지원하겠다는 러시아 혁명군의 지원 약속을 믿고 러시아령 자유시로 이동하였어요. 이 과정에서 러시아 혁명군이 독립군에 무장 해제를 요구하였고 독립군이 이를 거부하자 독립군 부대를 공격하였어요. 이로 인해 많은 독립군이 희생되었어요.

③ 물산 장려 운동

일제는 1920년에 일본 자본의 침투를 원활하게 하기 위해 회사령을 폐지하였고, 이어서 일본 상품에 대한 관세를 철폐하려고 하였어요. 이에 조만식 등은 토산품 애용을 목표로 평양에서 조선 물산 장려회를 조직하여 물산 장려 운동을 추진하였어요. 이들은 '조선 사람 조선 것' 등의 구호를 내세웠어요.

〈조선 물산 장려회 궐기문〉
보아라! 우리가 먹고 입고 쓰는 것이 거의 다 우리 손으로 만든 것이 아니었다. 이것이 세상에 제일 무섭고 위태한 일인 줄 오늘에야 우리가 깨달았다. 피가 있고 눈물이 있는 형제자매들아, 우리가 서로 붙잡고 서로 의지하여 살고서 볼 일이다.

④ 민립 대학 설립 운동

한국인에 대한 교육 차별에 대항하여 이상재의 주도로 대학을 설립하자는 민립 대학 설립 운동이 전개되었어요. '한민족 1천만이 한 사람이 1원씩을' 구호로 내걸고 모금 운동을 하였으나, 일제의 방해로 실패하였어요. 이후 일제는 한국인의 불만을 잠재우기 위해 경성 제국 대학을 설립하였어요.

수삼 년 이래 각지에서 향학열이 힘차게 일어나 학교의 설립과 교육 시설이 많아진 것은 실로 우리의 고귀한 자각에서 나온 것이다. 모두가 경하할 일이나 우리에게 아직도 대학이 없다. …… 그러므로 우리는 감히 만천하 동포에게 향하여 민립 대학 설립을 제창하노니, 자매형제로 모두 와서 성원하라.
– 〈민립 대학 발기 취지서〉 –

⑤ 민족 유일당 운동

비타협적 민족주의 세력과 일제의 탄압으로 세력이 위축된 사회주의 세력은 민족 유일당 운동을 도모하였어요. 비타협적 민족주의자들이 중심이 되어 조선 민흥회를 창립하였고, 일부 사회주의자들도 정우회 선언을 발표하여 연합을 주장하였어요.

민족주의적 세력에 대하여는 그 부르주아 민주주의적 성질을 명백하게 인식하는 동시에 또 과정적 동맹자적 성질도 충분히 승인하여, 그것이 타락하는 형태로 출현되지 아니하는 것에 한하여는 적극적으로 제휴하여 …… 종래의 소극적 태도를 버리고 분연히 싸워야 할 것이다.   – 〈정우회 선언〉 –

⑥ 신간회

조선 민흥회와 정우회 선언을 계기로 1927년에 결성된 신간회는 일제 강점기 최대 규모의 민족 운동 단체로 성장하였으며, 광주 학생 항일 운동에 진상 조사단을 파견하는 등 활발한 활동을 펼쳤어요.

〈신간회 강령〉
1. 우리는 정치적, 경제적, 사회적 각성을 촉진함
2. 우리는 단결을 공고히 함
3. 우리는 일체 기회주의를 부인함

⑦ 근우회

신간회의 자매단체로 결성된 근우회는 전국 순회 강연을 열고 야학을 여는 등 여성의 지위 향상과 의식 계몽에 앞장섰어요. 한편, 근우회는 기관지인 《근우》를 발간하였어요.

〈행동 강령〉
1. 여성에 대한 일체 차별 철폐
2. 일체 봉건적 인습과 미신 타파
3. 조혼 폐지 및 결혼의 자유
4. 인신매매 및 공창 폐지
5. 농민 부인의 경제적 이익 옹호
7. 부인 및 소년공의 위험 노동 및 야업 폐지

⑧ 6·10 만세 운동(1926)

사회주의 계열과 천도교 계열, 학생들은 순종의 인산일을 기회로 만세 시위를 계획하였어요. 사회주의 계열과 천도교 계열의 계획은 사전에 발각되었지만, 학생들의 주도로 만세 시위가 진행되었어요. 이를 계기로 민족 유일당을 결성할 수 있다는 공감대가 형성되었어요.

이날은 순종 황제의 인산(因山)일이었다. 그의 가는 길에 한줄기 눈물이라도 뿌리려고 각처에서 군중들이 모여들었다. …… 망국 최후 주권자의 마지막 길을 조상(弔喪)하는 것이다. 자주 독립의 새 나라를 세우려는 사람들의 갈망이 대한 독립 만세의 외침으로 분출되었다.

⑨ 광주 학생 항일 운동(1929)과 신간회

한·일 학생 간의 충돌이 발단이 되어 광주 학생 항일 운동이 일어났어요. 학생들은 식민지 차별 교육 철폐와 민족 차별 중지 등을 주장하며 대규모 시위를 벌였고 각 학교에서는 독서회 등을 조직하여 활동하였어요. 신간회는 광주 학생 항일 운동에 진상 조사단을 파견하여 지원하였어요.

〈신간회 결의문〉
1. 민중 대회를 개최할 것
2. 시위 운동을 조직화 할 것
3. 다음과 같은 표어로 민중 여론을 환기할 것
   - 광주 학생 사건의 정체를 알리자
   - 구금된 학생을 무조건으로 석방하자
   - 경찰의 학교 유린을 배격하자

⑩ 소년 운동

어린이의 인권 신장을 도모한 소년 운동은 천도교를 중심으로 일어났어요. 방정환 등은 천도교 소년회를 설립하여 '어린이날'을 제정하고, 《어린이》라는 잡지도 발간하였어요.

〈소년 운동의 기초 조항〉
1. 어린이를 재래의 윤리적 압박으로부터 해방하여 그들에 대한 완전한 인격적 예우를 허(許)하게 하라.
2. 어린이를 재래의 경제적 압박으로부터 해방하여 만 14세 이하의 그들에 대한 무상 또는 유상의 노동을 폐(廢)하게 하라.
3. 어린이를 그들이 고요히 배우고 즐거이 놀기에 족(足)한 각 양의 가정 또는 사회 시설을 행(行)하게 하라.

⑪ 형평 운동

갑오개혁으로 법적인 신분 제도가 사라졌지만 백정에 대한 사회적 편견과 차별은 일제 강점기에도 계속되었어요. 이에 백정들은 1923년에 자신들에 대한 사회적 차별과 멸시를 철폐하기 위해 경상남도 진주에서 조선 형평사를 조직하고 형평 운동을 전개하였어요.

〈조선 형평사 설립 취지문〉
• 공평은 사회의 근본이고, 사랑은 인간의 본성이다. 고로 우리는 계급을 타파하고, 모욕적인 칭호를 폐지하며, 교육을 장려하고 우리도 참다운 인간으로 되고자 함이 우리의 취지이다.
• 조선 민족 2천만의 한 사람으로서 갑오년 6월부터 백정의 칭호가 없어지고 평민이 된 우리들이다. 애정으로써 상호 부조하며 생활의 안정을 도모하고 공동의 존영을 기하려 한다. 이에 40여 만의 단결로써 본사의 목적인 그 주지를 선명하게 표방하는 바이다.

⑫ 의열단

의열단은 김원봉 등이 조직한 의열 투쟁 단체예요. 박재혁, 김익상, 김상옥 등이 일제 요인 암살과 식민 통치 기관 파괴 등의 무력 투쟁을 전개하였어요. 의열단은 1920년대 후반부터 조직적인 항일 무장 투쟁으로 노선을 바꾸어 일부 단원이 황푸 군관 학교에 입교하여 체계적인 군사 교육을 받았어요. 1932년에는 조선 혁명 간부 학교를 세워 독립군 간부를 양성하였어요.

강도(強盜) 일본을 쫓아내려면 오직 혁명으로만 가능하며, 혁명이 아니고는 강도 일본을 쫓아낼 방법이 없는 바이다. …… 민중은 우리 혁명의 대본영(大本營)이다. 폭력은 우리 혁명의 유일한 무기이다. 우리는 민중 속에 가서 민중과 손을 잡아 끊임없는 폭력, 암살, 파괴, 폭동으로써 강도 일본의 통치를 타도하고 우리 생활에 불합리한 일체 제도를 개조하여 인류로서 인류를 압박하지 못하며 사회로써 사회를 약탈하지 못하는 이상적 조선을 건설할지니라.
— 〈조선 혁명 선언〉 —

⑬ 박은식

박은식은 한국이 일제의 식민지가 되기 직전인 개항기의 역사를 다룬 《한국통사》를 집필하였어요. 또한, 한국 독립운동의 역사를 담은 《한국독립운동지혈사》를 저술하였어요. 박은식은 국혼(國魂)을 강조하면서 일제의 침략으로 나라를 잃었더라도 혼을 잃지 않으면 언젠가는 나라를 되찾을 수 있다고 주장하였어요.

• 옛 사람이 이르기를, 나라는 없어질 수 있으나 역사는 없어질 수 없다고 하였으니, 그것은 나라는 형체이고 역사는 정신이기 때문이다. 이제 한국의 형체는 허물어졌지만, 정신만이라도 오로지 남아 있을 수 없는 것인가? 이것이 통사를 저술하는 까닭이다.
— 《한국통사》—
• 우리 겨레는 단군의 후예로 …… 우리의 국성(國性)은 모든 면에서 다른 민족과 구별되어 왔다. 이러한 여러 요소가 합해져 우리의 국혼(國魂)을 생성시키고 우리의 국혼을 강하고 견고하게 만들었으므로 결코 다른 민족에 동화될 수 없다. — 《한국독립운동지혈사》 —

⑭ 신채호

독립운동가이자 역사학자였던 신채호는 〈독사신론〉을 집필하여 민족주의 사학의 기초를 다졌고, 민족의식을 고취하기 위해 《을지문덕전》, 《이순신전》 등의 위인전을 저술하였어요. 또한, 고대사 연구를 바탕으로 한 《조선상고사》, 《조선사연구초》 등을 저술하여 민족주의 사학의 기반을 마련하였어요. 신채호는 낭가사상을 강조하였는데, 우리 민족의 정신이 낭가사상에 기반을 두었다고 주장하였어요.

• 어떻게 하면 우리 이천만 동포의 귀에, 항상 애국이란 말이 울려 퍼지게 할 것인가? 오직 역사로 할 뿐이니라! 어떻게 하면 우리 이천만 동포의 눈에, 나라라는 글자가 배회하게 할 것인가? 오직 역사로 할 뿐이니라!
— 〈역사와 애국심의 관계〉 —
• 역사란 무엇이뇨? 인류 사회의 아(我)와 비아(非我)의 투쟁이 시간부터 발전하며 공간부터 확대하는 심적 활동 상태의 기록이니, 세계사라 하면 세계 인류의 그리되어 온 상태의 기록이며, 조선사라 하면 조선 민족이 그리되어 온 상태의 기록이니라. — 《조선상고사》 —

일제 강점기(1920년대 저항)

 59회   회독 ●●●

다음 상황이 나타나게 된 배경으로 가장 적절한 것은? [2점]

> 경신년 시월에 일본 토벌대들이 전 만주를 휩쓸어 애국지사들은 물론이고 농민들도 무조건 잡아다 학살하였다. …… 독립군의 성과가 컸기 때문에 그에 대한 보복으로 일본군이 대학살을 감행한 것이었다. 이것이 이른바 경신참변이다. 그래서 애국지사들은 가족들을 두고 단신으로 길림성 오상현, 흑룡강성 영안현 등으로 흩어졌다.
>
> – 『아직도 내 귀엔 서간도 바람소리가』 –

① 조선 의용대가 호가장 전투에서 활약하였다.
② 대한 독립군 등이 봉오동에서 일본군을 격파하였다.
③ 조선 혁명군이 영릉가에서 일본군에 승리를 거두었다.
④ 한국 독립군이 대전자령 전투에서 일본군을 격퇴하였다.
⑤ 대한민국 임시 정부가 직할 부대로 참의부를 결성하였다.

📢 **1920년대 국외 무장 독립 전쟁**

정답분석 간도 참변은 1920년에 일제가 독립군을 토벌한다는 명목으로 간도의 한국인을 학살한 사건이에요. 일본군은 봉오동 전투와 청산리 전투에서 독립군에게 패배하자, 이에 대한 보복으로 간도에 거주하던 한국인을 무차별 학살하였어요. 간도 참변 이후 만주의 독립군은 밀산에서 집결하여 자유시로 이동하였으나 자유시 참변을 당하였어요. 간도 참변은 경신년(1920년)에 일어나 '경신 참변'이라고 불리기도 해요.
② 홍범도가 이끄는 대한 독립군 등이 1920년에 봉오동에서 일본군을 격파하고, 김좌진이 이끄는 북로 군정서 등이 청산리 전투에서 승리하자 일본군은 이에 대한 보복으로 간도의 한국인을 학살하였어요.

오답분석 ① 김원봉이 창설한 조선 의용대는 1940년대 초에 분화되어 김원봉을 비롯한 대원 일부는 한국광복군에 합류하였고, 일부는 화북 지역으로 이동하여 조선 의용대 화북 지대를 결성하였어요. 조선 의용대 화북 지대는 1941년에 중국 팔로군과 함께 호가장 전투에서 일본군을 격퇴하였어요.
③ 양세봉이 이끄는 조선 혁명군은 1932년에 영릉가에서 중국 의용군과 연합 작전을 펼쳐 일본군에 승리를 거두었어요.
④ 지청천이 이끄는 한국 독립군은 1933년에 대전자령에서 중국 호로군과 연합 작전을 펼쳐 일본군을 격파하였어요.
⑤ 1923년에 대한민국 임시 정부 직할 부대인 참의부가 결성되었고, 이후 정의부와 신민부가 차례대로 결성되어 3부가 성립되었어요.

정답 | ②

 71회   회독 ●●●

(가), (나)가 공포된 시기의 사이에 있었던 사실로 옳은 것은?

[2점]

> **(가) 회사령 폐지에 관한 건**
> 　회사령은 폐지한다.
> 　– 부칙
> 　1. 이 영은 공포일로부터 시행한다.
> 　2. 구령에 의하여 설립한 회사로 이 영 시행 당시 존재하는 것은 조선 민사령에 의하여 설립한 것으로 본다.
>
> **(나) 조선 총독부 농촌 진흥 위원회 규정**
> 　제1조 조선의 농산어촌 진흥에 관한 방침, 시설 및 통제에 관한 중요 사항을 심의하기 위하여 조선 총독부에 조선 총독부 농촌 진흥 위원회를 둔다.
> 　제3조 위원장은 조선 총독부 정무총감으로 한다.

① 함경도에서 방곡령이 선포되었다.
② 조선 물산 장려회가 평양에서 창립되었다.
③ 황국 중앙 총상회의 상권 수호 운동이 전개되었다.
④ 유상 매수, 유상 분배를 규정한 농지 개혁법이 제정되었다.
⑤ 국가 총동원법을 제정하여 인력과 물자를 강제 동원하였다.

📢 **물산 장려 운동**

정답분석 (가) 1910년에 일제는 우리 민족의 자본 성장을 억압하기 위해 회사 설립 시 조선 총독의 허가를 받도록 하는 회사령을 공포하였어요. 이후 일제는 한국으로 투자를 유도하기 위해 1920년에 회사령을 폐지하고 회사 설립을 허가제에서 신고제로 전환하였어요.
(나) 일제는 1930년대 초 농촌 경제가 몰락하고 농민들의 저항이 심해지자 농촌 사회를 회유하기 위해 농촌 진흥 운동을 실시하고 조선 농지령을 제정하였어요. 소작인 보호와 농민의 자립 지원을 명분으로 내세웠지만, 실제로는 소작 쟁의를 억제하고 농촌을 효율적으로 통치하기 위한 정책에 불과하였어요.
② 1920년에 조만식 등은 평양에서 조선 물산 장려회를 결성하여 토산품 애용 등을 내세운 물산 장려 운동을 전개하였어요.

오답분석 ① 1883년에 체결된 조·일 통상 장정에는 일본 상품에 관세를 매기는 규정과 방곡령 규정 등이 마련되었어요. 이후 일본으로의 쌀 유출로 쌀값이 폭등하자 1889년에 함경도 관찰사 조병식이 방곡령을 선포하였어요. 그러나 일본은 1개월 전 문서 통보 규정을 내세워 방곡령을 철회시키고 배상금까지 받아갔어요. (가) 이전의 사실이에요.
③ 1898년에 서울의 시전 상인들은 황국 중앙 총상회를 조직하여 상권 수호 운동을 전개하였어요. (가) 이전의 사실이에요.
④ 1949년 제헌 국회에서 유상 매수, 유상 분배 원칙의 농지 개혁법이 제정되었어요. (나) 이후의 사실이에요.
⑤ 1938년에 일제는 전쟁 수행에 필요한 인적·물적 자원 수탈을 강화하기 위해 국가 총동원법을 제정하였어요. (나) 이후의 사실이에요.

정답 | ②

3 65회   회독 〇〇〇

다음 법령이 발표된 이후에 있었던 사실로 옳은 것은? [3점]

> 제1조 조선에서의 교육은 본령에 의한다.
> 제2조 국어[일본어]를 상용(常用)하는 자의 보통 교육은 소학
>   교령, 중학교령 및 고등 여학교령에 의한다.
> 제3조 국어[일본어]를 상용하지 않는 자에게 보통 교육을 하
>   는 학교는 보통학교, 고등 보통학교 및 여자 고등 보통
>   학교로 한다.
> 제5조 보통학교의 수업 연한은 6년으로 한다. …… 보통학교
>   에 입학할 수 있는 자는 연령 6세 이상으로 한다.

① 서당 규칙이 제정되었다.
② 2·8 독립 선언이 발표되었다.
③ 조선어 연구회가 결성되었다.
④ 조선 여자 교육회가 조직되었다.
⑤ 조선 민립 대학 설립 기성회가 창립되었다.

4 62회   회독 〇〇〇

(가), (나) 사이의 시기에 있었던 사실로 옳은 것은? [2점]

> (가) 조선 사회 운동 단체인 정우회는 며칠 전 선언서를 발표하였
>   다. 선언서에서 민족주의적 세력과 과도기적 동맹자적 관계를
>   구축해야 한다고 밝히고 타협과 항쟁을 분리시켜 사회 운동
>   본래의 사명을 잊지 말자는 것을 말하였다.

> (나) 조선 민족 운동의 중추 기관이 되려는 사명을 띠고 창립되었
>   던 신간회가 비로소 첫 번째 전체 대회를 개최하였다. 그러나
>   간신히 열리는 전체 대회에서 해소 문제 토의를 최대 의제로
>   하게 된 것은 조선의 현 상황이 아니고서는 보기 어려운 기현
>   상이다.

① 광주 학생 항일 운동이 일어났다.
② 임병찬이 독립 의군부를 조직하였다.
③ 독립군이 봉오동에서 큰 승리를 거두었다.
④ 도쿄 유학생들이 2·8 독립 선언서를 발표하였다.
⑤ 조선 민족 전선 연맹 산하에 조선 의용대가 창설되었다.

📢 **민립 대학 설립 운동**

정답분석 일제는 3·1 운동을 계기로 무단 통치의 한계를 인식하고 이른
바 '문화 통치'로 통치 방식을 바꾸었어요. 이에 따라 무관 출신만 임명하
던 조선 총독에 문관도 임명이 가능하도록 하고 헌병 경찰 제도를 보통
경찰 제도로 바꾸었어요. 또한, 조선일보와 동아일보 등 한글 신문의 발행
도 허용하였어요. 그러나 실상은 우리나라가 광복을 맞이할 때까지 문관
출신 총독은 한 번도 임명되지 않았고 경찰서나 경찰의 수는 오히려 늘어
났으며, 한글 신문은 검열을 통해 삭제 및 정간 조치를 당하였어요. 또한
일제는 교육 분야에서도 1922년에 제2차 조선 교육령을 발표하여 형식상
으로는 학제를 일본과 동일하게 개편하였지만, 실상은 일본식 교육을 강
화한 정책에 지나지 않았어요.
⑤ 1923년에 조선 민립 대학 설립 기성회가 창립되어 이상재의 주도로 민
족 교육을 위한 민립 대학 설립 운동이 전개되었어요.

오답분석 ① 1918년에 일제는 개량 서당이 확산되자 서당 교육을 통제
하기 위해 서당 규칙을 제정하여 이를 탄압하였어요.
② 1919년에 일본 도쿄에서는 한인 유학생들이 2·8 독립 선언서를 발표
하였어요. 이는 국내에서 3·1 운동이 일어나는 배경 중 하나가 되었어요.
③ 1921년에 우리말과 글을 연구하기 위한 조선어 연구회가 결성되었
어요.
④ 1920년에 차미리사의 주도로 여성 계몽 교육 단체인 조선 여자 교육회
가 조직되었어요.

📢 **민족 유일당 운동과 신간회**

정답분석 (가) 6·10 만세 운동을 통해 민족 운동 세력 간 연대의 필요성
을 절감한 가운데 사회주의 세력은 1926년에 정우회 선언을 발표하여 비
타협적 민족주의 세력과의 제휴를 주장하였어요. 이후 좌우 합작의 항일
단체인 신간회가 창립되었어요.
(나) 1927년 창립 당시부터 좌우익 간의 갈등으로 분란이 계속되던 신간회
는 1931년에 회원들이 참석한 가운데 해소 대회를 열고 해산을 결의함으
로써 창립된 지 4년 만에 막을 내렸어요.
따라서, '정우회 선언(1926)'과 '신간회 해소(1931)' 사이의 시기에 일어난
일을 골라야 해요.
① 1929년에 한·일 학생 간의 충돌을 계기로 광주 학생 항일 운동이 일어
났어요. 신간회는 광주 학생 항일 운동이 일어나자 진상 조사단을 파견하
여 지원하였어요.

오답분석 ② 1912년에 임병찬은 고종의 밀지를 받아 국내에서 비밀리에
독립 의군부를 조직하였어요.
③ 1920년에 홍범도가 이끄는 독립군은 국민회군 등과 연합하여 봉오동
에서 일본군을 상대로 큰 승리를 거두었어요.
④ 1919년에 일본 도쿄에서는 한인 유학생들이 2·8 독립 선언서를 발표
하였고, 국내에서도 독립 선언의 움직임이 일어났어요.
⑤ 1938년에 김원봉의 주도로 중국 국민당 정부의 지원을 받아 조선 민족
전선 연맹 산하의 군사 조직으로 조선 의용대가 창설되었어요.

정답 | ⑤

정답 | ①

5 63회 회독 ○○○

(가) 운동에 대한 설명으로 옳은 것은? [1점]

> 이것은 [(가)]을/를 주도한 단체의 제7회 전국 대회 포스터입니다. '모히라! 자유평등의 기치하에로'라는 문구가 있으며, '경성 천도교 기념관'에서 개최된다고 알리고 있습니다. 진주에서 시작된 [(가)]은/는 '공평은 사회의 근본이요, 애정은 인류의 본량(本良)'이라는 구호 아래 전개되었습니다.

① 통감부의 탄압으로 중지되었다.
② 중국의 5·4 운동에 영향을 주었다.
③ 대한 자강회가 결성되는 배경이 되었다.
④ 백정에 대한 사회적 차별 철폐를 주장하였다.
⑤ 여성 교육의 중요성을 강조한 여권통문을 발표하였다.

📢 형평 운동

정답분석 1894년에 제1차 갑오개혁으로 법적인 신분 제도가 사라졌지만 백정에 대한 사회적 편견과 차별은 일제 강점기에도 계속되었어요. 이에 백정들은 1923년에 경상남도 진주에서 조선 형평사를 조직하고 신분 해방 운동인 형평 운동을 전개하였어요. 형평 운동은 백정들이 사용하는 저울처럼 공평하고 평등한 사회를 만들겠다는 신념 아래 전개되었어요.
④ 형평 운동을 주도한 조선 형평사는 계급을 타파하고 백정에 대한 모욕적인 칭호를 폐지하는 등 사회적 차별 철폐를 목표로 삼았어요.

오답분석 ① 일제가 대한 제국의 국권을 강탈하고 조선 총독부를 설치하면서 통감부는 폐지되었어요. 통감부의 탄압으로 중단된 대표적인 운동으로는 일본에 진 나라의 빚을 국민의 힘으로 갚자는 취지로 전개된 국채 보상 운동이 있어요.
② 3·1 운동은 중국의 5·4 운동, 인도의 비폭력주의 운동 등 세계 민족 운동에 영향을 주었어요.
③ 헌정 연구회를 계승한 대한 자강회는 국권 회복을 위해 실력 양성을 주장하였어요. 전국 각지에 지회를 두고, 《월보》를 간행하는 등 활발한 활동을 벌였지만 고종의 강제 퇴위 반대 운동을 벌이다가 통감부의 탄압으로 해산되었어요.
⑤ 1898년에 서울 북촌의 양반 여성들은 정치, 교육 등 다양한 분야에서 여성의 평등한 권리를 주장하는 〈여권통문〉을 발표하였어요.

정답 | ④

6 58회 회독 ○○○

(가) 단체에 대한 설명으로 옳은 것은? [1점]

> 검사: 폭탄을 구해 숨겨 놓은 이유가 무엇인가?
> 곽재기: 재작년 3월 이후로 조선 독립을 평화적으로 요청했지만 아무 소용없었다. 그래서 우리는 상하이로 가서 육혈포와 폭탄을 구해 피로써 독립을 이루려고 하였다.
> 이성우: 폭탄으로 고위 관리를 죽이고 중요 건물을 파괴하여 독립을 쟁취하려고 하였다. 이것이 중국 지린성에서 김원봉과 함께 [(가)]을/를 조직한 이유이다.
> — 1921년 6월 7일 밀양 폭탄 사건 공판 기록 —

① 조선 혁명 선언을 활동 지침으로 삼았다.
② 일제의 황무지 개간권 요구를 저지하였다.
③ 복벽주의를 내세우며 의병 전쟁을 준비하였다.
④ 삼균주의를 기초로 하는 건국 강령을 발표하였다.
⑤ 단원인 이봉창이 일왕의 행렬에 폭탄을 투척하였다.

📢 의열단

정답분석 의열단은 김원봉이 신흥 무관 학교 출신들을 모아 중국 지린성에서 조직한 의열 투쟁 단체예요. 박재혁은 부산 경찰서에, 김익상은 조선 총독부에 폭탄 의거를 거행하였고, 김상옥은 종로 경찰서에 폭탄을 투척하여 많은 일본 경찰을 살상하였으며, 나석주는 조선 식산 은행과 동양 척식 주식회사에 폭탄을 던졌어요. 이들의 의거가 일제에게 큰 위협이 되었지만, 의열단은 개별적인 무장 투쟁에 한계를 느꼈어요. 이후 일부 단원들은 황푸 군관 학교에 입교하여 체계적인 군사 교육을 받았고, 1932년에는 조선 혁명 간부 학교를 세워 독립군 간부를 양성하였어요.
① 의열단은 신채호가 작성한 〈조선 혁명 선언〉을 활동 지침으로 삼아 일제의 중요 기관을 파괴하고 주요 인물을 처단하였어요.

오답분석 ② 송수만 등을 중심으로 한 보안회는 일제의 황무지 개간권 요구를 저지하였어요.
③ 임병찬이 고종의 밀지를 받아 조직한 독립 의군부는 복벽주의를 내세우며 의병 전쟁을 준비하였어요.
④ 대한민국 임시 정부는 조소앙의 삼균주의를 기초로 하는 건국 강령을 발표하였어요.
⑤ 한인 애국단의 이봉창은 일본 도쿄에서 일왕의 행렬을 향해 폭탄을 투척하였지만 일왕을 죽이는 데는 실패하였어요.

정답 | ①

일제 강점기(1920년대 저항)

국외 무장 독립 전쟁

01 홍범도가 이끄는 대한 독립군 등 독립군 연합 부대는 ⬚⬚동에서 일본군을 격퇴하였다.

02 김좌진이 이끄는 북로 군정서 등 독립군 연합 부대는 ⬚⬚리 일대에서 일본군을 격파하였다.

03 만주 지역의 독립군은 ⬚⬚참변 이후 조직을 정비하고 러시아령 자유시로 이동하였다.

04 만주 지역의 독립군은 3부 통합을 전개하여 북만주의 ⬚⬚의회와 남만주의 ⬚⬚부로 재편되었다.

국내 민족·사회 운동

05 물산 장려 운동은 조만식 등의 주도로 ⬚⬚에서 시작되어 전국으로 확산되었다.

06 1920년대 이상재 등이 식민지 교육 차별에 저항하여 ⬚⬚대학 설립 운동을 전개하였다.

07 1923년에 전라남도 신안에서 고율 소작료에 반발하여 ⬚⬚도 소작 쟁의가 발생하였다.

08 1929년에 일어난 ⬚⬚총파업은 일본, 프랑스 등지의 노동 단체로부터 격려 전문을 받았다.

09 1926년에 ⬚⬚종의 인산일을 기해 일어난 6·10 만세 운동은 민족 유일당 운동의 계기가 되었다.

10 1927년에 민족 유일당 운동으로 ⬚⬚회가 결성되었다.

11 ⬚⬚회는 광주 학생 항일 운동이 일어나자 진상 조사단을 파견하여 지원하였다.

12 방정환을 중심으로 한 ⬚⬚교 소년회는 '어린이날'을 제정하는 등 소년 운동을 주도하였다.

13 백정들은 1923년에 조선 ⬚⬚사를 창립하여 백정에 대한 사회적 차별 철폐 운동을 전개하였다.

의열단 / 1920년대 민족 문화 수호 운동

14 의열단은 신채호가 작성한 〈조선 ⬚⬚선언〉을 활동 지침으로 삼았다.

15 의열단은 1932년에 조선 ⬚⬚간부 학교를 세워 군사 훈련을 실시하고 독립군을 양성하였다.

16 조선어 ⬚⬚회는 '가갸날'을 제정하고 잡지 《한글》을 간행하였다.

17 박 ⬚⬚은 '국혼'을 강조하고 《한국통사》에서 독립 투쟁의 역사를 서술하였다.

일제 강점기(1930년대 이후 저항)

흐름판서 강의

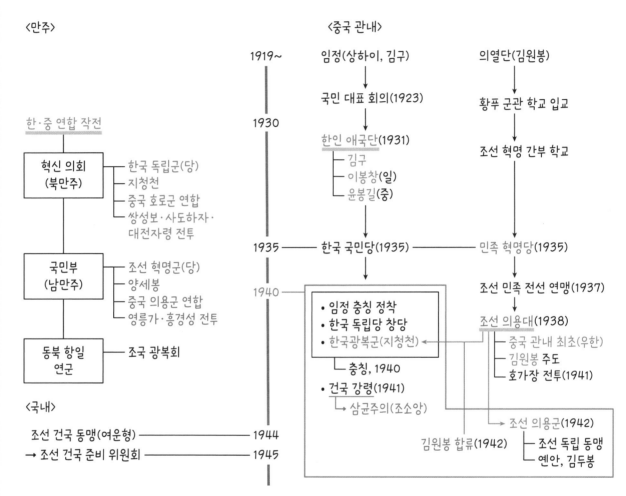

〈만주〉

〈중국 관내〉

1919~ 임정(상하이, 김구) 의열단(김원봉)

국민 대표 회의(1923) 황푸 군관 학교 입교

1930

한·중 연합 작전 한인 애국단(1931) 조선 혁명 간부 학교
┌ 김구
혁신 의회 ┌ 한국 독립군(당) ├ 이봉창(일)
(북만주) ├ 지청천 └ 윤봉길(중)
├ 중국 호로군 연합
├ 쌍성보·사도하자·
└ 대전자령 전투

1935 — 한국 국민당(1935) — 민족 혁명당(1935)

국민부 ┌ 조선 혁명군(당)
(남만주) ├ 양세봉 조선 민족 전선 연맹(1937)
├ 중국 의용군 연합
└ 영릉가·흥경성 전투

1940 ┌─────────────────────┐ 조선 의용대(1938)
• 임정 충칭 정착 ├ 중국 관내 최초(우한)
동북 항일 — 조국 광복회 • 한국 독립당 창당 ├ 김원봉 주도
연군 • 한국광복군(지청천) ◄── └ 호가장 전투(1941)
└ 충칭, 1940
〈국내〉 • 건국 강령(1941)
└→ 삼균주의(조소앙)
┌→ 조선 의용군(1942)
조선 건국 동맹(여운형) ────── 1944 ├ 조선 독립 동맹
→ 조선 건국 준비 위원회 ──── 1945 김원봉 합류(1942) └ 옌안, 김두봉
└─────────────────────┘

민족 문화 수호	국어	• 조선어 학회(← 조선어 연구회) ┬ 최현배, 이극로 ├ 한글 맞춤법 통일안·표준어 제정 └ 〈한글〉 발행, 〈우리말 큰사전〉 편찬 시도 • 저항 문학: 이육사(광야, 절정), 윤동주(별 헤는 밤, 하늘과 바람과 별과 시) • 문맹 퇴치 운동: 브나로드 운동(동아일보)
	역사	• 민족주의 사학: 정인보(얼), 안재홍(심) → 조선학 운동(여유당전서) • 실증주의 사학: 진단 학회(이병도, 손진태) → 진단 학보 • 사회 경제 사학: 백남운(정체성론 비판): 〈조선사회경제사〉, 〈조선봉건사회경제사〉
	기타	• 노동 운동: 강주룡 을밀대 고공 농성(평양) • 일장기 말소 사건: 손기정 마라톤 우승(베를린 올림픽 대회) → 일장기 X(신문)

36^강 일제 강점기(1930년대 이후 저항)

일제 강점기(1930년대 이후 저항)

빈출키워드 TOP5

조소앙의 삼균주의	1위
대전자령 전투	2위
한국광복군	3위
조선 의용대	4위
한글 맞춤법 통일안 제정	5위

✍ **양세봉**

조선 혁명군의 총사령관으로 한·중 연합 작전을 전개하여 성공하였으며, 조선 혁명군 군관 학교를 설립하여 독립군 양성에도 힘썼어요.

✍ **한국 국민당**

민족 혁명당 창당에 참여하지 않은 김구가 만든 정당으로, 민족주의 계열의 성격을 띠었어요.

✍ **조선학 운동**

1934년에 정인보와 안재홍이 정약용에 관한 논문을 발표하고 《여유당전서》를 간행하면서 본격화된 국학 운동이에요.

✍ **유물 사관**

역사가 발전하는 배경을 물질적·경제적 측면에 둔 역사관이에요.

✍ **정체성론**

일제가 주장한 식민 사관으로, 한국은 왕조의 변화만 있었을 뿐 근대 사회로 역사 발전을 이루지 못하여 고대 사회에 정체되어 있다는 주장이에요.

1 1930년대 무장 독립 전쟁

(1) 한·중 연합 작전

배경		일제의 만주 침략(만주 사변, 1931), 만주국 수립 → 중국 내 반일 감정 고조
내용	한국 독립군	• 혁신 의회 계열(북만주), 한국 독립당의 군사 조직, 총사령관 지청천 • 중국 호로군과 연합 → 쌍성보·사도하자·대전자령 전투 등에서 일본군 격퇴
	조선 혁명군	• 국민부 계열(남만주), 조선 혁명당의 군사 조직, 총사령관 양세봉 • 중국 의용군과 연합 → 영릉가·흥경성 전투 등에서 일본군 격퇴
	동북 항일 연군	• 동북 인민 혁명군에서 개편됨, 만주 지역, 중국인과 한국인의 연합 부대 성격 • 동북 항일 연군 내의 한인들이 조국 광복회 조직(1936)

(2) 중국 관내에서의 민족 운동

① 민족 혁명당(1935)

결성	조소앙, 김원봉, 지청천 등이 이끈 독립운동 세력(한국 독립당, 의열단, 조선 혁명당)이 연합하여 결성 → 김구는 참여하지 않고 한국 국민당 창당
변화	김원봉의 주도 → 조소앙 등 민족주의 계열의 이탈 → 김원봉 중심의 조선 민족 혁명당으로 개편

② 조선 민족 전선 연맹(1937)

결성		조선 민족 혁명당을 중심으로 사회주의 계열의 단체들이 연합하여 결성
조선 의용대	창설	• 조선 민족 전선 연맹의 군사 조직 • 중국 국민당 정부의 지원 → 김원봉의 주도로 우한에서 창설(1938)
	역할	중국 국민당 정부의 지원 부대, 포로 심문·정보 수집·선전 등의 임무 수행
	변화	• 조선 의용대 일부가 화북 지역으로 이동하여 중국 공산군(팔로군)과 함께 호가장 전투 등에 참여 → 조선 독립 동맹의 조선 의용군으로 재편(1942) • 김원봉이 이끈 일부 세력은 한국광복군에 편입(1942)
	의의	중국 관내에서 결성된 최초의 한인 무장 부대

2 1930년대 이후 민족 문화 수호 운동

국어	조선어 학회	• 조선어 연구회에서 개편 → 한글 맞춤법 통일안과 표준어 제정, 외래어 표기법 통일안 제정, 잡지 《한글》 발행, 《우리말 큰사전》 편찬 추진 • 조선어 학회 사건(1942)으로 최현배, 이윤재 등 회원들 투옥 → 강제 해산
	저항 문학	이육사의 〈광야〉·〈절정〉, 윤동주의 〈별 헤는 밤〉·〈하늘과 바람과 별과 시〉, 심훈
	문맹 퇴치 운동	• 브나로드 운동 → 동아일보의 주도 • 구호: '배우자, 가르치자, 다함께 브나로드'
국사	민족주의 사학	정인보('얼' 강조, 《조선사연구》), 안재홍·문일평('조선심' 강조) → 《여유당전서》 간행 사업을 계기로 조선학 운동 전개
	실증주의 사학	• 객관적 사실에 근거하는 고증과 학술 활동 전개 • 이병도, 손진태 등이 진단 학회 조직, 《진단 학보》 발간
	사회 경제 사학	유물 사관을 바탕으로 세계사의 보편적 발전 과정 위에 한국사 정리 → 식민 사관의 정체성론 비판, 백남운이 《조선사회경제사》·《조선봉건사회경제사》 저술
기타	일장기 말소 사건	1936년 베를린 올림픽 대회 마라톤 경기에서 손기정이 금메달, 남승룡이 동메달 획득 → 일부 신문이 일장기를 지운 선수 사진 게재 → 무기 정간, 자진 휴간 조치

❸ 한인 애국단

결성	국민 대표 회의 이후 침체된 대한민국 임시 정부의 위기를 극복하기 위해 김구가 조직(1931)
활동	• 이봉창 의거(1932): 도쿄에서 일왕의 마차를 향해 폭탄 투척 • 윤봉길 의거(1932): 상하이 훙커우 공원에서 열린 일본군 전승 기념식장에 폭탄 투척
영향	중국 국민당 정부가 대한민국 임시 정부를 지원하는 계기가 됨

❹ 건국 준비 활동

(1) 대한민국 임시 정부의 재정비

① 임시 정부의 이동: 윤봉길 의거 이후 일제의 탄압이 심해지면서 상하이를 떠나 항저우 → 광저우 → 류저우 등지로 이동하다가 충칭에 정착(1940. 9.)

② 체제 변화

한국 독립당 결성 (1940)	한국 국민당(김구), 한국 독립당(조소앙), 조선 혁명당(지청천) 등 민족주의 계열 단체의 통합으로 결성
정부 형태 변화	• 주석제 도입(1940): 주석에 김구 선출 • 주석·부주석제로 개편(1944): 주석에 김구, 부주석에 김규식 선출

③ 한국광복군 창설(1940. 9.)

창설	대한민국 임시 정부의 정규군, 총사령관 지청천
활동	• 대일 선전 포고(1941) → 인도·미얀마 전선에서 영국군과 연합 작전 전개, 미국 전략 정보국(OSS)과 협력하여 국내 진공 작전 계획(→ 일본의 항복으로 실현하지 못함) • 김원봉을 중심으로 한 조선 의용대 일부 세력의 합류(1942)

④ 건국 강령 발표(1941): 조소앙의 삼균주의에 기초한 건국 강령 발표(정치·경제·교육의 균등)

(2) 건국 준비 활동

조선 독립 동맹	• 중국 화북 지역에서 김두봉을 중심으로 사회주의 계열의 세력이 조직(1942) • 군사 조직으로 조선 의용군 편성 → 중국 공산군에 편제되어 항일 전쟁 참여
조선 건국 동맹	국내에서 여운형을 중심으로 결성(1944) → 광복 후 조선 건국 준비 위원회로 개편

1. 다음 설명에 해당하는 군대를 골라 쓰세요.

> 한국 독립군, 조선 혁명군, 조선 의용대, 한국광복군

(1) 영릉가 전투에서 승리하였다. ( )

(2) 중국 의용군과 연합 작전을 전개하였다. ( )

(3) 대전자령 전투에서 일본군을 격퇴하였다. ( )

(4) 미국과 연계하여 국내 진공 작전을 계획하였다. ( )

(5) 중국 관내에서 조직된 최초의 한인 무장 부대였다. ( )

(6) 쌍성보 전투에서 중국 호로군과 연합 작전을 전개하였다. ( )

2. 조선어 학회에 대한 설명이 맞으면 ○표, 틀리면 ×표 하세요.

(1) 우리말 큰사전 편찬을 시도하였다. ( )

(2) 한글 맞춤법 통일안과 표준어를 제정하였다. ( )

(3) 한글 연구를 목적으로 학부 아래에 설립되었다. ( )

(4) 개벽 등의 잡지를 발행하여 민족의식을 높였다. ( )

3. 다음 설명에 해당하는 인물을 골라 쓰세요.

> 이육사, 윤동주, 백남운

(1) 조선봉건사회경제사를 저술하였다. ( )

(2) 저항시인 광야, 절정 등을 발표하였다. ( )

(3) 하늘과 바람과 별과 시라는 유고집이 있다. ( )

4. 한인 애국단에 대한 설명이 맞으면 ○표, 틀리면 ×표 하세요.

(1) 조선 혁명 간부 학교를 설립하였다. ( )

(2) 김구의 주도로 상하이에서 조직되었다. ( )

(3) 일제가 조작한 105인 사건으로 와해되었다. ( )

(4) 윤봉길이 훙커우 공원에서 의거를 실행하였다. ( )

(5) 영국군의 요청으로 인도·미얀마 전선에 투입되었다. ( )

5. 충칭에 정착한 후 대한민국 임시 정부가 전개한 활동으로 맞으면 ○표, 틀리면 ×표 하세요.

(1) 대일 선전 포고를 하였다. ( )

(2) 정규군으로 한국광복군을 창설하였다. ( )

(3) 국내 비밀 행정 조직으로 연통제를 두었다. ( )

(4) 미군과 연계하여 국내 진공 작전을 계획하였다. ( )

(5) 삼균주의를 기초로 하는 건국 강령을 공포하였다. ( )

1. (1) 조선 혁명군 (2) 조선 혁명군 (3) 한국 독립군 (4) 한국광복군
 (5) 조선 의용대 (6) 한국 독립군
2. (1) ○ (2) ○ (3) × (4) × 3. (1) 백남운 (2) 이육사 (3) 윤동주
4. (1) × (2) ○ (3) × (4) ○ (5) × 5. (1) ○ (2) ○ (3) × (4) ○ (5) ○

36강 일제 강점기(1930년대 이후 저항)

❶ 1930년대 한·중 연합 작전

일제가 1931년에 만주 사변을 일으켜 만주를 침략하자 중국 내에서 반일 감정이 높아졌어요. 이에 만주의 독립군 부대와 항일 중국군은 연합 작전을 전개하였어요. 남만주 지역에서는 양세봉이 이끈 조선 혁명군이 중국 의용군과 연합하여 영릉가 전투, 흥경성 전투에서 일본군에 큰 승리를 거두었어요. 북만주 지역에서는 지청천이 이끈 한국 독립군이 중국 호로군과 연합하여 쌍성보 전투, 대전자령 전투 등에서 일본군을 크게 격퇴하였어요.

- 대전자령의 공격은 이천만 대한 인민을 위하여 원수를 갚는 것이다. …… 제군은 단군의 아들로 군세게 용감히 모든 것을 희생하고 만대 자손을 위하여 최후까지 싸우라.
  － 지청천, 〈1933년 중국 대전자령 전투에 앞서서〉 －
- 얼음이 풀린 소자강은 수심이 깊었다. …… 하지만 이 강을 건너지 못하면 영릉가로 쳐들어갈 수 없었다. 밤 12시 정각까지 영릉가에 들어가 공격을 알리는 신호탄을 올려야만 했다. 양세봉 사령관은 전사들에게 소자강을 건너라고 명령하고 나서 자기부터 먼저 강물에 뛰어들었다.

❷ 조선 의용대

조선 민족 혁명당을 중심으로 사회주의 계열 독립운동 단체가 연합한 조선 민족 전선 연맹은 중국 국민당 정부의 지원을 받아 1938년에 김원봉 등의 주도로 조선 의용대를 창설하였어요. 이는 중국 관내에서 결성된 최초의 한인 무장 부대였어요. 이후 일부 대원은 화북 지역으로 이동하여 활동하였으며 김원봉 등 남은 대원은 한국광복군에 합류하였어요.

> 30여 년이나 비밀리에 행동한 조선 혁명 청년은 지금도 중국 항일전에서 혁명 행동의 기회를 열어, …… 조선 의용대는 10월 10일 한구(漢口)에서 성립, 중앙군의 이동에 따라 계림(桂林)으로 왔다. 대장 진빈 선생[김원봉]은 금년 41세로서, 1919년 조선의 3월 운동 및 조선 총독부 파괴의 의열단 사건 등도 그들에 의한 것이다.
> － 《국민공론》 －

❸ 조선어 학회

1931년에 최현배, 이극로, 이윤재 등을 중심으로 조직된 조선어 학회는 조선어 연구회를 계승하여 우리말을 연구하였어요. 조선어 학회는 한글 맞춤법 통일안을 마련하고 잡지 《한글》을 발행하였어요. 그리고 《우리말 큰사전》 편찬 작업을 진행하였으나 일제가 조작한 조선어 학회 사건으로 강제 해산되면서 사전 편찬을 완수하지 못하였어요.

▲ 조선어 학회 회원들

▲ 한글 맞춤법 통일안

❹ 사회 경제 사학

사회 경제 사학은 유물 사관의 입장에서 한국사를 이해하고자 하였어요. 백남운은 《조선사회경제사》를 저술하여 우리 역사도 세계사의 보편적 발전 법칙에 따라 발전하였다고 주장하며 일제가 주장한 식민 사관의 정체성론에 반박하였어요.

> 우리 조선의 역사적 발전의 전 과정은 …… 외관상의 이른바 특수성이 다른 문화 민족의 역사적 발전 법칙과 구별될 만큼 독자적인 것은 아니며, 세계사적인 일원론적 역사 법칙에 의해 다른 여러 민족과 거의 같은 궤도의 발전 과정을 거쳐 왔던 것이다. …… 여기에서 조선사 연구의 법칙성이 가능하게 되며, 그리고 세계사적 방법론 아래서만 과거의 민족 생활 발전사를 내면적으로 이해함과 동시에 현실의 위압적인 특수성에 대해 절망을 모르는 적극적인 해결책을 발견할 수 있을 것이다. － 백남운, 《조선사회경제사》 －

❺ 대한민국 임시 정부의 재정비

대한민국 임시 정부는 한인 애국단원 윤봉길의 의거 후 일제의 탄압이 심해져 계속 근거지를 옮겨 다녔어요. 1940년에 충칭에 정착한 임시 정부는 주석 중심의 단일 지도 체제를 마련하고 김구를 주석으로 선출하였어요. 이후 개헌을 단행하여 부주석제를 신설하였고 김규식을 부주석으로 선출하였어요.

▲ 대한민국 임시 정부의 이동 경로

1919	대통령제
1925	국무령 중심의 내각 책임제
1927	국무위원 집단 지도 체제
1940	주석제
1944	주석·부주석제

▲ 대한민국 임시 정부의 변화

6 한국광복군

1940년에 충칭에 정착한 대한민국 임시 정부는 지청천을 총사령관으로 하여 정규군인 한국광복군을 창설하였어요. 태평양 전쟁이 일어나자 임시 정부는 대일 선전 포고를 하고 한국광복군을 연합군의 일원으로 참전시켰어요. 한국광복군은 영국군의 요청에 따라 인도·미얀마 전선에 파견되어 선전 활동과 포로 심문 등을 담당하였고, 미국 전략 정보국(OSS)과 합동으로 국내 진공 작전을 계획하였어요.

〈한국광복군 대일 선전 포고〉
우리는 삼천만 한인(韓人)과 정부를 대표하여 삼가 중국, 영국, 미국, 네덜란드, 캐나다, 오스트리아 및 기타 제국의 대일 선전이 일본을 격패시키고 동아를 재건하는 가장 유효한 수단이 됨을 축하하여 자(慈)에 특히 다음과 같이 성명하노라.
1. 한국 전체 인민은 현재 이미 반침략 전선에 참가하였으니 한 개의 전투 단위로서 추축국에 선전한다.
2. 1910년의 합병 조약 및 일체 불평등 조약의 무효를 거듭 선포한다. 아울러 반침략 국가들이 한국 내에서 가지고 있는 합리적 기득 권익을 존중한다.

7 대한민국 임시 정부의 건국 강령

충칭에 정착한 대한민국 임시 정부는 한국광복군을 창설한 후 개인과 개인, 민족과 민족, 국가와 국가 사이의 완전 균등을 주장한 조소앙의 삼균주의에 기초한 건국 강령을 발표하였어요.

보통 선거 제도를 실시하여 정권을 균등히 하고, 국유 제도를 채용하여 이권을 균등히 하고, 공비교육(무상 의무 교육)으로써 학권을 균등히 하며, 국내외에 대하여 민족 자결의 권리를 보장하여서 **민족과 민족, 국가와 국가의 불평등을 깨뜨려 없앨 것이니,** 이로써 국내에 실현하면 특권 계급이 곧 없어지고, 소수 민족이 침몰을 면하고, **정치와 경제·교육의 권리를 균등히 하여 높고 낮음을 없이 하고,** 동족과 이족에 대해 또한 이렇게 한다.

8 국내 진공 작전

대한민국 임시 정부의 정규군인 한국광복군은 미국 전략 정보국(OSS)의 지원을 받아 국내 진공 작전을 준비하였으나, 일제의 갑작스러운 항복으로 작전을 실행에 옮기지는 못하였어요.

시안과 푸양에서 훈련을 받은 우리 청년들에게 여러 가지 비밀 무기를 주어 산둥에서 미국 잠수함에 태워 본국으로 들여보내 국내의 중요한 곳을 파괴하거나 점령한 뒤에 미국 비행기로 무기를 운반할 계획까지도 미국 육군성과 다 약속이 됐던 것을 한 번도 해 보지 못하고 왜적이 항복했으니 …… – 김구, 《백범일지》 –

9 조선 독립 동맹(1942)

화북 지역으로 이동한 조선 의용대원들과 그곳에서 중국 공산당에 가입하여 활동하던 한국인들이 중심이 되어 조선 독립 동맹을 결성하였어요. 조선 독립 동맹은 일본 제국주의 타도, 대기업 국유화 등을 내용으로 한 건국 강령을 발표하였고, 아래에 조선 의용군을 두었어요.

〈조선 독립 동맹 강령〉
1. 본 동맹은 조선에 대한 일본 제국주의 지배를 전복하고 독립 자유의 조선 공화국을 수립할 목적으로 다음 임무를 실현하기 위하여 싸운다.
   (1) 전 국민의 보통 선거에 의한 **민주 정권을 수립한다.**
   (2) 조선에 있는 일본 제국주의의 일체 자산 및 토지를 몰수하고 일본 제국주의와 밀접한 관계에 있는 대기업을 국영으로 귀속하고 토지 분배를 실행한다.

10 조선 건국 동맹(1944)

국내에서는 광복 이후를 대비하여 여운형, 안재홍 등이 중심이 되어 건국 준비 조직으로 조선 건국 동맹이 결성되었어요. 전국 10개 도에 지방 조직을 갖추었고, 조선 독립 동맹과 연합 작전을 계획하기도 하였어요.

〈조선 건국 동맹 강령〉
1. 각인 각파를 대동단결하여 거국일치로 일본 제국주의 모든 세력을 몰아내고 조선 민족의 자유와 독립을 회복할 것
2. 반추축 제국(연합국)과 협력하여 대일 연합 전선을 형성하고 조선의 완전한 독립을 저해하는 일체 반동 세력을 박멸할 것
3. 건설부 면에 있어서 **일체 시정을 민주주의적 원칙에 의거**하고, 특히 노농 대중의 해방에 치중할 것

11 한인 애국단

1931년에 김구는 대한민국 임시 정부의 침체를 극복하기 위해 의열 투쟁 단체인 한인 애국단을 조직하였어요. 한인 애국단은 일제의 주요 인물과 식민 통치 기관 폭파 등 의열 투쟁을 전개하였어요. 단원인 이봉창은 도쿄에서 일왕 암살을 시도하였으나 실패하였고, 윤봉길은 상하이 훙커우 공원에서 열린 일왕 생일 축하 기념 겸 전승 기념 축하식에 폭탄을 던져 일본군 장성과 고관을 처단하였어요.

〈이봉창 의거〉
1월 8일 도쿄 사쿠라다 문 앞에서 자기 손으로 폭탄을 던진 이 의사는 …… 그 자리에서 가슴 속으로부터 태극기를 꺼내 들고 바람에 맞추어 뒤흔들며 소리 높여 '대한 독립 만세'를 세 번 부르고 조용히 놈들의 체포를 받았다.
〈윤봉길 의거〉
그는 …… **훙커우 공원**으로 가서 시라카와 대장의 사진을 얻고 일본 국기 한 장을 사서 가슴 속에 품고 있다가, 29일 새벽이 되자 양복을 입고 어깨에 군용 물병을 메고 손에는 도시락을 들고 공원으로 달음질쳐 간 것이다.
– 김구, 《도왜실기》 –

일제 강점기(1930년대 이후 저항)

1 62회

(가), (나) 인물에 대한 설명으로 옳은 것은? [3점]

회독 ○○○

국외 독립 전쟁을 이끈 독립운동가

(가)

(나)

- 생몰: 1896년~1934년
- 대한 통의부 의군으로 활동
- 조선 혁명군 총사령관으로 항일 투쟁 전개
- 일제의 밀정에 의해 사망
- 1962년 건국훈장 독립장 추서

- 생몰: 1888년~1957년
- 신흥 무관 학교 교성 대장으로 독립군 양성
- 한국 독립군 총사령관으로 항일 투쟁 전개
- 한국광복군 총사령관에 취임
- 1962년 건국훈장 대통령장 추서

① (가) – 조선 혁명 간부 학교를 설립하였다.
② (가) – 대한 광복회를 조직하여 친일파를 처단하였다.
③ (나) – 대전자령 전투에서 일본군에 대승을 거두었다.
④ (나) – 중광단을 중심으로 북로 군정서를 조직하였다.
⑤ (가), (나) – 황푸 군관 학교에 입학하여 군사 훈련을 받았다.

📢 **양세봉과 지청천의 활동**

정답분석 (가) 양세봉은 1930년대 조선 혁명당 산하의 독립군 부대인 조선 혁명군을 이끌고 중국 의용군과 연합 작전을 전개하여 영릉가 전투, 흥경성 전투 등에서 일본군을 격퇴하였어요. (나) 지청천은 1930년대 한국 독립당 산하의 독립군 부대인 한국 독립군을 이끌고 중국 호로군과 연합 작전을 전개하여 쌍성보 전투, 대전자령 전투, 사도하자 전투 등에서 일본군을 격퇴하였어요. 이후 대한민국 임시 정부 산하의 군사 조직인 한국광복군의 총사령관을 맡아 항일 투쟁을 전개하였어요.
③ 한국 독립군의 지청천은 북만주 지역에서 중국 호로군과 연합 작전을 벌여 대전자령 전투에서 일본군에 대승을 거두었어요.

오답분석 ① 의열단의 김원봉은 중국 국민당 정부의 지원을 받아 조선 혁명 간부 학교를 세워 독립군 간부를 양성하였어요.
② 박상진은 국내에서 비밀 결사 형태로 대한 광복회를 조직하여 친일파 처단, 군자금 모금 등의 활동을 하였어요.
④ 대종교 세력은 중광단을 중심으로 북로 군정서를 조직하였고, 김좌진은 북로 군정서를 이끌고 청산리 전투 등에서 일본군을 크게 물리쳤어요.
⑤ 1920년대 의열단의 일부 단원이 황푸 군관 학교에 입학하여 군사 훈련을 받았어요.

정답 | ③

2 61회

(가) 부대에 대한 설명으로 옳은 것은? [3점]

회독 ○○○

조선 민족 혁명당 창립 제8주년 기념 선언

우리는 중국의 난징에서 5개 당을 통합하여 전체 민족을 대표하는 유일한 정당인 조선 민족 혁명당을 창립하였다. …… 아울러 중국과 한국의 연합 항일 진영을 건립하여야 했다. …… 이 때문에 우리는 1938년 [(가)] 을/를 조직하고 조선의 혁명 청년들을 단결시켜 장제스 위원장의 영도 아래 직접 중국의 항전에 참가하였고, 각 전쟁터에서 찬란한 전투 성과를 만들어냈다. …… 지난해 가을 [(가)] 와/과 한국 광복군의 통합 편성을 기반으로 전 민족의 통일을 성공적으로 구현하였다.

① 자유시 참변으로 큰 타격을 입었다.
② 대전자령 전투에서 일본군을 격퇴하였다.
③ 동북 항일 연군으로 개편되어 유격전을 펼쳤다.
④ 김원봉, 윤세주 등이 중국 관내(關內)에서 창설하였다.
⑤ 홍범도 부대와 연합하여 청산리에서 일본군과 교전하였다.

📢 **조선 의용대**

정답분석 조선 민족 전선 연맹은 중국 국민당 정부의 지원을 받아 김원봉 등의 주도로 조선 의용대를 편성하였어요. 이들은 일본군에 대한 심리전, 포로 심문, 정보 수집 등 중국군을 지원하는 활동을 수행하였어요. 이후 조선 의용대는 분화되어 일부는 화북 지역으로 이동해 조선 의용대 화북 지대를 결성하여 호가장 전투 등에 참여하였어요. 김원봉 등 화북 지역으로 이동하지 않은 세력은 한국광복군에 합류하였어요.
④ 조선 의용대는 1938년에 김원봉, 윤세주 등의 주도로 중국 국민당 정부의 지원을 받아 창설되었는데, 이는 중국 관내에서 창설된 최초의 한인 무장 부대였어요.

오답분석 ① 간도 참변 이후 만주 지역의 독립군 부대들은 러시아 혁명군의 지원 약속을 믿고 자유시로 이동하였으나 자유시 참변을 당하여 큰 피해를 입었어요.
② 지청천이 이끈 한국 독립군은 1930년대 북만주에서 중국 호로군과 연합 작전을 벌여 쌍성보 · 대전자령 전투 등에서 일본군을 격퇴하였어요.
③ 동북 인민 혁명군은 동북 항일 연군으로 개편되어 유격대 활동을 하였어요.
⑤ 김좌진이 이끈 북로 군정서는 홍범도 부대 등과 연합하여 청산리 일대에서 일본군을 격퇴하였어요.

정답 | ④

3 63회 회독 ○○○

다음 검색창에 들어갈 단체에 대한 설명으로 옳은 것은? [2점]

① 한글 신문인 제국신문을 간행하였다.
② 태극 서관을 설립하여 서적을 보급하였다.
③ 파리 강화 회의에 독립 청원서를 제출하였다.
④ 한글 맞춤법 통일안과 표준어 사정안을 제정하였다.
⑤ 국문 연구소를 두어 한글을 체계적으로 연구하였다.

📢 **조선어 학회**

정답분석 1931년에 최현배, 이극로, 이윤재 등을 중심으로 조직된 조선어 학회는 조선어 연구회를 계승하여 우리말을 연구하였어요. 조선어 학회는 《우리말 큰사전》 편찬 작업을 진행하였는데, 일제가 조선어 학회 사건(1942)을 벌여 원고를 압수하였고 최현배, 이극로 등 회원들이 검거·투옥되어 조직이 와해되면서 사전 편찬을 완수하지 못하였어요. 광복 이후 일제에 압수되었던 원고가 서울역 창고에서 발견되면서 사전 편찬 작업이 재개되었어요.
④ 조선어 학회는 휴간되었던 잡지 《한글》을 다시 발행하고 한글 맞춤법 통일안과 표준어 사정안을 제정하였어요.

오답분석 ① 이종일은 1898년에 제국신문을 창간하였어요. 한글 신문이었기 때문에 주로 일반 서민층과 부녀자 독자가 많았어요.
② 신민회는 서적 출판 및 보급을 위한 태극 서관과 상공업 발전을 위한 자기 회사를 운영하는 등 민족 산업 육성에 힘썼어요.
③ 대한민국 임시 정부는 김규식을 전권 대사로 임명하여 파리 강화 회의에 독립 청원서를 제출하였어요.
⑤ 대한 제국 정부는 국문 연구소를 세웠고, 주시경과 지석영 등은 이곳에서 한글의 문자 체계와 맞춤법 등을 연구하였어요.

정답 | ④

4 60회 회독 ○○○

(가) 단체에 대한 설명으로 옳은 것은? [2점]

① 중일 전쟁 발발 이후에 조직되었다.
② 조선 혁명 간부 학교를 설립하였다.
③ 이봉창, 윤봉길 등이 단원으로 활동하였다.
④ 대전자령 전투에서 일본군을 상대로 승리하였다.
⑤ 일제가 조작한 105인 사건으로 조직이 해체되었다.

📢 **한인 애국단**

정답분석 국민 대표 회의가 결렬된 이후 대한민국 임시 정부의 침체 상태가 계속되자 김구는 1931년에 의열 투쟁 단체인 한인 애국단을 조직하여 임시 정부에 활력을 불어넣고자 하였어요. 한인 애국단의 의거를 계기로 대한민국 임시 정부는 중국 국민당 정부의 지원을 받게 되었어요.
③ 이봉창과 윤봉길은 한인 애국단 소속으로 각각 도쿄, 상하이에서 의거를 시도하였어요.

오답분석 ① 한인 애국단은 중·일 전쟁 이전인 1931년에 조직되었어요. 중·일 전쟁은 1937년에 발발하였어요.
② 의열단의 김원봉은 중국 국민당의 지원을 받아 독립군 간부 양성 기관인 조선 혁명 간부 학교를 설립하였어요.
④ 지청천이 이끈 한국 독립군은 북만주 일대에서 벌어진 쌍성보·사도하자·대전자령 전투에서 일본군을 격퇴하였어요.
⑤ 신민회는 1911년에 일제가 조작한 105인 사건으로 조직이 드러나면서 해체되었어요.

정답 | ③

5 62회　　　　　　　　　회독 ○○○

(가) 정부에 대한 설명으로 옳은 것은?　[2점]

이것은　(가)　요인들의 가족이 중심이 되어 조직한 한국 혁명 여성 동맹의 창립 기념 사진입니다. 이 단체는 충칭에서 대일 선전 성명서를 발표한　(가)　의 독립운동을 지원하고 교육 활동 등에 주력하였습니다.

① 좌우 합작 7원칙을 발표하였다.
② 한인 자치 기관인 경학사를 조직하였다.
③ 조선 혁명 선언을 활동 지침으로 삼았다.
④ 한글 맞춤법 통일안과 표준어를 제정하였다.
⑤ 삼균주의를 기초로 한 건국 강령을 선포하였다.

📢 **대한민국 임시 정부**

　정답분석　대한민국 임시 정부는 1940년에 충칭에 정착한 후 개헌을 통해 주석 중심의 지도 체제를 구축하고 한국광복군을 창설하였어요. 이후 대일 선전 성명서를 발표하여 일제와의 전쟁을 공식화하였어요.
⑤ 대한민국 임시 정부는 충칭에 정착하여 한국광복군을 창설한 후 조소앙의 삼균주의를 기초로 작성한 건국 강령을 선포하였어요.

　오답분석　① 광복 후 열린 모스크바 3국 외상 회의로 인해 좌우익의 대립이 심화되고, 제1차 미·소 공동 위원회가 결렬된 후 이승만의 정읍 발언으로 한반도에 분단 위기가 커지자 여운형과 김규식 등은 좌우 합작 위원회를 조직하고 좌우 합작 7원칙을 발표하였어요.
② 신민회는 1910년대에 서간도의 삼원보 지역으로 이주하여 경학사를 조직하고 신흥 강습소(이후 신흥 무관 학교)를 설립하였어요.
③ 의열단은 신채호가 민중의 직접 혁명을 강조하며 작성한 〈조선 혁명 선언〉을 활동 지침으로 삼아 의열 투쟁을 전개하였어요.
④ 조선어 학회는 휴간되었던 잡지 《한글》을 다시 발행하고 한글 맞춤법 통일안과 표준어를 제정하였어요.

정답 | ⑤

6 69회　　　　　　　　　회독 ○○○

(가) 부대에 대한 설명으로 옳은 것은?　[2점]

한국 독립운동을 촉진하고 한국 혁명 역량을 집중하기 위해 이번 달 15일 중국 국민당 군사 위원회는 조선 의용대를 개편하여　(가)　에 편입할 것을 특별히 명령하였다. 제1지대는 총사령에게 직속되어 이(지)청천 장군이 통할한다. …… (가)　의 총사령부는 충칭에 설치하기로 결정하였다.

① 자유시 참변으로 세력이 약화되었다.
② 영릉가 전투에서 일본군에 승리하였다.
③ 쌍성보 전투에서 한중 연합 작전을 전개하였다.
④ 국내 정진군을 편성하여 국내 진공 작전을 추진하였다.
⑤ 홍범도 부대와 연합하여 청산리에서 일본군을 격퇴하였다.

📢 **한국광복군**

　정답분석　조선 민족 혁명당을 중심으로 사회주의 계열 독립운동 단체가 연합한 조선 민족 전선 연맹은 중국 국민당 정부의 지원을 받아 1938년에 김원봉 등의 주도로 조선 의용대를 창설하였어요. 이는 중국 관내에서 결성된 최초의 한인 무장 부대였어요. 이후 일부 대원은 화북 지역으로 이동하여 활동하였으며 김원봉 등 남은 대원은 한국광복군에 합류하였어요. 한편, 1940년에 충칭에 정착한 대한민국 임시 정부는 한국광복군을 창설하여 본격적인 항일 무장 투쟁을 준비하였어요. 일제가 태평양 전쟁을 벌이자 임시 정부는 일제에 선전 포고를 하고 한국광복군을 연합국의 일원으로 참전시켰어요. 한국광복군은 영국군의 요청에 따라 인도·미얀마 전선에 파견되어 합동 작전을 전개하였어요.
④ 한국광복군은 미국 전략 정보국(OSS)과 협력하여 국내 진공 작전을 추진하였으나 일본의 갑작스런 항복으로 실행에 옮기지는 못하였어요.

　오답분석　① 간도 참변 이후 만주 지역의 독립군 부대들은 러시아 혁명군의 지원 약속을 믿고 자유시로 이동하였으나 자유시 참변을 당하면서 시련을 겪었어요.
② 양세봉이 이끈 조선 혁명군은 1930년대 초에 남만주 일대에서 중국 의용군과 연합하여 영릉가 전투, 흥경성 전투 등에서 일본군과 싸워 크게 승리하였어요.
③ 지청천이 이끈 한국 독립군은 1930년대 초에 북만주 일대에서 중국 호로군과 연합 작전을 전개하여 쌍성보 전투, 사도하자 전투, 대전자령 전투 등에서 일본군을 격퇴하였어요.
⑤ 김좌진이 이끈 북로 군정서는 홍범도가 이끈 대한 독립군 등과 연합하여 청산리 일대에서 일본군을 격퇴하였어요.

정답 | ④

36강 일제 강점기(1930년대 이후 저항)

1930년대 무장 독립 전쟁

01 1930년대 전반 만주 지역의 독립군 부대들이 ㆍ 연합 작전을 전개하여 일본군을 격퇴하였다.

02 지청천이 이끄는 한국 군은 중국 호로군과 함께 쌍성보ㆍ대전자령 전투에서 일본군을 격파하였다.

03 양세봉이 지휘한 조선 군은 중국 의용군과 함께 영릉가ㆍ흥경성 전투에서 일본군에 승리하였다.

04 조선 대는 중국 관내에서 결성된 최초의 한인 무장 부대였다.

05 김원봉이 이끄는 조선 의용대의 일부 세력은 대한민국 임시 정부의 한국 군에 합류하였다.

1930년대 이후 민족 문화 수호 운동

06 학회는 한글 맞춤법 통일안을 마련하고 《우리말 큰사전》 편찬 사업을 추진하였다.

07 정인보, 안재홍 등은 《여유당전서》 간행 사업을 계기로 학 운동을 전개하였다.

08 이병도, 손진태 등은 학회를 결성하고 《진단 학보》를 발행하였다.

09 백 은 《조선사회경제사》를 저술하여 일제가 주장한 식민 사관의 정체성론을 반박하였다.

한인 애국단 / 건국 준비 활동

10 한인 애국단원 이 은 일본 도쿄에서 일왕이 탄 마차 행렬에 폭탄을 던졌다.

11 한인 애국단원 윤 은 상하이 훙커우 공원에서 폭탄을 던져 일본군 장성 등을 처단하였다.

12 대한민국 임시 정부는 1940년에 지 을 총사령관으로 하는 한국광복군을 창설하였다.

13 대한민국 임시 정부는 1941년에 조소앙의 삼균주의에 바탕을 둔 건국 을 발표하였다.

14 한국광복군은 미국 전략 정보국(OSS)의 지원을 받아 진공 작전을 계획하였다.

15 1944년에 여운형 등은 국내에서 광복에 대비하여 조선 동맹을 결성하였다.

정답 **01** 한ㆍ중 **02** 독립 **03** 혁명 **04** 의용 **05** 광복 **06** 조선어 **07** 조선 **08** 진단 **09** 남운 **10** 봉창 **11** 봉길 **12** 청천 **13** 강령 **14** 국내 **15** 건국

현대

37강 현대(광복~통일 정부 수립 노력)

38강 현대(정부 수립~6·25 전쟁)

39강 현대(민주화 과정)

40강 현대(경제 발전과 통일 노력)

1946
좌우 합작 위원회 출범

1950~1953
6·25 전쟁

1961
5·16 군사 정변

1945
광복

1948
대한민국 정부 수립

1960
4·19 혁명

이승만

학생의 피에 보답하라!

기출로 보는 키워드

1위 좌우 합작 운동

2위 호헌 철폐, 독재 타도

3위 최초의 남북 이산가족 상봉

4위 금융 실명제

5위 3·1 민주 구국 선언

3개년 평균 출제 비중

4.8문항

9.6%

1980
5·18 민주화 운동

1997
외환 위기

2010
서울 G20 정상 회의

1964
베트남 파병

1987
6월 민주 항쟁

2000
제1차 남북 정상 회담

현대(광복~통일 정부 수립 노력)

시대 흐름을 한번에 담는
흐름판서 보기

흐름판서 강의

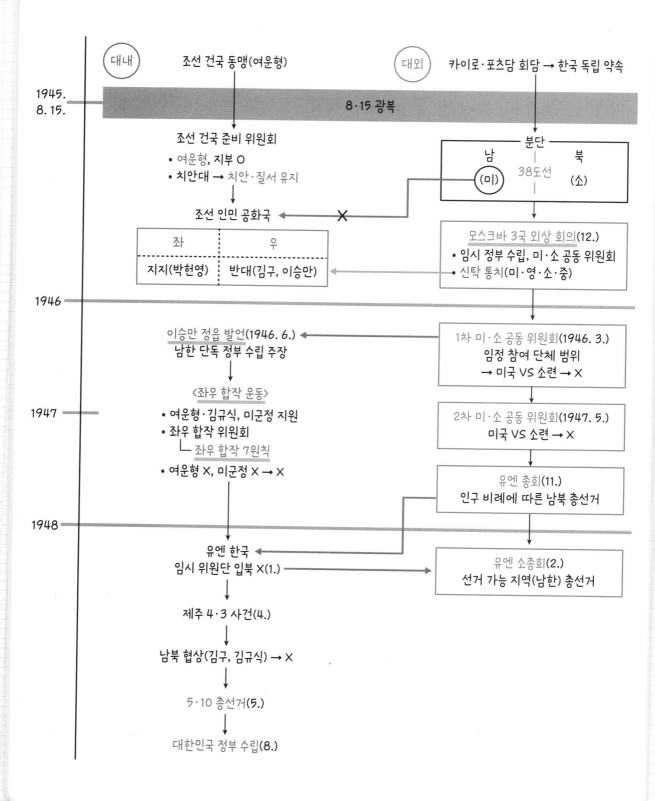

37^강 현대(광복~통일 정부 수립 노력)

현대(광복~통일 정부 수립 노력)

빈출키워드 TOP5

좌우 합작 운동	1위
남북 협상	2위
모스크바 3국 외상 회의	3위
미·소 공동 위원회	4위
이승만의 정읍 발언	5위

✎ 조선 인민 공화국
광복 직후 조선 건국 준비 위원회가 정치적 주도권을 장악하기 위해 선포한 나라 이름으로, 미군정의 인정을 받지 못해 영향력이 미미하였어요.

✎ 미·소 공동 위원회
모스크바 3국 외상 회의의 결정에 따라 한국에 임시 정부 수립을 지원하기 위한 목적으로 설치된 공동 위원회예요. 그러나 두 차례에 걸쳐 열린 미·소 공동 위원회는 소득 없이 끝났고, 결국 미국은 한반도 문제를 유엔으로 넘겼어요.

✎ 신탁 통치
한 국가가 자체적으로 나라를 다스릴 능력을 갖출 때까지 다른 나라가 대신 다스리는 것을 말해요.

✎ 전 조선 제 정당·사회단체 대표자 연석 회의(남북 연석 회의)
1948년 4월에 남북의 지도자들이 통일 정부 수립을 목표로 평양에서 개최한 회담이에요. 남쪽에서는 김구와 김규식 등이 참석하였으나 회의 이후 특별한 성과로 이어지지는 못하였고, 결국 남북에 각각 단독 정부가 수립되었어요.

❶ 8·15 광복 직후의 한반도 내 동향

(1) 광복과 38도선의 확정

국제 사회의 한국 독립 약속	• 카이로 회담(1943): 제2차 세계 대전이 연합국 측에 유리하게 전개되자 미국, 영국, 중국의 대표가 이집트 카이로에 모여 전후 처리 문제 논의 → 최초로 한국의 독립 약속 • 포츠담 회담(1945): 한국의 독립 재약속
8·15 광복	제2차 세계 대전에서 연합국의 승리, 우리 민족의 끈질긴 독립 노력 → 일본이 무조건 항복을 선언하면서 광복을 맞이함(1945. 8. 15.)
미군과 소련군 주둔	일본군을 무장 해제시킨다는 이유로 38도선을 경계로 남과 북에서 각각 군정 실시 – 미국의 군정 실시: 38도선 이남 지역 통치, 정부를 표방하는 어떤 단체도 인정하지 않음 – 소련의 군정 실시: 38도선 이북 지역 통치, 공산주의 정권 수립 지원

(2) 광복 직후 국내 정치 세력 동향

① 조선 건국 준비 위원회(1945. 8.)

조직	• 여운형, 안재홍 등이 주도 • 조선 건국 동맹을 기반으로 조직
활동	• 전국에 지부 설치 • 치안대를 조직하여 치안과 질서 유지
해체	안재홍 등 우익 세력 탈퇴 → 조선 인민 공화국 수립 선포(1945. 9.), 전국 각지에 인민 위원회 조직 → 미군정이 조선 인민 공화국을 정부로 인정하지 않음 → 해체

② 우익·좌익 세력 동향

우익 세력	• 김구 등 대한민국 임시 정부 인사들이 개인 자격으로 귀국 • 김구를 중심으로 한 한국 독립당의 당원으로서 활동 • 송진우·김성수 등이 한국 민주당 조직, 이승만 등이 독립 촉성 중앙 협의회 결성
좌익 세력	• 박헌영 등이 조선 공산당 재건 • 소련군 점령 지역에서 인민 위원회 주도

(3) 모스크바 3국 외상 회의(1945. 12.)

결정 사항	• 임시 민주 정부 수립, 미·소 공동 위원회 설치 • 미국·영국·소련·중국에 의해 최대 5년간 한반도의 신탁 통치 실시
반응	• 좌익: 처음에는 신탁 통치 반대 주장 → 이후 모스크바 3국 외상 회의의 결정 사항에 대한 총체적 지지로 선회 • 우익: 김구, 이승만 등이 대규모의 신탁 통치 반대 운동 전개
결과	좌우익 세력의 대립 격화

❷ 통일 정부 수립을 위한 노력

(1) 제1차 미·소 공동 위원회(1946. 3.)

전개	임시 정부 수립에 참여할 단체의 범위를 둘러싸고 미국과 소련의 대립
결과	무기 휴회

(2) 이승만의 정읍 발언(1946. 6.)

배경	제1차 미·소 공동 위원회의 무기 휴회로 임시 정부 수립이 점점 늦어짐
전개	이승만이 정읍에서 남한만의 단독 정부 수립 주장

(3) 좌우 합작 운동(1946~1947)

배경	이승만의 정읍 발언 → 우익 세력의 남한만의 단독 정부 수립 움직임 대두
주도 세력	여운형과 김규식 등 중도 세력이 주도, 미군정의 지원 → 좌우 합작 위원회 결성
전개	좌우 합작 7원칙 발표(1946. 10.): 미·소 공동 위원회 재개, 임시 정부 수립 요구, 토지 개혁 실시, 친일파 문제 해결 촉구, 언론·집회·결사·출판 등의 자유 보장 등 주장
결과	좌우익 세력의 외면, 여운형 피살, 미군정의 지원 철회 → 좌우 합작 위원회가 해산되면서 실패

(4) 유엔의 결정과 남북 협상

유엔의 결정	• 제2차 미·소 공동 위원회 결렬(1947. 5.~10.) • 전개: 미국이 한반도 문제를 유엔에 상정 → 유엔 총회에서 인구 비례에 따른 남북한 총선거 실시 의결(1947. 11.), 유엔 한국 임시 위원단 파견 → 소련이 유엔 한국 임시 위원단의 입북 거부 → 유엔 소총회에서 선거가 가능한 지역, 즉 남한만의 단독 총선거를 실시하기로 결정(1948. 2.)
남북 협상	• 배경: 유엔 소총회에서 남한만의 단독 총선거 결의 • 전개: 김구와 김규식이 방북하여 통일 정부 수립을 위한 남북 협상 진행 → 평양에서 전 조선 제 정당·사회단체 대표자 연석 회의 개최(남북 연석 회의, 1948. 4.), 공동 선언문 채택(남한 단독 선거 반대, 남북 총선거를 거쳐 통일 정부 수립, 외국 군대의 즉시 철수 등) • 결과: 성과를 거두지 못함 → 이후 남과 북에 각각 정부 수립, 김구 피살 등으로 통일 정부 수립 좌절

1. 다음 사실들을 순서대로 나열하세요.

(1) (   )

> (가) 조선 건국 동맹이 결성되었다.
> (나) 제1차 미·소 공동 위원회가 결렬되었다.
> (다) 모스크바 3국 외상 회의가 개최되었다.
> (라) 좌우 합작 위원회에서 좌우 합작 7원칙이 발표되었다.
> (마) 조선 인민 공화국을 수립하고 전국 각 지역에 인민 위원회를 조직하였다.

(2) (   )

> (가) 제1차 미·소 공동 위원회가 결렬되었다.
> (나) 김구, 김규식 등이 남북 협상에 참석하였다.
> (다) 우리나라 최초의 보통 선거인 5·10 총선거가 실시되었다.
> (라) 유엔 총회에서 인구 비례에 의한 남북 총선거가 의결되었다.
> (마) 남한만의 단독 정부 수립을 주장한 정읍 발언이 제기되었다.

2. 다음 설명에 해당하는 인물을 골라 쓰세요.

> 김구, 이승만, 여운형

(1) 김규식과 함께 남북 협상에 참여하였다.   (   )

(2) 조선 건국 준비 위원회 조직을 주도하였다.   (   )

(3) 정읍에서 남한만의 단독 정부 수립을 주장하였다. (   )

1. (1) (가) – (마) – (다) – (나) – (라)   (2) (가) – (마) – (라) – (나) – (다)
2. (1) 김구 (2) 여운형 (3) 이승만

현대(광복~통일 정부 수립 노력)

1 카이로 회담

제2차 세계 대전이 연합국 측에 유리하게 전개되자 1943년에 미국, 영국, 중국의 대표가 이집트 카이로에 모여 전쟁 수행 협력과 전후 처리 문제를 논의하기 위한 회담을 가졌어요. 이 회담에서 발표된 카이로 선언에서 처음으로 한국의 독립을 약속하였어요.

각 군사 사절단은 일본국에 대한 장래의 군사 행동을 협정하였다. …… 미국, 영국, 중국은 조선인의 노예 상태에 유의하여 적당한 시기에 맹세코 조선을 자주독립시킬 결의를 한다.

– 〈카이로 선언〉 –

▲ (왼쪽부터) 중국의 장제스, 미국의 루스벨트, 영국의 처칠

2 8·15 광복

제2차 세계 대전 중이던 1945년 8월 초, 미국은 일본 땅에 두 발의 원자 폭탄을 떨어뜨렸어요. 이에 일본은 더 이상 전쟁을 계속할 수 없었고, 무조건 항복하였어요. 이렇게 우리 민족은 제2차 세계 대전에서 연합국이 승리하고, 국내외에서 끊임없이 독립을 위해 노력을 기울인 끝에 1945년 8월 15일에 광복을 맞이하였어요.

▲ 광복을 맞이하여 환호하는 사람들

3 38도선의 확정

광복 이후 38도선을 경계 삼아 남쪽에는 미군이, 북쪽에는 소련군이 각각 군정을 실시하였는데, 이것이 분단의 시발점이 되었어요. 원래 38도선은 미국과 소련이 정한 지도상의 경계선이었기 때문에 철조망으로 가로막혀 있지 않았어요. 이후 사람들의 이동을 제한하기 시작하다가 철조망을 세워 통제하였어요.

▲ 38도선의 초기 모습

4 미군정의 실시

미국과 소련의 한반도 분할 통치가 결정된 이후 미군정 장관으로 아놀드가 취임하면서 미군정 체제가 수립되었어요. 미군정은 일본인 관리들을 행정 고문으로 두고, 일본의 식민지 통치 기구를 그대로 이용하기로 결정하였어요. 이 시기에 수많은 정당과 사회단체가 결성되었는데, 미군정은 정부를 표방하는 그 어떤 단체도 인정하지 않았어요. 미군정은 1948년 8월 15일에 남한만의 단독 정부가 수립되기까지 3년 동안 실시되었어요.

북위 38도 이남의 조선에는 오직 한 정부가 있을 뿐이다. …… 자천자임(自薦自任)한 관리라든가 경찰이라든가 국민 전체를 대표하였노라는 대소 화합이라든가 조선 인민 공화국이라든지 조선 인민 공화국 내각은 권위와 세력과 실재가 전혀 없는 것이다.

– 미군정 장관 육군 소장 아놀드 –

5 조선 건국 준비 위원회

조선 건국 동맹을 계승하여 여운형을 중심으로 조직된 조선 건국 준비 위원회(건준)는 광복 후 치안대를 조직하고, 전국에 지부를 설치하는 등 치안 유지와 사회 질서 유지를 위해 노력하였어요. 건준은 미군이 한반도에 진주한다는 소식이 전해지자 조선 인민 공화국을 선포하고 미군과의 협상을 준비하였으나 미군정은 이를 인정하지 않았고, 이후 우익 세력이 이탈하면서 해체되었어요.

인류는 평화를 갈망하고 역사는 발전을 지향한다. 인류사상 전에 없었던 참사인 제2차 세계 대전의 종결과 함께 우리 조선에도 해방의 날이 왔다. …… 전후 문제의 국제적 해결에 따라 조선은 제국주의 일본의 기반(羈絆)으로부터 벗어나게 되었다. 그러나 조선 민족의 해방은 다난한 운동사상에 있어 겨우 새로운 일보를 내디디었음에 불과하나니 완전한 독립을 위한 허다한 투쟁은 아직 남아 있으며 새 국가의 건설을 위한 중대한 과업은 우리의 전도에 놓여 있다. …… 우리 민족을 진정한 민주주의적 정권으로 재조직하기 위한 새 국가 건설의 준비 기관인 동시에 모든 진보적 민주주의적 제세력을 집결하기 위하여 각층각계에 완전히 개방된 통일 전선이요 결코 혼잡된 협동 기관은 아니다.

6 모스크바 3국 외상 회의

1945년 12월에 소련의 수도 모스크바에서 미국·영국·소련의 외무장관이 모여 한반도 문제를 논의하였어요. 이 회의에서 한반도에 민주적인 임시 정부 수립, 미·영·소·중에 의한 최대 5년간의 신탁 통치 실시, 미·소 공동 위원회 개최 등이 결정되었어요.

1. 조선을 독립 국가로 재건설하며, 조선을 민주주의적 원칙하에 발전시키는 조건을 조성하고, …… 조선 인민의 민족 문화 발전에 필요한 모든 시설을 취할 임시 조선 민주주의 정부를 수립할 것이다.
2. 조선 임시 정부 구성을 원조할 목적으로 …… 미·소 공동 위원회가 설치될 것이다.
3. 조선 인민의 정치적·경제적·사회적 진보와 민주주의적 자치 발전과 독립 국가의 수립을 위해 미·영·소·중 4국의 신탁 통치를 지원한다.

7 신탁 통치

모스크바 3국 외상 회의에서 신탁 통치 실시 결정이 전해지자 처음에는 좌익과 우익 모두 신탁 통치 반대를 주장하였어요. 그러나 좌익이 곧 모스크바 3국 외상 회의 결정에 대한 총체적 지지(찬탁)로 입장을 바꾸면서 좌우익이 격렬하게 대립하였어요.

- 신탁 통치 반대: 카이로, 포츠담 선언과 국제 헌장으로 세계에 공약한 한국의 독립은 이번 모스크바에서 개최한 3상 회의의 신탁 관리 결의로 수포로 돌아갔다. …… 동포여! 8·15 이전과 이후 과오와 마찰을 청산하고서 우리 정부 밑에 뭉치자. 그리하여 그 지도하에 3천만의 총역량을 발휘하여 신탁 관리제를 배격하는 국민운동을 전개하여 자주독립을 완전히 획득하기까지 3천만 전 민족의 최후의 피 한 방울까지라도 흘려서 싸우는 항쟁 개시를 선언한다.
  – 〈신탁 통치 반대 국민 총동원 위원회의 반탁 선언문〉 –
- 모스크바 3국 외상 회의 결정 사항 총체적 지지: 모스크바 삼상 회의의 결정을 신중히 검토한 결과, 우리는 다음의 태도를 표명한다. …… 이런 의미에서 이번 회담에서 여러 나라에 대한 민주주의 발전의 구체적 결정이 나오게 된 것이다. 예를 들어 조선 문제에 있어서 '조선을 독립 국가로 부흥하고 민주주의 기초 위에서 나라가 발전될 조건을 만들기 위해 또는 장구한 일본 지배의 자취를 신속히 청산할 목적으로 조선에서 공업·농업·교통·민족 문화 발전의 방책을 진행할 수 있는 정부와 조선 민주주의 정부를 조직한다'는 동 결정문의 이러한 국제적 결정은 오늘날 조선을 위하는 가장 정당한 것이라고 우리는 인정한다.
  – 〈모스크바 3국 외상 회담 결정에 대한 조선 공산당의 지지 담화문〉 –

8 이승만의 정읍 발언

제1차 미·소 공동 위원회가 무기 휴회되어 임시 정부의 수립이 늦어지자 이승만은 1946년 6월에 정읍에서 남한만의 단독 정부 수립을 주장하였어요.

이제 우리는 무기 휴회된 공위가 재개될 기색도 보이지 않으며 통일 정부를 고대하나 여의치 않게 되었으니, **우리는 남방만이라도 임시 정부 혹은 위원회 같은 것을 조직하여** 38도선 이북에서 소련이 철퇴하도록 세계 공론에 호소하여야 될 것이다.

9 좌우 합작 운동

좌우의 대립이 심화되고 이승만의 정읍 발언으로 분단의 위기가 고조되자, 여운형은 김규식 등과 좌우 합작 위원회를 구성하고 통일 정부 수립을 위한 좌우 합작 운동을 펼쳤어요. 그러나 처음에 좌우 합작 운동을 지지하였던 미군정이 지지를 철회하고 여운형이 암살되면서 좌우 합작 운동은 실패하였어요.

〈좌우 합작 7원칙〉
1. 모스크바 3국 외상 회의 결정에 따라 남북을 통한 좌우 합작으로 민주주의 임시 정부를 수립할 것
2. 미·소 공동 위원회 속개를 요청하는 공동 성명을 발표할 것
3. 토지를 농민에게 무상으로 나누어 주고, 중요 산업을 국유화할 것
4. 친일파, 민족 반역자를 처리할 조례를 제안하여 입법 기구가 심리·결정하게 해 시행할 것
5. 남북 좌우의 테러적 행동을 제지하도록 노력할 것
6. 입법 기구의 기능, 구성 방법, 운영 등은 합작 위원회를 통해서 실행할 것
7. 언론, 집회, 결사, 출판, 교통, 투표 등의 자유를 보장할 것

10 미국의 한반도 문제 유엔 상정

미·소 공동 위원회가 미국과 소련의 대립으로 무산되자, 미국은 한반도 문제를 유엔으로 넘겼어요. 1947년에 열린 유엔 총회에서 유엔 감시하에 인구 비례에 따른 남북한 총선거 실시를 결정하였어요. 이에 유엔 한국 임시 위원단이 파견되었는데, 소련은 한반도 문제를 유엔에서 처리하는 것에 반대한다는 구실로 임시 위원단의 입북을 거부하였어요. 이후 다시 열린 유엔 소총회에서 선거가 가능한 지역에서의 총선거 실시를 결정하여 1948년에 우리나라의 첫 민주 선거인 5·10 총선거가 열렸어요.

조선인이 다 아는 것과 같이 미·소 공동 위원회가 난관에 봉착함으로 인하여 **미국 측은 조선의 독립과 통일 문제를 유엔 총회에 제출하였다.** 그리고 대다수의 세계 각국은 41대 6으로 이 문제를 유엔 총회에 상정시키기로 가결하였다. …… 조선인에게 권고하고 싶은 것은 이 중요한 시간에 유엔 총회가 조선 문제를 해결할 수 있다는 믿음을 가지고 …… 유엔 총회의 결정을 전적으로 지지하여야 할 것이다.

11 남북 협상

좌우 합작 운동이 실패로 돌아가고 결국 유엔 소총회에서 선거가 가능한 지역, 즉 사실상 남한만의 총선거가 결의되었어요. 이에 김구와 김규식은 통일 정부 수립을 위해 북측 지도자에게 남북 협상을 제의하였어요. 평양에 모인 남북 지도자들은 단독 정부 수립 반대, 외국 군대 즉시 철수를 요구하는 결의문을 채택하였지만 실질적인 효력을 발휘하지는 못하였어요.

▲ 남북 협상을 위해 평양으로 떠나는 김구(가운데) 일행

지금 이때 나의 유일한 염원은 3천만 동포와 손을 잡고 통일된 조국, 독립된 조국의 달성을 위하여 공동 분투하는 것뿐이다. …… **나는 통일된 조국을 건설하려 38도선을 베고 쓰러질지언정 일신에 구차한 안일을 취하여 단독 정부를 세우는 데는 협력하지 아니하겠다.** 나는 내 생전에 38 이북에 가고 싶다.
– 김구, 〈삼천만 동포에게 읍고함〉(1948. 2.) –

1 66회

회독 ○○○

(가) 인물에 대한 설명으로 옳은 것은? [2점]

> 항복 전에 정무총감 엔도 등이 법과 질서를 유지하고 일본 인들의 생명과 재산을 지키기 위하여 __(가)__ 와/과 논의하였다. …… 일본인들은 그가 유혈 사태를 막아줄 수 있다고 믿었던 것 같다. …… 그런데 __(가)__ 은/는 조선 총독부가 생각했던 바를 따르지 않았다. 일본이 원했던 것은 연합군이 올 때까지 질서를 유지하기 위한 평화 유지 위원회 정도였다. 그러나 그는 실질적인 정부로 여겨질 수 있는 조선 건국 준비 위원회를 만들었다.

① 샌프란시스코에서 흥사단을 결성하였다.
② 조선어 학회 사건으로 구속되어 옥고를 치렀다.
③ 김규식과 함께 좌우 합작 위원회를 조직하였다.
④ 반민족 행위 특별 조사 위원회에서 활동하였다.
⑤ 미국에서 귀국하여 독립 촉성 중앙 협의회를 이끌었다.

📢 여운형의 활동

정답분석 여운형은 1918년에 중국 상하이에서 신한 청년당을 결성한 후 파리 강화 회의에 김규식을 대표로 파견하여 한국의 독립을 주장하였어요. 또한 1944년에는 일제의 패망과 광복에 대비하여 비밀리에 조선 건국 동맹을 결성하였고, 광복 직후 조선 건국 동맹을 기반으로 조선 건국 준비 위원회를 조직하였어요. 조선 건국 준비 위원회는 미군의 한반도 진주를 앞두고 이들이 들어왔을 때 대등한 입장에서 교섭하기 위해 조선 인민 공화국의 수립을 선포하였어요. 그러나 미군정은 조선 인민 공화국은 물론 대한민국 임시 정부조차도 인정하지 않고, 군정청을 설치하여 38도선 이남 지역에 대한 직접 통치를 선포하였어요.
③ 제1차 미·소 공동 위원회가 무기 휴회되고 이승만이 남한만의 단독 정부 수립을 주장하는 정읍 발언을 한 가운데 여운형, 김규식 등 중도 세력은 좌우 합작 위원회를 조직하고 좌우 합작 7원칙을 발표하였어요.

오답분석 ① 안창호는 국권 피탈 이후 미국으로 건너가 샌프란시스코에서 흥사단을 결성하였어요.
② 조선어 학회는 《우리말 큰사전》 편찬을 준비하다가 일제가 조작한 이른바 조선어 학회 사건으로 최현배, 이극로 등 회원들이 구속되어 옥고를 치르면서 조직이 와해되었어요.
④ 대한민국 정부가 수립된 후 제헌 국회에서 반민족 행위 처벌법이 제정되고, 반민족 행위 특별 조사 위원회(반민특위)가 구성되었어요. 김상돈, 조중현, 김상덕 등이 반민족 행위 특별 조사 위원회에서 활동하였어요.
⑤ 이승만은 광복 직후 미국에서 귀국하여 독립 촉성 중앙 협의회를 이끌었어요.

정답 | ③

2 57회

회독 ○○○

(가), (나) 사이의 시기에 있었던 사실로 옳은 것은? [2점]

> (가) 본관(本官)은 본관에게 부여된 태평양 미국 육군 최고 지휘관의 권한을 가지고 조선 북위 38도 이남의 지역과 주민에 대하여 군정을 설립함. 따라서 점령에 관한 조선을 다음과 같이 포고함.
> 제1조 조선 북위 38도 이남의 지역과 동 주민에 대한 모든 행정권은 당분간 본관의 권한하에서 시행함.
>
> (나) 대한민국 임시 정부는 28일 김구와 김규식의 명의로 '4개국 원수에게 보내는 결의문'을 채택하고, 각계 대표 70여명으로 신탁 통치 반대 국민 총동원 위원회를 결성하였다. 여기서 강력한 반대 투쟁을 결의하고 김구·김규식 등 9인을 위원회의 '장정위원'으로 선정하였다.

① 카이로 선언이 발표되었다.
② 조선 건국 동맹이 결성되었다.
③ 모스크바 삼국 외상 회의가 개최되었다.
④ 좌우 합작 위원회에서 좌우 합작 7원칙을 합의하였다.
⑤ 유엔 총회에서 인구 비례에 따른 남북한 총선거를 결의하였다.

📢 광복 직후의 한반도 내 동향

정답분석 (가)는 태평양 미국 육군 최고 지휘관의 권한으로 조선 북위 38도 이남 지역에 군정을 설립한다는 내용을 통해 광복 직후 미군정 성립에 해당함을 알 수 있어요. (나)는 신탁 통치 반대 국민 총동원 위원회를 결성하였다는 내용을 통해 신탁 통치 반대 운동의 전개 상황임을 알 수 있어요.
③ 1945년 12월에 미국·영국·소련 3국의 외무장관이 제2차 세계 대전의 전후 처리를 논의하기 위해 모스크바에 모여 회의를 개최하였어요. 이 회의에서 한반도 문제도 논의되어 한반도에 임시 민주 정부 수립, 미·소 공동 위원회 설치, 최대 5년간의 신탁 통치 실시 등이 결정되었어요.

오답분석 ① 제2차 세계 대전 중인 1943년에 미국·영국·중국 3국의 최고 지도자들이 카이로 선언을 발표하여 한국의 독립을 처음으로 보장하였어요.
② 일제의 패망이 가시화되자 1944년에 국내에서 여운형의 주도로 조선 건국 동맹이 결성되었어요.
④ 제1차 미·소 공동 위원회의 결렬, 이승만의 정읍 발언 등으로 분단의 위기감이 커지자 1946년에 여운형과 김규식 등이 통일 정부 수립을 위해 좌우 합작 위원회를 결성하고 좌우 합작 7원칙을 발표하였어요.
⑤ 1947년에 제2차 미·소 공동 위원회 결렬 후 유엔 총회에서 인구 비례에 따른 남북한 총선거 실시가 결의되었어요.

정답 | ③

3 61회 회독 ○○○

밑줄 그은 '군정청'이 있었던 시기의 사실로 옳은 것은? [2점]

□□신문

제△△호 ○○○○년 ○○월 ○○일

서윤복 선수 환영회, 중앙청 광장에서 개최

중앙청 광장에 모인 환영 인파

제51회 보스턴 세계 마라톤 대회에서 세계 신기록을 세우며 우승한 서윤복 선수의 환영회가 중앙청 광장에서 열렸다. 하지 중장, 헬믹 준장 등 군정청의 주요 인사와 김규식, 여운형, 안재홍 등 정계

인사를 비롯한 수많은 군중이 참석하여, 우리 민족의 의기를 세계에 과시한 서윤복 선수의 우승을 함께 기뻐하였다.

① 한미 상호 방위 조약이 체결되었다.
② 제1차 경제 개발 5개년 계획이 추진되었다.
③ 반민족 행위 특별 조사 위원회가 설치되었다.
④ 신한 공사가 설립되어 귀속 재산을 관리하였다.
⑤ 국가 보안법 개정안을 통과시킨 보안법 파동이 일어났다.

📢 **광복 후 미군정기의 사실**

정답분석 1945년 광복 직후 여운형이 조선 건국 동맹을 기반으로 조직한 조선 건국 준비 위원회는 미군의 한반도 진주를 앞두고 이들이 들어왔을 때 대등한 입장에서 교섭하기 위해 조선 인민 공화국의 수립을 선포하였어요. 그러나 미군정은 조선 인민 공화국은 물론 대한민국 임시 정부조차도 인정하지 않고, 군정청을 설치하여 38도선 이남 지역에 대한 직접 통치를 선포하였어요. 이후 1948년에 대한민국 정부가 공식적으로 수립되면서 미군정은 종료되었어요.
④ 1946년 미군정기에 일본이 남긴 귀속 재산 처리를 위한 신한 공사가 설립되었어요.

오답분석 ① 1953년 이승만 정부 시기에 6·25 전쟁의 정전 협정이 체결된 이후 한·미 상호 방위 조약이 체결되었어요.
② 1960년대 박정희 정부 시기에 제1차 경제 개발 5개년 계획이 추진되었어요.
③ 1948년 대한민국 정부가 수립된 이후 이승만 정부 시기에 제헌 국회에서 반민족 행위 특별 조사 위원회가 설치되었어요.
⑤ 1958년 이승만 정부 시기에 여당이 국회에서 야당 의원들을 폭력적으로 몰아내고 국가 보안법을 통과시킨 보안법 파동이 일어났어요.

정답 | ④

4 46회 회독 ○○○

다음 결의문이 채택된 시기를 연표에서 옳게 고른 것은? [2점]

> 총회가 당면하고 있는 한국 문제는 근본적으로 한국민 자체의 문제이며 그 자유와 독립에 관련된 문제이므로 …… 총회는 한국 대표가 한국 주재 군정 당국에 의하여 지명된 자가 아니라 한국민에 의하여 실제로 정당하게 선출된 자라는 것을 감시하기 위하여, 조속히 유엔 한국 임시 위원단을 설치하여 한국에 주재케 하고, 이 위원단에게 한국 전체를 여행·감시·협의할 수 있는 권한을 부여할 것을 결의한다.

1945. 8.	1945. 12.	1946. 3.	1946. 10.	1947. 5.	1948. 8.
(가)	(나)	(다)	(라)	(마)	
8·15 광복	모스크바 3국 외상 회의 개최	제1차 미소 공동 위원회 개최	좌우 합작 7원칙 발표	제2차 미소 공동 위원회 개최	대한민국 정부 수립

① (가)   ② (나)   ③ (다)   ④ (라)   ⑤ (마)

📢 **통일 정부 수립 노력**

정답분석 유엔 한국 임시 위원단을 설치하여 한국에 주재케 한다는 내용 등을 통해 1947년 11월에 유엔 총회에서 채택된 남북한 총선거 실시 결의안임을 알 수 있어요.
⑤ 광복 후 두 차례의 미·소 공동 위원회가 결렬되면서 미국은 한반도 문제를 유엔에 이관하였고 1947년에 유엔 총회에서 남북한 총선거 실시가 의결되었어요. 그러나 소련이 유엔 한국 임시 위원단의 입북을 거부하자 유엔 소총회에서 선거 가능 지역, 즉 남한에서만 총선거를 실시할 것을 결의하였고, 1948년 5월 10일에 총선거가 실시되어 제헌 국회의원이 선출되었어요. 이들로 구성된 제헌 국회에서 초대 대통령으로 뽑힌 이승만 대통령이 1948년 8월 15일에 대한민국 정부 수립을 선포하였어요.
따라서 유엔 총회에서 남북한 총선거 실시가 의결된 시기는 '제2차 미·소 공동 위원회(1947. 5.)'와 '대한민국 정부 수립(1948. 8.)' 사이의 시기인 (마)예요.

정답 | ⑤

5 60회

(가), (나) 사이의 시기에 있었던 사실로 옳은 것은? [2점]

(가)

□□일보
제△△호   ○○○○년 ○○월 ○○일

하지 중장, 특별 성명 발표

오늘 오전 조선 주둔 미군 최고 사령관 하지 중장은 미소 공동 위원회 무기 휴회에 관한 중대 성명서를 발표하였다. 이는 덕수궁 석조전에서의 역사적인 개막 이후 49일 만의 일이다.

(나)

□□일보
제△△호   ○○○○년 ○○월 ○○일

제2차 미소 공동 위원회 개막

미소 공동 위원회는 제1차 회의가 무기 휴회된 지 만 1년 16일 만인 오늘 오후 2시 정각에 시내 덕수궁 석조전에서 고대하던 제2차 회의의 역사적 막을 열었다.

① 여수·순천 10·19 사건이 일어났다.
② 모스크바 3국 외상 회의가 개최되었다.
③ 반민족 행위 특별 조사 위원회가 출범하였다.
④ 좌우 합작 위원회가 좌우 합작 7원칙을 발표하였다.
⑤ 유엔 총회에서 인구 비례에 의한 남북 총선거가 의결되었다.

📢 **좌우 합작 운동**

정답분석 (가) 미국과 소련은 모스크바 3국 외상 회의의 결정에 따라 1946년 3월에 덕수궁 석조전에서 제1차 미·소 공동 위원회를 개최하였어요. 하지만 양측이 임시 정부 수립에 참여할 단체를 두고 대립하면서 위원회는 결국 결렬되었어요. 이후 분단에 대한 위기가 고조되자 여운형, 김규식 등의 중도 세력이 좌우 합작 위원회를 조직하고 좌우 합작 운동을 전개하였어요.
(나) 좌우 합작 운동은 좌우익 모두의 지지를 얻지 못해 실패로 돌아갔고, 1947년 5월에 열린 제2차 미·소 공동 위원회 또한 결렬되었어요.
따라서, 제1차 미·소 공동 위원회가 결렬된 1946년 5월과 제2차 미·소 공동 위원회가 열린 1947년 5월 사이 시기의 사실을 골라야 해요.
④ 제1차 미·소 공동 위원회가 결렬되고 이승만이 남한 단독 정부 수립을 주장하자 좌우 합작 위원회는 1946년 10월에 통일 정부 수립 등의 내용을 담은 좌우 합작 7원칙을 발표하였어요.

오답분석 ① 여수·순천 10·19 사건은 이승만 정부 시기로 (나) 이후인 1948년 10월 19일에 일어났어요.
② 모스크바 3국 외상 회의는 (가) 이전인 1945년 12월에 개최되었고, 이 회의의 결정에 따라 제1차 미·소 공동 위원회가 열렸어요.
③ 반민족 행위 특별 조사 위원회는 (나) 이후이자 대한민국 정부 수립 이후인 1948년 10월에 출범하였어요.
⑤ 유엔 총회의 인구 비례에 의한 남북 총선거 의결은 제2차 미·소 공동 위원회가 결렬된 이후이자 (나) 이후인 1947년 11월 14일에 일어났어요.

정답 | ④

6 58회

다음 자료의 상황이 나타나게 된 배경으로 적절한 것은? [2점]

우리는 조국 흥망의 관두(關頭)*에서 이 위기를 극복하기 위해 오직 민족 자결 원칙에 의하여 조국의 남북통일과 민주 독립을 촉진해야겠다. 우리 민족자주연맹 중앙집행위원회는 김구 선생과 김규식 박사의 제안에 의하여 실현되는 남북 정치 협상을 전적으로 지지하며, 아울러 그 성공을 위하여 적극적으로 협력할 것을 결의한다.

*관두: 가장 중요한 지점

① 허정 과도 정부에서 헌법이 개정되었다.
② 통일 주체 국민 회의에서 대통령이 선출되었다.
③ 유엔 소총회에서 남한만의 단독 총선거가 결의되었다.
④ 유상 매수, 유상 분배 원칙의 농지 개혁법이 제정되었다.
⑤ 국가 보안법 개정안을 통과시킨 보안법 파동이 일어났다.

📢 **남북 협상**

정답분석 제1차 미·소 공동 위원회의 결렬과 이승만의 정읍 발언으로 분단에 대한 우려가 커지자, 이를 극복하기 위하여 좌우 합작 운동이 전개되었어요. 하지만 좌우 합작 운동은 좌우익 모두에게 지지를 얻지 못하면서 실패로 돌아갔고, 한반도 문제의 결정권은 유엔으로 이관되었어요. 유엔 총회에서 인구 비례에 의한 남북한 총선거가 의결되었지만, 소련이 유엔 한국 임시 위원단의 입북을 거부하면서 유엔 소총회에서 선거가 가능한 지역, 즉 사실상 남한만의 단독 총선거를 결의하였어요. 이에 김구와 김규식은 통일 정부 수립을 위해 북측 지도자에게 남북 협상을 제의하였어요. 평양에 모인 남북 지도자들은 단독 정부 수립 반대, 외국 군대 즉시 철수 등을 요구하는 결의문을 채택하였지만 실질적인 효력을 발휘하지는 못하였어요.
③ 1948년 2월에 유엔 소총회에서 남한만의 단독 총선거가 결의되자 김구와 김규식은 남북 협상을 추진하였어요.

오답분석 ① 1960년 4·19 혁명 직후 수립된 허정 과도 정부는 내각 책임제와 양원제를 골자로 하는 3차 개헌을 단행하였어요.
② 박정희 정부 시기인 1972년에 유신 헌법에 의해 통일 주체 국민 회의가 처음 구성되었고, 이 회의에서 1980년까지 대통령이 선출되었어요.
④ 유상 매수, 유상 분배 원칙의 농지 개혁법은 1949년에 제헌 국회에서 제정되었어요.
⑤ 이승만 정부 시기인 1958년에 여당(자유당)이 국회에서 야당 의원들을 폭력적으로 몰아내고 국가 보안법 개정안을 통과시킨 보안법 파동이 일어났어요.

정답 | ③

37강 현대(광복~통일 정부 수립 노력)

5분 기출 선택지를 완성하는
키워드 채우기

8·15 광복 직후의 한반도 내 동향

01 카 　 회담에서 미국, 영국, 중국이 한국의 독립을 처음으로 약속하였다.

02 광복과 함께 여운형이 중심이 되어 조선 건국 　 위원회를 결성하였다.

03 조선 건국 준비 위원회는 전국에 지부를 설치하고 　 대를 조직하였다.

04 조선 건국 준비 위원회는 조선 　 공화국을 수립하고 전국 각 지역에 인민 위원회를 조직하였다.

05 모스크바 3국 외상 회의에서 한반도 내 임시 민주 정부 수립, 　·　 공동 위원회 개최 등이 결의되었다.

06 모스크바 3국 외상 회의에서 최고 5년간의 　 통치 실시가 결의되었다.

통일 정부 수립을 위한 노력

07 제1차 미·소 공동 위원회가 무기 휴회되자 이승만은 정 　 에서 남한만의 단독 정부 수립을 주장하였다.

08 여 　 과 김 　 등 중도 세력은 미군정의 후원을 받아 좌우 합작 운동을 전개하였다.

09 좌우 합작 위원회는 토지 개혁 등을 포함한 좌우 합작 　 원칙을 발표하였다.

10 제2차 미·소 공동 위원회가 결렬되자 미국은 한반도 문제를 유 　 에 상정하였다.

11 유엔 총회에서 한반도에서 인구 비례에 의한 총 　 실시를 결의하였다.

12 김구와 김규식 등은 통일 정부 수립을 위해 　 협상을 추진하였다.

정답 **01** 이로 **02** 준비 **03** 치안 **04** 인민 **05** 미, 소 **06** 신탁 **07** 읍 **08** 운형, 규식 **09** 7 **10** 엔 **11** 선거 **12** 남북

38강 현대(정부 수립~6·25 전쟁)

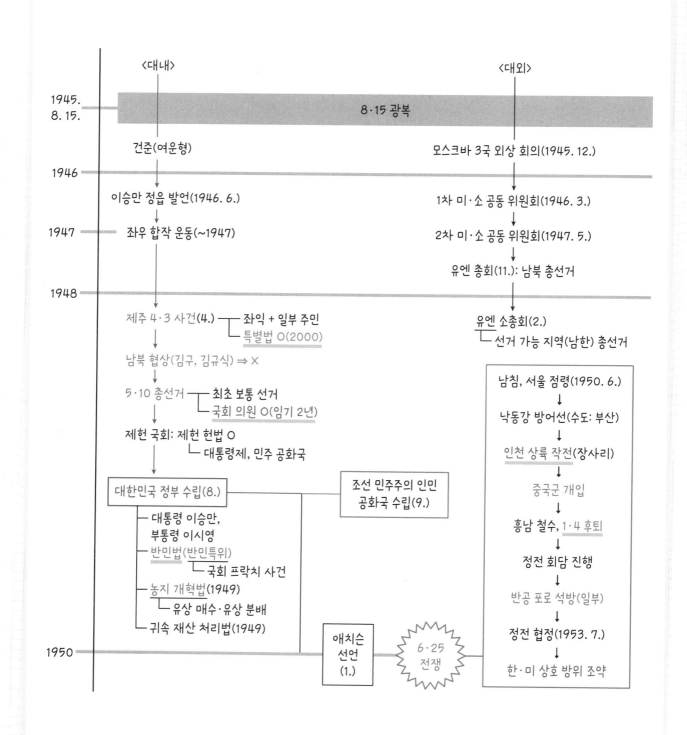

	<대내>	<대외>
1945. 8. 15.	8·15 광복	
	건준(여운형)	모스크바 3국 외상 회의(1945. 12.)
1946	이승만 정읍 발언(1946. 6.)	1차 미·소 공동 위원회(1946. 3.)
1947	좌우 합작 운동(~1947)	2차 미·소 공동 위원회(1947. 5.)
		유엔 총회(11.): 남북 총선거
1948	제주 4·3 사건(4.) ─ 좌익 + 일부 주민 / 특별법 O(2000)	유엔 소총회(2.) ─ 선거 가능 지역(남한) 총선거
	남북 협상(김구, 김규식) ⇒ X	남침, 서울 점령(1950. 6.)
	5·10 총선거 ─ 최초 보통 선거 / 국회 의원 O(임기 2년)	낙동강 방어선(수도: 부산)
	제헌 국회: 제헌 헌법 O ─ 대통령제, 민주 공화국	인천 상륙 작전(장사리)
	대한민국 정부 수립(8.) ─ 조선 민주주의 인민 공화국 수립(9.)	중국군 개입
	대통령 이승만, 부통령 이시영	흥남 철수, 1·4 후퇴
	반민법(반민특위) ─ 국회 프락치 사건	정전 회담 진행
	농지 개혁법(1949) ─ 유상 매수·유상 분배	반공 포로 석방(일부)
	귀속 재산 처리법(1949)	정전 협정(1953. 7.)
1950	애치슨 선언 (1.) 6·25 전쟁	한·미 상호 방위 조약

38강 현대(정부 수립~6·25 전쟁)

현대(정부 수립~6·25 전쟁)

빈출키워드 TOP5

유상 매수·유상 분배	1위
제주 4·3 사건	2위
반민족 행위 특별 조사 위원회	3위
인천 상륙 작전	4위
5·10 총선거	5위

✎ 흥남 철수 작전
1950년 12월 중국군의 개입으로 국군과 유엔군의 전황이 불리해지자 북진하였던 국군과 유엔군이 피난민과 함께 함경남도 흥남항에서 배로 철수한 작전을 말해요.

✎ 1·4 후퇴
국군과 유엔군은 인천 상륙 작전으로 승기를 잡고 압록강 일대까지 진격하였지만, 중국군의 개입으로 후퇴하여 1951년 1월 4일 서울을 다시 빼앗겼어요. 이로 인해 서울 시민은 또다시 피난길에 올랐고, 많은 이산가족이 발생하였어요.

✎ 포로 교환 방식
정전 회담 과정에서 가장 크게 이슈가 되었던 문제로, 북한군은 해당 국가로의 강제 송환을 주장하였고 유엔군은 포로의 자유 의사에 따른 송환을 주장하였어요.

✎ 이승만 정부의 반공 포로 석방
정전 회담에서 체결된 포로 송환 협정에 따라 고향으로 돌아가고 싶은 포로는 휴전 이후 60일 내에 송환하기로 하였어요. 그러나 한·미 상호 방위 조약 체결 전에는 휴전할 수 없다고 반대하던 이승만 대통령이 남한에 수용 중인 북한 및 남한 출신의 반공 포로를 석방하였어요.

❶ 대한민국 정부 수립과 활동

(1) 정부 수립을 둘러싼 갈등

제주 4·3 사건 (1948)	전개	• 남한만의 단독 선거에 반대한 제주의 좌익 세력이 무장봉기 • 미군정의 진압 과정에서 관련이 없는 수많은 제주도민이 희생됨
	결과	• 제주도 2개 선거구에서 5·10 총선거가 실시되지 못함 • 제주 4·3 사건 진상 규명 및 희생자 명예 회복에 관한 특별법 제정(2000)
여수·순천 10·19 사건 (1948)	전개	이승만 정부가 제주 4·3 사건을 진압하기 위해 여수·순천에 주둔하고 있던 군대에 출동 명령 → 군대 내 좌익 세력이 명령을 거부하고 무장봉기하여 여수와 순천 지역 점령
	결과	진압 후 잔여 세력이 지리산 등지에서 활동 전개

(2) 대한민국 정부 수립 과정

5·10 총선거 (1948. 5. 10.)	• 38도선 이남 지역에서만 실시, 우리나라 최초의 보통 선거 • 제헌 국회의원 선출(임기 2년) → 제헌 국회 구성 → 제헌 헌법 제정(국호 '대한민국', 대통령 중심제의 민주 공화국, 삼권 분립, 국회의 간접 선거에 의한 정·부통령 선출 등 규정)
대한민국 정부 수립 (1948. 8. 15.)	• 국회의 간접 선거를 통해 대통령 이승만, 부통령 이시영 선출 → 대한민국 정부 수립 선포 • 유엔 총회에서 대한민국 정부를 유엔 한국 임시 위원단의 선거 관리가 가능하였던 한반도 내 유일한 합법 정부로 승인(1948. 12.) • 북한 정부 수립: 북조선 인민 위원회 조직(1947. 2.) → 최고 인민 회의 구성 (1948. 8.) → 조선 민주주의 인민 공화국 수립(1948. 9. 9.)

❷ 제헌 국회의 활동

친일 반민족 행위 청산 노력	반민족 행위 처벌법 제정 (1948. 9.)	• 일제 강점기의 반민족 행위자에 대한 처벌 및 재산 몰수 등의 조항 마련 • 반민족 행위 특별 조사 위원회(반민특위) 구성
	반민특위의 활동과 정부의 방해	• 국회 프락치 사건: 이승만 정부가 반민특위에 소속된 일부 국회의원들을 공산당과 접촉하였다는 구실로 구속 • 반민특위 습격 사건: 친일 경찰들이 반민특위 기습 공격 • 법 개정으로 반민특위의 활동 기간 단축
	반민특위 해체(1949)	친일파 청산 노력 좌절
농지 개혁법 제정 (1949)		• 내용: 유상 매수·유상 분배, 한 가구당 3정보로 토지 소유 제한 • 결과: 식민지 지주제 소멸의 계기, 대부분의 농민이 자기 토지 소유 • 한계: 반민족 행위자의 토지 몰수가 이루어지지 않음, 개혁 대상에서 농지를 제외한 토지는 제외됨, 일부 지주들이 법 시행 전에 토지 처분
귀속 재산 처리법 제정 (1949)		일제 강점기에 일본인 또는 일본 회사가 소유하였던 공장 등 귀속 재산을 처리하는 법률 제정(미군정기에는 신한 공사가 담당) → 귀속 재산을 민간에 매각하면서 정경 유착 등 사회문제 발생

❸ 6·25 전쟁

(1) 배경

국외	• 한반도에서 미군·소련군의 철수 • 중국의 공산화 • 미국의 애치슨 선언 발표(1950. 1.)
국내	38도선 부근에서 남북 간의 잦은 군사적 충돌

(2) 전개

북한군의 남침	1950년 6월 25일, 북한군이 기습적으로 무력 남침 → 북한군이 3일 만에 서울 점령, 국민 보도 연맹 사건 발생
유엔군 참전	연합군으로 구성된 유엔군의 참전 → 국군·유엔군의 낙동강 방어선 구축, 다부동 전투
인천 상륙 작전	국군·유엔군의 인천 상륙 작전 성공(1950. 9. 15.) → 서울 탈환 → 국군·유엔군이 38도선 돌파 후 평양 점령, 압록강 일대까지 진격
중국군 참전	국군·유엔군의 북진에 따라 중국의 위기감 고조 → 중국군의 개입 → 국군·유엔군의 후퇴, 흥남 철수 작전(1950. 12.)
1·4 후퇴	북한군과 중국군이 남진하여 서울 점령(1·4 후퇴, 1951), 국민 방위군 사건 → 국군·유엔군의 서울 재탈환
정전 협정 체결	38도선을 중심으로 전선 교착 → 정전 회담 진행(휴전선 설정, 포로 교환 방식 등을 둘러싸고 갈등) → 이승만 정부가 반공 포로 일부 석방 → 정전 협정 체결(1953. 7. 27.)

(3) 피해와 영향

피해	막대한 인명과 재산 피해 → 수많은 전쟁고아와 이산가족 발생, 농지와 산업 시설 등 파괴
영향	• 남북 간의 적대감 심화, 분단 고착화 • 한·미 상호 방위 조약 체결(1953. 10.)

Ⅱ 일시정지!
☑ 확인하기

1. 대한민국 정부 수립 이후에 있었던 사실로 맞으면 ○표, 틀리면 ×표 하세요.

   (1) 여수·순천 10·19 사건이 일어났다. ( )

   (2) 유엔 한국 임시 위원단의 입북이 거부되었다. ( )

   (3) 반민족 행위 특별 조사 위원회가 구성되었다. ( )

   (4) 귀속 재산 관리를 위해 신한 공사가 설립되었다. ( )

   (5) 유상 매수, 유상 분배 원칙의 농지 개혁법이 제정되었다.
   ( )

   (6) 우리나라 최초의 보통 선거인 5·10 총선거가 실시되었다.
   ( )

2. 6·25 전쟁 중에 있었던 사실로 맞으면 ○표, 틀리면 ×표 하세요.

   (1) 애치슨 선언이 발표되었다. ( )

   (2) 흥남 철수 작전이 전개되었다. ( )

   (3) 부산에서 발췌 개헌안이 통과되었다. ( )

   (4) 여수·순천 10·19 사건이 일어났다. ( )

   (5) 한·미 상호 방위 조약이 체결되었다. ( )

3. 다음 사실들을 순서대로 나열하세요.

   > (가) 흥남 철수 작전이 전개되었다.
   > (나) 판문점에서 정전 협정이 체결되었다.
   > (다) 인천 상륙 작전을 전개하여 성공하였다.
   > (라) 이승만 정부가 일부 반공 포로를 석방하였다.

   ( )

1. (1) ○ (2) × (3) ○ (4) × (5) ○ (6) ×
2. (1) × (2) ○ (3) ○ (4) × (5) ×
3. (다) – (가) – (라) – (나)

38강 현대(정부 수립~6·25 전쟁)

1 제주 4·3 사건

1948년 4월 3일에 제주도에서 좌익 세력이 남한만의 단독 정부 수립에 반대하는 무장봉기를 일으켰어요. 이에 미군정이 극우 청년들과 경찰 등을 동원하여 무차별 폭력을 휘둘러 진압하였고, 이러한 상황은 정부 수립 후까지 계속되었어요. 그 과정에서 무장봉기를 일으킨 세력뿐만 아니라 수많은 무고한 제주도민이 희생되었어요. 이후 2000년에 제주 4·3 사건 진상 규명 및 희생자 명예 회복에 관한 특별법이 제정되었어요.

> 1948년 제주섬에서는 국제법이 요구하는, 문명 사회의 기본 원칙이 무시되었다. 특히, 법을 지켜야 할 국가 공권력이 법을 어기면서 민간인들을 살상하기도 했다. 토벌대가 재판 절차 없이 비무장 민간인들을 살상한 점, 특히 어린이와 노인까지도 살해한 점은 중대한 인권 유린이며 과오이다. 결론적으로 제주도는 냉전의 최대 희생자였다고 판단된다. 바로 이 점이 제주 4·3 사건의 진상 규명을 50년 동안 억제해 온 요인이 되기도 했다.
>
> – 〈제주 4·3 사건 진상 조사 보고서〉(2008) –

2 5·10 총선거

5·10 총선거는 우리나라 최초로 실시된 민주 선거예요. 21세 이상의 모든 국민에게 투표권이 부여되었으며, 보통·직접·평등·비밀 선거의 원칙에 따라 실시되었어요. 그 결과 제주 4·3 사건의 영향으로 제주도 2곳을 제외한 선거구에서 임기 2년의 제헌 국회의원 198명이 선출되었어요.

▲ 5·10 총선거 홍보물

3 제헌 국회의 활동

5·10 총선거의 결과로 구성된 우리나라 초대 국회에서 헌법을 제정·공포하였는데, 이 헌법을 제헌 헌법이라고 하고, 초대 국회를 '헌법을 제정한 국회'라는 뜻의 제헌 국회라고 해요. 제헌 국회에서는 반민족 행위 처벌법과 유상 매수·유상 분배를 원칙으로 하는 농지 개혁법을 제정하였어요.

〈제헌 헌법〉
· 대한민국은 민주 공화국이다.
· 대한민국의 주권은 국민에게 있고 모든 권력은 국민으로부터 나온다.
· 대한민국의 영토는 한반도와 그 부속 도서로 한다.
· 대통령과 부통령은 국회에서 선거하여 재적 의원 3분의 2 이상의 출석과 출석 의원 3분의 2 이상의 찬성 투표로 결정한다.
· 반민족 행위를 처벌하는 특별법을 제정한다.
· 제헌 헌법을 제정한 국회는 국회로서의 권한을 행사하고 국회의원의 임기는 국회 개최일로부터 2년으로 한다.

4 대한민국 정부 수립

제헌 국회는 1948년 7월 17일에 제헌 헌법을 공포한 후 간접 선거를 통해 대통령에 이승만, 부통령에 이시영을 선출하였어요. 1948년 8월 15일에 공식적으로 대한민국 정부 수립을 선포하였고, 이후 유엔으로부터 선거가 가능하였던 한반도 내 유일한 합법 정부로 승인받았어요.

▲ 대한민국 정부 수립 선포식

5 반민족 행위 특별 조사 위원회(반민특위)

제헌 국회는 반민족 행위 처벌법을 제정하고 반민족 행위 특별 조사 위원회(반민특위)를 구성하여 친일파 청산에 나섰어요. 하지만 반민특위는 국회 프락치 사건, 경찰의 습격, 공소시효 축소 법안 통과 등으로 본격적인 활동도 해 보지 못한 채 해체되었어요.

〈반민족 행위 처벌법〉
제1조 일본 정부와 통모하여 한·일 합병에 적극 협력한 자, 한국의 주권을 침해하는 조약 또는 문서에 조인한 자와 모의한 자는 사형 또는 무기 징역에 처하고 그 재산과 유산의 전부 혹은 2분의 1 이상을 몰수한다.
제2조 일본 정부로부터 직위를 받은 자 또는 일본 제국 의회의 의원이 되었던 자는 무기 또는 5년 이상의 징역에 처하고 그 재산과 유산의 전부 혹은 2분의 1 이상을 몰수한다.
제3조 일본 치하 독립운동자나 그 가족을 악의로 살상, 가해한 자 또는 이를 지휘한 자는 사형, 무기 또는 5년 이상의 징역에 처하고 그 재산의 전부 혹은 일부를 몰수한다.

6 국회 프락치 사건

1949년 5월부터 8월까지 공산당과 내통하였다는 혐의로 반민특위 소속의 현역 국회의원 10여 명이 검거·기소되었는데, 이를 국회 프락치 사건이라고 해요. 그 결과 정부에 비판적이던 의원들이 제거되어 국회의 행정부 견제 기능이 약화되었고, 반민족 행위 처벌법의 공소시효를 1년 정도 단축시키는 개정안이 통과되었어요.

> 반민족 행위 특별 조사 위원회(반민특위)가 본격적으로 친일 청산에 나서자, 친일 경력이 있던 일부 경찰과 친일파들은 '공산당과 싸우는 애국지사를 잡아 간 반민특위 위원은 공산당'이라며 시위를 벌였다. 대통령은 특별 담화를 발표하고, 공산당과 내통했다는 구실로 반민특위 소속 국회의원들을 구속하였다.

⑦ 애치슨 선언

대한민국 정부가 수립된 후 미군은 한반도에서 철수하였어요. 이후 1950년 1월에 미국 국무장관 애치슨이 미국의 태평양 방위선을 밝힌 선언을 발표하였는데, 여기에서 한국과 타이완이 미국의 극동 방위선에서 제외되었어요. 북한은 이 선언이 남침을 하더라도 미국이 남한에 무력 지원을 하지 않을 것으로 판단하여 6·25 전쟁을 일으켰어요.

> 미국의 태평양 지역 방위선은 알류산 열도, 일본 본토를 거쳐 류큐(오키나와섬)와 필리핀 군도로 이어진다. 기타 태평양 지역의 군사적 안전 보장에 관해서 말하자면, 누구라도 이 지역을 군사적 공격으로부터 보증할 수 없다는 사실을 명백히 해 두지 않으면 안 된다.

⑧ 6·25 전쟁의 전개 과정

북한군의 기습 남침(1950. 6. 25.) → 서울 함락 → 유엔군 참전 → 국군과 유엔군의 낙동강 방어선 구축 → 인천 상륙 작전 성공 → 서울 수복 → 국군과 유엔군의 압록강 일대까지 진격 → 중국군 참전 → 흥남 철수 → 1·4 후퇴 → 서울 재수복 → 정전 협상 시작 → 이승만 정부의 반공 포로 석방 (1953. 6.) → 정전 협정 체결(1953. 7. 27.).

⑨ 인천 상륙 작전

북한군은 전쟁 발발 3일 만에 서울을 함락하고 한 달여 만에 국군과 유엔군의 낙동강 방어선까지 빠르게 밀고 내려왔어요. 국군과 유엔군은 전쟁의 흐름을 바꾸기 위해 1950년 9월에 맥아더 유엔군 사령관의 지휘 아래 인천 상륙 작전을 전개하여 성공하였어요. 전세를 역전시킨 국군과 유엔군은 이후 압록강 일대까지 진격하였어요.

> 말씀하신 대로 인천항은 많은 난점을 안고 있습니다. 이곳은 좁은 단일 수로로 대규모 함정의 진입이 불가능하고, 적이 기뢰를 매설할 경우 많은 피해가 예상됩니다. 이와 같은 어려운 조건 때문에 적군도 인천 상륙 작전이 불가능하다고 판단할 것입니다. 하지만 바로 그 점이 적을 기습할 수 있는 충분한 요소라고 확신합니다. 우리는 이 작전으로 많은 인적·물적·시간적 손실을 최소화시킬 수 있을 것입니다.

⑩ 국민 보도 연맹 사건

1949년에 이승만 정부는 좌익 활동을 하였던 사람들을 전향시킨다는 목적으로 국민 보도 연맹을 결성하였어요. 6·25 전쟁이 발발하자 정부는 남쪽으로 후퇴하면서 국민 보도 연맹원이 북한에 동조할 우려가 있다는 이유로 곳곳에서 집단 학살을 자행하였는데, 이 사건을 국민 보도 연맹 사건이라고 해요. 노무현 정부는 울산 국민 보도 연맹 사건 희생자 추모식에서 공식적으로 희생자 유가족에게 사과하였어요.

> 국민 보도 연맹 사건은 우리 현대사의 커다란 비극입니다. 좌우 대립의 혼란 속에서 수많은 사람들이 국민 보도 연맹에 가입되었고, 6·25 전쟁의 와중에 영문도 모른 채 끌려 가 죽임을 당했습니다. 그리고 그 유가족들은 연좌제의 굴레에서 고통받으며 억울하다는 말 한마디 못한 채 수십 년을 지내야만 했습니다. 저는 대통령으로서 국가를 대표해서 당시 국가 권력이 저지른 불법 행위에 대해 진심으로 사과드립니다.
> – 〈울산 국민 보도 연맹 사건 희생자 추모식에 보내는 편지〉 –

⑪ 정전 협정

유엔군과 중국군, 북한군은 1951년에 소련이 휴전을 제의한 이래 약 2년여간 협의를 거쳐 마침내 1953년 7월 27일에 정전 협정을 체결하였어요. 협정문에는 군사 분계선 설정, 중립국 감독 위원회와 군사 정전 위원회 설치, 비무장 지대 설치 등의 내용이 담겼어요.

> 국제 연합군 총사령관을 한쪽 편으로 하고 조선 인민군 최고 사령관 및 중국 인민 지원군 사령원을 다른 쪽으로 하는 아래의 서명자들은 쌍방에 막대한 고통과 유혈을 초래한 한국에서의 충돌을 정지시키기 위하여, 최후적인 평화적 해결이 달성될 때까지 한국에서의 적대 행위와 일체 무장 행동의 완전한 정지를 보장하는 정전을 확립할 목적으로, 아래의 조항에 기재된 정전 조건과 규정을 접수하여 또 그 제약과 통제를 받는 데 각자 공동 상호 동의한다. 이 조건과 규정들의 의도는 순전히 군사적 성질에 속하는 것이며 이는 오직 한국에서의 교전 쌍방에만 적용한다.

⑫ 한·미 상호 방위 조약

휴전 협상 과정에서 휴전에 반대한 이승만 정부가 반공 포로를 일방적으로 석방한 후 1953년 7월 27일에 정전 협정이 체결되었어요. 이후 미국은 경제 원조와 함께 한국에 미군을 주둔하여 한반도에 충돌이 발생하면 협력하겠다는 한·미 상호 방위 조약(1953. 10.)을 체결하였어요.

> 제2조 당사국 중 어느 일국의 정치적 독립 또는 안전이 외부로부터의 무력 공격에 의하여 위협을 받고 있다고 어느 당사국이든지 인정할 때에는 언제든지 당사국은 서로 협의한다.
> 제3조 각 당사국은 …… 타 당사국에 대한 태평양 지역에서의 무력 공격을 자국의 평화와 안전을 위태롭게 하는 것이라고 인정하고, 공통한 위험에 대처하기 위하여 각자의 헌법상의 수속에 따라 행동할 것을 선언한다.

현대(정부 수립~6·25 전쟁)

1 62회 회독 ●●●

(가) 사건에 대한 설명으로 옳은 것은? [2점]

> 기념관에 있는 이 비석은 왜 아무 글자도 새겨져 있지 않은 걸까?

> (가) 의 역사적 평가가 아직 마무리되지 못했음을 상징하는 거래. 제주도에서 일어난 (가) 은/는 남한만의 단독 선거를 반대하는 무장대와 이를 진압하는 토벌대 간의 무력 충돌이 있었고, 그 뒤 진압 과정에서 수많은 사람이 희생된 사건이야.

① 유신 헌법의 철폐를 요구하였다.
② 통일 주체 국민 회의가 설치되는 결과를 가져왔다.
③ 희생자들의 명예 회복을 위한 특별법이 제정되었다.
④ 4·13 호헌 철폐와 독재 타도 등의 구호를 내세웠다.
⑤ 귀속 재산 처리를 위한 신한 공사 설립의 계기가 되었다.

2 65회 회독 ●●●

다음 총선거에 대한 설명으로 옳은 것을 |보기|에서 고른 것은? [3점]

사진으로 보는
우리나라 첫 번째 총선거

회의 중인 유엔 한국 임시 위원단 / 투표하는 사람들 / 투표 용지를 세는 개표 종사원

┌─── 보기 ───
ㄱ. 좌우 합작 위원회가 주도하였다.
ㄴ. 장면 정부가 수립되는 계기가 되었다.
ㄷ. 제주도에서 무효 처리된 선거구가 있었다.
ㄹ. 제헌 국회 의원을 선출하기 위해 실시되었다.
└────────

① ㄱ, ㄴ ② ㄱ, ㄷ ③ ㄴ, ㄷ
④ ㄴ, ㄹ ⑤ ㄷ, ㄹ

📢 제주 4·3 사건

정답분석 1948년 4월에 제주도에서 좌익 세력이 '남한 단독 선거 반대, 미군 철수'를 내세우며 무장 봉기를 일으켰어요. 미군정이 군대와 경찰을 동원하여 무력으로 진압하는 과정에서 많은 무고한 제주도민이 희생되었는데, 이를 제주 4·3 사건이라고 해요. 이 사건으로 5·10 총선거를 통해 구성된 제헌 국회는 제주도 일부 지역에서 국회의원이 선출되지 못한 채 출범하였어요.
③ 제주 4·3 사건 희생자들의 명예 회복을 위한 특별법이 2000년에 제정되었어요.

오답분석 ① 1972년에 박정희 정부가 유신 헌법을 공포하며 독재 정치를 펼치자 유신 헌법의 철폐를 요구하며 개헌 청원 100만 인 서명 운동 (1973), 3·1 민주 구국 선언(1976) 등이 일어났어요.
② 박정희 정부가 유신 헌법을 공포한 후 통일 주체 국민 회의가 설치되었고, 여기에서 박정희를 제8대 대통령으로 선출하였어요.
④ 전두환 정부 때 '4·13 호헌 철폐'와 '독재 타도' 등의 구호를 내세운 6월 민주 항쟁이 일어났어요.
⑤ 미군정은 광복 직후인 1946년에 일제가 떠나면서 남기고 간 귀속 재산을 처리하기 위해 신한 공사를 설립하였어요.

정답 | ③

📢 5·10 총선거

정답분석 광복 후 두 차례의 미·소 공동 위원회가 결렬되면서 미국은 한반도 문제를 유엔에 이관하였고, 1947년에 유엔 총회에서 남북한 총선거 실시가 의결되었어요. 그러나 소련이 유엔 한국 임시 위원단의 입북을 거부하자 유엔 소총회에서 선거 가능 지역, 즉 남한에서만 총선거를 실시할 것을 결정하였고, 1948년 5월 10일에 총선거가 실시되었어요.
ㄷ. 1948년 5월 10일에 전국 200개의 선거구에서 5·10 총선거가 실시되었어요. 그러나 제주도에서 남한만의 단독 정부 수립에 반대하는 무장봉기가 일어나 미군정이 이를 탄압하면서 선거가 정상적으로 치러지지 못하였어요. 결국 제주도의 3개 선거구 중 2개 구에서 투표수가 과반에 미달하여 무효 처리되었어요.
ㄹ. 5·10 총선거로 제주도 두 곳을 제외한 선거구에서 198명의 임기 2년의 제헌 국회의원이 선출되었어요. 제헌 국회에서 제정한 제헌 헌법에 따라 초대 대통령으로 선출된 이승만은 행정부를 조직하여 1948년 8월 15일에 대한민국 정부 수립을 선포하였어요.

오답분석 ㄱ. 1946년에 여운형, 김규식 등을 중심으로 좌우 합작 위원회가 출범하여 좌우 합작 운동을 전개하였어요.
ㄴ. 1960년에 4·19 혁명으로 이승만 대통령이 하야하고 허정 과도 정부가 수립되어 내각 책임제와 양원제 국회 구성을 골자로 한 3차 개헌이 이루어졌어요. 새로 구성된 국회는 윤보선을 대통령으로 선출하였고, 윤보선이 지명한 장면이 국무총리에 취임하여 내각을 이끌었어요.

정답 | ⑤

3 63회 회독 ○○○

밑줄 그은 '국회'에 대한 설명으로 옳지 <u>않은</u> 것은? [3점]

이 우표는 우리나라 최초로 실시된 총선거를 기념하기 위해 발행되었습니다. 보통·직접·평등·비밀 선거 원칙에 따라 치른 이 선거를 통해 구성된 국회에서 활동한 의원의 임기는 2년이었습니다.

① 반민족 행위 처벌법을 제정하였다.
② 의원들의 선거로 대통령을 선출하였다.
③ 민의원과 참의원의 양원제로 운영되었다.
④ 일부 지역의 국회 의원이 선출되지 못한 채 출범하였다.
⑤ 일제가 남긴 재산 처리를 위한 귀속 재산 처리법을 만들었다.

📢 **제헌 국회의 활동**

정답분석 1948년 5월 10일에 실시된 5·10 총선거는 우리나라 최초로 실시된 민주 선거로, 21세 이상의 모든 국민에게 투표권이 부여되었으며, 보통·직접·평등·비밀 선거 원칙에 따라 실시되었어요. 그 결과 제주 4·3 사건의 영향으로 제주도 두 곳을 제외한 선거구에서 임기 2년의 제헌 국회의원이 선출되었어요.
③ 1960년에 4·19 혁명 후 3차 개헌이 이루어지고, 새 헌법에 따라 국회가 민의원과 참의원의 양원제로 운영되었어요. 국회는 윤보선을 대통령으로 선출하였고, 윤보선이 지명한 장면이 국회의 동의를 얻어 국무총리에 취임하여 내각을 이끌었어요.

오답분석 ① 제헌 국회는 반민족 행위 처벌법을 제정하고 반민족 행위 특별 조사 위원회(반민특위)를 설치하여 친일파 청산에 나섰어요.
② 5·10 총선거로 구성된 제헌 국회의 간접 선거를 통해 대한민국의 제1대 대통령으로 이승만이 선출되었어요.
④ 1948년 4월 3일에 제주도에서 좌익 세력과 일부 주민이 단독 정부 수립에 반대하는 무장봉기를 일으켰어요. 이 사건의 영향으로 제주도에서는 5·10 총선거가 실시되지 못하다가 일 년 뒤에 치러져 제헌 국회의원이 선출되었어요.
⑤ 1946년에 미군정이 일제가 남긴 귀속 재산의 처리를 위해 신한 공사를 설립하였어요. 대한민국 정부 수립 이후인 1949년에 제헌 국회에서 귀속 재산 처리법을 만들었어요.

정답 | ③

4 56회 회독 ○○○

(가)에 들어갈 내용으로 옳은 것은? [2점]

한국사 특강

우리 연구회에서는 '제헌 헌법으로 출범한 제○공화국'이라는 주제로 시민들을 위한 한국사 특강을 마련하였습니다. 많은 관심과 참여 바랍니다.

■ 특강 내용 ■
제1강 [(가)]
제2강 농지 개혁법의 제정 과정
제3강 정전 협정의 체결

• 기간: 2021년 10월 ○○일~○○일
• 시간: 매주 목요일 15:00~17:00
• 장소: □□ 연구회

① 삼청 교육대의 설치
② 새마을 운동의 추진
③ 한일 기본 조약의 비준
④ 지방 자치제의 전면 실시
⑤ 반민족 행위 처벌법의 제정

📢 **이승만 정부 시기의 사실**

정답분석 제헌 헌법에 따라 국회는 대통령으로 이승만을 선출하였고, 이어 1948년 8월 15일에 대한민국 정부 수립이 선포되면서 이승만 정부가 출범하였어요. 제헌 국회는 1948년에 반민족 행위 처벌법을 제정하였고, 1949년에는 유상 매수, 유상 분배를 규정한 농지 개혁법을 제정하였어요. 한편, 광복 이후 격화된 좌우 이념 대립은 남북한에 각각 정부가 수립되는 결과를 가져왔고, 정부 수립 이후에도 갈등 상황이 이어져 38도선 부근에서 무력 충돌이 자주 일어났어요. 결국 1950년 6월 25일에 북한의 남침으로 6·25 전쟁이 발발하였어요. 전쟁 발발 이후 3년여 만인 1953년 7월 27일에 판문점에서 정전 협정이 체결되면서 전쟁은 마무리되었어요.
⑤ 제헌 국회는 1948년에 친일파 청산을 위한 반민족 행위 처벌법을 제정하였고, 이에 따라 반민족 행위 특별 조사 위원회가 설치되었어요.

오답분석 ① 전두환 등 신군부 세력은 사회 정화를 명목으로 삼청 교육대를 설치하였어요.
② 박정희 정부는 농촌 환경 개선과 소득 증대를 내세우며 새마을 운동을 추진하였어요.
③ 박정희 정부는 한·일 국교 정상화를 추진하여 1965년에 한·일 기본 조약을 비준하였어요.
④ 김영삼 정부 시기에 지방 자치제가 전면 실시되면서 주민들이 지방 자치 단체장을 직접 선출하게 되었어요.

정답 | ⑤

5 62회 　　　　　　　　　　　회독 ●●●

(가) 전쟁 중 있었던 사실로 옳은 것은? [1점]

> 국민 보도 연맹 사건은 우리 현대사의 커다란 비극입니다. 좌우 대립의 혼란 속에서 수많은 사람들이 국민 보도 연맹에 가입되었고, 　(가)　 의 와중에 영문도 모른 채 끌려 가 죽임을 당했습니다. 그리고 그 유가족들은 연좌제의 굴레에서 고통받으며 억울하다는 말 한 마디 못한 채 수십 년을 지내야만 했습니다. 저는 대통령으로서 국가를 대표해서 당시 국가 권력이 저지른 불법 행위에 대해 진심으로 사과드립니다.
> － 「울산 국민 보도 연맹 사건 희생자 추모식에 보내는 편지」 －

① 6·3 시위가 발생하였다.
② 애치슨 선언이 발표되었다.
③ 브라운 각서가 체결되었다.
④ 부마 민주 항쟁이 일어났다.
⑤ 인천 상륙 작전이 전개되었다.

📢 **6·25 전쟁**

정답분석　1949년에 이승만 정부는 좌익 활동을 하였던 사람들을 전향시킨다는 목적으로 국민 보도 연맹을 결성하였어요. 6·25 전쟁이 발발하자 정부는 남쪽으로 후퇴하면서 국민 보도 연맹원이 북한에 동조할 우려가 있다는 이유로 곳곳에서 집단 학살을 자행하였는데, 이를 국민 보도 연맹 사건이라고 해요.
⑤ 1950년에 6·25 전쟁 발발 직후 북한군은 3일 만에 서울을 함락하고 낙동강 방어선까지 진출하였어요. 국군과 유엔군은 인천 상륙 작전에 성공하면서 서울을 수복하였고, 이후 압록강 근처까지 진격하였어요.

오답분석　① 1964년 박정희 정부 시기에 김종필·오히라 각서의 내용이 알려지면서 국민들이 굴욕적인 한·일 회담에 반대하는 6·3 시위를 전개하였어요.
② 1950년 1월 이승만 정부 시기에 한반도를 미국의 태평양 방위선에서 제외한 애치슨 선언이 발표되었고, 이후 6·25 전쟁이 일어났어요.
③ 1966년 박정희 정부 시기에 한국의 베트남 추가 파병 대가로 미국이 한국에게 군사적·경제적으로 지원할 것을 약속하는 브라운 각서가 체결되었어요.
④ 1979년 박정희 정부 시기에 YH 무역 사건으로 야당(신민당) 총재 김영삼이 국회에서 제명되자 부산과 마산에서 '독재 타도, 유신 철폐'를 외치며 민주 항쟁이 일어났어요(부·마 민주 항쟁).

정답 | ⑤

6 61회 　　　　　　　　　　　회독 ●●●

(가) 전쟁 중에 있었던 사실로 옳지 않은 것은? [1점]

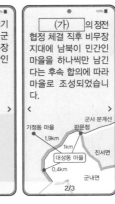

① 애치슨 선언이 발표되었다.
② 부산이 임시 수도로 정해졌다.
③ 흥남 철수 작전이 전개되었다.
④ 인천 상륙 작전 이후 서울을 수복하였다.
⑤ 국회에서 국민 방위군 사건이 폭로되었다.

📢 **6·25 전쟁**

정답분석　1950년 6월 25일에 북한군은 기습적으로 남한을 침략하였어요. 전쟁이 일어난 지 3개월 만에 경상도 일부 지역을 제외한 모든 지역을 점령당하자 국군과 유엔군은 전쟁의 흐름을 바꾸기 위하여 인천 상륙 작전을 전개하여 성공하였어요. 이후 국군과 유엔군은 압록강 일대까지 진격하였지만 중국군의 참전으로 후퇴하였어요. 이후 곳곳에서 크고 작은 전투들이 계속되다가 1953년 7월 27일에 마침내 군사 분계선을 설정하고 정전 협정이 체결되었어요.
① 1950년 1월에 한반도를 미국의 태평양 방위선에서 제외한 애치슨 선언이 발표되었고, 이후 6·25 전쟁이 일어났어요.

오답분석　② 6·25 전쟁 발발 이후 북한군에게 3일 만에 서울을 점령당하자 이승만 정부는 1950년 8월에 부산을 임시 수도로 정하였어요.
③ 인천 상륙 작전 성공 이후 승기를 잡은 국군과 유엔군은 압록강 일대까지 진격하였지만 중국군의 참전으로 후퇴하였고, 1950년 12월에 흥남 철수 작전을 전개하였어요.
④ 국군과 유엔군은 1950년 9월에 인천 상륙 작전에 성공하면서 서울을 수복하였고, 이후 압록강 근처까지 진격하였어요.
⑤ 1951년 1·4 후퇴 시기에 국민 방위군의 간부들이 방위군 예산을 부정 착복하여 후퇴 도중에 많은 병사들이 사망하였는데, 이를 국민 방위군 사건이라고 해요. 이후 국회에서 국민 방위군 사건이 폭로되었어요.

정답 | ①

38강 현대(정부 수립~6·25 전쟁)

5분 기출 선택지를 완성하는 **키워드 채우기**

대한민국 정부 수립과 활동

01 남한만의 단독 선거 결정에 반발하여 일어난 봉기를 진압하는 과정에서 제주 [   ]·[   ] 사건이 일어났다.

02 1948년에 우리나라 최초의 보통 선거인 [   ]·[   ] 총선거가 실시되었다.

03 5·10 총선거에 따라 제 [   ] 국회가 구성되었다.

04 제헌 국회의원의 임기는 [   ]년이었고, 제헌 헌법을 제정하였다.

05 제헌 국회의 간접 선거를 통해 초대 대통령으로 이 [   ]이 선출되었다.

제헌 국회의 활동

06 제헌 국회는 친일파를 청산하기 위해 [   ]족 행위 처벌법을 제정하였다.

07 제헌 국회는 유상 매수·유상 분배 원칙의 [   ] 개혁법을 제정하였다.

08 제헌 국회는 일제 강점기에 일본 회사 소유의 재산을 처리하는 [   ] 재산 처리법을 제정하였다.

6·25 전쟁

09 1950년 1월에 미국의 태평양 방위선에서 한반도를 제외한다는 [   ]슨 선언이 발표되었다.

10 1950년 6월에 북한군의 기습적인 남침으로 [   ]·[   ] 전쟁이 발발하였다.

11 국군과 유엔군은 [   ] 상륙 작전을 전개하여 서울을 수복하였다.

12 압록강 유역까지 진격한 국군과 유엔군은 중국군의 참전으로 밀려나 [   ]·[   ] 후퇴를 겪었다.

13 정전 협상 중 정전에 반대하던 이승만 정부는 반 [   ] 포로를 일부 석방하였다.

14 1953년 7월에 [   ] 협정을 체결하고 군사 분계선을 확정하였다.

15 정전 협정 체결 이후 한국과 미국은 한·미 상호 [   ] 조약을 체결하였다.

정답 **01** 4, 3 **02** 5, 10 **03** 헌 **04** 2 **05** 승만 **06** 반민 **07** 농지 **08** 귀속 **09** 애치 **10** 6, 25 **11** 인천 **12** 1, 4 **13** 공 **14** 정전 **15** 방위

39강 현대(민주화 과정)

시대 흐름을 한번에 담는
흐름판서 보기

흐름판서 강의

이승만 정부 (자유당)

제헌 헌법(1948)	1차 개헌(발췌, 1952)	2차 개헌(사사오입, 1954)	독재 강화
• 대선: 간선제 • 반민특위 • 농지 개혁	• 대선: 직선제 • 6·25 전쟁 中(부산) • 부산 정치 파동	• 대선: 직선제, 중임 X • 초대 대통령 └ 중임 제한 X	• 진보당 사건(조봉암 X) • 보안법 파동(1958) • 경향신문 X(1959)

장면 정부 (민주당)

3·15 부정 선거 (1960)

4·19 혁명(1960)	3차 개헌(1960)	4차 개헌(1960)
김주열 X(마산) → 대학교수단 시국 선언 → 이승만 하야 → 허정 과도 정부	• 내각 책임제 • 양원제 국회(참·민) • 장면 정부 출범	소급 입법 (3·15 부정 선거 처벌)

박정희 정부 (공화당)

5·16 군사 정변(1961)

5·16 군사 정변(1961)	5차 개헌(1962)	6·3 시위(1964)	베트남 파병
국가 재건 최고 회의(군정) → 중앙정보부 O	• 대선: 직선제, 단원제 • 박정희 정부 출범	한·일 국교 정상화 반대 → 한·일 협정(1965)	• 미국 파병 요청 • 브라운 각서

6차 개헌(3선, 1969)	7차 개헌(유신 헌법, 1972)	
1968: 청와대 간첩 습격 사건, 푸에블로호 나포 사건 → 3회 연임 O	• 대선: 간선제(6년) ← 통일 주체 국민 회의 선출(중임 제한 X) • 긴급 조치권, 국회 해산권, 국회 의원 1/3 추천 → 독재 구축	• 반대: 개헌 청원 100만인 서명 운동 → 3·1 민주 구국 선언(1976) • 탄압: 민청학련·인혁당 재건위 사건 • 붕괴(1979): YH 무역 사건(김영삼 X) → 부·마 항쟁 → 10·26 사태

전두환 정부 (민정당)

12·12 사태 (1979)

5·18 민주화 운동(1980)	신군부(전두환)	8차 개헌(1980)
• 광주, 계엄군 VS 시민군 • 기록물 → 세계 기록 유산	• 전두환 정부 출범 • 국보위 → 언론 기본법	대선: 간선제(7년 단임) → 재출범(대통령 선거인단)

	6월 민주 항쟁(1987)	9차 개헌(1987)
• 교복·통금 X, 해외여행 O • 중학교 의무 교육, 프로 야구·축구 • 민주화 운동·언론 통제 └ 4·13 호헌 조치(1987)	• 박종철 고문치사 사건 • 호헌 철폐, 독재 타도(이한열 X) → 6·29 민주화 선언(직선제 O)	• 대선: 직선제(5년 단임) → 여·야 합의 • 노태우 정부 출범

노태우~ 노무현 정부

노태우 정부	김영삼 정부	김대중 정부	노무현 정부
• 서울 올림픽(88) • 북방 외교(소·중)	• 지방 자치제 전면 O • 역사 바로 세우기	• 국가 인권 위원회 • 한·일 월드컵(02)	• 질본, 과거사 정리 위원회 • 호주제 X, 행정 복합 도시

39강 현대(민주화 과정)

현대(민주화 과정)

빈출키워드 TOP5

호헌 철폐, 독재 타도	1위
3·1 민주 구국 선언	2위
진보당 사건	3위
신군부의 비상계엄 확대	4위
6·3 시위	5위

✐ 소급 입법
원래 법은 제정한 날 이후부터 법령을 시행하는 것이 원칙이나, 소급 입법은 법 제정 이전의 일까지 소급하여 적용하는 법을 제정하는 것을 말해요.

✐ YH 무역 사건
1979년에 가발을 만드는 회사인 YH 무역이 일방적으로 폐업을 선언하자, YH 무역의 여성 노동자들이 부당 폐업 공고라며 반발하였어요. 이들은 신민당 당사에서 농성 투쟁을 벌였고, 경찰 진압 과정에서 여성 노동자가 사망하는 일이 벌어졌어요. 이 사건에 항의하며 박정희 정부를 비판한 신민당 총재 김영삼은 국회 의원직에서 제명되었어요.

✐ 부·마 민주 항쟁
1979년의 YH 무역 사건으로 김영삼이 국회의원직에서 제명되자, 그의 정치적 연고지였던 부산과 마산 일대에서 일어난 유신 체제 타도 시위예요.

✐ 언론 기본법
1980년에 전두환을 중심으로 한 신군부는 국민의 알 권리를 보장하고 언론의 기능을 보장한다는 명분으로 언론 기본법을 제정하였어요. 그러나 이 법이 만들어진 후 문화공보부가 매일 '보도지침'을 언론사에 뿌려 엄격하게 언론을 통제하였어요.

✐ 삼청 교육대
1980년에 국가 보위 비상 대책 위원회에서 사회 정화를 명분으로 군부대 내에 설치한 기관이에요. 폭력범 등을 소탕한다는 명목으로 설치되었으나 실제로는 무자비한 인권 탄압이 벌어졌어요.

❶ 이승만 정부의 장기 집권

발췌 개헌 (1차 개헌, 1952)	• 배경: 제2대 국회의원 선거(1950. 5.)에서 이승만 정부에 비판적인 후보자들 대거 당선 → 국회 간접 선거로는 이승만의 대통령 재선이 어려워짐 • 전개: 부산 정치 파동 사건 발생(전쟁 중 임시 수도였던 부산 지역에 계엄령 선포, 개헌안에 반대한 국회의원 체포·구금) → 6·25 전쟁 중에 대통령 직선제로 개헌(1952), 양원제 국회 시도(시행되지 않음) • 결과: 제2대 대통령 선거에서 이승만 당선(1952)
사사오입 개헌 (2차 개헌, 1954)	초대 대통령인 이승만에 한해 중임 제한을 철폐하는 등의 내용을 담은 개헌 추진 → 개헌 통과 정족수에 1표 부족으로 부결 → 자유당이 사사오입(반올림)의 논리를 내세워 개헌안 통과 → 제3대 대통령 선거에서 이승만 당선(1956)
독재 체제 강화	• 진보당 사건: 1956년 제3대 대통령 선거에서 이승만의 강력한 경쟁자로 등장한 조봉암이 선거 이후 진보당 창당 → 이승만 정부가 조봉암과 진보당 간부를 간첩 혐의로 구속 → 진보당 등록 취소(1958), 조봉암 처형(1959) • 보안법 파동(1958): 여당(자유당)이 야당 의원을 몰아내고 단독으로 국가 보안법 개정안을 통과시킴 → 신국가 보안법 제정(대공 사찰 강화, 언론 통제) • 언론 탄압: 정부에 비판적이던 경향신문 폐간(1959)

❷ 4·19 혁명과 장면 정부

4·19 혁명 (1960)	• 원인: 3·15 부정 선거 → 이승만 정부와 자유당이 부통령 후보인 이기붕을 당선시키기 위해 선거 부정을 저지름 • 전개: 마산 등지에서 부정 선거 규탄 시위 발생 → 마산 앞바다에서 시위 참가자였던 김주열 학생의 시신 발견 → 전국으로 시위 확산 → 시위자들이 경무대로 이동하는 과정에서 사상자 발생, 정부의 비상계엄 선포(4. 19.) → 대학교수단이 시국 선언문 발표(4. 25.) • 결과: 이승만의 하야 발표로 자유당 정부 붕괴(4. 26.) → 허정 과도 정부 수립 → 3차 개헌(내각 책임제, 참·민의원으로 구성된 양원제 국회) → 총선거에서 민주당 압승 → 장면 내각 출범(대통령 윤보선, 국무총리 장면)
장면 정부	4차 개헌(3·15 부정 선거 처벌을 위한 소급 법 마련)

❸ 5·16 군사 정변과 박정희 정부

(1) 5·16 군사 정변(1961)

과정	박정희를 중심으로 일부 군인들이 정변을 일으켜 정권 장악 → 군사 혁명 위원회 조직, 혁명 공약 발표(반공 국시)
군정 실시	국가 재건 최고 회의를 구성하여 군정 실시 → 중앙정보부 설치, 강력한 통제 정책 실시(국회 해산, 정치인의 활동 금지) 등

(2) 박정희 정부

① 성립: 군정에서 5차 개헌 단행(대통령 중심제, 단원제 국회, 1962) → 제5대 대통령 선거에서 박정희 당선(1963)

② 정부 활동

한·일 국교 정상화 (1965)	군정 시기부터 회담 전개(김종필·오히라 비밀 회담, 1962) → 6·3 시위(시민과 학생들이 굴욕적 외교라며 반발, 1964) → 정부의 계엄령 선포, 시위 탄압 → 한·일 협정 체결(한·일 기본 조약, 1965)
베트남 파병 (1964~73)	베트남 전쟁을 치르던 미국의 파병 요청 → 브라운 각서 체결(미국이 기술 지원과 차관 제공 약속, 1966) → 전쟁 특수로 경제 개발의 토대 마련, 고엽제 피해 등 희생자 발생
3선 개헌 (6차 개헌, 1969)	청와대 간첩 습격 사건(1·21 사태) 등 북한의 침입 → 강력한 정부가 필요하다며 대통령 3회 연임 허용하는 개헌 단행(임기 4년) → 제7대 대통령 선거에서 박정희 당선(1971)
유신 체제	• 성립(1972): 10월 유신 단행 → 유신 헌법 제정(대통령의 중임 제한 폐지, 통일 주체 국민 회의에서 임기 6년의 대통령 선출, 대통령에게 국회 해산권·긴급 조치권·국회의원 3분의 1 추천권 부여) → 독재 체제 구축 • 유신 반대 운동: 개헌 청원 100만 인 서명 운동(1973), 3·1 민주 구국 선언(1976) → 긴급 조치권 발동, 민청학련 사건·인민 혁명당 재건위 사건 등으로 탄압 • 유신 체제 붕괴: YH 무역 사건 → 야당(신민당) 총재 김영삼의 국회의원직 제명 → 부·마 민주 항쟁 → 박정희 피살(10·26 사태)로 붕괴(1979)
교육	국민 교육 헌장 공포(1968), 중학교 무시험 추첨제(1969)

❹ 5·18 민주화 운동과 전두환 정부

(1) 5·18 민주화 운동(1980)

배경	박정희 피살에 따른 계엄령 선포 → 통일 주체 국민 회의에서 대통령으로 최규하 선출(1979. 12.) → 전두환을 중심으로 한 신군부가 정권 장악(12·12 사태, 1979) → '서울의 봄'(유신 철폐·신군부 퇴진·비상계엄 철폐 등 요구, 1980)
과정	신군부가 비상계엄을 전국으로 확대 → 전남 광주에서 민주화 시위 발생, 계엄군의 무차별 시위 진압(1980. 5. 18.) → 시민군 조직 → 시민군의 평화 협상 요구 → 계엄군의 무력 진압
의의	• 1980년대 이후 민주화 운동의 토대가 됨 • 5·18 민주화 운동 기록물이 유네스코 세계 기록 유산 등재

(2) 전두환 정부

신군부의 집권	국가 보위 비상 대책 위원회(국보위) 설치 → 언론 기본법 제정, 언론사 통폐합, 삼청 교육대 운영 등
성립	최규하 대통령 하야 → 통일 주체 국민 회의에서 전두환을 대통령으로 선출(1980) → 8차 개헌 단행(대통령 선거인단이 7년 단임의 대통령 선출) → 대통령 선거인단을 통해 전두환이 다시 대통령에 선출됨(1981)
정부 정책	• 강압 정책: 민주화 운동·노동 운동 탄압, 언론 통제 강화 • 유화 정책: 중·고등학생의 두발과 교복 자율화, 야간 통행 금지 해제, 해외여행 자유화, 중학교 의무 교육 실시, 프로 야구·프로 축구 출범, 86 아시아 경기 대회 개최, 88 서울 올림픽 대회 유치, 컬러텔레비전 방송 시작 등

❺ 6월 민주 항쟁

배경	전두환 정부의 강압 통치, 민주화에 대한 국민의 열망 확산(국민들의 대통령 직선제로 개헌 요구)
전개	부천 경찰서 성고문 사건(1986) → 박종철 고문치사 사건(1987. 1.) → 정부의 4·13 호헌 조치 발표(1987. 4.), 박종철 고문치사 사건의 진실 폭로 → 대학생 이한열이 시위 도중 최루탄 피격(1987. 6.) → 6·10 국민 대회(민주화와 개헌을 요구하는 선언문 발표 → '호헌 철폐, 독재 타도'를 구호로 내세움) → 전국으로 시위 확산 → 여당의 차기 대통령 후보인 노태우가 6·29 민주화 선언 발표(대통령 직선제 개헌 요구 수용)
결과	9차 개헌 단행(5년 단임의 대통령 직선제) → 1987년 대통령 선거에서 노태우 당선

❻ 민주주의의 발전과 사회 변화

노태우 정부	• 서울 올림픽 대회 개최(1988) • 3당 합당(민자당 창당), 제한적인 지방 자치제 실시
김영삼 정부	• 공직자 윤리법 개정(재산 등록 의무화) • 지방 자치제 전면 실시 • '역사 바로 세우기'를 내세워 전두환·노태우 전직 대통령 구속 및 조선 총독부 건물 철거
김대중 정부	• 선거를 통한 최초의 평화적 여야 정권 교체 • 국가 인권 위원회 설립, 중학교 의무 교육 전면 실시 • 한·일 월드컵 대회 개최, 여성부 신설
노무현 정부	• 질병 관리 본부 설치, 행정 중심 복합 도시 추진 • 진실·화해를 위한 과거사 정리 위원회 구성 • 친일 반민족 행위 진상 규명 위원회 출범 • 호주제 폐지, 가족 관계 등록부 마련 • 노인 장기 요양 보험법·다문화 가족 지원법 제정

⏸ 일시정지! ☑ 확인하기

1. 다음 사건이 있었던 정부를 골라 쓰세요.

> 이승만 정부, 박정희 정부, 전두환 정부, 김영삼 정부

(1) 지방 자치제가 전면 실시되었다. ( )

(2) 국회 해산 등을 담은 유신이 선포되었다. ( )

(3) 4·19 혁명이 일어나 대통령이 하야하였다. ( )

(4) YH 무역 사건과 부·마 민주 항쟁이 일어났다. ( )

(5) 개헌 당시 대통령에 한해 중임 제한이 철폐되었다. ( )

(6) 호헌 철폐 등을 내세운 6월 민주 항쟁이 전개되었다.
( )

1. (1) 김영삼 정부 (2) 박정희 정부 (3) 이승만 정부 (4) 박정희 정부 (5) 이승만 정부 (6) 전두환 정부

39강 현대(민주화 과정)

① 발췌 개헌(1차 개헌)

이승만 정부는 6·25 전쟁 중인 1952년에 발췌 개헌을 단행하였어요. 정부는 개헌안을 통과시키기 위해 임시 수도인 부산에 계엄령을 선포하고 부산 정치 파동을 일으켜 공포 분위기를 조성하였어요. 그 결과 정부가 제시한 대통령 직선제와 양원제를 골자로 한 개헌안에 국회가 제시한 개헌안의 일부를 발췌한 개헌안이 국회에서 기립 표결로 통과되었어요. 이때의 개헌안은 이승만 대통령의 재선을 위해 추진된 것이었어요.

> 제31조 입법권은 국회가 행한다. 국회는 민의원과 참의원으로써 구성한다.
> 제53조 대통령과 부통령은 국민의 보통, 평등, 직접, 비밀 투표에 의하여 각각 선거한다.
> 부　칙 이 헌법은 공포한 날로부터 시행한다. 단, 참의원에 관한 규정과 참의원의 존재를 전제로 한 규정은 참의원이 구성된 날로부터 시행한다.
> — 〈헌법 제2호〉 —

② 사사오입 개헌(2차 개헌)

이승만 정부는 장기 집권을 위해 초대 대통령에 한해 중임 제한을 철폐한다는 내용의 헌법 개정을 추진하였어요. 개헌안 통과를 위해서는 국회 재적 의원 203명 중 3분의 2에 해당하는 136명의 동의가 필요하였는데, 투표 결과 1표가 부족하였어요. 그러자 자유당은 '사사오입(반올림)'의 논리를 내세워 개헌안을 통과시켰어요.

> 제55조 대통령과 부통령의 임기는 4년으로 한다. 단, 재선에 의하여 1차 중임할 수 있다.
> 부　칙 이 헌법 공포 당시의 대통령에 대하여는 제55조 제1항 단서의 제한을 적용하지 아니한다.
> — 〈헌법 제3호〉 —

③ 3·15 부정 선거

80세가 넘은 이승만은 1960년 제4대 대통령 선거에도 출마하였어요. 자유당 정부는 고령인 이승만을 우려하여 부통령 자리에 이기붕을 앉히기 위해 유권자 협박, 투표함 바꿔치기 등의 부정행위를 저질렀어요.

> 〈민주당이 폭로한 부정 선거의 모습〉
> • 기권표와 선거인 명부에 허위 기재한 유령 유권자 표 중 총 유권자의 40%에 달하는 표를 자유당 후보에게 기표하여 투표 당일 투표함에 미리 넣어 놓는다.
> • 나머지 60%의 유권자는 3인조 또는 9인조의 팀을 편성하여 공개 투표를 하도록 하고, 매수 혹은 위협을 통해 자유당 후보에게 투표하도록 한다.
> — 동아일보(1960. 3. 4.) —

④ 4·19 혁명

3·15 부정 선거를 규탄하는 시위가 마산에서 발생하였어요. 시위에 참여하였다가 실종된 김주열 학생의 시신이 마산 앞바다에서 발견되자, 분노한 시민과 학생들의 시위가 전국으로 확산되었고, 대학교수단은 대통령 퇴진 등을 요구하는 시국 선언문을 발표하였어요. 결국 이승만은 대통령직에서 물러났고 이후 허정 과도 정부가 수립되었어요.

> • 서울대학교 문리대 학생의 4·19 혁명 선언문: 민주주의와 민중의 공복이며 중립적 권력체인 관료와 경찰은 민주를 위장한 가부장적 전제 권력의 하수인으로 발 벗었다. 민주주의 이념의 최저의 공리인 선거권마저 권력의 마수 앞에 농단되었다. …… 나이 어린 학생 김주열의 참사를 보라! 그것은 가식 없는 전제주의 전횡의 발가벗은 나상밖에 아무것도 아니다.
> • 이승만 대통령의 하야 성명: 첫째는 국민이 원하면 대통령직을 사임할 것이며, 둘째는 지난번 정·부통령 선거에 많은 부정이 있었다고 하니, 선거를 다시 하도록 지시하였고, 셋째는 선거로 인연한 모든 불미스러운 것을 없애게 하기 위해서, 이미 이기붕 의장이 공직에서 완전히 물러가겠다고 결정한 것이다.

⑤ 한·일 국교 정상화

박정희 정부는 경제 개발 자금을 확보하기 위해 일본과 한·일 회담을 추진하였어요. 이 과정에서 중앙정보부장 김종필과 일본 외무장관 오히라가 비밀리에 합의 사항을 교환하였어요. 이 소식을 들은 학생과 시민들은 일본의 사과와 배상이 없는 굴욕적 외교라며 6·3 시위를 일으켰지만 1965년에 한·일 협정이 체결되었어요.

> 〈김종필·오히라 메모〉
> 1. 무상 원조에 대해 한국 측은 3억 5천만 달러, 일본 측은 2억 5천만 달러를 주장한 바 3억 달러를 10년에 걸쳐 공여하는 조건으로 양측 수뇌에게 건의함
> 2. 유상 원조에 대해 …… 2억 달러를 10년간에 걸쳐 제공하기로 건의함
> 〈한·일 협정〉
> 제1조 양 체약 당사국 간에 외교 및 영사 관계를 수립한다.
> 제2조 1910년 8월 22일 그 이전에 대한 제국과 대일본 제국 간에 체결된 모든 조약 및 협정이 이미 무효임을 확인한다.

⑥ 브라운 각서

박정희 정부는 1964년부터 베트남에 국군을 파견하기 시작하였고, 1966년에 미국과 브라운 각서를 체결하여 베트남에 추가 파병을 실시하고 미국으로부터 경제적·군사적 지원을 약속받았어요.

> 〈군사 원조〉
> 1. 한국에 있는 한국군의 현대화 계획을 위해 앞으로 수년 동안에 걸쳐 상당량의 장비를 제공한다.
> 2. 월남에 파견되는 증파 병력에 필요한 장비를 제공하는 한편 증파에 따른 모든 추가적 경비를 부담한다.
> 〈경제 원조〉
> 5. 한국에 대해 약속하였던 1억 5천만 달러 규모의 차관에 덧붙여 …… 추가 AID 차관을 제공한다.

7 유신 헌법(7차 개헌)

1972년에 박정희 정부는 유신 체제를 선언하며 대통령에게 헌법을 초월하는 긴급 조치권과 국회 해산권, 법관 인사권, 국회의원 3분의 1 추천권 등 막강한 권한을 부여하는 개헌을 단행하였어요 (유신 헌법). 또한, 통일 주체 국민 회의를 설치하여 대통령 선출을 위한 정치적 수단으로 이용하였어요.

〈유신 헌법〉
제39조 대통령은 **통일 주체 국민 회의에서 토론 없이 무기명 투표로 선거한다.**
제40조 통일 주체 국민 회의는 국회의원 정수의 1/3에 해당하는 수의 국회의원을 선거한다.
제53조 대통령은 …… 신속한 조치를 할 필요가 있다고 판단할 때에는 내정·외교·국방·경제·재정·사법 등 국정 전반에 걸쳐 필요한 **긴급 조치를 할 수 있다.**
제59조 **대통령은 국회를 해산할 수 있다.**
〈긴급 조치 1호〉
1. 대한민국 헌법(유신 헌법)을 부정, 반대, 왜곡 또는 비방하는 행위를 일체 금한다.
5. 이 조치에 위반하는 자와 이 조치를 비방하는 자는 법관의 영장 없이 체포, 구속, 압수, 수색하며 15년 이하의 징역에 처한다.

8 3·1 민주 구국 선언

박정희 정부가 유신 체제를 선언하자 이에 반대하는 시위가 일어났어요. 1976년에 일부 재야인사와 가톨릭 신부, 대학교수 등이 박정희 정부의 장기 독재와 유신 체제를 비판하는 3·1 민주 구국 선언을 발표하였어요.

이 나라는 1인 독재 아래 인권은 유린되고 자유는 박탈당하고 있다. …… 우리는 이를 보고만 있을 수 없어 …… 민주 구국 선언을 선포하는 바이다.
1. 이 나라는 민주주의 기반 위에 서야 한다.
2. 경제 입국의 구상과 자세가 근본적으로 재검토되어야 한다.
3. 민족 통일은 오늘 이 겨레가 짊어진 지상의 과업이다.

9 5·18 민주화 운동

1980년 5월 18일에 광주에서 신군부 퇴진과 비상계엄 철폐를 요구하는 5·18 민주화 운동이 일어났어요. 신군부는 공수부대까지 동원하여 시위대를 무자비하게 진압하였고, 이에 일부 시민들은 시민군을 조직하여 대항하였는데, 이 과정에서 수많은 광주 시민들이 희생되었어요. 5·18 민주화 운동의 발생과 탄압에서부터 진상 조사 활동과 보상에 이르기까지의 관련 기록물은 그 의미와 가치를 인정받아 유네스코 세계 기록 유산으로 등재되었어요.

• 이번 사태의 모든 책임은 과도 정부에 있다. 과도 정부는 모든 피해를 보상하고 즉각 물러나라!
• **무력 탄압만 계속하는 명분 없는 계엄령을 즉각 해제하라!**
• 정부와 언론은 이번 광주 의거를 허위 조작, 왜곡 보도하지 말라!
• 우리가 요구하는 것은 단지 피해 보상과 연행자 석방만이 아니다. 우리는 진정한 '민주 정부 수립'을 요구한다!
– 〈광주 시민 결의문〉 –

10 6월 민주 항쟁

전두환 정부 시기에 민주화에 대한 국민의 열망이 높아지고 있었음에도 정부는 이를 무시하고 4·13 호헌 조치를 발표하였어요. 이러한 상황에서 박종철 고문치사 사건의 진실이 세상에 알려졌고 시위 과정에서 대학생 이한열이 경찰이 쏜 최루탄에 피격되는 사건이 일어났어요. 분노한 국민들은 호헌 철폐와 독재 타도를 외치며 전국 각지에서 대규모 시위를 벌였어요. 결국 전두환 정부는 대통령 직선제 개헌 요구를 수용하는 6·29 민주화 선언을 발표하였고 이후 5년 단임의 대통령 직선제를 골자로 한 9차 개헌이 단행되었어요.

오늘 우리는 전 세계 이목이 우리를 주시하는 가운데 40년 독재 정치를 청산하고 희망찬 민주 국가를 건설하기 위한 거보를 전 국민과 함께 내딛는다. 국가의 미래요 소망인 꽃다운 젊은이를 야만적인 고문으로 죽여 놓고 그것도 모자라서 뻔뻔스럽게 국민을 속이려 했던 현 정권에게 국민의 분노가 무엇인지를 분명히 보여 주고, **국민적 여망인 개헌을 일방적으로 파기한 4·13 폭거를 철회시키기 위한 민주 장정을 시작한다.**
– 〈6·10 국민 대회 선언〉(1987. 6. 10.) –

11 6·29 민주화 선언

6월 민주 항쟁의 결과 당시 여당의 대통령 후보였던 노태우가 직선제를 수용한다는 6·29 민주화 선언을 발표하였어요. 이에 따라 5년 단임의 대통령 직선제 개헌이 이루어졌어요.

첫째, **여야 합의하에 조속히 대통령 직선제 개헌을 하고** 새 헌법에 의한 대통령 선거를 통해 88년 2월 **평화적 정부 이양을** 실현토록 해야 하겠습니다. ……
둘째, 새로운 법에 따라 선거 운동, 투개표 과정 등에 있어서 최대한 공명정대한 선거 관리가 이루어져야 합니다.

12 역사 바로 세우기

제14대 대통령 김영삼은 '역사 바로 세우기'를 내세우며 조선 총독부 건물을 철거하고 전두환과 노태우 두 전직 대통령을 구속하여 12·12 사태와 5·18 민주화 운동 당시 광주에서의 무력 진압, 부정부패 등의 혐의를 조사하였어요.

▲ 조선 총독부 철거 이전의 모습

▲ 조선 총독부 철거 이후의 모습

39강 현대(민주화 과정)

① 64회   회독 ●○○

(가), (나) 민주화 운동에 대한 설명으로 옳은 것은?   [1점]

사진으로 보는 민주화 운동

(가) | (나)

대학 교수들이 3·15 부정 선거를 규탄하고 대통령의 퇴진을 요구하며 시위에 나섬 | 명동 성당에서 시민들이 호헌 철폐, 독재 타도를 외치며 시위를 전개함

① (가) – 굴욕적인 한일 국교 정상화에 반대하였다.
② (가) – 군부 독재를 타도하려 한 민주화 운동이었다.
③ (나) – 대통령 직선제 개헌을 이끌어 냈다.
④ (나) – 전개 과정에서 시민군이 자발적으로 조직되었다.
⑤ (가), (나) – 대통령이 하야하는 결과를 가져왔다.

📢 4·19 혁명과 6월 민주 항쟁

정답분석   (가) 1960년에 자유당 정부는 제4대 대통령 선거에서 온갖 부정행위를 저질렀는데, 이 사건을 3·15 부정 선거라고 해요. 선거 결과 대통령 이승만, 부통령 이기붕이 선출되자 마산을 비롯한 전국에서 3·15 부정 선거를 규탄하는 시위가 일어났는데, 이 사건을 4·19 혁명이라고 해요.
(나) 1987년에 전두환 정부에서 4·13 호헌 조치를 발표하자 시위가 확산되는 가운데 박종철 고문치사 사건이 은폐·조작되었다는 사실이 폭로되고, 이어 대학생 이한열이 시위 도중 경찰이 쏜 최루탄에 피격되는 사건이 일어났어요. 이에 분노한 수많은 학생과 시민들은 '호헌 철폐, 독재 타도'를 외치며 시위에 나섰는데, 이 사건을 6월 민주 항쟁이라고 해요.
③ 6월 민주 항쟁으로 6·29 민주화 선언이 발표되었고, 이에 따라 5년 단임의 대통령 직선제 개헌이 이루어졌어요.

오답분석   ① 박정희 정부 시기에 굴욕적인 한·일 국교 정상화에 반대하여 6·3 시위가 전개되었어요.
② 5·18 민주화 운동 당시 광주의 시민과 학생들은 신군부 세력의 퇴진과 계엄령 철폐 등을 요구하며 시위를 벌였어요.
④ 5·18 민주화 운동 당시 신군부가 시위대를 무자비하게 진압하였는데, 이에 일부 시민이 시민군을 조직하여 맞섰어요.
⑤ 4·19 혁명으로 이승만 대통령이 하야하고 허정 과도 정부가 수립되었어요.

정답 | ③

② 63회   회독 ●○○

(가), (나) 헌법이 제정된 시기 사이에 있었던 사실로 옳은 것은?   [3점]

(가) | (나)

(가)
제1조 ① 대한민국은 민주 공화국이다.
② 대한민국의 주권은 국민에게 있고, 모든 권력은 국민으로부터 나온다.
제64조 ① 대통령은 국민의 보통·평등·직접·비밀 선거에 의하여 선출한다.
제69조 ① 대통령의 임기는 4년으로 한다.
③ 대통령의 계속 재임은 3기에 한한다.

(나)
제1조 ① 대한민국은 민주 공화국이다.
② 대한민국의 주권은 국민에게 있고, 국민은 그 대표자나 국민 투표에 의하여 주권을 행사한다.
제39조 ① 대통령은 통일 주체 국민 회의에서 토론 없이 무기명 투표로 선거한다.
제47조 대통령의 임기는 6년으로 한다.
제59조 ① 대통령은 국회를 해산할 수 있다.

① 지방 자치제가 전면 시행되었다.
② 여수·순천 10·19 사건이 일어났다.
③ 일부 군인들이 5·16 군사 정변을 일으켰다.
④ 서울과 평양에서 7·4 남북 공동 성명이 발표되었다.
⑤ 한일 국교 정상화에 반대하는 6·3 시위가 전개되었다.

📢 박정희 정부 시기의 개헌

정답분석   (가) 1969년에 장기 집권을 꾀한 박정희 정부는 국가 안보 강화와 지속적인 경제 발전을 명분으로 내세워 대통령의 3회 연임을 허용하는 내용의 3선 개헌안을 국회에서 통과시켰어요.
(나) 1972년에 박정희 정부는 유신 체제를 선언하며 대통령에게 헌법을 초월하는 긴급 조치권과 국회 해산권, 법관 인사권, 국회의원 3분의 1 추천권 등 막강한 권한을 부여하는 개헌을 단행하였어요(유신 헌법).
④ 박정희 정부 시기에 남북한은 자주·평화·민족 대단결의 평화 통일 3대 원칙에 합의한 7·4 남북 공동 성명을 발표하였어요.

오답분석   ① 김영삼 정부는 지방 자치제를 전면 시행하여 지역 주민이 직접 지방 자치 단체장을 선출하게 하였어요.
② 1948년 10월 19일에 이승만 정부가 여수·순천에 주둔한 군인들에게 제주 4·3 사건의 진압 명령을 내렸지만, 군대 내 좌익 세력이 명령을 거부하고 무장봉기를 일으켰어요(여수·순천 10·19 사건).
③ 장면 내각 시기인 1961년에 박정희 등 군인 세력은 5·16 군사 정변을 일으켜 권력을 장악한 후 국가 재건 최고 회의를 설치하였어요.
⑤ 박정희 정부 시기인 1964년에 굴욕적인 한·일 국교 정상화에 반대하여 6·3 시위가 일어났어요.

정답 | ④

❸ 62회 　　　　　　　　　　회독 ○○○

밑줄 그은 '개헌안'이 발표된 이후의 사실로 옳은 것은? [3점]

> 이번에 여야 합의로 내각 책임제 개헌안이 통과되었군.
>
> 이 개헌안에 따라 허정 과도 정부가 총선을 실시하면 정국에 많은 변화가 있을 것 같네.

① 반민족 행위 처벌법이 제정되었다.
② 제2차 미소 공동 위원회가 결렬되었다.
③ 국회가 민의원과 참의원의 양원제로 운영되었다.
④ 평화 통일론을 주장한 진보당의 조봉암이 구속되었다.
⑤ 유상 매수, 유상 분배 원칙의 농지 개혁법이 제정되었다.

📢 3차 개헌

정답분석　1960년에 4·19 혁명으로 이승만 대통령이 하야하고 허정 과도 정부가 수립되어 내각 책임제와 양원제 국회 구성을 골자로 한 3차 개헌이 이루어졌어요. 새로 구성된 국회는 윤보선을 대통령으로 선출하였고, 윤보선이 지명한 장면이 국무총리에 취임하여 내각을 이끌었어요.
③ 1960년에 이루어진 3차 개헌에 따라 내각 책임제가 도입되었고, 국회가 민의원과 참의원의 양원제로 구성·운영되었어요.

오답분석　① 1948년에 대한민국 정부가 수립된 후 제헌 국회에서 반민족 행위 처벌법이 제정되고, 반민족 행위 특별 조사 위원회(반민특위)가 구성되었어요.
② 1947년에 제2차 미·소 공동 위원회가 결렬된 이후 미국은 한반도 문제를 유엔으로 넘겼어요.
④ 1958년에 이승만 정부는 평화 통일론을 주장한 진보당의 조봉암을 간첩 혐의로 몰아 구속하였어요.
⑤ 1949년에 제헌 국회에서 유상 매수, 유상 분배 원칙의 농지 개혁법이 제정되었어요.

정답 | ③

❹ 62회 　　　　　　　　　　회독 ○○○

(가) 민주화 운동에 대한 설명으로 옳은 것은? [1점]

> 이 곡은 　(가)　 기념식에서 제창하는 노래입니다. 　(가)　 당시 계엄군에 맞서 시민군으로 활동하다 희생된 윤상원과 광주에서 야학을 운영하다 사망한 박기순의 영혼 결혼식에 헌정된 노래입니다. 여러 나라에서 민주화를 염원하는 사람들이 이 곡을 함께 부르고 있습니다.

외국인 친구와 함께하는 온라인 협동 수업

① 시위 도중 대학생 이한열이 희생되었다.
② 경무대로 향하던 시위대가 경찰의 총격을 받았다.
③ 박종철 고문치사 사건의 진상 규명을 요구하였다.
④ 신군부의 비상계엄 확대와 무력 진압에 저항하였다.
⑤ 3·1 민주 구국 선언을 통해 긴급 조치 철폐 등을 주장하였다.

📢 5·18 민주화 운동

정답분석　1980년에 일어난 5·18 민주화 운동은 12·12 사태를 일으켜 불법적으로 정권을 탈취한 신군부의 비상계엄 확대가 원인이 되어 일어났어요. 신군부는 공수 부대, 계엄군을 동원하여 시위대를 무자비하게 진압하였고 이에 맞서 광주 시민들은 시민군을 조직하여 대항하였는데, 이 과정에서 수많은 광주 시민들이 희생되었어요. 5·18 민주화 운동의 관련 기록물은 그 가치를 인정받아 유네스코 세계 기록 유산으로 등재되었어요.
④ 1980년에 신군부가 국민들의 민주화 요구를 억누르기 위해 비상계엄을 전국으로 확대하자, 전라남도 광주에서 5·18 민주화 운동이 일어나 신군부의 비상계엄 확대와 무력 진압에 저항하였어요.

오답분석　① 6월 민주 항쟁의 전개 과정에서 대학생 이한열이 최루탄에 맞아 희생되었어요.
② 4·19 혁명의 전개 과정에서 경무대로 향하던 시위대가 경찰의 총격을 받았어요.
③ 1987년 1월에 서울대학교 학생인 박종철이 경찰에 연행되어 조사를 받던 중 경찰의 고문으로 사망하는 사건이 발생하였어요(박종철 고문치사 사건). 정부는 이 사실을 은폐하려고 하였으나, 결국 세상에 드러나게 되면서 6월 민주 항쟁이 일어나는 도화선이 되었어요. 시민들은 6월 민주 항쟁 과정에서 박종철 고문치사 사건의 진상 규명을 요구하였어요.
⑤ 일부 재야 인사와 가톨릭 신부, 대학교수 등이 박정희 정부의 장기 독재와 유신 체제에 반발하여 3·1 민주 구국 선언을 발표하였어요.

정답 | ④

5 65회 · 회독 ○○○

밑줄 그은 '정부' 시기에 있었던 사실로 옳은 것은? [2점]

이것은 부천 경찰서에서 자행된 여성 노동자에 대한 성 고문 사건을 축소, 은폐하기 위해 내린 정부의 보도 지침 내용입니다. 당시 정부는 언론의 보도 방향을 통제하고, 민주화 운동을 탄압하였습니다. 이후 박종철 고문치사 사건도 단순 쇼크사로 날조하였습니다.

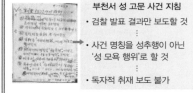

부천서 성 고문 사건 지침
· 검찰 발표 결과만 보도할 것
→ · 사건 명칭을 성추행이 아닌 '성 모욕 행위'로 할 것
· 독자적 취재 보도 불가

① 야당 총재가 국회 의원직에서 제명되었다.
② 5년 단임의 대통령 직선제 개헌이 이루어졌다.
③ 국가 재건 최고 회의를 기반으로 군정이 실시되었다.
④ 평화 통일론을 내세우던 진보당의 조봉암이 처형되었다.
⑤ 긴급 조치 철폐 등을 포함한 3·1 민주 구국 선언이 발표되었다.

📢 전두환 정부 시기의 사실

정답분석 전두환 정부는 민주화 운동과 노동 운동을 탄압하고 언론 통제를 강화하는 등 강압적인 정책을 펼쳤어요. 특히, 매일 각 언론사에 기사 보도를 제한하는 보도 지침을 내려 보내 언론을 통제하였어요. 한편, 전두환 정부 시기에는 민주화에 대한 국민의 열망이 높아지고 있었는데, 이때 서울대학교 학생인 박종철이 경찰의 고문으로 죽음에 이른 사건(박종철 고문치사 사건)이 세상에 알려져 국민의 분노를 자아냈어요. 국민들은 대통령 직선제를 요구하였지만 전두환 정부는 4·13 호헌 조치로 이를 받아들이지 않았고, 이는 대대적인 민주화 운동으로 이어져 6·10 국민 대회가 열렸어요(6월 민주 항쟁, 1987).
② 전두환 정부 시기에 일어난 6월 민주 항쟁의 결과 당시 여당의 대통령 후보였던 노태우가 대통령 직선제를 수용한다는 6·29 민주화 선언을 발표하였고, 이에 따라 5년 단임의 대통령 직선제 개헌이 이루어졌어요.

오답분석 ① 박정희 정부 때인 1979년에 YH 무역 사건 당시 유신 정부의 강경 진압을 비판한 야당(신민당) 총재 김영삼이 국회의원직에서 제명되자 부·마 민주 항쟁이 일어났어요.
③ 1961년 5·16 군사 정변 직후에 박정희 등 군부 세력은 정권을 장악한 후 국가 재건 최고 회의를 구성해 군정을 실시하였어요.
④ 이승만 정부는 평화 통일론을 내세우던 진보당의 조봉암에게 국가 보안법 위반과 간첩 혐의를 씌워 구속한 후 처형하였어요.
⑤ 박정희 정부 때인 1976년에 김대중과 일부 재야 인사들은 긴급 조치 철폐를 요구하는 3·1 민주 구국 선언을 발표하였어요.

정답 | ②

6 63회 · 회독 ○○○

(가) 민주화 운동에 대한 설명으로 옳은 것은? [1점]

박종철 군 고문 살인 은폐 조작과 호헌 조치를 규탄하는 국민 대회 당시의 모습이야. 정부의 원천 봉쇄 방침에도 각 지역에서 열렸어.

이 대회를 주최한 민주 헌법 쟁취 국민 운동 본부는 4·13 호헌 조치가 무효라고 선언하였지. 이후 민주화를 요구하는 시민들의 시위가 전국 각지에서 더욱 거세졌어.

(가) 사진전

호헌철폐 독재타도 민주쟁취

① 허정 과도 정부가 구성되는 계기가 되었다.
② 5년 단임의 대통령 직선제 개헌을 이끌어냈다.
③ 야당 총재의 국회 의원직 제명으로 촉발되었다.
④ 관련 기록물이 세계 기록 유산으로 등재되었다.
⑤ 이승만이 대통령에서 물러나는 결과를 가져왔다.

📢 6월 민주 항쟁

정답분석 1987년에 전두환 정부는 국민의 대통령 직선제 개헌 요구를 무시하고 기존 헌법을 고수하겠다는 4·13 호헌 조치를 발표하였어요. 이에 국민 저항이 확산되는 가운데 박종철 고문치사 사건이 은폐·조작되었다는 사실이 폭로되고, 이어 대학생 이한열이 시위 도중 경찰이 쏜 최루탄에 피격되는 사건이 벌어졌어요. 이에 분노한 수많은 학생과 시민들은 '호헌 철폐, 독재 타도'를 외치며 6·10 국민 대회에 참여하였어요(6월 민주 항쟁). 시위가 전국으로 확산되자 정부는 여당의 차기 대통령 후보인 노태우를 내세워 6·29 민주화 선언을 발표하였어요.
② 6월 민주 항쟁의 결과 대통령 직선제를 수용한다는 6·29 민주화 선언이 발표되었고, 5년 단임의 대통령 직선제 개헌이 이루어졌어요.

오답분석 ① 4·19 혁명 이후 허정 과도 정부가 구성되었어요.
③ 1979년에 야당(신민당) 총재 김영삼이 YH 무역 사건을 강경 진압한 박정희의 유신 정권을 강하게 비판하자 여당은 김영삼을 국회에서 제명하였고, 이를 계기로 부·마 민주 항쟁이 일어났어요.
④ 5·18 민주화 운동 관련 기록물은 그 의미와 가치를 인정받아 유네스코 세계 기록 유산으로 등재되었어요.
⑤ 4·19 혁명으로 국민의 분노가 확산되자 이승만은 대통령직에서 물러났어요.

정답 | ②

39강 현대(민주화 과정)

5분 기출 선택지를 완성하는 키워드 채우기

이승만 정부의 장기 집권 / 4·19 혁명과 장면 정부

01 1차 개헌은 　　　 개헌이라고도 하며, 6·25 전쟁 중에 임시 수도 부산에서 통과되었다.

02 　사　 입 개헌으로 개헌 당시 대통령, 즉 초대 대통령에 한해 중임 제한이 철폐되었다.

03 이승만 정부는 평화 통일론을 주장한 　　　 당의 조봉암을 제거하였다.

04 4·19 혁명으로 이승만 대통령이 하야하고 허　 과도 정부가 구성되었다.

05 4·19 혁명은 　원제 국회와 　면 내각이 출범하는 배경이 되었다.

5·16 군사 정변과 박정희 정부

06 박정희와 군부 세력은 정권을 장악한 이후 국가 　　　 최고 회의를 구성하여 군정을 실시하였다.

07 박정희 정부의 굴욕적인 한·일 국교 정상화에 반대하여 　·　 시위가 전개되었다.

08 박정희 정부는 1969년에 대통령의 　회 연임을 허용하는 개헌안을 편법으로 통과시켰다.

09 박정희 정부가 만든 　　　 헌법에 따라 대통령에게 긴급 조치권, 국회 해산권 등의 권한이 주어졌다.

10 1976년에 각계각층의 인사들이 　·　 민주 구국 선언을 발표하여 유신 체제에 저항하였다.

5·18 민주화 운동과 전두환 정부 / 6월 민주 항쟁

11 5·18 민주화 운동 관련 기록물은 　　　　　 세계 기록 유산으로 등재되었다.

12 전두환 정부는 언론 통폐합, 언론 기본법 제정, 　　 교육대 설치 등의 정책을 펼쳤다.

13 6월 민주 항쟁 당시 시위에 참여한 사람들은 '　　 철폐, 　　 타도' 등의 구호를 내세웠다.

14 6월 민주 항쟁의 결과 대통령 　　 제 개헌을 수용한다는 6·29 민주화 선언이 발표되었다.

민주주의의 발전과 사회 변화

15 김영삼 정부 시기에 　　 자치제가 전면 실시되었다.

16 노무현 정부 때 　　 관리 본부가 설치되고, 　사 정리 위원회가 처음으로 출범하였다.

정답 01 발췌 02 사, 오 03 진보 04 정 05 양, 장 06 재건 07 6, 3 08 3 09 유신 10 3, 1 11 유네스코 12 삼청 13 호헌, 독재 14 직선 15 지방 16 질병, 과거

이승만 정부	농지 개혁	귀속 재산 처리	원조 경제(미국)
	유상 매수·유상 분배 (한 가구당 3정보)	귀속 재산 → 민간 매각 (미군정기: 신한 공사)	한·미 원조 협정(1948) → 삼백 산업 ▲

박정희 정부

1·2차 경제 개발 5개년 계획 (1962~1971)
- 경공업 ▲
- 정부 주도 수출 중심
- 자금 조달
  ├ 베트남 파병
  └ 파독 광부·간호사

3·4차 경제 개발 5개년 계획 (1972~1981)
- 중화학 공업 ▲
  └ 포항 제철
- 수출 100억 달러(1977)
- 석유 파동(1·2차)
  └ 1차: 중동 → 극복

1970: 경부 고속 국도, 새마을 운동, 전태일 분신 사건

통일 정책
- 남북 적십자 회담(1971)
  └ by 닉슨 독트린(냉전 ▼)
- 7·4 남북 공동 성명
  ├ 자주·평화·민족 대단결
  └ 남북 조절 위원회 ○

전두환 정부
- 3저 호황(저유가·저달러·저금리)
  └ 2차 석유 파동 극복
- 최저 임금법(1986) ←

최초 남북 이산가족 상봉
└ 이산가족 고향 방문단· 예술 공연단 교환 방문

노태우 정부
- 한민족 공동체 통일 방안(1989)
- 1991 ┬ 남북 유엔 동시 ○
       ├ 남북 기본 합의서
       └ 한반도 비핵화 공동 선언

김영삼 정부
- 금융 실명제(대통령 긴급 명령)
- 경제 협력 개발 기구(OECD) 가입
- 외환 위기(1997) → 구제 금융(IMF)

김대중 정부
- 극복: 합병, 노사정 위원회, 금 모으기 운동
- 국민 기초 생활 보장법
- 한·칠레 FTA 서명

⟨햇볕 정책⟩
① 소 떼 방북(정주영) → 금강산 해로 관광
② 남북 정상 회담: 최초, 평양
  └ 6·15 선언: 경의선, 개성 공단(합의)

노무현 정부
- 발효
- 한·미 FTA 서명 → 발효: 이명박 정부(G20 개최)
- APEC 정상 회의 개최

2차 남북 정상 회담: 평양
└ 10·4 선언: 금강산 육로 관광   착공

40강 현대(경제 발전과 통일 노력)

40강 현대(경제 발전과 통일 노력)

빈출키워드 TOP5

최초의 남북 이산가족 상봉	1위
금융 실명제	2위
경제 협력 개발 기구 가입	3위
한·미 자유 무역 협정	4위
남북 기본 합의서	5위

✎ 경제 협력 개발 기구(OECD)
세계 경제의 협력을 위해 만들어진 국제기구로, '선진국 클럽'이라고도 해요. 우리나라는 김영삼 정부 시기인 1996년에 가입하였어요.

✎ 국제 통화 기금(IMF)
국제 금융질서를 확립하고 세계 무역 안정을 목적으로 설립된 국제 금융 기구예요. 우리나라는 1997년 외환 위기를 맞게 되자 국제 통화 기금에 긴급 자금 지원을 요청하였고, 이에 따라 국제 통화 기금의 경제적 간섭을 받게 되었어요.

✎ 최저 임금법
전두환 정부 때인 1986년에 저임금 노동자의 생활을 보호하기 위해 최저 임금법이 제정되었어요.

✎ 햇볕 정책
이솝 우화에 나그네가 외투를 벗게 만드는 것은 차갑고 강한 바람이 아니라 따뜻한 햇볕이라는 내용에서 인용된 용어로, 김대중 정부의 대북 화해 협력 정책을 지칭하는 말이에요.

✎ 경의선
서울과 평안북도 신의주 사이를 잇는 철도예요. 1906년에 개통되었으나 분단 이후 운행이 중단되었어요. 현재는 서울역에서 문산역까지만 운행되고 있어요.

❶ 경제 정책과 사회 변화

(1) 이승만 정부

농지 개혁	유상 매수·유상 분배, 한 가구당 3정보로 토지 소유 제한 → 대부분의 농민이 자기 토지를 소유하게 됨
귀속 재산 처리	일제 강점기에 일본인이 소유하였던 공장 등 귀속 재산을 민간에 매각(미군정기에는 신한 공사가 담당)
미국의 경제 원조	한·미 원조 협정 체결(1948): 미국이 잉여 농산물을 비롯한 밀가루·설탕·면화 등 원조 → 제분·제당·면방직 등 삼백 산업 발달 → 1950년대 후반에 무상 원조가 유상 차관 방식으로 변화 → 국내 경제 침체

(2) 박정희 정부

① 1960~1970년대 경제 발전

경제 개발 5개년 계획	• 제1·2차 경제 개발 5개년 계획(1962~1971): 경공업 중심의 경제 개발 • 제3·4차 경제 개발 5개년 계획(1972~1981): 중화학 공업 중심의 경제 개발
1960년대	• 외국 자본과 국내 값싼 노동력의 결합 → 수출 중심의 성장, 경공업 육성(가발·의류·신발 등) • 외화 획득을 위해 서독에 광부와 간호사 파견(1970년대까지 계속 진행)
1970년대	• 중화학 공업 육성: 경상도 해안 지역에 대규모 공업 단지 조성(포항 제철 준공) • 경부 고속 국도 개통(1970) • 새마을 운동(1970): 농촌 환경 개선과 소득 증대 목표, 근면·자조·협동 정신 바탕, 점차 도시로 확산 → 유신 체제의 정당성 확보 수단으로 이용됨, 실질적인 소득 증대 효과 미흡 • 8·3 긴급 금융 조치(장기 저리 대출, 사채 동결 등 기업에 특혜 제공, 1972), 수출액 100억 달러 달성(1977) • 경제 위기 – 제1차 석유 파동(1973): 4차 중동 전쟁으로 유가 폭등 → 중동 산유국들의 건설 투자 확대 → 국내 건설사의 중동 진출로 외화 획득 → 경제 위기 극복 – 제2차 석유 파동(1978): 경제 불황 심화

② 특징

'한강의 기적'	• 정부 주도하에 이루어진 수출 중심의 경제 성장 • '한강의 기적'으로 불릴 만큼 급속한 경제 발전 → 국민 소득의 급격한 증가
사회문제 발생	경제 발전 과정에서 다양한 사회문제 발생 → 빈부 격차 심화, 지역 간 개발 불균형, 강제적인 도시 개발(광주 대단지 사건), 도시와 농어촌 간 소득 격차 확대, 농민들의 피해 발생(함평 고구마 사건)

(3) 전두환 정부

산업 구조 조정	기업들의 중복 투자 제한, 부실기업 정리
경제 위기 극복	제2차 석유 파동으로 경제 불황 심화 → 1980년대 '3저 호황'(저유가·저달러·저금리)과 자동차·철강 산업의 발전으로 경제 위기 극복

(4) 김영삼 정부

경제 정책	금융 실명제 실시, 경제 협력 개발 기구(OECD) 가입
위기	• 삼풍 백화점 붕괴 사고, 성수대교 붕괴 사고 • 외환 위기 발생(1997) → 국제 통화 기금(IMF)의 구제 금융 지원

(5) 김대중 정부

외환 위기 극복	금융 기관과 대기업 구조 조정 단행(노사정 위원회 설치, 부실기업 정리), 국민들의 금 모으기 운동 → 국제 통화 기금(IMF)의 지원 자금을 조기에 상환(2001)
경제 정책	• 한·칠레 자유 무역 협정(FTA) 체결 • 국민 기초 생활 보장법 제정

(6) 노무현 정부

경제 정책	• 한·칠레 자유 무역 협정(FTA) 발효 • 한·미 자유 무역 협정(FTA) 체결 • 경부 고속 철도(KTX) 개통 • 아시아·태평양 경제 협력체(APEC) 정상 회의 개최
위기	헌정 역사상 처음으로 대통령 탄핵 소추 → 기각 → 직무 복귀

(7) 이후

이명박 정부	• 한·미 자유 무역 협정(FTA) 발효 • G20 서울 정상 회의 개최
박근혜 정부	• 한·중 자유 무역 협정(FTA) 체결 • 헌정 역사상 처음으로 직무 중 탄핵됨

❷ 노동계의 변화

박정희 정부	• 전태일 분신 사건(1970): 전태일이 근로 기준법 준수를 요구하며 분신함 • YH 무역 사건(1979)
전두환 정부	• 최저 임금법 제정 • 6월 민주 항쟁 이후 대규모 노동 운동 전개
노태우 정부	• 남녀 고용 평등법 제정 • 경제 정의 실천 시민 연합(경실련) 창설
김영삼 정부	• 전국 민주 노동조합 총연맹(민주노총) 결성 • 고용 보험 제도 시행
김대중 정부	외환 위기 발생 이후 대통령 직속 자문 기구로 노사정 위원회 구성

❸ 통일 정책

(1) 박정희 정부

남북 적십자 회담 (1971)	닉슨 독트린으로 냉전 완화 분위기 → 이산가족 상봉을 위한 회담 진행
7·4 남북 공동 성명 발표(1972)	• 통일의 3대 원칙 합의(자주·평화·민족 대단결) • 남북 조절 위원회 설치

(2) 전두환 정부

① 민족 화합 민주 통일 방안 제시(1982)
② 이산가족 고향 방문단과 예술 공연단의 교환 방문 실현(1985)
　→ 최초의 남북 이산가족 상봉

(3) 노태우 정부~문재인 정부

노태우 정부	• 7·7 선언(민족 자존과 통일 번영을 위한 특별 선언) 발표(1988): 북한, 중국, 소련 등 사회주의 국가에 대한 개방 정책 추진 표명 • 한민족 공동체 통일 방안 제시(1989): 자주·평화·민주의 원칙하에 남북 연합이라는 중간 단계 설정 • 북방 외교 추진: 사회주의 국가와 적극 교류 실시 → 중국, 소련 등과 수교 • 남북한 유엔 동시 가입(1991) • 남북 기본 합의서(남북 사이의 화해와 불가침 및 교류·협력에 관한 합의서) 채택(1991): 남북한 상호 체제 인정, 상호 불가침 합의 → 남북한 정부 간에 이루어진 최초의 공식 합의문서 • 한반도 비핵화 공동 선언 발표(1991)
김대중 정부	• 대북 화해 협력 정책('햇볕 정책') 추진 → 정주영의 소 떼 방북, 금강산 해로 관광 시작 • 평양에서 최초의 남북 정상 회담 개최(2000): 6·15 남북 공동 선언 발표 → 경의선·동해선 연결과 개성 공단 건설 합의, 이산가족 방문, 금강산 육로 관광 추진
노무현 정부	평양에서 제2차 남북 정상 회담 개최(2007): 10·4 남북 공동 선언 발표, 개성 공단 건설 착수, 금강산 육로 관광 시작
문재인 정부	판문점에서 남북 정상 회담 개최(2018): '한반도의 평화와 번영, 통일을 위한 판문점 선언' 채택

⏸ 일시정지! ☑ 확인하기

1. 다음 사건이 있었던 정부를 골라 쓰세요.

> 이승만 정부, 박정희 정부, 전두환 정부, 노태우 정부,
> 김영삼 정부, 김대중 정부, 노무현 정부

(1) 삼백 산업이 성장하였다. （　）

(2) 경부 고속 도로가 개통되었다. （　）

(3) 남북 기본 합의서를 채택하였다. （　）

(4) 남북 조절 위원회를 구성하였다. （　）

(5) 6·15 남북 공동 선언을 채택하였다. （　）

(6) 경제 협력 개발 기구(OECD)에 가입하였다. （　）

(7) 제1차 경제 개발 5개년 계획이 추진되었다. （　）

(8) 남북 간 이산가족 상봉을 최초로 실현하였다. （　）

(9) 전태일이 근로 기준법 준수를 외치며 분신하였다. （　）

(10) 대통령 긴급 명령으로 금융 실명제가 실시되었다. （　）

(11) 3저 호황으로 물가가 안정되고 수출이 증가하였다. （　）

(12) 외환 위기 극복을 위한 금 모으기 운동이 전개되었다. （　）

1. (1) 이승만 정부 (2) 박정희 정부 (3) 노태우 정부 (4) 박정희 정부 (5) 김대중 정부 (6) 김영삼 정부 (7) 박정희 정부 (8) 전두환 정부 (9) 박정희 정부 (10) 김영삼 정부 (11) 전두환 정부 (12) 김대중 정부

현대(경제 발전과 통일 노력)

1 원조 경제

이승만 정부는 6·25 전쟁 이후 미국의 경제 원조에 의지하였어요. 미국의 원조는 밀가루, 설탕, 면화에 집중되었는데, 이로 인해 우리나라의 제분·제당·면방직 공업의 삼백 산업이 발달하게 되었어요. 그러나 1950년대 후반부터 미국의 원조가 줄어들고 무상 원조가 유상 차관으로 바뀌면서 국내 경제도 어려움에 빠졌어요.

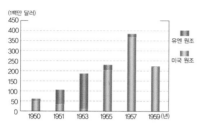

▲ 1950년대 미국과 유엔의 원조

2 제1·2차 경제 개발 5개년 계획

박정희 정부가 추진한 제1차 경제 개발 5개년 계획은 값싼 노동력을 활용하여 의류, 신발, 가방 등 경공업 제품의 수출에 집중하였어요. 제2차 경제 개발 5개년 계획은 비료, 시멘트, 정유 산업 등 기간산업 육성과 경부 고속 국도 건설 등 사회 간접 자본 투자에 중점을 두었어요. 그 결과 우리나라는 장기적인 경제 발전의 발판을 마련하였어요.

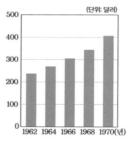

▲ 1인당 국민 총생산

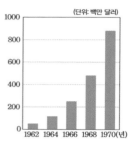

▲ 수출액

3 제3·4차 경제 개발 5개년 계획

1970년대에 들어서면서 경공업 중심의 경제 정책이 한계를 나타냈어요. 이에 제3·4차 경제 개발 5개년 계획에서는 철강, 조선, 화학 등 중화학 공업 위주의 경제 정책을 추진하였어요. 경상도 해안 지역에 제철소, 조선소 등 대규모 공업 단지를 조성하였고, 이때 포항 종합 제철소도 건설되었어요. 이러한 경제 정책으로 우리나라는 1977년에 수출 100억 달러를 달성하는 등 급격한 경제 발전을 이루었어요.

▲ 포항 제철 준공식

▲ 수출액 100억 달러 달성

4 새마을 운동

박정희 정부가 경제 성장을 위해 저임금 정책과 저곡가 정책을 실시하면서 농촌과 도시의 경제·문화적 격차는 더욱 커지게 되었어요. 이에 1970년대 정부 주도로 도시와 농촌 간의 균형 있는 발전을 목표로 하여 근면·자조·협동을 강조한 새마을 운동이 전개되었어요.

새벽종이 울렸네
새아침이 밝았네
너도 나도 일어나
새마을을 가꾸세
살기 좋은 내마을
우리 힘으로 만드세

5 전태일 분신 사건

박정희 정부는 수출 경쟁력 확보를 위해 저임금 정책을 실시하며 노동자의 희생을 강요하였어요. 이러한 노동자의 처우에 저항하여 평화 시장에서 재단사로 일하던 전태일은 1970년에 근무 환경 개선과 근로 기준법 준수를 요구하며 분신하였어요. 이후 많은 사람이 노동 문제에 관심을 기울이면서 노동 운동이 본격화되었어요.

저희들의 요구는 1일 14시간의 작업 시간을 1일 10시간~12시간으로 단축해 주십시오. 1개월 휴일 2일을 늘려서 일요일마다 휴일로 쉬기를 희망합니다. …… 절대로 무리한 요구가 아님을 맹세합니다. 인간으로서의 최소한의 요구입니다.

– 〈대통령에게 드리는 글〉(1969. 11.) –

6 금융 실명제

김영삼 정부는 가명이나 차명을 이용한 금융 거래로 많은 부정부패가 일어나자, 본인의 실제 이름으로만 금융 거래를 하도록 한 금융 실명제를 실시하였어요. 김영삼 정부가 1993년에 대통령 긴급 명령 형식으로 전격 실시하였어요.

〈금융실명거래 및 비밀보장에 관한 긴급재정경제명령〉
제3조(금융실명거래)
① 금융 기관은 거래자의 실지명의(이하 "실명"이라 한다)에 의하여 금융거래를 하여야 한다.
② 금융 기관은 이 명령 시행 전에 금융거래 계좌가 개설된 금융자산의 명의인에 대하여는 이 명령 시행 후 최초의 금융거래가 있는 때에 그 명의가 실명인지의 여부를 확인하여야 한다. ……
제5조(기존비실명자산의 실명전환의무)
① 실명에 의하지 아니하고 거래한 기존금융자산의 거래자는 이 명령 시행일부터 2월 이내에 그 명의를 실명으로 전환하여야 한다. ……

7 외환 위기와 금 모으기 운동

우리나라는 1997년 말에 외환 보유액 부족으로 경제 위기를 맞게 되자 국제 통화 기금(IMF)에 긴급 자금 지원을 요청하였고, 이에 따라 IMF의 경제 간섭을 받게 되었어요. 김대중 정부 시기에 외환 위기를 극복하기 위해 국민들이 자발적으로 금 모으기 운동을 전개하였어요. 이러한 국민들의 노력으로 외환 위기를 조기에 극복할 수 있었어요.

▲ 국제 통화 기금(IMF)의 구제 금융 합의문을 발표하는 모습 ▲ 국민들이 자발적으로 금 모으기 운동을 하는 모습

8 7·4 남북 공동 성명

박정희 정부는 1971년에 이산가족 상봉을 위한 남북 적십자 회담을 개최하였어요. 이듬해에는 '자주, 평화, 민족 대단결'이라는 평화 통일의 3대 원칙에 합의한 7·4 남북 공동 성명을 서울과 평양에서 동시에 발표하였어요. 이에 따라 남북 조절 위원회가 설치되어 실무자 회의가 전개되기도 하였지만 성과를 거두지는 못하였어요.

> 〈7·4 남북 공동 성명〉
> 첫째, 통일은 외세에 의존하거나 외세의 간섭을 받음이 없이 **자주적**으로 해결하여야 한다.
> 둘째, 통일은 서로 상대방을 반대하는 무력행사에 의거하지 않고 **평화적** 방법으로 실현하여야 한다.
> 셋째, 사상과 이념·제도의 차이를 초월하여 우선 우리는 하나의 민족으로서 **민족적 대단결**을 도모하여야 한다.

9 남북 기본 합의서

노태우 정부 시기에 남북한이 유엔에 동시 가입하였으며, 화해와 불가침 및 교류·협력에 관해 합의한 '남북 기본 합의서'를 채택하였어요. 또한, 한반도 비핵화 공동 선언에도 합의하였어요.

> 남과 북은 …… 쌍방 사이의 관계가 나라와 나라 사이의 관계가 아닌 통일을 지향하는 과정에서 잠정적으로 형성되는 특수 관계라는 것을 인정하고, …… 다음과 같이 합의하였다.
> 제1조 남과 북은 서로 상대방의 체제를 인정하고 존중한다.
> 제9조 남과 북은 상대방에 대하여 무력을 사용하지 않으며, 상대방을 무력으로 침략하지 아니한다.
> 제15조 남과 북은 …… 자원의 공동 개발, 민족 내부 교류로서의 물자 교류, 합작 투자 등 경제 교류와 협력을 실시한다.
> 제17조 남과 북은 민족 구성원들의 자유로운 왕래와 접촉을 실현한다.

10 한반도 비핵화 공동 선언

노태우 정부는 1991년에 남북한이 함께 한반도의 비핵화를 약속한 공동 선언을 발표하였어요. 한반도를 비핵화함으로써 핵전쟁의 위험을 제거하여 한반도의 평화를 유지하고, 아시아는 물론 세계의 평화와 안전에 이바지하자는 취지를 담고자 하였어요.

> 남과 북은 한반도를 비핵화함으로써 핵전쟁 위험을 제거하고 평화통일에 유리한 조건을 조성하며 세계의 평화에 이바지하기 위하여 다음과 같이 선언한다.
> 1. 남북은 핵무기 시험·제조·생산·접수·보유·저장·사용을 금지한다.
> 2. 남북은 핵에너지를 평화적 목적에만 이용한다.
> 3. 남북은 핵 재처리 시설과 우라늄 농축 시설을 보유하지 않는다.
> 4. 남북은 비핵화 검증을 위해 남북 핵통제 공동위 사찰을 실시한다.
> 5. 남북은 공동선언 발표 1개월 내 남북 핵통제 공동위를 구성·운영한다.

11 6·15 남북 공동 선언

김대중 정부는 '햇볕 정책'이라고 불리는 대북 화해 협력 정책을 추진하였어요. 2000년 6월에 최초의 남북 정상 회담이 개최되고 6·15 남북 공동 선언이 발표되었어요. 이후 개성 공단 조성이 추진되고 경의선이 복구되었으며, 이산가족 상봉과 금강산 육로 관광도 추진되었어요.

> 1. 남과 북은 나라의 통일 문제를 그 주인인 우리 민족끼리 서로 힘을 합쳐 자주적으로 해결해 나가기로 하였다.
> 2. 남과 북은 나라의 통일을 위한 남측의 연합제 안과 북측의 낮은 단계의 연방제 안이 서로 공통성이 있다고 인정하고 앞으로 이 방향에서 통일을 지향시켜 나가기로 하였다.
> 4. 남과 북은 경제 협력을 통하여 민족 경제를 균형적으로 발전시키고 사회, 문화, 체육, 보건, 환경 제반 분야의 협력과 교류를 활성화하여 서로의 신뢰를 다져 나가기로 하였다.

12 10·4 남북 공동 선언

노무현 정부는 김대중 정부의 대북 정책 기조를 이어받아 2007년에 평양에서 제2차 남북 정상 회담을 개최하고 10·4 남북 공동 선언을 발표하였어요. 노무현 정부 때 개성 공단 건설이 시작되었고, 금강산 육로 관광이 본격적으로 시행되었어요.

> 1. 남과 북은 6·15 공동 선언을 고수하고 적극 구현해 나간다.
> 5. 남과 북은 민족 경제의 균형적 발전과 공동의 번영을 위해 경제 협력 사업을 공리공영과 유무상통의 원칙에서 적극 활성화하고 지속적으로 확대 발전시켜 나가기로 하였다.
> 6. 남과 북은 민족의 유구한 역사와 우수한 문화를 빛내기 위해 역사, 언어, 교육, 과학기술, 문화예술, 체육 등 사회문화 분야의 교류와 협력을 발전시켜 나가기로 하였다.

40강 현대(경제 발전과 통일 노력)

1 60회 회독○○○

(가) 정부 시기의 경제 상황으로 옳은 것은? [1점]

(가) 정부 발행 우표 모음첩

대한민국우표

포항종합제철 공장준공기념 10

포항 종합 제철 준공

대한민국우표

서울~부산간 고속도로준공기념 10

경부 고속 도로 준공

대한민국우표 REPUBLIC OF KOREA

100억불수출 60

100억불 수출의 날 기념

100억 달러 수출 달성

① 한·미 자유 무역 협정(FTA)이 체결되었다.
② 저유가·저금리·저달러의 3저 호황이 있었다.
③ 원조 물자를 가공하는 삼백 산업이 발달하였다.
④ 대통령 긴급 명령으로 금융 실명제가 실시되었다.
⑤ 농촌의 근대화를 표방한 새마을 운동이 전개되었다.

2 62회 회독○○○

다음 정부 시기에 볼 수 있는 모습으로 가장 적절한 것은? [2점]

실감 콘텐츠로 만나는 ○○○ 정부

포항 제철소 착공식 | 제1차 석유 파동으로 멈춰 선 버스 | 100억 불 수출 달성

① 최저 임금법 제정으로 최저 임금을 심의하는 위원
② 금융 실명제에 따라 신분증 제시를 요구하는 은행원
③ 한·칠레 자유 무역 협정(FTA)의 비준을 보도하는 기자
④ 전국 민주 노동조합 총연맹 창립 대회에 참가하는 노동자
⑤ 정부의 도시 정책에 반발해 시위를 하는 광주 대단지 이주민

📢 **박정희 정부 시기의 경제 상황**

정답분석 박정희 정부는 1960년대에는 경공업 중심의 제1·2차 경제 개발 5개년 계획, 1970년대에는 중화학 공업 중심의 제3·4차 경제 개발 5개년 계획을 추진하였어요. 이 과정에서 1970년에 경부 고속 국도가 준공되었고, 1973년에는 포항 종합 제철이 준공되었어요. 이후 1977년에는 수출액 100억 달러를 달성하기도 하였어요.
⑤ 박정희 정부는 1970년부터 도시와 농촌 간의 균형 있는 발전을 목표로 하여 근면·자조·협동을 구호로 내세운 새마을 운동을 추진하였어요.

오답분석 ① 한·미 자유 무역 협정(FTA)은 노무현 정부 때 체결되어 이명박 정부 때 발효되었어요.
② 전두환 정부 시기인 1980년대 중반에 우리나라 경제는 3저 호황을 누렸어요.
③ 이승만 정부 시기에는 미국의 원조 물자를 기반으로 제분·제당·면방직의 삼백 산업이 발달하였어요.
④ 김영삼 정부는 1993년에 대통령 긴급 명령으로 금융 실명제를 전격 실시하였어요.

정답 | ⑤

📢 **박정희 정부 시기의 사회 모습**

정답분석 박정희 정부는 1960년대 제1·2차 경제 개발 5개년 계획에 이어 1970년대에는 제3·4차 경제 개발 5개년 계획을 추진하여 포항 제철소를 건설하는 등 철강, 화학, 조선과 같은 중화학 공업 위주의 성장을 꾀하였어요. 이러한 경제 정책의 추진으로 1977년에 수출 100억 달러를 달성하였어요.
⑤ 박정희 정부 시기에 빈민가 철거민 이주 사업의 일환으로 많은 사람들을 경기도 광주 지역으로 이주시키는 과정에서 광주 대단지 사건이 발생하였어요.

오답분석 ① 전두환 정부 시기에 최저 임금법이 제정되었고, 김대중 정부 시기에 최저 임금 위원회가 설치되었어요.
② 김영삼 정부 시기에 대통령의 긴급 명령으로 금융 실명제가 전격 실시되었어요.
③ 김대중 정부 시기에 한국과 칠레의 자유 무역 협정이 체결되었고, 노무현 정부 시기에 발효되었어요.
④ 김영삼 정부 시기에 전국 민주 노동조합 총연맹이 창립되었어요.

정답 | ⑤

3 61회 회독○○○

다음 연설이 있었던 정부 시기의 경제 상황으로 옳은 것은?

[2점]

> 오늘 우리나라는 OECD 회원국이 되게 되었습니다. …… 한국은 수많은 어려움이 있었음에도 시장 경제 체제의 장점을 살리는 경제 개발 전략을 추진해 왔습니다. 이를 통해 폐허 속에서 한 세대 만에 세계 10위권의 경제 규모를 가진 나라로 성장하였습니다.

① 처음으로 수출액 100억 달러가 달성되었다.
② 대통령 긴급 명령으로 금융 실명제가 실시되었다.
③ 개성 공단 건설을 통해 남북 간 경제 교류가 이루어졌다.
④ 한국과 미국 사이에 자유 무역 협정(FTA)이 체결되었다.
⑤ 경제적 취약 계층을 위한 국민 기초 생활 보장법이 시행되었다.

4 66회 회독○○○

(가), (나) 사이의 시기에 있었던 사실로 옳은 것은?

[3점]

(가)	남북 간의 제반 문제를 개선, 해결하며 나라의 통일 문제를 다루는 남북 조절 위원회가 정식으로 발족하였다. 남북 조절 위원회는 판문점에 공동 사무국을 두기로 하였으며, 회의는 서울과 평양에서 번갈아 진행하기로 하였다.
(나)	서울에서 열린 제5차 남북 고위급 회담에서 남북 사이의 화해와 불가침 및 교류·협력 등을 주요 내용으로 하는 남북 기본 합의서를 채택하였다. 특히 이번 합의서에서는 분단 이후 처음으로 남북 양측의 국호를 사용하였다.

① 금강산 육로 관광이 시작되었다.
② 6·15 남북 공동 선언이 발표되었다.
③ 평창 동계 올림픽에 남북 단일팀이 참가하였다.
④ 남북 경제 협력을 위한 개성 공업 지구가 조성되었다.
⑤ 남북 이산가족 고향 방문단의 교환 방문이 최초로 성사되었다.

📢 김영삼 정부 시기의 경제 상황

정답분석 김영삼 정부는 자유 무역 추세가 확대되자 시장 개방 정책을 추진하고 1996년에 경제 협력 개발 기구(OECD)에 가입하였어요.
② 김영삼 정부 시기에 금융 거래의 투명성을 확보하기 위해 대통령 긴급 명령으로 금융 실명제가 전격 실시되었어요.

오답분석 ① 박정희 정부 시기에 경제 개발 5개년 계획을 추진한 결과 1977년에 처음으로 수출액 100억 달러를 달성하였어요.
③ 김대중 정부 시기에 남북한은 개성 공단 건설에 합의하였고, 이후 노무현 정부 시기에 공단이 완공되어 남북 간 경제 교류가 이루어졌어요.
④ 노무현 정부 시기에 한·미 자유 무역 협정이 체결되었고, 이명박 정부 시기에 발효되었어요.
⑤ 김대중 정부 시기에 국민 기초 생활 보장법을 시행하여 경제적 취약 계층에게 생계비, 주거비, 의료비 등을 보조하였어요.

📢 전두환 정부의 통일 노력

정답분석 (가) 박정희 정부 시기에 남북한은 7·4 남북 공동 성명에 따라 남북 조절 위원회를 구성하여 통일 방안을 논의하였어요.
(나) 노태우 정부는 1991년에 '남북한 사이의 화해와 불가침 및 교류·협력에 관한 합의서(남북 기본 합의서)'를 채택하고 북한과 유엔에 동시 가입하였어요.
따라서, '박정희 정부'와 '노태우 정부' 사이의 시기에 일어난 일을 골라야 해요.
⑤ 전두환 정부 시기에 남북 이산가족 고향 방문단의 교환 방문이 최초로 성사되었어요.

오답분석 ① 김대중 정부 시기에 금강산 해로 관광이 시작되었고, 금강산 육로 관광은 시범 운영되었어요. 노무현 정부 시기에 금강산 육로 관광이 정식으로 시작되었어요.
② 김대중 정부는 최초로 남북 정상 회담을 개최하고, 6·15 남북 공동 선언을 발표하였어요.
③ 문재인 정부 시기에 평창 동계 올림픽이 개최되어 남북 단일팀이 참가하였어요.
④ 김대중 정부 시기에 6·15 남북 공동 선언에 따라 개성 공업 지구 건설에 대한 남북의 합의가 이루어졌고, 노무현 정부 시기에 개성 공업 지구가 조성되었어요.

정답 | ②

정답 | ⑤

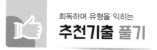
5 70회 〔회독 ○○○〕

다음 연설문을 발표한 정부의 통일 노력으로 옳은 것은? [3점]

제5차 남북 고위급 회담에서 서명된 합의서는 남과 북이 오랜 단절과 대립을 청산하여 상호 신뢰를 바탕으로 이 땅에, 평화의 질서를 구축하고 교류 협력을 통해 민족의 화해와 공동 번영을 이루어가기 위해 필요한 조처들을 망라하고 있습니다. …… 석 달 전 남북한의 유엔 동시 가입과 이에 이은 이번 합의서의 서명은 한반도 문제 해결과 민족 통일을 향한 여정에 획기적인 이정표를 세운 것입니다. …… 나는 올해 안에 한반도의 비핵화를 실현하는 합의를 이루고 밝아오는 새해와 함께 남과 북이 평화와 협력, 평화와 공동 번영의 새로운 시대를 힘차게 열게 되기를 바랍니다.

① 판문점에서 남북 정상 회담을 개최하였다.
② 남북 이산가족의 고향 방문을 최초로 성사시켰다.
③ 민족 자존과 통일 번영을 위한 7·7 선언을 발표하였다.
④ 7·4 남북 공동 성명을 실천하기 위해 남북 조절 위원회를 구성하였다.
⑤ 남북 관계 발전과 평화 번영을 위한 10·4 남북 정상 선언에 서명하였다.

📢 **노태우 정부의 통일 노력**

정답분석 노태우 정부 시기에 남북한이 유엔에 동시 가입하였으며, 화해와 불가침 및 교류·협력에 관해 합의한 남북 기본 합의서를 채택하였어요. 또한, 노태우 정부는 1991년에 남북한이 함께 한반도의 비핵화를 약속한 공동 선언을 발표하였어요. 한반도를 비핵화함으로써 핵전쟁의 위험을 제거하여 한반도의 평화를 유지하고, 아시아는 물론 세계의 평화와 안전에 이바지하자는 취지를 담고자 하였어요.
③ 노태우 정부는 1988년 7월 7일에 민족 자존과 통일 번영의 시대를 열어나갈 것을 천명하는 7·7 선언을 발표하였어요.

오답분석 ① 문재인 정부 시기인 2018년에 판문점에서 남북 정상 회담이 개최되었고, 4·27 판문점 선언이 발표되었어요.
② 전두환 정부 시기에 최초의 이산가족 고향 방문과 예술 공연단 교환이 실현되었어요.
④ 박정희 정부 시기에 남북한은 7·4 남북 공동 성명을 발표하였고, 이에 따라 남북 조절 위원회를 구성하였어요.
⑤ 노무현 정부는 제2차 남북 정상 회담을 개최하여 김대중 정부 시기의 6·15 남북 공동 선언을 계승한 10·4 남북 정상 선언에 서명하였어요.

정답 | ③

6 62회 〔회독 ○○○〕

(가), (나) 사이의 시기에 있었던 사실로 옳은 것은? [2점]

(가) 2. 남과 북은 나라의 통일을 위한 남측의 연합제 안과 북측의 낮은 단계의 연방제 안이 서로 공통성이 있다고 인정하고, 앞으로 이 방향에서 통일을 지향시켜 나가기로 하였다.
– 「6·15 남북 공동 선언」 –

(나) 4. 남과 북은 현 정전 체제를 종식시키고 항구적인 평화 체제를 구축해 나가야 한다는 데 인식을 같이하고 직접 관련된 3자 또는 4자 정상들이 한반도 지역에서 만나 종전을 선언하는 문제를 추진하기 위해 협력해 나가기로 하였다.
– 「10·4 남북 정상 선언」 –

① 남북 조절 위원회가 구성되었다.
② 7·4 남북 공동 성명이 발표되었다.
③ 개성 공업 지구 건설이 착공되었다.
④ 남북한 비핵화 공동 선언이 채택되었다.
⑤ 남북 이산가족 고향 방문단의 교환 방문이 최초로 성사되었다.

📢 **노무현 정부의 통일 노력**

정답분석 (가) 김대중 정부는 2000년에 최초로 남북 정상 회담을 개최하고, 6·15 남북 공동 선언을 발표하였어요.
(나) 노무현 정부는 2007년에 제2차 남북 정상 회담을 개최하고, 10·4 남북 공동 선언을 발표하였어요.
따라서, '김대중 정부(2000)'와 '노무현 정부(2007)' 사이의 시기에 일어난 일을 골라야 해요.
③ 김대중 정부 시기에 남북한은 개성 공업 지구 건설에 합의하였고, 노무현 정부 시기에 개성 공업 지구 건설이 착공되었어요.

오답분석 ① 박정희 정부 시기에 남북한은 7·4 남북 공동 성명에 따라 남북 조절 위원회를 구성하여 통일 방안을 논의하였어요.
② 박정희 정부 시기에 남북한은 자주, 평화, 민족 대단결의 3대 원칙을 포함한 7·4 남북 공동 성명을 발표하였어요.
④ 노태우 정부 시기에 남북한은 한반도 비핵화 공동 선언을 채택하였어요.
⑤ 전두환 정부 시기에 남북 이산가족 고향 방문단의 교환 방문과 예술 공연단의 교환이 최초로 성사되었어요.

정답 | ③

현대(경제 발전과 통일 노력)

경제 정책과 사회 변화 / 노동계의 변화

01 이승만 정부 때 미국의 원조 물자를 기반으로 제분·제당·면방직 공업의 　　　 산업이 발달하였다.

02 　　　 정부는 1960년대에 자립 경제 구축을 목표로 제1차 경제 개발 5개년 계획을 추진하였다.

03 박정희 정부 시기인 1970년에 서울에서 부산을 잇는 　　　 고속 국도가 개통되었다.

04 박정희 정부는 1970년부터 농촌 근대화를 표방한 새 　　　 운동을 전개하였다.

05 박정희 정부는 1970년대에 제3·4차 경제 개발 5개년 계획을 추진하여 중 　　　 공업을 육성하였다.

06 전두환 정부 때 　　　 호황으로 물가가 안정되고 수출이 증가하였다.

07 김영삼 정부 때 대통령 긴급 명령으로 금융 　　　 가 시행되었다.

08 김영삼 정부는 　　　 위기를 맞아 국제 통화 기금(IMF)에 구제 금융 지원을 요청하였다.

09 김대중 정부 때 대통령 직속 자문 기구인 노 　　　 위원회가 구성되었다.

10 노무현 정부 때 한·　　　 자유 무역 협정(FTA)이 체결되었고, 이명박 정부 때 발효되었다.

11 박정희 정부 시기인 1970년에 전 　　　 이 근로 기준법 준수를 요구하며 분신하였다.

12 전두환 정부 때 저임금 근로자의 생활 보호를 위한 　　　 임금법이 제정되었다.

통일 정책

13 박정희 정부 때 　·　 남북 공동 성명이 발표되었고, 이에 따라 남북 　　　 위원회가 구성되었다.

14 전두환 정부 때 최초로 　　　 고향 방문과 예술 공연단 교환이 이루어졌다.

15 노태우 정부 때 남북한이 　　　 에 동시 가입하였다.

16 노태우 정부 때 남북 　　　 합의서와 한반도 　　　 화 공동 선언을 채택하였다.

17 김대중 정부 때 최초로 남북 　　　 회담을 개최하고, 　·　 남북 공동 선언을 채택하였다.

정답 **01** 삼백 **02** 박정희 **03** 경부 **04** 마을 **05** 화학 **06** 3저 **07** 실명제 **08** 외환 **09** 사정 **10** 미 **11** 태일 **12** 최저 **13** 7. 4, 조절 **14** 이산가족 **15** 유엔 **16** 기본, 비핵화 **17** 정상, 6. 15

특강

1 세시 풍속과 민속놀이

2 지역사

3 유네스코와 유산, 조선의 궁궐

4 근현대 인물

512
우산국 복속

774
석굴암 완공

1377
직지심체요절 간행

1270
삼별초, 진도 항쟁

1610
허준, 동의보감 완성

기출로 보는 키워드

1위 강화도

2위 부산

3위 직지심체요절

4위 독도

5위 조선왕조실록

3개년 평균 출제 비중

2.6문항

5.2%

1712
백두산정계비 건립

1796
정조, 화성 완공

1885
거문도 사건

1907
국채 보상 운동 시작

1929
원산 총파업

1950~1953
6·25 전쟁

1 세시 풍속과 민속놀이

1 설날

음력 1월 1일로, 차례, 세배, 윷놀이, 널뛰기, 연날리기, 제기차기, 복조리 걸기 등의 풍속이 있었어요. 떡국, 만두, 식혜 등을 먹으며 새해 인사와 덕담을 나누었어요.

▲ 세배

▲ 널뛰기

2 정월 대보름

음력 1월(정월) 15일로, 달맞이, 달집태우기, 쥐불놀이, 지신밟기, 고싸움, 줄다리기, 밤·호두·잣 등 부럼 깨기 등의 풍속이 있었어요. 오곡밥, 부럼, 귀밝이술(마시면 귀가 잘 들리고 좋은 소식만 듣게 된다는 의미의 술), 묵은 나물 등을 먹었어요.

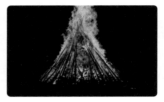

▲ 달집태우기

▲ 부럼

3 한식

동지에서 105일째 되는 날로, 성묘, 그네뛰기, 개사초(산소 손질) 등의 풍속이 있었어요. 이날은 불을 사용하지 않고 찬 음식을 먹었어요.

▲ 성묘

4 삼짇날

음력 3월 3일로, '강남 갔던 제비가 오는 날'이라고도 해요. 화전놀이, 머리 감기, 각시놀음, 활쏘기 등의 풍속이 있었고, 진달래 꽃전, 진달래 화채, 쑥떡 등을 먹었어요.

▲ 진달래 꽃전

5 초파일

음력 4월 8일로, 석가 탄신일·부처님 오신날이라고도 해요. 탑돌이, 연등 행사, 만석중놀이 등의 풍속이 있었고, 검은콩, 미나리, 느티떡 등을 먹었어요.

▲ 연등 행사

6 단오

음력 5월 5일로, 수릿날·천중절·중오절이라고도 해요. 창포물에 머리 감기, 그네뛰기, 씨름, 봉산 탈춤 등의 풍속이 있었고, 임금이 신하들에게 부채를 나누어 주기도 하였어요. 수리취떡, 쑥떡 등을 먹었어요.

▲ 그네뛰기

7 유두(流頭)

음력 6월 15일로, 동쪽으로 흐르는 맑은 물에 머리 감고 목욕하기, 탁족 놀이 등의 풍속이 있었어요. 햇밀가루로 만든 유두면이나 수단, 햇과일 등을 먹었어요.

▲ 탁족 놀이

8 칠석

음력 7월 7일로, 견우와 직녀가 만나는 날로 전해져요. 시 짓기, 칠석 놀이, 햇볕에 옷과 책 말리기 등의 풍속이 있었고, 호박전, 밀전병, 밀국수 등을 먹었어요.

▲ 견우와 직녀로 보이는 인물
(고구려 덕흥리 고분 벽화)

⑨ 백중

음력 7월 15일로, 머슴날이라고도 한 농민들의 여름 축제예요. 씨름, 호미씻이(호미걸이, 술멕이, 질먹기, 풋굿), 들돌들기 등의 풍속을 즐기며 음식과 술을 나누어 먹었어요.

▲ 호미씻이

⑩ 추석

음력 8월 15일로, 한가위 · 중추절 · 가배라고도 해요. 조상께 가을철 풍성한 수확에 대해 감사를 전하는 날로, 성묘, 차례, 줄다리기, 강강술래, 씨름, 가마싸움 등의 풍속이 있었어요. 송편, 시루떡, 토란국 등을 먹었어요.

▲ 송편

▲ 강강술래

⑪ 중양절

음력 9월 9일로, 홀수 즉, 양수(陽數)가 겹친 날이라는 뜻이에요. 성묘와 차례를 지냈으며, 국화를 따서 빚은 술인 국화주와 국화 꽃잎으로 만든 국화전 등을 먹었어요.

▲ 국화주

▲ 국화전

⑫ 입동

양력 11월 7～8일경, 음력 10월경에 해당하는 날로, '이날부터 겨울이 시작된다.'는 뜻이 담겨 있어요. 이즈음부터 겨울을 보낼 준비를 시작하는데, 김장을 담그거나 치계미를 마련하여 마을 어른들께 대접하였어요.

▲ 김장

⑬ 동지

양력 12월 22일경으로, 일 년 중 밤의 길이가 가장 긴 날이에요. 주로 새알심을 넣은 팥죽과 동치미를 먹었는데, 팥의 붉은색이 귀신을 물리친다고 여겨 집 안 곳곳에 팥죽을 놓아두었어요.

▲ 팥죽

⑭ 섣달그믐

음력으로 한 해의 마지막 날이며, 제야 · 세밑이라고도 해요. 윷놀이, 밤에 잠을 자지 않는 밤새우기(해지킴) 등의 풍속이 있었고, 만둣국과 동치미를 먹었어요.

▲ 만둣국

▲ 동치미

세시 풍속과 민속놀이

1 58회 [회독 ●●●]

다음 세시 풍속에 대한 탐구 활동으로 가장 적절한 것은? [2점]

> 〈이달의 세시 풍속〉
>
> **푸른 새잎을 밟는 날, 답청절(踏靑節)**
>
>
>
> 강남 갔던 제비가 돌아온다는 중삼일(重三日)은 본격적인 봄의 시작을 알리는 날이다. 이날에는 들에 나가 푸른 새잎을 밟는 풍습이 있어 답청절이라고 부른다. 답청의 풍습은 신윤복의 〈연소답청(年少踏靑)〉에 잘 나타나 있다.
>
> ◈ 날짜: 음력 3월 3일
> ◈ 음식: 화전, 쑥떡
> ◈ 풍속: 노랑나비 날리기, 활쏘기

① 칠석날의 전설을 검색한다.
② 한식날의 의미를 파악한다.
③ 삼짇날의 유래를 알아본다.
④ 동짓날에 먹는 음식을 조사한다.
⑤ 단오날에 즐기는 민속놀이를 찾아본다.

📢 삼짇날

정답분석 삼짇날은 음력 3월 3일을 가리키는 말이에요. 삼짇날에는 활터에 모여 편을 짜 활쏘기 대회를 열었으며, 화전이나 쑥떡을 만들어 먹었어요. 이날 호랑나비나 노랑나비를 보면 그해 운수가 좋다고 여겼으나, 흰나비를 보면 그해에 상복을 입게 된다고 하여 불길하다고 생각하였어요.
③ 삼짇날은 음력 3월 3일로, 답청절·상사일·삼진일 등이라고도 불려요.

오답분석 ① 칠석날은 음력 7월 7일로, 견우와 직녀가 1년에 한 번 오작교에서 만난다는 이야기가 전해지는 날이에요.
② 한식은 동지로부터 105일째 되는 날로, 이날에는 불을 사용하지 않고 찬 음식을 먹는 풍습이 있었어요.
④ 동지는 양력 12월 22~23일경으로, 팥죽을 쑤어 먹는 풍습이 있어요.
⑤ 단오날은 음력 5월 5일로, 이날에는 그네를 타거나 씨름을 즐겼어요.

정답 | ③

2 56회 [회독 ●●●]

(가)에 들어갈 세시 풍속으로 옳은 것은? [1점]

(가)에 대해 검색해 줘.

> **검색 결과입니다.**
>
> **1. 개관**
> 음력 5월 5일로 수릿날이라고도 한다. 1년 중 양기가 가장 왕성한 날이라 여겼다. 무더위를 잘 견디라는 의미로 왕이 이날 신하들에게 부채를 선물하였다는 기록이 있다.
>
> **2. 관련 풍습**
> • 씨름, 그네뛰기
> • 수리취떡 만들어 먹기
> • 창포물에 머리 감기

① 한식 　　② 백중 　　③ 추석
④ 단오 　　⑤ 정월 대보름

📢 단오

정답분석 ④ 단오는 음력 5월 5일로, 수릿날·천중절·중오절이라고도 해요. 창포물에 머리 감기, 그네뛰기, 씨름, 봉산 탈춤 등의 풍속이 있었고, 임금이 신하들에게 부채를 나누어 주기도 하였어요. 수리취떡, 쑥떡 등을 먹었어요.

오답분석 ① 한식은 동지에서 105일째 되는 날로, 성묘, 그네뛰기, 개사초(산소 손질) 등의 풍속이 있었어요. 이날은 불을 사용하지 않고 찬 음식을 먹었어요.
② 백중은 음력 7월 15일로, 머슴날이라고도 한 농민들의 여름 축제예요. 씨름, 호미씻이(호미걸이, 술멕이, 질먹기, 풋굿), 들돌들기 등의 풍속을 즐기며 음식과 술을 나누어 먹었어요.
③ 추석은 음력 8월 15일로, 한가위·중추절·가배라고도 해요. 조상께 가을철 풍성한 수확에 대해 감사를 전하는 날로, 성묘, 차례, 줄다리기, 강강술래, 씨름, 가마싸움 등의 풍속이 있었어요. 송편, 시루떡, 토란국 등을 먹었어요.
⑤ 정월 대보름은 음력 1월(정월) 15일로, 달맞이, 달집태우기, 쥐불놀이, 지신밟기, 고싸움, 줄다리기, 밤·호두·잣 등 부럼 깨기 등의 풍속이 있었어요. 오곡밥, 부럼, 귀밝이술(마시면 귀가 잘 들리고 좋은 소식만 듣게 된다는 의미의 술), 묵은 나물 등을 먹었어요.

정답 | ④

3 45회   회독 ○○○

(가)에 들어갈 세시 풍속으로 옳은 것은?   [2점]

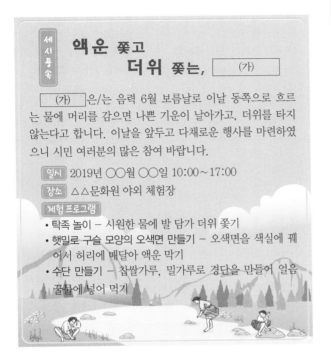

세시풍속

액운 쫓고
더위 쫓는,   (가)

(가) 은/는 음력 6월 보름날로 이날 동쪽으로 흐르는 물에 머리를 감으면 나쁜 기운이 날아가고, 더위를 타지 않는다고 합니다. 이날을 앞두고 다채로운 행사를 마련하였으니 시민 여러분의 많은 참여 바랍니다.

[일시] 2019년 ○○월 ○○일 10:00~17:00
[장소] △△문화원 야외 체험장
[체험프로그램]
• 탁족 놀이 – 시원한 물에 발 담가 더위 쫓기
• 햇밀로 구슬 모양의 오색면 만들기 – 오색면을 색실에 꿰어서 허리에 매달아 액운 막기
• 수단 만들기 – 찹쌀가루, 밀가루로 경단을 만들어 얼음 꿀물에 넣어 먹기

① 동지   ② 한식   ③ 칠석
④ 유두   ⑤ 삼짇날

4 60회   회독 ○○○

밑줄 그은 '이날'에 해당하는 세시 풍속으로 옳은 것은? [1점]

이곳은 남원 광한루원의 오작교입니다. 조선 시대 남원 부사 장의국이 헤어져 있던 견우와 직녀가 오작교에서 만난다는 전설을 형상화하여 만들었습니다. 음력 7월 7일인 이날에는 여인들이 별을 보며 바느질 솜씨가 좋아지기를 비는 풍속이 있었습니다.

① 단오   ② 칠석   ③ 백중   ④ 동지   ⑤ 한식

📣 **유두**

정답분석 ④ 유두는 음력 6월 15일로, 동쪽으로 흐르는 맑은 물에 머리 감고 목욕하기, 탁족 놀이 등의 풍속이 있었어요. 햇밀가루로 만든 유두면이나 수단, 햇과일 등을 먹었어요.

오답분석 ① 동지는 양력 12월 22일경으로, 일 년 중 밤의 길이가 가장 긴 날이에요. 주로 새알심을 넣은 팥죽과 동치미를 먹었는데, 팥의 붉은색이 귀신을 물리친다고 여겨 집 안 곳곳에 팥죽을 놓아두었어요.
② 한식은 동지에서 105일째 되는 날로, 성묘, 그네뛰기, 개사초(산소 손질) 등의 풍속이 있었어요. 이날은 불을 사용하지 않고 찬 음식을 먹었어요.
③ 칠석은 음력 7월 7일로, 견우와 직녀가 만나는 날로 전해져요. 시 짓기, 칠석 놀이, 햇볕에 옷과 책 말리기 등의 풍속이 있었고, 호박전, 밀전병, 밀국수 등을 먹었어요.
⑤ 삼짇날은 음력 3월 3일로, '강남 갔던 제비가 오는 날'이라고도 해요. 화전놀이, 머리 감기, 각시놀음, 활쏘기 등의 풍속이 있었고, 진달래 꽃전, 진달래 화채, 쑥떡 등을 먹었어요.

📣 **칠석**

정답분석 칠석은 견우와 직녀가 오작교에서 만나는 날이라 전해지는 음력 7월 7일에 행해지는 세시 풍속이에요.
② 여성들은 음력 7월 7일인 칠석에 별을 보며 바느질 솜씨가 좋아지기를 빌기도 하였어요.

오답분석 ① 단오는 음력 5월 5일로 수릿날이라고도 불렸어요. 이날에는 창포 삶은 물로 머리를 감고 씨름, 그네뛰기 등을 하였어요.
③ 백중은 음력 7월 15일로 백종, 망혼일이라고도 해요.
④ 동지는 양력 12월 22일~23일경으로 일 년 중 밤이 가장 긴 날이에요. 이날에는 팥죽을 쑤어 먹는 풍습이 있어요.
⑤ 한식은 동지에서 105일째 되는 날로 불을 사용하지 않고 찬 음식을 먹는 풍습이 있어요.

정답 | ④

정답 | ②

2 지역사

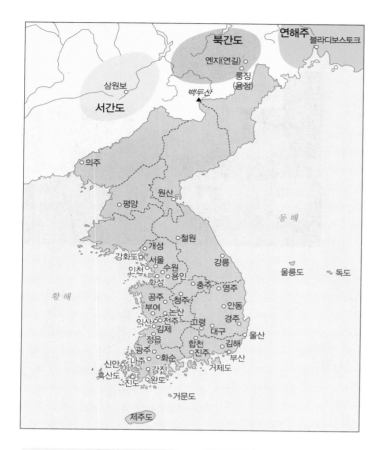

서간도

일제 강점기: 신민회 회원들의 이주 → 삼원보 개척, 경학사 조직, 신흥 강습소 설립(→ 신흥 무관 학교), 서로 군정서 조직

북간도

- 대한 제국: 서전서숙(이상설)
- 명동 학교(김약연) 설립
- 일제 강점기: 대종교도 중심으로 무장 단체인 중광단 조직[→ 북로 군정서(김좌진)]

연해주

일제 강점기: 신한촌 건설, 권업회 조직, 권업신문 발행, 대한 광복군 정부 수립(대통령 이상설, 부통령 이동휘), 대한 국민 의회 수립, 스탈린에 의해 한인들이 중앙아시아로 강제 이주

의주

- 고려: 서희의 외교 담판으로 획득한 강동 6주 중 하나
- 조선: 임진왜란 때 선조 피난, 만상의 근거지(대청 무역)

평양

- 고구려: 장수왕 때 국내성에서 천도(안학궁), 고구려 멸망 이후 당이 안동도호부 설치
- 고려: 태조가 서경으로 삼아 중시, 묘청의 서경 천도 운동
- 조선: 제너럴셔먼호 사건
- 대한 제국: 안창호가 대성 학교 설립(신민회)
- 일제 강점기: 조만식 등을 중심으로 조선 물산 장려회 결성, 강주룡의 고공 농성(을밀대 지붕)
- 대한민국: 최초로 남북 정상 회담 개최(6·15 남북 공동 선언)

원산

- 조선: 강화도 조약으로 개항, 원산 학사 설립
- 일제 강점기: 원산 총파업

개성

- 고려: 고려의 수도(개경), 나성 축조, 만적의 난, 선죽교에서 정몽주 피살
- 조선: 송상의 근거지
- 대한민국: 개성 공단 조성

서울

- 백제: 백제의 수도, 석촌동 고분군
- 신라: 진흥왕이 북한산 순수비 건립(김정희가 《금석과안록》에서 밝힘)
- 광복 직후: 제1차 미·소 공동 위원회 개최(덕수궁 석조전)

인천

- 조선: 강화도 조약으로 개항, 임오군란 직후 일본과 제물포 조약 체결
- 대한민국: 6·25 전쟁 중 인천 상륙 작전 성공

강화도

- 청동기 시대: 고인돌 유적(유네스코 세계 유산)
- 고려: 몽골 침입 때 임시 수도, 삼별초 항쟁
- 조선: 정묘호란 때 인조 피난, 병자호란 때 김상용 순절, 정족산 사고 설치(《조선왕조실록》 보관), 정조 때 외규장각 설치, 병인양요(프랑스군이 퇴각하면서 외규장각 도서 및 보물 약탈)·신미양요 발발(어재연이 광성보에서 활약), 운요호 사건, 강화도 조약 체결

수원

조선: 정조 때 수원 화성 건설, 장용영의 외영 설치

화성

- 통일 신라: 당항성을 통해 중국과 교류
- 일제 강점기: 3·1 운동 이후 제암리 학살 사건 발생

용인

고려: 몽골 침입 당시 김윤후가 처인성에서 전투를 벌여 몽골 장수 살리타 사살

철원

후삼국: 후고구려를 세운 궁예가 철원으로 천도

강릉

조선: 오죽헌(이이의 탄생지)

충주

- 고구려: 충주 고구려비 건립
- 통일 신라: 5소경 중 하나
- 고려: 몽골의 5차 침입 때 김윤후가 노비를 비롯한 관민과 함께 몽골군 격퇴
- 조선: 임진왜란 때 신립의 탄금대 전투

청주

- 통일 신라: 5소경 중 하나, 서원경(신라 촌락 문서)
- 고려: 우왕 때 흥덕사에서 《직지심체요절》 인쇄

공주

- 구석기 시대: 석장리 유적
- 백제: 문주왕 때 웅진(공주) 천도, 무령왕릉
- 고려: 망이·망소이의 난(명학소)
- 조선: 동학 농민군의 우금치 전투

부여

백제: 성왕 때 사비(부여) 천도, 정림사지 5층 석탑, 능산리 절터(백제 금동 대향로 출토)

논산

- 백제: 계백의 결사대가 황산벌에서 김유신이 이끈 신라군과 전투를 벌여 패함(황산벌 전투)
- 고려: 논산 관촉사 석조 미륵보살 입상 건립
- 조선: 돈암 서원(김장생)

익산

- 백제: 무왕이 미륵사 건립(미륵사지 석탑)
- 신라: 고구려 부흥 운동을 전개하던 안승 무리를 머물게 하고 안승을 보덕국 왕으로 삼음
- 백제 역사 유적 지구에 포함(유네스코 세계 유산)

전주

- 후삼국: 견훤이 세운 후백제의 수도(완산주)
- 고려: 무신 집권기 전주 관노의 난
- 조선: 경기전에 태조 이성계의 어진 보관, 사고 설치(전주 사고), 동학 농민 운동 당시 동학 농민군과 조선 정부가 화약 체결

김제

후삼국: 견훤이 아들 신검에 의해 금산사 미륵전에 유폐됨

정읍

대한 제국: 임병찬이 무성 서원에서 의병을 일으킴

광주

- 일제 강점기: 광주 학생 항일 운동
- 대한민국: 5·18 민주화 운동

나주

- 후삼국: 후고구려의 장군이었던 왕건이 후백제를 견제하기 위해 나주 점령
- 고려: 거란의 2차 침입 때 현종 피난지
- 일제 강점기: 나주역에서 한·일 학생 간에 충돌 발생 → 광주 학생 항일 운동의 시발점

신안

일제 강점기: 암태도 소작 쟁의

강진

- 고려: 만덕사에서 요세가 백련 결사 운동
- 조선: 정약용의 다산 초당(《경세유표》 저술)

진도

고려: 배중손이 지휘한 삼별초가 용장성을 쌓고 대몽 항쟁 전개

완도

통일 신라: 장보고가 청해진 설치(해상 무역 점령)

화순

조선: 기묘사화로 유배된 조광조가 사사됨

거문도

대한 제국: 영국의 거문도 불법 점령(거문도 사건)

대구

- 후삼국: 후백제와 고려의 공산 전투(후백제 승리)
- 조선: 최제우 수감·처형
- 대한 제국: 국채 보상 운동 시작(김광제, 서상돈)

울산

- 선사 시대: 울주 대곡리 반구대 바위그림
- 통일 신라: 국제 무역항으로 아라비아 상인까지 왕래

영주

- 신라: 의상의 부석사 창건
- 고려: 부석사 무량수전 건립
- 조선: 주세붕이 백운동 서원 설립(최초의 서원) → 소수 서원(최초의 사액 서원)

부산

- 조선: 왜관 설치(대일 무역 거점), 임진왜란 때 송상현 순절, 내상의 근거지(대일 무역), 강화도 조약으로 개항(최초의 개항장)
- 일제 강점기: 의열단원 박재혁의 부산 경찰서 폭탄 의거
- 대한민국: 6·25 전쟁 중 임시 수도, 부·마 민주 항쟁, 2005 아시아·태평양 경제 협력체(APEC) 정상 회의 개최

안동

- 후삼국: 후백제와 고려의 고창 전투(고려 승리)
- 고려: 홍건적의 침입으로 공민왕 피난, 안동 봉정사 극락전 건립
- 조선: 도산 서원 건립(이황 배향)

경주

신라: 신라의 수도, 불국사·석굴암·첨성대·황룡사(황룡사 9층 목탑) 건립, 경주 역사 유적 지구에 포함(유네스코 세계 유산)

고령

가야: 후기 가야 연맹을 이끌던 대가야의 중심지, 지산동 고분군

합천

조선: 해인사 장경판전을 세워 고려 시대에 만들어진 팔만대장경판 보관

김해

가야: 전기 가야 연맹을 이끌던 금관가야의 중심지, 대성동 고분군

진주

- 조선: 임진왜란 때 김시민의 진주 대첩(일본군 격퇴), 진주 농민 봉기(→ 임술 농민 봉기)
- 일제 강점기: 조선 형평사가 조직되어 형평 운동 전개

거제도

대한민국: 6·25 전쟁 때 포로 수용소 설치

울릉도와 독도

- 신라: 지증왕 때 우산국(울릉도 일대) 복속
- 조선: 안용복이 에도 막부로부터 울릉도와 독도가 우리 영토임을 확인받음
- 대한 제국: '칙령 제41호' 발표, 일본이 러·일 전쟁 중 독도를 일본 영토로 강제 불법 편입함

흑산도

조선: 정약전이 《자산어보》 저술

제주도

- 선사: 고산리 유적(신석기 시대)
- 고려: 김통정이 지휘하는 삼별초가 항파두리성에서 최후의 대몽 항쟁 전개, 원이 탐라총관부 설치
- 조선: 효종 때 하멜 일행이 표류하다 도착함, 김정희의 유배지로 세한도를 그려 제자에게 선물로 줌, 김만덕의 빈민 구제 활동
- 일제 강점기: 알뜨르 비행장 건설
- 광복 직후: 제주 4·3 사건

2 지역사

① 59회 　회독 ◯◯◯

교사의 질문에 대한 학생의 답변으로 옳은 것은? [2점]

이것은 1872년에 제작된 우리 고장의 지방도입니다. 임진왜란 때 신립 장군이 왜군과 맞서 싸우다 투신한 장소인 탄금대와 임경업 장군의 충절을 기리기 위해 세운 충렬사 등이 표시되어 있습니다. 우리 고장에서 있었던 사실을 말해 볼까요?

① 인조가 이괄의 난으로 피란했어요.
② 견훤이 후백제의 도읍으로 삼았어요.
③ 김윤후와 함께 관노들이 몽골군에 항전했어요.
④ 강주룡이 을밀대 지붕에서 고공 농성을 벌였어요.
⑤ 박재혁이 경찰서에서 폭탄을 터뜨리는 의거를 일으켰어요.

📢 충주의 역사

정답분석 충주는 충청북도 북부에 있는 시로, 통일 신라 시기에는 중원경이라 불렸어요. 임진왜란 당시 일본군이 부산을 함락하고 한양으로 진격해오자, 신립이 충주 탄금대에서 배수진을 치고 맞서 싸웠지만 패배하였어요.
③ 고려의 장군 김윤후는 몽골의 5차 침입 당시 관노들과 함께 충주성에서 몽골군에 항전하였어요.

오답분석 ① 조선 인조는 이괄의 난이 일어나자 충청남도 공주의 공산성으로 피란하였어요.
② 견훤은 완산주(전라북도 전주)를 도읍으로 정하고 후백제를 건국하였어요.
④ 평원 고무공장의 여공이었던 강주룡은 1931년에 평양 을밀대 지붕에서 임금 삭감 등에 반대하며 고공 농성을 벌었어요.
⑤ 의열단원이었던 박재혁은 1920년에 부산 경찰서에서 폭탄을 터뜨리는 의거를 일으켰어요.

정답 | ③

② 60회 　회독 ◯◯◯

다음 지역에 대한 탐구 활동으로 옳은 것은? [2점]

○○시 문화유산 홍보 채널
구독자 526명
구독

홈　　동영상　　재생목록　　커뮤니티　　채널　　정보 >

업로드한 동영상 ∨　　　　　　　　　　　　≡ 정렬 기준

동고산성에서 찾아보는 후백제의 흔적
조회수 212회　7:15

6·25 전쟁 중 소실된 전라 감영 복원
조회수 721회　6:05

순교지에 세워진 전동 성당
조회수 1,209회　4:17

① 장용영의 외영이 설치된 위치를 파악한다.
② 홍경래가 난을 일으켜 점령한 지역을 알아본다.
③ 인조가 피신하여 청군과 항전을 벌인 곳을 찾아본다.
④ 태조의 어진을 모신 경기전이 건립된 장소를 조사한다.
⑤ 유계춘이 백낙신의 수탈에 맞서 봉기한 지역을 검색한다.

📢 전주의 역사

정답분석 동고산성은 전주에 있는 통일 신라 시기의 성곽으로, 견훤이 세운 후백제와의 관련성을 짐작하게 해 주는 수막새 등이 출토되었어요. 전라 감영은 조선 시대에 전라도의 행정과 사법을 담당하던 관찰사가 근무하던 곳으로 전주에 위치하였어요. 전동 성당은 전주에 있는 성당으로 윤지충, 권상연 등 호남 지역의 많은 천주교 신자가 순교한 자리에 세워졌어요.
④ 경기전은 태조 이성계의 어진을 모신 건물로, 전주에 있어요.

오답분석 ① 조선 정조는 국왕의 친위 부대로 장용영을 설치하고 장용영의 내영은 도성을 중심으로, 외영은 수원 화성을 중심으로 활동하게 하였어요.
② 홍경래는 세도 정치기의 수탈과 서북인에 대한 차별에 반발하여 평안도에서 반란을 일으켰고 정주성을 점령하였어요(홍경래의 난, 1811).
③ 조선 인조는 병자호란 때 청이 조선에 쳐들어오자 왕족을 강화도로 피난시켰어요. 인조가 뒤를 이어 피난하고자 했을 때는 강화도로 가는 길이 청군에 막히는 바람에 남한산성으로 피신하였어요.
⑤ 몰락 양반 유계춘은 경상 우병사 백낙신의 수탈에 맞서 경상남도 진주에서 봉기하였고 진주성을 점령하였어요(진주 농민 봉기, 1862).

정답 | ④

3 64회 · 회독 ○○○

(가) 지역에 대한 탐구 활동으로 가장 적절한 것은? [2점]

> 우리 모둠에서는 대한민국 임시 정부 국무령을 역임한 석주 이상룡의 생가인 임청각과 그의 독립운동에 대해서 발표하려고 합니다.

지역사 모둠 발표

(가) 지역의 역사와 문화

- **1모둠** 고창 전투와 후삼국 통일 과정
- **2모둠** 봉정사 극락전과 고려 후기 불교 건축물
- **3모둠** 도산 서원과 퇴계 이황의 성리학
- **4모둠** 임청각과 이상룡의 독립운동

① 김헌창이 반란을 일으킨 근거지를 파악한다.
② 강주룡이 고공 시위를 전개한 장소를 알아본다.
③ 공민왕이 홍건적의 침입 때 피란한 지역을 찾아본다.
④ 신립이 배수의 진을 치고 전투를 벌인 위치를 검색한다.
⑤ 김사미가 가혹한 수탈에 저항하여 봉기한 곳을 조사한다.

📢 안동의 역사

정답분석 930년에 고려 태조 왕건은 고창 전투에서 승리하면서 후백제와의 경쟁에서 우위를 차지하게 되었고, 이후 936년에 신검이 이끈 후백제군을 물리치고 후삼국을 통일하였어요. 고려 시대에는 주심포 양식에 배흘림기둥으로 된 건물이 많이 지어졌는데, 그중 안동 봉정사 극락전은 우리나라에서 현존하는 가장 오래된 목조 건축물이에요. 안동에 있는 도산 서원은 조선 시대 대표적인 성리학자인 이황이 세상을 떠난 후 그의 제자들에 의하여 건립되었어요. 안동에 있는 임청각은 독립운동가 이상룡의 생가로, 이상룡은 대한민국 임시 정부 초대 국무령을 역임하였어요. ③ 고려 공민왕 때 홍건적이 고려에 침입하여 개경으로 향해 오자 공민왕은 오늘날 경상북도 안동 지역인 복주로 피란하였어요.

오답분석 ① 신라 말 헌덕왕 때 오늘날 충청남도 공주 지역인 웅천주에서 도독 김헌창이 아버지 김주원이 왕위에 오르지 못한 것에 불만을 품고 난을 일으켰어요.
② 일제 강점기인 1931년에 고무공장의 노동자 강주룡은 임금 삭감에 저항하여 평양 을밀대 지붕에 올라가 고공 시위를 전개하였어요.
④ 조선 시대인 1592년 임진왜란 발발 직후 부산 동래성을 함락한 일본군이 북진하자 신립이 충청북도 충주의 탄금대에서 배수의 진을 치고 항전하였지만 패하고 말았어요(탄금대 전투).
⑤ 고려 무신 정권 초기에 김사미가 오늘날 경상북도 청도 지역인 운문에서 지배층의 가혹한 수탈에 저항하여 봉기를 일으켰어요.

정답 | ③

4 59회 · 회독 ○○○

(가) 지역에 대한 탐구 활동으로 가장 적절한 것은? [1점]

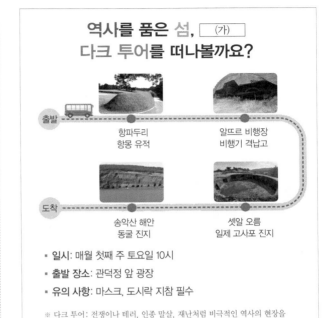

역사를 품은 섬, (가) 다크 투어를 떠나볼까요?

출발 — 항파두리 항몽 유적 — 알뜨르 비행장 비행기 격납고 — 셋알 오름 일제 고사포 진지 — 도착 — 송악산 해안 동굴 진지

- **일시:** 매월 첫째 주 토요일 10시
- **출발 장소:** 관덕정 앞 광장
- **유의 사항:** 마스크, 도시락 지참 필수

※ 다크 투어: 전쟁이나 테러, 인종 말살, 재난처럼 비극적인 역사의 현장을 방문하여 반성과 교훈을 얻는 여행. 역사 교훈 여행이라고 함.

① 정약전이 자산어보를 저술한 곳을 알아본다.
② 프랑스군이 외규장각 도서를 약탈한 장소를 살펴본다.
③ 지주 문재철에 맞서 소작 쟁의가 일어난 곳을 찾아본다.
④ 4·3 사건으로 많은 주민이 희생된 주요 장소를 조사한다.
⑤ 러시아가 저탄소 설치를 위해 조차를 요구한 곳을 검색한다.

📢 제주도의 역사

정답분석 항파두리 항몽 유적은 고려 시대에 제주도에서 대몽 항쟁을 전개했던 삼별초의 마지막 보루였던 곳이에요.
알뜨르 비행장, 셋알 오름의 고사포 진지, 송악산의 해안 동굴 진지는 일제가 중·일 전쟁과 태평양 전쟁 시기에 전초 기지로 활용한 곳들이에요. ④ 1948년에 일어난 제주 4·3 사건으로 많은 제주도민이 희생되었고, 2000년에 이들의 명예 회복을 위한 특별법이 제정되었어요.

오답분석 ① 정약전은 흑산도 유배 중 《자산어보》를 저술하였어요.
② 병인양요 당시 프랑스군은 《의궤》를 비롯한 강화도 외규장각의 문화유산을 약탈하였어요.
③ 일제 강점기에 신안 암태도의 농민들은 지주 문재철에 맞서 소작 쟁의를 전개하였어요.
⑤ 러시아는 1897년에 저탄소 설치를 위해 부산의 영도(절영도) 조차를 요구하였어요. 이는 독립 협회의 이권 수호 운동으로 저지되었어요.

정답 | ④

3 유네스코와 유산, 조선의 궁궐

1 해인사 장경판전(1995)

고려 시대에 만들어진 팔만대장경판을 보관하기 위해 조선 초에 만들어졌어요. 환기 · 온도 · 습도 조절 등의 기능을 자연적으로 해결할 수 있도록 과학적으로 설계되어 경판이 손상되는 것을 예방할 수 있었어요. 창건 당시의 원형이 그대로 보존되어 있어요.

2 종묘(1995)

유교를 사회 이념으로 삼았던 조선 시대에 역대 왕과 왕비 및 추존된 왕과 왕비의 신주를 모시고 제사를 지내던 사당으로, 종묘 제례가 열려요.

3 석굴암과 불국사(1995)

통일 신라 시대에 만들어진 대표적인 불교 유적이에요. 인공 석굴 사원인 석굴암 안에는 본존불이 앉아 있는데, 신라인들의 뛰어난 조형술을 보여 주는 것이에요. 불국사 내에는 불국사 3층 석탑과 다보탑이 있어요.

4 창덕궁(1997)

조선 왕조의 궁궐 건축과 정원 문화를 대표하는 궁궐로, 경복궁 동쪽에 위치하였어요. 태종 때 지어졌으며, 광해군~고종 때까지 정궁의 역할을 하였어요.

5 수원 화성(1997)

조선 정조 때 만든 성곽으로, 정약용이 만든 거중기 등을 사용하여 비용과 노동력을 절감하였어요. 축조 과정이 《화성성역의궤》에 기록되어 전해지고 있어요.

6 고창·화순·강화의 고인돌 유적(2000)

고인돌은 청동기 시대를 대표하는 무덤 양식이에요. 우리나라에서는 고창 · 화순 · 강화 세 지역에 집중적으로 분포되어 있으며, 다양한 유물이 출토되고 있어요. 고인돌의 밀집분포도, 형태의 다양성 등으로 고인돌의 형성과 발전 과정은 물론 당시의 사회 모습까지 짐작할 수 있는 중요한 유적이에요.

7 경주 역사 유적 지구(2000)

불교 유적이 있는 남산 지구, 옛 왕궁 터인 월성 지구, 고분 유적이 있는 대릉원 지구, 불교 사찰 유적인 황룡사 지구, 산성이 있는 산성 지구로 구성되어 있어요.

8 제주 화산섬과 용암 동굴(2007)

한라산 천연 보호 구역, 거문오름 용암 동굴계, 성산 일출봉 응회구로 구성되어 있어요. 높은 학술적 가치와 아름다운 경관 때문에 세계 자연 유산으로 등재되었어요.

9 조선 왕릉(2009)

조선 시대 왕과 왕비의 무덤으로, 총 40기의 무덤이 18개 지역에 흩어져 있어요. 유교의 예법과 풍수지리설 등이 반영되어 공간이 구성되어 있어요.

10 한국의 역사 마을: 하회와 양동(2010)

안동 하회 마을과 경주 양동 마을로 구성되어 있어요. 두 마을 모두 숲이 우거진 산을 뒤로 하고, 강과 탁 트인 농경지를 바라보는 마을의 입지와 배치를 가지고 있는데, 이를 통해 조선 초 유교적 양반 문화를 알 수 있어요.

11 남한산성(2014)

조선 시대에 유사시를 대비하여 임시 수도의 역할을 할 수 있도록 주요 시설을 갖춰 계획적으로 만든 산성 도시예요.

12 백제 역사 유적 지구(2015)

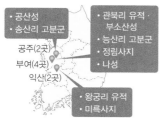

충남 공주·부여, 전북 익산에 분포하는 백제와 관련된 총 8곳의 역사 유적이에요. 공주와 부여는 백제의 수도였고, 익산은 한때 무왕이 천도하려고 하였던 곳이에요.

13 산사, 한국의 산지 승원(한국의 산사, 2018)

산속에 있는 한국 불교 사찰을 대표하는 7개의 절로, 한국 불교문화의 역사성과 주변 자연환경과 조화를 이루는 아름다움 등이 인정받아 세계 문화 유산으로 등재되었어요.

14 한국의 서원(2019)

서원은 조선 시대의 대표적인 성리학 교육 시설로, 총 9개예요. 서원은 주로 사림에 의해 각 지방에 건립되어 교육과 제사의 기능을 담당하였어요.

15 한국의 갯벌(2021)

충남 서천, 전북 고창, 전남 신안, 전남 보성·순천 등 4곳에 있는 갯벌을 묶은 유산으로, 세계 자연 유산으로 등재되었어요.

16 훈민정음 해례본(1997)

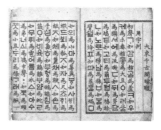

세종이 훈민정음을 만든 후 집현전 학사들에게 명하여 편찬된 책으로, 훈민정음을 만든 원리가 상세히 기록되어 있어요.

17 조선왕조실록(1997)

조선 태조 때부터 철종까지의 역사를 편년체로 기록한 역사서로, 왕이 죽으면 실록청에서 사초와 시정기 등을 바탕으로 편찬 작업을 하였어요.

18 불조직지심체요절 하권(2001)

1377년에 청주 흥덕사에서 인쇄된 현존하는 세계에서 가장 오래된 금속 활자본으로, '직지'라고 해요. 현재 프랑스 국립 도서관에 보관되어 있어요.

19 승정원일기(2001)

승정원은 조선 시대 국왕의 비서 기관이자 왕명 출납을 담당하였던 기관으로, 이곳에서 매일매일 작성한 업무 일지 및 주요 사건에 대한 기록물이에요.

㉟ 조선 왕조 의궤(2007)

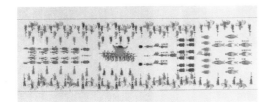

조선 왕실의 주요 행사를 글과 그림으로 기록한 책이에요. 왕의 혼인, 세자 책봉 등의 행사가 상세히 기록되어 있어요. 임진왜란을 거치면서 소실되었고, 병인양요 때는 프랑스군이 퇴각하면서 강화도의 외규장각에 있던 의궤를 빼앗아 갔는데, 2001년에 영구 임대 형식으로 반환되었어요.

㉑ 고려대장경판 및 제경판(2007)

고려 시대에 만들어진 팔만대장경판을 말하는 것으로, 몽골이 고려를 침입하였을 때 만들어졌어요. 조선 초부터 합천 해인사 장경판전에 보관되어 있고, 원형이 잘 보존되어 있어요.

㉒ 동의보감(2009)

1610년 광해군 때 허준이 완성한 의학서예요. 국내외 의학 이론을 집대성한 책이에요. 의학서로는 처음으로 세계 기록 유산으로 등재되었어요.

㉓ 일성록(2011)

정조가 세손 시절부터 쓰기 시작한 일기에서 유래한 것으로, 왕의 동정과 국정을 기록한 일기예요. 정조 즉위 후에는 규장각에서 집필하였어요.

㉔ 1980년 인권 기록 유산 5·18 광주 민주화 운동 기록물(2011)

5·18 민주화 운동의 발단부터 전개 과정, 시위 탄압, 진상 조사 활동, 보상에 이르기까지를 아우르는 기록물이에요.

㉕ 난중일기: 이순신 장군의 진중일기(2013)

임진왜란 때 이순신이 작성한 일기로, 전투 상황 등이 상세히 기록되어 있어요.

㉖ 새마을 운동 기록물(2013)

1970~1979년까지 전개된 새마을 운동에 대한 문서·사진·영상 등의 기록물이에요.

㉗ 한국의 유교책판(2015)

조선 시대 유학자들의 서책 718종을 간행하기 위해 판각한 책판이에요.

㉘ KBS 특별생방송 '이산가족을 찾습니다' 기록물(2015)

한국방송공사(KBS)가 1983년 6월 30일부터 138일 동안 생방송으로 진행한 이산가족 찾기 운동과 관련된 기록물이에요.

㉙ 국채 보상 운동 기록물(2017)

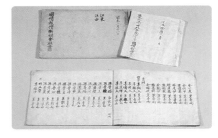

1907년에 국가가 진 빚을 국민들이 갚기 위해 벌인 국채 보상 운동과 관련된 기록물이에요.

30 조선 통신사에 관한 기록: 17~19세기 한·일 간 평화 구축과 문화 교류의 역사(2017)

왜란 이후 에도 막부의 요청으로 1607년부터 1811년까지 총 12회에 걸쳐 조선에서 일본으로 파견한 외교 사절단과 관련된 자료들이에요.

31 조선 왕실 어보와 어책(2017)

조선 왕실에서 왕의 즉위식, 세자 책봉 등 중요한 행사가 있을 때마다 만든 어보와 어책이에요. 왕실의 권위와 정통성을 상징하는 어보와 어책은 조선 건국 초부터 지속적으로 제작·봉헌되었어요.

32 경복궁

경복궁은 조선 건국 후 가장 먼저 지어진 조선의 법궁이에요. 궁궐 안에는 국왕의 정무 공간과 왕실의 생활 공간 등이 조성되어 있으며, 도성의 북쪽에 있다고 하여 '북궐'이라 부르기도 해요. 임진왜란 당시 불에 타 없어졌는데 이후 고종 때 흥선 대원군이 중건하였고, 1895년 명성 황후가 일본에 의해 시해된 을미사변이 일어났어요. 일제 강점기에 일제에 의해 조선 총독부 건물이 세워졌으며, 조선 물산 공진회 장소로 이용되었어요.

▲ 근정전   ▲ 경회루

33 창덕궁

▲ 주합루

조선 태종이 개경에서 다시 한양으로 천도한 후 경복궁 동쪽에 세운 이궐로, 영조 때 세워진 주합루에 정조는 규장각을 설치하여 신하들과 함께 정책을 연구하였어요. 창덕궁은 자연경관과 조화를 이루는 정원 문화가 돋보이는 궁궐이에요.

34 덕수궁

▲ 중명전   ▲ 석조전   ▲ 정관헌

덕수궁의 원래 이름은 경운궁으로, 임진왜란 때 피난하였던 선조가 한양으로 돌아와 임시 거처로 삼으면서 '정릉동 행궁'이라 하였어요. 1897년 고종이 아관 파천 후 환궁하여 대한 제국의 수립을 선포하였으며, 1905년 중명전에서 고종의 동의 없이 일제가 강제적으로 을사늑약을 체결하여 대한 제국의 외교권을 박탈하였어요. 이후 1945년 광복 직후 미·소 공동 위원회가 열려 한반도 문제가 논의되었어요.

35 창경궁

조선 성종 때 창덕궁을 확장하여 지은 이궐로, 일제 강점기에 일제에 의해 동물원·식물원 등이 설치되고 창경원으로 격하되기도 하였어요.

36 경희궁

경희궁의 원래 이름은 경덕궁으로, 경복궁의 서쪽에 지은 궁궐이라 하여 '서궐'로 불렸어요. 일제 강점기에 일제가 경성중학교를 궁궐 안에 세우면서 크게 훼손되었어요.

3 유네스코와 유산, 조선의 궁궐

① 60회 회독 ◯◯◯

(가) 궁궐에 대한 설명으로 옳은 것은? [2점]

> 대왕대비가 전교하였다. "___(가)___은/는 우리 왕조에서 수도를 세울 때 맨 처음 지은 정궁이다. …… 그러나 불행하게도 전란에 의해 불타버린 후 미처 다시 짓지 못하여 오랫동안 뜻있는 선비들의 개탄을 자아내었다. …… 이 궁궐을 다시 지어 중흥의 큰 업적을 이루려면 여러 대신과 함께 의논해보지 않을 수 없다."
>
> — 「고종실록」 —

① 근정전을 정전으로 하였다.
② 일제에 의해 동물원 등이 설치되었다.
③ 후원에 왕실 도서관인 규장각이 있었다.
④ 도성 내 서쪽에 있어 서궐이라고 불렸다.
⑤ 인목 대비가 광해군에 의해 유폐된 장소이다.

📢 **경복궁**

정답분석 경복궁은 태조 이성계가 조선 건국 이후 한양으로 천도하면서 건립한 조선의 첫 궁궐이에요. 경복궁은 조선 왕조의 법궁으로 조선의 왕들은 경복궁에 머물며 나랏일을 보았어요. 약 200년의 기간 동안 조선의 으뜸 궁궐이었던 경복궁은 임진왜란이 발생했을 때 불타버렸어요. 이후 경복궁은 불에 탄 모습으로 방치되어 있다가 조선 고종 때 흥선 대원군이 왕실의 위엄을 높이기 위해 경복궁을 중건하였어요.
① 정전은 왕이 나와서 조회를 하던 궁궐의 건물을 말해요. 경복궁의 근정전, 창덕궁의 인정전 등이 대표적인 정전이에요.

오답분석 ② 창경궁은 일제에 의해 내부에 동물원과 식물원이 설치되고 창경원으로 명칭이 격하되었어요.
③ 조선 정조는 창덕궁 후원에 왕실 도서관이자 학술 연구 및 정책 자문 기관으로 규장각을 설치하였어요. 규장각에는 서얼 출신의 검서관이 등용되었어요.
④ 조선 광해군 때 지어진 경희궁은 경복궁의 서쪽에 위치해 서궐이라고 불렸어요.
⑤ 인목 대비는 광해군의 아버지인 선조의 두 번째 왕비예요. 인목 대비는 광해군에 의해 대비의 자리에서 쫓겨나 경운궁(덕수궁)에 유폐되었어요.

정답 | ①

---

② 64회 회독 ◯◯◯

(가) 궁궐에 대한 설명으로 옳은 것은? [3점]

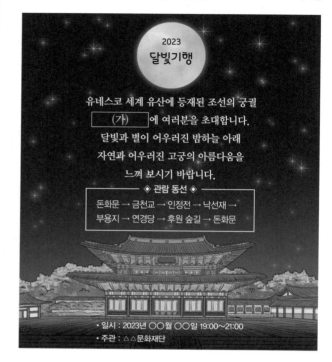

① 일제에 의해 동물원 등이 설치되었다.
② 도성 내 서쪽에 있어 서궐이라고 불렸다.
③ 인목 대비가 광해군에 의해 유폐된 장소이다.
④ 정도전이 궁궐과 주요 전각의 명칭을 정하였다.
⑤ 태종이 도읍을 한양으로 다시 옮기며 건립하였다.

📢 **창덕궁**

정답분석 창덕궁은 조선 왕조의 독특한 궁궐 건축과 정원 문화를 대표하는 궁궐이에요. 태종이 한양으로 도읍을 다시 옮기며 지었으며, 광해군 때 임진왜란 당시 소실된 궁궐 중 가장 먼저 복구되어 고종 때까지 왕이 정사를 보던 정궁의 역할을 하였어요. 조선 시대에 지어진 궁궐 중 유일하게 유네스코 세계 유산에 등재되었어요.
⑤ 창덕궁은 태종이 도읍을 개성에서 한양으로 다시 옮기며 건립하였어요.

오답분석 ① 창경궁은 일제에 의해 내부에 동물원과 식물원이 설치되고 창경원으로 명칭이 격하되었어요.
② 경희궁은 광해군 때 지어졌으며, 경복궁의 서쪽에 위치해 서궐이라고 불렸어요.
③ 인목 대비는 광해군의 아버지인 선조의 두 번째 왕비예요. 인목 대비는 광해군에 의해 대비의 자리에서 쫓겨나 경운궁(덕수궁)에 유폐되었어요.
④ 경복궁은 태조 이성계가 조선 건국 이후 한양으로 천도하면서 건립한 조선의 첫 번째 궁궐로, 정도전이 궁궐과 주요 전각의 명칭을 정하였어요.

정답 | ⑤

3 56회   회독 ○○○

밑줄 그은 '이 지역'에서 볼 수 있는 문화유산으로 옳지 않은 것은?   [2점]

> 안녕!
> 나는 지금 왕흥사 터에 와 있어. 이곳은 금, 은, 동으로 만든 사리기가 출토되어 유명해졌대. 사리기 표면에는 위덕왕이 죽은 왕자를 위해 절을 세웠다는 이야기가 새겨져 있어. 성왕이 도읍으로 정한 이 지역에는 다른 문화유산도 많아. 다음에 꼭 같이 와보자!
> 2021년 10월

왕흥사지 사리기

①
정림사지 오층 석탑

②
능산리 고분군

③
관촉사 석조 미륵보살 입상

④
관북리 유적

⑤
부소산성

🔊 부여의 문화유산

정답분석 백제의 세 번째 수도인 사비(오늘날 부여)는 성왕이 도읍으로 정한 지역이에요. 부여의 백제 역사 유적은 공주와 익산의 백제 역사 유적과 함께 유네스코 세계 유산으로 등재되었어요.
③ 관촉사 석조 미륵보살 입상은 충청남도 논산에 있어요. 고려 시대에 만들어진 대형 석불로, 은진 미륵이라고 불리기도 해요.

오답분석 ① 부여에 있는 정림사지 5층 석탑은 목탑 양식이 남아 있는 백제의 탑이에요.
② 부여 능산리 고분군은 백제의 무덤군으로 부여 왕릉원이라고도 해요.
④ 부여 관북리 유적은 백제의 마지막 도성인 사비의 왕궁지로 추정되는 유적이에요.
⑤ 부여 부소산성은 백제가 사비로 천도한 후 수도 방어를 위해 축조한 것으로 보여요.

정답 | ③

4 48회   회독 ○○○

(가) 민주화 운동에 대한 설명으로 옳은 것은?   [1점]

>
> □□신문
> 제△△호   2020년 ○○월 ○○일
>
> **경찰관 부당 징계 취소**
>
> 경찰청은 ⎡(가)⎤ 40주기를 맞아 신군부의 명령을 거부하고 시민들을 보호했다는 이유 등으로 부당하게 징계를 받은 퇴직 경찰관 21명의 징계 처분을 직권 취소했다고 밝혔다. 당시 경찰관에 대한 징계는 국가 보위 비상 대책 위원회의 문책 지시에 따라 이루어졌다.
> 경찰청은 징계 처분이 재량권을 남용한 하자가 있는 행정 처분이라고 판단하였고, 중앙 징계 위원회를 개최하여 심의·의결을 거쳐 징계 처분을 직권 취소하게 되었다.

① 박종철과 이한열의 희생으로 확산되었다.
② 호헌 철폐와 독재 타도 등의 구호를 내세웠다.
③ 관련 기록물이 유네스코 세계 기록 유산으로 등재되었다.
④ 대통령 중심제에서 의원 내각제로 바뀌는 계기가 되었다.
⑤ 대통령 하야를 요구하며 대학교수단이 시위행진을 벌였다.

🔊 5·18 민주화 운동 기록물

정답분석 (가) 민주화 운동은 1980년에 일어난 5·18 민주화 운동이에요. 12·12 사태로 정권을 장악한 신군부의 비상계엄 확대에 광주 시민들이 반발하여 시위를 전개하자 신군부는 공수 부대를 투입하여 무자비하게 시위를 진압하였고, 이 과정에서 많은 시민이 희생되었어요. 5·18 민주화 운동을 무력 진압한 신군부는 국가 보위 비상 대책 위원회를 설치하였어요.
③ 5·18 민주화 운동의 발생과 탄압에서부터 진상 조사 활동과 보상에 이르기까지의 관련 기록물은 가치를 인정받아 유네스코 세계 기록 유산으로 등재되었어요.

오답분석 ① 박종철과 이한열의 희생으로 확산된 민주화 운동은 6월 민주 항쟁이에요.
② 호헌 철폐와 독재 타도 등의 구호를 내세웠던 민주화 운동은 6월 민주 항쟁이에요.
④ 4·19 혁명을 계기로 이루어진 개헌에 따라 대통령 중심제가 의원 내각제로 바뀌었어요.
⑤ 4·19 혁명 당시 대통령 하야를 요구하는 대학교수단의 시위 행진이 있었어요.

정답 | ③

환재 박규수(1807~1877)

- 박지원의 손자로 서양과의 통상 주장 → 개화파에 영향
- 진주 농민 봉기 수습을 위해 안핵사로 파견됨
- 평안 관민들과 함께 제너럴 셔먼호를 격침함

수운 최제우(최복술, 1824~1864)

- 경주의 몰락 양반 출신으로 동학 창시
- 《동경대전》(경전)과 《용담유사》(포교 가사집)를 지음
- 대구에 있는 경상 감영에서 처형됨

면암 최익현(1833~1906)

- 흥선 대원군을 비판하는 계유상소를 올림
- 왜양일체론 주장 (지부복궐척화의소)
- 단발령 반대 상소, 태인에서 의병 전개 (을사늑약 반발)
- 쓰시마섬(대마도)에서 순국

죽천 박정양(1841~1905)

- 조사 시찰단으로 일본에 파견됨
- 초대 주미 공사
- 독립 협회의 제안을 수용하여 중추원 관제 개편을 추진함

도원 김홍집(1842~1896)

- 온건 개화파
- 제2차 수신사로 일본에 파견되어 황준헌이 쓴 《조선책략》을 조선에 들여옴
- 군국기무처 총재관으로 갑오개혁 주도

월남 이상재(1850~1927)

- 서재필 등과 독립 협회 조직 → 만민 공동회 개최 주도
- 조선 교육 협회 창립
- 민립 대학 설립 운동을 주도함
- 신간회 초대 회장

고균 김옥균(1851~1894)

- 급진 개화파
- 우정총국 개국 축하연을 이용하여 갑신정변을 일으킴 → 실패 후 일본으로 망명
- 중국 상하이에서 홍종우에게 암살됨

돈헌 임병찬(1851~1916)

- 정읍의 무성 서원에서 최익현과 함께 의병을 일으킴
- 고종의 밀지를 받아 독립 의군부 조직 → 조선 총독과 일본 총리대신에게 국권 반환 요구서 발송 계획

왕산 허위(1855~1908)

- 을미의병 참여
- 정미의병 당시 이인영과 함께 13도 연합 의병 부대 창설 → 서울 진공 작전 전개
- 서대문 형무소에서 순국

전봉준(1855~1895)

- '녹두 장군'이라고도 불림
- 고부 지방에서 동학 농민 운동을 주도함
- 공주 우금치 전투에서 관군과 일본군에 패배 → 순창에서 체포되어 처형됨

왈우 강우규(1855~1920)

- 북간도에 한인 집단촌인 신흥동 건설
- 대한국민노인동맹단에서 활동
- 1919년 서울 남대문역에서 제3대 총독으로 부임하는 사이토 마코토를 향해 폭탄 의거

구당 유길준(1865~1914)

- 조사 시찰단으로 일본에 파견됨
- 보빙사로 미국에 파견됨
- 《서유견문》 저술
- 조선 중립화론 주장
- 을미개혁 때 단발령 주도

석주 이상룡(1858~1932)

- 서간도로 망명하여 경학사 조직, 신흥 강습소 설립
- 대한민국 임시 정부 초대 국무령
- 일제가 이상룡의 생가인 안동의 임청각을 훼손함

백암, 태백광노 박은식(1859~1925)

- 신민회 회원, 황성신문과 대한매일신보의 주필
- 유교 구신론 주장
- 《한국통사》와 《한국독립운동지혈사》 저술
- 대한민국 임시 정부의 제2대 대통령

일성 이준(1859~1907)

- 한성 재판소 검사보
- 독립 협회 참여
- 헌정 연구회 조직한 후 대한 자강회로 발전시킴
- 신민회 참여
- 이위종, 이상설과 함께 헤이그 특사로 파견됨

윤희순(1860~1935)

- '안사람 의병가', '병정의 노래' 등 의병가 8편을 지어 의병들의 사기를 높임
- 중국으로 망명하여 노학당 설립
- 중국 푸순(무순)에서 조선 독립단 조직

최재형(최페치카, 1860~1920)

- 연해주에서 의병 활동 전개
- 안중근의 하얼빈 의거 지원
- 권업회 조직, 권업신문 발행
- 1920년 일본군에 잡혀 우수리스크에서 순국

홍암 나철(본명: 나인영, 1863~1916)

- 유신회라는 비밀 단체를 조직하여 항일 운동 전개
- 을사오적 처단을 위해 자신회 조직
- 오기호 등과 함께 대종교 창시

호머 베잘렐 헐버트(1863~1949)

- 미국인으로, 육영 공원 교사로 초빙됨
- 세계지리 교과서인 《사민필지》를 한글로 간행함
- 을사늑약 체결 직후 고종의 밀서를 미국 정부에 전달함

송재 서재필(1864~1951)

- 갑신정변 참여 → 실패 후 미국으로 망명
- 미국에서 귀국하여 독립신문을 창간하고 독립 협회를 설립함

남강 이승훈(1864~1930)

- 신민회 회원 → 오산 학교 설립
- 105인 사건으로 수감됨
- 3·1 운동 민족 대표 중 기독교 대표, 물산 장려 운동·민립 대학 설립 운동 참여

우당 이회영(1867~1932)

- 신민회 회원
- 집안의 전 재산을 처분하여 독립운동 자금을 마련한 후 친지 및 가족들과 함께 서간도로 이주
- 서간도 삼원보에 경학사 조직, 신흥 강습소 설립

홍범도(1868~1943)

- 대한 독립군의 대장으로 독립군 연합 부대를 이끌고 봉오동 전투와 청산리 전투에서 일본군 격퇴
- 스탈린의 정책에 의해 중앙아시아로 강제 이주됨

석오 이동녕(1869~1940)

- 안창호, 양기탁 등과 신민회 조직(신흥 강습소 설립 주도)
- 연해주에서 권업회 조직, 해조신문 발행
- 대한민국 임시 정부 임시 의정원 초대 의장·국무총리·국무령

성재 이시영(1869~1953)

- 신민회 회원 → 국권 피탈 후 형인 이회영 등 친족과 함께 서간도로 이주
- 경학사와 신흥 강습소 설립 주도
- 대한민국 임시 정부 국무 위원·초대 부통령

보재 이상설(1870~1917)

- 북간도에 서전서숙 설립
- 이준, 이위종과 함께 헤이그 특사로 파견됨
- 연해주에서 권업회 조직, 대한 광복군 정부 수립 주도(대통령 역임)

우강 양기탁(1871~1938)

- 베델과 함께 대한매일신보 창간
- 국채 보상 운동 주도
- 대한민국 임시 정부 국무 위원

남자현(1872~1933)

- '독립군의 어머니'라 불리며, 서로 군정서에서 활동
- 간도에서 여자 권학회 조직 → 여성 운동 전개
- 국제 연맹 조사단에 '조선 독립원'이라는 혈서 전달 시도

어네스트 토마스 베델(한국명: 배설, 1872~1909)

- 영국인으로 양기탁과 함께 대한매일신보 창간
- 을사늑약의 부당함을 알리는 논설 게재
- 장인환·전명운의 항일 의병 활동을 호의적으로 보도

성재 이동휘(1873~1935)

- 신민회에서 활동
- 서북 학회 조직
- 대한 광복군 정부 수립 주도(부통령 역임)
- 대한민국 임시 정부 국무총리 역임

장인환(1876~1930)

- 대동 보국회 가입
- 제1차 한·일 협약 이후 외교 고문으로 파견된 친일 미국인 스티븐스를 미국 샌프란시스코에서 처단함

백범 김구(1876~1949)

- 한인 애국단 조직
- 대한민국 임시 정부 주석
- 신탁 통치 반대 운동 주도
- 김규식과 함께 남북 협상 참여

한힌샘, 백천 주시경(1876~1914)

- 국문 연구소 위원으로 국문법 정리, 체계적인 한글 연구
- 《국어문법》, 《말의 소리》 등 저술

신돌석(1878~1908)

- 평민 출신으로 을사늑약 체결 이후 평해 일대에서 의병을 일으킴 → 평민 의병장으로 활약
- '태백산 호랑이'라고도 불림

도산 안창호(1878~1938)

- 신민회 조직 → 대성 학교 설립
- 서북 학회 조직
- 미국 샌프란시스코에서 흥사단 조직
- 대한민국 임시 정부에 참여
- 수양 동우회 사건으로 수감

도마 안중근(1879~1910)

- 연해주에서 의병 활동 전개
- 동의 단지회 조직
- 중국 하얼빈역에서 이토 히로부미 저격 → 뤼순 감옥에서 순국
- 〈동양 평화론〉 저술

만해 한용운 (본명: 한정옥, 1879~1944)

- 승려·시인이자 독립 운동가
- 3·1 운동 당시 불교계 대표
- 《조선 불교 유신론》, 시집 《님의 침묵》 등 저술
- 불교 잡지 《유심》 발간

단재 신채호 (1880~1936)

- 〈독사신론〉 저술
- 《조선사연구초》, 《조선상고사》 저술
- 《을지문덕전》, 《이순신전》 등 위인전 편찬
- 의열단 활동 지침인 〈조선 혁명 선언〉 작성

조지 루이스 쇼 (1880~1943)

- 아일랜드계 영국인
- 중국 단둥에서 무역 회사인 이륭양행 설립 → 회사 안에 대한민국 임시 정부 교통국 사무소를 설치하여 자금 모금

우사 김규식 (1881~1950)

- 파리 강화 회의에 민족 대표로 파견됨
- 대한민국 임시 정부 부주석 역임
- 여운형과 함께 좌우 합작 운동 주도
- 김구와 함께 남북 협상 참여

우성 박용만 (1881~1928)

- 미국에서 한인 소년병 학교를 설립하여 독립운동을 위한 인재 양성
- 하와이에서 독립운동 전개 → 신한국보의 주필로 활동, 대조선 국민 군단을 조직하여 독립군 양성

백포 서일 (본명: 서기학, 1881~1921)

- 대종교 포교 활동 전개
- 북간도에서 무장 단체인 중광단 조직
- 북로 군정서 총재
- 대한 독립군단 총재

전명운 (1884~1947)

- 공립 협회 가입
- 미국 샌프란시스코에서 일제의 한국 침략에 협력하고, 제1차 한·일 협약 이후 외교 고문으로 파견된 친일 미국인 스티븐스를 향해 저격 시도

고헌 박상진 (1884~1921)

- 상덕태상회를 설립하여 독립운동 지원
- 비밀 결사인 대한 광복회를 조직하여 독립운동 자금 조달, 친일 부호 처단 등의 활동 전개

몽양 여운형 (1886~1947)

- 신한 청년당 결성
- 조선 건국 동맹과 조선 건국 준비 위원회 조직
- 김규식과 함께 좌우 합작 운동 주도

조소앙 (본명: 조용은, 1887~1958)

- 대동단결 선언 발표
- 한국 독립당 결성, 대한민국 임시 정부 외무부장
- 삼균주의 주창(대한민국 임시 정부 건국 강령의 기초)

이위종 (1887~미상)

- 이상설, 이준과 함께 헤이그 특사로 파견됨
- 헤이그에서 프랑스어로 세계 여러 나라에 도움을 구하는 연설을 함

이재명 (1887~1910)

- 이토 히로부미의 암살 계획 → 안창호의 만류로 실행하지 않음
- 명동 성당 앞에서 이완용 암살 시도 → 상처를 입혔으나 처단에는 실패하고 일본 경찰에 체포됨

백산 지청천(이청천, 1888~1957)

- 한국 독립당 창당에 참여
- 한국 독립군 총사령관으로 한·중 연합 작전 전개 → 쌍성보·대전자령·사도하자 전투에서 일본군 격퇴
- 한국 광복군 총사령

한뫼 이윤재(1888~1943)

- 조선어 연구회와 조선어 학회에서 활동
- 한글 맞춤법 통일안 제정과 《우리말 큰사전》 편찬 등에 참여
- 《성웅 이순신》, 《문예독본》 등 저술

백야 김좌진(1889~1930)

- 신민회 가입
- 청년 학우회에서 활동, 대한 광복회 조직에 참여
- 북로 군정서를 이끌며 홍범도가 지휘한 대한 독립군 등과 함께 청산리 대첩에서 일본군 격퇴

프랭크 윌리엄 스코필드(한국명: 석호필, 1889~1970)

- 영국 태생의 캐나다 의학자이자 선교사
- 3·1 운동 당시 일제가 저지른 제암리 학살 사건의 기록을 남기고 참상을 외국 언론에 알림
- 국립 서울 현충원에 안장됨

김상옥(1890~1923)

- 의열단 가입
- 많은 독립운동가를 체포하여 모진 고문을 행하던 종로 경찰서에 폭탄 의거

민세 안재홍(1891~1965)

- 정인보 등과 함께 《여유당전서》를 간행하고 조선학 운동 전개
- 《조선상고사감》, 《신민족주의와 신민주주의》 등 저술

김마리아(1892~1944)

- 일본에서 2·8 독립 선언에 참여
- 대한민국 애국 부인회 회장
- 미국에서 여성 독립 운동 단체인 근화회 조직

나석주(마중달·마중대, 1892~1926)

- 대한민국 임시 정부에서 활동
- 의열단 가입
- 조선 식산 은행과 동양 척식 주식회사에 폭탄 투척

담원 정인보(1893~1950)

- 동제사 조직
- 안재홍 등과 함께 《여유당전서》를 간행하고 조선학 운동 전개
- 《5천 년간 조선의 얼》, 《조선사연구》, 《양명학연론》 등 저술

백남운(1894~1979)

- 유물 사관을 바탕으로 일제의 식민지 정체성론을 반박
- 《조선사회경제사》, 《조선봉건사회경제사》 등 저술

외솔 최현배(1894~1970)

- 주시경의 가르침을 받음
- 조선어 연구회와 조선어 학회에서 활동
- 조선어 학회 사건으로 체포됨
- 《우리말본》, 《한글갈》 등 저술

김익상(1895~1941)

- 의열단 가입
- 조선 총독부에 폭탄 투척
- 중국 상하이에서 일본 육군 대장 암살을 시도함

벽해 양세봉(양서봉, 1896~1934)

- 조선 혁명군 총사령
- 한·중 연합 작전을 전개하여 영릉가·흥경성 전투에서 일본군 격퇴

약산 김원봉(1898~1958)

- 의열단 조직 주도
- 조선 혁명 간부 학교 설립
- 민족 혁명당 결성
- 조선 의용대 창설
- 조선 의용대 일부 대원들과 함께 한국 광복군에 합류

소파 방정환(1899~1931)

- 천도교 소년회를 조직하여 소년 운동 전개
- 색동회 조직
- '어린이'라는 용어를 처음 사용
- '어린이날'을 만들고, 잡지 《어린이》 발행함

이봉창(1901~1932)

- 한인 애국단 가입
- 일본 도쿄에서 일왕의 마차를 향해 수류탄을 던졌으나 실패함

심훈(1901~1936)

- 3·1 운동 참여
- 저항시 〈그날이 오면〉 발표
- 소설 《직녀성》, 브나로드 운동을 소재로 쓴 《상록수》 등을 신문에 연재함

유관순(1902~1920)

- 이화 학당 재학 시절 3·1 운동이 일어나자 만세 시위에 참여
- 고향인 천안으로 내려가 아우내 장터에서 만세 시위 주도
- 서대문 형무소에서 순국

춘사 나운규(1902~1937)

- 명동 학교 재학 중 3·1 운동 참여
- 영화 '아리랑'의 감독이자 주연 → 영화 '아리랑'은 서울 단성사에서 개봉함

이육사(본명: 이원록, 1904~1944)

- 조선은행 대구 지점 폭파 사건에 연루되어 수감되었을 때의 번호를 따 '이육사'라는 이름을 사용함.
- 저항시 〈청포도〉, 〈절정〉, 〈광야〉 등 발표

매헌 윤봉길(1908~1932)

- 한인 애국단 가입
- 중국 상하이 훙커우 공원에서 폭탄 의거를 일으켜 일본군 장성과 고관 처단

장준하(1918~1975)

- 일본군에 징집된 이후 탈출하여 한국 광복군에 합류하여 활동
- 광복 이후 잡지 《사상계》 간행 → 민주화 운동 전개
- 유신 체제 반대 운동 주도

윤동주(1917~1945)

- 명동 학교 출신
- 〈서시〉, 〈자화상〉, 〈별 헤는 밤〉 등의 시 발표
- 일본 유학 중 독립운동 혐의로 수감되어 옥사함
- 사후 시집 《하늘과 바람과 별과 시》 발간

전태일(1948~1970)

- 동료들과 함께 '바보회'라는 조직을 만들어 근로 기준법의 내용을 알림
- 1970년 노동자의 근무 환경 개선과 근로 기준법 준수를 요구하며 분신함

4 근현대 인물

1 64회   회독 ●●●

(가) 인물에 대한 설명으로 옳은 것은?   [2점]

월간 역사
2023년 4월호

특집   (가)   의 상소, 조선의 정치를 뒤흔들다!

- 흥선 대원군의 하야를 요구하는 상소를 올리다
- 지부복궐척화의소를 올려 왜양일체론을 주장하다
- 단발령에 반대하는 상소를 올리다

---

① 대한 광복회를 조직하여 친일파를 처단하였다.
② 국권 피탈 과정을 정리한 한국통사를 집필하였다.
③ 을사늑약 체결에 반대하여 태인에서 의병을 일으켰다.
④ 13도 창의군을 지휘하여 서울 진공 작전을 전개하였다.
⑤ 보국안민을 기치로 우금치에서 일본군 및 관군에 맞서 싸웠다.

📢 **최익현의 활동**

정답분석 최익현은 어린 고종이 성장하여 친정(親政)이 가능한 나이가 되었음에도 흥선 대원군이 계속 실권을 쥐고 있자, 흥선 대원군이 정치에서 물러날 것을 촉구하는 내용의 상소를 올렸어요. 이를 계기로 흥선 대원군이 물러나고 고종의 친정이 이루어지게 되었어요. 1876년에 최익현은 조선 정부가 일본과 강화도 조약을 맺고 개항하려고 하자, 〈지부복궐척화의소〉를 올려 왜양일체론을 주장하며 개항에 반대하였어요.
③ 최익현은 을사늑약 체결에 반대하여 태인에서 의병을 일으켰어요.

오답분석 ① 박상진은 1915년에 국내에서 비밀 결사 형태로 대한 광복회를 조직하여 친일파 처단, 군자금 모금 등의 활동을 하였어요.
② 박은식은 국혼의 중요성을 강조하고 일제의 국권 침탈 과정을 폭로한 《한국통사》를 집필하였어요.
④ 이인영, 허위는 정미의병 당시 13도 창의군을 지휘하여 서울 진공 작전을 전개하였으나 실패하였어요.
⑤ 동학 농민군의 2차 봉기 때 전봉준 중심의 남접과 손병희 중심의 북접이 연합하여 공주 우금치 전투에서 일본군 및 관군에 맞서 싸웠지만 크게 패하였어요.

정답 | ③

---

2 55회   회독 ●●●

다음 인물에 대한 설명으로 옳은 것은?   [2점]

이달의 역사 인물

혼이 보존되면 국가는 부활할 것이다

○○○(1859~1925)

국혼을 강조하며 민족의식을 고취한 역사학자이자 독립운동가이다. 일찍부터 민족 교육의 중요성을 인식하여 서우학회에서 애국 계몽 운동을 펼쳤으며, 국권 피탈 과정을 정리한 『한국통사』를 저술하였다. 1925년에는 대한민국 임시 정부 제2대 대통령에 취임하였다. 정부에서는 그의 공훈을 기리어 건국훈장 대통령장을 추서하였다.

---

① 진단 학회를 창립하고 진단학보를 발행하였다.
② 여유당전서를 간행하고 조선학 운동을 전개하였다.
③ 헤이그에서 열린 만국 평화 회의에 특사로 파견되었다.
④ 평양에서 조선 물산 장려회 발기인 대회를 개최하였다.
⑤ 실천적인 유교 정신을 강조하는 유교 구신론을 저술하였다.

📢 **박은식의 활동**

정답분석 박은식은 《한국통사》, 《한국독립운동지혈사》를 저술하여 나라를 빼앗겨도 국혼이 살아 있다면 독립을 쟁취할 수 있다고 주장하였어요. 한편, 박은식은 대한민국 임시 정부의 제2대 대통령에 취임하기도 하였어요.
⑤ 박은식은 시대 흐름을 따라가지 못하는 유교를 비판하며 실천적인 유교 정신을 강조하는 〈유교 구신론〉을 저술하였어요.

오답분석 ① 이병도 등은 진단 학회를 창립하고 학술지로 《진단 학보》를 발행하였어요.
② 민족주의 사학을 계승한 정인보 등은 《여유당전서》 간행 사업을 추진하면서 조선학 운동을 전개하였어요.
③ 이상설, 이준, 이위종 등은 을사늑약의 부당함을 국제 사회에 알리려 한 고종의 명을 받아 헤이그에서 열린 만국 평화 회의에 특사로 파견되었어요.
④ 조만식 등은 평양에서 조선 물산 장려회 발기인 대회를 개최하고 물산 장려 운동을 시작하였어요.

정답 | ⑤

❸ 50회   회독 ●●●

(가) 인물의 활동으로 옳은 것은?   [2점]

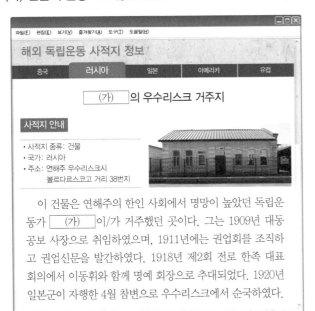

파일(F) 편집(E) 보기(V) 즐겨찾기(A) 도구(T) 도움말(H)

해외 독립운동 사적지 정보

| 중국 | 러시아 | 일본 | 아메리카 | 유럽 |

(가) 의 우수리스크 거주지

사적지 안내

· 사적지 종류: 건물
· 국가: 러시아
· 주소: 연해주 우수리스크시
　볼로다르스코고 거리 38번지

이 건물은 연해주의 한인 사회에서 명망이 높았던 독립운동가 (가) 이/가 거주했던 곳이다. 그는 1909년 대동공보 사장으로 취임하였으며, 1911년에는 권업회를 조직하고 권업신문을 발간하였다. 1918년 제2회 전로 한족 대표회의에서 이동휘와 함께 명예 회장으로 추대되었다. 1920년 일본군이 자행한 4월 참변으로 우수리스크에서 순국하였다.

① 안중근의 하얼빈 의거를 지원하였다.
② 숭무 학교를 설립하여 독립군을 양성하였다.
③ 의열단의 활동 지침인 조선 혁명 선언을 작성하였다.
④ 대조선 국민 군단을 조직하여 무장 투쟁을 준비하였다.
⑤ 신한 청년당을 결성하고 파리 강화 회의에 참석하였다.

📢 최재형의 활동

정답분석 최재형은 연해주에서 권업회를 조직하고 권업신문을 발간하였으며, 제2회 전로 한족 대표 회의에서 이동휘와 함께 명예 회장으로 추대되었어요. 한편, 최재형은 러시아 한인 노동자들의 어려움을 대변하여 높은 명망을 얻었어요.
① 최재형은 안중근이 이토 히로부미를 처단하러 떠나기 전 거주지와 여비를 제공하는 등 안중근의 하얼빈 의거를 지원하였어요.

오답분석 ② 숭무 학교는 이근영 등 멕시코 이주 동포들이 세운 독립군 양성 기관이에요.
③ 신채호는 김원봉의 요청에 따라 민중의 직접 혁명을 주장하는 〈조선 혁명 선언〉을 작성하였어요.
④ 박용만은 미국 하와이에서 대조선 국민군단을 조직하여 무장 투쟁을 준비하였어요.
⑤ 김규식은 신한 청년당의 대표로 파리 강화 회의에 파견되었어요.

정답 | ①

❹ 59회   회독 ●●●

밑줄 그은 '그'의 활동으로 옳은 것은?   [2점]

저는 지금 전라남도 보성군에 와 있습니다. 이 기념관은 오기호 등과 함께 대종교를 창시하고 일생을 독립운동에 바친 그를 기리기 위해 조성되었습니다. 이곳에는 그의 호를 딴 홍암사라는 사당이 있습니다.

① 5적 처단을 위해 자신회를 조직하였다.
② 명동 성당 앞에서 이완용을 습격하였다.
③ 하얼빈에서 이토 히로부미를 사살하였다.
④ 타이완에서 일본 육군 대장을 저격하였다.
⑤ 동양 척식 주식회사에 폭탄을 투척하였다.

📢 나철의 활동

정답분석 나철은 1905년에 을사늑약이 체결되자 오기호와 함께 자신회를 결성하여 을사 오적을 암살하려 했으나 실패하였어요. 1909년에는 단군을 숭배하는 대종교를 창시하였고, 국권을 빼앗긴 후에는 일제의 탄압을 피해 간도로 교단을 옮겨 활동하였어요. 이때 대종교는 중광단을 결성하여 무장 투쟁을 전개하였어요.
① 나철은 1907년에 오기호와 함께 자신회를 조직하여 을사늑약 체결에 앞장선 을사오적을 처단하려 하였어요.

오답분석 ② 이재명은 1909년에 명동 성당 앞에서 이완용을 습격했어요.
③ 안중근은 1909년에 하얼빈에서 초대 통감이었던 이토 히로부미를 사살하고 감옥에서 〈동양 평화론〉을 저술했어요.
④ 조명하는 1928년에 타이완에서 일본 육군 대장의 암살을 시도하였어요.
⑤ 의열단원인 나석주는 1926년에 조선 식산 은행과 동양 척식 주식회사에 폭탄을 던졌어요.

정답 | ①

5 62회

다음 인물의 활동으로 옳은 것은? [3점]

회독 ●●●

나는 23세 때 육영 공원의 교사로 조선에 와서 학생들을 가르쳤소. 고종의 특사가 되어 만국 평화 회의가 열린 헤이그를 방문하였고, 대한 제국 멸망사를 출간하기도 했소. 나는 한국인의 권리와 자유를 위해 싸워 왔으며 한국인에 대한 사랑은 내 인생의 가장 소중한 가치라오. 나는 웨스트민스터 사원보다 한국 땅에 묻히기를 염원하오.

① 화폐 정리 사업을 주도하였다.
② 한글로 된 교재인 사민필지를 집필하였다.
③ 여성 교육 기관인 이화 학당을 설립하였다.
④ 친일 인사 스티븐스를 샌프란시스코에서 사살하였다.
⑤ 논설 단연보국채를 써서 국채 보상 운동에 적극 참여하였다.

📢 **헐버트의 활동**

정답분석 헐버트는 1886년에 선교사로 조선에 들어온 미국인으로, 육영 공원에서 영어를 가르쳤어요. 헐버트는 을사늑약 체결 직전 고종의 밀서를 가지고 미국에 가서 국무 장관과 대통령을 면담하려 하였지만 성공하지 못하였어요. 이후 1905년에 을사늑약이 체결되자 고종의 특사로 만국 평화 회의가 열리는 네덜란드 헤이그를 방문하여 여러 활동을 하면서 대한 제국의 국권 회복을 위해 노력하였어요.
② 헐버트는 육영 공원에서 수업을 하기 위해 한글을 배우기 시작하였어요. 이후 한글로 된 최초의 지리 교과서인 《사민필지》를 집필하여 교재로 사용하였어요.

오답분석 ① 메가타는 제1차 한·일 협약으로 대한 제국의 재정 고문이 되었고, 이후 화폐 정리 사업을 주도하였어요. 이는 대한 제국의 화폐를 일본 제일 은행권으로 교체하는 사업이었는데, 일제는 이 사업을 통해 대한 제국의 재정과 금융권을 장악하고자 하였어요.
③ 개신교 선교사였던 스크랜튼은 우리나라 최초의 여성 교육 기관인 이화 학당을 설립하였어요.
④ 장인환과 전명운은 제1차 한·일 협약으로 대한 제국의 외교 고문이 된 친일 인사 스티븐스를 샌프란시스코에서 사살하였어요.
⑤ 신채호는 황성신문에 논설 〈단연보국채(담배를 끊어 나라의 빚을 갚자)〉를 써서 국채 보상 운동에 적극 참여하였어요.

정답 | ②

6 52회

다음 검색창에 들어갈 인물의 활동으로 옳은 것은? [3점]

회독 ●●●

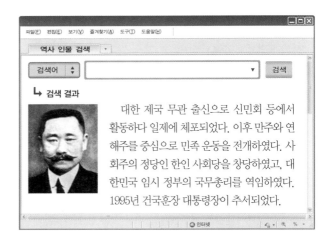

대한 제국 무관 출신으로 신민회 등에서 활동하다 일제에 체포되었다. 이후 만주와 연해주를 중심으로 민족 운동을 전개하였다. 사회주의 정당인 한인 사회당을 창당하였고, 대한민국 임시 정부의 국무총리를 역임하였다. 1995년 건국훈장 대통령장이 추서되었다.

① 대한 광복군 정부 수립을 주도하였다.
② 옌안에서 조선 독립 동맹을 결성하였다.
③ 민족 교육을 위해 서전서숙을 설립하였다.
④ 고종의 밀지를 받아 독립 의군부를 조직하였다.
⑤ 의열단의 활동 강령인 조선 혁명 선언을 작성하였다.

📢 **이동휘의 활동**

정답분석 이동휘는 신민회에서 활동하였으며, 국권 피탈 이후에는 주로 만주와 연해주 지역에서 독립운동을 전개하였어요. 또한 대한 제국 무관 출신으로 한인 사회당을 창당하였으며, 대한민국 임시 정부의 국무총리를 역임하였어요.
① 이동휘는 연해주에서 이상설 등과 함께 대한 광복군 정부 수립을 주도하였어요. 대한 광복군 정부는 대통령에 이상설, 부통령에 이동휘를 선임하였어요.

오답분석 ② 중국 화북 지역에서 활동하던 한인 사회주의자들이 중심이 되어 옌안에서 조선 독립 동맹을 결성하였어요.
③ 이상설은 북간도에서 민족 교육을 위해 서전서숙을 설립하였어요.
④ 임병찬은 국권 피탈 후 고종의 밀지를 받아 국내에서 비밀리에 독립 의군부를 조직하였어요.
⑤ 신채호는 김원봉의 요청을 받아 의열단의 행동 강령이 된 〈조선 혁명 선언〉을 작성하였어요.

정답 | ①

7 59회   회독 ○○○

(가) 인물에 대한 설명으로 옳은 것은?   [3점]

여행권(여권)을 통해 본 독립운동가의 삶

위 자료들은 독립운동가 (가) 이/가 사용한 여행권으로 미국, 중국, 멕시코 등 많은 국가들을 방문한 기록이 남아 있다. (가) 은/는 여러 국가들을 이동하면서 공립 협회, 대한인 국민회, 흥사단 등을 조직하는 데 주도적인 역할을 담당하였다. 1937년 동우회 사건으로 옥고를 치른 후 지병이 악화되어 이듬해 사망하였다.

① 일본의 침략 과정을 담은 한국통사를 저술하였다.
② 조선학 운동을 주도하여 여유당전서를 간행하였다.
③ 백산 상회를 설립하여 독립운동 자금을 마련하였다.
④ 친일 인사 스티븐스를 샌프란시스코에서 사살하였다.
⑤ 대한민국 임시 정부에서 내무총장 겸 국무총리 대리로 취임하였다.

8 60회   회독 ○○○

밑줄 그은 '나'의 활동으로 옳은 것은?   [2점]

나는 일제 침략에 맞서 민족의식을 고취하기 위해, 국난을 극복한 영웅의 전기인 이순신전과 을지문덕전을 집필하였습니다. 또 조선상고사에서는 역사를 아(我)와 비아(非我)의 투쟁으로 정의하였습니다.

① 여유당전서를 간행하고 조선학 운동을 주도하였다.
② 유교의 개혁을 주장하는 유교 구신론을 제창하였다.
③ 조선사 편수회에 들어가 조선사 편찬에 참여하였다.
④ 조선사회경제사에서 식민 사학의 정체성론을 반박하였다.
⑤ 민중의 직접 혁명을 주장한 조선 혁명 선언을 작성하였다.

📣 **안창호의 활동**

정답분석   안창호는 대한 제국 시기와 일제 강점기에 활동한 독립운동가예요. 안창호는 1907년에 신민회 조직을 주도하였고, 1908년에는 평양에 대성 학교를 설립하였어요. 국권 피탈 이후에는 미국으로 건너가 대한인 국민회, 흥사단 등의 독립운동 단체를 조직하기도 했습니다.
⑤ 안창호는 대한민국 임시 정부의 내무 총장 및 국무총리 대리로 활동하였고, 국민 대표 회의(1923)가 열리자 개조파의 입장에서 의견을 주장하였어요.

오답분석   ① 박은식은 일본의 침략 과정을 담은 《한국통사》, 독립 투쟁 과정을 서술한 《한국독립운동지혈사》를 저술하였어요.
② 정인보, 안재홍, 문일평 등은 《여유당전서》를 발간하고 조선학 운동을 전개하였어요.
③ 안희제는 1914년에 부산에 백산 상회를 설립하여 독립운동 자금을 마련하였어요.
④ 장인환과 전명운은 1908년에 샌프란시스코에서 제1차 한·일 협약으로 부임한 외교 고문이었던 스티븐스를 사살하였어요.

정답 | ⑤

📣 **신채호의 활동**

정답분석   독립운동가이자 역사학자였던 신채호는 〈독사신론〉을 집필하여 민족주의 사학의 기초를 다졌고, 민족의식을 고취하기 위해 《을지문덕전》, 《이순신전》 등의 위인전을 저술하였어요. 일제 강점기에 신채호는 일제의 식민 사관을 극복하기 위해 고대사 연구를 바탕으로 한 《조선상고사》, 《조선사연구초》 등을 저술하였어요.
⑤ 신채호는 의열단의 활동 지침이 된 〈조선 혁명 선언〉을 작성하였어요.

오답분석   ① 안재홍과 정인보 등은 정약용의 문집인 《여유당전서》를 간행하고 조선학 운동을 전개하였어요.
② 박은식은 실천적인 유교 정신을 바탕으로 유교계의 개혁을 주장하는 〈유교 구신론〉을 제창하였어요.
③ 조선사 편수회는 일제가 우리 역사를 왜곡하기 위해 설치한 기관이에요. 이병도 등은 조선사 편수회에서 《조선사》 편찬에 참여하였어요.
④ 백남운은 《조선사회경제사》에서 유물 사관을 토대로 식민 사학의 정체성론을 반박하였어요.

정답 | ⑤

9 66회　　　　　　　　　　　　회독 ●○○

(가) 인물에 대한 설명으로 옳은 것은?　　　[3점]

문학으로 보는 한국사

내 고장 칠월은
청포도가 익어가는 시절

이 마을 전설이 주저리주저리 열리고
먼 데 하늘이 꿈꾸며 알알이 들어와 박혀

하늘 밑 푸른 바다가 가슴을 열고
흰 돛단배가 곱게 밀려서 오면

내가 바라는 손님은 고달픈 몸으로
청포(靑袍)를 입고 찾아온다고 했으니

내 그를 맞아 이 포도를 따 먹으면
두 손은 함뿍 적셔도 좋으련

아이야, 우리 식탁엔 은쟁반에
하이얀 모시 수건을 마련해 두렴

[해설]

이 시는 독립운동가이자 문학가인 　(가)　의 '청포도'이다. 그는 이 시를 비롯한 다양한 작품에서 식민지 현실에 맞서 꺼지지 않는 민족의식을 표현하였다.

그의 본명은 이원록으로 안동에서 태어났고, 1927년 장진홍의 조선 은행 대구 지점 폭탄 의거에 연루되어 투옥되었다. 이후에도 그는 중국을 오가며 독립운동에 힘쓰다가 1943년 체포되어 이듬해 베이징의 일본 감옥에서 생을 마감하였다.

① 소설 상록수를 신문에 연재하였다.
② 광야, 절정 등의 저항시를 발표하였다.
③ 타이완에서 일본 육군 대장을 저격하였다.
④ 삼균주의를 바탕으로 한 건국 강령을 만들었다.
⑤ 여유당전서를 간행하고 조선학 운동을 전개하였다.

10 57회　　　　　　　　　　　　회독 ●○○

(가) 인물의 활동으로 옳은 것은?　　　[3점]

도시샤 대학에 있는 이 시비는 민족 문학가인 　(가)　을/를 기리기 위해 세워졌습니다. 비석에는 '죽는 날까지 하늘을 우러러'로 시작되는 그의 작품인 서시가 새겨져 있습니다. 북간도 출신인 그는 일본 유학 중 치안 유지법 위반 혐의로 체포되어 옥중에서 순국하였습니다.

① 조선상고사를 저술하였다.
② 소설 상록수를 신문에 연재하였다.
③ 저항시 광야, 절정 등을 발표하였다.
④ 영화 아리랑의 제작과 감독을 맡았다.
⑤ 별 헤는 밤, 참회록 등의 시를 남겼다.

📢 **이육사의 활동**

정답분석　이육사는 〈청포도〉, 〈절정〉, 〈광야〉 등의 저항시를 지은 일제 강점기의 시인이자 독립운동가예요. 1927년 조선은행 대구 지점 폭파 사건에 연루되어 옥고를 치렀는데, 이때 수감번호인 264번을 따서 호를 '육사'라고 지었어요. 1932년에 중국으로 건너가 김원봉이 세운 조선 혁명 간부 학교의 제1기생으로 입교하여 독립운동에 힘썼어요.
② 이육사는 〈광야〉, 〈절정〉 등의 저항시를 발표하여 민족의식을 일깨우고 일제에 저항하였어요.

오답분석　① 심훈은 브나로드 운동을 소재로 일제 강점기 농촌을 배경으로 한 소설 《상록수》를 동아일보에 연재하여 민중의 큰 호응을 얻었어요. 이외에도 저항시 〈그날이 오면〉을 발표하였어요.
③ 조명하는 1928년에 타이완에서 일본 육군 대장 구니히코를 저격하였어요.
④ 조소앙은 개인과 개인, 민족과 민족, 국가와 국가 간의 완전한 균등을 표방하고 이의 실현을 위한 정치·경제·교육의 균등을 강조한 삼균주의를 제창하였어요. 삼균주의는 대한민국 건국 강령에 반영되었으며, 대한민국 임시 정부 임시 헌장의 이론적 기초가 되었어요.
⑤ 정인보, 안재홍 등은 조선학 운동을 전개하였고, 《여유당전서》를 간행하였어요.

📢 **윤동주의 활동**

정답분석　윤동주는 북간도 출신으로 명동 학교를 졸업하였으며, 연희 전문학교를 졸업한 뒤 일본으로 유학을 갔어요. 1943년 귀향 직전에 항일 운동 혐의로 체포되어 2년형을 선고받았으며 옥중에서 생을 마쳤어요.
⑤ 윤동주는 〈서시〉를 비롯하여 〈별 헤는 밤〉, 〈참회록〉 등의 시를 남겼고, 그가 죽은 뒤에 《하늘과 바람과 별과 시》라는 유고 시집이 발간되었어요.

오답분석　① 신채호는 고대사 연구를 바탕으로 《조선상고사》를 저술하였어요.
② 심훈은 농촌 계몽 운동을 소재로 한 소설 《상록수》를 동아일보에 연재하여 민중의 큰 호응을 얻었어요.
③ 이육사는 의열단에 가입하여 적극적으로 독립운동을 전개하는 한편, 민족의식을 일깨우기 위한 문학 활동을 전개하여 저항시 〈광야〉, 〈절정〉 등을 발표하였어요.
④ 나운규는 영화 '아리랑'의 제작 및 감독, 주연을 맡았어요. 1926년 영화 '아리랑'이 단성사에서 처음 상영되었어요.

정답 | ②　　　　　　　　　　　　　　　　　정답 | ⑤

MEMO

에듀윌이
너를
지지할게
ENERGY

잘 시작하는 것은 중요합니다.
잘 마무리하는 것은 더 중요합니다.

– 조정민, 『인생은 선물이다』, 두란노

여러분의 작은 소리 에듀윌은 크게 듣겠습니다.

본 교재에 대한 여러분의 목소리를 들려주세요.
공부하시면서 어려웠던 점, 궁금한 점,
칭찬하고 싶은 점, 개선할 점, 어떤 것이라도 좋습니다.

에듀윌은 여러분께서 나누어 주신 의견을
통해 끊임없이 발전하고 있습니다.

에듀윌 도서몰 book.eduwill.net
• 부가학습자료 및 정오표: 에듀윌 도서몰 → 도서자료실
• 교재 문의: 에듀윌 도서몰 → 문의하기 → 교재(내용, 출간) / 주문 및 배송

2025 에듀윌 한국사능력검정시험 2주끝장 심화

발 행 일	2024년 9월 30일 초판
저 자	에듀윌 한국사교육연구소
펴 낸 이	양형남
개 발	정상욱, 김민서
펴 낸 곳	(주)에듀윌
등록번호	제25100-2002-000052호
주 소	08378 서울특별시 구로구 디지털로34길 55 코오롱싸이언스밸리 2차 3층
I S B N	979-11-360-3413-7(13910)

www.eduwill.net
대표전화 1600-6700